温州年鉴

温州市地方志编纂委员会
温 州 年 鉴 编 辑 部 编

温州年鉴荣获

中国年鉴奖

全国年鉴编纂出版质量评奖综合奖特等奖

中国地方志年鉴奖特等奖

中華書局

图书在版编目(CIP)数据

温州年鉴. 2008/温州市地方志编纂委员会编.
-北京：中华书局，2009.3
ISBN 978-7-101-06602-9

Ⅰ.温… Ⅱ.温… Ⅲ. 温州市-2008-年鉴 Ⅳ. Z525.53

中国版本图书馆CIP数据核字（2009）第030692号

责任编辑：朱慧

温州年鉴2008

温州市地方志编纂委员会编
E-mail:wznj@wenzhou.gov.cn

*

中华书局出版
（北京市丰台区太平桥西里38号　100073）
http: // www.zhbc. com. cn
E-mail:zhbc@zhbc.com.cn
浙江南方印业有限公司制版印刷
889×1194毫米　16开本　43.50印张　95插页　1698千字
2009年3月第1版　2009年3月温州第1次印刷
印数：1-5000册　定价：200元

ISBN 978-7-101-06602-9

编辑说明

一、《温州年鉴》是中共温州市委、温州市人民政府主办的综合性地方年鉴。旨在记载温州市经济、社会概貌和发展情况，为各级党政机关和社会各界了解、研究温州提供较全面、系统的信息资料，并为温州市积累史料。《温州年鉴》每年出版一部，由温州市地方志编纂委员会承办。

二、《温州年鉴》框架由卷首、百科、卷尾三个部分组成，除“特载”、“特辑”等类目采用综合性文章外，百科类目均采用条目体，并分类目、分目、条目三个层次设计。2008年卷类目依次有特载、特辑、大事记、自然环境、历史人文、机构、农村经济、温州乡镇、工业、特色工业、信息化和信息产业、经济开发区、民营经济、温州企业、商业、对外经济贸易、市场、金融、旅游业、交通运输、经济管理、行政管理、口岸管理、外事侨务涉台事务、住房和城乡建设管理、重点工程建设、环境保护、社会事务、教育、科学、文化、文学艺术、传媒、卫生、体育、中共温州市委员会、中共温州市纪律检查委员会、温州市人民代表大会、温州市人民政府、政协温州市委员会、民主党派和人民团体、政法、军事、温州人在全国各地、温州人在世界各地、外地人在温州、温州学者论著、人物、外地媒体报道温州、县（市、区）、地方新事异闻，卷首设温州便览，卷尾设重要文件、法人单位名实录和全书索引。安排若干专版，刊载温州自然生态环境、人文景观、经济社会发展、人民生活、当年举办的大型活动和突发事件等照片资料。企事业单位（部门）的形象宣传资料，除安排特定版面外，其余均按所在领域分别归入对应类目。

三、《温州年鉴》所刊数据，除国家统计部门正式公布的外，均由温州市供稿单位提供，并经供稿单位领导审核。由于来源、统计方法或口径不同，不同部门提供的同项数据或不一致，虽经编辑人员反复核实，仍有一些难以统一，本着如实反映现实的原则予以刊用。如遇同一项目或名称的数字不一致的情况，应以统计部门正式公布的数据为准。地方新事异闻的材料取自本市报刊，限于精力未作考证。一些分目标题过长，如银行的名称采用俗成的简化称谓，全称在条目中补述。表格中县（市、区）名排序循部门惯例。

四、《温州年鉴》（2008）收录范围，以温州市现有行政区划为界，以2007年1月1日至12月31日为限。其中温州人在全国各地、温州人在世界各地、温州学者论著等类目，主要是反映温州人的创业精神和温州人的学术成就，不受地域限制。

五、《温州年鉴》的编纂工作在中共温州市委、温州市政府的领导下，得到各部门、各县（市、区）领导的支持，各有关单位撰稿人的通力合作，使本书得以顺利出版。借此深表谢忱！由于任务重，时间紧，人手不足，书中难免有疏漏和失误之处，恳请广大读者批评指正。

温州年鉴编辑部

2008年12月

WENZHOU YEARBOOK 温州年鉴

《温州年鉴》编辑部

主　　编　陈又新

副 主 编（以姓氏笔画为序）

阮乐平　周　瑾　柯小敏

编　　辑　康丽跃　蔡为为　黄兴龙

见习编辑　白景武　林孝暖

摄影编辑　邵家业　孙　毅　林庭松　朱宝钢

王胜利　萧云集　叶劲草

编　　务　殷　洁

目录英文翻译　康丽跃

文字录入　蔡珊珊

校　　对　杨建明

发　　行　陈浩飞

撰稿人（以姓氏笔画为序）

丁　剑（市商业银行）
丁春明（市体育局）
马丽文（东方职业技术学院）
孔令士（中信银行）
文香哲（温州商报）
方　芳（环保局）
方韶毅（温州瞭望）
毛　翀（公安局）
王　璇（高速公路指挥部）
王　燕（劳动保障局）
王小青（致公党市委）
王木记（浙江日报）
王长明（家具商会）
王可训（国资委）
王正红（正泰集团）
王劲忠（工艺美术协会）
王贤良（市府办）
王祖政（安居工程指挥部）
王祥斌（雁荡旅游局）
王康伟（瓯海区旅游局）
王森福（预备役团）
王靖来（印刷协会）
王颖盈（网通分公司）
冯小曼（粮食局）
卢圣蒙（平阳县志办）
叶主任（强强集团）
叶丽芳（大虎打火机公司）
叶明宁（洞头县旅游局）
叶挺军（温州乐园）
叶雪影（科技职业学院）
叶新棣（鞋革协会）
叶蓓浈（温州港集团）
白洪均（质监局）
白洪范（组织部）
任子桓（剃须刀协会）
刘　伟（温州经济技术开发区）
刘　准（人民电器集团）
刘　赛（温州发展责任公司）
刘发顺（财政局）
刘时敏（侨办）
刘焕斌（科技局）
吕育献（市委办）
吕富春（邮政局）
孙惠中（法院）
朱小央（中新社）
朱小茹（平阳经济开发区）
朱海峰（温州日报报业集团）
朱淑慧（人大）
朱植德（科技情报研究所）
汤亦隆（电信局）
汤凌毅（团市委）
汤章虹（城建档案馆）
许　丹（华夏银行）
许伶俐（温州新闻网）
许海峰（公安局）
何洪信（市汽摩配协会）
何哲宇（市政协）
余　骋（鹿城区府办）
余贤贵（庄吉集团）
吴圣能（康奈集团）
吴佩冰（市政园林局）
吴明媚（科协）
吴维玲（长运集团）
吴琛琛（关工委）
吴鹏翔（社科联）
吴耀东（民进市委）
宋云鹤（塑料协会）
宋鹤峰（人防办）
应月衡（浙江电台）
张　东（武警支队）
张　玫（经济日报）
张　洁（长城电器集团公司）
张　峰（永嘉县府办）
张　锋（物价局）
张小毛（民革市委）
张小珍（发改委）
张天长（发改委）
张天河（气象局）
张方进（鹿城汇昌河水上公园）
张长瑞（烟草局）
张作仲（行政执法局）
张松德（泰顺县旅游局）
张林洁（党史办）
张笑吟（外办）
张彬彬（边检站）
张维北（市直机关工委）
张智统（瓯海经济开发区）
张朝多（畜牧兽医局）
张鹤龄（制笔协会）
李　双（人事局）
李　明（冶炼总厂）
李　洁（移动分公司）
李　耕（公管处）
李少娟（铁通分公司）
李克恩（林业局）
李国荣（五金商会）
李辉星（龙湾区府办）
杨　欢（证券办）
杨功除（司法局）
杨立俊（鹿城区旅游局）
杨志林（洞头县志办）
杨秀媚（眼镜商会）
杨海曼（地税局）
杨雄文（经贸委）
汪　浩（发改委）
汪振坚（信息办）
沈珠楹（文明办）
沈锡权（新华社）
肖云武（瓯海区委办）
肖晓锵（国土资源局）
苏　峻（交通银行）
苏尔胜（瑞安市旅游局）
邱旭光（工贸职业技术学院）
邱珍钱（文成县旅游局）
邹向阳（经济体改办）
陆　健（光明日报）
陆昌松（兴乐集团）
陈　节（海关）
陈　芳（文成县府办）
陈　洁（中国银行）
陈　强（统计局）
陈　锋（法院）
陈　雷（温州生态园管委会）
陈　震（英博双鹿啤酒集团）
陈　默（书画院）
陈一鸣（苍南县志办）
陈子安（拉链商会）
陈丹青（档案局）
陈仁柜（太平洋保险）
陈天赏（化工协会）
陈木永（水利局）
陈正运（农业局）
陈龙敌（经济协作办）
陈有为（教育局）
陈体注（泰顺县府办）

陈均贤（展览馆）
陈明珠（民航空管站）
陈秋荣（机械工业联合会）
陈维真（瑞安市志办）
周　涵（城市中心区建设指挥部）
周小玲（老龄办）
周景飞（温州都市报）
林　玺（纪委）
林建晓（工商联）
林晓珍（招商银行）
林智秀（农业发展银行）
范怡瑜（职业技术学院）
郑义君（地名办）
郑向慧（人寿保险公司）
郑晓映（温州图书馆）
郑葵葵（温州日报）
金　繁（广播电视大学）
金益丰（森马集团）
金瑞煌（海洋与渔业局）
姜苏云（烟具协会）
施良斌（泵阀协会）
柯建虎（民宗局）
胡　璋（外经贸局）
胡桢亮（打私口岸办）
赵　军（检察院）
钟丽萍（银监局）
项若珏（农业银行）
夏　露（医学院）
徐伟俊（政研室）
徐雅莉（广电总台）
翁士强（信访局）
钱远航（边防支队）
高顺越（统计局）
常　萍（兴业银行）
盛颖颖（楠溪江旅游局）
黄方蕾（市扶贫办）
黄佩聪（房屋交易产权登记管理中心）
黄夏青（温州大学）
龚细午（经贸委）
程自啸（奥康集团）
董秀红（建设银行）
蒋传彪（卫生局）
韩　淼（注册会计师协会）
熊安娜（乐清经济开发区）
蔡小龙（工商局）
潘修程（铁路建设指挥部）
颜厥扬（工商局）
瞿　工（青山控股集团）

陈牡丹（服装商会）
陈金照（电气协会）
陈爱平（物资公司）
陈慧敏（统计局）
周　晴（农工市委）
周怀滨（法制办）
季钱环（平阳县旅游局）
林一奇（交警支队）
林养飞（党校）
林素燕（统计局）
林超英（统计局）
范祥明（铁道公司）
郑风华（妇联）
郑奇芳（旧城改建指挥部）
郑海华（宣传部）
金　纯（人民银行）
金达莱（深圳发展银行）
金素苗（报喜鸟集团公司）
南秀芝（乐清市志办）
姜周炽（金融设备协会）
施梓凤（文联）
段元林（东艺鞋业公司）
胡建宏（行政审批办）
胡海碧（浦东发展银行）
赵　颖（老干部局）
钭卫民（出入境检疫局）
哲　文（美特斯邦威集团公司）
徐文灿（审计局）
徐同喜（浙商银行）
柴城蕾（农办）
郭宁剑（食品药品监管局）
顾利亚（总工会）
高晓珍（红十字会）
常玉璋（民生银行）
章朝钟（组织部）
黄克文（民航）
黄建双（文化广电新闻出版局）
黄海敏（温州工业园区）
曾长新（港航局）
葛民旺（接待办）
董知周（电业局）
谢　勇（机场边检站）
虞建光（残联）
管为方（运管处）
蔡景像（国税局）
潘新苗（公交集团）
薛淑华（苍南县旅游局）
瞿德智（规划局）

陈国敏（省农信社温州办事处）
陈春东（瓯江口建设指挥部）
陈清露（乐清市旅游局）
陈燎贞（中雁旅游局）
周　颖（联通分公司）
周连昆（民盟市委）
宓国煌（合成革商会）
林丽明（广东发展银行）
林南飞（建设局）
林铁强（龙湾区旅游局）
范　春（供销社）
郑　华（老龄办）
郑向京（政研室）
郑建生（温州晚报）
郑铁豪（台办）
金　国（华峰集团）
金明舞（瑞安经济开发区）
金献芳（房管局）
姜　伟（海运公司）
宫　翰（人保分公司）
柯永国（桥头纽扣商会）
胡　晋（民政局）
胡念望（旅游局）
胡雅克（盐务局）
钟方成（宣传部）
项　信（民建市委）
唐万才（拜丽德集团公司）
徐文渊（安全监管局）
徐惠子（航标处）
涂胜武（工商银行）
郭冠博（木材集团）
高启新（博物馆）
高燕秋（民政局）
曹雪梅（文化广电新闻出版局文物处）
黄文峰（温州发电责任公司）
黄良平（环宇集团公司）
黄茹茹（海螺集团）
黄瀚海（计生委）
曾瀚清（统战部）
董以铁（九三学社市委）
董善东（海事局）
谢益新（浙江日报）
詹应区（移民办）
缪克存（交通局）
潘月海（农业新技术开发示范区）
颜伟珍（军分区）
薛新山（侨联）

温州便览

人口　全市2007年岁末户籍总人口：764.57万

鹿城区	69.13万	全市总户数	225.75万
龙湾区	32.49万	男女性比	108.7∶100
瓯海区	40.75万	2005年1%人口抽样调查	
乐清市	119.59万	常住人口	776.76万人
瑞安市	116.05万	城镇人口	438.01万人
永嘉县	91.33万	农村人口	338.75万人
洞头县	12.59万		
文成县	36.93万		
平阳县	85.40万		
泰顺县	35.24万		
苍南县	125.08万		

区域　全市陆域总面积：11 784平方公里，海域总面积：约11 000平方公里

鹿城区	294平方公里	市区建成区面积	164平方公里
龙湾区	279平方公里	山地面积	9212平方公里
瓯海区	614平方公里	平原面积	2059平方公里
乐清市	1174平方公里	岛屿面积	173平方公里
瑞安市	1271平方公里	江河面积	340平方公里
永嘉县	2674平方公里	耕地面积	157.84千公顷
洞头县	100平方公里		
文成县	1293平方公里	全市有乡143个，镇119个，居委会229个，街道办事处30个，村委会5390个	
平阳县	1051平方公里		
泰顺县	1762平方公里		
苍南县	1272平方公里		

气象

一般气象条件	年降水量1931毫米 年平均气温19.5摄氏度 年日照时数1552.8小时
极端气象记录	历年最高气温：42.1摄氏度(2003年7月16日) 历年最低气温：-8.5摄氏度(1963年1月8日) 历年最大风速：68米/秒（2006年8月10日） 历年3小时最大降雨量：347.1毫米（1999年9月4日）

经济综情

主要指标	2007 年全市国内生产总值2158.91 亿元 人均GDP28 387 元 第一产业增加值68.20 亿元 第二产业增加值1170.30 亿元 轻重工业产值比重40.9:59.1 产值超亿元工业企业641 家 第三产业增加值7920.40 亿元 商品交易市场成交额713.8亿元 全年全市财政总收入293.26 亿元 农村居民人均纯收入8591 元 城市居民人均可支配收入24 002 元
民营经济	GDP 中民营经济比重80.7% 工业产值中民营（除外资）比重约90.1% 投资中民间投资（除外资）比重约61.0% 私营企业户数50 317 户 私营企业从业人数91.04 万人 个体工商户从业人数55.94 万人
交通运输	全市公路总里程13 055 公里，高速公路里程204 公里 全市港口吞吐量4247 万吨 全年民航客运吞吐量358.79 万人，货邮吞吐量3.73 万吨 全市有载客汽车33.35 万辆，载货汽车8.08 万辆； 客运船39 艘，客位2265 位；货运船690 艘，483 804 总吨位
电信	全市固定电话用户347.71 万户，移动电话用户744.72 万户 电话普及率(包括移动电话)142.88 部/百人 互联网注册用户114.09 万户
环境	全市森林覆盖率59.6% 城市绿地面积3246 万平方米 城市道路面积1592 万平方米 城市供水能力108 万吨/日 全年全市总用电量238.70 亿千瓦时(度)

温州市域图

温州市
鹿城区
瓯海区
龙湾区
永嘉县
乐清市
瑞安市
平阳县
苍南县
文成县
泰顺县
洞头县
玉环县
温岭市
台州市
黄岩区
路桥区
椒江区
青田县
丽水市
莲都区
缙云县
松阳县
遂昌县
云和县
景宁畲族自治县
寿宁县
福鼎市
柘荣县
福安市
周宁县
大门岛
洞头岛
大北列岛
北麂列岛
南麂列岛
七星岛
台州列岛
东
海

温州市区卫星影像图
温州市
龙湾区
图例
市人民政府驻地
区人民政府驻地
镇乡人民政府驻地
风景名胜
省辖市界
县(市)界
县界
山峰名
高速公路
国道
省道
县乡道
比例尺 1:40000
0 1 2 3 4 5 6km
★本图标乡镇名 未标鹿城区街道名
温州市城市建设档案馆提供

2007 年 7 月 15 日，全国政协副主席张榕明（前中）视察温州。

2007年11月17日，全国政协副主席李蒙（右）视察温州。

2007 年 4 月 24 日，浙江省委书记赵洪祝（左一）考察温州。

2007年8月19日，温州市委书记王建满（前左二）一行到龙港“圣帕”灾区现场一一查看，慰问当地受灾群众。

2007 年 2 月 11 日，温州市长邵占维（前右一）慰问搬进新房的受灾家庭。

浙江省海洋水产养殖研究所 始建于1953年，前身是温州水产技术指导站，1958年在温州地区水产研究所的基础上更名为浙江省海洋水产研究所温州分所，1986年12月，经浙江省人民政府批准，正式升格为“浙江省海洋水产养殖研究所”。是省属公益性重点科研机构。现已由建所初期较单一的学科，发展为集海水增养殖技术、海洋生物与遗传育种、海洋生物渔业资源与生态修复技术、水产养殖病害及生物技术、海岸带环境及涉海工程的评估及监测评价等五大学科，涵盖三十余个研究方向的科研体系。

全所有在职人员110人，其中正式职工60人，科研人员45人，包括正高职称4人，副高职称13人，其中，博士学位2人，硕士学位12人，45岁以下的青年科技人员15人，35岁以下青年科技人员25人，具有国外进修经历的科研人员占科研人员总数的34.6%。拥有浙江省151人才、温州市专业技术拔尖人才、温州市551人才、享受政府特殊津贴共6人。另聘有曹文宣院士等国内外高级顾问和客座研究员7人。

所内机构设有国家级泥蚶原种场、中国水产科学研究院海洋贝类研究室、浙江省近岸水域生物资源开发与保护重点实验室、与北京大学联合建立的“海洋生态文明国际联合研究中心”、与泰国东方大学联合建立的“中泰海洋技术联合实验室”、水产增养殖研究室、海洋资源与环境研究室和病害与生物技术研究室等科研部门。在后勤管理方面，设有科技办公室、党政办公室和计划财务科。

在科技创新体系方面，设有乐清清江、洞头胜利岙和龙湾永兴三大科研基地，开展海洋与渔业技术推广、咨询、服务及培训和合作教育等社会公益性工作。

所标本室拥有包括鱼类、藻类、软体动物、甲壳动物等四大类、50个门的标本848种，其中鱼类375种，大型藻类104种，贝类206种，甲壳类172种。所图书馆藏书2万册，并编辑发行《浙江海水养殖》专业期刊。所科研人员已在国内海洋与水产核心期刊上发表论文200余篇。在“十五”全国农业科研机构综合科研能力评估中，研究所跻身百强之列。

建所以来，先后承担国际和国家级、省部地市级科研项目200余项，取得100余项科研成果，获得国家及有关部门奖励60余项，其中“紫菜人工养殖研究”获全国科学大会奖，中国对虾全人工育苗技术的研究获省政府一等奖，缢蛏“围塘整涂附苗技术”获省政府科技成果二等奖，“日本真牡蛎人工育苗和增养殖技术”获省政府推广二等奖、农业部科技进步三等奖，“泥蚶全人工养殖技术开发和推广”获国家海洋创新二等奖、省政府科技进步二等奖，“文蛤大规格苗种生产技术研究”获国家海洋创新奖二等奖、省政府科学技术三等奖。尤其在海洋经济贝类的增养殖研究等方面处于国内领先地位，缢蛏、泥蚶、文蛤等贝类增养殖、海虾淡化养殖等原创性研究成果解决行业的发展瓶颈并得以广泛推广应用。2006年9月，在首次“全国海洋科学技术大会”上，研究所被国家海洋局、科技部联合授予“全国海洋科技先进集体”称号，是浙江省唯一获此称号的科研单位。

4

5

6

7

目前在研项目有：联合国开发计划署（UNDP）项目“中国南部沿海生物多样性管理”等2项，独立主持国家“863”计划课题“饵料微藻的异养——光自养串联培养技术研究”、协同主持国家863计划“蛤、蚶、蛏抗逆品种选育”项目、农业部公益性行业科研专项“对虾现代产业技术体系研究与建立”、国家海洋局“我国近海海洋综合调查与评价”（908项目）子课题、国家海洋局海洋公益性行业研究专项“应对气候变化红树林移植及资源优化技术研究”、国家科技支撑计划课题“东海区滩涂贝类健康养殖及质量安全控制技术研究”、国家科技部“水产种质资源标准化整理、整合与共享”项目，以及渔业资源修复研究、贝类鱼类增殖放流研究、水产生物技术应用研究、优良新品种种遗传培育、水产健康养殖集成技术研究、贝类净化加工研究等项目89项，省部级以上项目48项。

研究所开展国内外合作交流工作较为活跃和富有成效。国内与中国科学院海洋研究所、国家海洋局第二、第三海洋研究所、中国海洋大学、浙江大学、上海水产大学、大连水产学院、香港大学等有关研究机构和大学保持合作关系。在基地设有北京大学、清华大学、厦门大学、上海海洋大学等大院名校的硕博研究生科研工作站，同温州医学院签定合作协议。

国外与美国、英国、法国、日本、澳大利亚、泰国、韩国、朝鲜、巴西、沙特阿拉伯、印度尼西亚、牙买加等国家与地区20多个有关机构建立实质性的合作关系，国际科技合作、学术交流与人员互访活跃。

1 研究所大楼
2 茅临生副省长（左三）视察我所永兴基地
3 温州市委书记邵占维（右三）视察浙江省海洋水产养殖研究所
4 龙湾永兴基地
5 乐清清江基地
6 洞头胜利岙基地
7 谢起浪所长出席首届全国海洋科学技术大会

WENZHOU YEARBOOK 温州年鉴

要 目

目　录

历史人文

机构

农村经济

温州乡镇（街道）

工　业

特色工业

信息化和信息产业

经济开发区

民营经济

温州企业

商 业

对外经济贸易

市　场

金　融

旅 游 业

交通运输

经济管理

行政管理

口岸管理

外事　侨务　涉台事务

住房和城乡建设管理

重点工程建设

环境保护

社会事务

教　　育

科　学

文　化

文学艺术

传 媒

卫　生

体　育

中国共产党温州市委员会

中共温州市纪律检查委员会（监察局）

温州市人民代表大会

温州市人民政府

政协温州市委员会

民主党派和人民团体

政　法

军　事

温州人在全国各地

温州人在世界各地

外地人在温州

温州学者论著

人　　物

外地媒体报道温州

县（市、区）

地方新事异闻

重要文件

法人单位名实录

Contents

特　　载

推进科学发展构建和谐社会
为我市实现第三次跨越而努力奋斗

在中国共产党温州市第十次代表大会上的报告（摘要）

（2007年2月27日）

王建满

一、四年改革发展的新实践和新成就（略）

二、第三次跨越的奋斗目标和战略重点

改革开放近30年，温州发展总体经历了两个阶段：第一阶段是以党的十一届三中全会召开为起点，以放手发展个体私营经济为主要路径，以市场化改革为重要动力，以成功探索股份合作制为最大创举，温州进行了艰苦卓绝的第一次创业，初步完成了市场经济初期阶段的基本积累，创造了生机勃勃的发展模式，实现了由贫穷到温饱的历史性跨越。第二阶段是以邓小平南方谈话为开篇，以规范市场经济秩序为基本取向，以实施质量立市和基础设施建设为战略重点，温州进行了卓有成效的第二次创业，不断提高了经济整体素质和综合实力，实现了由温饱到总体小康的历史性跨越。

现在，温州已经站在一个新的历史起点上。以确立科学发展观和构建社会主义和谐社会战略思想为标志，以人均生产总值达到3000美元为新起跑线，温州已进入一个新的发展阶段。这个阶段，既是工业化升级、城市化加快、国际化提升的关键期，又是经济结构调整加速、资源环境约束加重、社会管理难度加大的转型期。我们必须正确认识阶段特征，找准所处历史方位，应时顺势谋划发展，全力进行现代化建设新的伟大实践，使我市实现由总体小康到全面小康的第三次跨越。

温州的第三次跨越，具有鲜明的时代特征，追求的是发展内涵的新拓展、发展境界的新提升、发展水平的新飞跃。其基本内涵是，以科学发展、和谐发展、率先发展为要求，以城市化、工业化、信息化、市场化、国际化为路径，以改革创新为动力，努力实现由经济大市向经济强市跨越、创业城市向创新城市跨越、平安城市向和谐城市跨越。目前，我们已经基本具备第三次跨越的基础和条件。从发展背景看，经济全球化深入发展，科学发展观深入人心，和谐社会建设深入推进，区域竞争格局深入调整，为我市实现第三次跨越提供了难得的历史机遇，也提出了更高的现实要求。从自身条件看，经过近30年的改革发展，温州已经积累了比较雄厚的物质基础，创造了良好的机制体制环境，形成了特色明显的产业优势，而且我们还有最为独特的温州人优势、最具潜力的海洋资源优势、得天独厚的生态环境优势。只要我们牢牢把握发展大势，善于用好各种机遇，充分发挥自身优势，就一定能够实现第三次跨越。

在推进第三次跨越过程中，要坚持符合温州实际的发展战略体系，并且与时俱进地予以丰富和发展。建设“三个温州”，是把握宏观新形势的全局谋划，是适应发展新阶段的战略抉择，是落实科学发展观和构建和谐社会在温州的具体实践，要把它作为实现第三次跨越必须坚持的战略任务，在坚持中创新，在创新中发展，努力开创新局面。

今后五年全市工作的总体要求是：坚持以邓小平理论和“三个代表”重要思想为指导，全面贯彻落实科学发展观，加快构建社会主义和谐社会，认真学习贯彻党的十七大和省第十二次党代会精神，深入实施省委“八八战略”等重大决策，扎实推进“三个温州”建设，坚定地向全面小康目标迈进，努力实现我市经济社会发展的第三次跨越。今后五年，要努力实现以下主要目标：

——基本建成现代经济强市。全市城市化率达到60%以上，中心城市地位更加突出，成为名副其实的浙江省三大中心城市之一；产业结构趋于合理，特色优势更加明显，成为产业竞争力强的城市；基础设施由滞后型向适应型、适度超前型转变，成为国家级综合交通枢纽城市。到2011年，地区生产总值超过3000亿元，人均生产总值突破5000美元，确保综合实力在全省名列前茅。

——初步建成创新型城市。民营经济实现新飞跃，成为我国民营经济发展的先行和示范城市；重点领域改革创新取得新突破，形成“人无我有、人有我先、人先我优”的机制体制新优势；自主创新能力明显增强，到2011年全社会研发投入占生产总值比重达到2%以上，成为富有特色的科技强市；人才引进、培养和使用的有效机制初步建立，创新创业环境不断优化，成为全国最具创业吸引力的城市之一。

——努力建设群众满意的和谐城市。城市居民人均可支配收入稳居全国前列，农村居民人均纯收入高于全省平均水平，成为具有全国影响力的富裕城市；收入分配格局趋于合理，城乡区域差距逐步缩小，社会保障体系逐步建立健全，社会各项事业全面发展，成为人民群众幸福感强的城市；市民整体素质不断提高，社会管理体系更加完善，法治化水平位居全省前列，成为人民群众安全感强的城市；耕地保有量保持现有水平，单位生产总值综合能耗进一步下降，主要污染物排放总量得到有效控制，成为更适宜人居的生态型城市，努力建设国家卫生城市、环保模范城市、国家园林城市和全国文明城市。

要实现上述奋斗目标，我们必须始终坚持“一个统领”，全力推进“四大战略”，不断为温州发展开辟新途径，寻求新动力，增创新优势。

*第一，始终坚持以科学发展观为统领。*科学发展观是指导发展的世界观和方法论的集中体现，是现代化建设必须长期坚持的根本指导方针。要切实把科学发展观贯穿于实施“十一五”规划和建设“三个温州”、实现“三次跨越”的全过程。在发展方向上，必须坚持经济建设、政治建设、文化建设、社会建设四位一体，实现富强、民主、文明、和谐的共同推进；在发展要求上，必须坚持又好又快，努力实现速度、质量、效益相协调，消费、投资、出口相协调，人口、资源、环境相协调；在发展途径上，必须坚持走新型工业化、新型城市化和城乡一体化道路，切实转变增长方式，促进城乡区域协调发展；在发展力量上，必须坚持人民群众的主体地位，把为谁发展和靠谁发展统一起来，最广泛、最充分地调动一切积极因素；在发展目的上，必须坚持以人为本，把维护广大人民的根本利益作为出发点和落脚点，使改革发展成果惠及全体人民；在发展境界上，必须坚持和谐发展，按照民主法治、公平正义、诚信友爱、充满活力、安定有序、人与自然和谐相处的要求，最大限度地增加和谐因素，最大限度地减少不和谐因素，努力构建和谐社会。

*第二，坚定地推进新型城市化战略。*城市是经济社会活动的动力中枢，是综合竞争力的主要标志。城市化是工业化、信息化、市场化、国际化的主要载体，是实现第三次跨越的必由之路。必须把城市化作为撬动经济社会发展的“杠杆”，坚持统筹发展、集约发展、和谐发展、创新发展，走资源节约、环境友好、经济高效、社会和谐，大中小城市和小城镇协调发展、城乡互促共进的新型城市化道路，以城市化提升工业化、带动城乡一体化。一要拓展大空间。突出交通建设，以交通圈拓展都市圈、带动经济圈、扩大辐射圈。二要开辟大战场。突出龙湾、瓯海中心区和瓯江口区域建设，把瑞安、乐清、永嘉、洞头纳入大都市区总体布局，重视鳌江流域城镇群建设，形成协调推进的城市发展格局。三要实施大战役。重点在瓯江口区域开发、海涂围垦工程实施、交通基础设施建设、电厂电网建设、社会事业项目推进和城市建设等方面，实施“六大百亿计划”，为新型城市化提供有力支撑。四要增强大功能。以提升工业层次、发展服务经济为重点，增强中心城市集聚功能。以城市基础设施、公共服务能力建设为重点，增强中心城市辐射功能。以集约利用土地、节约能源资源、加强环境治理、提升生活品质为重点，增强中心城市承载功能。

*第三，坚定地推进新型工业化战略。*工业是强市之基、富民之要。推进工业化是实现第三次跨越的历史性任务。要加快调整工业结构，切实转变增长方式，走科技含量高、经济效益好、资源消耗低、环境污染少、人力资源优势得到充分发挥的新型工业化道路。一要大力改造提升传统工业。按照“园区集聚、技术改造、龙头带动、品牌提升、服务配套”要求，推动产业链向两头延伸，价值链向高端攀升，生态链向循环再生，走产业集群化道路。二要大力培育新兴工业。重点发展临港工业，适度发展重化工业，大力发展高新技术产业，不断增强可持续发展的产业支撑能力。三要加快淘汰落后生产能力。大力推行“腾笼换鸟”计划，逐步调整占地多、效益低的产业，严格限制耗能高、污染重的项目，加快淘汰技术落后的生产工艺和产品。

*第四，坚定地推进协调发展战略。*协调发展是我市全面建设小康社会的难点所在、重点所在和关键所在。必须把协调发展作为落实科学发展观和构建和谐社会的基本点，作为第三次跨越的“平衡轴”，扎实推进城乡、区域、经济社会协调发展。一要坚持城乡联动。把城市发展和农村发展紧密结合起来，以城带乡、以乡促城、城乡互动，大力推进社会主义新农村建设，努力从根本上消除城乡二元结构。二要坚持区域联动。以实现共同富裕为目标，以市场配置资源为基础，建立发达地区与欠发达地区良性互动机制，逐步缩小区域发展差距。三要坚持经济社会联动。在推进经济发展的同时，更加注重社会发展，实现经济社会相互协调、相互促进。

*第五，坚定地推进创新发展战略。*创新是强市之本、活力之源、和谐之要，是推进温州发展的最大动力。必须把创新发展作为第三次跨越的主导战略来实施，使温州不仅成为特别能创业的地方，更要成为特别能创新的城市。一要引导思想观念创新。以科学发展观实践在温州为主题，引导干部群众解放思想、更新观念，坚决破除一切有悖科学发展观的观念，坚决纠正一切偏离科学发展观的行为。二要突出重点领域创新。着力推进模式创新、机制创新、科技创新和环境创新，尤其要发挥自主创新的核心作用，推动经济增长方式由要素驱动型向创新驱动型转变。三要推进全民创新。努力营造鼓励创新、尊重创新、保护创新的社会氛围，使创新成为一种制度、一种风尚、一种文化，成为全社会的普遍行为，让创新的源泉充分涌流，让创造的活力竞相迸发。

三、建设现代化中心城市

中心城市是推进新型城市化的战略支点。根据新一轮城市总体规划，重点实施“553城市提升计划”，加快推进城市由通道型向枢纽型转变、生产型向服务型转变、商贸型向商务型转变，努力建设名副其实的现代化区域中心城市。

*（一）着力构筑“三大通道”，拓展城市空间。*以深水港为龙头，以高速公路、铁路、空港为依托，以国省道、县乡道路为配套，以城市交通道路为节点，进一步打开对外、市域、市区“三大通道”。按照温州都市经济圈的基本架构，依托甬台温高速，建成诸永高速和甬温铁路，争取启动甬台温高速复

线，打通接轨长三角的北线通道；依托甬台温高速，建成温福铁路，打通连接海峡西岸经济区的南线通道；依托金丽温高速，改造提速金温铁路，争取建设龙丽温高速，打通拓展内陆腹地的西线通道；依托即将建成投用的状元岙深水港，打通面向全球的海上通道；依托改造提升后的永强机场，打通走向世界的空中走廊。根据大中小城市和城镇体系规划要求，加快国省道干线公路改造，形成中心城区至各县的1小时市域交通圈。根据“一主二辅五组团”的城市空间结构，加快建设绕城高速、瓯海大道、滨海大道、南塘大道、瓯江过江通道、七都过江大桥等城市交通道路，实现中心城区与周边组团之间的快速连接，形成半小时都市交通圈。

（二）着力建设“三大新区”，优化城市布局。在突出鹿城作为核心城区地位的基础上，加快龙湾、瓯海中心区和瓯江口区域三个新区建设，拉开中心城市框架。龙湾区作为新型城市化的主战场，要以行政中心建成为契机，加快中心区建设，核心区5年内要基本建成，带动城市副中心建设。瓯海区作为新型城市化的主阵地，要加快行政中心、火车站场和大型购物中心建设，加强西部道路网改造，尽快成为城市的重要门户。瓯江口区域要以温州（洞头）半岛工程建成通车为契机，明确整体功能定位，建立高效管理体制，重点推进基础设施建设，抓紧启动半岛起步区，加快开发建设步伐，做到“五年出效益、十年显雏形、十五年见新城”，扎实推进温州城市由“滨江城市”向“滨海城市”跨越。

（三）着力培育“三大中心”，增强城市功能。以构筑四通八达的交通枢纽为主要手段，打开内联外接的更大通道，拓展更为广阔的经济腹地，营造商机无限的创业环境，促进生产要素大跨度、大流量互动，使中心城市成为人流、物流、资金流、信息流的集散中心。以商贸流通、现代物流、金融服务、旅游会展、房地产和高新技术为主要选择，大力发展现代服务业，逐步形成以服务经济为主的都市产业结构，使中心城市成为更具引领性、集聚性、服务性的产业中心。以信息服务、科教服务、文化服务、创意服务、中介服务、社区服务、生活服务和公共服务为主要内容，切实加强城市基础设施、文化设施和综合配套建设，使中心城市成为品位高雅、居住舒适、生活便捷的服务中心。

（四）着力打造“三大精品”，提升城市品位。按照“重大气、显特色、呈亮点”的要求，重点加大“筑堤、建园、治河”力度，为广大市民创造高品质的城市生活环境，更加凸显独具魅力的“山水城市”形象。加快沿江防洪堤建设，发挥城区防洪、交通道路、公园景观综合功能，注重建筑风格、文化品位、建设档次，尽早展现温州“外滩”风采。推进温州生态园建设，按照“三年见成效、五年出形象”的要求，加大投入，加快进度，加强保护，更好地发挥中心城市“绿心”的独特功能。继续花大力气治理温瑞塘河，重点搞好污染源控制和水体治理修复，切实搞好城市地下管网设施建设，重视搞好沿河两岸景观和功能建设，重塑江南水乡“母亲河”形象。深入实施“绿化、亮化、美化、洁化”工程，全面推进城市环境建设。

（五）着力突破“三大难题”，加强城市管理。坚持建管并重、条块结合，切实解决市民“行路难”、城中村改造滞后、城市管理不适应等“三大难题”。加快城市主次干道网络化建设，打通城市道路连接卡口，大力发展公共交通，加强道路交通管理，缓解城市交通拥挤问题。积极推进城中村改造，争取到2011年建成区城中村有50%以上进行改造。深化城市建设体制改革，积极推行代建制等市场化方式，重视解决征地拆迁难题。加强城市管理，推进城市管理综合执法，注重管理重心下移和事权下放，强化街道和社区在城市管理中的基础作用。

四、建设现代经济强市

建设“三个温州”、实现“三次跨越”，经济是基础，产业是核心。以结构调整和转变增长方式为主线，深化拓展“四大工程”，努力把温州建设成为产业优、基础实、后劲足、实力厚的现代经济强市。

（一）推进产业集群发展，增强优势产业竞争力。加快实施《温台沿海产业带发展规划》、《温州市建设先进制造业基地规划纲要》，对各类开发区和重点产业园区进行改造提升，引导中小企业和生产要素加快向园区集聚。集中力量抓好标准厂房建设，五年内确保建成1000万平方米，为中小企业提供发展空间。加大传统产业共性技术和关键技术攻关力度，引导企业运用高新技术和先进适用技术改造传统产业，促进产业优化升级。提升家庭工业发展水平，扶持中小企业加快发展，鼓励企业做强做大，实行百强明星企业排序，培育一批竞争力强的行业龙头企业和创新型示范企业。鼓励行业龙头企业采取虚拟经营等方式，带动中小企业加入其产业链，提高产业组织化和专业化协作水平。深入实施“品牌立市”战略，5年内中国名牌产品、中国驰名商标总数要超过100个，实现由“品牌大市”向“品牌强市”转变、由“温州制造”向“温州创造”跨越。

（二）大力培育新兴产业，增强产业支撑能力。把高新技术产业作为最具推动力的增长点来抓，搞好高新产业园区建设，加大政策扶持力度，加快实施“高新技术产业发展计划”，主攻先进制造、新材料、电子信息、生物医药等四个领域，培育一批超亿元的高新技术企业，扶持一批高新技术产业化项目，力争高新技术产业发展取得突破性进展。把现代服务业作为最具活力的新增长点来抓，努力提高服务业比重和水平，尤其要突出旅游产业龙头带动作用，切实做好“山上”、“海上”、“晚上”文章，做大做强旅游产业；突出温州城市商业特色，重点抓好中央商务区、高级宾馆饭店、大型购物超市和特色商业街区建设，改造提升各类专业市场，大力发展总部经济、楼宇经济、创意经济和会展经济，大力推进中心城区“退二进三”，不断增强商业功能。把临港产业作为最具潜力的新增长点来抓，重点建设大小门岛、状元岙港区、乐清湾港区、苍南芦浦等四大临港产业基地，加快建设浙能乐清电厂、洞头大陆引水、沿海大通道等配套基础设施建设，有选择、有重点地发展石化、船舶制造、港口物流、海洋生物制药、电力能源、海岛旅游等产业，努力建设海洋经济强市。

（三）不断扩大对外开放，提高经济国际化水平。坚持以科学招商为导向，以“民外合璧”为特色，以引进先进技术、先进管理和海外智力为重点，坚定不移地实施“招商选资工程”，大力促进经济结构调整，提升民营企业发展水平。积极应对入世过渡期后的新形势，调整外贸发展战略，优化进出口商品结构，强化品牌建设和信用建设，提高贸易壁垒应对能力，促进对外贸易由量的扩张向质的提高转变。加快实施“走出去”战略，鼓励有条件的企业对外投资和跨国经营。重视发展口岸经济，加快大通关建设，促进对外经济发展。扩大对内开放，主动接轨“长三角”，积极融入海峡西岸经济区，加强同全国各地的经济交流与合作。提倡“温州人，帮温州”，引导海内外温州人团结创业，鼓励在外温州人回乡创业。

（四）发展壮大县域经济，增强经济综合实力。镇强则县强，县强则市强。必须坚持“发达地区率先、中等地区崛起、欠发达地区跨越”的战略格局，以工业化为主导，以城镇化为依托，大力实施强县强镇战略，整体推进区域经济发展。乐清、瑞安两市要坚持以信息化带动工业化，加快提升传统产业，大力培育战略产业，加快淘汰落后产能，努力建设先进制造业基地，更好地发挥区域经济发展的龙头作用，力争在全国百强县排名中争先进位。永嘉、平阳、苍南三县要坚持工业强县战略，主动承接市区产业有序转移，大力培育特色产业，迅速壮大自身实力，争取跻身全国百强县行列。高度重视鳌江流域发展，通过重大基础设施建设和新兴产业培育等途径，强化南部地区在我市区域经济中的战略地位。文成、泰顺两县要坚持生态立县战略，重点发展生态工业、高效生态农业、旅游产业，努力实现跨越式发展。洞头县要抓住城市化推进、港口开发建设、临港产业发展的重要机遇，积极融入温州中心城市，切实推进经济转型发展，成为城市东移的拓展区和经济发展的增长点。要把县城、中心镇和重点镇作为区域经济的重要节点，深化城镇改革，实行强镇扩权，大力发展强镇经济，打造一批名牌镇，培育一批特色镇，崛起一批新星镇。搞好县域总体规划，推进城镇体系建设，形成功能互补、相互支撑、协调发展的城镇发展格局。

五、建设社会主义新农村

坚持把“三农”问题放在经济社会发展全局的突出位置，贯彻工业反哺农业、城市支持农村和多予少取放活方针，按照“生产发展、生活宽裕、乡风文明、村容整洁、管理民主”要求，以发展农村经济为重点，以“1+3行动”为载体，努力建设富裕、文明、民主、和谐的社会主义新农村。

（一）大力发展现代农业。把发展现代农业作为新农村建设的首要任务，用现代物质条件装备农业，用现代科学技术改造农业，用现代产业体系提升农业，用现代经营形式推进农业，以现代发展理念引领农业，全面提高农业现代化水平。以增加农业投入为保障，加强农业基础设施建设，切实改善农业生产条件。以实施“强龙兴农”工程为载体，加快扶持一批农业龙头企业、建设一批特色农业产业基地、培育一批农业产业品牌、建设一批农业专业市场、发展一批专业合作组织。以农业体制创新和技术创新为动力，大力推进科技兴农，加强重点技术攻关和技术推广，建立健全农业科技推广、标准化、农产品质量安全和重大动植物疫病防控体系。以发展开放型农业为手段，实施农业“走出去”战略，鼓励工商企业投资现代农业。以增加农民收入为目的，积极拓展农业功能，大力发展休闲观光农业。以确保粮食安全为要求，实施新一轮“沃土工程”，实行最严格的耕地保护制度，提高粮食综合生产能力。以保护资源和生态为前提，积极发展有特色的渔业和林业经济。

（二）加快发展农村公共事业。深入实施“千村整治、百村示范”工程，广泛开展“清洁乡村”和“双千结对、共建文明”行动，切实加大旧村改造力度，大力推进农村新社区建设。加快实施道路、饮水、广电、通信等一系列“村村通”工程，尽早实现全市所有村庄全覆盖。整合农村教育资源，健全农村教育经费保障机制，加快发展农村义务教育，推进城乡教育均衡化发展。加强乡村文化设施建设，发展农村特色文化，丰富农民群众精神文化生活。实施农民体育健身工程，推动全民健身运动开展。实施农民健康工程，完善农村新型合作医疗制度，全面推行政策性农村住房保险制度，建立健全与经济发展水平相适应的农村社会保障体系。重视加强防洪排涝工程、灾害预测预报设施和避风港等避灾场所建设，切实提高防灾减灾能力。建立多元投入机制，把农村基础设施建设和发展公益事业纳入公共财政，鼓励各种主体参与农村公共设施建设。

（三）全面提高农民素质。切实把培养新型农民作为新农村建设的战略任务来抓，建立和完善多形式多层次的农民培训体系，大力推进农民知识化。深入实施“百万农村劳动力素质培训”工程，大力发展农村职业教育，加强各类职业技能培训，注重培养实用专业人才，提高农村劳动力转移就业和创业能力。引导农民树立先进的思想观念和良好的道德风尚，提倡科学健康的生活方式，在农村形成文明向上的社会风貌。支持、鼓励各类人才到农村发挥聪明才智，为新农村建设作出贡献。

（四）加快欠发达地区发展。坚持“共同跨越”，在更高要求上实施“139富民攻坚计划”，争取5年内使139个乡镇接近总体小康水平。发挥山区生态资源优势，搞好生态工业基地建设，有选择地承接发达地区产业转移，重点发展无污染、低能耗的生态型工业。把旅游业作为主要经济增长点来抓，有重点地把旅游产业培育成为欠发达地区的主导产业。大力培育特色产业基地，重点发展农产品加工业，积极发展劳动密集型的来料加工业，适度发展矿产资源开发型产业。依托县城、中心镇和各类产业园区，积极组织和引导群众下山脱贫。引导欠发达地区农民走出去，大力发展劳务经济。深入实施“山海协作”工程，坚持部门挂钩帮扶、发达地区对口帮扶、企业结对帮扶制度，加快建立适应社会化帮扶要求和市场化运作规则的双赢机制。认真落实各项扶持政策，促进少数民族地区、革命老区和海岛地区加快发展。

六、建设创新型城市

改革创新无止境。坚持以创新为第一动力，敢于扬弃、敢于超越、敢于突破，大力推进各个领域、各个层次的创新实践，努力建设创新特色明显、创新机制灵活、创新能力强大、创新氛围浓厚的创新型城市。

（一）突出模式创新。把“以民引外、民外合璧”作为创新发展模式的一条新路子，切实提高招商选资水平，努力实现产业对接、资本对流、借梯登高，促进本土经济与外部经济“融合”、民营经济与外资经济“结合”和多元文化“和合”，使内源经济和外源经济相得益彰。把用活用好民间资金作为创新发展模式的一个切入点，按照“非禁即入、有需则让”原则，放宽领域、降低门槛、加强服务，加快建立民间资金与发展生产的对接机制，使民间资金更自由地进入生产性、基础性、服务性领域，使温州成为市场准入最通畅、民间资本最活跃的地方。把民营企业上市作为创新发展模式的一个突破口，加强宣传引导，落实扶持政策，鼓励上规模、上档次的民营企业通过上市做强做大。

（二）突出机制创新。以要素资源市场化改革为关键，以建立现代企业制度为重点，以农村综合改革为突破口，力争在改革攻坚上取得新突破。大力推进投融资体制改革，重点加强政府投资管理，扩大民资利用领域，开辟多种融资渠道，努力破解建设资金难题。大力推进金融体制改革，争取设立金融试验区，争取先行先试权，积极引进外资银行、发展社区银行，推进金融产品创新，深化农村金融体制改革，增强金融服务地方经济发展能力。引导民营企业进行制度创新，鼓励通过联合兼并做强做大企业。在稳定和完善农村基本经营制度的前提下，深化农村综合改革，推广农村专业合作、供销合作、信用合作“三位一体”模式，为农村发展注入活力。

（三）突出科技创新。以提高自主创新能力为主线，以构筑区域创新体系为重点，努力建设以民营为主要特色的科技强市。发挥民营企业科技创新主体作用，通过政策引导、要素配置、人才服务，增强企业科技创新动力，做到研发中心、研发投入、科技人员、科技成果“四个90%以上”在民营企业。加快温州科技城和高新技术产业园区建设，加强各类科技创新公共平台建设，使其成为技术创新高地。深入实施“新世纪551人才工程”，努力建设高素质的创新团队。大力推进科技决策体制和科技管理体制改革，不断完善科技投入和科技考核机制，强化制度保障功能，发挥中介组织作用，加强知识产权保护，形成有利于科技创新的政策和社会环境。

（四）突出环境创新。发展环境是竞争力的核心要素。要努力营造一流服务、一流平台，为创业者提供机制活、商机多、回报高的创业环境。大力弘扬鼓励创新、褒奖创造、支持创业的创业文化，崇尚宽容失误、允许失败的人文关怀。鼓励企业和民众创新业、创实业、创大业，营造尊重企业家、支持企业家的社会氛围。切实转变政府职能，深化机关效能建设，牢固确立“敢于为创新担风险、勇于为发展尽责任、甘于为基层作奉献”的理念，建立和推行体制外的投诉制、体制内的监察制、自上而下的问责制、科学合理的考核制、社会化的评估制“五项制度”，切实提高办事效率和服务水平。深入开展信用温州建设，形成“政府带头重信用、企业经营守信用、公民人人讲信用”的社会风尚。针对温州“熟人社会”现象，从政府部门和公务员做起，制定惩戒措施，努力消除重人情轻规则、办事习惯找关系等不良风气，不断增强温州文化的包容性，为一切创业者提供平等创业舞台。

七、建设和谐城市

和谐社会是社会发展的最高境界。认真贯彻落实党的十六届六中全会精神，按照“发展创和谐、稳定保和谐、文化育和谐、法治求和谐、民主促和谐、环境筑和谐、基层固和谐”的思路，扎实推进和谐建设。

（一）大力实施民生工程。要关注民生、重视民生、保障民生、改善民生，进一步完善为民办实事长效工作机制，着力解决事关人民群众切身利益的现实问题。切实做好就业和再就业工作，突出抓好失地和失业劳动力、欠发达地区劳动力和大学生的就业。继续抓好安置房建设，完善住房公积金制度、经济适用房制度和廉租房制度，努力解决困难群众住房问题。完善养老、医疗、失业、工伤和生育保险制度，推行被征地农民生活保障制度，加快形成多层次、全覆盖的城乡保障体系。完善城乡一体的最低生活保障制度，积极发展福利慈善事业，加大社会救助力度，让发展成果更多地惠及人民。完善分配制度，着力提高低收入者收入水平，扩大中等收入者比重，有效缓解收入差距扩大的趋势。深化“和馨行动”，强化面向外来务工人员的社会服务和管理，使新温州人更好地融入温州社会。

（二）深化“平安温州”建设。坚持“稳定压倒一切、平安重于一切”，扎实推进“平安温州”建设。到2011年，全市大多数县（市、区）和大多数乡镇（街道）达到平安创建标准。加强社会治安综合治理，继续推进社会治安防控体系建设，深入开展基层平安创建活动，依法严厉打击各种严重刑事犯罪，不断增强人民群众安全感。建立健全矛盾纠纷排查和调处机制，依法规范信访秩序，妥善处置各类群体性事件。建立健全社会公共安全预警体系和应急处置机制，提高应对突发公共事件的能力。全面落实安全生产责任制，坚决防止重特大事故的发生。深化和谐企业、和谐社区、和谐家庭等创建活动，努力营造人与人和谐相处的良好环境。强化维护稳定的领导体制和责任机制，形成党委领导、部门联动、齐抓共管的工作格局。坚持党管武装，加强人民防空、民兵预备役部队和国防动员建设，积极支持驻温部队各项建设，深入开展“双拥”活动，巩固发展军政军民团结。

（三）加强文化大市建设。建设和谐文化，是构建社会主义和谐社会的重要任务。以提高人的素质为核心，以做强文化事业和做大文化产业为重点，深入实施“六大工程”，加快建设“四个强市”，深入开展文明城市创建活动，不断增强文化软实力，更好地发挥文化对经济社会发展的支撑和推动作用。围绕建设社会主义核心价值体系，坚持马克思主义在意识形态领域的指导地位，确立中国特色社会主义共同理想，树立社会主义荣辱观，弘扬以爱国主义为核心的民族精神和以改革创新为核心的时代精神、与时俱进的浙江精神、温州人和温州城市精神，提高全体市民的思想道德素质。深化文化体制改革，规范文化市场管理，保护历史文化遗产，鼓励文艺精品创作，加快文化设施建设，大力发展文化产业，推动文化事业繁荣发展。坚持把教育摆在优先发展的战略地位，深化教育体制改革，继续加大教育投入，不断加强基础教育，积极发展职业教育和成人教育，大力提升高等教育发展水平，鼓励支持民办教育，推进教育事业优质、均衡、和谐发展，努力把教育办成人民满意的事业。以提高群众健康素质为核心，大力推进公共卫生网络建设，切实解决群众看病难、看病贵等问题。深入实施全民健身计划，提高竞技体育综合竞争力，促进体育事业全面发展。加强人口和计划生育工作，统筹解决人口问题，稳定低生育水平。重视做好老龄和关心下一代工作，切实保障妇女儿童合法权益，积极发展残疾人事业。

（四）推进“法治温州”建设。强化社会主义法治理念，突出“办事依法、严格执法、公正司法、知法守法”，努力提高法治化水平。进一步改进党的领导方式和执政方式，支持人民代表大会及其常委会依法履行职能，支持人民政协发挥政治协商、民主监督、参政议政作用。加强同各民主党派、工商联和无党派人士合作共事，做好新社会阶层人士工作，巩固和壮大最广泛的爱国统一战线。充分发挥工会、共青团、妇联等人民团体的桥梁和纽带作用。进一步做好民族、宗教、对台、侨务、外事工作。以提高依法行政水平、增强政府公信力为核心，大力推进法治政府建设。围绕社会公平正义，积极稳妥地推进司法体制改革。巩固和扩大基层民主，充分保证人民群众依法行使民主权利。全面实施“五五”普法规划，提高全民法律素质。

（五）搞好生态市建设。以建设资源节约型、环境友好型社会为目标，以解决环境污染为着力点，扎实推进生态市建设。继续下大决心打好环境污染整治攻坚战，着力抓好“一江二业十六区”环境污染整治，努力建设环境友好型社会。把节能降耗摆到突出位置，深入实施“551行动计划”，大力发展循环经济，努力建设资源节约型社会。强化环境保护责任制，健全环保准入和考核机制，建立和完善生态补偿机制，积极构筑市、县、镇、村四级联动的生态建设体系。

八、加强党的先进性建设

办好温州的事情，关键在党，关键在人。要围绕为民抓党建，围绕发展抓党建，围绕和谐抓党建，切实加强党的先进性建设和执政能力建设，为建设“三个温州”、实现“三次跨越”提供坚强保证。

（一）进一步加强思想政治建设。思想政治建设是党的建设的灵魂。要始终把党的思想政治建设摆在首位，紧跟时代步伐，打牢理想信念基础，时刻保持政治上的清醒与坚定。要深入学习邓小平理论、“三个代表”重要思想和《江泽民文选》，全面贯彻科学发展观和构建社会主义和谐社会战略思想，认真学习贯彻党的十七大精神，努力用马克思主义中国化的最新成果武装头脑，切实增强坚持解放思想、实事求是、与时俱进思想路线的自觉性，切实增强贯彻执行党的基本路线的坚定性，切实增强推进科学发展、和谐发展、率先发展的主动性，做到理论上不断有新提高、思想上不断有新解放、实践上不断有新创造。深入学习贯彻党章，进一步坚定信念、增强党性、牢记宗旨，在科学发展与和谐社会建设实践中始终走在前列。认真学习现代经济、科技、社会管理、历史、法律等方面知识，提高推动科学发展与构建和谐社会的能力和水平。

（二）进一步加强领导班子和干部队伍建设。干事创业，关键在班子和队伍。要着眼于增强领导班子能力，建立健全领导班子配备改革后新的工作运行机制，进一步完善全委会、常委会议事规则和决策程序，严格执行民主集中制原则，增进班子团结，以党内和谐促进社会和谐。着眼于提升干部队伍素质，深入实施“领导干部素质提升工程”，加强教育培训和实践锻炼，不断提高各级领导干部推进发展、解决问题、为民办事的能力和水平。根据领导班子换届后的新情况、新特点，按照省委关于开展“作风建设年”活动的部署，在各级班子和领导干部中组织开展“科学发展创新业、为民办事树风范”主题实践活动，把“学九万、掂分量”作为思想建设第一课，引导干部把心思放在科学发展和为民办事上。着眼于以机制建设激活干部队伍，探索建立体现科学发展观的综合考核评价体系，健全完善领导班子和领导干部目标管理责任制，从整体上推进干部人事制度改革，激励各级干部干事创业，让想干事的人有机会、能干事的人有舞台、干成事的人有公论。着眼于人才资源建设，坚持党管人才原则，大力推进人才强市战略，建立健全有利于人才脱颖而出、全面发展的新机制，加强党政人才、企业经营管理人才和专业技术人才三支队伍建设，统筹推进社会工作人才、高技能人才和农村实用人才队伍建设，为各项事业发展提供人才保证和智力支持。切实加强后备干部队伍建设，进一步做好新形势下的老干部工作、党校工作。

（三）进一步加强基层组织建设。党的基层组织是党的全部工作和战斗力的基础。要贯彻落实中央下发的四个长效机制文件精神，健全完善党员“长期受教育、永葆先进性”的长效机制。以服务新农村建设为主题，深化“三级联创”活动，推进“先锋工程”建设，积极探索乡镇新型管理体制和运行机制，加强对农村基层干部的教育培训，进一步增强农村基层党组织的创造力、凝聚力和战斗力。以建设“活力和谐企业”为目标，深入开展“抓党建、筑和谐、促发展”活动，大力推进非公有制企业党建工作。以服务群众为目的，深入开展“建设和谐社区、争创五好支部”活动，扎实推进城市社区党建工作。以强化新社会组织服务功能为目的，加强民间社团组织、社会中介组织和民办非企业单位党建工作，不断扩大党的组织和工作覆盖面。扎实推进机关、学校、国有企业、科研院所和文化团体等领域的党建工作，充分发挥党组织的战斗堡垒作用。以共产党人道德建设为重点，加强党员经常性教育，保持党员队伍先进性，使每个党员都能在群众中勇敢地喊出“向我看齐”的响亮口号。在乡镇（街道）推行建立党员服务中心，建立健全城乡一体的流动党员管理新机制。继续做好新时期党员发展工作。深入开展“落实三真、关爱基层”活动，不断完善农村工作指导员和科技特派员制度，为农村工作注入新的活力。

（四）进一步加强党的作风建设。党的作风体现着党的宗旨，关系党的形象，关系人心向背，关系党和国家的生死存亡。党员干部要高度自觉地践行胡锦涛总书记所倡导的“八个方面良好风气”，弘扬新风正气，抵制歪风邪气，以良好的党风促政风带民风。要牢固树立终身学习思想，发扬理论联系实际的学风，以谦逊的态度、顽强的毅力抓好学习，努力把学习成果转化为谋发展的思路、抓工作的本领、促成效的措施。要始终保持良好的精神状态，任何时候都要有一股蓬勃向上的朝气、敢为人先的勇气、开拓进取的锐气，对人民要充满感情、对事业要一往深情、对工作要富有激情。要大力发扬求真务实精神，在克难攻坚上狠下功夫，在改革创新上狠下功夫，在抓好落实上狠下功夫，努力创造实实在在的工作业绩。要坚持立党为公、执政为民，一切围着群众想、一切围着群众转、一切围着群众干，多办顺民意、解民忧、谋民利的实事，真正做到权为民所用、情为民所系、利为民所谋。要倡导良好的生活作风和健康的生活情趣，自觉加强思想道德修养，保持高尚的精神追求，时刻检点自己的方方面面，做到台上和台下一个样、工作时间和业余时间一个样、有监督和没有监督一个样，始终保持共产党员的政治本色。

（五）进一步加强廉政建设和反腐败斗争。坚定不移地贯彻标本兼治、综合治理、惩防并举、注重预防的反腐倡廉战略方针，认真落实党风廉政建设责任制，深入开展反腐败斗争，扎实推进教育、制度、监督并重的惩治和预防腐败体系建设。深入开展党性、党风、党纪教育，大力弘扬廉政文化，筑实党员干部拒腐防变的思想防线，让廉政清风吹拂大地。认真执行党内监督各项制度，切实解决领导干部廉洁从政方面存在的突出问题，让廉洁阳光普照大地。坚持有贪必反、有腐必惩、有案必查，以更加坚定的决心、更加鲜明的态度、更加有力的措施，坚决查处各类违纪违法案件，让腐败分子无藏身之地。坚持纠建并举，着力解决严重损害群众利益的突出问题。坚持以改革的精神抓好反腐倡廉工作体制机制创新，努力形成用制度管权、按制度办事、靠制度管人的有效机制，从源头上防治腐败，让腐败现象无滋生之地。

温州市人大常委会工作报告

在温州市第十一次人民代表大会上的工作报告

（2007年3月29日）

温州市人大常委会主任　连正德

市十届人大一次会议以来的四年，是我市改革开放、经济建设和社会各项事业快速、协调、健康发展的四年，也是我市人大工作稳步推进的四年。四年来，市人大常委会在中共温州市委的领导下，坚持以科学发展观统揽全局，紧紧围绕经济建设中心，以推进民主法制建设为根本任务，全面落实依法治国方略，依法行使各项职权，大力推进全市经济、政治、文化和社会建设，各项工作取得了新的进展。

一、依法审议决定重大事项，推进决策民主化、科学化

四年来，常委会围绕中心，服务大局，集思广益，把行使决定权与监督权有机结合起来，促进了决策的科学化、民主化，推进了重大事项落实。

切实推进依法治市进程。常委会按照市委关于建设“法治温州”的决策部署，作出关于建设“法治温州”的决议，进一步明确了国家机关法治建设的主要任务，突出了人民群众在推进法治建设中的主体地位。市九届人大六次会议作出了关于加快依法治市进程的决议，常委会及时审查、批准市“一府两院”的依法治市实施方案，坚持每年听取市政府落实情况的报告，并提出意见建议，推进了决议的落实。及时听取和审议市政府关于贯彻落实“四五”普法决议及制订“五五”普法规划情况的报告，作出关于加强法制宣传教育的决议，对开展“五五”普法工作提出要求，持续推进了依法治市工作的深入开展。

监督计划、预算的编制与执行。计划、预算的编制与执行事关改革发展的全局。常委会坚持提前介入，及早调研，对计划、预算的编制提出意见建议。每年9月份，在对全市经济社会发展形势进行深入分析的基础上，听取和审议市政府本年度1－8月份计划、预算执行情况的报告，审查、批准上年度市本级决算，并提出意见建议，督促市政府采取有力措施，保证年度计划及预算的完成。加强对专项资金（基金）及重点项目建设资金使用情况的监督，适时听取和审议预算执行及其他财政收支情况的审计报告，针对审计发现的问题，要求市政府限期整改，并向常委会报告，增强了政府依法理财的意识，提高了资金的使用效益。听取和审议了市“十一五”规划草案编制情况的报告，为市十届人大四次会议审议通过规划打下了扎实的基础；今年初又审查、批准了市政府关于“十一五”规划中相关约束性指标调整的报告，推动全市经济社会转入科学发展轨道。

推进生态市建设决议的落实。2004年，常委会认真按照市委关于建设生态市的工作部署，向市十届人大二次会议提出关于推进生态市建设的决议草案。生态市决议作出后，常委会结合生态建设与环保执法工作进行了持续的跟踪监督。同时，坚持每年确定若干群众反映强烈的环境污染问题，有针对性地开展监督，支持与督促市政府认真解决。几年来，市政府认真落实生态市建设决议及常委会提出的意见建议，把生态建设与环境保护摆上重要议事日程，严格环保执法，制定生态市建设规划，完善环保基础设施，积极探索建立生态补偿机制。切实加大对鳌江流域及制革、电镀、废塑料洗涤业等区域性、行业性污染的整治力度，取得实质性进展，整体推进了生态市建设。2005年以来，常委会积极争取对温州生态园的保护管理进行立法，在省人大常委会的大力支持及各方共同努力下，浙江省温州生态园保护管理条例顺利出台实施，为温州生态园的保护管理提供了重要的法制保障，也为我市的地方立法工作进行了有益探索。

四年来，常委会坚持党管干部和依法任免干部相统一的原则，共任免国家机关工作人员225名。审议通过了授予荣誉市民称号的办法，决定授予海军“温州舰”官兵“温州市荣誉市民”称号。先后决定我市与苏州市、德国吉森市、加蓬让蒂尔港市等3个城市缔结友好城市关系，推进了友好交流与合作。

二、加大法律监督力度，努力创造文明法治的社会环境

常委会把加强法律监督放在突出位置，不断改进方式，增强实效，有力地促进了依法行政和公正司法。

认真开展执法检查。常委会坚持每年有重点地选择2－3部法律法规深入开展执法检查，并采用市县联动、媒体曝光、跟踪监督等措施，努力扩大执法检查的影响。四年来，重点对劳动法、安全生产法、义务教育法、刑事诉讼法、行政诉讼法、科技进步法、传染病防治法、环境保护法、土地承包法等9部法律进行了执法检查。常委会在对劳动法和安全生产法系列法律法规的执法检查中，针对劳动合同签订、职工工资拖欠、安全生产责任落实、事故应急处置，以及出租房消防隐患、道路交通黑点整治等问题提出审议意见。市政府采取强化劳动监察工作、开展安全生产专项整治、研究建立长效管理机制等措施，维护了广大劳动者的合法权益，促进了社会的安全和谐。在对义务教育法进行执法检查后，市政府认真落实常委会提出的审议意见，下发了进一步加强农村教育工作的决定，每年安排3000万元专项补贴农村教育，并采取有力措施解决学校基建负债问题，合理配置教育资源，促进了教育事业的发展。

四年来，受常委会的委托，各有关专门委员会先后对未成年人保护法、工会法等19部法律法规进行执法检查和调研，针对执法过程中存在问题，提出意见建议，并加强跟踪监督，促进了相关法律法规的贯彻实施。如在对省旅游管理条例进行执法调研后，提出意见建议，督促有关部门及时查处检查中发现的违法案件，取得了良好成效；对体育法的执法调研，直接促进了乐清、平阳两地少体校相关问题的解决。此外，常委会还配合全国人大、省人大对36部法律法规进行了立法调研。

重视加强司法监督。常委会一直把促进公正司法作为监督工作的重要内容，通过听取和审议专项工作报告、开展执法检查等形式，推动有关方面切实解决超期羁押、刑讯逼供及行政部门应诉不积极等问题，督促法院和检察院系统加强基层建设、队伍建设和内部监督工作，取得了成效。加强对公安机关及“两院”的减刑、假释、暂予监外执行工作的监督检查，督促有关机关认真纠正存在的问题。今年1月份，常委会听取和审议了市政府关于“扫黑枪、除黑恶、反两抢”专项斗争工作情况的报告，督促公安、司法机关加大力度，依法从严打击“涉枪”、“涉抢”等严重危害社会的犯罪活动，维护社会稳定。

加强信访工作。常委会切实加强对信访工作的领导，配强人员力量，建立信访工作联席会议制度和定期信访分析制度，健全处理网络，畅通了人民群众反映热点、难点问题的渠道。四年来，共接待群众来信来访10 001件（次）。通过认真交办督办，为群众排忧解难，努力化解矛盾，维护了广大人民群众的合法权益，促进了社会和谐。

三、增强工作监督实效，促进经济社会全面发展

常委会围绕全市中心工作和群众关心的热点问题，认真开展监督，发挥了推进改革、促进发展、维护稳定的作用。

推进中心工作落实。“四大工程”是我市优化产业结构、统筹城乡发展、增强发展后劲的重要举措。常委会及时听取和审议了市政府关于工业发展和招商引资工作的报告，要求市政府进一步强化发展导向，完善发展政策，创新发展举措，优化发展环境。并就深化“效能革命”、缓解土地要素制约，以及加快开发区滨海新区建设等工作，组织代表开展明查暗访和视察调研，帮助破解难题。切实加大对深水港、半岛围垦、环城高速等“百项千亿”工程建设的监督力度，先后12次组织代表视察，8次常委会会议将相关内容列入议题。通过一系列监督工作，在全市上下营造了加快发展的良好氛围，推进了重点工程建设。常委会认真听取和审议了市政府关于“139富民工程”、少数民族地区发展等工作的报告，组织代表视察调研康庄工程、广播电视“村村通”工程、山海协作工程、农村建房及危房改造等工作，推进了社会主义新农村建设。此外，常委会还适时听取和审议了市政府关于城市总体规划的编制与实施、“平安温州”建设、现代服务业及旅游业发展等工作的报告，组织代表视察检查，推进了工作落实。

促进社会各项事业发展。教育、科技、文化和公共卫生事业发展是构建和谐社会的重要组成部分。常委会针对上述工作组织调研视察，认真听取和审议有关工作报告，提出意见建议。“非典”疫情曾引起人们对公共卫生的高度关注。常委会结合传染病防治法执法检查，要求市政府加大财政投入，加快建设市传染病医院，完善市县两级疾控体系，加强基层卫生院建设，并对市卫生局的行政执法工作进行专项评议，促进了全市公共卫生事业的发展。对发展高等教育、职业教育、民办教育工作情况开展视察调研，听取市政府有关工作报告，提出意见建议，促进了教育事业的均衡发展。继续加强对文明城市创建工作的监督，去年组织全国、省、市、县、乡（镇）五级人大代表近600人，分别对全市高速公路、国道、铁路沿线两侧整治工作进行联动视察，推动了整治工作的落实。

加强对关系群众切身利益事项的监督。“五个一”民生工程和城乡水灾害防御体系建设、农产品质量安全、农村新型合作医疗等工作事关人民群众的切身利益，是人大代表和广大市民反映强烈、十分关注的热点问题。常委会对此高度重视，发扬务实精神，通过多种形式开展监督。去年，常委会先后5次组织代表视察“五个一”工程建设情况，两次听取和审议相关工作报告，支持督促市政府加快拆迁征地进度，统筹人财物力，坚持科学建设，明确工作职责。常委会的高度关注，推进了工程建设中的审批难、征地难、筹资难等问题的解决，为加快安置房、城市防洪堤等民生工程建设起到了积极的作用。城乡水灾害防御体系建设和抗灾救灾工作事关人民群众的生命财产安全。常委会多次听取和审议市政府有关工作报告，组织代表深入地质灾害患点视察，督促政府认真实施“万户避险移民安置工程”，加快完善水灾害防御体系。在“云娜”、“桑美”等超强台风袭击我市之后，常委会都组织代表深入灾区视察、慰问，并发动代表及机关工作人员捐资，以实际行动支援灾区重建。

努力完善监督工作机制。四年来，常委会着眼于推进工作落实，先后听取11名市“一府两院”有关负责人的履职情况报告，并将述职情况进行电视、网络直播，提高了常委会行使职权的透明度，增强了全市国家机关工作人员接受监督和依法履职的意识，推动了“一府两院”的工作。2003年9月，常委会与有关媒体合办了《实事面对面》、《代表在线》两个栏目，围绕全市中心工作和群众关心的热点、难点问题进行有效运作，共播出节目171期，参加栏目活动的代表达到346人次。一些群众关注的问题在“两个栏目”的推动下得到解决，增强了人大工作的实效，宣传了人民代表大会制度。

四、坚持代表主体地位，充分发挥代表作用

常委会认真按照中央〔2005〕9号文件的要求，不断加强代表工作，改进工作机制，紧紧依靠代表行使职权，充分发挥了代表在管理地方国家事务中的主体作用。

努力拓宽代表知情知政渠道。常委会积极拓宽渠道，创设平台，努力为代表履职创造良好条件。坚持半年工作情况报告会制度，每年组织300名左右代表听取市“一府两院”上半年工作情况的报告。在去年的“一府两院”上半年工作情况报告会上，还组织代表围绕“四大工程”、“五个一”工程、新农村建设三项工作，开展讨论，提出意见建议。四年来，共组织代表活动110多次，邀请代表近1200多人次参与视察、调查及列席常委会会议等。此外，还通过常委会领导联系代表、组织代表旁听法院审判、探索代表进社区活动等形式，进一步密切代表与“一府两院”及选民的联系，帮助代表了解社情民意，促进代表知情知政。

不断提高代表议案建议办理质量。常委会高度重视代表议案建议的督办工作，先后出台代表议案和建议处理办法，进一步规范了议案和建议的处理工作。四年来，各专门委员会共对25件代表议案进行认真审议，提出审议结果的报告，常委会审议并通过了上述报告。代表提出的1699件建议、意见，全部办理完毕。为了提高代表建议办理的质量，每年都确定一批重点建议，通过常委会领导督办、市政府分管领导领办等形式，进行重点督办。同时，加强代表与承办单位的沟通，加大督办力度，完善激励机制，增强办理实效，提高了代表对建议意见办理的满意率。经过各方努力，代表提出的部分退休职工参加医疗保险、建设温州科技城，以及市区农贸市场整治、外来务工人员技能培训等问题得到了较好的解决。事实证明，代表议案建议的办理，对于密切政府与人民群众的联系，推动各项工作起到了积极的作用。

切实为代表履职提供良好服务。常委会不断健全机制，强化保障，努力改进代表服务工作。共举办培训班7期，培训代表820多人次，提高了代表的履职能力。积极健全代表履职激励机制，听取11名省人大代表的履职情况报告，组织80名市人大代表向选举单位述职，增强了代表的代表意识、责任意识和为民服务意识。举办了“我当代表为人民”征文比赛活动，对53位代表的先进事迹进行宣传，展现了代表风采。组织开展了“履职优秀代表”、“十佳代表”评选活动。同时，健全代表联络机构，增加代表活动经费，改善了代表开展活动的条件。

做好换届选举的指导工作。去冬今春的换届选举是宪法修改后的首次县、乡人大同步换届。常委会高度重视，认真按照市委的统一部署，针对我市换届选举工作中出现的新情况新问题，切实加强指导。去年底，常委会领导分头开展专题调研，要求各地在换届选举过程中广泛宣传宪法、选举法等，增强选民的民主法制意识，努力把坚持党的领导、人民当家作主和依法治国有机统一起来，促进了换届选举工作的有序进行。在各级党委、人大的领导和主持下，市、县、乡三级人大代表的换届选举工作顺利结束。代表的结构进一步优化，综合素质普遍提高，为我市加强权力机关建设打下了良好基础。

五、加强常委会及机关自身建设，为履行职责提供有力保障

四年来，常委会坚持以提高自身素质为切入点，积极加强自身建设，为履行各项法定职责提供了有力的保证。

加强思想作风建设。坚持中心组学习制度和常委会会前法制讲座制度，认真学习邓小平理论、“三个代表”重要思想，以及党的十六届四中、五中、六中全会精神，学习新党章、中央关于构建社会主义和谐社会和建设社会主义新农村的决定等。严格按照上级要求，认真开展保持共产党员先进性教育活动，切实加强学习，认真查找问题，健全各项制度，狠抓整改落实，进一步增强了机关党员干部党的观念、政治观念、大局观念和群众观念。监督法出台前后，两次召开全市人大主任会议，认真学习传达胡锦涛总书记关于人大监督工作的指示精神和全国、省人大常委会领导的重要讲话精神，进一步统一思想认识，总结实践经验，增强了做好新时期人大工作的责任感和紧迫感。大力倡导求真务实作风，深化“效能革命”，积极做好挂钩扶贫、干部下派、文明创建等工作，机关服务水平有了新的提高。

加强人大制度的宣传。常委会不断探索新形势下人大宣传工作的特点和规律，改进宣传方式，提高宣传效果。2005年，召开全市人大宣传工作会议，出台了关于加强人大宣传工作的意见。继续办好《温州人大》杂志，开通温州人大网站。坚持开展人大好新闻评选活动。组织开展人民代表大会成立50周年系列纪念活动，进一步宣传人民代表大会制度。此外，常委会还通过邀请市民旁听、组织电视及网络直播等形式，努力增强代表大会的影响，使根本政治制度更加深入人心。

充分发挥各专门委员会的作用。四年来，在常委会的领导下，各专门委员会根据市人民代表大会确定的任务和常委会的部署，按照各自的工作职责，大胆行使各项法定职权，为人大及其常委会行使职权提供了有力支持。

切实加强与县（市、区）人大的联系。常委会十分注重密切同县（市、区）人大常委会的联系，积极指导、支持县级人大及其常委会依法行使职权。加强对乡镇人大工作的指导，研究解决工作中遇到的困难和问题，整体推动全市人大工作向前发展。

积极有效地开展外事工作。常委会重视同国外议会的友好往来，先后组团到汤加、澳大利亚、新西兰等国家和地区进行友好访问和考察，积极做好外国友人来访的接待工作，在对外宣传温州、增进友谊、促进交流与合作等方面起到了积极的作用。

回顾本届以来的工作，我们有以下几点体会：

*（一）做好人大工作，必须始终坚持党的领导。*人大及其常委会只有自觉地把人大工作置于党的领导之下，才能保证人大工作健康发展，确保各项职权的正确行使。在工作中，我们紧紧围绕市委中心工作行使职权，适时把市委的决策和主张通过法定程序，变成国家意志和人民群众的自觉行动。人大的重要工作安排都及时向市委请示汇报，得到市委的支持。这些都为人大工作取得实效、推动人大制度向前发展提供了坚强的保障。

*（二）做好人大工作，必须正确把握监督与支持的关系。*监督权是地方人大的一项基本职权。人大监督既是对“一府两院”权力运行的制约，又是对其工作的支持。四年来，我们既坚持实事求是、依法行使职权，开展有针对性的监督，又对“一府两院”工作予以有力的支持。在实际工作中，通过找准重点、难点、热点问题，充分运用人大监督的权威性，在广大干部中形成了推进工作落实的良好态势，在全社会营造了关心、支持重大工作落实的良好氛围，实现了监督与支持的有机统一。

*（三）做好人大工作，必须坚持以民为本。*坚持一切从人民群众的根本利益出发，是人大工作的本质要求。四年来，常委会坚持执政为民，紧密联系和依靠代表，把维护和实现广大人民群众根本利益贯穿人大工作始终，围绕人民群众普遍关注的热点难点开展审议和视察，监督“一府两

（下转第17页）

温州市人民政府工作报告（摘要）

在温州市第十一届人民代表大会第三次会议上

（2008年5月10日）

温州市人民政府代市长　赵一德

一、2007年工作回顾（略）

二、2008年总体要求和主要目标

2008年是全面贯彻落实党的十七大战略部署的第一年，是改革开放30周年和北京奥运会举办之年，也是实施“十一五”规划承上启下的关键之年。做好今年工作，既要看到各种有利条件，更要充分认识面临的困难和问题，始终保持清醒头脑，切实增强忧患意识，满怀信心迎接挑战，扎实推进科学发展与和谐建设。

今年政府工作的总体要求是：高举中国特色社会主义伟大旗帜，以邓小平理论和“三个代表”重要思想为指导，深入贯彻科学发展观，认真落实省委“两创”总战略，加快调整经济结构和转变发展方式，积极推进改革开放和自主创新，着力加强资源节约和环境保护，切实改善民生和促进社会和谐，努力实现全市经济社会又好又快发展。

综合考虑各种因素，今年国民经济和社会发展的主要预期性指标为：全市生产总值增长12%左右，地方财政收入增长13.1%，全社会固定资产投资增长12%，社会消费品零售总额增长14%，外贸出口总额增长15%，城市居民人均可支配收入增长7%，农村居民人均纯收入增长8%，居民消费价格指数低于全省平均水平。主要约束性指标为：单位生产总值能耗下降4.5%左右，化学需氧量、二氧化硫排放量均削减3%左右；城镇登记失业率控制在4%以内，人口自然增长率控制在7.5‰以内。

在具体工作中，着重把握好以下五个方面：

*一是坚持好字优先、稳中求进。*全面贯彻中央宏观调控政策，高度关注当前经济运行环境的复杂性、多变性，认真落实应对措施，防止经济出现大的下滑。充分利用宏观调控的倒逼机制，下更大力气转变经济发展方式，加快产业结构调整，缓解要素瓶颈制约，加强资源节约和环境保护，努力实现又好又快发展。

*二是坚持全民创业、全面创新。*进一步解放思想，与时俱进，大力弘扬新时期的温州人精神，以更加开阔的视野、更加宽广的胸怀、更加主动的姿态推进创业创新。完善政策导向，优化政府服务，改善发展环境，培育和发展更具竞争力的市场主体，努力在民营经济发展和提升上走出新路子。

*三是坚持区域统筹、联动发展。*按照主体功能区要求，推进大温州建设，引导资源优化配置、产业合理布局、区域联动发展。把沿海产业带建设摆到更加突出的位置，坚持规划共绘、设施共建、产业共兴，实现新型工业化和新型城市化“两轮驱动”。把欠发达地区发展作为新的经济增长点来抓，立足生态优势，发展特色产业，强化“造血”功能，推进共同跨越。

*四是坚持以人为本、改善民生。*把服务民生、改善民生作为政府一切工作的出发点和落脚点，努力使民生工程得到制度化安排、长效化推进、项目化落实。按照“学有所教、劳有所得、病有所医、老有所养、住有所居”的要求，把加强公共服务、完善社会保障、优化人居环境、改善社会治安作为工作重点，认真解决各种矛盾和问题，努力让全市人民过上更加幸福安康的生活。

*五是坚持求真务实、狠抓落实。*按照既定的战略部署，强化工作深度，细化工作措施，一个一个项目地抓好落实，一件一件实事地推进发展，不搞短期行为，不做表面文章。全体政府工作人员都要坚持勤政、廉政、优政，始终保持坚韧不拔、奋发有为的精神状态，敢于直面矛盾，勇于承担责任，善于破解难题，努力向全市人民交出一份满意的答卷。

三、加快转变发展方式，促进经济又好又快发展

坚持把科学发展观的要求与温州实际紧密结合起来，立足当前，确保经济平稳较快增长；着眼长远，推进经济发展转型升级。

*（一）以沿海产业带建设为抓手，调整优化发展布局。*沿海产业带是我市推进科学发展、创业创新的主体平台，事关温州发展全局。要坚持以规划为龙头，以沿海快速通道为纽带，有效整合优势产业、围垦土地和港口等发展资源，加快产业结构优化升级，同步推进城镇发展和生态环境建设，促进产业群与城镇群的互动发展。今年是沿海产业带建设的全面推进之年，我们要切实增强紧迫感、责任感，全力以赴做好各项工作，抓紧编制完成沿海产业带实施规划和专项规划，努力在产业功能区开发、重大基础设施建设等方面取得实质性进展。民营经济科技产业基地要开工建设启动区，研究制定准入政策，积极开展招商选资和项目落地的前期工作。瓯江口区域要继续加快水、电、路等配套设施建设，加强港口资源开发，抓好重大项目的跟踪落实，开工建设半

岛起步区。温州经济技术开发区要进一步拓展发展空间，优化发展环境，提高产出效能，更好地发挥示范带动作用。大力推进沿海快速通道建设，开工建设龙湾南段，争取建成瑞安段一期，积极做好乐清、平阳、苍南段项目前期工作，加快“连段成线”，使之成为带动温州沿海地区整体发展的“大动脉”。

（二）统筹城乡区域发展，扎实推进社会主义新农村建设。认真落实支农惠农政策，确保财政支农资金、政府固定资产投资和土地出让收入用于农村的增量明显高于上年。加强对种粮农民特别是种粮大户的扶持和服务，有效防止耕地抛荒，确保全市250万亩粮食播种面积、90万吨粮食生产能力。扩大地方粮食储备规模，切实维护粮食安全。坚持科教兴农，加快发展高效特色农业，推进规模化、标准化生产，提高农产品质量安全水平。加强以标准农田为重点的农业基础设施建设，大力推进农业机械化，增强农业综合生产能力。加强特色经济林、珍贵树种林等多种林业基地建设。优化渔业结构，积极培育渔港经济。大力扶持农业龙头企业，积极培育农村新型合作经济，完善土地承包经营权流转机制，支持民营企业、新生代创业农民投身农业产业化经营。深化村级集体经济管理体制改革。继续推进农村劳动力素质培训，计划培训11万人次。组织开展新一轮“千村整治、百村示范”工程，创建全面小康示范村25个，完成村庄整治600个。加强农村公路管理、养护和安保设施建设。继续抓好大中型水库移民后期扶持工作。

实现区域协调发展，是一项长期而艰巨的任务。要根据欠发达地区资源环境承载能力、发展基础和潜力，发挥比较优势，加强薄弱环节，加快发展步伐，逐步缩小地区发展差距。支持欠发达地区发展生态农业、生态工业和休闲旅游等特色产业，突出抓好泰顺彭月和文成樟山产业功能区建设。加快78省道苍南段改建步伐，抓好龙丽温高速公路温州段、56省道文成段二期等项目前期工作，着力改善欠发达地区基础设施条件。科学利用山区水电资源，合理开发小水电，争取建设抽水蓄能电站。加大对欠发达地区政策支持力度，扎实推进珊溪库区周边环境整治，制订出台生态补偿实施办法。加快革命老区、海岛、少数民族地区经济社会发展。以“共同跨越六大行动”为载体，组织实施新一轮富民攻坚计划，有针对性地落实帮扶项目，加快低收入农户奔小康步伐，让欠发达地区群众共享改革发展成果。

（三）全面推进“创新强工”，加快建设先进制造业基地。大力改造提升特色优势产业，加强关键共性技术和节能环保技术攻关，积极推进基础装备创新、产品创新和信息化建设。深入实施“百龙计划”，做强做大特色优势产业的龙头企业，大力扶持发展成长型中小企业。抓好产业链的整合提升，着力提高基础配套产业发展水平。依托现有发展基础，积极培育高新技术产业，重点在电子信息、生物医药、新材料等领域，开发一批高新技术产品，发展一批高新技术企业。依托港口资源优势，加快发展能源电力、石化工业、船舶制造等临港产业。充分发挥项目对产业优化升级的支撑和带动作用，全面推进“四大百项”建设，确保完成工业性投入315亿元。

推进产业优化升级，科技是动力，人才是保障。要充分发挥企业的创新主体作用，支持有条件的企业建立技术研发中心、工程技术研究中心、博士后工作站，提高企业自主创新能力。充分利用本地科技资源，继续做好“大院名校”引进工作，深化产学研合作。实施特色优势产业科技提升计划，面向泵阀、电器、鞋革、服装等产业，建设一批行业技术中心和国家级重点实验室，积极筹建国家工业电器、眼镜等质量监督检验中心。深入实施品牌和标准化战略，建立健全知识产权激励、保护和预警机制。优化人才发展环境，充分发挥高校、科研院所、骨干企业的平台作用，加大创新型、技能型、经营管理型人才的培养和引进力度，造就一支与我市产业升级相适应的高素质人才队伍。

（四）优先发展现代服务业，全面提高服务业发展水平。把发展现代服务业作为产业结构调整的战略重点来抓，不断提高第三产业对经济增长的贡献率。重视城市产业发展，制订出台中心城区“退二进三”政策，积极培育总部经济、楼宇经济、创意经济等新型经济业态。进一步加强银企、银项合作，改进对中小企业和“三农”的金融服务，努力保持信贷适度增长，有效防范金融风险。积极培育软件、电子商务等新型信息服务业，促进会计、法律、咨询、评估等专业服务业发展。加快港口物流、铁路物流、航空物流发展，抓好状元岙、潘桥和灵昆物流园区建设前期工作。优化城市商贸布局，加强特色商业街区建设，改造提升各类商品市场。以“山上、海上、晚上”旅游项目开发为重点，整合旅游资源，争取开工建设雁楠公路，启动建设瓯江旅游度假区，完善旅游景区配套设施和服务网络，提高旅游接待能力和水平，努力塑造优秀旅游目的地城市形象。加快发展建筑业。强化房地产市场监管，促进房地产业持续健康发展。

（五）坚持规划、建设、管理并重，推进新型城市化建设。按照“拉框架、强功能、提档次、优环境”的总体思路，编制实施市县域总体规划，加快温州大都市区建设。全面实施滨江商务区规划，加大征地拆迁力度，抓好道路网架建设，扎实推进总部基地、休闲住宅区、商业区建设和洪殿街区改造，掀起滨江商务区建设高潮，促进城市发展新亮点的加速形成。加快推进沿江景观带和南塘水乡一条街建设，继续抓好朔门街、鼓楼街等历史街区的修缮保护。加强城市空间形态整合，抓好市区主要道路沿线和背街小巷环境综合整治，推进未开发地段、边角地块建设，切实改善城市整体形象和人居环境。按照“东拓西优”的要求，注重城市产业培育和基础设施配套，加快龙湾、瓯海中心区建设步伐。加强温州生态园环境综合整治，加快三　湿地公园建设。完善城中村改造政策，加快城中村改造步伐。创新城市管理体制，整合管理资源，推进重心下移。

深入实施强县强镇战略。大力推进区域性、基础性重大项目规划建设，促进各县（市）加快融入温州大都市区，实现功能互补、协调发展。加大对鳌江流域发展的支持力度，完善联动协调机制，促进资源优化配置，提高南部地区整体发展水平。把中心镇、重点镇作为推进新型城市化的战略节点来抓，加快产业优化升级，完善配套基础设施，改善生产生活环境，提高承载辐射能力。

（六）加大节能减排攻坚力度，加强环境保护和生态建设。强化节能减排工作责任制，完善统计、监测和考核体系。严格落实产业政策和环境准入制度，加快淘汰落后产能，鼓励发展清洁生产，建设一批循环经济示范企业。积极推广区域集中供热，深入实施燃煤锅炉脱硫工程。巩固提升“一江二业十六区”整治成果，深化合成革、化工等重点行业污染整治。建立健全污水收集处理系统，加强配套管网建设，加大截污纳管力度，切实提高污水收集率和处理率。健全环保在线监控体系，全市重点污染源在线监控覆盖率达到60%以上。抓好固体废物处理设施的规划建设。加强农村生活污染治理，严格控制农业面源污染。抓好第一次污染源普查工作。推广节能合同管理、定额管理，完善节能价格机制，整体推进建筑节能、生活节能和公共机构节能。大力倡导生态文明，努力使节能环保成为全民的自觉行动。

（七）改善土地要素供给，提高土地节约集约利用水平。温州人多地少，土地问题始终是制约发展的突出因素。要加大围垦造地力度，全年完成投资6亿元，龙湾海滨、瑞安丁山二期、平阳宋埠—西湾、苍南江南等围垦工程要加快进度，乐清胜利塘北片围垦工程要完成堵口合龙，龙湾二期和洞头大小门岛际围垦工程要力争开工建设。切实抓好存量建设用地开发，加大“转而未供”、“供而未用”土地的清理力度。合理开发利用低丘缓坡和城市地下空间，启动市区林宋组团建设。加强农村宅基地整理和废弃地利用，积极引导和规范村级安置留用地开发。加强已建标准厂房的管理和营运，继续推进标准厂房建设，确保再建成200万平方米、新开工200万平方米。认真落实工业用地招拍挂出让制度，切实提高工业用地供给水平。加强耕地资源保护，坚决遏制乱占、滥用和浪费土地现象。

（八）加强重大基础设施建设，改善发展支撑条件。围绕建设国家级综合交通枢纽城市，强化交通对经济社会发展的保障作用。加快建设以深水港、高速公路、铁路和航空港为支撑的现代化对外交通体系，建成状元岙港区一期，推进杨府山老港区搬迁和乐清湾港区、灵昆作业区建设；建成绕城高速公路北线主线工程；加快甬台温铁路、温福铁路建设步伐，开工建设铁路新客站，做好金温铁路扩能改造前期工作；完成温州机场航站区扩建工程，启动飞行区扩建。继续抓好市域“五条通道”建设，做好77省道延伸线、灵昆至乐清跨江大桥、诸永高速公路延伸段、104国道市区过境段改建等工程前期工作，加快建设七都大桥，开工建设大门大桥一期，强化交通干线联系，加快形成大都市区交通网络。

强化水资源保障和电网攻坚。建立健全覆盖城乡的供水网络，加快建设楠溪江引供水工程、洞头陆域引供水工程，开工建设珊溪水利枢纽平苍引水工程。加强山区、海岛缺水地区供水设施建设，解决15万农村人口的安全饮水问题。加强水系源头环境保护工作，确保饮用水水源保护区主要指标稳定达标。围绕形成市域500千伏环网，合力开展新一轮电网攻坚，建成投产500千伏温东变和220千伏鞋都变、瓯海南白象变等一批输变电工程，确保全年投产300万千伏安、开工400万千伏安、完成前期工作500万千伏安。加快电源项目建设步伐，建成浙能乐清电厂一期、开工建设二期，做好浙江苍南电厂前期工作。高度重视供电安全，加强电网调度和有序用电管理，提高电力应急保障能力。

加强防灾减灾体系建设。深入推进“515”防洪保安工程，加快戍浦江河道综合整治和永嘉上塘、平阳水头城防工程等28个项目建设，完成投资13.4亿元。深化“千库保安”工程，完成19座病险水库除险加固任务。加强小流域治理和地质灾害隐患点防治，开工建设小流域堤防13.5公里。加强避灾工程建设，建成避灾安置点17万平方米。重视避风锚地规划建设，加快实施洞头中心渔港、苍南舥艚渔港等工程。加强对台风、暴雨等自然灾害的预测预警。进一步扩大政策性农业保险和农村住房保险覆盖面。

（九）发挥民营经济优势，推进体制机制创新。积极开展民营经济创新发展综合配套改革试点，争取在企业制度创新、技术创新和政府供地服务、金融服务上有新的突破。认真落实支持民营经济发展的政策措施，坚持平等保护物权，推进公平准入，支持民营资本进入基础设施、基础产业、公用事业等领域。加快企业上市步伐，争取新增上市企业3家。鼓励发展创业风险投资和产业投资，积极探索创业保险、小额担保和农村住房抵押贷款，为创业创新提供金融支持。建立健全信用信息征集使用机制，加快社会信用体系建设。

坚持以产权制度改革为核心，推进优势国有企业战略性重组，加快形成港口、交通、能源、水利、城建等五大国有企业板块。推进国有企业公司制改造，建立完善企业法人治理结构，加快建立现代企业制度。重视解决国有企业改制遗留问题。

（十）深入实施开放带动战略，提高对内对外开放水平。充分利用国际国内两个市场、两种资源，以开放促发展、以开放促提升。大力推进招商选资、“以民引外”，突出抓好龙头性大项目的引进和落地，扩大服务业利用外资规模，提高利用外资水平，全年实际利用外资4亿美元，引进内资39亿元。继续办好民营企业对话世界500强活动。加大政策扶持力度，积极引导企业拓展市场空间，培育出口品牌，增强应对贸易壁垒能力，扩大先进技术装备、重要原材料和关键零部件进口，努力保持外贸稳定增长。加强空港、海港口岸扩大开放的报批工作。大力实施“走出去”战略，支持有条件的企业在生产销售、资源利用、科技研发等方面开展国际化经营，加快培育本土跨国公司。推动俄罗斯远东经贸合作区和越南龙江工业园建设，积极参与筹建中奥科技园。在外温州人是温州发展的宝贵资源，要充分发挥海外侨团、全国各地温州商会作用，促进温州人经济与温州经济互动发展。办好第二届世界温州人大会。创新区域合作交流机制，积极参与长三角一体化和海峡西岸经济区发展，深化与中西部、东北等地区的合作交流，做好对口支援和帮扶工作，努力形成区域合作新格局。

四、全面改善民生，促进社会和谐

以解决人民群众最关心、最直接、最现实的利益问题为突破口，以完善为民办实事长效机制为保障，全面落实改善民生的各项举措，努力使改革发展的成果惠及千家万户。

（一）坚持优先发展教育，加快教育强市建设。教育是发展的基石，教育公平是社会和谐的基础。要加大义务教育保障力度，推进基础教育优质均衡发展。从今年开始，市政府农村义务教育发展专项资金由每年3000万元增加到6000万元，各县（市、区）政府也要相应增加投入。科学调整校网布局，启动建设100所义务教育标准化学校，改造100所农村薄弱学校。加强旧城改造和城市新区校网配套建设。积极发展学前教育。着力提高普通高中教育普及水平和办学质量。多渠道解决进城务工人员子女就学问题。完善扶贫助学体系，保障家庭困难学生、残疾学生平等接受教育。深化招生考试制度改革，切实推进素质教育。完善教师队伍激励机制，逐步提高农村和薄弱学校教师待遇。重视解决中小学校负债问题。大力发展职业教育，鼓励支持校企合作办学，加强实训基地建设，创建30所重点品牌职业学校，启动建设温州第三职业中等专业学校。注重高等教育内涵提升，支持温州医学院、温州大学等高校加快发展，提高人才培养、科技创新和服务发展的能力。重视发展成人教育、社区教育，加快建设学习型社会。加大对民办教育的支持力度，促进民办教育健康发展。

（二）推进城乡统筹就业，努力构建和谐劳动关系。就业是民生之本。要认真贯彻落实《就业促进法》，强化政府促进就业职能，统筹城镇就业和农村富余劳动力转移就业。积极引导社会就业观念转变，鼓励自谋职业和自主创业，以创业带动就业。高度关注城镇“零就业”家庭，帮助1.5万名城镇下岗失业人员实现再就业，力争农村低保家庭中有劳动能力和就业愿望的人员实现就业达到50%以上。加强对高校毕业生的就业指导和服务。全面实施《劳动合同法》，推动各类企业与劳动者依法签订劳动合同，推行工资集体协商和农民工工资支付保障金制度，完善劳动保障监察和劳动争议处理机制，构建规范和谐的劳动关系。

（三）进一步完善社会保障体系，逐步提高保障水平。积极推行“五费合征”，进一步扩大社会保险覆盖面，逐步做实个人帐户。全面实施城镇居民基本医疗保险制度，确保参保率达到60%以上。完善新型农村合作医疗制度，逐步提高保障水平。加强被征地农民社会保障工作，实现当年被征地农民“即征即保”，并逐步解决好历史遗留问题，新增参保人数6万以上。继续扩大工伤保险覆盖面，新增工伤保险参保人数30万。建立市区老年居民养老保险、农民工大病医疗保险和企业职工医疗门诊统筹等制度。巩固和完善城乡居民最低生活保障、农村“五保”和城镇“三无”对象集中供养制度，确保城乡困难群众享有基本生活保障。大力推进新型社会福利体系建设，发展社会化居家养老服务，开工建设市社会福利中心。加快发展慈善事业。实施残疾人共享小康工程。

（四）切实加强卫生、体育等社会事业，不断提高全民健康素质。完善区域卫生发展规划，加强城乡医疗卫生服务，着力解决群众“看病难”问题。抓好社区卫生服务网络和乡镇卫生院建设，市区社区卫生服务中心覆盖率达到80%，各县（市）争取达到40%。积极拓展社区卫生服务功能，探索建立双向转诊机制。加强全科医护人员和农村卫生技术人员的培训，安排30家县级以上医院对口支援乡镇卫生院，落实200名市级医院医生支援基层卫生院所。建成市二医住院楼，加快温州医学院附一院迁建，启动建设市妇幼保健大楼、市育英儿童医院医疗病房综合楼，支持各县（市、区）骨干医院加快发展。加强公共卫生服务体系建设，抓好疾病预防控制工作，强化重大传染病防治。认真组织开展奥运火炬接力等迎奥运活动，鼓励温籍体育健儿争创佳绩、为国争光。加强城乡体育基础设施建设，广泛开展全民健身运动，提高竞技体育水平。高度重视人口和计划生育工作，加强人口综合信息平台和服务体系建设，综合治理出生人口性别比偏高等问题，切实控制违法生育，稳定低生育水平，提高出生人口素质。

（五）完善文化公共服务体系，促进文化大发展大繁荣。围绕建设社会主义核心价值体系，加强公民思想道德建设，深化群众性精神文明创建活动，提高公民文明素质和城乡文明程度。认真总结温州改革开放30年来的发展经验，进一步弘扬和创新温州人精神。设立优秀历史文化保护发展专项资金，重视物质文化遗产和非物质文化遗产的发掘、抢救和保护工作。实施文化精品战略，积极打造戏曲、歌舞、书画等特色文化品牌。深化文化体制改革，大力发展文化产业。实施“文化惠民工程”，建成温州大剧院、工人文化宫，加快县（市、区）“两馆一站”建设，启动建设30个乡镇综合文化站，推进数字电影进农村和广播电视村村通工程，开展多种形式的文化下基层活动，丰富广大群众的文化生活。强化市场监管，规范文化市场秩序。加强科普工作，提高公民科学素养。

（六）组织实施新一轮“五个一”民生工程，努力打造宜居城市。把“一河、一房、一堤、一路、一网”建设作为改善民生的重要任务，合力攻坚，强势推进。全面整治温瑞塘河是广大市民的多年夙愿，也是本届政府作出的庄严承诺，必须全力以赴，务求必胜，以实际成效取信于民。今年要集中力量打好重点污染源整治、截污纳管、垃圾清理、拆违清障等硬仗，同步建立长效管理机制，为四年内基本消除河道“黑臭”现象奠定坚实基础。加快构建多层次住房保障体系，市区新开工安置房70万平方米，竣工100万平方米；开工建设经济适用房20万平方米，新增廉租住房保障对象300户；进一步扩大城乡住房公积金制度覆盖面。加快城区防洪堤建设，续建3.4公里，闭合1.3公里。继续推进城市道路建设与整治，着力完善城区西部道路交通网络，开工建设瓯海大道西段快速路。加强过街通道建设，实现重点路段“人车分流”。采取有效措施缓解“停车难”，规范停车收费行为。

（七）加强市场供应和市场监管，切实稳定物价水平。物价问题与人民群众生活密切相关，必须采取综合措施缓解物价上涨压力。切实抓好“菜篮子”产品生产，搞好产运销衔接，确保粮油、猪肉、蔬菜等主要农副产品供应。健全价格监测、预警和应急机制，及时准确发布市场信息，合理引导市场预期，防止物价出现大的波动。加强市场监管，依法打击物价违法行为，维护消费者合法权益。完善和落实低收入群众的动态补助办法，适时提高最低工资标准、失业保险金标准和城乡低保补助水平，确保低收入群众的生活水平不因物价上涨而下降。

（八）加强社会管理，切实维护社会和谐稳定。保一方平安，是改善民生的题中之义，也是各级政府义不容辞的责任。要以做好奥运安全保卫工作为核心，建立健全公共安全防控体系，努力建设“平安温州”。强化社会治安综合治理，依法严厉打击严重暴力犯罪和黑恶势力犯罪，深入实施以反“两抢一盗”为重点的“民安工程”，有效降低刑事犯罪发案率，坚决扫除“黄赌毒”等社会丑恶现象，切实增强人民群众安全感。认真做好预防青少年犯罪工作。创新社会管理体制，推进和谐社区、和谐企业建设，加强和改善流动人口管理与服务。完善各级各类应急预案，提高公众防灾减灾意识，增强有效应对各种灾难事故和公共安全事件的能力。全面落实安全生产责任制，扎实推进“三合一”企业、违章简易棚和居住出租房等安全隐患整治，严格落实高层建筑、人员密集场所的安全监管措施，坚决遏制重特大安全事故的发生。以食品、药品等事关群众身体健康和生命安全的领域为重点，加大市场监管力度，规范生产流通秩序，确保广大群众吃得放心、用得安心。重视人民调解工作，及时化解社会矛盾。健全信访工作制度，集中力量化解一批信访积案，切实降低信访总量。加强基层民主政治建设，做好村级组织换届选举工作。依法管理宗教事务，发挥宗教界人士和信教群众在促进经济社会发展中的积极作用。

全力支持驻温人民解放军和武警部队建设，加强国防教育、国防动员、民兵预备役和人防工作。深入开展拥军优属和军民共建活动，全面落实优抚政策，切实做好军人退役和转业安置工作，巩固和发展军政军民团结的良好局面。

五、加强政府自身改革和建设

适应新形势、新任务的要求，大力加强政府自身建设，大兴求真务实之风，全面提高行政能力和服务水平。

（一）科学履行政府职能。坚持把学习贯彻十七大精神作为首要政治任务，加强行政能力建设和公务员队伍建设，提高推进科学发展的能力。注重对经济运行的监测分析，加强和改善经济调节、市场监管，提高驾驭经济工作的水平。抓好第二次经济普查工作。加强社会管理和公共服务，促进基本公共服务均等化。完善公共财政体制，确保新增财力主要用于改善民生，重点加大对社会事业、社会保障、社会管理、公共基础设施和“三农”等方面的投入。全面清理各类优惠政策，规范专项资金管理和使用，完善财政资金绩效评价制度，提高资金使用效益。坚持政企、政社分开，重视发挥行业协会（商会）等组织的作用。

（二）积极创新管理方式。深化行政管理体制改革，优化内部组织结构，理顺部门职责关系，健全部门间的协调配合机制，逐步解决职能交叉、权责脱节、运作不畅等问题。推进事业单位分类管理和人事制度改革。认真贯彻实施《政府信息公开条例》，提高政府工作透明度，保障人民群众的知情权、参与权和监督权。积极运用信息技术推动政府管理创新，加强电子政务建设，建立健全信息交流、网上办事等平台。深化行政审批制度改革，建立电子监察系统，提高审批透明度和审批效率。整合行政机关审批职能，建立市、县、乡三级联动的行政审批集中服务体系，努力提高审批事项的集中度和授权度。今年要在综合实力30强乡镇（街道）率先建立便民服务中心，方便群众就近办事。

（三）深入推进依法行政。认真贯彻国务院《全面推进依法行政实施纲要》，努力将依法行政融入到政府各项工作中去。自觉接受人大及其常委会的法律监督和工作监督，主动接受政协的民主监督，认真听取民主党派、工商联、无党派人士和人民团体的意见，接受社会公众和新闻舆论监督，促进依法行政、科学施政。完善重大事项集体决策、专家咨询、社会公示听证与合法性论证等制度。深化行政执法体制改革，完善相对集中行政处罚权制度，扩大综合执法范围。加强法治理念教育，继续抓好执法人员轮训，提高政府工作人员依法行政、依法办事的能力。严格实行行政问责制，做到有责必问、有错必纠。

（四）大力加强政风建设。政风关系政府形象，关系人心向背。全体政府工作人员一定要牢记全心全意为人民服务的宗旨，强化公仆意识，倾听民声，体察民情，化解民忧。继续深化“阳光行动”，进一步宽和畅通社情民意表达渠道，完善回应处理机制，更加主动、有效地为群众排忧解难。全面开展以“政企联动、攻坚克难”为主题的企业服务年活动，千方百计帮助企业解决发展中的难题。在政府系统全面推行精细化管理，健全目标责任体系和考核制度，加大督查督办力度，真正使每一项重点工作都有明确目标、有责任主体、有监督考核。深化节约型机关创建活动，力戒铺张浪费，降低行政成本。扎实推进惩治和预防腐败体系建设，切实规范国土资源出让、建设工程招投标、国有资产转让、政府采购等公共资源管理和权力运行，加强行政监察和审计监督，严肃查处各类违纪违法案件，坚决纠正损害群众利益的不正之风。

政协温州市常委会工作报告（摘要）

在政协第九届温州市委员会第一次会议上

（2007年3月26日）

温州市政协主席　蒋云峰

一、八届市政协工作回顾（略）

二、八届市政协工作的体会和认识

（一）坚持党的领导，是做好政协工作的根本保证

坚持党对人民政协的领导，是政协事业始终沿着正确方向前进的根本保证，也是政协开展工作必须遵循的一项根本原则。常委会自觉与以胡锦涛同志为总书记的党中央保持一致，服从和服务于大局，严格按照市委市政府的总体部署开展工作。在组织委员履行职能中，无论建言献策还是批评监督，都坚持以有助于加强和改善党的领导，有助于党政决策的民主化科学化，有助于改革发展和稳定为前提。坚持重大事项主动汇报、主动沟通，使政协工作始终置于市委的领导之下，取得重视和支持。积极承担市委交办的各项任务，并充分利用自身优势，努力协助市委市政府做好各项工作。中共温州市委从坚持和完善我国基本政治制度、加强民主政治建设的高度出发，真正把政协工作纳入到重要议事日程，并与市委的全局工作紧密结合起来，统一研究，统一部署，对政协工作切实做到了真重视、真关心、真发挥，确保了市政协工作始终朝着正确的方向发展。现在，一个党委重视、政府支持、政协主动、部门配合的工作格局在我市已经形成并日趋稳固。

（二）突出民意功能，是人民政协体现以人为本、发挥作用的内在要求

本届政协以来，我们多次讨论到一个问题，即政协的民意功能。人民政协作为我国政治架构中的重要组成部分，无论从性质、构成或职能来看，都是一个具有重要民意功能的组织，我们应该特别重视这一功能，并把它放在突出的位置予以加强。去年二月份以来，通过学习《中共中央关于加强人民政协工作的意见》和胡锦涛总书记在全国"两会"党员负责人会议上的讲话精神，我们对此又加深了认识。

几年来，我们在工作中力求紧密贴近群众，深入体察民情，积极反映社情民意，做好凝心聚力的工作；在协商议政、履行职能的全过程中，都以准确把握民意、体现民意作为着眼点和着力点。这样做的结果不仅为营造生动活泼的政治局面发挥了政协的促进作用，也有力地提升了政协履行职能的水平和质量。实践使我们认识到，脱离了群众，忽视了对民意的深入了解和真实把握，政协的工作就会变得没有意义。只有充分发挥民意功能，才能彰显政协的优势，并体现出政协作为四套班子之一而与其他班子的互补作用。

（三）团结合作、凝聚力量，是人民政协在构建和谐社会中发挥作用的重要任务

人民政协在构建和谐社会中具有自身固有的独特优势。政协联系广泛、包容性强的特点，使我们能够听到来自不同界别、不同阶层的各种声音，了解和反映社会方方面面的真实情况。政协亦官亦民的特殊身份，使委员一方面对党委政府的中心工作及其决策有较全面的了解、较深刻的理解，同时能切身体会各界群众的喜怒哀乐、所思所求所盼。通过委员向群众介绍全局、宣传政策，有利于使党委政府确定的发展目标和各项决策措施在各界群众中形成共识，进而成为广大群众的自觉行动。政协作为各界反映情况、发表意见、表述利益诉求的平台，可以在交流、探讨之中求大同、存小异，有利于协助党委政府妥善协调各方的利益关系。在这个平台上开展的讨论有时也会发生尖锐的意见分歧，也会出现对党政机关工作的批评，但这种体制内的人民群众有序的政治参与是有益的，它发挥着"减压阀"、"缓冲器"的作用，促使积聚的矛盾以一种社会能够承受的、比较缓和的方式逐步释放。我们应该加倍努力，做好促进团结、化解矛盾、凝结人心、集聚力量的工作，在构建和谐社会中发挥力所能及而又有特殊意义的作用。

（四）蕴含善意、注重实效，是政协开展民主监督需要坚持的原则

政协的民主监督是我国社会主义监督体系的重要组成部分，是在坚持四项基本原则的基础上通过提出意见、批评、建议的方式进行的政治监督和工作监督。民主监督应该加强，但必须蕴含善意，注重实效。在开展民主监督工作中，不仅要帮助有关部门发现存在的问题，提出中肯的、善意的批评意见，还要认真地思考研究，提出富有见地的建议，为促进党政机关转变作风、改进工作，构建党委政府与人民群众之间的和谐信任服务。蕴含善意，注重实效，首先要求做到明道理。我们提出的意见、批评、建议要力求做到既体现民情民意，符合温州实际，又合乎国家的政策法规和发展大局。二是添干劲。要用两分法的态度，既指出对方的缺点，也要肯定成绩；既要有批评，也要在消除误解，增进共识，加强团结上下功夫。要帮助被监督对象寻找解决问题和困难的办法，甚至为对方消除工作中的障碍积极呼吁，使他们放下包袱，轻装上阵。三是促发展。政协履行职能，是为了促进经济社会的发展，服务于发展这个大局，民主监督也不例外。

（五）加强培训、突出界别、构筑平台，是发挥委员主体作用的有效途径

政协的优势蕴藏在政协委员之中。发挥委员的主体作用，是人民政协履行职能的重要基础和关键。但是，如何发

挥委员的主体作用，却是一个需要认真研究并在实践中认真探索的课题。实践告诉我们，发挥委员的主体作用，首先要提高委员的使命感和责任感，增强履行职能的自觉性和能力水平。因此，委员培训工作应该予以足够的重视。其次要加强组织工作，根据委员由界别组成的特点，开展形式多样的联络活动，继续探索发挥界别作用的方法和途径，充分调动各界别参政议政的积极性。三要为委员提供更多知情知政和参政议政活动的平台和渠道。委员只有知情知政，才能了解全局，把握大局；也只有通过参加各种参政议政活动，才能发挥作用，并不断提高履行职能的水平。本届政协实行由专职常委和专门机构负责界别联络联系和活动组织的作法，被证明是行之有效的。

（六）着眼全局、深入调研，是政协提高建言献策水平的基础环节

调查研究作为政协组织和广大委员履行职能的一项基础性工作，已成为市政协协商监督、参政议政活动的必备步骤。调查研究的质量，直接关系到政协履行职能的效果。政协的调研工作不能停留于仅仅观察一些现象、反映一些社情民意，而应该着眼全局，透过现象反映事物的本质，归纳总结一些带有规律性的东西，并提出具有操作性的建议。

政协的调研应该具有自己的特色。为了实现某一工作目标，制定相应的政策和措施，党委政府事前都要进行认真深入的调查研究，经常的情况是，党政机关掌握的信息量要远远大于政协的同志。为此，政协要使自己的调研成果切实有用，就必须认真选好角度，找准切入点，不只是沿着其他同志已进行过的路径再走一遍。政协调研报告所提的对策不能人云亦云，应该尽量做到言别人所未能言，说他人之不便说。只有这样，我们的调查研究才是真正有效的，才能真正起到拾遗补缺的作用，成为真正意义上的决策参考，甚至决策依据。

三、对今后工作的建议

中国共产党温州市第十次代表大会提出“全力进行现代化建设新的伟大实践，使我市实现由总体小康到全面小康的第三次跨越”，这是一个具有鲜明时代特征的新的奋斗目标和战略任务。实现这一目标和任务，是全市人民的共同愿望，也是全体政协委员义不容辞的职责。新形势、新任务为我市政协事业的发展提供了新的机遇，也对我市政协工作提出了更高的要求。我们要在中共温州市委的领导下，坚持以邓小平理论和“三个代表”重要思想为指导，全面贯彻落实科学发展观，坚持团结和民主两大主题，把促进发展作为第一要务，把协助党委政府构建和谐社会作为工作主线，切实履行政协职能，为我市全面实现小康、推进政协事业新发展做出新的贡献。为此，我们向政协第九届温州市委员会建议：

（一）加强学习，充分发挥人民政协在我市政治生活中的重要作用

学习是人民政协的优良传统。要完善学习计划，创新学习形式，丰富学习内容，努力提高委员的政治素质和履行职能水平，不断增强政治意识、大局意识和责任意识，提高运用科学理论解决实际问题的能力。

今年下半年，中国共产党将召开第十七次全国代表大会，我省不久也将要召开省第十二次党代会。深入学习贯彻中共十七大和省十二次党代会精神是全体政协委员、政协各参加单位和各级政协的重要政治任务。要充分运用理论学习中心组、各种例会及其他形式开展学习活动，切实把广大委员、各界人士的思想行动统一到中共中央的决策部署上来，把各方面的智慧和力量凝聚到中共中央和省委、市委确立的发展目标上来，努力协助党委政府把温州的各项工作做好。《中共中央关于加强人民政协工作的意见》，是以胡锦涛同志为总书记的中共中央从党和国家事业发展的全局出发，加强人民政协工作的一项重大举措，我们要继续深入学习，深刻理解并贯彻落实《意见》的精神实质，以推动我市人民政协事业不断向前发展。

（二）提高履职水平，为促进我市科学发展与和谐建设发挥重要作用

今后五年，是我市认真贯彻科学发展观与构建社会主义和谐社会战略思想，建设“三个温州”，推进第三次跨越的五年。我们要围绕中心，服务大局，突出特点，发挥优势，积极协助市委市政府向既定的发展目标迈进。选择关系国计民生和人民群众切身利益的一些重大问题开展协商议政、建言献策活动，充分发扬民主，深入调查研究，集中各方面的智慧，向市委市政府提出切实可行的意见和建议。

充分发挥党派团体组织和政协委员的社会影响力，积极主动地协助党委政府做好协调关系、理顺情绪、化解矛盾、凝心聚力工作，努力为维护社会稳定贡献力量。充分发挥政协的民主监督作用，继续探索和完善监督形式，加强与其他监督形式相互配合，注重监督的实效性。充分发挥提案的全局性作用，努力提高提案质量和提案办理质量，增强提案的实际效果。畅通民主渠道，扩大公民直接有序的政治参与，以我们出色的、体现政协特点的工作方式和方法，引导公民理性合法地表达利益诉求和政治愿望。积极开展同港澳台同胞、海外华侨华人和在外温州人的联系，增进他们的爱国爱乡情结，为家乡的社会主义建设作贡献。

（三）突出民意功能，把“履职为民”作为政协工作的出发点和落脚点

突出民意功能，是坚持把实现和维护最广大人民的根本利益作为人民政协工作的出发点和落脚点的具体体现，也是保证政协工作有所作为、政协事业不断发展的有效手段。要发挥政协联系面广、亦官亦民的优势，加强与社会各界群众的联系和沟通，发动委员深入群众之中，多与群众谈心切磋、交流探讨，做群众的知心人。要把体现民意贯穿于政协履行职能的全过程，对于一些事关群众利益的问题，要站在党委政府工作全局考虑，协助党委政府把工作落在实处，并设身处地为群众着想，从更好地实现群众的利益出发，提出我们的意见建议。在协商议政、视察调研以及提案、建议案中，都应把人民群众的要求和呼声真实、及时地反映给党委政府。从而为党委政府的决策、措施更加贴近实际，更加切合最大多数群众利益发挥政协的作用，使政策措施既维护全局，又能更加贴近民心。

（四）完善工作机制，推动自身建设上新台阶

要以促进党派合作、突出界别特色、发挥委员主体作用

和加强机关建设四个方面为重点，全面推进政协的自身建设。

充分发挥民主党派、无党派人士在政协履行职能的各个环节中的作用，尊重和保障各民主党派在政协会议上以本党派名义发表意见的权利，支持各民主党派和无党派人士参与我市重大决策的协商讨论及其履行职责的各种活动。注重发挥政协组织的界别特点和优势。丰富界别活动形式，完善界别活动机制。政协专门委员会要加强与相关界别的联系，发挥在组织委员履行职能中的基础性作用。切实发挥政协委员的主体作用。进一步完善委员联络联系工作，扩大委员知情知政权，完善委员参政议政平台，健全委员意见建议的跟踪反馈机制。加强对县（市、区）政协工作的指导，密切联系，相互学习，共同提高。全面加强政协机关的思想、政治和作风建设，不断探索完善为政协履行职能服务的各项工作制度，保证机关工作协调统一、规范有序、精干高效地运行。

《中共中央关于加强人民政协工作的意见》的颁发，预示着人民政协将进入一个新的发展时期，我们正站在新的起点上，政协事业前程远大、大有可为。2007年，是科学发展与和谐建设迈出新步伐的重要之年，是实施“十一五”规划、推进“三个温州”建设的深化之年。我们要紧紧围绕市委的总体部署，抓住经济社会发展和人民群众关注的热点难点问题，积极开展政治协商、民主监督、参政议政的各项活动，努力协助市委市政府把各项工作落到实处，推进温州的经济社会又好又快地发展。

（上接第9页）

院”真正做到权为民所用，情为民所系，利为民所谋，促进了改革发展成果由全体人民共享。人大工作只有坚持以民为本，反映民意，集中民智，为民办事，才能真正代表人民行使地方国家权力。

（四）做好人大工作，必须充分发挥代表的作用。代表是国家权力机关的组成人员，是做好人大工作的基础和依托。四年来，常委会在拓宽代表知情知政渠道、提高代表建议办理质量、完善代表监督激励机制等方面采取了一系列措施，为常委会行使各项职权提供了强大的动力。实践证明，充分发挥代表的主体作用，是人大工作取得实效的重要保障，也是人大工作取之不尽的力量源泉。

（五）做好人大工作，必须坚持开拓创新。坚持和完善人民代表大会这一根本政治制度，要求我们既要依法行使职权，又必须主动适应形势的发展，不断探索、学习、借鉴人大工作的新方法。本届常委会在实行人大监督与舆论监督相结合、提高履职透明度、完善代表工作机制等方面进行了积极的探索和实践，取得了一定的成效。实践证明，人大及其常委会在依法履行职责的过程中，必须勇于探索和创新，才能不断开创新局面，使人大工作与发展的形势相适应。

特　辑

2007年温州市国民经济和社会发展统计公报

一、综合

初步核算，2007年全市生产总值（GDP）2158.91亿元，按可比价格计算，比上年增长14.3%。分产业看，第一产业增加值68.20亿元，增长0.5%；第二产业增加值1170.30亿元，增长14.0%；第三产业增加值920.40亿元，增长16.1%。人均地区生产总值28387元，增长13.2%，按年平均汇率折算，达到3733美元。

图1　2001～2007年温州市生产总值及其增长速度

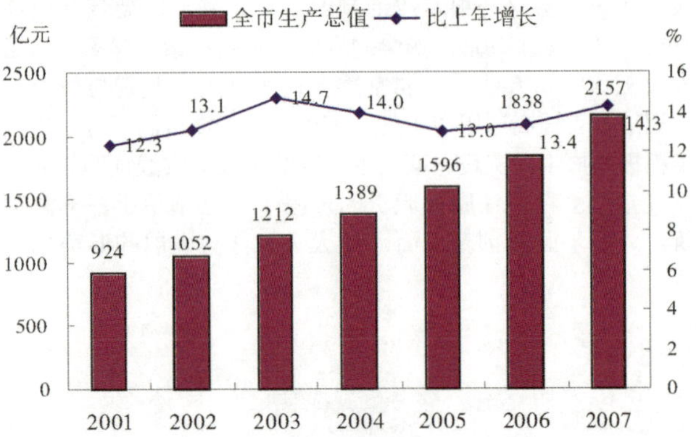

国民经济三次产业结构由上年的3.5:54.8:41.7调整为3.2:54.2:42.6。财政收入占GDP比重为13.6%，比上年提高0.5个百分点。民营经济占全市国民经济比重达到80.7%。

全年消费价格呈现较快上涨的态势，但是涨幅低于全省平均水平。全市居民消费价格总水平比上年上涨3.5%，其中消费品价格上涨4.0%，服务项目价格上涨2.0%。八大类商品和服务项目价格呈现“六涨两跌”态势，其中食品类和居住类价格涨幅最大，分别上涨8.3%和4.4%，衣着类上涨3.0%，烟酒及用品类上涨2.6%，医疗保健和个人用品类上涨2.3%，家庭设备用品及维修服务类上涨2.1%，交通和通信类、娱乐教育文化用品及服务类分别下降1.6%和1.1%。商品零售价格总水平上涨3.0%。工业品出厂价格上涨1.7%。原材料、燃料、动力购进价格上涨5.5%。农产品生产价格上涨8.5%。

全年新增城镇就业岗位7.64万个，年末城镇登记失业人数3.05万人，城镇登记失业率为2.4%，比上年末降低0.1个百分点。

国民经济和社会发展中存在的主要问题是：经济结构调整进展仍较缓慢，自主创新能力有待提升，价格上涨压力较大，企业效益明显受到成本费用刚性上升的制约，节能减排与环境治理形势比较严峻，统筹发展任务仍然十分艰巨。

二、农业和农村建设

农业经济遭受“韦帕”、“罗莎”两次超强台风的正面袭击影响，仍保持平稳发展态势。全年农林牧渔业总产值118.94亿元，按可比价计算，比上年增长0.8%，其中农业产值45.19亿元，下降2.7%；林业产值2.55亿元，下降2.9%；牧业产值24.45亿元，增长10.0%；渔业产值44.51亿元，下降0.5%；农林牧渔服务业产值2.25亿元，增长30.6%。

全年农作物总播种面积247.23千公顷，比上年减少10.7千公顷，下降4.1%，其中粮食播种面积152.00千公顷，下降5.9%。全年粮食总产量为71.15万吨，减少19.4%。在经济作物中，水果、茶叶、油料等作物增产，蔬菜、糖料等作物减产。

主要农产品产量

指　标	2007年	比上年增长(%)
粮食产量（万吨）	71.15	-19.4
水果产量（万吨）	38.33	2.1
#园林水果	13.87	5.3
蔬菜产量（万吨）	135.37	-0.5
糖料产量（万吨）	3.70	-8.0
茶叶产量（万吨）	0.40	17.6
油料产量（万吨）	0.75	2.7

全年造林面积676公顷，发展经济林基地35公顷，幼林抚育面积2514公顷，四旁零星植树210.18万株。全年退耕还林面积17.4公顷。加强森林资源保护，全年木材采伐量5.52万立方米，比上年减少42.5%。

猪肉等肉类生产与供应得到高度重视，全年肉类产量11.21万吨，比上年增长10.3%，猪肉、牛肉、禽肉供应有不同程度上升。年末生猪、家禽存栏上升，牛、羊等存栏下降。

主要畜牧产品		
指　标	2007年	比上年增长(%)
肉类产量（万吨）	11.21	10.3
#猪肉产量（吨）	72 114	3.8
牛肉产量（吨）	2284	11.1
禽肉产量（吨）	33 218	28.7
牛奶产量（吨）	27 614	7.5
禽蛋产量（吨）	57 009	11.4
年末生猪存栏（万头）	61.43	4.9
年末牛存栏（万头）	3.62	-4.2
年末羊存栏（万头）	11.58	-8.4
年末家禽存栏（万只）	1330.26	23.5

全市水产品总产量63.07万吨，比上年增长0.3%，其中海洋捕捞、海水养殖产量基本与上年持平，淡水渔业产量略有增长。

渔业生产情况		
指　标	2007年	比上年增长(%)
水产品总产量（万吨）	63.07	0.3
海洋捕捞	48.10	0.4
海水养殖	12.30	持平
淡水产品	2.67	0.8
海水养殖面积（千公顷）	21.92	0.6
淡水养殖面积（千公顷）	15.65	-0.3

全年新建现代化农业示范园区10个，创建特色产业强镇16个。农业产业化经营水平进一步提高，2007年新增市级农业龙头企业28家，全市累计达到134家，其中超亿元产值的龙头企业达到20家。农村新型合作经济“三位一体”建设试点工作扎实推进，全市农民专业合作组织1015家，其中新发展农民专业合作社291家，新认定示范性农民专业合作组织49家。

水利工程建设力度明显加大，全市水利总投入33.27亿元，比上年增长51.8%。旱涝保收田面积74.29千公顷，有效灌溉田面积127.46千公顷，其中机电排灌田面积96.03千公顷。建成大型水库1座，中型水库17座，小型水库284座。全市拥有农（渔）业机械总动力151.88万千瓦，比上年减少25.3%。全年农村用电量57.80亿千瓦时，增长8.2%。

三、工业和建筑业

工业经济在结构逐步优化中保持较快发展，全年实现工业增加值1064.60亿元，按可比价比上年增长14.3%；实现工业总产值4951.22亿元，增长20.0%。

全市年销售收入500万元以上工业企业6480家，实现工业总产值3343.17亿元，比上年增长21.6%。其中轻工业产值1220.90亿元，增长20.0%；重工业产值2122.27亿元，增长22.6%。全市年销售收入500万元以上工业企业总产值占全部工业总产值的比重67.5%，比上年提高1.6个百分点。

工业企业规模化发展态势明显，全市拥有工业产值超亿元的企业641家，新增亿元企业167家，实现工业产值2040.68亿元，增长23.4%，占规模以上工业总产值比重61.0%。其中产值超5亿元企业70家，超10亿元企业33家，分别新增10家和8家。从行业划分看，电气制造业、鞋革制造业、通用设备制造业、电力生产和供应业、塑料制造业、服装制造业、交通运输设备、化学原料及化学制品制造业、金属制品业等九大行业产值均超过100亿元，全年实现工业产值2401.82亿元，增长21.2%，占规模以上工业总产值比重72.9%。

工业经济结构			
指　标	单位数（家）	工业总产值	
		实绩（亿元）	比重(%)
总计	141 073	4951.22	100
国有企业	56	185.61	3.7
集体企业	577	29.97	0.6
股份合作制企业	8257	330.49	6.7
联营企业	42	1.10	0.0
有限责任公司	5966	1649.59	33.3
股份有限公司	58	85.06	1.7
私营企业	16 447	1505.46	30.5
“三资”企业	630	304.76	6.2
个体工业户	109 032	858.58	17.3
其他	8	0.59	0.0

至年末，我市已拥有80个中国驰名商标，38个中国名牌产品，157个国家免检产品，获得34个“国”字号生产基地称号，17家企业集团跻身中国企业集团竞争力500强。

列入经济效益考核的工业企业，全年经济效益综合指数为207.32分，比上年提高11.06分。效益考核企业全年实现主营业务收入3074.21亿元，比上年增长20.7%；利税总额276.77亿元，增长20.4%，其中利润总额156.78亿元，增长23.8%，分别比上年提高1.3和3.2个百分点。经济效益考核企业中，发生亏损企业265家，亏损企业亏损额4.10亿元，增长58.9%。年末企业应收账款净额521.96亿元，增长17.7%；产成品存货205.29亿元，增长35.8%。转变经济发展方式，消化成本费用上升压力，提高经济效益任务仍然十分繁重。

建筑业实现增加值105.43亿元，比上年增长10.3%。全市拥有三级以上资质的建筑企业540家，实现建筑业总产值396.94亿元，增长24.4%；实现利润总额10.84亿元，增长12.6%；年末拥有资产350.37亿元，其中固定资产原价51.10亿元；全年施工面积5265.16万平方米，竣工房屋面积1715.62万平方米。

四、固定资产投资

2007年，全社会完成固定资产投资737.03亿元，比上年增长14.2%。按经济类型分，国有单位投资245.40亿元，增长9.3%；非国有单位投资437.30亿元，增长18.4 %；农村私人投资54.33亿元，增长5.0%。

全市完成限额以上固定资产投资640.59亿元，比上年增长14.8%，分产业看，第一产业投资2.65亿元，增长143.9%；第二产业投资250.44亿元，增长29.8%，其中工业性投资249.80亿元，增长29.7%；第三产业投资387.50亿元，增长6.5%。

图2　2001～2007年温州市全社会固定资产投资及其增长速度

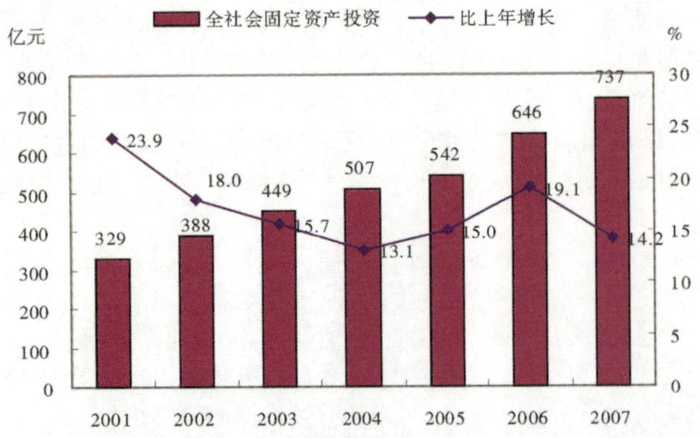

在限额以上固定资产投资中，全年完成基础设施建设投资219.78亿元，增长7.4%。其中水利环境和公共设施管理投资63.44亿元，增长15.2%；电力、燃气及水业投资59.0亿元，增长 46.4%；交通邮政业投资68.22亿元，下降17.2%；电信等信息传输投资7.60亿元，下降2.0%；教育、文化及卫生等社会事业投资21.53亿元，增长12.0%。

全年限额以上投资项目2583个，比上年增加406个。全年新开工项目1005个，减少46个。全年实施“百项千亿”工程项目（市重点工程）103项，当年完成投资300.95亿元，增长18.8%。其中，年内新开工重点工程项目22；年内已建成项目23项，主要有：温州瓯海大道东段、省道分泰线改造工程、状元岙港区一期工程、温州市乡村康庄工程、温州中国鞋都产业化项目三期等项目。年内续建项目58项，主要有：温瑞塘河综合整治工程、市“千村整治、百村示范”工程、甬台温铁路、浙能乐清电厂一期、滨海园区二期、安居工程建设、安置房建设、温州市生态园等项目。

全年完成房地产开发投资192.49亿元，增长14.1%，其中住宅建设投资143.63亿元，增长20.5 %。全年房屋施工面积2460.34万平方米，增长6.6%；竣工面积529.89万平方米，增长27.1%；商品房销售面积297.13万平方米，增长13.1%，其中住宅销售面积262.86万平方米，增长11.4%；商品房销售额223.15亿元，增长45.7%，其中住宅销售额198.45亿元，增长50.5%。

五、国内贸易和旅游

全年社会消费品零售总额906.46亿元，比上年增长16.3%。其中城市零售额590.18亿元，增长17.3%；县及县以下零售额316.28亿元，增长14.7%。分行业看，批发零售贸易业零售额790.16亿元，增长16.4%；餐饮业零售额116.04亿元，增长16.0%。年末拥有限额以上连锁总店16家，实现销售额41.79亿元，增长18.0%。

在限额以上批发零售贸易业销售额中，汽车类零售额比上年增长21.9%，金银珠宝类增长42.7%，服装类增长35.6%，食品饮料烟酒类增长24.3%，石油及制品类增长19.4%，文化办公用品类增长26.7%，家用电器类增长47.6%。

年末全市共有各类专业市场447个，比上年同期增加5个。其中消费品市场357个，生产资料市场88个，服务市场2个。全年商品交易市场成交额713.8亿元，比上年增长5.1%。其中超亿元市场66个，年成交额579.8亿元；超十亿元市场16个，年成交额399.7亿元。

全年接待国内旅游者2191.82万人次，比上年增长18.9%；国内旅游收入189.77亿元，增长18.9%。接待境外入境旅游者28.90万人次，增长14.1%。国际旅游外汇收入14 082万美元，增长28.7%。全年旅游总收入200.48亿元，增长19.1%。

六、对外经济

全年外贸进出口总额122.48亿美元，比上年增长23.8%。其中进口总额21.00亿美元，增长15.8%；出口总额101.48亿美元，增长25.6%。外贸依存度为43.2 %，其中出口依存度为35.8%，分别比上年提高0.3个和0.7个百分点。

外贸出口分类情况

单位：亿美元

指　标	2007年	比上年增长(%)
出口总额	101.48	25.6
#一般贸易	96.67	26.2
加工贸易	4.79	14.2
# 鞋类	24.10	20.1
服装	11.71	2.9
合成革	2.31	34.4
眼镜	5.15	21.5
打火机	0.86	-5.9
机电类	42.22	38.1

目前，与我市建立进出口贸易关系的国家和地区204个，年末拥有进出口经营权企业累计5919家。出口企业努力适应出口退税政策调整、人民币升值等新的外贸环境，出口产品结构继续改善。

主要市场出口情况

单位：亿美元

地　区	2007年	比上年增长(%)
欧洲	42.69	23.2
亚洲	29.46	25.6
北美洲	10.78	18.0
非洲	9.52	32.3
拉丁美洲	7.88	43.6
大洋洲	1.16	31.9

全年新签外资项目141项，新签协议项目金额10.49亿美元，比上年减少0.4%；实际使用外资6.18亿美元，增长33.5%。我市自实施“招商选资”工程后，引进外资的质量得到提高，增强了经济发展能力。

全年新批设立境外机构61家，对外投资总额5900万美元，比上年增长60.1%。新签对外承包工程劳务合同7份，合同金额118.3万美元，实际完成营业额1979.66万美元，增长18.0%。新批境外生产企业9家。

七、交通运输、邮电和电力

年末公路总里程13 055公里（含村道），其中高速公路204公里，一级公路227公里，二、三级公路1505公里。公路绿化率63.72%。全市通公路建制村5280个，通车率97.9%。年末机动车拥有量88.05万辆，比上年净增加10.66万辆，其中载客汽车33.35万辆，载货汽车8.08万辆，摩托车46.09

各种运输方式完成运输量

指　标	2007年	比上年增长(%)
货运量（万吨）	17 860	11.3
#铁路	171	163.0
公路	14 916	10.5
水运	2770	11.9
客运量（万人）	28 385	4.7
#铁路	445	16.5
公路	27 689	4.5
水运	61	-8.3
航空	190	18.0
港口货物吞吐量（万吨）	4247	8.2
#温州港	3496	7.2
集装箱吞吐量（万标准箱）	35	24.6

万辆；私人汽车33.73万辆，比上年增加6.76万辆。

全年邮电业务总量93.04亿元,比上年增长12.0%，其中,电信业务总量87.66亿元，增长12.2%。年末本地电话交换机总容量达到539.73万门，本地电话用户数达到347.71万户。年末移动电话用户数达到744.72万户。年末互联网注册用户114.09万户，增长16.4%。

全市邮政业务总量5.38亿元，增长9.2%。全年函件总量14 081万件，包裹总量80.64万件，汇票196.87万张，特快专递244.35万件，订销报纸13 225.66万份，订销杂志577.48万份，集邮业务875.66万枚。

全市电力系统最高负荷405.78万千瓦，比上年增加44.56万千瓦。全年用电量238.70亿千瓦时，比上年增长12.8%。其中工业用电量168.22亿千瓦时，增长11.7%；建筑业用电量2.50亿千瓦时，增长6.9%；商业用电量6.85亿千瓦时，增长16.4%；居民生活用电量43.91亿千瓦时，增长15.4%。

八、财政、金融和保险

全年实现财政一般预算总收入293.26亿元，比上年增长21.6%。其中地方财政一般预算收入157.03亿元，增长21.9%。全年地方财政一般预算支出176.99亿元，增长23.2%。其中教育事业费支出46.96亿元，增长25.1%；科技支出4.16亿元，增长23.7%；农林水事务支出14.39亿元，增长26.4%；城乡社区事务支出11.49亿元，增长32.7%。

图3　2001～2007年温州市财政收入及其增长速度

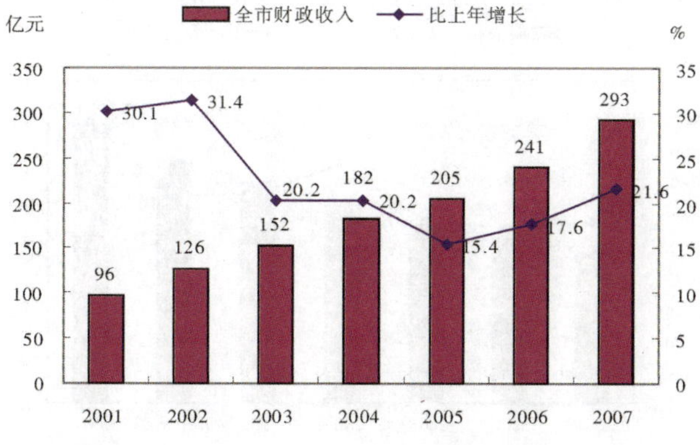

年末金融机构本外币各项存款余额3462.28亿元，比上年末增长17.9%。其中人民币存款余额3376.17亿元，增长19.8%。年末金融机构本外币各项贷款余额2783.71亿元，增长24.6 %，其中人民币贷款余额2721.17亿元，增长23.4%。年末城乡居民人民币储蓄存款余额1638.02亿元，增长11.0%。全年金融机构现金收入17 244.82亿元，比上年增长4.2%；现金支出17 366.49亿元，增长4.2%；全年货币投放121.67亿元，增长5.6%。

金融机构人民币存贷款情况

指　标	年末数（亿元）	比上年末增长(%)
各项存款余额	3376.17	19.8
#企业存款	868.59	12.1
城乡居民储蓄存款	1638.02	11.0
各项贷款余额	2721.17	23.4
#短期贷款	2018.08	27.3
#工业贷款	806.20	34.7
商业贷款	134.00	7.0
农业贷款	227.45	23.9
乡镇企业贷款	83.01	25.4
私营及个体贷款	358.49	35.2
中长期贷款	678.78	19.2

2007年末，全市已有上市公司5家，其中境内上市公司4家，境外上市公司1家。

全年保险业实现保费收入52.01亿元，比上年增长20.6%。其中，财产险保费收入19.75亿元，增长30.4%；人身险保费收入32.26亿元，增长15.3%。支付各类赔款及给付16.47亿元，增长34.3%。其中，财产险赔款8.89亿元，赔付率45.0%。

九、教育和科学技术

年末各类全日制学校在校学生122.37万人，占总人口16.0%。全市拥有普通高等学校6所，全年招生21 269人。全国普通高校在温录取新生37 945人，比上年增加3684人。高等教育毛入学率37%，比上年提高2.2个百分点。初中毕业生升入高中阶段的比例为95.3%，比上年提高5.5个百分点，其中初中毕业生升入普通高中的比例为52.9%，比上年提高3.58个百分点。

省市级重点中学67所，国家和省级重点职业学校22所。

学校基本情况

指　标	学校数(所)	专任教师数(人)	在校学生数(人)
普通高校	6	3882	64 037
普通中专	1	57	2704
成人中专	4	63	1582
普通高中	139	10 491	154 045
职业高中	85	4373	86 563
技工学校	7	214	5410
普通初中	342	20 857	331 227
小学	929	30 045	576 853
特殊教育	12	265	1912
幼儿园	1508	15 410	250 904

全年新建校舍40.2万平方米，排除中小学危房7.1万平方米，改造破旧房10.5万平方米。年末各类学校校舍总面积1328.35万平方米，其中普通高校198.07万平方米。

全年全社会企业科技活动经费投入38.12亿元，比上年增长24.0%，占全市生产总值的比重为1.77%，比上年提高0.1个百分点。R&D经费投入16.48亿元，占全市生产总值的比重为0.76%，比上年提高0.09个百分点。地方财政科技拨款占地方财政支出的比重由上年的2.78%提高到2.84%。全年列入国家级火炬计划60项；重点新产品计划13项。列入省级星火计划1项；省级新产品187项。列入国家“863”计划3项，国家级科技进步奖1项，省科技进步奖25项，市科技进步奖97项。积极培育高新技术企业，年内新增国家火炬计划重点高新技术企业18家，累计47家；省级高新技术企业79家，累计277家；市级高新技术企业50家，累计357家。全年专利授权5309项，至年末累计30 666项。

年末市县人事部门直接管理的各类专业技术人员110 798人，比上年增加8062人，其中中级以上职称人员42 457人，增加3252人。

十、文化、卫生和体育

年末全市有文化站273个，文化馆12个，公共图书馆12个，博物馆2个，艺术表演团体10个，电影放映单位40个。全年艺术团体演出1254场次；电影放映36 336场次，观众93.44万人次；农村数字电影放映33 106场次，观众1070万人次。公共图书馆藏书247.93万册（件），年总流通量297万人次。全市广播综合人口覆盖率97.34%，电视综合人口覆盖率97.51%，有线电视用户128.78万户。

全市有卫生机构1127家，其中医院86家，卫生院359家。另外个体开业诊所812个。年末有各类卫生技术人员33 576人，其中医生15 637人。全市医疗机构病床18 612张，平均每万人有病床24.34张、医生20.45人。全年医疗机构诊疗病人2952万人次。13家二级以上综合医院建立了感染性疾病科。全市建有村卫生室2705个，社区服务中心113个，服务站304个。新型农村合作医疗工作稳步推进，全市已参合农民422.8万人，参合率83.35%，筹集合作医疗资金2.97亿元，250万参合农民完成了健康体检，查出患疾病人数49.36万人，疾病发现率19.7%。全市已建立农民健康档案250万份，建档率达70%。

全市有公共体育场馆31个，业余体校9所，已建成公共健身点4060个。在国际比赛中获得1项世界冠军，在亚洲比赛中获得3项亚洲冠军，在全国比赛中获得12项全国冠军。全年共有14个乡镇通过省级体育强镇的检查验收，累计通过省级验收的强县2个，强镇35个。全年发行体育彩票6.43亿元，比上年增长12%，总销量居全省第三位。

十一、人口、人民生活和社会保障

年末全市户籍总人口764.57万人，其中市区人口142.36万人。男性人口398.23万人，女性人口366.34万人；非农业人口161.06万人。全年出生人口114 698人，死亡人口36 982人，人口出生率15.1‰，死亡率4.9‰，人口自然增长率10.2‰。据5‰人口抽样调查，年末全市常住人口790.1万人。

全市当年人口计划生育率83.29%，比上年下降6.04个百分点；初婚女性晚婚率66.08%，提高1.57个百分点；已婚育龄妇女综合节育率89.28%，下降1.01个百分点。当年出生人口性别比（女性为100）122.26，同比上升1.38个点；一孩、二孩和多孩的出生人口性别比分别为102.88、167.47和265.71，二孩和多孩出生性别比居高仍然是造成出生人口性别比严重失调的关键问题。

全年职工平均工资25 740元，比上年增长13.1%。据抽样调查，全年城市居民人均可支配收入24 002元，增长12.2%，实际增长8.4%；人均消费性支出17 533元，增长12.0%，其中食品类支出6379元，占36.4%。全年农村居民人均纯收入8591元，增长13.9%，实际增长9.4%；在全市139个欠发达乡镇中，已有137个欠发达乡镇农民人均纯收入高于全国平均水平。农村居民人均生活费支出6109元，增长4.7%，食品类支出2720元，占44.5%。城市居民人均住房建筑面积33.52平方米；农村居民人均生活用房面积42.25平方米。全年缴存住房公积金20.80亿元，自房改以来累计缴存101.47亿元，年末余额70.41亿元。全年发放住房公积金贷款21.07亿元，累计发放贷款97.11亿元，年末贷款余额57.49亿元。至2007年底，市本级经财政审批发放住房补贴人数7674人，累计发放住房补贴2.96亿元。全年经济适用房计划开工面积21.6万平方米，在建面积53.1万平方米。城乡居民家庭消费继续升级（见表10），其中年末每百户城市居民家用汽车拥有量25.85辆，每百户农村居民家用汽车拥有量6.85辆。

全市设镇119个，乡143个（其中民族乡6个），街道办事处30个。全市有居民委员会516个，村民委员会5390个。

图4　2001～2007年温州市城市居民收入及其增长速度

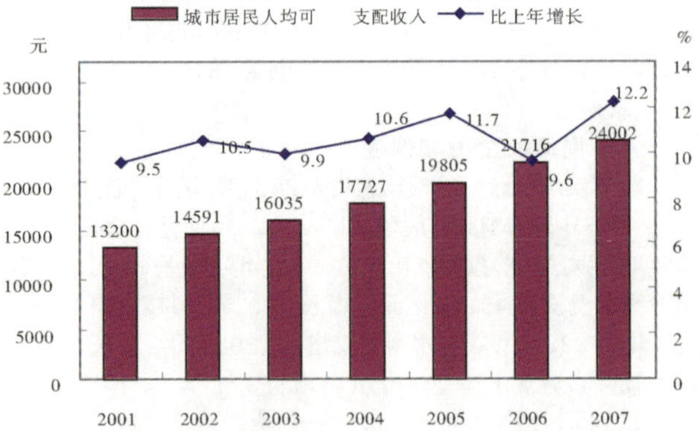

图5　2001～2007年温州市农村居民收入及其增长速度

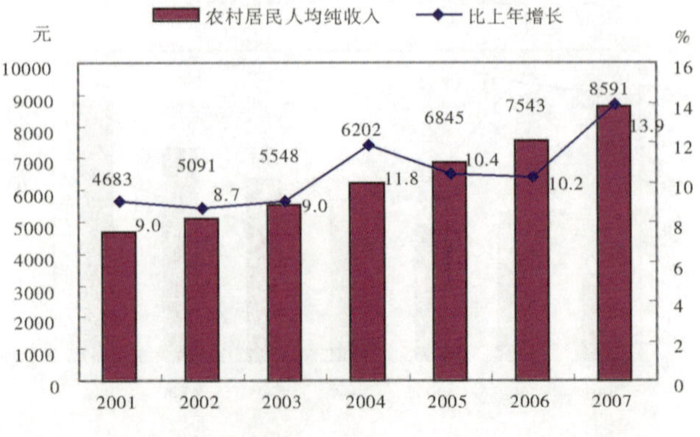

2007年末温州市人口统计

地区	年末总户数（户）	年末总人口				
		合计	合计中		性别	
			非农业人口	未落常住户口人员	男	女
温州市	2 257 488	7 645 748	1 610 582	121 137	3 982 338	3 663 410
市辖区	425 180	1 423 625	658 286	25 855	721 744	701 881
鹿城区	220 711	691 301	526 335	9155	346 034	345 267
龙湾区	85 682	324 859	58 070	8143	168 195	156 664
瓯海区	118 787	407 465	73 881	8557	207 515	199 950
乐清市	378 536	1 195 852	123 292	19 949	623 300	572 552
瑞安市	317 278	1 160 499	205 841	14 001	596 818	563 681
永嘉县	276 464	913 334	106 282	23 587	484 206	429 128
洞头县	37 945	125 859	15 228	5133	65 240	60 619
文成县	123 154	369 311	31 976	7853	197 792	171 519
平阳县	243 356	854 024	159 305	12 155	446 335	407 689
泰顺县	113 288	352 444	32 422	1832	187 412	165 032
苍南县	342 280	1 250 800	277 950	10 772	659 491	591 309

2007年温州市人口年龄结构

地区	年末总人口				
	合计（人）	年龄结构			
		18岁以下	18～35岁	35～60岁	60岁以上
温州市	7 645 748	1 583 239	2 251 535	2 809 166	1 001 808
市辖区	1 423 625	259 871	421 201	547 844	194 709
鹿城区	691 301	118 402	190 911	278 007	103 981
龙湾区	324 859	69 701	96 988	120 468	37 702
瓯海区	407 465	71 768	133 302	149 369	53 026
乐清市	1 195 852	269 583	349 659	432 896	143 714
瑞安市	1 160 499	234 374	331 934	441 069	153 122
永嘉县	913 334	212 190	269 871	315 722	115 551
洞头县	125 859	23 507	37 244	49 078	16 030
文成县	369 311	77 043	110 714	127 440	54 114
平阳县	854 024	172 287	248 143	317 431	116 163
泰顺县	352 444	71 765	106 241	123 207	51 231
苍南县	1 250 800	262 619	376 528	454 479	157 174

2007年末温州市人口变动情况

地区	本年度人口变动（人）									
	出生			死亡			迁入		迁出	
	合计	男	女	合计	男	女	省内迁入	省外迁入	迁往省内	迁往省外
温州市	114 698	62 400	52 298	36 982	21 942	15 040	79 740	25 740	73 884	18 498
市辖区	18 914	10 130	8784	7478	4201	3277	17 045	9064	12 214	4028
鹿城区	9749	5065	4684	3694	2096	1598	7211	3824	4291	1763
龙湾区	4227	2378	1849	1570	865	705	2137	962	976	483
瓯海区	4938	2687	2251	2214	1240	974	7697	4278	6947	1782
乐清市	18 658	10 429	8229	5747	3325	2422	12 961	2606	11 168	2377
瑞安市	16 679	8899	7780	4740	2825	1915	15 867	3572	11 970	2368
永嘉县	15 724	8562	7162	4220	2490	1730	7720	2214	7760	1916
洞头县	1484	801	683	633	388	245	1368	406	919	329
文成县	5436	2882	2554	1784	1145	639	2168	1181	3496	615
平阳县	10 108	5377	4731	4688	2806	1882	8825	2205	9517	2409
泰顺县	4804	2561	2243	1961	1298	663	3251	1071	3997	1089
苍南县	22 891	12 759	10 132	2731	3464	2267	10 535	3421	12 843	3367

2007年城乡居民每百户主要耐用消费品拥有量

	单位	城市居民	比上年增长(%)	农村居民	比上年增长(%)
洗衣机	台	87.4	-5.5	82.1	0.6
电冰箱	台	97.6	-0.9	82.1	7.4
空调器	台	185.8	5.5	62.2	25.0
摩托车	辆	29.0	-3.4	27.6	-20.5
家用汽车	辆	25.9	26.1	6.9	8.2
彩色电视机	台	176.1	0.3	137.2	1.7
固定电话	部	91.1	-2.6	92.1	-7.9
移动电话	部	200.7	4.8	161.8	8.1
家用电脑	台	84.3	5.4	30.7	8.7

年末城镇社区服务设施20 622个。年末实有社会团体1551个。

年末参加基本养老保险在职职工114.25万人，比上年增加11.37万人，其中企业职工及自由职业者97.80万人，增加10.29万人；机关事业单位职工16.44万人，增加1.08万人。当年实缴基本养老保险费37.58亿元。全市享受基本养老保险的离退休职工23.21万人，发放养老金31.66亿元。参加工伤保险136.33万人，当年实缴工伤保险费8494万元。参加基本医疗保险75.71万人，其中在职职工58.28万人，离退休职工17.43万人。当年实缴基本医疗保险费66 148万元，基本医疗保险待遇支出64 425万元。城乡居民享受最低生活保障人数12.21万人，发放保障资金 11 224.9万元。民政部门接受社会各界捐赠款16 360.8万元，捐赠衣被6.2万件，其他物资价值135万元。市慈善总会募款2026.91万元，支出救助金2278.49万元。全市资助贫困学生13 276人，资助金额1576.99万元。全年办理结婚登记85 783对。

十二、资源、环境和其他社会事业

全年建设占地1655.5公顷，比上年增加501.3公顷；因农业结构调整减少耕地48.8公顷。年内土地整理复垦910.5公顷，开垦荒地634.7公顷。年内耕地增减相抵净减少101.7公顷。年末实有耕地157.74千公顷，其中水田116.59千公顷。全市人均耕地0.31亩。

全市已建成国家级生态示范区3个，省级生态县1个，全国环境优美乡镇8个，省级生态乡镇72个，市级生态乡镇77个，县级以上生态村832个；自然保护区4个，其中，国家级2个，省级1个，县级1个；风景名胜区36个，其中，国家级3个5处，省级8个，市县级25个；森林公园16个，其中，国家级森林公园5个，省级森林公园11个；合格饮用水源保护区67个。全市建成6所国家级绿色学校，56所省级绿色学校，208所市级绿色学校（包括幼儿园），3个国家级绿色社区，37个省级绿色社区，79个市级绿色社区，4家省级生态环境示范教育基地，16家市级生态环境示范教育基地。市区建成烟尘控制区365平方公里，市区建成区噪声达标区114.8平方公里，市区建成区噪声达标区覆盖率70%。

据市环境监测中心站监测，市区环境空气质量达到Ⅰ级标准的有53天，达到Ⅱ级标准的有308天，大气中的二氧化硫、二氧化氮、可吸入颗粒物年平均值符合国家环境空气质量Ⅱ级标准。全市地表水市控及市控以上站位54个，水质在Ⅰ至Ⅲ类的站位24个。市区有取水的两个饮用水源地（泽雅水库和赵山渡水库）28个监测项目监测结果全部达标。市区区域环境噪声昼间等效声级平均值58.6分贝，比上年提高1.2分贝；交通噪声等效声级平均值69.3分贝，比上年提高0.8分贝。

单位能耗和污染物排放下降，节能减排取得初步成效。关停了一批高能耗、高污染企业或生产线，企业也加大了对节能减排项目的技术改造力度。全市单位GDP能耗同比下降4.30%，规模以上工业单位增加值能耗同比下降9.09%，降幅分别比上年提高0.49和0.79个百分点。33个行业大类中，有29个行业的单位增加值能耗有不同程度的下降，其中降低率在10%以上的行业主要有造纸、化学纤维、交通运输设备等9个行业。

全市主要污染物减排指标继续改善。化学需氧量（COD）排放量比上年削减5.12%，二氧化硫排放量比上年削减3.69%。全市工业固体废物产生量为187.26万吨，工业固体废物综合利用率92.75%；全市辐射环境质量继续保持在较低水平。

全年新增城市道路面积189.3万平方米，累计1592万平方米；绿地面积3246万平方米。市区公共交通营运线路87条，年载客量2.65亿人次，比上年增加0.17亿人次；年末供水管道1842公里，自来水日生产能力108万立方米，年供水量25 559.73万吨；排水管道1340公里，液化石油气用户39万户。

“平安温州” 建设取得阶段性成效。据调查，2007年我市群众安全感达到91.8%。全市共发生各类事故4838起、死亡873人、直接经济损失3623.8万元，分别比上年下降20.2%、3.2%和3.3%。

全市有律师机构44个，全年办理国内刑事诉讼辩护案件4599件，民事诉讼案件15 268件，行政案件诉讼902件。各级人民调解机构调解各类纠纷18 763件。全年办理国内公证83 868件，办理涉外公证70 371件。

注：①本公报所列各项数据为年度初步统计数据。

②全市生产总值和各产业增加值绝对数按现行价格计算，增长速度按可比价格计算。人均地区生产总值按户籍人口计算。

③本公报所列农业及主要农产品、畜牧产品增长速度的计算基数根据第二次全国农业普查结果做了相应调整。

2007年温州市金融形势分析报告

2007年，在全国经济走势变化、货币政策从“稳健”到“稳中适度从紧”再到“从紧”的背景下，温州银行业存贷款在总体较快增长的同时，波动性明显加大，呈现出上半年信贷宽松、下半年资金趋紧的反差态势。人民币贷款得到控制，外币贷款大幅增长，证券市场投资火爆，保险市场持续发展。

2007年末全市银行业本外币存贷款分别为3462.25亿元和2783.72亿元，分别增长17.9%和24.6%；人民币存贷款增量均创历史新高。本外币不良贷款余额23.62亿元，比年初减少6.02亿元，不良贷款率0.85%，比年初下降0.48个百分点。证券交易额10 222亿元，保险业保费收入51.88亿元。金融业为社会经济发展提供了有力的资金支持和良好的金融服务，并且实现了自身的发展壮大和良好效益。全市银行业实现账面利润92.95亿元，同比增长46.4%；资产利润率2.63%，比去年同期增加0.49个百分点。

一、人民币存款增速放缓，储蓄波动显著

2007年末，全市人民币存款余额3376.17亿元，比年初增加557.60亿元，增长19.8%，分别比全国、全省高出3.7和3个百分点。人民币存款增量虽创新高，比2006年多增7.2亿元，但存款增速放缓，同比下降4.5个百分点，主要是储蓄存款增量下降明显。往年储蓄增量一般占全部存款增量的50%以上，2007年全年人民币储蓄存款仅增161.69亿元，增量只占存款增量29.0%，同比少增153.48亿元。其中受年末冲高因素影响，仅12月份就增加73.33亿元，占到全年储蓄增量45%。

与此相反，保证金存款增势强劲。年末保证金存款余额407.92亿元，比年初增加162.33亿元，增长66.1%，增幅比去年同期提高54.5个百分点。保证金存款的迅猛增长维持了存款总额的增长。保证金存款增量占全部存款增量的29.1%，比去年同期高24.5个百分点。保证金存款增加主要原因是在储蓄分流状态下，各行通过发展票据业务来增加存款；另一方面在下半年贷款规模控制下，企业通过银行承兑汇票、保函等渠道解决资金需求的增多，进一步促进了保证金存款的增加。

2007年，全市储蓄存款在总体增长趋缓的同时，波动性进一步加大，特别是受股市变化影响明显，给银行资金管理带来考验。考察上证指数与储蓄存款增量关系（图1），扣除2月春节因素、9月过节因素（通知存款临时增加）及12月年末因素，上证指数与储蓄存款增量之间反向运行关系非常明显。“5.30”大跌后，储蓄存款在4、5两个月净减少后，6月猛增116.39亿元；而10月上证指数创出历史新高同时储蓄下降也创历史之最，10月份净减少107亿元。证券市场的分流作

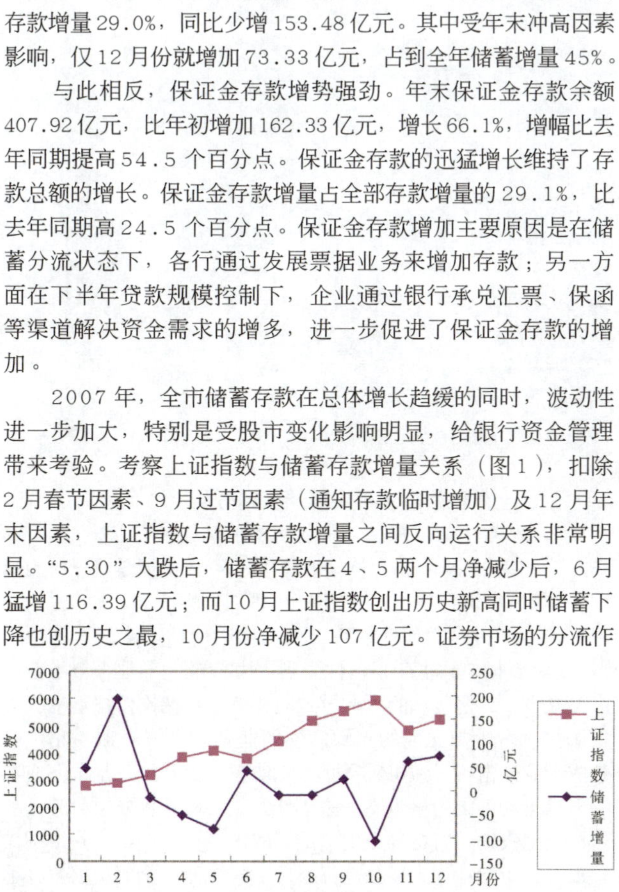

图1　上证指数与储蓄增量情况图

用，使储蓄存款出现非季节性不规则波动，全年6个月净减少，储蓄存款稳定性进一步趋弱。

二、人民币贷款增长前高后低，重点支持突出

2007年末，全市人民币贷款余额2721.17亿元，比年初增加515.53亿元，增长23.4%，分别比全国、全省高出7.3和3.6个百分点。与人民币存款总量增长类似，2007年贷款在增量上创下新高，比2006年多增20.99亿元，但增速同样有所放缓，同比下降5.5个百分点。贷款在总体保持高位运行的同时，年内增幅逐步下调的趋势非常明显（图2），四个季度的增量分别为208.26亿元、206.93亿元、97.99亿元和2.35亿元，第四季度甚至出现了连续2个月的净减少。贷款增长前高后低，反映了下半年以来国家宏观控制政策对银行信贷投放影响较大。

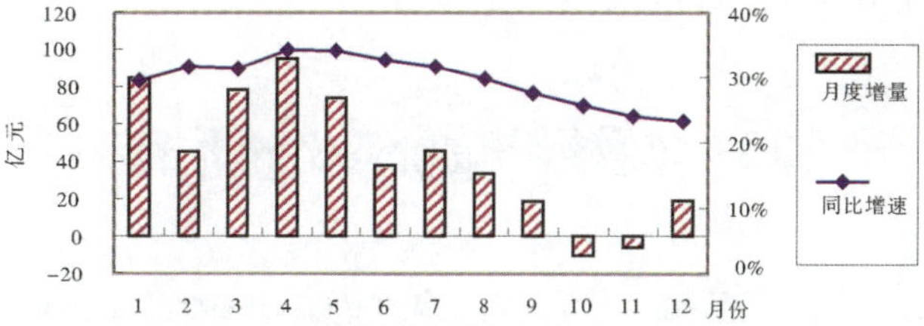

图2　2007年月贷款增量及余额同比增速图

从信贷结构上看，对私（个人类，含个人生产经营、个人消费、农户）贷款增加281.37亿元，占全部贷款增量的54.6%，其中个人消费贷款增加136.09亿元，同比多增86.56亿元，增长31.9%；对公（法人客户）贷款占全部贷款增量的45.4%。积极引入外地资金，突出信贷投放重点，支持重点项目和中小企业的资金需求。全年引入市外信贷资金54.60亿元；对市重点项目新增贷款27.47亿元，海涂围垦新增贷款6.29亿元，标准厂房新增贷款3.61亿元。年末，全市中小企业贷款1302.68亿元，比年初增加264.34亿元，同比多增41.11亿元。全市银企推进会19家银行与21家企业授信签约101亿元，年内各商业银行对签约的企业贷款已到位95.5亿元，占授信签约总额的94.5%，授信贷款基本到位。

三、外汇存款大幅下降，外汇贷款大幅增加

2007年末，全市外汇存款余额11.79亿美元，比年初减少3.25亿美元，其中主要是由于居民个人大量结汇，外汇储蓄存款减少了4.21亿美元。而外汇贷款出现成倍增长，外汇资金利用率显著提高。年末全市外汇贷款余额8.56亿美元，比年初增加5.00亿美元，增长240.4%，其中进出口贸易融资增加3.29亿美元。贸易融资的增长主要原因一是外币融资成本相对较低。目前一年期人民币贷款利率已达7.47%，高于同期的美元6%的贷款利率。二是贸易融资规模较为宽松，资金相对宽裕。

四、证券市场交易活跃，股民开户急剧增加

2006年以来的牛市行情造就了证券期货业的火爆，温州市证券期货交易量节节攀升，交易活跃程度远高出全国。2007年全市共实现股票交易额达10 222亿元，比前四年累计交易额高出3.67倍，成为历史之最。自2006年5月份温州股民开户数首次突破10万户大关后，开户数每月创新高，截至2007年末，全市开户股民数已达33.2万户，比年初增加22万户。除了证券行业2007年发展迅速以外，全市期货行业同样也进展神速。据统计，截至12月末全市期民开户数达22 012户，

比年初增加了1.89万户，期货交易额达到8389亿元，比前四年总和还增加了1.7倍。

五、保险市场发展良好，业务增长有所加快

温州市保险市场延续了多年来的较好发展态势。特别是2006年国务院发布《关于保险业改革发展的若干意见》后，保险业发展得到了各级政府的高度重视，保费收入增长回升，市民投保意识进一步增强。2007年全市保费收入51.88亿元，同比增长20.8%，比2006年提高6.1个百分点。其中，人身险保费收入32.26亿元，增长15.3%；财产险保费收入19.62亿元，增长29.53%。保险业发展为风险保障、经济补偿和社会管理提供了较好服务，财险赔付率45.31%。特别是在多次强台风袭击温州后，保险业在支持灾后自救、重建方面作出了较大贡献。通过“金融保险服务送农村”等活动，加强了县域农村的保险市场建设和保险服务。

2007年温州市物价变化分析报告

2007年，受植物油、肉、禽为主的部分农产品价格恢复性上涨以及石油等资源性产品价格持续攀升的影响，温州市场物价出现连续上涨的势头，据国家统计局温州调查队调查编制的物价指数显示：居民消费价格指数（CPI）呈现一路走强态势。前六个月上涨幅度在3%以内；7月份开始至11月，温州市居民消费价格总水平每月以1个百分点左右的涨幅递增，11月攀升到7.3%；12月份涨幅回落至5.5%；价格总水平比上年上涨3.5%，涨幅突破全年3%的预期目标（见图一）。

图1　2007年温州市分月居民消费价格总指数（CPI）走势图

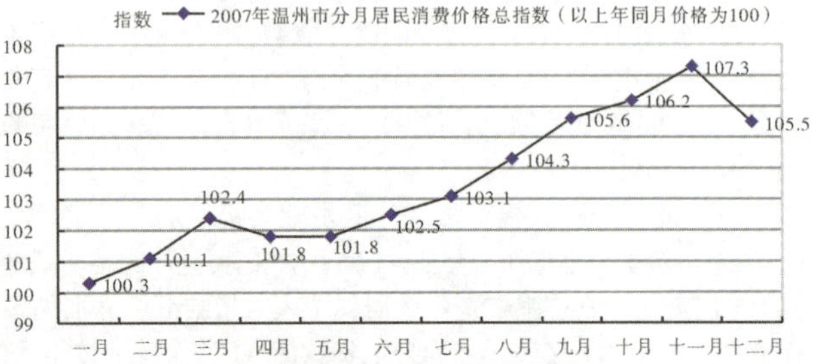

一、居民消费价格运行特点

2007年，全市居民消费价格总水平（CPI）上涨3.5%，构成居民消费价格指数的八大类商品及服务价格呈“六涨二跌”的运行态势（见表一），其中：食品和居住类价格涨幅最大，分别上涨8.3%和4.4%，共同拉动居民消费价格总水平上涨3.1个百分点，拉动率达90%。其余上涨的四类为：烟酒及用品上涨2.6%；衣着上涨3.0%；家庭设备用品及维修服务上涨2.1%；医疗保健及个人用品上涨2.3%。下降的有：交通和通信下降1.6%；娱乐教育文化用品及服务下降1.1%。

（一）食品类价格涨势强劲。食品类价格全年上涨8.3%，拉动CPI上涨2.57个百分点。所调查的16类食品中，价格上涨的为14类，占88%；下降的仅有干鲜瓜果和其他食品两类，占12%。肉、禽、蛋、油、粮食等价格全面上涨，涨幅居前的食品有：食用油上涨28.9%，肉禽及制品上涨28.8%，蛋类上涨26%，液体乳及乳制品上涨10.4%，菜类上涨9.1%，水产品上涨8.3%，粮食上涨4.7%，干豆及豆制品上涨4.4%。尤其是肉类中的猪肉价格上涨47.3%，12月份猪肉价格涨至每公斤27.3元。

（二）工业消费品价格稳中趋升。全年工业消费品价格上涨0.9%，主要上涨商品有：中药材价格上涨19.3%，建房及装修材料价格上涨3.8%，衣着类上涨3.0%，耐用消费品上涨2.9%，烟酒及用品上涨2.6%，水、电、燃料类价格上涨1.1%。值得关注的是，受国际原油价格持续上涨的影响，国内石油制品价格也水涨船高，全年汽油价格上涨3.1%，柴油价格上涨6.8%，液化石油气价格上涨3.5%。价格下降的有：通信工具价格下降28%，文娱耐用消费品及服务下降8.8%，交通工具下降2.5%，文化娱乐用品下降2.4%。

（三）服务项目价格小幅上涨。全年服务项目价格上涨2.0%。受政策性调价因素影响，托幼费上涨16.8%，技能培训费上涨3.7%，房贷利率上涨14.1%。另外旅游和住宿上涨5.4%，家庭服务及加工维修服务上涨2.0%。城市间及市内交通费、通信服务和医疗保健服务与上年基本持平或持平。

2007年居民消费价格指数（CPI）构成表

月份 / 名称	1～12月累计	
	居民消费价格指数(%)	对总指数影响(%)
居民消费价格总指数(CPI)	103.5	3.47
食品	108.3	2.57
其中：肉禽及其制品	128.8	1.12
其中：猪肉	47.3	0.65
食用油	128.9	0.20
蛋类	126.0	0.13
水产品	108.3	0.59
鲜菜类	109.1	0.25
烟酒及用品	102.6	0.10
衣着	103.0	0.26
家庭设备用品及维修服务	102.1	0.14
医疗保健和个人用品	102.3	0.20
交通和通讯	98.4	-0.19
娱乐教育文化用品及服务	98.9	-0.18
居住	104.4	0.57

二、全年价格总水平走高的原因分析

（一）粮、油、肉、奶价格联动推高食品价格

1、猪肉：今年猪肉价格上涨47.3%，主要是受三大因素综合作用的影响。一是生猪生产出现周期性波动。自从去年5月生猪生产进入周期性谷底以来，猪肉价格一度跌至每公斤14元，养猪户的生产积极性受到较大打击，导致今年生猪供应量减少。二是疫病的影响导致肉猪减少，猪肉价格上涨。去年国内部分地区暴发的高致病性猪蓝耳病疫情，对生猪供应造成一定冲击，导致供应紧张、猪肉量少价升。三是饲料成本的上升推动猪肉价格走高。去年作为生猪饲养主要原料的玉米价格上涨较快，直接导致生猪饲养成本上升。以致6月出现大幅攀升，价格在年末攀升至每公斤27.3元，全年价格累计上涨47.3%。另外猪肉价格的上涨直接或间接推动了畜肉及制品

价格的上涨，去年温州牛肉、羊肉、禽类、蛋类、加工肉禽价格分别上涨7.8%、11.5%、23.2%、26%和15.7%。

2、食用油：全年食用油价格上涨28.9%。市场上植物油及其制品价格不断走高的主要原因，一是由于近年来油料生产的效益偏低，农民种植积极性下降，全国油料作物种植面积下滑，造成国内食用植物油缺口扩大。二是国内食用油对国际市场依赖度较高。今年以来，国际食用油价格大幅上涨直接影响国内油料价格上涨。另外由于大豆价格的上涨，温州豆制品价格也在11月份开始统一上调，全年累计虽仅上涨4.0%，但12月份价格比上年同月上涨39.3%。

3、牛奶：全年液体乳及制品价格上涨10.4%。牛奶涨价的原因和猪肉涨价的原因有几分相似，去年奶牛养殖饲料不断涨价，收购价格却长时间在低水平运行，奶牛饲养者少了，造成了牛奶供应减少，再加上牛奶生产企业生产成本上升，最终导致价格上涨。

4、粮食：2007年，粮食价格上涨4.7%，主要受两方面原因影响：一是省内农业生产资料价格上涨7.3%，农民生产成本增加，引起粮价上涨。二是今年国内粮食虽然连续第四年实现增产，但世界范围内却是减产，出现全球粮价上涨，并通过进、出口贸易推高国内粮价。

（二）原材料价格上涨推动部分工业消费品涨价

1、由于受固定资产投资趋热，铜、铝等有色金属价格上涨影响，温州部分耐用消费品和建房及装修材料价格开始走强，该两类价格全年分别上涨2.9%和3.8%，成为新的涨价因素。同时，受服饰更新换代快，消费水平高等因素影响，衣着类价格上涨3.0%。

2、国内成品油价格上涨带来连锁反应。随着国际原油价格不断创出历史新高，自4月份以来一直呈稳中趋升的液化石油气价格到10月、11月份再起波澜，市区液化气价格大幅攀升。截至11月底液化气价格已经涨至每瓶约113元，创历年以来新高。同时，国家发改委自11月1日起上调国内成品油零售价格，其中93#、97#汽油价格分别由每升4.73元、5.00元上调至5.16元和5.45元，0#柴油价格由每升4.7元上调至5.17元，平均涨幅为9.3%。另外，国家发改委和民航总局通知，国内航线旅客运输燃油附加费从11月5日起执行新标准，其中800公里以下航段由现行每位旅客50元调整为60元，800公里以上航段由80元调整为100元，此次调价也在一定程度上推动CPI上涨。由于是年底调价，因此，汽油、柴油、液化石油气价格全年平均分别上涨3.1%、6.8%、3.5%。石油制品是重要的工业生产原料和运输燃料，其价格的上涨通过工业生产最终传导到工业消费品，给明年CPI带来上行的压力。

（三）政策性调价使服务项目价格指数上升

1、自今年秋季学期开始，有关部门对各级幼儿园托幼费价格进行调整，办法为取消各幼儿园集资费，按办学成本核算收取保育费。虽然学校收费总额没有增加，但增加了学生个体的保育费支出，所以反映在CPI上教育费上升了。同时，部分学校技能培训等学费也进行了适当调整。

2、受物价上涨较快及货币市场流动性过剩等原因影响，国家宏观调控力度加大，年内先后六次上调存贷款利率，“存贷款利率”也是构成CPI的规格品之一。

3、11月国家有关部门调高航空燃油附加费，同时温州部分航线价格有所调高。

三、温州市CPI与全国全省对比情况

2007年温州居民消费价格指数（CPI）为103.5，分别低于全国、全省平均水平1.3和0.7个百分点，在全省11个地市中价格总水平涨幅与杭州并列第九，仅高于绍兴市。除衣着类外，所调查的其他七大类消费品及服务项目价格运行态势基本与全国、全省同步。食品价格上升8.3%，分别低于全国、全省的平均水平4.0和2.7个百分点。

温州食品类价格涨幅低于全国、全省平均水平的主要原因：一是饮食结构略有不同，相对全国来说温州居民吃肉比重较小，购买水产品和外出饮食比重较高，肉类的涨价对温州市民影响会少一些。所以尽管食品类价格涨势逐月加强，全年上涨8.3%，但涨幅仍低于全国、全省。二是由于温州居民收入水平较高，食品支出占消费比重低于全国，也就是恩格尔系数低于全国，所以按食品类所占的权重计算，温州食品类价格上涨对CPI的上拉力要低于全国0.5个百分点左右。

四、食品价格持续上涨分析

（一）农产品价格上涨是农业生产成本上涨过快的影响。食品价格上涨很大程度上受到农业生产资料价格上涨过快的影响，从2007年1月份开始省内农资价格连续12个月出现上涨，且涨幅逐月攀升，全年累计上涨7.3%。虽然财政对种粮和养猪农民实行了直接补贴，但由于化肥、饲料等成本增长过快，推动农产品价格居高不下。

（二）部分农产品价格上涨仍属价格恢复性上涨。历史统计资料数据表明，部分农产品价格上涨是多年来农副产品价格持续走低后的逐步回归。粮、油、肉、禽等主副食品价格放开的十几年来，由于经济快速发展，农业生产水平大幅提高，农产品供应总体上保持供大于求的状况，使得国内农产品价格始终在低位徘徊。据统计，自1995年以来的12年间，温州部分主要农产品价格除猪肉创历年来新高外，其余各类农副产品价格与1995年基本持平（详见表二）。对于本轮猪肉价格大幅上涨，市政府紧急出台生猪生产相关扶持政策，9、10两个月猪肉价格转升为降，各项扶持政策成效初步显现。

温州市区部分主要副食品历年平均价格（元/公斤）

种类 / 年份	杂交米	植物油	猪肉	活鸡	鸡蛋
1995年	3.2	9.3	16.4	17.8	8.0
1996年	3.2	8.7	17.0	21.8	9.0
1997年	2.8	8.0	18.3	17.2	6.8
1998年	2.6	8.4	15.6	16.5	6.6
1999年	2.7	8.3	13.4	15.9	6.0
2000年	2.5	6.8	13.9	17.3	4.9
2001年	2.3	5.4	13.7	13.7	5.2
2002年	2.4	5.4	13.3	13.1	5.4
2003年	2.3	6.7	14.1	13.1	5.5
2004年	3.2	8.1	17.3	14.6	6.6
2005年	3.2	7.4	16.9	14.4	7.0
2006年	3.3	7.2	15.5	14.4	6.6
2007年	3.6	9.3	22.3	16.2	8.1

2003～2007年居民消费价格分类指数及五年累计涨跌幅度

名称 \ 年份	2003	2004	2005	2006	2007	五年累计	累计涨跌（+-）
居民消费价格总指数	100.1	102.5	102.5	101.0	103.5	109.9	9.9
其中：服务项目价格指数	103.0	99.6	100.7	100.4	101.7	105.5	5.5
一、食品	101.8	109.4	108.1	105.0	108.3	136.9	36.9
二、烟酒及用品	100.7	105.3	100.2	99.5	102.6	108.5	8.5
三、衣着	95.6	99.0	97.0	94.4	103.0	89.3	-10.7
四、家庭设备用品及维修服务	96.7	97.2	99.1	100.3	102.1	95.4	-4.6
五、医疗保健和个人用品	96.0	94.3	97.1	101.1	102.3	90.9	-9.1
六、交通和通讯	98.5	97.3	98.6	97.8	98.4	90.9	-9.1
七、娱乐教育文化用品及服务	102.8	96.8	99.5	97.2	98.9	95.2	-4.8
八、居住	103.6	105.1	104.5	104.3	104.4	123.9	23.9

（三）食品价格持续上涨的利与弊。市场商品价格结构性上涨是市场价格规律的作用，由供需决定。温州价格结构性上涨已有5、6年，从这几年的CPI走势看，构成CPI的八大类价格只有食品和居住类价格一直保持上涨态势，其它工业品价格跌多涨少。因而，构成CPI的规格品价格涨跌相抵，使总体CPI保持平稳运行。这种持续的价格结构性涨跌对社会发展和市民生活的利弊分析如下：

1、从城市居民角度：占市民消费总额三分之一的食品是居民生活的必需品，食品价格上涨关系千家万户，增加市民的生活开支，特别是较低收入家庭由于食品价格持续上涨，对生活和心理造成较大压力。

2、从农村角度：部分食品价格上涨仍属价格恢复性上涨（见图二）。据统计，食品价格从1998年跌入谷底到现在的九年时间累计涨幅25%，而同时温州城市居民人均收入则增加了1.6倍，城市居民恩格尔系数从1998年的0.47降到现在的0.34左右。所以，食品价格恢复性上涨对大多数居民影响不大，但是对提高农民的收入却是一条主要途径。

图2 温州市历年食品类价格指数走势图

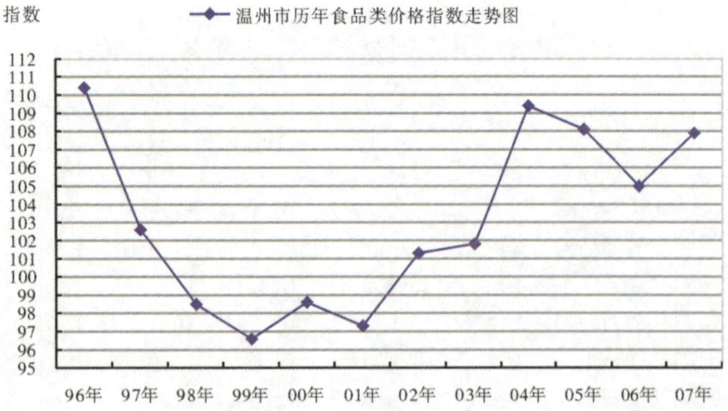

五、部分工业消费品价格回升分析

由于全国工业品生产能力过剩，长期处在供大于求的状态，多年来市场价格表现出跌多涨少的局面。以温州为例：近5年，工业原材料购进价格累计上涨38.7%，企业职工平均工资也增长了40%，绝大部分企业生产成本或多或少都有增加，但反映在消费品市场上，由于供需关系，出产价格仍处在止跌或缓慢爬升的阶段。当前消费品市场工业品价格出现回升苗头也是长期来生产成本增加的反应，许多工业品价格的回升，还是属于价格恢复性上涨（见表三）。这一轮CPI的回升是市场经济运行的客观反映和内在要求。

2007年温州市农村居民收支分析报告

抽样调查资料统计显示，2007年温州市农村居民人均纯收入8591元，比上年增长13.9%。增幅高于全省平均水平1.2个百分点，超出全市城镇居民人均可支配收入1.7个百分点，创近十年新高，扣除价格因素，实际增长9.4%。在收入增长的同时，消费支出也不断增长，消费结构日趋优化，生活质量稳步提升。（见表一）

一、收入方面主要特点

1、工资性收入成为农村居民增收的主要因素。2007年全市农村居民人均工资性收入达到3451元，比上年增长20.4%。来自工资性收入的增长为农村居民纯收入增长的贡献率达到55.7%。从工资性收入构成看，从本地企业得到的工资性收入增长最为明显。2007年本地企业从业人数比上年增长了46.8%，人均得到的本地企业工资收入也由上年的1246元增加到1583元，增长27.0%。受地震、台风等灾后重建、新农村建设、标准农田建设、来料加工业务的扩张等影响，农民在本地从事其他劳务的机会大大增加，加上日工资标准大幅提高，提供其他劳务收入人均为656元，比上年增长26.0%。同时，政府多渠道扩大劳务输出规模，外出人均从业收入也有了一定的提高，外出从业人均收入711元，比上年增长12.4%。

2、家庭经营收入仍是农村居民纯收入的主要来源。2007年全市农村家庭人均经营收入4012元，增长10.7%，占农村居民纯收入的46.7%，比上年的48.0%略有下降，但仍在农村居民纯收入的来源中占据主要地位。第一产业人均纯收入受种植业下降影响增长势头明显减弱，第一产业人均纯收入920元，增长0.5%，远低于上年16.9%的增幅。其中，种植业人均纯收入597元，减少3.6%；牧业收入130元，增长13.8%；渔业收入166元，增长5.3%；林业收入26元，增长13.6%。从事二、三产业的人数比上年增长8.4%，非农

2007年温州市农村居民人均收支情况

指标名称	2007年（元）	2006年（元）	比上年增减（%）
人均纯收入	8591	7543	13.9
1.工资性收入	3451	2867	20.4
2.家庭经营收入	4012	3625	10.7
3.财产性收入	718	596	20.4
4.转移性收入	410	453	-9.5
生活消费支出	6109	5837	4.7
1.食品	2720	2484	9.5
2.衣着	458	408	12.44
3.居住	852	1036	-17.8
4.家庭设备.用品	262	244	7.4
5.交通和通讯	714	520	37.4
6.文化教育.娱乐	654	690	-5.2
7.医疗保健	292	290	0.8
8.其他商品和服务	156	165	-5.6

产业纯收入3091元，比上年增长14.1%。第二产业人均纯收入为1072元，增长20.6%。其中，人均工业收入707元，增长27.3%；建筑业收入364.7元，增长9.3%。第三产业也保持了较好的发展势头，第三产业纯收入2020元，增长10.9%。

3、财产性收入稳步增长，转移性收入有所下降。随着农村居民财富的积累，投资渠道不断拓宽，促使财产性收入保持了较高的增长。2007年全市农村居民人均财产性收入718元，增长20.4%。其中人均租金收益370元，增长35.0%；土地征用补偿收入117元，增长7.5%；其他投资收益51元，增长29.7%；其他股息和红利收入69元，增长69.2%。

2007年农村居民人均转移性纯收入410元，下降9.5%。其中，家庭非常住人口寄回、带回人均收入184元，下降14.2%；全年农民人均离退休金、养老金收入达115元，增长6.7%；人均得到抚恤金8元，增长11.0%。

4、低收入群体收入的增长速度明显提高。各级党委政府努力践行“和谐温州”建设，使农村低收入者得到了更多的实惠。2007年收入最高的20%家庭人均纯收入18 939元，增长11.1%，而收入最低的20%家庭人均纯收入2727元，增长18.4%，低收入群体收入的增长速度明显高于高收入群体。

二、支出方面主要特点

随着农村居民收入的稳步增长，生活消费水平进一步提高，农村居民的消费方式和消费观念的变化越来越明显，消费需求日益多样化和层次化。2007年农村居民人均生活消费支出6109元，增加272元，增长4.7%。农村居民家庭的物质消费层次进一步提升，生活质量逐步向发展、享受型迈进。

1、食品消费支出较快增长，恩格尔系数略有上升。2007年农村居民食品消费支出人均2720元，增长9.5%，恩格尔系数44.53%，比上年增加2.03个百分点，稳定在小康水平。恩格尔系数的上升主要是受物价特别是食品类价格上涨以及 农村居民居住消费减少的影响。在食品消费中，用于主食消费支出人均274元，增长2.2%；蔬菜消费支出人均183元，增长10.3%；肉、禽、蛋、奶和水产品支出人均1190元，增长14.7%；烟、酒消费支出人均261元，增长10.7%；增幅较上年均有一定的提高。

从具体消费的数量上看，粮食消费量减少，水产品、水果等消费量同比有所增长。2007年农村居民人均消费粮食154公斤，下降4.0%；蔬菜及菜制品67公斤，增长3.8%；水产品32公斤，增长1.7%。鱼、水果等消费量增多，膳食结构继续向营养、科学型发展。

2、消费观念不断更新，消费领域不断拓展。随着生活节奏的加快和信息化水平的提高，农民的消费观念在不断更新，“花钱买方便、图享受”的居民越来越多，消费领域不断拓宽，生活方式城镇化趋向明显。2007年农村居民用于交通和通讯方面的消费支出人均714元，增长37.4%，增幅居八大类消费之首。每百户农村居民拥有生活用汽车6.9辆，拥有移动电话162部，快捷与便利的交通通讯工具已融入农民兄弟的日常生活。人均购买金银饰品、化妆品、美容美发消费支出分别为16元、13元、38元，增长22.4%、37.0%和55.6%，饰品、美容美发等消费成为新的消费热点。

在注重生活消费质量的同时，农民对提高文化素质、加强医疗保健的认识进一步提高。2007年，全市农村居民人均教育服务支出487元，医疗保健支出292元，分别占生活消费总支出的8.0%和4.8%，农村居民的新型合作医疗参与率达到92.5%。

3、居住条件进一步改善，耐用消费品不断升级。2007年年末，农村人均住房面积42.25平方米，增长2.4%；人均家庭设备、用品消费支出262元，增长7.4%。其中，购买室内装饰品、床上用品、机电设备的人均支出分别增长73.6%、49.2%和26.8%。说明在居住面积增加的同时，农村居民对居住品质的要求也相应提升，越来越重视家庭室内装饰装修。

抽样调查资料显示，2007年底，全市平均每百户农民家庭拥有电冰箱82台；热水器69台，其中太阳能热水器3台；彩电137台；家用计算机31台，其中接入互联网的19台。家庭设备的现代化已成为越来越多的农村家庭所追求的目标。

三、农民增收中存在的问题

1、工资性收入持续增长难度加大。从近几年农民的增收轨迹与增收动因看，工资性收入的增长是农民增收的主要因素。然而，未来工资性收入持续增长难度加大。主要表现在三个方面：一是农村劳动力素质较低。抽样调查资料显示：农村住户所有劳动力中，初中及以下文化程度的占79.8%，受过专业技能培训的仅占18.9%，大量农村劳动力仍停留在劳动密集型行业。不能适应产业结构调整、高新技术产业对劳动力素质的要求。二是就业压力日增。由于外来人口的不断增加，企业用工往往更偏重于对薪资要求更低的外来人口，本地农民就业压力增大。三是劳务输出增长势头明显减弱且本身具有不确定性。2007年外出从业人数比上年增长3.5%，远远低于2006年97.4%的增长速度，劳务输出规模继续加大有一定的难度。

2、农业基础设施不健全、抵抗自然灾害能力弱。我市农业基本上还属于靠天吃饭的产业，农业生产基本上还是以小规模户、散户为主，农业基础设施不健全，抵抗自然灾害能力弱。而温州又是个台风频发的地区，如2007年受多个强台风影响，粮食等农作物减产，广大农户损失严重，极大的打击了农户继续从事农业生产的积极性，农业收入增长势头由弱转强有一定的难度。

3、农村居民内部收入差距仍然较大。虽然低收入农户收入有所增长，但农村居民间的收入差距还是相对较大，按人均纯收入高低将所有的农村居民家庭分为五组观察，农村居民内部20%的低收入户和20%的高收入户的收入之比为1:6.94。占总体20%的高收入户占有全体农户收入总额的份额达40.6%，而占总体20%的低收入户占有全体农户收入总额的份额只有6.7%。59.2%的家庭收入水平在全市收入平均数以下。农村居民生活水平的提高是在收入增长的基础上实现的。较低的收入水平使得一些农户消费增长缓慢。据抽样调查，还有3.1%的家庭年人均生活消费支出在1500元以下，在食品快速上涨的情况下，这部分农户难以维持正常所需，生活较为贫苦。由此看来，低收入户的增收问题仍是需要各级政府关注的重点。

2007年温州市城市居民收支分析报告

抽样调查显示，2007年城市居民人均可支配收入为24 002元，比上年增长12.2%，消除物价上涨因素，实际增长8.4%；全年城市居民人均消费支出17 533元，比上年增长12.0%，消除物价因素，实际增长8.2%。居民生活水平有了进一步的提高，消费能力增强，居民生活质量不断改善。

一、收入结构及特点

从居民四大主要收入的构成来看，工资性收入占到居民总收入[①]的54.0%，所占比重比上年下降1.3个百分点，但仍是2007年居民家庭收入的主要来源。全年经营性收入和财产性收入比重呈上升趋势，经营性收入占总收入比重比上年高3.0个百分点，财产性收入比上年高1.4个百分点，详见表1。

温州城市居民收入结构对比表

项目	2007年绝对值（元）	2007年收入构成（%）	2006年收入构成（%）
工资性收入	13 666	54.0	55.3
经营性收入	6531	25.8	22.8
财产性收入	1155	4.6	3.2
转移性收入	3954	15.6	18.7
合计	25 306	100.0	100.0

1、各类就业者收入普遍增加，离退休者收入稳增。2007年城市居民各类就业者收入和离退休人员的离退休工资普遍较上年有所增加。国有、集体、个体被雇、其他经济类型等就业者，从单位得到的人均年工资性收入为3.7万，比上年增长5.3%；城镇个体或私营企业主的人均年收入为4.2万，增长速度趋缓，同比增幅为3.5%；在这一年中，各级政府对离退休人员的生活状况给予了重点关注，养老保险制度得到进一步的完善，出台相关政策，有效地调整离退休人员的基本养老金，使离退休人员的收入得到了有效的保障和提高，离退休金均能得到按时足额的发放，离退休老人们每人平均领到的年离退休金为1.6万，比上年增长5.5%，增幅快于各类就业者的收入增幅。

2、财产性收入提升最为显著。2007年人均财产性收入为1155元，比上年增长56.9%，增幅比上年加快了26.8个百分点。虽然居民人均财产性收入占总收入比重相对另外三大类收入较低，但随着居民家庭拥有的动产（如银行存款、有价证券等）、不动产（如房屋、车辆、土地、收藏品等）拥有的增多，财产营运所获得的红利收入、财产增值收益等收入将日益增加，居民财产性收入的增长将会进一步显见。

3、中等收入户水平上升，比重扩大。按照国际上通用的五等份分组法，被定义为中等偏下、中等收入、中等偏上水平的居民户必须分别各占到总户数的20%，合计为60%，这是相对中等的概念，其比例历年不变。若以城市居民中等偏下和中等偏上两个组收入水平绝对值分别作为绝对中等收入户收入水平的上下限，抽样调查显示，2006年人均月可支配收入水平在1061－2049元的城市居民家庭即为绝对中等收入户，在这一收入水平内的居民家庭占到总户数的40.2%。而在2007年绝对中等收入户的人均月可支配收入水平提高到了1245－2338元，且在这一收入水平内的居民家庭占总户数的比重扩大为43.3%。

4、收入中位数仍明显低于平均数。2007年人均可支配收入平均数为24 002元，中位数（全部调查家庭中，收入按高低排序后，位于中间的那个家庭的人均可支配收入）为19 303元，年平均数比中位数多4699元，高24.3%，家庭收入水平的差异被平均化，62%的家庭的人均可支配收入未达到平均数，部分高收入者的收入对平均数影响较大，拉高作用明显。抽样调查显示，2007年10%的低收入户年人均可支配收入为7300元，10%的高收入户年人均可支配收入66 304元，两者之比为1:9。与上年相比，高、低收入户差距虽并未进一步拉大，但市区居民收入差距较大的现象仍未扭转。

二、支出结构及主要特点

2007年，城市居民人均总支出23 778元，消费性支出占总支出的73.7%，比2006年的71.0%高了2.7个百分点，居民消费性支出比重的上升，说明居民家庭用于购房、建房、转移性支出等比重相对减少。从八大类消费支出情况来看，人均消费金额从大到小依次为食品、交通和通信、教育文化娱乐服务、居住、衣着、医疗保健、家庭杂项商品和服务、杂项商品和服务。食品、交通和通信、教育文化娱乐服务依然是居民家庭的主要消费投向，占居民八大类消费支出的69.3%。2007年八大类消费构成情况，详见表2：

1、消费结构优化。2007年，城市居民生活质量不断提高，消费结构日趋优化，主食消费比重由4.5%降为4.2%，副食消费比重则相应上升。服务性消费呈上升态势，全年市区居民人均服务性消费支出为6281元，比上年增长8.6%，服务性消费支出比重由上年的35.1%上升为35.8%，商品性消费比重相应下降。家务劳动社会化程度不断提高，居民在工作之余用于闲暇娱乐时间不断增加，假日旅游继续成为居民消费的热

①居民总收入＝可支配收入＋交纳所得税＋个人交纳的社会保障支出＋记账补贴

2007年温州市区居民消费支出构成表

消费支出项目	金额（元）	构成（%）
1. 食品	6379	36.4
2. 衣着	1610	9.2
3. 居住	1630	9.3
4. 家庭设备用品及服务	730	4.2
5. 医疗保健	783	4.5
6. 交通和通信	3038	17.3
7. 教育文化娱乐服务	2738	15.6
8. 杂项商品和服务	625	3.5
合　计	17 533	100.0

2007年末温州城市居民家庭耐用消费品百户拥有量

品　名	单位	2007年末	2006年末	同比增长(%)
家用汽车	辆	25.85	20.50	26.1%
洗衣机	台	87.44	92.50	-5.5%
电冰箱	台	97.58	98.50	-0.9%
彩电	台	176.09	175.50	0.3%
家用电脑	台	84.30	80.00	5.4%
摄像机	台	13.53	11.00	22.7%
钢琴	架	4.35	3.50	25.7%
微波炉	台	64.25	55.50	15.9%
照相机	架	48.31	53.00	-8.9%
移动电话	台	200.72	191.50	4.8%
空调器	台	185.75	176.00	5.6%

点。2007年市区城市居民平均每百人节假日出游达5.65人次，年人均参加团体旅游和参观游览的花费为759元，比上年增长5.4%；年人均美容为77.2元，比上年增长12.4%；人均用于家政服务支出140元，比上年增长60.3%；人均在外用餐2522元，比上年增长10.7%。广大群众在物质生活水平日益改善的同时，充分地享受着丰富多彩轻松愉快的精神生活。

2、恩格尔系数上升。2007年城市居民人均食品支出为6379元，同比增幅为9.9%。恩格尔系数为36.4%，比2006年上升1.2个百分点。恩格尔系数上升的主要因素：一是，居民在外用餐支出的增多；二是，物价上涨拉动食品支出。食品支出中，居民在外用餐支出增长迅速，月人均支出210元，比上年多20元，增长10.7%。食品类价格上涨，致使居民食品类支出压力加大，如扣除食品类物价上涨的因素，食品支出比上年实际增长1.5%，也就是说食品的涨价直接拉动食品消费支出上升8.4个百分点。部分食品价格上涨，特别是粮油类、肉禽蛋等食品价格上涨，进一步加重了低收入户的生活负担，调查显示，由于食品价格上涨的原因，使10%的低收入家庭全年户均食品增支750元左右。

三、主要消费热点

1、居住支出增速较高。居民家庭的住房装修，带动了装潢材料和住房装潢人工费等相关商品的快速增长。2007年居民年人均居住支出为1630元，其中居民的年住房装潢支出和维修用建材支出为440元，同比增幅176.7%。居住消费快速增长，成为2007年市区居民消费的新亮点。从不同收入家庭居住支出情况上分析，收入越高的家庭，居住支出越大。10%的高收入户年人均居住支出为4208元，而10%的低收入户年人均居住支出仅184元，而且95.5%的居住费用是用来支付租赁房房租和水电燃料的支出。

2、家庭设备档次提升。城市居民家庭中，许多高档设备如背投数码彩电、智能化变频空调、名牌钢琴、数码摄像机、笔记本电脑、等等都已屡见不鲜，相当多的居民家庭完成或正在完成对其普通家庭设备的更新换代，档次得到进一步提升，年人均用于添置家庭设备支出202元，同比增长30.9%。2007年末居民家庭耐用消费品百户拥有量详见表3：

3、汽车消费持续升温。2007年11月，温州市区出台的“取消普通汽车号牌竞投”的政策，进一步激发了市区居民购车欲望，购车的热情再次被点燃。全年人均交通工具支出708元，同比增长55.2%。其中，全年百户家庭购车2.25量，比上年增长134.4%，汽车消费成为消费品中带动作用较强的商品。抽样调查显示，2007年末市区百户居民家庭家用汽车拥有量达25.9辆，同比增幅为26.1%。随着家用汽车不断普及，与车辆有关的各项费用正不断增加，人均车辆用燃料、车辆使用税费、车辆保险等与汽车相关的支出达663元，占居民家庭总支出的2.8%，比上年增长13.5%。同时，道路交通、停车难等问题也正日益凸现。据国家统计局温州调查队11月份的一项专题调查显示：“新增市区内公共停车泊位，增设市区占道临时停车泊位。”成为2008年市民最热切盼望市政府为民解决的十大实事中，最需迫切解决、重点解决的第三件实事。

4、住房成套率提高。抽样调查显示，2007年末城市居民人均建筑面积达到33.5平方米，比2006年末增加了1.9平方米。自有房比例为86.5%，租赁公房率为2.7%，租赁私房率为10.8%。住房建筑式样进一步改善，老式平房、普通楼房和一居式单元房为12.0%，而宽敞的二、三、四居室比例分别为48.5%、32.0%、5.5%，建筑面积在100平方米以上，比较高级的单栋楼房（平房）占2.0%。

5、家庭信息化程度提高。据对温州市区400户城市居民家庭抽样调查，每百户接入互联网的计算机达到68.1台，同比增长10.8%，家用电脑入网率已达80.8%。家庭网络消费也成为消费支出中必不可少的组成部分，全年居民家庭人均上网费为169元，网上购物支出为29元，也就是说，居民消费性支出的90元中，近1元钱是用于网络消费。同时，随着移动通信设备的普及和通信的便利，居民的通信服务费支出增长加快，2007年居民人均通信服务费支出达1020元，同比增长7.4%。

四、与全省其他设区市比较

2007年，温州城市居民人均可支配收入仍居全省首位。人均可支配收入比全省平均水平高16.7%，比排位第二的宁波市和第三的台州市分别高7.6%与7.9%。据统计，城市之间的收入差距显现逐步缩小之势。随着我市城市居民收入的增长，市民的消费欲望得到了进一步的释放。2007年我市城市居民家庭人均消费性支出也居全省十一个设区市首位，比全省平均水平高24.4%，消费率（八大类消费性支出占可支配收入比例），消费率超过了70%，也居全省首位。这进一步说明市区居民不仅能赚钱，也舍得花钱来提高生活质量。

大事记

2007年大事纪要

1月至12月大事纪要

1月

1日 元旦升国旗仪式暨万人健身跑活动在温州市行政管理中心举行。市委书记王建满代表市四套班子向全市人民致以节日问候。近万名各界群众参加了全程4.3公里的长跑活动。

△ 温州市纪委召开第九次全体（扩大）会议。会议通过了市委常委、纪委书记陶时梅代表市纪委常委会向全会作的工作报告。审议并通过了本届市纪委向市第十次党代会提交的工作报告。

5日 中共温州市委书记王建满到温州生态园调研。王建满在调研中指出，生态园建设是一项千秋万代的事业，是一项复杂的系统工程，要求以省人大常委会颁布实施《生态园保护管理条例》为契机，努力在全社会形成支持生态园建设的良好氛围。

△ 中共温州市委、市政府决定：继续保留市民政局等18个单位第三、四批市级文明机关荣誉称号，确定市政府办公室等13个单位为第五批市级文明机关，并予以通报表彰。

8日 温州市人大常委会组织部分代表对半岛工程起步区建设与规划情况视察活动。市人大常委会副主任阮晖、陈莲莲等参加视察。代表们听取了半岛工程建设指挥部有关瓯江口区域开发建设情况的汇报。

△ 经专家委员会评审和媒体公示，市人民政府办公室公布，确定：张阁老传说、温州民歌叮叮当、拼字龙灯舞、温州南戏等55个民族民间艺术项目为温州市第一批非物质文化遗产代表作。

9日 中华慈善事业突出贡献奖暨第二届中华慈善人物评选在北京揭晓，温州市南存辉、胡成中、高天乐、陈光华、卢阿光和余碎斌获个人中华慈善事业突出贡献奖，市慈善总会和乐清民营企业扶贫帮困基金会获机构中华慈善事业突出贡献奖。

13日 在第五届中国工艺美术大师评审工作总结表彰大会上，温州市三位乐清籍民间工艺艺术家——黄杨木雕大师王笃纯、虞定良和细纹刻纸大师林帮栋，获“中国工艺美术大师”荣誉称号。

15日 永嘉县山坑乡后九埄村“为民好书记”郑九万、在“桑美”台风登陆时带领全院20多名医务人员救治335名遇险群众的苍南县马站镇人民医院院长李芳雪和乐清市翁垟镇高桥村身残志坚的王乐秋当选“浙江骄傲——2006年度最具影响力人物”。平阳县南雁镇雁山村下派农村工作指导员、已故抗台英雄林红武获提名奖。

17日 均瑶集团全资子公司——上海吉祥航空公司上海至温州航线成功首航。该公司由温州市著名民营企业均瑶集团和子公司上海均瑶航空投资有限公司出资组建，注册资本为1.5亿元人民币。

△ 由国家环保总局组织评选的第六批“全国环境优美乡镇”名单公布，苍南县马站镇、瑞安市曹村镇、乐清市城北乡、永嘉县表山乡、花坦乡和渠口乡入选。

18日 温州市工业经济联合会成立，史美斌当选为会长。

18～21日 荷兰共和国科沃拉市市长爱默·阿提率政府代表团访问温州市。副市长陈宏峰会见代表团一行。双方签署了友好交流关系意向书。

20日 洞头（温州）引（供）水一期工程在霓屿浅滩坝头正式开工。一期工程投资预算约2.5亿元，将于2008年10月完工。届时，洞头县日常供水量将提高近10倍，不仅确保洞头岛、三盘岛等五岛居民生活用水，还将满足洞头2015年之前建设发展的用水需求。

24日 中共浙江省委副书记夏宝龙在温州市调研教育工作。在市委书记王建满，市委副书记、代市长邵占维的陪同下，夏宝龙先后到温州市实验小学、市第二高级中学调研，详细了解各学校基础设施建设和教育教学工作情况。

25日 温州市顺利通过国家知识产权局创建国家知识产权试点城市工作的评估考核验收。

29日 浙江温州轻工研究院挂牌成立。该研究院由陕西科技大学和浙江工贸学院携手组建，首批建设资金投入1500多万元，并逐步建成为一个立足温州，辐射全省的轻工产品科技创新基地。

2月

2日 代市长邵占维主持召开温州市人民政府第48次常务会议，就市政府及政府各部门贯彻实施《中华人民共和国各级人民代表大会常务委员会监督法》作出部署。会议还审议并原则通过了《温州市“十一五”工业结构升级规划》、《温州市人民政府关于全面推进工伤保险的意见》、《温州市半岛起步区控制性详细规划》、《关于完善企业职工养老保险制度的实施办法》，讨论了《2007年为民办实事方案》、《关于进一步增强自主创新能力的实施方案》等文件。

△ 省内首家惠民眼科专科医院在温州医学院附属眼视光医院挂牌成立。该院针对全省和温州区域内的贫困群众开展防盲治盲救助工作。

4日 2006年中国十大系列英才颁奖典礼在北京举行。温州市企业家王振滔获“中国十大创新英才”称号，彭星获“中国十大工商英才”称号。

6日 市政府召开全市职业教育工作会议，出台《关于大力发展职业教育的意见》。根据《意见》，市政府从该年起设立每年5000万元以上职业教育专项资金。各县（市、区）相应设立配套专项资金，用于重点职业院校建设。

△ 由温州市慈善总会主办的2007新春慈善宴在全市11个县（市、区）同步开席。5400余名困难群众、特困职工及新温州人代表欢聚一堂，同吃爱心团圆饭。市委副书记、代市长邵占维代表市四套班子领导向为困难群众提供救助帮扶的社会各界表示感谢，并祝愿全市困难群众新年快乐。

7日 中央电视台大型公益活动“情暖2007年”之“财富手拉手”晚会在温州市举行，现场揭晓了“最受农民工欢迎的十大城市”，温州和北京、上海、广州、杭州、深圳、无锡、青岛、苏州、厦门等十城市当选。常务副市长徐纪平代表温州市接受颁奖。

8日 温州市委、市政府在北京人民大会堂举行新春团拜会。国家建设部副部长仇保兴、新华社副社长何平、原全国政协副秘书长沙里、原国土资源副部长寿嘉华、原民航总局副局长李剑、徐柏龄、中央军委办公厅雷炳成将军等在温籍领导干部和两院院士戴金星、李邦河、李启虎共100多人应邀参加了团拜会。市委书记王建满在会上介绍了温州市2006年经济、政治、文化、社会和党的建设等方面取得的新成绩，以及2007年市委市政府的总体工作思路。

△ 经市政府研究，确定温州国工实业有限公司、温州快鹿集团公司等1047家企业为2006年温州市成长型中小企业。

9日 中共温州市委召开九届十二次全体会议，部署市第十次党代会有关筹备工作。会议由市委常委会主持。市委书记王建满代表市委常委会讲话。会议审议通过了九届市委向市第十次党代会的报告；市纪委向市第十次党代会的工作报告；酝酿人事安排方案；讨论通过市第十次党代会主席团常务委员会建议名单；讨论确定市第十次党代会召开的具体日期；圈选出席省第十二次党代表候选人预备人选。

△ 温州市公安局出入境管理局举行“全国文明窗口”揭牌仪式。省公安厅出入境管理局副局长傅肃贤宣读了公安部《关于对首年度评定为公安机关出入境管理“全国文明窗口”单位给予表扬的通报》。市委常委、公安局长陈石春和副市长陈宏峰为出入境管理局“全国文明窗口”揭牌。

10日 温州医学院附属第一医院新院在瓯海区南白象镇正式破土动工。此项工程系省重点工程项目，总投资23亿多元，占地500余亩，建筑面积34万多平方米，大楼主体为八层、设计床位2000张。

△ 温州全市11个县（市、区）全面完成党委、人大、政府、政协换届工作。换届后，全市11个县（市、区）共有县级领导干部335人。其中年龄在40岁以下的63人、41～45岁的117人、46～50岁的96人、50岁以上的59人，文化程度为大学学历的217人、研究生学历的47人，党外干部46人，女干部60人，少数民族干部7人。

12～13日 印度驻沪总领事白加尉到温进行友好访问。

13日 温州市人民政府决定，授予南存辉、尤小平等26人“2006年度温州市功勋企业家”称号，授予丁国聪、尤克龙等100人“2006年度温州市优秀企业家”称号。

18日 第二十五届春节横渡瓯江活动举行。当时瓯江水温为11.5摄氏度，在358名参加横渡的冬泳爱好者中，有357名横渡成功。

23日 第七届中国电器文化节开幕。首次移师温州会展中心举办的“2007中国（温州）国际电力电工及高低压电器展览会”，共有800个标准展位，2万平方米的展览面积，吸引了300多家参展企业，其中，来自德国、澳大利亚等国近十个国际品牌直接参展。

△ 温州市的《市委市政府2007年重要工作责任制》通过温州日报向全社会公布并接受监督。共包括7个方面内容、90个大项目、358个子项目。

△ 王建满、连正德、邵占维、蒋云峰等市四套班子领导，专程登门给温州市工业销售产值首次超10亿元的东艺、拜丽德等企业赠匾。2006年全市产值超10亿元的企业新增10家，至此，超10亿元企业数达到31家。

25日 市人民政府决定，表彰2006年度温州市“百项千亿”工程重点建设责任制考核先进单位与个人。鹿城区人民政府等21个单位为责任制考核先进单位，浙江瓯北泵阀工业园区管委会等10个单位为重点建设立功竞赛先进单位，市交通局等4个单位为重点建设立功竞赛优秀组织单位，谢忠升等91人为重点建设立功竞赛先进个人。

27～3月3日 中国共产党温州市第十次代表大会召开。王建满代表中共温州市第九届委员会向大会作了《推进科学发展，构建和谐社会，为我市实现第三次跨越而努力奋斗》的报告。大会通过了《关于中共温州市第九届委员会工作报告的决议》、《关于中国共产党温州市纪律检查委员会工作报告的决议》，选举产生了中共温州市委第十届委员会和市纪律检查委员会，选举产生了温州市出席浙江省第十二次党代会代表名单。王建满当选为中共温州市委书记，邵占维、赵一德当选为中共温州市委副书记。陶时梅为市纪委书记，殷乐人、周爱平、徐有平为市纪委副书记。会议还通过了《中共温州市委关于加强自身建设的若干意见》和《中共温州市委议事规则》。

28日 温州市政府决定，命名市妇联实验幼儿园、温州大桥管理处监控中心等36个岗位为温州市第八批“巾帼文明示范岗”。温州医学院附属第一医院急诊科获全国“巾帼文明岗”荣誉称号。

3月

1日 温州市政府发布《温州最低生活保障实施办法》并实施。
△ 温州医学院瞿佳、管敏鑫等主持的“leber氏遗传性视神经萎缩遗传性状研究”项目获2006年度浙江省科学技术一等奖。

5日 浙江省平安建设考核组到温州市检查指导工作。

6日 温州市举行纪念“三八”国际劳动妇女节大会。全市各界妇女代表、妇联机关干部共200余人参加了大会。会议表彰了妇女儿童工作创新组织、巾帼文明示范岗、妇女维权工作先进集体和个人、平安家庭示范村（社区）和模范户、绿色家庭户等。

6～9日 中共浙江省委常委、省纪委书记王华元到温州市进行调研。王华元一行先后来到泰顺、乐清、鹿城、永嘉等地，深入山区扶贫慰问，走访基层实地考察，看望纪检监察干部，并对温州市纪检监察工作提出要求。

9～11日 第五届温州早茶节举行。浙江乌牛早实业股份有限公司等11家温州茶叶公司与销售企业签订了项目意向，签约金额达3880万元。本届早茶节共接待茶商、市民达8万人次，现场销售金额达356万元。

10～17日 中央电视台国际频道《快乐中国——学汉语》栏目到温州录制节目。该栏目摄制组在温州市拍摄雁荡山、楠溪江、江心屿、南麂列岛、渔寮及瑞安、洞头等地的山海风光、风土人情。

12日 温州科技城正式奠基动工。市领导邵占维、陈莲莲等出席开式仪式。温州科技城由核心区和产业基地两大部分组成，核心区选址在温州开发区高新园区，占地面积107.5亩，总建筑面积16.3万平方米，总投资3.39亿元；产业基地选址在温州开发区滨海新区。
△ 温州市委副书记、代市长邵占维到温州大学调研，并听取温州大学建设与发展情况汇报。邵占维还与400多名干部群众代表、温大师生一起，参加义务植树活动。在校外籍留学生也挥锹参加植树。

13日 温州市委、市政府决定，授予瑞安市等5个县（市、区）、瑞安市飞云镇等13个乡镇、曾林媚等42人为“千村整治、百村示范”工程建设先进集体、先进个人荣誉称号，并予以通报表彰。

14日 温州市委、市政府决定授予瑞安市塘下镇五方村等72个村为市级“全面小康建设示范村”荣誉称号，并予以通报表彰。

15日 浙江省2006年度十佳运动员评选揭晓。温州市朱启南、夏煊泽入选十佳；浙江工贸学院的地掷球运动员郭晓敏当选“我最喜爱的女运动员”。

20日 乌干达共和国驻华大使查尔斯·玛迪波·瓦基杜索来温考察。
△ 温州市委、市政府决定授予温州市文明办等7个单位“结对共建先进组织奖”、授予中国移动温州分公司等80个单位“结对单位先进工作奖”，并予以通报表彰。
△ 温州市首家五星级标准电影城——新时代电影大世界正式对外营业。该影城建筑面积3800平方米，共设有9个放映厅、1347个座席，采用了国际上最先进的数码视听设备。它是温州市第一个按现代企业制度建立、民间资本参股的股份制电影企业。
△ 中国渔政33016船首航。该船是温州市渔政处2006年初委托武汉南华高速船舶工程股份有限公司建造的，船长49.5米，主机功率4000多马力，排水量355吨，航速19.5节，续航时间1500多个小时。该船造价1300多万元，船内卫星导航、卫星电话、自动导航系统等设备一应俱全，是国内设施最先进的渔政执法船之一。

22日 北京奥组委和奥康集团在北京人民大会堂举行新闻发布会，宣布温州市奥康集团为2008年北京奥运会皮具产品供应商。
△ 中共温州市委决定，在全市开展以推进“三次跨越”为主题的解放思想大讨论活动。活动宣传发动、学习讨论、总结提高三个阶段进行，历时四个月。
△ 甬台温铁路西岙三线隧道顺利贯通。该隧道由中铁大桥局施工，隧道全长504米，是全国铁路隧道中开挖面积最大的三线隧道，可供三趟列车同时通行。

23日 温州市委、市政府在市人民大会堂召开全市“作风建设年”活动再动员大会。
△ 第十四届中国机床、工模具展览会暨第七届温州国际塑胶工业及原料展览会开幕。展览会共设800多个展位，吸引了400多家参展商，展览面积2万多平方米。

24日 瑶溪住宅区经济适用房工程开工。该工程是温州市2007年为民办实事的一项重点工程建设项目，总投资20亿元，总用地面积约50.5公顷，可容纳居住人口约1.3万人。

26日 《温州文献丛书》整理出版委员会在市图书馆召开总结座谈会，与会者畅谈历时5年9个月的温州历史文献整理工程历程。该丛书四辑40部48册共2000万字已全部问世，时间跨度近千年，是温州市迄今为止最为完整的历史文献总汇。

26～31日 政协第九届温州市委员会第一次会议召开。大会通过了市政协九届一次会议提案审查委员会关于市政府九届一次会议提案审查情况的报告；市政协九届一次会议决议，选举产生了政协第九届温州市委员会主席、副主席、秘书长、常务委员。包哲东当选为九届市政协主席。

27～31日 温州市第十一届人民代表大会第一次会议召开。大会通过了关于温州市人民政府工作报告的决议；关于温州市2006年国民经济和社会发展计划执行情况与2007年国民经济和社会发展计划的决议；关于温州市2006年全市和市级预算执行情况及2007年全市和市级预算的决议；关于温州市人大常委会工作报告的决议；关于温州市中级人民法院工作报告的决议；关于温州市人民检查院工作报告的决议。大会采用无记名投票方式，选举产生市人大、市政府、市“两院”组成人员，王建满当选为市人大常委会主任，邵占维当选为市人民政府市长。选举崔盛钢为市中级人民法院院长，李泽民为市人民检察院检察长。

4月

2日 市长邵占维主持召开温州市人民政府第1次常务会议。会议对市长、副市长的工作作了分工，就政府工作报告的重点工作任务进行了分解落实，会议审议并原则通过了《温州市人民政府工作规则》、《温州市人民政府会议制度》、《温州市人民政府部门行政首长问责暂行办法》、《温州市行政过错行为责任追究办法》，讨论了市政府开展“阳光行动”的工作方案。

4日 国内第一艘海上水产品加工船“华盛渔加1号”在瑞安东山渔港码头正式启航。这艘吨位为2490吨的加工船配有水产品加工的流水线和冷藏库等，并专门配备一艘从美国进口的渔探船及首批17对跟班渔船。每小时可以加工1500公斤水产品。

5日 全国工商联党组书记、副主席金哲洙率队抵温，就如何充分发挥工商联在非公有制经济人士思想政治工作中的重要作用进行调研。金哲洙一行参观考察了正泰集团和德力西集团的工业园区，并召开部分民营企业家进行座谈。

△ 温州翠微山烈士陵园扩建工程奠基。王建满、邵占维等市四套班子领导和乔吉林、周校进等驻温部队领导参加奠基仪式。根据设计方案，烈士陵园将分为主入口集散广场区、室内观展陈列区、悼念广场区、烈士陵园区、休息接待区、生态休闲区等七个功能区。

9日 温州市残疾人综合信息服务系统开通。该系统包括社区管理系统、就业保障金管理系统、残疾人个人就业管理系统、康复信息管理系统和残疾人基础档案社区管理系统等。副市长黄德康与省残联理事长陈晓非一起启动了该系统。

11日 温州市工商局、公安局联合举行新闻发布会，向新华社、人民日报等中央、省级及温州市各大媒体通报了两部门联合查处温州肽康生物科技有限公司从事传销、涉嫌非法经营犯罪活动一案。4月7日凌晨，温州市出动工商干部110人，公安经侦部门50多人，联合开展了代号为“亮剑”的统一行动，彻底推毁了一个涉案人员众多，金额巨大的全国性传销网络，共查处人员170余人，层次达48层，其中骨干分子97人，顶级人员2人，将全国各地各级别人员一网打尽。

12日 温州明日足球俱乐部挂牌成立。该俱乐部由温州市17家民营企业共同出资组建，前国脚蔡晟与俱乐部签订了三年合同，成为明日足球俱乐部的首任主教练。

13日 温州市在苍南县召开深化县域金融服务试点工作启动仪式，试办“集体土地性质的房产抵押贷款”，计划该年发放1000万元以上。

15~19日 温州市社会治安综合治理委员会和市见义勇为基金管理委员会作出决定，授予姚仁全“温州市见义勇为勇士”的荣誉称号。姚仁全为安徽颖上县人，在乐清市柳市镇马仁桥村联防队任护村队员，15日凌晨1时许，接到居民报警后，与同事急速赶赴现场，在与窃贼搏斗中，连中三刀，仍奋力追赶，终因伤势过重而不幸牺牲，年仅36岁。

20日 瑞典投资贸易合作洽谈会在温举行。此次活动由瑞典驻沪总领事馆、瑞典政府投资贸易促进署、访问瑞典旅游促进机构和中国瑞典温州商会共同举办，瑞典驻沪总领事安蓝作专题演讲。会后中瑞双方企业开展了对口交流，爱立信（中国）通信有限公司，瑞典远东旅行社等一批瑞典著名企业代表参加了本次活动。

△ 温州市各级公安机关开展“春节铁掌行动”，严厉打击“两抢”等多发性侵财型犯罪活动取得成效。在此期间全市共发生“两抢”案件1591起，同比下降15.7%；破“两抢”案件1105起，同比上升29.7%，其中破获涉案价值万元以上案件38起，打掉团伙119个，破获“两抢”系列案件51起；抓获犯罪嫌疑人596名，本地逃犯618名。

22~25日 埃及全国铁路工会代表团一行4人应浙江省总工会的邀请到我市参观访问。

23日 温州市召开首届慈善大会。市委书记王建满出席大会并讲话。会议授予78个慈善机构、项目和个人“温州慈善奖”，并予以通报表彰。

23~24日 全国工商行政管理学会工作会议在温州市召开。国家工商总局副局长刘凡，中国工商行政管理学会会长韩新民，浙江省工商局副局长黄笑平、温州市副市长陈宏峰等出席。来自全国各省（直辖市、自治区）、省会城市、计划单列市的工商学会秘书长及理论界人士共120人参加了会议。

24日 浙江省委书记赵洪祝到温考察工作，在温州市委书记王建满、市长邵占维的陪同下，先后考察了夏梦·杰尼亚公司、、瓯丽斯出口产品国际展贸中心、正泰集团等，听取了温州市委、市政府的工作汇报。省委常委、秘书长李强、省发改委主任刘奇等随同考察。

24~25日 温州市科学技术协会第八次代表大会举行。市委书记王建满在开幕式上讲话。会议审议通过了《〈中国科学技术协会章程〉温州市实施细则》、《关于动员和组织广大科学工作者为建设创新型温州作出新贡献的若干意见》，选举产生了市科协新一届领导机构，吴持平当选为科协第八届委员主席。

25日 温州市启动“倡导文明出行，提升温州形象”宣传教育实践活动。此次活动由市委宣传部、市文明办、交警支队、温州日报报业集团、市广电总台联合开展。全市一万多名市民、三百多辆车辆参加。活动中共向市民分发《温州市公民文明行为规范实施细则》等宣传资料二千多册，制作宣传广告和标语七千多条（幅）。

△ 温州市举办以“聚焦温州民企发展与第三次跨越”为主题的温州民营企业高峰论坛。中国工商行政管理学会会长韩新民出席论坛并致辞。市委书记、市人大常委会主任王建满，省工商局党组书记、局长郑宇民，中国社科院民营经济研究中心主任刘迎秋，中国国情与发展研究所所长贾文广等领导、专家出席并讲话。郑宇民在峰会上作了《再看温州》的主题报告。

26日 重庆涪陵区委书记张鸣率领党政代表团一行到温考察。

△ “温州讲坛”系列之二十四在温州市档案馆开讲。国家档案局、中央档案馆原局（馆）长毛福民作了题为《档案价值和档案工作的社会功能》的学术讲座。各县（市、区）分管领导、档案局长和市直各部门档案人员共200余人参加讲座。

28日 中华全国总工会公布全国“五一”劳动奖章和“五一”劳动奖状获得者名单，温州市获得全国“五一”劳动奖章的是：苍南县马站镇医院李芳雪、浙江超达阀门股份有限公司邱晓来、市人民检察院赵海霞、温州大学教授赵敏和市建筑公司贺刚。获得全国“五一”劳动奖状的集体为奥康集团有限公司、金可达集团有限公司和温州城南市政建设维修队。

29日 温州瓯南大桥举行试通车典礼。温州市委书记王建满宣布通车令，市委副书记、市长邵占维在试通车典礼上讲话。瓯南大桥位于鳌江流域下游，北连平阳县鳌江镇胜利路，南接苍南县龙港镇文卫路，全长881米，桥宽24.5米，双向4车道，总造价1.65亿元，是亚洲最大的开启式桥梁。大桥工程设计为垂直提升开启式城市主干道特大型桥梁，主通航孔关闭时最小净高10米，开启时最小净高23米，可单向通航1000吨级海轮。

30日 温州市委、市政府举行庆祝“五一”国际劳动节大会，市委书记王建满代表市四套班子，向奋战在全市各条战线上的广大劳动者致以诚挚的问候。李龙跃、王贤理等99位市级劳模，鹿城区洪殿街道夏屋社区委员会、拜丽德集团信息中心等30家市级模范集体与获得国家、省级劳模的集体、个人一同受到大会表彰。

△ 第101届中国进出口商品交易会在广州落幕。温州市参展团累计成交额65 476.23万美元，比上届增加3209.23万美元。温州共有参展企业280家、展位543个、外加108.5平方米的机械大厅，温州市的出口名牌商品成交额超过2.18亿美元，占成交总额的三分之一。

△ 温州市民陈佩佩捐献100余毫升造血干细胞，挽救西安某大学不幸患白血病的在校男生小周，成为温州市首位、浙江省第12位、全国第638位造血干细胞捐献者。

5月

4日 首届温州艺术博览会闭幕。艺博会共有400余位艺术家、3000余件作品参展，参观者超过3万人次，场内成交额达800万元，其中书画类作品成交额700万元。

6日 乌岩岭国家级自然保护区科研人员在昆虫生物多样性调查科研活动中，发现一种极为罕见的蝴蝶——金斑喙凤蝶。金斑喙凤蝶是世界上最名贵的蝴蝶，为我国特有，有“梦幻中的蝴蝶”和“世界动物活化石”的美誉。该蝴蝶珍贵而稀少，被国际濒危动物保护委员会定为R级（最稀有的一级）、《濒危野生动植物种国际贸易公约》一级保护动物、我国唯一的蝶类国家一级保护动物。主要分布于广东、广西、江西、福建等地，栖息于海拔1000米以上的阔叶及针叶常绿林中。据有关专家透露，金斑喙凤蝶，在浙江省尚属首次发现。

△ 浙港商业精英交流会在香港举行。温州市王振滔、南存辉、郑胜涛、卢伟光等在内的21位新浙商与全国政协副主席、香港前特首董建华等一批老浙商参加了交流活动。

7日 温州市旅游局统计，“五一”黄金周期间，全市共接待游客176.6万人次，与上年同比增长29.18%，旅游综合收入15.29亿元，同比增长12%。

8日 国家测绘局以国测国字[2007]27号文件正式批复同意“数字温州地理空间基础框架平中建设”项目立项，并纳入“国家测绘局数字区域地理空间框架建设示范工程”计划，至此温州市正式成为国家测绘局2007年数字城市地理空间框架建设的试点城市。

9日 中国城市发展研究会发布的中国城市自主创新科学评价结果表明，温州市自主创新能力在全国地级市中排名第6位。

14日 温州全市公安机关“深化严打、消除隐患、确保稳定”专项行动动员大会召开。决定从5月初至7月底在全市范围内部署开展这一专项行动，全力维持夏季治安秩序，确保社会平稳。

15日 国家水利部副部长胡四一率国家防总防台风工作检查组到温州市检查灾后民房重建工作，听取温州市防抗“桑美”台风工作情况汇报。

16日 温州市委、市政府在泰顺县召开深入实施“139富民攻坚计划”推进大会。市委书记、市人大常委会主任王建满作工作报告，市委副书记、市长邵占维主持会议。温州市139个欠发达乡镇，已有116个乡镇农民人均纯收入超过全国平均水平，仍未达标的有23个。王建满要求，该年要确保已达标的乡镇不反弹，未达标的基本实现“达标上线”。会议对泰顺县等99个先进集体和赵丰廉等99各先进个人予以通报表彰。

△ 雁荡山风景名胜区被批准为首批国家5A级旅游景区。全国共有66个景区获此称号，浙江省仅有雁荡山、杭州西湖、普陀山景区获5A级景区称号。

21日 浙江省委副书记、政法委书记夏宝龙到温州市调研。一同到温调研的还有国家信访局副局长王石奇。

23日 全国人大常委会委员、全国人大农业与农村委员会副主任委员舒惠国率调研组，到温州调研农村经济发展情况。

24日　温州日报创刊60周年纪念大会举行。市委书记、市人大常委会主任王建满出席并讲话，中纪委副书记刘锡荣，教育部副部长吴启迪，国务院原副秘书长陈进玉，四川省省长蒋巨峰，中国记协党组书记、常务副主席瞿惠生等分别为温州日报创刊60周年题词。市委常委、宣传部长曹国旗主持大会。省、市有关领导，兄弟报社同仁及温州日报报业集团的千余名员工参加了庆祝大会。

△　浙江省开展“连线浙江——欧非记者采访活动”，共邀请了来自欧非两大洲、26个国家共55记者来浙采访。到我市进行考察采访的是来自塞拉里昂、南非、坦桑尼亚等15个非洲国家的20名记者。

△　温州市市长邵占维率市政府代表团在意大利普拉托省举行“温州日”活动。邵占维一行与中国驻佛罗伦萨总领馆总领事顾宏林、意大利企业界人士以及温籍旅意华侨华人代表、华人社团负责人等140多人，进行了友好交流。活动中，市政府代表团重点推介了温州整体投资环境以及滨江新区、瓯江口和临港产业项目等，并与意大利企业、科研单位以及华侨企业界人士达成了数十项合作意向。

26日　全国公安系统英雄模范立功集体表彰大会在京举行。温州市全国特级优秀人民警察叶敏杰，全国优秀人民警察柯守勤、王明、林宣成、万智超，全国优秀基层单位瓯海区看守所受到大会表彰。柯守勤作为温州市代表参加了表彰大会。

30日　2007浙商（中国）投资博览会在杭州开幕。在温州环境和重点项目推介会暨签约仪式上，温州市各县（市、区）与在外温商共签订38个项目，涉及现代服务业、高新技术、总部经济等，总投资额达11.8亿元。其中温州内蒙古商会投资5亿元，在文成县建设“在外温州人之家”。

31日　经温州市政府考核评价，省道路交通安全工作领导小组复评，鹿城区、瑞安市、永嘉县被评为浙江省首批平安畅通县（市、区）。

△　以“科学发展与浙商责任”为主题的2007年浙商大会在省人民大会堂召开。24名温州商人分别获得“2007浙商创新奖”、“2007浙商社会责任奖”、“2007年回乡投资模范浙商奖”。温州市企业家王振滔、南存辉等联合倡议，2000余名浙商发出了《浙商社会责任倡议书》，作出5项社会责任承诺，表明了从“功利”浙商到“公利”浙商的全新转型。

6月

1日　温州市墨池小学举行省“百年名校”揭牌庆典活动。原清华大学党委副书记、墨池小学校友胡显章教授为“百年名校”荣誉称号揭牌。该校已有130年历史，秉承“人文立校，特色教育”的教育理念，曾相继被授予全国中小学整体改革教育实验单位、浙江省书法实验基地、温州市国学启蒙教育基地等称号，系温州市知名特色学校之一。

3日　我国首批“中国民间文化杰出传承人命名仪式”在京举行。温州市“乐清王家”黄杨木雕学派传承人王笃芳和乐清细纹刻纸技艺传承人陈余华荣膺该项称号。认定和命名工程由中宣部、中国文联主办，全国共有166位传承人入选，其中浙江仅有3位。

4日　浙江省政协副主席陈昭典率政协专题调研监督组抵温，就工资和社会保险问题开展调研监督，并参加温州市“发展和谐劳动关系座谈会”。

5日　市长邵占维主持召开温州市人民政府第3次常务会议，就温州市分步实施义务教育经费保障机制改革工作进行了专题研究。会议还审议通过了《关于加强我市流动人口专职协管员队伍建设的若干意见》、《温州市区招标拍卖挂牌出让工业国有土地使用权实施办法》、《温州市区拆迁地段无产权住宅房屋处理办法》等文件。

5～6日　浙江省人大常委会副主任章猛进率调研组抵温，就温州市人大代表工作以及新一届人大常委会工作开展情况进行调研。

△　韩国《朝鲜日报》社总编兼董事边龙植等一行6人到温，对温州市部分民营企业和报业进行参观访问。韩国《朝鲜日报》创刊于1920年，是该国历史最悠久的报纸之一，发行量约250万份，为韩国第一大报。

6～7日　浙江省委副书记、省长吕祖善到温调研企业和电镀基地发展情况。

6～8日　浙江省副省长金德水一行到温州市调研临港产业基地建设和民营企业发展情况。

8日　温州博物馆获“全国文化遗产保护工作先进集体”荣誉称号。并受到国家人事部、文化部和国家文物局的联合表彰。

14日　由国务院新闻办公室、国家广电总局主办、中国国际广播电台、俄通社——塔斯社承办的“中俄友谊之旅·中国行”中俄媒体记者团抵达温州市进行采访活动。

△　浙江省人大常委会副主任孙优贤率执法检查组到温州市，就贯彻执行宗教事务法律法规情况进行执法检查。

18日　雁荡山世界地质公园开园仪式暨温州市第十届旅游节开幕式在雁荡山旅游集散中心举行。浙江省政协副主席徐鸿宣布雁荡山世界地质公园开园。市委书记王建满致辞，市长邵占维支持开园仪式。中国地质协会常任理事长、原国土资源部地调局局长孟宪来、原省委副书记陈法文、国家旅游局监察局局长胥立平、联合国教科文组织王瑾、国土资源部地质环境司司长姜建军等出席了开园仪式。

21日　中共温州市委、温州市人民政府决定：命名乐清柳市镇、永嘉瓯北镇、苍南龙港镇等30个乡镇为“温州市乡镇（街道）综合实力三十强”。

22日　2007年浙江省普通高校招生考试成绩及各批次录取分数线揭晓，温州市文理科考生共有41 641人上线，比上年增加4994人，并连续第8年保持了高考文理科上线人数居全省第一的记录。

23～24日 应致公党中央邀请，由荷兰中国商会会长、荷兰JDU国际有限公司懂事长胡志光带队的荷兰中国商会考察团一行20人，赴温州市参观考察。

27日 温州市委、市政府印发《关于2007年进一步推进社会主义新农村建设的若干意见》。

30日 中共温州市委副书记赵一德率温州市代表团赴港，参加香港温州同乡会成立二十二周年及同乡会第二十届理监事就职庆祝活动。赵一德代表市四套班子和770万温州人民，对庆祝会的召开表示热烈祝贺。在港期间，代表团一行拜访了中央人民政府驻香港联络办公室，召开了在港温籍乡亲座谈会，看望香港雁荡公司工作人员，慰问温籍困难同胞，并开展一系列联谊交流活动。

7月

2日 国家环保总局总量减排核查组到温州市检查污染减排工作。
△ 浙江省政府派专题调研组到温州市调研民营经济创新发展情况。市委书记、市人大常委会主任王建满出席座谈会并介绍温州市基本情况。

3日 浙江省委常委、纪委书记王华元到温就"作风建设年"活动开展情况进行调研。

4日 意大利杰尼公司全球总裁德尔·皮亚诺一行到温考察夏梦·意杰公司及国内市场情况。

6日 由24名浙籍台湾青年学生组成的参访团抵达温州市参观访问。

8日 温州中城建设集团有限公司举行晋升国家房屋建筑施工总承包特级资质庆典大会。该公司系温州市第一家获此资质的建筑企业，企业拥有总资产26亿元，年施工产值近30亿元。为回报社会，中城公司宣布成立瓯海慈善总会中城分会，一次性提取2000万元人民币作为基本金，以基本金每年5%增值部分共100万元捐给慈善总会实施指定求助项目。

10日 温州市委、市政府决定对冯柄贤等100名2006年度百佳市民予以通报表彰。
△ 《南麂列岛自然保护区》特种邮票首发式在平阳隆重举行。浙江省人大常委会秘书长李步星、中华全国集邮联合会副会长盛铭环、省邮政公司党组书记、总经理吴鼎钧，国家邮票印制局副局长芮书香等领导出席首发仪式。邮票设计师王虎鸣、黄华强亲临现场签售。该套特种邮票共三枚，面值均为1.2元，规格为50×30毫米。
△ 美国新墨西哥州联邦分区法院布朗宁法官作出判决，判定温州市民营企业通领科技集团制造并销往美国的GFCI产品不侵犯美国电器巨头莱伏顿公司的6246558号专利。自2004年莱伏顿公司提出指控后，统领集团积极应诉，历时3年多，终于获得此一中美间知识产权案的胜诉。打破了中美专利官司中国企业没有完胜的局面。

11日 上午10：35，温州地区电网负荷达到400.17万千瓦，创历史新高。

12日 全国总工会副主席、书记处第一书记孙春兰到温调研，并高度评价了温州非公有制企业工会建设工作，对温州各级工会组织提出要"在全国出经验"的要求。
△ 北京人民大会堂举行《缪天瑞文存》、《百岁学人缪天瑞》首发式，以祝贺温籍音乐学人缪天瑞的百年华诞。缪天瑞1908年出生于瑞安市莘塍镇南镇村，1926年从上海艺术师范音乐科毕业。历任中央音乐学院副院长、天津音乐学院院长、河北省文化局副局长等职。1991年享受国务院特殊津贴，1999年容获文化部"文化艺术优秀成果特别奖"。首发式上，国家文化部副部长赵淮绥高度评价了缪天瑞的学术造诣。温州大学党委副书记周湘浙代表家乡向缪老送上了生日礼物——由该校发绣研究所创作的缪老发绣肖像。

13日 2007年温州华裔青少年"寻根之旅"夏令营开营仪式暨浙江省第二期海外华文学校中文教师培训班开学典礼在茶山高教园区举行，来自12个国家的340多名温籍小侨胞和来自8个国家的28位海外中文教师、浙江省华文基地教师参加了此次活动。
△ 温州医学院李校堃主持的"基因工程一类新药重组成纤维细胞生长因子（rFCF）系列产品的开发与应用"项目获第二届中国药学会科学技术奖一等奖。

15～16日 以全国政协副主席张榕明为团长的全国政协委员视察团到温，就企业劳动关系和工会建设情况进行考察。

17～19日 由国防大学副政委李殿仁中将率领的国防大学第30期国防研究班一行47人到温考察。

21日 香港旅游业议会主席何柏霆一行到温，与温州市旅游行业的代表进行交流活动。温州市旅游局与香港旅游业议会签订了旅游合作协议书。

23日 中共温州市委十届二次全体（扩大）会议召开。全会学习贯彻胡锦涛在中央党校省部级干部进修班发表的重要讲话精神，全面落实省第十二次党代会确定的战略任务，研究部署下半年工作，动员全市上下进一步解放思想，开拓创新，求真务实，全力推进温州第三次跨越，以优异成绩迎接党的十七大胜利召开。全会由市委常委会主持。市委书记王建满代表市委常委会向全会作工作报告。

24日 湖州市委书记、市人大常委会主任孙文友、湖州市委副书记、市长马以率领湖州市党政代表团到温州市考察。
△ 泰顺县人民政府和温州经济技术开发区管委会举行签约仪式，双方将各出资5000万元，组建公司共同开发建设泰顺县彭月产业基地"山海协作"功能区。该基地沿58省道新线两侧布局，规划控制面积9.6平方公里，其中工业用地3.2平方公里，规划到2011基本建成，届时可容纳企业100家以上，年工业产值达60亿元以上。

26日 市长邵占维主持召开温州市政

府第5次常务会议，审议通过《关于加快推进城区住房保障工作的具体意见》。《意见》确定，市财政每年将至少投入1.5亿元保障廉租房和经济适用房建设。会议还审议通过《关于促进高校毕业生充分就业的实施意见》、《温州市2007年鼓励开放型经济发展若干扶持措施》、《2007年民营企业对话世界500强活动方案》、《市政府第一次全体会议报告》等文件。

△ 温州港务集团和宁波港集团举行温甬两港集团合资合作签约仪式。两港集团共同投资8亿元，合资经营龙湾港区1个万吨级泊位，新建灵昆港区4个万吨级多用途泊位。

△ 温州市人大常委会副主任钱成良会见来自法属圭亚那大区议会议长安东·卡拉姆一行。

27日 温州市召开庆祝建军80周年暨双拥工作“十佳”表彰大会。市委书记、市人大常委会主任、温州军分区党委第一书记王建满出席大会并作重要讲话。市委副书记、市长邵占维主持会议。会议表彰了“十佳子弟兵”、“十佳军嫂”、“十佳爱民模范”和“十佳拥军模范”。

30日 由中共中央党校党建部、温州市委主办的温州非公有制企业党的建设研讨会在温州市举行。开幕式上，全国党建研究会会长虞云耀讲话，温州市委书记、市人大常委会主任王建满致辞，市委副书记赵一德主持会议。市委常委、组织部长鞠建林代表市委在会上交流工作经验。

8月

1日 温州市委、市政府召开全市民营企业科技创新推进大会。市委书记、市人大常委会主任王建满到会并讲话。会议表彰了荣获国家火炬计划重点高新技术企业、温州市科技进步奖等称号的先进单位和个人，全面兑现了《关于加快提高自主创新能力，建设创新型城市和科技强市的若干意见》的文件精神，共划拨科技创新奖励金2001万元，是温州市历史上科技创新奖励力度最大的一次。

2日 浙江省委常委、常务副省长陈敏尔，副省长金德水率领省有关部门负责人，在温州市领导王建满、赵一德、徐纪平的陪同下，到文成县玉壶镇，接待群众来访，听取群众诉求，现场研究与解决实际问题。

3日 温州市在平阳隆重举行粟裕同志诞辰100周年座谈会。市委书记、市人大常委会主任王建满在会上缅怀粟裕的光辉一生和卓越功勋。中国中共党史学会常务副会长、原中共中央党史研究会副主任陈威，省老区促进会会长、原省委副书记陈法文，省新四军历史研究会会长、原省人大常委会副主任杨彬等老领导、老同志代表参加了座谈会。

△ 中共浙江省一大陈列馆举行开馆仪式。1937年7月21日至30日浙江省委在平阳省的冠尖和马头岗召开了中共浙江省第一次代表大会。该馆是省一大纪念园的一期工程。纪念园总投资2230万元，占地面积2万平方米。其中一期工程总投资370万元，占地面积4200平方米，包括陈列馆、旅游接待服务中心等设施。

6日 浙江省委常委、省政法委书记、公安厅长王辉忠到温州市调研政法工作。

△ 全国工商联在北京公布2006年度上规模民营企业调研结果，温州29家本地企业跻身中国民营企业500强行列，其中正泰集团以营业收入总额179.62亿元，列第18位，位居本地企业榜首。

8日 温州市在杭州武林广场举行第六个“诚信日”大型专题活动。副市长徐育斐、省信用办副主任钱建鑫以及温州市的正泰、康奈等8家知名企业负责人代表温州共同点燃了武林广场上“诚信宝鼎”的“诚信之火”。温州市企业诚信促进会会长、正泰集团董事长南存辉代表温州企业宣读了《诚信宣言》。同时在武林广场举办了温州市在“信用温州”建设和品牌建设方面的成果展。

10日 温州市发生特大交通事故。蔡庆恩驾驶泰顺县泰苍客运有限公司浙CG5233号中巴车，从泰顺开往苍南途中，与闽J83923号小车发生碰刮，坠入落差11米的水库中，造成车内16人当场死亡。

13日 温州市委、市政府召开全市“活力和谐企业”命名表彰大会。市委书记、市大人常委会主任王建满在会上提出，温州市建设“活力和谐企业”的主要目标是：通过五年的努力，力争培育“活力和谐企业”300家，使其达到生产经营管理好、企业发展潜力好、企业文化建设好、人才队伍培养好、职工利益维护好、社会责任履行好、党的组织作为好的“七好”目标要求。市委、市政府决定，命名人本集团有限公司等20家企业为“温州市活力和谐企业”，命名金田集团等30家企业为温州市“活力和谐企业”创建工作先进单位。11月30日，市委办、市府办印发《关于扶持“活力和谐企业”发展的若干规定》。

13~14日 温州市公安局给卢丙会送上“浙江省公安厅治安荣誉一等奖章”。卢丙会，安徽泗县人，在温州市黄龙家电商贸城托运部务工，本月9日晚9时许卢丙会见义勇为，与抢包歹徒搏斗，致使歹徒弃包而逃。一个多小时后，歹徒竟纠集8名同伙，手持凶器，对卢丙会疯狂报复，使其身负重伤。市委常委、鹿城区委书记杨湘洪专程前往医院看望慰问卢丙会，送上见义勇为奖励金5万元。温州社会各界奖励和捐献给卢丙会的奖金和善款达30万元。市社会治安综合治理委员会和市见义勇为基金管理委员会14日作出决定，授予卢丙会“温州市见义勇为先进分子”荣誉称号。

16日 温州市报喜鸟服饰股份有限公司在深圳证券交易所挂牌上市，以每股45元的价格开盘，收于48元，比发行价上涨280.95%。“报喜鸟”成为温州市继浙江东日、瑞立集团、华峰氨纶、华仪电气之后的第5家上市公司。

19日 9号台风“圣帕”于凌晨2时在福建惠安县登陆，登陆时中心气压975百帕，近中心最大风力12级（33米/秒）。受“圣帕”影响，温州全市平均过程面雨量为256.6毫米，最大为泰顺彭溪站达579毫米。苍南县龙港镇遭受由台风外围强回波衍生的龙卷风袭击，致使156间民房倒塌，11人死亡，60人受伤。此次台风共造成温州市17人死亡，直接经济损失达11.2亿元。抗台过程中，全市共转移人员239 813人，回港避风船只7618艘。

△ 2007年全国国际象棋乙级联赛（团体）在温州花园大酒店开幕，来自全国各地的20支代表队展开为期6天的角逐，争夺两个晋级甲级联赛名额。温州市派出荣星队和实验小学队出战，另有4人分别代表浙江队和加盟杭州队参赛。14名温州棋手同时亮相全国乙级联赛。

22日 浙江省重点工程南塘大道仙岩段开工建设，该工程北接南塘大道二期肩牛山隧道南出口，南至仙岩镇新丰村与瑞安塘下交接处，全长5.2公里，宽50米，总投资4.3亿元，系温州市城市快速路网“二横六纵”中的重要一纵。

23日 浙江麦当劳餐厅食品有限公司温州人民路餐厅举行工会成立授牌仪式，并召开第一次会员代表大会。这标志着温州“洋快餐”无工会的历史正式结束。该工会由温州人民路餐厅牵头，市区四家麦当劳餐厅共同组建，现有员工203名，首批发展会员108人。

28日 由上海市委常委、浦东区委书记杜家豪，上海2010年世博会执委会专职副主任、区长张学兵率领的上海市浦东新区党政代表团一行到温考察。

29日 温州市农村指导员工作总结表彰暨动员大会召开。市委书记、市人大常委会主任王建满出席大会并讲话。市委副书记赵一德主持会议。市委常委、副市长黄德康宣读有关表彰决定。温州市已连续三年被省委、省政府授予“全省农村指导员先进单位”荣誉称号。会上，平阳等5个县（市、区）和市教育局等15个市级派出单位被授予“第三批农村指导员先进单位”称号，王家海等312名被授予“第三批优秀农村工作指导员”称号；李碎贤等31名为“第三批农村指导员工作先进个人”受到大会表彰。

△ 市长邵占维主持召开温州市政府第6次常务会议，审议并原则通过了《温州市区困难群众救助办法》。《办法》规定，温州市将实行持证救助，动态管理，每年审核一次，根据家庭经济收入的变化进行了相应调整，《办法》于10月1日起施行。会议还审议通过了《关于加强农村文化建设实施办法》、《温州市见义勇为人员保障和奖励实施办法》、《温州市重大动物疫病防控工作责任制管理办法》、《温州港乐清湾港区控制性详细规划》等文件。

31日 清晨7时，温州市市长邵占维和常务副市长徐纪平带队，到市区部分农贸批发零售市场，了解猪肉等副食品价格和供应情况，并召开市长办公会议专题研究部署猪肉等副食品供应和价格稳定工作。会议决定，每年安排专项资金用于扶持生猪生产和保障市场供给，力争用5年时间使温州市的猪肉自从率从33%提高到43%。

△ 温州市实验小学教师陈耀参加全国优秀教师座谈会，受到胡锦涛总书记和温家宝总理接见。陈耀参与组织并实施实验小学的“少年科学院”和“家庭实验室”计划，指导学生开展科学实验。至今，实验小学学生已在自家建立了700多个实验室，有400多位小学生在国家、省市级青少年科技赛中获奖。

9月

1日 温州中学举行首届新疆班2007届新生开学典礼。该班155名学生今后将在温州生活，完成高中阶段学业。市财政将每年为每个新疆学生提供1.1万元的学习、生活费用。副市长陈作荣出席开学典礼。

2日 凌晨2时20分，一艘韩国籍货轮在东海海域与温州市洞头“浙洞渔7302”轮相撞，造成“浙洞渔7302”轮沉没，船上7人落水，其中1人获救，6人失踪。

4日 温州市档案局（馆）召开《档案法》颁布20周年座谈会。同时公布新的一批“解密”档案。自1988年《档案法》实施以来，温州市已陆续向社会开放档案55 576卷。

△ 温州市在全省地级市中率先成立民族工作领导小组。市委副书记赵一德为组长，市委常委、统战部长余梅生，副市长陈宏峰为副组长，市委组织部、市委宣传部、市委农办和市民宗局等29个市直属单位主要负责人为成员。领导小组下设办公室，市民宗局局长王宁兼办公室主任。

5日 温州市民政局被国家民政命名为“全国行政区域界线管理先进集体”。

6日 甬台温铁路凤凰隧道全线贯通庆典活动举行。该隧道位于浙江省乐清市白石镇境内，全长7979米，为双线铁路隧道，是甬台温铁路重点控制工程。

7日 温州市委、市政府召开庆祝2007年教师节大会。大会隆重表彰了温州市荣获全国教育系统先进集体、全国模范教师、全国优秀教师、省功勋教师、省师德楷模、省第十八届“绿叶奖”获得者，以及温州市尊师重教先进个人、第二届享受教授级待遇的中学高级教师、第二届名校长、名教师称号获得者。

△ 温州市委副书记、市长邵占维会见由巴尔卡尼市长率领的法国勒鲁瓦市政府代表团，并代表市政府与该市签订了建立友好交流关系协定书。

11日 交通部公布全国合格港口引航机构名单。温州引航中心等23家引航机构成为全国首批合格港口引航机构。

12日 温州医学院首次独立招收12名博士研究生。该校该年还获得眼科、外科、妇产科等3个学科教授评审权，成为全省除杭州高校之外唯一拥有博士授予权和教授评审权的高校。

13日 温州市召开全市道德模范表彰暨公民道德建设座谈会。会议表彰了郑九万等10名“温州市道德模范”，以及卢丙会等5名温州市道德模范提名奖获得者。

△ 温州市人民政府与中国国际航空股有限公司，就国航设立温州分公司事宜签订战略合作协议。市长邵占维出席签约仪式，国航副总裁樊澄、副市长孟建新出席了签字仪式。

15～16 日 中共中央对外联络部副部长张志军率干部国情考察团到温州市考察。

16 日 国家海洋局局长孙志辉率考察团，在省海洋和渔业局局长叶鸿达等陪同下到温州市考察海洋经济发展和管理情况。

17 日 温州市政协召开九届三次常委会议。市委副书记、市长邵占维在会上通报了今年以来的政府工作情况。会议还听取了市民政局、环保局、行政执法局关于提案办理情况的汇报。听取了市政协调研组关于医疗卫生问题调研报告的说明和关于本届政协工作定位决议草案的说明。会议由市政协主席包哲东主持。

18 日 在全国道德模范颁奖晚会上，河南来温务工的李学生烈士获"全国见义勇为模范"称号，永嘉郑九万获"敬业奉献模范"提名奖，安徽在温务工的卢丙会获"见义勇为模范"提名奖。

19 日 13号强台风"韦帕"于凌晨2时30分在苍南霞关登陆。登陆时中心气压950百帕，近中心最大风力14级（45米/秒）。受"韦帕"影响，温州全市平均过程面雨量为253毫米，最大为乐清碘头555毫米。全市因灾死亡1人，直接经济损失达17.84亿元。抗台过程中，全市共转移人员694 680人，进港避风船只7908艘。市委、市政府召开抗灾救灾紧急电视电话会议部署抗台救灾工作。省委书记赵洪祝驱车近7个小时，来到我省最南端的苍南霞关镇，实地考察灾情，慰问受灾群众和基层干部，指导救灾工作。前来指导抗台救灾工作的还有国家民政部副部长窦玉沛、水利部副部长矫勇，省委常委、常务副省长陈敏尔，省委常委、秘书长李强，省军区副司令员徐乃飞，省武警总队副总队长王胜利，市委书记、市人大常委会主任王建满等陪同考察慰问。

22 日 全国妇联党组书记、副主席、书记处第一书记黄晴宜率全国妇联妇女工作调研组到温州调研。

23 日 中央综治办督导组到温州市督导检查平安建设工作。督导组一行先后到乐清市、瓯海区、鹿城区，考察基层综治组织建设和流动人口管理工作。

23～30 日 温州举办首届购物节。100多家商业企业备足货源参展。约有300万人参加消费购物，销售额达1.5亿元。

27～29 日 温州市工会第十三次代表大会召开。全市各条战线的451名职工代表参加大会。市委书记、市人大常委会主任王建满出席开幕式并致辞。市政协副主席、市总工会主席戴祝水代表市总工会第十二届委员会作工作报告。会议选举产生了市总工会第十三届委员会和经费审查委员会。戴祝水当选为主席，王建中、叶忠华、余爱玉、童裳显当选为副主席。

28 日 来华参加世界夏季特殊奥林匹克运动会的挪威代表团抵达温州市。挪威代表团一行共22人，其中有15名运动员，他们将参加下月2日在上海举行的特奥会柔道、艺术体操和足球等3个项目的比赛。温州市承担挪威代表团的接待任务。在松台广场入城仪式上，市委常委、副市长黄德康代表市委、市政府和全市770万人民，向代表团表示热烈欢迎。

29 日 中国标的额最高的专利侵权案在温州市中级人民法院一审判决。跨国企业施耐德被判立即停止侵犯知识产权行为，并赔偿正泰集团3.3亿元。这是首例温州本土企业告跨国公司专利侵权案，也是国内已知索赔金额最大的知识产权纠纷案。

30 日 晚八时，瓯江两岸数十万群众观看国庆焰火晚会。焰火晚会由鹿城区委、区政府主办，英博双鹿啤酒集团协办。这是鹿城区有史以来规模最大的一次焰火表演，王建满、赵一德等市领导与各界群众共同参加了焰火晚会。

10月

1 日 温州市对近9万名参加城镇职工医疗保险的企事业退休人员进行免费健康体检。市区14家医疗机构承担此次体检任务，所需经费全部由市财政负担。

△ 《温州市区居民医疗保障试行方法》正式实施。市区非农户籍尚未享受社会保险待遇、年龄在18周岁（不含在校生）以上的非从业人员都将被纳入医疗保障体系。

7 日 第16号台风"罗莎"于15时30分在浙闽交界处登陆，登陆时近中心最大风力12级（33米/秒）。受"罗莎"影响，温州全市平均过程面雨量为292毫米，最大为苍南昌禅573毫米。全市直接经济损失达14.96亿元。抗台过程中，全市共转移人员533 468人，回港避风船只7533艘。

10～12 日 温州市委、市政府召开全市开展创建学习型社会千人动员大会。市委书记、市大人常委会主任王建满出席会议并讲话。会议还表彰了以推进第三次跨越为主题的解放思想大讨论活动先进集体和先进个人。会议由市委副书记、市长邵占维主持。12日，市委、市政府印发《关于深入开展创建学习型社会活动的意见》。

11 日 浙江省第九届"五个一工程"表彰大会在杭州举行。温州市选送的电影《村支书郑九万》荣获特别奖，另有电视剧《邓小平在南昌》等7部作品获省"五个一工程"入选作品奖。市委宣传部连续第四年获省"五个一工程"组织工作奖。市委常委、宣传部长曹国旗代表温州市在会上作典型发言。

△ 由维也纳市市长特别全权代表里德博士率领的奥地利维也纳市政府代表团访问温州市，副市长陈宏峰会见代表团一行。

△ 温州市社会主义新农村示范试点镇、村建设大会召开。市社会主义新农村建设领导小组办公室与乐清市虹桥镇、平阳县萧江镇2个示范试点镇和11个示范试点村签订了建设任务书。

12 日 出席十七大的温州代表王建满、郑九万、郑雪君、柯茜茜启程赴京。市委副书记、市长邵占维等参加欢送仪式，并与十七大代表合影留念。

△ 温州市政府决定，对获得2007年温州市科学技术进步奖项目名单予以公布奖励，其中，苍南仪表厂LLQZ系列气

体智能罗茨流量计等五项获一等奖，瑞立集团有限公司汽车防抱死制动系统等24项获二等奖，另有68项获三等奖。

△ 在深圳第七届高新技术成果交易会上，温州市正泰集团股份有限公司技术中心被国家发改委、科技部、财政部、海关总署、税务总局五部委联合授予“国家级企业技术中心”称号。

13日 温州职业技术学院被教育部和财政部确定为国家示范性高职院校建设单位，学院的模具设计与制造等6个专业同时被确定为国家示范性建设专业。

15日 由西班牙王国（中国）温州同乡总会首任主席潘勇率领的该会希望工程考察团一行6人，专程到泰顺县开展捐资助学活动。在捐献仪式上，西班牙王国（中国）温州同乡总会与泰顺县110名家庭贫困的小学生结对，将在今后6年时间里，以每人每年500元的标准，资助他们完成学业，总助学金额达33万元。

17日 中央文明办调研组副组长陈瑞峰率领调研组来温州市，就推进公民道德建设工作与相关单位负责人进行座谈。

17~26日 中共温州市委党史研究室和温州市新四军研究会在市展览馆联合举办“铁的新四军”图片展。1938年春，原红军浙南挺进师师长粟裕奉命率领在浙南坚持游击战争的红军开赴皖南前线，入编新四军。本次展览共展出照片300余幅。

19日 浙江省高级人民法院院长应勇来我市考察基层法院、法庭的建设情况。

21日 全国政协经济委员会调研组就“粮食基地建设和粮食安全”到温调研。

△ 日本国石卷市教育代表团访问温州市，代表石卷专修大学与温州大学签订了校际文化、教育和科研合作项目协议。

25日 市长邵占维主持召开温州市政府第7次常务会议，审议并原则通过了《温州市人民政府关于加快发展城乡社区卫生服务的实施意见》。根据该《意见》，2008年鹿城、龙湾、瓯海三区要基本建立社区卫生服务体系，到2010年其他8个县（市）基本建立社区卫生服务体系，15至30分钟的社区卫生服务圈基本形成。会议还审议并原则通过了《关于进一步加强民政工作加快发展民政事业的意见》。

△ 温州市金迅达集团有限公司出资2000万元，设立“金迅达·慈善助医助困基金”。该基金将通过留本捐息的形式，每年向市慈善总会捐赠100万元，分20年完成。

26日 温州市政府召开新闻发布会，宣布市区小型客车普通号牌取消竞投，于11月1日起受理新车上牌。此前挂外地或县（市）牌照的市区小型客车只要手续齐全、符合规定的，于2008年元旦起可办理转入变更登记手续。

△ 温州市教育局与德国吉森市教育局举行友好合作备忘录签订仪式，结为友好教育局。签约仪式上，温州实验小学、华侨职业中专、温州大学和德方学校也结为友好学校。

26~28日 2007年中国温州轻工产品博览会在温州国际会展中心开幕。本次博览会以“高技术、新产品、大跨越”为主题，举行了高新技术成果展示交易、人才交流、信息技术与产品博览等系列活动，全国有94所高校、科研院所的310位专家，将3000多项最新科技成果，带到温州本地企业进行“零距离”对接。此次实现对接的有141个项目，合作金额5931万元。泵阀管道展览会吸引了来自美、英、意、加、俄等34个国家和地区的外商362人次参观洽谈，现场签订合同额达6735万元，意向合同3.25亿元。其中外贸意向合同达2430万美元。人才交流大会上吸引了8000多人进场，招聘企业实际登记简历达2890份。展会共吸引了5万多名来自海内外的工商界人士和市民参加。

27日 楠溪江供水工程全线开工。该工程总投资4.9亿元，主体建筑物由拦河闸、输水系统组成，拦河闸设计洪水标准为50年一遇，校核洪水标准为200年一遇，输水系统横跨永嘉、乐清等地，线路总长约16公里，系省水资源保障百亿工程，也是温州市从市域范围内统筹开发利用水资源的一项重要举措。

△ 温州二中举行建校110周年庆典活动。温州二中由孙诒让（清经学家、文字学家）创办于1897年，原名“永嘉蚕学馆”，1912年易名为“温州蚕桑学校”；1931年商科职业学校、女子中学并入，定名“温属共立初级中学”，1942年增设高中部，更名为“永嘉中学”，1956年列为全省重点办好的16所中学之一。1998年为省一级重点中学，学校曾先后获得“全国教育系统先进集体”，“全国精神文明建设工作先进单位”等称号。中科院院士谷超豪、戴金星，孙大业、郑振铎等均毕业于该校。

△ 应文化部邀请，永嘉昆剧《公孙子都》在北京新建的国家大剧院演出获得成功，这是温州人创作的剧本首次进入国家大剧院演出。在第八届中国艺术节上，该剧获我国专业舞台艺术的政府最高奖文华大奖，编剧张烈获文华剧作奖。

29~30日 浙江省副省长陈加元到温州市检查环境污染整治工作。陈加元一行来到平阳、苍南等县，检查了水头制革业污染整治情况和污水处理厂建设情况，听取了市委副书记、市长邵占维关于温州市环境污染整治工作情况的汇报。30日，平阳水头制革污染整治通过省政府现场验收。

30日 第102届中国进出口商品交易会在广州闭幕。温州市展团共有参展企业280家，展位550.5个以及90.6平方米的机械大厅，共完成出口成交额6.62亿美元，同比增幅为1.15%。

△ 中共温州市委发出《关于认真学习贯彻党的十七大精神的通知》。

30~31日 省委常委、副省长葛慧君到温州市调研文化设施单位和基层综治工作。

11月

2~3日 浙江省委常委、宣传部长黄坤明一行到温州市就学习宣传贯彻十七大精神情况进行调研。

3日 第六届全国城市运动会在武汉闭幕。温州市运动员朱启南在10米气步枪比赛中以703.7环的总成绩打破全国记录，并超过世界记录0.6环。国家体育总局授予朱启南一级体育奖章。

8～9日 浙江省副省长盛昌黎来温州市调研，并参加在温州市召开的全省部分市县人口性别比偏高问题综合治理工作会议。

9日 温州市市长邵占维会见来访的加拿大驻沪总领事馆总领事葛淑洲一行。

16日 温州市科技局举行增挂温州市地震局、温州市知识产权局牌子仪式。

19日 市长邵占维主持召开温州市人民政府第8次常务会议，听取全市标准厂房建设情况汇报。会议还审议并原则通过了瓯海中心区行政及商业金融区块修建性详细规划等。

21日 浙能乐清电厂卸煤码头正式启用。该码头为2个3.5万吨级泊位（兼靠5万吨级），工程概算投资为2.4亿元。

22日 温州市委书记、市人大常委会主任王建满，市委副书记、市长邵占维会见施罗德一行。德国前总理格哈德·施罗德及联合国儿童基金会官员，来温对中国法派集团进行专程访问，其主要目的是支持温州市民营企业实施一项全球慈善计划。

25～26日 福建省委常委、福州市委书记袁荣祥率福州市党政代表团到温州市考察民营企业和经济社会发展情况。

26日 洞头县通过浙江省政府组织的生态县现场验收。

△ 2007年“全国追求卓越大会”在京举行。会上，康奈集团有限公司等7家企业被授予全国质量奖。这是继正泰、德力西之后第三个获此奖项的温州企业。

27日 温州市海外联谊会第三届理事大会暨世界温州人联谊总会一届四次会长（扩大）会议在市人民大会堂召开。市委书记、市人大常委主任王建满出席会议致辞。省侨联主席王成云，省委统战部副部长黄永通到会祝贺。市委常委、统战部长余梅生向大会作温州市海外联谊工作报告。会议审议通过《温州市海外联谊会章程》（修正案）。赵一德当选为世界温州人联谊总会会长、温州市海外联谊会第三届理事会第一会长。余梅生当选为世界温州人联谊总会第一常务副会长、温州市海外联谊会第三届理事会会长。

△ 温州市委书记、市人大常委会主任王建满，分别会见前来参加2007’民营企业对话世界500强活动的荷兰驻沪总领事馆总领事汪一力、埃及驻沪总领事馆总领事哈立德·阿卜杜拉·拉赫曼和越南前江省人民委员会副主席阮文房。

△ 温州市市长邵占维先后会见应邀出席2007’民企对话世界500强活动的南非驻沪副总领事布莱恩、波兰驻沪总领事安德列兹·莱西亚克、保加利亚驻沪总领事伊万·迪米特隆。

27日 国家二类城市语言文字工作评估温州市总结会召开。浙江省语委评估认定，温州市符合国家二类城市语言文字工作评估标准。

28日 温州市委书记、市人大常委会主任王建满会见前来参加2007’民营企业对话世界500强活动的泰国商业部副次长谢捷魁和泰国驻沪总领事馆商务领事庄派吉等泰国客人。

△ 温州市委副书记、市长邵占维分别会见日本富士集团、意大利杰尼亚集团、美国全国商会、瑞士银行有限公司、西班牙伊莎集团、美国凯悦国际酒店集团、德施宝投资顾问有限公司等7家企业代表，及澳大利亚伊普斯维奇市市长Paul Pisasale率领的伊普斯维奇市代表团和意大利普拉托省副省长Nadia BABONTIG带队的普拉托省代表团。

28～29日 由商务部投资促进事务局、中国外商投资企业协会和温州市人民政府共同举办的2007’民营企业对话世界500强活动在温州市举行。全国人大常委会委员、全国人大财经委员会副主任委员、中国外商投资企业协会会长石广生在开幕式上作演讲。浙江省副省长钟山，全国工商联副主席、北京市副市长孙安民等致辞。温州市委书记、市人大常委会主任王建满致欢迎辞。邵占维、包哲东、赵一德等市领导出席开幕式。来自世界各地的1000多名客人参加开幕式和以“民营资本与国际资本对接和融合”为主题的系列论坛活动。加拿大达蒙维尔市、意大利普拉托省、澳大利亚伊普斯维奇市、芬兰科沃拉市、美国北加州匹茨堡市和加拿大本拿比市的代表就污水处理、铁路开发、物流、工业区招商、商贸城招商、教育合作等项目向温州市进行重点推介。在“境外工业园（商品城）推介会”和“各国投资环境推介会”等活动中，外省和外国的官员及商贸界人士就有关投资项目向温州市企业家积极推介。

28～31日 温州市举行南戏鼻祖高则诚诞辰700周年纪念活动。高则诚出生于瑞安县（今瑞安市）。本次活动包括高则诚诞辰700周年学术研讨会及温州市的传统戏曲艺术介绍，国内外40多名戏曲研究学者来温参加活动并观摩了永昆的《琵琶记》。

29日 温州市政协主席包哲东会见由美国加利福尼亚州匹茨堡市市长马克·格里沙姆率领的代表团。双方签署了友好城市关系意向书。

△ 温州市选手江钰源获“好运北京”2007年国际体操邀请赛女子全能项目的金牌。

30日 温州市十一届人大二次会议闭幕。大会通过无记名投票，选举产生91名出席省十一届人民代表大会的代表。

△ 温州市委、市政府把农村劳动力素质培训摆在为民办实事首位，并与各县（市、区）和有关责任单位签订了责任书，实行“一把手”负责制。1～11月，温州市共培训农村劳动力172 563人，完成培训教材计划119%。

12月

1日 温州市台湾同胞投资企业协会举行成立六周年庆典活动。自1992年以来，台湾同胞在温州市创办的企业已达337家，总投资额达9.6亿美元，成为温州市经济社会建设的一支重要力量。多年来，该协会积极参与温州市的教育、卫生、文化等社会公益事业建设，共捐款捐物达2亿多元。庆典活动上，协会还举行了第三、四届会长交接典礼，陈钦乐当选新一届会长。市领导邵占维、余梅生等参加庆典活动。

3日 武汉温州商会举行创建10周年庆典活动。改革开放以来，已有17万余温州人到武汉投资创业，兴办了2000多家企业。武汉温州商会按照“传承温商文化、弘扬温商精神、打造温商品牌、繁荣湖北经济”的总体思路，在经济协作、互通交流等方面做了大量的工作。温州市政协主席包哲东出席典礼，并勉励在外温州企业家，积极为家乡发展牵线搭桥，做回乡投资的领头羊和生力军。

4日 浙江省非公有制企业党建现场推进会在温州市举行。温州市委书记王建满在会上介绍了温州市开展非公企业党建的总体情况。温州市委、宁波北仑区委组织部等6家单位从不同角度介绍了加强非公企业党建工作，发挥非公企业党组织作用的做法和经验。省委常委、组织部长斯鑫良对温州市做法予以充分肯定。

6日 衢州市委书记厉志海率衢州市党政代表团到温考察民营企业发展情况。

8日 第二届中国青少年社会教育“银杏奖”在京举行颁奖仪式，温州市胡海英获终身成就奖。

9日 温州市委召开常委扩大会议，传达学习贯彻中央经济工作会议精神和省委常委（扩大）会议精神。市委书记王建满主持会议并作部署。市委副书记、市长邵占维传达了中央经济工作会议精神。

11日 瓯海大道（东段）正式通车。瓯海大道位于温州市中心城区南部，西起南塘大道，沿三垟湿地北侧边缘，穿上京、渎底两座隧道，过龙湾新行政中心，至永强机场，全长18.18公里，宽112米，总投资近30亿元，是市区通往永强机场的生态型景观迎宾大道，也是浙江省最宽的城市快速路。

11～13日 浙江省副省长王永明率省有关部门到温州市调研重大交通基础设施建设情况，并听取了市委副书记、市长邵占维有关温州工作情况的汇报。

12日 8时24分，温州市区人民路温富大厦裙房一层的朵朵鲜园艺有限公司发生特大火灾，造成21人死亡（12男，9女），2人重伤。接到报警后，市消防支队先后调派了10个中队、33辆消防车、270消防员进行扑救。9时30分，火势得到全面控制。10时30分，火灾基本被扑灭。此次火灾扑救中，消防部门共抢救出113人、疏散98人、保护二层以上建筑设施和财产安全。3名消防官兵负伤。公安部调派了三名火灾调查专家来温指导火灾原因调查。通过省、市、区三级安全消防部门10个昼夜的连续工作，认定此次火灾原因为，大厦一楼朵朵鲜花店内新装修卖场的西北部吊顶内照明线路短路引起火灾。25日，朵朵鲜园艺有限公司法人代表诸秀玲因涉嫌重大劳动安全事故罪，被鹿城区人民检察院实施批捕。
△ 温州市副市长陈宏峰会见罗马尼亚康斯坦察县县长德努茨·库莱楚率领的政府代表团一行。

13日 浙江省交通厅厅长郭剑彪到其结对扶贫的泰顺县峰门乡开展扶贫调研活动，并送上扶贫资金60万元。十多年来，省交通厅共为该乡落实扶贫资金1200多万元，扶持经济项目发展和基础设施建设，支持“整乡搬迁”异地下山移民工程实施等。

17日 温州商业银行正式更名为“温州银行”，并举行揭牌典礼。随着“温州银行”的更名和温州银行衢州分行的开业，温州银行已从地方性银行变为区域性股份制银行。

18日 浙江新58省道（分泰线）正式通车。新58省道全长59.3公里，其中隧道10座、总长13.3公里，桥梁27座、总长1.8公里。建成后，泰顺县城至分水关的距离缩短了33公里，弯道由原来的600多个减少到116个，行车时间由原来的两小时缩短为现在的50分钟左右。该道路建成通车标志着泰顺县正式融入温州“2小时交通圈”，同时也标志着温州市“两小时交通圈”的全面闭合。
△ 温州市人民对外友好协会召开第四届理事会。选举产生了市友好协新一届理事会成员，市委副书记赵一德当选为新一届事事会会长，副市长陈宏峰当选为第一副会长。会议还审议通过了修订后的《温州市人民对外友好协会章程》。

20日 温州市市长邵占维主持召开市政府第9次常务会议，就《中华人民共和国政府信息公开条例》的贯彻实施作出部署。会议还审议并原则通过了《关于优先发展教育加快教育强市建设的决定》、《关于全面加强人口和计划生育工作统筹解决人口的实施意见》、《温州市军人抚恤优待方法》、《关于促进企业上市工作的若干意见》、《关于鼓励企业在杨府山总部基地设立总部的意见》等文件。

21日 温州市委、市政府召开抗台救灾先进表彰暨深入推进“515”防洪保安工程建设大会，表彰温州市在抗击台风中涌现出的先进集体和先进个人，部署深化“515”防洪保安工程建设任务。市委书记、市人大常委会主任王建满出席大会并讲话。市委副书记、市长邵占维就深入推进“515”防洪保安工程建设和水利各项工作作出部署。市委、市政府决定，给予中共苍南县委、苍南县人民政府通令嘉奖，授予中共温州市委办公室等147个单位“温州市抗台救灾先进集体”荣誉称号，授予徐延鸿等284名同志“温州市抗台救灾先进个人”荣誉称号，并予以通报表彰。
△ 通过复评、检查、考核，温州市委、市政府命名第五批市文明行业5个、第十三批市文明单位135个、市星级文明社区72个，第五批文明村35个，并予以通报表彰。

22日 温福铁路昆阳特大桥顺利合拢。温福铁路特大桥主桥总长264米，主跨136米，是国内铁路客运专线桥梁中跨度最大的一座。

△ 浙江省邮政管理局温州市办事处在温州正式成立。该处履行对温州邮政业和邮政市场的政府行政主管职能。

△ 来自韩国的金钟大、加拿大的艾伦·加奇诺等18名外国专家分别获得温州市政府授予的第五届雁荡友谊特别奖和“雁荡友谊奖”。“雁荡友谊奖”是温州市为在温州现代化建设中做出突出贡献的外国专家设立的荣誉奖项。

23～25日 越南共产党中央书记处书记、国会副主席丛氏放率越南高级党政干部考察团，在全国人大外事委员会副主任马文普及省有关部门负责人的陪同下，到温州市进行考察访问。市委书记、市人大常委会主任王建满陪同考察，并向考察团介绍了温州市经济社会发展和非公有制企业党建工和情况。在温期间，考察团还参观了温州城市规划展示厅，考察访问了温州市康奈集团和正泰集团。

24日 以澳门特别行政区立法会议员杨道巨为团长的澳门经济建设协进会代表团，抵温考察访问。

26日 由新华通讯社等单位主办的“2007年度真情人物”评选揭晓。远赴千里为素不相识的贵州孕妇杨昌花献上救命血的温州女孩毛陈冰入选。

27日 温籍生命科学和医学学部基因组科学学杨焕明、技术科学部材料物理组科学家王克明，当选为中国科学院院士。

△ 温州市被命名为“全国双拥模范城”。这是温州市第二次获此殊荣。洞头县被命名为“全国双拥模范县”；市民政局长周文珍获“全国爱国拥军模范”称号。

△ 新华社评出2007年中国十佳运动员。温州市射击运动员朱启南入选“十佳”。

△ 温州杨府山垃圾填埋场终场处置和生态恢复工程开工典礼在杨府山垃圾填埋场举行。该工程是温州市委、市政府为民办实事项目，由市市政园林局城市道路桥梁建设处负责实施，项目总投资为1.12亿元，主要包括地下防渗处理、堆体修坡、封场覆盖、渗滤液和沼气导排处置、生态恢复、园林造景等工程。工程建成后可作为城市休闲公园对外开放。

28日 由中共温州市委宣传部、中共宁波市和宣传部及两地文联联合主办的“尽精微·致广大——温州、宁波小幅作品展”在中国美术馆开幕。全国人大常委会副委员长韩启德为展览题词：“三江汇英才，方寸显精华”。全国政协副主席白立忱，财政部原部长刘仲黎，全国政协常委、中国美协主席、文化部艺术司司长于平，温州市委常委、宣传部长曹国旗等出席开幕式。

△ 温州市区吴桥路拓宽改造工程完工通车。该道路北起锦绣路，南接划龙桥西路，双向六车道，工程总投资8.2亿元。吴桥路拓宽改造工程是市委、市政府为民办实事项目，系“五个一”民生工程中“一环”部分的重要组成内容。

29日 温籍科学家李大鹏当选为2007年中国工程院院士。李大鹏现为浙江中医药大学教授、研究员、博士生导师，又是浙江康莱特集团董事长、总裁。30多年来一直致力于我国中药现代化及产业化研究。

全年综合纪要

△ 温州全市完成国民生产总值2157亿元，同比增长14.3%

△ 全市财政总收入293.26亿元，同比增长21.6%，其中地方财政收入157.03亿元，同比增长21.9%。全市国税系统共入库计划口径税收收入166.03亿元，同比增长23.16%。包括海关代征“两税”，全市共完成全口径国税收入179.78亿元，增收31.13亿元，同比增长20.94%。

△ 全市实现外贸进出口总额122.48亿美元，同比增长23.8%。其中出口101.48亿美元，同比增长25.6%，进口21.0亿美元，同比增长15.8%。实现贸易顺差80.48亿美元。

△ 城市居民人均可支配收入24 002元，同比增长12.2%，农村居民人均纯收入8591元，同比增长13.9%。社会消费品零售总额906.46亿元，同比增长16.3%。

△ 全市各项本外币存款3462.25亿元，比年初增加525.1亿元；贷款余额2783.72亿元，比年初增长549.97亿元，不良贷款率0.85%。全市银行业实现利润92.95亿元。

△ 全市保费收入51.88亿元，同比增长20.8%，保费收入居全省第二位。其中人身险保费收入32.26亿元，增长15.3%，财产保险费收入19.62亿元，增长29.53%

△ 全市证券交易总额突破万亿元大关，全年达1.02万亿元，是前四年累计交易额的3.67倍。温州股民数量达33.2万人，比上年增加22万户。

△ 全社会固定资产投资737亿元，同比增长14.2%。全市103个市重点建设项目，共完成投资300.95亿元，占年度计划投资105.6%，同比增长18.8%。

△ 2007年是实施“百项千亿”工程的最后一年，从2003至2007五年间共完成重点建设投资986.35亿元，相继建成重点工程96项，开工建设115项。

△ 全市新批境外机构61家，中方对外投资总额5900万美元，同比增长60.08%。

△ 全市单位生产总值综合能耗下降4.4%，化学需氧量和二氧化硫排放量分别消减4.71%和4.54%。

△ 全市环境空气质量基本稳定。温州市区大气污染物年均值全部能达到国家二级标准。环境空气质量达到Ⅰ级标准的有53天，占14.5%；Ⅱ级标准的有308天，占84.4%。全年空气质量优良率为98.9%。

△ 全市拥有登记在册的机动车88.1万辆，其中汽车41.9万余辆，摩托车46.1万余辆，全市有各类机动车驾驶员79.4万人。

△ 全市共接待海内外游客2220万余人次，实现综合旅游收入200.48亿元。

△ 永强机场旅客吞吐量达到359.4万人次，同比增长18%，货邮吞吐量达到3.67万吨，同比增长12.6%，安全保障飞机起降3.47万架次，同比增长10.2%，均创历史新高。

△ 通过深入实施“139富民攻坚计划”，全市139个欠发达乡镇中，农民人均纯收入超过全国平均水平的乡镇达到137个，超额完成达标上线的既定任务。全市欠发达乡镇165万农民人均纯收入达4750元左右，连续三年增幅

保持在15%以上。

△ 全市进入基本生活保障的被征地农民达30.23万人，参保人数比上年增加27.25万人，增长率达914%，被征地农民参保率已达到68%。

△ 全市共投入1979万元资金用于补助参加合作医疗的农民，各级财政对新农合制度的投入从2005年人均补助27.31元提高到2007年的41.87元。截至10月底，全市参合农民达422.80万人，参合率83.35%，为历年最高值，人均筹集70.32元，筹集合作医疗资金2.97亿元，40万人次受益。

△ 年初，温州市开展政策性农村住房保险。截至4月15日，全市共有144.59万农民参保，参保率达92.95%。年末，全市共有4324农户、8015间房屋受灾，工赔付2158.01万元，赔付率达99.68%。

△ 全年全市共培训农村劳动力17.3万人，占年度计划任务数119.4%。4年来，全市共培训农村劳动力57.1万人次，转移就业17.7万人。

△ 年末，全市在册登记农民专业合作社721户，总出资额达18 716.53万元。其中出资额最高的为“文成县师爷老家果农专业合作社”，出资额达2800万元。全市现拥有农产品品牌44枚，有21种特色农产品进入证明、集体商标培育，其中19枚已由国家工商总局受理。

△ 全年共有10 353户拆迁领取新房钥匙，4606户获得认购定位，分别是年度计划数的136%和115%。

△ 市政府法制办根据国务院和省、市政府关于清理规范性文件的要求，梳理出市政府2007年7月31日前制定的行政规划性文件600件，予以废止的196件、修改的12件、保留的392件；市政府所属各部门制定的行政规范性文件3367件，予以保留的1083件，予以废止的2284件；县（市、区）政府制定的行政规范文件3682件，予以保留的1767件，予以修改的258件，予以废止的1657件。对省政府240件规章提出建议修改38件、废止52件的清理意见，圆满完成全市规范性文件清理工作任务。

△ 全市纪检监察机关受理信访举报9771件（次），立案查处违纪违法案件1042件，其中涉及县（处）级干部5人，乡（科）级干部92人，为国家和集体挽回直接经济损失4450多万元。

△ 全市共完成审计项目455个，查出违规金额39 060万元、管理不规范金额463 937万元、损失浪费金额870万元。经审计处理应上缴财政6304万元。移送司法机关案件3件，移送纪检监察和有关部门处理事项23件，核减投资额19 189万元。

△ 全年市12315举报申诉系统共接到103 929个电话，其中投诉电话18 433个，举报电话7200个。全市共受理投诉17 643件、已处理17 530件。成功调解16 379件。处理投诉涉及的总金额为2231万元，其中加倍赔偿金额为18万元，共为消费者挽回经济损失1080万元。立案查处案件1538件，涉及的总案值约为5541万元。罚没款为606万元。

△ 全市共发生火灾231起，造成45人死亡，5人受伤，烧毁建筑72 309.3平方米，直接财产损失1339.5万元。与上年相比，火灾次数上升20%，死亡人数上升96%，受伤人数下降76%，直接财产损失上升132%。全市消防部队共接警出动4295次、52 245人次、7932车次。其中参加火灾扑救295次，抢险救援等出警行动2068次，社会救助292次，共抢救人员599人，疏散人员1740人，抢救财产价值3982万元（不含保护价值）。

△ 全市共发生上报道路交通事故4496起，造成738人死亡，4631人受伤，直接经济损失706万余元。与上年同比，事故四项指数分别下降20.72%、3.15%、27.08%和29.82%。

△ 海事部门统计，温州辖区共发生险情49起，组织搜救49次。遇险人员402名，获救人员384名，人员死亡或失踪18人；遇险船舶50艘，获救船舶29艘，沉没船舶21艘。搜救期间，温州海事局共出动海事船艇44艘次，调动救捞系统船艇13艘次、部队船艇11艘次、社会船艇20艘次和渔船28搜次，协调过往船舶11搜次，协调海事系统直升飞机1架次。

自然环境

概　况

地理位置　温州地处中国大陆环太平洋岸线（一般中国大陆环太平洋岸线公布长度为1.8万公里）的中段，浙江省东南部。全境介于地理坐标北纬27°03′～28°36′、东经119°37′～121°18′之间。东濒东海，南与福建省宁德地区的福鼎、柘荣、寿宁三县毗邻，西及西北部与丽水市的缙云、青田、景宁三县相连，北和东北方与台州市的仙居、黄岩、温岭、玉环四县市接壤。

地形地貌　温州三面环山，一面临海，境内地势从西南向东北呈梯形倾斜，地貌可分为西部中低山区，中部低山丘陵盆地区，东部平原滩涂区和沿海岛屿区。山地面积9212平方公里，平原面积2059平方公里，岛屿面积173平方公里，江河面积340平方公里。温州陆域面积11 784平方公里，海域面积约11 000平方公里。市区（鹿城、龙湾和瓯海三个区）面积1187平方公里，2007年温州市区建成区面积为164.1平方公里。

一般气候特点　温州市地处中亚热带南部亚地带南缘，属中亚热带季风气候区。影响本地区气候的主要因素包括较强的太阳辐射，海洋水体的调节，加

上冬季冷空气因西北群山阻挡而减轻了侵袭强度，夏季暖湿气流活动因地形抬升而多云雨，形成温州气候温暖，雨量充沛，光照丰富，四季分明的气候特点。年平均气温18摄氏度，山区偏低1～2摄氏度。年平均降水量1500～1800毫米，山区偏多1～2成，海岛偏少1～3成。年平均无霜期275～280天，海岛略长，山区稍短。

山地和山脉

括苍山山地　在温州永嘉、丽水缙云和台州仙居3个县的交界处入温州境，为灵江与瓯江的分水岭。自北而南绵亘永嘉县大部分县境，西与青田县相接，东以大楠溪为界，与北雁荡山相沿。分布在永嘉县楠溪江干源以西有数列态势雄伟的断块山，如大青山（海拔1270米，下同）、大柏山（1211米）、四海尖（1093米）、禅龙尖（1052米）、白岩头（1027米）等。山地面积占全市土地面积的16.3%。

洞宫山山地　是武夷山余脉，位于浙江、福建二省之间，分南、北两大支，北支入丽水地区境内，南支入温州市与丽水市交界，是瓯江小溪与飞云江的分水岭。从泰顺、景宁两县交界处白云尖（海拔1611米，下同）起点，北经敕木山（1519米），折东经大仰湖（1557米）、大柳头入文成县境，再折向西经石竹栏头到南田台地北侧山岗，西沿文成、青田县界的寮天岗、四方尖（1150米）、山炮尖和瑞安、青田县界的巾子山（1320米）、奇云山（1165米）至瓯海、青田县界的凌云山（1009米）直落瓯江南岸。海拔千米以上的山峰153座。山地总面积占全市土地总面积的24.7%。

北雁荡山脉　属括苍山脉南支，北起永嘉县、台州市黄岩区界大寺尖（海拔1252米，下同），向东南延至望海岗（1127米），急转向永嘉、乐清县界延伸，海拔由1000米左右逐渐减低到500米，成为楠溪江和向东独流入海诸小河的分水岭。山西北以抬升为主，为剥蚀中低山区。东南以沉降为主，为丘陵平原区。西北山区大部分海拔500米以上，北雁荡山主峰百岗尖，海拔1056米，次一级的有永嘉正江山（997米），山根山（940米），金竹尖（926米），箬岙山（714米），乐清天门山（820米），玛瑙山（754米）。

南雁荡山脉　是洞宫山余脉，从福建省福安县入境，盘踞于泰顺、文成、苍南、平阳、瑞安、瓯海6个县（市、区），为飞云江、鳌江所分割，形成大小山间盆地和河谷盆地。比较有名的山峰有泰顺、苍南边境的九峰尖（海拔1237.3米，下同），平阳、苍南边境的棋盘山（1231米），瑞安、青田边界的奇云山（1164.8米），灵溪镇西的玉苍山（929米），矾山镇东南的鹤顶山（989.5米），平阳西南白云山（965.1米），瓯海西南的岷岗山（901米），分属龙湾、瓯海、瑞安的大罗山，主峰东大罗尖（706.9米）。

平原和湿地

乐清平原　位于瓯江口以北，西起北雁荡山麓，东至乐清湾沿岸，北至大荆镇，南抵瓯江口北岸，面积约330平方公里。片内间有以虹桥内河和乐馆塘河为骨干的内河河网。分布有虹桥、乐成、柳市、北白象、黄华、磐石、七里港等集镇和港口。

永嘉平原　位于瓯江下游北岸，沿括苍山、北雁荡山尾段，过楠溪江河口，与乐清平原相接，是瓯江、楠溪江海河作用形成的沿江海积冲积平原。土地面积约145平方公里。

温瑞平原　瓯江南岸和飞云江北岸之间几块平原的总称。西面由瞿溪、雄溪、郭溪三条溪冲积而成的平原，称三溪平原。东面北起龙湾区宁村（原属瓯海）、南达海城（原称瑞安梅头），有原自大罗山的小溪流经这片平原，称海滨平原。中部以人工塘河为骨干，从北到南在龙湾状元片，称状元平原。从瓯海区梧田镇沿温瑞塘河至瑞安帆游桥这片平原，称梧田平原。瓯海区的仙岩片（原属瑞安），称仙岩平原。莘塍（瑞安）片称莘塍平原。土地总面积约543平方公里。

三垟湿地　位于瓯海区梧田、三片，民间称“南西垟”。此地比邻温州市城市中心区，东南部有大罗山环绕，面积13.6平方公里，水网密布，河道纵横，间有161个形态各异的泥洲，当地人称“水墩墩”。这片湿地自古盛产“瓯柑”、“黄菱”和淡水鱼虾，又是各种候鸟、留鸟栖息觅食绝佳之处。湿地局部水体污染正在治理之中。

瑞平平原　位于飞云江下游及其河口南岸，包括瑞安仙降、马屿与平阳万全3片，是飞云江下游及其河口在海河作用下形成的海相沉积冲积平原。晋代以来，海湾淤涨成陆。唐宋以降，筑堤开河。海涂不断淤涨，堤塘外移，形成广阔的水网平原。土地面积约229平方公里。

陶山平原　在飞云江北岸及其支流金潮港下游，包括陶峰、桐溪、潮基等片，东南面与瑞安安阳镇连接。总面积约75平方公里。

北港平原　在平阳县鳌江中下游沿岸。包括鳌江平原和萧江、麻步、水头平原，总面积183平方公里。

江南平原　又名南港平原。位于鳌江南岸，苍南县东北部，土地总面积297平方公里。其中龙港、宜山、钱库、金乡一片，旧称江南。灵溪、桥墩、藻溪、萧江、后林、夏桥、沪山等为南港平原，旧称江西垟。

江河与水网

瓯江　浙江第二大河，发源于丽水市庆元县锅帽尖，干流长388公里，入东海。流域面积17 958平方公里。流经温州市境内基本是其下游，长度为78公里，流域面积4066平方公里。从青田县石溪纳小溪后流经温州的干流称瓯江。历史上曾名永宁江、永嘉江、温江、慎江，梅岙以下，河床逐渐增大、宽500米至3000米，近河口区形成三角港，左纳楠溪江入海（温州湾）。从源头至河口，落差1250米。流经鹿城区和龙湾区的江面上，有江心屿、七都涂和灵昆岛。瓯江年径流量195.5亿立方米，年平均含沙量在0.1～0.2公斤/立方米之间。瓯江

1. 飞云江三桥
2. 瓯海区三垟湿地

1
2

1. 大罗山
2. 泰顺红枫古道
3. 瑞安湖岭镇芳庄乡梯田
4. 瓯海潘桥镇
5. 泽雅深箩漈
6. 赵三渡水库

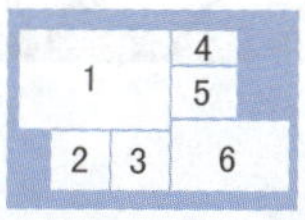

王 勤 / 摄

1. 大罗山雪景
2. 平阳县金鸡山雪景

张于东 / 摄

张于东 / 摄

属强潮河，感潮河段长约90公里，平均潮差3.92米，最大潮差5.7米。最大表层涨潮流速2.59米/秒，落潮流速2.37米/秒。平均涨潮流速1.52米/秒，落潮流速1.58米/秒（1959年5月龙湾断面实测）。

楠溪江 瓯江下游最大支流，公元前是独流入海的河流，古称瓯水，俗称大楠溪。发源于永嘉县西北括苍山南麓罗岭，自北而南，纵贯永嘉县境中部，流经清水埠注入瓯江。干流全长139.92公里，流域面积2490平方公里。多年平均年径流量28.7亿立方米。最大年径流量34.34立方米（1962年）。

飞云江 浙江省第四大河，温州第二大河。全长198.7公里，入东海。流域面积3713.9平方公里。曾名罗阳江、安阳江、安固江和瑞安江。源头分南北二支：南为仙居溪，发源于泰顺、景宁边界白云尖西北坡。北为里光溪，发源于白云尖东麓。流经泰顺、文成和瑞安入东海。河口宽3000米。感潮段距河口59公里，涨潮为5～6小时，落潮为6～7小时，憩流大潮为30分钟，小潮为20分钟。平均潮差4.5米，最大为6.2米。平均低潮位水深2米。流域年径流量约40亿立方米，年输沙量54万吨。

鳌江 浙江省第八大河，温州第三大河。干流长82公里，入东海。流域面积1542平方公里。曾名始阳江、横阳江，下游钱仓以下，水势始大，因又名钱仓江。有南北二源。北源出文成县桂山乡吴地山麓桂库地方。南源出泰顺九峰虎罗山。低潮时平均水深0.8米。年径流量约20亿立方米。年平均含沙量约0.13公斤/立方米。

永乐平原河网 分布于乐清市虹桥、乐成、柳市和永嘉县的乌牛。昔日河网互不相通。1951年，乌牛溪与北白象河沟通。1962年，虹桥内河与乐成内河沟通。乐成至琯头塘河，唐代以前已疏通。河网水面面积17.19平方公里，河道总长度867公里，总蓄水量3156万立方米。

温瑞塘河水网 聚瞿溪、雄溪、郭溪三溪之水，汇桐岭、岷岗、白云、大罗、吹台诸山溪流，至鹿城区南的会昌湖，俗称上河厢，会昌湖至帆游桥称下河厢。塘河从鹿城区小南门至瑞安市城关东门，主干河道长约36公里。相关水网河道总长度949.12公里，流域面积277平方公里，总灌溉面积48.2万亩。河床宽15～100米，水深1.5～6米，最高蓄水量6892万立方米。

瑞平塘河水网 主干河道旧称江南运河。自瑞安后垟、吴桥、孙桥至平阳城关，全长17公里。两岸与25条小河连接，水网河道总长度722.7公里，流域面积218平方公里，灌溉30万亩。平阳城关至宋埠又有东塘河，长13公里，河床宽3.5～30米，水深2.5～7米，流域面积53平方公里，灌溉4.78多万亩。

南港江南河网 以横阳支江为主干河道，河网分布于南港、江南两大片平原。河网河道总长度1083.8公里，河道水面面积20.15平方公里，总蓄水量4462万立方米。河网上游建有桥墩、吴家园两座中型水库。

海岸滩涂

陆域海岸 温州市大陆海岸线从乐清湖雾至苍南云亭，长355公里。其中瓯江以南长215公里。以琵琶门为界，北部海岸以泥岸为主，间有岩岸，南部则为岩岸。

沿海滩涂 从卫星云图分析，温州涂滩约80万亩，87.8%集中于琵琶门以北。其中乐清从湖雾至蒲岐、崎头12.3万亩，灵昆岛6.4万亩，瓯江至飞云江29.4万亩，飞云江至琵琶门22.9万亩。此外，大渔3.5万亩，沿浦1.7万亩。

乐清湾 古名白沙湾。系浅海港湾。湾口外宽内窄。呈葫芦形，面积约470平方公里，自1976年玉环漩门港围堵后成为半封闭型海湾。

温州湾 在瓯江口外，西起灵昆岛，北邻乐清湾，东面和南面有洞头列岛、大北列岛、北麂列岛环绕。

大渔湾 地处苍南县东部沿海，往西至县城驻地灵溪28公里，面积近41平方公里，北连石砰乡，西北与江南三镇宜山、钱库、金乡的平原地带接壤而紧相连贯，西南与龙沙、中墩、赤溪等乡镇的山地相牵绕海而成港湾，东南面对官山岛。

海域和岛屿

近海海域 温州市近海海域面积达11 000余平方公里，其中有洞头洋、南麂、北麂三大渔场总面积约8950平方公里。

沿海岛屿 根据1994年温州市海岛资源综合调查结果，全市在大潮高潮面以上、大于500平方米以上的岛屿有436个，岛陆总面积169.54平方公里，岛屿岸线长676.47公里。

乐清湾海域岛群 有岛屿9个，均为近海型海岛。其中西门岛离大陆最近为320米，大乌岛距离最远为2200米。西

温州市河口沿海岛屿分县基本情况*

县（市、区）	岛屿数	其中		
		有人岛	有名无人岛	无名无人岛
全市	436	42	320	66（8）
鹿城区	1	1	0	0
龙湾区	1	1	0	0
瑞安市	91	14	39	38
乐清市	9	3	6	0
洞头县	186	14	165	（7）
平阳县	64	6	30	28
苍南县	84	8	80	（1）

* 本类目所指的岛屿，是在大潮高潮面以上、面积大于500平方米被海水包围的小块陆地。

门岛、白沙岛、小横床岛常年有人居住，无人岛有笥箕岛、小担岛、牛脚屿、饭蒸屿、偏醍屿、大乌屿和横仔岛之半。

瓯江河口岛 有鹿城区的七都岛（未包括江心屿）和龙湾区的灵昆岛，分别为七都镇政府和灵昆镇政府驻地。

洞头列岛 位于瓯江口外海域，有海岛186个，西北距温州市区约53公里，离大陆最近为5.7公里。常年住人岛14个，其中洞头岛为县政府驻地，也是北岙镇、东屏镇驻地。常年住人岛还有鹿西、大门、状元岙、霓屿、大三盘、半屏、小瞿、花岗、小门、南策、青山、屿仔、北策等，季节性住人岛2个，无人岛170个。

大北列岛 位于飞云江口外海域，有海岛48个，距瑞安市大陆岸线27公里。其中常年住人岛9个，北龙山为北龙乡政府驻地。住人岛还有上干山、凤凰山、铜盘山、长大山、王树段、大峙山、齿头山、大明甫8个。无人岛39个。

北麂列岛 位于大北列岛东南，有海岛43个，北与洞头列岛峙头洋相接，南与南麂列岛相邻，距大陆岸线约50公里。常年住人岛5个，其中北麂岛为北麂乡政府驻地，住人岛还有过水屿、下岙岛、关老爷岛、冬瓜岛。无人岛38个。

南麂列岛 位于鳌江口外海域，有海岛52个，与大陆最近点约56公里，北距北麂列岛约22公里，西南与舥港相望，南连七星列岛。南麂岛为南麂镇政府驻地。常住人岛还有门屿、竹屿、大擂山、柴屿、平屿5个。无人岛46个。

南部近陆岛群 从飞云江口南至沿浦湾，与大陆岸线平行分布89个岛屿，分属平阳、苍南两县。其中常住人岛3个，季节性住人岛3个，无人岛83个。属于平阳县的有小洋山、杨屿、上头屿、上二屿、三屿、四屿等12个无人岛，杨屿和小洋山距大陆280至300米。属于苍南县有77个岛屿，住人岛有琵琶山、前屿山、官山、顶草屿、北关岛、南关岛6个，离大陆最远4公里，最近几乎与大陆相连。

七星列岛 座落于东经120°49′38″～120°52′19″，北纬27°05′54″～27°09′03″之间，紧邻福建省海域，距霞关岸线约37千米，由裂岩1、裂岩2、星仔、立鹤、小立鹤、鸡心岩、横屿等岛屿和天枢、天璇、天玑、天权、玉衡、开阳、瑶光等礁组成。

气候和年度气候

气温 温州冬季平均气温在6～9摄氏度之间，北部比南部偏低1摄氏度，山区比平原偏低1～3摄氏度。极端最低气温发生在冬季，泰顺地势较高，曾出现零下10摄氏度的记录（1983年12月31日）。日最低气温为零摄氏度的日数，山区约1个月，平原半个月，海岛仅2、3天。春季平均气温山区与平原15～16摄氏度，海岛较低为14摄氏度。夏季平均气温平原为26.2～26.4摄氏度，泰顺地势较高，为24.2摄氏度，海岛为25.6～25.7摄氏度。日极端最高气温大于35摄氏度的天数，大部分地区在4天以下，西部河谷地带，因受太阳辐射影响，可超过10天，文成县为14天左右。极端最高气温，温州市区为39.3摄氏度，永嘉为40.5摄氏度，文成为40.3摄氏度。自10月开始，平均气温在15～19摄氏度之间。

降水 温州常年平均雨日175天，年降水量1225～2061毫米，多年平均年降水1706毫米。山区全年降雨量1800～2200毫米，平原1400～1800毫米，海岛1100～1400毫米。春夏之交即5、6月份，进入梅雨期，出现阴雨日多，气温高，雨势强，湿度大的梅雨天气，为时约1个月甚至2个月，各地梅雨期雨量400～600毫米，少数年份达700～800毫米，山区甚至超过900毫米。梅雨期的降水量占年总降水量的1/3。

湿度 温州市气候温暖湿润，相对湿度全年平均值在75%～80%之间，海岛最大，洞头81%，北麂、南麂85%。市区、乐清、瑞安、平阳、泰顺82%。永嘉77%，文成78%。一年中相对湿度变化最高值出现在梅雨期的6月份，市区达88%。

蒸发 温州蒸发量小于降水量。年平均蒸发量1310毫米。山区蒸发量常年为1000～1200毫米。海岛蒸发量相对较大，洞头1539毫米。

灾害性天气 温州灾害性天气主要有台风、雨涝、干旱和高山冰冻雪压。台风影响温州的方式有3种：直接登陆，危害最大。邻区登陆，危害严重，在温州以南登陆比在以北登陆的破坏力要大。台风影响，有雨无风，有时不但无害，反而可解旱暑。温州雨涝主要有梅汛期涝灾（1949年以后，平均约5年一遇），台汛期涝灾（平均约5年两遇）和秋涝（平均约10年一遇）。温州干旱历来以伏旱（出现频率约为47%）和秋冬旱（出现频率约为51%）发生次数较多，伏、秋连旱危害最为严重。春旱也有出现，但次数较少。

2007年温州市气候特点 2007年，温州市的气候特点是平均气温偏高，降水量绝大部分地方略偏多。年初冬季气温高，气候异常偏暖，农作物病虫害较多。春季（3月～5月）气温基本上偏高，但有一次寒潮天气发生，并有局部性的强对流天气及暴雨发生。寒潮天气使早茶遭受一定的损失。夏初梅雨持续时间长，过程雨量较小，但6月中旬的几天阴雨正好与本市杨梅的成熟期同期，低气温和暴雨造成大量杨梅脱落。梅雨后，天气持续高温晴热，对早稻灌浆产生一定的抑制。夏季后期到秋季前期，多热带气旋影响。开始的两个热带气旋带来一些降水，缓解、解除了旱情，利大于弊，但后面的几个热带气旋给本市带来了严重的损失。秋末（11月底），温州境内部分地方出现初霜，但部分地方在12月份仍然未出现初霜。2007年的初冬（12月底）出现较强的冷空气，西部山区和沿海平原的一些地方均出现冰冻，该次过程持续到2008年的1月初，各地大多在2008年的1月2日达到最低气温。这次过程使乐清、泰顺的一些蕃茄遭受冻害。

连阴雨 2007年1月份各地的日照均偏少。其中，1月的中旬及下旬前期各地出现严重的连阴雨寡日照天气。在连续的12天或13天中，各地的日照时数除温州市区、永嘉为1.4小时外，其它地方均不足1小时，而且都有一周左右的连续无日照天气。在无日照期间，各地出现连续多天的降水天气，形成连阴雨天气。

异常偏暖的暖冬 冬季(2006年12月～2007年2月)全市各地平均气温在8.1摄氏度(泰顺)～11.0摄氏度(乐清)之间,距平值在1.2摄氏度(泰顺)—2.4摄氏度(乐清)之间,显著偏高于历年平均水平。温州市区与乐清的冬季平均气温与历史记录相比,仅较历史最高值2000年冬季(2000年12月～2001年2月)偏低0.1摄氏度。整个冬季,温州市区、乐清、洞头、平阳均没有达到过0摄氏度以下的低温;永嘉只有一天的最低温度为-0.5摄氏度,其它日期均没有出现0摄氏度以下低温。冬季中尤其是2007年2月份,各地的月平均气温均显著偏高于历史同期平均值。其中除泰顺、文成外,各地月平均气温均创同期历史记录,泰顺、文成也属历史次高值。

寒潮和较强的冷空气过程 3月4～6日受强冷空气影响,出现寒潮天气。温州市区48小时平均气温降幅为10.3摄氏度,最低气温降幅为12.2摄氏度。其它地方的48小时平均气温降幅除瑞安为9.7摄氏度外,在10.4摄氏度(文成、平阳)～11.9摄氏度(泰顺)之间;最低气温降幅以乐清、永嘉最大,为12.4摄氏度和12.8摄氏度,其它地方在10摄氏度左右。本次过程最低气温平原在3.8摄氏度(永嘉)～5.3摄氏度(平阳)之间;西部山区泰顺最低,为1.5摄氏度。4月2～3日受强冷空气影响,温州市区24小时日平均气温下降5.0摄氏度,过程最低气温达到8.2摄氏度,有两天最低温度维持在10.0摄氏度以下;泰顺24小时日平均气温下降11.3摄氏度,48小时下降13.5摄氏度,过程最低日平均气温达8.0摄氏度,且三天日平均气温维持在10.0摄氏度以下,过程最低气温达3.9摄氏度;其它地方中文成有一天日平均气温在10℃以下。本次过程中各地普降中到大雨,且连续2～3日无日照。2007年11月26日夜里,受较强的冷空气影响,各地气温开始下降,过程日平均气温降温幅度为6.4℃～8.7摄氏度。本次过程中极端最低气温除洞头出现在28日,文成出现在30日外,其它地方均在29日出现。最低气温以泰顺最低,在29日达到-2.4摄氏度,且28～30日连续3天日最低气温均在0摄氏度以下。过程中永嘉、文成的最低气温分别为3.3℃、1.2℃,其它地方的最低气温在5.2摄氏度～8.5摄氏度之间。2007年12月28日起,本市受较强冷空气影响开始降温,28～31日温州市区平均气温下降9.0摄氏度,乐清和泰顺日平均气温分别下降9.9摄氏度和9.1摄氏度,其它地方下降8.5摄氏度左右,在31日,温州市区最低气温为2.6摄氏度,但地面已出现冰冻;其它地方的最低气温在-2.0摄氏度～3.3摄氏度之间,西部山区出现冰冻。本次冷空气过程在月末还未结束,在下月初气温继续下降。温州市区在2008年1月3日最低气温达到0.9摄氏度;泰顺在1月2日降到了-5.7摄氏度;其它地方均在2日达到最低,文成、永嘉、平阳均在-2.7摄氏度～-0.6摄氏度之间,瑞安、洞头分别为1.3摄氏度和3.3摄氏度。

雷暴 2007年夏季共发生雷灾56起,其中因雷电引起火灾或爆炸1起,雷电导致的人身事故5起,伤1人、亡9人,建(构)筑物受损7起,办公电子电器设备受损23起665件,家用电子电器设备受损10起113件,共造成直接经济损失417万余元。

梅雨 2007年梅雨在5月下旬初开始,6月27日出梅,虽然持续时间较长,但梅雨过程不典型,总雨量不是很大。期间,总雨量以泰顺最大,为406.0毫米,乐清、平阳最少,分别为195.1毫米和198.1毫米,其它大部分地方在200～300毫米之间。梅雨期间的连续无日照日数以瑞安最为严重,在6月上旬和中旬分别有连续8天和6天日照时数均为0。其它地方除海岛外,也均有连续3天或3天以上的无日照天气。在梅雨期间还出现了两次大范围的暴雨天气。6月11日受高空槽和低空切变线影响,全市普降大雨或暴雨,其中洞头日降水量达到145.7毫米,达大暴雨级别,其它地方中还有平阳出现了大暴雨,温州市区、乐清、瑞安出现了暴雨。5月25日、5月28日,分别有局部地方出现暴雨。6月25日受高空槽、副高边缘对流云团共同作用下,本市普降大雨,温州市区、永嘉、泰顺出现暴雨。

高温和干旱 2007年夏季自6月下旬后期出梅后,直到8月初,气温高,高温日数多。高温日数之多,在历史上较为罕见,其中温州市区7月份的高温日数为25天,在近50年中仅次于2003年7月份的27天。在高温的同时,全市各地降水偏少明显,山区出现旱情,洞头、乐清及一些山区生活用水出现紧张,其它平原地区蓄水量锐减,例如瑞安截止7月30日,26座小(二)型水库平均蓄水量仅占41.7%,其中4座已经干涸;中型畜水量仅为正常蓄水量的44.2%;其所辖桐浦、陶山、碧山、湖岭等乡镇生活用水已有困难。平阳在7月30日的小二型号水库蓄水率为25.2%,小一型水库蓄水率为19.2%。在月初,山区单季稻正处于孕穗期,干旱缺水、高温影响其正常孕穗,减少干物质积累。7月份是柑桔的膨大期,高温、干旱使落果增加,影响其产量和质量。高温干旱利于虫害的发生,使水稻的稻卷叶螟、稻飞虱,蔬菜的斜纹夜蛾、烟粉虱等发生量较大。

热带气旋 2007年第7号热带风暴"帕布"、第8号强热带风暴"蝴蝶"基本未给温州造成损失,带来降水及时缓解了当时的旱情,总体上利大于弊。

超强台风圣帕 2007年第9号热带风暴"圣帕"于8月13日凌晨2点在菲律宾以东洋面生成,生成后向偏西方向移动,13日20时加强为强热带风暴,14日08时加强为台风,15日08时加强为强台风,而后转向西北方向移动,当日20时加强为超强台风。18日早晨5点40分"圣帕"在台湾省花莲南部登陆后,穿过台湾海峡,于19日凌晨2点在福建泉州县崇武镇登陆,登陆时中心气压975百帕,中心风力12级(33米/秒)。"圣帕"超强台风强度强,中心气压一度达到910百帕,中心风力17级(65米/秒);范围大,7级风圈半径曾经达到380公里,10级风圈半径180公里;影响温州时间持续较长,17日开始受其外围影响,21日其残留云系在温州造成了暴雨,台风外围在苍南引发了罕见的龙卷风。全市8月17日08时至21日14时平均过程雨量245毫米,过程雨量超过400毫米的有7个站,300～400毫米的有18个,最大过程雨量511.2毫米,出现在平阳的赵垟;日最大降水量为320.3毫米,出现在文成的桂山。地区分布上总体呈南北两个雨量中心。沿海和内陆出现了9～11级大风，极大风速是大罗山雷达站35.1米/秒、沿海出现在瑞安的北龙31.4米/秒。该台风登陆前后带来的强风和暴雨严重影响温州，引发龙卷风、泥石流等灾害，重创苍南、文成等地，造成14人死亡，60人受伤，其中6人重伤。全市5个县、172个乡镇受灾，受灾人口达179万多人，倒塌房屋1127间，直接经济损失超过10.029亿元。除了龙卷风造成苍南龙港11人死亡外，苍南县78省道矾山镇路段、桥墩两地发生泥石流，造成2人死亡。文成县因“圣帕”超强台风导致一处危房倒塌死亡1人。另外，苍南桥墩一工地管理房遭受泥石流，造成3人失踪。平阳县7个乡镇积水，其中较为严重的水头镇街道满水最深处达3米，麻步镇达2米。农业方面，本次台风过程造成全市农业经济损失6804.54万元。全市农作物受灾面积达107.10万亩，成灾面积37.20万亩，绝收面积3.54万亩。台风期间，山区单季稻正处于孕穗期，文成、泰顺等南部山区的28.27万亩左右山区单季稻受到不同程度的影响，成灾9.86万亩，绝收0.11万亩；平原单季稻与连晚均处于分蘖期，成灾5.18万亩，绝收0.1万亩。苍南、平阳、瑞安等县（市）的低洼处受淹超过36小时，苍南、平阳局部地方受淹超过72小时。甘薯、玉米等旱粮作物也遭受较大损失，成灾2.2万亩，绝收0.1万亩；蔬菜成灾面积9.33万亩，绝收面积2.33万亩，主要包括丝瓜、蒲瓜、黄瓜等。成灾原因一是强风造成竹架倒塌，使蔬菜受损，二是低洼地排水不畅，受淹时间过长。台风还造成牲畜死亡7149头（只），家禽死亡362 500羽。

超强台风韦帕　2007年第13号热带风暴“韦帕”，于9月16日上午8点在菲律宾以东洋面生成，生成后向西北方向移动，强度迅速加强，16日20时加强为强热带风暴，17日02时加强为台风，17日18时加强为强台风，18日05时加强为超强台风，于19日凌晨2时30分在温州市苍南县霞关镇登陆，正面袭击温州市，登陆时中心气压950百帕，中心风力14级（45米/秒）。“韦帕”超强台风移动路径稳定，发展迅速，强度强范围大，降水集中。中心气压最低为925百帕，中心风力最大为16级（55米/秒），登陆时中心气压仍有950百帕，中心风力14级（45米/秒），7级风圈半径曾经达到420公里，10级风圈半径180公里。主要降水发生在17日20时～18日20时，日降水量大于250毫米有6个站，200～250毫米有23个，100～200毫米有63个。全市9月17日20时至20日08时平均过程雨量211毫米，过程雨量超过500毫米的有2个站，过程雨量超过400～500毫米的有3个站，300～400毫米的有18个，最大过程雨量530.8毫米，出现在乐清的砩头；日最大降水量为291.8毫米，出现在文成的公阳，地区分布上东北大西南小走势。沿海海面和沿海平原有12级以上极大风，其中最大为55.3米/秒（16级），出现在苍南的渔寮，霞关48.7米/秒，南麂35.0米/秒，北麂33.0米/秒，内陆地区9～11级大风，极大风分布以登陆点为中心向周围、东部沿海向内陆逐渐减少趋势。第13号超强台风“韦帕”给我市农业、水利、交通、电力等基础设施造成较大损失。据市防汛指挥部初步统计，截止19日11点30时，全市共有233个乡镇(街道)受灾，受灾人口265.7953万人，倒塌房屋1290间。作物受灾面积达71.426千公顷，成灾面积30.21千公顷，绝收面积6.1847千公顷，损坏水库4座，损坏堤防433处共47.822千米，损坏护岸872处，损坏水闸46座，冲毁塘坝18座，损坏灌溉设施2427处，损坏水文测站16个，损坏水电站9座。公路中断105条次，毁坏路基210.87公里，损坏输电线路1470.403公里，损坏通讯线路967.602公里，停产工矿企业3462家，全市因灾死亡1人，直接经济损失18.4197亿元。

超强台风罗莎　2007年第16号超强台风“罗莎”是建国以来登陆温州最晚的一个台风。今年第16号热带风暴“罗莎”于10月2日08 时在菲律宾吕宋岛以东洋面生成，以后强度逐渐增强，2 日20 时加强为强热带风暴，3日02 时加强为台风，4日02时加强为强台风，5日02时加强为超强台风，6日15时30分前后在台湾宜兰沿海登陆，登陆后减弱为强台风，并出现南落打转，6日22时前后再次在台湾北部登陆，7日00时前后进入台湾海峡，7日02时减弱为台风，7日15时30分在浙闽交界处登陆，登陆时中心气压975百帕，近中心最大风速33米/秒（12 级）。7日17时减弱为强热带风暴，8日02时减弱为热带风暴。于8日17点30分左右在浙江三门湾附近入海。受超强台风“罗莎”影响，全市平均过程降雨量（6日08时～8日20时）264毫米，有4个站的过程雨量超过500毫米，400～500毫米的有9个站，300～400毫米的有28个站，最大过程雨量542.2毫米，出现在永嘉的十八垅，其次是苍南的昌禅528.9毫米（水文资料过程降水最大为苍南昌禅573毫米）；1小时最大降水量为47.4毫米，出现在文成的朱雅，3小时最大降雨量107.3毫米，出现在苍南的昌禅，24小时最大降雨量422.8毫米，出现在永嘉的十八垅。总体而言，这次台风的暴雨中心较为分散，降雨分布较为均匀。从4日12时开始，沿海出现了8级以上大风，5日14时出现了9级大风，6日23时出现了12级大风，7日0时，洞头虎头屿出现了这次台风过程的极大风速13级（39.8米/秒），9日07时大风过程结束。受暴雨影响，我市六大平原河网最高水位全部超过当地警戒水位，苍南、平阳、乐清、永嘉等地局部受淹，其中平阳水头镇低洼地带受淹达1.8米。16号超强台风给我市造成了严重影响，电力、交通、水利等基础设施损失严重。据截至8日下午2时的初步统计，全市共有270个乡镇（街道）受灾，受灾人口274.27万人；倒塌房屋450间；作物受灾面积86.37千公顷，成灾面积40.7千公顷，绝收面积14.4千公顷；损坏堤防217处、21.9千米，损坏护岸429处，水闸18座，冲毁塘坝100座，损坏灌溉设施1313处，损坏水文测站7个，损坏水电站2座，公路中断122条次，毁坏路基113公里，损坏输电线路186公里，损坏通讯线路72公里；停产工矿企业2226家。直接经济损失达20.0077亿元。

初霜　11月的月底，温州境内部分地方出现初霜，泰顺在28日出现初霜；文成、永嘉在29日出现初霜。泰顺今年初霜日较历年平均值偏迟19天；文成偏早1天，永嘉偏早5天。温州其它地方的初霜均还未出现。

物候和农时

温州主要农时　4月下旬，早稻插秧，播种黄麻，割油菜籽。5月上旬，早稻插秧后期，中旬，甘薯作垄压藤。5月下旬至6月上旬，早稻分蘖盛期。5月底至6月中旬，二季茶采收。6月中旬，早稻扬花。7月上旬至中旬，早稻开始收割，荸荠下种。7月中旬，收获席草。7月底至8月下旬，种植黄豆，菱角上市。8月上旬至下旬，晚稻分蘖盛期，薯块膨大。8月底至9月初，种白菜。9月上旬至下旬，甘薯始收。9月下旬至10月上旬，收芋艿。10月上旬，播种冬菜，中下旬播种油菜，菱角盛收。10月上旬至11月下旬，摘蜜柑。10月下旬初至11月下旬初，晚稻收割。11月初至12初，种冬麦。12月底至次年1

温州物候季＊

季节名称	指示物种	平均开始和结束日期	多年日平均温天数		
初春	山桃始花	2月25日～3月16日	10°C～11°C	20	共95天
仲春	朴树始花	3月17日～4月15日	12°C～15°C	30	
季春	柳絮飞	4月16日～5月30日	16°C～21°C	45	
初夏	女贞始花	5月31日～6月14日	22°C～24°C	15	共125天
仲夏	蝉初鸣	6月15日～8月28日	25°C～28°C	75	
季夏	木槿盛花	8月29日～10月2日	28°C～22°C	35	
初秋	桂始花	10月3日～10月28日	21°C～18°C	26	共65天
仲秋	菊始花	10月29日～11月21日	17°C～14°C	24	
季秋	女贞实熟	11月22日～12月6日	13°C～10°C	15	
冬季	枫叶变红	12月7日～2月25日	<10°C		共80天

＊物候是生物的周期性现象与气候的关系。由于受到纬度、海拔、地形等地理因素的影响，其变化和应用有一定的局限性。本物候季仅适用于温州市鹿城区、龙湾区和瓯海区的平原地区，山区和南北各县市均需加以适当订正。（资料来源：1998版温州市志）

温州物候历＊

物候季	月份	物候现象	平均日期（日/月）	最早日期（日/月）	最晚日期（日/月）	多年变幅（天）
季春	四月	樟叶盛	16/4	1/4	1/5	30
		柳絮飞	16/4	4/4	28/4	24
		鸢尾始花	19/4	12/4	26/4	14
		蔷薇盛开	20/4	17/4	22/4	5
		梧桐放叶	21/4	16/4	26/4	10
		荷叶生	25/4	17/4	4/5	17
	五月	柑桔盛花	26/4	22/4	30/4	8
		海桐盛花	27/4	18/4	7/5	19
		黄檀发芽	2/5	22/4	12/5	20
		苦楝始花	2/5	25/4	12/5	17
		石榴始花	4/5	27/4	10/5	13
		枇杷果黄	9/5	1/5	18/5	17
		苦楝花残	10/5	7/5	13/5	6
		黄瓜上市	10/5	1/5	19/5	18
		百合始花	11/5	2/5	20/5	18
		夹竹桃始花	19/5	11/5	26/5	15
		杏实熟	20/5	17/5	22/5	5
初夏		大山朴盛花	24/5	16/5	1/6	10
		山桃果熟	31/5	23/5	8/6	15
	六月	女贞始花	7/6	29/5	15/6	17
		紫李实熟	7/6	5/6	11/6	8
		杨梅成熟	8/6	30/5	17/6	18
		玉瓯始花	8/6	1/6	14/6	13
		蜀葵花到顶	15/6	10/6	19/6	9
仲夏	六月	蝉初鸣	17/6	10/6	23/6	13
		梧桐始花	20/6	15/6	25/6	10
		黄檀始花	25/6	17/6	2/7	15
		梧桐盛花	16/6	23/6	28/6	5
	七月	葡萄成熟	6/7	1/7	12/7	12
		甜瓜成熟	12/7	7/7	15/7	8
		莲始花	20/7	29/6	5/8	36
		茭白拔节	22/7	15/7	29/7	14

物候季	月份	物候现象	平均日期（日/月）	最早日期（日/月）	最晚日期（日/月）	多年变幅（天）
仲夏	八月	紫薇始花	11/8	28/7	25/8	28
		枫杨落果	15/8	8/8	21/8	13
		梧桐实熟	18/8	8/8	21/8	13
		鸡冠出顶	18/8	5/8	1/9	25
		木槿始花	20/8	2/8	1/9	35
季夏	九月	木槿盛花	7/9	24/8	1/9	7
		鸣蝉绝响	15/9	5/9	24/9	19
		木芙蓉始花	30/9	20/9	10/10	20
初秋	十月	丹桂始花	7/10	4/10	9/10	5
		黄檀叶落	7/10	2/10	12/10	10
		榔榆始花	9/10	3/10	14/10	11
		黄檀实熟	15/10	10/10	20/10	10
		桔实黄	17/10	10/10	23/10	13
		燕南飞	17/10	14/10	20/10	6
		梧桐叶落	30/10	6/10	23/11	48
仲秋	十一月	菊始花	4/11	22/10	17/11	26
		水杉叶全变色	5/11	11/10	1/12	50
		苦楝叶落	8/11	24/10	22/11	29
		榔榆实落	18/11	1/11	4/12	32
		槭叶变红	19/11	2/11	1/12	22
季秋	十二月	女贞实熟	7/12	30/11	14/12	14
		垂柳叶黄	7/12	7/11	2/1	61
冬季	十二月	樟树果熟	9/12	6/12	12/12	6
		枫叶全红	12/12	4/12	20/12	16
		金钱松叶全变色	12/12	28/11	24/12	27
		枇杷盛花	15/12	6/12	22/12	17
		初霜	18/12	9/12	26/12	17
		初雪	20/12	13/12	26/12	13
	一月	山茶始花	1/12	24/12	12/1	19
		腊梅始花	2/1	9/12	26/1	48
		池塘有时有冰	7/1	29/12	16/1	18
		垂柳叶落尽	9/1	18/12	30/1	43
		腊梅盛花	10/1	2/1	17/1	15
		玉兰始花	13/1	2/1	25/2	24
	二月	终雪	14/2	4/2	24/2	20
		梅始花	20/2	10/2	1/3	20

＊本物候历仅适用于温州市鹿城区、龙湾区和瓯海区的平原地区，山区和南北各县市均需加以适当订正。数据记录年份为1961～1978年。（资料来源：1998版温州市志）

月中，种大麦。

自然资源

土地 主要有海岸滩涂、三江（瓯江、飞云江、鳌江）淤滩、山地等，根据温州市国土资源局2002年统计，全市有耕地资源244 949.55公顷，园地资源37 631.64公顷，林地资源624 708.82公顷，建设用地资源71 617.42公顷，未利用地资源189 089.13公顷（其中滩涂69 154.87公顷）。

矿藏 温州原属华夏陆一部分，金属矿有锌、铜、铅、锰、锡、钼、银、铁等30余种。非金属矿有明矾石英钟、伊利石、叶腊石、高岭土、萤石、石英岩、花岗岩等，其中明矾石矿储量占全国储量的80%，主要产地在苍南矾山镇；花岗岩储量及产品质量、花色品种均居全国前列。

水 温州境内大小河流有150余条。据水利部门估算，全市水资源总量为141.13亿立方米，人均占有量约2240立方米。在水资源中，地表水资源为111.85亿立方米，地下资源29.28亿立方米。

农作物 主要有水稻、薯类以及麦类、豆类、玉米等其他杂粮。经济作物有柑桔、茶叶、枇杷、杨梅、甘蔗、黄麻等160余种。

森林 全市森林覆盖率为56%。用材料有松、杉、栎等280余种。泰顺县乌岩岭亚热带常绿阔叶林原生植被，是浙南绿色宝库。

海底矿藏 温州沿海及东海大陆架海底沉积矿产有铁锰结核和各种矿沙，以及石油、天然气等。

滩涂及海洋生物 沿海滩涂养殖面积达6.5万公顷，养殖蛏、蚶、蛎、虾、蟹、蛤等。南麂列岛有贝、藻类490余种，为国家级海洋型自然保护区。沿海主要渔场有洞头、北麂、南麂、乐清湾等，鱼类有带鱼、黄鱼、鳗鱼、鲳鱼、马鲛、鳓鱼、钙鱼等370余种。

风景名胜

概述 温州有国家级风景名胜区3个，合计面积1214.68平方公里。省级风景名胜区9个，合计面积584.29平方公里。市级风景名胜区12个，合计面积217.66平方公里。县（市、区）级风景名胜区11个，合计面积263.33平方公里。

雁荡山国家级风景名胜区 位于乐清市东北，总面积450平方公里。雁荡山风景区分为灵峰、三折瀑、灵岩、大龙湫、雁湖、显胜门、仙桥、羊角洞八大景区。全山计有102峰、103岩、29石、66洞、28瀑（包括4湫）、22嶂、22潭、20寺、12亭、11门4阙、9谷8坑、8岭9泉、11溪1涧等500余处胜景。雁荡奇秀是因构成山体的流纹岩断裂发育，经风化作用而形成的奇特地貌。主峰百岗尖海拔1150米。灵峰、灵岩、大龙湫为全山风景中心。大龙湫瀑布高达190米，直泻龙潭。雁荡山古负盛名，唐初即在山上建寺院，宋时曾有十八古刹、十六亭、十院之盛。

楠溪江国家级风景名胜区 位于永嘉市境内。楠溪江系瓯江下游最大的支流，干流全长145公里，江流蜿蜒曲折，两岸绿林葱郁，呈典型河谷地貌景观。风景区沿江分布，可分为小楠溪至大若岩、古庙溪至太平岩、花坦溪至水岩、孤山溪至狮子岩、鹤成溪至石桅岩、张溪至四海山6个景区。景区内有“百丈瀑”、“含羞瀑”、“莲花瀑”、“梯瀑”等50多处瀑布。奇岩林立，石桅岩一峰拔起，三面环溪，相对高差300多米。有台湾水青冈、银杏、华西枫杨等多种国家重点保护珍贵树种。大若岩山麓江滨村寨风貌独特，保存有宋代以来亭台楼阁、庙观祠殿牌楼等古建筑。

百丈漈·飞云湖（国家级）风景名胜区 位于温州西南部、飞云江上游90公里的文成县境内，景点、景观达1862处。景区面积达558.8平方公里。明朝“开国第一功臣”刘基（字伯温，谥文成），在这里的南田镇武阳村出生和寿终。刘基故里留下的明代建筑、古庙、古墓、古居祠堂、牌坊、亭门牌号及大量传记、手迹，至今保存完好。百丈漈以飞瀑著称。百丈一漈垂直高207米，宽30多米，三面绝壁如削。百丈二漈高68米，分上下两折，当中折处有一崖道，高2.7米，深8米，长50米。瀑下碧潭，深不可测，称作龙井。潭中有龙女、梳妆台、龙女牢门等景点。四周有步云岭、凹瀑、观音洞等景观。还有百丈三漈、中曲瀑、金龟石、老鹰峰、朱阳九峰、铜铃山峡、壶穴奇观等景观。景区湖泊多而幽。如天顶湖地处海拔630米以上的山顶上，面积5.4平方公里，可与杭州西湖媲美。珊溪水利枢纽工程建成而形成的“飞云湖”，总面积35.4平方公里，为浙南的最大湖泊。

温州市A级旅游区（点）名录

评定等级	景区（点）	地　　址	评定时间
AAAA	雁荡山风景名胜区	温州雁荡山	2002.11
	楠溪江风景名胜区	温州市永嘉县	2002.11
	江心屿景区	温州市江心屿	2002.11
AAA	茶山五美景园	瓯海区茶山镇	2003.12
	瑞安玉海楼	瑞安市安阳镇道院前街5号	2003.12
	苍南玉苍山风景区	苍南县玉苍山	2003.12
	苍南渔寮风景区	苍南县渔寮乡	2003.12
AA	温州绿色乐园	瓯海区南白象镇	2003.12
	苍南石聚塘风景区	苍南县浦亭乡	2003.12
	瑞安隆山公园	瑞安市隆山路	2003.12
	瑞安桐溪风景名胜区	瑞安市桐浦乡	2003.12

温州市风景名胜区一览

级别	名 称	所在地	批准设立时间	面积（平方公里）
国家级	雁荡山	乐清市	1982.11	186
	中雁荡	乐清市	1989.05	51.36
	南雁荡	平阳县	1989.05	169.27
	楠溪江	永嘉县	1988.08	670
	百丈漈-飞云湖	文成县	2004.12	137.16
省级	仙岩	瓯海区	1985.05	28.05
	泽雅	瓯海区	1991.05	119.16
	瑶溪	龙湾区	1991.05	13.5
	寨寮溪	瑞安市	1991.05	174.8
	滨海-玉苍山	苍南县	1991.05	112.71
	洞头	洞头县	1991.05	37.012
	南麂	平阳县	2003	66.98
	九峰	泰顺县	2003	106.70
市级	天柱寺	龙湾区	1994.01	14.5
	茶山	瓯海区	1996.02	18.54
	岷岗	瓯海区	1996.05	23.5
	桐溪	瑞安市	1994.08	10.1
	铜盘岛	瑞安市	1996.02	12.5（其陆1.48）
	圣井山	瑞安市	1996.02	10.08
	梅龙溪	瑞安市	2000.07	12.54
	南雁门	平阳县	1994.01	26
	西湾	平阳县	1999.11	15.03
	灵山	乐清市	2001.09	32.87
	南浦溪	泰顺县	2001.09	9.5
	石聚堂	苍南县	2004.07	5.11
县级	鲸头	苍南县	1993.05	8
	燕窝洞	苍南县	1994.05	20
	水亭	平阳县	1994.2	6
	龙井	瑞安市	1997.11	7.33
	岩雅山	瓯海区	1999.01	15
	西楠溪	永嘉县	2000.10	30
	金溪	永嘉县	2001.06	30
	柳峰尖	泰顺县	2004.04	25
	飞云湖	泰顺县	2004.04	22.5
	石岩屋	瓯海区	2003.11	15.18
	卧龙峡	瑞安市	2003. 9	8. 2

自然保护区

南麂列岛国家级海洋自然保护区　位于浙南沿岸海域，总面积为20 106公顷，海域面积19 071公顷，属于亚热带海洋季风气候区。南麂列岛为基岩丘陵岛屿，由23个海岛、14个暗礁、55个明礁等组成，最大岛为南麂岛，面积7平方公里，最高峰为大山，海拔229米，总面积20 106公顷。南麂列岛的良好气候，特殊的海洋水文和地质地貌条件，形成了特殊的生态环境、物种和生物群落。该保护区地处温带和热带的过渡带，受台湾暖流和浙江沿岸流影响，贝藻类丰富，具有温带和热带两种区系和地域上断裂分布现象，是中国海域的重要贝藻类基因库。有海洋贝类403种，约占全国贝类总数的20%。海洋藻类174种，约占全国藻类总数的20%。除了海洋贝类、藻类资源外，还有368种鱼类、180种虾蟹类生物。有陆源种子植物317种、脊椎动物55种。全区按功能分为核心区、缓冲区、开发区。核心区有三处，最大的大沙岙——船礁，面积共663公顷。保护区内众多的小岛，各具特色。大擂岛和竹岛生长大量的水仙花，俗称“水仙花岛”。此外，还有蛇岛、鸟岛等。南麂岛的三盘尾则怪石众多，岩壁耸秀，草坪如茵，旅游资源丰富。

乌岩岭国家级自然保护区　位于泰顺县境内西北部，是飞云江和珊溪水库的源头，总面积18 861.5公顷。素有天然“生物基因库”和绿色“生态博物馆”的美誉。区内有种子植物1863种，蕨类植物287种，苔藓植物358种，真菌212种，占浙江省植物种类的50%。其中，属国家一级保护的野生植物有南方红豆杉、伯乐树、莼菜等4种，属国家二级保护的野生植物有福建柏、金钱松、闽楠、浙江楠、香果树等20种。还发现了浙江雪胆、泰顺杜鹃、泰顺凤尾蕨、泰顺鳞毛蕨等6个植物新种。有脊椎动物342种，占浙江省种类的53%，已查明的昆虫和蝴蝶分别为1041种和85种。其中，属于国家一级保护的动物有黄腹角雉、白颈长尾雉、云豹、金钱豹、黑麂等8种，属于国家二级保护的动物有白鹇、短尾猴、豺等42种，列为省级保护的动物有毛冠鹿、食蟹獴、黑白飞鼠、黑大紫峡蝶等33种。是世界濒危鸟类中国特产珍禽黄腹角雉的唯一保种基地和原产地人工繁殖基地。无线电遥测研究显示，乌岩岭黄腹角雉典型栖息地其种群密度可达7.08只/平方公里，现有的黄腹角雉资源量约为400多只，是目前已知的野生黄腹角雉最高种群密度区。区内第一高峰白云尖，海拔1611.1米，终年白云缭绕。完整的大面积原生性常绿阔叶林，是中国东部地区保存最好的亚热带常绿阔叶林之一。

国家森林公园

雁荡山国家森林公园　位于乐清县东北部雁荡山，总面积840公顷，森林覆盖率94%，于1990年经林业部批准建立森林公园。历史上，雁荡山曾是一个古树参天、花香鸟语的森林王国。有“古樟抱十人……野藤莽木老松嫩篁”、“雁山万木奔呼”的记载，雁湖岗顶曾有“傍倚大树缚屋、掌梨花数十百株”的实景。曾因历史原因，许多古木大树和成片的森林遭到毁灭性破坏。几十年来，通过人工造、封山育林，雁荡山的森林植被得到逐步恢复。森林公园中茂密的常绿阔叶林和针叶林构成了森林公园绿色生命的基调。

玉苍山国家森林公园　位于苍南县西北部，距县城灵溪镇32千米，面积2379公顷。 公园为温州市十大景区之一。公园内怪石、山顶湖群与茂林、云海、古寺、幽洞交相辉映，组合成独特、迥异的的湖光山色。

花岩国家森林公园　位于温州市所辖的瑞安市境内，1991年11月经原国家林业部批准建立，总面积2640公顷。公园距瑞安市区50公里，温州市区60公里。森林覆盖率达98%，是我国亚热带地区低海拔保存珍贵树种最多、品种最全、保护最好的天然常绿针阔叶林基地之一，内有国家保护动物9种，保护植物7种。

龙湾潭国家森林公园　位于永嘉县的东部，国家级风景名胜区——楠溪江风景区的上游，总面积1562平方公里。公园平均海拔540米，气候温暖湿润四季分明，夏无酷暑，冬无严寒，年平均气温18.20摄氏度。有维管束植物162科，1014种天然植被的有机结合，生态环境良好。

铜铃山国家森林公园　位于文成县西部，距县城49公里，因境内有一巨崖形似“铜铃”而得名。公园总面积2725公顷，森林覆盖率95%。公园内有铜铃峡、铜铃寨、小瑶池、原始丛林、胜川桃溪五大景区，150多处景点。有保存完好的常绿阔叶原始次生林1000公顷。

石垟森林公园　位于文成县西部，距离温州市区160公里，海拔1300多米，总面积5440公顷，森林覆盖率为95.4%，森林蓄积量为47.9万立方米，是全市海拔最高的森林公园。

四海山森林公园　位于国家级重点风景名胜区——永嘉县楠溪江风景名胜区北部，距离温州市区80公里，是楠溪江风景名胜区的七大重点景区之一。森林公园总面积2554公顷，平均海拔750米，森林覆盖率达96%。以“林海、花海、云海、雪海”的“四海”奇观而名播遐迩。有森林植物162科568属、1061种，其中珍稀保护植物22种，还有一片100多亩保存比较完好的世界性珍稀濒危树种—浙江水青冈林。还有高山灌丛林及人工种植经济林和丰富的中草药材资源。主要景点有四海山日出，十五坑飞瀑、园岩云海、七星抱月、海龟上山、碧水浮云、焦岩圣迹、奇松迎客等30余处。

南雁森林公园　位于平阳县境内，距离温州市区80公里，总面积2122公顷，森林覆盖率97.9%。在东西洞景区1平方公里范围内，会聚了佛教的观音洞和云祥寺，道教的仙姑洞和三台道院、儒教的会文书院等，构成了“三教”荟萃的独特的宗教文化。公园内有明玉峰，五指峰等，明玉峰海拔1077米。为南雁荡山全境最高峰。

茶山森林公园　位于温州市瓯海区东部,距温州市区12.5公里，面积6250公顷。公园内人文景观丰富、名胜古迹遍布，史誉“天下第二十六福地”。景区内林果漫坡遍野，杨梅、茶林、桔园、桂花等四季飘香，素有“四季红、十二熟”之美誉。茶山杨梅栽培历史悠久，汀岙杨梅被列为全国十二个名品之一。茶山柑桔栽培历史千年以上。茶山“黄叶早”茶叶是浙江省三大早茶名品之一。茶山桂花叶茂花盛，树高龄老，是全国十大基地之一。

西雁荡森林公园　位于温州市区西北部18公里，地处省级风景名胜区泽雅风景区内，又称浙南大峡谷，自然风景极其优美。有七瀑涧、金坑峡、高山角、泽雅湖、西山、龙溪、崎云、五凤八大景区，共230多处景点。

集云山森林公园　位于瑞安市安阳镇，总面积997公顷，属城市森林公园，分愚溪峡谷景区、集云湖休闲度假区、生活管理区三部分。古时集云八景的“龙潭观瀑”、“云碓春声”、“马岙停车”“米刻古石”、“朱溪印月”等都集中于此。

西郊森林公园　位于温州市西郊鹿城区仰义乡，距市区8公里，总面积2420公顷，设有观光农业园区、森林游览区、生态保护区等三大功能区。有永庆寺，仰高亭、龙潭、龙瀑、古松林等40多个景点。

天关山森林公园　位于泰顺县县城西郊，距离温州市区200公里，总面积1040公顷，森林覆盖率95.7%。龙井灵秀、天关万象、北岭嘉木、白溪芳馥、东溪长源等五个景区，主要有弦音龙井、崖井飞瀑、天关杜鹃、岭尾古道、方岩秘洞、古树长廊、鱼显龙门等50多处景观。尤其是天关山上的红、粉、白等颜色十多种杜鹃适时满山绽放，2公里多长的古道长廊，两旁有近千株五六百年的名木古树。

福泉山森林公园　位于瑞安市西北部，与瑞安市区和温州市区均距20公里，境内山地属雁荡山山脉，海拔一般在600米左右，最高峰盘古楼尖836.6米，规划总面积1490公顷。由于受长期水流侵蚀和岩石风化作用的影响，造成了森林公园丰富多姿的地貌景观。公园分为狮子岩、福泉寺、盘古楼、马鞍山四大景区，200多个景点。森林公园的森林覆盖率达到91.8%，拥有许多优良珍贵树木和野生动物资源，园内共有维管植物161科、896种，有国家和省保护的银杏、南方红豆杉、金钱松、杜仲等，野生动物中脊椎动物有78科、308种，有猕猴、穿山甲、短尾猴、小灵猫等国家、省级保护动物。

三魁森林公园　位于泰顺县三魁镇，因境内有赵洋、西岙、牛顶尖三峰高耸而得名。明代即初步形成营岗店街（商业街），历史文化悠久，旅游资源丰富，而且景点集中，品位较高。境内有古廊桥4座、古民居5所、千年古刹1座、瀑布群5处、天然山洞3处、自然生态森林8000多亩，还有卢梨红色旅游景区及百家宴、斗牛等传统文化习俗。公园于2005年底由省林业厅批准建立。分为卢梨、卢梨寺、双峰、金狮湖、百丈漈等5个景区12.18平方公里，景观资源具有7大类58个景点。

WENZHOU YEARBOOK 温州年鉴

历史人文

概　况

市名溯源　温州夏称瓯，商称沤，周称欧。汉称东瓯，东晋始称永嘉，唐始称温州。此后至今，历1300余年，州名无改。始置温州之时为唐高宗上元二年（675），因地处温峤岭南，“虽隆冬而恒燠”，故名温州。

人口　详见本书，第24页。

少数民族　根据2000年11月1日零时第五次全国人口普查数据，全市有少数民族45个合计人口11.32万，其中人口在100人以上的少数民族21个。人口在1000人以上的少数民族7个，分别是畲族（52 588人）、土家族（20 721人）、苗族（15 242人）、回族（9650人）、侗族（6438人）、布依族（2522人）、壮族（1620人）。全市有2个民族镇和5个民族乡（均为畲族）。全市各地均有少数民族居住，其中鹿城区9628人，龙湾区5316人，瓯海区13 420人，瑞安市11 532人，乐清市7648人，洞头县1506人，永嘉县4905人，平阳县12 928人，苍南县22 694人，文成县9652人，泰顺县14 074人。

温州市方言分布图

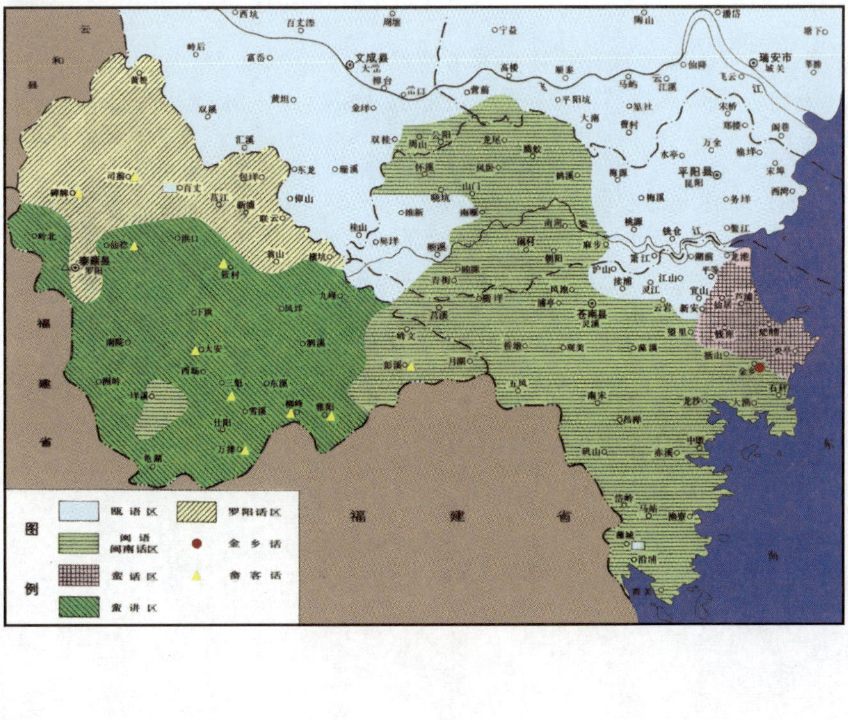

语言　1949年以后，经教育普及，温州通行普通话。温州方言以瓯语最为重要，泛指通行温州各地的温州话。民间一般公认温州鹿城区通行方言为温州话。温州方言除瓯语外，还有闽语、“蛮话”、“蛮讲”、畲客话、金乡话、大荆话和罗阳话等。

温州非物质文化遗产　从2003年开始，温州市通过三年多时间，普查出本地区国家确定的民族民间艺术十大门类中的八大类共计2755项。在此基础上，经过专家委员会评审和媒体公示，2007年1月公布了55个民族民间艺术项目为温州市第一批非物质文化遗产代表作。其中民间文学4项、民间音乐4项、民间舞蹈4项、传统戏剧6项、曲艺3项、民间美术19项、传统手工技艺8项、民俗7项。

温州市树　榕树（小叶榕）是温州市树。榕树在温州市有悠久的生长历史，树姿雄伟，枝繁叶茂，四季常青。1985年2月，温州市民以投票表决方式，评出小叶榕为市树。1985年7月10日，温州市第六届人代表常务会第14次会议通过“关于命名温州市树、市花的决定”，决定指出：命名榕树、茶花为市树市花，能反映温州自然风貌和温州人民朝气蓬勃，奋发向上精神，有利于激发人民爱国爱乡之情。

温州市花　山茶花是温州市的市花。温州是我国山茶花的主要原产地之一。温州的气候条件十分适宜山茶花的栽培生长，山茶花的品种约有200余种。温州人工栽培选育山茶花的历史悠久，园艺品种繁多。著名省级风景名胜区仙岩大罗山的一株山茶花——金心茶，迄今已有1200余年的树龄。山茶花在温州的栽种十分普遍，园林、景区、家庭多有栽种。1984年9月，温州在全市范围内开展评选市花活动。1985年2月，温州市人民政府通过新闻媒体号召市民投票确定市花。1985年7月，温州市人民代表大会常务委员会第14次会议审议了市人民政府的报告，正式命名山茶花为温州市市花。

行政区划

行政区划调整 修改完善温州市域及乡镇行政区划调整规划。温州市人民政府确定泰顺县雅阳镇等4个乡镇行政区划调整方案，并上报省政府审批。

行政区域界线管理 2007年，温州市勘界办牵头组织做好省级行政区域界线浙闽线温州宁德段的联合检查工作，8月提前完成温州宁德段联检工作。9月5日，温州市民政局被民政部授予“全国行政区域界线管理工作先进集体”称号。

平安边界共建 2007年，中央综治委、民政部等10部委部署开展“平安边界”建设工作，温州市被列为浙江省试点单位，在全省率先开展“平安边界”创建工作。9月前，温州市分别与福建宁德市、丽水市、台州市签订市际《平安边界共建协议书》，为全省乃至全国提供试点经验。“平安边界”创建活动作为省民政厅试点工作取得成功，在全省区划地名工作会议上作典型交流，并由省推荐到全国推广。全市签订县际《平安边界共建协议书》16份，签订《温州市行政区域界线界桩管理委托书》，全面落实界线管理责任制。

建置沿革

先秦及秦汉时期 温州古为扬州荒服之域，春秋属越。秦时属闽中郡。汉惠帝三年（前192）为东海王（俗称东瓯王驺

2007年末温州市地名工作数据统计

单位	命、更名						地名标志设置						农村设标经费情况(2005~2007)		
	街路(条)	巷弄(条)	住宅区(个)	建筑物(个)	村、居(个)	其他	街路牌(块)	门牌(块)	巷弄牌(块)	楼幢牌(块)	单元牌(块)	门牌证(本)	投入经费(万元)	其中:财政拨款(万元)	其中:自筹经费(万元)
全市	425	77	76	67	9	4	4452	174 356	2669	6314	16 242	119 076	1255.93	754.80	501.13
市区	10	0	2	40	0	0	65	0	0	0	0	0	217.88	214.88	3.00
鹿城区	99	43	0	1	1	0	110	7597	229	453	0	855	60.00	60.00	0.00
龙湾区	5	0	0	4	0	1	53	1	0	0	0	772	17.88	17.88	0.00
瓯海区	52	1	0	10	1	1	118	3650	8	56	0	1500	140.00	137.00	3.00
瑞安市	5	0	16	2	0	2	6	1375	5	214	392	4500	77.55	38.92	38.63
乐清市	112	0	21	8	0	0	113	1819	0	12	86	4300	180.00	90.00	90.00
洞头县	0	0	0	0	0	0	0	41	0	156	0	0	0.00	0.00	0.00
永嘉县	27	0	0	0	6	0	1723	79 638	1273	5193	15 124	79 638	5.00	1.00	4.00
平阳县	31	6	3	8	0	0	709	8384	165	82	256	835	360.00	240.00	120.00
文成县	33	14	0	0	0	0	112	1200	0	4	0	1200	35.50	10.00	25.50
泰顺县	10	7	4	2	0	0	1080	53 230	927	80	337	6055	80.00	30.00	50.00
苍南县	51	6	32	32	1	0	428	17 421	62	64	47	19 421	300.00	130.00	170.00

2007年温州市各县市区行政区划基本情况

单位	总面积(km^2)	总人口(万人)	其中:非农人口(万人)	街道(个)	镇(个)	乡(个)	其中:民族乡(个)	社区(个)	居民区(个)	行政村(个)	村规模调整减少数(个)	备注
全市	11 784.38	756.50	156.97	30	119	143	6	287	229	5390	1	
市区	1187.88	140.56	64.58	24	15	5	0	179	27	540	1	
鹿城区	294.38	67.96	51.71	12	4	5	0	162	0	142	1	
龙湾区	279.00	32.09	5.60	5	5	0	0	2	15	147	0	
瓯海区	614.50	40.52	7.27	7	6	0	0	15	12	251	0	
瑞安市	1271.00	114.61	19.84	6	12	19	0	24	37	910	0	
乐清市	1174.00	118.21	12.19	0	21	10	0	17	32	912	0	
洞头县	100.00	12.45	1.46	0	3	3	0	6	3	84	0	
永嘉县	2674.00	90.11	10.15	0	12	26	0	13	12	906	0	
平阳县	1051.00	85.08	15.62	0	17	14	1	31	7	583	0	
文成县	1293.00	36.67	3.10	0	8	25	2	1	13	384	0	
泰顺县	1761.50	35.00	3.15	0	11	25	1	10	6	295	0	
苍南县	1272.00	123.80	26.88	0	20	16	2	6	92	776	0	

明万历三十三年温州府境图

清乾隆二十七年温州府境全图

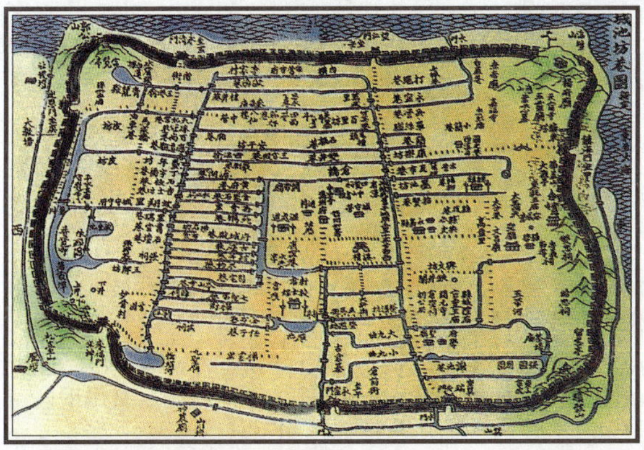
清光绪八年城池坊巷图

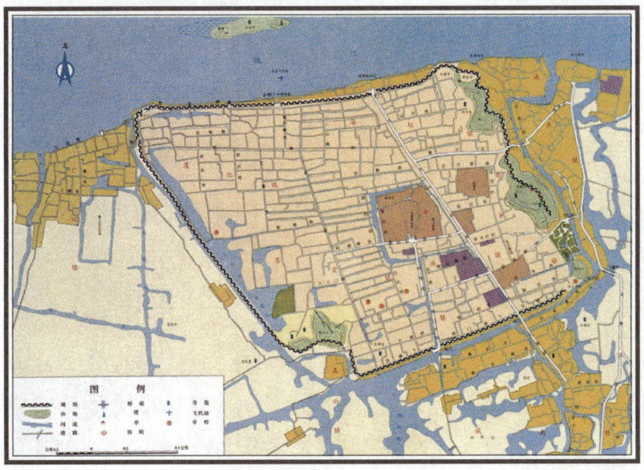
民国二十六年城厢街巷图

摇）都地。武帝建元三年（前138）闽越王发兵攻东瓯。解围后，东瓯国有众4万余人内徙江淮间的庐江郡（今安徽省西南部地区），东瓯故地为闽越控制。建元六年（前135），闽越王郢被杀，闽越分越繇和东越两部，东瓯故地属东越。元封元年（前110），汉王朝以越人经常互相攻击，再诏东越、闽越两地吏民迁徙江淮间，地虚国除。昭帝始元二年（前85），以鄞县南部之回浦乡，即东瓯故地置回浦县，属会稽郡。回浦县兼今温、台二市及丽水地区大部分地域和福建东北沿海一部分地区，县治设在回浦（今台州市椒江区章安镇）。东汉初，回浦并入鄞县。章和元年（87年，一作东汉建武间），又以回浦旧地设置章安县。顺帝永和三年（138，一作顺帝永建四年），析章安县之东瓯乡置永宁县，县治设在贤宰乡（今永嘉瓯北镇境内）；析章安之西南境建松阳县，均属扬州会稽郡。

三国时期　吴大帝赤乌二年（239），析永宁县县治南部地置罗阳县（吴末帝宝鼎三年改安阳，晋武帝太康元年改称安固），属会稽郡。吴孙亮太平二年（257）春，以会稽郡东部的章安、临海、始平、永宁、罗阳、松阳、罗江7县置临海郡，郡治初设临海，后徙章安，隶扬州。晋武帝太康四年（283），析安固南境置始阳县，寻改横阳（今平阳、苍南两县及今泰顺县南境），属临海郡。

东晋及南北朝时期　东晋时，北方战乱，晋室南迁，中原人口大批南下。明帝太宁元年（323），析临海郡南部四县置永嘉郡，属扬州，建郡治于瓯江南岸（今鹿城区）。这是温州置郡级地方政权之始。初辖永宁、安固、横阳、松阳4县，孝武帝宁康二年（374，一作宁康三年）析永宁县地置乐成县，辖县增至5个。南朝宋元嘉末，郡属会州，孝建改元（454）属东扬州；孝建以后至齐，扬州、东扬州，屡有分并。梁末罢东扬州设缙州，废永嘉郡，陈天嘉时（560～566），东扬州、永嘉复为州、郡。

隋唐及五代时期　隋文帝开皇九年（589）平陈后，罢天下郡制，以州统县。废永嘉郡、临海郡，撤章安、始丰、宁海、乐安4县入临海县；改永宁县为永嘉县，撤安固、横阳、乐成3县入永嘉县；又分松阳县之东乡置括苍县。时括苍、松阳、永嘉、临海4县属处州（开皇十二年（592）改称括州），州治设在括苍（今丽水），上隶吴州总管府，后隶扬州大总管府。炀帝大业三年（607）改州为郡，恢复永嘉郡，辖括苍、永嘉、松阳、临海4县。郡治仍驻括苍，仍属扬州。唐高祖武德四年（621）平李子通后，置海州，五年改海州为台州，并以永嘉县地置东嘉州，析辖永宁、安固、横阳、乐成4县。从此，东嘉州与括州、台州分治，上隶括州总管府。武德七年，撤乐成县入永宁，改称永嘉县。又改括州总管府为括州总督府。太宗贞观元年（627）废都督府，并废东嘉州入括州，撤横阳入安固，以永嘉、安固属括州，隶江南道之越州都督府。高宗上元二年（675），析括州之永嘉、安固二县置温州，治设永嘉，仍隶江南道。武则天载初元年（689），析永嘉县地复置乐成县。大足元年（701），析安固复置横阳。玄宗开元二十一年（733），隶江南东道。玄宗天宝元年（742），改温州为永嘉郡，肃宗乾元元年（758）复为温州，先后隶浙江东、西道。昭宗天复二年（902），安固县易名瑞安。唐末，温州先后为朱褒兄弟交替割据达22年之久，至哀帝天　四年（907）三月，钱命子元率兵讨伐，四月攻占温州。于是，温州为吴越王地，设温州制置使，辖永嘉、瑞安、乐清（梁太祖开平二年（908）避梁太祖父朱诚讳改乐成为乐清）、平阳（梁末帝乾化四年（914）改横阳为平阳）4县，上隶东府。后晋天福四年（939），升温州为静海军节度州。

宋代 宋太宗太平兴国三年（978），吴越王钱纳土降宋，温州节度州降为温州军事州，辖永嘉、乐清、平阳、瑞安4县，属两浙路。徽宗政和七年（1117）温州军额为应道军节度，升温州军事州为应道军节度州。高宗建炎三年（1129）罢应道军军额，温州由节度州降为军事州，属两浙东路。咸淳元年（1265），以度宗潜邸升温州为瑞安府。

元代 元世祖至元十三年（1276），改瑞安府为温州路，属浙东宣慰司，先隶江淮行省，后隶江浙行省，辖永嘉、乐清、瑞安、平阳4县。成宗元贞元年（1295）升瑞安、平阳2县为州。

明代 明洪武元年（1368）废路置府，温州路改为温州府，辖永嘉、乐清2县及瑞安、平阳2州（洪武二年、三年，瑞安、平阳仍为县）。属浙江行省，洪武十五年（1382）改属浙江布政使司。永乐间（1403～1424），司下设道，温州府属温处道。其后以至清末，四五百年间，名称隶属相沿无变。明代宗景泰三年（1452）。析瑞安十二里（义翔乡）和平阳六里（归仁乡）之地置泰顺县，辖县增至5个。

清代 清世祖顺治三年（1646）春，清军入浙，七月下温州。入清版图，沿明制。世宗雍正六年（1726），以原分辖于乐清及台州太平（温岭）之玉环山乡，设置玉环厅。宣统三年八月十九日（1911年10月10日），辛亥革命爆发。九月十八日（11月8日）温州光复，成立“军政分府”，隶浙江省军政府。

民国时期 1912年1月1日，中华民国临时政府定都南京，改元为中华民国元年。2月，废府、州、厅制，玉环厅改为县。7月，撤温州军政分府，各县直属省政府；民国3年5月，颁布《道官制》，省下设道。6月，依原温处道辖境置欧海道，辖温、处二府地，计永嘉、乐清、平阳、瑞安、泰顺、玉环、丽水、缙云、青田、松阳、遂昌、云和、龙泉、庆元、景宁、宣平等16县，道尹公署驻永嘉县城区（今鹿城区），属浙江省。民国16年（1927），废道制，实行省县两级制。21年在省县之间建立行政督察区制。5月，温州改称浙江省第十县政督察区，辖永嘉、瑞安、乐清、平阳、玉环5县，督察专员办事处驻永嘉城区。9月，全省改设6个特区（后增7个特区），温州为第四特区。22年4月，重改6个特区，温州为第三特区，并将泰顺县划入，辖县增至6个，督察专员办事处仍驻永嘉城区。8月，温州区改称浙江省永嘉行政督察区。23年3月25日，改称浙江省第八行政督察区。抗日战争时期全省行政督察区虽作过几次调整，区名称和辖县均仍前不变。35年12月，核准析瑞安、泰顺和青田交界地区置文成县。37年4月，全省调整为6个行政督察区，温州改称为浙江省第五行政督察区。并将泰顺、文成两县划给第六行政督察区（丽水地区），将临海、温岭、天台、黄岩、仙居、宁海、三门等县划入，全区辖有乐清、永嘉、瑞安、平阳、临海、温岭、天台、黄岩、仙居、宁海、三门、玉环12县，专署驻乐清；5月，又将宁海、温岭、天台、黄岩、仙居、三门等县划出，并将青田、泰顺、文成划入，温州区辖有永嘉、乐清、瑞安、平阳、文成、泰顺、青田、玉环8县，专员公署驻瑞安县（因解放战争形势急转直下，未及迁驻）。

当代 1949年5月7日，温州解放，中国人民解放军浙南游击纵队进城接管，5月9日建立温州市军事管制委员会。5月26日，中国人民解放军第三野战军第七兵团二十一军进驻温州。8月26日成立浙江省人民政府第五区专员公署，辖永嘉、瑞安、平阳、乐清、泰顺、文成、青田和玉环8县，并将永嘉城区及城郊、梧埏、永强、三溪、藤桥、西岸区划出，设立温州市，直隶省人民政府。11月6日，改第五区专员公署为温州区专员公署，旋又改称温州专员公署。1952年1月19日，丽水专区撤销，所辖丽水、云和、龙泉、景宁、庆元5县划入温州专区。1953年6月10日，析玉环县洞头、大门诸岛置洞头县。1954年5月22日，台州专区撤销，辖下温岭、黄岩、仙居3县及海门直属区划属温州专区；1955年，设矾山矿区，直属专区。时温州专区属县（区）共计19个。1956年3月，仙居改属宁波专区，海门、矾山两直属区改黄岩、平阳属区，专区辖县减为16个。1957年7月恢复台州专区，温岭、黄岩两县划归台州专区，温州专区辖县减为14个。1958年7月，温州市改属温州专区管辖，并先后撤销洞头、云和、文成、庆元4县，分别并入玉环、丽水、瑞安和龙泉县。12月12日，台州专区撤销，黄岩、温岭、临海、仙居4县划属温州专区，温州专区属县（市）增至15个。1959年4月，中共浙江省委、省人民政府通知（1960年1月国务院正式批准）撤销玉环、景宁县，玉环县原洞头辖区划归温州市，余划归温岭县；景宁县全部划归丽水县，温州专区属县（市）减为13个。1961年12月30日，恢复文成县，温州专区属县（市）增为14个。1962年4月复置台州专区，6月，黄岩、温岭、仙居和临海4县划归台州专区。同时，恢复云和县。温州专区辖县（市）减为11个，1963年恢复丽水专区，5月16日，青田、丽水、云和、龙泉4县划归丽水专署管辖，温州专区辖县（市）减为7个。1964年10月31日恢复洞头县。至此，温州专区共辖县（市）8个。1966年5月，“文化大革命”开始，不久，温州专员公署受到冲击，不能行使正常职权，1967年3月31日，由温州军分区和温州海军水警区组成温州区军事管制委员会，实行军管。8月11日，中国人民解放军支左部队进驻温州，组成中国人民解放军进驻温州支左部队联合指挥部。12月28日，联合指挥部撤销，成立中国人民解放军浙江省温州区军事管制委员会。1968年12月3日分别成立温州地区革命委员会和温州市革命委员会。1978年9月16日，温州地区革命委员会改为温州地区行政公署。1980年4月30日，恢复温州市为省辖市。1981年6月18日，国务院批准析平阳县江南地（矾山、马站、灵溪、金乡、钱库、宜山、桥墩7个区和矾山镇）置苍南县。1981年9月22日，中共中央、国务院批准温州地区和温州市合并，建立中共温州市委、温州市人民政府，实行市管县体制。12月12日，析原温州市郊区置瓯海县。1984年1月，将市郊区6个乡划归城区，称鹿城区。4月2日，划市郊状元镇、龙湾乡和瓯海县永中镇的黄石、黄山二村建龙湾区。1987年4月18日，改瑞安县为瑞安市（县级）。1992年3月9日，改瓯海县为区。1993年9月18日，改乐清县为乐清市（县级）。截至2007年底，温州市辖鹿城、龙湾、瓯海3区，瑞安、乐清2市（县级）和洞头、平阳、苍南、文成、泰顺6县。温州市人民政府机关所在地在鹿城区，通讯地址为市府路500号。

文 物

文物保护单位 国家级文物保护单位7个：瑞安玉海楼、文成刘基庙、瓯海四联碓造纸作坊、龙湾永昌堡、瑞安（苍南、平阳）石棚墓、乐清南阁楼、苍南

温州市全国重点文物保护单位（7处）

名称	地址	时代	类型	公布时间	批次
玉海楼（含孙诒让故居）	瑞安市城关镇道院前街	清	古建筑	1996年	第四批
蒲壮所城	苍南县蒲城乡	明代	古建筑	1996年	第四批
浙南石棚墓群	瑞安市篁屿乡石垟村棋盘山石棚墓、平阳县钱仓镇垂杨村龙山头石棚墓、苍南县钱库镇桐桥村桐桥石棚墓群	商、周	古墓葬	2001-6-25	第五批
刘基庙、墓	文成县南田镇新宅村华盖山南麓、西陵村坟前山	明、清	古墓葬	2001-6-25	第五批
永昌堡	龙湾区永中镇新城村	明代	古建筑	2001-6-25	第五批
南阁牌楼群	乐清市仙溪镇南阁村	明、清	古建筑	2001-6-25	第五批
四连碓造纸作坊	瓯海区泽雅镇石桥村	明代	其他	2001-6-25	第五批

温州市省级文物保护单位（39处）

名称	地址	时代	名称	地址	时代
中国共产党浙江省第一次代表大会会址	平阳县凤卧镇冠尖、马头岗	1939年	红十三军军部旧址	永嘉县五鸿乡五鸿村	现代
			抗日救亡干部学校旧址	平阳县山门镇凤岭	现代
金钱会起义遗址	平阳县城关镇隆山	近代	陈傅良墓、祠	瓯海区罗凤镇凤川村凤凰山北坡	宋～清
叶适墓	鹿城区海坛山南麓	南宋	张琴墓	苍南县马站镇山边村积谷岭东坡	清
文天祥祠	鹿城区江心屿	南宋	真如寺石塔	乐清市磐石镇重石村	宋
观音寺石塔	瑞安市隆山周湖村万松山南麓	北宋	圣寿禅寺	瓯海区仙岩镇仙南村积翠峰下	明、清
宝胜寺双塔	平阳县钱仓镇钱仓山	北宋	妈祖宫	洞头县北岙镇东沙村	清
正和堂窑址	鹿城区双桥村东依下岭	五代、宋	忠训庙	平阳县腾蛟镇带溪乡薛岙口	清
外三甲窑址群	瑞安市梅屿乡外三甲村	宋代	花坦古建筑群	永嘉县花坦乡花花坦村	明、清
王十朋墓	乐清市四都乡梅岙村牛塘山麓	宋代	顺溪陈氏民居	平阳县顺溪镇	清
高友玑墓	乐清市北白象镇高岙村高岙山西麓	明代	永嘉郡祠	永嘉县碧莲镇上村	明、清
仕水矴步	泰顺县仕阳镇溪东村	清代	孝思祠	永嘉县花坦乡廊下村	明、清
泗溪木拱桥	泰顺县泗溪镇下桥村	清代	八卦桥	瑞安市陶峰镇陶峰村	宋
利济医学堂	瑞安市城关镇公园路4号	清代	赤溪五洞桥	苍南县赤溪镇过溪村	宋
圣井山石殿	瑞安市大南乡圣井山山巅	明、清	花亭（含丽水桥）	永嘉县岩头镇下村下殿	明
国安寺塔	龙湾区瑶溪镇皇岙村	北宋	张家堡双牌坊	苍南县龙港镇张家堡村	清
乐清东塔	乐成镇东皋山顶	宋代	铁栏井	鹿城区铁井栏7号	宋
金昭牌坊	永嘉县岩头镇上村	明代	石马山岩刻	瑞安市林溪乡溪坦村石马山西坡	南朝
护法寺桥（含护法寺砖塔）	苍南县望里镇护法寺村	北宋	英国驻温州领事馆旧址	鹿城区江心屿	1894年
			城西基督教堂	鹿城区城西街73号	1898年
雁荡山龙鼻洞摩崖题记	乐清市雁荡山灵岩龙鼻洞	唐～民国			

温州部分古文化遗址

遗址命名	地理位置	发现时间	主要出土文物
白石遗址	乐清市白石镇白石溪杨柳滩溪床下二三米深处。	1982年发现 1986年核实	石器：石斧、石锛，穿孔石斧、二孔石刀、三孔石刀，三角形石犁、耘田器等。陶器：泥质硬陶网坠、纺轮等。铜器：铲、斧、镢、锛、镞、贝和礼器等。古动物齿骨。
大坪遗址	瑞安市北龙乡大岙村北龙山北麓。北龙乡为飞云江口外一岛屿。	1983年发现	石器：锛、矛、凿等。陶器：泥质夹碳陶、泥质夹沙陶、泥质灰陶、黄陶、印纹硬陶等。
下湖墩遗址	泰顺县百丈镇交溪垟下湖墩山上。	1988年发现	石器：斧、锛、刀等。陶器：陶片、印纹硬陶等。
山前山遗址	瑞安陶山浦西乡街路村。	1965年发现	石器：锛、凿、刀、锥、箭镞、纺轮等。陶器：泥质红黄陶、泥质灰陶、彩绘陶、印纹硬陶等。

续上表

遗址命名	地理位置	发现时间	主要出土文物
牛头颈遗址	瑞安马屿荆谷乡上村牛头颈山中段。	1961年发现	30厘米厚的文化堆积层。石器:锛、矛、凿、箭镞残片等。陶器:泥质灰陶、泥质黄陶、泥质着黑硬陶、印纹硬陶等。包括罐、壶、尊等器物。
鹤屿山遗址	瑞安仙降乡下社村。	1971年发现	石器:锛、凿、镞、矛等。陶器:泥质灰陶、泥质红陶、彩绘陶、印纹硬陶等。有一比较完整的拍印直条纹圜底微内凹的泥质红陶釜形器。
狮子岗遗址	泰顺司前镇前村。	1986年发现	石器:锛、刀、锥、箭镞等。陶器:夹沙红陶、泥质灰陶、彩绘陶、印纹硬陶等。
仙堂山遗址	苍南桥墩镇仙堂村海拔40余米山坪上。	1958年发现	石器:锛、凿、戈等。陶器:泥质黄陶、泥质灰硬陶、印纹硬陶等。

温州部分古塔

名　　称	年代	地　　址	高度(米)	形　　制
国安寺石塔	北宋	龙湾区瑶溪镇皇岙村国安寺前	18.6	六面九级楼阁式
观音寺石塔	北宋	瑞安市安阳镇周湖村万松山南麓	7.8	六面七级楼阁式
东清东塔	南宋	乐清市乐成镇东皋山顶	18	六面七级楼阁式
真如寺石塔	五代	乐清市磐石镇重石村真如寺前	5.16	六面仿窣堵波式
宝胜寺双塔	北宋	平阳县钱仓镇	15.16	六面五级楼阁式
护法寺塔	北宋	苍南县望里镇护法寺村	4.2	六面阁楼式砖塔
江心屿东、西塔	唐宋	鹿城区江心屿东西两屿山颠	30多	六面七级阁楼式
瑞安东塔	北宋	瑞安市安阳镇小街居民区	17	六面五级楼阁式砖
垟坑石塔	北宋	瑞安市仙降镇垟坑村悟空寺东		六面七级楼阁式
隆山塔	明	瑞安市安阳镇隆山之颠	38.5	六面七级楼阁式
白象石塔	明	乐清市北白象镇	14	六面五级楼阁式
罗浮双塔	明	永嘉县瓯北镇罗浮小东村龟、蛇山		六面阁楼式
灵鹫寺单檐塔	北宋	苍南县钱库镇项桥办事处桐桥村	3.5	六角形砖塔
广福寺双塔	清	苍南县云岩乡三峰山麓	7	六面五级楼阁式砖
栖真寺石塔	明	平阳县钱仓镇罗垟村凤山	2.5	平面六角形
文明塔	清	平阳县昆阳镇南二里龙山顶	31.5	六面七级楼阁式
七如来塔	民国	平阳县昆阳镇九凰山广慧寺前	2.94	平面六角形
毛垟石塔	明	泰顺县南院乡毛垟村笔架山顶	10	方形五层金字形
文祥塔	清	泰顺县罗阳镇南门外	19.7	六面七层楼阁式
矴步桥头石塔	清	泰顺县东溪乡矴步桥头	5	六面三级
八福砖塔	明	瓯海区慈湖南村	11	六面七级
礁港灯塔	民国	永嘉县瓯北镇礁下村		六面三级

温州部分名井名泉

名　　称	位　　置
炼丹井和奎壁井	在鹿城区华盖山麓
仙人井和八角井	在鹿城区松台山顶和山下
郭公山下井、金沙井	在鹿城区郭公山下
铁栏井	鹿城区铁栏井七弄
天宿井	鹿城区横井巷
镇井头	永嘉县桥头镇，以井水清冽味甘闻名
龙眼井	永嘉县三江乡胜美尖福清观
六角井	瑞安市陶山镇
玉泉井	瑞安市碧山寺
八角井	平阳县水头镇西南，明朝嘉靖年间凿，源长水冽味甘
正口井	泰顺县雅阳镇，井水清冽，宜于酿酒
蒙泉，又名砚瓦槽	鹿城区华盖山西麓，水浅而清，虽亢旱而不竭
海眼泉	市区江心屿烈士纪念馆（原龙翔寺旧址）中，俗称东井，相传为宋蜀僧清了所凿，江心十景中“海眼泉香”即指此
承天氡泉	泰顺县雅阳承天村，俗称火热溪。泉从小石池中涌出，含有氡和氟，可治病

蒲壮所城。省级文物保护单位39个。市（县、区）级文物保护单位493处。

民间文学

张阁老传说 张璁（1474～1539），龙湾区永强三都（普门村）人，明嘉靖时官至内阁首辅，故温州民间称他为“张阁老”。张阁老在民间的轶闻、掌故，经老百姓口耳相传，形成民间口头文学“张阁老传说”。据不完全统计，传说故事量108则。传说最大特点是凸现乡情、人情、亲情。表现形式除口耳相传外，还有温州鼓词等。上世纪四十年代以来，陆续有文人整理成书出版，是张璁文化的重要组成部分。2007年张阁老传说列入第二批浙江省非物质文化遗产名录。

卖技 俗称“卖奇”，农历正月初一至初三夜里，卖技队手提灯笼，上人家门口或对口坐唱，或三、四人轮唱，高声颂吉祥词，所唱内容有古代戏曲、民间故事或与主人“猜宝应对”，俱为七言韵文，全无伴奏乐器，曲调均来自里巷歌谣，民间文学色彩浓厚。所到人家则送些年糕、香烟或红包，有些喜事人家（如结婚、贺寿、建房、生子等）还提前预约，开门迎入堂屋，以香烟、酒席款待，称“扮新屋”或“扮新娘”。起源众说纷纭，据民国初年（1915）年开始编纂的《平阳县志》分析，“卖技”源于清代平阳民间。2007年列入第二批浙江省非物质文化遗产名录。

高机与吴三春传说 高机是温州平阳（今苍南）的织绸能手，吴三春是龙泉富商吴员外的独生女。相传明嘉靖年间，高机受聘到吴家织绸期间，与吴三春相爱，遭到吴员外的反对和粗暴干涉，甚至迫害。这对青年历经挫折和艰险，最后远走他乡获得自由和幸福。传说先在高机家乡流传，后扩散到整个浙南及周边地区。表现形式除口头传讲外，还有曲艺、戏剧和连环画等。2007年列入第二批浙江省非物质文化遗产名录。

刘伯温传说 刘伯温(1311～1375)，名基，文成县南田镇武阳村人，元末明初著名思想家、政治家。其谥号“文成”，成为1949年前青田、泰顺、瑞安三县析置的新县名。刘基上知天文下知地理，为朱元璋建立明王朝，立下汗马功劳。传说是民众对刘基的创造性解读，经历代口传心授，至今已有600多年的历史。分布区域以其家乡为核心向世界传播。数量众多，仅在瓯越文化区流传的有100来篇。内容涉及风俗、物产、人物、地名等各方面。传承的形式除口耳相传民间故事外，还有小说、曲艺、戏剧等文学样式。2006年列入第一批浙江省非物质文化遗产名录。

民间音乐

温州民歌·叮叮当 温州民歌中的儿歌代表作之一，曲调形态属撞歌。原是流传于温州市区西山一带的牧童山歌，距今有200多年历史。歌词内容涉及三脚门、松台山、仙人井、妙果寺、猪头钟等地名景物。旋律悠扬，节奏轻快，用温州方言演唱起来感觉很亲切。该歌在二十世纪五十年代即由潘波 等唱响。1960年，温州人第一次将《叮叮当》在首都北京唱响。1987年，《叮叮当》入选联合国教科文组织亚洲文化中心《亚太地区民歌集》。1990年，温州的一些文艺工作者对《叮叮当》进行改编，现代版《叮叮当》的曲调更欢快，给人以朝气蓬勃的感觉。2006年列入第一批浙江省非物质文化遗产名录。

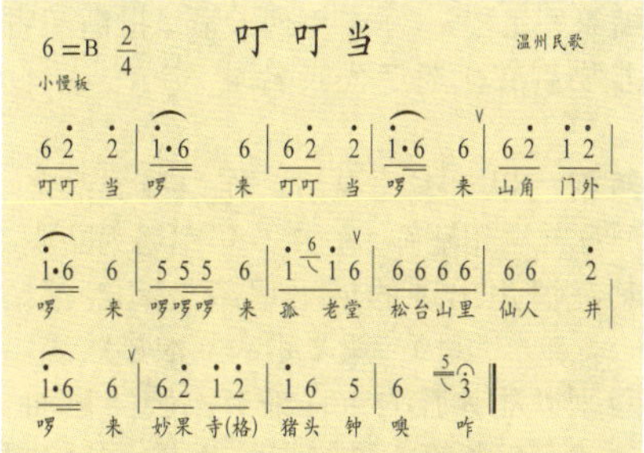

这是温州市郊的一首民歌。温州的人民和全国人民一样，热爱自己的乡土，用美妙的歌声传唱着本地的山角门、松台山、妙果寺等胜景，充满着对家乡的热爱和自豪的感情。

乐清民歌·对鸟 乐清民歌的经典之作，带有丘陵山地风格的民间抛歌。其文学题材和形式，类同“对花”，保留童谣天真活泼的韵味。歌曲共分四段，一、三段设问，二、四段做答，是特殊的“二部曲式”。唱法特殊，一开口音就很高，速度较自由；上滑音和下滑音之间转换迅速。句首、句中、句尾都采用自由延长音，使歌曲听起来亲切纯朴。1989年，被联合国教科文组织定为亚太地区民歌教材。近年来，温州文艺工作者在全国性文艺表现场合广为传唱。2006年列入第一批浙江省非物质文化遗产名录。

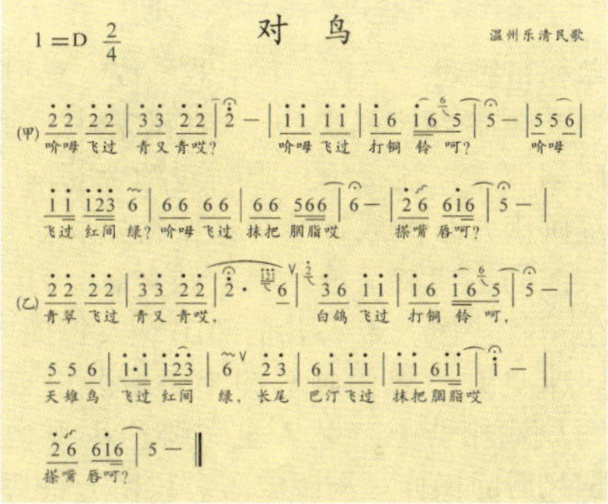

龙头龙尾 民间吹打乐曲，在地方民间风俗生活中婚丧兼用。源自清末，民间艺人叶卿等人从福建泉州带来以唢呐为主要乐器的南昆调。二十世纪四、五十年代，逐步加入弦乐、二胡、板胡、琵琶、三弦；吹奏乐、笛子以及打击乐，包括钢钟、马锣、小云锣、鼓、大小和堂鼓。全曲由《水波浪》《龙头》《龙尾》《状元游》联缀而成。1957年7月，该曲由洞头县民间艺人施书宝、洪喜等组织乐队参加全国第二届民间音乐舞蹈会演。80年代对该乐曲进行初步的整理，2004年取得省级立项，并恢复演出。2007年列入第二批浙江省非物质文化遗产代表名录。

集锦头通 集曲式乐曲名称。由昆班乐师门联缀昆曲中优雅而抒怀的曲牌：“七声号”“想当初”“吾阵东向”“莫不是”“佛前灯”“梵皇宫”“穿破袈裟”“尾声”，以笛子为主奏，配以二胡、板胡、三弦、锣鼓、双铃等，以此“集锦”，作为演戏前“闹场”的一种形式，俗称“打头通”。清乾隆年间（1936～1750）源起于平阳（包括近苍南），流传于浙西、浙南、闽北。2007年列入第二批浙江省非物质文化遗产代表名录。

民间舞蹈

拼字龙灯舞 起源和流行均在龙湾区。据传，明代有当地望族给告老还乡的张阁老送寿礼，而创作此拼字龙灯舞。此舞一人舞龙头，一人舞龙尾，九人舞龙身。龙身为九节，以竹木为骨架，然后用软柔的绸缎涂上颜料、画上龙鳞的九节龙身连在一起。为拼字需要龙身节与节之间，距离为三公尺五十厘米、中间二节较长，为四公尺五十厘米；龙尾龙珠各自分离，不和龙身连在一起。在龙舞中能迅速拼出“天下太平”、“元正大吉”、“人口太平”、“光天化日”等二十四个字，以表达人们对太平生活的追求和期望，2007年列入第二批浙江省非物质文化遗产代表名录。

藤牌舞 俗称“打藤牌”，以藤牌为主要道具而编排的古代练兵舞。据传，源自于戚继光当年所创的鸳鸯阵，经过晏继芳等戚继光部将的改造而成，突出表现盾牌在阵中的作用。主要流传于浙闽地区。现唯瑞安民间有传承发展，1957年，参加全国民间音舞会演获优秀奖。四十多年来，一直作为保留节目，参加省、市乃至全国性各项重大庆祝活动。2007年列入第二批浙江省非物质文化遗产代表名录。

定位舞　与永嘉流传的一个古老传说有关，传说东汉刘秀逃至楠溪，被浣纱村姑所救。刘秀即位，认赴京都的村姑为御妹，赐其出嫁仪式与皇室同，于是定位舞在永嘉流传起来。该舞是永嘉当地举行婚礼仪式的组成部分，摆三筵酒，其中坐筵酒和出堂酒实行定位，并举行仪式舞。随着社会发展，人们婚俗观念转变，濒临灭亡。2007年列入第二批浙江省非物质文化遗产代表名录。

贝壳舞　以纸扎贝壳为主要道具编排的民间舞蹈。200多年前起源于洞头县北岙镇大王殿村一带，当地渔民们根据海里的贝壳实物而创作。最初为每年元宵节"神人同乐"的"迎火鼎活动"中的一个舞蹈，以民间自行组织的吹鼓班的即兴吹打为伴奏，舞蹈动作主要是贝壳的张合、角度的变换、队形的穿插，表演者男女老少谐谊，寄予渔民欢庆节日、企盼新年太平、生意火旺的愿望。1957年，《贝壳舞》经洞头县文化馆郑德友等的提炼，使之成为具有故事情节的舞台表演艺术。1958年，《贝壳舞》赴北京参加全国性文艺汇演，获创作演出奖。2007年列入第二批浙江省非物质文化遗产代表名录。

传统戏剧

温州南戏　南戏是"南曲戏文"的简称，又名"永嘉杂剧"、"温州杂剧"，是以宾白和曲牌联套相结合、以歌舞故事为主体的早期戏剧表现形式。大约在宋室南渡前后诞生于温州，故名"温州南戏"。已知宋元南戏剧目有238个，但流传者不到十分之一。宋末元初戏曲家高则诚剧作《琵琶记》，成为古典悲剧，被尊为"南曲之祖"。本世纪以来，随着温州南戏研究深入，推出南戏新编系列工程。2007年列入第二批浙江省非物质文化遗产代表名录。

瓯剧　以"书面温话"作为舞台语言，原称"温州乱弹"，1959年定名为瓯剧。其在温州出现的最早记载是清道光二十九年（1849）梁章钜的《浪迹续谈》。瓯剧以乱弹腔为主，兼有高腔、昆曲、徽戏、皮黄等剧种的唱腔曲调，乱弹唱腔分"正乱弹"和"反乱弹"。音乐明快、流畅，能表达各种人物内心复杂感情。瓯剧脸谱中的动物脸和字文脸等特征有别于兄弟剧种。较有影响的传统剧目有《高机与吴三春》、《阳河摘印》以及创作的现代戏《东海小哨兵》等。2007年列入第二批浙江省非物质文化遗产代表名录。

永嘉昆曲　昆曲传入温州（古称"永嘉"）后，长期受当地方言语音、风土人情、民间戏曲等影响而形成的特具古朴细腻、比较生活化风格的地方剧。流传以温州为中心，旁及丽水、台州。有专家认为，永嘉昆曲保留有"海盐腔"和早期"温州腔"遗音，具有特殊历史价值和学术价值。近年，永嘉昆曲《张协状元》先后获得曹禺戏剧奖、文华奖、鲁迅文学奖和中国戏曲学会奖。2006年列入第一批浙江省非物质文化遗产名录。

木偶戏　又称傀儡戏，是演员在幕后操纵木制玩偶进行表演的戏剧形式。温州木偶戏在宋代即有记载，明清时盛行于平阳、泰顺两县，各有"木偶之乡"的美称。这里指的木偶戏以提线为主。平阳县创作了人、偶同台合演的人偶剧《神气的雀翎》；泰顺以木偶人物造型，形象逼真具舞台效果著称。2007年，"平阳木偶戏"和"泰顺木偶戏"项目列入第二批浙江省非物质文化遗产名录。

单档布袋戏　又称"掌上戏"或"扁担戏"，是传统木偶戏之一，在南宋时，由闽南流入，流行于平阳（包括今苍南）等闽南方言地区，至今保留初始状态。表演的主要特征是：唱、做、念、打、生、旦、净、末、丑全部由一人包揽，一米见方、雕梁画栋的小舞台装搭在一只戏箱背上，艺人坐在镂空小舞台屏风后面操作，周围蒙布，只留一个舞台口作布袋戏表演区。演出方便，戏笼道具一担挑，偏僻山区、海岛几户人家均能演出。其地域特色和独特表演形式，在全国同类艺术中极为罕见，有"民间艺术活化石"之称，如今后继乏人，已濒临消失之危。2007年列入第二批浙江省非物质文化遗产代表名录。

泰顺药发木偶戏　药发木偶源于宋代的一项烟花杂技，是以火药带动木偶表演的民间手工技艺。曾一度被认为在国内早已失传，泰顺有关部门研究人员考证后认为，长期以来存在于泰顺民间的"放花木偶"即为药发木偶。自清朝中叶从福建传入，至今完整保留起制作、表演技艺。在一根长度为13至15米的毛竹竿上，隔层装置特制烟花轮和身穿光腊纸服装的木偶，当最低层的烟花轮引线点燃后，会逐层喷放艳丽火花，带动木偶表演。只在庙会、祭祀等重大节庆活动时举行。演出内容有《西游记》等人民群众耳熟能详的剧目，也有流传于本地的一些剧目。2006年，列入第一批国家非物质文化遗产名录。2007年列入第二批浙江省非物质文化遗产代表名录。

曲　艺

温州鼓词　俗称唱词，演唱以瑞安方言为标准音。于明代由平阳县里巷之曲与词曲发展而成，较多保留南戏特点，特别是温州乱弹的声腔和传统曲目故事。鼓词有"平词"、"大词"、"门头词"之分。"平词"是平时演唱的曲目；"大词"是指鼓词中特有的《香山》和《南游》两曲目。近代在音乐、乐器、唱腔、词体等方面都有变革性发展。从敲扁鼓、檀板独唱，出现"双档"、"多档"演唱形式；乐器增加牛筋琴外，又增加琵琶、二胡、萧、管弦丝竹等。最具代表性的传统长篇曲目有《陈十四娘娘》、《十二红》等。2006年入选第一批国家级非物质文化遗产名录。

莲花（道情）　曲艺的一种，分道情、大莲花、对口莲花、讲唱恋花、伴奏莲花，与道情有同宗异曲之妙，相传与道教有渊源关系，祖师是老子。温州莲花兴盛于清同治年间。道情由一人单独演唱，莲花由两人表演，分主要唱、伴奏或对唱，乐器仅一只道情筒和一副阴阳板。二十世纪七十年代，在乐器、唱腔曲调、唱词方面进行改革创新，创造“伴琴莲花”流行永嘉、鹿城及乐清、平阳、瑞安等地。凡逢传统节日、老人寿诞、小孩对周、婚丧嫁娶等民俗活动，均有莲花艺人演唱。2007年名列第二批浙江省非物质文化遗产名录。

渔鼓 又称“蓬鼓”，闽南方言称之为“嘭鼓”，是传统曲艺的一种，流传于平阳北港地区的麻步、水头等乡镇。大约是在明末清初由福建移民传入，已有400多年历史。经过历代艺人逐渐吸收平阳布袋木偶戏和南戏等戏曲的艺术特点，逐步形成浙南风格的说唱艺术，以唱为主，道白为辅，分“门头唱”和“堂唱”两种形式。内容主要取材于传书和民间故事，具有精彩和完整的情节。曲目以口头传授和手抄本传世，名篇如《岳飞枪挑小梁王》、《高机与吴三春》等。2007年名列第二批浙江省非物质文化遗产名录。

民间美术

米塑 又称“粉塑”，温州（鹿城区）独有的民俗工艺，在宋朝时就已出现，已有千余年的历史。以糯米，粳米等为原料，磨成粉蒸熟，成粉团状后，和以各种色素，并以揉、捏、掐、刻、扮等手法制成各川人物，花卉、水果、水族、虫鸟等形式，染上色彩，让人真假难辨。多用于寿庆、婚嫁、筵席、礼佛等场合。重阳糕上更不可少。在农历三月“拦街福”寿桃山上，众多米塑戏剧人物情韵生动。2007年列入第二批浙江省非物质文化遗产名录。

瓯塑 又名油泥塑，从温州油漆中的堆漆工艺发展演变而来。它是用桐油和泥碾细合成为原料，运用堆塑技艺的手法，用于装饰寺院、庙宇门壁和民间嫁妆品，如梳妆盒以及家具漆器等。解放后，由于温州（鹿城区）艺人的创造，发展成为彩色瓯塑。其特点是画面多采，格局不限，层次清晰，大都用于大插屏、挂屏、多扇联屏、挂钟及小首饰箱等，其内容有花鸟、山水和戏曲人物等。2006年列入第一批浙江省非物质文化遗产名录。

瓯绣 我国六大名绣之一，又称画帘。制作者将毛竹刮去青皮，通过分层开片，煮熟抽丝，编织成竹帘，然后用颜料或彩线在上面制成花鸟、山水、人物等作品。始于唐宋，兴盛于明清。清咸丰三年（1853），温州设有专业绣铺。光绪年间，瓯绣销往欧美与南洋各地。民国5年（1916）温州设立刺绣局，温州城区府前街、五马街、打锣桥等处，均设有刺绣社。早期工艺美术家蔡墨笑、金静芝的刺绣作品，曾在巴拿马、加拿大和美国展出。建国后，城区成立温州市刺绣社。1979年，温州瓯绣厂职工的绣品《红楼梦·十二金钗图》为瓯绣代表作。2001年浙江省将其列为重点保护艺种之一。2006年入选第一批浙江省非物质文化遗产名录。

十字花边绣 俗称挑花。妇女手拈银针彩线，依循十字布或白细布的经纬，挑绣出由无数个斜十字排列而成的各种图案。明末，温州就有十字花边，多绣花鸟、龙凤、走兽及吉祥字。建国后，以温州花边厂为龙头，花边生产辐射各县，品种增至2000多个，分床上用品、家具装饰品、餐桌用品、童装和手帕五大类。技法亦由单纯拈绣发展到绣、镂、贴、嵌相结合。产品畅销多个国家和地区。此后，在十字花边的基础上，开发出一种较高档的新产品——万缕丝。万缕丝多用白麻布，先镂后绣或绣镂结合。2007年列入第二批浙江省非物质文化遗产名录。

发绣 系瓯绣分支，是以人的头发为材料，在绸缎、丝绢或涤纶布上精心绣制的特种艺术。温州市设有发绣研究所，专门从事发绣艺术的开发和研究。二十世纪八十年代，魏敬先吸收苏州发绣的长处，以画绣结合的技法来绣制现代人物像，其作品常被作为国宝级珍贵礼品和收藏品，他创作的《毛泽东和蒋中正在重庆谈判合影》，被誉为“当代发绣之最”。

石雕 二十世纪二十年代从青田传入，属于“青田石雕”的支流。石雕艺人运用石块不同颜色和不同形状，利用传统镂空、园雕、浮雕、浅刻等手法，雕琢出山水、人物、花卉、禽兽，少量专供欣赏，多数作花瓶、台灯、烟嘴、笔洗、墨盒、砚盖、印章、书夹、扇坠等工艺品与日用品。闻名全国的温州石雕艺人有潘雨辰，所作《罗盛教》、《铁骑奔腾》、《幸福时代儿童》由国内外有关部门收藏；林岩福运用立体镂空山水技法，创作石雕佳品《吴越王射潮》、《雁荡山》。

彩石镶嵌 石雕和木雕相结合的工艺美术。1882年（清光绪八年），温州老人潘阿明首创。以后，艺人不断革新创造，除作挂镜、小屏工艺品外，还增加对联、挂屏、立地屏风等。建国后，创造平嵌、高嵌、满地嵌等多种技法，内容扩展到神话故事、民俗风情和现代生活。彩嵌用料除叶腊石外，还采用鸡血石、珊瑚、玛瑙、珍珠和黄金等。大型彩嵌《西游记》于北京亚远会时展出，被誉为“世界之最”。1993年，彩石镶嵌转由鹿城区、瓯海区乡镇企业生产。2007年列入第二批浙江非物质文化遗产名录。

竹丝镶嵌 俗称“篾线篱”，温州特有的工艺品，出现于清中叶，流行于清末民初。是用2毫米厚、3毫米宽的篾片，锯出等距细榫，十字交叉衔接，拼嵌成工整的几何图案作为底纹；再用白桃木或翻簧刻成人物、花鸟等浮雕，以暗榫紧扣，镶嵌在底纹上的工艺品。二十世纪四十年代停产失传。建国后，经董定津等人发掘，得以恢复。温州市艺雕厂仿效郑板桥笔意制作的竹镶嵌屏风《玉兰绕带》，陈列于北京人民大会堂。2007年列入第二批浙江省非物质文化遗产名录。

绸塑 以绸制服饰，装扮泥塑或木雕、石膏塑的人物，是集雕塑、纸扎、脸谱、剪纸、彩绘于一身的综合性工艺。明末清初盛行于鹿城区，现濒临消亡。仅有传承人郑永龙独家继承祖传技艺。代表作品有《水浒108将》、《西游仙境》和《东瓯佛国》，曾在杭州、上海、承德展出。另有大型绸塑《鳌山》，高3米，宽2米，长6米，卜塑《封神傍》、

《三国演义》等故事人物140多个。2007年列入第二批浙江非物质文化遗产名录。

玻璃银光刻 俗称“镜画”，是在镜背面，用银色线条刻划作画的民间美术。二十世纪五十年代由上海传入温州，七十年代传入龙湾区。传承人项有礼运用“月份牌”年画技法进行创作，表现题材以传统人物、吉祥、喜庆、图案为主。现仅有传承人项有礼以家庭作坊形式延续濒临失传的技艺。2007年列入第二批浙江非物质文化遗产名录。

乐清细纹刻纸 元时已见记载流行于乐清，距今700多年历史，最初多应用于龙船灯装饰，后妇女用它作绣花底图，绣成帽花、鞋花、肚花、肚兜花，故又称剪花。细纹刻纸景细线纹阔度只有一毫米，1公分阔度薄纸能刻22刀，每刀间隔不到半毫米，细如发丝。建国后，在继承传统基础上，图案内容花鸟、人物兼备，其代表作细纹《花鸟》、《军民鱼水情》、《课余》、《纺织姑娘》等先后在国内外展出。张侯光剪纸1987年全国剪纸大奖赛中获一等奖。2006年列入第一批国家级和浙江省非物质文化遗产名录。

乐清黄杨木雕 我国木雕中的一个种类，因取材于黄杨木而得名。明时已初露端倪。温州民间雕刻大师朱子常(1876～1934)创作的“捉迷藏”、“五子喜弥陀”、“布袋和尚”等作品曾在国内外展览上得奖。乐清木雕门类齐全，在保持黄杨木雕的原有风格和神韵的基础上，已由“单体雕”发展到“拼雕”“群雕”，由普通“圆雕”发展到“劈雕”、“根雕”。2006年列入第一批国家级和浙江省非物质文化遗产名录。

龙档 俗称“凳板龙”，始于明代，由厚（俗称“档身”）、薄（俗称“档板”）相间的狭长樟木连结而成，其档身装有各色灯笼和旗杆，杆顶系有三角小旗和铜铃，档身下装有木柄，表演舞龙档的人握木柄进行操作，两头为龙头龙尾。乐清当地如今仍保留正月初七上灯到十七夜舞龙档的民俗。2006年3月，黄德清和黄北父子制作的龙档被中国艺术研究院视为珍宝永久收藏。2006年列入第一批浙江省非物质文化遗产名录。

竹壳雕 又称笋壳雕，是以毛竹笋壳为原料，通过绘画、雕刻、剪贴、上光等工艺制作而成的新颖工艺品。1986年由乐清民间艺术家郑庆华首创。优秀作品有《出征前》、《五虎将》、《四大金刚》和《福禄寿喜》。笋壳雕集竹雕（浅雕）、脱胎、竹编于一身，体现笋壳自然本色、花纹及质地轻巧的特点，题材以传统历史人物为主，也有吉祥物。产品远销美，英、日等20多个国家和地区。2006年列入第一批浙江省非物质文化遗产名录。

贝雕 以贝壳为材料，取其色泽、经选材、雕磨、粘贴成装饰画，故又有“贝雕画”之称。洞头贝雕始于二十世纪四十年代，发展于六十年代。艺人就地取材，以花鸟、人物、山水，传统文化精粹等为题材进行艺术构图，施以镶嵌、平贴、线嵌等技法，制作摆设、壁挂等50多种民间美术品。代表作品《水浒108将》、《红楼十二钗》和《西游记人物》在全国民间艺术品博览会上展出。2007年列入第二批浙江省非物质文化遗产名录。

平阳太平钿剪纸 以铜钿形图案和平安吉祥的太平语结合得名。清末民初盛行于温州，现仅在平阳民间流传。用途与民俗结合，题材视场合各有不同：如婴儿对周对应的剪纸作品为“千岁”；上学就业对应“步步高升”；新屋落成对应“丁财两旺”。外观有方有圆，处在字样当中的大多为铜钱图案，也有花环形图案，字样按上下右左中排列。保存较少，大多用好即毁。2007年列入第二批浙江省非物质文化遗产名录。

矾塑 苍南县矾山镇被誉为“世界矾都”，矾塑是二十世纪二十年代初，由矾山镇矾矿结晶工刘肇宝发明。利用明矾液结晶的原理，以彩色纱线裹扎铜丝造型，放明矾结晶池自然凝固，制作矾塔，故明矾工艺品原统称“矾塔”。五十年代后，表现题材扩大，不仅有传统的花鸟走兽、亭台楼阁等，还有现代的飞机、汽车等，别具地域特色和观赏价值。2007年列入第二批浙江省非物质文化遗产名录。

木偶头雕刻 杂木车成圆柱体、球体或半球体，运用变相夸张的艺术手法，加以雕刻、拼接、彩绘和装饰而成的人物玩具。伴随木偶戏发展而成，与木偶盛行于明清时期。产品分为民族娃娃、神话人物、戏剧人物、寓言人物及现代人物五类，而以少数民族姑娘和儿童形象居多。古代造型特点表现为雕工精细而简练，旦角开相文静秀美，武生粗犷威严。而近代在继承传统基础上，讲究舞蹈艺术效果，对特制木偶头，内设机关通过丝线控制，使眼、鼻、口、舌均能活动。产地主要在泰顺。

车木玩具 泰顺车木玩具是本地木偶头雕刻的延伸和发展。二十世纪八十年代由木偶头雕刻艺人，以车木成型为基础，吸取传统木偶彩绘装饰技法创制。手持“车刀”，把转动的木头，切削成圆柱体，圆型，再彩绘或组装成某种工艺品。具有地方特色和民族风格。尤其使用金属弹簧车木品，采用较硬木材，突破原来仅仅使用“车”法的单一技巧，制作出能动、能发声的工艺品，颇受海内外人士欢迎。

传统手工技艺

小摆设制作 小摆设是温州（主要在鹿城区）特有的民俗活动，一般在中秋节赏月时举行。相传始于南宋，当时温州科名鼎盛，计有文科进士1147人，武科进士309人。每至秋试，读书人家皆祭拜文昌帝君，在宅院内或临街处用10张或者30张拼连成长方形，上置一座微缩的宫殿模型，按序摆放文昌帝君，魁星等神相，配仪仗、案台、亭阁、假山、古玩、布幔、彩灯等小玩意。其制作工艺也随之而生，且越做越精巧，设计艺种也越来越多，约计有铜锡器、银器、泥塑、稠塑、陶瓷器、石雕、木调、扎纸灯、刺绣等。

泽雅屏纸制作技艺 屏纸又称为“南屏纸”。据传，福建南屏人为避元末之乱，迁徙温州，以其家乡带来的造纸技术在瓯海区泽雅镇为主要区域，生产成纸，故名“泽雅屏纸”。历来为当地农民的重要经济支柱。至二十世纪三十年代，纸农近10万人。其制作流程有20多道工序，其中一些生产环节比古籍《天工开物》记载更原始，更详尽，被专家称为中国造纸术的活化石。现留存的水碓、纸坊于2001年列入第五批全国文物保护单位。2007年列入第二批浙江省非物质文化遗产名录。

首饰龙制作技艺 首饰龙民间俗称为“龙船灯”，起源于明代。依照鱼船结构，整个首架是以一条弧形木条做基础，上面用竹条和篾丝糊纸扎成一只龙船。全长4.5米，高3米，宽2米，前有龙头，后有龙尾，中间龙身有5至7层楼楼阁，置亭台70多座，80多出戏曲的300多个人物造型，设有木质传动装置，用手摇动即能活动起来，配以灯光。每到元宵节时，龙船灯便和其它龙灯一起出来活动。活动时间一般是从正月初十开始至十六，一共七昼夜。人们扛着首饰龙，到各村各家巡游，并敲着大锣大鼓，演唱着吉祥颂词。到第七夜，各村的首饰龙照例要集中到附近的一处庙宇中，进行“收殇”（用火焚化）。在收殇前，还要让村民评论各龙灯的工艺高低，特别是龙船灯尾部一张大型的细纹刻纸（俗称“龙尾花”），谁如能评上第一，就被称为“龙船哥”，是很大的荣誉。龙船灯是海洋文化在民间艺术的反映。

木活字印刷技艺 在瑞安平阳坑镇东源村和曹村镇西前村发现的两处木活字印刷术是我国已知唯一保留下来且仍在使用的木活字印刷技艺，至今已有800多年的历史。当地木活字印刷主要用于印制宗谱。《太原郡王氏宗谱》载源自河南，明正德年（1506～1521）由闽随迁徙入浙，先经平阳，至清乾隆元年（1736年）传到瑞安。木活字要选上好棠梨木，经风吹日晒自然干燥后拿来制作字模，刻老宋体，制成一个个字模，经过检字、排版等多道工序最后完成印刷。2007年列入第二批浙江省非物质文化遗产名录。

平阳头发吊灯制作技艺 平阳头发吊灯中“发”是发财的发、“灯”在闽南话中与“丁”谐音，合起来有财源广进、人丁兴旺的意思，所以又称“福头灯”或“子嗣灯”。制作技艺传承近120年，现仅平阳马必重一家怀此绝艺。艺术价值主要体现在穿头发丝上：选用百余根头发丝贯穿整盏灯，牵引人物、动物造型（用纸、络麻杆制成，反映典故、传说，有知识性和观赏性）的头、手、脚等部位，在灯座下木炭火（或用电风扇）产生的气流带动下有条不紊地旋转，2007年列入第二批浙江省非物质文化遗产名录。

平阳牛筋琴制作技艺 牛筋琴又称唱词琴，原产地平阳县，是温州鼓词的主要伴奏乐器。清光绪年间，平阳著名鼓词艺人陈昌牌在弹棉花师傅弹棉弓的牛筋弦弹出的“当、当”声音启发下，研制出用牛筋弦作琴弦的五弦牛筋琴。后获推广创新，从五弦增加到七弦、十三弦、十六弦。现在的牛筋琴为扁长方形，琴长62厘米、宽32厘米、厚3.8厘米，手工制作，包括琴弦制作和琴架制作两大工艺流程。琴弦以牛筋为原料经过选、锤等24道工序才能成品，琴架材料为梧桐板和红硬木，包括削木、装框等几个制作步骤。鳌江镇金可春作坊生产的“金发盛号”牛筋弦最为有名。2007年列入第二批浙江省非物质文化遗产名录。

夹缬 用一组纹样对称的花板，紧夹丝织物，浸染于蓝靛青染液，取得染织物，故又被称为“蓝夹缬”。起于秦汉，盛于唐宋，元末以后，在浙南地区保存下来。十九世纪六十年代之前，苍南县境内的各大街道及一些邻街的中心村均有家庭作坊式的夹缬印染作坊。随着现代工业的发展，至二十世纪八十年代，夹缬工艺几近消亡。主要产品为大花被（又称敲花被），室内各种服饰、鞋帽、窗帘、玩具等用料。主要图案取材于民间传说和民间绘画。夹缬产品成本低，对环境无污染，在服装和工艺装饰方面具有较大的利用价值和科研价值。2006年列入第一批浙江省非物质文化遗产名录。

编梁木拱桥营造技艺 编梁木拱桥俗称“蜈蚣桥”，时人称“廊桥”。现存最早的泗溪桥始建于明隆庆四年（1570）。其拱架与《清明上河图》中的虹桥结构相似。这种木质无拱桥不用钉柳，用力学原理营造。其营造技艺的传承人现仅存董直机师徒两人，亟待抢救性保护。2004年列入第六批全国文物保护单位。2007年列入第二批浙江省非物质文化遗产名录。

民　俗

拦街福 是温州（主要在鹿城区）特有的地方性传统节日活动。每年农历二月初一至三月十五日止，城内主要街巷依次举行一天的拦街祈福活动。初一从康乐坊开始，取意“康泰欢乐”，设红楼、张布幔、悬彩灯、每隔一段设一祭台，上置祭品、盆景、花卉，还有滚龙灯、舞狮子、踏高跷、放烟花和猜灯谜。通衢搭戏台，演地方戏和木偶戏，也有两个戏台，由两个戏班各自上演拿手好戏，互比高低，谓之“斗台”。每次活动都人山人海，通宵达旦。温州拦街祈福活动，源于南唐中原长安坊中之“拦街铺设，中夜乐神”，盛行于明清，止于抗日战争初期。1952年举行城乡物资交流时，曾有类此文娱活动，已剔除设祭等迷信成份。2002年恢复活动，2007年列入第二批浙江省非物质文化遗产名录。

东瓯王汤和节 是龙湾宁村每年阴历七月十五举行的公祭抗倭英烈和倭难同胞的节日，历时5天。明初，朱元璋派汤和赴东南沿海部署防倭。汤和在这一带修建了59座城堡，宁村所即其一。宁村人民为感激汤和立庙纪念。明嘉靖四十年前后倭寇平定后，定居宁村的抗倭战士的后裔为追思汤和、缅怀祖辈就于每年阴历七月十五举行“汤和出巡”和“教场祭鬼”等仪式，形成永强的全民公祭，逐渐演绎为“东瓯王汤和节”，至今已有四百余年历史。每次活动参与人员近20万，所需费用全部由参与者自愿筹集。2007年列入第二批浙江省非物质文化遗产名录。

瞿溪二月初一会市 古镇瞿溪“二月初一”大会市，一年一度，历时4天。相传始于清同治中期，距今已有200多年历史。会市除传统社戏、耕牛交易、铁制农耕商品及传统的手工艺商品销售外，还有服装、电器特卖场等现代气息浓厚的经营活动。随着时代的进步，瞿溪会市也由原来的日用品交易集市逐渐演变成为各地游客休闲、娱乐、购物的节日，是融农耕文化、乡土文化、商贸文化、现代文化融合在一起的传统百年会市。每次会市人数多达20万人。

周岙挑灯　挑灯即指手提式纸扎花灯。周岙挑灯习俗见载于《周氏宗谱》，时间可追溯到明嘉靖年间，系劳动人民自发组织的民间文化娱乐活动。这一习俗一直沿袭到1952年，之后中断40多年，于1994年恢复活动。与正月十五闹花灯有所不同的是，周岙挑灯活动的时间是在每年的正月十三，据说为纪念神仙石马爷的寿诞而设的。通常当地村民要在正月十二将花灯制作完毕，次日白天主要是赏灯、猜灯谜、花灯评选，晚上则是挑灯巡游。每到一村，不断有新的挑灯加入队伍，几千盏五颜六色的花灯在夜幕下的乡村小道上绵延好几公里，像一条光灿灿的巨大火龙在游动，场面壮观。

曹村元宵灯会　瑞安市曹村元宵灯会起源于南宋绍熙年间，距今800多年，为纪念永嘉学派代表人物，当地乡贤曹叔远而设。当时十九岁的曹叔远得中进士回乡，村民特制一组福星灯，挂村中晶锁桥上以示庆贺，是日恰逢元宵节日，便有此习俗世代传承。

蒲岐抬阁　抬阁是蒲岐镇的民间节庆时所特有的民间演艺，已有800多年的历史。每年元宵灯节出演，有时九月会市也乘兴闹市。用特别的方桌柜，中压石板，上置铁架，将5～6岁的孩童缚在铁架上，孩童双手和一只脚可挥舞动作，外罩彩衣，脸化浓妆，可扮成各种戏剧人物，一桌即一出戏，一般2～4人，有时多达6～7人，人物安置奇险，连接高度可达4～5米，每桌抬阁需几十人扛着走，经过改进，现用四个轮子。其中最有价值的要算闹琼花，历史上仅举办过三次，最早一次大约在100多年前的清朝，第二次距今68年，第三次在1996年。

蒲城拔五更　苍南县蒲城是一座保存完整的抗倭名城，始建于明洪武年间。拔五更是蒲城举行闹元宵的民俗活动，从正月初四开始至十六日止，历时13天，由迎神、驱魔、保太平等环节组成，始于明朝，形成完整体系则在清雍正、乾隆年间。特别在每年的正月十五夜里五更时分，城里的男子会抬着城中东、西两庙中的菩萨在城中飞奔，走遍城中的大街小巷，口中还不停地喊着“顺啊！”，最后众人抢夺菩萨身上的红布，抢到者来年全家大吉大利。拔五更时不允许女人和孩子参加，他们要被锁在家里，鸡犬之类的也要被管束不让出声，直到抢红后才能出来一起狂欢。2007年列入第二批浙江省非物质文化遗产名录。

温州美食

温州风味小吃精选

名　称	简　介
鱼圆	亦称鱼丸，温州最为著名的小吃。以黄鱼或鮸鱼、马胶鱼等新鲜鱼肉为原料，掺入适量淀粉、加调味品揉制而成，形不规则，色白似玉，鲜香诱人。在温州，鱼圆店遍地开花，温州酒家制做的鱼圆曾获得“中华名小吃”称号。
胶冻	以黄鱼胶或其他鱼类的膘作原料，加水煮沸，溶化后冷却即成。吃时用刀开成小粒或者细条状，用酱油、米醋、麻油、胡椒粉、味精等调味。口感清凉、滑润。
县前汤圆	温州人视吃汤圆为吉祥，不仅过年、元宵节、婚宴、乔迁要吃汤圆，就是订婚也要向亲朋好友分发汤圆。温州汤圆以县前路汤圆店最负盛名，这是一家百年老店。该店制作的鲜肉汤圆、麻心汤圆和擂沙麻糍名闻遐迩，其中汤圆类获得“中华名小吃”称号；擂沙麻糍评为“中国名点”。
白蛇烧饼	又名葱油重酥烧饼，古名“胡饼”。相传清光绪末年，温州市区府头门钟楼西侧，有位张氏寡妇开了一间烧饼店，因她生活整洁喜穿白色衣服，人们常以《白蛇传》中的白娘娘喻之，久而久之，她做的烧饼也被人称作“白蛇烧饼”。其烧饼用料讲究，用木炭烤制，出炉时色呈淡黄，皮酥不腻，入口即化，回味浓醇，远近闻名，流传至今，成为地方名点。
长人馄饨	馄饨南北皆有，温州旧时有许多流动的馄饨担，沿街小巷叫卖，有一个乐清人名叫陈立标的馄饨担最有名气，后来落脚于铁井栏，在渔丰桥设店。因他的个子高，都叫他“长人”，故称他做的馄饨为“长人馄饨”。皮薄如纸，盖料有紫菜、蛋丝、肉松、酒浸虾米，汤清味鲜，形似花朵，使食者有美不胜收之乐。
矮人松糕	选用当年纯糯米，磨成粉，拌以猪臀肥肉丁（先用盐腌渍20天），上等桂花、白糖，精心加工而成。松软绵糯，甜中有咸，清香可口。抗日战争后期，五马街口有一个小吃摊，专门供应这种松糕，边炊边卖，因制作精细，注重质量，逐渐出名。因摊主个子矮小，故民间称以“矮人松糕”。
陡门头灯盏糕	清光绪年间，温州有姓陈的兄弟二人在市区东门陡门头路亭制卖一种形似灯盏的点心，俗称灯盏糕。以猪腿肉、萝卜丝为馅，用当年熟黄豆及米粉浆拌和做外皮，采用鲜猪油炸制而成，形似灯盏，外皮脆松，肉馅爽口，独具风味，一时名声大振，为此“陡门头灯盏糕”成为温州有名的风味小吃。
李大同双炊糕	是清代光绪年间瑞安糕点名师李瑞庆创制的。他追求天下为公，人人平等的理想，将自己的店号取名为“李大同”。他制做的双炊糕选料考究，口感细软、香甜，富有弹性，不仅受到当地食客的喜爱，而且受到海外侨胞的青睐。如今李大同双炊糕是温州地区妇孺皆知的传统名点之一。
莘塍豆腐干	瑞安莘塍豆腐干选用当年新豆，经过浸水、磨细、滤净、煮浆、结冻、压挤、节块，用酱油和香料制成，放在通风处晾干后上市。以口感和回味鲜美名闻遐迩。

瓯菜精选	
菜　名	简　　介
三丝敲鱼	这是温州民间特有传统佳肴。取用新鲜鱼肉、蘸淀粉、槌敲成薄片，佐以鸡脯丝、火腿丝、香菇丝烹制以成。汤清味醇，鲜嫩爽滑，色泽调和，独具风格。
锦绣鱼丝	系特一级烹调师金次凡制作。取黑鱼背脊肉切成细丝，配红绿柿椒丝，黄蛋皮丝，棕香菇丝炒制而成，此菜色绚丽和谐，口味滑嫩香鲜，深得美食家赞许。
蒜子鱼皮	以鲨鱼皮为主料，加大蒜子烩烹而成，具有蒜香浓郁、鱼皮软糯、法浓味鲜的特色，是瓯菜中甚受大众推崇的热菜之一。据《本草纲目》记载，鲨鱼皮"刮沾去沙，剪作鱼会，为食品美味，食这益人"，有"解诸鱼毒，杀虫、愈虚劳"之功能。
爆墨鱼花	这是一只刀工、火候并重的瓯菜名肴。先将墨鱼切成无数横竖虚刀，而且再切成棱形或长方形，加热后自然卷曲成麦穗状，造型非常美观，爆制时芡紧卤汁，脆嫩爽口。没有深厚的烹调功底，难以发挥其特色。
双味蝤蛑	蝤蛑是温州民间对当地青蟹的习惯称呼。肉质细嫩腴美，是蟹类中的活蝤蛑，以清蒸和干炒两种烹调技法组合而成，形态活泼、色彩艳丽，一菜双味、肉如膏脂、鲜美异常，辅以米醋佐食更佳。
鸡汁鱼唇	鱼唇是海鲜中之上品，亦称鱼头，是鲨鱼中犁头鲨的头的干制品。先水发鱼唇，经氽水、套汤多次去腥后，佐以老鸡汁烹制而成。此菜品质柔糯，汁浓味醇，营养丰富，为宴席大菜。
炸蛏子筒	蛏子是温州海涂特产，蛏肉特鲜嫩。先将蛏子剥壳，用鸡蛋煎皮将蛏肉和姜葱一起卷包成圆柱形，然后挂糊油炸，以辣酱油蘸食，吃起来特别鲜美。
桔络鱼脑	亦称鱼脑明骨，用鲨鱼软骨制成，此菜晶莹透明，质感柔滑，是海味中的上等菜肴。桔络鱼脑是用鱼脑与蜜桔合烹成羹，具有黄白相映、爽滑香甜、微酸适口之特色，是瓯菜中的主要甜食之一。
凤尾敲虾	大河虾去头留尾剥壳，剔除沙线，洗净沥干，蘸上干淀粉，用小木槌轻敲成扇形片，入锅用旺火沸水氽熟，捞起入清水中过凉，再入炒锅清汤中煮，配以鸡脯两片、火腿处、番茄片、青菜及调味品。这是温州传统汤菜，虾肉透明，虾尾鲜红，鲜美爽滑，清香可口。
龙头鱼	龙头鱼，俗称水潺。将其鱼身切成数段，加调味品拌匀腌渍；过十分钟拍上面粉，拖挂蛋液，逐段下锅油炸。炸好捞出，再入炒锅加料烹制，用小火焖至汤汁收浓时，淋上芝麻即成。
乌龙钻白云	先将泥鳅放在盆中养四五天，每天换水，使之排掉腹内污物，取出擦去其身上粘液，让泥鳅吃饱，然后入冷水锅中烧。水渐热时放进豆腐块，让泥鳅钻进去，待水烧开，捞出泥鳅豆腐，放在油锅中煎黄。已而倒掉剩油，再加猪油、水和佐料，慢火炖成。
一品脆皮蟹	圆脐梭子蟹，蒸熟剔取蟹粉，用小火煎制后呈圆饼状，外片酥脆，里肉鲜嫩，蘸花椒盐食用。因其原料上乘，制作精细，味鲜美而独特，故以"一品"命名。
葱油黄鱼	将黄鱼放入炒锅沸水中，加姜、葱、酒、煮沸加盖改用微火，鱼嫩熟时捞起装盘。除各味调料外，盖以葱花，再浇上约九成熟花生油。此菜鱼嫩葱香，调味淡雅，本味突出。
明月跳鱼	跳鱼，又名弹涂鱼、花兰，获于海涂滩，营养丰富。此菜是温州的双味佳肴。先将熟跳鱼肉切成数段，与香菇、熟笋片、调料一起下锅炒透，盛起堆在圆形煎蛋饼上，覆以蛋清泡糊，象征明月。次将生跳鱼沾上面粉，挂鸡蛋液入油锅，炸至结壳捞出，再与调料一起入锅，用小火焖至卤汁将干，浇上麻油。起锅围在圆饼四周。
金钱鲜贝合	新鲜贝肉，配以虾泥、咸蛋黄、生猪肥膘、荸荠碎、葱白等原料，外沾面包屑，炸制成菜，形似金钱，食之香脆鲜嫩。
油爆鲜淡菜	淡菜，即贻贝肉，水产品。由于滋味鲜美，营养丰富，早在唐代就被列为贡品。此菜是用旺火熟油快速烹制。淡菜脆嫩鲜香，包汁入味，是温州沿海的传统佳肴。
鸡茸蛤士蟆	哈士蟆为名贵滋补品，本身无味，全凭料理得当，配料讲究，烹调得法。此菜第选优质蛤士蟆，配以鸡茸、鸡汤烩制，成品洁白细腻，柔滑鲜嫩。

宗　教

概述　温州道教活动始于三国吴。佛教活动可上溯至西晋时所立佛塔，东晋时首建崇安寺。摩尼教在宋代形成教团，逐渐与其他民间宗教相融合。明代有信奉伊斯兰教的回民迁入，清乾隆年间在温州城内建清真寺。天主教在元代、明清之际及鸦片战争后三度入传，基督新教于19世纪60年代传入。

温州道教部分道观		
名称	位置	概　况
紫霄观	瓯海区景山净水谷	元泰定元年(1324)创建，原址在雪山北麓。1981年移现址。占地2000余平方米。奉三清，副祀黄石公。温州市道教协会驻此。
玉清观	瓯海区潘桥镇丁岙	肇建于唐，昭宗赐额"玉清观"。原有上下二观，今存上观。
大若岩陶公洞	永嘉县大若岩	温州有记载的最早的道观。为道教第十二福地。传说陶弘景居此编撰《真诰》，故名。现存殿宇为清乾隆间重建。
天然道观	永嘉乌牛东蒙山	又名乌牛纂。传说葛洪在此建炼丹台。清末至今，经龙门派弟子几度重建。
紫芝道观	乐清县乐成凤凰山麓	建于宋绍兴七年(1137)。原址在乐成镇东皋山下，1987年移现址。
玉甑观	乐清县白石镇玉虹洞	宋至道元年(995)创建。大中祥符六年(1013)赐额"白石院"，宣和元年(1119)改赐"集真"。1986年重修，改称现名。
纯仙道观	乐清盖竹山	俗名杨八洞，宋建盖竹道院。1986年重建，奉三清和吕纯阳。
北斗洞	乐清北雁荡山	光绪元年(1875)创建。
圣井山石殿	瑞安大南圣井山之颠	俗称许真君庙，祀奉许逊。始建于宋景定元年(1260)，木结构。明清间全部构件均改用石料打制和雕刻而成。
瑞安东岳观	原在瑞安梅头，现在龙湾海城	始建于宋咸淳二年(1266)，民国12年重建，祀奉东岳大帝。
天庆观	瑞安桐溪太平山	创建于宋，明清间扩建，1985年重修。

续上表

名称	位置	概况
平阳东岳观	平阳县昆阳镇汇头	宋治平三年(1066)建,熙宁元年(1068)赐额"圣寿",绍兴间改称"广福宫",清光绪年间重建,并易今名。
仙姑洞	平阳县南雁荡山	俗名西洞。传说宋崇宁间有当地女子居此修道,并采药为民治病。
玉虚道观	苍南县莃湖山	又名燕巢洞,北宋初即有人隐此洞修道。1975年重整建观。
妙峰道观	苍南县金乡镇珠明岭	原名妙峰寺。清乾隆五十三年(1788)、同治七年(1868)重建,1988年改称今名。
应道观	洞头北沙双垄村	建于清康熙年间,称安祖庙。嘉庆间,将温州应道观香火分脉安此,遂改今名。
玄武殿	洞头县中仑	建于清康熙年间,祀奉玄武大帝。

温州佛教部分寺庙

名称	位置	概况
江心寺	鹿城江心屿	唐咸通间建净信讲院,宋开宝间建普寂禅院。宋建炎四年(1130)宋高宗赵构避金兵之乱,驻跸于东院普寂院,改名龙翔,把西院净信院改名兴庆。绍兴七年(1137)西蜀僧清了奉诏住持二寺,填塞中川建殿,称中川寺,赐名龙翔兴庆禅寺,习称江心寺。1985年至1990年重修。
妙果寺	鹿城松台山南麓	创于唐,盛于宋。1984至1986年重修。温州市佛教协会驻此。
密印寺	瓯海头陀山	又名妙智禅寺,俗称头陀寺。建于后汉乾祐间,清初重建。
实际寺	瓯海茶山	相传建于宋,元时毁于火。明洪武年间重建。1985至1990年重修。
天柱寺	瓯海永昌堡石屋山	又名瀑泉寺。创于晋,重建于唐贞元间。
国安寺	龙湾瑶溪皇岙	始建于唐乾符间。旁有石塔,建于宋元祐年间,俗称千佛塔。
普安寺	永嘉岩头长蛇坑	初建于唐,为浙南天台宗主要道场。
灵岩寺	乐清雁荡山	创建于宋太平兴国四年(979),太宗赐经书,大中祥符赐额"灵岩禅寺",仁宗赐金卷。县佛教协会驻此。

续上表

名称	位置	概况
沐箫寺	乐清乐成箫台山	建于明嘉靖间。1981至1988年重修。
法华寺	乐清南岳平盘山	创于唐,昭宗赐额。现存大殿建于清乾隆间。
圣寿禅寺	瑞安(今龙湾)仙岩	俗名仙岩寺。始建于唐,宋初重建,大中祥符间赐额"圣寿"。现存寺宇系清顺治十七年(1660)以来陆续重建。
本寂寺	瑞安城郊河埭桥	唐垂拱四年(688)创建。乾符六年(879)赐额"本寂寺"。1989年重建。
宝坛讲寺	瑞安岑岐	创建于宋元祐年间,民国初重修。
景福禅寺	瑞安大南圣井山	建于唐末。
东林寺	平阳昆阳凤山	始建于唐大历年间,清代多次兴修,民国4年增建。20世纪80年代中期又陆续重修添建。县佛教协会驻此。
广慧禅寺	平阳昆阳九凰山	俗称半山庵。建于唐咸通年间。清康熙年间重建。1980年以来又陆续修建、扩建。
仙坛寺	平阳昆阳东门山	始建于唐咸通年间。
碧泉寺	平阳钱仓	始建于唐,旁有清泉,故名。
法云寺	苍南玉苍山	宋咸淳年间开基兴建。
瑞岩寺	苍南瑞岩	清光绪年间重建。
净慧寺	文成大峃岚岩	俗名七甲寺。唐元和十五年(820)始建,宋端拱、大中祥符间复建。
崇教禅寺	泰顺三魁卢梨村	创于后唐同光三年(925)。珍藏宋版碛砂藏经一部。
崇化寺	泰顺雅阳东安	建于宋建隆二年(961)。
宝林寺	泰顺雅阳白巢	俗称白巢寺。始建于宋绍兴二年(1132)。
明三寺	泰顺西旸王家垟	肇建于元。20世纪80年代重修。

温州天主教部分教堂

名称	位置	概况
周宅祠巷天主堂	鹿城区周宅祠巷	1877年购房设堂,1884年10月中法战争期间被民众烧毁,1886至1890年重建。为温州第一座哥特式建筑。

续上表

名称	位置	概况
永强天主堂	龙湾永强	1911年购房设堂,大堂和神甫楼建于1926年。
枫林天主堂	永嘉枫林镇二村	1902年设堂,1920年改建,大堂于1941年扩建。
虹桥天主堂	乐清县虹桥镇	1909年创建,1958年改作他用,1994年易地新建。
瑞安城关天主堂	瑞安城关万松路	1988年易建此地。
昆阳天主堂	平阳昆阳镇西坑	1893年购房作经堂,1909年修建,1920年建大堂,1924年建善导堂。
钱库天主堂	苍南钱库镇	建于1917年。
龙港河底高天主堂	苍南龙港镇站前路	建于1932年。

温州基督教部分教堂

名称	位置	概况
城西基督教堂	鹿城区城西街	1878购房设堂,1884年10月被焚,1898年重建。1951年以来为温州市基督教爱国会和协会驻堂。
花园巷基督教堂	鹿城区花园巷	建于1877年,为温州首座基督教堂,1884年10月被焚,次年重建。1990年修葺。
虹桥基督教堂	乐清县虹桥镇	1890年始置地建堂。
昆阳基督教堂	平阳县西门教场山脚	原在昆阳莲池巷。始建于19世纪80年代,1990年移至现址。
瑞安衙后教堂	瑞安城关衙后街	1895年动工兴建,1990年重修。
苍南永灵教堂	苍南县灵溪镇凤山街	1900始建,1988年扩建。
鳌江永平教堂	平阳县鳌江镇水心村	建于1910年。原址在鳌江镇塘沽头,1988年经批准迁建现址。
龙港主恩堂	龙港镇镇前路	建于1990年,丁光训主教命名。
吴桥基督教堂	鹿城区吴桥路	1990年因旧城拆迁需要,人民路70弄1号的教堂拆除。经批准在现址新建吴桥教堂。

1. 3月4日，温州市总工会主办的大型灯谜·歌舞文艺晚会在市区工人文化宫大院内举行。图为群舞《俏花旦》。
2. 3月4日，市区垟头下社区举行大型迎元宵民间民俗表演活动，两条翻舞的彩龙穿街过巷闹元宵，为市民营造出欢乐、祥和的节日氛围。

许日尤/摄

1. 10月1日，温州民俗文化庙会暨温州首届狂欢节在市国际会展中心广场举行。
2. 9月14日，第六届温州·苍南舥艚“开渔节”隆重举行。主祭人和陪祭人向大海献五谷。
3. 7月20日，苍南县新安乡东社村举行一年一度的“抬福猪”活动，庆祝当地粮食丰收，祈福太平。

1	2	3

许日尤 / 摄

许日尤 / 摄

苏巧将 / 摄

端午节，温州市区举行龙舟竞赛。

机　　构

市级机构

中共温州市第九届委员会(-2007.3)

书　记　王建满

副书记　邵占维　马　以(-2007.2)
包哲东(-2007.3)　赵一德

常务委员　王建满　邵占维　马　以(-2007.2)
包哲东(-2007.3)　赵一德　乔吉林
陈笑华(女)　黄德康　曹国旗　鞠建林
陈石春　陶时梅(女)　徐纪平

委员(按姓氏笔画排列)
马　以　王仁贤　王建满　王成云　叶际仁
叶国良　包哲东　冯志礼　朱铁山　朱铭源
乔吉林　华关祥　刘允南　阮　晖　李金寿
李泽明　余梅生　张洪国　陈艾华(女)　陈作荣
陈宏峰　陈笑华(女)　陈棉权　陈福生　陈石春
林卫平　林东勇　卓高柱　金邦清　孟建新
赵一德　陶时梅(女)　钱成良　殷乐人　高育厅
黄德康　曹国旗　盖爱萍(女)　葛益平　戴祝水
鞠建林

候补委员(按得票多少排列)
王益琪　江海滨　陈　浩　陆光中　夏爱华(女)
戴国森　周文珍(女)　鲁广维

秘书长　黄德康

副秘书长　郑九达　李宝锁　李远澍　张晓美(女)　王仁贤
张国光　谢　浩　江海滨

中共温州市纪律检查委员会(-2007.3)

书　记　陶时梅(女)

副书记　林金龙　朱锦平

常务委员　陶时梅(女)　林金龙　朱锦平　张崇干　廖福田
徐有平　韩建海　郑　瀚

中共温州市第十届委员会(2007.3-)

书　记　王建满

副书记　邵占维　赵一德

常务委员　王建满　邵占维　赵一德　乔吉林　黄德康
曹国旗　鞠建林　陶时梅(女)　徐纪平　陈石春
余梅生　葛益平　杨湘洪

委员(按姓氏笔画排列)
王立彤　王成云　王建满　王祖焕(回族)
王益琪　仇杨均　卢春中　叶际仁　白一舟
朱铁山　乔吉林　任玉明　刘允南　江海滨
李步鸣　李泽明　杨湘洪　吴开锋　何献敏(女)
余中平　余梅生　陆光中　陈　浩　陈石春
陈合和　陈作荣　陈宏峰　陈建明　陈玲玲(女)
陈笑华(女)　邵占维　林卫平　周湘浙　孟建新
赵一德　胡剑谨(女)　徐　晓(女)　徐纪平
殷乐人　陶时梅(女)　黄　河　黄正强　黄安波
黄寿龙　黄纯诚　黄德康　曹国旗　崔盛钢
章方璋　彭立华　葛益平　蒋珍明　谢再兴
谢作雄　潘孝政　戴祝水　鞠建林

候补委员(按得票多少排列)
姜长才　肖健雄　叶钢炼　周品英　陈爱珍(女)
盖爱萍(女)　戴国森　周文珍(女)　何建平
王中毅　张文华

秘书长　黄德康

副秘书长　李宝锁　李远澍　彭立华(-2007.4)
张晓美(女)　谢　浩　王仁贤　张国光(-2007.5)
朱增岳　胡志敏(2007.7-)　江海滨
陈作荣(-2007.4)　余梅生(-2007.3)
戴祝水(-2007.4)　殷乐人(-2007.3)
杨　江(2007.5-)

中共温州市纪律检查委员会(2007.3-)

书　记　陶时梅(女)

副书记　殷乐人　周爱平(女)　徐有平

常务委员　陶时梅(女)　殷乐人　周爱平(女)　徐有平
张崇干　韩建海　郑　瀚　罗宏图　胡晓东

中共温州市委工作部门及负责人

办公室

主　任　黄德康(-2007.4)　彭立华(2007.4-)

副主任　李宝锁　胡志敏　陈永光　姜景峰(2007.7-)

组织部

部　长　鞠建林

常务副部长　白一舟
副部长　余薛民　鲁广维(-2007.4)　陈进达　沈　伟
王益琪(2007.4-)　杜建平

宣传部
部　长　曹国旗
常务副部长　周品英
副部长　王祖共　施艾珠(女)　方立明

统战部
部　长　陈笑华(女，-2007.4)　余梅生(2007.4-)
常务副部长　张文华
副部长　陈景云(-2007.7)　潘一新　王　宁　徐强中

政法委员会
书　记　陈艾华(女，-2007.8)　赵一德(2007.8-)
副书记　阮　晖(-2007.8)　徐纪平(2007.8-)
陈石春　林建军　张建树

政策研究室
主　任　彭立华
副主任　刘爱芬(女)　应希克

农村工作办公室
主　任　江海滨
副主任　黄加劲(-2007.3)　潘光勋　雷大取
谢小荣(2007.7-)

台湾工作办公室
主　任　黄　涛(-2007.5)　胡　侠(2007.7-)
副主任　胡　侠(-2007.7)　钱　进　张振宇

市直机关工作委员会
书　记　王仁贤
副书记　方家柱　程龙凤　章孝敏(2007.11-)
纪工委书记　程龙凤

温州市社会工作委员会
书　记　陈进达

老干部局
局　长　沈　伟
副局长　沙高利　张化远

党史研究室
主　任　白一舟
副主任　万邦联　施甘成

市委党校
校　长　马　以(-2007.2)　鞠建林(2007.11-)
常务副校长　陈书华
副校长　金　浩　陈红辉　胡瑞怀

温州市第十届人大常委会(-2007.3)
主　任　连正德
副主任　金邦清　阮　晖(-2007.3)　陈莲莲(女)
陈志坚　翁锦武　项剑萍(女)　张　林
秘书长　杜玉生
委员(按姓氏笔画排列)
王小同　王奇备　刘德萃　阮志平　李雪芬(女)
杨　洁(女)　杨伟锋　吴权书　吴持平
吴爱华(女)　何献敏(女)　张　俊　张思聪
陈　波　陈均柑　陈青墨　陈国龙　陈积榜
林坚强　金美岚(女)　金福来　胡经琨　施正源
徐　晓(女)　倪　骏　高友才　章时趋　章剑青
章新民
副秘书长　林坚强　陈　波　毛敏秀
党组书记　连正德
副书记　金邦清

温州市第十一届人大常委会(2007.3-)
主　任　王建满
副主任　陈笑华(女)　钱成良　翁锦武　张　林　朱铭源
卓高柱　王小同
秘书长　张　林(兼)
委员(按姓氏笔画排列)
王建中　毛敏秀　尹进飞　厉育平　叶国良
叶育登　白一舟　冯荣林(回)　朱学新(女)
许若真(女)　许新宝　李树河　李益智
李雪芬(女)　吴持平　张大光　张景海　陈　波
陈国龙　陈逸峰　陈敬南　陈福生　林　红(女)
林坚强　林金龙　金月霞(女)　周兆昌
郑朝阳(女)　项志峰　胡立同　夏爱华(女)
徐　晓(女)　徐强中　殷国兴　释智明　鲁广维
廖秀枢
副秘书长　林坚强　李益智　王仁贤　毛敏秀
党组书记　陈笑华(女)
副书记　钱成良

市人大常委会工作部门及负责人

办公室
主　任　林坚强
副主任　王文胜　周德光

研究室
主　任　胡经琨(-2007.3)　周兆昌(2007.4-)
副主任　丁福良(-2007.5)　缪克适(2007.4-)

法制工作委员会
主　任　陈志坚(-2007.3)　林金龙(2007.3-)
副主任　陈瓯平(-2007.3)　朱筱玫(女)

财政经济工作委员会
主　任　施正源(-2007.4)　卓高柱(2007.4-)
副主任　陈均柑(-2007.3)　麻金国(-2007.3)
　　　　陈　波(2007.4-)　陈玉平(2007.4-)

教育科学文化卫生工作委员会
主　任　陈积榜(-2007.3)　夏爱华(女，2007.4-)
副主任　金福来(-2007.3)　杨　洁(-2007.4)
　　　　朱学新(女，2007.4-)

民族宗教华侨外事工作委员会
主　任　叶国良(2007.4-)
副主任　麻金国(2007.4-)

城乡建设环境保护工作委员会
主　任　杨伟锋(-2007.3)　胡立同(2007.4-)
副主任　高友才(-2007.3)　陈逸峰(2007.4-)
　　　　唐素洁(女)

农村和资源保护工作委员会
主　任　王奇备(-2007.3)　廖秀枢(2007.4-)
副主任　戴成满

代表工作委员会
主　任　金美岚(女，-2007.3)　鲁广维(2007.4-)
副主任　张大光

温州市人民政府
市　长　邵占维(2007.3-)
代市长　邵占维(-2007.3)
副市长　钱成良(-2007.3)　冯志礼(-2007.1)　徐纪平
　　　　黄德康(2007.3-)　叶际仁　孟建新　陈宏峰
　　　　徐育斐(女)　陈作荣(2007.3-)
党组书记　邵占维
副书记　徐纪平
秘书长　李金寿(-2007.5)　黄纯诚(2007.5-)
副秘书长　黄纯诚　周兆昌　陈庆科　陈光元　冯　鸣
　　　　厉秀珍　张加波　陈伟民　王祖焕　赵宪国
　　　　王超俊　吴　东　张纯一　徐永敏　谢树华
　　　　王育满　施曙亮　丁福良　张国光　王靖高
　　　　叶钢炼　陈应许

温州市中级人民法院
院　长　华关祥(-2007.1)　崔盛钢(2007.3-)
副院长　张保尔　于　伟　郑永胜　邱志丰
党组书记　华关祥(-2007.2)　崔盛钢(2007.2-)
副书记　张保尔
纪检组长　张根亭
副组长　张明军

温州市人民检察院
检察长　李泽明
副检察长　周招社　张伟选　谢向理　孔　璋　张越坚
党组书记　李泽明
副书记　周招社
纪检组长　叶智聪(女)
副组长　邹胜忠(-2007.11)

市人民政府工作部门及负责人

办公室
主　任　黄纯诚(-2007.5)　詹永枢(2007.5-)
副主任　戴成贵(-2007.8)　王仁博(2007.8-)
　　　　赵典霖(-2007.3)
党组书记　李金寿(-2007.4)　黄纯诚(2007.4-)
副书记　詹永枢(2007.4-)
纪检组长　黄松尧(-2007.7)

发展和改革委员会
主　任　卓高柱(-2007.5)　黄　河(2007.5-)
副主任　郑国惠　刘世安　梁　超　郭天军
　　　　张祖新(2007.8-)　丁建宇(2007.8-)
党委书记　卓高柱(-2007.5)　黄　河(2007.5-)
副书记　郑国惠
纪委书记　阎克学

经济贸易委员会
主　任　黄　河(-2007.5)　姜增尧(2007.5-)
副主任　李祖言　吴　坚　周新波　游聚森
　　　　周启政(2007.8-)　曹　剑(2007.7-)
党委书记　黄　河(-2007.5)　姜增尧(2007.5-)
纪委书记　卢小平(女)

教育局
局　长　林卫平
副局长　谢树华(-2007.5)　吴恕成　徐立泉
　　　　朱学新(女，-2007.5)　安　晋(女)
　　　　张志宏(2007.8-)
党委书记　林卫平
副书记　谢树华(-2007.5)
纪委书记　胡长林

科学技术局
局　长　王北铰
副局长　金作崇　徐竹良　金传顺
党委书记　王北铰
纪委书记　林　曙

民族宗教事务局
局　长　王　宁
副局长　王邦奎　金柏林　陈碎训
党组书记　王　宁
副书记　王邦奎

公安局
局　长　陈石春
副局长　苑卫平　徐蓬勃　张继烈　沈　强　陈锋进
党委书记　陈石春
副书记　苑卫平　陈登平
纪委书记　吴一剑

监察局
局　长　殷乐人(2007.5-)
副局长　廖福田(-2007.8)　张崇千　韩建海
郑　瀚(2007.8-)

民政局
局　长　周文珍(女)
副局长　钱　彬　蔡建胜　王朝掌
党组书记　周文珍(女)
副书记　钱　彬
纪检组长　陈鸣皋

司法局
局　长　徐昌桂
副局长　郑登福　涂志荣　詹振灼　程鸿伟
党委书记　徐昌桂
纪委书记　郑登福(-2007.1)　朱进龙(2007.1-)
副书记　王温临

财政局
局　长　石文秀(女，-2007.5)　李步鸣(2007.5-)
副局长　朱定钧　孙建伟
党组书记　石文秀(女，-2007.4)　李步鸣(2007.4-)
副书记　叶林竑
纪检组长　叶林竑

人事局
局　长　鲁广维(-2007.4)　王益琪(2007.4-)
副局长　陈玉多(女)　吴家斌　刘贤奎
党组书记　鲁广维(-2007.7)　王益琪(2007.7-)
副书记　陈玉多(女，2007.7-)
纪检组长　张利军

劳动和社会保障局
局　长　陈合和
副局长　杨日东　沈裕彭　褚卞娅(女)
徐　群(2007.8-)
党组书记　何素凤(女，-2007.4)　陈合和(2007.4-)
副书记　杨日东
纪检组长　徐　群(-2007.7)　叶朝胜(2007.7-)

国土资源局
局　长　刘允南
副局长　徐增培(-2007.1)　潘建炳　周晨晖　干祥岳
张建明(2007.3-)
党委书记　刘允南
副书记　徐增培(-2007.1)　潘建炳(2007.8-)
纪委书记　李爱琴(女，-2007.4)　金华军(2007.4-)

规划局
局　长　肖健雄
副局长　徐少云　黄伟龙　陈逸峰(-2007.4)
党组书记　肖健雄
副书记　陈逸峰(-2007.4)
纪检组长　蔡文云

建设局
局　长　陆光中
副局长　陈高鲁　戚永根　倪忠礼
党委书记　陆光中
纪委书记　周丽叶(女，-2007.7)
纪委组长　陈　俊(2007.7-)

市政园林局
局　长　王益琪(-2007.5)　郑锦春(2007.5-)
副局长　蔡震彬　吴洪广　周守权　赵文斌
总　工　蒋理江
党组书记　王益琪(-2007.5)　郑锦春(2007.5-)
纪检组长　徐建东

房产管理局
局　长　胡立同(-2007.5)　张纯一(2007.5-)
副局长　陈胜华　戴吉林　林其龙
党组书记　胡立同(-2007.5)　张纯一(2007.5-)
副书记　苏爱萍(女)
纪检组长　苏爱萍(女)

交通局
局　长　朱铁山
副局长　仇德俊　高广尘
总　工　徐锦栋
党委书记　朱铁山
纪检组长　李炳权

水利局
局　长　王育满(-2007.5)　林孝悌(2007.5-)
副局长　徐岩华　陈登星　王爱香(女)
王振勇(2007.8-)
总　工　王林素
党组书记　王育满(-2007.4)　林孝悌(2007.4-)
副书记　李尊然

农业局
局　长　叶春江(-2007.4)　方勇军(2007.5-)
副局长　周　辉　王蛟虎　王友松　陈志刚(2007.12-)

党组书记　叶春江(-2007.4)　方勇军(2007.4-)
副书记　周　辉
纪检组长　胡小琴(女)

林业局
局　长　廖秀枢(-2007.5)　徐顺东(2007.5-)
副局长　张新波　奚社基　白植剑
党组书记　廖秀枢(-2007.4)　徐顺东(2007.4-)
副书记　张新波

海洋与渔业局
局　长　黄　涛(2007.5-)
副局长　林传平　陈启海　陈海鹏　施曙亮(-2007.7)
陈元武(2007.12-)
党组书记　黄　涛(2007.7-)

对外贸易经济合作局
局　长　刘周晰(-2007.5)　苏向青(2007.5-)
副局长　陈玉平(-2007.5)　苏向青(-2007.5)　刘　铤
田　斌(2007.8-)　潘平平
党组书记　刘周晰(-2007.4)　苏向青(2007.4-)
纪检组长　张妙娟(女，2007.7-)

粮食局
局　长　方勇军(-2007.5)
副局长　何永平　蔡阳光　金炳松
党组书记　方勇军(-2007.4)
纪检组长　蔡阳光(2007.11-)

旅游局
局　长　张纯洁(2007.5-)
副局长　江巧弟　吴光福　陈秉辉
党组书记　张纯洁(2007.4-)

文化广电新闻出版局
局　长　瞿纪凯(-2007.5)　吴　东(2007.5-)
副局长　虞秋生　崔卫胜　赵松涛　徐顺聪
曾善育(-2007.12)
党组书记　瞿纪凯(-2007.4)　吴　东(2007.4-)
副书记　虞秋生
纪检组长　虞秋生

体育局
局　长　叶国良(-2007.5)　徐永敏(2007.5-)
副局长　潘可夫　朱跃斌　冯志良
党组书记　叶国良(-2007.5)　徐永敏(2007.5-)
纪检组长　彭永松

卫生局
局　长　夏爱华(女，-2007.5)　朱锦平(2007.5-)
副局长　胡爱党　程锦国　鲍小瓯
党委书记　夏爱华(女，-2007.5)　朱锦平(2007.5-)
副书记　张建民
纪委书记　张建民

人口和计划生育委员会
主　任　郑锦春(-2007.5)　吴存忠(2007.5-)
副主任　全碎莲(女)　王文亮　黄文献　娄绍光
党组书记　郑锦春(-2007.4)　吴存忠(2007.4-)

审计局
局　长　盖爱萍(女)
副局长　岑　利　赵有力　陈　健
党组书记　盖爱萍(女)
纪检组长　高玉凤(女)

统计局
局　长　蔡晓真(女)
副局长　陈纪勇　高　技
党组书记　蔡晓真(女)

环境保护局
局　长　叶钢炼
副局长　谢海平　周　震　朱　彬(2007.8-)
江成松(-2007.8)
党组书记　叶钢炼
副书记　谢海平
纪检组长　谢海平

城市管理行政执法局
局　长　杨速辉(-2007.5)　李世斌(2007.5-)
副局长　陈伟光(-2007.12)　王文一　陈聿强(-2007.7)
党组书记　杨速辉(-2007.4)　李世斌(2007.4-)
副书记　陈伟光
纪检组长　罗宏图(-2007.3)　陈　虹(2007.3-)

外事办公室
主　任　陈爱珍(女)
副主任　许　捷(女)
党组书记　陈爱珍(女)

侨务办公室
主　任　陈永聪
副主任　周三荣　周顺来　周海平
党组书记　陈永聪

法制办公室
主　任　王靖高
副主任　杨柏林　方海金　章剑青(-2007.8)
党组书记　王靖高
副书记　章剑青(-2007.7)

信访局

局　长　张国光(-2007.5)　杨　江(2007.5-)
副局长　陈晓甜(女)　杨继雄　金华军(-2007.5)
党组书记　张国光(-2007.5)　杨　江(2007.5-)

人民防空办公室(民防局)

主任(局长)　邱心川(-2007.3)　陈光元(2007.11-)
副主任(副局长)　吴长胜　赵汉荣
党组书记　陈光元(2007.11-)
副书记　吴长胜

政协第八届温州市委员会(-2007.3)

主　席　蒋云峰
副主席　王成云　谢惊春(女)　王德植　姜嘉锋　高育厅　朱贵远　谷定英　黄兆鸽　郑胜涛
秘书长　李　颖
常务委员(按姓氏笔画排列)
马大正　方小梅(女)　方勇军　王宗泽　王建中　包立群　厉育平　叶德明　白一舟　刘丐算　孙丽雅(女)　孙绍丁　孙福荣　朱月瑜　朱世灝　朱维芳　许　捷(女)　余德松　吴恕成(侗族)　张大鹏　张文华　张立新　张旭耀　张国华　张美肴　李道銮　汪大望　沙培林　陈少波　陈呈新　陈崇杰　周玉英(女)　周　光　周爱平(女)　周德华　林可夫　林宪忠　范颂三　郑元忠　郑明新　郑朝阳(女)　信秋芳(女)　柳上淡　赵志雄　项加禄　夏克栋　奚德平　翁银巧　袁镇澜　诸葛柱　诸葛立淮　钱晓薇(女)　盛培林　符丕盛　黄作兴　黄和容(女)　谢树光　鲁爱民(女)　蓝春花(女，畲族)　虞友义　潘长旺　魏元喜　孙　毅(女)　周品英　夏珍瑞
副秘书长　张立新　诸葛柱　孙丽雅(女)　余德松　潘长旺　董伟光　李建敏(女)　孙　毅(女)　吴惠芳(女)　周有铭　陈良茶(女)
党组书记　蒋云峰
副书记　王成云

政协第九届温州市委员会(2007.3-)

主　席　包哲东
副主席　王成云　姜嘉锋　高育厅　朱贵远　谷定英　黄兆鸽　郑胜涛　戴祝水　夏克栋
秘书长　李　颖
常务委员(按姓氏笔画排列)
叶明德　包秀松　包其敏　朱维芳　刘丐算　刘国华　刘周晰　安　晋(女)　许　捷(女)　孙　毅(女)　孙丽雅(女)　孙绍丁　孙福荣　李祖言　杨高云　吴永光　吴圣理　吴惠芳(女)　邱心川　余献光　余德松　余薛民　汪廷汉　张　静(女)　张小燕(女，满族)　张文华　张立新　张汉鸣　张旭耀　张贤良　张筱骅　陈　锋　陈永光　陈呈新　陈良茶(女)　陈瓯平　陈崇杰　林宪忠　林淑玲(女)　周　光　周　辉　周有铭　郑明新　郑翠苹(女)　赵志雄　赵降英(女)　胡立井　信秋香(女)　施艾珠(女)　袁镇澜　钱晓薇(女)　翁银巧　黄　敏　黄林华　黄和容(女)　符丕盛　彭　星　董伟光　释芳振　谢树光　雷朝阳(畲族)　虞友义　蔡贻象　潘长旺　魏元喜
副秘书长　黄加劲　余德松(兼)　曹　强(兼)　董伟光(兼)　孙　毅(女，兼)　李建敏(女，兼)　周健民(兼)　周有铭(兼)
党组书记　包哲东
副书记　王成云

市政协工作部门及负责人

办公室

主　任　诸葛柱(-2007.3)　李　颖(2007.3-)
副主任　黄加劲(2007.3-)　胡宝叉(2007.3-)

研究室

主　任　张立新(-2007.3)　陈瓯平(2007.3-)
副主任　李爱琴(女，2007.3-)

提案委员会

主　任　张美肴(-2007.3)　邱心川(2007.3-)

经济建设委员会

主　任　包立群(-2007.3)　刘周晰(2007.3-)
副主任　吴朝骞

科教文卫体委员会

主　任　魏元喜(-2007.3)
副主任　杨高云(-2007.3)　蒋露平(女，2007.3-)

人口资源环境保护委员会

主　任　周玉英(女，-2007.3)　林淑玲(女，2007.3-)

社会与法制委员会

主　任　夏珍瑞(-2007.3)　张立新(2007.3-)
副主任　陈　虹(女)

文史资料委员会

主　任　诸葛立淮(-2007.3)　杨高云(2007.3-)

港澳台侨委员会

主　任　朱世灝(-2007.3)　陈永光(2007.3-)

中国人民解放军浙江省温州军分区

司令员　乔吉林(-2007.5)　蒋忠良(2007.6-)
政治委员　郭登明
副司令员　张茂生

参谋长　　王　超
副参谋长　李晓群
政治部主任　刘国华
副主任　　潘锦雷(-2007.4)　沈业之(2007.3-)
后勤部部长　舒巧鸿
副部长　　陈晓敏
党委第一书记　王建满
党委书记　郭登明
副书记　　乔吉林(-2007.5)　蒋忠良(2007.7-)
纪委书记　刘国华
副书记　　李晓群　潘锦雷(-2007.4)
　　　　　沈业之(2007.4-)　陈晓敏

温州市各民主党派和工商联现届领导成员

民革温州市委员会

主　委　王小同
副主委　余德松　何金彩(女)　蔡贻象　诸爱珍(女)
秘书长　余德松(兼)

民盟温州市委员会

主　委　　潘长旺
副主任　　李树河　叶明德　曹　强　方　青(女)
秘书长　　曹　强(兼)

民建温州市委员会

主　委　　朱贵远
副主委　　高天乐　徐育斐(女)　金克明

民进温州市委员会

主　委　　夏克栋
副主委　　周德文　董伟光　林济晚　叶育登
秘书长　　吴耀东

农工党温州市委员会

主　委　　谷定英
副主委　　李雪芬(女)　连庆泉　孙　毅(女)　褚　坚

致公党温州市委员会

主　委　　盛培林
副主委　　陈青墨　许　捷(女)　李建敏(女)

九三学社温州市委员会

主　委　　黄兆鸽
副主委　　陈国龙　陈良荼(女)　周健民
秘书长　　林华鸣

温州市工商联执行委员会

主　席　　郑胜涛
副主席　　徐强中　王心阜　周有铭　吴宇东　南存辉
　　　　　胡成中　尤小平　陈国荣　余进华　曾士周
　　　　　胡玲玲(女)　郑永强　孙绍丁　郑晨爱　黄作兴
　　　　　周大虎　邱光和
党组书记　徐强中

温州市主要群众团体及负责人

温州市总工会

主　席　　戴祝水
副主席　　王建中　叶忠华　余爱玉(女)　童裳显
党组书记　戴祝水
副书记　　王建中

共青团温州市委员会

书　记　　徐　晓(女)
副书记　　黄　敏　王彩莲(女)　林万乐
党组书记　徐　晓(女)

温州市妇女联合会

主　席　　何献敏(女)
副主席　　许若真(女)　赵降英(女)
党组书记　何献敏(女)

温州市科学技术协会

主　席　　吴持平
副主席　　周益好(女)　瞿　佳　陈敬南　谢树华　金传顺
　　　　　张志东
党组书记　吴持平

温州市文学艺术界联合会

主　席　　郑朝阳(女)
副主席　　钟求是　吴琪捷　徐顺聪　金文平
党组书记　王祖共
副书记　　钟求是

温州市社会科学界联合会

主　席　　周品英
副主席　　洪振宁　马大康　谢　浩　蒋省三　南存辉

温州市残疾人联合会

理事长　　林联初
副理事长　王光净　吴小平(女)
党组书记　林联初

温州市归国华侨联合会

主　席　　王成云
副主席　　陈永光　郑珍存　李国胜　胡福林　翁银巧
　　　　　陈青墨　黄品松　陈国华　蔡长木
秘书长　　刘来芎
党组书记　陈永光(-2007.4)

温州市老龄工作委员会

主　任　　冯志礼(-2007.1)　黄德康(2007.1-)
副主任　　陈光元　周文珍(女)　沈　伟

何素凤(女，-2007.1)　陈合和(2007.1-)
徐伟中(2007.1-)

温州市关心下一代工作委员会
主　任　韩文德
副主任　沈　伟　沙高利　戴成贵　毛马金　林可夫

县（市、区）级机构

鹿城区机构
中共温州市鹿城区第七届委员会
书　记　杨湘洪
副书记　余中平　王易进
常　委　李江晖　贾焕翔　匡连庭(-2007.4)　卢智远
李　震　赵智展(女)　肖石龙(2007.4-)
沈　敏　徐　强　章公华

中共温州市鹿城区纪律检查委员会
书　记　卢智远
副书记　王敬东　郑建西

温州市鹿城区第六届人大常委会(-2007.1)
书　记　章新民
副书记　王一曼(女)　许德忠　张纯浙　李建花(女)
陈　洁(女)

温州市鹿城区第七届人大常委会(2007.1-)
主　任　吴海燕(女)
副主任　李建花(女)　陈　洁(女)　王丽峰(女)
林瑞荣　王长青　项旭光

温州市鹿城区人民政府
区　长　余中平
常务副区长　贾焕翔(2007.1-)
副区长　赵　峰(-2007.7)　沈　敏　项伟胜(2007.7-)
黄夏日　李无文　吴文玲(女)　伍　挺(2007.1-)

政协温州市鹿城区第六届委员会(-2007.1)
主　席　金宝禄
副主席　周美新　王邦志　金祥佐　陈国琴(女)　王丽峰(女)

政协温州市鹿城区第七届委员会(2007.1-)
主　席　张立东(女)
副主席　王邦志　张黎华　陈国琴(女)　庄建中
胡小萍(女)　王丽丽(女)

温州市鹿城区人民法院
代院长　陈有为(-2007.1)
院　长　陈有为(2007.1-)

温州市鹿城区人民检察院
检察长　程兰生

温州市龙湾区机构
中共温州市龙湾区第六届委员会
书　记　王祖焕
副书记　陈玲玲(女)　周　赞
常　委　王爱光　施德扩　鲁爱民(女)　陈　健
徐国信　王忠立　邱小侠(女)　郑建忠

中共温州市龙湾区纪律检查委员会
书　记　鲁爱民(女)
副书记　郭建超　丁宗河

温州市龙湾区第五届人大常委会(-2007.2)
主　任　殷乐人
副主任　殷国兴　金昌洪　章方松　蒋炳发　刘敏波

温州市龙湾区第六届人大常委会(2007.2-)
主　任　王祖焕
副主任　殷国兴　胡志升　蒋炳发　章方松　陈文斌

温州市龙湾区人民政府
区长　陈玲玲(女，2007.2前为代区长)
副区长　诸松华(-2007.2)　方志方　邱小侠(女，-2007.2)
王忠立　黄阳栩　朱新力　卢剑平(女)
王爱光(2007.2-)　张光羽(2007.2-)

政协温州市龙湾区第二届委员会(-2007.2)
主　席　朱文松
副主席　马爱光　高仁义　王庆丰　陈　敏　张光羽

政协温州市龙湾区第三届委员会(2007.2-)
主　席　诸松华
副主席　陈　敏　黄秀清　吴南友　林春霞(女)
胡郑梅(女)　周筱云(女)

温州市龙湾区人民法院
院　长　林　跃

温州市龙湾区人民检察院
检察长　陈士民(2007.2前为代检察长)

温州市瓯海区机构
中共温州市瓯海区第七届委员会
书　记　谢再兴
副书记　胡剑谨(女)　陈芳铭
常　委　吴宏儒　徐　淼　张纯芳　张文伟　李志坚
黄显标　项有国　王人杰

中共温州市瓯海区纪律检查委员会
书　记　黄显标
副书记　张启成　凌胜康

温州市瓯海区第六届人大常委会(-2007.1)
代主任　唐元清
副主任　陈占克　陈良茶(女)　林玉昆　卢臣贤　王益平

温州市瓯海区第七届人大常委会(2007.1-)
主　任　项岳华
副主任　南宪伟　林金祥　陈良茶(女)　卢臣贤　王益平
林成福

温州市瓯海区人民政府
区　长　胡剑谨(女)
副区长　吴宏儒　徐　淼　林金祥(-2007.1)　林宝新
江少勇　徐欣隆　李　康　王素贞(女)
周一富(挂职，2007.4-)

政协温州市瓯海区第六届委员会(-2007.1)
主　席　虞文成
副主席　郑元兴　李延桂　潘望明　李　康

政协温州市瓯海区第七届委员会(2007.1-)
主　席　虞文成
副主席　郑元兴　陈锦荣　黄松柳(女)
沈岩明　王晓康(女)

温州市瓯海区人民法院
院　长　陈　晔

温州市瓯海区人民检察院
代检察长　陈寿国(-2007.1)
检察长　陈寿国(-2007.1)

乐清市机构
中共乐清市第十二届委员会
书　记　黄正强
副书记　潘孝政　郑建海
常　委　王　军　胡松权　邹跃新　陈胜峰
张亨利　朱赛月(女)　吴云峰(2007.1-)
连新良(2007.1-)　张德玉(-2007.4)
薛克风(2007.4-)

中共乐清市纪律检查委员会
书　记　邹跃新
副书记　赵顺鹏　杨建光

乐清市第十三届人大常委会(-2007.2)
主　任　周必华
副主任　张国谦　王建华(女)　倪蓉棣
朱赛月(女)　张亨根　陈景飞

乐清市第十四届人大常委会(2007.2-)
主　任　赵乐强
副主任　王建华(女)　周素芬(女)　周明涛
倪蓉棣　张亨根　陈景飞

乐清市人民政府
市　长　潘孝政
副市长　章纪泉(-2007.2)　王　军　吴建华(-2007.2)
周素芬(女，-2007.2)　林培根(-2007.2)
周明涛(-2007.2)　陈向东　胡晓翔
王家华　方　青(女，2007.2-)
李银巧(2007.2-)　胡成剑(2007.2-)

政协乐清市第十届委员会(-2007.2)
主　席　张国谦
副主席　陈俊懋　倪德西　杨书元　李　丹　方　青(女)

政协乐清市第十一届委员会(2007.2-)
主　席　章纪泉
副主席　杨书元　李　丹　徐　扬　谷燎原　陈亦殊(女)

乐清市人民法院
院　长　丁筱海

乐清市人民检察院
代检察长　黄曙峰(-2007.2)
检察长　黄曙峰(2007.2-)

瑞安市机构
中共瑞安市第十二届委员会
书　记　葛益平
副书记　蒋珍明　叶世林
常　委　洪文滨　叶建辉　郑邦良　项国生　朱荣娒
吴娜丽(女)　杨文龙　叶望庆　江孟甫

中共瑞安市纪律检查委员会
书　记　洪文滨
副书记　王育伦　钱世安

瑞安市第十三届人大常委会(-2007.1)
副主任　孔素素(代理主任，女)　盛志荣　王庆秋
江小娜(女)　高　潮

瑞安市第十四届人大常委会(2007.1-)
主　任　张女珍(女)
副主任　盛志荣　姚松鹤　王庆秋　江小娜(女)　王建东
高　潮

瑞安市人民政府
市　长　蒋珍明(2007.1-)
副市长　蒋珍明(代理市长，-2007.1)　姚松鹤(-2007.1)
叶建辉　朱荣姆(-2007.1)　林济晚
郑邦良(2007.1-)　蒋良奉(2007.1-)
管秀云(女，2007.1-)　方　晖(2007.1-)
武爱民(-2007.1；2007.3-)
陈　林(-2007.1；2007.4-)
吴娜丽(女，-2007.1)

政协瑞安市第十届委员会(-2007.1)
主　席　张女珍(女)
副主席　张升潮　王建东　蔡永淼　王翠珠(女)　赵志雄

政协瑞安市第十一届委员会(2007.1-)
主　席　白一帆
副主席　张升潮　蔡永淼　王翠珠(女)　赵志雄　黄长安
方小梅(女)　陈良明

瑞安市人民法院
院　长　赵建华

瑞安市人民检察院
代检察长　黄清钰(-2007.1)
检察长　黄清钰(2007.1-)

永嘉县机构
中共永嘉县第十一届委员会
书　记　卢春中
副书记　王立彤　颜华跃
常　委　李爱燕(女)　周朝明(-2007.4)　狄鸿鹄
王　造　黄　波(女)　陈建良　金叶斌　郑秋文
林志保(2007.4-)

中共永嘉县纪律检察委员会
书　记　狄鸿鹄
副书记　季健中　夏宗明

永嘉县第十三届人大常委会(-2007.2)
代主任　潘浪国
副主任　阮全根　徐宗仓　金行知　叶际开

永嘉县第十四届人大常委会(2007.2-)
主　任　汪大清
副主任　潘浪国　金行知　陈志斌　吕庆行　胡明杰
王国强

永嘉县人民政府
县　长　王立彤(2007.2-)
代县长　王立彤(-2007.2)
副县长　李爱燕(女)　谢崇福(-2007.2)
金叶斌(-2007.2)　郑秋文(-2007.2)
陈建良　郑小小　朱　鲲　周星柱(2007.2-)
金丐旦(2007.2-)　叶正社(2007.2-)

政协永嘉县第七届委员会(-2007.2)
主　席　汪大清
副主席　郑伯西　陈柏林　吴志泽　胡道涨

政协永嘉县第八届委员会(2007.2-)
主　席　谢崇福
副主席　郑伯西　吴志泽　厉明富　许　瓯　金美秋(女)

永嘉县人民法院
代院长　周　丰(-2007.2)
院　长　周　丰(2007.2-)

永嘉县人民检察院
代检察长　张纯亮(-2007.2)
检察长　张纯亮(2007.2-)

洞头县机构
中共洞头县第九届委员会
书　记　任玉明
副书记　姜长才　董庆华
常　委　苏友灿　许益伟　童洪兴　邱溢鹏　赖晓华(女)
尤业先　黄建省

中共洞头县纪律检查委员会
书　记　童洪兴
副书记　吕子山　蔡柔雄

洞头县第十一届人大常委会(-2007.2)
代主任　叶永辉
副主任　陈欣欣　叶国胜

洞头县第十二届人大常委会(2007.2-)
主　任　任玉明
副主任　叶永辉　叶国胜　褚建华　林海珊(女)

洞头县人民政府
县　长　姜长才(2007.2-)
代县长　姜长才(-2007.2)
副县长　苏友灿　张均林　赵乐平　李长江　林　琼(女)
邱海华(2007.2-)

政协洞头县第五届委员会(-2007.2)
主　席　苏彩环
副主席　林汉琴　杨志林　颜贻意

政协洞头县第六届委员会(2007.2-)
主　席　苏彩环

副主席　林汉琴　吴金弟　杨艾立(女)

洞头县人民法院

院　长　杨际平

洞头县人民检查院

代检察长　郑建胜(-2007.2)

检察长　郑建胜(2007.2-)

文成县机构

中共文成县第十一届委员会

书　记　吴开锋

副书记　谢作雄　朱云华

常　委　刘　峰　刘玲玲(女)　朱　敏　李维中　胡永锋　卢　斌　吴高宏

中共文成县纪律检查委员会

书　记　胡永锋

副书记　蒋东海　赵　华(-2007.4)　张贤珠(2007.6-)

文成县第十三届人大常委会(-2007.2)

主　任　陈作荣

副主任　陈永造　陈思成　周文锋　吴宇凌(女)

文成县第十四届人大常委会(2007.2-)

主　任　徐世征

副主任　周文锋　吴宇凌(女)　陈永富　李建业

文成县人民政府

县　长　谢作雄(2007.2-)

代县长　谢作雄(-2007.2)

副县长　刘　锋　钟信友　吴高宏(-2007.2)　郑建华　林　霄　刘华侃　刘金红(女，2007.2-)

政协文成县第六届委员会(-2007.2)

主　席　徐世征

副主席　郑国启　钟维枢

政协文成县第七届委员会(2007.2-)

主　席　刘建忠

副主席　吴育民　林乐融　张真聪　余云初

文成县人民法院

院　长　陈卫国

文成县人民检察院

检察长　江红鹰(女)

平阳县机构

中共平阳县第十一届委员会

书　记　仇杨均

副书记　黄安波　亓　宾

常　委　徐定锦　林亦俊　王　丹(女)　李　伟　朱建云　朱建和　陈景宝　申卫国

中共平阳县纪律检查委员会

书　记　朱建和

副书记　李文华　王筱媚

平阳县第十三届人大常委会(-2007.1)

主　任　戴祝水(-2006.11)

副主任　黄宝磊　林昌桐　金　腾　陈绍者　周世好　蔡荣贤

平阳县第十四届人大常委会(2007.1-)

主　任　仇杨均

副主任　胡方勇　周世好　蔡荣贤　林天思　温林琴　方　靖

平阳县人民政府

县　长　黄安波(2007.1-)

副县长　黄安波(代理县长，-2007.1)　徐定锦　陈景宝　雷文多　麻胜聪　汤筱疏　曾上俊　胡方勇(-2007.1)　林立军(-2007.1)　陈应许(2007.2-8)

政协平阳县第十二届委员会(-2007.1)

主　席　王纪树

副主席　孙瑞庆　苏　腾　陈少越(女)　伍兆澄　蔡萌芽　陈建初

政协平阳县第十三届委员会(2007.1-)

主　席　孙瑞庆

副主席　林立军　苏　腾　陈少越(女)　蔡萌芽　陈建初

平阳县人民法院

院　长　王旭东

平阳县人民检察院

检察长　赵卫华

泰顺县机构

中共泰顺县第十二届委员会

书　记　陈　浩

副书记　陈建明　雷文东(畲族)

常　委　胡荣登　肖石龙(-2007.4)　夏晓鸿　董智武　诸正平　曾绪贤　卢　嫦(女)　周秀松　郑照明(2007.4-)

中共泰顺县纪律检查委员会

书　记　诸正平

副书记　何学文(-2007.5)　周仕姜(2007.5-)

罗向军

泰顺县第十三届人大常委会(-2007.1)

代理主任　钱庆法

副主任　张　平　蓝旭锋(畲族)

泰顺县第十四届人大常委会(2007.1-)

主　任　夏志笔

副主任　张美爱(女)　吴久赖　蔡贻望

泰顺县人民政府

县　长　陈建明

副县长　胡荣登　夏晓鸿　许映霞(女)

张美爱(女，-2007.1)　张　平(2007.1-)

吴周富(2007.1-)　谢逢越(2007.1-)

雷全勉(畲族，2007.1-)

政协泰顺县第六届委员会(-2007.1)

主　席　夏志笔

副主席　张超成　吴久赖　蔡贻望

政协泰顺县第七届委员会(2007.1-)

主　席　钱庆法

副主席　洪碧玲(女)　张超成　钱克忠　薛海华(兼，女)

泰顺县人民法院

院　长　潘光林

泰顺县人民检查院

检察长　张胜海

苍南县机构

中共苍南县第七届委员会

书　记　章方璋

副书记　黄寿龙　张洪国

常　委　林晓峰　钱招才(-2007.4)　李建军(2007.4-)

郑宏国(女)　徐　斌　姜迪清　陈力同　戴嘉宝

邱华萍(女)　汤宝林

中共苍南县纪律检查委员会

书　记　徐　斌

副书记　叶茂孝　林炳义

苍南县第七届人大常委会(-2007.2)

主　任　余梅生

副主任　陈思炎　杨成秋　陈德宝　陆福友　林秀政

高亚男(女)

苍南县第八届人大常委会(2007.2-)

主　任　苏庆明

副主任　蓝德超(畲族)　王宗泽　高亚男(女)

陈孝沈　温兴华

苍南县人民政府

县　长　黄寿龙(2007.2-)

副县长　黄寿龙(代理县长，-2007.2)　林晓峰

邱华萍(女)　王宗泽(-2007.2)

蓝德超(畲族，-2007.2)　张传君(-2007.2)

戴嘉宝(-2007.2)　吴宏宇(-2007.2)　董旭斌

黄锦耀(2007.2-)　丁振俊(2007.2-)

章月影(女，2007.2-)　林森森(2007.4-)

政协苍南县第七届委员会(-2007.2)

主　席　雷必贵(畲族)

副主席　冯兴钱　孙绍丁　陈孝沈　李立民

政协苍南县第八届委员会(2007.2-)

主　席　杨成秋

副主席　张传君　冯兴钱　孙绍丁　李立民　尤祖铭

于春华(女)

苍南县人民法院

院　长　戎小平

苍南县人民检查院

代检察长　梅山群(-2007.2)

检察长　梅山群(2007.2-)

农村经济

综　述

2007年，温州市农林牧渔业总产值118.94亿元，同比增长0.8%。农民人均纯收入8591元，增长13.9%，增幅分别高出城市、城镇居民人均可支配收入1.7个和3.5个百分点。

农业结构调整。农作物总播种面积247.23千公顷，比上年减少10.7千公顷，下降4.1%。其中粮食播种面积152.00千公顷，下降5.9%。粮食总产量71.15万吨，减少19.4%。经济作物中，水果、茶叶、油料等作物增产，蔬菜、糖料等作物减产。肉类产量11.21万吨，比上年增长10.3%，猪肉、牛肉、禽肉供应有不同程度增加。年末生猪、家禽存栏上升，牛、羊等存栏下降。水产品总产量63.07万吨，比上年增长0.3%，其中海洋捕捞、海水养殖产量基本与上年持平，淡水渔业产量略有增长。有17个中国“特产之乡”，形成畜牧、蔬菜、水果、水产养殖、茶叶等十大主导产业，基地面积为150万亩。瓯海、龙湾丁岙杨梅、瑞安东魁杨梅、苍南四季柚、永嘉早香柚分别获浙江省十大精品杨梅和十大名牌柑桔称号。创建特色产业强镇16个。造林面积676公顷，发展经济林基地35公顷，幼林抚育面积2514公顷，四旁零星植树210.18万株。退耕还林面积17.4公顷。加强森林资源保护，木材采伐量5.52万立方米，比上年减少42.5%。有4个乡（镇）、18个村被命名为省级第二批兴林富民示范镇和示范村，建设花卉、毛竹、板栗、油茶、杨梅、马蹄笋和中药材等基地面积57 030亩。

农业产业化经营。新增市级“百龙工程”龙头企业28家，新建农民专业合作社291家。累计发展农民专业合作组织1015家，拥有会（社）员5.33万人，其中农民专业合作社902家。农产品注册商标300余个，其中，国家驰名商标1个，国家级名牌农产品1个，浙江名牌产品29个，温州名牌产品75个。

农村产业发展方式转变。扶持中小企业创业基地10个，完成农村标准厂房建设226万平方米。乡镇企业增加值和出口交货值比上年分别增长28%和20%。乡镇连锁超市覆盖率达100%，村级连锁便利店覆盖率达5.94%。新创建市级以上农家乐特色村(点)34个，省级农家乐示范村（点）9个，评定三星级以上经营户120家。有农家乐休闲旅游村86个，

主要农产品产量

指　标	2007年	比上年增长%
粮食产量（万吨）	71.15	-19.4
水果产量（万吨）	38.46	1.9
园林水果（万吨）	13.87	5.3
蔬菜产量（万吨）	135.37	-0.5
糖料产量（万吨）	3.70	-8.0
茶叶产量（万吨）	0.40	17.6
油料产量（万吨）	0.75	2.7

主要畜牧产品

指　标	2007年	比上年增长%
肉类产量（万吨）	11.21	10.3
猪肉产量（吨）	72 114	3.8
牛肉产量（吨）	2284	11.1
禽肉产量（吨）	33 218	28.7
牛奶产量（吨）	27 614	7.5
禽蛋产量（吨）	57 009	11.4
年末生猪存栏（万头）	61.43	4.9
年末牛存栏（万头）	3.62	-4.2
年末羊存栏（万头）	11.58	-8.4
年末家禽存栏（万只）	1330.26	23.5

渔业生产情况

指　标	2007年	比上年增长%
水产品总产量（万吨）	63.07	0.3
海洋捕捞	48.10	0.4
海水养殖	12.30	持平
淡水产品	2.67	0.8
海水养殖面积（千公顷）	21.92	0.6
淡水养殖面积（千公顷）	15.65	-0.3

旅游点521个，经营户2385户，从业人员12 986人，全年共接待游客502.4万人，经营收入2.4亿元。

农村劳动力素质培训。落实农村劳动力素质和外来务工人员培训资金5000多万元，完成农村劳动力培训17.3094万人，完成年度计划任务数的119.4%，其中培训专业农民2.851万人、转业农民5.2066万人、务工农民7.6241万人、预备劳动力1.972万人，职业资格证书发证率为75.5%，培训转移率为73%。4年累计共培训农村劳动力77.6万人。

农村新社区建设。实施“千村整治，百村示范”工程，开展“农村环境卫生大整治”活动，新评定市级全面小康示范村77个，完成整治村614个，创建规范化农村新社区36个。5年累计完成村庄整治1708个，建设全面小康示范村207个。整治河道290公里，新建乡镇垃圾中转站30个。建成全国环境优美乡镇8个，省级生态乡镇30个，市级生态乡镇77个，市级生态村333个，省级绿化示范村24个。完成畜禽规模场治理71个，生活污水治理村93个。

农村社会事业。开展“攻三通、破三难”行动。投资65 062万元，建成通村公路里程2406.1公里，等级公路通村率达95%，客运班车通村率达75.63%。解决农村饮水不安全人口25.68万人。新完成农村电气化试点村609个。实施新农村新校园建设工程，建设学校操场100个，厕所200个，卫生保健室800个，围墙3.4万平米。乡镇卫生院“新六件”配置完成1354件，三大类12项公共卫生服务综合达标率达86.88%。新型农村合作医疗参合率达84.73%，两年一次农民健康体检率达65.72%。组织1643场下基层演出，放映31 174场农村电影，播出19个自办对农或涉农广电栏目，新增550个行政村有线广播电视联网。扶持小康体育村850个，农村五保对象集中供养率为92.9%，集中供养农村五保对象医疗补助到位率为100%。被征地农民生活保障参保人数30.23万人，比上年增加27.25万人，增长914.4%。农村低保参加人数11.4万人。

欠发达地区发展。深化“139富民攻坚计划”，落实“1+8”帮扶政策。全市139个欠发达乡镇农民人均纯收入为4767元，有137个欠发达乡镇农民人均纯收入超过全国农民人均纯收入。新建下山脱贫小区、点68个，续建69个，完成投资3.1亿元，搬迁6307户26 069人。浙江2007年山海协作工程系列活动在温州市举行。实际完成项目59个，协议总投资41.23亿元，实现协作项目资金3.69亿元。

农村综合改革。完成5个村的社区股份制改革。政策性农村住房保险参保面为92.95%。瑞安、乐清、龙湾三市（区）农业保险试点进展顺利，各试点品种大户参保面109.73%。全市信用社的“三农”贷款比重为71.89%，年末支农贷款余额260亿元，各项支农贷款新增48.26亿元，增长率为22.8%，占全部贷款新增额的85%。

农村新型合作“三位一体”试点继续扩大。农村新型合作“三位一体”试点工作向苍南、乐清、永嘉三县（市）继续扩展，瑞安、永嘉、苍南、平阳、文成等5个县市建立农村合作协会或农民专业合作社联合社（会）。市本级及瑞安、乐清、苍南、永嘉均成立农信担保公司，5家担保公司总注册资金3300万元，除供销社出资外，各级财政共投入资金1382万元，为589家涉农企业及农户提供贷款担保1.13亿元，累计贷款担保达2.93亿元。

农村工作指导员制度。全市100%的乡镇推行乡镇专职驻村指导员制度，设立专职驻村指导员管理机构，其中乡镇专职驻村指导员4397名。派出第四批农村工作指导员6915名，其中市级127名、县级724名、乡镇级6064名。截至年底，各级农村工作指导员已经走访264 883家农户，召开座谈会13 210次，撰写调研报告1258篇，落实经济发展项目2517个，落实社会发展项目1290个，落实水电路基础设施项目1777个，扶持资金4982万元，捐赠物资价值708.3万元，调处矛盾纠纷2801起，避免（劝阻）集体上访或群体事件706起，制订（修订）村规章制度1875个，启动建设村级办公场所343个，村民活动场所382个，组织联系“三下乡”等活动297次。

新农村示范试点镇村建设。从2007年开始，计划用5年时间在全市建立2个示范试点镇和100个示范试点村，市财政当年安排1000万元专项资金予以支持，2007年市级首批2个示范试点镇和34个示范试点村启动。

千村千企结对共建新农村活动。为发挥民营企业发达的优势，缓解新农村建设资金矛盾，全市开展“千村千企结对共建新农村”活动。有2102家企业和1852个行政村进行结对共建，占总行政村数的34.3%，合作共建项目1914个，捐资投入1.03亿元。

国家级农业特产基地

中国茶叶之乡——泰顺县 1996年被国家农业部命名。2007年，茶叶产业强化茶果园和茶厂基础设施建设，推进标准化和无公害化生产。至年末，有省著名商标1个，省名牌农产品1个，市知名商标5个，市名牌产品5个，市知名商品1个。其中“三杯香”和“承天雪龙”的产量占全县名优茶总量的80%以上。全年，有茶园5.9万亩，其中良种茶园面积3.1万亩；年产茶叶2000吨，产值10 700万元，其中名优茶产量650吨，比上年增32.7%，名优茶产值6750万元，比上年增74%。

中国乌牛早茶之乡——永嘉县 1999年被国家农业部命名。因其特早上市，故名乌牛早茶，原产于永嘉县乌牛镇岭下村，有100多年栽培历史，是中国开采最早的茶叶优良品种之一。1985年开始改制扁型类名茶“永嘉乌牛早”。2002年“三五早”牌乌牛早获得国家绿色食品证书，“乌牛早”牌茶叶获得浙江绿色农业产品证书。2003年“春牛牌”乌牛早茶获得中国有机茶证书。2005年，在乌牛早茶产地罗东建立浙南早茶市场。2007年全县有茶园5万亩，生产名茶500吨，产值8000万元。

中国蘑菇之乡——苍南县 1999年被国家农业部命名。蘑菇主要产区有马站、沿浦、岱岭、蒲城、渔寮、赤溪、凤阳等乡镇。蘑菇已形成从菌种、生产、加工、销售、品牌等产业链，有苍南苍马菌种专业合作社、苍南天丰实业有限公司和马站蘑菇交易市场等多家农业龙头企业，产品有盐渍蘑菇、蘑菇真空软包装、蘑菇罐头、蘑菇酱油等，鲜菇畅销上海、苏州、杭州等地，盐渍蘑菇出口美国、日本、中东等国家与地区。2007年，蘑菇种植面积2100万平方尺，

随着近年来城市化进程的加快，农田越来越少，瓯柑种植面临危险。为确保“中国瓯柑之乡”名副其实，瓯海区对瓯柑产业采取了“西扩”的转移战略，引瓯柑上山种植，取得良好的效益。图为瓯海区泽雅镇瓯柑大丰收。

产资料

许白尤 / 摄

1. 瑞安市莘塍镇的水上瓜市。
2. 瑞安市平阳坑镇南山村家家户户做索面。
3. 瓯海区丽岙镇生态蔬菜基地。
4. 10月29日，洞头县霓屿乡下社村紫菜养殖户在晾晒紫菜。
5. 瓯海区丽岙镇花卉产业成规模化经营。

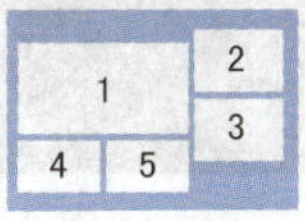

1. 1月18日，平阳县现代化养猪合作社成立暨基地落成。
2. 近年来，平阳县蛋鸽养殖业发展迅速，成为该县新的特色农业支柱产业。
3. 2月14日，永嘉县宣传部、环保局和文明办联合在该县西溪乡双进村举行“环保篮、大家提、建生态、齐努力”菜篮子进百村启动仪式，仪式现场300只菜篮子被双进村村民索取一空。

| 1 | 2 |
| 3 | |

产量2万吨，年产值10 920万元。

中国文蛤之乡——龙湾区 2005年9月被中国地区开发促进会命名。文蛤产业是龙湾区水产养殖业的支柱产业，已解决苗种繁育等产业瓶颈问题，建有全国最大的文蛤苗种人工培育基地和万亩文蛤养殖示范园区。2006年开始，龙湾区对34 591亩海水围塘养殖面积中的近3万亩进行养殖政策处理，因此以文蛤养殖为主的海水围塘养殖面积正在逐年缩小。由于近年来国外市场不稳定，导致文蛤出口产品价格大幅下滑。2007年，龙湾区有文蛤养殖面积1.31万亩，产量3080吨，产值3390.73万元。

中国杨梅之乡——龙湾区 2003年经中国特色之乡推荐命名委员会审批命名。中国杨梅优良品种产地之一，栽培历史已有百年，主要品牌有“丁岙”牌、“大岙溪”牌和“瑶溪”牌。2007年，开工建设龙湾高科技杨梅园区，范围涉及状元镇2个村和瑶溪镇2个村，以大岙溪、响动岩为主。全年全区有杨梅种植面积2.03万亩，年产量5357吨，年产值12 978万元。

中国马蹄笋之乡——平阳县 2004年被国家林业部命名。1700年前的东晋时期，平阳就开始栽植马蹄笋。现建有1个1.2万亩的浙江省森林食品基地，2个800亩种苗繁育中心，3个5000亩标准化推广示范园。成立马蹄笋产业协会，创办马蹄笋专业合作社，初步形成马蹄笋产供销、贸工农一体化的格局。“鸿雁”牌马蹄笋先后获国家无公害农产品、浙江名牌产品、浙江绿色农产品、浙江森林食品等称号。2007年，全县马蹄笋种植面积6.3万亩，年产量2.0万吨，产值1.1亿元。

中国杨梅之乡——瓯海区 2003年被中国特色之乡推荐命名委员会命名。丁岙杨梅原产于瓯海茶山镇丁岙，已有500年以上的栽培历史。曾获得第五届全国杨梅协作研讨会鲜果评比第一名，浙江省农博会金、银奖，温州市杨梅鲜果评比金奖。2006年4月，国家质检总局正式公布对丁岙杨梅产品实施地理标志产品保护。2007年，瓯海区有杨梅栽培面积3.7万亩，年产8300吨，产值7600万元。

中国四季柚之乡——苍南县 2003年，被中国特色之乡推荐命名委员会命名。四季柚原产浙江省苍南县马站一带，清朝乾隆年间由下魁村周氏农民从土柚的实生变异中选育而成，至今已有260多年的栽培历史，因其一年四季开花结果而得名。清朝中期，曾被列为“贡品”。1990年～1999年连续6年被评为全国柚类金杯奖，1992年、2002年被中国国际农业博览会确定为“中国名牌”产品。注册商标主要有“马站”、“蒲门”和“苍果”牌。2007年，四季柚种植面积16 540亩，年产量5800多吨，年产值4060万元。

中国紫菜之乡——苍南县 2003年，被中国优质农产品开发服务协会命名。紫菜养殖主要分布在沿海的沿浦、霞关、赤溪、龙沙、中墩、大渔6个乡镇。“迎春牌”紫菜获2001年浙江省渔博会银奖、2002年中国浙江国际农博会金质奖。近年来，不断创新紫菜的养殖技术与模式，开展紫菜良种繁育、丰产养殖、病害防治和加工技术研究和推广，使紫菜养殖形成为该县浅海滩涂养殖特色产业。紫菜产品远销京、津、沪、穗等地，并打入东南亚市场。2007年，紫菜养殖面积39 409亩，年产紫菜干品6040吨，产值1.4亿元。

中国席草之乡——苍南县观美镇 2003年，被农业部中国优质农产品开发服务协会命名。主要产区是以观美镇为中心的山区、半山区，具有300多年种植历史，也是全国最大的生产加工席草基地之一。以岭脚、中屿、桃湖3个示范区为中心，建成席草基地面积1万亩。研究和推广席草——晚稻轮植模式、席草病虫害防治技术、蔺草种植加工技术。“恒信”牌、“农盛”牌系列草编织产品远销欧美、东南亚等十几个国家及地区。2007年，席草基地总面积1.2万亩，产量960吨，席草及加工产品的产值2800万元。

中国瓯柑之乡——瓯海区 2003年被中国优质农产品开发服务协会命名。瓯海区自古以来盛产的柑桔，宋元明清时均被朝廷列为贡品。近年来，以三垟湿地为中心的连片基地是浙江省乃至全国瓯柑生产规模、技术水平、产业化程度最高的生产基地。瓯海瓯柑曾获得“2002年中国柑桔博览会金奖”，被选为第十一届亚运会专用水果，注册“瓯林”、“南仙洋”牌等商标。2007年，瓯柑种植面积2.08万亩，年产量3.5万吨，产值8050万元。

中国羊栖菜之乡——洞头县 2003年，被中国优质农产品开发服务协会命名。洞头县海岛礁石自古就盛产羊栖菜，1989年人工试养羊栖菜成功。有羊栖菜加工重点企业8家，90%的产品出口日、韩等国和欧美地区，占国内出口份额的90%以上，是全国唯一羊栖菜养殖、加工、出口基地。开发出即食羊栖菜、羊栖茶、羊栖菜酱、膨化羊栖菜、羊栖菜饮料等羊栖菜系列产品十多个，其中“金振”牌和“宝成”牌羊栖菜产品多次在省农博会和渔业博览会上获金奖和银奖。2007年，羊栖菜养殖面积14 763亩，年产干品菜8737.25吨，加工产值4880.47万元。

中国鲨鱼加工基地——乐清市蒲岐镇

2004年11月，被中国地区开发促进会命名。蒲岐镇的鲨鱼加工已有100多年的历史，现国内90%的鲨鱼经该镇进行分割加工，成为全国最大的鲨鱼集散地和加工基地。主要加工品种有虎鲨、青鲨、姥鲨、公子鲨、蓝鲨等，加工产品涉及鱼翅、鱼唇、鱼油、鱼皮、鱼软骨、鱼肉、鱼肚和鱼标本等9大类100多个品种。拥有“海中宝”、“海美鲜”、“李发盛”、“顶上”和 “海德力”等品牌。2007年，鲨鱼加工量为4800吨，产值2.5亿元。

中国泥蚶之乡——乐清市 2004年11月被中国地区开发促进会命名。乐清湾是国内泥蚶生产区，史料记载已逾1700年。泥蚶养殖主要分布在沿海10个乡镇，自北向南依次为湖雾、大荆、雁荡、清江、南塘、南岳、蒲岐、天成、乐成和翁洋镇。建有省级泥蚶良种场1家，中苗培育基地3000亩，无公害泥蚶养殖基地5000亩，泥蚶养殖示范园区近10家。2007年，泥蚶养殖面积1156.67公顷，年产量16 985吨。

中国牡蛎之乡——乐清市清江镇 2004年11月被中国地区开发促进会命名。1979年，国家首次从日本引进的太平洋牡蛎种在清江海区试养成功。清江建立了集苗种生产、加工冷藏、产品储运、科技研究、品牌宣传和行业协会管理于一体的较为完整的产业链。2002年建立浙江省内首家省级浅海牡蛎养殖示范基地。2007年，牡蛎养殖面积673.33公顷，产量1.38万吨。

中国马蹄笋之乡——瑞安市 2003年被农业部中国优质农产品开发服务协会命名。上世纪80年代初，马蹄笋作为罐头加工用笋，在瑞安鹿木、龙湖、马屿、高楼等乡镇建立生产基地，以后群众在四旁、滩涂等处自发大量种植。以鹿木、龙湖、梅屿3个示范园区为中心，建成特色基地面积1.2万亩。"瑞绿"牌马蹄笋先后荣获中国第三届竹业博览会金奖、中国浙江国际农业博览会优质奖、浙江省森林食品基地和浙江绿色农产品称号。2007年，马蹄笋栽培面积4.7万亩，年产约1.3万多吨，年产值4300多万元。

中国梭子蟹之乡——苍南县炎亭镇 2007年2月被中国地区开发促进会命名。炎亭渔业历史悠久，据载宋天圣二年(1024)，陈氏迁居炎亭，逐步发展捕鱼业。炎亭梭子蟹、蟹苗资源丰富，近30-40米深海区至外侧60米深处均有梭子蟹分布，是我国最重要的梭子蟹繁殖、栖息地之一。炎亭梭子蟹一般个重250～300克，大的有500多克，且体肥肉多、营养丰富。鲜食以蒸食为主，也可盐渍加工"炝蟹"、蟹酱。1973年炎亭梭子蟹首次销往日本。炎亭现为浙江省梭子蟹出口基地。2007年，梭子蟹捕捞产量约8吨。

农　业

概况 2007年，温州市农业总产值为118.9亿元，比上年增加10.1亿元，连续三年下滑以来首次实现总产值、增加值双增长。农村居民人均纯收入为8591元，比上年增长13.9%，首次超过城市居民年人均可支配收入的增幅。

农业产业结构优化 2007年，温州市实施"优势特色基地改造提升工程"，新建现代农业示范园区10个、市级优势特色农业基地40个、一村一品示范基地11个。粮食播种面积228万亩、总产71.2万吨，蔬菜播种面积100.1万亩，生猪饲养量181万头，家禽饲养量3787万羽，茶叶总产4024吨，水果总产21.95万吨。除粮食外，其余农产品产值、产量均较大幅度增长。粮经比例由上年的64.3∶35.7调整为63.1∶36.9。

农业产业化经营 2007年，温州市实施"百社五化"工程，新发展农民专业合作社146家，认定规范化农民专业合作社241家。实施"百龙工程"，新增市级农业龙头企业28家。开展农产品市场营销，组织参加2007年全国农博会、浙江农博会及浙江（上海）名特优新产品展销会，有45个产品获得省级以上农博会金奖。举办"乌牛早杯"第五届温州早茶节，承办"丁岙杯"全省第二届十大精品杨梅评选活动，瓯海的"大罗山"牌和瑞安的"高楼"牌杨梅获浙江省十大精品杨梅称号。新增省级名牌农产品5个、市级名牌农产品20个，"乌牛早"被评为国家驰名商标。

农业科技推广 2007年，温州市农技推广体制、畜牧兽医体制在完成市、县改革的基础上向乡镇推进，按时完成种子管理体制改革。实施"农业丰收计划"，推广先进实用技术项目37个，推广农技试验示范项目30个。抓好"百场千村"科技示范工作，创建县级以上科技示范场259个，培育主导产业示范村1400个、科技示范户3000名。推广农机具1327台套，推广水稻机插3.9万亩、机耕面积183万亩、机收142万亩。

动植物疫病防控 2007年，温州市出台重大动物疫病防控工作责任制，抓好高致病性禽流感、牲畜口蹄疫、猪瘟、高致病性猪蓝耳病以及鸡新城疫等疫病的免疫工作，免疫密度达100%。抓重大植物疫病的疫情普查和防控工作，加拿大一枝黄花、柑桔黄龙病等有害生物基本得到控制。

农产品质量安全 2007年，温州市开展农产品质量安全专项整治，发展无公害生产，新增省级无公害农产品产地38个、绿色食品13个、有机食品7个。

农业生态环境建设 2007年，温州市开展畜牧业排泄物整治，完成浙江省政府下达的71个规模畜禽养殖场排泄物治理任务，新建2个畜禽粪便收集处理中心。加强农村能源生态建设，完成生活污水净化沼气治理示范村93个，建成大中型沼气工程46处，农村清洁能源利用率为80%。以地力水平偏低的标准农田、旱（园）地及存在土壤障碍因子的农产品基地为重点，实施"沃土工程"、测土配方施肥行动和"减量控害工程"。

农业监管 2007年，温州市加强农业投入品和产出品市场监管，开展"绿剑"集中执法行动，严厉查处违法行为。以"三网三制"为重点，将农资企业纳入信用管理体系。查处加重农民负担案件。开展"千村审计"行动、"百村十镇示范点"创建活动，规范村级财务。深化农村土地承包纠纷仲裁，7个县（市）列为全国、全省农村土地承包纠纷仲裁试点单位。开展"平安农机"、"一十百千"创建、外地籍拖拉机专项整治等活动，做好农机警务室建设。

农业服务体系完善 2007年，温州市实施"农民信箱工程"，市、县、乡农民信箱联络站全部建立，行政村联络点建成率为98%，用户为20.8万户。实施"办好农业十件实事"活动，深化"农民之家"创建和科技"三下乡"活动，开展农技人员联基地、联企业、联大户"三联"活动。举办网上农业博览会和农业信息发布会，完善农技110，及时为农民提供产销信息。

农业基础地位巩固 2007年，温州市加强对粮食生产、主导产业、合作组织、外建基地等重大政策的研究，深化农业22个创新性课题的调研。着眼主要农产品的生产和供给，制定出台发展生猪生产、大力扶持冬种生产等政策。加大农业基础设施、科技推广应用、优势农产品基地等领域的支持力度。更大范围开通农产品运输"绿色通道"，开展政策性农业保险，减轻农产品流通成本和农业风险。

水利

概况 2007年，温州水利工作以防汛减灾保安全为中心，突出“515”防洪保安工程、重点围垦工程、水资源保障工程、新农村水利建设，强化水利规划和执法管理，各项工作取得较好的成绩。取得抗击9、13、16号强台风的胜利。16号台风在苍南登陆，实现人员零伤亡。水利建设完成投资24亿元，比上年增加14.3%，“515”工程、围垦工程等超额完成年度各项水利工程建设任务。市防汛防旱指挥部、市水利局分别获温州市抗台救灾先进集体等11项市级以上称号。

防汛防旱 2007年，温州市各地在1月中旬至3月上旬开展防汛自查。3月下旬至4月上旬，市防汛指挥部组织13支队伍开展防汛安全大检查，对检查中发现的40处安全隐患，限期整改。5月底各地开展预案演练。6月初，组织新闻单位一起开展防汛暗访活动，会同市监察局、市委督察室，分四组对未按要求整改的9处安全隐患点进行行政监察和督办。在温州日报上公布《2007年温州市小型水库及堤塘安全管理责任人名单》，对52项市管（包括省管）在建水利重点工程落实主要责任人和具体负责人。研究防御超强台风的各项措施，开展重要江河流域的调度系统建设，完成全市中型水库和小（一）型水库调度运行计划的审批。对全市100个重点防汛乡镇新任乡镇长进行防汛知识培训，向各重点乡镇、村（居）发放防台风知识挂图1万册，普及防台知识，增强群众防灾抗灾意识。

抗台救灾 2007年，有9号台风“圣帕”、13台风号“韦帕”、16号 “罗莎”3次强台风影响温州市。台风来临前，温州市水利局启动市水利局防汛应急工作预案，所有工作人员提前进岗到位。在台风来临时，部署和落实水利工程防御措施。对病险水库山塘实施24小时驻库巡查、观测。在台风登陆前，监控台风动向，及时采集、发布水情、雨情信息。3次台风，市、县两级防汛水利部门共召开21次防汛会商会，15次技术专家会，7次紧急电视电话会议。市水文站共接收水情电报8647份，向省防汛系统拍发三大江高低潮位资料555份。全市水库、河网预排预泄水量4.1亿立方米，拦蓄洪水约9.4亿立方米，没有发生水库山塘重大险情，没有出现标准海塘决口。在台风登陆后，及时成立抢险救灾指导组和技术服务组，检查指导水毁设施的抢修，把灾害损失减少到最低程度。在抗击9号台风“圣帕”中，转移人员239 813人，回港避风船只7618艘；抗击13台风号“韦帕”中，转移人员694 680人，避风船只7908艘。抗击16号台风“罗莎”中，转移人员694 680人，避风船只7908艘。

围垦造地工程 2007年，温州市围垦工程新开工3项5.97万亩，完成总投资7.39亿元，占年度计划的123.1%，完成投资额列浙江省第二位，基本完成三项工程（龙湾天城、瑞安阁巷、洞头状元南片）堵口任务，实现圈围目标任务。

“515”防洪工程 2007年，温州市“515”防洪工程调整和优化工程实施方案，优先实施28项重点实施项目。建立联系人制度，开展“百日攻坚”和技术服务周活动，推进工程建设。新开工建设“515”防洪工程5项，恢复施工两项，工程在建数达19项，完成投资13.1亿元，超额完成年度建设任务的2%，开工数、复工数和完成投资额创三年来最好成绩。

农民饮用水工程 2007年，温州市千万农民饮用水工程投入1.27亿元，解决饮水不安全人口25.7万人，超过市下达计划10万人的目标任务。

千库保安工程 2007年，温州市完成千库保安工程26座，累计完成95座，累计完成投资2.4亿元。开工建设苍南桥墩、乐清钟前两座中型水库除险加固工程。加强山塘水库安全管理，在3次强台风袭击中，全市病险山塘水库没有出现险情。

万里清水河道和小流域治理工程 2007年，温州市完成河道整治290公里。建设小流域重点堤防工程15公里。

清障拆违 2007年，温州市办理各类水事违法案件322件，开展河道清障活动141次，共拆除各类违章建筑物13.1万平方米。

水资源管理 2007年，温州市水利局编制完成《2006年度温州水资源公报》和《2006年水资源管理年报》，发布《温州市水资源质量通报》6期。换发取水许可证771件，审查水资源论证报告11件。征收水资源费2540万元，比上年增长25%。加大计量设施安装力度，新取水户计量安装率达100%，老取水户计量安装率达70%以上。加强地下水资源管理和保护，市区完成封井50口。

水土保持工作 2007年，温州市办理和审批开发建设项目水土保持方案599个，征收水土保持设施补偿费1230万元。全市开发建设项目水土保持方案编报率95%，水土保持方案的实施率90%。出动监查人员810人次，对479个项目进行监督检查，组织验收92项水土保持项目。社会各界投入水土保持资金近2亿元，完成水土保持治理面积147平方公里。

水行政审批 2007年，温州市本级水利窗口办理涉水项目审批166件，比上年增长24.8%。

水利工程运行管理 2007年，温州市编制18座中型水库控制运行计划，落实269座小（二）型以上水库安全管理巡查人员及责任制。完成$1m^3/s$以上流量水闸注册登记前期工作、6座电站机电检测和厂房洪水复核。瓯江翻水站向塘河供水近1亿方，改善温瑞塘河水环境。

水利工程建设管理 2007年，温州市市本级完成38项在建水利工程安全度汛方案审查，8项水利工程初步设计审批，转报审批项目6项，组织7项水利工程阶段验收和竣工验收；严格招投标管理，监管水利工程开标22次，累计标底额3.2亿元。

水利工程安全生产 2007年，温州市开展小水电、在建重点水利工程质量和安全生产大检查。全年没有发生重大安全事故。

水利规划 2007年，温州市水利局完成全市陆地水域调查，基本编制完成《全市城乡饮用水安全保障规划》和《温州市区供水水源地安全保障规划》。

水文工作 2007年，温州市水利局组织水文预测报工作，修订和完善洪水预报和风暴潮预报方案，完成全市水文站网改造、水文水毁工程和基本雨量站标准化建15处。开展水资源监测、调查评价、水资源论证和水文分析计算咨询，完成温州、丽水两地区24个水质监测站点的水环境监测和评价及全市62个水质站点的地表水资源质量监测任务。

水电勘测设计 2007年，温州市水电设计院完成勘测设计产值1150万元，比上年增长18%，文成县高岭头三级电站工程获2007年度温州市建设工程设计"瓯江杯"一等奖，永嘉县城楠溪江右岸防洪堤工程详细勘察获2007年度温州市建设工程勘察"瓯江杯"三等奖。

水利产业发展 2007年，温州市政府成立市水利投资有限责任公司，市财政一次性注资4亿元。市水利投资开发公司开展项目开发前期工作，初步形成宋埠一西湾围垦工程、珊溪水利枢纽向平苍引水工程投资开发合作方案。

水利宣传 2007年，温州市水利局开展"世界水日"、"中国水周"宣传活动。温州水利网站发布各类水利信息1977条，被省水利网站首页采用479条，被水利部中国水利网采用305条。开展"515"防洪保安工程集中采访周活动，报道温州市重点水利工程建设实施情况，制作完成"515"防洪保安工程建设电视专题片、工程分布图及工作手册，编发"515"工程及围垦简报40多期、领导参阅5期。

水产业

概况 2007年，温州渔业总产量63.1万吨，渔业总产出85.86亿元，其中，渔业第一产业产值45.04亿元。全市渔民人均收入8344元，劳均收入1.61万元。水产冷库104座，水产品加工总量和产值分别为21.7万吨和22.1亿元，其中，水产品加工出口总量为5.8万吨、出口创汇1.1亿美元。水产品交易市场5家，年交易量62.5万吨、交易额54.8亿元，同比分别增长13.4%和6.3%。全市重点渔业乡镇19个、渔业村188个，渔业户50 711户，渔业人口为183 486人，其中传统渔民82 470人、渔业劳力88 047人。温州市财政2007年安排1130万元用于扶持海洋与渔业发展，主要用于发展远洋捕捞、水产特色养殖、水产品加工与流通、休闲渔业等基地建设，改造和提升传统渔业。

海洋捕捞业 2007年，温州市海洋捕捞总产量48.1万吨、总产值23.69亿元，同比分别增长0.38%和3.61%。其中年捕捞产量在万吨以上的品种有带鱼、鲳鱼、鳗鱼、龙头鱼、马鲛鱼、鲐鱼、虾蛄、毛虾及其它虾类。年末，海洋机动渔船总计7072艘，总吨位233 328、总功率532 805千瓦，其中海洋捕捞渔船4328艘，总吨位204 280、总功率448 793千瓦，250马力以上渔船1382艘。

远洋渔业 2007年，乐清市天祥远洋渔业公司与马来西亚兴发集团公司合作的东马远洋渔业项目正式启动。根据项目规划，马方同意温州方三年内组织200艘大马力钢质渔轮，赴东马海域从事单拖作业；并计划建成年产鱼糜0.6万吨鱼糜加工厂、年产量1.5万吨冷冻经济鱼加工厂；三年可输出渔民1600人、加工人员1200人；预计年创汇可达1亿美元。至年末，共有23艘远洋渔船上报农业部审批，其中17艘获批。

水产养殖业 2007年，温州海水养殖产量12.3万吨、产值17.01亿元，同比分别增长－0.02%和4.66%；海水养殖总面积21 919公顷，同比增0.76%，其中浅海养殖8762公顷、滩涂养殖7568公顷、陆基养殖5589公顷，深水网箱养殖472只共76.56万立方水体。淡水养殖产量2.67万吨，产值3.33亿元，同比分别增长0.95%和5.14%；淡水养殖总面积为15 646公顷、同比减少0.43%，其中内塘1058.5公顷、山塘541.5公顷、外荡7843.2公顷、水库5727.2公顷；稻田养鱼面积9734公顷。加快水产养殖设施建设，新建深水网箱防浪设施2300米，完成标准鱼塘改造13 342亩。推行高效生态养殖模式，发展沟坑式稻田养殖，建设标准化示范点10个、综合性生态养殖示范村1个。实施种子种苗工程，建成国家级原良种基地1家、省级2家。

渔业产业化 2007年，温州扶持水产加工企业新产品、新技术的开发引进和水产品精深加工项目研发以及先进生产线的引进，累计投入技改资金达2.17亿元。重点培育发展渔业龙头企业，市级以上渔业龙头企业发展到38家，其中省级7家，国家级1家。渔业专业合作社增加到48家。争创名牌，市级名牌产品16个，省名牌产品6个（家），国家级名牌农产品1个（家）。

"华盛渔加1号" 2007年，瑞安华盛水产加工厂投资5600万元建造全国第一艘海上移动水产加工船"华盛渔加1号"。该船从日本引进3条国际先进水平的自动水产干制品加工流水线，可带领47对渔船出海作业，日处理渔获物15吨，预计年产值在5000万元以上。该船可对捕捞渔船的渔获物直接在海上进行收购、加工、出口创汇。

渔业安全生产管理 2007年，温州市渔业安全生产监管工作重点在政策法规宣传、渔民技能培训、执法监督检查、渔船检验签证、安全设施配备、管理系统建设和机制建立完善等各个环节上创新。全市共发生渔业安全生产事故37起，死亡（含失踪）22人，直接经济损失212.5万元，同比分别下降5.1%、21.4%和12.2%。全年渔业安全生产事故死亡人数指标控制数，没有突破省定死亡58人的指标，也没有发生死亡10人及以上特大事故，横向比浙江省最好，纵向比历史最低。

初级水产品质量安全监管 2007年，温州市开展水产品药物残留专项整治、苗种和水产品质量安全抽检等活动，全年抽检初级水产品样品325批次，合格率99%。开展"千场无公害、万户（船）信得过"活动，实施"双认证"工作，全年新报无公害基地29家、无公害产品

51个，全市无公害基地达65家、无公害水产品83个，省级水产品质量安全信得过单位444家，新上报142家。实施渔船卫生设施示范改造工程，全市改造渔船20艘。

渔业防台救灾 2007年，温州渔业连续遭受5次台风袭击和影响，全市渔业损失超过8亿元。其中第13号"韦帕"和第16号"罗莎"强台风先后登陆苍南县，造成全市渔业损失7.23亿元，其中水产养殖业受损最为严重、损失5.8亿元，渔港码头损失5196万元，水产加工损失2781万元，渔船沉没1105艘（小船1098艘）、受损1742艘、损失3000多万元；从沿海各地的受损情况看，苍南最为严重，两次台风渔业损失近4亿元，其中，紫菜、网箱等水产养殖业遭受重创。温州市渔业系统实施科学防台救灾，做到"零伤亡"，市海洋与渔业局获温州市抗台救灾先进集体称号。

海洋与渔业综合执法 2007年，温州市举办"2007护渔行动"暨"中国渔政33016船"首航仪式。加大海上巡查力度，执行伏季休渔制度，休渔率100%，完成伏休管理任务。开展增殖放流，有效养护和合理利用渔业资源。在渔政执法方面，检查渔船4331艘次，查处违规渔船1307艘，罚款总额310万元。海洋监察方面，组织检查444次，出动2299人次，同时出动海监执法艇65航次，检查项目214个，立案51宗，结案29宗，罚款总额达298万元，其中，温州海监支队共查处5个海洋违法案件（1个非法倾废案，2个非法采砂案，1个非法填海案及1个非法占海案），结案率100%，共处罚没款90多万元。

渔业业务培训 2007年，温州市开展渔业职业技能培训、安全员培训、水产养殖实用技术培训和转产转业渔民培训，共举办各类培训班100多期，受训人员1万多人次。其中，职务船员培训班11期，四等A类驾驶719人、轮机663人；四小证13期，共1530人；各县（市、区）培训四等B类及五等、安全员、基础船员共710人。

惠渔政策落实 2007年，温州市完成渔业互保保费1383.5万元，全年赔付379.5万元，赔付率27.4%。渔业油价补贴资金1.82亿元，比上年增加60%多。向水产企业提供鲜活农产品产地证明5万多份，节约费用达1000多万。

渔港体系建设 2007年，温州市召开全市标准渔港建设工作会议，成立市标准渔港建设领导小组及其办公室，制定出台《温州市人民政府关于加快以标准渔港为重点的渔港体系建设若干意见》（温政发[2007]59号），规定今后5年，市财政每年安排2000万元、共1亿元作为全市渔港建设配套资金，重点建设21个渔港（简称"5121渔港建设工程"）。沿海各县（市、区）均成立渔港建设领导机构，配套资金和相关政策得到落实，及时完成各地渔港规划的编制和上报工作，沿海6个县级渔港布局和建设规划评审工作完成。浙江省政府下达的温州（洞头）中心渔港、舥艚渔港和炎亭渔港等三大渔港建设工程有序推进。

渔船安全救助信息系统建设 2007年，温州市完善南麂基站设施建设，完成海洋与渔业执法船艇的卫星C站系统软硬件和渔船终端的安装，扩大全市终端配置试点范围，完成温州试点工程建设任务。重点抓好市、县两级渔政管理指挥中心的建设和维护，实施渔船实时定位监控系统建设，进行试点扩面，推广安装100艘。

海洋灾害预警预报系统建设 2007年，温州加强海洋监测网络体系建设，市级中心实验室新增设备仪器投入70多万元，监测项目从原来的60多项扩大到110多项。扩大赤潮监视监测志愿者队伍，赤潮应急监视监测累计出动近500人次，海上航程超1500公里，岸边监测超2000公里，获取数据1000多个。编发赤潮通报47期、120份，编发赤潮预报10期、30多份。

水生动物疫病监控体系建设 2007年，温州在10个县（市、区）开展9个重点水产养殖品种病害监测预报，设立监测点20多个，监测面积达10 000多亩。沿海6个县（市、区）加快落实防疫检疫机构、编制、经费等问题。

林　业

绿化造林 2007年，温州市完成绿化造林3371.6公顷，是省林业厅下达的3073.3公顷造林任务的109.7%。人工造林更新2859.7公顷，补植造林120公顷，封山育林（新封）1363公顷，中幼林抚育1366.7公顷，竹林低改250公顷，零星(四旁)植树190.1万株。

生态公益林建设 2007年，温州市生态公益林建成面积5.6万公顷，累计建成15.3万公顷。发放重点公益林损失性补偿资金2315.6万元，发放重点公益林管护人员劳务费630.3万元。发放市级生态公益林生态效益补偿资金500万元，市级标准由每公顷120元提高到150元。建立由林业部门建档造册、财政部门资金监管、金融部门设立银行帐户、补偿对象校准签收的补偿资金发放管理机制，构建22.3万公顷生态公益林管护体系。

兴林富民示范工程建设 2007年，温州市有4个乡（镇）、18个村被命名为省级第二批兴林富民示范镇和示范村，建设花卉、毛竹、板栗、油茶、杨梅、马蹄笋和中药材等基地面积3802公顷，其中新建基地面积 808.7公顷，改造基地面积 2986.7 公顷。新发展合作社组织23 个。建设观光园区32个，接待游客15.1万人次。

绿化示范村建设 2007年，温州市在绿化示范村建设过程中，把绿化美化与庭园经济建设相结合。有24个村被命名为第四批"浙江省绿化示范村"，30个村被评为市级绿化示范村。

林业产业 2007年，温州市林业行业总产值为69.18亿元，其中一、二、三产业产值分别为21.15、34.00、14.03亿元。建设森林食品基地，有13个面积共6867公顷林产品基地被认定为浙江省森林食品基地。林业品牌建设，"乌岩岭"牌猕猴桃获浙江省名牌产品称号，"亨哈"牌野生蕨菜、"根绿"牌食用笋干获2007年温州市名牌产品。新认定市级林业龙头企业30家和市级林业专业合作社13家。推广培育容器育苗150

万株，落实种子生产、经营许可制度。做好2008年第18届中国兰花博览会各项筹办工作，组织兰花进社区、兰花敬教师等活动。

山林延包 2006年3月温州市启动山林延包工作，通过抓延包质量，查漏补缺，加快纠纷调处，建立档案资料，核证制证等工作，于2007年完成延长山林承包期工作。鹿城、乐清、洞头3县（市、区）通过省级验收，其它8个县（市、区）通过市级验收。

林地管理 2007年，温州市审核审批林地204件，面积385.8公顷，收取森林植被恢复费2342万元。强化林地审批后监管，对重点工程建设林地征占用审核，市县林业部门提前介入，突出现场勘察，对生态公益林占补平衡和森林植被恢复等进行核查。查处违法征占用林地案件191起，林业行政处罚191人次，行政罚款318.8万元，补征林业金费0.6万元。

山林纠纷调处 2007年，温州市调处山林纠纷261起，落实山林面积693.8公顷，其中裁决4起，面积11.3公顷；协议257起，面积682.5公顷。在山林延包工作中没有发生因山林纠纷引起械斗事件。

木材流通领域巡检 2007年，温州市加强木材流通领域的巡查和检查管理。共检查车辆1.03万车次，检查木材5.8万立方米、毛竹58.2万支，处理违章车辆1658车次，没收木材4525立方米、毛竹4.2万支，收取罚没变价款340.5元。

林业科技 2007年，温州市组织实施县级以上各类林业科技发展计划项目98项，实施8个省市农技推广基金会试验示范资助项目，创办科技示范点18个。培育依靠科技致富典型38个。建成林产品质量安全标准化示范基地6个，新实施1个省级、3个市级农业标准化示范项目。送科技下乡282次，送科技入户3126户次，培育省级林业科技示范户109户，示范面积2733公顷，效益9688万元。举办以“创新创业、兴林富民”为主题的第四届林业科技周活动。开展与大专院校、科研院所的科技合作，对林业科技投入合计1140多万元。有65名林业专业技术人员晋升中级以上技术职称。

林业有害生物防治检疫 2007年，温州市林业有害生物发生面积5011公顷，发生率为0.77 %，成灾面积337公顷，成灾率为0.52‰，控制在省下达的1.5‰指标以下。林业有害生物防治面积4907公顷，防治率为97.89%。重点抓松材线虫病防治。乐清市投入防治经费160余万元，共清理枯死木面积1093公顷、3.88万株，烧毁松材257万公斤，其中松材线虫病清理面积306公顷，病死木2788株，除治率100%。开展“绿盾护林”松木及其制品检疫执法专项行动，集中执法55次，出动执法人员452人，检查企业623家，查办案件1起。开展红棕象甲和枣实蝇防控。实施种苗产地检疫面积747公顷，种苗产地检疫率达99.73%。

永嘉四海山秋色

野生动物保护管理 2007年，温州市开展以“和谐社会 共享自然”为主题的爱鸟周和野生动物保护宣传月活动，展出一批国家、省重点保护野生动物标本，印发保护野生动物宣传资料数万份。加强野生动物保护管理，对已发放陆生野生动物经营利用核准证和驯养繁殖许可证的单位进行换证，对从业人员培训教育。安排专业人员定期对5个重点陆生野生动物疫源疫情监测点进行巡查监测，掌控候鸟迁徙规律和异常变化，为防控禽流感提供信息。

森林旅游 2007年，温州市16个森林公园接待游客220万人次，森林旅游总收入为4.4亿元。6月，举办温州市首届森林旅游节。全市累计投入森林公园基础设施建设资金1500万元。铜铃山国家森林公园被评为国家4A级景区和省五星级森林公园，玉苍山、龙湾潭森林公园分别被评为省四星级森林公园。四海山、铜铃山、雁荡山、玉苍山等4个森林公园和瓯海白云山林业观光园入选温州市十大避暑胜地。扩大森林公园宣传，印制分发2万份“温州市森林公园旅游图”。

森林消防 2007年，温州市共发生森林火警、火灾73起，其中火警5起、一般火灾68起，1至4月春防期间的森林火灾占总数的76.7%。受害森林面积698公顷，损失林木蓄积1.03万立方米，幼树51.68万株。森林火灾发生率和受害率分别为每10万公顷10.8次和0.1‰，无重大森林火灾事故。8月，开展以“关爱生命、关注森林”为主题的森林火灾群防群治活动和森林防火警示教育活动。全市提前进入森林防火期，市县乡三级联动，组织数百支督查组对基层森林消防“十个是否到位”开展明查暗访。出台《温州市护林员管理考核暂行规定》，对全市100名优秀护林员和26支优秀森林消防队伍进行表彰。开展"森林消防培训月"活动，举办森林消防培训59次、6500多人次，组织森林消防演习56次。开展以"严控火源、严厉查处、保护森林、维护稳定"为主题的侦破森林火灾案件大会战行动，共出动执法人员1千余人次，车辆237车次，制止野外用火行为226次，查处案件10起。

森林公安 2007年，温州市森林公安机关开展队伍的长效机制和正规化建设，对全市14个森林公安派出所进行等级评定。举行森林公安民警大练兵，开展"侦破森林火灾案件大会战"、"禁种铲毒"及"绿盾二号行动"等严打专项行动，受理各类森林案件200起，查处198起，挽回经济损失178.81万元，处罚人数205人。受访接访和处理各类信访案件32件。

林业队伍建设 2007年，温州市林业局获浙江省林业宣传先进单位。开展作风建设年活动，组织干部职工到基层开展挂钩扶贫和蹲点调研。推行政务信息公开，规范林业行政审批事项。林业系统干部职工参加各类教育培训2100多人次。集中培训全市林技员，共举办5期、600人次。

畜牧兽医

生猪生产 2007年，温州市政府制定出台《温州市人民政府关于大力发展生猪生产的若干意见》（温政发〔2007〕60号），决定连续三年每年拨出2000万元用于支持发展生猪产业。年末生猪存栏61.43万头，同比增长4.9%，能繁母猪存栏4.6万头，同比增11.1%。

特色畜牧业 2007年，温州特色畜牧业进一步发展，在9个欠发达乡镇61个村562个示范户继续实施省发展食草动物项目，增加总效益314.7万元，户增收入5600元。畜牧业产业化经营，有一鸣牛奶、藤桥熏鸡、双凤兔业、声亮蛋鸽、浙南长毛兔等特色畜禽品牌10多个，45%左右的畜产品实现订单化生产，10%的畜产品进入超市或实施连锁经营。新增各类畜牧业合作经济组织10个，合作组织达150个，吸纳5000户畜禽养殖场户参加。

重大动物疫病防控 2007年，温州市政府出台《温州市人民政府关于印发<温州市重大动物疫病防控工作责任制规定>的通知》（温政发〔2007〕58号），明确各级政府、部门的工作责任。在浙江省2007年度重大动物疫病免疫密度评估中，温州市三项免疫提高幅度分别居全省第三、第二、第二位，任务完成率分别为全省第九、第二、第六位，均比上年有大幅提高。全市高致病性猪蓝耳病得到有效控制，没有确诊的高致病性禽流感、牲畜口蹄疫、猪Ⅱ型链球菌病疫情，奶牛"两病"逐步得到净化。鹿城区、苍南县被评为浙江省动物防疫和畜产品安全监管工作先进。

畜牧业污染治理 2007年，温州市完成列入省"811"生态治理工程的71个规模畜禽场的排泄物治理和2个畜禽粪便收集处理中心的建设。被评为浙江省规模畜禽场的排泄物治理工作先进。促进畜禽排泄物综合利用，改善养殖场饲养条件，转变畜牧业增长方式。

畜产品安全监管 2007年，随着温州市11个县（市、区）畜牧兽医局（办）成立，理顺了与农业执法交叉的职能，规范兽药、饲料及添加剂市场经营秩序，强化对畜禽无公害生产基地、城乡集贸市场、牲畜交易所、屠宰厂、规模畜禽养殖场等畜产品生产、经营场所的监督，畜产品质量安全监管初见成效。建成21个无公害畜产品生产基地，认证12个温州市及浙江省绿色畜产品，无公害基地生产的畜产品已占到全市总量的20%。

扶贫工作

概况 2007年是温州市实施"139富民攻坚计划"的攻坚年。至年底，全市139个欠发达乡镇中有137个农村居民人均纯收入超过全国平均水平，上线率为98.6%。139个欠发达乡镇中居民收入平均为4767元，前五年平均增幅为18.5%；收入低于1200的人口减少到2.1万人，前五年累计减少22.7万人。

来料加工 2007年，温州市顺应经济发达地区劳动密集型产业向欠发达地区快速转移的趋势，出台政策，加强扶持欠发达地区发展来料加工。欠发达乡镇新增直接从业人员在20人以上的来料加工点249个，累计618个，涉及到鞋服、饰品、文具、礼品、玩具、五金、微电子等三十多个大类上千个品种，有来料加工经纪人547人，60%以上的行政村开展来料加工业务，从业人员为5.1万多人。

生态产业 2007年，温州市坚持因地制宜、分类指导的办法，推进生态产业发展。特色农业方面，投入农业开发资金1.2亿元，新开发种植业基地4.1万亩，新成立农业企业52家，新发展专业合作组织80个。103家扶贫产业龙头直接带动就业4.9万多人、联系农户12.5万户，年产值13亿元，增长幅度超过15%。生态工业方面，实施选商引资工程，在欠发达乡镇引进项目63个，合同利用资金15.4亿元，实际利用资金3.9亿元；已供地项目8个，开工项目6个，投产项目2个，新增产值1900万元。乡村旅游方面，欠发达乡镇新发展农家乐村（点）66个，累计161个，经营户622户，从业人员6555人，营业收入1.3亿元。

下山脱贫 2007年，温州市坚持下山脱贫与防灾避险相结合，集中安置与分散安置相结合，以整村搬迁为主要形式，以下山脱贫示范小区建设为重点，新建下山脱贫小区、点68个，续建69个，完成投资3.1亿元，搬迁6307户26 069人。搬迁规模上，有自然村、行政村的整村搬迁，也有泰顺县峰门乡、黄桥乡、文成县黄寮乡的整乡搬迁。搬迁范围上，有本乡本县范围内的搬迁，也有文成县群众向瑞安市、苍南县的跨县域搬迁。建房形式上，有政府低价出让地基、农户自建联建，也有政府或村级组织统一建设套房或廉租房、群众以成本价购置或租赁的形式。

结对帮扶 2007年，温州市坚持走“帮扶社会化”的路子，完善领导挂钩、部门结对、企业帮扶、干部互派、慈善捐助等制度和办法。开展帮扶活动725批次，落实帮扶项目451个，帮扶资金2736万元。开展“一户一策一干部”帮扶活动，建立上年度农民人均收入1500以下群体的扶贫档案，按照“在家发展效益农业、本地从事二三产业、外出打工经商创业”的就业思路，实行分级负责、分类指导、分户施策的办法，帮助脱贫致富。落实低收入农户发展项目1700多个，带动低收入农户14 700户；培训农民6.6万人次，转产转业2.3万人，新增劳务输出4.3万人。泰顺、乐清等地实施“一户一策一能人”的结对办法，永嘉县启动扶贫“滴灌工程”，拓展了扶贫方式。

农民专业经济合作组织

概况 至2007年底，温州市有农民专业合作组织1015个，社(会)员总数5.33万名，其中农民专业合作社902个，社员总数4.16万名；农民专业协会113个，会员11 720名，合作组织社员人均增收1192元，带动农户28.4万户，连接基地面积72.48万亩。2007年新发展农民专业合作社291家，社员8035名；发展农民专业协会6个，社员266个。具体发展情况见下表。

农民专业合作社组建方式 2004年至2007年，农民专业合作社发展成为农民专业合作经济组织的主导力量。农民专业合作社的组建方式是多形式发展的，主要有四种形式：一种是纯种植业农民组成的合作社，主要由农业规模经营大户或农业龙头企业牵头，与农民合伙兴办合作社；第二种是集体经济组织牵头组织创办的农民合作组织，主要是村集体经济或基层供销合作社（集体企业）参与创办的合作组织；第三种是基层农技人员或村干部带头领办的农业经济合作社；第四种是围绕产业建立的各种社团性质的专业合作组织，如协会组织。

农民专业合作社结构 2007年，温州农民专业合作社类别中农业（畜牧、特产）占78.4%，林业占9.3%，渔业占10.2%，农产品加工和其它占2.1%。据统计，其中从事茶叶的有45家、稻田养鱼8家、花卉10家、加工11家、农机服务25家、林业27家、粮食28家、农业综合38家、食用菌7家、蔬菜119家、特产133家、畜牧业177家、渔业捕捞76家、中药材29家。

2007年温州市农村专业合作经济组织发展情况

县(市、区)	专业合作经济组织总数(个)	社(会)员总数(名)	其中				社员人均增收(元)	带动农户数(户)	基地面积(万亩)	县级以上示范组织个数			2007年新发展			
			专业合作社(个)	社员(名)	农民专业协会(个)	会员(名)				省级	市级	县级	专业合作社(个)	社员(名)	农民专业协会(个)	会员(名)
鹿城区	22	816	14	408	8	408	1500	3363	1.44	1	5		3	21	1	35
龙湾区	37	447	35	342	2	105	2120	2268	5.39		5		12	77		
瓯海区	28	1252	20	748	8	504	270	6811	2.95	3	7	18	5	35		
乐清市	180	13 000	166	9850	14	3150	3200	41 000	9	2	14	39	41	750		
瑞安市	153	4775	142	4225	11	550	380	49 900	9	2	14	30	50	1005		
永嘉县	111	8386	98	5382	13	3004	500	14 267	8.5	1	9	17	44	1923	2	89
洞头县	24	698	21	548	3	150	1400	1853	1.2	1	6		11	177		
文成县	44	2346	38	1722	6	512	1500	34 000	3.3	3	7	8	4	30	1	33
平阳县	108	2582	90	959	18	1623	110	70 815	11.4	2	11	20	30	185	1	
泰顺县	85	3187	80	2882	5	405	300	12 295	4.8		9		33	410		
苍南县	203	14 627	198	14 518	5	109	544	47 389	15.5	2	12		58	3422	1	109
市本级	20	1200			20	1200					12					
合　计	1015	53 316	902	41 584	113	11 720	1192	283 961	72.48	17	111	132	291	8035	6	266

注：①温州市基地生猪产销合作社由原市本级归鹿城区；②市级示范组织主要指已认定公布并在有效期内的温州市示范性农村专业合作经济组织。

温州乡镇(街道)

强　镇

概况　新一轮“温州市乡镇（街道）综合实力三十强”于2007年6月公布。乡镇（街道）综合实力三十强依次是：柳市镇、瓯北镇、龙港镇、塘下镇、安阳街道、乐成镇、北白象镇、东山街道、鳌江镇、永中街道、锦湖街道、昆阳镇、莘塍镇、灵溪镇、梧田街道、南郊乡、虹桥镇、新桥街道、瑶溪镇、双屿镇、蒲州街道、汀田镇、海城街道、瞿溪镇、萧江镇、海滨街道、状元镇、黄华镇、郭溪镇、丽岙镇。

柳市镇　2007年，柳市镇工农业总产值352.69亿元，同比增长25.1%。财政总收入为13.17亿元，同比增长21.15%。农民人均纯收入为18 368元，同比增长7.5%。

早晚稻播种面积23 626亩，完成政策性农业保险4500亩和标准农田建设2000亩，获乐清市粮食生产先进乡镇称号。完成造林面积777亩、山林延包登记15 774亩。完善村账镇代理工作，全镇村级集体资产总计9.15亿元。加快农业现代化进程，获温州市现代农业机械化先进集体称号。提升农业信息化水平，启动“柳市农网”建设。开展新农村建设，完成24个村共计13.26公里的河道驳坎和疏浚任务；18个村获得温州市、乐清市环境整治合格村；2个村被评为省、温州市全面小康建设示范村。

工业总产值352.02亿元，同比增长25.1%。产值在500万元以上企业356家，规模以上企业产值299.21亿元，占全镇工业总产值的85%。新增超亿元企业6家，超10亿元企业1家，累计产值超亿元企业43家。4家企业跻身全国工业企业500强，10家企业进入全国民营企业500强。新增中国驰名商标12个，国家免检产品8个，浙江省名牌产品6个，温州市名牌产品23个，被授予浙江省品牌强镇称号。新增固定资产投资5.95亿元，其中技改投入1.13亿元。新增国家火炬计划项目9个，国家星火计划项目5个，国家级、省级技术中心9个，专利技术413项，省级高新技术产品和省级新产品36个。6家企业被评为全国综合百强企业，18家企业被评为浙江省科技型企业。2家企业被列入温州市第一批拟上市企业名单。发展开放性经济，实际利用外资5682万元，同比增长167.8%，德力西和施耐德合作成功。工业出口产值39.3亿元，同比增长41.5%。

市场商品成交额36.24亿元，同比增长11.9%。金融系统存款余额90.73亿元，同比增长27%。贷款余额105.15亿元，同比增长23.9%。有色金属、服装等专业市场发展，餐饮、金融、信息咨询、中介服务等服务性行业发展较快，技术、劳动力等要素市场初步形成。新培育4家企业为旅游定点单位，新增新光工业园区工业旅游考察路线。

以新型城市化为目标，完成38.3平方公里的控制性详细规划和3.7平方公里的旧城改造控制性规划修编工作。完成柳江北路与老104国道线交叉口、环城东路吕岙段拓宽，柳翁东路二期、柳江北路吕庄段工程半幅路面、溪桥路一期工程拆迁等城市道路重点工程建设。溪桥路二期新凤桥、环城北路垟心桥等工程开工建设，垃圾焚烧发电厂的前期工作基本完成，已上报省土地部门预审。推进电力、排污管网等民生工程建设，完成柳北变电所和西岸变电所建设，完成3号泵站进水段、柳青锦园三级管网和上来桥截污工程建设，完成2号泵站和长途汽车站的征地政策处理工作。

科普工作连续创建温州市、浙江省两级科普示范镇。镇实验中学、镇三小分别被评为浙江省示范初中和示范小学。举办柳市镇第二届全民运动会暨首届民营企业职工运动会。实施农民健康工程，新型农村合作医疗保险参合率达93.15%。计生工作被评为温州市先进集体，建成柳市镇生育文化园区，社会抚养费征收达1700万元，其中单例101万元高额征收在全市产生积极影响。

组织“除黑恶、反两抢”、社会治安“清风”行动、“两查两保”等专项行动。刑事发案数2773起，比上年同期下降1.4%。开展禁毒专项斗争，被评为温州市禁毒先进集体。人民调解工作被评为浙江省先进集体，镇、村受理各种矛盾纠纷194起，成功调处189起。开展“平安千村工程”、“平安千企工程”创建活动，开展“安全生产行政执法年”活动，全年没有发生重特大安全生产事故。

瓯北镇　2007年，瓯北镇生产总值92.7亿元，增长15.9%。财政税收12.01亿，增长25.2%，占全县的65.3%。人均收入达13 516元。第三产业国内生产总值18.3亿元。

农业总产值8182万元，“乌牛早”被评为中国驰名商标，是永嘉县国家级农业品牌零的突破。完成山林延包、第二次农业普查等工作。开展新农村“星级创建”和“魅力家园”共建活动，梅园、长岙、挂彩获得星级新农村称号，启动码道等村的旧村改造工作。

工业总产值247.3亿元，增长24.6%，占全县的66.7%，规模以上工业产值188.6亿元，增长25.1%，占全镇工业总产值的76.3%，工业产销率达98.6%。

工业性投入15.6亿元，增长45%。阀门、泵业、鞋类、服装、五金完成产值206.81亿元，增长25%，占全镇工业总产值的83.6%。节能降耗成效显著，规模以上企业万元产值综合能耗为0.0383吨标准煤，同比下降11.8%。外向型经济发展，完成出口交货值31亿元，同比增长55.6%。新增中国名牌产品1个，累计5个，新增中国驰名商标12枚，累计有20枚，被授予浙江省品牌强镇称号。科技创新，新增国家级高新技术企业3家、省级高新企业1家，列入国家火炬计划企业4家，列入国家级技术创新项目2家，省级技术中心和研发中心各2家，省级新产品10个。推进工业项目和标准厂房建设，工业项目供地率、进场率、开工建设率、竣工投产率完成县下达任务，开工建设标准厂房8.55万平方米，建成标准厂房2.8万平方米。

加大基础设施投入。瓯北自来水厂二期于8月19日投入生产。黄田自来水厂改建工程启动。瓯北污水处理厂竣工运行。完成阳光大道亮丽工程一期，启动第二期建设。双塔景观工程D区块竣工。220千伏江北变电所即将竣工。投入六百来万元，改建瓯北各主要街道的路灯。对楠江中路清水埠段进行修建。启动瓯北商务中心的建设。做好甬台温铁路、温州绕城高速公路、诸永高速公路、104国道改建等省市各项重点工程的政策工作。

教育建设总投入资金3000万元，学校教学用房竣工8057平方米。开展创省体育强镇活动，成立全民健身领导小组，举办全民运动会等7项体育比赛，镇、村社区创办52个村级体育健身活动场所。人口计生工作，出生婴儿1498例，出生率为11.47‰，征收社会抚养费1024万元。新型农村合作医疗已参保78 000人，参保率88%。

“平安瓯北”建设。保持治安整治高压态势，刑事拘留649人，治安拘留968人。街面两抢案件9月至12月同比下降30.7%，安全生产形势基本上平稳。

龙港镇　2007年，龙港镇生产总值81.6亿元，比上年增长16.3%。财政总收入7.6亿元，增长21.1%。全社会固定资产投资23.6亿元，增长49.6%。社会消费品零售总额33.6亿元，增长16.6%。居民人均纯收入8902元，增长13.5%。

粮食生产保持稳定，粮食播种面积7.85万亩。推进农业结构调整，调整种植其他经济作物或养殖1.5万亩。发展特色农产品生产基地4个，省级农业龙头企业1家，市、县农业龙头企业12家。培育江南畜牧场、联志粮食、田头青菜等15家专业合作社。

工业总产值190.8亿元，增长18.3%。工业增加值53.8亿元，同比增长18.3%。实施工业强镇战略，完成工业性投资9.18亿元，同比增长30.8%。技改立项22项，新增省级企业技术研发中心2家；新增省级高新技术企业2家、市级高新技术企业2家；新增无区域集团2家、中国驰名商标3个、省名牌产品1个、市名牌产品2个、市知名商标2个。开展节能降耗工作，16家重点用能企业万元产值能耗同比下降12.5%，5家企业实施节能技术改造，5家企业通过省市清洁生产验收。加大中小企业扶持力度，新增中小企业担保公司5家。开工建设标准厂房9万平方米，竣工9万平方米。外贸出口供货值7.11亿元，增长19.1%。实际利用外资264.24万美元；引进内资16 975万元。

第三产业增加值23.3亿元，同比增长12.9%。温州银行龙港支行成立开业。置信购物中心、华百数码广场相继建成开业，诚大饭店开工建设。温州礼品城和百一超市分别被评为“中国五星级商品交易市场”和“全国商业服务业先进企业”。举办第五届中国（龙港）印刷与礼品博览会。房地产业开发投资8.07亿元，同比增长134.8%。

城镇建设。配合完成鳌江流域区域规划编制，龙港区域中心的地位进一步突出。重点建设项目12个，完成投资1.9亿元。瓯南大桥建成通车，世纪大道四期完成简易路工程，龙金大道慢车道、龙翔中路和金钗街改建工程竣工。110千伏特城东变电所建成投入使用，110千伏特凤江变电所和220千伏特龙港变电所竣工。龙港法庭新办公楼和龙港消防中队新营房建成。体育馆工程完成前期工作，即将动工。污水处理、城区燃气管道等重大基础设施前期工作进展顺利。实施世纪大道、龙金大道和城东工业功能区等道路绿化工程面积12万平方米。启动生态村建设11个，建成市、县级生态村各1个。

丰富群众文化生活，举办广场演出、电视歌手大奖赛、温州市首届农民文化节龙港曲艺分会场等活动。少儿舞蹈《梦舞敦煌》、《小木马》在“全国第四届‘小荷风采’舞蹈大赛”初选中分别荣获金、银奖。成立全省第一个镇级体育联合会，承办省级体育强镇第二届篮球赛和第四届乒乓球赛。新型农村合作医疗保险参合率达80.15%。计划生育率74.86%。

开展严打整治斗争，加大打击犯罪力度，全年立刑事案件3143起，破1289起，破案率40.01%。强化安全生产专项整治和“两查两保”等活动，突出“三合一”企业和出租房消防安全整治工作。

塘下镇　2007年，塘下镇财政总收入12.53亿元，增长44.81%。农民人均纯收入12 674元，增长12.36%。社会固定资产投资19.74亿元。

粮食生产保持稳定，推广超级稻2368亩和机插稻6325亩，完成1000亩粮禽菜种养结合创新项目建设并被省农推基金会予以推广。水产养殖、经济作物、畜牧生产规模逐步扩大。新增农业合作社8家。完成2500亩标准农田整理、12座中塘河控制闸建设和2500亩驮山国债造林项目。

工业总产值210.65亿元，同比增长23.42%。规模以上企业工业产值137.35亿元，增长25.91 %。新增产值超亿元企业4家，累计28家。提升产品质量和品牌建设，投入3.2亿元，技改46个项目，新增省级新产品项目14个、省高新技术产品9个。完成外贸出口交货值21.49亿元，增长22.03%，其中自营出口2.31亿美元，增长55.49%。项目建设超额完成，22个已农转用未供地项目供地率100%，有8个项目开工建设；31个已供地未开工项目有29个开工建设；85个已开工未竣工项目中有80个竣工投产。完成北区3.3万平方米标准厂房建设和13个村返回地供地手续办理，其中5个村已开始招投标工作。完成汽摩配基地（东区）控制性规划会审；启动汽摩配研发中心建设前期工作。

第三产业营业收入38.5亿元。104国道汽车贸易走廊发展限额以上汽车经销商8家，实现销售值9.6亿元。

城镇主干网建设。塘下大道报批

为省重点工程，完成2.1公里建设和4个村征地，在建1.5公里。中心路完成中心区段工程量的80%、104国道至塘西段整合工程量的90%。罗场公路完成一期拓宽工程量的80%。启动中心区建设。完成中心区控制性详细规划会审，挂牌出让5个项目168亩商住地块，开工建设瑞安大道、塘松路桥梁。开工建设凤山水厂10吨/日净水工程，启动投资近9000万元的供水管网改造，完成鲍田片、塘下片二级管网和近20个村三级管网改造，使8万多人受益。投入1200多万元，建成通村道路9.1万平方米。

投入1500万元，完成11所学校标准化改造、食宿工程、多媒体教学平台建设，改善办学条件。新型农村合作医疗参保13.04万人，占农村人口的85%。丰富群众性体育活动，成立村级体育辅导站80个、村级运动队53支。

实施“天网百日大会战”等专项行动，刑事案件发案率下降3.5%。

安阳街道 2007年，安阳街道辖区居民人均年收入23 100元，比上年增长9.58%。农民人均收入20 040元，比上年增加9.34%。

农林牧渔业总产值3703万元，同比下降7.45%。农业经济总收入529 398万元，同比上升10.47%。全辖区269亩土地于飞云江、上望界内，均由村级集体承包。农村实有劳动力7994人，较上年下降1.70%。村级资产累计达5.3亿元。

工业总产值335 804万元，同比增长1.18%。其中规模以上工业产值303 842万元，同比增长2.17%。规模以上工业企业利润总额12 036万元，同比上升16.07%。工业经济总体上保持继续增长。

第三产业为街道支柱产业。港汇、大润发超市等几家大型商场与娱乐场所相继进驻。十八家农贸等市场进一步繁荣。三圣门、岭下、安阳、杨家桥等村相继投入资金对菜市场进行环境改善、服务改进。

推进城中村改造，加快返回地建设。共拆除旧房170间，十八家村旧村改造规划与环城河改造规划衔接，通过会审；周湖三角地规划已有轮廓；岭下村工业区规划调整进入实质性阶段，三个团块建设顺利；三圣门村山下已拆迁80%，旧村改造规划将进行调整；白岩桥村A1、A3团块已结顶，安阳返回地规划扩初设计已通过会审；杨家桥的房屋基本分配到户。三沿整治。9月至11月，开展以“告别不良陋习，共建美好家园”为主题的“万千百十工程”活动，对辖区百家单位（企业）实施环境卫生大整治和推行“门前三包”责任制，对辖区10个重点地段进行分类分批整治，对辖区3个农贸集市进行集中整顿。安阳街道被市政园林局、市总工会评为环境卫生先进集体。

开展“村、社区携手共建文明”活动。有1个全国先进社区——之江社区，1个省级“绿色社区”，温州市“全面小康建设示范村”——篔筜桥村，4个温州星级文明社区，1个温州市级“绿色社区”，1个温州市文明村。

社会事业。金海岸文化网工程建设完毕，通过温州市验收。开展“送电影进社区”、广场文艺汇演等活动，组织培训社会体育指导员，有三级至一级社会体育指导员62名。计划生育符合率93.35%。

实施“反盗窃、反两抢”、“猎鲨行动”、“天网行动”等专项整治，发刑事案件1632件，同比上升9.89%。安全生产工作获温州市“全国安全生产月”活动先进单位称号。实现全年事故起数、事故死亡人数、事故直接经济损失三项指标零增长的目标。

乐成镇 2007年，乐成镇工农业总产值124.97亿元，同比增长33.5%。财政收入7.1亿元，同比增长8%。农民人均纯收入12 596元，同比增长5%。

农业总产值2.28亿元，农民所得总额12.17亿元。粮食播种面积2.46万亩，建立测土配方施肥示范基地1个，早稻机插示范方2个，早晚稻高产示范方1个。新建中药材（郁金香）基地1个，高山蔬菜基地2个，东魁杨梅基地1个，其他水果基地2个，其中种植大棚瓜果蔬菜8000亩，种植郁金香、瓯柑等经济作物500亩。新增淡水养殖1500亩，围塘养殖面积合约2000亩，外涂养殖约10 000亩。金马种植、白玉豆制品、顺金肥牛、牛头山畜牧、三新农场等农业品牌确立市场地位。全镇农机总动力达1.99万千瓦，被温州市列为农机化示范镇。

完成工业性投入4.58亿元，同比增长23.78%。工业总产值122.69亿元，首次突破百亿大关，同比增长35.48%。自主创新步伐加快，累计投入科技资金833万元，11个企业的14个项目实施技改立项。宝龙集团在德国上市，华仪、巨邦、凯尔达、龙飞、中杰等企业商标被命名为中国驰名商标。开放型经济稳步增长，头盔、电子仪器、机械等180多种产品出口欧美、香港等80多个国家和地区。全年外贸出口11 594万美元，同比增长46.1%，合同利用外资4383.45万美元，实际利用外资738.43万美元。

重点工程建设。完成全社会固定资产投资4.6亿元。市头盔摩配产业化项目进入实质性建设阶段。二环路工程一标段已试通车，二标段路基实现与旭阳路的贯通。完成水深村整体搬迁一期拆迁工作，拆迁面积1.7万平方米，启动一期工程建设。电网建设进展迅速，排污管网乐成片一期建设基本完成，蛎灰窑垃圾填埋场工程进场施工；甬台温铁路乐成段和中心大道等建设项目按计划实施。

社会各项事业。累计投入教育补助资金507万元，公立寄宿学校迁扩建工程完成基础施工。举办各类文化活动40余次，承办温州市首届农民文化节颁奖晚会。被评为市文化工作先进集体。石马南村和云岭村通过市体育特色村评估。新型农村合作医疗参保率88%。通过省级卫生城市复查验收。

开展社会治安“清风”行动，打击“六合彩”赌博、民间非法金融和“法轮功”等违法行为。开展“平安千村”和“平安千企”创建活动，“平安千村”创建率达100%。破获刑事案件994起，移送起诉433人，查处治安行政案件669起，打击处理2037人。全镇各类安全事故、伤亡人数、经济损失等保持零增长。评为浙江省社会治安综合治理工作先进集体。

北白象镇 2007年，北白象镇工农业总产值162亿元，同比增长26%。财政收入（不含增值税）1.35亿元，同比增长17.5%。农民人均纯收入13 142元，同比增长9%。

农业总产值1.17亿元，同比增长19.3%。农业产业结构调整，发展规模畜牧场27个，发展茶叶、蔬菜等各类经济作物1万多亩。粮食总产量2万多吨。举办农村劳动力素质培训6期，参加培训人数达469人。山林承包期工作被评为温州市先进单位。投入1000多万元，完成土地整理4320亩、河道清淤7450米、河道护岸工程2710米。

工业总产值160.83亿元，同比增长26.03%。工业经济总量居乐清市第2位。工业性投入5.36亿元，同比增长123%。规模以上企业255家，其中新增产值超亿元企业6家、超5000万元企业7家。完成全社会固定资产投资7.15亿元，其中工业性投入5.36亿元、技改投入1.5亿元。有省级高新技术企业3个、温州市级高新技术企业4个，正泰集团被列入国家火炬计划。新增浙江省名牌3项、温州市名牌9项，万控集团、指月集团获中国驰名商标称号。外贸出口供货值2.49亿美元，同比增长38%。招商选资工作，实际利用外资439万美元，实际到位内资2.95亿元。争取43亩工业用地招拍挂项目，完成市政府招拍挂项目万茗、高中等村土地的征用及农转用报批工作，新增企业供地项目4家。建成塘下村标准厂房15 000平方。开工建设大桥工业园区供水扩容、道路、排污等工程。

完成甬台温铁路北白象段、温州绕城高速北线北白象段、楠溪江引水工程、220千伏茗山变电所工程、七里港二期工程、市排污总管北白象段工程等建设项目的征地、政策处理工作。完成乐清市重点攻坚项目110千伏象柳线和500千伏线路22个塔基的政策处理工作。沙洪公路坂塘岭段改造工程完成招投标，下庠大桥完工。成功出让前西漳商住区二期、东才一期等地块，与鹤浃村达成土地开发出让协议。东才二期25亩开发地块完成征用。

社会各项事业。成功创建乐清市科普示范镇、温州市科普示范镇和浙江省科普示范镇。完善教育基础设施建设，大港小学并入镇二小；完成茗西九年一贯制学校教学楼建设工程。车岙西乡革命老区旧址暨日军侵略遗址被命名为乐清市第五批爱国主义教育基地。推进群众性精神文明创建活动，创建 “文化大院”2个、“双百结对”17对、“文明百村”24个。新型农村合作医疗的农民参保率95.5%。

推进“平安白象”建设。开展打击“两抢一盗”、社会治安“清风”等专项行动。获温州市禁毒工作先进集体称号，连续三年实有吸毒人员负增长。开展安全生产隐患排查整治，开展产品质量专项整治工作。

东山街道 2007年，东山街道农村经济总收入64亿元。农民人均纯收入11 960元，同比增加9.2%。

发展特色农业。经济作物种植、水产养殖、畜禽养殖势头良好。开辟远洋渔业新途径，渔业捕捞总产值5357万元，水产品外贸出口1.7亿元。做好防汛防旱工作，发放通知书5000多份，转移危险地带人员6500人。

工业总产值 62.97亿元，同比增加32.1%。外贸出口交货值15.1亿元，同比增加9.2%。规模以上企业85家，工业总产值55.46亿元，其中超亿元13家。技改创新，完成工业性投资10.5亿元。企业创建品牌战略，有中国驰名商标4枚，浙商创新奖1项，省级名牌产品2个。推进工业项目建设，瑞立集团专家楼前期政策处理已确定框架，下埠村两处标准厂房建设启动。

第三产业形成以商贸、运输、金融等传统行业为主导，旅游、房地产、社会服务等新兴行业竞相发展的局面。

重点工程建设。下埠水闸、上埠水闸和东新公路等工程按计划实施。罗阳大道、莘阳大道、烟墩山路等建设在进行。新农村建设。肖宅村通过旧村改造和新村建设方案，下埠村新农村建设进入招投标阶段。解决安阳路建设后的遗留问题，对安置房建设进行强制进场。在违章拆除百日大会战期间，出动670人次，拆除违章建筑7800平方米。进行环境卫生整治，共清理清运垃圾堆放点和垃圾死角16处910多吨，清除“牛皮癣”小广告250平方米，街容街貌得到改善。

开展群众性文化娱乐活动，开展非物质文化资源普查和农村文化示范户评选活动，有2户家庭被评为市级农村文化示范户。加大教育投入力度，改善中小学的办学条件。至11月，新型农村合作医疗共参保18 120人，参合率100%。计划生育率92.39%。

开展“平安东山”、“法治东山”行动。开展对抢劫、盗窃等各类多发性犯罪的专项斗争。至11月，街道共发各类刑事案件527起，发案率比上年略有下降。创建综治司法信访联动新机制，完善街道综治中心硬件建设，至11月底，共受理调解民事纠纷13起，调解成功率100%。开展“安全生产执法年”活动，取得无发生重大事故、严重伤亡事件的成绩。

鳌江镇 2007年，鳌江镇工农业总产值93.99亿元，同比增长18.43%。财政收入6.04亿元，同比增长26.92%。社会固定资产投资11.02亿元，同比增长31.82%。城镇居民人均可支配收入和农民人均纯收入分别为17 021元和9456元，同比增长11.67%和12.02%。获全国农普先进集体、省级体育强镇、全市产品质量和食品安全专项整治工作先进单位、信访工作先进单位、县经济强镇、县维护稳定工作先进单位等称号。

粮食播种面积8169亩，经济作物面积4200亩。组织大坪早香茶、塘川橄榄、南麂岛大黄鱼等特色产品参加省农博会。绿化造林500亩，完成罗洋水库、草池水库、下厂水闸、墨城东头水闸的修复工作。开展“劳动力素质”培训工程，受训1000多人次。推进墨城生态休闲旅游观光农业和“农家乐”项目，花岛农家乐园被评为县级示范点。投入262.7万元开展“十百工程”，完成21个村庄整治，2个村通过验收，海城村和荷莲村成为市级整治示范村。

工业总产值90.94亿元，同比增长19.52%。主导行业机电产值39.44亿元，占总量的43.37%，同比增长27.12%。规模以上企业从76家增至92家，产值37.48亿元，同比增长22.91%。工业企业获省级名牌产品2个、市级1个，获市级知名商标1个，获国家火炬计划重点高新技术企业1家，省级高新技术企业3家、市级2家，省级高新技术项目4个，市级2个。三星机电有限公司的VE型离合器开发项目被国家科技部列入2007年国家火炬计划项目，企业被认定为国家级重点高新技术企业。墨城工业基地完成总工程量的75%，5个项目进场施工。银泰化工总投资6340万元，已投产。合同利用外资3046万美元，实际到位外资393万美元，引进内资8409万元。工业性投资项目122项，完成投资4.53亿元，同比增长62.37%。进出口贸易6.8亿元，同比增长8.97%，出口企业37家，新增3家。

社会消费品零售总额28.21亿元，同比增长14.48%。金融营业收入2.74亿元，银行存款余额33.68亿元，贷款余额33.84亿元。年成交额亿元以上的市场11个，钢材交易市场年成交额5.42亿元。江滨商业广场项目有序开展，沿街店面回租率近80%。浙南物流园项目已完成土地用地指标预审。

总投资1.65亿元的瓯南大桥于4月29日试通车。火车站及站前区建设完成铁路主线征地479.8亩，站前区征地500多亩，站前区控制性规划及市政方案设计通过会审。昆鳌大道拓宽主体工程基本完成。平阳疾控中心大楼竣工，人行平阳支行金库、平阳港航分局、鳌江边防派出所、鳌江消防中队等公建项目进场施工。启动旧城五期改建的前期准备工作和两个外迁安置小区的安置房建设工程。投资各项市政建设资金623万元；镇区内投入200多万元用于道路建设。投入760多万元完成学校食宿改造工程、新农村新校园建设及教学设备改善。举办"迎奥运——2007鳌江镇全民运动会"，投入81万元建立67个健身苑点，11月份通过省级体育强镇验收。新型农村合作医疗参保覆盖率100%，参合率85.33%，体检率78.90%。

"平安鳌江"建设。全镇59个村、8个社区、42家企业成立综治办。开展"扫黑枪、除黑恶、反两抢"严打斗争和"猎鲨"、"惊雷"禁毒大会战。落实安全生产责任制，与7个办事处、22个部门、749家企业签订安全生产目标管理责任书，开展"安全生产执法年"活动。

永中街道 2007年，永中街道上缴国家税收5.978亿元，比上年增长27.9%。农民人均收入12 291元，比上年增长8%。

农业总产值3824万元，比上年增长3%。粮食播种面积3570亩。发展特色农业，联新蔬菜基地规模效益提升。完成双岙生态农业休闲观光园区开发利用方案制定。新发展专业合作社2家。开展农机安全专项整治，新增市、区级农机安全村4个。完成双岙防洪堤水利工程，新建三面光渠道1.1公里。31个村35 000亩山林延包工作完成。

工业总产值121.4亿元，比上年增长22.9%。规模以上企业129家，经济总量93.23亿元，比上年增长24.3%。年产值超亿元企业21家，超10亿元企业1家。品牌建设与科技创新取得成效。新增国家级驰名商标1个、省名牌产品1个、省著名商标1个、市名牌产品3个、市知名商标1个，省级高新技术企业3家、市级高新技术企业1家。中心工业区新入园103家企业全部完成供地手续，进场施工45家，竣工17家，投产23家；完成工业性投资5.1亿元。全年合同利用外资500万美元，实际利用外资347万美元，实际到位内资7883万元。出口创汇14.91亿元，比上年增长41.19%。

第三产业产值28.75亿元，比上年增长16.7%。四星级滨海大酒店建设进展顺利，丰台农贸市场、城南农贸市场建成投入使用。完善永昌堡、天柱寺、双岙等旅游景区配套设施。

重点工程建设。永中排污管网一期工程4个标段主干管和截污纳管进场施工，建成主干管6.5公里、截污纳管28公里。水网改造工程启动永昌片6个村水网改造，完成管道铺设4.5公里。镇标路拓宽改建工程完成，罗东大街南北交通卡口整治工程进展顺利。北卡口已动工拆迁27户；南卡口企业拆迁工作完成；石浦危桥改建完成总投17.4%，南北交通卡口基本打通。永昌大桥、新丰路改建工程完成。曹龙大道、永昌路综合整治、永昌堡外迁安置、灵昆大道接线隧道、瓯海大道沿线景观整治、500千伏温东变等省、市、区重点工程建设进展顺利。

社会事业。新建全民健身苑（点）15外，成功创建省级体育先进街道。强强张璁文化、王瓒文化等历史文化遗产的保护和开发。新型农村合作医疗覆盖率达100%，参保率90%。计划生育符合率87.09%。成立龙湾区慈善总会永中分会，共募集资金135万元。

"平安永中"建设，开展"两查两保"整治活动，社会总体保持和谐稳定。禁毒工作保持实有吸毒人员零增长目标。道路安全管理启动电子监控系统建设。推进安全生产执法年活动，安全生产全员培训任务超额完成，安全生产形势总体稳定。

锦湖街道 2007年，锦湖街道农村总收入8.42亿元，同比增长5%。外贸出口交货值9.4亿元，同比增长12.3%。农民人均纯收入13 521元，同比增长3%。

农业方面。配合瑞安市绿屏工程建设，进行幼林扶育、补植造林和四旁绿化。完成18个行政村山林延包和权证发放。修编防汛预案，做好防汛防旱工作。

工业总产值43.58亿元，同比增长23.21%。培育和扶植汽摩配、机械锻造、电子电器等主导行业。推进"活力和谐企业"建设，瑞立集团被温州市、瑞安市评为活力和谐企业，长城换向器有限公司被瑞安市评为活力和谐企业，东风塑料机械厂、正昌锻造有限公司被瑞安市评为活力和谐企业创建先进单位。

城乡面貌逐步改善。牛伏岭村二期工程竣工，三期工程启动。周岙、第一桥旧改工程启动，信心、胜利、西岙等村旧改工作稳中求进，城北、小横山启动旧村改造。锦湖实验小学主体工程竣工，投资2000万元的横山公路在规定时间内完工。做好瑞枫公路建设锦湖段政策处理工作，完成牛伏岭、联星、五星、进星等四个村的民房拆迁任务，西岙村拆迁接近尾声，天河村有关拆迁政策已确定，签订拆迁协议；瑞枫公路建设全年拆迁房屋370间，企业搬迁4家。江北水厂二、三期完成73亩征地任务，二期工程开工建设。深化三沿整治，拆除违章建筑9600平方米。

坚持教育优先发展战略，推行农民工子女教育同城待遇，深化教育助学凭证制度。推进农村新型合作医疗工作，参合人员13 821人，筹款58.9545万元。全年共发放低保金165 900元。开展出生人口信息大清查，加大出生人口性别比治理和社会抚养费征收力度。

平安创建。加强社会不安定因素排查，妥善解决一些遗留问题。开展"天网"等一系列行动，各类违法犯罪行为，发案率得到控制。开展"安全生产执法年"活动，杜绝重大安全事故的发生。

昆阳镇 2007年，昆阳镇财政总收入5.23亿元，同比增长31.62%。城市居民人均可支配收入17 800元，同比增长9.10%。农民人均纯收入9894元，同比增长11.01%。

粮食播种面积和产量保持稳定。

有农业重点企业15家，农业专业合作社6家，平阳喜特仿野生甲鱼获浙江省"初级质量信得过水产品"称号，"君福全顺"牌梅花鹿茸获第二届中国（温州）特色农业博览会银奖。实施"千库保安"和"万里清水河"工程，老铜钱水库加固工程通过立项，投入253.2万元修复驳坎、疏浚河道2.075公里。加快标准农田建设，完成洋教、水亭、万丰土地整理9188亩。发展"农家乐"项目，建成规模"农家乐"示范点3家。

工业总产值67.52亿元，同比增长22.87%。规模以上工业总产值31.10亿元，同比增长25.59%。规模以上企业增加至60家，产值超亿元企业有6家，其中远东、庄吉、乔治白企业超5亿元。新增省、市、县高新技术企业7家，获得专利授权38项，松浦电器、平柴泵业被评为省级高新技术企业。乔治白获"中国名牌产品"称号，远东皮革、金萨克皮具被认证为"中国驰名商标"，实现本土企业国家级品牌零的突破。列入县考核的49个项目进场率、开工建设率均100%，竣工投产率57.14%，实现工业性投资4.10亿元。服饰工业园区架设环城路红绿灯，排污续建工程按期完工，主道路及供排水工程接近尾声，被授予省级小企业创业示范基地荣誉称号。选商引资，引进高附加值的外向型项目2个、服务业项目3个，合同利用外资1318万美元，实际利用外资639.8万美元，实际到位内资4913万元。

服务业加快发展。县城四星级酒店地块顺利挂牌出让，承办第二届"平阳中国商务礼品文化节"，联东、龙河、毛线三大市场通过省二星级规范化市场达标验收。

推进城市化进程，被授予省级文明城市创建工作突出贡献奖。推进城东、城北新区建设，完成解放北路旧城改造，城镇建成区面积为8.48平方公里。横阳路、九凰山公园环山公路全线贯通。

重点工程建设。铁路建设率先完成360亩土地征用和200间房屋拆迁，启动雅山、鸣山安置点建设。电网建设完成500千伏温南变二期大件运输。21公里的康庄工程道路通过竣工验收。

继续巩固省级教育强镇地位，昆阳六小综合教学楼主体工程竣工。开展全民健身运动，新建群众健身苑点44处，获省级体育强镇称号。启动昆阳福利中心扩建工程。发放各类救助款325.3万元，被评为省级民政工作先进单位。新型农村合作医疗参保55 017人，参合率87%以上。农业普查工作荣获全国先进。

推进基层创安活动，56个村（社区）建立综治办公室，落实"平安村居"建设点14个。打击"两抢一盗"及各类流窜犯罪，控制刑事案件的发生。开展"安全生产执法年"和"两查两保"专项行动，推进消防、交通、建筑、危化品等专项整治，全镇各类伤亡事故总量下降，被评为市级安全生产先进单位。

莘塍镇 2007年，莘塍镇工农业总产值121.4亿元，同比增长25.12%。外贸出口交货值20.39亿元，同比增长14.07%。财政税收总收入5.29亿元，同比增长47.35%。人均收入14 802元，同比增长8.2%。

巩固农业基础地位。遏制耕地抛荒，推广早晚稻等主要农作物良种，粮食生产量稳定。发展生态农业，引进韩国辣椒、防虫网菜等绿色蔬菜，1家企业产品获国家级绿色食品A级认证。发展鱼虾、青蟹等养殖基地3000多亩。建立各类合作社8个。建立3家上规模的蔬菜销售市场。加强水利设施建设，疏浚董田沥、莘塍沥，启动中塘河治理，4375亩标准农田建设进展顺利。

有规模企业167家，星级企业26家，2家企业晋升为无区域集团。规模企业产值100.42亿元，同比增长24.11%，占工业总产值的83.72%。高新技术产业产值53.65亿元，占规模企业总产值的53.1%。成立民营企业协会休闲鞋专业委员会，提升制鞋等支柱产业区域竞争力。实施"名牌兴业"计划，4家企业获中国驰名商标，4家企业获中国免检产品，4家企业获温州名牌产品，1家企业获温州知名商标。

城镇建设。完成镇控制性详细规划编制。协助瑞安市重点工程建设。完成东新变电所出线、东新公路改建和飞云江三桥接线工程；完成瑞祥新区征地工作，推动瑞祥新区5条主干道建设；完成富民南路、东新路排污主干道工程建设；丁山二期围垦工程进场施工；开展温瑞塘河综合治理。推进镇重点工程建设，镇财政全年累计投入超过2500万元。完成富民南路道路、董六村学前路、新兴公园二期花木种植、民莘东路东新工业区段、垃圾填埋场等建设。启动莘阳大道西侧绿化工程建设。推进旧村改造和村级返回地建设，审批旧村改造193间49 115平方米；启动下村、农场等村返回地建设。按"集体投一点，群众筹一点，政府补一点"的融资渠道，改造村级道路11条。

社会各项事业。普及学前教育，民公学校、莘塍三小等学校硬件设施得到加强。计划生育率89.7%。完善社会救助体系，成立市慈善总会莘塍分会，筹集创始基金1500多万元，发放各类救助资金167万元，救助困难户1703人。新型农村合作医疗参保61 946人，群众参保率达75.4%。

平安建设。组织"反两抢一盗"、打黑除恶等专项行动，刑事案件继续呈下降趋势。加大司法调处化解力度，调处各类矛盾纠纷141起。开展安全生产"执法年"活动，开展制鞋、危化品等重点领域专项整治，事故死亡人数继续下降。加强食品药品安全工作，创建农村放心店23家。

灵溪镇 2007年，灵溪镇生产总值39.5亿元，同比增长16%。财政总收入6.3亿元，同比增长39%。农民人均纯收入8271元，同比增长13%。

农业总产值2.9亿元，同比增长9%。粮食播种面积8万亩，粮食总产量2.98万吨。发展大棚蔬菜、瓜果等经济作物1.1万亩，创省无公害农产品产地2家，被评为省农业特色优势产业强镇（蔬菜），"太昌"蜂王浆获中国农业高新科技成果博览会后稷特别奖。实施"农民信箱"工程，做好森林防火工作，完成山林延包任务。

工业总产值78亿元，同比增长16%。规模以上企业产值35.1亿元，增长27.5%，完成工业性投资4.12亿元。新增省级高新技术研发中心3个。天信仪表被列入国家级高新技术企业，众星实业、苍南仪表、浙江星炬被认定为省级科技研发中心，7家科技企业被国家统计局确定为监测对象。推进品牌战略，"苍岳"电器获"中国驰名商标"称号，"盛宇"被服获国家免检产品和省质量管理奖称号，新增省名牌产品1个、省著名商标2个、市名牌产品4个、市知名商标2个。节能减排工作初见成效，规模以上企业万元产值能耗同比下降11.7%。

实际利用外资573万美元（按在地统计），实际到位内资7000万元。工业产品产销率96.9%，实现出口交货值3.5亿元，其中规模企业出口交易额2.7亿元，同比增长78.4%，出口交易额在100万美元以上的企业7家。

市场成交额99.3亿元，同比增长11%。有专业市场7个，其中年成交额超10亿元3个。江湾商贸中心、江湾北路市场配套设施建设基本完成，新城、灵江农贸市场和商业城物业配套用房交付使用，浙闽物流中心二期筹备工作进展顺利。全县首家浙闽物流中心货物吞吐装卸量达6万吨。

基础设施建设。温福铁路灵溪段、县城引水工程进展顺利，完成县城污水处理厂及挺南水库管道引水工程建设。累计投资7500万元，完成江湾南大桥及塘北、江滨、东仓等24条、7万平方米城区主干道路面硬化，启动双台、城东等17个小区供电、给排水管网建设。完成玉苍路、江湾路道路改造设计等14个规划编制工作，启动江湾北路建设、浙闽鞋革综合基地建设。拆迁民房320间，启动安置房77幢927间，完成建设12.5万平方米。投资400多万元，新建农村联网公路8.2公里。

社会事业。灵溪一中教育集团运行。举办首届全民运动会、“广场美食文化展”、“婚礼文化交流会”等活动。通过省级体育强镇考核验收。计划生育率达85.12%。新型农村合作医疗参合率达78.1%。有线电视通村率达100%。

推进“平安灵溪”建设。打击违法犯罪，破获刑事案件795起。查处治安案件2830起。社会治安形势基本趋于平稳，各类事故同比下降20%。

梧田街道　2007年，梧田街道财政收入5.9亿元，同比增长24.2%。农民人均收入12 738元，同比增长1.8%。

都市农业不断壮大。辖区有温州市汇丰饲料有限公司、梧田家荣花圃、瓯海正大粮油有限公司等大型农业企业9家。

工业总产值158.02亿元，其中街道本级59亿元，同比增长20.72%。出口交货值61.18亿元，其中街道本级17.05亿元，同比增长23.68%。本级工业基地内有产值超亿元企业4家，超5000万元企业9家，累计已有46家企业通过ISO9000国际质量体系认证。北村工业区5.92万平方米厂房已竣工。工业固定资产投资稳步推进，实际投入2.3亿。第三产业增加值30 600万元，同比增长37.54%。温州汽车城、温州家具市场、温州禽蛋市场、温州装饰材料市场、浙南粮食批发市场等五大专业市场稳步发展。温州东方女子医院、温州万福医院、站南商贸城、家得福超市、阿外楼大酒店、东瓯大酒店等服务业发展。

重点工程建设。瓯海大道东段建成通车。东洋路安置房竣工验收，完成认购工作。总投资约1000万元的梧田水厂管线铺设和减压阀工程完成。塘西旧村改建拆迁北岸段完成171户，剩6户。南塘街区改造梧田段拆迁完成。塘东变电所工程与呈祥桥开工建设。蟠凤工业基地进场政策处理在进行。市“五个一”民生工程——龙霞路卡口工程已完成前期各项准备工作，拆迁户的突击违章建筑已强制拆除，完成入户丈量工作。市“五个一”民生工程——惠民南路房屋拆迁丈量完成，25亩拆迁安置与三产安置用地完成征地工作并已进场。深化“三沿”整治，梧田街村、大堡底村、老殿后村3个村被列为市重点整治村，完成80%的工程进度。

开展便民服务，街道便民服务中心共受理各类申请事项3421件。启动省级“体育强镇”创建并通过验收，举办首届全民健身运动会，完善村居文体硬件设施。计划生育率为94.03%。农村合作医疗参保人数达30 019人，参保率达100%。

开展“安全生产执法年”活动，立案查处9起，结案9起，处罚金额27 500元。签订安全生产责任书5396份，签订率100%，检查企业25 332家次，挂牌整治安全隐患企业31家，整改完毕31家。

南郊乡　2007年，南郊乡农村集体经济收入2814万元，同比增长31%。农民人均收入14 908元，同比增长7.2%。

工业总产值80.79亿元，同比增长15.36%。完成工业性投资8739万元；全社会投资3269万元。143家规模以上工业企业产值70.06亿元，同比增长18.11%，已有10家企业申报成长型企业。加大科技投入，星际实业、挺宇集团2家企业被评为国家级高新技术企业；海特克液压、华特电气被评为省级高新技术企业；另有5家企业被评为市级高新技术企业；瓯海区级科技计划项目拨款147万元。拜丽德有限公司获中国驰名商标称号，大虎打火机被评为中国名牌产品。

自营出口额11 569万美元，同比增长27.50%。实施招商选资“一号工程”，引进温州市鼎鸿鞋业有限公司、温州龙泰汽车销售服务有限公司及温州天马贸易有限公司等3家企业，共引进外资100万美元，内资1250万元。社会消费零售额21.42亿元，同比增长9.29%。拓展第三产业发展空间，温州大道汽车街建成位于官渡桥的“温州大道汽车街”标志物。

做好旧村改造工作。东屿村旧村改造工作已完成规划用地红线和修建性详细规划工作。德政牛桥底自然村的改造项目已报温州市政府审批。龙方庄头、樟树下自然村旧村改造项目整体纳入双龙路改建工程。抓环境整治工作，德政、里　两个“三沿”两侧重点村所有整治项目均完成，被评为整治合格村。

开展群众性文体活动，在各村、企业放映露天电影、举办文艺演出。乡财政拨款300万元建设南汇小学食堂、“风雨操场”。重视人口与计生工作，计划生育率为96.69%。为独生子女系列保险、慰问、困难家庭扶贫等支出达20余万元。新型农村合作医疗参保人数为6848人，基本完成任务。

“平安南郊”建设。加强社会治安综合治理，落实维稳工作责任制。辖区发刑事案件338件，劳教28人，刑拘172人。妥善处理社会矛盾，龙方村拖延六年之久的历史遗留问题基本得到调处解决。辖区共发生纠纷20件，涉及金额87万多元，调解率100%。开展安全生产专项检查，共检查和复检企业3312家，出动人员7172人次，查出反弹隐患企业232家，对其进行整治。

虹桥镇　2007年，虹桥镇工农业总产值90.17亿元，同比增长19.65%。财政总收入5.66亿元，比上年增长38.4%。城镇居民人均可支配收入22 737元，同比增长11.2%。农村居民人均纯收入12 450

元，同比增长7.42%。

农业总产值8364万元。投入各种农业建设和补助资金2000多万元。开展西干河整治工程，整理有效耕地14 000多亩，净增300余亩。建立4708户粮食直补网络，举办9期农民素质教育培训班。加强森林防火工作，对220多亩火烧迹地进行更新造林。

工业总产值89.33亿元，增长21.14%。工业性投入4.27亿元，同比增长41%。外贸出口交货值11.68亿元，同比增长74%。技术改造加强，新增国家级和省级新产品项目各一项，合兴集团获国家级企业实验室称号。浙江华潮电器有限公司的“华潮”牌获中国驰名商标称号。工业供地紧张局面有所缓和，完成浙江乐清工业园区内合兴集团和大丰公司共334亩用地的填方任务，投资1000万元新建溪西工业园区标准厂房8500平方米。组建浙江乐清工业园区管理委员会，成立管委会办公室。

市场交易额35亿元，有乡镇连锁超市45家，名品步行街被列为温州市旅游创优单位。

城镇建设。完成虹南大道武宅和山前村的拆迁遗留问题，虹南大道全线通车。环城西路和飞虹北路上仙洋段路面建设竣工。完成埭下至虹南大道、上河塔至桥北、瑶北至连桥、104国道至龙坦、上滕至连桥五条康庄大道的水泥路面浇注。环城北路、虹桥东路与吕东路接线工程路面建设如期完工。完成铁路沿线6个村46户72间房屋的拆迁任务。虹桥流域东排工程开工建设。创建全面小康示范村省级2个、温州市级1个，创建村庄整治合格村温州市级13个。

社会事业。完成小学校网调整工作，镇一小搬迁并举行百年校庆。筹资200多万元修复大乌石古戏台和朱质庵墓两座文物保护单位。镇文化站被评为全国服务农民服务基层文化建设先进基层文化站。《虹桥文学》被评为浙江省乡镇文化刊物一等奖。举办虹桥镇第二届全民运动会，新建健身苑所6处，东街、蒋宅“市体育特色村”创建通过验收。农村合作医疗保险参合率90%以上。

平安建设。在全镇范围内启动安装网络视频监控系统。刑事发案1401起，同比下降27.67%。人民调解工作成功调解各类纠纷248起。安全生产获2007年度乐清市先进单位称号。

新桥街道 2007年，新桥街道生产总值21.5亿元，比上年增长23.56%。财政税收3.9亿元，比上年增长41.82%。农村居民人均收入12 985元，比上年增长7.1%。

农业总产值1657.52万元，比上年增长8%，其中蔬菜播种面积6042亩，产值1015万元，比上年增长9%，畜牧产值602.37万元，比上年增长3.5%。完成农业普查工作，获省级先进单位称号。村级财务管理工作被评为温州市农村财务管理规范化建设示范街道。

工业总产值74.08亿元，比上年增长29.1%，工业各项经济指标名列瓯海区各镇（街道）之首。产值5000万元以上企业19家，超亿元12家，规模以上企业82家，工业产值70.32亿元，占街道工业总产值的95.2%。外贸出口供货值18.63亿元，比上年增长2.96%。新增国家名牌产品1项，市级名牌产品2项，获区级科技进步奖1项，新增区高新技术企业2家，申报省级重大科技项目1项，列入区级科技项目1项。投入技改资金6550多万元，完成固定资产投资2.05亿元。

第三产业总产值18.7亿元，比上年增长13.13%，增加值5.88亿元，比上年增长14.14%。个体经营户累计达4300个。

新农村建设。开展一村、二路、三墙、四绿、五环卫即环境清洁行动，农村人居环境改观。启动山前村村庄整治，新桥村、三浃村农贸市场改建工作，新建山前湾公园和高翔工业区垃圾中转站，完成前花垃圾中转站改造、西山路交通节点整治。星级社区、文明村居、星级文明家庭、绿色家庭等创建活动深入。

开展学习型社会创建活动，成立温州市首家乡镇（街道）社区学校。新桥街道获浙江省2007年度民政工作先进集体，新桥中学被评为省级示范性学校，前花社区被评为省级科普示范社区。新型农村合作医疗保险参保人员9726人。劳动合同登记备案12 000余份，调处各类劳动争议投诉401起，调处工伤伤残补偿58件。

“平安新桥”建设。开展“深化严打、消除隐患、确保稳定”、“治暴缉枪”、“安泰治安”等专项行动，加强治安防控体系建设，破刑事案件261起。实施“平安企业”、“综治进民企”、“综治进社区”等创建活动。

瑶溪镇 2007年，瑶溪镇地方财政收入5164.53万元，同比增长18.4%。社会消费品零售额3.81亿元。农民人均纯收入9605元，同比增长8.1%。

农业总产值7041万元，与上年基本持平。蔬菜种植、花卉养植、“农家乐”等特色农业发展，建立无公害蔬菜基地2776亩，启动杨梅市场和浃底、瑶溪及苏川等村杨梅合作社建设。开展森林防火宣传教育，实行定期巡逻制和火灾报告制。开展全国农业普查工作，获全国先进单位称号。

工业总产值46.66亿元，同比增长18.4%。皮革、化工、铸造三大支柱产业占全镇经济总量的63.78%，同比增长12.03%。规模企业工业产值35.8亿元，同比增长17.9%。产值超亿元企业12家，产值超千万元企业50家。企业创国家、省级高新企业各1家，市级名牌产品4个。完成工业性投资6261万元，完成任务的125.22%。

实施招商选资工程，合同利用外资800万美元；实际利用外资236万美元；实际利用内资1130万元。外贸出口交货值3.25亿元，同比增长0.24%。

重点工程推进工作。全年有区级以上建设项目31项（细化项目35项），其中省市重点建设项目16项。温八中、温州电大、曹龙大道、110千伏特南洋变、石化基地平衡地块等6个工程项目完成土地报征。灵昆大道接线隧道工程完成土地丈量、政策处理等。南洋大道工程完成基督教堂、邵氏宗祠、粮库、6户10间民房拆迁，安置地块矿渣填埋和围墙施工任务。500千伏特输电线路完成16个塔基政策处理。市委党校工程完成到户面积校核、青苗（果树）评估、结果公示和通知发放到户工作。220千伏特瑶溪变工程完成土地丈量、矿渣回填。东片污水管网工程完成4个标段工程量的26%。安居工程基本完成瑶溪住宅区河滨、环一、永胜等三个村的矿渣回填，进场施工。瓯海大道完成工业安置点矿渣填培工作。瓯海大道和南洋大道两项工程的安置房和边防检查站营房进场施工。

新农村建设。瑶溪、南山村村庄整治通过市级合格村考核验收，渎底村通过省级示范村考核验收；生态镇建设通过市级检查验收。完成瓯海大道瑶溪段沿线近10万平方米的民房墙面修饰，完成渎底村17 500平方米、雄心村7000平方米节点绿化工程。解决落实14个村二三产返回地遗留问题，在办理供地手续。

推进环境污染整治及合成革、不锈钢、拉丝等行业的"摘帽"行动。5家合成革企业5条生产线自行停产，所有合成革企业干法生产线DMF废气回收塔全部改造完毕，湿法生产线残渣（液）统一由温州合成革残渣（液）处置中心集中处理。依法打击取缔45家无证无照拉管企业，完成拉丝行业整治前期调查摸底工作。

社会各项事业。投入教育经费100多万元。启动瑶溪一小和瑶溪一幼创建市级示范性学校配套工程建设。民政工作获温州市级先进集体称号。新型农村合作医疗参保率93.5%。完成龙东、渎底2个村的健身苑点建设。建立群众文化娱乐队伍17支。计划生育符合率为92.74%。

平安建设。加强综治队伍建设，招聘64名流动人口协管员。深化禁毒斗争，查获毒品280多克。妥善处理华润化工公司安全事故。信访维稳工作，较好地处理4批次群体性事件。

双屿镇　2007年，双屿镇工业总产值204.7亿元。工业性投资2.85亿元。企业走科技进步和品牌兴业道路，累计有中国名牌产品企业2家，浙江名牌产品企业10家，温州名牌产品企业16家，中国免检产品企业14家，其中康奈集团获国家质量奖。外贸出口交货值5.05亿美元。合同引进外资616.5万美元，实际引进外资310万美元，实际引进内资500万元。

农村经济发展良好。农民人均收入11 480元，同比增长12%。支持各村标准厂房建设，增加农民收入。引导农民向三产进军，举办农村劳动力就业培训，50人取得就业资格。

社会零售额8.35亿元。商贸流通业、运输、储存、配送、信息处理、社区物业管理、家政服务、中介服务等新兴便民利民服务业发展。

支持重点工程建设。双屿镇涉及省、市、区重点工程及"五个一"民生工程中六个工程建设指挥部、辖区十个村居。开展工程攻坚大行动，做好群众思想工作，解决征地拆迁任务。完成"三沿"整治任务，投入资金860万元，拆违8651平方米、新建绿化带4300平方米。

各项社会事业发展。争取中小学校建设资金390万元，改善教育设施。抓人口与计划生育工作，征收社会抚养费37万元，计生符合率93%。开展流动人口"一证式"管理试点工作，召开现场推进会。规范农村合作医疗体系建设，新温州人合作医疗参保人员过万，名列瓯海区第一。完成新温州人工伤保险试点工作任务，有3万人参加保险。

"平安双屿"建设。落实社会治安综合治理各项措施，维护社会稳定。协调和化解农村征地、拆迁安置、劳资维权、"农嫁女"、移民安置、"二、三产"留地安置等各种矛盾纠纷。调处劳资纠纷案件1059件，涉案金额1556万元，成功调处100多件群体性案件。不定期组织安全生产大检查行动，累计出动1100余人次，检查企业3800多次，整治隐患企业113家。

蒲州街道　2007年，蒲州街道国内生产总值13.13亿元，同比增长36%。财政总收入9749万元，同比增长14%。农村居民人均纯收入达11 359元。

工业总产值39.18亿元，同比增长23%，其中规模以上企业工业总产值20.47亿元，同比增长28%。企业创中国名牌产品1个、省名牌产品2个。有省级高新技术企业2家，高新技术企业产值占规模以上工业产值的12.53%。完成工业性投资9561万元。

第三产业总收入17.14亿元，同比增长117.06%。

畜牧业和零星蔬菜种植业收入541万元，同比增长33.72%。

民生工程进展顺利，江滨路蒲州大桥进入施工阶段，沿江路、温州大道的安置房建设再进行。推进蒲州上江紧固件生产基地拉丝园区建设，总投资9000万元，是温州市、龙湾区环境整治重点工程。拉丝园区192间标准厂房、污水处理站、管理综合楼等主体工程和厂区道路建设、地下管网、用电设备安装等配套工程建成。街道辖区拉丝企业先后搬迁入园投产，实行废水统一治理、达标排放。相关管理机构配套到位，招标引进污水处理公司和物业管理公司，成立拉丝园区管理协调小组和企业代表委员会。环境污染整治，拉丝园区内的全市首个"环保鱼缸"和屿田河、上庄河的有效治理得到媒体宣传报道。

城市化进程加快。出台蒲州街道策应新型城市化发展思路及规划设计方案。挂牌成立蒲州街道旧村改造指挥部，明确旧村改造具体实施办法。先后投入400多万元完成上庄、屿田两个村的十大整治工作，投入100多万元用于温州大道等城市主要道路的沿线整治。

社会各项事业发展。推进文化助教工程。计划生育符合率为88.02%，征收社会抚养费133万余元。在龙湾区率先成立蒲州街道慈善分会，募集善款88万余元。

平安建设。投入100多万元，在主要村间道路、重点企业统一安装监控全球眼80个，完善治安监控硬件。组建一支近100人的流动人口协管员队伍，开展全天候治安巡逻。成功调解包括劳资、工伤在内的各类纠纷、事故128起，涉及金额200多万元。开展"安全生产执法年"活动，强化安全管理基层基础。开展消防安全专题培训。

汀田镇　2007年，汀田镇工农业总产值56.88亿元，同比增长19.99%。财政税收总收入1.68亿元，同比增长33.67%。人均收入14 368元，同比增长11.13%。

粮食生产保持稳定，水产养殖、经济作物、畜牧生产规模逐步扩大。新组建畜禽专业合作社和瓯柑专业合作社，完善科技示范大棚、高效生态水产养殖、无公害蔬菜生产三大基地建设。完善农业基础设施，投资90.34万元，平整土地7395亩，建成标准农田6157亩；投资106.8万元，建成沿海防护林带356亩；集资438万元，建成汀后、后里两条下土羊路；投资221万元，完成中塘河汀田段治理。农业普查工作被评为全国先进集体。

工业总产值56.33亿元，同比增长

20.14%。规模以上企业总产值28.67亿元，同比增长26.79%。其中产值500万元以上69家、产值5000万元以上15家、产值亿元以上6家。加大工业投入力度，安排技改资金1.56亿元，完成技改项目6个、新增省级新产品2个、省高新技术产品2个。实施“品牌汀田”战略，取得瑞安市级名牌商标4只、温州市级知名商标2只、瑞安名牌产品2只、温州名牌产品3只。对外贸易稳步增长，外贸出口交货值 2.93亿元。

推进商贸和特色街区建设。后里不锈钢市场交易额25亿元，汀七、汀八钢铁市场交易额8.5亿元。金融、保险、邮政、通讯等行业稳步发展。

城镇建设。编制完成汀田东片、西片控制性详细规划，调整汀田旧城片尤其是文华路沿线控制性详细规划。飞云江三桥北接线工程汀田段、瑞祥大道二期续建工程汀田段政策处理工作接近尾声。汀新110千伏输变电工程进场施工。南川路沿线排污支管已铺设，排污泵站政策处理工作完成。南塘大道工程汀田段完成界址确定及外业调查。温瑞塘河综合治理工程汀田段启动。推进旧村改造工作，寨下一期和中川组团一期已竣工；中川组团二期和汀新组团进入打桩阶段；联盟村C3组团拆迁完毕；宣前B3组团进入扩初会审阶段。

发展教育事业，普及学前教育，推进“小班化”教育试验改革。巩固创建省级体育强镇成果，新建10个全民健身场所。完善社会救助体系，成立汀田红十字会，募集创始基金828多万元。新型农村合作医疗参保42 305人。计划生育率91.08%。

维护社会治安稳定，组织“天网”、“猎鲨”、“反两抢一盗”等专项行动，全年发刑事案件782起，破96起，查处治安案件166起。加大纠纷调解力度，调解各类纠纷86件，调解成功率100%。加强食品药品安全工作，创建农村放心店23家。安全生产形势总体稳定。

海城街道 2007年，海城街道工农业总产值51.62亿元，同比增长25.7%。财政税收1.72亿，同比增长26.09%。农民人均纯收入10 963元，同比增长6.2%。

农业总产值1.02亿元，同比增长9.7%。种植早稻3800多亩，晚稻4300多亩，各类经济作物1200多亩，完成早稻订单任务73.5万斤，农业大户粮食保险31户2900余亩。加强农业基础设施建设，疏浚河道浦沥10.3公里，其中4.6公里已经完成。完成埭头、上涂、西一等村河岸驳坎工程。完成防汛抗台预案修编和防灾避灾安置点建设。

工业总产值50.6亿元，同比增长23.3%。加快水暖洁具、五金标准件、民用电器等支柱产业发展。76家规模企业总产值27.83亿元，同比增长26.5%。规模企业外贸出口交货值15.03亿元，同比增长19.7%。开展经济发展双月服务活动，加大水暖洁具生产基地建设力度。供地率完成100%，24家入园企业开工建设，17家企业基本完成厂房建设,4家企业投入试生产。完成工业性投资4.1亿元；引进内资4200万元，完成任务数的105%。

基础设施建设。重点抓好一房、一路、一网、一园、一基地“五个一”工程和为民办实事十项工程建设。“一房”:解困房建设，5月，将264户住房困难户材料上报市国土资源局龙湾分局办理供地手续；“一路”：广场路上涂段道路已建成投入使用，屿门段161间民房拆除工作完成，道路已贯通，东门、中星村段建成通车；“一网”：海城片污水管网建设一期工程累计投标金额2100多万， 10月份进场施工，预计2008年5月完成；“一园”：水暖洁具工业园区的海工大道已竣工验收投入使用；“一基地”：工业标准厂房和电镀中心，已办理供地手续。十件为民办实事工程进展顺利：牌坊桥建设已完成勘测设计，落实筹资方案；西一地质灾害点治理已进场施工；工业城垃圾中转站建设进入设备安装及调试阶段；海城中学扩建工程已进场填方，海城二小内操场改建工程已完成；卫生院迁建的征地已上报省、市国土部门审批；视频网络监控工程建设已基本完成；残疾人、特困户危房改建工程全部完成；东成、西一两村村庄整治基本完成；东门、东溪等村的二、三产留地开发办好供地手续，中星、西一两村在办理供地手续之中；人民路文明创建已制定方案并启动实施。

重视文化、教育、卫生工作，东溪村通过市级文化示范村达标验收，海城一小被评为市级绿色学校。社区卫生服务创建通过省级验收。新型农村合作医疗及农村住房保险的参保率100%。计划生育符合率86%。

“平安海城” 建设。加强社会治安防控，全年发案665件,同比下降0.3%，破案228件，破案率31.3%。开展以安全生产执法年活动、中小企业安全隐患专项整治、全员安全培训、危险化学品“2007”行动为重点的安全生产工作和两查两保专项活动。

瞿溪镇 2007年，瞿溪镇社会经济总收入53.82亿元，同比增长15.76%。财政总收入1.12亿元，同比增长13.19%。农民人均纯收入10 120元，同比增长8%。

农业总产值4318万元，同比增长43.9%。粮食总产量840吨，粮食播种面积2250亩，标准农田示范点建设通过市级验收。农业产业化加快，自源农产品有限公司、观火熊类养殖场等一批畜牧业龙头企业发展，雄溪、雄河和蛟垟等村的蔬菜生产基地渐成规模，以雄溪村为中心的杨梅产业新基地逐步集聚，以瞿岙花卉场为起点的花卉基地建设初步发展。全市“千村整治、百村示范”工程现场会在瞿岙村召开。完成肇山横坑、泉东川、北坦、瞿岙等村近12公里康庄工程公路建设。

工业总产值44.16亿元，同比增长21%。年产值超10亿元企业1家，年产值超亿元企业3家，年产值超500万元企业41家。企业技术创新和品牌建设，实施技改项目10项，新增1家区级以上高新技术企业，“华耐”商标被认定为“中国驰名商标”，力西特集团通过浙江省名牌产品复评。集中供热项目被列为市级节能减排项目。新工业园区建设入园34个项目中，已有32个项目竣工投产，完成基建投资8700万元，配套设施建设基本完成。瞿溪、溪头街、埭头等村利用二产返还用地建成标准厂房6.4万平方米，在建标准厂房3.3万平方米。

第三产业产值9.23亿元，增长5.48%。近郊假日游和生态游形成，石岩屋风景旅游开发列入瓯海区“十一五”发展规划，传统集市“二月初一”被列入温州市非物质文化遗产名录。

重点工程建设。瞿溪河拓宽二期河道工程和三座桥梁改建工程竣工并投入使用。58 000平方米的安置房建设至年底完成总工程量的51%，河头村三产安置房——河东小区建设工程已开工建设。瞿湖公路于9月竣工通车；被区政府列入民生工程的延川路和信达街改建工程总投资16 445.28万元，总拆迁面积24 122平方米，在办理各类手续。水利设施建设，横坑、横坑岭两座山塘列入区除险加固工程，已完成工程量的80%，河头村后屿山水土流失治理工程基本完成。电网建设，金丽温500千伏二回高压线路架设完工，提前投入使用。

精神文明建设。瞿溪村通过省级文明村复评，瞿溪一幼和商业银行瞿溪分行分别被评为省、市级文明示范岗。农村公共卫生加强，瞿呑村获“省级卫生村”称号。新型农村合作医疗参保率达85%，推行率达100%。成立瓯海区首个镇、街道总工会。

平安创建工作。镇、村两级“平安乡镇”、“平安村”达标率均为100%。排查社会不安定因素，建立健全信访工作责任制，调处各类纠纷20起，调解率100%。落实禁毒责任制，开展“无毒社区”创建工作。抓森林防火，建设生物防火带10.3公里，计284亩，河头、雄河分获省、市级绿化示范村。

萧江镇 2007年，萧江镇工农业总产值50.87亿元，同比增长22.8%。工商税收1.22亿元。农民人均纯收入9546元，同比增长15.5%。

粮食播种面积27 103亩。开展粮食适度规模经营，早稻20亩以上种粮大户208户，经营面积5070亩。发展大棚栽培、苗木培育、肉质品深加工等特色效益农业，培育后洋、河坤蔬菜基地、青龙瓯柑基地、河峥奶牛基地等一批特色农业生产基地。建成毛家处、兰花桥、邵宅等一批“农家乐”基地。累计争取各项农业直补资金50多万元，落实粮食订单145万斤。农田基础设施建设。建成鳌江干流萧江段（岱口—后洋）堤坝加固路面工程，新建若干处三面光渠道和机埠。

工业产值50.2亿元，同比增长23.4%，其中规模以上企业产值26.2亿元，同比增长27.6%。塑包业继续成为区域性支柱产业，新兴产业棉纺企业数量继续增加，棉纺生产基地初步形成。自主创新取得新突破。完成省级塑包星火特色产业基地建设，通过省科技厅考核验收。立天公司“亚麻特种纱线研发”项目列入省科技计划项目。品牌创建。立天控股有限公司被命名为浙江省知名商号，“晨光”牌塑料编织袋被评为浙江省名牌产品。开展“工业项目推进年”、“企业服务年”等活动，项目供地率、进场率、开工建设率达100%，实现工业性投资1.73亿元。重点工业项目进展顺利，标准厂房已完成征地和农转用报批，浙江中宇“节能灯”项目、立天“纯棉牛仔布”项目主体工程已竣工投入使用。选商引资工作。引进新项目8个，续建上年引资项目3个，实际到位内资3953万元，合同利用外资1200万美元，实际利用外资22万美元。

建成萧江华东农贸综合市场并正式对外营业。物流中心项目列入县商贸业发展规划，20亩物流子项目得以报批。完成四星级酒店国际商务中心项目征地工作。

制订萧江镇新农村建设五年规划，投入1800万元，完成7个新农村建设项目。重点工程建设。完成温福铁路萧江段工程全线5公里桥墩建设，启动桥面工程、拆迁安置点建设。城镇主干道长宁路初步贯通，长宁桥、沧海桥基本建成，黎明路、朝阳路、诚信桥建设完成。43公里康庄工程完工。开展电力攻坚，瓯南变22万伏输变电工程如期投入使用。萧江第二水厂、萧东变11万伏变电所完成征地工作。

成功创建省级教育强镇，萧江一中、二中被评为省示范性初中。新型农村合作医疗完成参合38 000人，参合率85%。率先在全市完成有线电视村村通工程。

“平安萧江”建设。加大打击违法犯罪力度，破获刑事案件112起。实施平安“细胞”工程，建成道路治安监控系统。

海滨街道 2007年，海滨街道农业总产值5784万元，同比增长49.5%。工业总产值52.68亿元，同比增长13.7%。出口交货值4.54亿元元，同比增长43.4%。财政收入2.4亿元，同比增长39%。农民人均收入11 818元，同比增长8%。

优化农业产业结构，粮食生产保持稳定。农作物播种面积17 499亩，其中粮食8468亩。投入农田水利建设，提高防汛抗旱能力。完成河岸驳坎1800米，疏浚中横河、环场河9800米，修建机耕路5000米。2007年，获省级平安农机示范街道，市级“139富民攻坚计划”先进集体，市级海涂围垦开发建设支持协作先进单位称号。

规模以上企业66家，累计工业产值45.6亿元，同比增长25%；其中超亿元企业14家，5000万元至1亿元企业9家。开展企业技术提升改造，完成工业性投资1.8亿元，新增国家级高新技术企业2家，中国驰名商标1个。发展外向型经济，引进内资5450万元，实际利用外资426万美元，合同利用外资1190万美元。开展工业经济服务活动，对184家企业进行产品质量专项整治。

利用空港、农产品物流中心建设的优势，发展海滨宾馆餐饮、娱乐服务、货物运输等服务业，打造现代物流基地。富海路宾馆服务一条街，宁村装饰材料一条街形成。

重点工程建设。海滨围垦工程总投资1.8亿元，养殖户政策处理工作已进入扫尾阶段。蓝田陡闸改建及上游河道拓宽工程政策处理工作基本落实到位，水闸主体工程已进入施工阶段。瓯海大道海滨段两侧景观整治工程涉及的违章建筑拆除、立面整治、征地拆迁等在逐步推进。基础设施建设。实施东片排污管网工程，完成排污主管网和支管网建设政策处理工作，海滨北片截污纳管工程总投资3931万元，已完成工程量的43%。蓝浦桥改建工程完成设计、立项、招投标等工作。新建或改建村间道路3600米，完成海滨牛桥建设、环卫所前道路建设。在教新、沙北、蓝田、江一、渔池、宁村等6个村实施村庄整治工程。

社会各项事业。在蓝田村筹资20万元建成图书馆，藏书8000余册。宁村村的“拼字龙灯、七月十五汤和节”相继进入区、市、省级非物质文化遗产名录项目。新型农村合作医疗参保率为99.65%，参保金额为95.3万元。计划生育率为89.25%。

协助公安部门开展“打黑除恶”和反“两抢一盗”斗争。街道发刑事案件629起，同比增长2.5%，破刑事案件238起。开展中小企业安全隐患专项整治、鞋类企业专项整治、危险化学品安全隐患治理和坚决遏制化学品事故“2007

行动”、重大危险源监控等工作，培训企业负责人和管理人员362名，员工8000名，在华基、奥鹏、永农等10家企业开展事故应急救援演练。

状元镇 2007年，状元镇财政收入1.25亿元，农民人均收入10 974元。

农业总产值8167万元。杨梅、瓯柑、茶叶和蔬菜种植等传统特色产业发展，建成特色优势农产品基地。其中杨梅总产量338.9万千克，总产值5080万元；瓯柑总产量162.5万千克，总产值650万元。引进培植劳动能力强的龙头企业，开展“百村百企”结对共建新农村活动。

工业总产值37.08亿元，比上年增长35.23%。工业主要以皮鞋、拉链和紧固件三大支柱产业为主，文体用品行业和机械行业逐渐兴起。规模以上企业总产值20.21亿元，比上年增长18.20%。引进内资2010万元，合同利用外资500万美元，工业性投资6073万元。新增国家免检产品1个、省级名牌产品1个、市级知名商品1个、市级知名商标1枚，新增浙江省高新技术企业2家、龙湾区高新技术企业1家。

发展第三产业，社会消费品零售总额2.31亿元，比上年增长15.9%。住宿餐饮业营业额2261万元，比上年增长9.3%。

村镇建设。推进市、区重点工程项目。落实瓯海大道工程后续性工作，协调做好工业企业拆迁用地的供地工作；协助有关村二、三产返回用地手续的办理；完成三郎桥、西台、山西岙等村350多套瓯海大道工程安置房缴款摸文选房工作。推进龙腾南路拓宽改建工程，开展江滨路状元段工程前期工作。完成状元桥村、渔业大队、横街村需拆迁的公建项目、企业及民房入户丈量工作。完成500千伏温东变线路状元段响动岩村的3.5座铁塔塔基政策处理和110千伏西台变电所的征地协议书签订。完成大岙溪田岙道路、环山路石坦段及状元廊桥等道路交通工程的改建工作。完成三郎桥村水网改造工程一户一表的安装。

社会事业。文化方面完成《龙湾区志》（状元镇卷）的撰写工作。拨付教育经费969.72万元，加强教育基础设施建设。新型农村合作医疗保险参保率100%。计划生育符合率88.32%。

平安状元建设。调解各类民间纠纷66件，调解成功65件。镇巡防大队协助派出所侦破刑事案件20起。投入近100万元建成监控中心，开通44个重点地段和部位的安全视频网络全方位监控摄像头。开展“安全生产执法年”活动，抓C、D类企业和全镇13家危化品生产经营单位的定期督促整改。开展拉丝行业专项整治，强制关闭12家非法拉丝户。

黄华镇 2007年，黄华镇工农业总产值30.5亿元。同比增长25.8%。财政总收入3037万元，同比增长22.5%。农民人均收入10 302元，同比增长14%。全社会固定资产投资2.3亿元，同比增长27.8%。

农业总产值4348万元，同比增长6.5%。粮食播种面积16 977亩，总产量7184吨。降低种粮成本，实现优良品种播种面积占耕地面积98%。发展盐碱地种植、特种动物养殖等附加值高的行业。农业基础设施建设，完成50年一遇标准海塘工程及管理房等配套设施的建设、岐头水闸工程扫尾工作、北山村标准防洪堤建设和前京村河道护岸工程、岐头主河道疏浚工程。

工业总产值30.1亿元，同比增长26.4%。规模以上工业总产值22.8亿元，同比增长37.2%。工业性投入1.58亿元，同比增长40.3%。外贸出口交货值1.5亿元，同比增长61%。企业列入市科技发展计划项目3个，总投资900万元；列入市技改项目3个，总投资2915万元。2个产品获“温州名牌产品”称号，2家企业被评为省高新技术企业，1家企业商标为“浙江省著名商标”，获国家专利2项。船舶业总产值达10亿元，有13家船舶企业通过中国船级社认证。加快工业园区建设，完成岐头工业功能区一期征地208亩，3个北京签约项目将进场施工，新增厂房面积11 850平方米。

全年旅游收入共50多万元。完善炮台山公园和黄华山等旅游景点，建成景点农家乐1处，形成“品鲻鱼、观海潮、看造船”为特色的旅游经济。

重点工程建设。完成市排污工程黄华段的选址工作。完成沿江路段改造工程。完成“七洞线”24个塔基建设，最后一个塔基在施工。上岩前村住宅小区建设工程进入挂牌出让阶段。110千伏特百花变征地工作完成，处于审批阶段。完成投资50万元的金瓯片供水管网建设，解决北山等四个村的吃水难问题。完成投资150万元的岐头片区供水管网改造工程。农村环境整治，被评为温州市“千百工程”先进乡镇。环保工作获“省生态镇”称号。

对教育投入1321万元，完成总投资500万元的黄华实验学校扩建工程，于9月投入使用。开展群众性体育活动，举办“索谷杯”象棋赛、市武协木兰拳表演赛等活动，建成5000平方米的农村健身公园。科普工作先后被评为温州市“科普示范”镇和浙江省“科普示范”镇。新型农村合作医疗保险农民参保人数达28 003人，参保率为94.9%。计划生育符合率为80.04%。

开展“双千工程”，10个村参加创星级平安村评选活动，完成6家规模企业的平安千企创建工作。开展社会治安“清风行动”和“两查两保”专项活动，抓获“六合彩”赌博人员40余人。

郭溪镇 2007年，郭溪镇财政税收2.6亿元，同比增长28.7%。外贸出口9.4亿元，同比增长12.3%。城镇人均收入11 350元，同比增长6%。

调优农业结构，在稳定农业耕种的基础上，做好示范项目推广，与省、市农科院等单位联合在里屿垟农业现代示范区引进9个新品种试验。发展观光型农业，曹平村做好农家乐项目前期工作。完成山林延包工作和530亩退耕还林抚育任务，强化森林消防工作，未出现重大火灾。加快前垟排洪渠、西向排洪工程建设。完成农业普查任务，获全国第二次农业普查工作先进单位。

工业总产值66.41亿元，比上年增长23%，居瓯海乡镇第一。完成固定资产投资2.97亿元，增长51.4%。产值超亿元企业6家，浙江华都鞋业有限公司获中国驰名商标，中城建设集团晋升为温州市唯一的特级资质建筑企业。整合制鞋、制革等行业资源，引导其走环境污染少，资源能耗低的发展之路。加快工业基地建设步伐，推进郭溪工业基地配套设施建设。

建筑业总产值26.8亿元，增长16.6%。

第三产业营业收入11亿元，增长77.6%。启动郭溪商贸中心和塘下商场的手续办理。

重点工程建设。抓好浦西电镀基地建设，完成土地勘探、培方、水管改线等工作，协助瓯海区标准厂房建设指挥部做好进场建设。西向排洪工程完成580亩土地丈量及校对工作，协助做好梅屿大河开挖建设。完成前垟排洪渠工程征地及招投标工作，有关手续已报省水利厅备案。协助瓯海区铁路建设指挥部做好梅屿拆迁工作。完成土地整理任务，其中基本农田建设1633亩，山地292亩，已通过区、市、省逐级验收。

城镇设施日益完善。加快集镇中心路灯改造。投入资金约80万元，完成对3500多户的用水管网改造。推进18个行政村环境清洁工作。

发展教育事业，实施校网调整工程，扩建郭溪三小。开展群众文化活动，举办“真情送服务、建设新农村”等文艺演出。农村合作医疗参保率96%。计划生育率为91.65%。

平安建设。强化社会治安综合治理。开展矛盾纠纷调处，成功调处矛盾纠纷199起。开展安全生产五项专项整治活动，坚持日常安全生产检查，发放限期整改通知书83份，责令停产整改14家，在2个村设立公用消防栓等应急救援设施。

丽岙镇 2007年，丽岙镇生产总值8.02亿元，同比增长18.2%。财政税收9569.4万元，同比增长22.2%。农民人均纯收入12 108元，同比增长11.2%。

农业总产值1.6060亿元，同比增长28.37%。效益农业优势明显，蔬菜产值6292.4万元，花卉产值5620万元，两者产值占农业总产值的74.17%。

工业总产值18.5亿元，同比增长12.12%。规模以上企业累计27家，占工业总产值的80%以上。节能减排工作取得实效，万元生产总值能耗由0.1199吨标准煤降低到0.1149吨标准煤，下降1.4%。

第三产业增加值3.00亿元，同比增长21.9%，社会消费品零售总额2.60亿元，同比增长16.03%。商贸服务业发展良好。镇中心街区商贸氛围渐形成。

基础项目工程建设。完成南线供水工程（丽岙段）一期工程管网铺设作业，二期工程进入施工阶段。完成220千伏变电所建设工程征地工作。完成任岩松中学改扩建工程及平衡用地项目前期工作。土地整理标准农田建设。完成下川、下章、姜宅、杨宅、下呈、曹建等6个行政村基本农田建设任务，建成标准农田173.4公顷，净增耕地9.3公顷，投入资金408万元，建成一批防洪排沟、引灌沟、机耕路等农业基础设施。基础水利建设。推进小流域治理，投入资金600多万元，对境内的白门渎、五社溪、洪殿河等多条溪流和下呈河滨路沿岸进行驳坎治理。完成金刚山山塘报废工程、芙蓉山塘和任岩松山塘除险加固工程，通过水利部门验收。

承办2007年全国马术盛装舞步锦标赛／冠军赛。协助复查区级文物保护单位2处和文物点4处，新发现134处有价值文物点。发展公共卫生事业。建成白门、姜宅、杨宅3个卫生社区服务站，有12 429人参加新型农村合作医疗保险，参保率87%。开展计生“优质服务年”活动，计划生育率86.4%。

加强治安防控体系建设。在各村重点地段安装“全球眼”（监控视频）30多只，开展村庄轮户巡防。落实安全生产责任制，加强宣传和安全知识培训，全年没有发生重大安全生产事故和重大消防事故。实施区级森林防火带网络工程（丽岙项目区），建设生物带5.1公里，割草带11.8公里。做好动物防疫工作。通过省级动物防疫示范镇创建工作验收，成为温州市第一个省级动物防疫示范镇。

工　业

综　述

2007年，温州市贯彻落实十七大精神，以科学发展观为统领，坚持好字优先、稳中求进，加快从要素驱动型的发展模式向创新驱动型的发展模式转变，推进工业发展“12345”工程和先进制造业基地建设，全市工业经济保持了平稳较快的发展势头。

工业经济实力　2007年温州市实现工业增加值1063.30亿元，同比增长14.2%，占全市GDP的49.3%。全市规模以上工业企业6480家，实现工业总产值3343.17亿元，增长21.6%，占全部工业总产值的67.5%，比上年提高1.6个百分点。其中轻工业产值1220.9亿元，增长20%；重工业产值2122.27亿元，增长22.6%。列入经济效益考核的工业企业，全年经济效益综合得分为207.32分，比上年提高11.06分；实现主营业务收入3074.21亿元，增长20.7%；利税总额276.77亿元，增长20.4%，其中利润总额156.87亿元，增长23.8%。

工业发展“12345”工程　2007年温州市完成工业发展“12345”工程。引进世界500强、国际知名企业14家。高新技术产业增加值占规模以上工业增加值比重超过20%。销售产值超10亿元大企业大集团33家。中国名牌产品、中国驰名商标118个。全社会工业总产值4951.22亿元，增长20%。

工业性投资　2007年温州市完成全社会工业投资283.43亿元，同比增长23.1%，其中限额以上工业投资251.07亿元，增长30.3%。全市124个项目被列入省重点技术改造“双千工程”，总投资147亿元。全年开工建设项目481个，竣工项目492个。新开工建设标准厂房303.62万平方米，新完工标准厂房244.53万平方米。全市投资额500万元以上的“挖潜节地”工业项目209个，全年完成投资17亿元。

工业企业技术创新　2007年温州市规模以上工业完成新产品产值304.80亿元，同比增长42.5%。继德力西集团之后，正泰集团被认定为国家级企业技术中心，有10家企业被认定为省级企业技术中心。列入省级技术创新系列项目34项，市级技术创新项目21项。实施产学研合作项目23个。新增国家火炬计划重点高新技术企业18家（累计47家）、新增省级以上高新技术企业33家（累计231家），有7个项目列入省级企业信息化项目。

工业企业做强做大　2007年温州市新增工业产值亿元企业167家（累计641家）。新增销售产值超10亿元大企业大集团8家（累计33家）。新增企业集团32家（累计211家）；新增无区域企业26家（累计188家）。新增上市企业1家，全年华峰氨纶、瑞立集团、报喜鸟集团、华仪集团等4家上市工业企业实现产值55.83亿元，同比增长28.8%；利润11.22亿元，增长100.8%。评定成长型中小企业1047家，培育微小企业770家，其中有13家企业被评为省级小企业创业新星。

节能降耗工作　2007年温州市落实节能降耗目标责任制，建立健全工作体系，全面展开重点领域的节能减排工作。全年万元GDP能耗为0.69吨标准煤，降低率为4.3%，降幅位列全省第五，规模以上工业单位增加值能耗同比下降9.1%。制定《温州市工业固定资产投资（技术改造）项目节能评估和审查管理暂行办法》，严把新上项目审批关；加快淘汰落后生产能力，关停了29.4万千瓦小火电机组，23条合成革生产线，179家小不锈钢企业。电镀业整治成果得到巩固，平阳水头制革业整治通过省级验收。全年市财政安排431.5万元专项资金，支持37项节能降耗项目，实现年节能6万吨标准煤。推进十大节能工程，完成60多台锅炉的节能改造，年节约燃煤3.5万吨；实施集中供热项目，年节约燃煤2万吨；实施一批节能示范项目，开展对塑编企业圆织机、拉丝机的节能改造示范项目，年减少电量消耗2.2亿千瓦时。

工业循环经济　2007年温州市列入省“4121”工业循环经济试点的2个县、1个工业园区和5家企业完成规划编制，并开展循环经济发展工作。执行《国家鼓励的资源综合利用认定管理办法》，拓展资源利用新领域，新开发废旧汽车轮胎翻新综合利用、电镀污泥回收金属和建筑弃土生产墙体材料等资源综合利用项目；推行清洁生产，产生英博双鹿啤酒集团等一批“节能、降耗、减污、增效”成绩显著的节能环保型企业。110家重点企业实施清洁生产。

建设先进制造业基地目标责任制考核　2007年温州市根据《2007年温州市建设先进制造业基地目标责任制考核办法的通知》，对各县（市、区）政府和温州经济技术开发区管委会的2007年度建设先进制造业基地工作进行考核后，评定龙湾区、瓯海区政府为一等奖，瑞安市政府、温州经济技术开发区管委会、乐清市政府为二等奖，洞头县、鹿城区、永嘉县、苍南县、泰顺县政府为三等奖。

优秀企业家表彰　温州市政府授予南存辉等26人“2007年度温州市功勋企业家”称号，授予丁国聪等97人“2007年度温州市优秀企业家”称号，予以通报表彰，并对其所在企业的领导班子记集体功一次。

工业企业突出贡献单位表彰　温州市政府决定，授予2007年度年实缴税金首次超过1.5亿元的华峰集团有限公司等2家企业、首次超过1亿元的森马集团有限公司等2家企业、首次超过5000万元的华仪电器集团有限公司等5家企业以及首次超过3000万元的浙江丰业集团有限公司等14家企业2007年度工业企业做强做大“突出贡献奖”称号，分别给予150万元、100万元、50万元和30万元的奖励；对2007年度工业销售产值首次超过10亿元的浙江华峰氨纶股份有限公司等8家企业予以通报表彰。

质量立市品牌强市突出贡献单位表彰　温州市政府决定，对2007年度全市首次获“中国名牌产品”、“中国驰名商标”、“全国质量奖”、“证明（集体）商标”、“守合同重信用”、“浙江省质量奖”、“国家免检产品”、“科技成果鉴定项目和专利技术转化为行业标准”、“国家标准、地方标准、行业标准主要起草者”、“担任专业标准化委员会、工作组主任（组长）单位”等奖项的企业或单位，予以奖励。对上述单位及2007年度复评获“中国名牌产品”称号的单位，获2007年度“浙江名牌产品”、“浙江省著名商标”、“钱江杯奖”的单位予以通报表彰。

电力工业

概况　温州电业局系国有大型供电企业，担负着全市三区、二市（县级）、六县的供电任务。下设鹿城、瓯海、龙湾供电分局，送电、变电、修试、检修工区及温州百丈漈水力发电厂。受浙江省电力公司的委托，温州电业局对瑞安、平阳、苍南电力有限责任公司实施监督管理，对乐清、永嘉、文成、泰顺、洞头等趸售县（市）供电企业实行代管。截至2007年底，全局职工人数1916人，资产总额88.82亿元。电力销售净额111.82亿元，增长14.97%。电力销售市场占有率97.79%，增长0.25%。利润4.03亿元。缴纳税款2.94亿元，在温州市国税纳税大户百强榜中名列第一。电费上缴率105.67%。

温州电网拥有500千伏变电所2座，变电容量425万千伏安；220千伏变电所18座，变电容量645万千伏安；110千伏变电所91座，变电容量673.05万千伏安。温州电网初步建成“以500千伏为主网架，220千伏为支撑，网络遍布城乡，结构基本合理、技术较为先进、经济适用”的现代化电网。

全年全市供电量232.89亿千瓦时，同比增长13.15%；网供电量220.02亿千瓦时，增长15.28%；售电量227.71亿千瓦时，增长14.16%；最高供电负荷405.77万千瓦，增长12.33%；全社会用电量238.7亿千瓦时，增长12.8%；线损率2.23%，降低0.86%；城网供电可靠率（RS3）99.795%；城网综合供电电压合格率99.709%，其中A类电压合格率99.785%；农网供电可靠率（RS3）99.217%，农网综合供电电压合格率99.01%。

电力生产安全　2007年温州电力系统实施《温州电业局2007年安全生产工作意见》，落实各级安全生产责任制。开展春季、秋季安全大检查，完善反违章工作机制，加强现场反违章稽查力度，细化反事故措施，健全安全生产应急管理体系，推广检修现场作业的标准化和作业设施标准化，落实安全生产事故调查体系。成功抵御“圣帕”、“韦帕”、“罗莎”三次强台风的袭击，以最快的速度恢复受损电网供电，取得抗台救灾工作的胜利。全年未发生人身事故、电网事故、设备事故、交通（消防）事故，截至年底，实现安全生产无事故日801天。

电网建设　2007年温州电业局实施电网建设第三轮攻坚，开展市域、县域的城乡电力设施布局专业规划，市域的《温州电力工程布点及通道规划》通过市政府批准。落实省电力公司与市政府签署的“十一五”电网发展框架协议，与鹿城、瑞安、乐清、永嘉、平阳、苍南和龙湾等7个县（市、区）政府签署“十一五”电网发展会谈纪要。开展500千伏温西变、温东－南雁线路以及一批220、110千伏工程的可研工作。完成电网建设与改造投资额10.29亿元，500千伏南雁变扩建、220千伏东新变、灵溪变、江北变等29项110千伏及以上、系统新增变电容量300.3万千伏安、500千伏金丽温线温州段等工程竣工投产，缓解上年网络制约供电紧张问题。开工500千伏温东变等14项110千伏及以上工程，开工变电容量357万千伏安。

2007年温州市各县市区供电情况

单位：万千瓦时

县(市、区)	供电量	一季度	二季度	三季度	四季度	比上年增长(%)
全局	2 215 133.78	446 971.84	557 772.15	642 998.68	567 391.11	14.34
鹿城	286 690.98	60 164.01	67 351.85	90 269.35	68 905.77	8.64
瓯海	232 810.39	47 471.69	59 607.17	65 690.66	60 040.87	9.97
龙湾	201 770.36	38 065.58	53 219.76	57 957.48	52 527.54	11.93
永强	125 566.68	23 640.93	33 121.7	35 189.75	33 614.30	10.58
瑞安	410 526.30	84 556.23	104 231.28	116 800.11	104 938.68	16.80
平阳	148 836.98	30 672.83	37 787.63	41 909.99	38 466.53	10.73
苍南	275 398.69	55 985.35	70 563.64	76 006.4	72 843.30	24.04
文成	32 310.60	6639.62	8404.22	9024.22	8242.54	22.41
永嘉	145 521.92	27 851.99	37 917.94	42 265.23	37 486.76	10.88
乐清	300 946.30	60 266.19	71 965.5	93 505.42	75 209.19	18.32
泰顺	14 152.49	3135.32	3621.01	3669.8	3726.36	17.87
洞头	10 332.02	2224.6	2350.91	3262.67	2493.84	14.57

2007年温州市全社会用电分类情况表

单位：万千瓦时

项目名称	一季度	二季度	三季度	四季度	年累计
全社会用电总计	477 408.84	598 061.58	694 153.04	617 388.88	2 387 012.3
A、全行业用电合计	383 087.14	501 154.27	546 636.68	517 057.39	1 947 935.5
第一产业	1246.29	1502.54	1964.81	1878.41	6592.05
第二产业	334 889.7	448 178.81	466 983.52	457 179.11	1 707 231.1
第三产业	46 951.15	51 472.92	77 688.35	57 999.87	234 112.29
B、城乡居民生活用电合计	94 321.7	96 907.31	147 516.36	100 331.49	439 076.86
城镇居民	54 028.3	54 373.45	85 055.42	56 458.71	249 915.88
乡村居民	40 293.4	42 533.86	62 460.94	43 872.78	189 160.98
全行业用电合计	383 087.14	501 154.27	546 636.68	517 057.39	1 947 935.5
一、农、林、牧、渔业	1246.29	1502.54	1964.81	1878.41	6592.05
二、工业合计	329 016.06	442 176.72	460 253.07	450 743.09	1 682 188.9
三、建筑业	5873.64	6002.09	6730.45	6436.02	25 042.2
四、交通运输、仓储、邮政业	4548.41	4610.18	6628.29	5183.32	20 970.2
五、信息传输、计算机服务和软件业	2263.6	2595.65	4310.74	3721.95	12 891.94
六、商业、住宿和餐饮业	14 095.77	14 815.64	23 840.16	15 749.36	68 500.93
七、金融、房地产、商务及居民服务业	10 993.63	12 448.09	18 912.02	16 282.22	58 635.96
八、公共事业及管理组织	15 049.74	17 003.36	23 997.14	17 063.02	73 113.26

完成大修资金1.48亿元，省控技改资金1.25亿元，城网建设和改造资金3.27亿元。

新农村电气化建设　2007年温州市推进“新农村、新电力、新服务”的农电发展战略。全年完成新农村电网建设与改造投资额3.55亿元，2个“新农村电气化县”、40个“新农村电气化乡（镇）”、689个“新农村电气化村”建设通过验收。县城电网建设和改造工程完成10千伏及以下工程总投资额4.59亿元。加强农村电工队伍建设，至年末，举办农网配电营业工培训班14期，培训农电工1690人。出台农村电工工资收入管理办法，稳定农电一线队伍。

电企管理　2007年洞头县供电局列入国网公司一流县级供电企业行列，瑞安电力有限责任公司在省公司县级供电企业同业对标中名列第七。深化供电所专业化管理，累计创建星级供电所2个，规范化管理供电所100个。通过市局验收的农村供电营业规范化服务窗口154个，创建率95%。乐清雁荡山供电所被省公司列为“2007年供电所综合管理标杆单位”。

电力服务　2007年温州电业局针对群众反映多的热点、难点问题，推出一系列优质服务活动。制定“1358”优质服务工程实施方案，开展“轻松缴纳电费，共建和谐社会”活动，加强银企合作，在全省率先发行电费充值卡并在全市推广应用，推出POS机、信息亭、网上银行等新型缴费方式，增加缴费网点，方便客户。针对局部电网“卡脖子”问题，根据《温州电网供电能力限制预警方案》，制定并落实相应的有序用电措施，减少拉限电。全年全市总拉限电计5152条次，损失电量5230万千瓦时，分别下降59%和72%。开展“阳光投诉”活动，平阳、洞头、乐清、文成、泰顺等县（市）供电局实现“零投诉”。洞头县供电局实现行风评议“六连冠”。温州电力客户服务中心95598蝉联“全国用户满意服务明星班组”。

温州发电有限责任公司　2007年该公司发电量累计完成90.90亿千瓦时，完成计划的100.07%。其中一期完成发电量15.81亿千瓦时，二期完成发电量37.23亿千瓦时，三期完成发电量37.86亿千瓦时。全年实现3个百日无考核事故记录，实现不发生特大事故、不发生电力生产责任性事故和人身事故的目标。截至2007年12月31日，连续安全日396天。非计划停运次数8次，比上年减少1次。

加强节能减排工作，年底开工建设一期两台135兆瓦（MW）机组脱硫工程，建成后温州电厂将实现全部机组脱硫。全年比上年减排二氧化硫20 636吨。加大节能技术的改造力度，开展辅机的变频改造、点火系统的改造等技术项目。其中#5机微油点火技术获浙江省电力科技进步一等奖，是首台实现冷态启动并网全程使用微油技术的300MW以上容量机组，微油点火技术应用项目被评为“2007年度浙江省优秀节能示范项目”。

推进各项企业发展项目。浙能温州洞头风电项目完成项目核准、政策处理等前期工作，该项目是浙江省能源集团实施大能源战略新能源项目中的首个风电项目，由温州发电公司采取“以厂带建”的管理模式负责建设。一期机组“上大压小”可行性研究委托省电力设计院制定初步方案，已提交集团公司。推进机组跨江供热项目可行性研究，其建设方案经温州市发改委组织评审，列入温州市重点前期工作项目。

创新人力资源管理方式，优化调整机构。新设立洞头风电项目部、企业发展部、行政服务部，设立维修分场、灰硫分场、检修分场。建立“岗位能上能下、工资能升能降”的动态管理机制。推进信息化建设，完成EAM系统的开发、测试和上线运行；FMIS系统测试环境和运行服务器平台的安装。SIS系统正式运行，实现各机组生产数据的实时画面显示、性能优化、耗差分析等功能。开展QC活动，“HP863磨煤机润滑油系统改造”获2007年度浙江省优秀质量管理小组成果一等奖和2007年度浙江省电力行业优秀质量管理小组成果一等奖，炉制粉班QC小组获“全国优秀质量管理小组”称号。

公司获浙江省能源集团公司2007年度优秀企业”、“2007年中国电力行业最具社会责任感企业”，＃6机组荣获全国火电大机组300MW级竞赛二等奖。

建筑业

概况　2007年温州市新批建筑业企业40家，累计671家。有28家企业实现资质升级，其中温州中城建设集团有限公司晋升特级资质，成为全市首家特级企业，7家晋升一级，3家中介企业晋升甲级。全市2家建筑企业进入全国建筑业企业500强，3家企业进入温州市纳税大户50强，5家企业年产值超10亿元。全年市本级完成施工招标、工程货物招标205项，中标造价50.2亿元，其中温州建筑企业中标造价30.8亿元，占61%，同比上升10个百分点。全年全市实现建筑业总产值388亿元，增长20.7%，温州企业省外实现产值85亿元，增长54%。其中瓯海区建筑业总产值超90亿元。

市建设局加强灾后重建和社会主义新农村建设技术指导工作，安排设计单位与新农村建设示范试点镇、村挂钩结对，为村镇建设提供技术服务。开展安置房民生工程和五星级宾馆建设的协调和督促工作。全年市区安置房工程新开工156万平方米，竣工181万平方米。2007年局机关获全市安全生产目标管理责任制考核优秀单位、半岛工程建设先进协作单位、“五个一”工程工作先进单位、抗震重建工作先进单位、实施“139富民攻坚计划”先进单位、抗台救灾先进集体等称号。

建筑市场招投标监管　2007年温州市加大招投标监管，应招标工程招标率和应公开招标工程公开招标率继续保持百分之百。强化施工总承包招投标管理，重点监控国有投资工程项目的发包，控制暂定价项目，使暂定价占总造价的比例从10%以上下降到2%，遏制肢解发包行为。推行合格制的资格预审方式，有35个项目实行资格后审制度，防范串标、围标行为。加强招标代理机构和评标专家管理，实行电子招标和计算机辅助评标办法，减少人为因素干扰，公开透明招投标行为。改进评标定标办法，设立投标报价的最高限价，定期公布成本警戒幅度，防范低于成本价竞争，有21个工程65家投标单位因报价低于成本警戒值被废标，遏制不合理低价竞标行为，中标价水平较同期上升2.7个百分点。建立2006年以来市区项目经理数据查询库，加强对招投标活动中项目经理资格等有关内容的审查。开展政府投资项目“代建制”招投标试点工作，温州生态园南仙花苑B地块安置工程成为全市首个“代建制”项目。

建筑市场劳务监管　2007年温州市建立建筑劳务分包制度，制定《温州市建筑工程劳务作业管理暂行办法》，在新开工的62个工程项目中推行劳务分包制度。开展建设市场计价行为的调研，开展实行人工价格动态管理的前期工作，制定《温州市建设工程施工劳务分包合同示范文本》，强化工程合同备案管理，继续实行工程担保制度，市本级工程提供工程担保176份、民工工资支付担保127份。排查2004年以来拖欠工程款的工程，配合劳动部门推行建筑工地的工资卡制度、工伤保险和工资保障金制度，解决农民工工资投诉77起，涉及民工1463人、金额632万元。

工程质量管理　2007年温州市建设局以安置房和公建项目为重点监督工程，组织3次专项大检查，抽查115个在建工程项目，通报批评施工现场质量控制不严、工程存在问题比较突出、综合评价较差的13个工程的相关主体。以结构安全和重要使用功能为重点监督内容，加强对工程现场的建筑材料、构配件、设备的监督抽查和对实体工程质量的监督检测，推进工程实体结构检测制度和室内环境质量检测制度的实施。以监理单位和检测机构为重点监督对象，完善监理企业履行质量责任的检查评分办法和监理人员网上管理系统，强化相关责任主体对监理行为的评价制度。全年全市未发生重大工程质量事故，39个工程被评为市级优质工程，8个工程被评为省级优质工程。94个工程被评为市级优秀建筑装饰工程奖，38个工程被评为省级优秀建筑装饰工程奖，1个工程被评为全国优秀建筑装饰工程奖。11项施工成果获市级QC活动课题奖，4项施工成果获省级QC活动课题奖，3项成果获部级QC活动课题奖。8项施工成果获市级工法，3项施工成果获省级工法，2项施工成果获国家级工法。

安全生产监管　2007年温州市开展安全生产专项整治、“安全生产月”、“安全生产执法年”等一系列活动，执行企业安全生产许可证和相关管理人员安全生产任职资格的审查，落实安全生产责任。开展为期半年的建筑施工安全生产专项整治工作，施工企业和监理单位自查自纠主动消除安全生产隐患近万起。市建设局通过检查发出限期整改通知书505份，提出整改意见1980条，责令58个工程项目停工整改，立案查处30个案件。全年创市标准化工地77个，创省级文明标准化工地19个。全年全市发生建筑施工安全生产事故5起，死亡6人，同比分别下降37.5%和25%，在连续数个超强台风的袭击下，未造成人员伤亡及重大灾害损失。

建设局依法行政　2007年温州市建设系统开展规范性文件清理工作，对1996年撤委建局以来的112件行政规范性文件进行了全面清理，拟继续执行44件，修改23件，废止45件。出台《温州市建筑工程劳务作业管理试行办法》等5个规范性文件。完善《温州市建设局行政执法责任制实施方案》，全面清理规范行政执法职能和行为。清理规范非行政许可审批事项，推进“阳光建设”。加大行政处罚工作力度，市本级全年立案查处34件，处罚金额395万元。

建设系统队伍建设　2007年温州市建设系统以市建校为依托，开展法制宣传、岗位技能培训、安全教育培训、建筑节能培训等工作，全年培训3万余人次。温州建校等10个单位被授予浙江省建设系统文明服务示范点，市造价处被评为省建设系统“群众满意基层站所”，周正农等2人被授予全国建设系统劳动模范，陈海娅等3人被评为省行风建设先进个人。

机械工业

概况 2007年，温州市机械工业实现总产值1927.7亿元，占全市工业总产值的38.9%，同比增长21.7%。温州市机械工业联合会会员企业实现工业总产值983.1亿元，增长24.1%；主营业务收入增长23.4%，新产品产值增长15.8%，利税增长13.0%，全员劳动生产率提高11.3%。产值10亿元以上的企业累计12家。

机械工业在产业转型方面有所进展。不少行业的龙头企业在完成从一般制造业到先进制造业的升级之后又跨进现代制造服务业的行列，具备从方案设计、设备制造、安装、试运行、售后服务、产品升级的“一条龙服务”实力。如主业为泵、阀、管道的宣达实业有限公司承接某化工企业30万吨硫酸工程，正泰集团股份有限公司中标承建坦桑尼亚变电站项目。部分企业在原有产业发展的基础上开拓更高更新的发展空间和领域，如正泰集团股份有限公司自主研发的500KV避雷器、复合绝缘子挂网运行，标志着正泰进入超高压领域，同时正泰引进美国第二代太阳能电池技术，高调亮相光伏产业，首期投资形成25兆瓦产能，出口突破1亿美元；华仪集团有限公司进军风力发电装备制造产业，在批量生产780千瓦机组的基础上开发出1500千瓦的风力发电机组，获得75万千瓦风电场的开发权；人民电器集团有限公司与英国船王格莱格投资公司合作造船；阀门行业将研发方向扩展到核电、“煤制氢”、“煤制油”领域；汽摩配行业着力研制技术含量高、工艺精致、高性能的零配件。

5家企业列国家火炬计划重点高新企业

2007年温州市新增5家国家火炬计划重点高新企业，分别是：春风控股集团有限公司、良精集团阀门有限公司、特福隆集团有限公司、瑞气空分设备有限公司、浙江石化阀门有限公司。

新增1家国家级企业技术中心 2007年正泰集团企业技术中心由国家发改委、科技部、财政部和海关总署联合认定为国家级企业技术中心。全年正泰技术中心开发新产品124项，专利授权41项，新增国际认证45项。

41个机电产品列入国家火炬计划项目

2007年，浙江恒丰泰减速机制造有限公司的新型高效沉降槽、浙江华夏阀门有限公司的球楔针型阀与挤压密封管接件、浙江胜华波电器股份有限公司的高性能高寿命智能汽车刮水机、浙江五洲阀门有限公司的煤液快速切断气化锁斗阀、浙江江南制药机械有限公司的智能高效软胶囊机、森泰电器有限公司的智能化STFL1剩余电流式电气水灾监控探测器、浙江中凯电器有限公司的KBO系列控制与保护开关电器、浙江德力西电器股份有限公司的智能型塑料外壳式断路器、德力西集团有限公司的CDRE17电子式过载继电器、浙江正泰电器股份有限公司的NM6智能型塑料外壳式断路器、江南阀门有限公司的大口径电动真空蝶阀、伯特利阀门集团有限公司的埋地全焊接球阀、宣达实业有限公司的大流量超高温浓硫酸液下泵、奥凯嘉集团有限公司的J40涡轮增压器及温州强盛石化机械有限公司的大型CNG母子站成套压缩机组产业化等41个产品列入国家火炬计划项目。

4家企业商标获中国驰名商标 2007年华仪电器集团有限公司的“HEAG华仪”商标，江南控股集团的“江一”商标，浙江石化阀门有限公司的“瓯通”商标，伯特利阀门集团的“BTL”商标获中国驰名商标称号。

12家企业列省高新技术企业 2007年温州市新增省12家省级高新技术企业，分别是：海特克液压有限公司、浙江森泰电器厂、浙江恒丰泰减速机制造有限公司、华通机电集团有限公司、浙江中凯电器有限公司、温州市鑫光机械有限公司、浙江精工阀门厂、浙江华夏阀门有限公司、温州市润新机械制造有限公司、温州强盛石化机械有限公司、温州云顶汽车制造有限公司、浙江正泰汽车零部件有限公司。

3家企业获省级企业技术中心认定 2007

2007年温州市机械工业产品获科学技术奖一览

获奖企业	获奖产品	获奖等级
浙江正泰电器股份有限公司	LW43-252/T4000-50高压交流断路器	中国机械工业科技二等奖
浙江华东阀门有限公司	远程控制气动双联二位四通球阀组	省科学技术奖
温州市瓯海轻工机械二厂、温州瓯海昌隆化纤制品厂	国产SMS生产设备研制及产品开发	省科学技术奖
特福隆集团有限公司	IKT系列智能型电动执行器	省科学技术奖
江南阀门有限公司	大口径电动真空蝶阀	省机械工业科技二等奖
华仪集团	LW36A-126/T3150-40高压交流SF6断路器	省机械工业科技二等奖
浙江石化阀门	撑开式无摩擦球面闸阀	省机械工业科技三等奖
浙江流遍机械润滑有限公司	DBS-120型电动油脂润滑泵	省机械工业科技三等奖
德力西电器集团	CDMIE塑料外壳式断路器（电子式）	省机械工业科技三等奖
海特克液压有限公司	VQ系列高速高压子母液压叶片泵	省机械工业科技三等奖
华通机电集团	CFM12LE系列漏电断路器	省机械工业科技三等奖
德力西集团	CDRE17电子式过截继电器	省机械工业科技三等奖

年温州华科工业发展有限公司技术中心，伯特利阀门集团技术中心，浙江八达机电有限公司技术中心被认定为省级企业技术中心。

11个产品列浙江名牌　2007年奥凯嘉集团有限公司的（机油、燃油、空气）滤清器、浙江长城减速机有限公司的减速机及搅拌传动装置、浙江华东阀门有限公司的高温高压闸阀、浙江石化阀门有限公司的撑开式金属密封球阀、浙江电器开关有限公司的智能型低压断路器、耀华电器集团有限公司的小型断路器和交流接触器、天正集团有限公司的交流接触器、浙江正泰建筑电器有限公司的电器附件、华通机电集团有限公司的35KV以下电力变压器及万控集团有限公司的开关柜柜体等11个产品被评为浙江省名牌产品。

8产品列为省内首台(套)产品　2007年温州市有8只产品被列为浙江省加快发展装备制造业重点领域首台（套）产品：温州强盛石化机械有限公司的常规站兼子站压缩机、浙江恒丰泰减速机制造有限公司的新型高效沉降槽、温州永得利机械设备制造有限公司的新型大口径环孔型冷轧管机、特福隆集团有限公司的IKT系列智能型电动执行器、浙江温兄机械阀业有限公司的可控式动态逆流提取机组、亚龙科技集团有限公司的亚龙YL-D系列数控机床智能实训考核系统成套设备、浙江苍南仪表厂的核级节流装置，温州市瓯海轻工机械二厂的SMS纺粘熔喷复合无纺布生产线等。

2家上中国工业企业排头兵企业名单　2007年人本集团有限公司被评为轴承制造行业排头兵企业，正泰集团股份有限公司被评为电子电力元器件制造行业排头兵企业。

8家企业列中国企业集团竞争力500强　2007年正泰集团股份有限公司、德力西集团有限公司、人民电器集团有限公司、天正集团有限公司、环宇集团有限公司、人本集团有限公司、长城电器集团有限公司和瑞立集团有限公司继续位列中国企业集团竞争力500强。

4家企业列中国企业500强　2007年列入中国企业500强的温州企业4家，分别是正泰集团股份有限公司（排位214，下同），德力西集团有限公司（253）、人民电器集团有限公司（264）和长城电器集团有限公司（400）。

4家企业列中国机械工业百强　2007年正泰集团股份有限公司，德力西集团有限公司、天正集团有限公司、人本集团有限公司列入中国机械工业百强企业。

2007年10月26日，温州轻工产品博览开幕，吸引20多个国家的150多名海外客商光顾　余日迁／摄

化学工业

概况　2007年温州市化学工业行业总产值240亿元，比上年增长17%。实现利税17亿元。规模以上企业由上年323家增至340家，其中销售额收入超亿元的18家。化学工业协会有1家企业列入浙江省民营企业百强，5家企业列入市百强企业，12家企业被市政府认定为“五个一批”重点骨干企业。化工行业成为全市八大主导产业之一。

全市15家农药企业生产农药品种367个，其中13家生产原药，原药品种75个。各类农药总产量为26 271吨，与上年21 668吨相比，增长17.5%；总产值171 345万元，比上年160 035万元相比，增长7.1%。出口创汇10 883万美元，比上年8519万美元相比，增长27.7%。2007年产值超亿元的农药企业7家，超3亿元1家，超2亿元2家。

全年温州市化工行业列入国家火炬计划项目1项，浙江省重大科技专项1项、省科技计划项目4项，省技术创新重点项目1项，省重点高新技术产业化发展计划1项，市重大科技项目1项、市科技计划项目7项、市技术创新重点项目1项、市重点高新技术产业化发展计划3项。新增国家重点高新技术企业3家、国家级企业研究开发中心1家、省级高新技术研究开发中心2家；获温州市科技进步二等奖2项、三等奖3项；通过省、市项目鉴定、验收20余项。

化工行业获资金补助　2007年温州市工业设计院申报的“化工行业安全设计中心”项目，获2006年度温州市建设先进制造业基地公共服务平台（项目）补助资金11万元。浙江一帆化工有限公司申报的年产200吨虫胺磷技改项目获2006年度市本级企业技术改造项目补助资金27.1万元；浙江俊尔新材料有限公司申报的年产16 000吨高档改性工程塑料生产线技改项目获补助资金25万元。浙江诚意药业有限公司承担的“托拉塞米原料药及其制剂开发”项目获2007年温州市第一期重大科技计划项目科技补助经费80万元。

温州市化工行业发展规划通过评审 2007年4月30日由温州市工业设计院、温州市化工行业协会共同编制的温州市化工行业发展规划通过有关专家评审。该规划文本分概况、化工行业发展现状与面临的形势、市场需求分析、指导思想和主要目标，温州化工行业发展的机遇、产业发展方面和重点发展领域、化工行业区域布局规划和主要对策与措施等8个部分。

5家企业通过质检机构认证 2007年由省石化行业协会组织的评审组对浙江吉高德色素科技有限公司、浙江禾本农药化学有限公司、乐斯化学有限公司、浙江一帆化工有限公司、浙江华兴化学农药有限公司等5家企业进行现场定级评审，以上5家企业分别通过A、B级质量检验机构定级，中国石油和化学工业协会颁发定级证书。

3化工企业列入省安全标准化企业 2007年浙江省安全生产监督局为全省47家危险品从业单位颁发“省级安全标准化企业”的匾牌，温州天盛电化有限公司、美丰农化有限公司、浙江禾本农药化学有限公司3家企业榜上有名。

化工新增2家市级企业技术研发中心 2007年9月，温州化学工业新增2家市级企业技术研究开发中心：浙江东风化工有限公司的浙江东风农药企业技术研究开发中心和温州市华基化工有限公司的温州华基化工企业技术研究开发中心。11月，浙江东风化工有限公司被认定为浙江省东风农药企业技术研究开发中心。

化学工业科研项目通过验收 2007年9月，浙江俊尔新材料有限公司与浙江工业大学共同合作承担的2007年温州市产学研重点项目“环保阻燃耐无铅焊锡PBT工程塑料”通过温州市经贸委组织有关专家验收。11月2日，美丰农化有限公司承担的温州产学研合作重点项目“74.7%草甘膦胺盐SG开发”通过市经贸委组织的验收，该项目配方合理、工艺先进、毒性低、除草效果好，符合农药高浓度、水性化、颗粒剂的绿色环保农药发展目的，产品填补省内空白。

华峰成为亚洲最大的聚氨脂生产企业 2007年华峰集团销售额突破50亿元，成为亚洲最大的聚氨脂生产企业，名列2007年度中国大企业集团竞争力500强、2006年中国石油和化工行业经营业绩前百家企业名单（序列第71位），获“全国模范劳动关系和谐企业”称号。11月8日，华峰集团有限公司与宁波工业园区签约，投资116亿元在宁波建立华峰工业园，这是华峰集团有史以来投资规模最大的项目。

化工行业企业家荣誉 2007年华峰集团董事长尤小平、温州天盛企业集团有限公司董事长潘耀芳获2006年度温州市“功勋企业家”称号。浙江禾本农药化学有限公司董事长曾仲武、瑞安宝源化工有限公司董事长黄其武、浙江华峰氨伦股份有限公司总经理杨从登被评为2006年度温州市优秀企业家。华峰集团董事长尤小平获“2007浙商创新大奖”。浙江诚意药业有限公司董事长颜贻意入选“第六届浙江省优秀创业企业家”。

化工行业“名师名家”评选 2007年1月26日，温州市委办、市府办表彰全市化工行业10位“名师名家”，分别是：浙江禾本农药化学有限公司曾仲武、温州赵氟隆有限公司赵永镐、浙江华峰氨纶股份有限公司杨从登、浙江诚意药业有限公司颜贻意、浙江龙湾化工有限公司王一风、浙江永农化工有限公司诸锡云、浙江俊尔新材料有限公司黄志杰、温州天盛集团有限公司孙永洲、华峰集团有限公司何英伦、浙江一帆化工有限公司李继烈。

船舶工业

概况 2007年温州市在建船舶65艘约59.2万吨，已下水48艘，实现产值30.84亿元，同比增长76%。其中东方船业集团成为第一个年产值超10亿元的船舶企业。全年改造船台、建造厂房、新增大型设备等设施投入3亿多元，年造船能力达35万吨以上。其中乐清市有船台150余座，单船最大吨位23 000吨。近年来，各船舶企业相继与国际船级社合作，造船能力大幅提高，已具备建造一级成品油轮、二类化学品船、集装箱船、散货船等各种运输船舶能力，主要以出口希腊、挪威、意大利、新加坡、厄瓜多尔、伊朗、阿联酋等国为主。

船舶检验 2007年温州市检验船舶2050艘、824 285总吨。其中制造检验48艘、158 091总吨，中间、年度检验1040艘、306 098总吨，临时检验118艘、128 251总吨，定期检验278艘、74 658总吨。全市持证验船师22名，其中高级验船师4名。

低质量船舶治理 2007年温州市低质量船舶专项治理工作通过国家交通部海事局、国防科工委、农业部渔船检验局、国家安全监督总局等四部委组织验收组的验收。先后取缔不具备造船条件的船厂8家，不符合规划要求的船台103座，整合兼并船台60座，改造船台38座，投入资金3.5亿元。

1. 9月21日~23日，第十二届中国（温州）国际皮革展览会在市会展中心举行。
2. 7月10日，第五届中国（温州）国际眼镜制造业展览会在市会展中心举行。
3. 2月，温州市委、市政府给产值首超十亿元企业颁发牌匾。

1	2
3	

2007 中国温州轻工产品博览会开幕仪式在市会展中心举行

1. 10月26日，来自20多个国家的150多名海外客商光顾温州轻工产品博览会，此次展会共有近300家泵阀企业参展。来自巴西的采购商正在光顾一家泵阀企业的展位。
2. 展会场景。
3. 合作签约仪式。
4. 小学生体验由乐清市企业制造获中国创新设计红星奖的水冷沙滩车。
5. 开幕现场。

1	2	3
4	5	

许日尤/摄

许日尤/摄

卢春雨/摄

苏巧将 / 摄

1. 11月27日，由国家商务部投资促进事务局、中国外商投资企业协会和温州市人民政府共同主办的2007′民营企业对话世界500强活动，在市人民大会堂隆重开幕。
2. 6月24日，温州市举行“在沪温籍企业家回乡投资考察座谈会”。

卢春雨 / 摄

特色工业

国家级特色产业基地

至2007年底温州市国家级产业基地

基地名称	命名时间	命名单位
中国皮都	2001.1.1	中国地区开发促进会
中国剃须刀生产基地	2001.9.5	中国五金制品协会
中国鞋都	2001.9.12	中国鞋工业联合会
中国休闲鞋生产基地（瑞安）	2001.9.25	中国地区开发促进会
中国金属外壳打火机生产基地	2001.9.25	中国五金制品协会
中国电器之都	2002.2.17	中国机械工业联合会
中国泵阀之乡（永嘉）	2002.6.12	中国通用机械工业协会
中国印刷城	2002.9.12	中国印刷技术协会
中国制笔之都	2002.9.19	中国轻工业联合会
中国锁都	2002.9.26	中国轻工业联合会 中国五金制品协会
中国合成革之都	2002.10.6	中国轻工业联合会
中国塑编之都	2002.10.6	中国轻工业联合会
中国塑料薄膜生产基地（瑞安）	2002.10.6	中国轻工业联合会
中国拉链之乡	2002.12.3	中国五金制品协会
中华全国钻头产业基地（乐清）	2002.12	中国五金制品协会
中国纽扣之都	2002.12.30	中国轻工业联合会
中国商务礼品生产基地（平阳）	2003.1	中华全国工商联五金商会
中国眼镜生产基地	2003.1.28	中国轻工业联合会
中国电子元器件产业基地（乐清）	2003.7.18	中国地区开发促进会
中国精密模具生产基地（乐清）	2003.8.18	中国地区开发促进会
中国汽摩配之都	2003.10.8	中国机械工业联合会
中国礼品城（苍南）	2003.10	中国轻工业联合会
中国男装名城（瑞安）	2004.1.9	中国纺织工业协会
中国休闲服装名城（乐清）	2004.1.9	中国纺织工业协会
中国不锈钢无缝管材生产基地	2004.3.1	中国特钢企业协会不锈钢分会
中国五金洁具之都	2004.4.20	中国陶瓷卫生建筑协会
中国断路器产业基地（乐清）	2004.6.15	中国地区开发促进会
中国防爆电器生产基地（乐清）	2004.7.22	中国电器工业协会
中国胶鞋名城（瑞安）	2004.11.16	中国橡胶工业协会
中国工艺礼品生产基地（瑞安）	2005.4.21	中国轻工业联合会
中国包装机械城（瑞安）	2005.12.28	中国机械工业企业管理协会
中国教玩具之都（永嘉）	2006.7.6	中国玩具协会
中国阀门城（龙湾）	2006.7.28	中国通用机械联合会 中国阀门协会
中国锻造产业基地（瑞安）	2006.12	中国锻压协会

鞋革工业

概况　2007年温州鞋革行业呈现出经济平稳较快发展、结构逐步优化、运行质量较好、整体实力增强的良好态势。全年全行业2700余家鞋革企业完成总产值620亿元，同比增长17.6%，实现利润18亿元，增长15%。创利税约39.6亿元，入库税收18.7亿元，增长10.9%。17家企业入温州市2007年百强企业。康奈、奥康、红蜻蜓、蜘蛛王列入“中国皮鞋制造行业效益十佳”。

全行业实现出口额24.09亿美元，出口数量5.35亿双，增长20.08%，其中平面鞋出口6.33亿元、6533万双，分别增长21.66%、5.21%。

全行业向规模效益型方向发展，规模以上企业753家，其中年销售收入亿元以上企业70家，比2005年增加19家，其中年销售收入10亿和5亿以上的8家。22家企业经市政府考核认定为温州市“五个一批”重点骨干企业，17家企业迈入温州市2007年百强企业。

市鞋革行业协会被市经贸委评为2006年度温州市工商领域行业协（商）会先进单位。

“中国鞋都”通过复评　2007年1月6日，中轻联和中皮协联合发文，同意温州市‘中国鞋都’称号继续有效，有效期为：2006年12月～2011年12月。

鞋类品牌建设　2007年温州鞋工业行业新增中国驰名商标21个、国家免检产品企业16家、浙江名牌7个，温州名牌18个。全行业累计拥有康奈、奥康、吉尔达、红蜻蜓、蜘蛛王等中国名牌产品5个，国家免检产品82个产品（69家企业），中国驰名商标32个，浙江名牌29个，温州名牌42个。拥有中国真皮标志企业21家，佩挂真皮标志品牌企业197家。奥康、红蜻蜓、康奈、东艺四个商标入围“中国最有价值商标500强”。

鞋企技术改革 2007年澳伦鞋业成功研制PU雪地高筒防滑靴，填补此项国内产品的空白。

鞋革企业“走出去”战略 2007年荣光集团、东艺鞋业、泰马鞋业、金帝鞋业、大森鞋业、巨一集团等6家企业被国家质检总局列入出口工业产品一类生产企业名单。哈杉鞋业在尼日利亚投资累计1300多万美元，成为拥有40 000平方米厂房，年产皮鞋600万双的非洲最大制鞋企业。康奈集团在海外开设的品牌专卖店增至100余家，开始融入境外主流市场。荣光集团与埃及知名鞋企“成功企业”联合办厂。红蜻蜓集团与比利时著名鞋设计公司爱思康公司合作，致力于运动皮鞋的研发和生产。巨一集团通过与德国最大鞋业零售商DHM公司的合作。东艺集团在美国市场与PAYLESS建立战略伙伴关系，每年有200多万双皮鞋产品通过其销售终端进入美国消费。

鞋革行业应对欧盟反倾销 2007年1月8日，“制鞋企业应对反倾销诉讼情况通报会”在北京举行，温州市奥康集团、泰马鞋业有限公司等4家上诉企业发表“中国鞋企应对贸易壁垒北京联合宣言”，推动在中国与世界鞋业之间建立健康、和谐的贸易秩序。3月初，温州市鞋革行业协会和应诉企业参加商务部进出口公平贸易局在杭州召开“欧盟贸易救济工具绿皮书评论座谈会”，为改进欧盟的贸易救济政策发表意见。6月，“欧盟反倾销复审培训会”温州站召开。该培训会由中国皮革协会主办、温州市鞋革行业协会承办。以蒲凌尘律师为代表的中外反倾销法律专家，在反倾销策略和技术上指导企业，讲解欧盟反倾销法律的技术要点和复审的重要意义。

第十二届中国（温州）国际皮革展召开
2007年9月21～23日，在市会展中心召开，由温州市鞋革行业协会主办。62个国家和地区的2万多名买家前来商洽。展会期间，协会组织“中国鞋业发展和商贸平台升级换代高峰论坛”，协助企业举办“温商商业地产创新高峰论坛”。

公益性制鞋设计高级培训班 2007年12月，温州市鞋革行业协会协会与中国皮革协会、中国皮革协会职业培训中心联合推出公益性制鞋设计高级培训班。该讲座面向企业高级管理及设计人员，由意大利资深设计师Alex Borella主讲，演讲中既有时尚、鞋业流行趋势的分析，又有产品款式的介绍，还有材料、配饰艺术搭配技巧。

鞋革专业技术资格评审 2007年温州市鞋革行业31人参加2007年度鞋革专业技术资格评审工作。

鞋革行业交流 2007年4月，温州市鞋革行业协会参加由中国轻工工艺品进出口商会发起主办的首届大中华鞋业交流大会（东莞），并与东莞市皮革鞋业协会和广州鞋业协会缔结为友好协会。6月，协会率10多位温州鞋革企业家参加在北京举行的第二届中、西工商峰会。7月，应邀参加在北京举行的第三届东亚投资论坛，并作演讲。8月，协会作为中国鞋业组织联席会发起者之一，赴京参加中国鞋业组织成立大会，与中国轻工工艺品进出口商会、中国皮革协会、香港鞋业商会、广东鞋业厂商会等12家发起的商协会共同商议建立中国鞋业组织联席会机制，解决行业发展中的问题，提升行业竞争力等事宜。2次组团参加德国GDS鞋展。

鞋革企业荣誉榜 2007年康奈集团获得由中国质量协会颁发的全国鞋业的首个“全国质量奖”，这是中国质量管理领域的最高奖，并被亚洲国际名优品牌认证监督管理中心、中华工商时报社等机构评选为“亚洲500最具价值品牌”。奥康集团重视产品研究开发，在温州、广州及意大利米兰设立三个鞋样设计中心，奥康品牌被中国品牌研究院评定为中国皮鞋行业唯一标志性品牌。奥康集团被中全国总工会授予2007年全国五一劳动奖章。金帝鞋业和巨一集团获得国家质检总局颁发的“出口商品免验”证书。

鞋革协会活动 2007年温州市鞋革行业协会两次与中皮协考核组，对全市16家申报“佩挂真皮标志”企业进行实地考核。协助中皮协开展佩挂真皮标志企业2007年年度检查工作。9月，配合浙江卫视《品牌浙江》栏目拍摄温州鞋业发展历史的专题宣传片。改版市鞋革行业协会网站——“中国鞋都信息网”，扩大《中国鞋都》发行量。

服装工业

概况 2007年温州市服装企业2500多家，年产值480多亿元，比上年增长20%。出口总额为11.70亿美元，增长2.89%。全行业拥有中国驰名商标12枚、中国名牌 9个、国家免检产品17个。8月浙江报喜鸟服饰股份有限公司正式挂牌上市，成为温州市服装行业首家上市企业。庄吉集团被中国服装协会授予“中国服装行业优势企业”称号，董事长郑元忠获得“中国服装行业功勋奖章”。

温州女装亮相深圳服博会 2007年7月13～15日，温州15家女装企业抱团参展深圳国际品牌服装服饰交易会，140多个展位，总投资400多万元。展会期间，推出“映像温州”联合秀，展示温州女装的整体形象。这是温州女装行业第一次以团体的形象在重要场合集体亮相。

服装行业参观国内外服装展会 2007年6月，温州市服装商会组织13人赴佛罗伦萨参观男装展；由市外经贸局牵头组织37位企业家赴韩考察，建立联系，韩国设计师协会多次派员来温考察，洽谈新一轮合作方式。9月，商会组织51人赴韩国参观面料展和东大门时装节。10月，商会组织女装企业32人赴深圳考察，参观当地知名女装品牌企业，双方就品牌培育、区域合作做交流和探讨；组织14人赴上海参观名仕街时尚创意园区，参观上海奥特莱斯基地。11月，组织10余家企业赴杭州参加香港贸发局举办的时尚购物节。

服装行业《企业家讲堂》开讲 2007年11月底，温州市服装商会与浙江东方学院合作创办《企业家讲堂》，邀请浙江菲斯特制衣有限公司董事长蔡欢天、温州三点水童装董事长陈中怀、浙江麦仕凯琳服饰有限公司董事长张文华、森马集团·浙江巴拉巴拉童装股份有限公司总经理徐波等四位企业家担任该校名誉教授，定期为学生讲课，在几个企业成立服装行业产学研实践基地，实现校企合作，推动人才引进。

服装产业电视论坛 2007年7月27日，温州服装商会五届二次会员代表大会暨温州服装产业实现第三次跨越电视论坛在温州市王朝大酒店举行。中国服装协会产业经济研究所等单位的嘉宾与全市服装行业400多名企业家及代表参与，论坛探讨当前行业所存在问题与未来发展之路，认为：只有走模式创新之路，企业找准自己的定位与适合自身发展之路，摆正心态，联合起来，才能让企业和行业做大做强。

塑料制品工业

概况 2007年温州市塑料制品产品产量348万吨，增长11.30%，实现工业总产值493亿元，增长17.5%。新增59家塑料制品规模企业，累计487家。截至年底，塑料制品规模企业资产总额183.42亿元，增长18.03%；产量139.86万吨，增长11.31%；产值241.23亿元，增长17.54%，占全市工业总产值的7.22%；工业增加值52.98亿元，增长8.97%；出口交货值21.92亿元，增长24.61%；新产品产值13.15亿元，增长31.06%；产销率为96.67%，比上年提高0.35个百分点，产品销售收入230.90亿元，增长16.66%；利税总额15.04亿元，增长19.88；利润总额7.31亿元，增长20.87%；全年平均人数70 083人，全员劳动生产率75 592元/人·年，增长6.34%。

浙江佰通防腐设备有限公司获"国家火炬计划"重点高新技术企业称号。温州市浙江强盟实业股份有限公司、温州市华正塑业有限公司、南塑集团有限公司、浙江大发包装材料有限公司、金田集团有限公司、浙江华滨包装材料有限公司、瑞安市东威塑胶有限公司、浙江贤超包装有限公司等单位获QS（质量安全）认证。"金田"（金田集团有限公司）和"CHS"（长虹塑料有限公司）2个商标通过中国驰名商标司法认定。5家企业的五个产品位列2007年浙江省名牌产品名单。12月20日，立天控股有限公司董事长杨学寿获"全国轻工行业劳动模范"称号。

节能降耗 2007年温州市塑料制品行业在PVC（聚氯乙烯）压延薄膜行业中推广应用行星挤出机代替老工艺路线中的密炼机和双辊炼塑机，一年可节电70.41万千瓦时，可省电费42.25万元，可省润滑油10吨，价值14万多元。在编织袋行业中改造挤出机，增大模头阔度，采用节能环保型圆织机，改变电阻加热为电磁加热和红外线加热，每吨编织袋电耗下降300多千瓦时。全年全市塑料制品行业规模企业年1至11月每吨塑料制品电费从上年同期的1256.33千瓦时，下降到1004.32千瓦时，下降20.05%。

塑料行业职称评审 2007年温州塑料工业协会举办塑料加工成型基础理论培训，53人取得塑料加工成型中、初级专业技术职务任职资格，其中工程师26人，助理工程师19人，技术员8人。

第二届全国塑编联谊会 2007年9月20日，第二届全国塑编联谊会暨中国塑协塑料编织制品专业委员会第二届第二次会员大会在平阳县鳌江镇召开，全国30个省市500多家塑编生产企业代表参加。大会介绍塑编行业节能降耗技术活动开展的情况，交流塑编生产的先进经验、先进设备情况。奥地利史太林格公司介绍其生产塑编生产设备。北京纵与横塑编包装咨询服务部为会议提供6册有关塑编生产的论文、疑难

2007年温州市规模企业各类塑料制品产量一览

品　种	产　量（吨）	比上年增减（±%）	占产量比重（%）
塑料薄膜	299 314	12.67	21.40
其中：农膜	1096	6.82	0.08
塑料板、片及类似型材	24 405	18.40	1.74
塑料制管子及其附件	4824	36.66	0.35
塑料丝及编织制品	414 658	9.60	29.65
塑料人造革	285 889	10.99	20.44
塑料合成革	117 021	8.50	8.37
泡沫塑料	20 969	26.97	1.50
塑料包装箱及容器	323	-56.35	0.02
日用塑料制品	44 046	8.41	3.15
其他塑料制品	187 200	115.87	13.38
总　计	1 398 649	11.31	100

注：以上产量系国有和年销售收入500万元以上企业统计，由市统计局提供。

2007年温州市各县（市、区）规模企业塑料制品产量一览

县（市、区）	产量（吨）	比上年增减（±%）	占产量比重（%）
鹿城区	5166	8.85	0.37
龙湾区	414 527	8.40	29.64
瓯海区	3253	46.54	0.23
乐清市	31 907	7.40	2.28
瑞安市	298 601	9.04	21.35
永嘉县	1794	8.07	0.13
平阳县	280 860	12.77	20.08
苍南县	231 927	12.42	16.58
开发区	130 614	22.52	9.34
总　计	1 398 649	11.31	100

注：以上产量系国有和年销售收入500万元以上企业统计，由市统计局提供。

2007年温州市年销售收入超过一亿元的塑料编织企业一览

企业名称	销售收入（万元）	备注
温州市亚泰进出口有限公司	114 169	塑料原料经营
煌盛集团有限公司	104 392	管材、合成革
浙江华滨包装材料有限公司	62 033	BOPP薄膜
瑞安市东威塑胶有限公司	47 445	BOPP薄膜、PVC压延薄膜
温州晨光集团有限公司	45 454	塑料编织袋
浙江华庆集团有限公司	41 212	塑料编织袋
金田集团有限公司	38 611	BOPP薄膜
温州市华正塑业有限公司	32 525	塑料编织袋
南塑集团有限公司	32 248	塑料编织袋
华泰塑胶集团有限公司	30 082	PVC压延薄膜
浙江强盟实业股份有限公司	24 484	PET薄膜
长虹塑料有限公司	24 293	尼龙扎带
温州市朗顺进出口有限公司	19 489	塑料原料经营
浙江建新塑胶股份有限公司	18 117	PVC压延薄膜
浙江俊尔新材料有限公司	16 388	工程塑料（改性塑料）
浙江贤超包装有限公司	15 796	塑料编织袋
浙江大发包装材料有限公司	15 248	镀铝膜
浙江佰通防腐设备有限公司	15 002	管材、管件
浙江宏泰电器有限公司	15 001	尼龙扎带
温州华利集团有限公司	13 796	塑料编织袋
瑞安市塑料薄膜厂	13 306	PVC压延薄膜
浙江南方塑胶有限公司	11 740	酚醛树脂、电木粉
雁峰塑料机械总厂	11 330	塑编机械制造
广天集团有限公司	10 114	编织袋
浙江宇狮包装材料有限公司	10 096	

注：以上规模企业不包括合成革生产企业

分析、工艺设备介绍等资料。

塑料工业协会活动 2007年5月20日，温州市塑料工业协会组织30多家会员企业前往广州参观第21届中国国际塑料橡胶工业展览会。参观期间，东威公司、金田公司、华滨公司与有关参展外商洽谈引进新生产线事项。12月18日，温州市塑料工业协会召开温州市塑料工业协会三届一次会员大会，大会听取第二届理事会作协会四年来工作报告，选举产生第三届理事会，召开第三届一次会议，实现由企业家担任会长和在职公务员退出协会领导班子的重大变革。12月28日，苍南塑料工业协会召开四届一次会员大会。

塑料制品行业发展问题 2007年温州市塑料工业各项经济指标虽然取得二位数增长，但与全国、全省及先进地区比较仍存在不少问题：全市塑料制品产量年增长幅度低于全国和浙江省增长幅度；由于全市土地资源严重紧缺，许多企业外迁以寻求新的发展；本地没有原材料生产，行业处于两头在外不利地位，加上近年劳动力紧缺，工资不断提高，运费增加，温州经济模式优势逐渐消失，企业在国内外市场竞争中处于不利地位。

电器工业

概况 2007年温州市电气行业生产企业有1500多家，其中无区域企业72家，集团企业51家。年产值超10亿元的企业9家，超亿元的61家，5000万元的116家，500万元以上的企业近半数。全年全市电气行业实现总产值567亿元，同比增长24%，出口值7.69亿美元，增长35%。新增“中国驰名商标”15个，“国家免检产品”1个，“浙江省著名商标”5个，“浙江省名牌产品” 8个(不含复评)。至年底，“中国电器之都”累计拥有“中国驰名商标”25个，“中国名牌产品”13个，“国家免检产品”32个，“浙江省著名商标”33个，“浙江省名牌产品”33个。4家电器集团入围“2007中国企业500强”，10家企业入围“2007年中国电气100强”，10家企业上榜中国民企500强。

9家企业年销售收入超10亿元 2007年温州市电气行业年销售收入超10亿元企业9家，占乐清市（9家企业所在地均在乐清）年销售收入超10亿元企业总数的75%。分别是：正泰集团股份有限公司、德力西集团有限公司、天正集团有限公司、人民电器集团有限公司、兴乐集团有限公司、长城电器集团有限公司、华仪电器集团有限公司、环宇集团有限公司、华通机电集团有限公司。

华仪电气上市 2007年2月1日，华仪电气股份有限公司在上海证券交易所成功上市复牌。这是温州市电气行业第一家上市企业和乐清首家上市公司。

德力西电气有限公司揭牌 2007年11月16日，德力西集团与施耐德电气公司组建的新公司——中法合资德力西电气有限公司在德力西高科技工业园揭牌，确立合作伙伴关系。新成立的公司施耐德电气与德力西集团各占50%股份，总投资额18亿元人民币，注册资本6.2亿元，员工4000人，管理层由双方人员组成。董事会席位对半分配，新公司董事长由德力西集团董事局主席兼首席执行官胡成中担任，总经理由施耐德派驻。合资公司产品使用“德力西”商标。这是温州市迄今为止最大的一家“民外合璧”企业。

溯科电气集团成立 2007年4月14日，浙江科都电气公司与法国溯高美公司签约，成立中法合资企业——浙江溯科电气公司。溯高美公司在全球有20多家公司16个制造基地，特别是在世界“工业电气和保护装置系统以及UPS电源领域”处在领先位置。科都是占地32亩、年产值2.3亿元人民币的企业，建有符合欧美国家标准的电气试验站和环保测试室。历经两年多的合作与交流，双方合资在乐清成立浙江溯科电气有限公司，溯高美持51%股权，科都电气持49%股权。新公司以溯科为品牌，以低压电器为主打产品，由双方联合开发研制，向海外拓展市场。

正泰集团中标大型项目 2007年下半年，正泰集团在中国政府援建项目“安哥拉国家健康中心、马兰热中心医院”、中央电视塔3、4号站电力系统更新改造工程等项目中标。

通领、兴乐挺进奥运市场 2007年8月下旬，通领科技集团公司自主研发的“剩余电流断路器”成为国家体育场指定产品供应商，产品应用于2008年北京奥运会开幕式、闭幕式及田径比赛等重要活动的举办场地。兴乐集团的电线电缆产品成为北京奥运会的5家电缆供应商之一。

正泰列入国家级企业技术中心 2007年9月20日，国家发改委、科技部、财政部、海关总署、税务总局认定正泰集团股份有限公司技术中心为第14批国家级企业技术中心。至此，温州电气行业有正泰、德力西2家国家级企业技术中心。

4家企业入围中国企业500强 2007年9月1日，在中国企业500强发布暨大企业高峰会上，温州市正泰集团有限公司（列214名）、德力西集团有限公司（列253名）、人民电器集团有限公司（列264名）、长城电器集团有限公司（列400名）入围中国企业500强。

6家企业跻身中国制造企业500强 2007年9月1日，在中国企业500强发布暨大企业高峰会上，温州电气行业正泰、德力西、人民、长城、华通、兴乐电气集团公司入围分别以第109、132、137、223、292、320名位列2007年度中国制造业企业500强。人民电器集团有限公司以第189名位列“中国企业效益200佳”，正泰集团有限公司以第185名位列“2006年度中国企业纳税200佳”。

7家企业入围中国大企业竞争力500强 2007年10月27日，国家统计局公布2006年度中国大企业集团竞争力500强名单，温州市电气行业正泰、德力西、人民、兴乐、天正、环宇、长城集团榜上有名。

10家企业进入中国电气工业100强 2007年9月21日《电气时代》杂志公布中国电气100强名单，温州市正泰集团股份有限公司、德力西集团有限公司、天正集团有限公司、人民电器集团有限公司、正泰电气股份有限公司、兴乐集团有限公司、长城电器集团有限公司、环宇集团有限公司、华通机电集团有限公司、浙江森泰电器厂10家电气企业分别以第3、9、14、15、24、28、41、44、78名榜上有名。

3家民企跻身中国民企综合竞争力50强 2007年11月17日，中国社科院公布“2007中国民营企业综合竞争力50强”榜单。正泰集团股份有限公司位列第6，人民电器集团位列第16，华仪电器集团位列第26。

4家电器集团入胡润温州品牌榜前十 2007年8月28日，2007胡润温州品牌榜揭晓，温州市4家电器集团跻身胡润温州品牌榜前十强，品牌总价值达42.5亿元。其中正泰集团位列品牌榜次席，品牌价值18亿元，德力西集团、人民电器集团、天正集团分列第5、第7、第9，品牌价值10亿、8亿、6.5亿元。位列胡润温州品牌榜电器行业子榜的前五强分别为正泰、德力西、人民电器、天正、长城电器集团。

15家电气企业获“中国驰名商标” 2007年，华仪、永固、安德利、九川、耀华、大江、红光、福达、凤凰、指月、华潮、凯尔达、巨邦、中瑞、茗熔等15家企业获“中国驰名商标”，其中“华仪FEAG”商标通过国家工商行政部门认定，其余通过司法程序认定。

温州电气企业家当选全国工商联领导 2007年11月21日，在全国工商业联合会十届一次执委会上，正泰集团股份有限公司董事长南存辉、德力西集团有限公司董事局主席胡成中当选全国工商业联合会十届执委会常委。人民电器集团董事长郑元豹在全国工商联“十大”上当选为第十届执行委员会委员。

电气行业12名“名师名家” 2007年1月19日，中共温州市委、温州市人民政府对2005年11月至2006年评审的温州市工贸行业108名科技人员授予首轮“名师名家”称号。正泰集团股份有限公司终端电器公司王先锋、耀华电器集团有限公司何建荣、德力西集团有限公司吴品华、天正集团仪器仪表总公司张绍衡、正泰集团股份有限公司电器股份汪泰宇、正泰集成套设备制造有限公司电容器分公司肖崇礼、人民电器集团浙江股份有限公司郑建荣、永固金具集团有限公司郑晓超、福达合金材料股份有限公司柏小平、浙江德力西电气股份有限公司徐波、华仪电器集团有限公司晏文曲、德力西集团公司樊旺国等12人获市电气行业首轮“名师名家”称号。

第七届中国电器文化节 2007年2月23日～27日，第七届中国电器文化节暨国际电工博览会在乐清市柳市镇举办。本届电器文化节首次采取“节”与“展”分开的举办模式，即节日庆典和文化活动在柳市镇举办，产品展示移师温州会展中心。参展企业有300多家，展位650多个，接待国内专业观众22 697人、55 182人次，其中国内观众22 595人，海外观众102人。期间，举办“和谐电力发展与电气创新高层论坛”，组织“电力系统中国电器之都行”和“海外买家中国电器之都行”活动。

行业协会品牌培育工作 2007年7月温州市电气行业协会与有关企业作出《关于深入开展产品质量自律的决议》。召开协会科技创新委员会和专家组会议，探讨品牌培育和质量提升。开展《浙江区域名牌产品》申报调查，撰写《浙江省电气制造业竞争力发展报告》，组织人员对企业产品质量整治情况进行抽查。

电气行业安全生产自律监管 2007年8月下旬至9月下旬，温州市电气行业协会开展行业“安全生产月”活动。发出《关于开展电气行业“安全生产月”活动的通知》，宣传《安全生产法》，增强安全生产意识。在各企业自查自纠，制订整改措施的基础上，分二组赴乐成、柳市、北白象、黄华、翁垟、象阳、乐清市中心工业区等地抽查和调研50多家会员企业的安全生产情况。印发《关于电气行业安全生产调研的情况通报》。

印刷工业

概况 2007年温州市印刷工业实现总产值180亿元，比上年增长10%，工业增加值增长8.2%，利税总额增长5.2%，主要经济指标升幅比上年同期有所下降。市印刷行业协会新增会员企业23家。协会获“温州市先进协会”称号。

新雅投资集团有限公司、立可达包装有限公司、曙光印业集团有限公司连续3年获“中国印刷100强企业”称号。浙江圣为纸业有限公司进入“中国民营企业500强”行列。温州华尔达印刷器材有限公司董事长翁银巧、浙江金石包装有限公司总经理孙国锦被评为“温州市第三届优秀创业企业家”。翁银巧获“2007年度十大在温外商”称号。

印刷企业品牌建设 2007年鑫光机械有限公司两只新产品通过浙江省科技局“浙江省新产品”的鉴定。浙江金石包装有限公司获“温州名牌”称号，申报国家包装行业高新技术研发基金得到50万元奖励。富康包装印刷有限公司的富康牌纸印刷制品、浙江三浃包装有限公司的三浃牌瓦楞箱纸、浙江永益复合材料股份有限公司的永益牌压敏胶标签纸评为2007年“温州名牌产品”。浙江金石包装有限公司和浙江港发软包装有限公司等25家企业通过食品安全QS认证。富康包装印刷有限公司的平版印刷、胶印，浙江华联印务有限公司的不干胶纸、文具评为2007年“温州市知名商标”。温州市锐博机械成套有限公司研制的“全自动智能皮壳机”重点工业项目获瓯海科技局9万元奖励。

印刷产品参与全国包装印刷质量评比 2007年温州市印刷行业协会组织21家包装印刷企业33件产品参加浙江省2007年包装印刷产品质量评比，28件产品评为“浙江省包装印刷产品质量”优秀奖。9月底，在上海举行的第五届中国包装印刷产品质量评比会议上，温州获金奖3名、银奖4名、铜奖7名、优秀奖11名。

《温州印刷》首发 2007年9月，《温州印刷》杂志首发。该杂志是一本经过浙江省新闻出版局批准的行业性内刊，由温州市文化广电新闻出版局和温州市印刷行业协会为主办，16开本，48页，彩色印刷，编辑定位为“印刷味、书卷气、温州产”的特色，追求目标是“可视、可读、可用”，立足温州，面向全国。印数3000本，免费赠送全国印刷业界领导、协会和企业。全年出刊2期。

温州印机企业参加展会 2007年温州市印刷协会组织企业参展东莞、北京和上海印刷技术展览会，温州企业参展150多家次，展位面积均在3000平方米以上。展会期间，参展企业到当地印刷单位学习交流。

推广数码印刷应用 数码印刷是先进的印刷技术，其特点是融合网络媒体，为客户提供个性化按需印刷，使用劳力少，制作方便，且具环保特性。2007年9月，温州市印刷行业协会为富士施乐（中国）有限公司和佳能（中国）有限公司举办两场“数码印刷系列产品展示推广研讨会”，作“数码印刷技术解决方案”讲解，推进数码印刷应用。160多名印刷技术人员参加研讨会。

印刷行业交流 2007年1月由温州市印刷行业协会主办，上海华凝文化传媒有限公司、中国纸包装工业网承办的“如何提高纸盒纸箱印刷包装质量技术联谊会”在温州举行。来自全国各地的60多家供应商与温州及周边地区100多家纸盒纸箱制造商及客户150余人到会。3月初，市印刷行业协会举行“温州印刷机械产业提升、品牌建设重点企业”座谈会，这是温州印刷机械界首次召开的行业性会议。会议肯定温州印机业近几年所取得的成绩，指出科技投入不足，技术创新滞后、品牌建设进展缓慢、技术标准贯彻不力、产品技术含量低、国际市场竞争力低等问题。协会参加“中国西部12省市印刷高峰论坛”和“华东地区印刷协会工作交流会”经验交流。

印刷专业技术职称评定 2007年温州市印刷专业技术任职资格评定，19人获印刷工艺师职务任职资格，8人获助理印刷工艺师职务任职资格，4人获印刷工艺技术员职务任职资格。

印刷协会活动 2007年温州市印刷行业协会向中国印刷机械研究所购进《印刷机械技术标准》，免费赠送印刷机械会员单位，帮助企业加强标准化建设。协会为受“桑美”台风受灾地区捐“爱心款”2万元。接待省、市印刷协会及新闻出版局代表团6批次。

泵阀工业

概况 温州泵阀工业有40多年历史。2007年全市泵阀生产企业1680多家，其中阀门1330多家、泵类350家，均属私营企业，股份制企业占90%，分布在永嘉县瓯北镇，龙湾区永中街道、海滨街道、永兴街道、沙城镇，瑞安市塘下镇、汀田镇，乐清市七里港镇、黄华镇、虹桥镇，温州经济技术开发区、瓯海工业区和鹿城工业区。泵阀产业专业化生产特色明显，配套的铸锻造、法兰管件、密封件、执行器、紧固件等产业链形成。全年全市泵阀工业总产值320亿元，销售收入超300亿元，利润总额27亿元，比上年分别增长25.5%、25.8%和13%。温州泵阀产品占国内市场37%分额，不锈钢阀门产品占全国市场70%以上。新产品实现产值100亿元，增长62%，生产原材料能耗下降，劳动生产率提高5个百分点，人均生产创值近30万元。2007年出口额56亿元，增长52.6%。

2003～2007年温州市泵阀行业产值和销售额

单位：亿元

产销＼年份	2003年	2004年	2005年	2006年	2007年
产值	106.6	160	200	260	320
销售	97.5	145	186	249	305

30家企业拥有独立自营出口权，产品销往中东、非洲、南亚、韩国、美国、日本、东欧、南美等80多个国家和地区。

温州泵阀企业具有生产3000型号、40 000多种规格产品的能力，形成基础研究、产品开发、质量检测、网络订货、售后服务、加工行业协作配套一体化体系，与上百家大专院校科研单位协作，拥有100家企业研发、检测等中心。良精集团有限公司获“全国最具成长型企业”称号。全行业形成以100家重点骨干企业技术中心为基础、2大生产基地行业技术中心为代表、1个省级技术创新平台为龙头的企业技术中心体系。据国家阀门行业协会统计，2007年全国阀门行业排名前20名企业中，年均总产值在2亿元以上的温州企业8家，年业务收入超2.5亿元的温州企业10家，利润总额2155万元以上的温州企业12家。温州泵阀行业整体实力和竞争力上新台阶，完成从“温州制造”到“温州创造”的自主创新，初步实现产业转型升级。

泵阀企业制造装备提升 2007年温州市泵阀企业应用CAD/CAM/ERP/CIMS等改造传统工艺装备和信息管理，采用数控技术加工，保证产品质量，构筑新的产业优势。泵阀行业关键工艺设备正在向数控化、智能化方向发展。江南、挺宇、良精、慎江、五洲、凯泉、宣达、超达、华东、精工等泵阀企业新增一批加工中心，引进一批高、精、尖、特加工设备，提高加工精度和生产效率。

泵阀新工艺新材料应用 2007年浙江维都利阀门制造有限公司采用锻钢技术，使用钛、镍、铬等特殊材料，研制耐强腐蚀介质阀门。浙江中特气动阀门成套有限公司运用自动化仪表配套，采用铝合金挤压和硬质阳极氧化技术，提高阀门产品硬度和抗耐腐，使气动阀和气动执行器的寿命增加一倍。保一集团应用新工艺，采用新材料铜铂金研制超低温阀门，该新产品增补国内空白，技术达到国际先进水平。浙江罗托克执行器有限公司吸收消化国际先进测控技术，与中国兵器工业研究所联合，运用新工艺新材料研发“智能型电动执行机构”。

2007年温州市泵阀行业国家级、省级和市级高新技术企业

国家级：

江南阀门有限公司	五洲阀门有限公司
宣达实业集团有限公司	凯喜姆阀门有限公司
浙江超达阀门有限公司	环球集团有限公司
* 特福隆机械集团有限公司	* 挺宇集团有限公司
* 良精集团阀门有限公司	* 迦南科技科集团有限公司
* 浙江石化阀门有限公司	

省级：

凯泉集团有限公司	慎江阀门有限公司
中泉集团有限公司	伯特利阀门集团有限公司
保一集团有限公司	浙江有氟密阀门有限公司
温州市滕宇泵阀有限公司	温州市威腾阀门有限公司
华东阀门有限公司	浙江科尔泵业股份有限公司
浙江嘉利特荏原泵业有限公司	南方集团阀门有限公司
浙江温兄机械阀业有限公司	温州市旭龙机械工业有限公司
浙江科科阀门有限公司	* 浙江高中压阀门有限公司
* 温州强盛石化机械有限公司	* 大众阀门集团有限公司
* 浙江华夏阀门有限公司	* 浙江平柴泵业有限公司
* 浙江维都利阀门制造有限公司	* 精工阀门有限公司
* 浙江正洲泵阀制造有限公司	* 温州市瓯斯特阀门有限公司
* 浙江石源阀门制造有限公司	* 浙江生贵阀门有限公司

市级：

温州中德集团有限公司	温州海米特集团有限公司
温州赵氟隆有限公司	浙江润新机械有限公司
浙江方圆集团有限公司	* 温州市中力阀门有限公司
永一阀门集团有限公司	* 浙江凯尔特阀门有限公司
高能阀门集团有限公司	* 浙江方正阀门有限公司
温州市金鑫药机阀门有限公司	* 罗浮阀门集团有限公司
* 浙江宏明阀业有限公司	* 浙东高压阀门有限公司
* 浙江石源阀门制造有限公司	

注“*”为2007年认定

2007年温州市国家免检泵阀产品及生产企业

产品名称	生产企业
保一图形阀门	保一集团有限公司
BTL阀门	伯特利阀门有限公司
众牌阀门	大众阀门集团有限公司
HPV阀门	高能阀门集团有限公司
H2qun/HQ	环球阀门集团有限公司
江一牌阀门	江南阀门有限公司
HCV阀门	开维喜有限公司
KXM阀门	凯喜姆阀门有限公司
良精牌阀门	良精集团阀门有限公司
SUNGO	上正集团阀门有限公司
XUANDA阀门	宣达实业集团有限公司
YOY阀门	永一阀门集团有限公司
中泉牌阀门	中泉集团有限公司
中泉牌水泵	中泉集团有限公司
“欧通”阀门	浙江石化阀门有限公司
凯泉牌阀门	凯泉集团有限公司

2007年温州市泵阀产品获中国驰名商标一览

标名	生产企业
BTL	伯特利阀门集团有限公司
凯泉牌	凯泉集团有限公司
方圆牌	方圆阀门集团有限公司
双高牌	浙江双高阀门有限公司
“众”牌	大众阀门有限公司
SUNCO	上正阀门集团有限公司
高能牌	高能阀门集团有限公司
永一牌	永一阀门集团有限公司
江一牌	江南阀门有限公司
KCM	凯喜姆阀门有限公司
保一牌	保一集团有限公司

2007年温州市泵阀产品列浙江名牌、温州名牌产品一览

浙江名牌	温州名牌
中泉多级离心泵	攀登牌化石泵
BTL工业阀门	JOCH离心式水泵
HPV阀门	特福隆牌阀门
“众”给排水阀门	精工牌平板闸阀
良精阀门	永一牌安全阀
特福隆智能控制器及阀门	FZB锻钢球阀
江一DTD耐高温金属密封蝶阀	佰通牌全塑蝶阀
保一阀门	南方牌抽汽止回阀
宣达耐高温调控蝶阀	“555”摆动式球阀\蝶阀
KXM阀门	有氟密牌衬氟球阀
* 浙工牌高温高压闸阀	科尔牌石化泵
* 欧通牌撑开式金属密封球阀	* 慎江牌球阀
* 永一牌安全阀	* 生贵牌蝶阀
*HQ工业阀门	* 天胜牌蝶阀
	* 宣达牌浓硫酸液下泵
	* 开维喜软密封蝶阀

注“*”为2007年新增

泵阀新产品开发 2007年宣达实业集团研制的新产品450℃三偏心硫专用蝶阀、610℃三偏心硫专用蝶阀、1200℃三偏心硫专用蝶阀，成功在8万吨/年、15万吨/年、20万吨/年、30万吨/年、40万吨/年硫磺制酸工艺中使用。超达阀门公司开发的灰浆、灰水、煤渣等介质用特种金属硬密封球阀填补国内空白，代替进口。良精集团开发的信号闸阀、信号蝶阀通过国家固定灭火系统和耐火构件质量监督检测中心的试验。慎江阀门有限公司研制核电站闸阀、电动球阀、手动球阀和大口径闸阀。迦南科技集团有限公司自主研发“LHS”型智能高效高速湿法混合制粒机。大众阀门集团有限公司自主设计研发的“新一代耐腐蚀阀门”和“液尼可调止回阀”，具有世界级水准，并实现进口替代。

阀门进入国际核电站 2007年华东阀门有限公司自主研制的闸阀用于巴基斯坦核电站，这是温州阀门首次进入国际核电站领域。

尖端阀门产品用于国防 2007年江南阀门有限公司自行研制自主开发的高压空气大型金属密封蝶阀和调节阀，应用于国防领域。

泵阀行业节能降耗 2007年温州市泵阀行业开展节能降耗。企业成立节能降耗领导小组，确定节能降耗目标，落实责任人，制定节能降耗制度。加大资金投入，改进加工设备用电量。加强对能源、水和办公用品管理和使用，企业行政成本降低。通过以上运作，使每万元产值能耗下降2%～7%，行政办公费用下降10%～12%。

列入国家火炬计划的泵阀企业 2007年江南阀门有限公司、良精集团阀门有限公司、特福隆集团有限公司、挺宇集团有限公司、浙江石化阀门有限公司、宣达实业集团有限公司、凯喜姆阀门有限公司、浙江超达阀门股份有限公司等，被科技部认定为2007年国家火炬重点高新技术企业。

“江南”入围中国民企500强 2007年江南控投集团有限公司实现工业总产值超10亿元，入围中国民营企业500强，成为温州阀门行业最大龙头企业。

泵阀行业区域品牌建设 2007年温州市泵阀行业新增5枚中国驰名商标：江南阀门有限公司的“江一”图文商标、大众阀门集团有限公司的“众”字图文商标、伯特利集团有限公司的“BTL”文字图形组合商标、浙江石化阀门有限公司的“欧通”牌商标、保一集团有限公司的图文商标。新增5家无区域公司：五洲阀门有限公司、华东阀门有限公司、精工阀门有限公司、天胜阀门集团有限公司、正光阀门集团有限公司。截至年底，全市泵阀行业有40家无区域企业，11家国家高新技术企业、25家省级高新技术企业、14家市级高新技术企业；16个国家免检产品，14个省名牌产品、16个市名牌产品。

大众阀门员工持股 2007年大众阀门集团创新制度，把公司蝶阀车间作为独立核算子公司，确定总资产1000万元，分为100股，其中51%（510万元）由集团控股，其余49%（490万元）让股员工。

泵阀三企业中外合作 2007年3月12日，温州市福瓦特阀门制造集团公司成立，中方占股51%以技术输出为股份与境外企业合资。大众阀门集团与国际著名制造企业荷兰OTL公司合资750万美元，在丽水新建分公司。浙江嘉利特荏原泵业责任有限公司与美国埃理奥特公司合作，引进先进技术，合智研发对工业蒸汽二次利用汽轮机。

大众工业园新建 2007年大众阀门集团有限公司自筹亿元资金，在"中国泵阀之乡"瓯北镇建造"大众"工业园。该工业园占地110.4亩，用于"年产1万吨给排水系列阀生产线技术改造"项目。

20多企业参与制(修)定阀门标准 2007年浙江石化阀门公司起草的"撑开式金属密封阀门"技术标准，在全国阀门行业执行实施。浙江华夏阀门公司组织编撰《扩口式端直通管接头产品的标准》。保一集团公司通过国家级测量管理体系认证，成立温州市首家省专业标准化技术委员会——浙江省阀门标准技术委员会。参与编制国家、地方和行业泵阀标准的制定还有江南、五洲、凯泉、超达、保一、华东等20多家企业。

泵阀企业党建工作 2007年7月30日，全国非公有制企业党的建设研讨会在温州保一集团召开。全国党建研究会、中央党校和福建省委党校等领导，及新华社、中央电视台等媒体，60多名代表参加。7月1日，大众阀门集团丽水公司党支部年成立。

泵阀企业文化建设创新 2007年温州市泵阀企业创新企业文化。保一集团有限公司和良精集团有限公司等企业自办"报刊"。江南、特福隆等公司设立员工园地、阅览室、活动室。大众阀门集团公司谱写"大众企业歌"。

泵阀企业助学扶贫 2007年浙江科科阀门集团等企业捐资164.2万元，帮助贫困学生上学。江南、特福隆等30家公司支助温州欠发达地区扶贫工程。

泵阀人才培养 2007年温州市泵阀行业员工160多人参加劳动保障法规政策务实培训。120名泵阀行业技术人员参加市人事局组织的泵阀专业技术职称评定，获得工程师、助理工程师和技术员职称97人。

温州泵阀行业存在问题 2007年温州市泵阀产业整体布局不合理，民企自身不足没有完全解决；行业整体产量大而高科技产品少；企业比较分散集聚效应缺乏，自主创新能力和竞争能力较弱。

打火机行业

概况 2007年温州市烟具行业企业300余家，生产金属外壳打火机4亿多只，其中80%产品出口海外，占世界金属外壳打火机市场份额的70%。

浙江大虎打火机有限公司获"全国轻工行业先进集体"、"全国守合同、重信用单位"、"市级优秀诚信旅游企业"、"非公企业十佳精神文明活动创新奖"；浙江大虎打火机有限公司董事长周大虎被评为"温州财富创新人物"，温州市日丰打火机有限公司获"温州市知名商标"等等。

打火机产品品牌建设 2007年国家质量监督检验检疫总局授权中国名牌战略推进委员会对162类产品进行中国名牌产品评价，打火机产品首次进入中国名牌评价目录。9月11日，浙江大虎打火机有限公司的"虎"牌打火机、温州东方轻工实业有限公司的"TUNGFONG"牌打火机获"中国名牌"产品称号。

欧盟认可温州打火机实验室 2006年欧盟要求成员国实施打火机防止儿童启动标准（CR标准），禁止新奇打火机进入欧盟市场，并规定，2007年3月以后进入欧盟市场的打火机须通过西方国家的专门实验室检测。但每种打火机检测费用过高，且时间漫长。温州市烟具行业协会与国家商务部相关人员于2006年4月和8月两次赴欧盟总部布鲁塞尔，就CR法案相关问题提出修改意见，中方要求欧盟同意并接受中国符合条件的实验室的检测结果。10月，欧盟官员来温考察浙江省危险品检验中心温州打火机实验室。2007年5月，欧盟告知中国国家质检总局和商务部：欧盟成员国承认温州打火机实验室的检测报告。这使得CR、ISO9994检测标准的检测费用降低近90%，从样品寄送到证书出具的周期缩短至一个月，加快新产品研发速度，降低生产成本，提升温州打火机的国际竞争力。

打火机行业暂缓实施税收新措施 2007年，温州市国税局拟定于1至3月率先在全市皮鞋、眼镜、打火机三个行业实施税收行业管理新措施。3月市烟具行业协会就此事走访市国税局，试图争取不在打火机行业实施这一税收方案。协会向国税局介绍全市打火机行业面临的内忧外患，原材料猛涨、人民币增值、工资大幅上升，欧盟CR法案。打火机企业生存不乐观，50%企业关门，30%企业处于基本维持状态。国税局表示暂缓在打火机行业实施加强税收行业管理新措施。

烟具协会参与国际标准制定 2007年8月18日，温州市烟具行业协会应邀参加在杭州索菲特西湖大酒店召开的打火机、点火枪国际标准研讨会。此次研讨会是根据国家标准委的国家标准制修订计划，由天津市检验检疫科学技术研究院（原国家天津出入境检验检疫中心）发起，大会就该院负责起草的国家标准"打火机安全与质量"（计划书：20021626-Q-607）和"危险品点火枪检验安全规范"（计划书：20020334-Q-424）的初稿讨论。

烟具协会活动 2007年温州市烟具行业协会不定期走访调研会员企业，了解企业发展现状及存在问题，提出处理建议。举办《劳动合同法》辅导解析与用人单位应对策略讲座，市烟具企业负责人及部分企业相关人员100多人参加讲座。向各级企业课题研究部门提供资料，如中国工业经济联合会"国际贸易磨擦应对机制"课题组。加强烟具行业信息化建设，开通"中国烟具网"(www.metallighter.com)。

眼镜工业

概况 温州市是世界四大眼镜生产城市之一。2007年全市拥有眼镜及其相关配套生产企业1000多家，其中成镜企业600多家，配件企业200多家，机械设备企业近100家，专用模具企业近50家，专业电镀企业近100家；从业人员15万余人。全年全市眼镜工业生产总值75亿元，同比增长11%，占全国眼镜工业总产值的35%；出口值约61亿元，增长10%；入库税收20 903万元，增长19.38%。产品远销欧盟、南美、中东、美国、俄罗斯、东南亚等近150个国家和地区。太阳镜出口份额占国际市场的40%、国内市场的20%。年产值超亿元企业9家，超5000万元企业20多家，3000万元40多家企业。拥有自营出口权企业50多家。

4月6日，温州市眼镜商会被评为市2007年度进出口公平贸易工作先进单位，浙江泰恒光学有限公司被评为“自营生产企业出口20强单位”，温州兴泰光学有限公司被评为“外商投资出口20强单位”。8月16日，泰恒光学有限公司被市委宣传部授予“温州市对外宣传采访基地”称号，眼镜行业仅此一家。

温州眼镜品牌建设 2007年信泰集团的“海豚”牌太阳镜获“中国驰名商标”称号。浙江远洋眼镜有限公司的“海浪”牌太阳镜、浙江信泰集团有限公司的“海豚”牌太阳镜（复评）、泰恒光学的“tornado”太阳镜获省名牌产品称号。泰恒光学的“tornado”、三杉光学的“三杉”商标被评为市知名商标。信泰集团“海豚牌”眼镜架被评为2007年市名牌产品。

眼镜业科研攻关 2007年5月，浙江泰恒光学有限公司与深圳大学经多年攻关的省经重大科技攻关项目——纳米改性异型金属表面深层的制备及应用技术研究通过省、市、区三级验收。10月，信泰眼镜公司为提高其“海豚”牌太阳镜产品档次，投入120万元购进世界先进检测设备，邀请专家，建立太阳镜质量赶超攻关项目。浙江泰恒光学有限公司与温州大学共同开发的《面向大规模定制的眼镜信息系统》项目，获得2007年度温州市科技进步三等奖。温州市亨得利金属材料有限公司《钛合金眼镜框线的工艺研究及制品》获2007年度瓯海区科技进步一等奖。

眼镜产品对外贸易预警示范点建设

2007年浙江省外经贸厅将温州市眼镜商会列为“浙江省对外贸易预警示范点”。商会设立“温州市眼镜产品对外贸易预警工作站”，聘请45家眼镜生产企业、外贸公司的外贸部经理为特邀“对外贸易预警工作联络员”。全年“预警点”发布《温州眼镜产品出口统计分析》8期、《温州眼镜行业对外贸易预警快讯》12期，组织“两反一保知识”培训4次。

眼镜业应对“土耳其眼镜保障措施案”

2007年2月11日，土耳其外贸署发布公告，决定对进口眼镜框架产品进行一般保障措施调查。温州市眼镜商会协同国家商务部、中国轻工进出口商会、市外经贸局分别于3月5日、4月4日召开“涉案企业应诉协调会议”，通报“土耳其眼镜保障措施调查案”情况并商讨应对策略，瓯海眼镜有限公司和温州市粮油食品对外贸易公司等企业应诉。4月25日，商会会长叶子建赴土耳其参加听证会，于5月4日将所有书面材料提交给土耳其外贸署。

顶级眼镜品牌“玛士高”进驻温州

2007年12月16日，由信泰光学引入的美国百年时尚眼镜品牌“玛士高”登陆温州，其位于市区人民路的首家旗舰店正式开业。MOSCOT（玛士高）是20世纪早期经由美国MOSCOT家族一手创立，是享誉纽约高级时尚眼镜行业百年的连锁品牌。

第五届温州（国际）眼镜制造业展览会

2007年7月10～12日，第五届温州（国际）眼镜制造业展览会召开，展会首次推出优秀采购商现场采购说明会和眼镜原创设计作品展，国内外200多家企业参展，展位410个，展品涵盖各类成镜、眼镜半成品、眼镜机械、眼镜配件及周边产品等。除温州本地企业外，有北京、广东、江苏、上海等地眼镜企业参展，台湾宝岛眼镜、云南大全眼镜、海南精工眼镜等多个优秀眼镜连锁采购商入驻此次展会。

眼镜业组团参加专业展会 2007年2月22日～24日，上海国际眼镜展，温州市眼镜商会组织128家企业、292个展位参展，成交额约2亿元。5月7日～10日，意大利米兰眼镜展，温州眼镜展位40余个。9月18日～20日，2007年中国（北京）国际眼镜业展览会，温州市眼镜参展企业140余家，展位430个。11月6日～8日，香港眼镜展，温州眼镜参展企业约80家，展位170个，成交额3500万美元。

眼镜业信息化建设 2007年3月22日，第二届中小企业电子商务应用大会在京召开，温州眼镜网入选“中国行业网站100强”，为中国眼镜行业唯一上榜网站。浙江泰恒光学有限公司被评为“2007年度市级信息化试点单位”。

眼镜业队伍建设 2007年温州市眼镜商会商店分会组织眼镜零售从业人员180多人参加浙江工贸学院成教学院首届“眼视光大专高复班”学习，该高复班于6月6日开课，10月12～13日参加全省成人高考，132名会员上线，于2008年3月26日入学。

眼镜行业扶贫帮困 2007年1月18日，温州市眼镜商会商店分会二届二次会员大会期间，为洞头县北岙镇一患病而无钱医治的村民捐款13 845元。8月16日，商会党支部与市工商联组织开展“商会党支部扶助百名学子活动”，捐款7200元。11月27日，商店分会10位名师名家自带电脑验光仪、镜片箱等设备为瓯海区泽雅中学100多名学生免费验光、配镜100多副。12月10日，浙江信泰集团有限公司获“瓯海慈善事业突出贡献奖”，该公司自2004年开始在瓯海区率先建立100万元助学冠名基金，每年赞助20名大学生，向区慈善总会捐款57.6万元，向各类社会公益事业捐资600余万元。

汽摩配工业

概况 2007年温州市汽摩配生产企业3000余家，其中瑞安市2000多家、瓯海区600多家、平阳县200多家、乐清市100多家、其它地区（包括龙湾、鹿城、洞头、泰顺、苍南等地）100多家。其中年产值超亿元企业50多家，无区域集团20家。全年汽车、摩托车配件工业行业总产值约350亿元。

全市汽摩配产品品种约有十大类4000多个系列，即车身附件、发动机附件、制动泵阀、汽车电器、汽车仪表、汽车用品、车用标准件、车用漆包线、车用装饰面料、橡胶管件等。产品结构调整向高新技术产品延伸，已开发或正在开发的高新技术产品有：汽车发动机、摩托车DD发动机、电喷系统、ABS

防抱死制动系统、自动变速箱、空气独立悬挂系统、电子控制自警觉点火系统、安全气囊、球笼式等速万向节等等。生产整车的企业有：中国·云顶控股集团生产自卸车、半挂车、罐车、厢式车等四大系列产品；中欧国际集团生产"奔驰"牌房车；中国·立峰集团和春风、幸福三家公司生产摩托车。

制笔工业

概况 温州制笔工业产品涉及各类水彩笔、活动铅笔、圆珠笔、自来水笔、水性笔、中性笔、记号笔、荧光笔、蜡笔、木杆铅笔、毛笔等11大类，300多个品种。2007年总产量约130亿支，实现工业总产值30多亿元。与制笔业相关的橡皮擦、三角尺、圆规等文具用品以及镍白铜、不锈钢笔头、纤维笔头、铅芯、圆珠笔芯等笔类零部件工业得到全面发展，使中国制笔之都更具有规模大、配件齐全的功能。温州制笔产品辐射全国各个省、市、自治区，远销南北美洲、欧洲、中东、日本及东南亚等100多个国家与地区，全年实现出口交货值17亿元。

温州制笔行业以龙头骨干企业为示范，提升产业优化升级。"爱好"、"天骄"、"天丰"、"环球"、"文泰"、"盛丰"、"飞达"、"华夏"、"国华"、"四通"、"文正"等十几家企业工业产值占温州制笔行业的50%，带动整个制笔业的发展。

制笔行业品牌建设 2007年温州制笔行业拥有"中国制笔王"品牌的企业11家，"中国制笔行业名牌产品"企业31家；浙江省名牌产品2个，浙江省著名商标4个，温州市名牌产品6个，温州市知名商标3个。"爱好"、"天骄"、"文泰"、"文正"、"图强"等5家制笔企业上榜中国制笔协会公布的2006年度最具有影响力企业30家。爱好笔业有限公司生产的"爱好"牌圆珠笔进入中国名牌目录。

制笔行业技术攻坚 2007年温州制笔行业加大对技术改造的投资力度。据不完全统计，全行业投入1亿元左右用于在添置模装备为主的投资以及科研攻关。温州制笔企业与温州大学合作，利用温州大学实验室的优势，集中对笔头、墨水、笔珠、自动化装备等核心技术进行研发攻关，取得初级阶段的效果。

制笔工业园区建设 2007年温州市推进"中国制笔之都"工业园区建设，完成投资额的70%，建成近40多万平方米的工业新厂房。

金融设备工业

概况 2007年温州市金融设备生产企业近百家，主要分布在市区、平阳、瑞安、苍南等地。多数企业形成集研发、生产、营销为一体的经营体系。产品多为采用微机控制，数码处理，智能识别的光机电一体化高科技产品。全年实现工业总产值14亿元。主导产品——伪钞鉴别仪销售突破200万台，占全国的80%左右。纸币捆钞机年产2万台，占全国的60%以上。20多家企业生产的伪钞鉴别仪、纸币捆钞机、纸币清分机、纸币扎把机出口到世界近50个国家和地区。

金融设备产品品牌建设 2007年浙江凯勋机电有限公司的凯勋牌动态四鉴伪人民币伪钞鉴别仪被认定为浙江省名牌产品，这是温州金融设备产品首获省名牌产品。全市金融设备行业累计拥有省高新技术企业5家，省科技型中小企业4家；国家重点新产品2个，省名牌产品1个，省重点新产品、高新技术产品8个；国家火炬计划项目1个，省星火计划项目2个；专利82项（其中发明专利2项），待批专利38项（其中发明专利2项）。人民币伪钞鉴别仪被列为2007年度市产品质量重点检查对象，在省级产品质量抽检中，合格率92%；在市级产品质量抽检中，合格率90%。

行业技术研发中心挂牌 2007年5月5日，"温州市金融设备行业技术研发中心"在浙江工贸职业技术学院挂牌运行。温州经纬实业总公司、温州先迪电子技术有限公司与浙江工贸职业技术学院通过项目合作成功研发纸币消毒机。该机可消杀纸币所携带的95%以上的致病菌。行业技术研发中心的建立，为帮助企业解决技术难题，开发新产品，改造老产品，提升产品档次，优化产业结构，推进行业发展提供平台。

金融设备行业协会换届 2007年12月25日，温州市金融设备行业协会二届一次会员大会在瑞安召开。会议总结二届理事会四年来的工作，选举产生第三届理事会。

剃须刀工业

概况 2007年温州市拥有剃须刀企业100多家，其中规模骨干企业28家。主要分布在鹿城、瓯海、龙湾三区，形成国内最大的电动剃须刀龙头企业集群区。全行业有产品七大类400多种，年销售总额18亿元，同比增长15%，占全国近60%的份额，其中有60%出口，主要销往美国、日本、欧洲及中东等100多个国家和地区。

8月29日，市剃须刀行业协会参与市经贸委召开的"改造提升传统产业对策措施研究"和"行业协会评估标准研究"两项课题调研会，提供典型案例和评估意见。

剃须刀行业授权专利 2007年温州剃须刀行业授权专利41项，其中，发明专利2项，实用新型专利12项，外观设计专利27项。温州剃须刀专利申请始于1992年，至今累计全行业授权专利444项，其中，发明专利15项，占国内的18%，实用新型专利61项，占国内的8.9%，外观设计专利368项，占国内的37.3%。温州剃须刀行业在外观设计专利方面有所突破，但缺乏行业核心专利技术。

无区域飞科集团成立 2007年1月，创建于1999年的飞科电器有限公司兼并5家同行企业，8家OEM（"代工生产"或贴牌生产）工厂，在业内组建首家集剃须刀及小家电研发、制造、销售于一体的无区域飞科集团有限公司，年销售总额突破5.8亿元，成为全国剃须刀行业发展最快、规模最大的龙头企业。

编制剃须刀行业规章制度 2007年12

月26日，温州市剃须刀行业协会举办行业规章制度研讨会，编制完成《剃须刀行业（企业）规章制度》范本和新的《劳动合同书》行业范本，以供企业参用。

涉外专利诉讼评为全省案例 2005年温州市剃须刀企业应诉荷兰皇家菲利浦电子有限公司成功，这是温州企业首次在专利诉讼方面取得胜利。2007年6月，省知识产权局将此件诉讼案评为全省重大涉外知识产权诉讼案例，并予以奖励。

协会聘请常年专利顾问 2007年6月12日，温州市剃须刀行业协会与温州高翔专利事务所签定专利合作协议，聘任温州高翔专利事务所陈乾康、蔡呈胜为协会常年专利顾问，主要承担剃须刀行业知识产权相关业务培训、法律咨询、预警信息、代理专利申请及专利诉讼等有关事务。

协会组织配套技术交流活动 2007年3月22日，温州市剃须刀行业协会与江门市朗达电池有限公司联合举办“电池新产品新技术研讨会”，介绍国际电动剃须刀品牌发展动态和特点，发布“朗达”新型方形电池配套新技术的应用和推广，50多人到会。4月～5月，三次引领浙江大学、陕西科技大学、温州轻工研究院、浙江工贸学院30多位专家去鼎铃、飞科等龙头企业进行技术考察指导。6月12日，协会组织出口会员企业参观温州出入境检验检疫局技术中心ROHS指令检测实验室，并与技术中心签定“检测技术合作协议”。7月30日～8月1日，协会组织会员赴杭州参加临安家乐电机厂合作攻坚刀头技术。9月20日～23日，协会组织理事一行15人，赴舟山参观飞利达电机有限公司研讨微型电机配套技术。

剃须刀协会活动 2007年4月1日，温州市剃须刀行业协会赴越南、柬埔寨考察4个小商品市场，参观第十七届越南（河内）国际贸易博览会，并与越南展会主办方交流座谈。9月28日，协会承办鹿城区行业协会秘书长第十六次联席会议，介绍温州市剃须刀行业协会建会8年来的工作成效。12月22日，协会应邀参加由省知识产权研究会主办、浙江大学城市学院承办的“浙江省知识产权保护与自主创新研讨会”，作“行业协会在应对涉外专利纠纷中的作用与思考”主题发言。

家具工业

家具产业基地建设 截至2007年底，苍南县家具产业园区3家第一批入园企业完成建设并投入生产。平阳家具产业基地入驻投产企业22家。闽北温州木业基地15家入园企业办好土地证，启动厂房建设。

家具流通市场建设 2007年9月8日，浙江大众实业有限公司巨资打造的联结福家居购物广场开业，该家具购物中心总建筑面积5万平米，设施完善，装潢美雅，产品丰富，在温州家居界首先导入集家居设计、消费信贷、生活体验、配送安装和保养回访为一体的5I服务模式。12月7日，温州新天地卢浮世家欧美古典家居体验馆开业，该馆在温州首创终身管家式服务，提供包括上门室内测量、系统家具配套指导选择、软饰规划建议、产品跟踪维护、家居秘书提醒等全程专业服务，刷新家具行业的服务标准。富得宝、顶丰、大千、美格登等温州知名家具企业积极推广“特许加盟”新模式，逐步抛弃老的“经销代理”模式。

家具行业创新经营 2007年浙江富得宝家具公司邀请台湾影星贾静雯为其形象代言人，为期两年，成为温州家具行业首家请明星代言的企业。温州卡尔斯丹家具集团有限公司以百万年薪聘请职业经理人葛兆辉（原酒鬼公司总裁）为公司总经理，在温州家具业中首开先河。卡尔斯丹家具开创家具营销新模式，制定一整套完善的售后服务方案，对消费者采取积分制的消费激励方式。凭借新颖双利（有利于产品的销售，有利于为卖场积聚人气增加客流量）的销售模式，卡尔斯丹与居然之家、城外诚、红星美凯龙等诸多家具界流通大鳄携手合作。顶丰家具有限公司、圣利保健器材有限公司入选“2007年度浙江省最佳雇主企业”。

省家具产业创新平台项目启动 浙江省木材加工产业科技创新服务平台由省科技厅批准，浙江林学院牵头成立的十八个省级行业和区域创新平台之一。2007年6月12日，浙江省木材加工产业科技创新服务平台温州家具研发中心在温州职业技术学院揭牌成立。该中心致力于建成国内一流、国际领先的公共创新服务中心，具有较完备的综合配套实验基地、国内先进水平的家具加工业技术服务中心、家具加工业新技术转化与培训基地、家具工程技术人才培养基地、国内外合作交流的重要服务中心。

顶丰入选省第七批中小企业技术中心 顶丰公司致力于实木家具的研发与创新，是省木加工产业科技创新服务平台温州家具研发中心的核心单位之一，浙江省标准化技术委员会委员单位。2007年10月31日，顶丰公司的实木家具研发中心被浙江省中小企业局、浙江省乡镇企业局命名为第七批省级中小企业技术中心。

软垫家具专业委员会年会 2007年5月29日，中国家具协会软垫家具专业委员会第十七届年会暨2007年床垫原辅材料及设备、配件订货会在温州召开。

家具行业扶贫助学 2007年8月，温州家具行业13位企业家向15位贫困大、中学生提供资助，总金额5万余元。

锁具工业

概况 2007年温州市锁具制造及配套企业400多家，主要生产门锁、车锁二大类。产业主要集中在瓯海、鹿城、龙湾、永嘉、瑞安等地。据不完全统计，全年实现工业总产值95亿元，外贸出口近40亿元，产品远销美国，欧洲、日本、中东、东南亚等120多个国家和地区。温州制锁产业结构合理，配套体系完整，产品花式多，品种齐，在国内外市场具有很强的竞争力，其综合优势明显，是全国锁具生产的重要基地之一，享有

"中国锁都"称号。

"TONYON"获"中国驰名商标"称号 2007年8月，温州市通用锁具有限公司"TONYON"商标被依法认定为中国驰名商标。这是温州制锁业第一枚中国驰名商标。

中国国际锁具行业品牌年会在温召开 2007年3月25日，第四届中国国际锁具行业品牌年会在温召开，此次会议由中国五金交电化工商业协会主办、温州市五金商会承办。全国各地的锁具制造商，经销商以及锁匠300多人参加会议。会议作"锁具行业如何应对反倾销"专题讲座。

省五金产品检测评价规则评审会 2007年5月30日至31日，温州市五金商会和温州市正中五金质量检测有限公司共同组织浙江省五金及锁具产品检测评价规则制修订评审会。评审会对五金及锁具的8个产品的检测评价规则进行评审和讨论。

五金企业考察中东市场 5月12日，温州市五金商会组团24人赴阿联酋、埃及进行为期10天的商务考察活动，参观阿联酋迪拜国际五金展和迪拜中国商贸城，走访当地多家小商品市场以及在迪拜的国内客商。

五金商会活动 2007年6月30日，温州市五金商会党支部组织党员、积极分子，前往永嘉原红十三军军部旧址，缅怀革命先烈，接受革命传统教育。8月16日，商会党支部响应市工商联党总支召集的"扶助百名学子"苍南行活动，商会中立、通用、华牌三家会员企业结对苍南三学生。12月16日，商会四届一次会员大会召开，选举产生新一届理事会。

拉链工业

概况 2007年温州市拉链产业面对宏观调控与加息和各种费用及成本的提升以及退税减少等诸多因素，各企业规范经营，总销售额与比上一年度相比仍有所增长。

拉链行业品牌建设 2007年11月，温州市拉链行业新增"中国驰名商标"1个（长城集团），"国家免检产品"2个（长城集团、浙江宏辉拉链有限公司）。累计中国十大拉链品牌企业1家，中国驰名商标1个，国家免检产品2个，浙江省名牌产品、著名商标5家，温州市名牌产品企业8家，县市区著名商标、名牌产品12家。

拉链原材料实时行情播报系统兴建 2007年，针对铜、锌、铝等拉链主要原材料价格涨跌不定、变化不定的情况，温州市拉链商会投资兴建原材料实时行情播报系统，通过手机短信，将每天原材料信息及时传送给每个会员企业，让会员企业及时掌握原材料价格，以减少在原材料采购、产品销售的风险与成本。

拉链行业"和合杯"员工运动会 2007年5月1日，由温州市拉链商会与温州市体育局、温州市体委联合主办的以"全民健身与奥运同行"为主题的第二届温州市拉链行业"和合杯"员工运动会召开。此次运动会总耗资30万，参赛企业27家，设拉链搬运、穿拉头、套拉链、百米接力等10个项目，参赛运动达1100多人，到场人员2300人，是温州市首次以行业形式举办运动会。

拉链商会开展考察交流活动 2007年9月16日，市拉链商会与永嘉拉链商会联合理事会在印尼召开，考察当地拉链市场，与当地拉链行业协会交流；23日，温州拉链企业50余人赴广东汕头对当地拉链产业及企业进行考察和参观，与当地企业就国内外拉链行业形势及发展趋势探讨，并就企业管理、新产品研发、企业文化建设等问题交流。10月，广东省拉链协会对温州进行回访，参观温州拉链生产、拉链设备企业，两地专题座谈交流。

拉链业回报社会 2007年8月1日，温州市拉链商会组织龙湾片区13家企业赴龙湾消防中队慰问，永嘉片区20多家企业慰问永嘉县消防大队。23日，在市工商联组织的"扶助百名贫困学子"的活动中，温州和合拉链有限公司、温州长城拉链集团、浙江大昌金属材料实业有限公司等三家企业每年出资4800元，结对扶助文成县的贫困大学生。12月28日，浙江大和拉链有限公司在新厂房竣工典礼上向瓯海区教育事业捐资10万元。温州和合拉链公司出资10万元，为平阳县南雁镇一贫困村投资兴建1座婚纱摄影风景亭。

钮扣工业

概况 "中国钮扣之都"坐落于温州市永嘉县桥头镇。截至2007年底，全镇钮扣生产企业251家，比上年减少49家。年产值5000万元以上的企业5家，1000万～5000万元的20家，500～1000万元的30家。全镇钮扣行业总产值19.4亿元，外贸交货值6000万元。产品远销北京、上海、南京等全国各地及越过印度、巴基斯坦、伊朗，延伸到非洲的埃及，挤进欧洲。

3月15～16日，中国五金制品协会组成专家考察组，对桥头钮扣业整体实力进行复评考核。考察团对桥头钮扣产业基地和技术研发中心、产品设计中心、人才培训中心、产品检验中心及行业信息中心等建设方面进行考核，继续授予桥头镇"中国钮扣之都"称号。

钮扣业污染整治 2007年桥头钮扣业废水处理设施更新18台，分层处理设备安装20多台。

2003～2007年永嘉县桥头镇钮扣行业生产情况一览

年份	生产企业数	年总产值（亿元）	外贸交货值（亿元）
2003	485	18	1.10
2004	400	18.7	1.69
2005	358	18.9	1.7
2006	300	19	1.73
2007	251	19.4	1.8

桥头钮扣业存在的问题 2007年桥头钮扣业仍然存在钮扣技术力量薄弱，不适应企业发展的需要；缺乏具有创新精神和实践能力的高素质人才。

永嘉桥头钮扣职业培训学校成立 2007年10月20日，永嘉桥头钮扣职业培训学校经县人事劳动保障局批准成立。总投资100多万元，各企业捐资60多万元。学校配齐制作钮扣全自动的一系列设备，招收学员100多人，分5个工种进行不同专业的培训，实行理论与实践相结合的教学。

钮扣商会活动 2007年桥头钮扣商会发动钮扣企业为汶川地震灾区捐献90万元。商会接受申请维权钮扣品种，经审定确认维权的为96品。

合成革工业

概况 2007年温州市合成革工业总产值115.4亿元，比上年增长14.27%；销售总额110.79亿元，增长15.21%。出口贸易总额 2.31亿美元，增长 34.4%，增幅居全市各行业之前茅。合成革企业108家，从业人员近3万人，其中年产值超亿元的企业53家。全市合成革有3千多个品种，产品遍销全国各地和世界80多个国家和地区。

品牌建设 2007年温州市合成革行业开展"家家争品牌，百家创名牌"活动。温州人造革有限公司"东泰牌"商标获中国驰名商标。龙湾区被省工商局命名为浙江省合成革专业商标品牌基地，首次获得省级区域品牌。截至年底，全市合成革行业获各类品牌35个：中国名牌产品1个，中国驰名商标1个；省名牌产品5个，省著名商标2个，省区域品牌1个；市名牌产品13个，市知名商标11个，市知名商品1个。品牌产品销售值占年总销售值的三分之一以上。

"三废"治理 2007年温州市合成革行业开展治污攻坚，投入1亿多元，改进工艺治理"三废"。推广宏得利等公司改进和完善干法生产线DMF废气回收装置，实施一线一塔，使回收率从原来的65%提高到97%。4月，固废（残液）治理运用焚烧炉集中处理。温革、隆兴、龙跃、正大利、宏福、合力、新兄弟等合成革公司与设计施工单位合作开展对二甲胺治理的新工艺攻关试点，取得成效，并在全行业推广。推进生产线全封闭收集废气的做法。隆兴皮革有限公司对PVC生产中散发的DOP废气治理试制"静电油烟净化装置"予以回收再利用，获得成功，并在全行业推广使用。截至年底，龙湾区合成革行业治污成果通过市环境整治办的阶段性验收。

节能降耗 2007年温州市合成革行业加强用电管理，全线配置节电的变频装置。加强煤炭采购管理，确保煤的质量，推广新祥合成革公司锅炉逆流列管式余热回收装置，可节省用煤15～20%，减少废气的排放。各企业实行循环经济，在废气中回收DMF、DOP原料，生化处理污水，循环使用节约资源，降低生产成本。

市场开拓 2007年4月上旬温州市合成革商会组团出访越南，并"联姻"越南鞋革协会，就经贸合作和信息交流与之签署合作协议。4月中旬，商会组团前往河北省高碑店市白沟镇参观考察全国最大的箱包产销基地，与镇政府签署合作协议。6月初，商会组团赴广州，与广东省鞋材行业协会签署友好合作协议，双方商定以企业和市场为主体，加强两地在产业发展、产品创新、市场开拓等方面的合作。商会及时提供展会信息，组织会员企业参加或参观国内外有关各类展览会，拓宽产业发展领域。

中国合成革年系列活动 2007年9月下旬，由中国塑协人造革合成革专委会主办、温州市合成革商会和德纳展览公司承办"中国合成革系列活动"在温州举行。活动内容包括：商会组团参加第12届"中国·温州国际皮革展"。全市60多家合成革企业参加，设立170多个展位，设置精品展示区和品牌产品时尚走廊。来自全国和62个国家和地区27 000人次参观合成革展区，其中外商800多位。召开"2007中国合成革行业可持续发展研讨会"。全国合成革行业精英140多人参加，共商行业发展大计。组织"合成革贸易洽谈配对会"。合成革厂家和客商在展销现场配对洽谈生意，进行合成革产品示演，展示鞋类、提包和时装风采。开展"买家中国合成革之都行"。组织国内外买家客商到温州合成革企业参观考察。

合成革人才建设 2007年温州市合成革行业开展产品标准制订、环境保护、清洁化生产、税收政策、职业卫生、职称评审、宣传报导等各类讲座、培训班，700多人参加。受市人事局委托，开展第三次合成革专业技术职称资格评审工作，33人取得工程师职务任职资格，18人取得助理工程师职务任职资格，10人取得技术员职务任职资格。

合成革业回报社会 2007年初，温州市40多家合成革企业在"温州市2007情系移民献爱心活动"中，与龙湾区14个移民安置点结对帮扶，捐款71.6万元，占全区捐款总额的21.3%。8月，在市工商联组织的"光彩事业爱心结对助学捐赠活动"中，正大利、五洲、金万利、隆兴、龙跃、力邦等6家合成革企业董事长每人捐资4800元，分别结对一名品学兼优的贫困学生，帮助他们实现上大学的夙愿。在中国人民解放军建军80周年，商会组织合成革单位到龙湾消防大队慰问消防官兵。年底，温革等7家企业合成革企业捐款32万元扶助欠发达乡镇奔小康。据不完全统计，近几年全行业为救灾扶贫献爱心等共捐献600多万元，为构建和谐社会贡献了力量。

中国电信温州分公司根据行业的特点，为客户提供ICT整体解决方案、应用软件开发和IT服务支撑及综合信息化服务。并依托中国电信全国垂直一体化的三级营销服务体系和运行维护体系，凭借丰富的网络资源、专业的电信及IT技术、优秀的技术团队、广泛的客户资源和行业知识，致力于为政府、金融、企业提供网络基础设施建设、网络升级及改造、网络管理服务、网络及设备代维服务、设备租赁、应用软件集成及开发（包括C网行业应用软件集成及开发）、IT服务支撑等“一站式”服务。

“机房无忧”以“一点接入、实时监管”的方式，为您提供机房实时性、主动性维护服务，7X24小时实时监控机房动力、环境性能状况和故障情况，为客户总部、分支机构机房现场提供动力、环境等监控和客户现场管理服务。

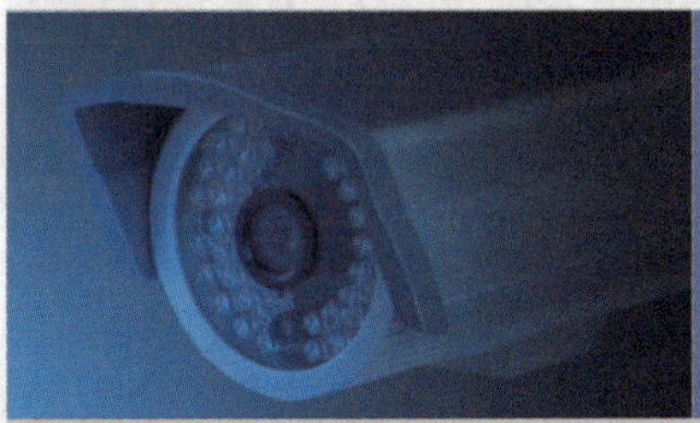

“全球眼”是基于中国电信宽带的远程网络视频监控业务，依托中国电信无处不在的网络优势，将分散/独立的摄像点联网，实现跨区域的统一监控/存储和管理，满足客户远程网络监控的需求。以其组网经济、灵活、流畅等优势广泛应用于公安、市政、金融、企业、教育旅游、水利、环保、商检、专业市场、沿街店面及个人家庭用户。

“远教通”是利用现代网络技术和V2通视频会议平台，依托现有农村党员干部远程教育终端设备，实现视频会议室、网上大课堂、民情直通车、应急指挥部等四大功能。

“远教通”适用于各类政策法律咨询服务、纠纷调处、业务培训、日常性工作部署、信访接待、工作督查、防汛抗台等。

“远教通”为会议节约成本，提高效率；加强了基层站点动态信息的沟通和指挥部署；拓宽了民情民意收集和反馈渠道；搭建党和政府与人民群众沟通的桥梁；有效推进大规模的党员干部教育培训工作；也为应急指挥提供了有力的辅助平台。

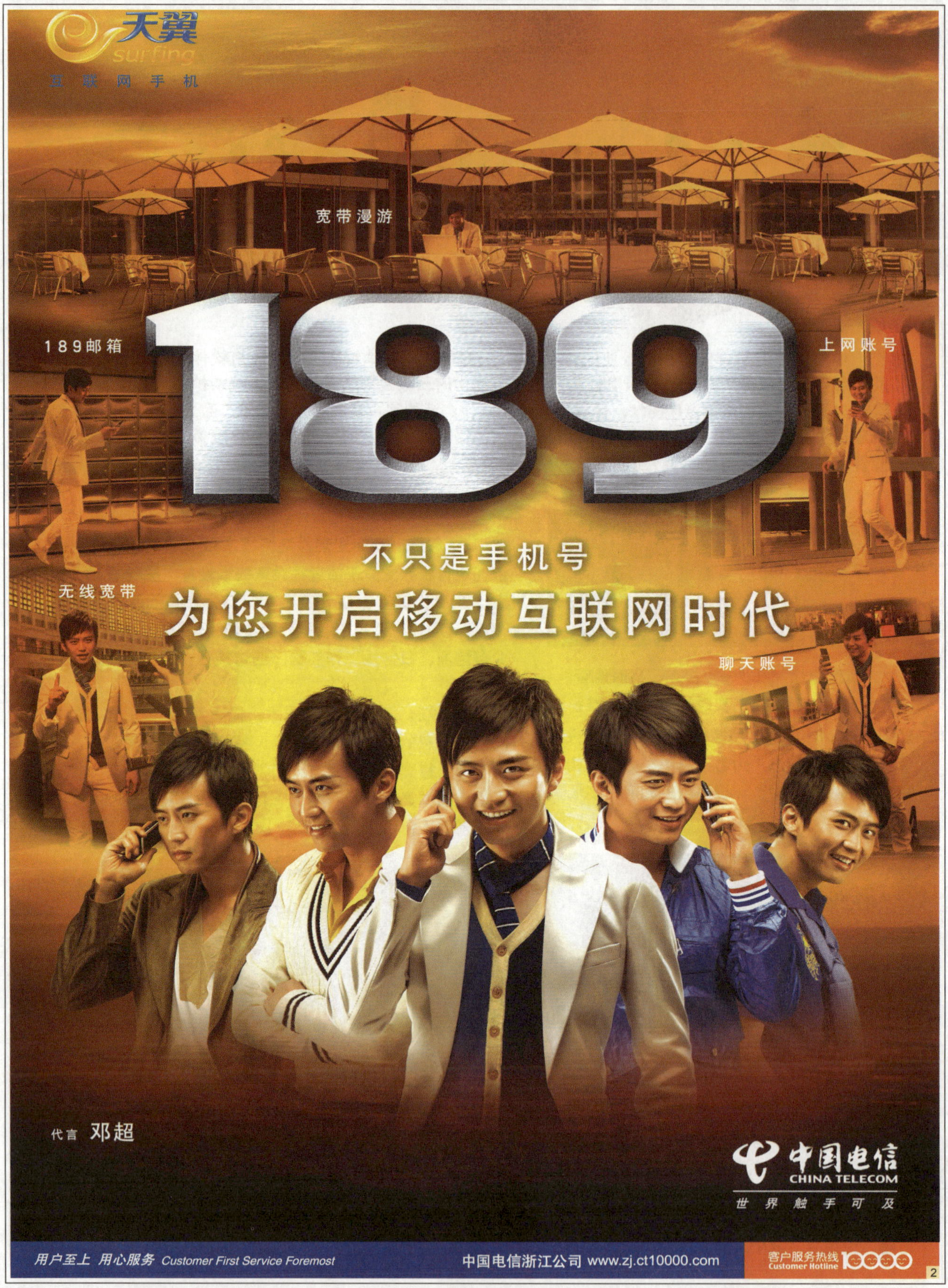
天翼
surfing
互联网手机
宽带漫游
189邮箱
189
上网账号
不只是手机号
无线宽带
为您开启移动互联网时代
聊天账号
代言 邓超
中国电信
CHINA TELECOM
世界触手可及
用户至上 用心服务 Customer First Service Foremost
中国电信浙江公司 www.zj.ct10000.com
客户服务热线 Customer Hotline 10000

信息化和信息产业

综　述

2007年，温州市电子信息产业完成产值363亿元，同比增长20.2%。信息服务业业务收入102亿元，同比增长16%，其中电信业务总量87.7亿元，同比增长12.2%，软件业营业收入2.9亿元，同比增长26.1%。年末本地固定电话用户347.7万户，移动电话用户744.7万户，互联网注册用户114.09万户，同比增长16.4%。

企业信息化建设取得新进展　2007年，温州市共有信息化试点企业120家，新增22家；信息化示范企业40家，新增5家。温州市协调有关行业组织、IT服务商，共同开发建设并推广应用EPOWER和SUNFUN企业信息技术共享平台，至此共有60多家企业接入该2个平台，应用取得一定的效果。

政府信息化深入实施　2007年，温州市推进市级电子政务二期工程建设，新增协同OA系统应用单位17个，至此共有40多个政府部门应用了协同OA系统。启动电子监察系统建设，对行政审批过程中的各个环节进行实时监控和绩效评估，提高政府机关的行政效率和服务水平。建成开通“市民信箱”，为市民提供统一的公共事业电子账单服务和政府公共信息服务，加强政府与市民的信息沟通。

农村信息化提速　2007年，温州市在省内率先制定《温州市农村信息化建设方案》，提出通过实施“农信121工程”（加强农村信息化基础网络，搭建农业综合信息服务和农村管理公共服务2个平台，培养1支农村信息化队伍），基本形成适应社会主义新农村发展的农村信息化支撑体系的目标与思路。启动农村信息化试点工作，通过整合“温州农网”、“农民信箱”、“农村党员干部现代远程教育”等资源，开发建设农村综合信息服务平台。让农户可以通过计算机、手机、机顶盒加电视等不同方式接入平台，实现各类农业技术信息咨询、市场供求信息咨询与发布以及文化娱乐等服务。

电子产业园区（基地）建设　2007年，乐清电子元器件产业基地和瑞安汽车电子产业基地建设分别完成规划方案，通过省信息产业厅批复认定，并积极组织实施。加快以企业为运作主体的温州华威创意软件园建设，努力使其成为技术、人才、产业的聚集地，发挥园区的集聚效应和带动作用。2007年完成园区的功能规划、布局改建，并启动招商工作。

市民信息服务系统建成开通　2007年温州市民信息服务系统建设取得突破性进展，完成各类信息亭及终端布点203个，系统开通并投入使用，为公众提供各类公共信息查询服务、水电煤气等公共事业缴费和长途汽车电子购票等便捷服务。系统布局不断向社区、向周边延伸；系统功能趋向丰富与完善，有线电视、固定电话缴费等服务功能正在加紧协调与开发。

移动电话市场整顿　2007年，根据国家信息产业部、工商总局的部署，温州市信息办、工商局在全市范围内联合开展移动电话机及售后服务市场专项整治活动，对各类通讯市场、维修市场进行检查，重点查处无入网许可证、走私、翻新等非法手机。5～12月份期间，共查获资质不合法经营户125家，查处“三无”维修点34个，立案查处案件42起，查获不合法手机4万多部，为消费者挽回经济损失160多万元，维护移动电话机市场经济秩序和消费者合法权益。

“信息653工程”开始实施　2007年，温州市信息办与人事局联合制订了《温州市信息专业技术人才知识更新工程（“信息653工程”）实施意见》，提出温州市信息专业技术人员继续教育的目标、途径和措施，并积极组织实施省、市“信息653工程”项目。2007年，全市组织申报省、市级“信息653工程”项目18项。

电信温州分公司

概况　2007年，中国电信温州分公司新增本地电话（含小灵通）33.2万户，总量320万户，新增本地局用交换容量27.15万门。互联网用户数量突破100万，城域网出口带宽升至100G。以“全球眼”为代表的“商务领航”已广泛应用于各行业，“号码百事通”成为市民生活好帮手，“我的e家”满足市民家庭日益多元化和个性化的通信及信息应用需求。2007年公司10000号获“全国巾帼文明示范岗”荣誉称号。

电信城域网改造优化　2007年，中国电信温州分公司对原有电信城域网从核心网络到每个接入层端口进行技术升级、改造。建成网络可管理、用户可识别、质量可控制、业务可区分的综合业

中国移动温州分公司 中国移动通信集团浙江有限公司温州分公司（以下简称温州移动）是我市通信行业的主导企业，下辖11个县(市、区)分公司，员工人数达二千多人。自1997年独立运营以来，一直保持稳步快速的发展，用户规模不断扩大，市场份额持续领先，网络优势不断巩固，截至2008年末，用户数已达600多万户，交换容量1100多万，基站数达4800多个，实现了温州全地区所有县（市）和主要乡镇的全覆盖，高话务区域的立体覆盖及主要交通干道的无缝覆盖。2008年电信行业重组后，温州移动作为全业务运营商，不仅提供优质的个人移动通信服务，而且为用户提供了包括固话和宽带在内的全方位的电信产品和信息化服务。温州移动还承担了温州地区TD-SCDMA的建设运营工作，以“不换号、不换卡、不登记”为要求，为这一国家大力支持的自主创新技术提供了良好的运营条件和发展环境。

中国移动通信 CHINA MOBILE

北京2008年奥运会合作伙伴 Partner of the Beijing 2008 Olympic Games

金牌服务 满意100

您的满意是我们不懈的追求

3

4

5

在市委市政府的正确领导下，温州移动秉承“金牌服务 满意100”的服务理念，把服务作为企业永恒的主题，坚持以客户为中心，不断创新服务手段，日臻完善的客户服务网络，不断提高服务质量，为迎接更加激烈的市场竞争打下了良好基础。在不断发展的过程中，温州移动始终注意发挥企业自身的特长和优势，在实现自身商业价值的同时，不忘回报社会，以“企业公民”的形象，不断追求着自身发展与社会发展、环境发展的相互和谐，截至2008年末，累计各类慈善捐款达800多万元。赢得了社会各界和广大客户的一致认可和高度评价，荣获“全国文明单位”、“全国五一劳动奖状”、“全国用户满意企业”、省级“百城万店无假货”示范店、“消费者信得过单位”等荣誉称号，并有5个省级、8个市级青年文明号，并被温州市列为创建全国文明城市的重点单位之一。

1 温州移动筹集320万爱心助学专项资金用于帮助贫困大学生圆大学梦

2 温州移动在2008年抗击百年罕见的雨雪灾害中，共组织472人参与应急抢修，使温州地区用户在始终畅通的移动网络相伴中平安度过雨雪灾害天气

3 温州移动开展了“金牌服务 满意100”主题服务活动，推出以责任、诚信、便捷为核心的“五心”服务新举措

4 温州移动投入13亿元巨资开展网络建设和优化工作，有效保障了奥运圣火在温传递期间的移动通信保障任务

5 温州移动为抵温就医的四川地震灾区的伤员提供爱心免费手机

务承载宽带城域网。改造后的温州城域网出口带宽达80G，网络具有诸多新特性，将为互联网用户提供更多的服务，为温州分公司宽带市场持续增长提供网络平台。

温州“网络文化节” 2007年，由中国电信温州分公司举办的“温州网络文化节”在市区松台广场举行启动仪式。“网络文化节”包括百变赢家“电信宽带杯”网络百变双扣大赛、首届“电信宽带杯”越野场地赛、网络文化节-宽带用户回报、宽带大抽奖、过节欢乐送等活动内容。活动通过宽带产品介绍和亲身体验，让更多市民了解宽带，熟悉宽带，体验网络的魅力，让广大客户享受更极速畅快、更丰富精彩的网络新生活。

瑞安电信宽带用户超十万 2007年9月14日，中国电信瑞安分公司联合瑞安市府办召开全市电信宽带用户超十万新闻发布会暨“百镇千村宽带行”启动大会。在“百镇千村宽带行”活动中，瑞安分公司在全市近200个镇、村开展“宽带行”现场活动，以“互联网知识普及”、“信息下乡、信息进村”等为载体，深入到农村社区，组织开展现场培训，提高信息惠农、信息富农和信息乐农的综合服务能力。

苍南率先开通电缆防盗系统 2007年9月30日，中国电信苍南分公司电缆防盗报警与110联网系统正式开通使用，成为温州全市第一个开通使用该联网系统的县。该项目的实施是省、市电信公司为全力推进全国打击“三电”专项斗争工作的开展，有效防范和严厉打击违法犯罪活动，发挥技防设施最大效能而开展的一项重要工作。苍南全县各案件高发易发地段的通信电缆全部安装该系统进行实时监控。

平阳完成城域网改造工程 2007年，中国电信平阳分公司城域网改造工程全面完工。提升平阳城域网的数据承载能力，出口带宽从原来的5G提升到10G，有效支撑IPTV“宽带电视”业务的发展，实现宽带用户的精确绑定，为平阳广大用户提供实惠，为平阳宽带业务梳理提供可靠的网络保障。

永嘉完成网络优化与改造 2007年，中国电信永嘉分公司完成全县所有宽带城域网优化改造，达到95%精确化绑定率的要求，安装开通永嘉建设大厦等6个网点的无线宽带WLAN设备；优化资源配置，大力推进光纤物理网建设，完成瓯北、上塘、乌牛等地的光纤物理网光缆优化改造工作；完成小灵通网络优化，主要针对高档住宅小区、景区的覆盖，完成大客户企业区域需求的网络优化工作；加快接入网点建设，新建交换网点36个，新增村村通网点25个，有效支撑业务发展，提高农村电话通话质量。

移动温州分公司

概况 2007年中国移动温州分公司投入资金用于网络建设近10亿元，新增载频9000多个、基站1000多个。截止2007年12月基站总数达3500多个，交换机容量900多万门，实现温州地区行政村移动网络全覆盖，拥有客户550多万户。运营收入、用户数量、市场份额、网络规模等多个方面都创下历史新高，各类慈善捐款500多万元。公司及所属十一个县（区、市）分公司先后获得“全国文明单位”、“全国五一劳动奖状”、“全国用户满意企业”、全国“青年文明号”、省级“消费者信得过单位”、省级“百城万店无假货”示范点等多项省部级以上荣誉称号。

移动承办全市农村信息化工作会议
2007年，温州全市农村信息化工作会议在泰顺县氡泉香溢酒店召开，中国移动温州分公司承办本次会议并对会议进行全程服务。全地区各县（市、区）政府分管领导、信息办主任、新农村建设办公室主任，温州市相关部门的负责人和代表共60余人参加会议。会议对农信“121”工程的组织实施进行部署，就组织实施温州市农村信息化试点示范工作作了安排，着重介绍移动的农讯通等农业信息化产品。中国移动温州分公司在会议现场组织农讯通、农民信箱、农网WAP等农村信息化的产品展示。

第二届全球通文化节手机主题展 2007年，中国移动温州分公司第二届全球通文化节手机主题展在温州展览馆开幕。公司联合诺基亚、摩托罗拉、三星、LG等八大全球著名手机厂商，现场展示三十余款新机型。本次主题展集手机精品展、企业和个人信息化业务功能演示、手机发展历程和移动发展史为一体，将手机文化和移动新科技有机结合，展示手机和移动信息化的魅力，是温州规模最大的手机文化活动。

“移动·学子情”助学计划资助仪式
2007年，中国移动温州分公司联合团市委、教育局、温州日报报业集团举办的“移动·学子情”全球通爱心助学计划现场资助仪式暨百名学子励志公开课在温州市政府举行。中国移动温州分公司现场捐赠320万元专项助学资金，主要用于资助100名贫困学生四年的学习生活费用。

移动“村村通”工程完工 2007年，中国移动温州分公司历时一年的“村村通”工程圆满完工，668个基站全部开通，全地区5899个行政村实现100%的移动信号覆盖。架起大山深处与外界沟通交流的桥梁，为社会主义新农村建设做出新的贡献。

移动20万元帮扶松垟乡 2007年，中国移动温州分公司总经理庄国舟随同温州市委书记、市人大常委会主任王建满等市委领导参加泰顺县松垟乡“139富民攻坚计划”座谈会，与当地开展挂钩帮扶工作。总经理庄国舟代表中国移动温州分公司向松垟乡捐赠20万元帮扶资金。新58省道的通车使泰顺县全面融入温州城市“两小时交通圈”，给当地移动事业的发展带来千载难逢的历史性机遇，深入开展“千村千企结对共建”等活动，进一步创新挂钩结对帮扶活动载体，推进城乡区域统筹协调发展。

联通温州分公司

概况 2007年，中国联通温州分公司围绕上级的发展战略、工作要求，提升销售服务能力、支撑响应能力和队伍职业

中国联通温州分公司 成立于1996年3月，负责温州市境内联通通信业务的工程建设、网络运行和业务经营，是温州市经营业务种类最齐全的电信运营企业。经营范围包括移动通信业务、长途数据业务、国际互联网业务及电信增值业务等。公司下设县（市、区）分公司11家和部门12个，现拥有固定资产31亿元，网上用户超200万，开通移动通信基站2600多个，移动交换容量222万门，年业务收入近10亿元。

公司成立以来，始终以“绿色”作为公司业务开展和员工队伍建设的核心，以“服务”作为企业树立良好公众形象的基础，以“诚信”作为企业实现可持续发展的保证，以“共建”作为企业与社会实现互利共赢的手段，励精图治、艰苦创业，取得良好的经济效益和社会效益。

目前，温州联通投资近3亿元用于GSM网络的深度覆盖和GPRS升级。即将启动3G网络建设，建立3G业务竞争优势，提升品牌形象与核心竞争力。发展宽带多媒体业务，整合客户及渠道资源，提升服务意识和品质，强化客户至上的公司文化，满足不断变化的多元化市场需求。

1 温州联通为地震灾区人民提供免费热线
2 温州联通情牵地震灾区举行义卖
3 温州联通开展便民服务活动
4 温州联通为“奥运火炬先锋队”自行车骑行活动加油
5 温州联通青年志愿者热情陪护灾区在温治疗儿童
6 温州联通为火车站滞留旅客开通免费报平安热线

化能力，在化解矛盾中寻求突破，在战胜困难中努力奋进。全年实现业务收入9.6亿元，移动业务在网用户201万户。

联通市场营销 2007年，中国联通温州分公司推出动感卡、畅听卡、吉祥卡、新商旅卡及如意·温州卡等新产品，开展针对不同群体的精细化营销活动。对营销渠道体系进行全面梳理，形成以实体门店渠道、电子渠道、电话营销渠道和直销渠道为主的多元化渠道体系，通过渠道管理系统进行强化管理。

联通客户服务 2007年，中国联通温州分公司客服热线服务水平指标和服务质量全部达标，通过省公司达标评审的营业厅11家，通过省公司达标评审的俱乐部5家。推出会员卡实名制服务、“月月有主题”、积分兑换等通信外的时尚服务。开展SP专项整治，公司与本地接入的所有SP厂商签订诚信协议，规范订制流程，杜绝欺骗行为，一旦发现SP不规范经营，公司先行赔付，并对SP进行处罚直至停止合作。

联通网络建设 2007年，中国联通温州分公司开展“业务响应年”活动。投资3.2亿元，完成G14、G15期工程，新建基站440个，新增交换容量45万门，HLR扩容20万户，通信光缆敷设600公里、杆路270公里、通信管道95孔公里。完成5492个G网小区，2806个C网小区的网络优化。开展市区专项网优活动。

联通提升管理水平 2007年，中国联通温州分公司以内控体系建设提升管理水平，做好成本费用的预算控制，实行事前参与、事中控制、事后评估全过程管理。调整队伍结构，加强业务培训，提升队伍职业化能力。开展员工职级评聘、类别晋升、双向选择、人才选拔，全年共组织涉及管理、技术、市场、客服等领域的项目230个，培训7134人次。

联通文明创建 2007年，中国联通温州分公司把精神文明建设纳入党政目标管理，与生产经营工作相结合。积极捐助贫困村建设，与泰顺县新浦乡新仓村结对扶贫。组织开展各类便民服务。参与大型公益活动。不定期组织义务献血、为灾区捐款、资助贫困学子等公益活动。

网通温州分公司

概况 2007年，中国网通温州分公司下设县（市）分公司（经营部）7家和一级部门7个，二级中心5个，在市区车站大道、龙湾、乐清、瑞安、苍南、平阳、永嘉分设营业厅。公司各项业务取得长足进步，推出奥运宽带等系列产品，为宽带业务发展注入新的活力。

网通宽带业务发展态势良好 2007年，中国网通温州分公司将宽带发展作为核心业务发展，通过特色宣传与多渠道经营，实现宽带业务逐年成倍增长的良好发展态势。4至5月，瑞安、鹿城、苍南宽带用户数先后突破万户大关，温州宽带用户净增量居全省首位。

2007“网通杯”温州市风筝节 2007年4月7日，由中国网通温州市分公司、温州市青少年活动中心、温州商报、温州市风筝协会主办，温州市阳光青少年体育俱乐部、温州市刘氏风筝世家承办的2007“网通杯”温州市风筝节活动开幕。活动分三个阶段，“五彩的风筝节——绘画比赛”、“飘舞的风筝节——放飞比赛”、“漫天飞舞风筝节——千人风筝会”。

网通经营范围扩大 2007年，中国网通温州分公司于8月30日、11月7日分别两次完成营业执照经营范围的工商变更登记，增加“广告设计、制作、发布”与“招标代理、自有房屋租赁、电话号码簿的编制、发行”等经营内容。

推进农村信息化 信息办/供

网通社会公益活动 2007年，中国网通温州分公司工会分别于9月3日和11月23日开展“关爱弱势群体、共建和谐社会”爱心助残活动与“送温暖、献爱心”活动，共募集捐款近万元。

铁通温州分公司

概况 2007年，中国铁通温州分公司建设成两个关、汇、端一体的通信设备局，形成连接苍南、永嘉、瑞安、乐清、平阳等各县市的千兆专有城域网。提供50万语音用户和20万宽带用户的直接接入。

铁通推出“商务新动力” 2007年，中国铁通温州分公司依照集团公司“专业化信息通信运营商”的战略定位，发展固定电话、互联网等基础电信业务，积极推进业务转型和创新，打造新型客户品牌“商务新动力”。通过中国铁通企业信息化综合服务平台，将众多IT软、硬件产品与铁通的基础通信业务和增值业务相融合，为商业客户搭建一个专业的、安全可靠的、高效的网络和服务平台，更好地解决商企客户信息化应用需求，控制企业管理成本，加速企业信息化进程，为温州中小企业的快速发展起到推动作用。

铁通开通统一客服平台 2007年，中国铁通温州分公司开通“10050”统一客服平台，向用户提供业务咨询、话费查询、故障申告、质量投诉、业务受理和意见建议等全方位客户服务。

经济开发区

温州经济技术开发区

概况　2007年，温州经济技术开发区生产总值118.75亿元，增长23.15%，其中工业增加值84亿元，增长20.68%。财政总收入15.52亿元，增长20.85%。完成固定资产投资40亿元，其中工业性投资17.68亿元，增长15.74%，占固定资产投资的44.2%，同比提高6.6个百分点。第三产业经营销售额188.3亿元，增长20.53%，实现增加值27.17亿元。工业总产值306.9亿元，增长23.76%，其中规模以上企业工业产值300.8亿元，增长24.11%，占工业总产值98%。规模以上企业308家，其中超亿元企业75家，比上年增加11家，超亿元企业工业总产值235.73亿元，产值超5亿元的13家，加上新建的大自然钢板、乔顿集团，超10亿元企业累计6家。特福隆集团、瑞气空分入选国家级高新技术企业，新认定省级高新技术企业6家、市级5家。有高新技术企业70家，其中国家级4家，省级26家，市级13家。入选省级各类科技、技改项目、新产品计11项，市级各类科技、技改项目39项。获国家级火炬计划16项、创新基金6项，新产品计划14项，省级火炬计划9项、创新基金11项、新产品146项、省高新技术产品25个；企业专利授权数350项；新认定省级技术研发中心1家、市级2家，区级6家。有企业研发中心省级10家，市级20家，区级29家。高新技术产业实现增加值33.64亿元，占全区工业增加值40%，上升5个百分点。进出口总额11.14亿美元，其中出口9.6亿美元。民营企业成为出口主力军，自营进出口企业累计173家。全区自营进出口总额8.56亿美元，同比增加26.7%，其中自营出口7亿美元，同比增加25.2%。出口产品以轻工机电产品为主。加工贸易出口发展快速，新批加工贸易合同307个，其中合同进口4038万美元；合同出口12 594万美元。

经济开发区项目引进　2007年，温州经济开发区新批外商投资企业17家，投资总额3.24亿美元，合同利用外资1.58亿美元；实际到位外资8555万美元。17个新进项目均为低用地、高产出、低污染、低耗能项目，其中有10个是高新技术项目；有11个为“以民引外，民外合璧”项目。世界500强投资项目百安居建材超市正式营业。开发区大厦近2万平方米的办公楼基本出租完毕。新世纪商务大厦近10万平方米商务楼在对外挂牌招商。高新园区5.7万平方米的标准厂房首批10家企业已经入驻。滨海园区村二产留地近300亩标准厂房对外招商启动。鼓励企业通过增加注册资本来扩大生产规模，共有奥昌合成革等5家企业增资，新增合同外资1481万美元。

经济开发区基础设施建设　2007年，温州经济技术开发区内温州民营经济科技产业基地丁山一期4800亩面积海泥吹填及软基处理工程已进入招投标程序。温州科技城年内动工建设，中试大楼主体已结顶，科技城核心区企业研发总部和科技创新大楼完成桩基工程；高新园区三期1号厂区标准厂房验收。龙湾园区商务大楼工程完成方案设计审批；温州大道蒲州段安置房进入桩基础施工；雁荡路贯通工程完成施工图设计；列入市2007年为民办实事项目“一网一路”民生工程上江路改建拓宽及其污水管网竣工。完成温州大道、四明山路、衢江路等“三沿”整治工程。电网攻坚建设项目110千伏经二变和纬八变及线路工程投入运行。全年完成征地2726亩，办理历年来道路、基础设施及供地手续3482亩。

经济开发区社会事业　2007年，温州经济技术开发区引进各类专业人才1460人，办理人才落户210人。推进文明平安园区创建，集中开展重点行业和领域消防安全专项整治、社会综合治理活动。继续推进“139富民攻坚计划”，新落实18家企业挂钩帮扶18个欠发达乡镇，落实结对资金230万元。与泰顺、文成等欠发达县结成山海协作协议，扶助泰顺县大安、仙稔两个乡脱贫帮困资金76.2万元。

省级经济开发区

浙江温州工业园区　2007年，温州工业园区工业产值105.29亿元，首次突破百亿元，同比增长24.77%。创工商税收4.3亿元，同比增长25%。出口交货值15.87亿元。

规模以上企业93家，工业产值92.5亿元，占工业园区总产值的87.85%。其中年产值超亿元企业34家，比上年增加4家；年产值超5亿元企业2家；江南集团有限公司是园区第一家产值超10亿元企业。合成革企业完成工业总产值51亿元，同比增长16.8%，占园区总产值的48.4%。企业年销售总值为100.28亿元，同比增长24%。企业产出水平提高，平均每亩土地产值350万元。

工业性投资2.41亿元，其中技改投入1.92亿元。园区有科技型企业13

家，其中国家级高新技术企业3家，省级高新技术企业1家。深化品牌战略。温州人造革有限公司的“东泰”商标、江南阀门有限公司的“江一”商标获中国驰名商标称号。截至年底园区有中国名牌产品1个，中国驰名商标2个，国家免检产品2个，省名牌产品4个，市名牌产品7个，省著名商标3个，市知名商标8个，区名牌商标9个。

招商引资。合同利用外资1078万美元，实际利用外资684.3万美元，引进内资4687万元，超额完成年度任务。有外贸出口企业45家，三资企业18家。

完成11个工业基地建设项目。盘活现有土地存量，将黄石村、黄山村、龙东村129亩土地项目供给园区发展总公司，作为标准厂房开发建设。办理供地手续15宗计333.93亩。完成周边3个村和永中街道3个村二产留地供地。继续推进温州民营经济科技产业（龙湾）基地和龙湾滨海工业园建设的前期工作，制定养殖补偿政策和村集体扶持政策；开展永兴南园（3100亩）的前期研究；做好永兴北园（9300亩）的规划修编；解决永兴围垦区土地指标落实、石料供应、资金筹措等问题。龙湾滨海工业园项目已进场施工。

环境污染整治。实施《温州工业园区生态化建设改造规划和实施方案》，开展合成革行业“三废”治理。在废气治理方面，开展干法生产线DMF废气回收治理改造；对湿法生产线的涂台、配料车间等关键部位进行封闭吸收，保证车间DMF废气浓度低于20毫克／立方米。在废水治理方面，所有合成革企业建成废水处理设施并投入运行；21家企业完成截污纳管工作，6家企业在建截污纳管工程。在固废处理方面，落实园区一期固废转运联单制，垃圾统一进行无害化处理。发展循环经济。完成《浙江温州工业园区循环经济建设总体规划》的编制。34家重点用能企业实现万元产值能耗比上年降低5%。完善环保基础配套设施。市政工程总投资1500万元，完成一期管网改造等3个工程项目。

安全生产。深化不锈钢、危险化学品、煤气发生炉、电器和职工宿舍等专项整治。危险化学品生产经营储存企业标准化管理工作在龙湾区率先通过考核验收。所有合成革企业通过安全评价工作。

瓯海经济开发区 2007年，瓯海经济开发区累计已投产企业376家，工业总产值134.0734亿元，销售产值123.36亿元，出口交货值64.18亿元，同比分别增长32.88%、27.01%和19.73%。规模以上企业278家，工业总产值131.79亿元，占总产值98.35%。其中产值5亿元以上企业2家、3亿元以上企业3家、1亿元以上企业27家、5000万元以上企业30家。全年引进内资项目22家，引进外资项目5家，协议利用外资2738万美元，实际利用外资1846万美元。

企业科技创新和创品牌工作。通过省级新产品鉴定有4项，新增国家级高新技术企业1家，省级高新技术企业2家，区级高新技术企业1家，黄河皮革、大顺机械获得首批“中国皮革和制鞋行业科技示范企业”；新增中国名牌产品1个，中国驰名商标6个。截至年底，累计拥有国家级高新技术企业2家，省级高新技术企业10家，市级高新技术企业3家，区级高新技术企业4家；拥有中国驰名商标7个，浙江著名商标12个，温州知名商标16个；中国名牌产品1个，省名牌产品11个，市名牌产品20个。

截至年底，入园企业已开工的有232家，在建的有127家，结顶的有174家，竣工的有41家，投产的有26家。三溪、娄桥、仙岩和梧白等四个工业园道路、桥梁、通讯、供电等基础设施建设进入施工阶段。投资4000万元，建成总建筑面积3.3万平方米的一期标准厂房。

和谐园区建设。签订安全生产责任书企业381家；整治安全隐患企业41家；无证无照普查整治1051家。企业签订劳动合同300多家，受理劳资纠纷案件120件978人，为劳动者解决73多万元工资；受理集体劳资纠纷上访案件13件831人；受理调解工伤事故31件，赔偿金额达120万元。

瑞安经济开发区 2007年，瑞安经济开发区工业总产值130.2亿元，同比增长28%。完成工业性投资15.03亿元，同比增长79.3%。完成实际外资2870.1万美元，市外内资2.06亿元人民币。

项目建设。列入市工业经济“三个年”活动推进计划的25个已农转用未供地项目已全部供地，其中15个项目已开工，开工率60%；10个已供地未开工项目已开工8个，开工率80%；21个已开工未竣工项目已建成19个，竣工率90%。启动建设标准厂房36万平方米，占全市开工数的92.9%，建成标准厂房37 586平方米。

基础设施建设。道路工程，全年完成实际工程额约7100万元，飞云新区横河路、经三路、拓展5路、纬11路等4条道路建成通车。配套工程建设，电信机房、蜘蛛王临时排污工程已建成投入使用，飞云新区ϕ1000引水工程施工图完成设计，启动区块污水提升泵站选址方案已落实。环境综合治理，完成拓展大桥、下埠陡门桥至上东路观光线路、开发区大道中间绿化工程建设；开发区大道、上东路二期路灯与发展区11条道路人行道工程等一批环境综合整治工程的招投标工作启动建设。

土地征用及后续工作。全年共办理土地农转用和征收（收回）732.168亩；完成供地项目47个，面积1507亩（其中留用地项目13个、面积350亩）。解决了瑞光现代城建设与华尔达环评影响问题等30个历史遗留难题。

创建“平安开发区”，完成发展区治安监控设施建设。对区内100人以上企业进行督察，推动“综治进民企”。开展安全生产大检查6次，检查建筑工地106个（次）。

平阳经济开发区 2007年，平阳经济开发区工业总产值27.75亿元，同比增长32%。工业增加值5.98亿元，同比增长29%。高新技术产值3.3亿元，同比增长3.78%。出口总额3375万美元，同比增长87%。财政收入2.01亿元。基础设施建设投入2485万元。土地征用133.5亩，新批进区企业3家，新开工建设企业8家。

选商引资。确定“突出重点区域，突出重点产业”的招商原则。促进企业增资扩产，雁峰、信业水产等重点企业在扩建，浙江亨力通过购买厂房实现规模扩张。平阳县的人行金库、疾控中心、赈灾中心、国税大楼、港航分局在开发区落户。

高新技术发展。浙江三星机电股

份有限公司获得国家火炬计划重点高新技术企业称号，实现平阳县内拥有国家火炬计划重点高新技术企业“零”的突破。新增国家重点新产品计划 2个，国家级火炬计划项目1个，省级高新技术企业研究开发中心1个，省高新技术产品3个，省科技型中小企业1个，市高新技术企业1个，市级企业技术研究开发中心2个。新增“雁峰”牌塑料圆织机（雁峰塑料机械总厂）和“古鳌”牌单冻海产品（平阳信业水产有限公司）等 2个省名牌产品。

基础设施建设。开发区通过IS09001质量管理体系认证和IS014001环境管理体系认证。基本完成昆鳌大道拓宽工程，投入120万元进行曙东路、海关路路面施工，投入80万元进行曙东桥和柳下桥建设，完成曙东小区道路，鸽巢路，孙家洋部分道路填方，完成部分鞋业园区围墙建设。

历史遗留问题处理。府前路一期园区段两侧以建设高层商住楼为原则，成立建设办公室，专攻建设前期准备工作，已经完成企业情况调查114家。12月19日，9个地块用招投标的方式以3.557亿元的价格重新挂牌出让。鳌一中新址迁建建设已签订原房拆迁协议23户，建筑面积1931平方米，完成拆迁总量的77%。将1994年以来未得到安置的宅基地安置到蓝田安置小区内，完成的蓝田安置小区总占地约260亩，土地面积216亩，建筑面积48万平方米，整个小区拟投资6～8亿元。争取相关政策支持，完成14个项目约240亩的农转用前期审批手续。

工业园区由单一功能园区向多功能园区建设，更改鞋业园区为工业园区，引进各类具有竞争力的企业，厂房利用率为100%。继续开展安全生产检查工作，对园区内150多家企业逐个进行消防安全专项治理检查。

乐清经济开发区 2007年，乐清经济开发区一期开发面积3440亩，进区企业102家，全部建成投产。工业总产值56.4亿元，同比增长25.1%。企业总就业人数近2万。二期省重点产业化项目，总用地面积2990亩，落实企业82家，总投资概算100亿元。三期盐城闭合区开发面积1790亩，落实中外合资企业21家，合同利用外资1.36亿美元，实际到位外资8667万美元。乐海围垦工程总面积9142亩，总投资4.05亿元，完成总投资4400万元，累计完成总投资1.27亿元。

标准厂房建设。一期标准厂房位于新区D302地块总用地面积22.3亩，9月正式投入使用，8家企业入驻生产。二期（翁垟片）市级示范标准厂房是温州市重点经济考核项目，建筑面积13万平方米，总投资1.87亿元。

基础设施建设。一期基础设施建设全面完成，道路、供电、供水、通讯、环保等功能建设日趋完善。投入基础设施资金2500万元，重点做好二、三期的场地平整和道路工程以及相关配套设施建设。创业服务中心集办公、科研、管理、服务、展示、贸易洽谈等为一体的智能化综合服务设施，总建筑面积23 046平方米。主体工程9月通过验收。

征地推进工作。二、三期推进是全年的中心工作，成立政策处理领导小组进驻各被征地村，对有关政策进行解释和说明。二期推进5个村，三期推进3个村。

开发区新组建党总支1家，新组建单独支部12家，支部发展到26家，新发展党员44名，累计242名。新组建工会31家，企业工会累计55家，会员发展到2000人，职工入会率达到80%以上。新组建企业团组织2家，累计达到9家，新发展团员60人，累计1200余人。

综治工作。社会治安状况好转，无重大人员伤亡事故。开发区警务室接处警516起，其中刑事案件87宗，治安案件120宗。

温州农业新技术开发示范区 于1992年9月经浙江省人民政府批准在龙湾区建立，是浙江省第一个获准建设的省级农业开发区。区域总面积13.5平方公里，分为高新技术产业园、工业小区和旅游观光园三个功能区块。2007年，示范区工业总产值约14.5亿元，同比增长5%。合同利用外资516.57万美元，实际利用外资100万美元，实际到位内资3500万元，完成工业性投入4亿元。

开展工业基地大会战，示范区列入龙湾区目标任务考核的项目有42个（不包括村二、三产留地），总供地面积327.37亩，已开工建设企业2家，竣工企业15家，竣工投产企业25家。加快中国笔都工业基地与温州文化用品市场等重点工程项目建设。办结中国笔都工业企业供地手续60个。完成中国笔都控规范围内黄屿村30亩土地的征收报件工作。完成中国制笔之都工业基地纬三路工程的房屋拆迁安置量的60%。温州文化用品市场是市、区重点建设项目，总投资约3.6亿元，总建筑面积约10万平方米，一、二期工程已建成，8月7日开始试营业，三期工程正在建设之中。旅游观光区项目建设。杨梅观光苑和农业生态苑两个项目已办理好林转建审批、立项和项目可行性研究报告审批等手续，农家乐园项目在办理林转建手续。4月，旅游观光苑区4.69平方公里控制性详细规划方案已完成初步设计。

9月，农业示范区对区内开发建设情况及今后发展规划进行总结与定位，对原规划面积5平方公里的农业高新技术产业园区进行区位调整，完成《温州农业新技术开发示范区开发建设情况报告》及《温州农业示范区规划调整情况汇报》，清理工作通过省政府评估专家组的验收。

基础设施建设。完成中国笔都工业基地石坦片七条道路的给排水、路面工程，新增道路面积4.8万平方米，新增污、雨水管道6.3千米，新增电力、通讯等管线8.3千米。建成中国笔都上庄村桥梁工程。完成金温铁路边220千伏高压输电走廊的改造方案工作，年底开工建设。完成中国笔都控规内的石坦村南桥、北桥两座桥梁建设的招投标工作。完成上江紧固件基地的电力专线和污水接管工作。

安全生产工作。成立温州农业示范区企业安全生产管理工作领导小组，对辖区范围内26家企业重新评定，其中A类2家，B类23家，D类1家，D类企业整改率100%。开展“安全生产执法年活动”和“铁网行动”，每月对辖区企业进行安全生产大排查，累计发送整改指令书22份，督促责令整改并取得成效12份。

民营经济

综　述

2007年温州市个体工商户258 638户，同比略减1%，从业人员数559 359人，增长2%。私营企业50 317户，增加9%；投资者140 772人，增加8%；雇工76.96万人，同比基本持平；注册资金1188.33亿元，同比基本持平；个私经济全年创造总产值1150.55亿元，增长3%；销售总额（或营业收入）1163.48亿元，增长12%。全市私营企业年总产值或销售总额（营业收入）在1000万元～5000万元的有2199户，5000万元～1亿元的有462户，1亿元以上的有444户，分别增长3.0%、10.8%和37.0%。总资产在亿元以上的私营企业260家，增长21.5%。全市17家企业集团跻身2007年度中国企业集团竞争力500强行列。正泰集团、德力西集团、人民电器集团、天正集团等4家企业进入全国最大500家企业集团名单。

民企自主创新能力增强　2007年温州民营企业在科技投入、新产品研制、研发机构、申请和授权的专利、承担的科技攻关和成果转化项目、引进的科技人才等六个方面均占全市的90%以上，成为全市自主创新的绝对主力。全市新增省级高新技术企业研发中心23家，累计72家。累计158家民企建立自己的研发机构，187家民企被认定为省级以上高新技术企业，185家民企获省级科技型中小企业称号。中国城市发展研究会发布的中国城市自主创新科学评价结果中，温州自主创新能力在全国地级市中排名第六。

民企品牌建设　至2007年底，温州市拥有中国名牌产品38个、中国驰名商标80个，国家免检产品157个、浙江名牌产品210个，成为全国知名品牌最多的城市之一，获“中国品牌经济城市”称号。

民营企业上市　2007年8月，浙江报喜鸟服饰股份有限公司在深交所上市。全市上市公司累计5家（浙江东日、瑞立集团、华峰氨纶、华仪电气、报喜鸟服饰）。

民营企业加快国际化步伐　2007年温州民营企业国际化步伐加快，从早期的在境外设办事处、专卖店、贸易公司到创建中国商品城、境外工业园区，投资形式多样化，投资规模越来越大。全年全市对外投资额5154万美元，同比增长48.9%，占此前（至2006年底）温州企业对外投资总额的47.3%。

民营经济科技产业基地建设启动　2007年9月，温州市委、市政府部署开发建设温州民营经济科技产业基地，计划一期（2012年末）开发范围位于龙湾区东南沿海，包括永兴围垦南片（3100亩）、丁山一期围垦（11 200亩）和海城东部部分用地（2300亩），计17 200亩；二期（2015年末）开发范围位于天成围垦（9400亩）。一、二期合计26 000亩，基础设施投资约65亿元以上。远期（2020年）开发规划范围为龙湾二期围垦，即沿基地近期开发的东围垦堤塘向东拓展新垦区34 400亩。基地将建成以民营经济科技企业为主体，集生产、服务、居住功能于一体，生产、研发、孵化、人才培养互动发展的民营经济创新示范区、传统产业的提升区、高新产业的集聚区、统筹协调发展的先行区。

非公企业党建　截至2007年底，温州市非公企业建立党组织4107个，覆盖企业1.56万家，非公规模企业基本建立党组织。

个协　民协

文明创建社会监督员评选　2007年温州市个民协推选出张文华等24位诚信经营、有责任心并且懂法规政策的个体、民营企业会员担任温州市文明创建社会监督员，获得由温州市文明委颁发《温州市文明创建社会监督员聘任证》。监督员履行社会监督员的职责，向市文明办、创建办提出意见和建议。

个民协对外交流合作　2007年温州市个民协完善与驻外温州商会机构的沟通机制，建立友好协会联络机制，与广州、上海等地私营协会达成友好协会意向。瓯海、龙湾、瑞安、乐清、苍南等地协会在沈阳、贵阳、成都等地建立联络处25个。11月29日，市民营企业协会与美国北加州苏浙同乡会签署友好单位协议。市个民协做好“温州经济考察游”活动，全年开展与外地企业对话交流活动32批次。

“光彩服务周”活动　2007年温州市个民协配合全国个协开展全国第十二次“光彩服务周”活动。全市会员企业让利销售金额约达270余万元，筹集物资、资金达200多万元。开展各种便民免费服务，慰问敬老院、福利院5万余元，举办各类活动100多场次，各类免费修理、咨询5万人次。

市民营企业就业招聘大会 2007年3月6日～12日，温州市个民协与温州市工商局开展第五次“就业再就业服务周”活动，在温州人才市场举办“2007年温州市民营企业促进就业再就业招聘大会”，推出展位200个，参会单位涉及电气、建筑房地产、计算机网络、服装、五金、机械、汽摩配、贸易、鞋业等近30个行业，提供近万个就业岗位，10 330名务工人员进行洽谈，3580名与企业达成用工意向，其中大中专毕业生1889人，下岗工人329人，专业退伍人员129人，其他人员1233人。

诚信“双50佳”表彰 2007年3月17日，温州市委宣传部、温州市工商局、温州市民营企业协会、温州市个体劳动者协会联合授予金万年贸易有限公司、祥顺贸易有限公司等53家企业“2006年度诚信民营企业50佳”称号；授予周宗权、王金钗等50家个体工商户“2006年度诚信个体工商户50佳”称号。

“比才艺展风采”活动 2007年6月～12月，温州市个民协联合温州市工商局、温州市总工会在全市个体民营企业中开展“青春·和谐·发展”青年劳动者比才艺展风采活动。全市个民协系统组织开展文体活动127次，10 064人次参与。

2007年11月26日，2007民营企业对话世界500强开幕式暨主题论坛现场

（苏巧将摄）

“维权服务宣传月”活动 2007年10月，温州市个民协开展以“同心创和谐，维权在协会”为主题的第六次“维权服务宣传月”活动。协会系统律师走访企业2050家次，受理调解维权案件680多件，通过维权挽回300余万元。

“民营企业生命周期”调研 2007年8月～9月，温州市民营企业协会分别在市区、乐清、瑞安等地召开以“企业发展生命周期”为主题的系列座谈调研会，邀请温州大学商学院教授与鞋革、服装、眼镜、阀门、电器、汽摩配、合成革等温州支柱行业企业负责人，探讨企业在发展过程中所遇到的外界困难与自身存在的问题。在协会系统开展“深化转型、助推跨越”的专题调研服务活动，提交调研文章32篇，为科学决策提供事实依据。

参加“民营企业对话世界500强”盛会 2007年11月28日，温州市民营企业协会组织200余家会员企业参加“2007民营企业对话世界500强”盛会。

市个协第六次代表大会召开 2007年12月7日，温州市个体劳动者协会第六次代表大会暨个体劳动者创业大会在东瓯大酒店召开。会议表彰30位温州市个体劳动者创业典型，选举产生新一届市个协理事会。

温州企业

知名企业

温州木材集团　2007年，温州木材集团公司生产线、经营线、三产线全面创新，实现销售收入19.7亿元，同比增长46%，实现工业产值3.2亿元，同比增长24%，完成利税5990万元，同比增长33%。木材集团巩固在张家港的进口领先地位，全年进口木材62万立方米。张家港亦为集团销售主阵地，全年销售额超16亿元，上交国库增值税超2亿元。

2007年木材集团中纤板、橡塑发泡、无纺布和进口木材四大拳头产品生产线发展迅速。3月，人造板分公司第一张薄板顺利产出，上市后供不应求。全年生产毛板37 500立方米，成品板40 000 立方米，销售41 800立方米，产值6300万元，超额完成计划。无纺布公司开发食品过滤材料。7号生产线技改后实现在线印花。一次性卫生材料产品成本下降1500元/吨。橡塑材料公司开发系列新用途彩色发泡材产品，有效扩大利润空间，全年创销售额1亿元。海柔进出口公司成立不到3年，业绩增长年年翻倍，全部产品进入国际市场。2007年集团配合江滨西路改建工程，稳定原有租赁，开发建设新仓储，全年实现收入近2000万元。

2007年，集团企业和谐发展，集团党委获浙江省国有企业创建“四好”领导班子先进集体称号，集团获浙江省“守法诚信”进出口企业和浙江省“守合同，重信用”AA级单位称号，列温州市百强企业第12位，温州市外贸企业进口二十强第2位。集团绿星牌商标是浙江省著名商标。集团工会获全国安康杯竞赛活动优胜企业和浙江省劳动关系和谐企业称号，集团公司总经理兼党委书记陈敬南是全国劳动模范，温州市十一届人大常委会委员。

森马集团　森马集团创办于1996年，是以虚拟经营为特色，以系列休闲服饰为主导产业的全国性无区域集团。企业秉承品牌兴业战略和共赢经营理念持续高速发展，年均经济增长率在50%以上。森马品牌是中国名牌，中国驰名商标，森马产品是国家免检产品。森马集团连续8年位列中国民营企业500强和中国服装行业双百强。2007年森马实现收入39.64亿元，同比增长65.32%，实现税收合计1.758亿元，同比增长211.98%，为温州鞋服行业第一纳税大户，连锁专卖店增至3144家，同比增长39.1%，董事长邱光和获2007浙商社会责任奖。

森马集团2007年重大事项计有：1月25日，浙江省委副书记夏宝龙视察森马集团，温州市委书记王建满等陪同视察。2月，森马集团结对帮扶瓯海泽雅龙头村，斥资800万元在当地兴建瓯柑基地。5月，森马上海工业园区在闵行区吴泾镇破土动工，占地140亩，总投资3.5亿元。7月16日，全国政协副主席张榕明率全国政协委员视察团视察森马，盛赞森马劳动关系“先走先行先试，和谐绽放活力”。8月，森马集团在“全国促进建立劳动关系和谐企业与工业园区表彰暨经验交流会议”获“全国模范劳动关系和谐企业”称号。9月，森马“巴拉巴拉”获国家质检总局首批中国名牌童装企业称号。11月，集团董事长邱光和当选浙江省第十一届人民代表大会代表。12月，瓯海区职工森马艺术团成立。

浙江大虎打火机有限公司　创办于1992年，是中国金属外壳打火机生产龙头企业，中国轻工业联合会常务理事单位，中国五金制品协会副理事长单位，温州市烟具行业协会会长单位，第三届中国优秀民营企业，全国首批工业经济旅游示范点，全国轻工行业先进集体，浙江省“五个一批”重点骨干企业，浙江省首批诚信示范企业，浙江省文明单位。中国五金制品协会授公司中国防风打火机最强生产企业称号，国家工商总局授“守合同，重信用”单位称号。虎牌打火机为中国名牌，商务部重点培育和发展的中国出口名牌，中国打火机十大知名品牌。2007年，公司总产值1.7亿元，实现销售收入1.5亿元。

公司坚持抓质量创品牌，引进日本、美国生产设备和工艺技术，在国内同行中率先通过ISO9001质量管理体系认证，率先拥有企业技术中心。产品分直冲式、防风式、明火式、燃油式、花样式5大类10个系列，数百种款式，多项技术填补国内空白获国家专利。直冲式打火机系列产品获浙江省星火科技三等奖。打火机安全锁技术为浙江省应对贸易壁垒技术攻关项目，2007年通过验收，应用于多款打火机并投放市场。适应2500～3000米高原地区使用的打火机列温州市技术创新重点项目，2007年通过验收后，大量出口墨西哥和哥伦比亚等高原国家和地区。

公司以争创世界一流打火机企业为战略目标，虎牌打火机在国内市场独占鳌头，并远销加拿大、日本、美国、墨西哥、西欧等70余个国家和地区。公司在欧美发达国家设有专卖店，在50余个国家和地区注册虎牌商标。2007年，公司率先于国内金属外壳打火机同行，首批通过ISO14001环境管理体系认证。

4月，公司在第101届广交会同30余个国家100余家客户签订高原打火机合同，总价值约300万美元。在第100届广交会浙江交易团特装展位考评中，公司再次获得一等奖。

该公司为首批全国工业经济旅游示范点，每年吸引10余万各地政府领导、各界团体嘉宾和旅游考察团体前来考察。2007年，公司接受人民日报、中央电视台、中央人民广播电台、韩国国家电视台（KBS）、韩国朝鲜日报、亚洲商务卫视、浙江卫视、天津日报以及浙商杂志等数十家媒体采访，向世界展示温州民营企业风采。

公司员工俱乐部进一步完善，图书室、网吧、培训室、卡拉OK厅、舞厅、乒乓球室、棋牌室一应俱全，业余文体活动蓬勃开展。妇女节和中秋节日期间，公司特为举办关爱女职工健康讲座和游园活动。全体员工坚持学习时事政治、法律和文化知识，每年享受体检待遇。公司工会连续多年获温州市先进职工之家。2007年，公司获温州市首届非公企业十佳精神文明活动创新奖和温州市活力和谐企业创建工作先进单位称号。

人民电器集团 人民电器集团是中国500强企业之一，为国内低压电器主要生产厂家，省“五个一批”重点骨干企业和省科技先导型企业，始创于1996年。集团以工业电器为核心产业，横跨能源、城市建设、现代物流、商贸、投资与信息技术等多元领域。成套电气设备、电线电缆、母线槽、电缆桥架、仪器仪表以及高压电力变电设备等100余个系列12000余种产品已通过ISO9001质量管理体系认证、ISO14001环境管理体系认证和OHSAS18001职业健康安全管理体系认证。集团拥有12家全资子公司、85家控股成员企业、800余家加工协作企业和2300余家销售公司，员工20 000余人，其中驻外销售人员15 000余人。集团是中国电器行业产销量最大的企业之一，制造基地遍布浙江、上海、江西、湖北，PEOPLE牌产品畅销全球50余个国家和地区，在浦东机场、三峡工程、北京地铁、奥运场馆以及嫦娥探月等国家重点工程亦有广泛应用。集团总资产逾70亿元，2007年总产值突破175亿元，列世界机械企业500强。国家工商管理总局认定人民商标为中国驰名商标，人民产品为中国名牌产品和国家免检产品。人民品牌经世界品牌实验室测评，价值约53.35亿元，为中国500家最具价值品牌之一。2007年，集团联手英国船王格莱格公司建立中国东部船舶出口基地，斥资兴建湖北鄂州人民路，集团重工基地在江苏与浙江落户，集团电器产品助推“嫦娥一号”探月卫星成功发射。

集团历获全国“守合同，重信用”企业、中国优秀民营企业和全国用户满意企业称号，董事长郑元豹带领全体员工缔造民营企业“人民模式”广受关注，历获全国优秀企业家、中华十大管理英才、中国民营企业杰出代表和中国企业十大思想家称号。

2007年，集团获新农村建设功勋企业称号，捐资1000万元设立人民电器慈善公益基金，捐款300万元支持生育关怀活动。上溯12年，集团累计捐赠赈灾扶贫善款3.8亿元，累计接纳安置国有企业下岗职工3000余人，全国工商联授予集团“全国再就业先进单位”称号。

正泰集团 2007年正泰集团实现工业总产值223亿元，销售收入217亿元，创利税18亿元，总资产72亿元。正泰品牌上榜首批300家全国重点保护品牌，为国内低压电器行业首家。中国品牌研究院公布《中国最有价值商标500强》排行榜，正泰商标价值位居排行榜低压电器行业首位，亦位居温州上榜商标首位。温州市委市政府授正泰活力和谐企业称号。集团技术中心获国家级技术中心称号。集团旗下浙江浙大中自集成控制股份有限公司和浙江大学合作，完成全集成新一代工业自动化系统项目，获国家科学技术进步二等奖。

2007年正泰电器股份公司完成新产品开发20项，获3C证书118张，国外认证45项，专利37项，NA1、NM8、NRE8三个国家火炬计划项目通过省科技厅验收。公司在国内市场推出金铅笔系列活动，诠释正泰品牌内涵，完善二级分销网络，推动经销商拓展中高端行业客户，全年完成一、二级城市33家销售公司SI形象专营店建设，实现分销业务425 000万元，同比增长29%。公司在国际市场采取“巩固欧洲，突破中东与拉美区域，培育非洲、亚太和独联体区域”策略，低压产业完成出口交货净值同比增长24.8%。

正泰电气股份公司开发产品62项，完成技术创新150余项，220kV 180MVA高压变压器完成型式试验，15kV和20kV级S9系列变压器获KEMA认证，LW43-252断路器获中国机械工业科学技术二等奖。公司两高（110kV以上变压器和高压开关）产品进入国家电网、南方电网、贵州省网、云南省网、海南省网和山西省网，高压变压器承接合同同比增长196%，高压开关同比增长172%。500kV避雷器、绝缘子和220kV互感器在内蒙古电网挂网运行。220kV变压器首次出口刚果，110kV隔离开关首次出口日本。公司攻克英威达和重庆海尔等8个项目，签订合同4290万元。

正泰仪器仪表公司通过省级新产品鉴定13项，通过产品认证3项。燃气表8000小时超长寿命耐久性测试在荷兰NMI实验室试验成功，产品通过欧盟EN1359标准认证。公司国内市场销售净收入同比增长8.97%，出口土耳其燃气表60万只，出口古巴电子表85万只，出口塔吉克斯坦电子表16万只，出口尼泊尔机械表18万只，出口泰国机械表7万只，变光面罩出口网络覆盖11个国家。

正泰建筑电器公司反求工程取得成果，获14项产品专利授权。公司销量逾千万省份区域10个，并成功承揽奥组委办公大楼、奥运全球新闻中心、奥运会主体场馆、奥运会跆拳道馆四大奥运工程和一批百万元样板工程。

正泰汽车零部件公司完成新产品开发9个系列20个型号，2007年获浙江省级高新技术企业称号。公司巩固同中国一汽等老客户业务关系，并拓展同奇瑞、吉利以及美国迪尔公司、PACCAR公司等知名企业业务往来。

集团董事长南存辉迭获中华慈善事业突出贡献奖、2007浙商社会责任大奖和中华慈善人物、第六届全国优秀创业企业家、温州市功勋企业家称号，并再次当选全国工商联常委、浙江省工商联副会长。集团执行总裁南存飞当选上海市松江区政协副主席、上海市政协委员、上海市工商联常委、第十四届上海十大杰出青年。集团成功承办中国工业经济联合会主席团第十五次会议。中共中央政治局常委习近平（时任中共上海市委书记）、全国人大常委会副委员长顾秀莲、全国政协副主席徐匡迪、中共浙江省委书记赵洪祝以及国家质量监督检验检疫总局局长李长江等先后视察正泰。2007年正泰捐资1000万元参与建立“浙江青年创新创业基金”。正泰出资设立的中国中学生正泰品学奖第三届颁奖活动在京举行，全国人大常委会副委员长热地出席，共青团中央书记处第一书记胡春华主持颁奖会。9月29日，温州市中级人民法院一审认定施耐德侵犯正泰专利权成立，判决对方赔偿正泰3.34869872亿元，为国内金额最大的专利侵权案。

温州海螺集团　温州海螺集团有限公司是全国创名牌重点企业，浙江省先进企业，浙江省高新技术企业，浙江省“五个一批”重点骨干企业，旗下有制伞、调味品2个传统产业和生物发酵、生物分离、生物识别3个高新技术企业。2007年集团公司销售收入8.16亿元，实现利润2832万元，上交税金2222万元，出口创汇4102万美元。李鹏、乔石、李瑞环等曾先后到集团视察。

集团公司承担3项省、市、区重点科技项目。海安公司　新一代“活体指纹识别”技术通过省级科技成果鉴定，产品前景广阔。海康公司“人乙型高效价免疫球蛋白”工艺技术研究为浙江省重大项目，已获国家药监局药品生产批准文号。海康公司同新疆德源生物制品公司合作在金华磐安建成单采血浆站。海螺挑战公司成功开发酵母膏和包衣型及液态植酸酶，产品供不应求。

海螺晴雨伞是浙江名牌产品。2007年制伞公司新拓展欧洲、南非、中东市场，产销晴雨伞4000万把，为29届北京奥运会伞类唯一特许生产商。雨具公司凭借美国罗斯公司供货平台，开发花园暖房系列产品。调味品公司获浙江省农产品加工示范企业称号。

公司党委书记、总经理邵奇星迭获全国劳动模范、商业部劳动模范、全国百名优秀青年厂长、浙江省优秀共产党员、优秀企业经营者、优秀创业企业家和温州市十大改革风云人物称号，1990年至2007年连续18年获温州市工业企业突出贡献厂长（经理）和功勋企业家称号，并当选浙江省第六、七、八届人大代表。

奥康集团　奥康集团创始于1988年，为中国最大的民营制鞋企业，北京2008年奥运会皮具产品供应商，有员工2万人，拥有三大生产基地、五大品牌、30余家省级公司和3000余家连锁专卖店。2007年奥康年产值突破40亿元，创利税6亿元，品牌价值59.67亿元，获全国五一劳动奖状，列中国皮鞋制造业10强企业首位和2007中国最具品牌价值和中国皮鞋制造行业效益十佳第一名。董事长兼总裁王振滔迭获中国慈善特别贡献奖、CCTV中国经济年度人物奖和推动中国企业品牌化进程50位品牌风云人物、中国十大创新英才称号。

奥康经营方式自2007年起由产品经营、品牌经营向资本经营转变，公司上市工作筹备中。9月，奥康首推脚型测量仪。奥康建设的中国西部鞋都一期工程完成园区仓储中心、物流中心和250亩地块厂房、道路与绿化建设，30 000平方米精品中心和10 000平方米奥康大厦建设启动，二期27家企业全部入园。5月，瓯北奥康大厦举行奠基仪式。12月，安徽奥康置业公司举行揭牌仪式。

奥康三大跨国公司（美国、印度、香港）于奥康全球营销峰会期间启动。2007年年底，公司同意大利万利威德品牌实现合作。奥康营销网络快速拓展，已占据浙江、上海、湖北、安徽、江苏和广东市场。黄冈奥康商业步行街开街周年，销售持续增长。

奥康大力提升品牌形象，对外加大形象宣传力度。2007年有5221篇奥康新闻稿见诸媒体，平均每天14篇，其中全国性媒体300篇，省、部范围媒体2500余篇。

奥康致力公益事业，截至2007年底，奥康累计捐赠善款1.05亿元。中国民营企业家第一个个人非公募慈善基金会王振滔慈善基金会成立。集团在重庆、温州、黄冈和成都开展爱心接力计划，资助学生800人。

集团强化管理，企业文化不断升级，实现“文化管人”，协同办公系统从总部推广到全国各分公司，ERP项目建设在奥康鞋业制造有限公司和浙江奥康鞋业股份有限公司取得成效。2007年集团成立奥康大学，分设领导力学院、连锁专卖管理学院、市场营销学院和生产技术学院。集团招聘专业人才531人，其中博士1人，硕士40人。

英博双鹿啤酒集团　英博双鹿啤酒集团以英博双鹿啤酒集团有限公司为核心，成员有浙江英博雁荡山啤酒有限公司、平阳英博双鹿啤酒有限公司、金华英博双鹿啤酒有限公司、温州英博双鹿啤酒技术中心开发有限公司和科研机构，总部位于温州市区。英博双鹿啤酒集团旗下有双鹿、纯清和雁荡山品牌，2007年实现产销啤酒55万吨，销售收入10.3亿元，税利3.2亿元。

英博双鹿啤酒集团前身为国营温州啤酒厂，1995年同外商合资成立金狮啤酒有限公司，2004年外方股东变更，改名英博双鹿啤酒集团，英博啤酒集团控股55%，中国金可达集团控股45%。

英博双鹿啤酒集团股东英博啤酒集团总部设于比利时，为全球最大的啤酒酿造商，在美洲、欧洲和亚洲市场拥有主导地位。集团股东金可达集团公司前身是温州饮料食品工业集团公司，成立于1991年7月，1995年更名为金可达集团有限公司，系国有独资企业。

集团技术总监刘中山领衔的实验室是英博在中国的中心实验室，直接对接和分享英博技术成果。2007年英博双鹿啤酒运用英博WCCP营销模式和“忠诚度建设”捍卫渠道与经销商，实施“拔钉计划”维护温州地区市场份额。英博全球首席执行官Brito12007年3次来温考察终端售点建设，建议中国区所有英博企业销售经理学习温州经验。

2007年是英博双鹿成立35周年，集团推出提升版620纯清、325纯清、双鹿特爽、纯清冰鲜、双鹿优质、07版500纯清和贺岁新版纯清拉罐产品，通过线上媒体发布，线下体育赛事以及音乐演出，同目标消费群进行品牌沟通和体验互动，令品牌形象深植人心。

2007年集团省级技术中心弱麦汁直接发酵工艺项目获温州市科技项目立项，申报国家技术专利获受理，纯生化生产项目通过市质量技术监督局验收，啤酒非生物稳定工艺项目通过市经贸委验收。集团按例参与英博全球食品安全送检活动，按照英博产品完整性和食品安全政策对产品实施管理与改善。

2007年集团燃煤锅炉、发酵工艺、酿造工艺、糖化工艺和CO_2回收工艺全面施行技术改造，冷冻系统应用蒸发式冷凝器等全新设备，产品质量和生产效率稳步上升。

温州冶炼总厂 温州冶炼总厂前身是温州钢铁厂，创建于1959年6月，属有色金属行业，是浙江省纳税大户，温州市直属国有重点骨干企业，温州市百强企业。企业座落温州市南郊，濒临104国道温瑞段，占地577亩，有职工约700人，专业技术人员120人，其中中高级技术人员40人。企业总资产2.85亿元，净资产1.17亿元，年产能力有色金属2.5万吨，化工产品3万吨，主要产品是电解锌和硫酸。

总厂下设锌分厂、制酸分厂、冶化分厂、综合利用分厂和温州经济协作联合公司，投资控股温州锌业有限公司和温州化工市场有限公司。温州化工市场是温州市唯一经市人民政府批准建立的专业化工市场，占地40亩，驻场经营户近200家，年交易额15亿元，为浙南闽北地区重要的化工产品集散中心。

2007年冶炼总厂坚持“稳产高产，低进高出，巩固三产，细化管理”的经营策略，狠抓节能减排，发展循环经济，推进技术改造和新产品开发，灵活应对市场变化，较好地实现了国有资产保值增值。总厂全年实现工业产值4.67亿元，同比增长18.53%，实现销售收入4.80亿元，同比增长26.32%，上交税金2759万元，同比增长10.23%，实现利润1300万元，同比增长23.57%，职工工资增长率为13.5%。

2007年总厂生产电解锌17 112吨，精铟4200千克，硫酸20 903吨。钴开发项目顺利投产，合格产出草酸钴产品。铟产品获出口许可。锌行业准入条件获省级认可上报国家发改委。总厂同温州大学合作设立科技基金，共同研发纳米锌粉和纳米氧化锌。总厂通过ISO9000/14000质量环境一体化管理认证，质量环境管理体系更趋完善。企业通过实施挥发窑尾气治理、硫酸风机变频设备改造、双污站技术改造和制酸分厂沸腾炉加料口扬尘改造等多种手段，厉行节能减排，较好地完成了政府下达的节能指标。总厂设备运行正常，安全生产常抓不懈，全年未发生重大安全生产和伤亡事故。

2007年总厂扩大以成本核算为核心的经营承包责任制，不断完善考核细则，真正实现职工收入同部门业绩与企业效益挂钩。总厂致力于构建和谐企业，以“四好班子”和“四好党支部”建设为核心抓好企业党建工作，进一步增强领导干部执行力和治厂能力。总厂参加安康杯劳动竞赛，获省、市先进单位称号。

庄吉集团 庄吉集团是无区域现代企业集团，1996年7月组建成立，有员工5000余人，生产经营服饰、船舶、有色金属和房地产多种产业，拥有独资、控股、合资和参股成员企业12家，系浙江省“五个一批”重点骨干企业，入选全国服装企业双百强，中国民营企业500强，浙江省民营企业100强和温州市企业50强。品牌服饰为主导产业，具备年产西服和男装服饰100万套（件）的能力，在全国有400余家自营、联营和加盟专卖店（厅）。集团有股东17人，实行董事局监控下的总裁负责制。经多次股权调整，集团有效实现所有权、法人占有股权和经营权三权分离。8月，集团于完成服装板块资产剥离后重新启动上市工作。

2007年集团实现销售收入18.05亿元，列国内服装业第9名，实现利润1.76亿元，列国内服装业第10名，总资产17.95亿元，同比分别增长2.85%、4.76%和91.16%。集团连年获全国服装行业优势企业、浙江省最佳经济效益企业、纳税大户、全国“重合同，守信用”单位和全国用户满意企业称号，为中国服装协会常务理事单位，浙江省服装协会副会长单位。集团董事局主席郑元忠获全国服装行业功勋奖章。

JUDGER庄吉牌男装服饰是中国名牌产品，国家免检产品，中国消费者协会推荐商品，JUDGER庄吉是中国驰名商标，中国十大男装品牌，中国最具时尚男装品牌，最受中国消费者欢迎的男装品牌，获中国最佳男装设计奖，特许使用国际纯羊毛标志。“庄重一身，吉祥一生”的品牌主题演绎深入人心。集团拥有国际一流的服装生产线。集团技术开发中心有专业技术人员38名，先后开发出新概念西服、非粘合衬西服和短袖西服产品。集团营销网络终端推广无后患服务，认真实施客户关系管理，西服终身免费干洗。集团从产品设计到原料采购，从生产加工到成品入库，从市场营销到售后服务，整个流程均按照国际标准严格管理。5月，庄吉集团同美国JA签约合作，“时尚无国界”品牌战略升级进一步取得成效。

集团支持工会参与民主管理，集团内部实行职工代表大会制度，员工工资实行集体协商制度。集团董事局注重吸收党、工、团负责人进入决策层参与集团重大事务决策。集团拥有“温州市首届和谐活力企业”和“浙江省劳动关系和谐企业”称号，集团党委连年获市级“先进基层党组织”和“五好党组织”称号，集团工会连年获“浙江省先进职工之家”、“温州市百家示范工会”称号，集团团委是“浙江省非公有制企业团建百家示范点”。集团重视回馈社会，近年捐款捐物救灾扶贫，资助珊溪供水工程与贫困山区交通、教育建设，累计5000余万元。

温州港集团 2007年温州港集团完成港口货物吞吐量1310万吨，同比增长27.9%，完成集装箱吞吐量35.1万标箱，同比增长24.6%。在建重大项目6个，完成工程投资3.88亿元。合同利用外资995万美元，实际利用外资1295万美元，合同利用内资16 330万元，实际利用内资540万元。实现利税2400万元，同比增长21%。集团获浙江省五一劳动奖状，集团领导班子获温州市国有企业创建“四好”领导班子先进集体称号。

2007年，温州港集团实施“西拓计划”，设立衢州浙西办事处，利用浙西货源市场良好的发展态势，拓展浙西大宗散货货源，做好中转，开展多式联运业务。集团大力改善港口服务环境，发挥港区辐射优势，灵活运用市场营销和揽货机制，加强客户关系管理，吸引货主。上海（洋山）内支线班次加密，状元岙港区一期开港工作筹备中。新辟温州——广州和京唐——温州——福建内贸集装箱航线，2007年完成内贸集装箱25.6万标箱，同比增长32%。

2007年温州港集团加快港口基础设施建设，加大重点在建项目工作力度。状元岙港区8号和9号泊位暨围垦工程11月15日通过交工验收，港区综合办公楼在建，疏港道路整治中，港区大型作业设备到港，调试中。七里港区二期件杂货码头主体工程建成，码头生产设备进入调试，港区陆域“三通一平”工作进行中。安澜地块海港大厦主体结构顺利结顶。状元岙港区化工码头、状元岙港区二期码头、龙湾港区物流中心港口园区一期和乐清湾港区等重大项目前期工作进行中。

2007年温州港“老港换新港”转移基地建设步伐加快。灵昆作业区两个5000吨级码头外迁安置完成立项和工程可行性审查。龙湾港区一期技改综合楼9月28日动工。龙湾港区二期工程通过整体交工验收投试生产。12月，白楼下港区5000吨级码头技术改造工程开工建设。2007年，温州港集团以承债方式兼并重组锦港公司和温州东海石油服务总公司，利用老港区内河（瓯江）码头岸线资源发展滨江旅游和沿海客运。

2007年温州港集团继续巩固同上港集团战略合作，新发展同浙江巨化集团战略合作关系，同金温铁路公司合作发展水铁联运业务，同宁波港集团共同投资8亿元建设灵昆港区4个万吨级泊位，同华峰集团共同投资5.82亿元开发建设状元岙港区5万吨级化工码头。

2007年温州港集团制定“十一五”专题规划，全面开展以节能为重点的节约型企业创建活动，实施人力资源开发战略，推进信息化建设，加快品牌建设，加强人本管理和企业文化建设，并于12月21日起正式将“温州港务集团有限公司”更名为“温州港集团有限公司”。

青山控股集团　2007年青山控股集团销售收入61亿元，上缴税金1.9亿元。集团旗下河南青山金汇不锈钢公司生产线和广东清远青山不锈钢公司炼钢技改项目投产。1月，青山苑办公区建成，集团总部从温州市区迁入新址办公，旗下泰朗管业集团有限公司成立，上海国际贸易公司在美国休斯顿市成立青山有限公司。2月，集团所属上海鼎信投资集团有限公司成立。4月，集团同张家港项浦集团合资成立河南青浦合金材料有限公司。10月，集团同印度尼西亚ANTAM公司协议共同开发镍矿并建立镍铁和不锈钢冶炼基地。11月，上海青山矿业产品有限公司成立，集团同西班牙IRESTAL GROUP公司在上海合资建立不锈钢焊管厂。12月，青山钢铁董事局成立。

2007年集团连获中国民营企业500强（第112名）、中国制造业500强（第324名）、中国黑色冶金及压延加工业500强（第71名）、浙江省综合百强企业（第63名）、浙江省制造业百强（第38名）和浙江省百强民营企业（第37名）称号。集团青特商标为浙江省著名商标。

集团对外交流活跃，6月，集团举办全国带钢生产技术交流会，各地150余名客商参加会议，9月，集团参加第五届上海国际不锈钢展览会，产品深受欢迎，11月，集团参加青岛第四届镍及镍铁合金与不锈钢国际会议，集团代表作大会发言。

集团积极开展企业文化活动，五一与国庆期间，集团举行表彰先进、诗歌朗诵、体育竞赛和文艺会演活动。7月，集团成立工会。成立集团党委前期工作进行中。集团慷慨捐资助医助学。5月，龙湾区慈善总会青山控股集团分会成立，集团捐资2000万元建立慈善基金。6月，集团出资7.3万元帮助龙湾区18户困难群众就医。8月，青山控股慈善分会向龙湾区67名高校学生捐赠30万元助学金，另资助温州大学10名成绩优秀贫困生助其完成学业。10月，青田县慈善总会青山控股青田工业园分会成立，集团再次捐资2000万元。集团内部建立员工医疗基金、救灾基金和助学基金，帮助困难员工、家属解决困难。12月，集团获龙湾区政府慈善贡献奖，龙湾区慈善总会授集团“行善济困模范单位”称号。

瑞立集团　中国·瑞立集团有限公司创办于1987年，专业生产汽车零部件，已在美国纳斯达克上市，企业注册资金2.51亿元，员工3000余人，厂房建筑面积16万平方米。瑞立集团是温州地区汽摩配龙头企业，中国气制动气阀类产品最大的生产基地，中国汽车零部件百强企业，国家汽车零部件出口基地企业，国家火炬计划重点高新技术企业，位列“中国大企业集团竞争力500强”。2006年以来，企业产值和销售额突破10亿元，出口增长超过80%。

瑞立产品汽车气制动元件、液压制动元件、汽车电器、汽车仪表、转向助力泵、电涡流缓速器、汽车ABS、自动间隙调整臂、制动卡钳和汽车灯泡为中国一汽集团、东风集团、中国重汽以及2008北京奥运会公交提供配套，亦为欧洲、美洲和日本车系提供维修服务，正逐步进入全球汽车配件采购体系。企业已通过ISO/TS1694质量、ISO14001环境和OHSAS18001职业健康安全体系认证，亦为国家AAA级标准化良好行为所确认。近年来，瑞立集团连获全国五一劳动奖状、全国诚信守法乡镇企业称号和浙江省质量奖，瑞立产品是中国名牌产品，中国机电产品出口推荐品牌，获中国汽摩配行业产品创新奖，瑞立商标为浙江省著名商标，瑞立商号为浙江省知名商号。中共中央政治局常委、国务院副总理李克强，中共中央政治局委员、国务院副总理张德江，全国人大常委会副委员长、中科院院长路甬祥，全国政协副主席、全国工商联主席黄孟复，著名经济学家吴敬琏，浙江省委书记赵洪祝，浙江省省长吕祖善等，都先后到瑞立考察过，对瑞立的发展给予高度评价。

云顶控股集团　云顶控股集团有限公司成立于1985年，座落瑞安汽摩配产业基地北区，生产经营中重型汽车、冲压件、蜗杆传动式软管夹箍和U型螺栓产品。集团注册资本1.545亿元，资产总额6.53亿元，2007年总产值约6亿元。企业秉承“人为本，零起点，创品牌”经营理念，已通过ISO9002、QS9000、VDA6.1、ISO9001、ISO/TS16949质量管理体系认证。集团有员工800余人，其中高级管理人员和工程师100余人。集团联合长春云顶汽车有限公司实行无区域经营，历获浙江省“三优企业”和中国汽摩配功勋企业称号。云顶商标是中国驰名商标。集团旗下温州云顶汽车制造有限公司年产专用汽车1万余辆，年产值25亿元。

立峰集团 立峰集团公司始创于1986年，主要产品为大地鹰王牌系列太子摩托车和摩托车发动机。大地鹰王商标是中国驰名商标，产品为浙江省名牌产品。大地鹰王产品畅销全国各地，亦远销美国、欧洲等国家和地区。集团公司是国家级高新技术企业，省“三优”企业，省工商企业信用AAA级“守合同，重信用”单位，省专利示范企业，温州市“五个一批”重点骨干企业，立峰是浙江省知名商号。集团公司拥有自营进出口经营权，已通过ISO9001：2000国际质量体系、国家CCC、欧洲E-Mark和美国DOT认证。

集团公司拥有30余项摩托车和摩托车发动机产品专利，公司技术中心专业从事摩托车、摩托车发动机开发与研制。中心研制的省级科技新产品DD253FMM和DD253MM摩托车发动机产品技术上处于国内领先地位。DD253MM摩托车水冷发动机系国家火炬计划项目，浙江省高新技术产品，获浙江省职工经济技术创新活动优秀成果奖、省工业设计大赛银奖和温州市科技进步三等奖。

浙江俊尔新材料有限公司 浙江俊尔新材料有限公司是专业从事改性高分子材料研发与生产的高新技术企业，1995年成立，为浙江省规模最大、品种最全、技术最强的改性工程塑料生产企业，规模列全国同行前5名，是中国工程塑料工业协会副理事长单位，中国塑料加工工业协会改性塑料专委会副理事长单位，历获中国改性塑料明星企业、中国优秀民营科技企业、省高新技术企业、省企业技术中心、省诚信民营企业和省“重合同，守信用”AAA级企业称号，俊尔是省著名商标，省知名商号，俊尔产品是省名牌产品。董事长陈晓敏历获浙江省青年创业奖和全国三八红旗手、温州市优秀创业企业家、温州市十佳女性称号。2007年公司实现产值20 949万元，实现利税2250万元。公司研制符合ROHS要求的环保型电子专用工程塑料已批量投产，高电气性能、高阻燃环保尼龙工程塑料列入2007年浙江省重大科技计划项目，工业电器专用环保型聚酰胺工程塑料项目列入省新产品试制试产计划，环保阻燃耐无铅焊锡PBT工程塑料和符合EUP法规的PC/ABS合金项目完成研制。

公司注重管理创新，于2007年初成功导入采购咨询管理项目，实现采购战略、组织和业务流程专业化。公司全年引进人才77人，其中研发与营销人才到岗23人，博士1人，硕士5人。公司修订公布新的员工福利制度，调整技术人员和销售人员薪酬制度，在核心研发人员、核心管理层和核心业务人员中推行股权激励。

金田集团有限公司 金田集团有限公司创建于1989年，2000年经国家工商总局批准为无区域集团，集团旗下企业包括温州市金田塑业有限公司、金田集团温州房地产开发有限公司、金田集团温州工业园发展有限公司、龙港金田大酒店、宿迁市金田置业有限公司、宿迁市金田塑业有限公司、金田集团（桐城）塑业有限公司和金田集团（桐城）工业园发展有限公司，总资产10亿余元。金田集团总部占地面积238 000平方米，建筑面积198 000平方米，有员工518人，年产13.8万吨BOPP，5000吨BOPA薄膜，350万对公里通信电缆，60万芯公里通信光缆，产品行销全国20个省、市、自治区，并出口非洲和西亚等国家、地区，2007年完成工业产值7.2亿元，创利税8600万元。

公司按照现代企业管理制度运行，已通过ISO9001质量管理体系、ISO14001环境管理体系和QS食品安全认证。金田是中国驰名商标，浙江省著名商标，金田产品是浙江省名牌产品。公司历获中国民营企业500强、中国优秀企业、全国诚信守法乡镇企业、浙江省信息产品制造业30强、省“三优”企业、省AAA资信企业、省AAA级纳税信用企业、市“五个一批”重点骨干企业和高新技术企业称号。

2007年集团核心企业温州市金田塑业有限公司产值为37 753万元，同比增长29.5%，产量为29 800吨，同比增长29.22%，销售量为29 600吨，同比增长27.62%，销售收入为37 500万元，同比增长27.90%，创利税2138万元，同比增长25.62%。5月，旗下宿迁市金田塑业有限公司成立，8月，金田集团龙港总部年产量3.2万吨生态型薄膜生产线投入技改，为浙江省重点技改项目，10月，金田集团（桐城）塑业有限公司成立。

公司厉行节能降耗，扩能增效，节能增效，降本增效。BOPP薄膜生产线实施多项节能改造。塑业生产线2007年实现年产31 500吨，比设计产能增加7500吨，每吨产品电耗从870度下降到620度，煤耗从90公斤下降到75.7公斤。集团把成本核算列为财务管理和生产管理核心内容，降本指标由部门主管分解落实到每一道工序，财务部逐月考核公布，结算奖赔。

东艺鞋业有限公司 东艺鞋业有限公司名列2007年温州市百强企业、全国民营企业500强、商检出口一类管理企业和海关AA类管理企业。东艺商标是驰名商标。董事长陈国荣是浙江省第十一届人大代表，获浙江省第二届优秀社会主义建设者称号，市人民政府六授“有突出贡献的经理（厂长）”称号。

2007年东艺实现产值108 810万元，同比增长5.6%，自营出口创汇12 373万美元，增长6%，客户总数从38个增加到51个。德国戴希曼、美国佩雷斯和俄罗斯帝玛3个大客户订单占公司订单总数的78%。公司注重优化加盟商终端形象，完善自营店售后服务，自营店销量发展至占内贸市场的50%。

公司建立精品线瞄准国际高端产品市场，吸引了法国ERAM和韩国FOS等中、高档品牌目标客人。公司优化生产组织架构，将开发部与工艺部分开。两部分开后产品开发更具目的性，命中率提升。工艺部以翻板为主，直接针对老客户，投产率上升至27.5%，超出目标2.5个百分点。采购部采用ERP操作执行精益作业。公司生产现场精益U型线投入运行，精益生产持续推进，生产流程更趋精细化，半成品手上平均周转数降低，生产周期缩短，成本优化。公司引进俄罗斯鞋样设计师，聘用俄语专业业务人员，加强开发俄罗斯市场客户。2007年，东艺工业园2期启动建设，建筑面积约2万余平方米。

公司鼓励员工创新，员工大胆革新技术，生产积极性旺发。公司特别关心全体员工生活福利，积极为员工谋求实实在在的利益，职工食堂免费提供早餐和午餐后水果。公司动员员工参加养老保险，全体职工参与合作医疗，全体管理人员享受免费体检，特殊工种职工定期接受体验。11月，市委统战部和农工民主党温州市委会在公司开展“名医进民企”活动。公司全年培训支出560 000元，培训员工12 023人次。9号台风“圣帕”重创苍南，公司捐赠赈灾款10万元帮助灾民重建家园。

长城电器集团有限公司 2007年，长城电器集团有限公司国内销售收入同比增长13%，外贸出口增长48%，集团再次跻身中国企业500强、中国民营企业500强、中国机械工业企业500强、中国电气工业企业100强和浙江百强企业。集团旗下上海工业园1期工程占地200亩，动工在即。

集团改善营销机制，优化营销组织架构。销售总公司市场部分解成中心市场部、办事处管理部和项目工程部。2007年集团在17个省份销售额大幅增长，重点省份营销撒网开发。集团同广东、福建、河北、北京、台州5地大客户联合推出“真情回报”行动。交流接触器、断路器、电源和电容产品分门别类开展促销活动。物流部货源充足，客户资金到位及时，当天货品当天发货，安全到位。旗下高科公司实行“重点区域重点开发，重点客户重点培育”销售策策，电工产品销售大幅增长。成套公司中标广东平海电厂建设项目，中标金额1862万元。防爆公司取得4个系列42种新增产品生产许可。

集团顺利完成2007年度出口计划，出口额2000余万美元，利润和其他各项考核指标也圆满完成。集团向全球市场拓展CNC品牌，独家代理商和地区分销商遍布泰国、加拿大、俄罗斯、英国、澳大利亚、德国和中东。集团产品交流接触器、小型断路器和漏电断路器取得俄罗斯PCT认证和阿根廷IRAM认证。电子商务方面，集团公司继续同“环球资源”、“中国制造网”和“阿里巴巴”三大网络平台保持密切合作。

2007年集团持续推进产品研发。防爆公司矿用隔爆兼本质安全型高压真空电磁起动器、矿用隔爆型高压真空配电装置、移动变电站用干式变压器、矿用隔爆型风机双电源双回路软启动控制柜和接线箱产品质量进入行业前列。成套公司KYN28C－12（F.C）高压开关柜产品当年开发，当年投产，当年收效。高科公司YCCE2、YCCE5、YCEE9、YCCE60A、YCCE8 5个系列电工产品完成开发。电气公司单相电子式液晶显示电度表、单相电子式集抄电度表、三相机械式无功电度表、三相机械嵌入式电度表获市场良好评价。电源公司控制变压器BK2系列产品获国家专利证书。变压器公司SH（B）15型产品通过省级鉴定。老产品改进方面：2007年实际完成质量改进计划33项。电源公司完成起动箱YCX01系列、起动器YQJZ3系列、自耦减压变压器QZB系列技改项目4个。变压器公司油浸式变压器S9系列17个品种和环氧浇注SCB9（10）系列产品完成技改。成套公司改进高压成套开关设备结构和电器安装设计，省工省料。2007年集团对质量、计量、环境、安全4个体系以及标准化和3C认证进行2次内审、1次管理评审和1次外审，验收合格。

集团综合管理常抓不懈，所属电气公司、成套公司、防爆公司、高科公司、电源公司和变压器公司调整生产要素，严格过程控制，着力推进“6S”管理，企业运转高效有序。集团着力改善员工福利待遇，员工工伤保险覆盖面达100%。2007年集团引进广西电子学院毕业生30人，使用情况良好。

报喜鸟集团有限公司 报喜鸟集团有限公司组建于1996年，是集产业经营和资本经营于一体的投资控股性企业集团，中国服装协会副会长单位，1998年经国家工商行政管理总局批准晋升为全国无区域跨行业集团。集团连续10年列名全国服装行业销售收入和利润双百强企业，西服主导品牌报喜鸟是中国驰名商标，中国名牌。2007年集团实现销售收入24.6亿元，纳税额1.6亿元，有员工6000余人，专卖店600余家，销售网络覆盖全国约280个城市。

2007年8月，报喜鸟（002154）在深圳登陆A股市场，为温州地区第一家在国内上市的服装企业。集团利用上市融资资金建设连锁经营网络，包括建立集中管理系统，建设多家直营旗舰店和直营景观店，同时用以实施西服、衬衫生产线和品牌设计研发中心技术改造。9月，报喜鸟温州旗舰店利府店开业。利府店集销售、VIP服务和量体定制服务为一体，占地800平方米。相同的旗舰店另在鞍山、大同、成都、江西等地计有10家。报喜鸟首席工艺师内利亚全国巡店推介量身定制。

集团注重多渠道提升品牌效应。集团秉承“回报社会”核心宗旨，以“报喜鸟高校联盟”系列活动形式积极关注大学生就业。4月，集团在西安交通大学、西北工业大学、陕西师范大学和西北大学等9所高校举办“全国高校联盟系列活动之商务礼仪讲座”，深受学生欢迎。9月，集团在山东东营举办报喜鸟探访母亲河公益活动，报喜鸟形象大使任贤齐和文化名人余秋雨等到场参与。探访母亲河越野车队溯黄河而上，经山东、河南、陕西、山西、内蒙古、宁夏、甘肃、青海，捐助沿途教育单位120万元，向各地民政部门捐赠物资价值850万元。2007年，集团捐赠价值414万元物资救济宁洱地震灾区，捐款91 200元帮助12位贫困大学生，集团员工踊跃参加无偿献血。董事长吴志泽个人通过参与“慈善长江，爱要让你听见”活动捐款52 000元帮助聋儿复聪。为增强顾客品牌忠诚度，报喜鸟VIP俱乐部定期组织高尔夫球训练、嘉年华时尚酒会和CS野外对战活动。11月，报喜鸟凤凰级VIP应邀参加巴厘岛旅游活动。

2007年集团获“装典中国～2005～2006中国服装品牌年度大奖”之公众大奖和策划大奖，获“品牌中国金谱奖——中国服装行业年度十佳品牌”称号，获“全球通杯”2007中国青年最喜爱服装“红帮铜奖”，获浙江省绿色生产企业称号，并连续10年获全国服装行业百强企业称号。集团董事长吴志泽获中国服装功勋奖章，并继续保持温州市功勋企业家称号。

集团注重企业文化建设。董事长接待日为一线员工同公司高层之间开通沟通平台。集团关心员工健康与生活，积极组织员工开展文化体育和旅游活动。集团主办的VIPLIFE生活杂志、报喜鸟服饰杂志以及报喜鸟网站日趋精美成熟。

2007年，集团创建党建示范车间，集团在册党员84人。集团党总支书记周永温获温州市“十佳”非公有制企业党组织书记、浙江省优秀思想政治工作者称号。全国党建研究会会长虞云耀、浙江省委常委、组织部部长斯鑫良考察集团党建工作，给予较高评价。

康奈集团 2007年，康奈集团实现销售收入20.1亿元，主要经济指标同比增长25%以上，康奈皮鞋产量同比增长6.5%，成品一次交验合格率增长0.18%，出厂合格率99.8%，获功勋企业、2007全国质量奖、纳税大户和做强做大突出贡献单位称号。康奈品牌进入国家商务部2006年度最具市场竞争力品牌榜，为温州唯一入选鞋企。董事长郑秀康获"国际竞争力十大领军人物"和全国轻工行业劳动模范称号。8月，"整合·跨越一康奈国际化战略暨中国企业的机遇和挑战"高峰论坛在上海举行，中国轻工业联合会副会长王世成、中国民营经济研究会会长保育钧、中国皮革协会理事长徐永以及英国SATRA代表与会。

2007年康奈出口量同比增长8%，出口额增长15%，最高出口单位68美元。产品出口市场呈现多元化，美国和日本市场开拓取得进展，欧美市场得到巩固与发展。旗下有6家企业进入俄罗斯乌苏里斯克（中国）经济贸易合作区开工生产。康奈营销网络终端以"舒适圆点"为主题，推出"经典舒适"和"动感舒适"系列产品，新版卖场形象在全球各地康奈专卖店惊艳亮相。

2007年，康奈集团投资2亿元建设的随州香港街开街，康奈"量产固特异线缝高档皮鞋"项目通过验收，"鞋类舒适度指标体系关键技术研究"获温州市科技进步奖。康奈服饰开发500余个新款服饰投放市场，新增专卖店40家。康奈内衣获第89届中国针棉织品交易会最佳品牌奖。康奈皮件有限公司销售收入同比增长25%。康潮公司推出"欧式商务休闲"系列鞋。康豪模具有限公司获鹿城区"高新技术企业"称号。康奈品牌创建案例入选《中国品牌发展报告》，获"2007国际品牌（中国）高峰论坛杰出品牌创新奖"，位列"全国最具市场竞争力品牌"和"2007温州最具影响力十大鞋服品牌"。

2007年，越南共产党中央书记处书记、国会副主席从氏放，台湾工党主席郑昭明，全国妇联副主席黄晴宜，中联部副部长张志军，国家质检总局党组书记李传卿等中外政要访问康奈，集团全年接待中外访客11万人次。

2007年康奈获温州市活力和谐企业和浙江省皮革行业活力和谐企业称号，并获"十佳非公有制企业党建工作方法创新奖"和"非公企业十佳精神文明活动创新奖"。康奈集团热心公益事业，累计捐款捐物3000万元，董事长郑秀康获温州十大慈善人物称号。

华峰集团 华峰集团是国内最大的聚氨酯产品生产企业，2007年，华峰集团瑞安本部实现销售收入50.46亿元，同比增长29.77%，实现利税8.68亿元，同比增长210.91%，旗下氨纶公司外贸出口额5930万美元，同比增长260%。华峰名列2007中国大企业集团竞争力500强第251位，2007中国制造业企业500强第421位，2007年浙江省百强企业第40位和2007年度中国私营企业纳税百强企业，氨纶公司连获"中国化纤行业竞争力十强"和"中国化纤制造行业效益十佳"称号。3月，年产1万吨经编氨纶项目和年产1万吨纳米改性氨纶项目开工建设。9月，华峰同温州港集团签约合资建设状元香港区化工码头。12月，华峰第五大生产基地、规模为年产2万吨鞋底原液的成都华峰聚氨酯有限公司成立。

2007年华峰启动集团化改制工作，剥离集团有限公司生产销售和供应业务，成立浙江华峰进出口贸易有限公司、浙江华峰新材料股份有限公司和华峰合成树脂有限公司，上海公司实施股份制改制为上市融资奠定基础。

2007年华峰在节能降耗方面取得成果，氨纶公司每吨氨纶丝原料消耗下降2.8%，水耗下降25%，综合能耗下降3.5%，污水回收利用率提高8.5%，获全国纺织行业环境友好企业称号，集团公司通过ISO14001环境管理体系认证。

2007年，集团原标志huafeng改为huafon，新标志更符合英语发音习惯，创意灵感来自聚氨酯分子式，色彩选择国际化工行业主流色蓝色。人才培养方面，华峰举办管理团队班、员工快乐成长训练营和基层管理培训班，分层探索合适的人才培养机制。

2007年，华峰公益行动项目化运作，"华峰诚志助学基金"启动，分8年出资1300万元无偿借贷给贫困大学生完成学业。同年，集团向瑞安慈善总会捐资100万元，向莘塍慈善分会捐资310万元。集团是全国石化行业实施"责任关怀"承诺企业，历年累计向社会捐资2550万元。

4月，中共华峰集团党委成立，集团获温州市首届活力和谐企业称号，上海公司总经理叶芬弟当选上海市劳动模范。6月，华峰氨纶参加首届中小板公司30强评选，名列第14位。8月，华峰获全国模范劳动关系和谐企业称号，11月，获浙江省创新型试点企业称号。

温州公交集团 温州公交集团创立于1999年5月，属国有独资大型二类企业，2007年资产总值4.6亿元，营运车辆1826辆，营运线路86条，员工7600人，下属单位30家，其中营运单位11家，三产单位19家。集团全年客运量2.65亿人次，行驶里程1.33亿公里，实现产值9.17亿元，上缴税费4405万元。

2007年集团淘汰双层大巴27辆，淘汰普通客车35辆。更新后双层车百公里油耗从44升降至38升，尾气排放量下降50%以上。35辆更新后普通客车排放标准从欧0标准升级至国Ⅲ标准，排放量降低80%。有154辆国Ⅰ排放的柴油公交车经升级改造，尾气排放量降低20%。新购置90辆欧Ⅲ排放标准豪华车更新市区运营车辆，比原国Ⅱ标准车辆减少尾气排放量30%。集团所有营运车辆采用四氟乙烷制冷剂，可回收再充注，车辆废液污染环境大为减少。

2007年集团重点加强安全生产管理和行风建设，致力于创建和谐企业。全年5次安全生产大检查查出与整改隐患232例。集团安全营运稽查管理中心上路检查3387次，受检车辆79 310车次，查处违章570次，使用雷达检测车速600次，查处超速147次。集团全年处理市民来电5500起，来信47件，处理网上投诉543件，处理率均为100%。

2007年，温州市环保公交车开始上路营运，数字移动电视进入公交车厢，首届公交周和无车日活动成功举办，公交大客学员培训封闭管理委员会成立，集团旗下一汽公司营运收入递增15.03%，为近年之最，集团员工4次增资。集团发行《温州公交报》51期计178 500份，编发《公交橱窗》12期。

拜丽德集团有限公司 拜丽德集团有限公司成立于1995年，是无区域性企业集团，座落温州市高新技术产业园区炬光园，注册资金8000万元，以虚拟生产经营休闲服饰为主导产业，特许经营多元化企业，为国内较早从事休闲服装生产、加盟连锁和品牌经营的特许企业之一。集团拥有拜丽德、棵棵树两大品牌、三大生产基地（广东、浙江、上海）、五家全资公司（温州市拜丽德少年服饰有限公司、温州市拜丽德成衣有限公司、温州市迪尔科技开发有限公司、温州市克顿工业有限公司、温州市高夫经贸有限公司）和十五家分公司（上海、北京、杭州、郑州、济南、福州、合肥、南昌、乌鲁木齐、武汉、沈阳、吉林、黑龙江、沈阳、广州），有国内连锁网点2000余家，为社会创造就业岗位20 000余个。集团历年迭获十大特许经营优势企业、中国100最佳特许经营企业、中国民营企业竞争力500强、中国企业信息化500强、中国服装行业双百强企业、中国商业科技100强、2007产品质量信用中国500强、2007年度中国服装行业最佳雇主、浙江省20强流通服务业私营企业和浙江省中小企业管理创新100佳称号，并获中国制造业信息化最佳实践奖。企业业经ISO9001和ISO14001认证。拜丽德羽绒服为国家免检产品，国家质量标准一等品，浙江省名牌产品，拜丽德品牌获中国服装行业年度品牌创新大奖，为中国著名休闲装品牌，中国最受消费者欢迎品牌，中国服装最优平面设计创意品牌，2005年中国青年最喜爱的服装品牌。拜丽德商标为中国驰名商标，浙江省著名商标，浙江省知名商号。棵棵树品牌为中国童装行业畅销品牌，温州服装行业新锐品牌，棵棵树服饰为浙江名牌产品。集团董事长郑秀东是2005年温州民营经济十大年度人物，2006年度首届财富创新人物，温州市优秀企业家。

拜丽德服饰推行品牌文化经营，着力打造国内休闲装市场主流品牌，定位于18～26岁消费阶层，有十六大系列上千个品种。拜丽德少年装品牌定位于7～15岁消费阶层，获市场广泛认可，发展势头较强。

拜丽德产品拥有一批ISO9001标准执行力强、按ISO14001体系管理表现突出的现场质量管理员，现场质量管理考核制度十分严格。拜丽德在人力资源管理方面大胆改革创新，开设终端客户服务平台培训员工，全年培训员工65期4957人次。企业编发《终端培训手册》、《店铺形象管理手册》、《销售百问》等计约17万字。拜丽德积极参与社会公益活动，12月间，集团派员前往泰顺县筱村镇开展扶贫活动。

兴乐集团　兴乐集团有限公司创建于1985年，以生产高低压电线电缆为主，兼涉进出口贸易、高低压成套设备、电工机械、高分子材料、电缆桥架、母线、电工铜杆和漆包线产业，产品包括300余个系列6000余个品种，为中国电线电缆行业产销量最大企业之一。集团有员工4100人，技术研发中心5个，制造基地25个，协作企业300余家，营销机构1600余家，总部位于浙江温州柳市。集团注册资本5亿元，总资产17.32亿元，位居中国民营企业500强、中国制造业500强、中国机械500强、中国电线电缆20强第3位、中国工业电气100强、中国成长企业百强第2位、中国最具生命力企业100强、浙江省百强企业、浙江省纳税百强、浙江省工商企业信用AAA级守合同重信用单位、中国建设银行AAA级资信企业、浙江省诚信示范企业、浙江省百强民营企业、浙江省制造业百强企业和温州市工业企业50强，拥有温州市高新技术企业、温州市现代企业制度创新示范单位和温州市“五个一批”企业称号，2007年实现销售收入71.78亿元，创历史新高。

2007年，兴乐集团通过ISO9001/ISO14001/OHSAS18001三标一体认证和企业标准化良好行为确认，兴乐产品通过MA和CCC认证。兴乐牌电线电缆获中国绿色产品、浙江名牌产品、浙江省优质产品、浙江省高新技术产品和浙江省优秀技术成果称号，列国家火炬计划项目。兴乐产品在北京奥运、长江三峡和上海深水港跨海大桥等国家重点工程有广泛应用，并远销欧美、中东、东南亚、非洲。兴乐集团开发铜包铝电线电缆产品获3项专利，开发协同化智能报价平台获中国企业信息化TOP100奖。兴乐是澳大利亚皇家空军和德国博世公司长期供应商，兴乐商号是“浙江省知名商号”。

兴乐集团热心公益事业，2007年向乐清市慈善总会捐助善款500万元，向乐清老年公园建设投资3000万元，另向浙江省松阳县慈善总会、乐清市劳动模范救助基金会、乐清中学和苍南县希望工程捐赠多项善款。兴乐集团参与温州市“139富民攻坚计划”，与泰顺县贫困乡结对帮扶，并资助本企业员工聋哑子女实施“耳蜗”再植。集团公司董事长虞文品多次获党和国家领导人接见。

环宇集团有限公司　2007年环宇集团本部实现销售收入12亿元，同比增长27.8%，税收首次超过3000万元，同比增长30%。环宇位列2006年度中国大企业集团竞争力500强，是温州市重点骨干企业。环宇商标是中国驰名商标，环宇产品是中国名牌产品，国家免检产品，环宇接触器和断路器产品为浙江名牌产品。

2007年，环宇集团增加设备和检测线，筹建实验室，积极开发新产品。集团整合直销公司和办事处职能，属下销售公司完善营销体系。一批营销精英通过竞聘上岗走上集团各级领导岗位。集团公司产品销售量大幅度提升，有20余家客户年销售量达到5000万元。集团加强同GE公司合作，外贸出口创汇首次超过1000万元。9月，环宇集团深圳形象店和南昌形象店相继开业。

2007年集团公司加强制度建设，安全生产全部达标，员工队伍扩大，员工培训积极展开，员工福利待遇亦获提升。集团重视企业党、团、工、青、妇组织建设，反映环宇艰难创业20年历史的《大地留痕》一书编辑中。温州市市长邵占维、副市长孟建新等莅临集团考察，集团董事长王迅行荣登胡润温州十大慈善人物榜。

美特斯邦威集团有限公司　美特斯邦威创建于1995年，公司奉行“生产外包，直营销售与特许加盟相结合”虚拟模式经营休闲服饰系列产品，设有上海、北京、温州、杭州、宁波、中山、广州、成都、重庆、昆明、西安、济南、武汉、南昌、天津、沈阳16家分公司，员工7000余人。至2007年底，美特斯邦威在全国各地有2100余家专卖店，全系统销售额41亿元。公司品牌3次蝉联“中国青年最喜爱的服饰品牌”，品牌值33亿

（下转第174页）

商　业

综　述

2007年温州市社会消费品零售总额906.46亿元，同比增长16.3%，总量居全省第3位。餐饮业零售额116.04亿元，增长16.0%。

2007年温州市初步形成的商业网点格局包括1个市级商业中心、8个区域商业中心、14个社区（集镇）商业中心和10个县域商业中心。市区城市中心商圈以大南门和五马街为核心，新兴商业中心在下吕浦和车站大道中段。五马街、纱帽河文化特色街和江滨路休闲餐饮娱乐街各具特色。

2007年温州本土超市浙江人本超市有连锁门店289家，实现销售额20.5亿元，居全国连锁百强企业第70位，省内排名第2位。继引进和建设银泰百货、欧洲城等商业设施，新引进家乐福进驻温州，一百实施改扩建工程。至2007年底，全市有5000平方米以上的百货商场、大型超市18个，其中单体营业面积1万平方米以上的零售商业网点8个。

2007年温州市实施省政府“千镇连锁超市万村放心店”工程，努力构筑覆盖全市城乡，消费便利安全的现代生活消费服务网络。2007年底，全市有浙江人本、乐清联华、温州百一等“浙江省千镇连锁超市龙头企业”10家，“温州市千镇连锁龙头企业”13家，乡镇连锁超市282家，村级连锁便利店233家，连锁农资店301家，农村流通网络初具规模。

商贸业管理

生猪屠宰　2007年温州市进一步强化生猪定点屠宰管理，9月起，根据国家和省统一部署，开展猪肉质量安全专项整治，为期4个月。至年底，全市县城以上城市生猪定点屠宰103.75万头，进点屠宰率100%，乡镇生猪定点屠宰82.18万头，进点屠宰率95.4%。1～12月，全市出动生猪市场监督检查人员22 554人次，检查经营户（含屠宰场）31 835个次，取缔私屠滥宰窝点53个，立案41件，查处违法案件121件，收缴违法产品39 545.7公斤，销毁不合格产品24 354.75公斤，检测抽检瘦肉精11 375批次，检验样品44 961个，合格率99.53%，全年未发生食肉中毒事件。

成品油市场　2007年温州市有成品油批发（仓储）企业20家，成品油零售企业270余家。市人民政府对成品油市场加强预测、引导和监管。在货源紧缺情况下温州中石化、中石油公司充分发挥主渠道作用，及时组织货源，妥善调度，确保市场稳定供应。

市场经济秩序　2007年温州市对六大类市场52个项目实施整治，重点整治产品质量和食品安全，保护知识产权，打击传销和商贸领域欺诈行为。全年出动市场执法检查人员161 150人次，查获违法违规单位和个人24 296个，立案10 303件，涉案金额6.1亿元，捣毁各类窝点1020个，罚没款8144.5万元。其中重大案件立案1628起，涉案金额2.8亿元，移送司法机关案件110件。全市广泛开展保护知识产权宣传：设立户外广告宣传牌，印发宣传手袋、宣传手册和宣传名片，举办保护知识产权宣传周咨询活动，同时发放宣传资料。

供销合作

概况　2007年温州市供销社系统实现经营收入100.26亿元，首次突破100亿元，同比增长10.82%；实现商品销售额32.24亿元，同比增长16.94%；实现商品交易批发市场交易额67.5亿元，同比增长8.14%，其中农副产品市场交易额49.3亿元，同比增长1.16%；实现外贸进出口额10.37亿元，同比增长9.27%；汇总利润2659万元，完成省供销社下达指标的117%，其中市本级企业利润635万元；上缴税费3898万元。2007年全市供销社系统资产总额16.64亿元，同比增长8.94%；资产负债率58.63%，同比下降1.66个百分点；全系统所有者权益为6.89亿元，同比增长12.95%。

三位一体农村合作体系　2007年，瑞安市委、市政府出台《关于开展农村合作“三位一体”建设推进年活动的通知》和《关于促进农村合作“三位一体”建设的若干政策意见》。温州市社推广瑞安经验，指导与推动全市“三位一体”工作。乐清、永嘉、苍南三县成立“三位一体”工作领导小组，借鉴瑞安经验，结合各自实际制订工作计划与实施办法，全面推进试点工作。永嘉县2007年初成立农信担保公司，乐清市成立农产品经纪人协会，永嘉、文成两县成立农民专业合作社联合社，全市新发展农民专业合作社22家。

新网工程　2007年温州市供销社实施“小超市，大连锁”战略，整合农村经营网点，发展农村连锁超市和便利店。市供销社规划“新网工程”，制订发展计划、考核办法和扶持、奖励措施，优化日用消费品和农资现代经营服务网络建设，推进日用品、农资、农产品购销和再生资源、烟花爆竹连锁经营。2007年全市新发展日用消费品连锁网点126家，累计228家，新发展农资连锁网点174家，累计326家，建立和完善区域性配送中心7家，开设较大型农资超市1家，全市连锁经营销售额5.5亿元，贯通县、乡、村三级市场的日用消费品和农资现代经营流通网络初步形成。

基层社 2007年市供销社全面推进基层社"强基工程"，致力于为农服务，把基层社办成真正的农民合作经济组织。全市改造基层社6家，建设具备"五个有"基层社11家，累计44家。市供销社引导基层社领办、参办农民专业合作社和综合服务社，与农民建立产权利益纽带关系，在服务农民过程中发展壮大。

专业合作社 2007年温州市新发展农民专业合作社22家，累计128家。专业合作社帮助农民销售农产品52 557万元，促使农民增收5988.2万元。全市专业合作社按《农民专业合作社法》开展规范化建设，2007年全市有市级以上示范性专业合作社38家，12家专业合作社列入全国总社"千社千品"富民工程。

农信担保公司 2007年温州市农信担保公司授信担保额度从1：5提高到1：8，增加担保额度3000万元，担保规模和担保受益面扩大。乐清市农信担保公司增资扩股，注册资本从200万增至500万元，相应增加担保额度3500万元。2007年，全市农信担保公司为589家涉农企业和农户提供贷款担保11 256万元，累计贷款担保2.93亿元。

农产品经纪人培训 2007年全市各级供销社实施"百万农村劳动力素质培训工程"，举办4期农产品经纪人培训，397人参加培训，384人取得国家总社与劳动和社会保障部制发的《农产品经纪人职业资格证书》。乐清市成立农产品经纪人协会，有10个单位会员，150余个个人会员。

农资供应和储备 2007年全市供销社系统发展农资连锁经营，保障市场价格稳定，挤压假冒伪劣农资产品存活空间，保障农民利益不受损害，全年储备淡季化肥23 490吨，供应农业生产资料151 471吨。

粮食行业

四大体系一大建设工作目标 2007年温州市粮食部门确定"四大体系，一大建设"工作目标，完善粮食安全机制，为农民和城乡居民做好服务。这一工作目标要点包括：完善粮食调控体系，提高粮食安全系数；推进粮食产业化体系，促进粮食经济发展；推进粮食市场化体系，建立市场运行体制，加快粮食物流园区建设，加快粮食市场网络建设；健全粮食执法体系，充分发挥粮食行政执法职能；加强干部职工思想政治建设、作风建设和党风廉政建设，维护粮食系统稳定，营造粮食工作改革与发展和谐氛围。2007年，温州市粮食部门努力实现以上工作目标，取得阶段性成果。

应对粮情波动 5月，市场粮情监测反映温州市粮食批发市场大豆色拉油、四级菜仔油和玉米价格上涨至近10年最高价，且库存储备不足。市粮食局启动应急预案，相应采取4项措施：加强市场监测，指示各粮情监测点随时关注粮情动态；动员粮油经营加工骨干企业和多元企业巩固购销渠道，尽力组织货源充实库存；会同工商、物价与质监部门加强市场监督；洽请各新闻单位把握舆论导向，引导理性消费。由于措施得当，2007年全市粮油供应情况稳定。

2007年，温州市储备粮计算机综合管理系统投入使用，"订单粮食"品牌进一步拓展，粮农受灾损失有效减少。年底，温州市在全国10个主要产粮省建立生产、仓储和加工粮源基地60万亩，创办加工企业7个，日加工能力1120吨，全年提供稳定增长商品粮源20万吨。

温州粮食物流园区建设 2007年温州粮食物流园区工程的粮食中心市场项目完成"三通一平"，4幢粮食交易仓库建成，12幢粮食交易房和铁路专用线施工中，物流园区仓储库续建项目完成4幢散装储备库，地下粮库完成征地和施工招标。2007年温州粮食物流园区工程累计完成总投资的47%。

放心粮油进社区工程 2007年，粮食经营主体多元化，粮油市场竞争加剧，粮油产品质量安全问题凸显，温州市粮食部门针对以上情况启动"放心粮油进社区（农村）"工程，整合市区国有粮食企业业务、品牌、资产和人力，以市区国有企业为依托，联合乐清、瑞安、平阳和永嘉粮食企业，发展多元化放心粮油店。2007年，全市认定33家放心粮油连锁店加盟。各粮油连锁店严把粮油产品采购、加工和配送质量关。粮油连锁店经考核合格授挂"放心粮油"牌子，设立投诉电话接受社会监督，主流媒体予以公示。粮食执法队伍加强市场监管，市粮油质量检测站对粮油产品收购、加工、储存、供应、销售各环节定期检测。"放心粮油进社区（农村）"工程由市粮食局牵头，会同工商、财政等部门组织实施。

粮食流通管理条例三周年活动 5月中旬起，温州市以"依法经营粮食，保障消费安全"为主题开展《粮食流通管理条例》颁发实施3周年宣传活动。市粮食局在永嘉举办"'放心粮油进农村（社区）'粮油品质科学评定及监测技术"研讨活动，宣传《条例》、粮油科普知识和科学种粮保粮技术。粮食系统干部职工参加《条例》知识竞赛与征文活动。各县、市、区粮食部门在行政机关、企业经营与办公场所、粮油批发市场以及超市商业网点张贴宣传画，悬挂标语横幅。

粮食生产和安全十一五规划 2007年《温州市粮食生产和安全第十一个五年发展规划》公布实施。温州是粮食主销区，规划提出今后5年全市粮食生产和粮食安全工作总体思路、工作任务、重大项目和保障措施，对确保粮食安全和社会稳定，推进"三个温州"建设有重要意义。

物资行业

概况 2007年，温州市物资行业实现销售交易额20,12亿元，其中销售收入11.14亿元，交易额8.98亿元，创利税2811.7万元。金属材料总公司经营模式从建筑钢材为主调整为以工业用材和其他生产服务用材为主，全年实现黑色金属销售收入1.18亿元，实物量36 500吨，有色金属销售收入2.17亿元，实物量8700吨，创税利300万元，并获省工商企业信用AA级“守信用，重合同”单位称号。市建筑材料总公司全年签订22万吨水泥采购合同量，实现销售收入1.22亿元，水泥量21万吨，商品混凝土19.2万方，创利润20.7万元。市化工轻工有限公司占有剧毒品主导市场，巩固剧毒品经营客户，新增经营氯磺酸等3个化工产品，全年实现销售收入4986万元，实物量2400吨，其中销售剧毒品1578吨，创税利95万元。市燃料有限公司在主业经营煤炭基础上拓展塑胶业务，扩大液体化工经营，开发承接铝合金业务，做稳进出口，增加实收资本至5088万元，初步形成煤炭、塑胶、化工、装卸、外贸和建材跨行业经营，向集团化迈进，全年实现销售收入6亿元，实物量29.25万吨，其中煤炭25.67万吨，创税利500万元。浙南资源综合利用有限公司强化二手车交易业务，拓展废钢铁、二手车评估与检测市场，调剂二手车176辆，销售额1518万元，收购废钢4283吨，废铁10 710吨，两项合计销售额3427万元，全年实现销售收入4944.9万元，交易额4.94亿元，二手车交易11409辆，回收拆解非机动车36 676辆，废钢销售3881吨，生铁销售10 675吨，创利税398万元。市机电设备总公司回购资产，重开市场，经过一年调整，基本形成“二区三楼四店”（即酒店用品区、电脑商场区、机电大楼、机电商厦、机电商住楼、五马街鞋类专营店、望江路婚纱摄影店、晏公殿巷家纺店和矮凳桥房产中介店）资产经营格局，总面积13 415平方米，其中商业面积7039平方米，仓库1174平方米，写字楼2276平方米，资产收益471万元，实现税利417.74万元，分别比上年同期增加85万元和370.42万元。

2007年物资资产管理公司原三十六村物资码头（金属、建材）整体搬迁至灵昆岛新址，占地42.3025亩，其中金属材料占地20.1425亩，建筑材料占地22.16亩，可驳海岸线260米。

烟草专卖

概况　2007年，温州烟草行业坚持市场主体改革和一体化工作主线，推进行业工作作风和管理方式转变，推进销售网络建设、专卖打假破网和用工分配改革，取得成果。全年批发销售卷烟9162.5万条，同比增长9%，实现销售收入68.31亿元，同比增长25.33%，创税利18.64亿元，同比增长36.4%，实现利润15.14亿元，同比增长35.27%。全市销量前10位品牌销售比重为73.99%。三项费用率为5.88%，同比下降15%。

温烟网络新格局　2007年温州烟草分公司完成配送中心建设和库区整合。灵溪、仕阳站点和平阳分中心撤并。温州分公司与北岙、乐成、安阳、鳌江、大峃、罗阳“一库六站”温烟物流新格局形成。全行业统一分配货源、统一服务标准，统一考评办法，着力在订单预测、库存管理和终端建设方面创新工作理念。温烟服务品牌建设稳步推进，工业企业和零售客户综合满意度提高，全市点子结算率达到93%。

专卖打假破网　2007年，温州烟草行业稽查“一盘棋”，专卖“一体化”，跨区域跨系统情报联动，案件联动，考核联动，“一纵两横三联动”办案指挥模式基本确立。全年查处违法卷烟案件4975起，查获假冒烟97万条，同比增长396%，破获国标和省标网络案件各2起，移送公安机关追刑案件53起，审结28起，判决45人，最高刑期14年。

烟草行业管理　2007年温州烟草行业改革用工分配制度，构建标准体系，推进信息化支持与企业文化创新，管理年、作风年、创新年活动不断深化，有4个创新项目获省创新奖。行业ISO9001质量标准管理体系和OHSAS18000职业安全管理体系两项贯标建设“六个有”工作方法进入试运行。温烟“希望文化”体系基本形成，在全国企业文化建设工作会议获展示机会。

菜篮子商品供应

概况　2007年温州菜篮子集团所属各市场总交易额30.09亿元，其中蔬菜交易量9.87亿公斤，市场占有率96%，生猪交易量73.40万头，市场占有率99%，水产交易量21 516吨，市场占有率70%，豆制品供应量18 881吨，市场占有率65%。

餐饮行业

概况　2007年，温州市餐饮行业努力创建国家等级酒家和绿色饭店，江心海景等6家酒家获国家特级酒家和5A级中国绿色饭店称号。市餐饮协会建立川湘菜专业委员会和采购与供应商专业委员会，编辑“酒店采购价格参考”发至各成员单位，同时积极推广“农家乐”国家标准。全行业增强服务理念，餐饮协会建立消费者投诉联络站，并认真维护经营者合法权益，着力推动新消费运动。“中国餐饮发展论坛”由餐饮协会会同五马美食林酒店积极推动如期举办，国内外餐饮专家、餐饮业者、厨师长以及职院学生150余人参加会议，盛况空前。7月，温州市饭店餐饮企业召开人力资源工作座谈会，积极探索建设餐饮企业和谐劳动关系。11月，餐饮协会会同市旅游局和温州日报举办“话瓯菜，品瓯菜，提升瓯菜声誉大家谈”活动。市、县协会密切联系沟通，瑞安市制定首部服务业地方标准《餐饮服务业诚信计量行为规范》。

2007年，温州市有8家餐饮企业获“2006年度温州市青年文明号”称号，全行业非公企业工会组建中。餐饮协会会刊《温州饭店与餐饮》出刊10期，页数从40页增至52页，协会信息中心网站更新周期缩短，信息量增加。7月，协会表彰餐饮行业《情系华侨》等16家优秀店刊。

食盐专营

概况　2007年，温州市盐务管理局、温州市盐业有限公司整顿和规范盐业市场秩序，确保食盐安全和市场有效供应，销售盐产品35 608吨，其中小包装碘盐12 473吨，实现销售额 3917.22万元，利润306.38万元，食盐计划完成率148.29%，碘盐覆盖率95.90%，合格碘盐食用率93.06%。

盐业管理体制改革 2007年温州盐业根据先改后进工作方针，把转制改革列为第一要务，努力构建适应食盐专营和现代企业制度要求的企业运行机制，调整和完善内部机构，公布实施分配制度改革与岗位职责方案，市本级改革迈出实质性步伐。各县、市盐业体制改革同步推进。2007年底，泰顺公司率先完成转制任务，实现企业改革目标，瑞安、永嘉、文成、平阳、乐清、苍南各公司结合本地实际，改革转制探索前进中。

食盐配送 4月，温州市本级中心城区食盐配送网络框架初步确立，中心城区食盐零售实现终端配送。至年底，配送客户365家，配送小包装碘盐6262吨，占小包装碘盐销售总量50.20%。2007年，区域食盐配送中心建设项目70亩用地计划报请市人民政府同意，已在温州半岛起步区规划物流园区内安排落实。

盐业市场监管 2007年，温州盐业对山东、湖北小工业用盐、江苏海水精和龙游绿德副产工业盐加强前置监管，对七里港、龙湾集装箱码头和铁路西站严格实施扎口管理，对洞桥、水头制革盐市场进行重点整治，从源头上遏制走私贩私，力拒制革盐流入食盐市场。同时加大区域协作力度，会同兄弟单位强化私盐围堵协作，为净化温州盐业市场提供外围保障，市场管理长期被动应对态势基本扭转。温州市盐务管理局同各县局签订《温州市盐业规范经营行为责任书》，明确职责，规范配送价格和管理细则，适度调整供应方式和品种，提高蔬菜加工区碘盐普及率，地域之间相互冲销现象得到有效遏制。

盐务管理机关建设 2007年，温州市盐务管理局以实施ISO质量管理体系和3A建设为核心开展建章立制工作。年底，ISO质量管理体系进入实质性操作阶段。10月，温州市盐务管理局搬迁至江滨中路新址。

食用碘盐宣传教育 2007年温州市盐务管理局开展食用碘盐宣传教育活动，对中小学校食堂和餐饮行业进行专项检查，动员全社会参与碘缺乏病防治。5月，温州市盐务管理局会同卫生局和疾病预防控制中心在龙湾区永兴街道举行防治碘缺乏病日活动，播放《防治碘缺乏病知识》宣传片，开设有奖问答，接受市民咨询，介绍工业盐、非碘盐和加碘食用盐常识，发放“坚持食用碘盐，享受健康生活”宣传资料22 000份。

会展业

概况 2007年温州市举办各类展览、展销会32场，以第6届中国（温州）国际眼镜制造业展览会，2007年第14届中国机床、工模具展览会，第12届中国（温州）国际皮革暨2007温州国际制鞋材料和设备展览会以及2007第4届中国（温州）泵阀管道展较为成功。

2007年轻博会如期召开，展区近8000平方米。各县（市、区）、经济技术开发区146家高新科技企业以“高技术，新产品，大跨越”为主题在会上展示数百项自主研发高新技术产品。其中中欧汽车电器有限公司奔驰房车、浙江恒丰泰减速机制造有限公司工业机器人、温州三联集团一体化高效变速永磁风力发电系统、温州忠诚数码科技有限公司数码相框产品尤为吸引观众。轻博会接待观众约5万人次，反响较好。

拍卖 典当行业

概况 2007年温州市有典当企业27家，其中市区15家，各县（市）12家。全年贷款业务计17 518笔，典当金额7.2亿元，其中房地产和财产权利典当金额占83.18%。典当业综合收入2207万元，实现利润488.3万元。全市举办各类拍卖活动388场次，成交额58.7亿元，佣金56.5万元。20家拍卖企业汇总主营业务收入计7772.87万元，营业利润1064.9万元，营业税和附加费1616.49万元。2007年市区汽车牌照拍卖业务取消后，市拍卖行争取到甬台温高速公路和金丽温高速公路14个收费站路标路牌广告拍卖业务，起拍基价总金额662万元人民币，全年拍卖106场次，实现拍卖成交额4.04亿元，创利税1377万元。

对外经济贸易

对外贸易

概况　2007年温州市累计完成进出口总额122.48亿美元，同比增长23.8%，其中出口101.48亿美元，增长25.6%，进口20.99亿美元，增长15.9%，一般贸易出口值96.67亿美元，同比增长25.6%，占出口值比重95.3%，加工贸易出口4.79亿美元，同比增长14.2%。全市外贸依存度为41%，出口依存度34%，出口增长拉动GDP增长8个百分点。

出口商品结构　2007年温州市重点商品出口保持良好增长态势，机电和高新技术产品出口增长较快，其中鞋类出口24.1亿美元，同比增长20.1%，纺织服装出口16.1亿美元，同比增长12.7%，电路开关出口6.0亿美元，同比增长37.0%，眼镜出口5.0亿美元，同比增长21.7%，箱包出口2.5亿美元，同比增长64.3%，钢材出口2.5亿美元，同比增长73.8%，塑料制品出口1.1亿美元，同比减少2.3%。机电产品出口42.2亿美元，高新技术产品出口3.6亿美元，同比分别增长38.1%和56.5%，是温州市外贸出口新的增长点。

出口市场　2007年温州市企业参加广交会、华交会、宁波消博会、中国——东盟博览会、中国品牌欧洲展、波兰——亚洲博览会、华交会日本大阪展、德国杜塞尔多夫GDS鞋展、意大利维罗纳国际农业食品展和沙迦中国出口商品交易会，出口市场活跃，出口市场多元化巩固，出口千万美元以上国家和地区85个，出口超亿美元国家和地区28个。对欧盟和美国传统市场出口分别为28.4亿美元和9.6亿美元，同比增长19.9%和16.2%。对非洲、拉丁美洲、大洋洲、俄罗斯和东盟新兴市场出口分别增长32.3%、43.6%、31.8%、34.8%和23.3%。

民营企业出口占据主导地位　2007年温州市新登记备案进出口经营权企业725家，均为民营企业。全市累计获自营进出口权企业4066家。全市民营企业出口70.2亿美元，同比增长34.4%，占出口总值69.1%，比上年同期上升4.5个百分点，国有外贸企业出口16.2亿美元，同比增长7.82%，占出口总值16.0%，比重下降2.6个百分点。三资企业出口15.1亿美元，同比增长11.36%，占出口总值14.9%，比重下降1.9个百分点。

进口呈发展态势　2007年温州市进口

2007年温州十大出口市场

国家（地区）	出口额（万美元）	同比增长（%）
美国	96 167	16.2
俄罗斯	63 931	34.7
阿联酋	48 885	26.8
德国	46 508	34.3
乌克兰	41 638	21.1
西班牙	40 155	29.2
意大利	38 582	11.7
摩洛哥	33 161	40.5
印度	29 756	46.1
韩国	28 296	25.4

2007年温州十大出口商品

品　名	出口额（万美元）	同比增长（%）
鞋类	240 996	20.1
服装及衣着附件	96 609	－15.6
通断及保护电路装置	60 212	36.9
纺织品	52 058	21.6
眼镜	49 798	21.7
旅行用品及箱包	25 340	64.2
钢材	24 943	73.7
塑料制品	10 936	－2.2
汽车零件	10 839	－8.4
医疗仪器及器械	10 108	40.6

增幅为15.9%，比上年高7.7个百分点，主要进口商品有：液化石油气2.73亿美元，木及木制品2.06亿美元，塑料制品2.14亿美元。前5位进口市场为：欧盟，进口3.43亿美元，同比增长24.5%；美国，进口3.23亿美元，同比增长45.1%；韩国，进口1.98亿美元，同比增长3.8%；台湾，进口1.6亿美元，同比增长40.7%；东盟，进口1.52亿美元，同比增长74.1%。

应对贸易壁垒 2007年温州市遭遇土耳其眼镜架保障措施、土耳其箱包保障措施、加拿大铜制管件反倾销反补贴再调查、美国复合编织袋反倾销反补贴再调查、美国断路器337调查和欧盟紧固件反倾销案程序等6起贸易壁垒案件，均已积极应诉。温州应对美国337调查成功经验获省委、省政府领导肯定，批示在全省推广并上报国办。10月，温州市成立应对贸易壁垒工作领导小组推进贸易壁垒应对工作。2007年温州市加强对外贸易预警机制示范点建设，温州市鞋革行业协会和眼镜商会为全省第一批对外贸易预警机制示范点。

招商引资

概况 2007年温州市新批外商投资企业141家，总投资21.54亿美元，合同外资10.49亿美元，同比减少0.4%，实际利用外资6.18亿美元，同比增长33.5%。累计批准外商投资企业2593家，投资总额48.10亿美元，合同外资54.71亿美元，实际利用外资24.39亿美元。

招商选资 2007年温州市新批项目投资规模增大，平均合同外资金额为749.1万美元，同比增长76.1%。投资总额1000万美元以上项目80个，累计投资总额207 836万美元，合同外资104 191万美元，分别占全市总数的56.7%、96.5%和99.3%。二产制造业项目110个，占全市项目总数的78%，主要涉及通信电子、皮革、汽车零部件和化学原料行业。第三产业投资比重上升，实际外资24 508万美元，同比增长164.4%，占总数的39.7%。“民外合璧”项目72个，合同外资50 891万美元，占总数的48.5%。法国施耐德、德国百安居、美国凯悦酒店等一批世界500强和国际知名企业相继落户温州市。服务业招商取得突破，服务业合同利用外资和实际利用外资创历史新高，法国家乐福、美国沃尔玛和香港港安医院投资项目有序推进中。

招商引资活动 2007年温州市加强利用外资项目库建设，推出60个招商选资重点项目和119个“民外合璧”招商项目，涉及港口交通、旅游业、产业基地综合开发、商贸物流、环保、社会发展和先进装备制造等行业和领域。重点区域和重点项目招商力度加大，滨江新区、瓯江口区域和民营经济科技产业基地“三大新区”为重点招商区域。重大招商项目严密跟踪，顺利推进。绿城集团天盛地块项目获国家商务部核准备案。温州民营企业对话世界500强活动搭建沟通平台，引导与促进民营企业同外资合作交流。温州服装商会和鞋革商会100余家企业在韩国、日本、香港和意大利举行项目推介，推进温州优势传统产业与国外同行交流对接。浙洽会、投洽会、中博会和东盟博览会亦为温州企业提供招商引资和投资推介平台。

对外经济技术合作

概况 2007年温州市新批设立境外机构61家，中方投资额5900万美元，同比增长60%，新签对外承包工程和劳务合同7份，合同金额118.3万美元，实际完成营业额1979.7万美元，同比增长18%。

境外工业园 温州康奈集团在俄远东经贸合作区入围第一批国家重点境外合作区项目以后，2007年前江投资管理有限责任公司投资的越南龙江工业园入围第二批国家重点境外合作区项目。通领科技集团在美国亚特兰大投资创建通领工业园项目，一期投资998万美元业经商务部批准实施。

多元化境外投资 2007年温州市境外投资通过设立境外办事处和营销公司、投资办厂、品牌输出、兼并收购和资源开采等方式并重发展。德嘉木业有限公司中标获刚果（布）63.6万公顷林地开采权。中日天矿产资源有限公司在柬埔寨投资300万美元勘探、开采与加工销售当地矿产资源。广寿集团开采朝鲜钼矿进展顺利，拟追加投资扩大生产。敢博投资有限公司开采墨西哥铜矿资源项目报批。北欧芬兰中国商品城开业，塞尔维亚中国商品城筹建中。

外经协会 2007年温州市成立外经协会。协会先后举办瑞士投资资源和环境推介会、瑞典投资环境推介会、英国投资环境推介会、立足越南面向东盟推介会、对日投资推介会和相关法律咨询活动，为企业提供实用投资信息，帮助企业规避境外投资风险。近千家企业参加上述活动。此外协会还组织30家企业参加中国国际投资贸易洽谈会和浙江投资贸易洽谈会对接活动，组织40余家企业参加商务部对美贸易投资合作促进团活动，组织部分企业实地考察塞尔维亚、澳大利亚和新西兰投资环境。

WENZHOU YEARBOOK 温州年鉴

市　场

综　述

2007年，温州市有各类市场459个，商品交易市场总成交额为713.77亿元，同比增长5.12%。其中消费品市场357个，成交额538.14亿元，同比增长4.71%。生产资料市场88个，成交额157.38亿元，同比增长7.26%，生产资料价格持续上扬。服务市场2个，成交额18.24亿元，同比减少0.55%。生产要素市场12个，成交额59.9亿元，同比增长2.15%。全市超10亿元商品交易市场18个，成交额427.78亿元，占商品交易市场成交额59.93%，同比增长12.37%。超亿元市场67个，成交额603.54亿元，占全市商品交易市场成交额81.18%，同比增长3.38%，其中消费品市场45个，生产资料市场20个，服务市场2个。省重点市场2家，省区域性重点市场12家，计成交额280.03亿元，占商品交易市场成交额41.09%。农副产品市场成交额243.26亿元，同比增长9%，其中肉食禽蛋类产品成交量持稳，猪肉价格彪升，粮油产品成交额大幅增长，价格上升，蔬菜市场品种充裕，价格平稳。工业消费品市场成交额250.27亿元，同比增长2.6%。

2007年温州市市场总面积299万平方米，摊位102 012个，市场经营户79 366户（其中总经销、总代理和特约经销户1207户），从业人员137 127人，市场注册商标8个，有13家市场建有网站，网上交易额25 090万元，依托市场举办展销会4期，达成交易额41 373万元。至2007年各市场累计安置下岗职工再就业9381人。全市创建星级文明规范市场28个，含三星级市场8个，二星级市场13个，一星级市场7个，其中新认定三星级市场5个，二星级市场7个，一星级市场5个，延续确认三星级市场3个，二星级市场8个，一星级市场3个。温州商贸城等10家市场获诚信市场称号，温州数码广场和陶瓷品市场开展倡导市场商业文明活动。

市场监管

食品安全四位一体检测　2007年温州市有流通食品检测中心12个，检测车9辆，检测点66处，检测箱96个，检测中队11支。全年检测上市食品580 051批次，检出不合格食品31 974批次，涉及商品85 336.57公斤，销毁处理11 875批次，涉及商品13 053.12公斤，检测食品总合格率为94.49%。检测项目除甲醛、吊白块、二氧化硫、亚硝酸盐、双氧水、硼砂、农药残留、硝酸盐、氢氧化钠和含碘盐等常规项目外，新增谷氨基酸、总酸、氨基酸态氮、注水肉、过氧化苯甲酰、瘦肉精以及苏丹红等项目。

食品检测515目标　2007年，温州市食品检测工作实现“515”目标，即聘任100名食品安全义务监督员，100个行政村建立农村食品安全监督小组，查处100件有影响的食品违法案件，在100个农贸市场设立快速定性检测点，基层工商所配置100只检测箱，完成50万

2007年年成交额超10亿元市场一览

市场名称	市场类型	摊位数（个）	成交额（万元）
瑞安商城	消费品综合市场	5000	649 200
温州商贸城	工业消费品综合市场	4006	510 642
温州市浙南农副产品中心市场	农副产品综合市场	1190	379 838
温州市六虹钢材市场	工业生产资料专业市场	413	322 890
温州礼品城	工业消费品批发市场	1080	250 000
瑞安市水产城	农副产品专业市场	500	244 200
温州东方灯具市场	工业消费品专业市场	550	230 500
温州市瓯海货运市场	服务市场	256	212 000
温州浙闽副食品商城	消费品批发市场	320	199 600
温州浙福边贸水产城	农副产品批发市场	400	180 000
温州浙闽农贸综合市场	农副产品综合市场	463	180 000
乐清市柳市有色金属市场	工业生产资料专业市场	300	152 372
温州汽车城	生产资料专业市场	295	141 871
温州数码科技广场	工业消费品专业市场	229	141 700
温州电脑市场	工业消费品专业市场	262	139 000
永嘉县桥头钮扣市场	工业消费品综合市场	711	137 550
温州化工市场	工业生产资料专业市场	217	106 400
温州市禽蛋交易市场	农副产品专业市场	150	100 000

2007年年成交额超亿元市场一览

市场名称	市场类型	摊位数（个）	成交额（万元）
瑞安商城	消费品综合市场	5000	649 200
温州商贸城	工业消费品综合市场	4006	510 642
温州市浙南农副产品中心市场	农副产品综合市场	1190	379 838
温州市六虹钢材市场	工业生产资料专业市场	413	322 890
温州礼品城	工业消费品批发市场	1080	250 000
瑞安市水产城	农副产品专业市场	500	244 200
温州东方灯具市场	工业消费品专业市场	550	230 500
温州市瓯海货运市场	服务市场	256	212 000
温州浙闽副食品商城	消费品批发市场	320	199 600
温州浙福边贸水产城	农副产品批发市场	400	180 000
温州浙闽农贸综合市场	农副产品综合市场	463	180 000
乐清市柳市有色金属市场	工业生产资料专业市场	300	152 372
温州汽车城	生产资料专业市场	295	141 871
温州数码科技广场	工业消费品专业市场	229	141 700
温州电脑市场	工业消费品专业市场	262	139 000
永嘉县桥头钮扣市场	工业消费品综合市场	711	137 550
温州化工市场	工业生产资料专业市场	217	106 400
温州市禽蛋交易市场	农副产品专业市场	150	100 000
瑞安市不锈钢市场	生产资料专业市场	90	99 500
乐清市柳市电器城	工业生产资料专业市场	927	95 996
温州紧固件市场	生产资料批发市场	320	90 012
温州浙江皮革市场	工业消费品专业市场	295	89 154
温州装饰材料市场	工业生产资料专业市场	145	87 115
温州市生猪肉品批发交易市场	农副产品专业市场	25	80 524
浙南鞋料市场	工业消费品专业市场	979	72 390
温州家具市场	工业消费品专业市场	140	70 143
温州煤炭市场	生产资料市场	35	58 820
乐清市虹桥商贸购物中心	工业消费品专业市场	657	58 760
温州二手车交易市场	生产资料市场	50	48 500
温州市粮油批发交易市场	农副产品专业市场	16	46 974
浙南粮食批发市场	农副产品专业市场	172	44 600
乐清市粮食批发交易市场	农副产品专业市场	22	43 956
温州市水产批发交易市场	农副产品专业市场	30	43 765
温州家电市场	工业消费品专业市场	141	40 607
苍南县纺织工业品市场	工业消费品批发市场	877	40 000
温州服装市场	工业消费品专业市场	588	35 480
瑞安市汽摩配城	生产资料专业市场	150	35 100
乐清市乐成中心菜场	农副产品综合市场	440	32 530
温州市站前商贸中心	农副产品专业市场	850	30 320
乐清市柳市水果副食品市场	消费品综合市场	243	30 235
浙江南方皮革城	工业消费品专业市场	257	29 000
温州市龙湾废旧金属材料市场	工业生产资料专业市场	190	29 000
瑞安市莘塍仙甲塑料市场	生产资料专业市场	76	28 500
瑞安市农贸市场	农副产品专业市场	206	27 320
苍南县浙闽边贸物流中心	服务市场	114	25 400
瑞安市望江菜市场	农副产品综合市场	400	25 010
乐清市木材市场	工业生产资料专业市场	142	24 490
瑞安市农副产品市场	农副产品综合市场	340	19 960
平阳县毛线综合市场	工业消费品专业市场	430	19 828
乐清市虹桥东街菜市场	农副产品综合市场	210	19 810

批次快速定性检测任务。

快速检测社会化服务 农贸市场开设检测服务窗口，免费提供食品检测服务。检测中心公布投诉电话，接受消费者投诉咨询。食品安全检测报告按月编发。

食品安全整治 2007年温州市食品安全整治“季季有重点，月月有行动”。4月，市级十大快速检测能手督查流通领域食品安全监管状况，复检各检测点食品，同时邀请媒体跟踪报道，引起关注。5月，流通领域食品安全专家咨询小组成立，全市聘任102位食品安全社会监督员。9月，社会监督员开展副食品市场食品安全互查。10月，食品安全专家下乡探索构建“企业自律，工商监管，社会监督”三位一体管理模式，在全省尚为首次。温州电视台《闲事婆和事老》等栏目随时宣传报道流通领域食品安全状况。

2007年温州市投资260万元用于新增食品安全检测设备，新增检测员68名。流通领域食品安全检测建立2%复核比对机制。安全检测从快速检测向积极挖掘案源方向转变，从工商为主检测向市场业主自行负责检测转变。食品“检测直通车”扩大了检测覆盖面。全年查处食品安全案件171件。具有法定资格的专业检测机构筹建中。

农村食品市场整顿年活动 2007年温州市农村市场食品安全监管推行行政执法、行业自律、社会监督、企业参与“四位一体”长效监管，全年检查乡村集贸市场、农村商品交易市场和批发市场1330处，检查农村流通领域食品经营户60 924个，查处假冒伪劣食品案件157起，案值310.2万元，移送司法机关案件8起。

商品交易市场

市场改造提升 2007年，工商局完成《温州市城区农贸市场现状及改造提升建议》调研稿上报市人民政府，6月，召集城区48家农贸市场和主办单位开会部署市场提升改造工作。8月，《温州市

续上表

市场名称	市场类型	摊位数（个）	成交额（万元）
温州市鹿城上陡门农贸市场	农副产品综合市场	318	19 207
乐清市虹桥生产资料市场	工业生产资料专业市场	66	19 100
温州市鞋料市场	工业生产资料专业市场	658	19 081
乐清市柳市中心菜市场	农副产品综合市场	660	18 456
瑞安市莘塍红星废铁皮市场	生产资料专业市场	120	16 810
苍南县灵溪大门菜市场	农副产品综合市场	351	16 000
乐清市金炉铁皮市场	工业生产资料专业市场	260	15 890
乐清市虹桥菜市场	农副产品综合市场	370	15 578
泰顺县罗阳综合市场	消费品综合市场	286	15 230
温州木材市场	工业生产资料专业市场	125	15 170
温州五金城	工业生产资料专业市场	221	14 750
文成县周村农贸市场	农副产品综合市场	207	13 477
温州市永中农贸市场	农副产品综合市场	195	12 790
瑞安市数码广场	消费品专业市场	70	12 540
苍南县灵溪城中菜市场	农副产品综合市场	358	12 500
温州市鹿城广利农贸市场	农副产品综合市场	819	11 608

城区农贸市场改造提升实施方案》由市人民政府公布实施，城区13家农贸市场启动改造提升，各地亦选择1至3家市场启动改造。市人民政府成立温州商贸城改造提升领导小组，出台政策积极推进专业市场改造提升。瑞安商城改造提升前期工作进行中。温州菜篮子集团在瓯海潘桥筹建农副产品批发市场，占地400余亩，前期工作进行中。

星级市场　2007年温州市星级市场如下。

四星级市场2家：温州数码科技广场、温州家具市场。

三星级市场25家：温州东方灯具大市场、温州市电脑市场、温州陶瓷品市场、温州市印刷物资市场、温州服装市场、温州家电市场、温州市二手车交易市场、温州紧固件市场、浙南鞋料市场、温州市鹿城兴文里农贸市场、温州市鹿城上陡门农贸市场、温州市南浦农贸市场、温州市华兴隆国际家具城、温州装饰城、温州市汽配市场、温州市龙湾区永中农贸市场、温州汽车城、瑞安市数码广场、瑞安市水产城、瑞安市美居装饰材料市场、乐清市世贸购物中心、乐清市清远农贸市场、乐清市柳市有色金属材料市场、温州礼品城、温州浙福边贸水产城。

二星级市场41家：温州化工市场、温州市电子元件城、温州中侨通信商场、温州鞋用化工市场、温州市房产交易市场、温州市鹿城洪殿农贸市场、温州市鹿城西城路农贸市场、温州市鹿城藤桥农贸市场、温州市鹿城行前农贸市场、温州市鹿城新城农贸市场、温州龙湾废旧金属市场、温州市龙湾状元农贸市场、温州市龙湾永中机床市场、温州市瓯海将军农贸市场、温州装饰材料市场、温州市瓯海货运市场、温州市瓯海瞿溪农贸市场、温州市瓯海泽雅农贸市场、温州市瓯海仙岩综合市场、瑞安商城（中央交易区）、瑞安商城日用品中心、瑞安市汽摩配城、瑞安市信息科技广场、瑞安市陶山农贸综合市场、乐清市粮食批发市场、乐清市乐成中心菜市场、乐清市雁荡山中心菜市场、乐清市柳市电器城、永嘉县桥头钮扣市场、永嘉县上塘城西农贸市场、平阳鳌江建筑装饰材料市场、平阳郑楼礼品城、平阳县龙河农贸市场、平阳县毛线综合市场、平阳县鳌江家电城、平阳县昆阳联东菜市场、平阳县水头镇金鸡桥农贸市场、平阳县敖江中心菜市场、文成县周村农贸市场、泰顺县罗阳综合市场。

一星级市场22家：温州市龙湾龙水农贸市场、温州市龙湾蒲州农贸市场、温州市瓯海潘桥农贸市场、瑞安市东门菜市场、瑞安市仙降横街菜市场、瑞安市安阳菜市场、乐清市乐成菜市场、乐清市柳市镇钢铁建材市场、乐清市柳市电子市场、永嘉县乌牛农贸综合市场、永嘉县瓯北农贸市场、永嘉县上塘城西农贸市场、永嘉县瓯北蔡桥农贸市场、洞头县百岛特色商品市场、洞头县北岙农贸、洞头县大门农贸市场、平阳县鳌江曙光菜市场、文成县玉壶天妃宫市场、文成县大峃镇陈宅农贸市场、文成县南田农贸市场、泰顺县罗阳城东集贸综合市场、泰顺县城南良贸市场。

生产要素市场

概况　2007年温州市技术市场和网上技术市场交易活跃。人才市场包括温州市人才市场、温州市网上人才市场、瑞安市人才市场、乐清市柳市技术人才交流中心和苍南县人才市场。劳动力市场包括温州市职业介绍服务中心、永嘉县瓯北劳动力交流市场、平阳县劳务中心市场和苍南县龙港劳动力中心市场。房地产市场包括温州市产权交易中心、温州市房产交易市场、瑞安怡兴房网市场、乐清市房地产交易市场和苍南县龙港房产交易市场。

技术市场　2007年温州市技术市场保持健康持续发展态势，新增上网企业341家，网上技术市场稳步运行。至12月，温州市场累计有上网企业17 795家，发布技术难题352项，发布技术成果和专利项目414项，提供研发经费6431万元，有246项技术难题成功对接签订技术合同，成交额17 925万元，引进共建创新载体签约数6个。全国94所高校和科研单位310位专家携3000余项科技成果参加2007浙江（温州）高新技术成果交易会，取得成效。2007年温州对外科技交易合作活跃，首都高校200余位专家教授先后同温州开展科技合作与项目对接活动。

人才市场　2007年温州市接收应届毕业生档案29 628份，其中市本级6398份。市本级服务窗口办理学生就业报到2555人（其中博士28人，硕士366人，本科1269人，大专869人，中专23人），人事代理总数16 244人，新增人事代理人数1610人。市本级举办人才交流大会5次，参加单位1800家，提供岗位3.3万余个，进场求职8.4万余人次。举办人才夜市45场，参加单位6400余家次，进场求职5.3万人次。举办专场招聘会（含高校毕业生就业招聘）5场，参加企业1150家，进场人数2.39万人次。有115家企事业单位（约3500个岗位）参加外出招聘活动，登记和接收求职简历6000余份，其中700余人达成聘用意向。

温州人才网全年发展会员1776家，发布就业岗位11万余个，投递简历58万余份，新增有效简历6万余份，贮存有效人才信息9万余人，网站年点击率287余万次，日点击率约8200次。2007年温州市举办网上人才交流大会3次，参加单位1438家。

劳动力市场 2007年温州市各劳动力市场开展“春风行动”、再就业招聘周、技能岗位对接和“山海协作”专场招聘会活动。全市全年登记招聘138万人次，登记求职78.8万人次，成功对接51.5万人次。28.1万人次进城务工农村劳动者职介费用得到减免。龙湾、苍南和洞头相继建成劳动力市场投入使用。

（上接第164页）

元，荣登中国500最具价值品牌榜。公司名列“中国成长百强企业”第34名，美特斯邦威产品是上海名牌产品。9月间开业的上海南京东路美特斯·邦威旗舰店面积9000平方米，为亚洲最大单品牌服饰店。

董事长兼总裁周成建是中国服装协会副会长，上海市人大代表，上海市劳动模范，入选“中国最佳商业领袖”，曾于11月间应邀参加2007全球牛仔峰会。周成建热心社会公益与慈善事业，出资1000万元扶持浙江省青年创业创新活动，并积极资助泰顺贫困学生。2007年，美特斯邦威上海总部入选“全国工业旅游示范点”。

强强集团 强强集团有限公司成立于2003年，注册资金1.52亿元，是国内最大的无区域锁业集团。董事长黄聪弟。集团以生产门锁为主，旁涉酒店、房地产、物业管理和投资，并跨省控股国有企业。公司拥有“中国十大锁王”、“国家免检产品”、浙江省著名商标和浙江省名牌产品称号。2007年，集团锁具销售量4195万把，工业总产值首次突破10亿元。集团是温州市自营出口十强企业，产品顺销50余个国家和地区，其中弹子插芯门锁产品顺销意大利、法国、西班牙、美国、德国。在俄罗斯和捷克，销量亦逐年增加。集团产品在中东市场占有率为80%。2007年集团出口创汇约2000万美元。集团机械锁与智能电子锁项目园区建设中，该项目用地面积320亩，总建筑面积30万平方米。

温州发展有限责任公司 温州发展有限责任公司是温州市国有交通基础设施投资主体企业，全资担负温州绕城高速公路（北线）项目，承担温州市高速公路投资有限公司7.5亿元资本金置换投资任务，并以控股方式承接诸永高速公路温州段延伸线项目瓯江过江通道投资任务。2007年，温州发展有限责任公司秉承“稳健，务实，开拓，创新”经营理念，促进绕城高速公路北线工程项目有序实施，推动瓯江过江通道项目前期工作取得进展，实现国有资产保值增值，年经营收入3.34亿元，系统总资产达到46.8亿元，相继获浙江省“信贷诚信企业”、温州市“纳税百强企业”和建行浙江省分行总行级重点客户、工行温州分行AAA级信用企业称号。

2007年，温州发展公司根据市人民政府机场路收费项目提前撤站决定，相应制定撤站实施方案，确保机场路原民营资本投资、补偿、路产和运管给养如期移交，撤站后续工作平稳、有序实施。

10月，市领导邵占维召集会议，专题研究发展公司长效发展计划，确定公司为市政府交通投资主体企业。公司规划前景为“经营模式向集团化模式跨越，资产规模向百亿规模跨越，资产经营向资本经营跨越”。

温州鹿城农村合作银行　简称鹿城农村合作银行，由温州市郊信用联社于2005年6月改制成立，截至2007年末，下辖营业网点42家，在岗员工437人。本外币各项存款余额66.77亿元，比年初增加15.04亿元。各项贷款余额48.72亿元，比年初增加9.17亿元。不良贷款持续“双降”，四级分类余额为620万元，不良率0.13%，资产质量排名全省农村合作金融系统第一位。银监局监管评级达到二级。全年实现利润1.27亿元，同比增长39.6%。

作为鹿城区唯一的地方金融机构，鹿城农村合作银行不断提高对新农村建设和地方经济社会发展的贡献度。截至2007年末，鹿城农村合作银行小企业贷款余额23.6亿元，占全部贷款余额的48.5%，比年初增加3.5亿元。新增小农业贷款7.1亿元，占各项贷款新增额的77%，加大对鹿城中小企业的扶持力度，不断推进小企业贷款六项机制建设，评出AAA级企业261家、AA级企业123家，授信额度28亿元。

2007年，鹿城农村合作银行被省农信联社评为“全省优胜单位”、“十强合作银行”，被省综治办、公安厅评为“全省治安安全示范单位”，被省银行业协会评为“文明规范服务示范单位”，是温州市百强企业、鹿城区功勋企业。

鹿城农村合作银行
总行地址：车站大道信合大厦A幢
客服热线：96596

1 2 鹿城合行参加全省第二届理财节，省银监局付祖蓓局长（左一）和省农信联社朱范予理事长（左一）等来到该行展位视察

3 鹿城合行总行大楼

4 鹿城合行在城乡结合部大力推广自助设备受到群众欢迎

5 鹿城合行承办省农信联社“情系三农，支持新农村”文艺巡演温州站晚会

6 鹿城合行冠名鹿城区第六届职工运动会并获得团体第二名

7 鹿城合行到七都、双潮等偏远农村举办“送金融知识下乡”活动

1

2

温州龙湾农村合作银行 成立于2005年6月份正式对外挂牌开业，是一家在整合原龙湾区农村合作信用联社及所辖分支机构的基础上，经股份合作制改造而成立的地方性法人银行机构。自重新组建以来，始终坚持“农民的银行，中小企业的银行，社区居民的银行”的市场定位，服务龙湾区的地方经济建设。截至2008年末，各项存款余额58.82亿元，贷款余额39.92亿元。

龙湾农村合作银行已开通全国通存通兑业务，网络覆盖全国20多个省、市、自治区，85 000个网点。全省近5000个网点，龙湾区内30多个网点提供免费通存通兑业务，方便、实惠。持丰收卡（或存折）在龙湾区内任一镇（街道）可免费办理水电费代缴、各类工资代发、地税代扣、学费代缴、各类农民财政补贴代发等代收代付业务；在全国任意一台ATM机取款免手续费；在中国、欧洲、美国、东南亚、香港等20多个国家和地区刷卡消费免手续费。全年不收取任何卡费、年费和短信通讯等费用，是浙江省唯一不收费的银行卡。

龙湾农村合作银行，将凭借改革的东风，面向未来，为龙湾经济进一步繁荣腾飞做出应有的贡献。

1 总行大楼
2 参加温州农村合作金融第三届员工运动会
3 营业大厅
4 优质服务

3

4

1 省农信联社姚世新理事长（右二）来我行调研

2 市领导卓高柱莅临我行指导工作

3 4 致力社会公益，向贫困山区献爱心

温州瓯海农村合作银行　成立于2005年6月19日，是经中国银行业监督管理委员会批准，由瓯海区企业法人、村级集体经济组织和自然人投资入股组建的股份合作制社区性地方金融机构。总行内设部室7个，中心15个，下辖营业部1家、支行18家和分理处20家，现有在编员工329人。

瓯海农村合作银行始终坚持服务“三农”的经营方向，形成以存款业务为根基、贷款业务为核心、中间业务与国际业务为两翼的“三位一体”经营格局。截至2008年11月末，本外币存款余额78.78亿元，各项贷款余额61.46亿元，不良贷款率0.20%，实现各项收入4.99亿元，账面利润1.21亿元，上缴各类税收1762万元，各项指标居全省同系统前列与瓯海区各大金融机构首位。

瓯海农村合作银行先后被评为“浙江省一级农村合作金融机构”、“浙江省十强合作银行”“浙江省农村合作金融系统优胜单位”、“温州市文明单位”、“温州市百强企业”、瓯海区“功勋企业”、“活力和谐企业”。

金 融

综 述

2007年末，温州市金融机构本外币各项存款余额3462.25亿元，比年初增加525.10亿元，同比增长17.91%；本外币各项贷款余额2783.72亿元，比年初增加549.97亿元，同比增长24.64%，存贷款余额创出历史新高。保险市场发展良好，保险机构保费收入51.88亿元，同比增长20.8%；证券市场交易活跃，全市开户股民数33.2万户，比年初增加22万户，股票交易额10 222亿元，比前四年累计交易额高3.67倍，成为历史之最。

2007年，温州市金融系统坚持以科学发展观为指导，认真贯彻国家宏观调控政策，内控管理不断完善，创新意识不断增强，信贷结构不断优化，信贷有效投入得到保证，资产质量不断提升，经营效益不断提高，保持与区域经济的良性互动，有力支持区域经济建设和社会发展。

2007年，温州市金融改革取得明显进展。五家大型银行推行内设机构整合，实行柜面改造，处置各项不良资产，引入竞争机制，逐步实现观念和经营机制的转变。市农发行商业性贷款业务稳步推进；各股份制商业银行以授权审批、内部稽核为重点的业务垂直化管理改革步伐加快；温州市商业银行成功发行5.5亿元次级债券，进一步优化股本结构资本充足率达8%以上。更名为“温州银行”后，加快整体上市步伐，提升整体品牌形象，在衢州设立首家异地分行，迈出跨区域发展的第一步；农村合作金融机构各项改革进展顺利，永嘉、苍南信用联社积极筹备组建农村合作银行，洞头二级法人联社筹建一级法人联社，获得省农村金融改革领导小组批准。邮政储蓄体制改革进入实质性阶段，各项工作稳步推进。

2007年，市人民银行积极贯彻落实货币政策，加强“窗口指导”力度，结合温州市委市府提出的“四大工程”和全市产业结构调整等发展战略，引导金融机构加大对重点项目的支持力度。搭建银企沟通平台，引导金融机构加大对成长型中小企业和重点项目的支持力度。协助市政府召开全市银企对接推进会，共签约授信重点基础设施项目、海涂围垦重点和中小企业等项目合计金额258.892亿元。

2007年，温州市金融改革创新稳步推进。深化县域金融服务试点工作取得阶段性成果，主要从完善商业银行信贷业务、推进县域支付结算改革、推进县域货币发行工作、推行国库“一户通”电子缴税系统、创新县域信用体系建设、创新保险产品加大县域保险市场覆盖面等六个方面进行制度突破。农户信用档案、集体土地抵押等试点取得初步成效，改善农村地区支付结算环境，破解农村抵押、担保难问题，试点工作走在全省先列。成功发行商业银行次级债。2007年9月份，温州市商业银行在全国银行间债券市场成功发行次级债券，圆满完成5.5亿元资金的募集工作，资本充足率10.09%，进一步提高抗风险能力和综合实力。市人民银行加强农信社央行票据兑付后的监测考核指导工作，巩固和深化农信社改革成果，温州市10家农村合作金融机构发行央行票据9739万元，已全部兑付完毕。进一步创新推广“11.22”非现金支付结算日活动，拓展活动内容和深度，提升市民使用安全便利金融结算工具的自觉性和主动性。

2007年，温州市金融生态环境进一步优化。温州金融业积极响应市政府打造“信用温州”号召，征信体系建设取得突破性进展，社会信用不断推进。据统计，已有参加评级工作企业100多家。企业、个人征信系统日益完善，数据库资料真实性不断提高，非银行信息采集工作明显加快。全市纳入中小企业信用档案2807家，法院已判决未执行个人信息、个人公积金相关信息相继入库。个人征信系统查询量呈逐月增长趋势，2007年月均查询量为5.6万次，比2006年增加2.1万次，在全省仅次于杭州和宁波两地区。个人征信系统入库贷款余额为852亿元，企业征信系统入库贷款余额为1591亿元，合计为2443亿元，入库率90.48%。推广农村反假货币协理员、兼职宣传员制度，建立反假货币工作站，取得明显成效。截至2007年底，温州市银行业不良信贷资产余额为23.61亿元，不良率仅为0.85%，持续7年实现“双降”，信贷资产质量位居全省首位。

2007年，温州市外汇服务工作不断强化，市外汇管理局加大改革和创新力度，转变外汇管理服务理念，开展“诚信兴商宣传月”、“外商投资企业服务月”、外汇政策宣讲团等活动，加强外汇政策宣传和引导，便利市场主体持有和使用外汇，有序拓宽资本流出渠道，规范和引导个人华侨贸易行为，促进贸易投资活动便利化和国际收支的基本平衡。2007年，市外汇管理局连续五年被市政府评为“开放型经济优质服务先进单位”。市外汇管理局开展外汇资金流入与结汇大检查，加强对外汇资金流动监管，完善监测分析，严厉打击外汇违规行为，规范外汇市场秩序。

2007年，市人民银行积极推进支付体系电子化建设，完善和推广温州市同城票据交换系统应用；开展个人支票试点，创新个人支票业务；大力推广公务卡，分别在平阳和苍南实施公务卡试点；拓展银行卡受理市场，督促商业银行与电业部门签订受理银行卡的协议，协调银行在电业、地税局网点全部安装POS终端；开展跨行通存通兑，方便企业居民办理业务。截至2007年底，温州银行卡渗透率达到21.85%，比上年底提高了10个百分点。POS清算笔数513万笔、金额161亿元，分别比2006年同期增长了67%、113%。

人民银行

概况　2007年，人民银行温州市中心支行（以下简称温州市中支），加强班子和干部队伍建设，推进人事制度改革，推动支行职能调整和机构整合，提高依法履职能力。温州市中支贯彻货币政策强化窗口指导，建立健全金融风险监测体系，加大各项业务检查处罚力度，维护良好的外汇市场秩序，开展诚信经商和外汇管理政策宣传，完善支付体系基础建设，力推非现金支付工具，强化人民币账户管理，推广“一户通”电子缴税系统，构建反假货币工作长效机制，深化县域金融服务支持新农村建设，推进农村信用体系建设，做好金融行政许可窗口工作，推动地方经济金融的持续健康发展。

货币政策贯彻与窗口指导　2007年温州市中支切实做好货币政策工具调整工作，积极贯彻人民币存款准备金率、外币存款准备金率和利率调整工作，加强对辖内法人金融机构日常存款准备金管理工作的监测管理，确保法人金融机构保持充足的流动性，有效适应经济金融形势变化提出的挑战。制定和下发《2007年温州市货币信贷工作指导意见》，鼓励信贷合理增长，引导金融机构加大对重点项目的支持力度，支持全市经济社会又好又快发展。搭建银企沟通平台，协助市政府召开全市银企对接推进会，加大对成长型中小企业和重点项目的支持力度。部署贯彻《关于加强对地方中小金融机构贷款指导的意见》，通过约见地方法人金融机构主要负责人谈话等形式，实现对货币信贷总量的有效调节。认真贯彻《关于改进和加强节能环保领域金融工作的指导意见》，引导金融机构加强对节能环保领域的金融服务工作，严格控制对高耗能、高污染和产能过剩行业、企业的贷款投放。积极开展小企业贷款风险补偿工作，完成2006年度小企业贷款风险补偿审核上报工作。认真落实助学贷款新政策，积极推动信贷助学。全年全辖共向4415名学生累计发放助学贷款2819万元，贷款余额6879.98万元，同比增加779.25万元。

金融风险监测体系　2007年，温州市中支进一步完善温州辖区银行机构流动性风险监测指标体系、保险业风险监测指标体系和证券业风险监测指标体系，按季对银行业流动性风险和整体性风险进行分析，创新工作思路，探索做好金融稳定工作，密切关注金信信托公司停业整顿工作进展情况，协助市政府开展第二阶段个人债权确认甄别和资料补正工作。

金融业务检查　2007年，温州市中支根据实际情况，整合人民银行法定的各项业务监督检查权，开展综合业务检查。检查内容涉及缴存款业务、金融市场业务、人民币管理、现金管理、代理经理国库、反洗钱、人民币账户管理、金融统计、征信、国际收支申报、外汇业务等，促进金融宏观调控和金融稳定目标的有效落实。全面启动应用支票违规行为处罚系统，进一步打击空头支票违规行为，营造良好支票使用的信用环境。拓宽打击洗钱活动广度，组织召开反洗钱工作座谈会，有计划、有步骤地组织开展证券业、保险业反洗钱工作。

支付体系基础建设　2007年，温州市中支组织实施全市支付系统升级、账户管理系统二期、支付管理信息系统、联网信息核查系统、全国支票影像系统等五个系统上线或升级换版工作，继续完善支付体系基础建设。完成温州市同城票据交换清算系统的推广，承办全省同城票据交换清算系统县域推广培训班，对6个地市中支进行培训。组织推广系统向辖属县支行延伸，替换其原有的同城系统，构建同城票据交换新模式。督促商业银行加大同城直联改造的步伐，从根本上解决县级票据交换机构的资金清算安全问题，为全省改革提供示范。

非现金支付工具推广　2007年，温州市中支着力推进银行卡县域应用，在平阳和苍南试点推广公务卡，平阳县为163个行政事业单位制作公务卡600余张，苍南县公务卡管理办法被苍南县政府转发，洞头县地方政府出台银行卡补贴政策。积极倡导和推进无形和有型商业市场使用银行卡业务，拓展银行卡受理市场。作为全省唯一的个人支票业务试点城市，大力推进支票的使用，创新支票业务新品种，成功在温州银行推出“金支票”——新的个人支票工具。推广商业承兑汇票，制定“商业承兑汇票黑名单”制度和企业信用评级制度，有效控制商业承兑汇票的风险，促进商业信用的票据化。开展“非现金支付结算日”周年活动，突出“非现金支付，就在您身边”鲜明主题，引导企业、社会、客户各个层面，淘汰落后用现方式，转移到非现金支付结算。强化支票影像系统和小额支付系统业务推广和使用，确保业务快速发展和系统平稳运行。

人民币账户管理　2007年，温州市中支加强对银行结算账户的监督检查，对四家银行开展结算账户现场检查；规范行政审批窗口人民币银行核准类账户日常行政许可行为，按月开展现场监督并形成书面报告；组织人员对辖属四个县支行银行结算账户管理和核准类银行结算账户核准工作进行指导和监督检查。组织并督促银行机构做好银行结算账户年检工作。开展清理全市行政事业单位账户工作，协助市纪委、市财政开展全市行政事业单位账户清理工作。

“一户通”电子缴税系统推广　2007年，温州市中支加强与地税的协调沟通，在全辖地税系统全面推行“一户通”电子缴税系统。积极配合财政做好政府收支分类改革，根据国库会计核算系统和统计系统升级的要求，精心组织，统筹规划，确保国库会计核算系统和国库统计系统多次升级换版工作顺利运行。加强对各支库和代理支库的指导，组织、布置、指导、落实好各支库的系统升级工作，确保全辖政府收支分类改革顺利进行。做好国库集中收付制度改革。加强与上级行和地方政府、财政部门的沟通，确定10家预算单位做为试点，并与财政部门共同选择2家代理银行，开始实行国库集中收付改革试点工作。

反假货币工作长效机制构建 2007年，温州市中支进一步完善农村反假币工作网络，在全市所有农村乡镇包括办事处设立150家“农村反假币工作站”，在全市农村设立1225个“农村反假币网络点”，形成一个由政府、银行、乡村共同参与的“三位一体”的农村反假币工作网络。召开反假货币工作联席办公室成员会议和辖区农村反假币工作推进会，进一步落实全市农村反假网络建设实施方案。加强假币收缴鉴定管理工作。组织对市区19家商业银行《假币收缴鉴定管理办法》执行情况的检查，增强商业银行假币收缴的合规性和自觉性。

县域金融服务支持新农村建设 2007年，温州市中支为全面贯彻《中共中央国务院关于积极发展现代农业扎实推进社会主义新农村建设的若干意见》(中发〔2007〕1号）和人民银行工作会议精神，加快全市社会主义新农村建设，在苍南县推行深化县域金融服务试点工作，制订《关于深化县域金融服务支持新农村建设试点工作的指导意见》。4月13日，在苍南启动浙江省金融服务送农村活动暨温州市深化县域金融服务支持新农村建设试点工作，开展大型广场咨询活动。试点工作启动以来，原定6个方面60个项目试点工作付诸实践，取得试点工作初步成效。

农村信用体系建设 2007年，温州市中支通过全面建设乡村级农户信用档案，完善互保机制，支持农村就业和再创业工程，对信用用户实行优先贷款、简化手续、放宽额度、优惠利率等政策。配合地方政府加快信用镇、信用村的诚信建设，开展诚信履约的单位和企业评选活动，借用媒体营造崇尚守信的良好氛围。在苍南、泰顺等县全面调研农村信用建设情况，起草《加快农户信用档案建设工作的指导意见》。加强再贷款管理，确保支农再贷款效益的发挥。

金融行政许可窗口设立 2007年，温州市中支在市政府行政审批中心设立的金融行政许可窗口，统一办理人民银行金融行政许可业务。截至2007年11月13日，共办件18 492件，是上年同期的3.3倍，同比增加13 134件，增长245%。

银行业监管

概况 2007年，中国银监会温州监管分局抓住提升抗风险能力和综合竞争力两大关键问题，健全“防风险、促发展、强基础”三维工作框架，加强审慎监管力度，构建和谐银监分局，稳步实现年度四大工作目标，推进温州银行业改革开放和科学发展，促进温州经济金融更好更快发展。连续第4年被评为“浙江银监局年度监管绩效考核一等分局”，获得"浙江银监局系统信息工作先进单位"等多项集体荣誉称号。

银行业监管政策落实 2007年，温州银监分局通过召开银企合作推进会、监管情况通报会，建立经济金融形势分析和风险提示制度等，将宏观调控政策和银行业监管意图及时传达到银行业机构。引导银行业合理把握贷款投向、总量和节奏，积极优化信贷投向结构。超额完成市委市政府下达的“5个增长比例”责任目标，连续7年实现不良贷款余额和不良率“双降”，成为全国银行业资产质量最好的地级市。2007年全市各项贷款增量、增速均居近五年来高位。

银行业风险评估和跟踪处置 2007年，温州银监分局完善银行业风险评估与分类处置制度，按季召开风险评估会议，做好三个层级评估工作的有机衔接。细化风险评估指标，明确风险评估人员，实行风险评估问责。针对评估锁定的风险、整改情况及银行业新动态，区别国有大型银行与政策性银行、股份制商业银行、城市商业银行、农村合作金融机构、邮政储蓄机构、“两非”活动等六类不同对象，采取现场检查、监管调查、监管意见书、风险预警、风险提示等10类措施实行差别化处置。组织开展监管评级工作，健全风险评估台帐和处置情况定期督查机制。2007年风险评估锁定110多个风险问题，共发出《监管意见书》、《风险预警》和《风险提示》30多份。

银行业“三项治理”工作 2007年，温州银监分局坚持案件专项治理、社会治安综合治理、治理商业贿赂有机结合，把“三项治理”工作纳入对银行业机构的现场检查和非现场监管之中。督促银行业机构严格执行法规制度，加强内控管理情况，特别是认真落实防范操作风险的“十三条”意见和强化内控建设“十个联动”等要求。与市级银行业机构签订年度综治工作责任书，督促落实“双线问责”、“上追两级”责任追究制度，开展“十个违规必追究”检查，建立银行业案件信息统计和通报制度，形成严明的问责机制。重点深化对农村合作金融机构、城商行等法人机构的案件专项治理工作，强化对案件风险整改工作监督检查的力度，实行案件风险整改工作与科学的激励约束机制建设挂钩，与监管评级挂钩，与市场准入监管挂钩。组织开展对公账户管理、重要空白凭证管理等案件风险排查工作，开展金库管理、现金、出纳业务检查。联合公安等部门对11个县（市、区）1000多个银行业网点进行安全评估检查，采取针对性的整改措施，有效消除安全隐患。成功堵截金融诈骗案件10多起。全年共对91家社会治安和内控优胜单位进行表彰，对2家内控薄弱单位加大检查频度、深度和广度。分局被市委市政府评为2007年度社会治安综合治理先进单位。

银行业现场检查 2007年，温州银监分局先后对银行业内控状况、个人经营性贷款、土地储备贷款、贷款风险分类偏离度、案件治理情况、债券投资业务、新发放贷款及贷款集中度等进行现场检查。根据风险评估情况，增加三项治理“十个抓”、“内控建设十大机制”和“十种违规必追究”，监管意见落实和问题整改等自选检查项目，做到高风险高密度监管，低风险低密度监管。2007年，温州银监分局开展现场检查项目29个，累计投入2352个检查工作日，发现并督促整改560多个违规问题。创新自查 督导方式，银行业自查项目57个，自查发现并有效整改违规或风险问题1900多个。自查督导推动监管者与被监管者之间建立和谐的关系，提高岗位人员合规教育的广度和深度，促使被查机构变被动接受检查为主动自查整改，降低监管成本，取得良好的监管效果。

银行业非现场监管 2007年，温州银监分局坚持非现场监管与现场检查有机结合，建立非现场监管与现场监管人员职责明确、主监管员与主查人并重的监管新框架。继续以推进“银行业非现场监管信息系统工程”为抓手，根据非现场监测分析、监管评级和风险评估结果确定现场检查项目。以贯彻《商业银行风险监管核心指标》为契机，推进分支机构非现场监管系统建设，加强非现场监管报告工作，客观评估监管成本和实际效用，取得“摸清风险状况、明确监管重点、理清监管思路、制定监管措施”实效。

银行业法人治理监管 2007年，温州银监分局提出小法人银行业机构法人治理年度推进目标及具体意见，督促提升“三会一层”履职能力，建立健全有效的制衡机制，形成公司治理的内外合力。对部分机构法人治理建设情况进行专项检查，深入剖析问题，提出监管意见。督促温州银行完善董、监事会运作管理制度，规范专业委员会工作制度；全面实施三方会谈制度，提高外部审计质量，形成外部监管合力。确定农村合作金融机构法人治理“三到位二推动”思路，即高管人员、“三会一层”和内部监管到位，监管机构和行业管理部门联合推动。按照“一行（社）一策”原则，通过监管意见书等形式，推进法人治理年度目标。截至2007年12月末，温州银行二次增资扩股后资本净额20.85亿元，比年初增加7.84亿元，资本充足率9.61%，其中核心资本充足率6.29%，符合监管要求。农村合作金融机构贷款损失准备充足率162.56%，拨备覆盖率161.43%，分别比上年提高49.96和38.12个百分点。

银行业高级管理人员监管 2007年，温州银监分局将高级管理人员任职资格审查、约见谈话和违规问责等作为提升监管实效的重要方式，建立对银行业高级管理人员的动态监管机制，强化履职问责，全年共对100多人次银行业机构高管人员进行审慎谈话，将任职资格谈话与金融知识考试相结合，督促高级管理人员加强金融法规与业务学习，对104位高级管理人员进行任职资格考试。

银行业不良贷款结构性“抓降” 2007年，温州银监分局积极引导辖内银行业积极应对宏观经济环境变化，做实不良贷款“抓降”工作。实施《重点联系行不良贷款监测暂行办法》，确定4家支行作为重点监测联系行，做好不良贷款“月度分析、季度考核”，强化结构性“抓降”措施。截至2007年12月底，全市银行业不良贷款余额23.61亿元，比年初下降6.02亿元，不良率0.85%，比年初下降0.48个百分点。不良贷款余额、比率保持“双降”，信贷资产质量居全国先进水平，其中温州农村合作金融机构不良贷款余额下降2.62亿元，不良率下降1.28个百分点，资产质量连续11年位居全省第一位。

银行业“送金融知识下乡”活动 2007年，温州银监分局以“银监牵头，各行策划，团委主办，行政推动”的组织原则，召开“送金融知识下乡”活动启动仪式，发出深入推进“送金融知识下乡”活动倡议。以金融产品路演、金融知识咨询、非法集资主题漫画、上金融风险教育课等方式，开展“金融风险教育进家入户”活动。全年发出11份监管意见书，鼓励和支持在金融空白乡镇设立机构，温州农村地区增设银行业机构13家，金融空白乡镇比年初减少5个。组织“金融进课堂，金融进社区”30多次，分发各类金融书籍和宣传资料10多万册。银监会刊发《监管工作信息—温州“送金融知识下乡”活动有特色成效好》，并上报国办和团中央，引起浙江银监局和温州市领导的关注和批示。

银行业小企业贷款“六项机制”建设

2007年，温州银监分局继续加大对全市银行业系统小企业贷款推进力度，以“六项机制”建设为核心，加快产品、机制和管理方式创新，相继推出“小企业简式快速贷款”、“阶段性贷款”、“小企业额度循环贷款”等信贷新产品。温州银行业机构在推进精细化管理和可持续发展、做到风险可控的前提下，适度下放定价权限，扩大小企业贷款受理范围，下放审批权限及简化操作流程，贷款手续进一步简化，审批环节明显减少，越来越多的银行设立小企业金融服务部门，并逐步建立起小企业贷款独立核算机制。截至2007年12月底，全市小企业授信客户72 606户，比年初增加28 777户，增长62.66%，其中，贷款余额463.29亿元，比年初增加168.39亿元，增长57.1%，占全市贷款的16.64%，同比提高3.44个百分点。

金融“两非”处置工作 2007年，温州银监分局根据温州市金融突发公共事件应急预案要求和“平安温州”创建要求，拟定《温州银监分局银行业突发事件应急预案》、《分局查处非法集资活动的处置程序》。建立处置非法集资工作信息月度监测制度，跟踪案件处置情况，提出处置意见建议。配合做好对金华信托停业整顿及债权甄别工作。配合乐清、平阳市（县）政府开展打击社会非法集资活动。及时调研辖内担保、投资机构风险防范情况，对当前温州非法集资活动的形式、特点、成因以及查处非法集资活动的难点进行了调查剖析，掌握温州金融“两非”动态，提出加强集资管理的建议。

银行业合规文化建设 2007年，温州银监分局以“合规建设和风险管理年活动”为契机，推动全市银行业系统深化合规文化机制建设。督促各银行业机构设立合规领导小组，检查合规部门运作情况，排查风险点，完善风险管理流程，制定合规管理“三项基本制度”，提高合规管理在绩效考核中的权重。举办温州银行业“合规建设”行长培训班和第二届“内控论坛”。全辖银行业机构开展合规培训270次，排查基层机构958家，提出排查工作要求395条，制定案防工作目标和措施133条。督查合规建设机构129家，清查规章制度2972条，组织20多场大型专题讲座，8110多人次参加学习培训。树立“违规就是风险”的审慎经营理念，营造良好的合规文化氛围，深受银行业欢迎。

银行业支持新农村建设　2007年，温州银监分局加强农村金融服务，督促农村合作金融坚持“三农”市场定位，适应新农村发展的多样化金融需求，加快农村消费贷款业务品种创新力度。陆续推出以个人住房贷款业务为重点的耐用品消费等多种消费信贷品种组合产品；加强与政府部门合作，推出新农村移民贷款、下岗工人创业贷款、旧村改造贷款等新品种，打造“新农村青年诚信创业贷款工程”；推广“农家乐”、“渔家乐”等贷款，推动休闲旅游农业加快发展；推广“林权抵押贷款”、“三位一体贷款”、“转产专业贷款”、“外出农户创业贷款”，有效解决农户贷款抵押、担保难问题。截至2007年12月底，全市农业贷款余额227.65亿元，比年初增加45.44亿元，占全市贷款增量的8.25%，同比提高0.61个百分点。

温州银行业综合试点改革　2007年，温州银监分局积极深化农村合作金融体制改革，督促和指导永嘉、苍南信用联社组建农村合作银行、洞头二级法人联社组建一级法人联社，获得省农村金融改革领导小组批准。帮助和指导农村合作金融机构完成9739万元专项票据兑付工作。鼓励和支持城商行成功发行5.5亿元次级债，健全资本补充机制，更名为温州银行，并跨出温州设立异地分行。引导加大拨备计提力度，拨备覆盖率均超过100%，抵御风险能力得到明显提升。引导邮储机构深化样板示范所建设，推广小额存单质押贷款。联合制定实施小企业贷款风险补偿资金使用管理办法，审核发放补偿金640万元。建立“微创型”企业贷款等统计分析制度，重点推进小企业授信模式创新，扩大保证贷款范围和信用贷款的比重，试点突破集体土地融资瓶颈等。温州银行业综合试点改革得到进一步的深化和提升。

银行业依法行政工作　2007年，温州银监分局进一步强化“依法许可、依法检查、依法处罚、依法处置金融风险”工作理念，健全法律工作队伍。制订“五五普法”规划，按月印发金融法律宣传小册子，利用“12.4法制日”平台，走进广场、走入社区，向公众宣讲理财业务风险、非法集资风险等，发放宣传资料近万册。做好温州市改制企业金融债权维护工作，依法规范债权保全证明认可的办理条件和流程。建立金融处罚集体审议制度，严格执行处罚回避制度。依法对8家银行业机构做出30万元的罚款。强化金融审批“窗口”职能，简化审批流程，实行即时接单受理，实行许可接单和审批办理相分离。2007年高效办理250余件行政许可事项。

银行业调研信息互动机制　2007年，温州银监分局进一步完善温州银行业课题研究互动机制，率先建立银行业信息联络小组，不定期组织有关银行业机构就温州银行业创新实践、银行业与担保公司的合作、小企业贷款机制创新等课题进行互动研究。强化“监管工作到哪里，调研信息到哪里”理念，按季召开信息工作会议，完善月度信息报送要点和进展情况通报制度，修订信息工作考核激励办法。2007年，温州银监分局在银监会和省委、省政府及以上内刊发表信息40多篇，新华社、《经济日报》、《财经》等国家主流媒体多次集中反映温州银行业改革创新的做法与成效，其中《推动“信用温州”建设的六种银行业新机制》、《温州反映担保公司办理贷款垫资问题亟待引起关注》、《温州银行业监管创新与启示》等引起国务院总理温家宝、银监会主席刘明康和浙江省省长吕祖善等10多位上级领导的批示和肯定，推动解决一些监管难点工作，很好地发挥信息工作决策参考的作用，在银监会、浙江银监局和温州市委、市政府信息工作考评中名列前茅。

银行业监管机构文明创建活动　2007年，温州银监分局策划开展创建总会级“文明单位”、“三守”教育、“勤政廉政”等主题实践活动。试点推行岗位履职评估，完善年度多元考核机制；深化学习型组织建设，建立银行业互动交流机制。重视工会和团建工作，组织“创一流业绩，迎接十七大”主题征文、“喜迎十七大”文艺晚会等活动。健全民主管理制度，采纳合理化意见，落实民主决策“五步工作法”。规范财务管理，改进后勤服务，关心职工生活。建立履职问责机制，健全内部规章制度，深化内控体系建设。开展市场准入执法监察，评估行政审批事项依法、合规及效率情况。文明创建活动受到总会领导的批示肯定，创建银监会级“文明单位”已经过省局推荐和总会公示。

银行业监管机构内控体系建设　2007年，温州银监分局继续深化财务内审、工作底稿年审、市场准入执法监察、金融处罚集体审议、廉政民主评议、进人提干、大额采购、网络安全、保密工作和大楼安全等十项内控体系建设。签订党风廉政建设责任书，从7个案件易发重点部位、岗位和环节（人财物管理、尽职监管、市场准入、金融处罚、“四项清理”、“约法三章”、安全保密），对制度的有效性、执行的严肃性进行认真评估。创新式推进“五步工作法”，即多方收集民意；制定工作预案；广泛征求意见；形成决策方案；采取表决确定。监管部门内控体系建设推进了监管形象建设，2007年银行业监管行风评议满意率99.13%。

银行业运行安全　2007年，温州银监分局会同公安部门对全市所有银行业机构全面开展安全评估达标工作，在各银行业机构自查评估基础上，共组织2550人次对温州全市1152个银行业网点、82座金库、923家自助银行及ATM机具、280辆运钞车进行全面安全评估，开展金库管理、现金、出纳业务的检查，对评估、检查发现的问题及时督促整改，涌现出15家省治安安全示范单位。全市银行业机构在防护设施建设方面投入的资金达1.2亿元，比上年增加3000余万元，使银行业机构的安全防护设施进一步完善，为更好地构筑人防、物防、技防相结合的立体式安全防范网络打下良好的基础。

农业发展银行

概况　2007年，中国农业发展银行温州市分行各项贷款余额12.05亿元，比年初增加3.67亿元，增长43.8%。其中，商业性贷款余额占贷款总量40%，同比增加15.8个百分点；中长期贷款增加额占29.4%，比年初提高29.4个百分点。各项存款余额3.68亿元，同比增加7260万元；不良贷款继续保持零余额；实现账面利润2241.5万元，同比增加1388万元，增长1.63倍。

农发行发展传统信贷支农工作　2007年，中国农业发展银行温州市分行对25家涉粮企业，累计发放粮油政府储备、收购、流转贷款65 015万元，收购、调入粮食、油脂50.1万吨，进一步扩大粮食购销业务。为13家国家和省、市级农业产业化龙头企业发放流动资金贷款17 150万元，用于水产品、农产品、林业、茶叶、饲料生产及加工，帮助产业化龙头企业解决发展生产、提高效益的资金需求。

农发行扩大商业性贷款业务　2007年，中国农业发展银行温州市分行发放中长期贷款4800万元，促进企业进一步提升规模化经营和专业化生产能力。支持贷款额度1亿元的洞头县陆域引（供）水一期工程，保证其顺利建设。积极发展农业小企业贷款业务，对20家农业小企业发放贷款8540万元；农业科技贷款实现零的突破。

农发行加强经营管理　2007年，中国农业发展银行温州市分行加强财政资金到位率监测、以贷引存、开展同业合作等工作措施，促进存款业务的发展。充分开发、发挥客户资源及优势，开展全员营销，积极发展中间业务收入，全年代理保险保费131.5万元，手续费收入20.1万元，同比增长15.5%；银行承兑汇票手续费收入实现零的突破。坚持信贷准入和信用等级管理，对51家企业进行信用等级评定工作。完成CM2006信贷管理系统上线工作，实现“人机合作”，有效提高信贷审查能力。加强管理责任考核，市分行机关部室实行年度工作目标管理考核。

农发行推进企业文化建设　2007年，中国农业发展银行温州市分行全面推广应用视觉形象识别系统，宣传、贯彻农发行核心理念，推进制度文化、专业文化和行为文化建设，倡议创建节约型机关。加大廉政建设，建立领导班子成员和中层干部廉政档案；印发“八不准”承诺宣传单，并与全行信贷工作相关的人员签订“九不”承诺书；统一聘请30名社会行风监督员，自觉接受监督，加强行风建设。

工商银行

概况　2007年末，中国工商银行温州分行各项存款余额396亿元，比年初增加56亿元。其中，储蓄存款比年初增加23亿元，对公存款比年初增加32.92亿元。各项贷款余额388亿元，比年初增加64亿元。其中，流动资金贷款增加33亿元，个人贷款增加34亿元，个人贷款存量在同业和全国系统内均居第一，贷款增量全国系统第一。中小企业贷款比年初增加40亿元，其中，小企业贷款增加28亿元。

工行中间业务收入增长加快　2007年，温州工行实现中间业务收入28 851万元，同比增长76%。全年共销售开放式基金40亿元，人民币理财产品5.7亿元，外汇理财产品928万美元。全年新增企业网上银行客户2231户，企业电话银行客户796户，个人网上银行客户13万户，个人电话银行客户16万户，电子银行交易额3700亿元。信用卡发卡总量17.5万张，直接消费累计15亿元。国际结算量24.42亿美元，同比增长53.3%。投资银行业务收入8131万元，同比增加149.5%。全年共拓展企业年金15户，管理账户3000个。共发展法人第三方存管账户5户，第三方存管交易结算资金管理账户6.02万户。

工行盈利能力提升　2007年，温州工行实现拨备后利润151 109万元，同比增长52.7%；总资产净回报率3.6%，经济资本回报率45.7%；经济增加值96 556万元。到2007年末，全行五级分类不良贷款余额25 642万元，比年初增加3769万元；不良贷款率0.64%，比年初下降0.01个百分点。

工行精神文明建设　2007年，温州工行深化“人心工程”建设，实施员工援助计划（EAP），加强“职工之家”建设，举行“秋之颂”系列文化活动。提高网点现场服务效率，解决柜面“排长队”问题。建立和完善教育培训学习积分制、教育培训管理机制，举办第三期青年干部培训班，全年共培养金融理财师、注册财务策划师等专业人才150名，其中金融理财师114名。深化文明行业创建工作，瑞安支行荣获“中国工商银行文明建设先进单位”荣誉称号；市分行营业部、瑞安支行、瓯海支行被评为省分行级先进基层党组织；瑞安莘塍支行、鹿城支行营业部、瓯海支行营业部分获省分行“先进职工之家”称号。

工行三年发展规划实施见成效　2007年，温州工行本外币存贷款规模首超800亿元，存贷款增量创历史新高。三年发展规划实施取得全面突破，各项业务发展超出预期水平。高质量高效益发展取得新的突破，拨备后利润超15亿元，人均净回报近70万元，不良贷款率创出新低。新兴业务多点突破，建成16个贵宾理财中心，建立超百人的理财师团队，个人理财业务实现跨越式发展；电子银行交易额、收入和离柜业务占比同业绝对领先；国际结算量两年增长3倍，市场地位向前迈了一步。职工薪酬提升取得大突破，全行职工平均收入比上年增长40%以上。

农业银行

概况　2007年末，中国农业银行温州市分行本外币存款余额638.28亿元，比年初增加72.29亿元；本外币贷款余额456.18亿元，比年初增加69.78亿元。存款余额、贷款余额、存贷款总量均居全市银行第一。五级分类不良贷款余额和不良贷款率分别比年初下降3089万元和0.27个百分点。实现经营利润20.79亿元，居全市同行业之首。中间业务收入3.52亿元，占经营收入12.58%。业务经营综合评价连续十一年保持浙江全省第一。

农行支持地方经济发展 2007年，温州农行加大对市重点工程、民生工程、环保节能、新农村建设和县域经济发展等领域的信贷支持力度。全年支持城市基础设施、标准厂房、企业技改等重点项目13个，总金额12.53亿元；新进入中小企业客户615户，发放小企业简式快速贷款余额3.83亿元。推进企业财务顾问业务，为客户提供综合金融服务方案，支持中小企业的发展。

农行提升战略管理 2007年初，温州农行制定《中国农业银行温州市分行2007～2009年发展战略规划》，明确今后三年发展战略目标，提出把温州农行建设成为符合现代商业银行经营管理和外部监管要求，与温州经济格局和特点相对接的温州区域内最佳银行，制定与其外部环境相适应、总体战略相一致的一系列子战略规划。

农行实施创新工程 2007年，温州农行大力实施创新工程，效益明显。金穗温州商人卡、"嵌入式"外汇理财产品、基金超市、企业上市财务顾问、个人理财规划等创新产品和服务，广受客户欢迎。如创新推出金穗温州商人卡，提供汇款免费、贵宾候机、免费洗车、运动优待等增值服务功能，短短6个月发行量约6万张；如开发推广外汇理财"嵌入式"产品，凭借个性化理财和丰厚的收益，在客户中品牌效应突出，全年外汇理财业务量超30亿美元，实现收入289万美元，同比增224%。

农行推进网点转型 2007年，温州农行年初制定实施网点转型三年规划，年中召开网点转型现场推进会，年末共完成转型项目47个。通过完善功能区块布局、优化业务流程、推进服务环境建设、配足引导员加强现场管理、实施网点星级管理等措施，全面推进网点功能、业务、服务、人员转型，效益明显，得到系统内和社会各界充分肯定。将电子渠道建设作为解决临柜压力难题的主要手段，加强电子银行发展和自助银行建设。全年新增有效网银客户3.9万户，新增自助设备288台，年末全行电子渠道交易占比高达55%。

农行强化风险管理 2007年，温州农行应对宏观调控变化，防范信用风险，加强省、市分行重点管理大户、"二高"行业、房地产开发贷款、经营性个人贷款等风险防范工作。多次召开全行性内控会议，狠抓合规经营和制度落实；全面实施基层营业机构内控评价考核，集中开展加强执行力建设主题教育活动。2007年全行未发生案件和责任性事故，内控评价市分行和全辖支行都达到一类行。

农行推进股改准备工作 2007年，温州农行配合上级行推进各项股改准备工作。完成全行法律尽职调查工作；开展不良资产处置准备工作；落实不良贷款客户尽职调查、责任认定和追究；开展股改财务清理工作；做好土地和房产确权评估工作，土地房产确权率从5月初的18%提高到年末的90%以上，增长幅度全省第一。

中国银行

概况 2007年末，中国银行温州市分行本外币存款余额246.4亿元，其中人民币存款比年初增加10亿元；人民币贷款余额206.07亿元，比年初增加64.48亿元，新增额列全省地市行和当地同业首位；全年代售基金88.06亿元，外汇宝交易量64.85亿美元，个人外汇保证金交易量17.84亿美元，均列全省第一名；全年实现净利润5.09亿元，同比增长67.26%；中间业务净收入3.38亿元，同比增长96.37%，中间业务收入占比为25.3%，同比增加6.15%。该行通过中行全省系统考评，经营管理和内控考核均列各地市分行首位，中间业务净收入、柜面迁移率两项指标列全省市分行系统第一名。

中行支持地方经济建设 2007年，温州中行响应温州市政府对加强银行支持地方经济发展的号召，有侧重地调整经营思路，主动融入"十一五"规划和经济建设，强调重点支持符合国家产业政策、符合地方经济建设要求的项目。率先与当地鞋革、服装、泵阀等行业协会开展战略合作，总合作意向达110亿元，有力地支持地方经济发展，同时实现自身业务快速健康发展。

中行创新国际结算服务产品 2007年，温州中行推出"进口保付达"、"出口融付达"等"达"字系列国际结算和贸易融资新产品帮助企业理财，既为企业解决资金短缺问题，又有效规避汇率风险。该行办理的"融付达"业务属全国中行系统第一笔大单。针对人民币连续加息、人民币兑美元汇率进一步上扬的市场行情，适时推出组合式售汇新业务，为外向型企业提供较好规避汇率风险、锁定远期购汇价差的机会。

中行理财品牌获奖 2007年，温州中行加快理财中心和理财室建设，已成立5家总行级区域性理财中心，18家理财工作室，实现VIP客户的专业、专人和专岗服务。其中，市行营业部理财中心荣获总行级"中银理财十佳理财中心"。在温州都市报、温州网主办的2007年度最佳理财产品评选中，该行"外汇宝"、"中银VISA奥运信用卡"、"中银理财"品牌获年度最佳理财产品、银行卡和理财品牌，该行成为同业中获得奖项最多的单位。

中行精神文明建设 2007年，温州中行组织开展"携手北京奥运·真情服务家乡"送金融知识下乡活动，为市民提供金融咨询和金融服务。该行荣获"双千结对共建文明"活动工作先进奖，并顺利通过"市级文明单位"和"市级文明行业"的复评验收。辖内乐清市支行获"总行级精神文明先进单位"和"总行级模范职工之家"称号；瑞安市支行获"省级文明单位"称号。

建设银行

概况 2007年底，中国建设银行温州分行本外币一般性存款余额485.65亿元，比年初增加53.41亿元；本外币各项贷款余额384.62亿元，比年初增加52.35

亿元。中间业务实现超常规发展，收入突破2亿元，总量2.97亿元，同比增长127.73%。战略性业务普遍增长快速，国际结算量18.2亿元，增速为当地同业前茅；贷记卡净增近7万张、银行卡消费交易额11.66亿元、商户发展470户，均居全省分行前列；小企业业务和个人电子银行业务被评为全省分行先进单位。温州建行全市分布网点129个，其中市分行营业部1个，综合型支行（包括片区支行）13个，单点型支行8个，网点型支行72个，分理处24个，储蓄所11个。拥有自助设备529台（其中离行式ATM 35台），电话银行、网上银行已经广泛推广。全行现有在册员工2821人，在岗员工2683人。

建行中间业务快速发展　2007年，温州建行突出抓住13项重点产品、4类重点区域，实现中间业务净收入2.97亿元，同比增幅127.73%，计划完成率102.73%；中间业务收入占主营业务收入的比重，为全省建行二级分行第一。建立会商诊断等8项制度，开展联动营销等8项活动；推广产品买单制，按季实施劳动竞赛和达标活动，加快中间业务发展。

建行小企业业务稳健提速　2007年，温州建行制定《小企业业务发展指导意见》，明确发展目标，提出11项措施。做好“两优化、三加强”，即做好业务流程和定价机制的优化；加强对优质小企业的营销，加强金融品种创新，加强企业组织架构和客户经理队伍建设，取得良好的效果，小企业客户群体扩大，贷款比重提升。2007年，建行优质小企业客户增加734户；优质小企业客户总量和增量为系统第一。小企业贷款余额85亿元，占对公贷款余额40.29%，提高7%；新增额27亿元，占对公贷款新增91.24%；小企业有贷户1278户，比年初新增204户，增量和存量系统第一。

建行网点转型积极推进　2007年，温州建行积极推进网点精神、大厅制胜等举措，开展网点转型，改进硬件设施，增强软件服务能力。顺利实现第一、二批网点转型项目的上线。软件建设方面，建立起“员工营销业绩积分榜、网点负责人业绩榜、乡镇网点竞争力排行榜”三张榜单；硬件建设方面，对转型网点的内部改造及硬件配备予以资源倾斜。全年完成67家网点的转型上线工作，超额完成省分行计划，网点日均产品销售量较基线数据提高60%。全方位加强网点、自助设备、电子银行三大渠道建设，提高客户满意度。

建行人才队伍有效加强　2007年，温州建行高效推进“培训年”活动，举办各类培训185期，参训人数1.7万人次；积极组织员工参加各类资格考试，考取外汇从业资格员工221名，通过保险代理资格认证283人；拥有国际金融理财师（CFP）9人、金融理财师（AFP）48人、理财管理师（EFP）11人。加大培训结果的综合应用，将培训积分作为员工晋升、考核、招聘的必备条件，将岗位资格考试纳入员工合同续签管理。努力拓宽员工晋升通道，加强后备人才队伍建设。制定《后备人才队伍管理办法》、《关于进一步加强核心人才工作实施意见》等制度，形成一定规模的专业技术人才队伍和管理人才队伍。

建行文明创建品牌服务　2007年，温州建行加强品牌建设，深入网点星级服务。推出《营业网点服务星级管理办法》，实行网点服务星级管理考核；2007年评定四星级网点1个，三星级网点10个。加强网点柜面服务流程化、标准化管理，促进建行柜面整体服务形象提高。市分行营业部、瓯海支行营业部获得全国优秀巾帼文明岗称号；瑞安万松分理处通过全国巾帼文明岗复评；市分行营业部获得“省级文明示范窗口”和“市级文明服务示范点”称号；新城等5个支行（网点）荣获省分行文明规范服务单位；9名员工被评为省分行“文明规范服务标兵”；7个支行通过市级文明单位复评。

交通银行

概况　2007年末，交通银行温州分行本外币资产总额178.5亿元，比年初增加38.4亿元。人民币存款余额165.04亿元，比年初增加36.78亿元，增幅28.7%；其中，储蓄存款余额52.95亿元，比年初增加8.47亿元，增幅19.04%；人民币各项贷款余额123.7亿元，比年初增加21.7亿元，增幅21.28%，其中，个人贷款余额50.43亿元，比年初增加10.55亿元，增幅26.44%。全行共实现账面利润41 110万元，人均创利81.08万元。

交行经营规模上新台阶　2007年，温州交行全面推出“沃德财富”、“交银理财”、“得利宝”等品牌，个金产品销售、渠道建设取得突破性进展，个人贷款业务实现持续增长，企业年金和电子银行业务等战略性业务快速发展。新建车站大道支行，分行沃德财富中心。截至2007年末，全行沃德客户3570户，交银理财客户新增4411户。

交行业务取得新拓展　2007年末，瑞安、乐清支行分别增存6.28亿元和5.24亿元。其中，瑞安支行成立20个月，存款突破10亿元。组织船舶行业专项调研，联合海事局、船级社推出在建船舶抵押业务和船舶预付款保函业务，培育保险代理业务新的增长点。推进与温州邮储和进出口银行的合作，运用交行系统内联合贷款工具，缓解贷款规模不足，支持温州地方经济建设。

温州银行

概况　温州银行，原名温州市商业银行。2007年12月17日，经中国银监会批准温州市商业银行正式更名为“温州银行”。2007年末，温州银行本外币各项存款余额228.54亿元，比年初增加38.91亿元，增长20.52%；本外币各项贷款余额171.42亿元，比年初增加30.30亿元，增长21.47%；不良贷款继续双降，年末不良贷款率仅为0.74%，优于全市同业平均水平；实现经营利润5.29亿元，同比增加1.07亿元，增长25.36%；资产总额达300.83亿元，比年初增加78.46亿元，增长35.28%；所有者权益14.20亿元。2007年该行深入开展文明行业创建活动，两个文明建设成效显著，年内成功实现设立衢州分行、发行5.5亿元次级债券、更名为温州银行三大阶段性战略目标，先后获得“中国十佳城商行”、“全国城商行

开创，是一种责任
行銀通交
100年，责任为先
1908年，交通银行创立之初，便支持政府成功收回了京汉铁路的路权。百年之间，交通银行扮演着银行业的“先锋者”和“探路者”。从中国最早的发钞银行之一到第一家综合性商业银行；从中国第一家股份制商业银行到第一家境外上市的国有商业银行，每一个第一都是划时代的开始，每一次开创更象征我们驱动中国经济不断前进的责任与使命。
客服热线：95559
www.bankcomm.com
始于1908
交通银行
BANK OF COMMUNICATIONS
百年知交 相融相通

1

3

4

2

温州银行　原温州市商业银行，2007年12月改为现名。成立于1998年12月17日，是温州首家具有一级法人资格的地方性股份制商业银行，也是目前温州规模最大的股份制商业银行，辖属分、支行59个（含总行营业部），员工1388人。截至2008年6月末，各项存款余额244.91亿元，各项贷款余额181.06亿元，资产总额307.01亿元。上半年实现拨备前利润3.18亿元，不良贷款率为0.74%，已足额计提税后一般准备和全部资产专项准备，拨备覆盖率181.89%，资本充足率10.97%。

在央行发布的2006年中国最大的50家银行总资产排名中，温州银行名列第44位，在全国125家城市商业银行中居第23位。在国际权威金融媒体英国《银行家》杂志发布的2007年度“中国银行业100强排行榜”中温州银行列第42位。在2008年中国《银行家》杂志发布的全国城市商业银行综合竞争力排名中居第18位。综合实力和市场竞争力大幅提升。

建行以来，温州银行先后获得“中资商业银行50强”、“全国十佳城市商业银行”、“中国城市商业银行十大影响力品牌”、“中国服务业企业500强”、“中国企业信息化500强”、“省级社会治安综合治理先进集体”、“浙江省文明单位”、“温州市文明行业”等一系列荣誉称号和奖项，社会影响力不断扩大，企业整体形象明显提升。

地址：温州市车站大道温州银行大楼
邮编：325027
电话：0577-88990089
传真：0577-88990169
网址：www.wzbank.cn
E-mail：wzcb@wzccb.com

1　1998年12月17日正式开业
2　2006年，第二期增资扩股新闻发布会
3　2007年12月18日温州银行衢州分行开业，标志着首家总部位于温州的区域性商业银行的诞生
4　温州银行小企业贷款推进工作会议
5　2007年12月17日在市人民大会堂隆重举行更名庆典

5

十大影响力品牌”、“市级文明行业”、“银联通基金业务创新奖”、“温州市纳税百强”（第7位）等荣誉称号。

温州银行成功发行次级债券 2007年9月，温州银行在全国银行间债券市场顺利完成5.5亿元次级债券发行工作，募集资金全额用于补充附属资本，确保资本充足率持续达标，年末资本充足率达9.61%，核心资本充足率达6.29%，均满足监管比例要求。

温州银行启动A股上市准备工作 2007年，温州银行全面启动A股上市前期准备工作。为完善资本长效补充机制，及时部署A股上市有关事宜，积极联系洽谈，确定国信证券、立信会计师事务所、天银律师事务所等三家中介机构，10月份正式进入上市辅导期。

温州银行机构调整持续深化 2007年，温州银行调整总行内设部室，将个金及银行卡部、电子银行部升格为一级部室，提升对私业务、中间业务和电子银行业务市场竞争能力。整合原稽核部与合规部，设立内审合规部，后将内审合规部拆分为内审部和合规部，将合规职能划归合规部，合规风险管理得到强化。

温州银行跨区经营取得突破 2007年12月18日，经中国银监会批准，温州银行衢州分行正式营业，实现省内跨区域经营。年内继续优化辖内机构网点布局，完成城南、顺境、府前、丽岙等4家支行迁址工作，龙港、昆阳两家县域支行顺利实现营业，县域支行总数达11家。

温州银行支持地方经济建设 2007年，温州银行调整信贷投向，出台系列指导性意见，严格信贷准入条件，强化阶段性指导和管理，及时调整信贷资产结构，合理控制信贷投放规模和节奏，加大对县域支行和AA级及以上优质客户支持力度。年末县域支行贷款余额60.63亿元，比年初增加15.95亿元，占总增量的52.64%；AA级及以上客户贷款余额62.56亿元，占企业贷款总额的84.95%；退出潜在风险贷款2.68亿元。全年拓展小企业贷款户236户，余额3.46亿元；小企业承兑户312户，余额12.22亿元，敞口6.05亿元；两项合计信贷敞口9.51亿元，比年初增加8.26亿元。推出阶段性贷款，满足客户阶段性资金需求；出台设备按揭贷款暂行管理规定，为中小企业提供设备供应链信贷融资方式；出台个人综合授信管理试行办法，增强个贷业务市场竞争力；制定经营性物业贷款管理暂行办法，解决以租金为主要收入来源的中小企业主的信贷需求。

温州银行理财业务推陈出新 2007年，温州银行创新理财业务品种，与省内8家城商行联合研发并推出“价值联城”新股申购型人民币理财产品，募集理财资金2031万元。推行多种温馨服务，开展财富俱乐部活动，积极维护客户关系，年末委托理财融资金额达12亿元，日均余额达5.58亿元，发展高端客户180户。该行成为全国首家与阿里巴巴合作推出“金鹿·支付宝卡通”网上支付业务的城商行，通过支付宝平台金鹿卡可为客户提供国内外商户支付结算业务。开通网上基金直销系统，截至年末可支持五家公司26只基金的申购赎回服务。

华夏银行

概况 2007年末，华夏银行温州分行一般性存款余额86.37亿元，比年初增加14.84亿元。储蓄存款余额24.54亿元，比年初增加4.05亿元。累计实现税前利润22 223万元。不良贷款按五级分类余额为662万元，低于总行核定的3000万额度控制指标，比年初减少277万元，不良贷款率为0.09%。11月末，代理基金余额14 369万元，10月～11月基金销售平均余额15 223万元，完成总行年度计划指标的292.41%。实现国际业务收益765.39万元，其中手续费收入353.77万元，汇兑收益411.62万元。

华夏银行优化信贷结构 2007年，华夏银行温州分行建立信贷风险排查、预警、资产加固、转化化解、压缩退出的风险管理长效机制。把好信贷准入关，做好“四个一批”排队工作。开展“授信回头看”，做好存量信贷业务的风险排查工作。完善贷后管理体系，切实防范操作风险。实施不良资产的统一处置，加强潜在风险集中管理。

华夏银行开展系列专题培训 2007年，华夏银行温州分行共组织外币反伪技能培训、《新会计准则》实施培训、ISO9000认证内审员等培训12场，受训人员1000多人次。

华夏银行加强综合治理工作 2007年，华夏银行温州分行加强全体员工的防诈骗、防盗、防火、防抢能力。进行安防工作流程梳理，落实岗位责任制，明确安全员、信息安全员职责。继续做好技防和物防设施工作，增强安全设施的防范能力，部分老化、落后的设施，要根据安防要求进行改造。2007年，在温州市公安局开展的安全达标评估工作中，该行以95.3的高分获得优秀评级。

上海浦东发展银行

概况 2007年末，浦发银行温州分行本外币存款余额和本外币贷款余额均达177亿元。存款增量近53亿元，在全市银行系统中排名第二。贷款存量和增量在股份制银行总排名均列第一，在所有银行中位居第四，贷款增幅名列系统和同业前茅。

浦发银行赢利能力提高 2007年末，按五级清分口径，后三类不良资产余额5589.79万元，不良率0.32%，与2006年相比下降0.21个百分点。盈利能力比上年同期大幅提高，全年实现账面利润5.4亿元，比上年同期增加近2亿元，人均利润157万元。分行不良资产继续向好，连续三年实现双降。

浦发银行网点建设 2007年，浦发银行温州分行在网点建设方面投入大量资金，增强可持续发展后劲。5月份，分行本部搬迁至车站大道新大楼办公，改善办公场地及配套设施。五马支行、柳市支行等支行顺利筹建开业。乐清支行迁至新址办公，瑞安塘下支行筹建工作积极进行中。分行还加快了自助银行建设，全年新设自助银行5家。

1

4

2

3

浦发银行温州分行　成立于1996年12月18日。现下辖分行营业部1家、跨区域支行1家、异地支行5家、同城支行7家，联体式自助银行12家，离行式自助银行22家。截至2008年末，本外币存款余额240.83亿元，本外币贷款余额231.83亿元，增幅在全国浦发系统内和温州银行同业中都名列前茅，2008年全行实现利润6.74亿元，人均利润164万元。

温州浦发银行坚持“笃守诚信、创造卓越”的企业精神，在经营中着力于目标市场开拓，积极开展差异化营销，以创新产品与优质服务满足客户需求，提高经营效益，为社会提供全面优质的金融服务。实施三年（2006～2008）发展规划以来，浦发银行在业务发展、网点建设、队伍建设及企业文化建设方面均实现大跨越。

温州浦发银行在赵峥嵘行长的带领下，将继续秉承“笃守诚信、创造卓越”的经营理念，紧密结合温州以民营经济、中小企业为主体的区域经济实际，坚持诚信经营理念，以加快发展为主题、以效率和稳健为保障，全力打造浙南闽东地区“富有活力、受人尊重”的温州浦发银行，为广大企事业单位和个人提供更全面、更便利的金融服务。

1　赵峥嵘行长与外国客户洽谈
2　赵峥嵘行长考察成功集团
3　浦发参加“三八妇女节万人长跑”活动
4　分行位于高联大厦的办公大楼

近两年自助银行建设的量达到此前分行10年建设自助银行的总量。

浦发银行获市级文明单位称号 2007年，浦发银行温州分行积极履行企业社会责任，社会美誉度不断提高。分行通过创建市级文明单位的验收工作，被评定为市级文明单位。被推荐参评省级社会治安综合治理先进集体。在企业文化建设和精神文明建设方面迈出了可喜的一步。

浦发银行管理水平逐步提高 2007年，浦发银行温州分行各种管理措施和制度得到进一步的实施和完善，管理水平得到进一步的提升。随着合规部门的成立，与审计部门相互配合和补充，在内部管理中发挥积极重要的作用。分行还按总行内控体系建设要求，认真做好差异化分析和场所文件编撰。加强案件专项治理工作、社会综合治安治理工作和安全保卫工作，取得明显成效，保障全行的经营安全。

招商银行

概况 2007年末，招商银行温州分行人民币自营存款75.84亿元，比年初增加12.13亿元。其中人民币储蓄存款余额18.13亿元，增加1.4亿元；人民币贷款余额64.37亿元（包括贴现），增加18.62亿元；一卡通发卡32 467张，一卡通在温州累计发卡已达325 517张；中间业务收入3899万元；实现账面税前利润1.27亿元；实现经营利润1.67亿元，增幅62.89%；国际结算业务量累计3.19亿美元，同比增长34.88%。

招商银行控制资产风险 2007年末，招商银行温州分行不良贷款率为0.029%，全年实现“双降”目标，创历年末最高水平。分行一直致力于发展和提升风险管理能力，建立有效的风险管理体系和审慎的风险管理文化，不断优化资产质量，实施专业审贷，推进信用风险文化建设，完善信贷审批决策机制，防范不良贷款的发生。

招商银行发展零售业务 2007年末，招商银行温州分行储蓄存款新增5644万元，拦截信用卡进件19 661张，开立个人网上银行专业版6368户，代理销售银行保险3748.5万元，各类一卡通开户16 236户，银基通交易量38 048万元，受托理财交易量8982万元，外汇期权开户数107户。继续加强理财队伍建设，通过举办多期理财业务培训，对全行理财经理进行较为系统的理财知识讲解，分行零售银行部经过层层选拔，选派17位零售银行业务骨干参加温州首届金融理财师培训与资格认证。

招商银行服务中小企业 2007年，招行温州分行加快发展中小企业业务。分行结合温州经济区域特点，充分考虑温州中小企业发展情况和需求特点，按照“了解你的客户，了解你客户的业务”的要求，大胆进行业务拓展。坚持“四优先”原则和关注“政策性风险”原则并重，积极调整业务投向结构，发展优质中小客户和重大项并重。

深圳发展银行

概况 2007年末，深圳发展银行温州分行实现总资产76.23亿元，比年初增加15.18亿元，增长24.87%；各项存款余额73.61亿元，比年初增加13.78亿元，增长23.02%；各项贷款72.35亿元，比年初增加16.63万元，增长29.84%；不良贷款3196万元，不良率0.43%；实现准备前考核利润19 422万元，完成总行预算110%；实现税前账面利润18 056万元；国际结算量25 795万美元（包括离岸业务）。

深发行力促吸存 2007年，深发温州分行积极采取措施，加大吸存力度，先后开展“迎新春”业务竞赛活动和第二、第三、第四季度存款业务挑战赛，加大对各经营单位考核和奖惩力度，强化营销队伍建设。5月，存款总额在全市中小银行同行业中排第三名，两次达到总行下达的存款挑战赛目标。9月，实现存款80亿大关的突破。

深发行拉动个贷规模增长 2007年，深发温州分行在总行零售业务新产品持续推出的基础上，积极发展个贷业务，有效拉动个人贷款规模增长。在总行“个贷六百亿成长计划”劳动竞赛中获得第一名。2007年末，累计发放个人经营性贷款6235笔，累计金额306 657万元。

深发行网点规范化服务活动 2007年初，深发温州分行开展网点规范化管理建设，清理整治下辖全部网点的广告摆放和营业环境，提出统一的规范化服务标准。针对柜面会计人员开展一系列礼仪培训和业务技能竞赛活动，加强对柜面会计人员的考核，提高网点服务质量，取得一定成效。新城支行营业部获市第三届“品牌服务示范岗”荣誉称号，鹿城支行、分行营业部获温州市政府“文明服务示范点”称号，龙湾支行获“合作银行杯”技能比武大赛团体三等奖。

中信银行

概况 2007年末，中信银行温州分行本外币一般性存款余额718 650万元，比年初增加35 127万元。本外币储蓄存款余额224 547万元，比年初增加52 813万元。本外币贷款总量769 700万元，比年初增加113 897万元，其中人民币贷款总量749 004万元，比年初增加103 148万元。个人零售贷款余额164 474万元，比年初增加31 910万元。全年共销售各类理财产品97只，销售量为20.7亿元，信用卡发卡量5910张。累计办理国际业务收付汇量（贸易项下）63 858万美元，资金产品交易量3656万美元。累计办理票据贴现67.16亿元，累计银票折算量51.55亿元。人民币不良贷款率按五级分类和一逾两呆口径统计，分别为0.045%、0.052%，新增不良贷款为零。全年实现税前利润18 747万元。

中信银行业务稳健发展 2007年，温州中信银行携手中信证券公司成功签约红蜻蜓集团IPO（首次公开发行股票）财务顾问项目，开创我市银行帮助企业IPO上市的先例。推行国际业务“3S”营销理念（3S指专业、快捷、灵活）。举行外汇业务高层论坛暨战略客户合作签约协议，与19位战略客户签署外汇业务

招商银行温州分行　成立于2000年2月28日。截至2008年末，下辖营业部和大南、开发区、国鼎、龙湾、鹿城、江滨、瑞安、永嘉八家支行及广场路、鞋都、世纪联华、环城东路、西湖锦园等25家离行式自助式银行。

招商银行温州分行开业以来，顺应总行经营战略调整，秉承先进的理念、灵活的机制、优质的服务，紧紧围绕杭州分行“管理至上、严控风险、创新开拓、科学发展”的工作指导思想，坚持规范经营、稳健发展的经营方针，经过八年的努力，以优良的信誉取得令人可喜的成绩。

招商银行温州分行将发挥科技优势，提高竞争能力，开拓创新业务，为社会各界及广大客户提供优质先进的金融产品和高效便捷的金融服务，为温州市场经济进一步繁荣腾飞做出应有的贡献。

1 温州分行营业部外景
2 温州分行举行首届技术比赛
3 招行温州分行参加省行第三届职工运动会
4 温州分行开展反假币宣传

1

2

3

4

网点名称	地址	电话
招商银行温州分行营业部	温州市车站大道京龙大厦1楼	88077508
招商银行温州大南支行	温州市大南门东联大厦1楼	88834810
招商银行温州经济开发区支行	温州市汤家桥路国大广场1楼	86513795
招商银行温州国鼎支行	温州市小南路国鼎大厦1楼	88288777
招商银行温州龙湾支行	温州市龙湾区永中镇南商厦一楼永中东路87号	86859966
招商银行温州鹿城支行	温州市鹿城路瑞兴大厦1楼	88588088
招商银行温州江滨支行	温州市鹿城区江滨西路丽都大楼1楼	88802912
招商银行温州瑞安支行	瑞安市隆山东路503号新潮大厦	66806716
招商银行温州永嘉支行	永嘉县瓯北镇瓯城花苑1幢1层	21861670

全面合作协议书。继续实施“双十”计划，优化授信结构。明确各业务单位人民币对公一般性贷款余额、银行承兑汇票签发敞口余额和商票贴现敞口的控制总额。推出联合担保贷款业务新品种。推出中信财富阶梯品牌，举行中信财富阶梯论坛，4家企业代表在论坛上签定常年财务顾问合作协议书。

中信银行做强理财品牌 2007年，温州中信银行与20多个社区（厂区）合作开展社区服务活动100余次。举行“中信理财”品牌发布会暨投资策略分析会，成立由杭州分行、温州分行、中信金通证券、信诚人寿等机构选出5人组成的中信理财专家团队。中信理财品牌获温州市2007年度最佳理财品牌称号。在分行营业部成立“出国金融服务中心”。在各营业大厅配置存取款一体机自助设备，建立网银体验区，配置填单台。

广东发展银行

概况 2007年末，广东发展银行温州支行总资产77.4亿元，各项存款余额68亿元，同比增长18.8%；各项贷款余额53.48亿元，同比增长16.9%；国际业务结算8.75亿美元，同比增长9.7%；中间业务收入4634万元，同比增长35%；全年累计发放信用卡20 700张，信用卡消费额达4.54亿元，同比增长148%；实现账面利润19 214万元，同比增长18.5%。

广发行个人银行业务取得新进展 2007年，广发温州支行个人银行业务取得新进展，理财银行形象进一步提升。多次开展理财进社区金融服务活动和理财大讲堂，树立支行财富管理中心的专业服务品牌。有效发挥公私联动及代理产品的优势，个金产品销售业绩显著，全年代理销售基金73 182万元，同比增长258.3%；全年共发行薪加薪产品37期，累计金额达64 368.9万元；保险销售234.72万元，同比增加157.69%；个人房产抵押贷款14.9亿元。

广发行信贷资产质量逐步优化 2007年，广发温州支行认真贯彻执行调控政策，适时调整信贷政策、信贷投放区域、信贷结构和利率导向，对现有企业进行分类，做好贷后检查，开展行业分析，关注企业现金流，防范因宏观调控诱发的信贷风险。信贷资产质量逐步优化，年末不良贷款余额129.55万元，不良率为0.02%。

兴业银行

概况 2007年末，兴业银行温州分行总资产73.30亿元，比年初增长25.39%。本外币各项存款余额65.80亿元，本外币各项贷款余额73.29亿元，比年初增长43.48%。不良贷款余额50万元，不良贷款比率0.0072%，均为原城市信用社收购不良资产。全年实现税前利润20 231万元，同比增长135%。存贷款规模稳居全省系统内首位，市场地位和品牌形象有效提升。

兴业银行业务创新发展 2007年，兴业银行温州分行创新推出控货融资、能源效率项目贷款、国内保理、商票保贴、经营性物业贷款等业务，以培育和壮大核心客户为重点，持续优化中小企业信用业务流程，努力构筑差别化、全方位的重点核心客户服务体系，加快与重点行业、重点企业的金融战略合作步伐。新增中小企业授信客户173家，授信客户总数达580余户，授信总额120亿元，有力地促进地方经济建设和中小企业发展。

兴业银行做强零售业务 2007年末，兴业银行温州分行个人贷款余额24.88亿元，比年初增长136.22%。个人贷款占分行贷款余额的比重为34.13%；储蓄存款余额10.96亿元，比年初增长50.21%。综合理财产品销售、第三方存管、信用卡等业务拓展成效显著。

兴业银行热心社会公益事业 2007年，兴业银行温州分行在谋求自身各项业务快速健康发展的同时，积极参与市委、市政府139扶贫富民计划。9月，为龙湾区教育事业发展捐赠教育基金10万元；12月，向平阳县顺溪镇希望中学捐款10万元。五年累计向社会捐资70多万元。

浙商银行

概况 2007年末，浙商银行温州分行各项存款余额400 750万元，比年初增135 851万元，增长51.28%；各项贷款余额325 227万元，比年初增加114 009万元，增长53.98%。营业收入30 497.26万元，营业净收入14 019.96万元，全年利润7215.12万元，比上年增加7206万元；中间业务收入635.21万元；贷款收息率100%。获得“2007年温州市国税纳税百强企业”的称号，成为温州银行业纳税的“新星”。

浙商行竞争力提升 2007年，浙商银行温州分行在内部管理、业务规模、授信服务和员工队伍建设等四方面工作在银行系统内树立较好的口碑；授信业务涉及温州地区的各个产业和各个行业，并为企业提供结算业务、国际业务、贷款业务、票据业务、投行业务等金融服务，在融资额度和金融服务效率方面得到广大企业客户的赞誉。该分行在资金紧缺的12月份向浙商银行总行争取1.5亿元的专项资金，用于温州的个体、私营企业贷款需求，支持温州的个私经济发展。

浙商行内控管理 2007年，浙商银行温州分行开展制度修订、业务培训、问题整改等内控管理措施，全面、有效落实“内控管理深化年”各项工作，积极开展综合治理工作和安全评估工作，获得温州市公安局“安全评估一级”资质。开展贷后检查、授信客户分类排队等风险防范工作，化解授信业务风险隐患，强化风险管理能力，确保不良贷款为零。

民生银行

概况 2007年底，中国民生银行温州分行总资产43.47亿元，各项存款余额33.06亿元，较年初新增15.11亿元，增幅84.18%；各项贷款余额41.67亿元，较年初新增18.84亿元，增幅82.52%；实现账面利润2000多万元，超额完成总行下达的任务指标。

民生行资产业务发展迅速 2007年，民生银行温州分行树立"以资产业务为中心"的工作思路，发展资产业务，相继推出一系列业务推动方案和"开业周年献礼"劳动竞赛活动，大力开发大型市政重点项目，推动资产业务的快速增长。在个贷业务方面，充分调研，争取总行政策支持；优化流程，梳理操作平台；调整政策，实行个贷业务差异化服务；获总行个贷组织奖、营销奖、华东地区销售团队银奖及管理部门"市场表现优胜奖"。

民生行推进网点建设 2007年，民生银行温州分行合理规划，准确定位，以"规范操作，高效运营，防范风险，创新赢利"为准则，研究制定《温州分行网点建设三年规划和2007年实施计划》。全年新开设支行2家，自助银行6家，初步形成以1家营业部、2家支行为依托，9家自助银行为支撑的网点服务体系，支持业务发展。

民生行内控管理 2007年，民生银行温州分行正确处理业务拓展与风险控制的关系，完善内控制度建设。成立合规风险管理体系建设工作领导小组及法律与合规委员会，全面执行总行各项合规风险制度。完善风险经理贷前调查，推行风险经理工作底稿制度，加强信贷内控管理。加大对个贷授信风险的监控、贷后检查和档案管理。在市公安局、银监分局组织的安全评估中达到优秀水平，获得全市第一的好成绩。

民生行文化建设 2007年，民生银行参加公安局组织的"民生杯"登山比赛活动，获团体第二名好成绩。在温州财贸系统2007年度"十佳服务明星"和"品牌服务示范岗"评选活动中，分行员工张丽晓获得"十佳服务明星"称号。分行营业部分别获得总行"中国民生银行系统文明单位"和温州市银行业协会"2007年度温州市银行业文明优质服务竞赛活动优胜单位"称号。

外汇管理

概况 2007年，外汇管理局温州市中心支局（以下简称"温州市外汇局"）结合温州实际，把握推改革、促流出、重监管、抓手段四个重点，深入开展政策宣传，引导合理的资金流出，加强对外汇流入和结汇的监管，完善监测分析，严厉打击外汇违规行为，规范外汇市场秩序，深入开展调查研究，支持开放型经济的发展。

个人外汇管理新办法 2007年，温州市外汇局结合温州实际，区分不同的受众，先后四次召开不同层次个人外汇管理新政实施座谈会，传达办法出台的政策背景以及政策调整的思路和重点内容，提出贯彻实施的具体意见和要求。接受《温州日报》记者专访，举办政策培训会，讲解政策实施关键点，扩大个人知晓面。加强监测，每日通过个人结售汇系统对本地个人结售汇情况进行监测，及时预警及查处异常现象，做到"有异常就核实"。

诚信经商和外汇管理政策宣传 2007年，温州市外汇局积极召开外汇形势分析与通报会，开展"诚信兴商宣传月"活动和外汇政策宣讲团活动，面向全市涉汇经济主体，全面宣传自2005年7月21日人民币汇率形成机制改革以来，外汇局配套出台的一系列外汇政策，深入分析当前外汇形势与运行热点问题。开展"外商投资企业服务月"活动，建立外汇、海关、外经贸、工商、外办等各相关涉外部门间的协调机制，推动市政府召开涉外金融工作座谈会，加强沟通、宣传和协调外资管理政策；开展"我为科室献'金点子'"、"荣誉面前怎么办"和"假如我是一名客户"等专题讨论活动，加强服务作风建设；梳理更新业务办理指南，完善房地产市场外汇管理，对外商投资企业的贸易退汇业务授权中国银行直接办理，简政放权、方便企业，为企业办实事、解难题，优化开放型经济的外汇环境。

外汇局贯彻"走出去"发展战略 2007年，温州市外汇局联合贸促会举办"走出去"论坛，介绍境外投资外汇管理政策，鼓励企业积极参与"走出去"发展，直接到海外去开发资源和市场，改变企业处在价值链末端的现状。加强引导，简化境外投资外汇管理审批程序，适当放宽境外投资与企业净资产的比例限制，推动企业境外投资进一步发展，针对大型境外投资项目，联动外汇指定银行，深入企业调查，现场解决民营企业在"走出去"过程中遇到的问题。

金融机构外汇业务检查 2007年，温州市外汇局对10家商业银行分支机构开展国际收支申报和外汇业务现场检查。认真开展外汇资金流入与结汇大检查，在全市范围内开展外汇资金流入与结汇异常资金线索排查工作，开展短期外债专项检查、外资房地产专项检查等，规范外汇市场，为上级领导提供决策依据。

国际收支统计监测 2007年，温州市外汇局通过现场核查，检验新版国际收支统计监测系统的运行情况和银行申报业务的开展情况，并对新系统的现场核查方法与途径进行积极的探索。全年共对17家银行进行国际收支现场核查，对全辖的国际收支业务起到督促作用。抓非现场核查，密切跟踪新规定的执行情况，关注银行申报业务动向，重点关注对私涉外收支申报数据，提高申报数据整体质量。每季度通报外汇指定银行的国际收支间接申报工作情况，督促银行提高国际收支申报的及时性、准确性和完整性。

外商投资和境外投资企业年检 2007年，温州市外汇局围绕"强化基础、努力创新、狠抓信息、提升水平"的思路，开展外商投资企业联合年检工作，年检期间，温州市外汇局积极参加市里组织的联合年检现场办公，方便外商企业办事，树立良好的基层外汇局形象，为地方营造良好的投资氛围。2007年全市年检通过率99.16%。完成境外投资企业联合年检和综合绩效评价工作，根据《商务部 国家外汇管理局关于2007年境外投资联合年检和综合绩效评价工作有关事项的通知》（商合函[2007]23号），与外经贸部门合作，确定应参检企业名单，高质完成境外投资企业联合年检工作，并根据年检评分标准，对应参检企业进行综合绩效评价。

贸易收结汇管理 2007年，温州市外汇局结合温州贸易收支状况，对"关注企业"名单进行重新梳理、增补，纳入监管视线，进行现场调查或定期跟踪。通过清理，重新核定57家企业进入“关注企业”名单。召开温州市贸易外汇结汇企业座谈会，以完善贸易外汇收汇与结汇分类管理工作为契机，向进出口企业讲解贸易项下的收汇与结汇分类管理政策，要求企业增强法律意识和自律意识，严格按照外汇管理制度办事。

省农村信用联社温州办事处

概况 2007年末，温州农村合作金融系统各项存款余额472.1亿元，比年初增加99.5亿元，增长26.7%。各项贷款余额345.3亿元，比年初增加56.8亿元，增幅19.7%。不良贷款余额2.7亿元，不良贷款占比 0.79%，分别比年初下降6181万元和0.37个百分点。

合作金融业务发展 2007年，温州农村合作金融系统新增发卡量30.6万张，发卡总量64.7万张，卡消费额16亿元。全年新增ATM机56台，总量达到192台，新增POS机292台，总量482台。推广信付通259台。建立营销网络，在总部配备优秀拓展团队，推行存款预约的营销方式，收到良好效果。

合作金融信贷结构优化 2007年，温州农村合作金融系统完善信贷准入、压缩和退出机制，努力优化信贷结构。落实清收责任制、约见谈话、不良贷款听证制等举措。加强对资金头寸、备付水平的监测，有效调度资金，保持合理的备付水平，防范流动性风险和支付风险。

合作金融业务创新 2007年，温州农村合作金融系统开发并完成“短信通”业务上线工作，推出“小企业小额信用贷款”、“联保贷款”、“最高额循环贷款”、“小企业抵押+保证贷款”等新贷款品种。部分行社建立“OCR”项目自动化的事后凭证监督系统，提高风险防范水平。做好支票影像系统联网、电子验印系统、电子同城等上线工作。开发出财政预算外资金结算、国税代缴、养路费代缴、地税“一户通”联网等软件。

合作金融健全内控体系 2007年，温州农村合作金融系统深化三项治理工作，着重加强对“三类贷款”、“六个环节”、“八个领域”、“九种人”等的排查，并根据建设“十个联动建设”、“十个长效机制建设”、“三十个严禁”的要求，进一步健全内控体系。全辖积极开展“制度落实年”、“合规建设年”和“四个一”等活动，举行全员内控考试，开展“三守教育月” 和“照镜子”活动，进一步增强全员的风险意识、制度意识和责任意识。全年共开展检查审计项目31个，检查审计网点3047个，建立以整改通知、科室抄告、风险提示为载体的检查纠正机制。

中国人民财产保险公司

概况 2007年，中国人民财产保险公司温州市分公司完成保费收入70 048.6万元，市场份额35.71%，居行业之首。全年保费收入超7个亿，完成各项目标任务。

人保管理制度建设 2007年，人保温州分公司在全市系统发动“三九战略”思想及其具体举措，围绕“三九战略”中心思想和举措开展全年工作，取得明显的成效。（“三九战略”的中心思想就通过对“财务、承保、理赔”三条主线的强化管理和资源整合，达到提升盈利能力，进而提升公司的市场竞争力，最终增强公司的综合实力的目的。）

人保企业文化建设 2007年，人保温州分公司继续推进党风廉政建设，提高整体服务水平。由市公司员工自行策划、创作、拍摄的大灾记录片，真实记录了省公司及温州分公司各级领导和员工在“韦帕”、“圣帕”、“罗莎”等强台风大灾理赔工作中的出色表现，得到上级公司领导的赞扬，为公司留下宝贵的历史资料。

人保台风大灾理赔工作 2007年，温州连续遭受三个强台风的重创，首次承保的政策性农村住房保险的大灾理赔面临严峻的考验。共计处理2255户，6765个自然间，支付赔款698万元，在短时间内基本完成大灾理赔工作。温州市人民政府《政务信息》及各级媒体给予连续宣传报道，肯定温州分公司的农房险理赔工作。

太平洋财产保险公司

概况 2007年，中国太平洋财产保险股份有限公司温州中心支公司完成保费收入35 504.70万元，市场份额18.10%，受理报案78 318件，赔款支出12 839.53万元。经总公司考核，机构升格为总公司直属管理，享受分公司待遇。2007年再次被评为“温州市文明单位”。

太保加快业务发展 2007年，太保温州公司积极开展销售渠道建设，高度重视核保对业务质量的决定性作用，提升业务品质，加强理赔管理，陆续推出VIP客户俱乐部计划、车险赔案小额快速处理、立等可取、全辖通赔、玻璃险快速理赔等服务举措，推进业务快速发展。

太保推进合规经营 2007年，太保温州公司加强合规经营宣导，依法合规经营理念深入员工人心，全面整理规章制度，广泛开展不正当交易行为自查自纠工作，共同参与抵制“不正当交易行为”和“商业贿赂”，全面部署反洗钱工作，维护广大保险客户切身利益，确保业务健康可持续发展。

中国人寿保险股份有限公司

概况 2007年，中国人寿保险股份有限公司温州分公司下设10个县支公司、15个营业部以及42个营销服务部，现有员工、代理人员5000余人，市场份额连续11年保持74%以上。2007年实现总保费23.8亿元， 市场份额为74%；温州国寿为投保人提供各类保险保障，支付短险赔款6042.8万元，死伤医给付9079.3万元、满期给付5.47亿元，年金给付3366.6万元。

人寿险服务新农村建设 2007年，中国人寿温州分公司推出“国寿新简易人身两全保险”、“被征地农民团体年金保

PICC
中国人保财险
Beijing 2008
北京2008年奥运会保险合作伙伴
OFFICIAL INSURANCE PARTNER OF THE BEIJING 2008 OLYMPIC GAMES
金牌服务 保障奥运
● 2003年11月6日，人保财险股票在香港成功上市，成为中国保险海外上市第一股。2005年9月，成为北京2008年奥运会保险合作伙伴，保障奥运服务工作全面展开。
● 已开办企事业财产保险、家庭财产保险、机动车辆保险、货运运输保险、船舶保险、建筑安装工程保险、责任保险、意外保险和健康保险等100多个险种，承保了我市电力、电信、移动等大型商业风险保险项目，承担风险责任近3千多亿元。
● 恢复保险业务以来累计支付赔款已达50多亿元，其中“云娜”“海棠”“桑美”等台风赔款就达10亿多元，为温州经济建设和社会稳定发挥了积极作用，受到市委市政府、社会各界和人民群众的充分肯定和高度赞扬。
● 从2006年开始，先后承保省、市政府组织的政策性农业保险、政策性农村住房保险，积极为我市社会主义新农村建设贡献力量。
95518
全国服务专线
24小时服务
PICC 中国人民财产保险股份有限公司 温州市分公司
PICC Property and Casualty Company Limited,Wenzhou Branch
Beijing 2008
地 址：温州市新城大道保险大楼 总机：0577-88061818
公司网站：www.picc.com.cn 电子商务网站：www.e-picc.com.cn

险”、“农村干部团体养老年金保险”等新险种，满足新农村人群的保险保障需求。

人寿险公益慈善活动　2007年，中国人寿温州分公司参加全市“慈善一日捐”，建立“浙江国寿见义勇为基金”，参与对口扶贫工作。2007年共支出扶贫专项资金21.1万元。

证券　期货　上市

概况　2007年，温州市证券交易总额为10 222.03亿元，比上年增加8980.22亿元，增长7.23倍。全市股票开户数331 509户，比上年增加219 834户，增长196.85%。指定交易户数为289 326户，比上年增长228.78%。2007年末，保证金余额为556 857万元，比上年增加1.97倍。2007年，全市期货市场商品期货交易额为8389.1507亿元，比上年增长3.77倍，总成交量为11 978 326手。开户数22 012户，比上年增加18 868户，保证金余额为45 602万元。期货的经营品种有金属材料、粮、棉、经济作物等。温州的股民和期民基本上选择网上交易作为投资交易的手段。

证券、期货经营机构　2007年末，温州地区共有12家证券交易营业部和6家期货交易营业部。这12家证券营业部是：上海证券谢池营业部、上海证券瑞安营业部、上海证券乐清营业部、方正证券温州营业部、申银万国证券温州营业部、银河证券温州营业部、财通证券温州营业部、广发证券温州营业部、浙商证券温州营业部、财富证券温州营业部、中信金通温州营业部、齐鲁证券温州营业部。6家期货营业部是：永安期货温州营业部、中大期货温州营业部、金迪期货乐清营业部、天马期货瑞安营业部、南华期货温州营业部、大越期货温州营业部。

企业上市工作　2007年8月，温州市人民政府金融工作领导小组办公室成立。2007年2月，华仪电气股份有限公司在上交所借壳上市；8月，浙江报喜鸟服饰股份有限公司在深交所正式上市。

WENZHOU YEARBOOK 温州年鉴

旅游业

城市公园管理和建设

概况 2007年温州市加大在建公园建设力度，提升公园园艺水平，完善现有公园设施，强化公园内部管理，提升公园公共服务水平，着力打造安全、有序、靓丽、文明公园，市区各大公园环境显著改善。

中山公园 2007年，中山公园完成北大门重建工程。园中湖心亭南片园路改造拓宽，铺设石板，上刻园内18处人文景观名称。铁树岛中央修筑休闲平台，面积130平方米。平台南首沿岸新筑弧状紫藤花架，高3米，长10米。铁树岛驳岸设置假山石。园内新栽种灌木2177株，铺设草坪1 000平方米，地被植物300平方米。

华盖——海坦公园 2007年华盖一海坦山公园新栽种灌木1500株，草花2700株，铺设地被植物1700平方米，并依山坡地形制作造型各异的“便民挂架”20余个，方便游人使用，亦有效保护公园林木设施。

马鞍池公园 4月，马鞍池公园冶园盆景园开园。冶园盆景园占地2000平方米，依中国古典园林风格建造，园内置放185件盆景，系著名浙派盆景艺术家沈冶民徐品仙夫妇无偿捐赠。公园南入口游乐场地块，原有八间店简易厕所改造为生态厕所，首次实现公园公厕免冲水，无臭味。园内全年新栽种乔木1256株，灌木2756株，草花11 664株，铺设草坪7200平方米，其它地被植物66平方米。

九山——松台公园 2007年，九山公园完成放生池整治工程，计清淤4000立方米，清理垃圾1000余袋，后续又加固挡土墙，修整放生池护栏，绿化周边。九山公园松台广场新建木质游憩广场，占地400平方米，造型时尚美观。公园全年新栽种乔木37株，灌木10 450株，草花21 550株，铺设草坪11 200平方米，其它地被植物50平方米。园内44种植物挂牌，介绍品种、科属和习性。

景山公园 2007年景山公园完成北入口景观改建、生态园入口改造、护国湾道路拓宽和景观改造、东入口主干道和雪山饭店沿路绿地调整，完成企鹅馆、动物医院、金刚猩猩展览笼舍以及民工宿舍工程，并维修改造陈旧破损设施。全年调整绿地面积40 000平方米，拓宽与铺设透水砖人行道4000平方米，建设园林小品1100平方米，安装仿木栏杆600米，维修道路面积2000平方米，改造动物园笼舍、场地8000平方米，扩建便民休闲广场2000平方米，新建景区垃圾中转站1处，太阳能灯30盏。动物园成功繁殖国家级重点保护动物73只，包括棕熊3只，金钱豹1只，熊猴1只，猕猴17只，蓝马鸡2只，四川鹦鹉2只，梅花鹿10只，价值22.9万元，同比增长2.8%，动物死亡率下降至1.34%。2007年动物园获省级生态道德教育基地、省级生态环境教育示范基地、国家3A级旅游景点和省杰出青年文明号称号。动物园举办“2006狗娃闹春”和温州第三届动物艺术节获良好经济效益和社会效益。景山公园在星级公园创建中评定为一级四星级，动物园评定为一级五星级。

绣山公园 2007年绣山公园新栽种乔水柏株，灌木8091株，草花98 920株，铺设草坪2200平方米。园内47个品种植物挂牌，介绍品种、科属和习性。公园首次尝试“花境布置”，参照自然界多种野生花卉交错生长状态而设计，令公园景观“虽由人作，宛自天开”。

翠微山公园 2007年，翠微山公园完成太平寺扫尾工程。温师院37亩土地遗留问题和相关房产回收工作获妥善处理。广化村和营楼村133亩土地征收工作继续进行中。园区加强值班巡逻，管理较为完善。

温州乐园 温州乐园2005年开园，座落于温州市瓯海区茶山街道霞岙村，有员工200余人，系由中美合资温州乐园有限公司投资兴建，为国家3A级公园，温州四星级公园。温州乐园工程1期投资1.5亿元，占地350亩，由美国景观设计大师拉利担纲设计，分欧陆风情区、卡通区、美国西部区和恐龙谷探险区。乐园有游乐项目40余项，包括极速风车、50米高蹦极项目和436米疯狂过山车。乐园厉行安全检查，按应急预案组织演练以应对突发事件，且在各黄金周前特别安排安全专项检查，保证每一天每一人都安全游乐。乐园开园以来未发生重、特大安全事故。乐园每月推出主题各异的游乐活动。2007年乐园接待百名留守儿童游历乐园，建军节期间接待百名军嫂游历乐园。为提高团队游客比重，乐园在丽水市场推广温州乐园+洞头海岛2日游线路，在福建宁德市场推介东阳横店与温州乐园2日游和3日游产品，在台州地区推广温州乐园+文成铜铃山2日游线路。

水上公园(鹿城段)工程 2007年，汇昌河（会昌湖）水上公园工程葡萄居住区

11号地块完成景观绿化、围墙施工和4.5万平方米安置房单体工程竣工预验收。7号地块12.4万平方米安置房景观绿化和综合管线施工中。葡萄路、前黄路和眺舟桥路为葡萄居住区市政配套工程，工程概算1750万元，已动工。庄头出让地块占地49.93亩，可出售建筑面积11.3万平方米，是水上公园（鹿城段）工程建设主要资金来源，出让相关前期工作已完成。吴桥路拓宽改造工程自3月5日始，分南北两段各自封闭施工，12月28日主车道通车。划龙桥西路延伸工程东起吴桥路，西接104国道，规划长560米，宽40米，投资估算3.2亿元，已完成调查勘测、项目立项、环境评估、水土流失和规划用地许可等项工作。

旅游景区管理和建设

概况 2007年温州市开展风景名胜区综合整治，理顺景区机构设置，加强景区设施建设，划定核心景区，加快规划编制，健全与规范景区管理，严查违规违章，3个国家级风景名胜区综合整治工作通过建设部验收。全年多元化投入景区基础设施建设资金共计3.27亿元，全市各景区接待游客1456万人次，门票收入1.5亿元，旅游收入93亿元，同比分别增长33%、21%和22.8%。本年度温州市上报氡泉——九峰等5个总体规划和泽雅湖等5个详细规划，参加北京“锦绣中华——中国风景名胜区25周年综合成就展”获最佳组织奖。

雁荡山旅游概况 雁荡山景区2007年接待游客165万人次，同比增长10%，旅游业产值11.8亿元，同比增长15.8%，景区经营性收入775万元，同比增长18%。景区按照《雁荡山风景名胜区总体规划》和世界地质公园建设标准，加强风景资源和地质遗迹保护，狠抓景区综合整治和基础设施建设，并着手制订《雁荡山国家风景名胜区旅游发展概念规划》。2007年，景区获“2007年度全国十大人气景区”称号。

徐育斐检查雁荡山环境整治 3月23日，温州市副市长徐育斐检查雁荡山环境整治情况，实地察看雁荡山游客集散中心、响岭头建筑立面改造和大龙湫景区环境。徐育斐要求，对重点工程建设加强组织领导和业务指导，加快进度，注重细节，严把技术关。市旅游局、建设局、财政局和乐清市有关领导陪同检查。

雁荡山景区建设 2007年雁荡山完成响岭头沿街建筑立面、大龙湫景区入口和灵岩景区检票房改造。污水处理厂通过验收投入使用。响岭头——灵岩段2000米通景公路铺建柏油路面。6月18日，雁荡山游客集散中心建成。中心占地66亩，由游人集散广场、停车场、游客中心、公交车站等设施组成。12月12日，雁荡山海上乐园项目开工。海上乐园占地75 055平方米，由宾馆、餐厅、停车场、游泳池、钓鱼池、水产养殖场、游艇等项目组成，一期工程投资3000万元。

雁荡山景区管理 2007年雁荡山灵峰夜景实施错时游览，响岭头实施交通小循环制度，全景区黄金周期间实施夜景交通管制。景区严格兑现对联合国教科文组织的承诺，采取慎密措施保护雁荡山地质遗迹资源。景区全年签订安全责任书190份，安全检查20次，电梯、缆车、栈道和宾馆饭店消防设施随时预防与清除故障。全景区更换指示牌406处，完善交通导向牌3座，增加交通安全标识7座。灵峰夜景5个观景点设置安全护墙。方洞景区铁索桥更新桥板，卧龙谷更新电梯。景区数字监管系统、监控指挥中心和旅游电子商务系统完善。全年未发生重大安全事故。旅游服务企业启用诚信记录管理办法。经反复治理整顿，景区建设规划、资源保护、旅游市场、景容景貌、道路交通、森林消防、治安以及旅游安全监管全面加强，旅游从业人员管理奖惩制度日臻完善，景区秩序良好。

雁荡山景区综治三连优 2007年雁荡山完成地质遗迹调查和水资源调查。各地质遗迹点和人文景观处设置防护网加强保护。景区开展水资源恢复与保护研究。全年拆除违章建筑2100平方米，制止违章建设33户1700平方米，清理民居屋顶红砖30余户，清理未经审批广告横幅52条。12月，雁荡山风景旅游管理局获“国家级风景名胜区综合整治工作优秀单位”称号。

雁荡山旅游宣传促销 1月，雁荡山景区承办“龙之旅”万人团首游雁荡活动。6月，温州市举办第十届旅游节，雁荡山世界地质公园揭碑开园。一百余家新闻媒体聚焦雁荡山。景区创新宣传促销方式，参加各类旅游交易会，巩固上海、江苏、福建等一级市场，同二线城市主力旅行社合作拓展旅游客源。全年团队游客增至总接待人次的40%。2007年景区刊出《雁荡山报》和《督查通报》，出版雁荡山旅游丛书，更新印制旅游纪念品，可通过雁荡山旅游商务电子网实现网上预订。

雁荡山景区餐饮业 2007年雁荡山景区餐饮行业实施浙江省小型餐饮业卫生监督量化评分。自9月至11月，雁荡山风景旅游管理局开展餐饮消费安全专项整治。餐饮经营单位无卫生许可证查处率达到100%，食品卫生监督量化分级管理制度实施率达到96%，原料进货索证制度登记单位达到100%，餐饮单位使用病死或死因不明畜禽及其制品和使用有毒有害物质加工食品行为监督检查覆盖率达到100%。景区未发生重大食物中毒事故。

雁荡山世界地质公园开园 6月18日，雁荡山世界地质公园开园仪式暨温州市第十届旅游节开幕式在雁荡山旅游集散中心举行。中国地质协会常任理事长孟宪来、省政协副主席徐鸿道、市委书记王建满、市长邵占维、联合国教科文组织科学部助理王瑾等参加庆典仪式并为公园揭碑。雁荡山地质公园是唯一已批准的以中生代火山地质地貌为主题的世界地质公园，是流纹质火山岩天然博物馆。雁荡山景区随公园开园推出3条新地质考察线路，为地质爱好者提供火山生命探秘之旅。雁荡山世界地质公园主要位于乐清市境内，部分位于永嘉县及临近的台州市所辖温岭市，由乐清雁荡山主园区（450平方公里）、永嘉楠溪江西园区（71.6平方公里）和温岭方山－长屿峒天景区（20平方公里）3个板块组成。

澳门中华卫视摄制雁荡风光 7月，澳门中华卫视《魅力城市》栏目组偕歌星

8月，第三届平阳（西湾）旅游美食节。

1. 9月12日，滨海旅游景区—平阳西湾。
2. 五一黄金周期间，洞头县大沙岙海滨渡假村迎来数万旅游者。
3. 5月1日，江心屿景区日接待游客超过2万人次。
4. 7月15日，2007首届温州渔寮沙滩风筝节在苍南开幕。

许日尤／摄

苏巧将／摄

许日光/摄

苏[illegible]将/摄

陈 翔/摄

6月19日，温州市第一届森林旅游节在永嘉县龙潭湾森林公园开幕。

周艳宏到雁荡山灵峰、灵岩、大龙湫和显胜门景区拍摄外景，完成制作后在12月20日澳门回归8周年纪念日播出。12月29日，湖南卫视纪念澳门回归8周年，播出《魅力城市》雁荡山篇。

央视摄制雁荡风光 3月，央视国际频道《快乐中国——学汉语》栏目《万里海疆快乐行》系列节目在雁荡山拍摄外景。《快乐中国——学汉语》是中国中央电视台国际频道（CCTV-4）唯一一档向全球播出的汉语教学栏目。

雁荡谣MTV录制完成 1月，世界地质公园组歌《雁荡谣》MTV完成录制，系作词、作曲家印青、屈塬谱写创作，温籍歌手夏阳担当主唱。《雁荡谣》MTV实景拍摄，电脑合成，以大雁化身演绎雁荡山春、夏、秋、冬四季美丽景色。

中雁荡山旅游概况 2007年，中雁荡山景区接待游客68.08万人次，同比增长17%，其中国内游客67.14万人次，同比增长17%，海外游客9421人次，同比增长16%。旅游收入3.72亿元，同比增长19%。8月11日，中雁荡山风景区通过国家AAAA级旅游区（点）总评验收。

王建满调研中雁旅游 7月3日，中共温州市委书记王建满到中雁荡山检查旅游工作，实地察看西漈景区旅游资源和旅游设施建设。副市长徐育斐、市旅游局、建设局以及乐清市有关领导陪同调研。

中雁荡山旅游安全管理 2007年，中雁荡山风景旅游管委会实行安全责任制，健全旅游安全制度，完善旅游高峰期和特殊时段游客安全处置措施。景区在危险地段设置安全警告标志标识，玉甑峰顶等处增设安全防护栏，通景公路设置钢质防护栏，转弯处设置交通凸面镜，水上运动项目配置救生圈、救生衣。全景区配备安全保护人员12名，流动安全人员22名。

中雁荡山旅游宣传促销 2007年，中雁耗资70万元投入市场开发和宣传促销。参加南京长江三角洲旅游交易会、西安中国旅游资源博览会、省第六届旅交会、温州市首届商务旅游交易会、昆明国际旅交会、苏州国内旅交会和第五届中国（海口）国际旅游商品交易会。拍摄制作全新中雁风光VCD和DVD。白石镇入口、街道、公交车站和游客中心设置宣传牌，在温州五马街设置灯箱广告。温州电视台《百晓讲新闻》和《零距离》栏目播出中雁广告。温州日报、温州晚报和温州都市报宣传推介中雁风光。12月，八方旅游联合体300余家旅游社负责人到中雁踩线考察。

中雁荡山乡村旅游 2007年，中雁荡山民间筹资230万元修建茗山景区上山公路，另筹资800万元建成中雁“茗山天坛”。中雁农户养殖灰天鹅，中雁龙山山庄以品尝天鹅肉为特色。白石水库和钟前水库盛产野生鲍鱼和鲶鱼，品尝野生鲍鱼头和鲶鱼为白石“农家乐”一大特色。

楠溪江旅游概况 2007年，楠溪江风景名胜区接待游客112.53万人次，同比增长19.85%，其中海外游客9825人次，同比增长116.74%。实现社会综合效益7.26亿元，同比增长39.9%，门票收入839.77万元，同比增长16.71%。

楠溪江景区旅游规划 1月，石桅岩景区修建性详细规划初稿报省建设厅审批。楠溪江《金珠瀑文化休闲中心修建性详细规划》和溪田宾馆项目选址获省建设厅批准。芙蓉山庄二期完成项目建议书和总平面布置图。红岩湖休闲旅游服务中心完成政策处理和项目规划方案，报批手续在办。《枫孤溪服务中心修建性详细规划》已上报省建设厅。楠溪江旅游客服中心改建设计方案编制中。10月，《楠溪江风景名胜区总体规划（修编）》由省政府转报国务院审批。《永嘉县旅游产业发展规划》和《永嘉县旅游发展“十一五”规划》编制完成并付实施。12月，《永嘉红色旅游发展规划》（送审稿）完成编制。大箬岩、狮子岩和太平岩景区详细规划启动编制，已完成资源调查。2007年楠溪江新增旅游项目14个，分别是楠溪江旅游接待中心、楠溪江畲族民俗风情村、黄山红军村、十二峰、石斑岩休闲服务中心、天柱峰景点二期项目“弥陀山露天大佛”、陶姑洞、邵园农家休闲园、楠溪江海上休闲会所“明珠港之星”、金蟾坑、楠溪江大惜休闲服务中心、楠溪农园和楠溪江铜锅潭农业观光园。苍坡、芙蓉和丽水街古村落完成保护项目概算。

楠溪江景区建设 2007年，永嘉县启动大箬岩陶公洞入口广场环境优化工程，洞口老洋房拆除，大箬岩游人中心在建。林坑、狮子岩和大箬岩黄潭停车场建设项目签订用地协议。白雁线岭上段改建（岭上隧道）工程完成招投标。楠溪江生态广场附属工程园林小品和广场绿化建成。石桅岩、狮子岩和太平岩景区新建草坪码头、游步道和景观亭，修建票房、管理房、标识标牌和灾毁设施。2007年，楠溪江景区AAAA级旅游区通过复核验收，并被评定为综合整治免检景区。

楠溪江景区管理 2007年，楠溪江风景旅游管理局组织开展“和谐旅游在温州”和“放心旅行社、诚心导游员、称心饭店、真心服务员”评选活动，提升行业文明。楠溪江风景旅游管理局全年检查旅行社5次，检查旅游企业和景点15次，受理旅游投诉案件19起，涉及理赔金额1.5万元。2007年楠溪江风景旅游管理局狠抓旅游安全管理，召开生产安全工作会议29次，张贴发放宣传品2000余份，设置安全警示牌20处，开展安全生产检查7次，排除事故隐患102处，举行安全应急预案演练2次，救助旅客26人次，全年未发生旅游安全责任事故。瓯北皇都宾馆评定为二星级饭店，桥头饭店通过三星级饭店复核。

楠溪江旅游宣传促销 2007年，永嘉县编发楠溪江自驾游手册和楠溪江旅游宣传片，设置一批户外广告，开通景区移动短信提示系统，开展“旅游产品进学校”专题促销活动，均取得成效。中央电视台、浙江电视台、深圳电视台和温州电视台宣传推介楠溪江。台州晚报、风景名胜杂志、中华遗产杂志、中国自驾游联盟网、浙东南旅游联合官方网站和上海旅游网均发布楠溪江旅游信息。韩国、天津和武汉旅行商到楠溪江踩线。楠溪江景区和林坑古村入选“浙江最值得去的50个景区”和“浙江美丽乡村”。2007年，楠溪江加入金丽温区域旅游联合体。3月，中央电视台4套《快乐学汉语》栏目组到楠溪江摄制节目。12

月，中央电视台7套《乡土》栏目摄制组在楠溪江拍摄乡土民俗系列专题片。

楠溪江乡村旅游 2007年楠溪江新增市级"农家乐"特色村3个，示范点2个，三星级"农家乐"经营户9家。

楠溪江旅游节庆 第七届楠溪江旅游节暨温州市首届森林旅游节6月19至21日举行，"楠溪江杯"风景旅游地质知识电视大奖赛、楠溪江古村落保护与利用学术研讨会、"走进楠溪江"文艺晚会和长三角200家旅行商楠溪江踩线活动同时举办。

旅游行业管理

概况 2007年温州市加快建设旅游经济强市，突出政府主导，旅游产业发展势头强劲。全年接待游客2220.72万人次，旅游综合收入200.48亿元人民币，同比分别增长18.86%和19.11%。乐清市获中国优秀旅游城市命名，雁荡山获国家5A级旅游景区命名和"国家级风景名胜区综合整治工作优秀单位"称号，平阳南雁荡山、文成铜铃山和乐清中雁荡山获国家4A级旅游景区命名。2007年，温州市推荐评定四星级饭店3家，累计五星级1家，四星级16家。新发展星级饭店12家，绿色饭店5家。

国内旅游 2007年温州市接待国内游客2191.82万人次，国内旅游综合收入189.77亿元人民币，同比分别增长18.92%和18.92%。国内旅游主要客源地前5名依次为浙江本省、上海、江苏、福建与安徽，5地游客人数占接待总人数约9成，其中浙江本省客源占总人数的66.09%。东北、华北地区游客呈增加态势，其中天津游客同比增长167.61%，山西游客同比增长119.67%。边远地区贵州、新疆、陕西游客数上升，其中贵州同比增长113.94%，新疆同比增长70.51%。

2007年，温州市举办第十届温州旅游节系列活动，假日旅游和乡村生态旅游拉动效应显著，全年3个黄金周共接待游客410.15万人次，实现旅游收入35.55亿元，两项指标均创历史新高。

入境旅游 2007年温州市接待入境游客28.90万人次，同比增长14.09%，其中外国人23.09万人次，同比增长15.2%。浙江省旅游海外区域客源市场以亚洲为主，温州市海外区域客源市场以欧洲为主，其次是亚洲市场。海外华人市场是温州主要客源，基本分布在欧洲地区，主要客源国依次为意大利、荷兰、日本、法国、美国与韩国，其中意

2007年温州市国家A级旅游景区

等级	序号	景区（点）	单位全称	地址	评定时间
AAAAA	1	雁荡山风景名胜区	雁荡山风景旅游管理局	乐清市雁荡山雁山路88号	2007.5
AAAA	1	楠溪江风景名胜区	楠溪江风景旅游管理局	永嘉县县府大院	2002.12
	2	江心屿景区	鹿城区江心屿	温州市江心屿	2002.12
	3	中雁荡山风景名胜区	中雁荡山风景旅游管委会	乐清市白石镇玉虹北路	2007.12
	4	南雁荡山风景名胜区	南雁荡山风景名胜区	平阳县昆阳镇平阳大厦21楼	2007.12
	5	铜铃山国家森林公园	文成县铜铃山国家森林公园	文成县叶胜林场	2007.12
AAA	1	茶山五美景园	温州市五美百鸟乐园开发公司	瓯海区茶山镇五美路1号	2004.12
	2	玉海楼	瑞安市玉海楼文物馆	瑞安市安阳镇道院前街5号	2004.12
	3	玉苍山风景区	苍南县玉苍山风景旅游管理所	苍南县玉苍山	2004.12
	4	渔寮风景区	苍南县渔寮风景旅游管理所	苍南县渔寮乡	2004.12
	5	瑶溪风景名胜区	龙湾区瑶溪风景名胜区管理所	龙湾区瑶溪镇瑶溪风景名胜区	2005.12
	6	泽雅风景名胜区	瓯海区风景旅游管理局泽雅分局	瓯海区泽雅镇政府大楼	2005.12
	7	温州动物园	温州动物园	温州市雪山路367号	2005.12
	8	温州乐园	温州乐园有限公司	瓯海区茶山街道霞岙村	2005.12
AA	1	温州绿色乐园	温州绿色乐园农业开发有限公司	瓯海区南白象金竹路48号	2003.12
	2	苍南石聚堂风景区	苍南县石聚堂风景旅游管理所	苍南县浦亭乡	2003.12
	3	瑞安隆山公园	瑞安市隆山公园管理处	瑞安市隆山路	2003.12
	4	瑞安桐溪风景名胜区	瑞安市桐溪风景旅游管理所	瑞安市桐浦乡桐溪村	2003.12
	5	承天氡泉旅游区	泰顺县风景旅游管理局	泰顺县罗阳镇化工路8号	2005.12
	6	西湾风景名胜区	平阳县西湾乡人民政府	平阳县西湾乡	2005.12
	7	洞头南炮台山景区	洞头南炮台山景区	洞头县北岙镇新城区旅游大厦	2006.12
	8	乐清东塔公园	乐清市东塔公园	乐清市宁康路168号	2006.12
	9	仙岩风景名胜区	仙岩风景名胜区	瓯海区仙岩镇仙北村	2006.12
A	1	瑞安青云谷景区	瑞安青云谷景区	瑞安市顺泰乡大坟村	2004.12
合计	24				

大利、荷兰与韩国市场游客保持约30%的年增长速度。

出境旅游 2007年温州市通过当地国际旅行社组团出境旅游30 698人次，同比增长21.25%，其中出国游14 811人次，同比增长33.70%，港澳游15 843人次，同比增长8.76%。出境旅游人次前5位地区和国家分别为中国香港、中国澳门、泰国、新加坡和马来西亚。

钟山调研旅游发展 浙江省副省长钟山11月27至28日视察洞头、瑞安等地旅游工作，指出：温州旅游资源特别是人文资源丰富，应积极保护、开发与利用。要求温州各级党委政府把旅游产业定位定好定准，努力提升旅游业发展水平。省旅游局局长赵金勇、副市长陈宏峰、陈作荣，市旅游局局长张纯洁等陪同视察。

王建满调研旅游工作 中共温州市委书记、市人大常委会主任王建满7月3至4日调研考察乐清中雁荡山、鹿城朔门街夜景、朱自清故居、楠溪楼传统特色餐饮、阿外楼度假大酒店（在建）、香格里拉大酒店和万和豪生大酒店。4日，市委、市政府召开专题会议听取各部门汇报。王建满指出，温州旅游业发展面临大好机遇，要走差异化发展之路，发展生态经济，做好“山上、海上、晚上”三篇文章。要加快雁荡山、楠溪江、夜温州、洞头岛等重点景区和龙头项目建设，进一步完善旅游交通、旅游接待和旅游服务设施，突出打造山水温州、文化古城和红色旅游形象名片。副市长徐育斐、市四套班子分管旅游工作领导、市直机关有关部门负责人陪同考察调研并出席会议。

王建满调研一江两岸夜温州工程 9月26日，王建满调研“一江两岸夜温州”亮丽工程建设，考察人民路“亮丽工程”改建规划、永嘉瓯北镇双塔路景观工程以及“一江两岸”夜景。王建满指出，温州“一江两岸”自然环境与人文景观得天独厚，要把瓯江两岸亮丽工程建设作为做好“晚上旅游”文章的突破口，加大规划、建设、管理力度，努力打造亮丽和谐“不夜温州”。要按照“以江为轴，两岸延伸”的布局，南北呼应，由线到面，动静结合形成景观带，体现生态性、亲水性、和谐性。要开展瓯江夜游，整合、激活人文资源，把文化注入旅游，让游客感受“不夜温州”“精、气、神”。要以夜间购物、夜间餐饮、夜间休闲为重点建设、改造一批特色街区，形成集购物、休闲、文化娱乐为一体的瓯江两岸大商圈。市委常委、鹿城区委书记杨湘洪等陪同调研。

邵占维调研永嘉旅游业 中共温州市委副书记、市长邵占维6月21至22日到永嘉岩头镇调研楠溪江旅游资源开发与项目建设。邵占维要求永嘉县抓住地理上紧贴温州中心城区优势，以旅游业为重点，大步加快现代服务业、物流业与商贸业发展，由此积极培育新的经济增长空间。副市长徐育斐、市政府秘书长黄纯诚、市旅游局局长张纯洁等陪同调研。

徐育斐调研苍南旅游业 1月23日，温州市副市长徐育斐到苍南调研旅游业发展。徐育斐指出，苍南旅游资源丰富，滨海旅游框架已基本形成。鉴于温福铁路、78省道（改建）开通在即，要求苍南县提前准备，抓紧时间促成一批旅游项目落地，相关旅游接待服务设施要尽快上马。渔寮景区、参茸市场要尽快申报创建国家4A级旅游区。要促成旅游业同农业、林业、渔业、商贸互动，放大旅游经济。市政府副秘书长陈庆科、市旅游局局长张纯洁等陪同调研。

徐育斐检查洞头旅游安全 4月24日，副市长徐育斐到洞头检查“五一”黄金周旅游安全工作，要求市假日协调指挥小组各成员单位在黄金周加强排查安全盲点、薄弱点，切实消除安全隐患。游客承载力不足的景区、重大活动聚集场所、短时内客流集中区域、旅游交通和餐饮等重点区位，要加强监管，确保不发生责任事故。市假日旅游指挥中心各成员单位负责人陪同检查。

徐育斐率团考察旅游业 5月，市人民政府集中各县、市、区政府分管旅游领导和旅游主管部门负责人专题培训旅游管理。期间，副市长徐育斐率参加培训人员赴河南云台山考察当地旅游业。

徐育斐调研泰顺旅游业 11月，副市长徐育斐到泰顺泗溪“姐妹”廊桥、乌岩岭、岭北乡“农家乐”和承天氡泉景点考察保护与开发情况，指出，泰顺旅游生态环境良好，资源总量丰富，乡土文化底蕴深厚，新58省道通车在即，要加快筹划旅游招商引资项目，认真抓好旅游线路和交通设施建设。要集中精力开发承天氡泉、廊桥文化园和乌岩岭重点景区，打造集观光、休闲、度假、养生为一体的生态休闲旅游度假基地。市政府副秘书长陈庆科、市旅游局局长张纯洁陪同调研。

叶建国检查乐清旅游 7月，浙江省旅游局副局长叶建国到乐清市检查创建中国优秀旅游城市工作，指出，乐清市创优氛围、城市旅游功能和市容市貌有待改善，当前是创优攻坚阶段，要全民动员，共建共创共享中国优秀旅游城市。市旅游局领导陪同检查指导。

政府主导旅游业发展 2007年全市各地突出政府主导旅游业发展取得进展。乐清市政府认真抓好创优工作，加大雁荡山景区设施投入力度，成功创建中国优秀旅游城市和雁荡山5A级旅游景区，雁荡山世界地质公园揭碑开园。瑞安、永嘉、洞头、苍南、龙湾、瓯海、平阳、文成、泰顺等县、市、区党政一把手认真研究旅游业发展，加大资金投入，及时解决发展中遇到的困难与问题。文成、泰顺两县在财力紧张情况下当年安排旅游专项资金各达1000万元。洞头县海上旅游基础设施投入1.2亿元，其中财政投入3000万元。2007年市旅游局安排300万元旅游扶贫专项资金，市财政当年用于雁荡山和楠溪江景区旅游项目设施补助资金2000余万元。

旅游规划 2007年，温州市旅游局组织实施《温州市旅游发展总体规划》，调动景区聚合和产业集群优势，按大旅游、大产业、大框架理念整合旅游资源。《温州“山上、海上、晚上”旅游开发方案》通过论证，温州旅游“金三角”项目《雁荡山、楠溪江、洞头岛“山江海”合作旅游发展方案》着手编制，

《温州市乡村旅游发展规划》完成评审稿，《瓯江旅游度假区发展规划》开始修编。各县、市、区基本完成旅游发展总体规划，洞头、乐清和龙湾开始编制县（市、区）乡村旅游发展规划。"海上百岛"洞头4A旅游区筹备申报中。

旅游设施建设 2007年温州市旅游局确定53个重点涉旅助推项目，包括通景公路、旅游景点、接待设施和旅游购物展示，预算约140亿元。雁荡山至楠溪江旅游公路项目，长40公里，投资5亿元，已经省发改委立项。泰顺58省道开通，苍南78省道竣工在即。旅游部门执行"政府主导，社会参与，多元投入，市场运作"方针，积极吸引社会投资。市区在建5家五星级宾馆，投资额近16亿元。另有5家高星级酒店项目完成前期工作。永嘉溪田宾馆、泰顺氡泉旅游文化休闲中心、乐清雁荡"海上乐园"和瑞安玉海文化中心项目开工建设。永嘉新增旅游项目13个，金珠瀑文化休闲中心、芙蓉山庄二期和红岩湖休闲旅游服务中心项目前期工作进行中。

和谐旅游在温州 1月9日，市政府召开贯彻《市委、市政府关于建设旅游经济强市的实施意见》暨"和谐旅游在温州"活动动员大会，副市长徐育斐到会讲话。全市启动"和谐旅游在温州"和"百万新温州人游温州"活动，奥康、报喜鸟、法派等民营企业广为响应参与。2月，温州11家国际旅行社（含外地驻温分支机构）公开承诺温州市组团港澳游团队不再收取"年龄差别费"。同月，市饭店协会、餐饮协会、饭店餐饮工会工委和共青团温州市饭店协会工委联合部署参与"和谐旅游在温州"活动。

山上旅游 2007年，雁荡山响铃头和大龙湫立面改造、三线地埋以及响岭头-灵岩段通景公路改建工程竣工，雁荡山旅游集散中心、景区污水处理厂和9座生态公厕相继建成，雁荡山科普旅游和影视旅游线路新鲜推出。永嘉大箬岩景区启动陶公洞入口广场环境优化工程，核心景区新建停车场、草坪码头、游步道和景观亭，白雁线岭上段改建（岭上隧道）工程在建。楠溪江龙湾潭悬空钢化玻璃观景台建成开放。平阳南雁荡游客中心游览标识牌和公共信息图形按GB10001标准修整更新。瑞安完成寨寮溪九珠潭景区游客中心主体工程、杭山栈道维修工程、花岩景区入口停车场（一期）和游客中心工程。文成龙麒源等新"山上"旅游产品推向市场。楠溪江等5景区评为"浙江省最值得去的50个景区"，乐清市黄坦洞村入选"中国景观村落"。

海上旅游 2007年洞头望海楼、中普陀寺和旅游集散中心建成开放。平阳南麂岛新建码头游客中心和三盘尾游客中心。海滨旅游精品线路"海上百岛"-南麂-渔寮沙滩向内地城市推出。南麂国际海钓节、渔寮沙滩风筝节、平阳西湾海鲜美食节和龙湾滨海观潮活动等举办。南麂列岛等5景区评为"浙江省50个优秀景区"，洞头大门镇美岙村等5个村入选2007浙江"美丽乡村"，江心屿等5景区评为"浙江省最值得去的50个景区"。

晚上旅游 "不夜瓯江""晚上"精品旅游线6月8日开游，"一江两岸夜温州"初显夜间观光购物和餐饮休闲特色。瓯江北岸夜景灯光工程（一期）、江心屿趣味拓展园、江心屿码头景区入口工程和瓯江三桥亮丽工程建成投入使用。吉尔达1号轮渡装饰工程、景区码头监控系统工程竣工。朔门古街开放。都市休闲项目"来福天地"开工建设。

乡村旅游 2007年温州市新发展市级以上"农家乐"休闲旅游特色村和示范点65个，创建市级以上"农家乐"特色村19个，其中省级5个，创建市级以上"农家乐"休闲旅游示范点46个，其中省级7个，评定"农家乐"星级经营户663家，三星级以上经营户120家，落实以奖代补扶持资金120万元。截至12月底，全市有"农家乐"、"渔家乐"休闲旅游村（点）1056个，经营户2385户，从业人员12 986人，总投资规模65 846万元。2007年全市乡村旅游示范点和旅游特色村接待游客502.41万人次，约占全市接待游客总数的20%，营业收入24 027万元。

越共中央高级干部考察温州 12月23至25日，越南共产党中央书记处书记、国会副主席丛氏放率高级党政干部考察团在全国人大外事委副主任马文普和省有关部门负责人陪同下到温州考察非公有制企业党建工作。

温州经济探秘游 温州市6家全国工业旅游示范点（奥康、报喜鸟、红蜻蜓、大虎打火机和康奈等）2007年接待游客21.24万人次。11月，人民日报海外版以《经济探秘游——树起温州旅游大品牌》为题专作报道。

旅游市场监管 2007年温州市旅游局检查旅游景区、机场、火车站和旅游车集散点25处（次），旅行社45家（次），按导游IC卡计分检查带团导游员40人（次）。市旅游局全年收到旅游投诉100件，受理85件（涉及旅行社58起，旅游景区16起，宾馆饭店9起，其他2起），办结79件，为游客挽回经济损失178 835元。

旅行社 2007年温州市新发展旅行社15家，注销旅行社5家，全年审批出境旅游团队142个3362人次、港澳游团队252个6036人次，办理景区景点导游证97个、全国导游证272个，办理旅行社经营许可证69个。市旅游局公布《2007年旅行社招徕游客奖励办法》和《温州市旅行社及外地驻温分支机构考核办法》。

旅游集散中心 2007年温州旅游集散中心入驻旅游车辆102辆，始发4209车次13 000人次，接待旅游散客5700人次，航空售票480余张，公路售票9550余张。雁荡山、楠溪江、中雁荡（乐清市白石镇）、洞头、青田、沈家门、东阳、义乌、武义、江山以及桐庐等地旅游客运班线相继开通。集散中心持有国内旅游业务经营许可证，特别免费安排"猪年"属猪人游览南雁荡山、三八节妇女旅游和三垟湿地体验游。2007年，雁荡山旅游散客服务中心、洞头旅游集散中心和楠溪江游客服务中心相继建成投入使用。

五个一批旅游品牌企业和个人 2007年温州市积极培育"五个一批"，即培育一批赏心旅游景区、称心旅游饭店、放心旅行社、诚心导游员和真心服务员（管理员）。全市86家星级饭店、140家旅行社和1800余名导游员选出30家“称心星级饭店”、29家“放心旅行社”、38名“诚心导游员”和60名“真心饭店服务员”。有71个旅游景区、旅行社和星级饭店参加温州市首届二十佳旅游企业品牌口号评选。配合省旅游局“浙江省最值得去的50个旅游景点”评选活动，温州市相应启动评选“100个最值得去的山上、海上、晚上旅游景点”。

十大避暑胜地 7月，温州市旅游局、林业局、环保局、建设局和温州商报联合举办“十大避暑胜地”评选活动，南麂大沙岙、玉苍山国家森林公园、乌岩岭国家级自然保护区、铜铃山国家森林公园、白云山农业观光园、雁荡山净名景区、承天氡泉自然保护区、渔寮大沙滩、楠溪江九丈甸园和四海山森林公园入选，永嘉龙湾潭森林公园等20个景点获“2007温州十大避暑胜地”提名奖。

2007年温州旅游行业服务技能大赛 12月2至4日，市旅游局、劳动和社会保障局与总工会联合举办全市饭店业服务技能大赛，41家星级饭店197名服务员参赛。温州华侨饭店餐饮部洪丽拉等18位选手分获餐饮宴会摆台、客房铺床和客房插花项目前3名。获一、二、三等奖的选手直接晋升国家高级职业资格，颁发证书，市旅游局和团市委授予“温州市旅游行业青年岗位能手”称号；单项比赛前3名选手由市劳动和社会保障局授予“温州市技术能手”称号，其中已取得高级资格的，晋升为国家技师资格并颁发证书。

旅游安全 2007年温州市旅游行业沉痛汲取“12·12”重特大火灾事故教训，认真做好旅游安全工作。全市星级饭店开展“安康杯”竞赛和“品质管理年”、“安全生产执法年”、“安全生产宣传月”活动。江心屿新装灭火器100台，更新过期灭火器80台。雁荡山景区更换256处景点指示牌，新增3座交通指示牌和7座交通安全标识，签订安全责任书150余份，组织安全检查20余次，完成安全隐患整改100处。全市未发生重大旅游安全责任事故。

旅游行业培训 2007年市旅游局实施5项“人才研修计划”，组织旅行社、饭店和旅游景区管理人员参加高层研讨会暨名家讲坛系列讲座。有300余人次参加管理人员研修班，534名导游参加全国培训，150余人次参加领班（主管）人员培训，500余人次参加行业特技员工培训，682人参加乡村旅游培训，42人参加旅游行业大专函授班学习。

机关建设 2007年温州市旅游局开展创建文明和谐机关活动，实施行政问责制和年度工作目标责任制双向闭环考核制度。第16号超强台风“罗莎”入侵前夕，市、县（市、区）旅游主管部门迅速中止休假召回机关工作人员，组织和部署抗台救灾。所有旅游景区立即关闭，旅游人员火速转移，确保安全。2007年，市旅游行风监督员由15人调增至26人。11月，市旅游行风监督员“阳光行动”检查各旅游景区（景点），全程无旅游投诉发生。

旅游市场

参加旅游交易会 2007年温州市参加苏州国内旅交会、浙江省旅交会、南京长三角旅交会、西安中国旅游博览会、北京国际旅游博览会和昆明中国国际旅游交易会，在省旅交会与昆明国际旅交会获最佳组织奖和最佳展台奖。

第十届温州旅游节 2007年第十届温州

2007年温州市四星级以上旅游饭店

单位名称	地址	星级
温州华侨大酒店	温州市信河街1号	五
温州国际大酒店	温州市人民中路1号	四
温州王朝大酒店	温州市民航路2号	四
温州维多利亚大酒店	温州市马鞍池东路320号	四
温州奥林匹克大酒店	温州市民航路8号	四
瑞安钱塘－阳光假日酒店	瑞安市阳光路8号	四
温州将军大酒店	温州市将军桥过境路1558号	四
温州国贸大酒店	温州市黎明西路1号	四
温州东瓯大酒店	温州大道东建大厦	四
温州万豪商务大酒店	温州火车站东首	四
温州顺生大酒店	温州市鹿城路36号	四
温州市梦江大酒店	永嘉县瓯北阳光大道	四
温州江心海景酒店	温州市江心屿西园	四
温州新南亚大酒店	温州市东游路4号	四
瑞安国际大酒店	瑞安市万松东路555号	四
雁荡山山庄	乐清市雁荡山霄霞路8号	四
乐清新世纪大酒店	乐清市宁康东路150号	四

2007年温州市全国工业旅游示范点

名称	地址	评定时间
温州大虎打火机有限公司	温州市葡萄棚路高新技术产业园	2004
温州报喜鸟集团有限公司	永嘉工业园报喜鸟大厦	2004
温州奥康鞋业有限公司	永嘉工业园	2004
温州正泰电器集团	温州正泰集团工业园	2005
温州红蜻蜓集团	永嘉瓯北东瓯工业园区	2005
温州康奈集团	温州鞋都产业园区	2006

旅游节举办以下节庆活动：雁荡山国家5A级旅游景区命名仪式、雁荡山世界地质公园开园仪式、首届温州商品旅游交易会、第七届楠溪江文化旅游节、苍南中国汽车短道拉力赛、“意丹奴·浪漫七夕千人帐篷大party”、第二届温州民俗文化庙会、第五届江心屿金秋文化旅游节、重温红色之旅——粟裕将军诞辰一百周年纪念和泰顺“三月三畲乡风情节”。永嘉县同时开展“旅游产品进学校”专题促销活动，取得成效。

首届商务旅游交易会 首届温州商务旅游(礼品)交易会9月8至10日举行，重点展示本土旅游线路和旅游商品。交易会形象展区介绍温州11个县、市、区景区景点特色和若干周边城市景区景点。商品展区展示各地特色旅游商品，包括瓯绣、黄杨木雕、贝雕、土蜂蜜、桥墩月饼和莘塍豆腐干等。桥墩月饼和莘塍豆腐干深受欢迎，供不应求。温州市和周边地区300余家旅游商参展。

旅游城市合作 2007年，温州市把上海作为国内主要客源市场，继续巩固南昌、武汉、北京、天津客源市场，稳定福建和本省客源市场，开辟山东和安徽新市场，启动“百万上海人游温州”、“五百万浙江人游温州”活动，发展“活力浙东南”、浙南闽东八方联盟和温金丽衢旅游区域合作。3月15日至4月15日市旅游局国内旅游促销月活动“去10个以上旅游城市，签10个以上合作协议，拜访100位以上旅游界知名人士”完成预期目标，期间举办旅游热线（上海）联盟合作论坛，同上海市旅委签订旅游合作协议。雁荡山举行“龙之旅”全国旅游协作网万人游雁荡山首发团欢迎仪式。11月，温州市组团赴漳州、泉州、福州、宁德四市开展旅游促销。2007年全省旅行社工作会议在温州召开。

缤纷金丽温旅游联合体 8月28日，“金丽温区域旅游联合体”成立大会暨“缤纷金丽温”旅游互动启动仪式在温州举行。三市旅游局签署区域合作协议，推出集名城、奇山、胜峰、秀水、神泉、怪石和民营企业为一体的黄金旅游线路，凸显浙中南旅游资源特色和组合优势。联合体实行政府主导、企业参与和市场运作模式。联合体景区包括：温州雁荡山、楠溪江、洞头、江心屿，丽水仙都、石门洞、东西岩，金华双龙、横店影视城、武义温泉。旅行社包括：温州国旅、中旅、海外、青旅、大自然、瓯之旅、星远和旅游集散中心，丽水旅行社、缙云星辉、浙江青田中旅和旅游集散中心，金华三清、新华、中旅、康泰和旅游集散中心。

中国八方旅游联合体十周年 12月，中国八方旅游联合体在温州举行十周年纪念活动。11日，联合体300余名代表在万豪大酒店参加温州“山上、海上、晚上”旅游推介会，并应邀考察“不夜瓯江”旅游线路。

海外旅游市场 2007年温州市加大入境旅游市场宣传促销力度，重点实施香港、台湾和韩国旅游开发计划，同时加强同PATA（亚太旅游协会）等国际旅游组织机构合作。2007年温州市加入PATA。

温州香港签订旅游合作协议 应温州市人民政府邀请，香港旅游业议会主席何柏霆一行10人7月20日抵温，在温州召开温州·香港旅游发展座谈会。22日，香港旅游业议会和温州市旅游局签署《香港——温州旅游合作协议书》。

涉澳旅游合作 8月29日，澳大利亚驻上海总领事馆商务领事艾孟哲一行2人拜会温州市旅游局，寻求旅游酒店管理、旅游教育培训和游艇项目合作。澳方表示温州“不夜瓯江”温州晚上旅游精品线路、温州民营经济探秘游、“渔家乐”和“农家乐”等旅游产品受澳洲游客欢迎，有较大合作发展空间。

三百文化工程 2007年温州市旅游局推出旅游“三百文化” 工程，即“百名作家写温州游记”，“百名摄影家拍温州风光”，“百名画家画温州山水”。“百名作家写温州游记”之“瓯越山水”旅游散文大赛收到作品128件，吴合众《时光深处的泰顺》获一等奖。“百名摄影家拍温州风光”收到作品2700余件，11月24日温州日报刊出部分优秀作品。“百名画家画温州”活动优秀作品另行结集出版。

旅游宣传 2007年，温州市旅游局在香港经济日报、香港无线电视台、浙江电视台、浙江日报和中国旅游报广为刊登宣传广告。中央电视台（四套）《快乐学汉语》栏目和北京电视台《四海漫游》栏目计6批次278人天到温州拍摄旅游风光。中国旅游报、江南游报、温州日报、温州晚报、温州电视台和温州瞭望杂志增加报道温州旅游。温州旅游杂志刊出6期。温州旅游网运转正常。高速公路沿线和市区繁华地段设置大型温州旅游广告。全市83家星级饭店资料入编《中国星级饭店指南（2007～2008版)》，《带你玩雁荡山》和《雁荡山旅游手册》出版。8月，温籍女演员朱紫汶出任温州市旅游形象大使。

旅游宣传研讨会 2月27日，温州市旅游局举办旅游宣传促销研讨会，邀请市委外宣办、市文化局以及旅行社与新闻界人士，就旅游线路设计、旅游产品包装、宣传平台设置、发展入境旅游等问题展开研讨。与会人员认为，到温州旅游人数仍少，入境旅游人数更少，与温州旅游城市地位不相称，要通过有效的营销，树立温州“独具山水情怀的国际商务旅游目的地城市”形象，达到改善温州旅游城市地位的效果。

县(市、区)旅游业

鹿城区旅游业概况 2007年鹿城区接待游客592.21万人次，同比增长20.17%，其中国内游客580.10万人次，同比增长20.02%，入境游客121 136人次，同比增长27.73 %。旅游收入57.78亿元，同比增长22.14%，其中国内旅游收入51.97亿元，同比增长19.19%，入境旅游收入7455.24万美元，同比增长62.76%。

鹿城区2007年有星级饭店26家，其中五星级饭店1家，四星级饭店9家，三星级13家，二星级3家。2007年新评定四星级饭店1家，二星级饭店1家。辖区内有旅行社67家，新设立旅行社11家，导游近700人。

2007年江心屿景区通过国家AAAA

级旅游区和温州市文明单位复评，入选“浙江最值得去的50个景区”。鹿城区风景旅游管理局获“浙江省旅游工作先进单位”、“温州市旅游市场开发工作先进单位”、“温州市行风建设工作先进单位”、“温州市旅游行业管理工作先进单位”和“鹿城区招商引资先进单位”称号。

鹿城区旅游规划 2007年鹿城区以《温州市鹿城区旅游发展规划》为依据对重点景区进行项目规划。江心屿防洪堤加固工程可行性研究报告获批复。《双潮乡西龙溪旅游规划》初稿通过初审。

鹿城区旅游设施建设 2007年鹿城区江心屿景区建成趣味拓展园和景区码头监控系统，完成码头出口斜坡台放平修复工程和码头入口景区改造，完成码头候船廊工程，吉尔达1号渡轮装饰工程通过验收。2007年江心屿种植、移植乔木和灌木3950株，铺设草坪1450平方米，大枝扦插榕树200余株，引进梅树老桩27株。景区南首沿湖梅花园初步建成，占地2亩。100余棵南方引进植物防寒保暖取得成效。盆景园全年制作、整形盆景200余盆，生产培育优质盆花10万余盆。10月，江心盆景园参加浙江省第5届盆景评比，五针松盆景作品“飞渡”获金奖。

鹿城区旅游宣传促销 2007年鹿城区参加苏州国内旅交会、昆明国际旅交会、长三角南京旅交会和浙江省旅交会，参加活力浙东南联合体组织的北京、天津、上海和福建客源市场旅游促销活动，发放鹿城区、江心屿景区旅游资料35 500份。中央四台《快乐中国——学汉语》、浙江电视台《旅游人物专访》和河北电视台《江南旅游》栏目到鹿城摄制旅游节目。香港旅游协会和武汉旅游局派员到鹿城考察交流。搜狐网和新浪网在旅游视频栏目推介鹿城旅游。金丽温、甬台温和上海高速公路沿线设置鹿城旅游广告。ZTV-5电视广告投放各主要客源市场。

鹿城区和谐旅游 2007年，鹿城区风景旅游管理局开展“和谐旅游在温州”和“诚信旅游”活动，11家旅行社和20名导游员分获“放心旅行社”和“诚心导游员”称号，8家星级饭店获“称心饭店”称号，16名星级饭店服务员获“真心服务员”称号。

鹿城区乡村旅游 2007年鹿城区有“农家乐”经营点15家，其中双潮乡2家，临江镇5家，仰义乡2家，岙底乡4家，藤桥镇2家。2007年鹿城区人民政府下拨“农家乐”建设资金62万元，下拨双潮乡龙溪旅游规划专项资金35万元。各乡镇积极投资旅游设施和“农家乐”建设：双潮乡投入50万元，仰义乡投入180万元，临江镇投入200万元。

鹿城区旅游节庆 2007年鹿城区风景旅游管理局举办“江心寺祈春祈福钟声法会”、“意丹奴·浪漫七夕千人帐篷大PARTY”、“八月桂影连灯影，人间秋夕赏月兮”中秋活动、第五届江心屿金秋文化旅游节、“不夜瓯江”温州晚上旅游精品线路开游仪式和江心屿圣诞狂欢PARTY。第五届江心屿金秋文化旅游节推出泰顺“药发木偶”表演。第二届温州民俗文化庙会、温州市统一战线书画展和第三届“国庆有奖科普游园暨阿里巴巴家庭实验室”活动亦深受市民喜爱。

龙湾区旅游业概况 2007年龙湾区坚持“大旅游，大产业，大发展”方针，依托风景旅游资源和历史文化古迹，着力打造“山海龙湾·都市休闲”品牌，旅游产业关联效应初步显现。2007年，龙湾区接待游客106.86万人次，同比增长27.32%，实现旅游收入9.38亿元，同比增长27.59%。

龙湾区旅游设施建设 2007年龙湾区着力保护景区资源，扩大景区游览面积，各旅游景区相继修建与扩建游步道，标牌、标志和景点指示牌高档化精品型更新基本完成。瑶溪风景名胜区通过国家3A级景区复评，天柱景区启动3A级景区创建工作。瑶溪风景名胜区拦水坝工程建成，入口改造工程（第二期）在建，天柱风景区入口综合管理用房建成投入使用。

龙湾区旅游行业管理 2007年龙湾区以规范旅游市场秩序为重点，一手抓整顿，一手抓发展。主管部门通过旅游商品质量专项治理，打击“黑车”“黑导”，倡导诚信与自我约束，强化对旅行社、导游员、旅游饭店和旅游车辆监管。2007年，辖区新增三星级旅游饭店2家。全区认真实施安全生产检查和专项整治检查，各景区、景区经营单位和旅游企业开展“安全生产月”活动，签订行业安全生产目标责任书，黄金周期间加强景区防火、防汛、治安和游览安全管理，辖区全年未发生旅游安全事故。

龙湾区旅游宣传促销 2007年龙湾区参加中国国内旅游交易会、上海旅游促销会和四川成都旅游促销会。温州日报旅游版报道龙湾旅游动态，推介龙湾风景资源。多家电视台到龙湾采访。温州旅游杂志刊出龙湾旅游专题。

龙湾区乡村旅游 2007年龙湾区以灵昆九村为重点培育“农家乐”休闲旅游特色村(点)，全区有“农家乐”旅游点100余个，全年接待游客34.49万人次。一批重点“农家乐”旅游点全新推出。2007年新增市级“农家乐”示范点2个。

龙湾区旅游节庆 2007年龙湾区举办宁村汤和文化节，围绕“和谐城乡游”、“和谐龙湾·休闲旅游”主题推出“新温州人游龙湾”一日游，内容包括“魅力龙湾和谐旅游大篷车”活动、“欢乐农家”活动、山水风光游和滨海度假游。

瓯海区旅游业概况 2007年，瓯海区努力建设都市休闲区，全年接待游客153.2万人次，同比增长17%，门票收入3055万元，同比增长18%，旅游收入11.3亿元，同比增长34%。

瓯海区旅游规划 瓯海区2007年组织实施《温州市瓯海区旅游发展规划》和《温州市瓯海区“十一五”旅游产业规划》，《浙江省泽雅风景名胜区总体规划》报批，《浙江省泽雅风景名胜区泽雅金坑峡、泽雅湖景区详细规划》、《温州市吹台山东坑片（旅游休闲区）详细规划》和《浙江省泽雅水碓坑历史文化村保护规划》完成初稿。

瓯海区旅游设施建设 2007年瓯海区风景旅游管理局加快特色休闲项目开发，

各景区入口改造工程建设加快步伐。仙岩景区主入口“疏林曲水”工程开工。泽雅景区入口下庵村沿街42间农屋立面着手改造。石桥村停车场和绿化工程在建。泽雅旅游服务中心二次挂牌出让前期工作完成。泽雅户外拓展运动基地项目前期工作进行中。温州乐园二期项目报经市人民政府审批后已落实土地指标。2007年瓯海区各级政府共投入2000余万元用于旅游基础设施建设，一批通景公路、景区游步道、安全护栏、休息亭、环卫设施、生态公厕、指示牌、景区界桩和信息监控系统建成并交付使用。

瓯海区旅游行业管理 2007年瓯海区风景旅游管理局开展“和谐旅游在温州”活动，加强宾馆饭店标准化建设和规范化经营管理。瓯海宾馆完成“三星”创建工作，将军大酒店 完成“绿色饭店”创建工作，全区新增星级饭店1家。各景区开展文明创建活动。2007年辖区内有“农家乐”经营户83家，从业人员557人，年收入3000余万元，其中省、市级“农家乐”示范村（点）5个，市“农家乐”三星级经营户33家。

瓯海区旅游宣传促销 2007年瓯海区风景旅游管理局组织企业参加西安国际旅游博览会、苏州全国旅游交易会、上海旅游推荐会和浙江省旅游交易会，在上海、金华和衢州举办瓯海旅游推介会，并首次出台《温州市瓯海区2007年旅游地接奖励办法》。

瓯海区旅游节庆 2007年瓯海区举办瞿溪二月初一旅游会展和“关爱新温州人”瓯海旅游优惠月活动。2007金瓯文化旅游节推出泽雅美食欢乐活动、千年纸山文化电视论坛、温州乐园第二届“南国风情月”和泽雅激情漂流活动。

乐清市旅游业概况 2007年乐清市接待游客378.87万人次，同比增长22.3%，其中接待海外游客37161万人次，同比增长11.61%。实现旅游收入24.32亿元，同比增长21.9%，其中外汇收入919.97万美元，同比增长15%。

乐清市旅游规划 2007年乐清市风景旅游管理局着手编制《乐清市乡村旅游发展规划》和《农家乐休闲旅游重点村发展规划》，修改完善《仙溪镇花坦农业科技示范园区旅游发展规划》，完成《“旅游画廊”发展规划》初稿。

乐清市旅游设施建设 2007年雁荡山海上乐园项目开工建设。灵山风景名胜区黄檀洞景区和灵山顶景区道路开工建设。永乐人民抗日游击自卫总队纪念馆改扩建工程在建。

乐清市旅游行业管理 2007年乐清市风景旅游管理局开展“诚信旅游”、“和谐旅游在乐清”和“一二三四品牌创建”主题活动，引导旅游企业诚实守信，合法经营。双阳商务宾馆完成二星级旅游饭店评定，银都大酒店三星级旅游饭店申报预备。全年随机进行旅游市场检查，重点打击“黑导”“野导”。6家旅游企业参加温州市和乐清市青年文明号创建活动。各旅游企业签订安全生产责任书，开展安全生产培训、消防演练、安全生产检查、“安全生产专项整治”、“安全生产执法年”和“安全生产月”活动，全年未发生旅游安全事故。

乐清市旅游宣传促销 2007年乐清市参加国内旅游交易会和省旅游交易会，并派员前往南京、上海、山东、武汉、西安、南昌、金华、台州、丽水与衢州等地宣传促销，推介乐清旅游。中央电视台《快乐中国学汉语》栏目、北京电视台、 浙江电视台《民生休闲》频道以及温州电视台相继播出专题节目宣传乐清旅游。2007年，乐清市同中华浙商网合作，向全国发行乐清旅游电话卡，同中国八方旅游联合体合作举办八方旅联10周年庆典、百家著名景区走进乐清旅游风情展和2008年旅游产品区域合作推介签约活动。乐清日报举办“旅游标志大家评”有奖活动和创优知识竞赛。乐清市风景旅游管理局公布《乐清旅游招徕办法》，投资制作《雁荡山，乐清湾》旅游MTV、《乐清旅游》DVD宣传片和移动充值卡纪念品。

乐清市乡村旅游 2007年乐清市安排专项资金100万元支持“农家乐”旅游发展和基础设施建设，并组织“农家乐”从业人员参加上岗培训和技能提升培训。温州电视台《聚焦三农》和《招牌菜，人家烧》栏目播出乐清“农家乐”休闲节目。2007年，乐清市有“农家乐”休闲旅游点74个，“农家乐”经营户323家，从业人员748人，“农家乐”休闲旅游村6个，计接待游客123.16万人次，实现营业收入8668万元。乐清市阳光山庄、避风塘渔村和太湖山山庄获温州市“农家乐”示范点称号，南阁农庄、避风塘渔村、乐清湾渔业休闲有限公司和阳光山庄评定为温州市“农家乐”三星级经营户，黄坦硐古村落入选“中国景观村落”和浙江省30个美丽乡村名录。

乐清市创建中国优秀旅游城市 2007年乐清市抓紧实施霓虹灯一条街和餐饮一条街工程，建成创优特色街道、旅游公共图型符号和旅游咨询中心工程。9月，乐清市创建中国优秀旅游城市工作通过验收，12月18日，国家旅游局发文命名乐清市为“中国优秀旅游城市”。

瑞安市旅游业概况 2007年，瑞安市接待游客234.4万人次，同比增长16.34%，旅游收入15.56亿元，同比增长17.14%。

瑞安市旅游规划 2007年瑞安市完成铜盘岛风景名胜区总体规划调整并通过评审，完成铜盘岛详细规划初稿，完成青云谷旅游区总体规划和入口区详细规划并报批，完成龙井景区详细规划和江溪龙潭旅游区（一期）详细规划并报批。

瑞安市旅游设施建设 2007年瑞安市建成寨寮溪玉女谷景区入口道路，完成寨寮溪九珠潭景区游客中心主体工程和杭山栈道维修工程，启动九珠潭环湖栏杆、垃圾桶和指示牌项目，完成花岩景区入口停车场和游客中心工程，完成铜盘岛山庄主体工程，完成圣井山公路指示牌工程，启动圣井山许峰瀑布景点设施建设。

瑞安市旅游行业管理 2007年瑞安市开展“和谐旅游在瑞安”活动，推荐6家单位参加温州市“青年文明号”创建活动，举办旅游星级饭店部门经理培训、导游素质培训和温州市区旅行社导游瑞安景区（点）讲解培训。寨寮溪漈门溪景区通过温州市文明景区验收。华侨饭店、瑞立商务酒店评定为三星级旅游饭店，银城商务宾馆推荐申评三星级旅游饭店，自评安泰商务宾馆为二星级旅游饭店。

2007年瑞安市旅游市场执法检查12次，取缔无证旅游经营点2家，查处无证导游5名，受理投诉19起，结案19起，理赔金额12000元，涉及旅行社10件，景区7件，宾馆2件，同比明显下降，无重大旅游投诉发生。

铜盘岛等4个景区入口处设置资源保护警示牌。江溪龙潭旅游区和梅龙溪风景区禁止开山采石。圣井山制止非法建房，漈门溪景区制止非法采砂。

2007年瑞安市旅游安全检查11次，发现安全隐患75处，全部限期整改完毕。台风期间关闭40余处旅游景区（点），安全撤离游客3万人次，调整旅游团队100个，全年无旅游安全责任事故发生。

瑞安旅游质监网开通，并加入中国旅游质监网。瑞安电视台开辟旅游消费栏目。

瑞安市旅游宣传促销　2007年瑞安市参加中国（苏州）国内旅交会、“长三角”南京旅交会、第六届浙江省旅交会、第四届华东旅交会、第十届温州市旅游节和温州国际商务旅游（礼品）交易会，展示瑞安旅游资源，邀请温州旅行社负责人座谈，召开瑞安旅游（温州）推介会，并组团前往福州、宁德、福鼎以及金丽衢地区推介瑞安旅游。温州都市报辟有《瑞安旅游》专栏，上海东方卫视气象栏目、浙江电视台、温州电视台、瑞安电视台、江南游报和瑞安日报常年刊播瑞安风光，推介瑞安旅游。

瑞安市乡村旅游　2007年瑞安市有规模经营的“农（渔）家乐”乡村旅游点10个，其余类型“农（渔）家乐”29家，“农家乐”旅游特色村9个，认定瑞安市级“农家乐”示范点2个，推荐认定温州市级特色村1个，温州市级示范点4个，评定三星级“农家乐”经营户6家，二星级经营户8家。118名“农家乐”旅游从业人员取得上岗资格证书。

洞头县旅游业概况　2007年洞头县接待游客145.08人次，同比增长7.40%，旅游综合收入5.8亿元，同比增长7.40%。洞头县风景旅游管理局获浙江省旅游工作先进单位、温州市旅游市场开发宣传促销最佳奖、温州市旅游行风建设先进单位、温州市旅游行业管理最佳奖和洞头县党风廉政建设优秀单位称号。

洞头县旅游设施建设　2007年洞头县累计投资3000万元建成望海楼主体工程，12月14日通过验收对外开放。5月，《半屏岛屏海路沿线景观规划》完成编制。10月，《“连港蓝色海岸带”东岙段渔家乐规划》完成编制。12月，《洞头风景名胜区总体规划（修编）》完成送审稿。各景区完成防护栏、游步道、生态厕所和停车场设施建设，计耗资200万元。金海岸大酒店（四星级）建设项目完成投资额2638.22万元，国际大酒店（四星级）完成投资额102.88万元。

洞头县旅游行业管理　2007年洞头县开展“和谐旅游在洞头，携手共建旅游经济强县”活动，出台加快海洋经济发展若干意见。县景区管理中队以及各旅游企业签订安全生产目标责任书，全县开展旅游行业安全生产专项整治和旅游市场整顿规范专项行动。2007年，大门镇美岙4村和东屏镇东岙村分获省“美丽乡村”和“美丽乡村”最佳农业（渔业）体验村称号，罗马假日酒店获省级绿色饭店称号，半岛之星商务酒店评为二星级旅游饭店，洞头县入选“浙江最值得去的50个景区”。

洞头县旅游宣传促销　2007年洞头县参加昆明中国国际旅游交易会、苏州中国国内旅交会、上海市旅游宣传推介会、浙江省旅游交易会和衢州华东旅交会，派员往金丽衢地区宣传推介洞头风景名胜，加入金丽温区域旅游合作联合体。贝雕作品《云海流音》参加温州国际商务旅游（礼品）交易会获一等奖。望海楼举办“同聚望海楼，共赏中秋月”激情赏月活动，望海楼楹联征集1074位人士3191幅作品后揭晓。中央电视台中文国际频道《快乐学汉语》栏目在洞头摄制《万里海疆快乐行》系列节目。“百家报纸聚集温州”旅游摄影大赛组到洞头采风。全国八方旅游联合体成员单位总经理260人考察洞头旅游。“百万新温州人游温州”活动启动，洞头旅游集散中心开业。县风景旅游管理局出版发行《百岛洞头印象》DVD光盘。

文成县旅游业概况　2007年文成县接待游客85.34万人次，同比增长28.91%，门票收入392.76万元，同比增长29.38%，旅游综合收入5.6亿元，同比增长29.33%。

文成县旅游设施建设　6月，百丈漈电厂提出从一级站调压井取水恢复百丈飞瀑方案，报经县人民政府第3次常务会议研究同意后已完成地形测量、环评、水保和初步设计。百丈飞瀑景区扩容改建工程总投资1500万元，2007年完成投资约400万元，已开工建设上出口（入口），包括游客中心、景观长廊、商铺、售票房和生态停车场。二漈水帘洞两侧游步道完成改建，下入口至二漈标段游步道改造工程开工建设。5月，下入口外停车场修建工程经验收交付使用。刘基故里景区开发计划投资2200万元，2007年重点建设庙前仿古旅游一条街、南田至伯温故居通景公路和盘谷第长寿村“农家乐”项目。2007年，文成投入500万元建设铜铃寨、游步道和管理用房。8月，铜铃山获国家AAAA级旅游景区命名，为文成县首次。投资2000万元的龙麒源景区五一节前建成对外开放，峡谷景廊景区新增皮筏漂流项目。猴王谷景区完成招商，开工建设。天顶湖旅游接待中心和刘基文化生态园开工建设，“在外温州人之家”等一批旅游配套项目前期工作进行中。国际知名的澳洲雅阁酒店管理集团同文成方面签订协议兴建五星级标准旅游酒店，外方已接受委托进驻飞云湖。

文成县旅游行业管理　2007年文成县旅游行业开展“和谐旅游在文成”、旅游行风监督检查、旅游安全生产月、创建“五心”品牌企业、个人以及创优评星活动，国际大酒店和嘉乐迪商务宾馆相继获“三星”和“二星”命名，全县旅游星级饭店达到4家。

文成县旅游宣传促销　2007年文成县提出“百丈飞瀑观雄姿，铜铃壶穴探幽谷，红枫古道访农家，刘基故里寻风水”四季旅游主题宣传口号，公布旅行社地接团队奖励实施办法，参加省、市旅游局组织的旅交会、展销会，开通文成风景旅游网，确定以温州及周边地区为重点客源目标市场，举办首届避暑纳凉旅游节和仰山杨梅节。江南游报和华东旅游报刊出图文介绍文成旅游。温州、金华、衢州、丽水和上海150余家旅行社负责人到文成旅游景区考察踩线。4月和8月，文成县派遣20余名旅游促销人员分赴金华、衢州和丽水推介文成山水。9月，县旅游部门洽请温州同文成结对扶贫企业，组织员工到文成旅游。2007年文成县重修景区导游词，申报发行百丈漈·飞云湖风光邮票，筹划刘基进央视百家讲坛，并制作完成新版导游图、旅游纪念扑克、景区风光贺卡和明信片。

文成县乡村旅游 2007年文成县乡村旅游接待游客26.63万人次，创收7000万元。全县有“农家乐”经营户150家，从业人员3000人，其中星级“农家乐”经营示范点15个。

平阳县旅游业概况 2007年平阳县接待游客160.31万人次，同比增长15.99%，门票收入519.34万元，同比增长54.29%，旅游收入6.41亿元，同比增长15.99%。2007年，平阳县南雁荡山获国家AAAA级旅游景区命名，顺溪景区和东西洞景区通过市级文明风景旅游区复评，西湾景区获市级文明风景旅游区称号，平阳县风景旅游管理局获浙江省旅游系统先进单位、温州市旅游市场开发工作先进单位称号。

平阳县旅游规划 2007年南雁荡山吴山休闲旅游区项目总体规划通过评审，西湾头沙旅游服务中心项目设计方案通过审批，明王峰景区分区规划及部分景点详细规划通过建设部检查。

平阳县红色旅游景区建设 2007年，平阳县红色旅游经典景区温州浙南（平阳）抗日根据地旧址重点工程建设全面推进：山门挺进师纪念园主入口及道路工程（步行道工程）一段挡土墙和台阶工程完工，红旗钢板工程完成90%工程量，二段工程完成90%工程量。凤卧省一大纪念园一期工程陈列馆主体工程完工，入口及广场工程完成95%工程量。

平阳县旅游行业管理 2007年平阳县以“和谐城乡游”为主题开展“和谐旅游在平阳”活动，各旅游景区、旅游企业签订行业安全生产管理目标责任书，落实旅游安全生产责任制。6月，全县旅游行业开展“安全生产月”活动。全县旅游企业参加温州市“放心旅行社”、“诚心导游员”、“称心星级饭店”和“真心服务员”评比活动。

平阳县旅游宣传促销 2007年平阳县参加西安国际旅交会、苏州国内旅交会、浙江省旅游交易会（杭州）和2007温州国际商务旅游（礼品）交易会，平阳县风景旅游管理局在温州国际商务旅游（礼品）交易会获最佳组织奖。温州日报、温州都市报和温州电视台宣传推介平阳旅游，央视4台《快乐学汉语》栏目到南麂录制风光节目。

平阳县海洋旅游 6月20日起，南麂列岛景区推行进岛一票制，游客凭门票游览全岛所有景点。7月，《南麂列岛自然保护区》特种邮票首发。9月，南麂岛举办第三届国际海钓节暨“海燕杯”海钓名人俱乐部邀请赛。

平阳县乡村旅游 2007年平阳县申报、评定县级、市级“农家乐”示范点和特色村12个，其中西湾乡跳头村获浙江“美丽乡村”最佳旅游休闲度假村称号。2007年平阳县“农家乐”休闲旅游点接待游客33.85万人次。

平阳县旅游节庆 5月，平阳旅游风光风情摄影大奖赛和“平阳十景”评选活动在南雁荡山东西洞景区举行。6月25日，《南麂列岛自然保护》特种邮票首发式暨2007年平阳旅游节活动新闻发布会在温州国际大酒店举行。7月10日，《南麂列岛自然保护区》特种邮票首发暨2007年平阳旅游节开幕仪式在平阳县体育馆举行。8月，平阳县举办粟裕将军诞辰100周年纪念活动和西湾第三届旅游美食节。

泰顺县旅游业概况 2007年泰顺县接待游客55万人次，同比增长25.5%，旅游综合收入2.70亿元，同比增长88.07%。县风景旅游管理局获温州市旅游工作先进单位、县招商选资工作先进单位称号。

泰顺县旅游规划 2007年《氡泉——九峰省级风景名胜区总规》评审稿通过论证，《氡泉景区（泉眼）修建性详规》和《秀涧景区详规》评审稿继续修改中。《南浦溪风景区总规》启动编制。《泰顺县廊桥（北涧桥、溪东桥）保护利用及环境整治规划》和《泰顺县廊桥文化园规划设计》报批。氡泉旅游文化休闲中心、北峰寺户外浴场、氡泉景区入口广场、承天村老人公寓和宝林寺集散中心项目调整土地规划。《泰顺乡村旅游发展规划》启动前期工作。

泰顺县旅游设施建设 2007年泰顺县实施“生态立县，旅游兴县”发展战略，努力建设生态休闲旅游度假基地，投资600余万元建设廊桥文化园、氡泉、乌岩岭三大景区。廊桥文化旅游区完成一期廊桥文化园临水殿维修工程，园区入口工程完成施工方案、施工图设计和征地工作。氡泉景区完成泉眼部分工程方案设计和景区入口广场地形测绘，景区游步道、电瓶车道和入口广场选址完成初审报省建设厅。8月，氡泉景区游步道动工建设，香溢大酒店至票房段游步道花岗岩条石路面建成。新58省道和乌岩岭通景公路相继开通。新58省道和52省道设置中英文对照标准化旅游交通指示牌。旅游项目首次列入乡镇政府年度工作考核目标。全县新增经济型宾馆7家，“农家乐”餐馆7家，旅游公厕3座，停车场3处。

泰顺县旅游招商选资 2007年泰顺县新增招商项目6个，包括泰顺廊桥、塔头底古村落、圆州古民居、岭北四家“农家乐”和上佛垟狩猎场。氡泉旅游文化休闲中心项目单体方案完成设计，一期供地50亩动工建设。温州氡泉宾馆二期和“风洋云海”农家山庄项目完成前期工作，秀涧生态旅游度假村项目完成供地前期和政策处理工作。

泰顺县旅游行业管理 2007年泰顺县开展星级饭店、绿色饭店、诚信旅游企业和优秀导游员创建评选活动，泰顺国际大酒店、氡泉香溢假日酒店评为三星级旅游饭店，氡泉香溢假日酒店认定为浙江省绿色饭店，青年旅行社获“温州市放心旅行社”称号，氡泉宾馆“至诚至精，打造最美氡泉”评为“温州市二十佳旅游企业服务品牌口号”。全县旅游景区和景区旅游企业开展安全隐患排查整治，落实景区和旅游企业安全管理责任制，实现“健康，安全，秩序，质量”四统一目标，全年没有发生重大旅游安全生产事故。2007年，县风景旅游管理局组织“农家乐”和星级宾馆从业人员参加培训，累计培训387人次。

泰顺县旅游宣传促销 2007年泰顺县参加上海（温州）旅游推介会、苏州国内旅交会和省、市旅交会活动计5次，发放宣传资料2万份。泰顺飞龙竹类工艺品奥运“福娃”和满碳红竹碳风铃在2007温州国际商务旅游（礼品）交易会获奖。浙江电视台民生休闲频道《休闲江南》栏目、温州电视台经济科教频道《聚焦三农》栏目、温州都市报、温州晚报、温州商报、温州广播电视周报、解放日报和香港文汇报到泰顺采风。闲趣、浙江之旅、浙江在线和温州旅游杂志、网站刊出图文宣传泰顺旅游。2007年泰顺县编辑泰顺导游词和《泰顺旅游系列丛书〈二〉》，改版泰顺导游图，完成制作泰顺风光碟片，完善泰顺旅游网站，制发旅游企业宣传折页2万份。

泰顺县农家乐旅游 2007年泰顺县出台《关于加快发展“农家乐”休闲旅游业的若干意见》，全县新增示范性“农家乐”11家，累计“农家乐”示范点19家，其中新增省级“农家乐”特色点1家，市级“农家乐”休闲旅游示范点5家，三星级“农家乐”经营户3家，新增从业人员65人。2007年泰顺县推出5条“泰顺乡村游”特色组合线路，全县“农家乐”接待游客30万人次，综合收入3100万元。

泰顺县旅游节庆 2007年泰顺县举办“三月三畲族风情节”、“百家宴”、新58省道通车庆典嘉宾观光旅游、“农家乐”民俗风情游和万人千车泰顺游活动。旅游风光作品《时光深远处的泰顺》获温州“瓯越山水”旅游散文大赛一等奖。《药发木偶》等摄影作品被首届温州旅游风光风情全国摄影作品大奖赛收藏。

苍南县旅游业概况 2007年苍南县接待游客135.27万人次，同比增长21.58%，旅游收入11.26亿元，同比增长19.79%。

苍南县旅游规划 2007年苍南县编制与调整以下旅游发展规划：《滨海——玉苍山风景名胜区总体规划》，经省建设厅评审通过，已上报省人民政府。《石聚堂风景名胜区规划》，经市建设局评审通过，已上报市人民政府。《矾山矿硐旅游规划》编制中。《碗窑旅游发展规划》、《马站休闲农业观光旅游详细规划》编制中。《苍南县旅游发展规划》筹备编制中。

苍南县旅游设施建设 2007年苍南县完成渔寮景区游步道栏杆、道路拓宽和沙改油工程，景区大门亮化工程设计中。碗窑景区三折瀑游步道护栏安装中，收费亭和游客集散中心完成施工图设计。炎亭景区沙滩服务亭完成施工图设计。

苍南县旅游宣传促销 2007年苍南县瞄准金、丽、温重点目标市场，开展和谐旅游活动，积极参加各类景区评选，依托新闻媒体宣传推介苍南风景，并在全国、省、市各旅交会大力推介苍南旅游。2007年玉苍山和渔寮景区评为“温州十大避暑胜地”，碗窑获“浙江美丽乡村”称号，渔寮入选“浙江省最值得去的50个景区”。2007年苍南县举办渔寮沙滩风筝节，2007’全国汽车超级短道拉力锦标赛之汽车宝贝评选、汽车展示展销和汽车巡游3项活动在苍南县举行。

苍南县旅游行业管理 2007年苍南县开展“2007和谐城乡游”旅游主题年活动。全行业普及大专学历教育，争创青年文明号。各节假日和旅游旺季前，苍南旅游部门联合工商、卫生和质监部门对全行业进行综合检查。全县三星级饭店开展以提升管理与服务水平为主题的“品质管理年”活动。旅行社导游接受抽样调查，各景区开展创A活动。玉苍山和渔寮景区通过省3A景区复核评审。

2007年苍南县拆除海口、渔寮、炎亭等多处旅游景区违法违章建筑。加大青山白化整治力度，依法拆除与制止各景区抢建、翻建坟墓。《2007年苍南县旅游行业应急预案》和《2007年苍南县旅游行业“安全生产月”活动方案》公布实施。

交通运输

综　述

2007年温州市完成交通建设投资44.57亿元，为年计划的104.6%，征收公路养路费10.06亿元，客货运附加费1.36亿元，港航事业费5719万元（包括港建费447万元），分别为年计划的110.1%、103.0%和100.3%，完成公路、水路客运量2.78亿人次、周转量148.5亿人公里，分别为年计划的101.1%、103.6%，完成货运量1.77亿吨、周转量357.4亿吨公里，分别为年计划的103.5%、112.3%，完成港口吞吐量4246.6万吨、集装箱35.1万标箱，分别为年计划的101.1%、117%。2007年底，全市等级公路总里程11 955公里，国省道干线无差等路。道路运输业“十一五”发展规划编制完成，现代物流和快速货运企业不断壮大，农村物流配送全面推广。

高速网络工程　2007年诸永高速公路温州段和温州绕城高速公路北段建设共完成投资12.91亿元，土建工程形象进度分别为84.7%和84.4%。甬台温复线(沿海高速)温州段项目线位论证和预可研究基本完成，诸永高速公路温州段延伸工程（瓯江过江通道）项目预可和工可通过省发改委和交通厅联合审查，龙丽温高速公路线位方案编制完成。

干线畅通工程　2007年温州市继续实施国省道和重要县道改建项目，全年完成投资16.28亿元，为年计划的103%。状元岙深水港通港道路安全隐患整治工程、41省道上塘至岭下段改建工程如期开工建设。58省道泰顺段12月18日建成通车，泰顺至温州进入“两小时交通圈”。77省道延伸线龙湾至洞头段（温州疏港公路）改建工程、雁楠公路、七都大桥（北汉桥）、104国道温州过境（永嘉张堡－瓯海丽岙）段改建工程以及文成县铜铃山至泰顺县黄桥乡通景公路工程前期工作取得成果。干线公路路面完成大中修48.5公里，完成破板修复7000平方米，合格率100%，优良率80%。

水运强市工程　2007年温州市水运强市工程完成投资9.13亿元，为年计划的182.6%，建成项目包括：状元岙港区一期围垦和码头工程、浙能乐清电厂卸煤码头和围堤工程、七里二期码头工程、龙湾港区二期工程、乐清市南岳货运（滚装战备）码头主体工程、瓯江明珠游艇码头工程、洞头县鹿西岛货运码头工程和洞头县大门岛车渡码头工程。《温州港总体规划》通过交通部和省政府联合审查，报批稿上报省政府和交通部。乐清湾港区2个5万吨级多用途码头完成工可研究，2个5万吨级散杂货码头完成方案设计。新奥集团10万吨级LNG配套码头完成港区陆域方案和平面布置方案，并通过预可审查。状元岙港区10万吨级液体化工码头完成预可审查。瑞安北麂岛30万吨级油码头完成预可研究。灵昆4个万吨级多用途码头工可报告通过省交通厅审查，灵昆作业区多用途码头工程（杨府山老港区搬迁安置项目）万吨级泊位（兼2个5000吨级）项目预可获批复。新增特种船和万吨级运输船舶6.2万载重吨，营运船舶运力总规模为64.92万载重吨。

铁　路

概况　2007年，金温铁道开发公司实现旅客发送622万人，完成年计划的111%，同比增长8.5%，其中温州站发送旅客420万人，到达旅客420万人，货物到发1122万吨，同比增长7.1%，其中温州西站发送货物171万吨，到达货物507万吨，运输收入7.36亿元，完成年计划的111.5%，同比增长9.1%，实现净利润4431万元，同比增长57.2%。10月28日，公司实现安全生产8周年。至12月31日，公司连续安全行车2986天。

公司拥有机车33台，客车177辆，货车25辆，轨道车4辆，每日开行旅客列车16对，货物列车15对。金温铁路营业里程252公里，线路延展长度327公里，道岔212组，道口51处，桥梁138座15 262延长米，隧道97座37 971延长米，涵渠889座16 092延长米。2007年公司连续第6年获全国“安康杯”竞赛优胜企业称号，并获“浙江省五一劳动奖状”和“全国五一劳动奖状”，公司班子获“全省国有企业创建‘四好’班子先进集体”称号。温州站获“浙江省文明示范窗口”、“二十佳文明礼仪示范窗口”和“浙江省工人先锋号”称号。

王永明视察铁路　10月29日，浙江省副省长王永明率省人民政府有关部门和温州、丽水、金华三市负责人视察金温铁路，期间在丽水召开安全工作座谈会，对铁路安全运行提出具体要求。

赵一德视察铁路　8月16日，中共温州市委副书记赵一德视察金温铁路温州站。

埃及铁路工会访问金温公司　4月23日，埃及铁路总工会友好访华团一行4人访问金温公司。

铁路春运 2007年春运，金温公司按例开行图定15对列车，节前增开上海、北京、武昌方向临客3对，节后增开上海、北京、武昌、汉口、南昌、金华、阜阳方向临客9对。春运40天金温公司发送旅客91万人次，同比增长6.1%，其中温州站发送旅客60万人次，同比增长2.9%，到达旅客84万人次，同比增长1.40%。

铁路员工见义勇为事迹 1月29日，金温铁路民警陈增阔在仰义大街铁路桥距火车200米处救下3名幼童。8月16日，505路公交车突然熄火滞停温州浦西铁路道口，5125次旅客列车即将通过，道口工人唐世利、吴陆承、郜明森、胡文杰紧急拦停列车，将公交车推出道口化解险情。8月24日，两幼童冲入温州马坑铁路道口摔地，距5056次列车仅200米，道口工人王贵利冲上道口抱出幼童，10秒钟后列车呼啸而过。共青团温州市委授王贵利"温州市见义勇为好青年"称号，国内各大媒体均作报道。

港铁联运业务超百万吨 2007年，金温公司拓展龙湾码头港铁联运业务。9月11日，港铁联运电煤运输提前实现100万吨运量目标。全年发送煤炭146万吨，超额完成年计划46%。码头专用线日装车能力从2006年76车提高到108车，12月28日最高日装车142辆。

温州至南通旅客列车开通 2007年春运起，原5108次温州——杭州旅客列车延伸至江苏南通。

铁路安全生产 2007年金温公司继续坚持"规范管理，强基达标"工作理念，深入开展"安全大检查"、"安全反思"、"安全生产月"、"安全专项整治"和"安康杯竞赛"活动，加强车、机、工、电、辆管理，强化"三源"控制力度，以突出客车安全为重点严格落实安全生产责任制、道口安全包保责任制和管理人员"两帮一联"制度，全年旅客输送任务圆满完成。

路外安全宣传 2007年金温公司开展2次路外安全宣传月活动，耗资30万元设置铁路沿线宣传牌，发送手机安全短信，制作"三保"宣传资料和事故警示图、警示牌，在车辆和列车上播放路外宣传录像、广播。铁路公安干警深入沿线村庄、乡镇、学校和企业单位开展"三保"宣传。铁路公安部门同拖拉机手、耕牛户和残疾人户签订安全协议，还同地方联合建立路外联防队，加大沿线巡检力度，随时清理沿线闲杂人员。

金温公司管理制度 2007年金温公司建立年度重点工作目标责任考核制度，修订资金与费用控制管理办法，全面实行预算管理。工程建设管理办法、工程建设项目招投标办法、机车乘务人员控制路外伤亡考核办法、车辆管理办法、运输收入基础工作规范化考核实施办法等10余个制度、规定以及行车、防汛抗洪、电力、通信、工务等12个方面应急预案经修订进一步完善。

铁路工程与线路维养 2007年，金温公司完成温州西站、龙湾货场以及龙湾码头顶端站台建设，建成温西货场6000吨散装水泥罐和龙湾货场2万平方米货物堆场。9月13日，双屿站让位绕城高速工程，车站中心里程从原金温线K222+649向温州方向移至K223+449，计移址800米。线路维养方面完成P60换轨大修85公里，更换曲线磨耗轨36条，计10公里，完成方枕抬道施工88公里，整治下沉线路8公里。

公　路

概况 2007年，温州市公路总里程13 054.7公里（含村道），其中国道3条（G010同三线、G104京福线、G330温寿线），计399.3公里，省道9条（S001金温线、S223仙清线、S228云寿线、S230青岱线、S232水霞线、S330瑞东线、S331分泰线、S332温强线、S333六东线），计561.4公里，县道165条，计3243.5公里，乡道286条，计1551.4公里，专用公路22条，计107.6公里，村道（不含拟建数）7191.5公里。全市等级公路里程11 955公里，占公路总里程的91.57%。二级以上公路里程1094公里，占公路总里程的8.4%。高级、次高级路面11 564公里，占公路总里程的88.59%，比上年增加1362公里。公路桥梁4702座22.73万米，公路隧道138座68 870.4米。公路绿化里程7488.1公里，占公路总里程的64.07%。公路通乡率100%，通铺装路面比重100%。全市公路密度按国土面积计算为110.97公里/百平方公里，比上年提高1.93%。专业养护公路年平均好路率67.03%，其中干线公路年平均好路率79.83%，国省道干线无差等路，县乡养护公路年平均好路率65.25%。温州市公路管理处获省公路系统优秀单位称号。

农村公路建设 2007年，温州市继续加快实施乡村康庄工程，着力提高等级公路通村率和通村公路硬化率，提升乡村康庄工程建设规模和网络效应，狠抓农村公路安全设施建设，最大限度发挥农村公路经济社会效益。农村公路建设完成投资7.79亿元，建设乡村康庄工程2336.9公里，其中路基957.1公里，路面1379.8公里，瑞安市实现"双百"目标。5747个行政村通等级公路，5626个行政村路面完成硬化改造，全市行政村等级公路通村率95%，硬化率93%，比上年分别提高2.5%和3.5%。建设农村联网公路69.2公里。完成农村公路安全设施和标志标线项目1795个。

公路养护管理 2007年，温州市公路处狠抓路面整治、公路绿化和农村公路养护体制改革，加强收费公路养护监管，确保全市公路路况稳中有升，公路公共服务能力不断增强。全年完成养护投资5300万元，实施国省道路面整治专项工程6项，路面大中修48.464公里，水泥混凝土路面破板修复7000平方米。完成农村公路大中修工程50项，实施里程217.3公里。建成绿色通道工程255.3公里，完成投资327.2万元，其中国省道72.7公里，县乡道182.6公里，成活率95%以上，保存率90%以上。

2007年，温州市开展"公路养护工程质量管理年"和"养护工程内业规范化管理建设年"活动，全市国省道干线公路养护和大中修（50万元以上）项目全部通过招投标实施，公路路面整治工程合格率100%，优良率83%，比上年提高近30%。公路管理部门建成7个公路基础信息库，“岩沥青”和“桥头接线沉降处治”等4个科研项目进入应用阶段，公路单项工作管理系统基本实现信息化管理，新增各类施工机械44台（套）。农村公路养护管理体制试行改革，农村公路开展通达情况专项调查，农村公路统计标准制订完成。温州市农村公路养护体制改革方案和养护管理办法完成编制报批。

文明公路创建 2007年，52省道云寿线列入省级文明公路创建路段，创建工作突出政府创建，社会共建，突出山区特色，突出路面整治，突出花园式文明公路站建设。52省道通过创建形象改善，路况提升，设施完善，服务功能增强，带动沿线特色经济发展，省交通厅验收通过后命名为文明公路。

依法治路 2007年，温州市公路部门建立健全公路执法公示制度和投诉举报应急处理机制，制订实施超限运输长效管理办法，完善治超联席会议制度，深化浙闽联动治超，坚持依法治超，科学治超，安全治超，文明治超，严惩“双超”保护桥梁安全。全年检测车辆64.6万辆，查处超限超载车辆6382辆，卸载车辆4632辆，卸货3.7万吨，全市公路平均超限率降至5%，卸载率达到100%。市路政监控指挥中心基本建成，路政信息平台、检验平台、标志标线以及公路路政许可电子档案建设日臻完善。2007年公路部门开展“路政执行年”活动，联合相关部门拆除公路违法建筑2.76万平方米，清理堆积物8.52万平方米，拆除非公路标牌7808块，整治马路市场234处，查处违法案件9593起，路政案件查处率和结案率都在98%以上，行政处罚和行政许可正确率100%，路政处罚案件胜诉率和无错案率100%，未发生行政复议变更、撤销案件和行政诉讼败诉案件。

平安交通 2007年，温州市公路部门实施安全台账电子化管理，着力加强安全生产制度建设与网络建设，全年实施安保工程339.34公里，修复改造危险桥隧项目30个，整治临水临崖项目11个，处治边坡6处，完成投资2800万元，计108个项目。全年投资2210万元用于清理与规范公路交通限速标志，设置各类标志9871套，漆划标线12.3万平方米，全面完成省下达的标志设置和标线漆划任务。其中330国道和77省道洞头段（灵霓公路）重点实施标志标线规范化创建。全市高速公路、国省道公路交通标志标线完好率达98%以上。桥梁和隧道开展技术状况调查和隐患排查，飞云江大桥和岀口大桥实施重点特检，确保安全使用。公路与铁路交叉口交通协调工作加强，铁路建设涉公路事件获妥善解决。春运、“五一”与“十一”期间季节性公路安全得到较好保障。

2007年，公路部门建立公路安全隐患数据库，组织5068人参加各类安全培训，并组织架设战备钢桥演练。全年开展30次安全专项监督检查，跟踪检查公路重大事故隐患，督其整改。28处省、市道路交通事故多发点（段）治理完成率100%，省、市公路系统隐患库隐患整改率100%，全市公路未发生重大安全生产事故。

公路线抗灾救灾 2007年9号“圣帕”、13号“韦帕”、16号“罗莎”三次超强台风正面袭击温州，公路部门事前部署全面防御，加强主要隐患点和重点部位监控排查，加强干线畅通和乡村康庄工程在建工程管理，撤离人员4800余人、机具设备400余台（套），拆除各类广告牌体163块。但公路设施仍遭受不可抗拒破坏，线路中断达148条，水毁损失约3.38亿元（含康庄工程1.88亿元）。灾后，公路部门奋力组织抢修，所有中断线路及时恢复通车，干线公路抢通率和修复率均达到100%。

公路行业文明建设 2007年温州市公路处开展“作风建设年”活动，推进学习型、节约型机关建设，处领导继续坚持“三个三”联系点制度（联系“三单位”，实行“三体验”，开展“三指导”），路政部门开展“规范化大队”创建活动，基层站所开展民主评议，创建“群众满意基层站所”，均取得成果。公路工程项目严格执行党风廉政建设责任制，严肃实施招投标制度和“三合同”（工程承包合同、质量责任合同、廉政保障合同）制度，执法监察实行全程跟踪，养护大中修50万元以上工程全部订立廉政责任书，全市公路系统基本消灭“三乱”现象。公路部门注重在职人员培训和人才引进，632人次接受继续教育。市公路处获交通部农村公路通达情况专项调查先进集体称号。

道路运输管理

概况 2007年，温州市拥有营运客车14 153辆、211 781客位、1694条班线，其中省际班线517条、班车915辆、31 274客位，市际班线249条、班车453辆、14 440客位，县（市）际班线324条、班车1296辆、30 384客位，县（市、区）内客运班线554条、班车3614辆、75 321客位，县（市）内公交线路50条、班车376辆、9139客位，出租汽车7062辆、35 310客位，包车（旅游）327辆、11 913客位。完成客运量27 689万人、周转量1 482 916万人公里，同比分别增长11.2%和11.47%。

2007年，全市拥有营运货车61 948辆，同比增长22.3%，其中集装箱车487辆，同比增长15.1%，厢式货车9822辆，同比增长51%，危货专用车1710辆，同比增长9.5%，重型和专用车辆数同比分别增长22%和44%。拖拉机14 039辆、14 039吨位，农用汽车1542辆、1533吨位。完成货运量14 916万吨、周转量630 121万吨公里，比上年分别增长13.7%和8.9%。

全市有道路运输业户35 380户、从业人员135 106人，其中旅客道路运输210户、从业人员34 023人，货物运输30 902家、从业人员68 210人，客运站66家、从业人员1495人，货运站12家、从业人员2943人，机动车维修业户2853家、从业人员23 921人，机动车驾驶员培训学校52家、从业人员3037人。另有汽车综合性能检测站9个，客货运兼营58家，客运代理33家，货运代办1366家，物流服务41家，信息配载65家，共有从业人员3721人。

全市规费征收总收入12.105亿元，其中养路费10.056亿元，同比增长20.93%，完成年度征收计划109.31%，征收公建金1.36亿元，同比增长2.59%，完成年度征收计划108.58%，征收运管费6888.48万元，同比增长11.34%，征收摩托车养路费808.72万元，完成年计划103.42%，征收手拖养路费545.43万元，完成年计划88.69%。

客运品牌 2007年，温州市道路客运推行“浙江快客”服务标准13条，“温州快客”和“温州快线”服务标准15条，“温州城乡巴士”服务标准46条，鼓励里程在800公里以内的班线推行浙江快客服务品牌。苍南境内至台州地区4条班线实行联合捆绑经营。长运集团温州至南京班线以及乐清至台州地区班线整合工作取得进展。湖岭片区至温州、雁荡山至楠溪江、泰顺至温州以及瑞安、梅头、汀田至温州等“难点”班线完成股份制公司化经营改造。7条班线87个车辆实现更新，班线经营权得到优化配置。全市70余条客运班线执行《道路客运行业从业人员着装规范》。

节日运输 2007年春运期间，全市日均投入营运客车6761辆155 503客位，发送旅客1963.24万人，同比增长27.5%，完成旅客周转量149 408.8万人公里，同比增长29.6%。各客运站累计始发班车115 339班，运送旅客205.54万人次，完成地区周转量58 330.19万人公里，同比分别增长17.79%和30.95%。春运期间双屿客运中心从原老西站顺利完成过渡，运作顺畅。牛山客运中心9日营收超200万元，新城站10日客流超1万人，均创历史新高。

农村客运 2007年底，温州市农村班车通村率为78.2%，比年初提高5.7%。全市续建和新建农村客运站22个，建成6个，在建16个，建成港湾站258个。运管部门全力推动“农村客运对口支援客车”工程，捐赠19辆客车援助农村班线。

货运市场 2007年，温州市鼓励企业发展低耗高效大吨位车辆，重型、厢式、专用车辆增长。快运小件网络建设快速发展，农村配送试点工作展开。运管部门厉行源头治挂，办理驻点登记车辆12 014辆36 793吨。瓯海货运市场和周边区域实施整治后秩序转好。危货运输向专业化方向发展，危货管理渐趋细化。

出租汽车 2007年温州市开展出租汽车服务质量专项整治，严厉查处拒载、强行拼载和无服务证经营行为，全年检查出租汽车53 076辆次，查处违章出租汽车3804辆。整治市区出租车拒载、出租车异地经营、高教园区和乐清大荆黑车、平阳水头七座自备车营运等市场难点取得成效。市区各客运站场增加现场管理人员，安装全球眼，设置公交指引牌，指示出租汽车进出路线。全市出租汽车行业开展服务质量竞赛，市区成立品牌出租汽车车队。

机动车服务行业 2007年，温州市拥有一类汽车维修企业98家，二类404家，三类1500家，快修14家，其他机动车维修业户851家，拥有机动车驾驶培训学校50家，教练车2582辆，全年培训驾驶员73 211人，培训道路运输从业人员11 193人。运管部门设置“温州机动车维修”外网提供信息服务，帮助维修企业提升维修质量和企业诚信度。2007年，温州市整合大、中客车维修资源，发展首家汽车快修品牌连锁经营企业。全市综合性能检测站开展规范化服务评优活动，道路运输从业人员全面推行无纸化考试，各驾校资格条件达标情况实行对口检查，机动车驾驶培训学校开展教练员执教情况专项检查和“神龙杯”教练员职业技能竞赛活动。市区建立机动车驾驶培训招生大厅，集中对外招生。驾驶培训和考试业务集中至娄桥驾校考试中心，运管和车管同开一个窗口联合办理培训和考试手续。

道路运输安全形势 2007年温州市公布道路运输安全生产监督管理规范，提出加强道路运输安全管理十项措施。全市客运企业、危货企业、客运站场和基层运管部门按此规范接受地毯式检查，举报违反道路运输安全生产规范行为有奖。短途客运克服困难实现安全门检。全年举办14期安全员培训班。2007年全市道路运输总行程136 478.2万车公里，道路运输行业发生事故100起（其中特大事故3起，重大事故97起，一般事故26起），重特大事故和死亡人数呈上升趋势。

长运集团 2007年，长运集团完成客运量1376万人次，旅客周转量24亿人公里，分别为上年的120%和114.2%，完成货运量64万吨，货物周转量3042万吨公里，分别为计划的117.6%和102.3%。全年实现收入10.31亿元，利税7800万元，同比分别增长11.4%和17.5%。集团公司全年累计行驶20 497.6万车公里，发生重大责任事故6.5起，造成责任死亡7.5人，直接经济损失193万元。

2007年，集团公司新增和更新公营班车101辆，公营客车总数为354辆，占营运客车总数的55.05%。集团完成九江、南昌、南京等14条客运班线快客改造，新增与加密义乌、衢州、杭州等6条快客班线，更新上海、乐清、玉环、柳市等11条公营班线50辆客车，开辟洞头至杭州快客班线，成立洞头公交分公司，开通岛内环城公交，新增与恢复扶沟、邻水、赣榆3条班线6辆客车，更新铜陵、烟台、景德镇、天门等19条班线34辆客车，黄龙站始发丽水地区班线迁入双屿客运中心经营。

2007年春运，集团公司各客运站累计始发班车115 339班，同上年持平。运送旅客205.54万人次，完成地区周转量58 330.19万人公里，同比分别增长17.79%和30.95%。双屿客运中心完成从老西站到新车站过渡后运作顺畅，牛山客运中心连续9天营收超200万元，新城站连续10天客流超万人，均创历史新高。

2007年集团公司同省内各市运输企业联合发起组建浙江省快运小件网络，推动各县（市）长运公司全数加入，同时开展“同城配送”业务，全年累计发送行包84.08万件，到达行包69.15万件，实现营收1701.86万元。2007年公司新增焦炭、生铁集装箱运输和大宗货物专列到达业务，同时积极发展中铁快运和施救清障业务。

2007年集团旗下汽车维修公司从修造公司分离，专事“东风”、“解放”大卡销售维修和车辆改装业务。出租公司、旅游集散中心和长运旅行社3家单位分设管理。出租公司积极开拓包车业务，服务于春运、黄金周和暑运热线，服务于学生春秋游、老人进香团和展会活动。旅游集散中心开通温州至洞头和横店等多条专线，并举办系列旅游团体活动。长运旅行社努力巩固黄金大户，发展新星客户，且在大学城交通服务中心和黎明西路设立门市窗口，有效布点抢占市场。

2007年集团公司取得青年莲花汽车温州总代理权和温州第二家奥迪汽车4S店合作经营权。修造公司同中国铁通、平安保险温州分公司签订车辆定点维修和救援业务合同，在全国东风雪铁龙4S店质量标准审核中以高分获华东大区第1名。维修公司取得市危险品车辆维修定点单位资格。交通技校积极发展职业教育，学历教育渐入正轨。交通枢纽公司调整双屿公路枢纽站二期规划，全年完成安置房建设工程量8600万元。

2007年集团公司获温州市纳税百强企业、企业集团纳税十强、全国安康杯竞赛优胜企业和温州市国有企业创建"四好"领导班子先进集体称号，集团公司主要领导获2005～2006年度温州市劳动模范称号，并当选省第十一届人大代表。

民 航

概况 2007年温州永强机场完成旅客吞吐量358.79万人次、货邮吞吐量3.73万吨，安全保障航班起降3.48万架次，三项指标均创历史最高纪录，旅客吞吐量续居全省第2位，在全国排名第29位，平均每周航班约334班。至年末，通航城市67个，同温州有实际业务联系的航空公司（不包括分公司）11家，在温州设立过夜基地的航空公司3家，即东航、国航和南航，停场飞机4架。

航空保安审计 9月3至7日，温州永强机场通过民航华东地区管理局航空保安后续审计，结论"符合"，为华东地区继宁波之后第二家通过安保审计机场。

永强机场航站区扩建 2007年，永强机场航站区扩建工程完成市政府下达的1.2亿元投资指标，累计完成投资3亿余元，完成总工程量的75%。1月9日，温州市委书记王建满率市委常委、市委秘书长黄德康、市委常委、常务副市长徐纪平视察扩建工程。2月6日，温州市委常委、温州军分区司令员乔吉林、政委郭登明视察机场新航站区工程。11月29日，新航站楼钢结构工程通过验收，12月19日，主体结构工程通过验收。

飞行区扩建 3月19日，民航总局向国家发改委出具温州永强机场飞行区扩建工程预可行性研究报告，同意永强机场实施飞行区扩建工程，并向国家环保总局出具永强机场飞行区扩建工程环境影响报告书预审意见，认定永强机场飞行区扩建工程可行。4月27日，国家发改委行文批准温州永强机场飞行区扩建工程立项，同意机场新建一条3200米跑道，现跑道向南延长800米作为平行滑行道，机场飞行区等级指标从4D提升至4E，满足波音747和空客340飞机起降，为口岸升级建成国际机场创造条件。5月23日，国家环保总局环境工程评估中心召开温州永强机场飞行区改扩建工程环境影响报告技术书评估会，审议通过飞行区改扩建工程环境影响报告技术书。

液体安检仪启用 5月1日，机场安全检查站启用液体安检仪，可不打开包装迅速准确地查出爆炸性和危险性液体物质。

吉祥航空首航上海—温州 1月17日，上海吉祥航空有限公司在温州永强机场举行温州永强至上海虹桥首航仪式。

国航恢复温州—北京航线 3月7日，国航波音767—200型飞机再次进入温州航空市场。波音767—200机配置座位215座，可装载货物15吨，为国航投放温州航空市场最大机型。此前，国航该机型飞机温州—北京航线曾中断运营7年。

国航设立温州基地 9月13日，温州市人民政府同中国国际航空股份有限公司签订合作协议，同意国航设立温州分公司（基地）。

高宏峰视察永强机场 11月6日，民航总局副局长高宏峰视察温州永强机场，表示总局支持机场理顺体制、引进航空公司和加快扩建工程。温州市副市长孟建新陪同视察。

机场文明建设 6月，温州永强机场公布《温州永强机场窗口部门文明创建考核办法》，12月，修订公布8大窗口《服务质量标准》。机场机务保障部获深圳航空"2006年度全国机场最佳维修服务奖"，安全检查站周义、公安分局苏红光获2006年度全国民航空防安全先进个人称号，机务保障部赵江晖获2006年度全国青年岗位能手称号。

海 运

概况 温州海运有限公司为国有改制企业，创建于1950年，资产逾12亿元，在册职工1326人，其中中高级职称和大专学历以上职工占34.7%。公司拥有散杂货运力计21.55万载重吨，2007年完成货运量552万吨，货物周转量96.56亿吨公里，实现营业收入4.9亿元，上交税费3722万元。

2007年温州海运有限公司3万吨级新造散货船浙海161轮投入营运。公司积极探索调整燃油结构，降低燃油成本，所属浙海126轮燃料油比例同比提高1.8个百分点，浙海151轮提高4.7个百分点。公司安全管理体系通过国家海事局年度审核，直属国际/国内航线船舶安全管理体系运行情况良好。公司所属浙海116、127轮经秦皇岛/宁波海事局联合执法专项活动评议获诚信船舶称号。

港 口

概况 2007年，温州港口拥有各类泊位246个，其中万吨级以上泊位13个，分别是：状元岙港区5万吨级泊位2个，浙能电厂3.5万吨级泊位2个，小门岛5万吨级油气泊位1个，七里港区1.5万吨级多用途泊位和2.5万吨级散杂货泊位各1个，磐石电厂2万吨级煤炭泊位2个，龙湾港区万吨级多用途码头和件杂货泊位、散杂货泊位各1个，龙湾码头2期万吨级件杂货泊位2个。年吞吐能力3834万吨，集装箱吞吐能力82万标箱。全年完成港口货物吞吐量4246.6万吨，同比增长8.22%，完成集装箱吞吐量35.1万标箱，增长24.64%，完成旅客吞吐量58.74万人次。完成水运建设投资11.13亿元，为年计划的163.04%，创历史新高。

温州港总体规划通过交通部和省政府联合审查，又通过专家环评审查，上报省人民政府和交通部待批。瓯江港区控制性详规和乐清湾港区控制性详规业经市人民政府常务会议通过。苍南、平阳、瑞安港区控制性详规上报市人民政府，大小门岛港区详规完成征求意见稿。

状元岙港区 2007年状元岙港区建成1期工程2个5万吨级（兼靠10万吨级）多用途泊位，完成10万吨级液体化工码头预可审查。

乐清湾港区 乐清湾港区规划建设1～7万吨级泊位31个，吞吐能力8200万吨。2007年2个5万吨级多用途码头完成工可研究，2个5万吨级散杂货码头完成方案设计，新奥集团10万吨级LNG配套码头完成港区陆域平面布置方案，并通过预可审查。

大小门岛港区 大小门岛规划围涂形成30平方公里陆域，引进1000万吨炼油和100万吨乙烯工业项目，发展成为60平方公里石化基地。小门岛国华煤基多联产项目配套码头和航道工程通过交通厅审查。

瓯江港区 瓯江港区以七里、灵昆、龙湾3个作业区为主体，为城市综合保障港区，规划建设5千到3万吨级以下泊位40个，吞吐能力约4000万吨。2007年宁波港集团投资灵昆4个万吨级多用途码头工可报告通过省交通厅审查。灵昆作业区多用途码头工程（杨府山老港区搬迁安置项目）建设1个万吨级泊位（兼2个5000吨级），项目建议书业经温州市发改委批复，工可研究进行中。龙湾作业区4个万吨级深水泊位以散杂货和内贸集装箱为主，承接老港区和杨府山港区货物转移。龙湾港区物流中心港口园区1期工程完成项目立项。

瑞安港区 瑞安港区服务于当地社会经济和临港工业，是温州远期发展的深水港区。2007年瑞安港区北麂岛30万吨级油码头完成预可研究，石化产业基地规划方案同步委托中国石化院开展。

平阳港区 平阳港区由鳌江老码头作业区和鳌江新码头作业区组成，服务于温州南部地区城镇和经济发展，货种包括煤炭、建材和其他杂货。规划功能定位为鳌江中下游地区水上客运中心，服务于鳌江中下游经济发展的水上货运出海口，2010年规划吞吐能力210万吨，2020年规划吞吐能力460万吨。

苍南港区 苍南港区由肥艚作业区、霞关作业区和龙江作业区组成，是服务于区域经济和城市发展的地方性中等规模港区。规划同苍南芦浦临港产业基地、华润苍南电厂等项目建设紧密结合，“十一五”期间建成肥艚苍南电厂2个3.5万吨级煤码头，开工建设肥艚作业区2个5000吨级泊位。2007年肥艚作业区5000吨级码头预可研究进行中，华润苍南电厂配套码头、工程码头和航道工可研究通过审查。

港口引航 2007年温州港引航各类船舶314艘次，其中外国籍船舶260艘次，中国籍船舶54艘次，超大型液化气船舶22艘次，引航安全率100%，连续12年安全引航无事故。

瓯江口航道疏浚 瓯江口航道治理1期工程规模为建设4公里北导堤，疏浚16.8公里航道，工程投资8599.6万元。12月，省发改委和交通厅联合对工程进行竣工验收，认定工程按批准的设计标准建成，符合竣工验收条件，北导堤工程4个分部优良工程2项，航道疏浚工程2个分部优良2项，优良率100%，总评为优良。

沿海内河航运

概况 2007年温州市有水运企业43家，其中沿海货运企业35家（含温州海运有限公司），货船1232艘64.92万吨（其中沿海货轮360艘56.68万吨，包括特种运输船77艘26.56万吨），运力同比增长7.1%。有专用交通渡9个（瓯北、飞云渡、鳌江三大渡口），渡船33艘4214客位，车渡船33艘56车位。获经营许可客运企业16家，客船41艘2347客位。沿海内河航运全年客运量60.5万人，客运周转量2160.06万人公里，其中沿海客船19艘1945客位，沿海客运量53.63万人，客运周转量2070.96万人公里。

水运业年审 2007年温州市36家水运企业和31家水运服务企业通过年审，13家海运企业获安全管理体系“符合证明”证书，66家次企业接受预警制度检查，19家企业被提起预警，要求整改。

港政管理 2007年温州市港航局核查港口企业234家，核发《港口经营许可证》222份，《危险品货物港口作业资质认可证》54份，完成岸线审批和审核事项31项。全市港口岸线资源普查工作启动，重点整治灵昆作业区岸线，立案11起。

航道管理 2007年温州市港航局投入621人次，出艇(船)225次，出车185辆次，巡查航道9593公里，着重查处打击砂石运输船舶违法营运、港口码头未经许可擅自经营、重点工程违规施工侵占航道和废土倾倒瓯江等违法行为。全年审批临、跨(拦)航道建筑物和航道范围内施工作业36件次。

温州航标

概况 温州航标处是隶属中华人民共和国上海海事局的正处级航标管理机构，担负南至浙江苍南霞关，北至象山石浦沿海海上公用干线以及温州、台州地区港口水域航标管理、维护和建设工作，并依法履行辖区航标行业管理职责。截至2007年12月底，全处管辖航标总数576座，其中国标340座，专用标236座。

航标维护 温州航标处2007年全年航标维护192 886座天，巡检里程41 320海里，车辆陆标巡检264车次。航标正常率99.96%，维护正常率100%，可用性99.99%，航标修复率100%，内在失常率0，各项指标均超过交通部考核标准。2007年航标处开展“防船舶碰撞防船舶泄漏”专项整治，全年排查桥梁

26座，取排水口7处，潜堤闸坝5处，出动执法人员30人次，检查碍航物设施32处，会同海事局、港航局联合执法4次，向未设置桥涵标业主送达整改函件13份。

航标应急反应 2007年辖区完成航标应急抢修94座次，沉船应急设标7起，设置灯浮标16座，AIS虚拟航标4座。航标处参加“温航07-12”军地联合演练展示良好应急能力，获观演领导好评。

航标技术改造和应用 2007年温州辖区完成二期灵昆岛、北麂岛AIS基站建设。4座AIS基站运行正常。辖区引进一体化灯器、AIS应答器、同步闪光、遥测、海洋气象监测等航标新技术，研发标准化灯桩防盗门、电池固定装置、一体化电池箱和侧安装顶标架，航标效能获得提升。

航标行业管理 2007年辖区完成10个工程建设项目配套航标申请设置初步审查，共审查40座航标，20座航标完成效能验收。温州航标处筹办2007中国航海日温州航标展，宣传普及航海和海洋知识，促使全社会关注航海，关爱海洋。海门航标站更名台州航标站，新成立温岭航标站，温州辖区航标应急反应能力进一步改善。

邮　政

概况 2007年末，温州邮政在职职工2092人，劳务工2835人，总资产11.34亿元，其中固定资产7.47亿元，邮政局所242处，邮路总长42 575公里。2007年全市邮政业务总收入5.6028亿元，同比增长18.33%，完成收支差额1047万元，均居全省第3位。人均劳动生产率11.97万元，人均工资总额4.37万元。温州市局双屿支局经营部获全国邮政系统“营销创百优”劳动竞赛优秀营销团队称号，温州市局邮运分局车队和乐清市局速递公司获省邮政系统先进集体称号，温州市局邮运分局车队获省邮政系统“百日行车安全竞赛”先进集体称号，苍南县局机要组获省机要通信事业50周年先进集体称号，10人次获省级以上荣誉，其中温州市局机要分局陈时锡获“全国邮政机要通信先进工作者”称号，苍南局宜山支局陈青志获“全国邮政系统优秀支局长”称号。截至年底，全市邮政系统有省文明单位6个，市文明单位12个，市文明服务示范点10个，全国青年文明号1个，省青年文明号7个，市青年文明号16个，省巾帼文明示范岗2个，市巾帼文明示范岗4个。

马军胜赴温调研 12月14日，国家邮政局局长马军胜到温州视察，现场察看速递邮件分拣处理，指示，速递邮件务必实现信息化分拣和网络运行，非常重要。

邮政业务发展 2007年，温州市邮政通信业务收入5.1511亿元，同比增长17.3%，邮务、速递物流和金融三大类业务板块收入比重为32.2∶26.3∶41.5，函件、速递、储蓄三大重点业务收入38 137万元，占通信业务收入的74.18%。函件业务收入增长15.68%，其中商函收入比重81.73%。2007年温州市完成5个“幸运游天下”项目，数量居全国首位。速递业务收入在全国116个重点城市中排名第18位，增幅为26.22%，高于全省平均水平。中速快件比重为24.61%。“思乡月”业务完成销售额1300余万元。储蓄业务保持余额增长，同时发展基金销售、代办保险和代发工资等中间业务，邮储收入增长22.40%，高于全省平均水平。报刊发行收入增长0.43%，包件收入增长0.96%，汇票收入增长2.97%，物流收入增长18.98%，商品和其他收入增长34.46%，代理收入增长50.80%。

贺卡业务 11月，温州市邮政局同中国移动温州分公司签定贺卡大单，由商函局为移动25万高端客户制作贺卡，完成交寄，形成业务收入142.5万元。

邮政外币储蓄业务和基金业务 2007年经银监部门批准，温州、瑞安、乐清、苍南、永嘉、平阳、文成计25处邮政储蓄网点获准开办外币储蓄业务，2月7日，市局雪山邮政储蓄所率先开办邮政储蓄。原15分钟到账转存的西联汇款，改为直接存入用户邮政外汇账户，银邮之间实现账户到账户汇款。6月16日，温州邮政开办邮政储蓄基金业务，至年底代理开放式基金75种，累计实现基金收入330万元。

南麂列岛自然保护区特种邮票发行 南麂列岛自然保护区特种邮票首发式7月10日在平阳举行。南麂列岛自然保护区特种邮票发行志号2007-19，一套三枚，图案分别为三盘尾、龙船礁和大沙岙，面值均为1.2元，规格为50×30毫米，整张16枚，240×150毫米，版别为影写，设计黄华强，摄影黄华明、付声景，责任编辑佟立英，北京邮票厂印制。

招聘优秀劳务工与退伍军人 12月，温州邮政94名优秀劳务工与退伍军人报经省邮政公司批准招聘为在岗职工，其中温州市局32名，洞头局1名，乐清局11名，永嘉局8名，瑞安局14名，平阳局4名，苍南局16名，文成局7名，泰顺局1名。

ISO质量管理体系通过监督审核 6月，温州邮政实施《温州市邮政局质量手册（B版）》和《温州市邮政局程序文件汇编（B版）》，8月，温州邮政质量管理体系通过北京兴原认证公司年度监督审核。

邮政营业与投递网改造改革 2007年，丽岙、南站、双屿、永中和信河街营业部实施示范改造。双屿与梧田试行投递改革，双屿改革普邮与精品投递网络，梧田改革投递酬金结算。龙沈、吴桥和兴墅投递站点完成硬件改造。

邮政通信设施建设 2007年，温州邮政完成中心局生产子系统与营业电子化支局系统两网互通、市局到省中心广域网扩容、集团公司银联2.0改造和网点投递反馈系统改造工程，实现全国同版报刊信息系统、汇兑大集中、财务新系统、人力资源管理系统、储蓄结售汇系统、储蓄基金新系统、储蓄省版移动代收缴系统和储蓄省版电力联网代收缴系统上线。实物网方面实现邮区中心局生产作业管理扁平化、作业流程标准化、生产作业交叉化和生产操作规范化，生产作业现场继续贯彻执行“6S”管理。永嘉－温州临时邮路转为正式邮路。市区趟车大幅调整，确保早报早投和当日下午投递频次。市局中心局加层工程、龙霞邮政配套用房、邮运站危房改造和瑞安莘塍邮政综合楼通过竣工验收，市局龙霞邮政楼破土建设。

新增邮政网点 5月28日，上陡门邮政储蓄所开办。8月1日，娄桥邮政储蓄所开办。12月5日，半腰桥邮政所开办，吴桥邮政储蓄所迁往该址，更名为半腰桥邮政储蓄所。12月6日，新桥邮政储蓄所迁址至金蟾大道电信大楼。

省邮政管理局设立温州办事处 浙江省邮政管理局温州市办事处12月22日成立，温州市人大常委会副主任卓高柱、温州市人民政府副市长徐育斐、浙江省邮政管理局局长杨世忠、温州市邮政局等有关部门领导出席成立大会。浙江省邮政管理局温州办事处成立以后，温州邮政不再担负温州邮政市场监管职责。

苍南局邮政储蓄管理论文获奖 苍南局《邮政储蓄专业化管理体系的构建与实践》一文获“2007年全国邮政企业管理现代化创新成果”三等奖、“浙江省企业管理现代化创新成果”二等奖。苍南局近年在邮政储蓄专业化垂直管理方面实行“机构扁平化，管理垂直化，人员专业化，经营自主化”，取得成绩。

文成局组开跨县邮路 文成局10月10日首次自行组开跨县邮路，逐日班，单程90公里，为文成至温州第二条干线邮路。

泰顺局业务总收入首超千万元 2007年，泰顺局完成业务总收入首次超过千万元，为1060万元，同比增长23.83%。

交通事故

道路交通事故 2007年温州市道路交通事故四项指数全面下降，全年发生道路交通事故4496起，死亡738人，受伤5081人，直接经济损失700万，同比分别下降20.72%、3.15%、20%和29.82%。死亡人数连续3年下降，万车死亡率连续7年下降，但特大死亡事故比上年增加。其中泰顺“8.10”事故死亡16人，是全省近二年来死亡人数最多的一次。全市大约平均每两小时发生一起交通事故，每天有2人因交通事故罹难。省道线死亡人数同比大幅上升，全市8条省道线发生死亡事故125起，死亡149人，同比分别上升27.55%和46.08%。不按规定让行、无证驾驶、超速行驶、酒后驾驶、超载、违法会车、非机动车违法、逆向行驶、占道行驶和行人违法这十类违法行为事故多发，死亡人数占六成。自备车事故死亡人数上升，全年死亡379人，同比增长6.16%。

水上交通事故 2007年温州辖区发生水上交通事故57起，死亡21人，沉船40艘，直接经济损失1622万元，事故4项指标同比上升6%、24%、29%和92%。同年温州市发生水上行业安全事故11起，死亡（失踪）5人，沉船10艘，经济损失219万元，事故4项指标同比分别为：持平、上升66.7%、下降44.4%和55.4%，均控制在省、市指标范围内。

12月22日，浙江省邮政管理局温州市办事处在温州正式成立。

经济管理

经济社会建设项目管理

概况　2007年温州市固定资产投资保持平稳较快增长，重点建设加快推进，投资结构进一步优化，促进经济社会又好又快发展。五年期间，全市固定资产投资累计完成2881.4亿元，比上一届五年投资总量增加1463.4亿元，增长103%。

百项千亿工程　2003～2007年温州市实施“百项千亿工程”。“百项千亿工程”重点建设项目累计完成投资986.35亿元，建成投运96个项目，开工建设115个项目。五年“百项千亿工程”完成情况如下。农业水利项目：完成投资额100.39亿元，建成投运5个项目。建成城市防洪堤24.27公里；新增水库18.24亿立方米；新增围垦土地3万亩。“515”防洪保安生命线工程和18万亩海涂围垦全面启动。交通项目：完成投资额300.36亿元，建成投运22个项目。新建公路365.57公里，其中高速公路78.9公里，新建万吨级以上泊位6个。温州港深水港区开发初具规模，“2小时交通圈”已经形成，铁路及站场建设加快，海陆空交通枢纽逐步形成。全市程控交换和移动通讯容量464万门，互联网用户123万户，通信网络基本覆盖全市。能源项目：完成投资额148.23亿元，建成投运20个项目。新增电力装机容量88.8万千瓦，新建11万伏及以上输电线路812.23公里。能源瓶颈制约逐步缓解，初步形成可靠安全的电力设施和输变电网络。城市基础设施：完成投资210.56亿元，建成投运19个项目。新增城市道路204.88公里，新增城市自来水供水能力98.7万吨/日，污水日处理能力达到51.1万吨/日。半岛工程灵霓海堤、南塘大道、瓯海大道等建成通车，城市东移西拓南连北接迈出实质性步伐；基本建成行政文化中心区，副中心城市和小城镇发展加快。尤其是通过“五个一”民生工程建设，城市基础设施得到完善，城市面貌有大改观。社会发展：完成投资额41.25亿元，建成投运12个项目。高教园区、科技馆、博物馆、图书馆、展览馆、青少年活动中心、工人文化宫等标志性文化设施建成投运。制造业：完成投资额185.46亿元，建成投运18个项目。以工业园区和传统产业提升为重点，推进制造业发展，形成各具特色的具有较强竞争力的产业集群。

固定资产投资较快增长　2007年温州市全社会固定资产投资完成737.78亿元，同比增长14.3%，增幅排全省第四，比全省平均增幅高出3.2个百分点。其中，限额以上固定资产投资累计完成641.51亿元，增长15.0%。在投资总量保持平稳较快增长的同时，投资结构进一步优化，工业占比上升，新开工项目规模扩大。全年投资基本呈现“U型”增长态势。投资增速从高起点回落，后恢复性回升，1季度、上半年、1～3季度、全年投资增长分别为25.8%、10.4%、18.9%、15.1%。一季度完成投资额96.32亿元，二季度为137.19亿元，三季度为162.15亿元，四季度为245.85亿元，投资额完成呈现逐季走高的态势。

固定资产投资结构优化　2007年温州市工业投资成为拉动投资增长的主动力。限额以上第一产业完成投资额2.65亿元，增长143.9%；第二产业完成投资额251.72亿元，增长30.5%；第三产业完成投资额387.15亿元，同比增长6.4%。全市工业完成投资额283.43亿元，增长23.1%，比上年同期上升3.3个百分点，增长率列全省第二，总量升为第7位。工业投资占全社会投资的比重从2006年的36.5%提高到38.4%。房地产开发完成投资额192.49亿元，增长14.1%，比上年同期上升4.5个百分点。其中，住宅投资完成143.63亿元，增长20.5%；土地购置费完成73.06亿元，增长26.0%。商品房销售面积297.1万平方米，增长13%。其中，住宅销售面积262.84万平方米，增长11.4%。全市基础设施投资完成225.87亿元，增长8.3%。其中，水利、环境和公共设施管理完成投资63.42亿元，增长15.2%；电力、燃气及水的生产供应完成投资60.03亿元，增长49.0%。全市限额以上新开工项目999个，新开工项目计划总投资395.67亿元，增长28.1%。平均建设规模为3960万元/个，较上年扩大72%（上年为2296万元/个）。

重点建设和政府投资项目　2007年温州市103个市重点在建项目，完成投资额300.95亿元，增长18.8%，有25个项目建成投产或基本建成，24个项目开工建设。市本级政府投资项目完成约105亿元，筹措资金113亿元。市本级政府投资项目计划的执行情况和资金拨付、到位情况比往年有大幅提高。

重大项目前期工作　2007年温州市制定实施年度《重大项目前期工作计划》。安排项目60个。其中，要求完成前期转入计划开工建设项目13个，初步设计阶段项目11个，可行性研究阶段项目15个，项目建议书阶段项目9个，前期论证阶段项目12个。推进一批重大项目前期研究。筛选十个跨地区、跨流域，影响温州长远发展的重大项目，开展前期论证。十个项目分别是：瓯江南口工程、半岛浅滩二期、苍南电厂、沿海高速公路（甬台温复线）、温州机场飞行区扩建及空管配套、金温铁路提速扩能改造、乐清湾港区一期、神华集团IGCC、大小门岛和北麂30万吨码头、诸永高速公路温州延伸段（瓯江过江通道）。

“六大百亿工程”计划编制 2007年温州市在市“十一五”重大建设项目规划和全市投资项目综合储备库的基础上，编制“六大百亿工程”计划，衔接申报要求列入省重大项目库的温州项目。

经济社会建设项目审批 2007年温州市办理各类经济社会项目审批545件，其中项目审批（立项、可研）192件、初步设计审批133件、年度计划116件、小型立项59件、企业备案14件。

国有资产管理

概况 2007年温州国资系统直接管辖的国有企业整体实力和盈利水平进一步增强，资产质量逐步提高，企业的经营管理水平与核心竞争力增强，国有经济的控制力、影响力和带动力逐步显现，势头较好。截至2007年12月底，温州市划归市国有资产监督管理委员会经整合兼并、并直接由市国资委考核的国有企业43家，资产总额270.96亿元，比上年同期增长0.26%；实现主营业务收入145.26亿元，增长7.90%；负债165.51亿元，减少2.69%；实现所有者权益105.45亿元，增长7.45%；实现利润总额6.91亿元，增长39.26%；实现净利润5.381亿元，增长46.88%；资产负债率为61.08%，降低1.86%。实现利润总额1000万元以上的大中型企业19家，合计利润6.6867亿元，占全部43家国企利润总额的96.78%。

国有经济布局战略调整 2007年温州市开展全市国有经济发展五年规划研究和优化国资布局专题调研，完成国有资产优化整合方案，把国有资本集中到基础性产业、关系国计民生产业和政府鼓励引导的行业上来。做好温州市属国有电力资产重组工作，成立由温州电力投资公司、温州电力开发公司等企业合并重组后的新企业温州能源投资有限公司。温州港务集团兼并东海石油温州服务总公司及锦港公司工作基本完成。注册资金3亿元的温州水利投资公司正常运转。做好企业改制工作，指导港航系统港务企业改制总体方案，理顺七里集装箱公司职工劳动关系，完成菜篮子蔬菜副食品公司改制工作。

国有经济发展方式转变 2007年温州市市属国企合同利用外资995万美元，实际利用外资3388.4万美元，超额完成全年任务，招商选资成为温州市国有经济发展方式转变的重要途经。市国资委做好市属国企投资备案24项，防止高污染、高能耗、低产出项目落地。制订市属国有企业节能减排目标、责任评价考核实施方案，指导市属国有企业节能减排工作，温州公交集团、金可达集团有限公司、温州木材集团、温州水务集团等企业的节能减排工作成绩显著。温州港务集团公司通过制订“十一五”发展规划，加强战略规划管理，明确企业发展方向，通过与宁波港集团进行合资合作签约，调整产业结构，培育新的经济增长点。温州银行通过更名和跨区域经营，实现地方性银行到区域性股份制银行的转变。金可达集团连续两年蝉联中国大企业集团竞争力500强。帮助国有房开企业整合资源优势，开拓市场，市属房开公司联席会议制度作用初步显现。协调、解决温州发展公司的咪表停车、市管道燃气有限公司市燃气储备基地立项、水务集团和发展公司藤桥水库移交、温州机电技师学院迁扩建等问题及温州港务集团和市港务局历史遗留问题，帮助企业解决发展中的困难，促进国企再创业、再发展。

企业国有产权管理 2007年温州市国资系统致力建设健康、有序、规范的企业国有产权管理制度。出台《温州市企业国有资产产权管理工作规程（试行）》、《温州市国资委统一选聘社会中介机构审计（评估）管理试行办法》、《温州市国资委聘用社会中介机构工作规则》，向市政府上报《市属国有企业不良资产处置管理暂行办法（送审稿）》。加强产权登记、资产评估、产权转让等基础管理工作。开展全市企业国有资产产权登记情况年度检查工作，办理企业年检658户，涉及企业实收资本1 220 791万元，包括国家资本932 794万元，国有法人资本192 465万元。保质完成2006年度资产评估数据汇总。做好国有资产股权处置及监管，完成温州高速公路投资有限公司等多家企业的股权划转、股权设置和股权变更工作，明晰企业产权归属，理顺产权关系。建立委托审计（评估）的“阳光工程”，规范委托社会中介机构审计（评估）工作，组织市国资委成立以来首次委托社会中介机构审计招投标工作。温州长运集团公司、温州能源投资有限公司、温州发展有限公司等单位重视企业产权管理。

国有资产财务监管 2007年温州市国资系统在市属国有企业中开展清产核资工作，完成账务清理、资产清查、中介审计、结果申报等主体工作。针对清产核资过程中发现的企业财务基础薄弱的现状，开展企业财务人员业务培训。对会计师事务所的年度审计报告进行全面审核，发现问题及时纠正，并布置2007年度企业财务决算报表审计工作。完善财务快报工作，制订出台《温州市属国企重大财务事项报告制度》，解决财务信息不对称问题，被省国资委授予全省国有资产统计报表先进单位称号。完成全市2006年度企业国有资产统计报表汇总上报工作，完成市属企业的国有资产运营情况分析。做好企业工资分配管理工作，开展国有企业职工工资收入调查。浙江珊溪经济发展有限公司、浙江东方集团公司、温州建设集团公司等单位加强财务管理，完善内控机制，提高资金使用效益。

国资监管体系建立 2007年温州市国资监管体系基本建立，对划归资产的产权、财务、投资加强管理，国有经济结构布局优化，温州电力投资公司等6家企业重组完成。建立健全激励与约束机制，完善国有企业负责人经营业绩考核制度，落实国有资产保值增值责任。加强企业领导班子建设，推进国有企业“四好”领导班子创建与考核，加强党风廉政建设和反腐败工作。

维护国企稳定发展 2007年温州市国资委始终把维护国资系统稳定和谐作为重中之重来抓。出台和谐企业建设和和谐机关建设的两个指导性意见。做好“五个一”民生工程涉及企业拆迁的协调工作。会同有关部门解决市物资资产管理公司下属金属材料公司和建筑材料公司高田路地块拆迁补偿以及灵昆岛码头安置、菜篮子集团下属单位迁建补偿等有关问题。帮助解决温州市房地产公司承担的江滨路环城段1-6号安置房建设资金难问题。重视信访维稳工作，处理企业改制遗留问题，开展矛盾纠纷和不稳定因素的排查调处。部署国企开展“两查两保”专项整治活动，分组分批到市属国企进行检查和指导。专题调研温州矾矿，为矾矿改制做好前期准备工作。做好温州西联公司清算工作。解决医疗器械三厂职工医保问题。做好上访企业军转干部思想工作。维护机场路收费站撤站后职工的基本生活保障。平息原电化集团退休职工及农民工群访问题。调查温化总厂、海鹤集团职工信访问题。做好改制企业债务打包、设备资产处置、精简退职人员的调查摸底及补助费发放等工作。全年接待上访人员613批1874人次，完成上级领导交办调查回复29件，解决部分改制企业历史遗留问题和个案问题。维护系统职工合法权益，出台“阳光行动”实施方案，成立“阳光行动”领导小组，参加全市“阳光行动”集中受理投诉活动，现场受理投诉55件，承办上级部门转办8件，解决答复26件；受理各类信访举报58件，加强对信访件的调查处理，挽回国有资产流失75万元，另30万元违纪违规资金正在追缴中。

国有企业负责人经营业绩考核 2007年温州市国资系统在完成2006年度国有企业负责人业绩考核任务的基础上，落实考核责任，增加业绩考核刚性，拓宽考核范围，健全考核体系，开展2007年企业负责人经营业绩考核工作。与38家国有企业签定2007年度经营业绩考核责任书。出台《温州市国资委监管企业负责人薪酬管理办法（试行）》，规范企业负责人薪酬问题，为业绩考核工作提供政策依据和制度保证。制订出台《温州市国资委企业负责人业绩考核工作流程（试行）》，增强业绩考核的科学性和可操作性。市管道燃气有限公司、市城市安居工程建设开发有限公司、温州冶炼总厂、温州市建筑设计研究院等单位贯彻国企负责人经营业绩考核有关规定，推进企业内部考核机制健全完善。

国企形象宣传 2007年温州市利用报刊、电视、网站、简报等多种载体，宣传温州国企正面形象和地位，树立和坚定发展国有企业的信心和决心。开展“温州三次跨越、国企创新发展”解放思想大讨论，举办“国企风采”迎元旦大型文艺汇演，评选国企系统先进工作者和（单项）先进单位，引导国企“塑形象、树信心、创新业”。浙江卫视电视政论片《大路朝天》采访报道温州木材集团等三家国企，宣传温州国企的地位和作用。《浙江国资》杂志刊出温州国资和国企专栏，展现温州国资监管与国企改革发展的经验。市商业资产管理公司、市房地产开发总公司、温州建筑设计院6幅作品入选全省国资国企系统“浙能杯”美术书法摄影展。

党风廉政建设 2007年温州市国资委根据《2007年国资系统纪检监察工作要点》，重点加强国企领导班子党风廉政建设和反腐败工作。加强国资系统的党风廉政教育，组织学习中纪委、省市纪委全会报告及有关国资监管法律法规和政策，率国企领导人员和委机关中层以上干部赴省法纪教育基地开展反腐倡廉警示教育活动。健全企业纪检监察组织网络，完善落实党风廉政建设和反腐败工作组织领导和责任分工，出台《温州市国资委建立健全惩治与预防腐败体系2008～2012年实施细则》。

国资系统队伍建设 2007年温州市加强国企领导人员教育培训和国企党建工作。开展市属国企“学习党的十七大精神，扎实推进温州国企再创业再发展”主题教育活动。举办国有企业领导人员培训班和国资系统党支部书记培训班，43名国企领导人员和68名党支部书记参训。开展《强化国有企业党建工作》研究，制订《关于进一步加强国有企业党建工作若干意见》。加强国企党建工作，温州电视台《时代风采》栏目连续专题报道全市国企党建工作。深化企业领导人员选拔任用制度改革，选优国企领导班子。率全省国资系统之先，向全省公开选拔6家国企的副总经理（副行长），取得较好社会反响。全年市国资委调整国有企业领导班子15家，调整任免领导人员24人次。

财　政

概况 2007年温州市财政总收入293.26亿元，其中地方财政收入157.03亿元，同比分别增长21.6%、21.9%。全市地方财政收入占财政总收入的比重为53.55%，其中市区为55.07%，比2006年同期提

2001～2007年温州市财政收入及增长率一览

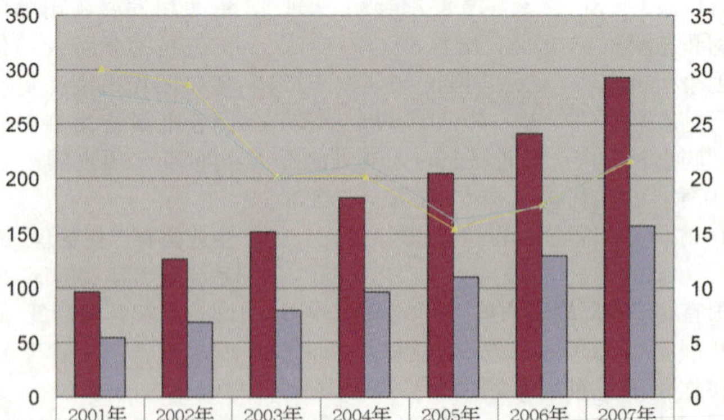

	2001年	2002年	2003年	2004年	2005年	2006年	2007年
财政总收入(亿元)	96.1	126.3	151.8	182.4	204.9	241.1	293.3
地方财政收入（亿元）	54.6	68.8	79	95.9	109.6	128.8	157
总收入增长率(%)	30.1	28.7	20.2	20.2	15.4	17.6	21.6
地方收入增长率(%)	27.7	26.8	20	21.4	16.2	17.5	21.9

高0.13个百分点和0.17个百分点，分别高出全省平均比重2.65和4.17个百分点。

财政支持经济发展 2007年温州市围绕工业发展“12345”工程，安排大企业大集团培育、成长型中小企业发展等先进制造业基地专项资金8000万元。安排现代服务业发展专项资金8000万元，扶持旅游、商贸、物流、金融、科教、信息等现代服务业发展。安排扶持开放型经济发展专项资金9000万元，重点支持招商选资、口岸建设、公平贸易等，促进外向型经济发展。安排生态环保、节能减排方面资金7300万元，重点支持“10大工程”节能行动、重点水源地保护等。

财政支持基础设施建设 2007年温州市级统筹财力安排投资额64.4 亿元，比上年增加59.3%，重点支持“五个一”工程、温福铁路、甬台温铁路、绕城高速、七都大桥、文明城市创建及水利、教育、卫生、环保、文化等公共基础设施建设。

财政支持社会事业发展 2007年温州市安排教育资金15.9亿元，支持新温州大学建设、高等中等职业教育和农村中小学教育。安排文化资金3.1亿元，安排公检法司资金7.2亿元，重点支持文化大市“六大工程”、政法系统“两所一庭一中心”建设等。安排科技三项费用6450万元，人才专项资金2556万元，设立规模3000万元的科技型中小企业创新基金，支持各类创新平台搭建和创新要素培育。

财政支持民生 2007年温州市市级新增财力用于民生方面的比重75.12%，缓解各项民生难题。市级预算内外分别安排就业、卫生、社保、廉租住房等方面资金0.1亿、3.3亿、6.2亿和1.69亿元。市级在农口方面安排的资金比上年增加5000万元，支持农业强龙工程、现代农业产业化示范基地、千百工程、乡村康庄工程、新农村建设示范村等工作。配合全市“139富民攻坚计划”，在省管县的财政体制下，市级补助、奖励各县（市）资金3.5亿元。安排为民办实事资金1.4亿元，支持落实新农村新校园工程、广播电视“村村通”、农村新型合作医疗、乡镇卫生院配齐“新六件”等为民办实事项目。出台市区生猪批发销售和定点屠宰临时性财政补助政策，落实粮食最低保护价补助政策。

财政改革 2007年温州市加快公共财政改革步伐。深化部门预算改革，调整部门预算编制方法；要求处室走访每个预算单位，按需将可预见的工作经费列入部门预算；邀请市人大、政协、纪检等部门参与评审，出台财政拨款结余管理办法，制定市级财政审批程序等，提高部门预算的科学性和合理性。深化政府采购改革，开发应用网上采购软件，提高政府采购效率和服务质量，全市政府采购节约资金3.66亿元，节约率为11.37%。推行支出绩效评价制度，按时完成省厅下达的机构到位任务，全市对106个支出项目开展绩效评价，涉及资金5.5亿元。启动国库集中支付改革，制订《温州市财政国库管理制度改革方案》，在会计核算中心财政集中支付制的基础上，选择10家有代表性的市级单位和部分专项资金进行试点。执行土地出让金管理新政策，与国土、人行联合转发土地出让金收支管理办法。深化农村综合改革，在瑞安、永嘉、平阳等地开展“乡财乡用县管”改革试点，文成、泰顺等地出台化解乡镇债务办法。

会计从业人员管理 2007年温州市检查全市32家企业会计人员持证上岗情况、依法设置会计账簿情况和国家统一会计制度执行情况。审核全市79家代理记账机构年度经营业务情况及其设立条件变化情况。组织2007年会计从业资格考试，全市26 547名考生参加。组织2007年会计专业技术资格考试，全市13 663名考生参加。办理2007年高级会计师资格高级会计实务考试报名，172人报名。办理2008年会计专业技术资格考试报名，1909人报名。办理2008年会计从业资格考试报名，9842人报名。组织会计电算化培训5期，培训人数225人，组织会计电算化初级考试110场次，参加考试并颁发合格证书4667人。审核上报高级会计师资格考评结合评审人员78人，经省高评委评审，54人通过。组织参加第三次全国会计知识大赛浙江赛区比赛，温州市财政局获第一赛程组织奖。

财政监管 开展财政专项资金（优惠政策）清理，形成专项资金清理方案。为解决财政专户过多、管理分散、资金调度运作乏力等问题，于9月底完成财政银行账户清理任务。财政专户、单位账户撤并率分别为20.33%、29.4%，社保定期存款开户行减少68.75%。做好市本级行政事业单位账户清理，加强财政预算资金和银行账户管理。开展行政事业单位资产清查，全市清查3709家行政事业单位，其中市本级395家，初步摸清“家底”。做好公务员津贴补贴清理归并工作，上报“削峰填谷”方案。加强支出监管，市本级、平阳等地积极参与规范“公务活动、公务消费、公车使用”支出管理工作，控制行政运行成本。按照省政府性债务管理办法的要求，多渠道筹集偿债准备金，切实防范财政风险。抓好周转金清收扫尾工作。开展农村教育、市政园林系统等热点重点领域专项资金检查和会计信息质量检查等，改善财政法治环境。

财政队伍建设 2007年温州市财政局开展“作风建设年”活动，组织“阳光行动”集中受理投诉、“走进矛盾、破解难题”蹲点调研、“行风热线”广播直播、基层满意站所评议等活动。打造“阳光财税”，与“两代表一委员”、老干部、社区、企业等7个层面建立定期沟通与联系制度，组织“阳光财税社区行”等活动，对人大建议、政协提案全部实行面商，接受社会各界的监督。加强建章立制。对内部岗位职责体系重新梳理和整合，组织制定和修订10多项内部管理制度，制订财政工作人员作风建设纪律十项规定，出台依法行政实施方案及过错责任追究办法等。深化学习型组织创建。制定读书笔记、工作笔记等干部学习制度，全年组织各类培训28期，2100人次受训。深化干部人事制度改革。制定干部选拔任用管理暂行办法，实行后备干部管理，组织民主推荐活动。

温州市注册会计师协会 2007年温州市新增会计师事务所8家，撤销1家。年末注册会计师、资产评估行业执业机构32家，其中会计师事务所29家，专营资产评估机构3家；有限责任制15家，合伙制17家。年末从业人员695人，其中注册会计师193人，注册资产评估师99人，注册税务师43人，注册造价工程师21人，其他执业资格3人；具有两个以上专业资格人员80人。年末非执业会员303人。全行业全年业务总收入11 594万元，同比增长37.3%，其中审计收入7115万元，验资收入2340万元，资产评估收入875万元，工程审价收入731万元，会计咨询收入172万元，业务培训收入79万元，司法鉴定收入82万元，其他收入200万元。温州华明、温州东瓯、乐清永安3家会计师事务所单所年收入首破1000万元。温州市注册会计师协会组织进行全市事务所改制后的第二轮第三批13家会计师事务所的执业质量和质量内控制度检查；督促市区、永嘉、乐清事务所进行自律公约执行情况检查；举办业务助理人员培训班，28家执业机构的200余名业务助理人员参加；举办新《企业所得税法》业务讲座，100余名非执业会员参加；依法完成注册会计师统一考试温州考区的报名和考试工作，完成注册资产评估师统一考试温州报名工作。

地方税务

概况 2007年温州市地税部门组织收入193.77亿元，同比增长20.05%，其中：税收收入为123.66亿元，增长20.07%，完成省局下达年度计划的103.51%；社保基金等各项规费收入为69.97亿元,增长19.71%。三大主体税种保持均衡增长，营业税入库42.96亿元，增长25.21%；企业所得税入库35.10亿元，增长10.97%；个人所得税入库20.83亿元，同比增长24.43%；地方小税种继续保持高增长，共入库24.76亿元，增幅22%。

地税征管 2007年，温州市顺应企业所得税两法即将合并的新形势，及时组织收入影响测算分析，协调规范企业所得税管理。抓住全市上半年房地产市场回暖的时机，推进房地产税收一体化征管研究。贯彻落实《车船税》和《城镇土地使用税》新“条例”。推进12万元以上个税自行纳税申报工作，全市申报人数2万余人。抓好个税全员管理，全市申报33 657户，其中市区15 180户。

税收政策 2007年温州市地税系统落实国产设备投资抵免、科技创新、加速折旧、技术开发费税前列支、下岗再就业、促进服务业发展、支持新农村建设等各项税收政策。制定加强企业上市税收优惠等相关文件，加大对拟上市企业的税收优惠力度。全市地税系统审批减、抵免税分别为4.28亿、2.04亿元。

税务登记 2007年温州市地税系统办理设立税务登记14 178户，变更登记12 158户，注销登记8521户。市本级换证57 100户，其中企业换证23 970户，个体已换证33 130户，换证率91.46%。对漏征漏管户实行催办制度，运用信函催办、短信息催办、下户催办、12366语音特服系统提醒等各种催办方式，提高税务登记率。全年发出催办税务登记通知书36 337份，短信息催办19 906户次，通过12366语音系统发出提醒和催办登记电话27 022个次，下户催办109户次。与银行签定扣款协议，开设税款扣款专户，对逾期登记638户准确定性，规范实施行政处罚。

税务稽查 2007年温州市地税系统开展“捣窝点、摧网络、打团伙”全市打击制售假发票专项行动，全市立案24起，抓获违法犯罪嫌疑人20名，涉案金额19 693万元，涉案假发票票额500多亿元。开展建筑安装企业、金融保险业、饮食业及高收入行业个人所得税等专项检查和重点企业税务审计。全市税务稽查查补收入2.11亿元。

地税信息化管理 2007年温州市做好《税友2006》征管信息系统上线运行，此项工作创新超前，在全省地税工作会议上做经验介绍。推进ISO9000质量管理体系改版工作，增强《税友2006》与ISO9000标准的有机融合，对岗位权力或自由裁量权较大的事项予以监督、制衡，建立避免产生违法违规现象的征管模式和工作机制。实施网络机房升级改造，结合市局制订的后台重要设备日常巡检制度，开发应用该巡检系统软件。

规费管理 2007年温州市制定和落实全市推行“五费合征”工作方案，以及工伤保险、灵活就业人员社会保险、城镇居民医疗保险等征缴办法，做好基本养老保险费年度结算、社保费信息化建设等基础工作，健全社保费征缴机制，做大社保费规模。全市全年社保基金等各项规费收入69.97亿元，同比增长19.71%，其中社保费收入54.82亿元，增长17.6%。

发票管理 2007年温州市启用货运税控装置、货运税控发票和建筑业发票，与公管、建设、人行等部门建立信息源头

2003～2007年温州市地税收入情况

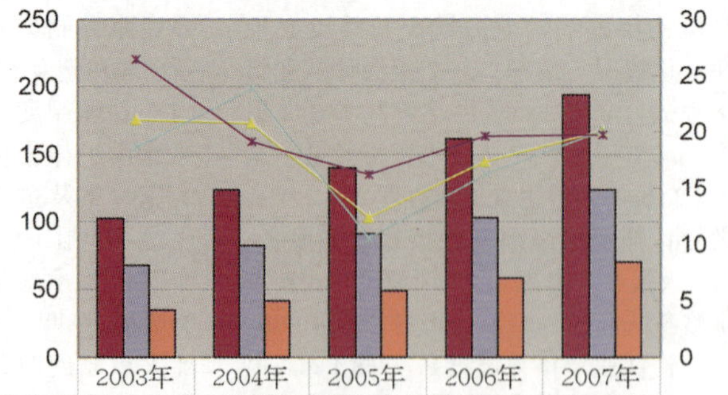

	2003年	2004年	2005年	2006年	2007年
地税收入(亿元)	102.2	123.8	139.9	161.4	193.8
税收收入(亿元)	67.7	82.4	91.1	103	123.7
其他收入(包括基金费)(亿元)	34.5	41.4	48.9	58.4	70
地税收入增长(%)	21.1	20.8	12.4	17.4	20.1
税收收入增长(%)	18.6	23.8	10.5	16.2	20.1
其它收入（包括基金费）增长(%)	26.4	19.1	16.2	19.6	19.7

控管机制，堵塞征管漏洞。落实《关于做好地税发票换版工作的通知》和《温州市地方税务局关于实施地税发票换版的通告》，清理旧版发票，开展发票换版工作。落实《关于在全市推行计算机开具发票的通知》和《发票管理保证金制度》，推广应用电脑版发票。

税务法制法规落实 2007年温州市地税系统做好执法责任制“两个办法”前期工作，组织制定《税收执法责任制考核评议及过错责任追究办法》。规范税收执法行为，做好规范性文件清理工作，全市全年清理文件1459份，其中市本级384份。做好重大税务案件审理及税务行政复议、听证等工作，全市全年共审理重大税务案件5个。

税收宣传 2007年温州市利用各报刊、电视、广播等各大新闻媒体为税收宣传造声势，深入机关、企业、学校、社区、农村宣传税法，推广12366地税纳税服务品牌。编写《温州“三次跨越”——税收优惠政策读本》，赠送给各相关单位。

队伍建设 2007年温州市地税局制定年度理论学习计划，在局域网上建立理论学习库，邀请十七大代表郑雪君为党员干部做十七大专题报告等。贯彻落实党风廉政建设责任制。推进基层满意站所创建，在市区各办税服务厅启用窗口纳税服务满意评价器和POS机刷卡缴税（费）系统。

国家税务

概况 2007年温州市国税系统入库计划口径税收收入166.03亿元，同比增长23.16%，增收31.21亿元。包括海关代征“两税”，全市完成全口径国税收入179.78亿元，增收31.13亿元，增长20.94%。

税收优惠政策 2007年温州市落实各项国税税收优惠政策，对需要国家扶持的产业或群体从税收上予以鼓励和照顾。全年办理各项减免税金7.77亿元。出口退税81.53亿元，同比增长11.86%。

纳税服务 2007年温州市国税局深化政务公开，深化“全程服务、阳光国税”服务品牌创建。继续推行“一窗式”管理模式。各基层单位加强办税服务厅建设，减少报送资料，整合办税事项，减轻纳税人和基层税务机关负担。市局税务登记窗口推出受理告知承诺制、上门办证服务制、预约服务制等活动方便纳税人。开展“企业服务月”活动，走进企业，实行“零距离”办公。全市各级国税机关全年受理全程服务事项61 389件，准期办结61 379件，准期办结率99.98%。

国税规范执法 温州市国税局贯彻实施行政许可法。推行专项整治，规范税收秩序。2007年全市检查纳税人户数1965户。查获问题案件1370件，增长5.14%；查实率为69.72%，增长1.68%；其中50万元以上大要案28件，同比增长250%；移送司法部门追究刑事责任91件。全市稽查查补总额为15 065.17万元，增长31.83%；总处罚率40.53%，增长23.82%；入库总额16 972.99万元，增长18.27%。开展食品药品生产加工企业、服装生产经营企业、房地产行业、家装建材行业专项检查，检查户数269户，查有问题单位128户，查补税款6620万元。开展税收执法检查，加强税收执法监督力度。以ISO税收征管服务质量体系为载体定期监督，除滞留票检查外应补税款和滞纳金计700多万元，入库税款713万元、滞纳金2.8万元，调减亏损额4129万元。在全年执法信息考核和ISO内外审监督中，全市追究过错责任

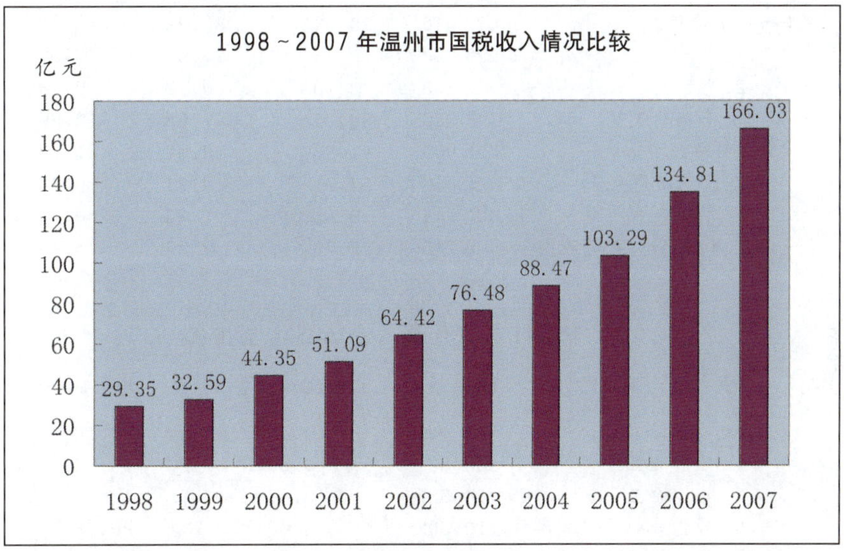

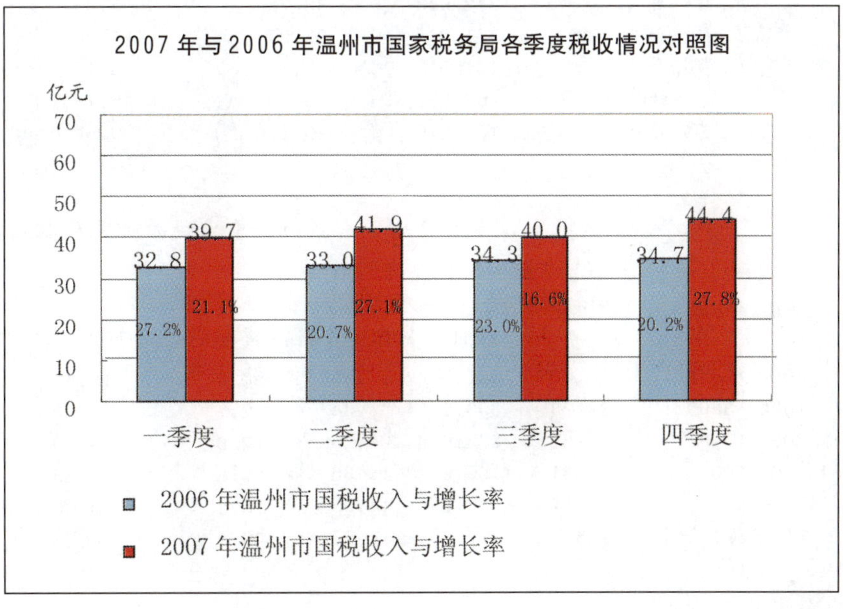

117人次，通报批评8人次，批评教育33人次，责令书面检查9人次。

国税税收征管 2007年底，温州市一般纳税人总户数31 487户。应纳税评估8265户，评估8130户，评估面为98.37%。经评估自查补税3912户次，应补税款14 595万元，加收滞纳金567万元，调整应纳税所得额6558万元，移送稽查71户。推进联合评估，评估企业114户，发现有问题企业82户，补缴入库税款605万元。强化征管质量监控力度，全市全年税务登记率100%，准期申报率99.58%，入库率99.88%，欠税增减率-1.17%，滞纳金加收率（金额）100%、滞纳金加收率（户次）100%，处罚率（户次）100%、处罚率（金额）71.93%。全市增值税专用发票存根联综合采集率和一般纳税人采集率均为100%。

国税管理创新 2007年温州市国税系统向省国税局报送管理创新项目43个，其中8个列入省国税局项目库，5个项目被评为省国税局管理创新优秀项目。温州市局制定增值税税收优惠管理规定和业务流程，规范增值税减、免、退税业务管理。瑞安市局开展增值税定式核算辅导，补缴增值税1460万元。鹿城税务分局建立新的税收社会化征管模式，规范辖区税收征管工作。乐清市局推广使用终端机系统受到省局的充分肯定。

队伍建设 2007年温州市国税系统在各县（市）局选拔14名分局局长。完善干部轮岗机制。制订全市国税系统“十一五”干部培训规划和加强干部培训工作的实施意见，强调岗位需求，按需进行培训。全年市局机关组织各类业务培训班80多期。全市300多名国税稽查人员进行2次稽查业务考试。全市国税系统开展明察暗访、行风督查等活动438次，按规定处罚人数237人次，扣罚奖金33 810元，发出预警告知书77份，开展预警谈话50次。开发区税务分局办税服务厅被评为全省国税系统群众满意基层站所，1名干部被评为全省基层站所行风建设先进个人。自进驻行政审批中心四年以来市局税务登记窗口每月都被评为“红旗窗口”。

2007年温州市国税税种结构对照

单位：万元

税种	收入额	同比增长%	占总收比重%	贡献率%
总税收收入	1 660 321	23.16	100.00	100.00
（一）流转税	1 433 416	20.64	86.33	78.57
1.增值税	1 293 703	19.46	77.92	67.51
2.消费税	12 163	2.10	0.73	0.08
3.车辆购置税	127 550	36.71	7.68	10.97
（二）所得税	226 905	41.83	13.67	21.43
1.企业所得税	165 048	64.91	9.94	20.81
2.涉外企业所得税	22 144	-9.85	1.33	-0.77
3.利息个人所得税	39 713	12.36	2.39	1.40

2007年温州市国税收入分经济类型情况

单位：万元

项目	收入额	占总收入比重%	增长%
税收收入合计	1 660 321	100.0	23.16
1.国有企业	88 831	5.35	15.17
2.集体企业	14 382	0.87	-14.77
3.股份合作企业	110 592	6.66	20.98
4.股份公司	642 948	38.72	-5.68
5.私营企业	421 288	25.37	181.96
6.涉外企业	151 512	9.13	6.14
7.个体经营	62 852	3.79	6.15
8.其它企业	167 916	10.11	29.50

工商行政管理

概况 2007年温州市有内资企业81 196户（其中法人企业67 427户），注册资本17 752 205万元。其中国有企业1921户，集体企业4614户，股份合作企业10 958户，私营企业567 172户，私营企业注册资本11 883 339万元；外商投资企业1314户，注册资本43亿美元；个体工商户259 197户，注册资金656 354万元。各类商品交易市场

2007年温州市重点税源企业税收情况

单位：亿元

规模	户数	销售收入		税收收入			免抵调收入	
		数额	同比增长%	数额	占全市税收比重%	同比增长%	数额	同比增长%
3000万以上	28	521.5	17.95	20.9	13.63	13.01	0.4	-50.34
1000～3000	73	306.9	5.34	12.7	8.32	9.80	3.0	6.60
500～1000	162	335.6	20.26	12.6	8.19	17.81	2.7	3.91
100～500	1631	1150.9	14.36	37.6	24.55	16.36	7.6	5.46
50～100	1917	502.0	14.05	15.2	9.90	13.46	1.8	13.12
50万以上合计	3811	2817.0	14.55	99.0	64.58	14.50	15.5	3.12

459个，生产要素市场12个，消费品市场357个，服务市场2个，生产资料市场88个，全年市场成交总额7 736 707万元。拥有注册商标81 942枚，其中中国驰名商标80枚（含司法认定65枚），省著名商标188枚，省专业商标品牌基地9个，市知名商标274枚，成为全国知名品牌最多的城市之一。7家企业被国家工商总局评定"守合同重信用"单位，38家企业被省工商局认定为AAA级"守合同重信用"单位，119家企业被认定为AA级"守合同重信用"单位，258家企业被认定为A级"守合同重信用"单位。流通领域食品质量安全检测各类上市食品580 051批次，其中不合格31 974批次，合格率94.49%，处理不合格食品85 336.57公斤；商品质量监测抽检样品2601批次，涉及食品、保健品、农资、建材、日用品零售、百货等行业，合格1790批次，合格率69%。全市12315中心共接电话103 929个，其中举报电话7200个、投诉电话18 433个、咨询电话78 276个，处结率99%，为消费者挽回损失1080万元；各级消费者委员会受理消费者投诉5465件，解决投诉5267件，解决率96.37%，为消费者挽回直接经济损失361.32万元；全市工商系统立案查处各类违法违章案件7345起，入库罚没款13 311.931万元，其中大要案3534起，移送司法机关处理51起55人。

10月24日，温州市工商局与北京市工商局海淀分局签订建立友好单位协议书，双方就促进民营经济发展、建立联合执法机制、加强商标品牌管理、推动工商信息资源共享等工商行政管理工作重点和共同关心的领域加强合作交流。

"五个一万"工程 到2007年底，温州市共确定358名工商事务指导员（常年顾问）对重点企业、骨干龙头企业实行"一帮一"帮扶。培育522只民企自主出口品牌。确定扶持529家成长型民营企业。发展267家温州诚信民营企业促进会会员。培植"守合同、重信用"A级842家，AA级292家，AAA级107家，全国"守合同、重信用"诚信民营企业20家。引导411家民营企业联村帮扶。组织243名民营企业家担任农村经济顾问。发展800名农业经纪人促进订单农业发展农业产业化经营。办理登记专业合作社300家。

省工商局支持温州经济发展 2007年4月25日，浙江省工商局出台《关于支持温州民营经济加快发展的若干意见》，内容12条，从五个方面大力支持温州又好又快发展：开展提升温州八大传统行业品牌基地建设；放宽准入门槛，支持温州发展总部经济；支持温州无形资产积累和积聚，在温州设立国际品牌战略研究中心，允许温州企业家在品牌问题上作一些措施性的处理，支持国外品牌入驻温州；放宽和授权温州，支持外商企业登陆，把外商企业的登记授权下放到温州市，并由温州市延伸到各个县（市）；加强温州品牌和在温品牌的一体化保护。

民营企业生命周期专题调研 2007年初，针对温州市民营企业的生长环境及生命周期情况，市工商局开展全市"民营企业生命周期"专题调研工作，利用工商登记、年检信息资源，挖掘放大工商信息资源价值。《温州市民营企业生命周期的调查报告》解读民营企业的成长现状及对策，是全市第一份系统、全面的民营企业生命周期分析报告，引起国家工商总局、浙江省工商局和中央电视台等国家级媒体的高度关注。

首届"温州民营企业高峰论坛" 2007年4月25日，2007"温州民营企业高峰论坛"在市人民大会堂新闻发布厅召开。论坛以"聚焦温州民企发展与第三次跨越"为主题，探讨温州民营企业面临的难题及发展前景，为温州民营经济又好又快发展把脉探路。

第六个"诚信日"大型主题纪念活动 2007年8月8日，温州市在杭州武林门广场举办"8·8温州诚信日民营企业大型主题纪念活动"。全市52家获得中国驰名商标的民营企业聚首杭州武林门广场，共同点燃"诚信之火"、"品牌之火"，发出"诚信宣言"。国内80多家新闻媒体记者参与宣传报道。

13家民营企业上浙江百强企业榜 2007年温州市个体工商户和私营企业实现总产值1076.73亿元，与上年增长13.96%。正泰集团、人民电器集团有限公司、德力西集团有限公司、天正集团有限公司、长城电器集团有限公司、华仪电器集团有限公司、美特斯邦威集团有限公司、兴乐集团有限公司、青山控股集团有限公司、温州中城建设集团有限公司、华峰集团有限公司、森马集团有限公司、奥康集团有限公司等13家企业被浙江省工商局评为浙江省百强企业，数量创历年之最。

第一家有限合伙企业 2007年7月16日，温州东海创业投资合伙企业（有限合伙）从温州市工商局领取合伙企业营业执照，成为自新《合伙企业法》、《合伙企业登记管理办法》实施后温州市首家有限合伙企业。

温州村民集资组建股份有限公司 2007年初，温州市部分街道撤村改居后，村集体资产量化到个人，在成立市场主体经营时遇到市场主体难以登记的问题。为此，工商部门走访部分撤村改居街道，召开村民代表座谈会，听取意见。市工商局建议撤村改居街道的村民以分期出资的形式成立股份有限公司，按照市场化进行经营。5月中旬，鹿城区洪殿村村民向温州市工商局注册窗口申请"温州同德经济服务股份有限公司"的名称预先核准登记，当日拿到名称的预先核准通知书。这是温州市第一家撤村改居后原村民集资组建的股份有限公司。

格式条款审查备案 2007年温州市办理格式条款备案544份（其中市局本级154份），其中修改的格式条款24份，制订住宅装饰装修合同示范文本，检查保险企业个人抵押房贷保险情况。

动产抵押物登记 2007年温州市办理动产抵押物登记备案133件，主债权额116 845万元。

拍卖活动备案 2007年温州市办理拍卖活动备案424次，金额326 735万元，查处拍卖案件1起，罚款1000元。

发展农民专业合作社 2007年温州市工商局发展农民专业合作社，扶持农业龙头企业发展。全年新登记农民专业合作社721家，其中最高注册资本为500万元。

全省首家农民专业合作社促进会成立 2007年6月28日，苍南县工商局在桥墩成立全省首家以农民专业合作社、涉农企业、种植大户为主的跨地域、跨行业的农业经济联合组织——苍南农民专业合作社促进会。促进会由23家农村专业合作社、18家涉农企业和10家种植大户组成，共吸收合作社社员297人，带动农户6000余户。促进会的成立，对提高农民专业合作社的组织化程度、促进农业产业化、全面建设社会主义新农村等起到积极的推动作用。

农产品品牌建设 2007年温州市工商局推广"商标＋公司＋农户"和"商标＋技术"模式，培育农产品品牌。全市拥有农产品品牌44枚；21种特色农产品进入证明、集体商标培育，其中19枚已由国家局受理，新增集体商标2枚，1枚农产品商标申报"老字号"保护。

农产品销售渠道建设 2007年温州市出台城区农贸市场改造提升实施方案，设置农贸市场改造提升专项资金。启动城区13个农贸市场改造提升工程，推进农产品批发市场建设和改造提升，占地400亩的菜篮子批发市场建设近尾声，建成后将成为浙江省规模最大的农产品批发市场。

"订单农业"规范发展 2007年5月30日，温州市市场合同涉农工作经验交流会议在瑞安召开，规范和健全"订单农业"发展。全市农村合同指导服务站60个，配备合同指导员100余名，加强与农户、涉农企业的沟通和联系。全年指导涉农企业及农户签订农业订单63 072份，履约金额113 610.958万元。

红盾护农工程 2007年温州市工商系统推进"红盾护农"活动，开展代号为"春雷"的农资质量联合执法行动。推广瑞安市工商局农资连锁星级监管模式，实现对农资连锁店的"分距离"监管。健全农村基层消费维权监督网络，开展消费维权进农村活动，解决农资消费引发的投诉。全市成立消委分会87个，设立监督站265个，监督点3142个，聘用监督员6593名，消费维权网城乡覆盖率100%。

农村经纪人队伍培育 2007年温州市工商系统对农村经纪人实行"零门槛准入"，对农民申请农产品经纪人的，优先予以核准。培养一批业务精、能力强的农村经纪带头人，引导农村经纪人开展品牌经营、特色经纪，实施精品名牌战略。

农村食品安全消费环境整顿 2007年温州市开展"农村食品市场整顿年"活动，强化农村市场食品安全专项执法检查和日常监管工作，打击制售假冒伪劣食品等违法行为。检查乡村集贸市场、农村商品交易市场、批发市场等各类市场1330个，检查各类食品经营户60 924个，查处假冒伪劣食品案件数量157件，移送司法机关案件数8件，查处制售假冒伪劣食品案值310.2万元。

"放心店"配送网络建设 2007年温州市完成"放心店"创建的行政村3490个，"放心店"示范店累计3559家，商品准入商场超市167家，商品准入农村小商店18 173。"放心店"从行政村向校园、企业、社区延伸。全市创建"放心店"配送中心12家，二级配送站9个，配送覆盖率85.8%，"放心店"配送网络覆盖全市11个县（市、区）。全市"放心店"配送网络拥有配送车辆近150辆，仓储面积80 000平方米以上，直营连锁店近300家。

城区农贸市场改造提升 2007年初温州市将全市农贸市场改造提升列入市政府"为民办实事"项目。6月18日，市工商局组织鹿城、龙湾、瓯海三个城区的48家市场主办单位召开城区农贸市场座谈会，部署城区农贸市场提升改造工作，听取意见与建议。7月27日，市政府印发《温州市城区农贸市场改造提升实施方案》，出台相关推动农贸市场改造提升的政策，设置专项资金，落实三年改造计划，确定由市工商局牵头实施农贸市场改造提升。首批农贸市场改造提升所需的500万元专项补助资金拨付到位。

快速定性检测保障"餐桌安全" 2007年温州市建成食品安全快速定性检测中心12家，配备检测车9辆，设置检测点66个、检测箱100个，建立检测中队11支、检测中心12个，从事快速检测的人员327人，聘请社会监督员102人，食品安全专家组9人。检测力量遍及城乡，检测工作向农村小型农贸市场、城乡结合部市场延伸。全年检测各类食品580 051批次，其中不合格31 974批次，合格率94.49%，处理不合格食品85 336.57公斤。通过快速机制，移送司法机关6件6人。建立流通领域食品安全快速检测情况报告制度，及时发布检测结果。

消费维权网络城乡全覆盖 2007年温州市消委分会88个，监督站282个，监督点3001个，聘用监督员6851名，消费维权网实现城乡全覆盖。开展"一网多用"、"一员多用"工作试点，把"农村消费维权网"转化为所有部门共享共用的"公共安全维权网"。在企业、社区、学校等不同层面建立"消费投诉联络点"223个，将消费维权网向不同的行业、层面扩展、延伸。建立健全以消费者委员会为核心、以行业协会为重点、以企业与社会各消费维权组织为辅助、政府各部门及全社会共同参与的消费维权体系。

温州市国民消费教育中心成立 2007年温州市消费委成立温州市消费国民消费教育中心，制定《温州市国民消费教育中心2007～2008工作计划》和《温州市国民消费教育领导小组工作制度》，加强国民消费教育，提升科学消费理念。全市各级消委建立消费教育机构38个，开展消费教育活动55次。

开展消费调查建立事前预防机制 2007年"3·15"期间，温州市消费委在全市开展消费者关注的十大消费问题调查，征集消费者关注的热点消费问题。通过汇总分析，排列出2007年度最受全市消费者关注的十大消费问题是：商品房、卫生用品、家具产品、化妆用品、手机、房屋装修、建材、电脑、医疗、空调、电视机。8月，温州市消费委对公交、银行、铁路、航空、长运、有线电视等的六大行业开展消费调查，回收问卷18 919份，为评议工作开展提供真实情况和第一手资料。

消费维权活动 2007年初，针对鹿城区14家纯餐饮企业所辖的23家酒店发起的“谢绝自带酒水”协会盟约，温州市消费委协同鹿城区消费委及有关部门，深入调查、依法释疑，首次启动消费劝戒程序，1月向鹿城餐饮协会发布《消费劝戒书》，要求餐饮企业自觉维护消费者合法权益，向相关企业单位发出《消费劝戒书》7份。针对市区一些旅行社对“老人、小孩旅游实行加价”的潜规则，联合市旅游质监所，促使市区11家旅行社共同发出承诺：温州市组团的港澳游团队禁收“年龄差别费”。永嘉县消费委对存在霸王条款又未能及时进行整改的两家食品经营单位发出《劝谕书》，要求这两家企业在规定的时间内进行整改。

消费维权20周年宣传纪念活动 2007年是温州市消费委成立20周年，温州市消费委联合各县（市、区）消费委在全市开展为期一个月（7～8月）的宣传纪念活动，扩大消费委在维护消费者合法权益方面的社会影响，推进消费维权工作开展。在媒体上宣传20年消费维权成果，开展大型咨询投诉活动，编印温州市消委20周年纪念小册。

节日市场监管 在2007年元旦、春节、五一、十一等重大节假日期间，温州市工商局联合公安、消防、环保、电力、安监、文化等部门，对无照食品加工点、游戏室、网吧及有安全隐患的商场、超市进行联合执法大行动。开展黄酒、葡萄酒、进口服装、含苏丹红辣椒制品、流通领域食品、保健品、炒货、干制水产品等多个后续处理。针对节日旅游市场消费特点，组织力量集中开展专项执法检查，取缔无照经营旅游业务和超范围经营旅游业务的违法行为，查处和曝光利用合同进行旅游消费欺诈以及利用不平等格式合同侵犯消费者合法权益等行为，加大对旅游景区景点和旅游市场的巡查频率和力度，打击销售假冒伪劣旅游商品、欺诈和诱骗游客消费的行为。

流通环节食品安全专项整治 从2007年8月下旬开始至年底，温州市工商系统在全市开展产品质量和食品安全专项整治行动，出动执法人员35 233人次，检查经营企业和个体户156 569户次，取缔无证无照食品经营户4473家。全市15 885家乡镇、街道、社区食杂店建立进货台账制度；211家县城以上城市的食品市场、超市建立索证索票制度，解决乡镇政府所在地及县城以上城市小食杂店、小摊点无照经营问题。

摩托车头盔等行业专项整治 2007年温州市工商局在全市范围开展流通领域摩托车头盔等行业专项整治行动，通过打击查处流通领域劣质头盔，规范企业经营行为，提高产品质量，维护温州产品声誉。出动5530人次，检查5852家经营户，立案查处11件，取缔4家无照经营，扣留劣质头盔11 050个，不合格滤清器15 000只。7月4日，乐清市工商局在乐成慎海查扣利用废旧回收塑料加工成型的头盔外壳11 030只。

“傍名牌”违法行为专项整治 2007年11月，温州市工商局开展打击“傍名牌”不正当竞争行为专项执法整治，加强对重点区域、重点商品、重点行业的检查力度，如鹿城的电器，瑞安的汽摩配、鞋、袜，永嘉的服装等都列入查处重点，查处涉及面广、影响范围大、具有典型性的“傍名牌”案件。瑞安市工商局以登记注册为突破口，从源头上控制“傍名牌”现象的发生；鹿城分局查获夏某某涉嫌销售“红蜻蜓”运动鞋商标侵权案；瓯海分局查获马某某涉嫌生产“老人头”皮鞋商标侵权案；瑞安市工商局查处4件销售与百威啤酒近似的包装装潢案件。全市出动执法人员873人次，检查经营户1531户次，查处“傍名牌”案件48件，案值74.31万元，罚没款97.66万元。

“二虚一逃”行为查处 近年来，温州市企业虚报注册资金、虚假出资及抽逃出资（“二虚一逃”）违法行为日益严重，涉案金额增多，严重侵犯企业、债权人和社会公众的利益。2007年全市工商系统加大对该类违法行为的打击力度，利用窗口年检、日常巡查及网上年检系统强化网上与书式年检材料审查力度，加大对企业的宣传、服务和监管频率，多渠道挖掘案源，着力查处虚假出资和提供虚假材料案件。全年立案查获“二虚一逃”案件145件，案值31 717.1万元，罚没款1711.75万元。苍南县局立案查处房地产开发公司抽逃资金案11起；平阳县局清查全县各行各业注册资本金到位情况，查获近20起抽逃资本和虚假出资大案，涉案金额共计1亿多元；鹿城、乐清、瓯海等地查处抽资千万以上的特大案件。

网络经营行为监管 2007年温州市工商局强化网络经营行为监管工作，做好网上经营单位自动建档，累计建档网络经营主体24 183户；开展网上巡查30余次，巡查网络经营主体14 588家次，查处网络违法案件451起，罚没（暂扣）款480.835万元。实施经营性网站备案与网址认证工作，对网站拥有者备案信息进行身份确认，经过确认后在该网站的首页底部加贴“红盾”电子标识，并对非法的网站通过网上监管平台进行曝光，对典型网络案件进行网上发布，实现网上亮照经营全新模式。全年办理网站备案与网址认证5430家。

温州市品牌协会成立 2007年4月26日是第七个世界知识产权保护日，温州市品牌协会成立。该协会由温州市工商局、温州大学城市学院共同组建，以中国驰名商标、浙江省著名商标、温州市知名商标企业和各类创牌企业以及相关服务企业为主体组成的全市性民间品牌团体。协会审查登记首批会员467家。10月16日，由该协会主办的“温州品牌网”（www.brandwz.com）开通。

创新强省品牌行新闻采访活动 2007年10月16日，由温州市工商局、浙江省工商局新闻中心、浙江市场导报联合主办，乐清市政府、永嘉县政府承办的“创新强省品牌行·温州首站”新闻采访活动启动仪式在市人民大会堂举行。仪式上，向永嘉县瓯北镇、乐清市柳市镇颁发“浙江省品牌强镇”牌匾。

新增39件温州市知名商品 2007年11月30日，温州市工商局评选出“海鹤牌左金丸”等39件商品为第二届温州市知名商品。其中鞋服类3件，阀门4件，文教玩具5件，农产品7件，食品2件。全市累计80件商品或服务获得温州市知名商品（服务）的称号。

商品质量监测 2007年温州市工商局强化商品质量监测工作，把人民群众日常生活密切相关的商品列入重点监控范围，抓好农村、城乡结合部以及制售假冒伪劣商品易发区域，加大对农贸市场、副食品批发市场的整治力度。全年开展节日食品、食用油、通讯器材、农资、建材等专项监测，通过抽检查处温州市某粮油有限公司销售不合格食用油案、瓯海某建材公司销售不合格钢筋案等一批大要案。开展后续处理20次，涉及商品1232批次，开展手机、节日食品、农资、建材等各类专项整治15次。

责任区监管体系初步构建 2007年4月10日，温州市工商局成立责任区监管工作领导小组，并设立办公室。4月18日，出台《温州市工商局深入推进责任区监管工作总体方案》，对责任区监管工作进行全面规划和统筹安排，计划用三年时间，通过探索试行、深化完善、巩固提升三个阶段稳步推进。7月12日，出台《温州市工商局责任区监管工作实施办法（试行）》和《责任区监管工作考核实施办法（试行）》两个规范性文件，明确职责分工、工作规程、问责免责等规定，初步构建与责任区监管模式相适应的运行机制和框架体系。全市工商所划分722个责任区，责任区干部981名，责任区干部人均经济户口数333户。

查处取缔无照经营工作责任体系建立 2007年2月12日温州市政府与11个县（市、区）政府及温州经济技术开发区管委会分管工商工作的领导分别签订《温州市2007年查处取缔无证无照经营工作责任书》。这是全省首次以市政府的名义与各县（市、区）政府签署查处取缔无证无照经营工作责任书，标志着查处取缔无照经营工作的政府责任体系建立。

药品保健食品违法广告专项整治 2007年5月16日，温州市工商系统配合省局在全市开展对涉嫌虚假宣传的药品和保健食品进行专项整治。出动执法人员713人次，检查销售点281处，查封相关药品、保健食品3383盒，价值20多万元。

肽康生物科技公司特大传销案查获 2007年4月9日，温州市工商局查获温州肽康生物科技有限公司特大传销案。该案涉及人员1920人，涉案金额1058万元，受到央视等国家级媒体的关注。

商业贿赂治理 2007年温州市工商局在巩固医药购销、商品零售、餐饮、教育等传统领域治理成果的基础上，向房产评估、工程建设、电信等行业延伸，推动治理商业贿赂纵深发展。瑞安查处的酒店收取“进场费”案引起全国各大媒体强烈关注。平阳查获一起恶意串通竞买国有土地使用权特大案件，罚没款350万元。直属管理分局对“吃差价”、“假连锁”等新型违法行为进行专项整治。全年立案查处各类商业贿赂案件55件，涉案金额2168.6余万元，罚没款878.11万元。

全国工商行政管理学会工作会议 2007年4月23日至24日，全国工商行政管理学会工作会议在温州召开。这次会议的主题是“发挥工商职能，构建和谐社会”。国家工商总局、省工商局以及温州市政府等单位领导出席会议。全国各省（自治区、直辖市）、副省级省会城市、计划单列市工商学会秘书长及理论界人士120人参加会议。

工商队伍建设 2007年初，制订《温州市工商局机关干部教育培训规划》、《全市工商系统干部教育培训规划》。选取49名具有一定经验和理论水平的干部组成师资库，承担系统法律法规知识培训任务。收编工商行政管理执法1000多题目，组成工商行政管理业务题库。在政务网上建立网上党政学校，供系统干部学习。开展科所长“能力特训”活动2期，培训人员118名。

“红盾风采”系列创建活动 2007年温州市工商局、瓯海分局、平阳县局“优秀领导班子”创建通过省局党委验收。全市发动93个基层工商所参与“群众满意基层站所（办事窗口）”创评活动。开展系统“先进人物巡回演讲”活动，组织系统11位先进代表组成演讲团进行巡回演讲。继续与市委宣传部、文明办、温州报业集团联合开展“双十佳”评选活动。开展星级文明规范工商所创建活动，全系统申请创二星级工商所16个，三星级工商所13个，四星级工商所4个。

工商系统接受社会评议 2007年9月21日，温州市工商局制定《全市基层工商所（分局）开展面向监管服务对象代表述职述廉接受社会评议工作的实施意见》，对这次基层述职述廉工作的参加人员范围、述职述廉内容、开展这项工作的主要程序等进行统一和规范。9月25日，召开“述职述廉”动员大会。到11月中旬，全市89个基层工商所完成这项活动。全市正副所长269人参加述职述廉活动，满意率达92.8%，比较满意率7.2%，不满意率为零。

参加“阳光行动”集中投诉活动 2007年5月19日，温州市工商局参加市政府“阳光行动”集中投诉活动，面对面听取群众的意见，受理群众的投诉，受理群众各类投诉32件，现场答复4件，转交有关部门办理2件，带回处理26件。从受理的投诉信息看，社会各界群众反映比较突出的问题主要涉及无照整治、手机质量及售后服务、商品质量、企业日常监管及年检过程中的会费收取等五大问题。26件投诉均办结。

“网上工商”建设 2007年温州市工商系统开展数据纠错补录工作，全市80 743户在册企业和254 843户在册个体工商户涉及的数据计纠错补录1355万余项，数据修改完成率100%。各县（市）工商局、城区工商分局、市局本级计14个单位的数据纠错补录工作通过市局提升业务数据质量领导小组组织的考核组验收。

12315信息化网络改造提升 2007年温州市工商局在全省工商系统率先实现12315平台全市集中统一受理、分流处理的社会化改造运行机制，形成集投诉、受理、处置、立案查处于一体的12315行政执法体系。12315中心平台开通后，投诉热线由原来的2路增加到5路，投诉调解率和消费者的满意率明显上升。4月26日，向社会通报全市“12315”中心集中受理平台的建设和运行情况。6月25日，省工商局在温州召开全省12315行政执法体系建设工作现场会。

工商系统基层基础建设 2007年温州市工商系统继续开展档案升级达标活动，市工商局、苍南县局、文成县局综合档案目标管理通过省一级验收。开展财务规范化达标创建活动，加强固定资产管理，提高资产使用效率，盘亏固定资产187万元，盘盈固定资产106万元。全年投入2600多万元购置空调、扫描仪、电脑、打印机、服务器、车辆、其他网络设备等固定资产。9月28日，市工商局新办公大楼奠基。

基层工商局长办案制度建立 2007年5月10日，温州市工商局下发《全面推行基层工商局长办案制度》，推出基层局长办案制度。该制度核心内容是要求基层工商局长每年“出一次庭、办一个案”。具体要求各县（市）工商局、城区分局每年发生的第一件行政诉讼案件，局长应亲自出庭应诉，确实因特殊情况不能在第一次开庭时出庭应诉的，可安排分管副局长出庭应诉。确保局长和分管副局长一年内分别出庭应诉至少一次。分管经检线业务的副局长，要作为案件主办人至少参与办理一个行政处罚案件。提倡其他分管局长办理一个案件。副局长参加办理的案件，由局长负责审批。有条件的地方，局长可作为主办人办一个案件。局长参加办理的案件，处罚由案审委员会集体讨论决定。

工商系统行政规范性文件清理 从2007年8月开始，温州市工商局对1997年1月1日至2007年7月31日期间制定、涉及公民权利和义务，并作为行政管理依据的64个行政规范性文件及其他文件进行清理，决定保留29个，废止34个，修改1个。对本系统各业务部门涉及的32项非许可审批事项进行清理。历时两个多月，清理历史积案670件。全系统行政诉讼和行政复议继续保持零败诉（零撤销）。

直属管理分局工商行政管理工作 2007年温州市工商局直属分局征收管理费975.3万元，同比增长7.5%。所辖的22家商品交易市场创成交总额196.47亿元，增长3.4%。开展专项执法整治行动25次，立案查处各类违法违章案件125件，其中罚没款万元以上的大要案45件，已入库罚没款总额100.83万元。辖区有个体工商户总数5421户，新注册755户；各类企业总计794家；房产和二手车中介机构分别为741家和59家。首次通过“网上年检”的方式办理企业年检592家，继续采用滚动方式办理个体户验照4648户，年检率和验照率分别为93%和94%。7家市场（经营区）实施商品质量准入制度，实施经营户总数1450户。办理格式条款备案38件，增长90%；办理“二总一特”备案223件。累计发放数字证书596份，其中新办理144份。

开发区分局工商行政管理工作 2007年温州市经济技术开发区工商分局办理企业设立登记231家(其中集团3家，外资12家，内资216家)；变更登记815家(其中外资138家，内资677家)，注销登记95家；办理新开业个体工商户登记280户，变更102户，注销177户。到年底，辖区内有企业及分支机构1792家(其中外资企业及分支机构204家，内资企业及分支机构1588家)，个体工商户1449户。全年查处各类经济违法案件40件，办结案件36件，罚没款84.13万元，案件数、大要案数、罚没款分别比上年增加42%、38%和64%。全年收取个体工商管理费42.5万元，个体工商登记费6498元，企业登记注册费（含各种变更费）计102.2万元。受理举报投诉365件，处理率为100%，为消费者直接挽回经济损失250多万元。

物价管理

概况 2007年，温州市场价格总水平继续呈小幅上扬态势，居民消费价格指数103.5，高于上年同期2.5个百分点。猪肉等副食品价格较大幅度上涨，农副产品、能源、原材料等形成的涨价压力较大，价格运行中的结构性矛盾仍较为突出。从居民消费价格八大类指数同比来看：全年价格走势呈现6升2降格局，食品类、居住类、娱乐教育文化用品及服务、医疗保健和个人用品、家庭设备用品及维修服务、烟酒及用品分别上涨12.5%和6.2%、5.1%、4.2%、1.3%、0.5%；衣着类、交通和通信分别下降2.8%、1.7%。

价格改革 2007年温州市改革资源性产品价格机制，促进节约型社会建设。针对成品油价格持续攀升，油运成本矛盾突出，实施油运价格联动机制，疏导价格矛盾，配合石油价格形成机制改革。完成《“十一五”期间城市供水价格问题研究》重点课题研究，拟定“三改两提高”的水价改革方案，制定市区原水价格、污水处理费调整方案，调整泰顺县、乐清市、瑞安市污水处理费标准，开征永嘉县的污水处理费，推进水价改革进程。落实省物价局教育收费政策，停止收取借读费，取消代办服务收费，社会实践、校服、学生体检、饮用水等代办项目列入财政预算，下调各县市区的课本费。

价格监管 2007年温州市执行国家严格控制政府调价项目的政策，暂缓出台政府调价项目，强化价格管理的调控作用。制定《关于政府投资项目有关房屋价格管理的意见》等规范性文件，加强住房价格监管。按照国家和省物价局通知精神，调整鹿城、瓯海区的乡镇趸售电价，核定小水电上网电价，调整成品油价格，配合粮食部门实施早晚稻最低收购价制度，核定2007年全市最低收购价。强化价格监测。落实两个报告制度，实施国家定点监测、专项监测、紧急监测“三位一体”的监测任务，重新确定国家、省定点监测单位50余个，对粮油肉、成品油、液化气等重要商品价格的变动进行监测分析。超强台风“圣帕”、“韦帕”袭击温州期间，全市开展紧急监测和价格巡查，预防价格突发事件。强化成本监审。在全市设立30个农本调查点，确定生猪等调查品种，填补市本级农本调查工作的空白。开展成本监审，对教育、交通等39

家与百姓切身利益相关的行业开展定期成本监审，核增核减成本3.63亿元；对城市供水、旅游景点等10多个定调价项目进行成本监审，核减成本5342万元。强化收费年审。2007年列入行政事业性收费验审单位1711个，验审率100%。换发收费许可证344个，取消许可证108个。

价格执法 2007年温州市开展以禁止价格欺诈为主要内容的专项（重点）价格监督检查。开展专项（重点）检查8项，突出在涉农、医药、交通等领域的收费。开展节假日市场价格、副食品价格等重点大检查，从快、从严处罚超市虚构原价、郊区饭摊串通涨价、个别县网吧联盟涨价的案件，在价格上涨时期起到较强的震慑作用。完善“12358”价格举报投诉机制，全市受理投诉和接受咨询1593件，按期办结率100%，查处价格违法案件122件，退还用户73.67万元。全市查处违价案件203件，实施经济制裁886.88万元，其中退还用户84.35万元，上缴财政802.53万元（没收违法所得金额723.41万元，罚款79.12万元）。

价格法制建设 2007年温州市物价局按照《温州市发展和改革委员会审价工作规则》，对重大的价格调整实行集体审价制度。对列入《浙江省价格听证目录》的商品和服务价格的制定和调整，严格按照程序实行成本监审和听证。

价格法制宣传 2007年是《价格法》实施9周年、“12358”举报专线开通6周年。温州市开展以“价格服务情系万家”为主题的系列价格法宣传活动，召开“水价与民生”主题座谈会，鼓励引导消费者积极参与，维护自身的合法权益，规范和完善价格秩序。

价格服务 2007年温州市两级物价系统继续开展“价格服务进万家”民心工程活动。推进以“价格、民生、和谐”为主题的价格服务进社区活动。实施以“携手价格、共建和谐”为主题的“2325”价格服务进社区行动计划，构建“价格工作互动共管”新机制，打造“携手价格，共建和谐”的物价工作新格局。

审　计

概况 2007年，温州审计机关完成审计项目455个，查出违规金额39 060万元，损失浪费金额870万元，管理不规范金额463 937万元。经审计处理应上交财政6304万元，移送司法机关案件3件，移送纪检监察和有关部门处理事项23件，核减投资额19 189万元。提出审计建议937条，上报审计信息243篇，提交的审计报告及信息被省市领导批示12篇。

财政审计 2007年，温州审计机关实施财政预算执行审计项目139个，查出违规金额9008万元，应上交财政2474万元。“温州人大”网站首次向社会公布审计工作报告和审计整改报告内容。对乐清市、鹿城区以及宁波市北仑区、宁波经济技术开发区开展县级财政决算审计，对81个乡镇财政财务收支开展审计或审计调查。

经济责任审计 2007年，温州审计机关对163个单位的175名领导干部开展经济责任审计，查出违规金额14 802万元。全市审计机关开展乡镇党政领导干部经济责任“捆绑”审计扩大试点工作，探索以全部政府性资金审计为主线的经济责任审计基本框架。市审计局与市纪委、监察局加强审计线索的互通与共享。市审计局与市委组织部联合对2006年领导干部经济责任审计情况进行通报，组织全市组织部门和审计机关开展经济责任审计理论和实务研究，探索经济责任审计联合进点方式。

投资审计 2007年，温州审计机关完成54个项目的投资审计，涉及工程概算总投资208 828万元，核减工程款19 189万元。通过审计机关直接审计、组织社会中介机构审计等方式，加强对国家建设项目的审计监督。关注投资绩效，开展疾病预防控制中心工程、城市引水供水工程、温瑞塘河综合整治绩效审计。

企业审计 2007年，温州审计机关完成37个单位的企业审计，查出违规金额6622万元。对市本级4家投融资企业进行审计，披露部分国有投资收益被长期占用、少计国有投资收益和对外投资效益不佳等问题。加强对房地产开发企业的审计监督，查出应缴未缴税款2619.55万元，移送纪检和有关部门处理事项2件。对瑞安市江北水厂外国政府贷款还贷风险情况开展专项审计调查。

专项审计 2007年，温州审计机关突出涉及公共服务领域和群众切身利益问题的审计监督，在关注资金真实性、合法性的基础上，重点监督资金使用的绩效及资金使用的安全。开展教育经费、建筑地方高等教育费附加、社会保险基金、实物抵缴保险费、被征地农民社会保障资金、农村社会养老保险基金、农村公共卫生资金、“千村整治、百村示范”工程资金、环保资金、国有土地出让金、造地改田专项资金和公路养路费等专项审计和审计调查。省市领导对环保资金、社会保险基金、国有土地出让金、公路养路费等审计结果作出批示。

审计结果公告 2007年，温州审计机关向社会发布审计结果公告30篇，其中市审计局发布千库保安工程专项资金、旅游发展资金、基础教育经费、社保基金、中小企业融资担保机构经营情况、社会福利彩票公益金、城乡居民最低生活保障资金等7项审计结果公告。市审计局修订《温州市审计局审计结果公告制度》，规范审计结果公告的审批程序、适用范围及发布方式等。全市各审计机关网站成为发布审计结果公告的重要平台。

审计信息化建设 2007年，温州审计机关完成审计管理系统（OA）部署并投入运行，实现署、省、市、县审计机关审计专网的互联互通。依托OA平台，完成“亿邮”电子邮件系统和移动办公系统的部署，将审计网站嵌入到OA系统，开展现场审计实施系统（AO）与OA交互。全市审计机关完成计算机审计项目252个，占全部完成审计项目的55.38%，有18个AO应用案例、计算机审计专家经验、“三小软件”分别在审计署、省审计厅评比中获奖。市审计局被省审计厅评为全省2007年度推进审计信息化建设先进单位。

统　计

统计基层基础建设　2007年温州市开始为期3年的统计基层基础建设专项活动，确定2007年为统计基层基础建设示范年。全市50个重点乡镇（街道）单设统计信息中心，221个乡镇（街道）建立统计机构。新增乡镇统计编制107名，总编制339名。开展示范单位创建，选取53个乡镇（街道）、100个企业、100个村居作为“百村百企”规范化建设示范单位，组织召开“十岗百员”等各类业务培训班114期，培训7000人次。首创名录库清查网上核对。全市通过信息系统完成清查核对单位62 845家，占总核查数的83.9%，修改信息单位53 630家，新增单位4544家。

统计方法制度改革　2007年温州市能源、服务业统计取得突破。增挂能源统计处牌子，增配各级统计部门人员力量，扩大重点用能单位监测范围，建立健全交通运输业等能耗统计制度，定期通报能耗指标。单设服务业统计处，增配人员力量，开展业务培训，做好服务业名录库清查维护和业务量试调查，完善服务业统计调查体系，调整限额划分标准，限额以上、限额以下、个体户调查单位分别扩大至4300家、900多家、2300多家。建立物价旬报制度，规范房地产统计信息发布制度，完善新开工项目统计制度。实施贸易、住宿餐饮业、服务业属地统计，理顺统计关系。落实GDP核算下管一级制度，建立健全规模以下工业50个重点乡镇抽样调查制度，样本量从原先的2000多家扩大到10 800多家。全面建立城镇住户抽样调查制度，实施农村住户样本轮换扩户。

统计服务　2007年温州市县两级统计局撰写统计分析及统计信息848篇，被新闻媒体采用254篇，被当地党政部门信息刊物采用326篇，其中温州市统计局提供的统计分析、调研报告得到温州市主要领导重要批示27篇次。创新统计产品，关注热点重点、民生问题、发展监测。开展水资源利用、民营经济创新、节能降耗、汽车发展等调查。其中《温州能源消费结构制约当前节能降耗成效》、《适当限制私家汽车　加快发展公共交通》等调研报告直接被作为市领导决策依据。利用社情民意调查网络，完成“满意不满意单位”评议、政府为民办实事、城市低收入群体生活、城中村改造等十大民意调查。开展欠发达乡镇农民收入统计监测，建立重点乡镇测评制度，开展季度工业50强排序活动，完成高新技术企业、成长型中小企业、大企业大集团等监测，完成县（市、区）领导班子换届目标考核综合评价。为“两会”服务，发布《和谐温州》多媒体查询光盘、《温州经济概览》、《第九届党代会以来温州经济社会发展成就系列报道》等。联合温州电视台制作《喜迎十七大，数字对比看变化》系列专题片。

统计法制建设　2007年温州市制订《行政执法监督检查制度》、《统计行政处罚案卷评查办法》等制度，举办统计执法员业务培训班、案卷评查会，提升办案质量，完善统计执法制度化建设。坚持集中检查与经常性检查相结合，全年全市稽查统计单位724个，立案查处统计违法行为366件，其中予以经济处罚291件，罚款金额137万元。开展重点用能单位和重点服务业单位统计执法专项检查，从严从快查处瑞安市某镇农业普查失职案和龙湾区两家制鞋企业伪造统计文书申报国家免检产品案件，并将相关责任人员移交监察、司法部门处理，起到“查处一案，教育一片”的良好警示教育作用。开展对龙湾区、乐清市、苍南县及市电业局、旅游局、海洋渔业局等部门的统计巡查。开展“五五”统计普法，通过电视、报纸、网络等媒体，组织统计法治宣传月、宣传周、宣传日活动，全市统计部门举办统计人员普法培训班151期，1.7万人接受培训。

统计信息化建设　2007年温州市统计局自主开发的网上直报系统在10个县（市、区）、60个乡镇、600个村居、6万多个企业得以应用，初步构建起面向企业、村居，实现市县乡三级联网的直报网络。首创规下工业样本单位网上直报，全市2688家企业和4530个村个体通过直报网络上报调查数据。组织开发规模以上工业、限额住宿餐饮、批零贸易、房地产、能源、服务业、投资新开工项目库等专业的直报程序，形成基本覆盖各专业、比较完备的网上直报系统。支持课题研究，三个重点调研课题在直报系统上使用调查表收集数据，节约了调查时间与成本。采用各项新技术为统计业务服务，启用信息机发布统计数据短信和催报短信，启用电话语音催报。

第二次农业普查　2007年温州市按照国务院、省政府的统一部署，开展第二次农业普查各项工作。完成上门登记，原始数据审核和纠错，质量抽查和验收，数据编码抄录、光电录入、机审改错以及数据评估分析、打包上报等工作，对全市126.04万户农村住户、592.93万人，293个乡镇（农场）、5393个村的基本情况以及3816家农业企业的生产经营等情况进行登记和数据处理。普查登记期间，各级领导亲临一线指导督查，登记结束后，组织乡镇驻村干部异地开展“地毯式”交叉大排查，确保普查登记质量。各地严格普查表审核，在村级自查和乡级复查的基础上，抽调县乡两级业务骨干集中农业普查办公室进行复审和抄录，严把数据审核、扫描和评估关，提高农普数据质量，以零差错的成绩通过各级质量验收。强化依法普查，查处瑞安市平阳坑镇农业普查失职案。加强资料开发利用，制订各级资料开发计划，完成《温州农村概况》、《温州农民农业概况》等编印出版。市统计局获国家级先进集体称号。

质量技术监督管理

概况　2007年温州市出台《关于进一步加强产品质量和食品安全的工作意见》，开展产品质量和食品安全专项整治行动，提高全市产品质量总体水平，促进经济结构调整和发展方式转变。全年全市中国名牌产品新增6个，累计38个。全国质量奖新增1个，累计3个。国家免检产品新增23个，累计157个。

浙江名牌产品新增47个，累计210个。温州名牌新增123个，累计432个。省级以上名牌产品拥有量继续居全国同类城市前茅。市级以上工业名牌产品（499个）实现销售额 1259.57亿元，比上年增长22.1%；占全市规模以上工业产值的39.6%，提高1.8个百分点；占全市工业总产值的26.0%，提高1.1个百分点。市级以上名牌产品生产企业对全市工业增加值的贡献率38.7%，拉动全市工业增加值增长5.5个百分点。市级以上工业名牌产品生产企业上缴税收81.07亿元，占全市财政总收入的27.6%；出口额31.25亿美元，增长30.3%，占全市出口总额的30.8%。销售额超1亿元的名牌产品316个，超5亿元的53个，超10亿元的24个。发明专利81项，省部级科技进步奖6个。市质监局获国家人事部、国家质检总局联合授予的“全国质量工作先进集体”。全年全市产品质量总指数为94.7%。国家监督抽查批次合格率80.2%，省、市监督抽查2006年批次合格率85.1%、81.5%，食品市级监督抽查2006年批次合格率为83.5%，食品质量连续四年稳定提高。

名牌培育　2007年温州市质量技术监督系统制订《温州市以质取胜品牌强市实施办法》，创建全市优质产品生产基地。印发皮鞋、打火机等12个行业企业ABC分类标准，完善全市企业产品质量信息库建设。继续实施“千家企业品牌培育工程”，加强各级名牌培育创建工作，做好培育中国世界名牌和争创浙江区域名牌的前期工作，制订《关于创建优质产品生产基地、打造区域品牌活动规划》、编制《温州市中国世界名牌产品培育计划》，开展对温州优势产业争创浙江区域名牌产品有关情况调查，为推进温州区域品牌建设奠定基础。

产品质量专项整治　2007年6月16日，中央电视台新闻频道《每周质量报道》栏目报道乐清市华东头盔厂涉嫌生产劣质头盔事件后。7月2日，温州市召开全市质量工作专题会议，在全省率先开展以27类产品行业为重点的产品质量专项整治。全市971家涉及人身健康和安全产品的10类生产企业100%建立质量档案；应取证食品生产加工企业655家，取证率100%；列入目录监管的129家小作坊100%签订质量安全承诺书；解决县城以上城市、乡镇政府所在地和城乡结合部婴幼儿配方乳粉等16类食品无证生产加工问题。出台《关于对“重点关注区域（产品）”进一步加强产品质量监管工作的实施意见》和《关于对重要工业产品行业（区域）加强长效质量监管工作的指导意见》，启动“重点关注”和“重点行业”长效监管工作。在全省率先制订“食品生产加工企业留样观察制度”，并在水产加工品行业取得试点突破。

质量专项执法行动　2007年温州市质监系统开展“六打六保”、“三大战役”、“四大冲击波”等17个专项执法行动，加大对质量违法行为的惩处力度。全市质监系统出动执法人员33 565人次，立案查处案件3317起，其中万元以上案件949起，涉案货值5067万元，罚没款3990.88万元，销毁假冒伪劣货值1324.62万元，移送公安案件15起。温州南白象加油站计量作弊案，罚没款100余万元，成为全省查处加油机作弊的第一大案。

标准化管理　2007年温州市质监部门推进技术标准的创新，征集上报7项国家标准建议书和标准大纲。开展省级名牌培育企业131家和质量提升行业规模以上企业843家的采标情况分析调查，推动企业采用国际标准和国外先进标准工作。全年采标确认268个产品，采标标志备案11个，累计采标确认1544个产品，采标标志备案138个。引导企业实施标准化良好行为规范，全年“标准化良好行为企业”2A确认企业125家。抓好产业标准体系建设工作，编制鞋革、服装、低压电器、汽摩配件等30个产业标准体系，在全省率先建立产业标准体系服务平台。推动建立技术标准研制平台，完成全国皮鞋分委会（市质检院）和国家印机标准化技术委员会立式模切机（印机）工作组（瑞安市质检院）的筹建工作，省阀门标准化技术委员会落户温州，启动省低压电器和印刷制品标准化技术委员会可行性研究。编制《温州市农业标准化“十一五”发展规划》，建立健全市县二级农业标准化协调推进机制。瓯海区丁岙杨梅获得国家地理标志保护，瑞安市温郁金地理标志产品申报通过国家质检总局审查并公告。

计量监督管理　2007年温州市质量技术监督系统继续突出民生计量和能源计量，加强计量监督和强制检定管理。推进电能计量监管工作和集贸市场计量专项整治，在全市范围内开展定量包装商品、零售商品，医疗卫生机构、道路交通安全执法用仪器，加油站、出租车计价器及眼镜配制店计量监督检查和专项整治工作。规范餐饮业计量行为，制定瑞安市首个服务业地方标准《餐饮业诚信计量行为规范》。深化能源计量工作，14个节能降耗增效服务队深入全市101家重点耗能企业，加强计量节能宣贯，开展帮扶活动，帮助和促进重点耗能企业建立健全计量检测体系。全市34家重点耗能企业通过计量检测体系确认，182家企业通过市级计量检测体系确认。检查市质检院、乐清、瑞安、苍南、平阳、永嘉等六个法定计量检定机构的体系运行情况和检定（校准）工作规范化，促进法定计量检定机构工作规范化。

应对技术性贸易壁垒　2007年温州市质监部门继续完善应对技术性贸易措施工作机制，加大对国外技术性贸易措施的信息跟踪力度，提出跟踪与评议意见，编辑与温州产业相关的TBT通报68则、技术性贸易壁垒简讯11期，及时向政府、行业协会和企业发布4条黄色预警信息，实现WTO/TBT信息快速服务。启动温州市WTO/TBT预警信息平台建设，并纳入温州市企业信息化试点示范单位项目。

特种设备安全监察　2007年温州市将特种设备安全工作纳入到政府安全生产目标管理责任制。市质量技术监督部门开展“企业特种设备安全管理万人培训工程”，出台《温州市特种设备安全使用管理规范（试行）》、《温州市特种设备检验检测工作规范（试行）》、《温州市特种设备安全监察工作规范（试行）》等三个规范性文件，明确三方责任，保障对特种设备的有效监管。开展固定式简易升降机、码头吊、冶金起重机械等特种设备质量安全专项整治行动，出动人员8141人次，检查单位4735家，检查设备9134台，整治事故隐患4069台，发出安全监察指令书1790份，立案258件。加强监察网络建设和特种设备信息化建设，完善特种设备兼职安全监察员制度，加强重点监控单位监察工作。全市101家重点监控单位1453台特种设备的使用登记率、定期检验率和持证上岗率均达100%。全年发生1起特种设备事故(行车)，造成1人死亡，万台事故率和万台伤亡率均为0.2起(人)/万台。制订《关于鼓励支持“锅炉集中供汽”改造工作的若干意见》，在全市推行鹿城区仰义乡“锅炉集中供汽”改造工作，得到国家质检总局特种设备局、省发改委和省质监局关注、肯定和推广。7月31日，全省“锅炉集中供汽”经验交流现场会在温州召开。

合格评定认证认可 2007年温州市质监部门加强对检验机构的管理和检查，对全市环境监测、气象防雷检验机构开展计量认证专项检查，规范整顿认证咨询市场，查处温州市5家非法认证咨询机构。探索强制性认证产品的证后监管，通过与认证机构沟通，争取CQC（中国质量认证中心）在乐清设立工作联络办公室，建立3C获证产品退出机制。省质监局在温州市开展3C产品一致性监督检查工作，选择乐清市低压电器的漏电断路器产品作为试点，其试点经验在全国产品质量和食品安全专项整治现场会（广东）进行交流。截至年底，全市通过ISO9001体系认证企业2851家，CCC认证企业2400多家，证书累计17 600张。加强生产许可证监督管理，截至年底，全市新增工业产品生产许可证企业140家，累计932家企业取得43类 55种产品的工业产品生产许可证。

质监技术机构建设 2007年温州市质监技术机构业务收入13 083.89万元，同比增长8.6%，仪器设备投入1656.73万元。温州市质检院（国家鞋检中心）投入1000万元（财政拨款700万元），引进高新技术电磁兼容项目，购置达到国际先进水平的三座标测量仪、交流高压装置以及大型高端分析仪器等设备。全年市质检院通过国家实验室认可委认可的标准/规范总量2890个；通过国家计量认证/审查认可的标准数量202个；通过省计量认证/审查认可的标准数量3188个。温州市特检中心投入220万元，购置光谱仪和综合检测车等先进仪器设备，配备应急救援设备，提高特种设备事故救援应急能力。市特检中心获中国船级社船舶焊工培训考核资格，主持修订的《厂内机动车辆安全检验技术要求》国家标准获得国家总局公示。全市各技术机构继续推进管理创新，深化用工、分配和成本核算“三项制度”改革，理顺发展关系。

质监基础设施建设 2007年温州市质监部门新增实验楼和办公楼建筑面积20 235平方米。总投资7000多万元的国家鞋检中心，完成地下室、地面1～4层的基建。省不锈钢制品检测中心（龙湾）完成大楼主体工程。省泵阀质检中心大楼（在永嘉）完成主体工程进入装修阶段。乐清质监局综合大楼完成装修通过预验收。省印刷品检测中心（苍南）完成征地手续，苍南投入168万元建成P2实验室及食品检验室改造。

条码代码工作 2007年，温州市办理代码证书38 601个，办理IC卡17 132张，废置14 643个。服务条码市本级申报941家，其中新增注册269家，续展672家，续展率76.8%。平阳县质监局和浙江省物品编码中心、平阳县挺志温州水牛乳业有限公司合作开展的温州水牛射频识别项目进入应用阶段，该公司取得中国物品编码中心动物管理者代码“24000001”，成为浙江省首个获得动物管理者代码的单位。

安全生产监督管理

概况 2007年温州市安全生产形势持续保持稳定，各项指标基本在控制指标进度以内。全市发生各类事故4838起，死亡873人，受伤5089人，直接经济损失3626.8万元，同比分别下降20.2%、3.2%、20.4%和3.3%。其中，道路交通事故4496起，死亡738人，受伤5081人，直接经济损失707.6万元，分别下降20.7%、3.1%、20%和29.7%；工矿企业事故64起，死亡68人，受伤3人，直接经济损失1367.1万元，分别下降17.9%、21.8%、82.4%和17.9%；火灾事故231起，死亡45人，受伤5人，直接经济损失1330.1万元，分别上升2%、上升96%、下降76%、上升132%；渔业生产和交通事故47起，死亡22人，直接经济损失219万元，分别上升12.2%、下降21.4%、下降11.3%，无人受伤；按省口径统计，水上交通没有发生安全生产事故。

安全生产目标管理责任制 2007年温州市制定《温州市2007年度安全生产目标管理责任书》，层层签订落实。各乡镇（街道）和有关部门的安全生产责任书签订率100%，高危行业企业的安全生产责任书签订率100%，规模以上生产经营单位的安全生产责任书签订率80%以上。3月16日，市政府召开全市安全生产工作会议，提出全市安全生产工作目标。市安委会专门建立督查通报制度，每月对全市安全生产事故指标完成情况进行通报。7月1日开始，组织四个督查组对各县（市、区）政府和市有关部门上半年安全生产责任制落实情况进行督查。对发生的安全生产事故，按照“四不放过”的原则依法追究有关责任人员的责任，其中市安委办组织调查的生产安全事故55起，实际结案27起，按期结案率达100%。

重点行业和领域安全生产专项排查治理

2007年5月，国务院、省政府相继下发《关于在重点行业和领域开展安全生产隐患排查治理专项行动的通知》后，温州市制定实施方案，在全市范围开展重点行业和领域安全生产专项排查治理行动。确定道路交通、消防火灾、农村道路设施、中小企业、飞云湖库区、水上交通、渔业生产、建筑施工、市政安全设施和特种设备等十大重点行业和领域为主攻点实行集中攻坚。

道路交通安全专项整治 2007年温州市完成道路交通安全排查，确定7处省级交通事故多发点段和26处市级交通事故多发点段的挂牌整治。开展“压事故、整秩序、保畅通”交通秩序大整治、“敲响夏季预防交通事故的警钟，向特大交通事故宣战”活动和超速行驶违法行为专项整治统一行动等工作。鹿城区建立乡镇交通安全工作站、企业交通安全工作站和外来务工人员交通安全宣传基地，对3万名外来务工人员开展交通安全知识教育。

农村道路安全设施专项整治 2007年温州市安全生产监督管理局对全市所有农村道路展开检查，集中整治11处临水临崖国、省道，建设44处农村公路安全设施。

消防火灾专项整治 2007年温州市安监局以居住出租房、人员密集场所、易燃易爆化学物品单位和“三合一”建筑为重点，检查21万家单位，发现火灾隐患12.3万处，整改4万处，责令停产停业261家。其中，瓯海区由安监局牵头组织10个单位对仙岩镇大岭村消防隐患点开展联合执法，采取断水断电的措施，拆除乱搭滥建的铁棚、办公室、仓库等违章建筑47间（面积约1600平方米）。

中小企业安全隐患专项整治 2007年按照《温州市安全生产分类管理暂行办法》，温州市安监局检查分类生产经营单位6万多家（次），查出隐患11 000多处，整改近10 000处。其中，龙湾区在全省率先开展对危化品使用企业专项整治，关停和搬迁皮革生产企业8家；瑞安市开展“春雷行动”，对危化品企业、剧毒品使用企业和制鞋行业存在的安全隐患实行强力整治，将50多家限期整改不到位的企业提交该市执法联审会议决定，采取停水断电的强硬措施确保整治到位。

特种设备专项整治 2007年温州市安监局对各类起重机械、大型游乐设施、客运索道等特种设备展开检查，检查958家单位，查处无证制造、无证安装、非法销售的起重机械1000多台，对未纳入监管范围的623台落实处置措施。

建筑施工专项整治 2007年温州市安监局以预防高处坠落事故、坍塌事故和大型建筑机械事故为重点，开展消除建筑施工安全隐患大行动，检查2000多个在建工程项目，责令停工整改58个工程项目。

燃气安全专项整治 2007年温州市安监局组织管道燃气企业、储配站和供应站等重点单位进行自查自纠的基础上，市政园林部门抽查各类企业50多家，提出130多条整改意见。

休闲渔船安全专项整治 2007年针对近年来兴起的“渔家乐”渔船休闲旅游项目，温州市安监局从船检关、年审关、培训关、执法检查关、签证关等入手，加强休闲渔船的安全检查和安全管理，保证海上旅游安全。

飞云湖库区安全专项整治 2007年温州市政府建立飞云湖库区安全专项整治领导小组，设立政策处理组、船舶分类处置组和联合执法组，对46艘评估为一、二类船舶的作为自备船予以暂时保留，对剩余84艘予以拆解处置。

水上交通安全整治 2007年温州市开展“打造责任链，编制安全网”活动、渡口渡船专项整治、“船舶安全配员专项检查”和“防船舶碰撞防泄漏”专项整治等工作，检查168个渡口和490多艘船舶，处理违章船舶73艘（次）。

安全生产执法年活动 2007年温州市将“安全生产执法年”活动纳入政府工作报告重点，下发《温州市“安全生产执法年”活动实施方案》，在全市范围开展“安全生产执法年”活动。各有关单位对存在严重安全隐患或发生安全生产事故的单位，及时在新闻媒体上予以曝光。市安委会确定11家存在严重安全隐患的工矿商贸企业、26处道路交通事故多发点段、10处重大火灾隐患作为市级挂牌督办的重点整治对象，在《温州日报》等相关媒体上予以公布，全年整治40处，按时完成率100%。市交警支队在《温州都市报》和温州人民广播电台每天曝光违章车辆及驾驶员名单。市安监局先后在《温州晚报》和温州电视台等新闻媒体上对24起安全生产违法典型案件进行新闻曝光。市安监局制定《安全生产行政处罚委托实施暂行办法》，先后在鹿城、瓯海、龙湾、瑞安、乐清、永嘉、平阳、苍南等8个县（市、区）基层安监机构实施，受委托的基层安监机构可以对生产经营单位的违法行为处罚款3万元以下、个人罚款1万元以下的行政处罚，可以责令改正或停止安全生产违法行为甚至扣押、查封有关设施、设备、器材等，较好地解决乡镇安监机构的执法难问题。各地安监部门实行事故死亡单位挂牌和停产整顿措施，对发生人员死亡事故的生产经营单位，一律依法实行停产停业整顿，悬挂“安全生产事故警示牌”。全市全年检查各类生产经营单位6万多家（次），查处安全生产违法行为2.6万起，行政处罚906起，罚款计1400多万元，对275家企业予以停业整顿，取缔关闭企业26家。设置“安全生产执法年”宣传专栏1万多处，利用电视、广播报道600多次，发放宣传品17万份，其中，市安监局编印10万份宣传资料下发到企业和村居。

安全生产培训教育 2007年温州市安全生产委员会制定和落实政府部门、企业的安全生产培训工作责任制，加强对企业从业人员培训考核工作。培训各类人员123万人（次），其中，乡镇（街道）、村居安全管理人员1.2万人（次），企业负责人和安全管理员6.3万人（次），企业员工116万人（次）。从2005年全市开展安全生产“千十百万”培训工程以来，全市累计培训各类企业负责人和安全管理员、企业员工360多万人，完成“三年内对各类企业人员轮训一遍”的目标，外来务工人员的安全生产培训教育率95%以上。开展“安全生产月”活动，组织安全生产咨询日、安全生产知识演讲赛、少年儿童安全绘画比赛、安全生产知识送农民工活动和应急预案演练等12项宣传活动，开展各类安全咨询700多场，悬挂横幅、张贴标语4万多条，发放宣传资料近70万份。

安全生产源头管理 2007年温州市发改委正式立项“浙南化工市场”，列入“十一五”期间服务业重大建设项目，其地块测绘、安评、环评等各项技术性工作基本完成。市安监局推广矿山机械破碎头技术和中深孔爆破技术，全市矿山机械破碎技术推广率80%，中深孔爆破技术推广率100%，有效遏止矿山安全生产事故。安全标准化工作取得阶段性成果，以安全管理台帐标准化、管理制度规范化为重点，先后在机械、危化、矿山等行业开展安全标准化工作。全市30家企业达到国家或省市标准，其中，机械制造行业标准化企业24家，居全省前列。加强重大危险源管理，建立市、县两级重大危险源数据库，把全市300多处重大危险源进行登记建档，落实监控措施，防止安全事故发生。

安全生产应急救援 2007年温州市建立和完善市、县(市、区)、企业三级安全生产应急救援预案，以县（市、区）为单位组织开展10多次应急预案演练。市市政园林局开展3次预案演练；市海洋与渔业局建立海洋渔业船舶安全救助信息系统和渔业安全通信网络，完善应急设备设施。

食品药品监督管理

概况 2007年温州市落实食品安全监管地方政府和部门责任，市政府与各县(市、区)政府签订《2007年食品安全工作目标管理责任书》，细化、分解责任。鹿城、瓯海、乐清、瑞安、苍南、泰顺、洞头等县（市、区）将食品安全责任纳入乡镇政府和相关部门政绩考核，永嘉、平阳、文成等县将食品安全作为平安县建设一票否决项目。

制定《温州市药品安全专项整治行动方案》，成立工作小组，确定药品生产环节整治、药品流通秩序规范、医疗器械专项整治和药品打假治劣四个重点目标。为引导药品零售企业合理布局，对重点区域内新设立的药品零售企业提高准入条件，推行信息化管理、引入指纹识别系统。加强对药学人员在岗在位的监管；规范药品零售经营行为，明确禁止十方面行为，以禁令形式向社会通告，促进药品零售企业自律和规范。加大对非药品冒充药品销售行为的打击。

全年市食品药品监督管理局办理各类行政许可1795件，其中药品零售企业许可事项1188项，零售药店GSP认证62项，药品批发企业许可事项28项，药品生产（配制）企业许可事项64项，医疗器械生产经营事项211项，执业药师注册242项。在全省审批受理窗口技能比武中获得二等奖；受理窗口被评为全省系统“群众满意办事窗口”。

食品安全示范县(乡镇)建设 2007年温州市开展食品安全示范县建设，乐清市为省级食品安全示范县试点单位，平阳县为市级食品安全示范乡镇试点单位。参建单位出台《食品安全示范县建设实施方案》对创建工作进行分工。为配合示范县（乡镇）建设，在各乡镇开展全方位教育培训、宣传工作。乐清市铺开创建工作；平阳县选取西湾乡、麻步镇、南雁镇开展食品安全示范乡镇建设。

开展食品安全暗查暗访 2007年温州市食品药品监督管理局在“中秋”、“国庆”等节日期间，组织16个暗访小组对56家农贸市场、8家食品批发市场、106家小杂食店、64家旅游景区餐馆开展食品安全专项整治暗查暗访，并就暗访发现的问题，组织有关监管部门开展综合整治。

食品安全宣传 2007年7月，温州市食品药品监管局组织3支“食品安全进社区”暑期大学生社会实践服务队进社区，通过摆摊设点分发宣传材料，走街串巷进行问卷调查，开展有奖知识问答，播放露天公益片等宣传食品安全知识，群众反响热烈。9月至10月，市食品药品监管局与市教育局联合开展“关注食品安全，共创健康美好生活”食品安全有奖征文活动。10月，市食品药品监管局与市文化广电新闻出版局等7个部门联合举办2007年第三届温州“食品安全”绘画大赛，收到各地选送优秀作品445篇。经评议，《我们病菌没戏了》等16篇作品获省级一、二、三等奖，《李白后传》等180篇作品获市级一、二、三等奖。

药品经营企业GSP认证 2007年温州市食品药品监管局对175家新开办药品零售企业和26家加盟药店进行GSP认证，其中合格172家，整改26家，不合格3家，发放GSP证书166份。完成对2005年通过GSP认证（跟踪）的257家单体药店和376家加盟药店的GSP跟踪检查。落实3家认证证书效期届满的药品批发、连锁企业重新认证，并完成其余6家企业的跟踪检查。

药品生产企业GMP认证 2007年温州市食品药品监管局加强GMP认证和证后跟踪检查，配合上级局对9家药品生产企业进行10次GMP认证现场检查和6次GMP跟踪检查，对4家药品生产企业实施飞行检查①。两家一次性使用无菌医疗器械生产企业GMP全国试点工作通过国家食品药品监管局检查组现场检查。

药品注册现场核查 2007年1月～4月，温州市对药品生产企业开展注册现场核查。列入此次核查的药品计56个品种，其中已批品种22个、在审品种34个，涉及9家药品生产企业。市食品药品监督管理局制定核查工作计划，确定核查人员，采用飞行检查形式进行核查。至4月18日，完成药品注册现场核查，撤回6个品种，国家局退审2个品种。

药品生产工艺和处方核查 2007年第一季度，温州市对3家药品生产企业的91种大容量注射剂品种的生产工艺和处方核查资料进行初审，对1家血液制品、3家小容量注射剂生产企业共87个小容量注射剂品种的生产工艺、处方核查资料进行初审。到3月底，完成大容量注射剂品种、小容量注射剂品种的生产工艺和处方核查资料的初审工作并上报省局。对部分企业主要品种进行检验用样品的抽样工作，完成现场核查和资料审查工作。

开展药品生产企业派驻监督 2007年3月21日、9月29日，温州市食品药品监管局向浙江海康生物制品有限责任公司、浙江康乐药业股份有限公司等5家药品生产企业派出由市食品药品监督管理局与县（市、区）局联合组成的10人派驻监督员小组，全市所有血液制品和注射剂生产企业推行派驻监督制度，覆盖面100%。

①飞行检查：国家食品药品监监督管理局从2005开始实行的一种新的执法形式。其特点是在常规检查和跟踪检查的基础上，在事先不通知受检查企业和企业所在地药品监管部门的情况下，突然派出检查组飞赴企业所在地，进入企业现场检查药品生产质量管理方面的真实情况。“飞行检查”的对象主要为被举报的企业、有不良记录企业和无菌药品生产企业。

药包材生产监管 2007年温州市食品药品监管局对辖区内药包材生产企业的药包材生产注册和再注册申请进行现场核查和检验用样品抽样。组织对6家药包材生产企业20个品种的生产申请、再注册申请进行现场核查和检验用样品抽样，就部分企业再注册申请受理工作存在的问题向上级局请示，得到解决。

医疗器械注册核查 2007年温州市食品药品监管局对在审第三类医疗器械产品注册申报资料进行核查，涉及4家企业的9个产品，包括首次注册产品5个，重新注册产品4个；其中5个产品退审。开展第二类医疗器械产品核查两次，第一次完成对43家企业104个产品申报资料真实性的核查；第二次完成对9家企业127个产品样品真实性和86个产品申报资料真实性的核查。对34家企业的69个第一类医疗器械注册资料真实性产品进行核查，劝告停产的14家企业主动申请注销注册证书。修订第一类医疗器械注册程序，增加注册资料真实性核查程序，从源头上保证医疗器械注册的真实性和规范性。

医疗器械企业信用等级评定 2007年温州市食品药品监管局开展医疗器械生产、经营企业质量信用等级评定，评出诚信等级3家、守信等级334家、警示等级54家、失信等级13家。对10家重点医疗器械生产企业实施突击检查。完成对9家医疗器械企业13个批次产品的质量摸底抽查。对67家体外诊断试剂经营企业开展调查。

规范隐形眼镜经营监管 作为省隐形眼镜经营企业许可的试点城市，为提升隐形眼镜的经营管理水平，2007年温州市食品药品监督管理局采取5项措施：加强日常监督检查；加强信用体系建设；加强不良事件监测，；加大违法查处力度；加大政策宣传力度。全年对已取证的经营企业进行一次全面检查，其中整改64家，立案1家，检查覆盖面100%。对试点工作期间已取得许可证企业，但部分条件未完全达到现行标准要求的，促其尽快改善条件。为提升隐形眼镜经营企业从业人员素质，联合市眼镜商会引导有关人员参加浙江工贸学院成教学院首届“眼视光大专高复班”，全市130余人被录取。

规范农贸市场中药材经营 2007年温州市食品药品监管局加强对农贸市场中药材经营监管。组织相关部门联合执法，落实政府负责制。向经营户发出《关于加强农贸市场中药材经营管理的函》，引导市场业主成立农贸市场管理委员会，要求市场业主与各经营户签订诚信经营责任书。建立健全市场日常管理各项制度。实施分级管理，提高监管效率，督促相关基层局派遣稽查人员挂钩联系农贸市场，与市场诚信建设相结合，每月定期检查和不定期走访经营户，掌握市场经营动态，记录、收集相关材料，建立和充实完善信用信息库。根据经营户守法自律、诚实信用等情况，把经营户分为一星级、二星级、三星级，实行动态管理。完善举报网络，鼓励同行相互监督，提高监督举报网络的有效性和针对性。

促进药品零售企业合理布局 2007年温州市食品药品监管局制定《温州市药品零售企业、零售连锁企业设置和变更的补充规定》和《温州市农村偏远地区药柜设置规定》，调整药品零售企业在重点区域布局过热的现象，引导药品供应网点向偏僻农村延伸。《补充规定》明确要求重点区域新开办的药品零售企业和连锁门店首先推行具备涵盖药品购销存全渠道的计算机管理系统，实行驻店药师指纹考勤。指纹考勤功能与零售药店GSP管理有机结合，系统使用者只能通过本人的指纹识别登陆GSP管理系统，才能进行药品购销存各种台账记录操作。该“前置条件”把驻店药师每日的经营行为和可追溯的台账记录“捆绑”在一起，确保其在岗在位履行职责，保证药品质量和用药质量。至12月底，按照这一规定开办的零售药店已有20家。

推行零售药店十条禁令 2007年10月，温州市食品药品监督管理局制定并公布《温州市药品零售企业十条禁令》。《禁令》提出药品零售企业在经营过程中必须遵守的一些禁则：禁止销售质量不合格及质量可疑药品、禁止从非法渠道购进、禁止出租出借经营、禁止擅自变更许可事项经营、禁止代销药品、禁止销售仿冒药品的非药品、禁止夸大或虚假宣传、禁止开架或未凭处方销售处方药、禁止药学技术人员兼职挂职、禁止伪造药品记录等。《禁令》旨在提高药品零售企业自我规范和诚信经营意识，推动药品经营企业信用体系建设。

打击假劣药械 2007年温州市食品药品监管局组织节日打假保健康、药品打假在农村等系列活动，开展人血白蛋白、骨接合用无源金属植入医疗器械专项检查，查处广东佰易药业有限公司相关产品、华联制药注射用甲氨喋呤、假药“马来酸曲美布汀片”和“天蚕镇痛片”等。全市检查涉药单位9097家，立案查办药械违法案件809件，结案750件。取缔无证经营窝点104家，捣毁制假窝点2个，责令整改29家，作出罚没款总额483.66万元，没收物品货值74.51万元。泰顺胡某等销售假药案，乐清刘某、陈某无证经营药品案等大要案移送公安部门查处。

检查广东佰易药业静注人免疫蛋白

2007年1月21日，按照省局《关于立即查封扣押广东佰易药业有限公司生产的静注人免疫蛋白（PH4）的紧急通知》，温州市食品药片监管局组织稽查人员对辖区内药品批发企业、县级以上医疗机构、疾病预防控制中心等单位开展清查，未发现上述静注人免疫蛋白（PH4）。2月9日，对辖区内经营使用的该公司生产的人血白蛋白等四种药品的购销和退回情况进行统计，监督未使用的药品从原渠道退回。

检查骨接合用无源金属植入医疗器械

2007年6月1日至10月15日，温州市开展骨接合用无源金属植入医疗器械专项检查。发出《关于开展骨接合用无源金属植入医疗器械产品市场检查的通知》，明确检查范围和重点检查内容。检查范围是市辖区内所有骨接合用无源金属植入医疗器械的经营企业和医疗机构。重点检查产品包括：不锈钢、纯钛、钛合金制造的金属接骨板、金属接骨螺钉、金属矫形用钉、金属矫形用棒、金属股骨颈固定钉、金属髓内针（不包括金属骨针）。全市检查各类医疗机构82家（包括各级公立医院、民营医院、中心卫生院等），经营单位25家；拟立案6家，责令整改4家，口头警告15家。

查处假药“马来酸曲美布汀片” 2007年6月，据上级局《关于查处海南普利制药有限公司“马来酸曲美布汀片”的紧急通知》，温州市县药监部门协同开展清查工作，掌控假药“马来酸曲美布汀片”在本辖区内的流通和使用情况，就地封存假药“马来酸曲美布汀片”2642盒，立案5起。

查处假药“天蚕镇痛片” 2007年7月19日，据上级局《关于查处标示新加坡新日制药厂有限公司生产的“天蚕镇痛片”的通知》，温州市药监部门对市所有涉药单位进行为期一周的检查，查明13家药品经营企业从辖区外单位购进相关批号的“天蚕镇痛片”2832瓶。经销企业先行退回供货商583瓶，实际购进2249瓶。稽查人员对尚未销售的假药予以查封，并要求经销商召回已销售但尚未使用的所有假药。8月10日，查封辖区内尚未使用的全部假药1621瓶。

暂停注射用甲氨喋呤等药物销售使用 2007年9月4日，据上级局《关于做好暂停上海医药（集团）有限公司华联制药厂注射用甲氨喋呤和注射用盐酸阿糖胞苷用于鞘内注射工作的紧急通知》，市药监部门出动1539人次对相关涉药单位进行检查，停止辖区内上述2种药品的销售、使用；监督经营使用上述2种药品的3家批发企业和34家使用单位按原渠道退回药品。

狂犬疫苗专项检查 2007年2月～5月，温州市县药监部门与各级卫生部门联合开展以狂犬病疫苗为重点的疫苗专项检查。检查相关单位318家，包括10家药品批发企业、278家疫苗接种单位和30家其他医疗机构。立案查处5家，当场警告或责令整改37家。从检查情况看，2家具有疫苗经营资格的企业仅1家经营狂犬病疫苗，未发现其他药品批发企业擅自经营疫苗行为。

药械广告监测 2007年温州市药监部门在广告监测中采取四项措施：向发布广告的媒体主管部门通报违规广告情况；约谈广告发布者，劝其主动停止违法违规广告发布行为；向广告监管部门移送违规广告，追踪处理结果；向违规广告所涉及药品的经营药店发出告诫书。10月，在全市范围内开展为期1月的“零售药店药械广告集中整治行动”。整治针对处方药广告、未经审批或备案的药械广告，重点是以患者、公众人物、专家名义作疗效证明的违法药品广告。检查药店847家，整改违规药店83家，违规率10%，其中违法药械广告90个，未经审批或备案广告30个，检查覆盖面30%以上。全年监测到违法违规广告114件次；移送工商处理12件，发出告诫书29份、通报函8份。

药品监督性抽验 2007年温州市食品药品监管局完成国家级药品质量监督抽验5批；省级药品质量监督抽样202批次；市级药品质量监督抽样961批次。参与完成国家局对骨接合用金属植入物、一次性使用血袋的监督抽验。完成省级医疗器械质量监督抽验抽样23批，产品涉及一次性使用导尿管、天然胶乳橡胶避孕套、角膜接触镜护理液、血压计等，经检验不合格2批。

麻精药品监管 2007年温州市食品药品监管局检查麻醉药品和第一类精神药品区域性批发企业8家、专营第二类精神药品批发企业20家；督促10家蛋白同化制剂和肽类激素经营企业上报审核申请资料。加强美沙酮监管，启动在称量、配制、灌封、包装等工序设置的可视探头，实行全程监控。联合市禁毒办开展易制毒化学品管理和使用工作联合检查，赴乐清市、苍南县开展禁种铲毒工作，对苍南县龙港镇“创建无毒社区”工作进行现场考核。

药品不良反应监测 2007年温州市食品药品监管部门加强药品不良反应（ADR）检测，向县级局提出完善ADR监测网络建设要求，统一上报渠道及相关技术问题，下达报送指标。全年完成上报ADR报告数2877例，编印《温州市药品不良反应通报》刊物3期。

医疗器械不良事件监测 2007年温州市食品药品监管部门，探索开展医疗器械生产企业和角膜接触镜验配经营企业医疗器械不良事件监测和报告工作，将不良事件监测工作与日常监督检查结合起来，定期和不定期对监测工作进度进行检查，督促监测制度的落实，保障监测报告的数量和质量，促进监测工作有效开展，实现了医疗器械不良事件报告零的突破。全年医疗器械不良事件监测报告数量55份，其中生产企业7份，隐形眼镜及护理用液9份。

规范性文件清理 2007年温州市食品药品监督管理局废止行政规范性文件22件，公布保留有效30件。建立行政执法评议考核机制，制定包括《依法行政考核评分细则》，在全省率先推出市局对县局受理分窗口行政许可工作的检查考核制度。

行政管理

人力资源机构编制管理

概况　2007年，全市人事机构编制部门加大人才智力培养引进力度，加强公务员队伍建设，深化各项人事改革，加强机构编制管理和强化人才人事公共服务。年底，全市各类人才总量为89.06万人，其中中高级人才10.94万人，占12.28%。全市有公务员31 146人，其中：女性公务员6123人，占19.65%；少数民族公务员309人，占0.99%；共产党员26 148人，占84.82%。

人才开发培养　2007年温州市人事局实施“非公企业人才开发推进工程”。开展非公企业人才工作和创新型人才队伍建设调研，编制了《2007年人才开发目录》。继续在同济大学、西南政法大学、中央电大、浙江经管学院等院校办好学位、学历班的基础上，联合华中农业大学、安徽医科大学，新辟农业推广、风景园林、公共卫生等适合温州实际的专业硕士学位班。在职学位、学历教育专业13个，新招收本专科学历进修新生132人，在校学生691人，60位学员获得硕士学位。帮助温州科得力新特材料有限公司与浙江大学、合肥工业大学合作，培养6名新型材料专业硕士。实施政府资助在职人员攻读博士申报工作，确定35名资助对象。举办社区工作人员技能培训班1期，65名社区工作人员参加。大型讲座4期，1200多名企业经营管理人员参加。农村实用人才短训班15期，5368人参加。全国计算机应用能力、省计算机新三级、省英语等级考试，注册咨询工程师、广电机（线）务员、电子政务培训、CEAC及CCAT网络资格等各类培训60期，3470人参加。

人才引进　2007年温州市人事局采取多种形式引才揽才，组织115家重点骨干企业和事业单位提供近3500个岗位分赴杭州、重庆、武汉、西安、成都、上海、北京招聘各类人才，收到简历6000多份，达成意向700余人。继续做精“交流大会”、“周五人才夜市”两大品牌服务，举办6场大中型人才交流大会、47场周五人才招聘夜市，8400余家（次）企业进场设摊，提供12万余个（场次）岗位，进场交流人数14.2万人次。41家单位参加高校研究生温州实习基地项目对接，武汉大学等9所高校的65名研究生进驻企业实习。全年新增各类人才13 456人，其中刚性引进人才1006名。

专家人才培养　2007年温州市开展市“新世纪551人才工程”人员的培养工作。选派31名市“新世纪551人才工程”培养人选赴国内外高校、科研机构进修学习，资助经费71万元。评估和资助67位“551人才”申报的科研项目，资助经费72.6万元。确定11个“扶工扶农”活动和11个面向欠发达地区的科研项目，开展活动16次，100多名专家参加。与温州大学成教学院共同组织举办第六期出国备选人员外语水平培训班（BFT），38人参加培训。对2004年度入选的297名市“551人才”进行综合评价考核，42人为优秀，254人为合格，1人为不合格。推荐上报“国家百千万人才培养工程”等国家、省级专家培养人选96人。全市入选国家新世纪百千万人才工程累计3人：瞿佳（温州医学院）、李校堃（温州医学院）、蔡袁强（温州大学）。组织3批42名“新世纪551人才工程”人员进行健康疗养。安排国家百千万、省“新世纪151人才工程”第一、二层次和市“新世纪551人才工程”第一、二层次192人进行健康检查，保障专家人才的身体健康。

国外智力引进　2007年温州市人事局组织申报2007年引进国外智力项目102项，省外专局批准立项101项，其中专家组织项目11项，非专家组织项目90项。执行引智项目89项，88项为非专家组织项目，1项为专家组织项目，项目执行率为88%，邀请外国专家97人次。组团参加“浙洽会”、“中国国际人才交流大会”等海外专家智力项目洽谈活动，就11项专家组织项目与法国、意大利、比利时、奥地利等四国专家组织代表洽商，所有申报项目被外国专家组织接纳，达成25项次对接，对接率100%。全年办理外国专家来华工作许可45人；现场核查聘请外国文教专家资格单位8家；新办《外国专家证》60人，办理《外国专家证》延期手续13人。全市新增“聘请外国文教专家资格单位”3家，累计43家。评选表彰18名获得“雁荡友谊奖”的外国专家。

人才公共服务　2007年温州市人事局完善公共服务流程管理，提供完善的后续配套服务。对人才服务大厅办事窗口涉及毕业生就业服务、人才引进、人事代理、档案管理等14个办事手续进行梳理简化。优化“一站式”窗口服务质量，完善一次性告知、首问责任、限时办结、服务承诺等服务制度。开辟网上档案查询系统，提供办事手续表格网上下载，印制办事须知手册，置于大厅资料架免费取阅。温州人才网建立集政策法规发布、供求信息交流、咨询指导服务为一体的人事人才信息公共服务平台，及时发布促进毕业生就业的各项政策措施、考录信息。全年接收并在网上公布应届

温州市具有外国文教专家聘请资格单位一览

学校名称	地　址	类型
温州医学院	鹿城区茶山高教园区	高校
温州大学	鹿城区茶山高教园区	高校
浙江工贸职业技术学院	鹿城区黎明东路19号	高校
温州第二高级中学	鹿城区黄龙住宅区盛锦路2号	高中
温州外国语学校	鹿城区学院西路166号	高中
温州市越秀学校	龙湾区永中街道永宁西路	高中
温州育英国际实验学校	瓯海区梧田街道蟠凤村	高中
温州市实验中学	鹿城区广场后巷38号	初中
温州市白鹿外国语高级中学	鹿城区温金公路42号	高中
乐清柳市外国语学校	乐清市柳市镇横带桥东岸村	高中
平阳新纪元学校	平阳县鳌江镇新纪元路	初中、小学
浙江省苍南中学	苍南县灵溪镇仁英东路	高中
瑞安市第四中学	瑞安市莘塍镇南镇村	高中
瑞安中学	瑞安市瑞湖路398号	高中
瓯海中学	瓯海区梧田镇龙霞路	高中
温州职业技术学院	鹿城区茶山高教园区	职业教育
温州职业中等专业学校	鹿城区锦绣大道横渎惠民路	职业教育
温州中学	瓯海梧田大道2号	高中
温州市第二十一中学	鹿城区纺织路1号	高中
温州市实验小学	鹿城区胜昔桥54号	小学
	鹿城区市府路世纪广场东侧	
温州华侨职业中等技术学校	鹿城区翠微大道	职业教育
温州市第二十二中学	鹿城区学院东路涂田工业区东	高中
乐清中学	乐清市宁康东路518号	高中
温州英之辅语言培训中心	鹿城区温迪路北巷11号	培训机构
温州市瓯海区职业中等专业学校	鹿城区温金大道职校路1号	职业教育
瑞安市职业中等专业学校	瑞安市体育西路	职业教育
东方职业技术学院	温州经济技术开发区甬江路1号	职业教育
泰顺县新城初级学校	泰顺县罗阳镇城北路257号	初中、小学
温州市第十一中学	鹿城区新桥头兴海路81号	高中
永嘉中学	永嘉县上塘镇环城北路166号	高中
洞头县第一中学	洞头县北岙镇城南居昌盛南路	高中
温州市龙湾中学	龙湾区永中街道新城村	高中
泰顺县育才学校	泰顺县城关云寿路282号	高中、初中、小学
平阳县职业教育中心	平阳县鳌江镇园林西路	职业教育
鹿城区优优少儿教育培训中心	鹿城区教场新路9-11号	培训机构
鹿城区圆达培训中心	鹿城区车站大道11号高联大厦4楼	培训机构
温州市教师教育院附属学校	乐清市乐成镇黄岙路1号	小学/初中/高中
鹿城区牛津英语培训学校	鹿城区人民中路1号国际大酒店3楼	培训机构
永嘉县外国语实验小学	永嘉县上塘镇嘉兴街80号	小学
苍南县龙港高级中学	苍南县龙港大道151号	高中
温州第二职业中等专业学校	鹿城区黎明西路394号	高中/职业中专
瓯海区任岩松中学	瓯海区丽岙镇岩中路1号	高中
平阳县实验小学	平阳县昆阳镇城南街513号	小学

毕业生档案总计29 628份，其中市本级毕业生档案6398份；市本级服务窗口办理学生就业报到2555人（其中博士28人，硕士366人，本科1269人，大专869人，中专23人）；全年市本级人事代理新增1610人，累计16 244人，其中温州大学分部257人，医学院分部1740人。为代理人员以及流动人员办理职称初定115人；办理户口挂靠95人；办理人才引进落户83人。

网上人才市场　2007年温州人才网开展“牵手百家高校、服务百家企业”的“双百”服务活动，邀请全国各大高校与温州人才网结盟，相互提供网站地址链接，允许高校温州人才网院校频道上注册，注册高校126家，注册发布15万余名毕业生信息。全年发展会员1776家；图标广告126家；新增有效简历67 966万多份，总贮存有效人才信息（个人简历）93 966万人；网站访问量287多万次，平均日访问量约8200人次。网上交流双向选择频繁，发布岗位数11万多个，投递简历58万多份。举办网上人才交流大会3次，参会单位1438家。

高级人才库　2007年温州市人事局部署开展高级专业技术职称证书换发证工作和高级专家信息采集上报工作，会同温州大学向科技局申请立项并完成高级人才库的课题调研。全市高级人才入库总量12 000余人。

留学生创业园　2007年温州市人事局组织企业参加中国留学人员广州科技交流会，促进企业需求的科技项目与海外留学生对接合作。协助留学生创业园做好创业资金的使用和管理工作，核拨给11家留学生企业项目研发补助资金152万元。全年引进留学生企业7家，累计23家。

博士后科研工作站　2007年温州市英博双鹿啤酒集团有限公司、瑞立集团有限公司、天正集团有限公司3家单位建立博士后科研工作站。10月，组织各县（市、区）人事部门和各博士后工作站相关人员在德力西集团召开博士后工作现场会，德力西集团和雨田集团分别在会上介绍企业博士后工作站经验，指导建站及拟建站单位做好博士后科研项目。与省博联、西安高校博士后流动站建立联系，吸引更多博士后进站工作。2007中国温州轻博会期间，76位博士后、专家教授参会，与企业签订项目合作协议8项，达成意向合作57项。

高校毕业生就业　2007年温州市出台

1991～2006年温州市享受国务院政府特殊津贴人员名单

年份	姓名	性别	工作单位	年份	姓名	性别	工作单位
1991	王一杰	男	温州冶金厂	1993	金成鹏	男	温州医学院
1991	缪天荣	男	温州医学院	1993	徐正惠	男	温州医学院
1992	赵章光	男	乐清章光101公司	1993	朱金昌	男	温州医学院
1992	李若由	男	温州师范学院	1993	李也白	男	温州医学院
1992	俞德祺	男	温州市第二人民医院	1993	施　霖	男	温州医学院
1992	黄玉麟	男	温州市工科院	1993	章锦湘	男	温州医学院
1992	余文法	男	温州市科技情报所	1994	谢益中	男	温州市二体校
1992	范仰东	男	瑞安市植保站	1994	贺素霞	女	温州市水心二小
1992	李志仁	男	温州市第二人民医院	1994	郭志仪	男	温州大学
1992	曹吴芬	女	泰顺县人民医院	1995	袁镇澜	男	温州师范学院
1992	叶挺镐	男	市工科院开放实验室	1995	谢庆华	男	华华集团公司
1992	方培生	男	温州师范学院	1995	郑荣远	男	温州医学院
1992	王一风	男	温州市农科所	1996	马大正	男	温州市中医院
1992	沈志豪	男	温州市农科所	1996	王治平	男	温州市冶金厂
1992	蒋戍生	男	温州神农工程研究所	1997	陈国龙	男	瓯海氟塑料研究所
1992	张思聪	男	温州市艺术研究所	1997	戈悟觉	男	温州市电大
1992	高公博	男	乐清市特艺雕刻厂	1997	阮华鑫	男	温州第二中学
1992	季桂芳	男	泰顺县工艺美术公司	1997	吕　帆	女	温州医学院
1992	魏敬先	男	温州师范学院	1998	陆宗杉	男	温州市农科所
1992	李日千	男	温州医学院	1998	戴宏海	男	温州市书画院
1992	陈志康	男	温州医学院	1998	吕建新	男	温州医学院
1992	毛永奎	男	温州医学院	1999	余自强	男	温州市教委教研室
1992	陈式苏	男	温州医学院	1999	陈钟洪	男	温州市农科院
1992	瞿　佳	男	温州医学院	1999	张兆鑫	男	温州市展览馆
1992	蔡孔长	男	温州医学院	1999	张丽芳	女	温州医学院
1992	蒋仲荪	男	温州医学院	2000	汤丽芳	女	温州市越剧团
1992	叶碧绿	女	温州医学院	2000	邱晓来	男	浙江超达阀门股份有限公司
1992	张土善	男	温州医学院	2000	张力成	男	瑞安市人民医院
1992	黄达枢	男	温州医学院	2000	诸葛启钏	男	温州医学院
1992	池永龙	男	温州医学院	2000	包其郁	男	温州医学院
1993	黄振炎	男	温州师范学院	2001	贾小萍	女	温州市越剧团
1993	陈国梁	男	温州市工科所	2001	林　华	女	温州市农业局
1993	胡景涛	男	温州市工科所	2001	杨福馨	男	温州大学
1993	张宗宸	男	温州市农科所	2001	王勤美	男	温州医学院
1993	陆炳荣	男	温州市农业局农业站	2003	马大康	男	温州大学（筹）
1993	陶德生	男	乐清市桉树良种站	2003	周锦云	男	温州传统工艺美术研究院
1993	胡理明	男	温州市第三人民医院	2003	王良兴	男	温州医学院
1993	邵国根	男	温州市农业局	2004	吴其南	男	温州大学（筹）
1993	陈海星	男	温州市农科所	2004	叶曙光	男	温州市农业种子公司
1993	刘齐宇	男	泰顺县人民医院	2004	林志华	男	浙江省海洋水产养殖研究所
1993	林剑丹	男	温州市书画院	2006	李校堃	男	温州医学院
1993	孙来来	男	温州市瓯剧团	2006	兰云军	男	温州大学
1993	叶玉昶	男	温州师范学院	2006	王笃芳	男	乐清王家黄杨木雕研究所
1993	陈同丰	男	温州医学院	2006	叶定池	男	温州市农业站
1993	施明光	男	温州医学院				

《促进高校毕业生充分就业实施办法》、《关于引导和鼓励高校毕业生到农村和社区工作实施办法》和《关于做好2007年度招聘高校毕业生到农村和社区工作有关事项的通知》，公开招聘1300名高校毕业生到农村（社区）工作。通过举办3场毕业生就业公益性人才交流大会，人才夜市免费对高校毕业生开放。开展“就业指导巡回服务系列活动”，

举办就业形势政策指导讲座6 场次，5000 多名大学生和家长参加讲座或互动交流，到温州大学、温州职业技术学院、浙江东方学院等高校现场开展就业服务进校园活动，现场为1500 名大学生办理就业协议书的签订和鉴证手续。全年接收毕业生就业12 450人。

高校毕业生就业见习制度 2007年温州市为本市生源的未就业应历届高校毕业生提供就业援助，重点扶持零就业和特困家庭毕业生。确定47家单位作为见习基地，提供见习771个岗位，571名毕业生参加见习活动，见习结束后443名毕业生被见习单位录用。其中市本级6家单位申报岗位125个，见习毕业生129人，100人享受政府补助，共补助29.55万元，92名毕业生被单位录用，录用率71%。

公务员登记 2007年温州市人事局完成行政机关公务员的登记扫尾工作，组织人员赴各县（市、区）对各地行政机关公务员登记进行现场审核、审批，全市登记行政机关公务员14 285名，暂缓登记487名，不予登记88名。建立公务员日常登记制度，形成公务员登记动态管理机制。完成原列入参照、依照公务员制度管理事业单位重新审批的审核工作；审核报批政府系列符合报批条件的108个单位（其中市本级26个、各县（市、区）82个单位），对符合登记条件的366名人员进行公务员登记审批。完成人民团体和群众团体机关参照管理的确定工作，报请省委组织部审核后，批准市本级14家单位列入群团组织管理，其中新列入群团单位1家，并对14家单位人员进行公务员登记。处理公务员登记遗留问题，对原公务员身份人员委派到指挥部任职人员的登记问题进行研究，对各级机关在公务员登记过程中属暂缓或不予登记的176名人员进行疏理和分类，指导各地做好遗留问题的处理工作。

公务员职务级别确定 2007年在国家还没有出台分类管理办法之前，温州市对公务员全部按照综合类进行管理，通过公务员登记对在规定的编制和职数限额内合理设置职位，确定公务员的职务与级别，规范非领导职务的设置比例和名称，将助理调研员统一规范为副调研员等；对“改非”的其他职务名称进行统一规范，各县（市、区）亦将科（局）级领导干部“改非”称“调研员”、“巡视员”等名称统一规定为“主任科员”或“副主任科员”。

公务员考录 2007年温州市各级机关考试录用公务员设市区、乐清、瑞安、苍南、平阳、永嘉等6个考区，安排22所学校、680个考场，27 342名考生参加笔试。举办全市公务员录用面试考官培训班，邀请专家来温授课，建立一支600人组成的全市公务员面试考官库。面试考官组采取由电脑随机在考官库中抽取的办法，首次对考官实行“五条禁令”①。全市各级机关新录用公务员431名。完善2008年公务员考录程序和办法，首次由专业资格考改为按职位招考和打破地域限制、降低招考门槛、加大少数民族政策倾斜，举办公务员考录大型招考政策咨询活动。

公务员选调 2007年温州市人事局指导市府办、地税局等单位开展公开选调公务员工作。组织市体育局、市文化广电新闻出版局等单位开展中层干部公开选调工作。全市选调公务员34名。在市公安、财政等部门进行公务员下基层锻炼试点，全年下基层锻炼公务员255人。

公务员培训 2007年温州市人事局申报《国家公务员培训学分管理系统的构建》科研项目，被列为温州市科技计划项目，开发启用公务员培训学分制网上管理系统。在全市范围内选送25名公务员赴英国诺丁汉特伦特大学接受MPA学历学位教育。举办公共管理基础课程等必修课培训班33期，4952人参加培训考核。举办普通话等选修课程培训班36期，2485人参加。举办初任培训班3期，155人参加。举办任职培训班1期，84名中层干部参加。举办离岗培训班1期，13人参加。

公务员申诉办理 2007年温州市调查、审理公务员申诉案件2起，分别是原永嘉县财政局张某不服永嘉县政府开除公职处分的申诉案件和原市劳教所吴某不服劳教所辞退的案件。2起申诉案件经过调查工作并经公正委员会审理结案。

公务员信用体系建设 2007年温州市人事局实施《温州市直机关公务员信用管理试行办法》，把加强公务员信用管理作为“信用温州”、机关“效能革命”建设的重要组成部份，与加强公务员思想道德、行为规范教育有机地结合起来，促进队伍思想作风建设。明确公务员信用实行等级制，设A、B、C三个等级，纳入公务员绩效考核内容，并列为公务员奖励、转任、选拔任用等考察内容之一。通过收集记录公务员信用信息、评定公务员信用等级，建立公务员“信用档案”，构建公务员信用约束和激励机制。

公务员绩效考核 2007年温州市人事局印发《关于完善市直机关公务员绩效考核工作的补充意见》，建立了工作记实制度，将考核与公务员奖惩、工资、待遇等相挂钩，完成2006年度市直机关公务员绩效考核工作，4617人参加考核，541人评为优秀等次、3人确定为基本称职、4人确定为不称职。开展2005～2006年度市级机关公务员记功奖励，评选三等功60人，嘉奖94人。

市级机关年度目标考核 2007年温州市出台《2007年度市级机关目标管理绩效考核实施意见》，在全国首次将政府公信度考核纳入市级机关目标管理绩效考核体系，将群众评议机关和机关效能评议与市直机关目标管理绩效考核相挂钩，受到媒体关注和报道。年终经考核联评，市纪委（监察局）等17个单位被评为“完成重要工作责任制重点目标考核优秀单位”；市委办等12个单位被评为“年度目标考核先进单位”。

机构编制管理 2007年温州市机构编制委员会办公室受理各县（市、区）及市各部门要求行政、事业机构和编制调整事项162件，其中涉及要求增加人员编

①五条禁令：一是严禁互相打听和串通；二是严禁在面试期间会客或单独外出；三是严禁接受外单位或个人的各种宴请；四是严禁向外透露考官组成及面试过程中该保密的事项；五是严禁擅自使用各种通讯工具。

制事项63件，要求增加人员编制1269名，经研究拟确定748名，核减编制521名。在拟增加的748名人员编制中，学校和卫生系统核定人员编制为639名，占所增编制的85%。完成2006年度专业技术人才、机关事业单位工资、机构编制三大人事统计年报工作。下达事业单位公开考录计划1314名。开展机关事业单位临时用工情况进行专项联合检查，规范临时用工管理。开展机构编制专项督查，查处机构编制违纪案件1起。

深化机构改革 2007年温州市完成市政府金融工作领导小组办公室、市环境保护局珊溪水利枢纽分局、市互联网宣传管理办公室的组建和“三定”方案的核定工作。出台《温州市人民政府关于加强全市移民安置工作机构建设的意见》，理顺全市移民管理体制，完成市移民办公室“三定”方案的核定工作。完成市劳教所、海洋与渔业局、财政（地税）局、文化广电新闻出版局等部门“三定”方案和各县（市、区）接待、信访等机构的调整工作。开展全市乡镇卫生院管理体制和在经济强镇设置质监工作机构调研工作，提出相关机构设置建议方案。

乡镇机构改革 2007年，温州市11个县（市、区）根据乡镇机构改革方案和《温州市乡镇行政编制和事业编制精简配置方案》，按照乡镇行政总编制和事业总编制不高于1：1.2的要求，制定落实乡镇机构改革方案，整合乡镇机关的内设机构和事业单位设置，完成乡镇机构改革工作。11个县（市、区）乡镇机构事业编制从改革前的8639名，精简到改革后的7829名，精简比例9.4%；乡镇机关的内设机构数从改革前的1183个，精简到改革后950个，精简比例19.7%，平均每个乡镇有3.6个内设机构。乡镇事业单位站所从改革前的1424个，精简到改革后636个，精简比例为55%，从改革前平均每个乡镇有5.45个事业站所，到改革后每个乡镇平均只有2.28个事业单位站所，为确保中央规定的乡镇人员编制在五年内只减不增目标的实现打下基础。

事业单位机构改革 2007年，温州市人事局指导和督促各县（市、区）开展所属事业单位分类工作，控制监督管理类数量，各县（市、区）模拟分类拟定监督管理类1334家压缩控制到285家。根据《温州市市属事业单位机构改革的实施意见》，对温州广播电视报社与市广播电视总台、市青年实验剧团与市瓯剧团、市实验中学分校与市实验中学、市新中国影都与市大众电影院等8家事业单位进行调整合并。对温州中学、市中心血站、市社保经办机构、市住房公积金管理中心分支机构等30多家事业单位重新核定编制。对市急救中心、市地产交易所、市教育局考试中心、市教学仪器管理供应站更名并明确职能。对市强制戒毒所、市瓯江翻水站调整经费形式。对252家事业单位的领导职数制定重新核定方案，规范事业单位机构管理。对市海洋与渔业局所属4家事业单位进行综合执法机构改革，归并执法职权，理顺关系，规范机构设置。根据《温州市人民政府关于推进温州市市属事业单位改制的实施意见》，出台事业单位改制工作流程、资产处置规定等9个配套政策。建立市事业单位改革领导小组办公室协调会议制度。确定瓯江电影院作为转企改制试点单位。协调解决浙江省血液制品所和温州基建审计中心改制后出现的税收清算、土地过户等问题。帮助市纺织研究所解决原来转企改制中遗留的问题。对各县（市、区）的事业单位改制工作开展政策指导。完成《温州市乡镇卫生院管理体制调查报告》、《关于推进事业单位及社会领域体制机制改革研究》、《推进事业单位改革对策研究》等调研课题。

事业单位参照管理工作 2007年温州市人事局会同市国土局拟制全市国土资源系统列入参照公务员法管理实施工作方案。会同市质监局做好全市质监稽查队伍参照公务员法管理后人员考试、考核工作。开展对法律法规授权行使公共事务管理职能的事业单位以及全市各省级开发区、各级移民办公室、驻外办事处等符合参照公务员法管理条件的事业单位进行疏理，对单位编制、人员情况以及周边地市的情况进行摸底，向省人事厅报批市金融办列入参照公务员法管理。

事业单位人事制度改革 2007年温州市推行事业单位聘用制度，单位推聘面和签订聘用合同人数比上年分别增加24.3和20个百分点，市直单位中推行人员聘用制的单位和签订合同人员总数均达到95.3%。事业单位新进人员实行公开招聘制度，全市873家事业单位通过公开考试聘用2775人。完成事业单位人员年度考核工作，全市事业单位参加考核人数为21 173人，定为优秀等次的1117人，合格等次的6718人，基本合格等次的26人，不合格等次的5人，未定等次的97人。

事业单位法人登记管理 2007年，温州市办理事业单位年检336个，年检率99.7%，年检合格率100%。办理新设立登记15个，变更108个，注销1个。组织6人次参加国家局、省局等上级机关的业务培训，实行网上登记管理审批。

职称评审和延伸评价工作 2007年温州市继续推进职称改革，新开展农民技术员和不锈钢专业的专业技术职务评审工作，全市职称外延评审专业（行业）总数累计20个。完成包括职称外延延伸的各个专业（系列）的职称评审工作，全年全市晋升高级专业技术职务资格1642人，晋升中、初级8759人，7553人取得经济、会计、卫生等专业技术资格。完成全国经济专业、会计专业、卫生专业和一、二级注册建筑师资格、全国注册税务师执业资格及全国职称外语等级等38个专业4万多人次的考试报名和组织实施工作。与教育局共同完成对具有教授级中学高级教师的确认工作，20名教师获得教授级中学高级教师资格。

农民技术职称评审 2007年温州市人事局出台《温州市农民技术人员职称评定实施办法（试行）》，全市农业生产第一线从事蔬菜、家禽、花卉等20多个专业技术工作的农民，参加申报相应的农民技术人员职称，改变了农民不能评职称的历史。全市1615人获得农民技术员和助理技师资格，29人获得农民技师资格，7人被推荐参加省农民高级技师任职资格评审。

专业技术人员继续教育 2007年温州市落实《浙江省专业技术人员继续教育

规定》，实施国家“653人才培养工程”，指导和配合各专业系列主管部门举办继续教育培训班15期，7850名专业技术人员参加。举办专业技术人员省级高研班1期，市级高研班3期。建立中国国家人事人才培训网卫星远程教育学院温州分院、奥鹏远程教育温州学习中心。

工资制度改革 2007年温州市组织实施本级和指导各县（市、区）机关和事业单位工资制度改革工作。全市参加套改的机关事业单位在职人员总数179 235人，调整离退休费人员总数43 318人。其中市本级机关在职人员7819人，人均月增资309.45元；事业单位在职人员20 547人，人均月增资286.41元；离退休人员总数10 219人，人均月提高待遇314.87元。加强对工资制度改革实施过程中新情况、新问题的研究，提出相应的政策处理意见，确保改革平稳有序进行。做好完善工资制度改革后正常运行工作，配合市委组织部做好公务员级别与工资等待遇挂钩、向县乡党政主要领导实行工资倾斜政策的调研工作，提出政策制定的原则参考意见。设计工资管理软件和构建工资套改模块，提出完善机关、事业单位工资正常运行工作办法，保证工资制度改革后工资业务办理的正常运行，正常办理工资变动手续51 080人次，做好公务员津贴补贴规范工作，指导和审核各县（市、区）津贴补贴规范实施方案，梳理、测算市本级公务员津贴补贴规范项目。温州市公务员津贴补贴规范实施方案已经市政府同意上报省政府。

工资福利 2007年温州市机关和教育事业工资统发单位154个，统发人数13 375人，发放工资4.71亿元，代扣工资所得税376.5万元、养老金637.2万元、医疗保险金629.3万元、公积金7819.9万元。召开各个系统事业单位分配制度情况座谈会，加强事业单位内部收入分配的指导和监督检查，同意批复59家单位实行工效挂钩和校内结构工资。实施优秀公务员健康休养活动，安排6个批次145人参加健康休养。在市本级机关工作人员中特殊困难补助36人，发放补助金8.34万元。工作人员工龄更改（含引进高层次人才重建工龄）145人次。办理机关在职和退休人员死亡抚恤手续42人，发放抚恤金和丧葬补助费212.1万元。完成调整机关事业单位精减退职人员、遗属人员和计划外长期临时工生活困难补助标准。

军转干部安置 2007年温州市首次实行根据考核考试成绩由军转干部选岗的安置办法。公开组织选岗会，市直和鹿城区71名副团以下军转干部按高分到低分排序参加选岗、定岗。组织全市129名军转干部参加岗前培训。全市接收计划安置的军转干部183名，随调家属20名，安置往年遗留的军转干部家属2名。

企业军转干部工作 2007年温州市召开企业退休军转干部基本情况摸底会议和对企业退休军转干部进行春节慰问布置会议。全市开展企业军转干部春节慰问工作，发放慰问金每人1000元，其中市本级列入459人，发放慰问金68.85万元。召开市本级企业主管单位和县（市、区）军转负责人两级会议，布署“八一”建军节、十七大期间的维稳工作，建立四项企业军转干部工作制度，实现企业退休军转干部“八一”和十七大期间零进省、进京的上访，企业退休军转干部总体比较平稳。

退休干部管理 2007年温州市人事局办理县级干部退休30人，提高退休比例（劳模）待遇58人次，开展对2806名70周岁以上退休同志春节慰问，发放慰问品价值33.67万元，对“政转企”人员发放春节慰问金286.2万元。举办退休干部登山等文体活动和时事讲座、报告会12场次，交流活动34次。

人事依法行政 2007年温州市人事局清理1993年至2007年该局（编办）制定的201个规范性文件。完成39项非行政许可审批项目的清理工作。出台和实行《温州市人事局规范性文件制定和备案规定》、《温州市人事局（编办）行政执法资格行政执法职权及其法律依据》，《温州市人事局（编办）行政执法责任制实施方案》及五项监督保障配套制度。

就业再就业政策 2007年温州市出台《关于进一步完善就业政策促进困难人员就业再就业的通知》，把城镇“零就业家庭”和农村低保户劳动力纳入就业扶持政策的对象，并明确具体的帮扶措施。加大城乡就业困难人员帮扶力度。在全市范围内组织开展城镇“零就业”家庭和农村低保家庭劳动力情况调查，摸清城乡困难人员的底数，为开展就业援助工作打下基础。截至年底，全市新增就业人员7.64万。1.71万失业人员实现再就业，其中困难人员0.44万人。开发公益性岗位567个，支出岗位补贴215万元，发放社会保险补贴164万元，消除“零就业”家庭8052户，帮助“零就业家庭”16 098人实现就业。城市登记失业率控制在2.38%。

职业技能培训 2007年温州市加快高技能人才队伍建设。首次开展全市首席技师评选活动，成立温州市服务业名师名家联谊会，启动百名名师带百名高徒传帮带工程，推动技能人才的快速成长。建立健全高技能人才的社会化考评和企业（行业）评定相结合的评价机制，在温州建设集团等单位开展直接认定试点工作。开展室内装饰设计、车工、维修电工、摄影等16项市级技能大赛，3189人参赛，其中41名选手获“温州市技术能手”称号，22人获技师职业资格证书，107人获高级职业资格证书。

全市职业资格鉴定10.67万人，培训高技能人才1.3万人，其中培训新技师0.24万人；再就业培训0.96万人，农村劳动力转移就业培训5.79万人。

劳动保障监察 2007年温州市加大劳动保障监察专项整治行动力度，开展“春雷”、“春苗”和“春雨”等专项行动。针对建筑施工、装修装饰、服装制鞋和汽车维修等行业开展专项整治行动，并开展整治非法用工打击违法犯罪专项行动。全年全市各级劳动保障部门出动3.716万人次，检查用人单位12 217家，补发、清欠工资11 223.7万元，涉及5.38万人，清退各类押金57.08万元，补签劳动合同5.32万份。处置各类突发性群体事件203件，涉及1.49万人，涉及金额5909.3万元。对各类违法行为予以立案处理1841件，实施行政处罚260件，罚款金额381.93万元。

劳动合同管理 2007年温州市规范劳

动合同备案工作，严格审核企业自定的劳动合同文本，规范企业不定时工作制和综合计算工时工作制审批工作。调研市区近2万名在岗职工2006年度工资水平情况，向社会公布劳动力市场工资指导价位，并首次公布不同学历初次就业大中专毕业生工资指导价位。开展《劳动合同法》实施宣传工作，举办各类培训班和专题讲座数十次，涉及人员7000余人次。截至年底，全市企业职工的劳动合同签订率92.29%，其中市本级劳动合同签订率94.98%。

劳动争议案件处理 2007年温州市受理劳动争议案件2417件，涉及劳动者当事人3668名，结案率96%，为劳动者追回经济损失2498万元，为用人单位挽回经济损失1772万元。

行政执法管理

概况 2007年温州市城市管理执法局出动执法人员223 775人次、执法车辆82 900车次，查办各类案件41 730起、结案41 718起。全年罚款1250.25万元，较上年增长42.4%。先后被评为“三沿”整治工作先进单位、市区“五个一”工程先进集体、农村指导员工作先进单位、实施“139富民攻坚计划”先进集体、“双千结对共建文明”活动结对单位先进工作奖、语言文字工作先进集体和省建设厅目标责任制考核优秀单位。

市容管理 2007年温州市开展中心城区精细管理，严格日常巡查制度，加强动态巡查，快速发现和处理路面各类违章行为。包括府前街、小南路、吴桥路、车站大道、雪山路、人民路、锦绣路、新城大道、市府路等计创建文明城市规划中的景观道路、一级道路13条；街心公园、马鞍池公园、绣山公园、松台广场、世纪广场和市行政中心达到国家文明城市B级标准。开展无照商贩疏导试点工作，协调设置瓯江帆影广场夜市、望江海景公园夜市、马鞍池公园南大门早市、下吕浦一区马路市场、新城农贸市场周边、东港路北小区、将军桥花鸟市场、蒲州街道爱民街夜市、温州工业园区夜市、滨海园区疏导点等10个疏导点。加强夏季执法管理，9月和11月两次组织市容乱点集中整治月活动。查处无照流动摊贩38 700多个，违章广告2500多处、50 360多平方米，报停小广告“两乱”违章号码780个。

“三沿”整治 2007年温州市组织15次“三沿”集中整治和拆违活动。拆除违法大型户外广告18个、店招668个、简易棚等构筑物19 176平方米，清洗覆盖小广告34 865平方米，查处占道经营3953起，扣没灯箱434个，清理垃圾3253平方米；纠正各类不文明行为551起，立案查处乱倒污水垃圾8起。调查新建6条路的违法情况，联系制作整治规划并组织实施。瓯海大道东段集中整治中，拆除大型户外广告17个、店招灯箱70个、违章建筑11处，配合有关单位拆违12次。瓯海货运市场周边环境整治中，拆除广告、店招28个224平方米。

餐饮业管理 2007年温州市完成鹿城片大中型餐饮企业整治工作；瓯海片完成治理120家；龙湾片完成治理59家。

2007年温州市城市管理行政执法局投诉案件统计

受理单位	案件来源					分类												办理情况	
	创建办	市局	分局	中队	小计	占道经营	车辆占道	超标排污	噪音	限养	滴撒漏	侵占绿地	广告	违章棚屋	侵占河道	不文明执法	其他	办理数	办结数
鹿城一分局	20	3918	128	882	4948	2099	2	440	1592	42	21	54	118	26	2	1	551	4948	4912
鹿城二分局	64	2639	0	372	3075	1351	8	427	650	47	9	78	77	17	2	0	409	3075	3060
龙湾分局	1	474	19	214	708	292	1	39	164	6	63	12	10	3	1	0	117	708	706
瓯海分局	4	1284	92	136	1516	566	4	104	465	6	133	9	33	16	10	0	170	1516	1510
开发区分局	1	258	51	58	368	133	2	50	65	0	17	9	18	4	0	0	70	368	361
机动大队	11	1857	24	56	1948	9	0	86	1271	7	332	11	0	8	72	0	152	1948	1944
合计	101	10 430	314	1718	12 563	4450	17	1146	4207	108	575	173	256	74	87	1	1469	12 563	12 493

2007年温州市城市管理行政执法局执法动态报表

项目 单位	出动人员（人）	出动车辆（次）	环保违章（个）	园林绿化违章（处）	市政违章（处）	公用违章（个）	环卫违章（个）	市容违章			河道违章（处）	纠正违章（次）	备注
								流动摊贩（个）	户外广告（个/平方米）	其他			
鹿城一分局	57 162	26 686	186	20	759	38	525	21 048	42/1302.5	2990	0	56 747	机动大
鹿城二分局	65 620	20 910	254	35	1666	123	828	8950	217/3516.5	189	4	78 942	队拆除
瓯海分局	26 398	11 129	145	126	157	2	2005	2833	575/5674	2890	2	23 529	违章面
龙湾分局	33 258	11 445	58	13	1454	14	2579	5390	1316/8367.5	0	9407	37 673	积4334
开发区分局	11 455	3683	34	9	165	17	8	1403	480/2062.2	3117	0	7336	平方米
机动大队	29 882	9047	221	2	4	0	0	0	0	559	194	8487	
总计	223 775	82 900	898	205	4205	194	5945	39 624	2590/20 922.7	9745	9607	212 714	

组织污染检测400件次。以餐饮业污水、油烟、噪声排放及周边环境卫生为执法对象，对辖区取得排污许可证的餐饮店的五类行为纳入监管范围，实施日常监管制度。对辖区餐饮店按规模大小及有无相关证件等情况分为一、二、三类，按不同责任区、规模指定专人负责管理，定期开展污水、油烟、噪音的监测工作。制作餐饮单位基本情况表及检查情况记录表，做好日常管理的台账记录。

城市河道管理　2007年温州市加强城市河道管理力度，提高日常巡查频率，遏制占绿、占坎、占桥堆放、擅自填河、违法施工等涉河违法行为，立案查处166起，自主拆除和协助拆除违建93 320平方米，协调拆除龟湖饭店违章围堰和临河回廊，妥善处置鹿城区十八湾河道盖板上访事宜。

城市绿地管理　2007年温州市城市管理行政执法局加大园林绿化管理方面的行政处罚力度，查处142起，2起建设项目侵占绿地大案已进入听证程序。强制恢复蒲鞋市街道青园社区在天盛花园小区建作停车位的被侵占绿地700多平方米；查处巨星特钢违法占用绿地案件，恢复绿地2000多平方米。

建筑渣土处置管理　2007年温州市加强建筑渣土（泥浆）处置管理。全面普查市区建筑工地，建立健全工地档案；规范建筑废土运输市场秩序；协调启用灵昆半岛围垦区消纳终端，实行统一消纳、统一管理；组织拆除沿河工地建筑泥浆向瓯江排放管道6条，新开工工地安装监控探头30处，实行动态监督。建筑渣土运输核准向龙湾、鞋都工业园区等处延伸。

企业建筑物使用功能整治　2007年温州市城市管理行政执法局联合温州经济技术开发区管委会开展对企业违规改变建筑物使用功能专项整治活动，查处开发区龙湾园区未经批准擅自改变沿街厂房的使用功能、开设营业用房或破墙开店的企业6家。

城市燃气管理　2007年温州市贯彻《浙江省燃气管理条例》，组织春季专项整治，检查以餐饮店为主的燃气用户700家、居民用户42家、燃气经营点344家、储配站6个、管道燃气公司2家，查处损害燃气设施安全23起。组织对全市瓶装燃气经营情况进行调研，调查市区5家瓶装燃气经营企业、9家储配站和437家供应点，6个县（市）燃气主管部门调查储配站28个和供应点1648家。12月开始，制定全市燃气经营使用和户外广告设置安全专项整治实施方案，并由市政府发文执行。

96310投诉举报处理　2007年温州市城市管理行政执法局受理群众投诉举报10 300件，办结10 200件，办结率为99%。实行定期分析，每月下发各单位，使难点重点问题得到重视和落实。实行挂牌督办，进行全程跟踪、反馈，解决难点问题。实行联网处理，启用网上投诉交办处理系统，对规定时间内没有反馈的则进行“提醒”，对不满意件、未办结件进行催办和督办，提高各类投诉的办理质量。

行政执法法制建设　2007年温州市行政执法局修订出台《行政执法监督和过错责任追究办法》。加强对行政处罚案件的审核和分局、中队审核工作的监督检查，审核审批案件513件、申辩案件416件，组织行政处罚听证101起，向市政府报备重大行政处罚案件38件，报备率100%。被提起行政复议案件12件、行政诉讼6件。行政复议调解2件，当事人撤回2件，自行撤销1件；行政诉讼和解2件，撤销3件，其余均得维持，行政处罚正确率99.9%。

城管执法基层建设　2007年温州市行政执法局注重管理重心下移，在鹿城区南郊乡、仰义乡和瓯海区梧田街道委托街道（乡镇）开展市容环卫管理、无照商贩管理、城市绿化管理等方面适用简易程序的执法工作，聘请千名行风监督员、招募万名城管志愿者，利用各单位保安和部分村居的老人协会等协助管理。出台领导巡查办公制度、整治行动报告制度、重要执法任务督办制度，调整目标管理考核办法，加强对执法业务活动的监督、指导。精简机关工作人员，在3个分局设置重案中队，加强一线执法力量。组织专题协调会议4次，参加各类竣工验收、方案会审、施工协调会议42次，办理各类联系函860件。

城管队伍建设　2007年温州市行政执法局组织业务培训活动3次，分局组织业务培训44次，中队自行组织培训396次，组织全局执法人员法制业务知识考试。一线执法人员持证上岗率100%。7月下旬，组织中队长以上干部在温州警校集中封闭军训一周。开展以“知廉政、明纪律、促提高”为主题的廉政建设专题学习月活动，设立“执法先锋”、“标兵中队”等称号，通报表彰116人次。

国土资源管理

概况　2007年温州市实行工业用地“招拍挂”出让，完成供地面积2.44万亩。新建标准农田34.96万亩，建设用地复耕面积1250亩。加强矿产资源管理，规范矿产资源开发秩序。

土地利用总体规划修编　2007年，温州市完成市、县级土地利用规划大纲编制及评审工作，对符合要求的项目进行规划局部修改。

矿产资源规划编制　2007年温州市开展新一轮矿产资源规划编制。市级矿产资源规划编制评审完成；洞头、乐清完成规划送审稿；其余各县（市）完成规划征求意见稿。

耕地保护　2007年温州市加大基本农田建设投入。开展基本农田保护示范区建设，完成20个乡镇基本农田示范区建设试点工作。开发利用山区耕地后备资源，开展低丘缓坡综合开发利用试点。全市落实垦造耕地项目73个，规划新垦耕地14 487亩，完成项目46个，新垦耕地6432亩。结合下山脱贫、万户避险、灾区移民和农村新社区建设，开展闲置宅基地整理复耕工作，全市建设用地复垦项目立项68个，规划建设用地复垦面积5191亩，竣工通过市级验收项目24个1250亩。

标准农田建设　2007年温州市推进标准农田建设，采取标准农田建设进度与建设用地审批相挂钩、提高资金补助标准等措施，安排4000万元对各县（市、区）标准农田建设项目和先进个人进行奖励，推动工程进度。全市标准农田建设项目立项257个，规划建成标准农田39.02万亩。通过省、市级验收项目243个，建成标准农田34.96万亩。从1998年以来，累计投入资金11亿余元，建成标准农田91.08万亩，均划入基本农田保护区。

节约集约用地 2007年温州市总供地24 420亩，较上年同期提高53%；成交地价款110.37亿元，提高38%。

建设用地报批 2007年温州市建设用地报批上报183个批次（项目），申请用地30 489亩，其中：新增建设用地28 168亩，农用地26 229亩，耕地18 226亩。做好土地整理折抵指标调剂工作，市本级全年调入土地整理折抵指标5000亩，调入建设用地复耕指标180亩，较上年提高22%。

土地市场建设 2007年温州市政府发布《温州市市区招标拍卖挂牌出让工业国有土地使用权实施办法》，推进工业用地招拍挂出让工作，实现工业用地100%进市场，100%招拍挂。截至12月底，全市招拍挂土地2461亩，成交金额76.35亿元，其中工业用地招拍挂46宗644亩，成交额4.02亿元。规范土地二级市场，全市土地登记交易18 477件，发证18 071本，收取土地出让金3025万元、土地收益金122万元、交易手续费172万元。

地籍管理 2007年温州市办理土地登记13.9万件。加快集体农用土地所有权登记发证进度，完成总工作量的80%以上，40%的村进行登记发证。开展第二次土地调查，各地编制土地调查实施方案，9个县（市、区）开始实施城镇数字地籍调查。开展年度变更调查，完成市级数据的汇总上报。

土地储备 2007年温州市本级新增收储土地8宗501亩，较上年增加245亩。截至12月底，市本级在储土地5106亩，其中新增建设用地3886亩，存量建设用地1220亩。市本级出让储备土地用于房地产开发1宗54.6亩、工业企业2宗37.36亩，调拨储备土地143.51亩支持市政府安置房建设和市政基础设施建设。加强改制企业土地流动管理，对69家国有改制企业土地资产开展清查，收储改制企业土地2宗76亩，为改制企业提供改制资金5210万元。

矿产资源管理 2007年温州市推进矿产资源开发整合，开展矿山自然生态环境保护和治理，整顿和规范矿产资源开发秩序成果。全市完成矿山治理10个，累积完成矿山治理43个。调整优化矿山布局和矿业结构，严格控制矿山总数。全市持证在采矿山总数230个，较上年减少8个。签订矿山治理责任书37个，收取矿山治理备用金605万元。规范采矿权公开出让工作，全市挂牌出让采矿权28宗，成交额5412万元；协议出让采矿权10宗，成交额657万元。

地质灾害防治 2007年温州市编制完成地面沉降防治规划，完成1：1万乡镇地质灾害分布与易发区图。开展地质灾害治理工程建设，累计投入治理资金1383万元，对列入省市年度地质灾害防治重点及市“515”防洪保安工程的31个项目进行专项勘查设计和工程治理，有11个项目竣工并通过验收。台汛期间，对11处市重点地质灾害点落实24小时群专结合监测，对全市1754处地质灾害隐患点落实监测，成功避让地质灾害2起，避免8人伤亡。开展万户避险移民安置工程，全市完成84处地质灾害隐患点危险区内的移民安置工作，安置移民1384户2130间4666人。开展温瑞平原地下水动态监测，全年累计监测1200余次，监测控制面积516平方公里。完成永强平原地面沉降监测，监测路线总长181平方公里。

被征地农民权益保障 2007年温州市开展征地制度改革，保障被征地农民合法权益。截至12月底，市本级缴村财政专户的征地补偿费及安置费2.59亿元，征地管理费上缴财政4288.4万元。核给226个村，核定被征地农民参保14.5万人；审核153个村，11.4万人参保；市本级累计参保农民11.9万人。

国土资源执法监察 2007年温州市发现各类土地违法案件4279件，立案3869件，涉及违法占地4238亩，其中耕地2076亩，较上年下降17%；结案3236件，收回土地面积681亩，罚没款4626.4万元；受到行政处分36人。查处非法采矿案件143件，结案97件，罚没款8.2万元。开展“三沿”综合整治，市本级出动2万余人次，拆除各类违法违章建筑物56万平方米，

国土资源信访 2007年，温州市国土资源管理局抓住土地征收、土地权属争议、各类土地违法行为等主要环节，采取有效措施，做好国土资源信访工作。全年收到群众来信1049件，接待群众来访132批269 人次，其中承办重要信访件232件，保结率100%。做好土地权属争议调处工作，全市受理土地权属争议32件。

国土资源信息化建设 2007年温州市国土资源信息中心经温州市编委批准成立，加大地籍信息系统应用力度。市本级办理土地登记40多万件次，有属性数据70多万条，图形宗地327 037宗。构建协同办公电子政务平台，包括收发文、地产交易、考勤管理等14个程序，实现内外网信息一体化。开展建设用地审批专网建设，完成市县建设用地审批联网工作。

民政事务管理

概况 2007年温州市地方财政安排民政事业费47 811.7万元，上级补助民政事业费17 991.4万元，合计65 803.1万元，人均安排民政事业费约87.73元。12月27日，市委、市政府召开第三次全市民政会议，会议表彰全市3个民政工作先进单位、11个民政工作先进乡镇（街道）和16名市级民政先进工作者。温州市民政局获全国行政区域界线管理先进集体等2项国家级荣誉，全省抗台救灾先进集体等2项省级荣誉，为民办实事工作先进集体、人大建议政协提案办理工作先进单位等9项市级荣誉，位列“满意不满意机关”评选活动第5名。

民政重点基建项目启动建设 2007年4

月5日，集“烈士墓、纪念馆和纪念碑、悼念广场”于一体的温州市翠微山革命烈士陵园改扩建工程开工奠基，总占地面积40 357平方米，预计投资2.01亿元。12月5日，温州军供大厦建设工程开工奠基，预计总投资5700余万元。

双拥工作 2007年温州市双拥工作围绕纪念建军80周年主题活动，开展“九个一”系列活动：组织一次双拥工作四“十佳”评选表彰活动（即“十佳”子弟兵、“十佳”军嫂、“十佳”爱民模范、“十佳”拥军模范）；召开一次纪念建军80周年暨表彰大会；举行一场纪念建军80周年座谈会；组织一台文艺慰问演出；举办一场纪念建军80周年《威武之师，文明之师》大型图片展览；报社、电视媒体开展一个宣传月；影院举办一个军事题材电影的免费电影周；组织一次优抚慰问活动；编印一本《军地互动、共建和谐》双拥模范城创建纪实画册。“八一”期间，全市各级财政保障走访慰问部队经费600余万元。全市驻军参与抢险救灾出动兵力308.131万人、车辆1025台次、抢救群众6.2861万人、抢运物资1162.6万吨、捐款19.76万元。年底，温州市再次获“全国双拥模范城”称号，洞头县首次获“全国双拥模范县”称号，市民政局局长周文珍获“全国爱国拥军模范”称号。

优抚工作 2007年温州市开展对全市各县（市、区）优抚政策落实、经费发放等情况的专题督查，12月，出台《温州市军人抚恤优待办法》。开展“关爱功臣”主题活动，解决重点优抚对象的生活、医疗、住房困难。开展为革命功臣、重点优抚对象“冬日送温暖、夏日送清凉”活动，支出慰问经费260余万元，修理危旧房屋300多间。享受抚恤补助的重点优抚对象17 663人。全市全年支出义务兵家属优待金5000余万元，城镇退役士兵自谋职业补偿金2000余万元，重点优抚对象抚恤补助13 584万元，优抚对象临时性困难补助经费3000余万元，双拥慰问、活动和优抚安置工作保障经费1000余万元。

军休安置工作 2007年温州市接收2006年冬退役士兵3183名，其中应安置对象 876名，转业士官67名。市本级（含三区）接收590名，其中应安置对象277名，重点安置对象20名。全市安置率100%，其中城镇退役士兵自谋职业率99%，发放安置保障金2145万元；转业士官安置率100%。全市接收军队退休干部8人；无军籍退休职工22人。6月，召开市安置领导小组会议。深化退役士兵安置改革，建立健全退役士兵自谋职业保障金长效机制，发放《城镇退役士兵自谋职业证》。省政府、省军区授予温州市民政局2005年度冬季退役士兵安置工作先进单位称号。

最低生活保障工作 2007年3月1日起温州市施行《温州市最低生活保障实施办法》，完善城乡低保标准自然增长机制、基本生活消费品价格上涨补贴机制、动态管理机制和低保规范申请、审批程序。根据企业最低工资标准调整城乡居民的低保标准。全市享受最低生活保障对象69 089户、126 245人（其中：城镇6128户、12 288人，农村62961户、113 957人），占总人口数的1.64%，同比增加低保人数1340人。年支出低保金11 746.11万元（其中：城镇1769.75万元，农村9986.36万元）。城镇低保对象月人均补差132.3元，农村低保对象月人均补差72.5元，比上年分别提高43.9元和12.2元。对持有《最低生活保障金领取证》的城乡低保家庭和农村“五保”、城镇“三无”人员，给予城镇不低于25元/月.人、农村不低于15元/月.人的一次性肉类等主要副食品卫价格上涨补贴。

市区困难群众救助 2007年温州市为拓展社会救助覆盖面，9月13日出台《温州市区困难群众救助办法》，将社会救助范围扩大到家庭人均月收入在当地最低生活标准130%内的困难人群。全年1537人得到救助。

“五保”、“三无”人员供养 2007年温州市实施新《农村五保供养工作条例》，推进集中供养长效机制建设，开展敬老院规范化管理专题研究，平阳、永嘉先后出台敬老院管理暂行办法。农村五保对象7255人，集中供养6753人，集中供养率93.1%，其中户院挂钩742人，户院挂钩率10.2%。城镇“三无”人员1084人，集中供养1084人，集中供养率100%，其中户院挂钩30人，户院挂钩率2.8%。农村五保对象集中供养率同比增加1.7%，城镇“三无”对象集中供养率同比增加0.4%。

危旧房改造 2006年温州市将市区农村困难群众危旧房改造工程列入市委、市政府2007年为民办实事项目。出台《温州市区农村困难群众危旧房改造工程实施方案》，组织民政、房管、建设、规划等职能部门开展危旧房鉴定、土地征用审批、村规划审批等工作，市本级投入资金625.5万元，市区农村困难群众危旧房改造完成260户。农村困难群众危旧房改造完成1000户。

医疗救助 2007年温州市拓展医疗救助项目。市本级与市精神病院探索在三个区开展精神障碍困难群众医中救助工作。鹿城区、洞头县等为精神障碍困难群众提供医疗救助。瑞安市、龙湾区先后推出医中救助。全市完成《社会医疗救助办法》的修编工作，实施零起点医疗救助。启动外来务工人员大病医疗救助工作，市政府通过《温州市区外来务工人员大病医疗救助试行办法》。全年全市安排救助资金3557.2万元，人均统筹4.6元，上年资金结余数1346.95元。支出医疗救助资金3866.85万元，资金使用率占安排资金的108.7%。截至年底，全市享受社会医疗救助人数15 273人（其中：住院救助6783人，门诊救助8490人），支出医疗救助资金3779.14万元（其中：住院救助3363.41万元，门诊救助415.73万元），住院医疗救助金人均4959元。资助参加新型农村合作医疗人数26 780人，资助金额87.71万元。

自然灾害救助 2007年温州市连续遭受台风袭击，造成直接经济损失57.16亿元，倒塌房屋5183间。全市投入救灾资金8545.8万元，其中：中央、省、市三级7307万元，县（市、区）级1248.8万元。推进避灾场所建设，市委、市政府将避灾安置场所建设纳入“515”防洪保安工程的重点实施项目。投资1.8亿元，建成避灾安置场所1733个，避灾场所建设面积累计130.8万平方米，各避灾安置场所配备应急灯、手电筒、席子、被子及食品和饮用水等生活必需用品。增设市政策性农村住房保险倒房纠纷裁定办公室（设市民政局社救处内），落实机关公务员编制1名。举办政策性农村住房保险倒房纠纷裁定业务培训班1期。

流浪人员救助管理 2007年5月起温州市实行救助车票“实像制”，杜绝恶意骗票现象。加强流浪未成年人救助保护与维权工作。救助管理站接收各类受助人员3006人，其中流浪未成年人428人，安置儿童福利院5人；为救助对象提供通讯联系835人次；购买车票资助返乡1580人次；护送老弱病残等特殊对象返乡49人；提供医疗救治325人。市救助管理站被市综治委评为“2006年度市综治工作先进单位”。市精神病院（民康医院）收治流浪精神病患者252人。

社会福利工作 2007年温州市完成农村老年福利服务“星光计划”试点工作，建成投入使用农村老年福利服务“星光之家”22家，总建筑面积7800平方米。启动“霞光计划”，全市改、扩、新建敬老院、福利院31所，总投资1873万元(含固定资产折价1200万元)。社会福利床位新增3120张，累计34 007张，每万人拥有社会福利床位数44.2张床位。启动“儿童福利机构建设蓝天计划”建设项目，市综合性社会福利中心项目进入立项阶段，总设计规模占地面积90亩，1400张床位。

社会捐赠接收 2007年温州市社会捐赠接收工作站接收社会各界捐赠款500.43万元，捐赠物资价值500多万元。全年开展3次专项捐赠主题活动：1月15日，启动“冬天里的温暖——情系灾区”特别行动，募收捐赠款318.62万元，及时下拨280万元到灾区，为文成、泰顺、苍南、平阳等4县2.8万户倒房重建户每户送上价值100元的年货慰问品；5月15日，启动第三届“迎六一、手拉手，为了困难家庭孩子的那一片蓝天”献爱心主题捐赠活动，募收捐赠款物25万多元，为学校困难学生、6万多户困难家庭的孩子们送上“六一”节礼物；11月，在全市组织启动“送温暖，献爱心”社会捐助活动，接收社会各界捐赠款146.31万元(其中定向捐赠5万元，非定向捐赠141.31万元)，确保我市受灾群众及困难群众安全温暖过冬。

民间组织管理 2007年初温州市启动行业协会与行政机关脱钩工作，审查核实登记在册的423个行业协会，其中116个全市行业协会与行政机关有脱钩任务，8月底完成脱钩工作，注销12个因运作不规范、活动不正常的行业协会。 开展民办非企业单位诚信建设，建立诚信建设长效机制，全年全市512个民办非企业单位参加各类公益活动，免费服务4788人次，低于成本服务230 242人次，直接社会效益282万元。注销民间组织91个，撤销民间组织38个，取缔17个民间组织。截至年底，全市登记在册民间组织3771个，其中新增社会团体，累计1575个；新增民办非企业单位145个，累计2196个。社会团体中，市本级415个，县（市、区）1160个；民办非企业单位中，市本级174个，县（市、区）2022个；社会团体会员总数1 271 318个，民办非企业单位从业人员30 342个。

婚姻登记 乐清市和永嘉县分别于2007年4月20日和5月8日实现婚姻登记集中办理，温州全市婚姻登记集中办理工作全面完成。全市11个县（市、区）民政部门的婚姻登记处经当地编委批准为全额拨款的事业单位。10月全市婚姻登记信息联网工程全面完成。全市全年办理结婚登记79 161对，补领结婚证16 265本，其中市本级涉外结婚登记894对，补领结婚证582本；办理离婚登记9906对，补领离婚证365本，其中市本级涉外、涉港澳台、华侨离婚登记125对，补领离婚证9本。婚姻登记合格率100%。

收养登记 2007年温州市办理收养登记337件，其中市本级涉华侨港澳台收养登记8件。收养登记合格率100%。

殡葬改革 2007年温州市推进青山白化治理、生态墓地建设和丧葬陋俗整治工作三年攻坚任务。治理“三沿五区”坟墓21 414座，治理率90.3%，除瓯海的仙岩、丽岙，瑞安的塘下等乡镇外，全市高速公路、国（省）道沿线坟墓治理实现无坟化目标。全市规划建造公益性生态墓地359座，已审批283座，193座投入使用，公益性生态墓地覆盖87.5%的行政村，公益性墓地和生态墓地绿化覆盖率75%以上。2月13日，市政府出台《关于禁止丧事扰民行为的通告》，划定丧事严管区。群众对丧事办理现状的满意率由2006年的57%提高到75%。6月市政府召开全市殡葬改革工作会议，与各县（市、区）政府签订《2007年度殡葬改革工作责任书》。洞头县从7月1日开始试行遗体火化。12月1日起，鹿城区、乐清市推行市区丧事集中在殡仪馆办理工作。建立健全殡葬管理执法队伍建设，全市建立殡管所8个，建立殡葬管理监察大队8个。

福利企业生产管理 2007年温州市283家福利企业实现工业总产值108.86亿元，销售收入106.03亿元，实现利润2.18亿元，工业增加值16.79亿元。全市福利企业共为社会提供17 413个就业岗位，其中安置残疾职工6982人。各福利企业与安置的每位残疾职工签订至少一年的劳动合同，残疾职工基本养老保险、基本医疗保险、工伤保险和失业保险参保率100%，部分企业为残疾职工投保生育保险。各福利企业通过银行等金融机构向安置的残疾职工支付不低于当地最低工资标准的工资。全市残疾职工月人均工资1171.11元、社会保险月人均投保额438.75元。全年福利企业资助社会福利和社会公益事业资金总额447万元。市社会福利工业办公室被评为2007年度全省福利生产工作目标考核市级优秀单位。

福利彩票 2007年温州市销售各类福利彩票7.36亿元，比上年增加3.06亿元，增幅70%，创温州市福利彩票历史销量新高，为国家筹集公益金2.6亿元。福利彩票发行管理通过ISO9001质量管理体系认证，筹建温州市福彩网，与温州晚报“雪君工作室”、温视新闻综合频道“闲事婆·和事佬”栏目合作成立“福彩帮你忙”活动组，开展“福彩帮你忙”、“感受公益福彩”等系列公益活动，树立福彩公益品牌。获中国福利彩票发行中心颁发的“全国即开型福利彩票销售十强城市”称号；获浙江省福利彩票发行中心颁发的“组织工作奖”、“福利彩票发行工作一等奖”、“网点即开票年度销量奖”、“中福在线销售管理奖”、“电脑彩票销量奖”、“市场份额奖”、“销售总量奖二等奖”。

基层民主政治建设

村务公开民主管理 2007年温州市出台《关于建立健全村级组织运转保障机制的若干意见》、《关于引导和鼓励高校毕业生到农村和社区工作的实施办法》。全市4467个村达到村务公开民主管理规范化建设标准，达标率82.89%。“全国民主法治示范村”3个。新增瓯海区茶山街道山根村等8个五星级“民主法治村”，累计21个。四星级民主法治村88个，三星级以上民主法治村达标面72.5%。

村委会换届选举试点工作 2007年温州市选择32个乡镇78个村开展村级组织换届选举试点，在龙湾区、乐清市、平阳县、泰顺县确定41个村为市级试点工作联系单位。7至8月，市县两级组织部门和民政部门联合开展村级组织建设状况调查摸底工作。10月24日，召开全市村级组织换届选举试点工作会议部署试点工作。编印《村委会换届选举规程》、《村级组织换届选举工作手册》等指导用书下发至乡村。市、县、乡三级组织换届选举业务培训，212名业务干部接受选举规程培训。12月底，全市78个试点村完成试点任务。市直联系点41个试点村选举产生158名村委会成员，其中女性32名，占村委会成员总数的20.25%。

农村社区建设试点 2007年温州市和乐清市两级民政部门指导虹桥镇东街村、界屿村、仙垟赵村、溪西村等4个不同类型村开展农村社区建设试点工作。11月全市农村社区建设推介会在乐清召开。出台《温州市民政局关于加强农村社区建设试点工作实施意见》，各县（市、区）调研选择3～5个村开展农村社区建设试点工作，全市69个村申报为试点村。

和谐社区建设 2007年加强和谐社区建设，创建一批具有活力和特色的和谐社区建设的典型。鹿城蒲鞋市街道绿园社区、龙湾永中街道罗东锦苑社区、瑞安市锦湖街道花园社区等获省2006年度五星级“民主法治社区”。

社区居委会换届选举 2007年温州市开展城市社区第三届换届选举。10月，市民政局为瓯海区60名负责社区居委会换届选举业务指导干部举办选举规程培训班。全市大部分县（市、区）（含鹿城区、龙湾区、瓯海区、瑞安市、泰顺县、洞头县）开展社区换届选举，应换届社区居委会178个，其中采取直选方式的164个（鹿城区135个、龙湾区3个、瓯海区11个、泰顺县9个、洞头县6个），直选率92.1%，直接选举产生972名社区居委会成员。

社区专职工作队伍建设 2007年4月温州市出台《关于引导和鼓励高校毕业生到农村和社区工作的实施办法》，全市招收1460名大学毕业生到农村和社区工作。6月，乐清市33位获得招聘资格的大学生走马上任；泰顺县62名优秀大学生到村（居）社区工作；龙湾区招收40名普通高校毕业生到10个乡镇（街道）的38个村及2个社区工作任职。12月，瓯海区招聘70名高校毕业生到农村（社区）工作。举办全市首期社会工作人才技能培训班，对鹿城、龙湾、瓯海等3区65名新当选社区专职工作人员进行为期10天的计算机等级和社区业务培训。

社区服务网络建设 2007年温州市创新社区服务社会化路子，鼓励壮大志愿者队伍，培养社区居民参与社区建设的能力。南浦街道清风社区开通“社区总机”便民服务，社区居民在家中拨打114+4，就可接通社区的便民服务总机，截至年底市区80个社区开通。蒲鞋市街道锦园社区卫生服务站等18个社区卫生服务机构与辖区居民开展面对面服务，提供社区预防、保健、医疗、康复、健康教育、计划生育等相关服务与指导。

社区基础设施建设 2007年温州市市本级拨出126万元福利公益金改善鹿城、龙湾、瓯海三区社区居委会基础设施。龙湾区下拨福利公益金8.5万元给17个社区（居委会），改善社区（居委会）的基础设施建设。争取省民政厅下拨718万元福利公益金给平阳、苍南、永嘉、文成、泰顺、洞头等地，用于补贴解决社区工作服务用房。瑞安市按照先易后难的办法，通过购买、调剂等方式解决滨江、沙堤、南门、东丰、进源等五个社区的办公缺房问题，落实办公用房面积约1000平方米。

社区运行保障机制 2007年1月，温州市出台《温州市人民政府办公室关于温州市市区社区经费管理和社区专职工作者工资福利待遇的意见》、《关于温州市市区社区专职工作者聘用管理的意见》等文件，明确规定市区两级财政按财政体系分担社区工作经费：从每个社区基本工作经费由2.2万元提高到4.4万元，社区户数每户拨款从26元提高到30元（户数以常住户数×70%+户籍户数×30%计算）；统一专职工作者工资标准，工资月标准分780、830、900元三档，连续聘用的从第二年起每年按第一年工资标准递增5%；社区专职工作者在社区连续工作1年以上的享受养老保险和基本医疗保险待遇。鹿城区、瓯海区出台相应文件，落实社区专职工作人员的福利待遇。

地名管理

地名公共服务工程建设 2007年温州市命名道路名称231个，其中市区命名52个；命名建筑物（群）名称64个，其中市区命名31个。继“温州区划地名网”开通，瑞安等7县（市）相继建成地名网站（网页），市本级、瑞安等5个单位完成电子地图的编制。8月，《温州市区地名总体规划》通过省级专家评审，乐清等5个县（市）完成地名规划文本的编制。地名设标工作向农村延伸。自2005年实施地名公共服务工程以来，全市设置各类道路标牌3.67万块，门、楼牌102.39万块，设标乡镇数262个，设标率100%。

地名资料管理 2007年温州市地名属性数据库录入地名信息条目3.74万条。编印《地名公共服务工程建设资料汇编》300册，编印《温州区划地名溯源》500册。

口岸管理

海　关

概况　2007年，温州海关推进和谐海关建设和准军事化海关纪律部队建设，依法行政和文明服务水平提高，促进了各项业务和地方经济的健康发展。

关税征管　2007年，温州海关入库进口关税和进口环节税合计18.37亿元，同比减少0.88%。其中审价补税470.62万元，同比增长464.7%；归类补税60.17万元，同比减少75.63%；化验补税47.76万元，同比减少23.57%；加工贸易核销征税2592.87万元，同比减少33.87%。税收征管质量良好，税收总额保持稳定。加强减免税审批和服务工作，全年办理减免税项目备案147份，审批免表393份，分别比上年同期增长15.7%和19.3%；审批减免税设备货值1.14亿美元，减免两税2.23亿元人民币，同比分别增长123.4%、116.2%。

温州海关2007年主要业务量统计

项　　目	单　位	业务量	同比增长(%)
货运量合计	万吨	128.01	－7.41
其中　进口	万吨	89.81	-12.77
出口	万吨	38.19	8.23
货运值合计	亿美元	21.50	22.02
其中　进口	亿美元	12.86	14.15
出口	亿美元	8.64	35.95
监管运输工具	辆艘架次	1287	-11.73
其中　汽车	辆次	189	9.88
火车	辆次(节)	68	-73.44
飞机	架次	650	4.50
船舶	艘次	380	-6.86
标准集装箱总数	箱次	93 147	14.32
进出境人员	人次	59 071	－0.26
邮件总数	件	467 428	26.36
印刷品、音像制品	万件	23.1906	143.33
备案加工贸易合同	份	1501	21.34
核销加工贸易合同	份	1384	24.1
累计注册企业总数	家	5919	23.3
查处违规案件	起	16	－11.11
查处走私案件	起	4	－50
扣没违禁物品	万件	1.62	980
罚没收入	亿元	0.36	100
税收总额	亿元	18.37	－0.88
其中　征收关税	亿元	4.62	-1.59
代征增值税	亿元	13.75	-0.63
减免关税和增值税	亿元	2.23	116.2
报关单数	份	29 954	10.33
其中　进口	份	13 272	9.78
出口	份	16 682	10.78

海关监管业务　2007年，温州海关监管进出口货物128.01万吨，同比下降7.41%；货值21.50亿美元，同比增长22.02%。其中进口货物89.81万吨、同比下降12.77%，货值12.86亿美元，同比增长14.15%；出口货物38.19万吨，同比增长8.23%，货值8.64亿美元，同比增长35.95%。监管进出境旅客4.56万人次，同比增长1.25%，监管邮件46.72万件，同比增长26.36%。

海关加工贸易监管　2007年，温州海关推进内外勤分离作业改革，以风险分析为导向提高核查工作有效性，创新单耗管理方法提高单耗管理水平和以提高联网监管系统应用率为核心继续加大联网监管工作力度。全年共备案加工贸易合同1501份，备案进口金额45 582万美元，同比分别增长21.3%、101.7%，创历史新高。办理深加工结转合同1615份，金额16 226万美元，同比分别增长102.4%、194%。核销结案手册1384份，核销征税2593万元人民币，同比分别增长24.1%、减少33.8%。

海关打击走私　2007年，温州海关坚持打防结合、预防为主、重在规范的反走私工作方针。全年立案刑事案件8起。

其中，涉税案件5起；非涉税案件3起，均为走私毒品案件，共查获大麻53.38公斤。共抓获犯罪嫌疑人21名。立案行政案件20起，其中违规案件16起，走私行为案件4起。罚没入库3637.9万元，其中刑事罚没入库3391.36万元，行政罚没入库246.54万元。

海关规范企业行为 2007年，温州海关宣传区域便捷通关及“A类企业”的便利措施和政策，引导企业规范经营、守法便利，发挥规范企业的示范作用。为温州东艺鞋业有限公司和巨一集团有限公司举行“AA类企业”授牌仪式。截至12月底，全市已授于AA类企业29家，同比增长163.6%；A类企业59家，同比增长136%。

海关强化服务职能 2007年，温州海关参与区域通关改革，做好职能服务。促进温州口岸建设，推广“属地申报、口岸验放”区域通关一体化模式，开通与宁波口岸、上海口岸、张家港口岸之间的“属地申报，口岸验放”进出口业务。6月份，开通“乐清——宁波”陆路转关运输业务；10月份，开通温州至萧山国际机场寄往美国的EMS邮件运输业务。7月份，在邮运渠道推出“集中申报、分批验放”制度，降低企业通关成本。8月份，温州首票报关企业代理税款网上支付运行成功。支持洞头状元岙深水港建设、机场改扩建等工作。推动温州保税物流业的发展，提出并完成软科学项目《温州保税物流业发展途径研究》课题工作。加强与口岸单位协作，提高通关效率。1月份，在机场旅检现场实施关检合作X光机“一机两屏”操作模式。3月份，与温州市邮政局签定《温州海关、温州邮政局关于规范货物类邮件通关流程的配合办法》和《温州海关、温州邮政局关于行邮税征收的配合办法》；与温州市台湾同胞投资企业协会共同举办海关政策新春宣讲会，对在温台资企业开展海关政策宣传。8月份，与国货航杭州运营基地签定合作备忘录；与温州市港航部门协调配合，研究开发“温州口岸进出口集装箱统计分析系统”，统计分析温州地区企业的进出口贸易真实情况。

海关财务科技装备 2007年，温州海关通过审计署、财政部、关区财务检查等审计检查工作。制定《温州海关税费财务管理与操作说明》，强化财务职能服务和内部控制。规范私货管理工作，全年成功变卖私货9票，成交金额51.3万元。推进科技建设，自行开发完成的“H986查验辅助分析系统”，被清华同方公司所采用，在全国海关的H986系统上推广应用。

海关行风建设 2007年，温州海关在全关范围开展“作风建设年”解放思想大讨论和以“公正廉洁在我心中，文明高效从我做起”为主题的行风专项整治活动。在行风建设活动中，温州海关被温州市政府授予2007年度温州市“开放型经济工作优质服务单位”称号；该关驻瑞安办事处报关厅分别被评为杭州关区和温州市“群众满意基层办事窗口”创建工作先进单位。全年共收到企业对温州海关服务工作表示感谢的锦旗15面、表扬信6封和匾额1面。

出入境检验检疫

概况 2007年，温州检验检疫局共检验检疫出入境货物191 843批次，金额602 675万美元，同比分别增长19.16%和28.90%，其中入境货物检验检疫5883批，金额67 699万美元，同比分别增长20.01 %和51.27%，检验检疫不合格702批次，检出疫情42种数；检验检疫出境货物185 960批，金额534 976万美元，同比分别增长19.13%和26.53%，检验检疫不合格933批次。出口包装鉴定35 636批，其中危险货物包装性能鉴定5348批，危险货物包装使用鉴定29 163批；重量鉴定49批次，计162 414吨。检疫出入境动物、动物产品7517批，金额54 130万美元，同比批次和金额分别增长-0.31%、9.02%。检疫出入境植物、植物产品2394批次，金额7275万美元，同比分别增加-13.01%、2.03%。

温州空港共检疫出入境飞机647架次，同比增加5.03%；出入境旅客44 567人次，同比增加34.49%；检验检疫空运货物488批，金额451万美元。

温州海港共检疫国际航行船舶375艘次，同比增加0.27 %；出入境集装箱93 292标箱，同比增加23.81%。温州港区卫生除害处理来自疫区的货物6109批。

2007年，温州检验检疫局组织执法稽查148次，219个报检批，发现违法行为并立案处罚11起，转业务部门加强重点监管62起，采取行政措施8家。行政处罚共立案90件，比上年同期增长2.2%，其中一般程序案件64件，比上年同期增长4.9%；行政处罚结案81件。

电子监管和企业诚信体系初步建立 2007年，温州地区已有1200多家企业使用检企互动信息平台（简称“检企通”）。在“检企通”电子监管系统成功设置出口许可和型式试验确认书等监管环节和控制点，建立厂检单项目与监控指标的对比体系。通过对企业诚信信息的定性和评级审核，将企业的诚信状况与检验监管、监装等工作结合，实现企业的诚信等级状态和相应检验监管模式的自动调整，完善“检企通”质量诚信检验检疫监管体系。诚信升级的企业有32家，降级的有104家。兼检验、监管功能的“检企通”出口食品检验监管子系统试运行成功。

检验检疫业务实施“一口对外” 2007年5月8日起，温州检验检疫局正式实施“一口对外”工作制度，全局包括报检单位和报检员注册、入境货物报检受理、检验检疫签证、单证更改、许可证申请受理等所有对外业务工作的对外办理手续，统一由一个窗口（检务处）受理、发放，工作过程实现内部流转，理顺了业务部门和检务部门的工作关系。

禽流感防控演习 2007年5月29日下午，温州检验检疫局在温州机场国际厅现场组织人感染高致病性禽流感防控演习。这是该局第一次举行大规模的预案演习。

温州打火机实验室获欧盟认可 2007年6月8日，温州检验检疫局接到国家质检总局通知，温州检验检疫局技术中心打火机实验室正式获得欧盟认可。这是中国第一家获得欧盟官方认可的打火机实验室。7月20日，温州检验检疫局技术中心打火机实验室授权签字人张安，将亲笔签署的检测报告交到江西上饶恒泰烟具有限公司总经理李秀莲的手里，标志着第一份向欧盟出具的打火机检测报告在温州问世。

温州口岸首次进口麦哲伦企鹅 2007年7月9日，温州口岸首次进口的12只麦哲伦企鹅由北京首都机场进境转运至温州永强机场，经温州检验检疫局工作人员现场进行检疫合格，核查单证无误，实施严格消毒措施，将企鹅送入隔离场进行隔离检疫。企鹅进境前，温州局对进境动物检疫隔离场进行考核，指导动物园建立隔离场防疫消毒设施，完善各项防疫管理制度，确保隔离场的选址、动物卫生防疫条件等符合国家质检总局的有关规定。企鹅进境后，检验检疫人员对其装卸、运输全程实行监管，对相关装卸运输工具、人员等进行消毒处理，对进境的垫料、包装器材进行无害化处理。

低压电器在温州可拿"国际通行证" 2007年10月12日，德国莱茵集团将"指定实验室"的牌匾授予温州检验检疫局低压电器实验室。这是继温州打火机实验室获欧盟认可后，温州又一家实验室获得国际认证公司认可，温州低压电器在家门口就可拿到进入国际市场的"通行证"。

温州局行政处罚金额最高的案件结案 2006年11月，温州检验检疫局收到意大利官方的退证查询，请求核查温州市某外贸公司的一份一般原产地证书的真实情况。温州局在调查时发现，该外贸公司向温州局申报的包括这份证书在内一般原产地证书中，有43份存在不如实申报生产厂家、货值金额低报或高报的行为，同时还发现该外贸公司于2006年1至3月份申报的普惠制原产地证书中，有61份同样存在着不如实申报生产厂家和货物金额的行为，根据《中华人民共和国进出口货物原产地条例》第二十三条和《中华人民共和国进出口商品检验法实施条例》第四十八条的规定，温州局对该外贸公司实施罚款人民币99.5万元的行政处罚。2007年12月25日，该外贸公司缴纳最后一期罚金39.5万元，温州检验检疫局行政处罚金额最高的案件宣告结案。

进出口产品质量专项整治 2007年，温州检验检疫局开展为期四个月的进出口产品质量和食品安全专项整治，完成对蔬菜基地、备案养殖场清理，出口食品、宠物用品、木制玩具企业拉网式检查等15个100%任务。

李传卿到温州局视察工作 2007年4月20日，国家质检总局党组书记李传卿在总局部分司局负责人及省局局长阎震陪同下，视察温州检验检疫工作。听取温州局的工作汇报，肯定温州局所取得的成绩。期间，李传卿一行还视察温州质监局，参观大虎打火机有限公司、康奈集团有限公司、正泰工业园区等企业，会见温州市委书记王建满、市长邵占维等领导。

温州局政工处获先进集体称号 2007年6月25日，在全国质检系统第二次思想政治工作会议上，温州检验检疫局政工处被授予"全国质检系统思想政治工作先进集体"称号。温州局政工处自2003年6月成立以来，履行人事管理、教育培训、思想政治、机关党务、精神文明创建和纪检监察等职责，取得较好的成效。

检验检疫局精神文明建设 2007年，温州检验检疫局开展创建文明单位(机关)活动，通过温州市首批"文明机关"复评考核，被命名为温州市文明机关；报检厅通过"全国青年文明号"和"温州市文明服务示范点"复评考核，并被评为"温州市巾帼文明示范岗"，保健中心被评为温州市文明服务示范点和"温州市巾帼文明示范岗"；检务处报检大厅被评为温州市群众满意办事窗口；温州检验检疫局连续四年被评为温州市开放型经济工作优质服务先进单位。

海　事

概况 2007年，温州海事局组织开展水上巡航4033艇次，出动人员18 558人次，巡航时间11 481小时，巡航里程72 913海里，制止、纠正违章852次。推进辖区12家航运公司和44艘船舶建立和运行安全管理体系，完成航运公司各类审核21次、船舶审核95艘次。实施PSC检查船舶33艘次，FSC检查海船956艘、河船1059艘，共滞留船舶74艘。完成船员知识更新及考试评估培训19期813人次，专业和特殊培训22期783人次。办理船舶登记1201件，签发船员证书4009本，办理船舶进出口签证891 049艘次，查验国际船舶249艘次，审批水上水下施工作业71件，发布航行通告57次、航行警告89次。组织协调水上搜救行动49次，获救船舶29艘，获救人员384人，人命搜救有效率达95.5%。2007年，辖区共发生水上交通事故57件，死亡21人，沉船40艘，直接经济损失1622万元，事故四项指标与上年同期相比，分别上升6%、上升24%、上升29%、上升92%，辖区水上交通安全形势较为严峻。

海事专项整治 2007年，温州海事局开展"两防"(防船撞大桥、防船泄漏)专项整治活动，调查核对辖区水域通航建筑物230座，评估排查出"两防"安全隐患138项，对10座主要桥梁制订大桥通航安全管理规定，向业主单位发出69份整改通知书，召开"两防"隐患整改阶段业主单位落实情况通报会。开展"两船"专项整治活动，与港航局建立"两船"整治活动组织机构，共同制定整治活动实施方案，建立、更新"不合格船"和"合格船"数据库，初步商定限制部分内河施工船舶临时参与作业的条件。对两艘存在严重隐患的内河施工船违章参与沿海施工快速实施(自行)拆解处置。

海上搜救行动 温州海事局是市海上搜救中心办公室所在单位。2007年，该局修订完善《海上突发公共事件应急预案》，实行24小时值班制度和应急待命机制。全年共组织协调、指挥搜救行动49次，获救船舶29艘，获救人员384人，人命搜救有效率为95.5%。9月2日，韩国籍化学品船"KEOYOUNG CHEMI"轮与"浙洞渔7302"轮碰撞事故，造成渔船上6名渔民失踪的险情，市海上搜救中心先后共协调出动飞机2架次，船艇45艘次，渔船32艘次，对出事附近水域进行搜寻。

海上搜救志愿者队伍组建 苍南沿海水

域因受特殊地理环境影响屡发水上交通险情或事故，且布置该水域的专业（政府）搜救力量相对薄弱。2007年，温州市海上搜救中心按照渔船就近施救最有效、最快捷的思路，组建苍南海上搜救志愿者队伍，鼓励有条件、有能力的民间力量支持和投入搜救公益事业。在大渔、石坪、炎亭、巴艚、霞关、渔寮等6个渔船比较集中的沿海乡镇筛选招募60多艘渔船，明确领导方式、工作机制和信息传递方法，形成具有一定组织形式的松散型社会搜救力量。在2007年营救“浙苍机203”、“吉达2号”等遇险船员中体现了实力。

海事局防御6次台风 2007年，温州海事局在防抗“帕布”、“蝴蝶”、“圣帕”、“百合”、“韦帕”、“罗莎”等6个台风期间，取得辖区水上防抗台“零伤亡、无沉船”的成绩。10月7日，浙江日报专题报道台风“罗莎”来袭期间温州海事局成功转移无动力工程船“胜利901”船上30名船员事迹。10月23日，中央电视台《应急一线》专题采访和报道温州海事局如何做好辖区水上防台工作。

珊溪库区“三无”船整治 2007年，针对珊溪库区三无船舶时而捕鱼、时而载客存在严重水上隐患的现状，温州海事局推进促成珊溪库区三无船舶专项整治活动。联手当地政府和职能部门，完成此类三无船舶登记154艘，对其中84艘低质量船舶进行拆解销毁，对纳规保留的46艘船舶进行种类和用途认定，与市港航局联合追查躲避整治的15艘三无船舶，并协助制订珊溪库区水上安全管理办法。

海事局维护民间划龙舟活动水上秩序 2007年，温州海事局成立民间划龙舟活动管理协调领导小组，制定监管方案和应急事件反应程序。划龙舟活动前期，共出动海事巡逻艇51艘次，出动海事执法车55车次，出动管理人员277人次，巡航时间197小时，巡航里程1980公里，发放宣传资料2350份，张贴宣传标语130余份，走访乡镇（街道）、村居63家。在6月14～19日允许龙舟竞划期间，专门落实6艘海巡艇和7辆执法车，共出动海巡艇60艘次，出动执法车53车次，出动管理人员507人次，配合地方政府及职能部门维护共有1600多艘龙舟参加的民间划龙舟活动水上秩序。

海事服务 2007年，温州海事局促进状元岙深水港区及乐清电厂码头等对外开放，保障了辖区33处重点水工项目建设。与水利、港航、环保等部门联合发文通告，限制小机船夜间通过内河水域，解决船舶噪音扰民问题。利用手机短信、签证窗口等平台，强化安全信息预警、提示服务。据统计，全年利用“温州海事信息”短信平台共发送各种恶劣天气预警短信9万多条。尝试性地开展在建船舶抵押登记，为各类企业融资共计近20亿元。推行窗口中午无休制、双休日照常安检、船员证书到期提前告知、外轮查验预约制等便民措施，尝试开展船舶载运危险品网上申报。

海事基础设施建设 2007年，温州海事局完成飞云江海事处、乐清湾海事处办公业务用房和工作船码头工程竣工验收并正式交付使用。新增26米级玻璃钢海巡艇一艘，及统一标志的海事执法车6辆。温州海事监管基地工程“初步设计”获得交通部批复，进入土地、岸线、海域等使用审批及施工前期准备阶段。

海事信息化建设 2007年，温州海事局完成浙南VHF通信系统工程南麂空军山基站建设及用电、防雷设施安装，即将实施VHF设备安装、调试并步入试运行阶段。完善浙南VTS工程“工可研”并补充新增5个雷达站的资料。初步制订局总值班室结构、功能改造实施方案。安装CCTV二期工程9个监控点，发挥辖区AIS终端的功能。配置海巡艇、执法车AIS、GPS设备共20套，有效运行浙江海事局执法力量地理信息系统。

打击走私与海防口岸管理

反走私综合治理 2007年，温州市受理各类走私刑事案件8起，立案8起，案值509.87万元，涉嫌偷逃税额110.04万元，抓获各类犯罪嫌疑人21人。4月19日，温州市打击走私与海防口岸管理办公室组织温州海关缉私分局在海上开展一次海上缉私演练。6月，组织全市工商系统开展一次流通领域进口商品专项整治月活动，查获价值达4000万元的违规进口商品。温州海关缉私分局组织开展“春潮2007”打击海上走私专项行动。完善反走私领导责任制体系，全市共与28个重点镇和846个办事处、村（居）、渔船、油轮、货船、码头、企业（公司）签订《责任书》。举办4期进出口企业法律法规培训班，对485家企业的法人或业务主管人员进行培训，受培训人员1000多人次。向省办推荐13家省级守法诚信企业，对59家违规企业进行重点指导。

口岸管理 2007年，温州市政府制定出台《温州市关于实施国家“十一五”口岸发展规划的意见》。经温州市政府常务会议决定，划拨专款作为2007年口岸发展专项资金。温州市打击走私与海防口岸管理办公室协同市财政局制定出台《温州市2007年度鼓励国际集装箱运输发展扶持措施实施办法》，促进温州口岸国际集装箱运输发展。全年温州港外贸货物运量155万吨，同比下降3%，进出口集装箱9.5万标箱，同比增长11.1%。

温州空港口岸扩大开放 2007年，温州空港口岸到港国际航行飞行647架次，同比增长5%；入出境人员51 930人次，同比增长15.8%。空港口岸扩大开放前期工作有序展开。4月，温州永强机场飞行区扩建工程获国家发改委立项，取得省建设厅《建设项目选址意见书》，通过国家环保总局环评中心的技术评估。9月份，市政府与国航就其在温州设立分公司（基地）事宜签订战略合作协议。10月份委托市水利电力勘测设计院进行飞行区扩建工程周边河道调整方案设计。完成温州永强机场国际厅改造初步设计、《关于温州至香港航线运营现状及今后应采取措施的建议》和航空物流园区建设调研报告。

状元岙港区对外开放 2007年，温州状元岙港区对外开放报批工作取得进展。制定《状元岙港区现场查验配套建设方案》。完成状元岙港区水陆域、航道及锚地测量及部分水域扫海和锚地水域底质勘察扫海工作。10月，南京军区复函浙江省政府同意划定温州港状元岙港区水陆域开放范围。状元岙港区一期8、9号泊位临时对外开放请示已由温州市政府上报省政府。

海防基础设施建设 2007年，温州完成的海防基础设施建设项目有：地、县级海防监控中心各一处；海防监控视频站9个；海防执勤道路3.7公里；海防标志牌38座。项目总投资1260万元（其中温州市财政配套60.5万元，县财政配套7.5万元），占浙江省海防建设总投资的60%。

空中交通管理

概况 2007年，民航温州空管站安全保障各类飞行39 262架次，其中温州永强机场起降34 766架次，与上年同期相比增长10.3%，指挥飞越航班4496架次，保障专机2架次。发布航行情报120份。重要天气预报准确率89.2%，观测错情率0.1‰。各类保障设备累计正常开机时间1 459 548小时，正常运行率为99.9%、完好率99.8%以上，收发各类电报3 937 370份无差错。安全供电1 216 547度。地面安全行车320 551公里。

空管站体制改革 2007年9月3日，温州空管站举行挂牌仪式，正式更名为中国民用航空温州空中交通管理站（简称民航温州空管站），机构规格相当于行政正处级，属国家事业单位，实现民航政府空管行业管理职能与系统运行职能分开，由原隶属于民航华东管理局、华东空中交通管理局管理，更改为业务管理和运行管理由民航总局空管局、民航华东空管局垂直管理；行业管理由民航局、民航华东地区管理局和浙江省安全监督管理办公室负责。其主要职责是：贯彻执行国家空管方针政策、法律法规和民航总局的规章、制度、决定、指令；指挥、协调辖区内的民航飞行活动，提供民航空中交通管制和通信导航监视、航行情报、航空气象服务；执行辖区内航班时刻和空域容量等资源分配工作；组织实施本单位建设项目；负责辖区内重要飞行活动和民用航空器搜寻救援的空管保障工作。

空管站实施雷达管制 2007年，温州空管站做好实施雷达管制的前期工作，成立领导小组，定期召开工作会议，先后制定《任务分解表》、《实施方案》和《标准通话用语》等，与相邻管制区进行技术协调，签订雷达管制移交协议。12月5日零时成功实施雷达管制。雷达管制实施后，管制员可根据雷达显示，了解本管制空域雷达波覆盖范围内所有航空器的精确位置，提高温州区域内飞行保障的能力。

空管站实施RVSM 实施8400米至12 500米间缩小垂直间隔高度层（简称RVSM），对增加飞行流量，改善航路飞行环境有着重要的意义和作用。2007年，温州空管站成立实施RVSM过渡工作小组和过渡指挥中心，制定《实施缩小垂直间隔工作计划》、《RVSM过渡实施时间表》、《RVSM工作项目检查单》，组织运行单位对实施RVSM进行风险评估、应急演练，提高应急预案的适用性和可操作性。11月22日零时，温州空管站顺利实施RVSM。

空管站优化空域环境 2007年，为解决温州机场周边电磁环境复杂、无线电干扰严重等问题，温州空管站同温州市无线电管理处（以下简称市无委）建立定期协调机制，并配合市无委定期做检测工作，处理各种类型的无线电干扰次数计23次。向温州市人民政府办公室专题汇报关于逃逸气球危及航空安全的问题，建议召开联席会议，共同打击非法制作、施放气球行为，改善净空环境。

空管站军民航协调工作 2007年，温州空管站先后4次走访军航管制部门，探讨军民航飞行的潜在冲突点，重新签订保障协议，明确实施雷达管制后的五个机动区和一个引导区以及使用上述区域的要求，为温州管制区实施雷达管制提供先决条件，确保区域内军民航飞行的安全。

空管站基础设施建设 2007年9月17日，上海—广州沿海航路改造工程温州分项工程正式开放使用，11月，通过民航总局行业验收，该项目是华东地区同类建设项目中第一部投入使用的雷达。东山导航台搬迁工程主体建筑结顶。内话系统扩容完成设备采购；雷达自动化应急系统完成安装调试；综合业务楼工程进入实质性阶段，正在通过温州市有关部门的审批；温州永强机场飞行区改扩建空管配套工程已得到民航总局预可研立项批复；气象观测场的搬迁工程完成并正式投入使用；621气象系统及卫星云图接收系统实施；通播系统正式开通使用。

空管站人事制度改革 2007年，温州空管站完成干部人事聘任工作，推行干部聘期满后自行解聘，打破干部聘任终身制。

空管站开展各类专题活动 2007年，温州空管站先后组织开展以“查思想、查作风、查纪律、查管理”为主要内容的思想作风纪律整顿活动、安全整顿活动以及“民航空管安全管理流动奖杯”、“安全生产月”等一系列专题活动。先后获浙江省“安康杯”竞赛优胜企业、温州市“安康杯”竞赛优胜企业、浙江省模范职工之家、温州市先进职工之家等称号。

空管站拓展第三产业 2007年，温州空管站拓展经营渠道，对货运代理、部分机票销售代理实行合作经营；与诚达公司签订经营责任书，实行指标经营。机场宾馆通过温州市旅游局三星级饭店评定，在4月份挂牌。

外事　侨务　涉台事务

外　事

概况　2007年，温州市委、市政府公布“加强和改进新形势下外事工作”实施意见，建立涉外事件处理工作联席会议制度、友城工作联席会议制度和市涉外突发事件应急领导小组。外事系统接待外宾团组164批1304人次，安排领导会见90余次。市外事工作领导小组充实调整，市外办增挂“港澳事务管理办公室”牌子，对内增设涉外事务管理处，接待外国经贸代表团40余个。党政干部因公出国（境）审核管理力度加强，公款出国（境）旅游得到有效制止。全年因公审批团组949批2295人，未予批准或调整压缩团组112批82人454天。护照收缴和管理严格执行规定，护照收缴率100%。

民企对话世界500强活动　11月28日，商务部投资促进事务局、中国外商投资企业协会和温州市人民政府联合主办的2007’民营企业对话世界500强活动在市人民大会堂开幕。国际金融公司、通用集团、汇丰银行、可口可乐、比利时英博啤酒集团、瑞士银行等世界500强企业、跨国公司、国际知名企业代表以及世界各地1000余名宾朋云集温州，通过专题论坛、高峰对话、投资环境推介、项目洽谈、交流酒会等环节同温州民企面对面交流，为民营企业同跨国公司合作创造运作平台。29日，加拿大本拿比市、达蒙维尔市、澳大利亚伊普斯维奇市、芬兰科沃拉市、美国北加州匹兹堡市、意大利普拉托省代表以及奥地利、比利时、保加利亚、埃及、荷兰、南非等驻沪总领馆官员向温州企业综合推介各自投资环境，引起关注。

涉外事务管理　2007年温州市加强涉外工作归口管理，健全涉外事件处理机制，加大领事保护力度，并担负起境外非政府组织管理职责。全年依据涉外突发事件应急预案处理温州商人在布隆迪被杀案、温州留学生在澳大利亚遇害案、南非公民利用温州空港走私毒品案和韩国船舶在温州海域相撞事故等涉外事件44起。

引导外媒为我宣传　2007年温州市积极联络世界知名媒体，引导来温采访的外国记者客观报道温州经济建设与社会发展情况。全年接待外国记者90余名，包括参加“连线浙江－欧非记者采访活动”的14个国家非洲记者采访团（22人）。外国记者访问温州社区，考察温州民企，公正报道，很好地宣传了温州社会主义市场经济。

邀请外国人来华　2007年温州市同我驻外各使领馆保持密切沟通，全年邀请外国人来华2100批3224人次，邀请外国领事馆官员来温州考察访问15批次59人次。

便利公民出国出境　2007年温州市进一步规范民营企业因公派遣团组和人员出国（境）管理，为企业参与国际竞争提供便利，做好服务。急需政府扶持的企业纳入因公派遣范围。外事部门为28名温州商人办妥工作签证，为57批543人次专业人员赴境外参展、考察代办出访手续，为432批789人代办出国（境）因私签证，另代办领事认证43批98人次。波兰商城完成在温招商活动。

国际文化交流　2007年温州艺术团访问芬兰，参加科沃拉市“芬兰中国周”文化交流。韩中文化馆访华团一行3人访问温州。韩国仁川同温州展开文化合作交流。温州实验小学和温州实验中学艺术团20名学生参加俄罗斯中国年系列活动，获奖。永嘉中学20名学生参加日本静冈县高中生友好交流活动。致公俊雅民族音乐学校艺术团20人赴日本访问演出，为期一周。

单项对外交流合作　2007年温州市科技、教育和卫生部门积极开展国际单项交流合作。中西医结合医院同芬兰科沃拉市福利保健中心开展中医技术合作。温州大学、温州实验小学同国外学校结好，开展师生培训交流。

外方捐赠善款　2007年，温州韩资企业向温州慈善总会捐物捐款。加拿大友好人士罗伯特夫妇同温州福利院签署长期捐助协议书，在温州尚属首次。

友协工作　2007年，温州市友协换届。鹿城、瑞安等县（市、区）友城推荐酝酿中。市外文学会召开年会，期间举办“英语之星”大奖赛。

雁荡友谊奖　第五届“雁荡友谊奖”颁奖仪式暨外国专家圣诞联谊晚会12月22日举行，美国、加拿大、德国、韩国、新西兰、南非等10个国家18名外国专家分获“雁荡友谊特别奖”和“雁荡友谊奖”。

乌干达驻华大使访问温州　3月20日，乌干达共和国驻华大使查尔斯·马迪波·瓦吉杜索（Mr.CHARLES MADIBO WAGIDOSO）一行访问温州，市长邵占维

2007 年温州市领导出访情况

姓名	出访时间	出访国家和地区
邵占维	5月	奥地利、意大利、法国、阿联酋
	7月	美国
赵一德	6月	香港
黄德康	11月	巴西、阿根廷、秘鲁
鞠建林	9月	巴西、阿根廷、智利
陶时梅	11月	美国、加拿大
徐纪平	9月	南非、埃及、阿联酋
陈石春	10月	匈牙利、德国、俄罗斯
余梅生	10月	巴西、阿根廷
	11月	香港
葛益平	11月	意大利、法国、德国
杨湘洪	10月	俄罗斯、捷克、土耳其
陈笑华	9月	韩国、日本
朱铭源	10月	美国、加拿大
叶际仁	9月	巴西、阿根廷
孟建新	4月	西班牙、意大利、瑞士
陈宏峰	5月	意大利、奥地利、波兰
	9月	俄罗斯、乌克兰、罗马尼亚
徐育斐	10月	德国
包哲东	9月	芬兰、波兰
谷定英	11月	美国

会见大使一行。客人参观了鹿城黄河包装机械厂和天联机械设备有限公司。

马来西亚旅游官员访问温州 6月9日，马来西亚旅游部副部长一行30人访问温州，推介马来西亚风景旅游和“马来西亚第二故乡计划”。

泰国贸易考察团访问温州 6月26日，泰国商务部常务副次长谢捷魁（Mr. Pisanu Rienmahasarn）率泰国贸易考察团一行17人访问温州，在温州举行泰国－温州贸易对接洽谈会，副市长陈宏峰会见考察团一行。

杰尼亚公司总裁访问温州 7月5日，意大利杰尼亚公司全球总裁德尔·皮亚诺一行4人访问温州，副市长陈宏峰会见代表团一行。杰尼亚公司2003年同温州夏梦公司合资，成立夏梦·意杰服饰公司。

纳米比亚外交部官员访问温州 7月24日，纳米比亚外交部常秘恩吉维特一行3人访问温州。恩吉维特一行参观了康奈集团和乔顿公司。外交部非洲司官员陪同来温。

德国前总理施罗德访问温州 11月22日，德国前总理施罗德一行4人到温州法派集团参加“法派中国十年风尚大典”。市委书记王建满会见并宴请施罗德一行。市委、市政府有关领导陪同施罗德参加部分活动。

越南高级干部考察团访问温州 12月23日，越南共产党中央书记处书记、国会副主席丛氏放率越南高级党政干部考察团访问温州，参观温州城市规划展示厅，考察康奈集团和正泰集团企业党建工作，市委书记、市人大常委会主任王建满陪同考察。

同日本石卷市往来 4月22日，日本石卷市大兴株式会社社长远藤英昭和石卷商工会议所专务理事高桥武德一行10人来温，磋商第19期赴日水产加工技术研修生派遣事宜。2007年，温州市完成第19、20、21共三期赴日水产加工技术研修生派遣工作。10月22日，石卷市市长、石卷地区高等教育事业团理事长土井喜美夫率石卷市教育代表团一行13人访问温州，出席温州大学同石卷专修大学建立友好关系签字仪式。

同美国尤宁郡往来 2007年市领导率团访问尤宁郡，在公务员培训、经贸交流与旅游方面达成合作意向，当年完成1期24名公务员培训派遣。

同西班牙阿里坎特市往来 2007年市领导就合作开发旅游、洞头规划以及学生交流事项同西班牙阿里坎特市市长会晤，交换意见。

同意大利普拉托省往来 2007年普拉托省代表团应邀来温州参加友好城市推介会，双方继续开展污染治理项目合作，

11月22日，市委书记王建满（右）会见施罗德（左）一行

普拉托省承诺举办技术专员工作交流会，为中国地区6名工程师培训工业用水技术。

同德国吉森市往来 2007年吉森市同温州市实验小学、温州大学以及温州华侨职业中等专业学校签订友好合作备忘录。

同加蓬让蒂尔港市往来 2007年温州市政府代表团访问让蒂尔港市，继续推动双方木材开发合作项目。

拓宽友城资源 2007年温州市同美国匹茨堡市签订建立友好城市关系意向书，同芬兰科沃拉市签订友好交流关系意向书，邀请加拿大达蒙维尔市、本拿比市、澳大利亚伊普斯维奇市和日本吴市参加"温州对话世界500强"活动和友好城市推介会。

市政府代表团访问意法奥 5月，温州市市长邵占维率温州市政府代表团访问意大利、法国、奥地利。代表团在意大利普拉托省和法国巴黎举行"2007中国温州日"招商活动，向当地企业家推介60余个投资项目，两地参加人数各600余人。另与奥地利维也纳市经济促进局洽谈在奥地利建设中奥高科技园区项目。9月和10月间，法国勒瓦鲁瓦市代表团和奥地利维也纳市经济促进局回访温州市，具体磋商项目细节。

市政协组团访问芬兰波兰捷克 9月，应芬兰科沃拉市议会、波兰波中议员组和捷克社会民主党邀请，温州市政协主席包哲东一行8人赴芬兰、波兰和捷克进行议会交流，拜访芬兰科沃拉市议会，考察科沃拉市经济社会发展情况，考察波兰和捷克市场，参观北欧中国城，了解当地招商引资具体政策，同时开展招商引资宣传，促进温州同各地经贸交流与合作。

市政府代表团访问俄罗斯等国 9月，副市长陈宏峰率温州市经贸考察团一行5人访问俄罗斯、罗马尼亚和乌克兰。考察团参加2007俄罗斯中国浙江周活动，同俄罗斯乌苏里斯克市政府签订经济合作协议，考察康奈集团在俄投资建设的"康奈工业园区"，同当地政府磋商共同推进项目进程，推介温州重点招商选资项目和乌苏里斯克工业园区建设情况。在罗马尼亚，考察团拜访康斯坦察县政府，考察当地市场，促进温州同罗马尼亚经贸合作。

温州友好代表团访问日韩 9月，温州市人大常委会副主任陈笑华一行4人访问日本、韩国。陈笑华一行在日本拜访石卷市议会，落实两市议会10年交流计划协议书，促进两市议会友好交流与合作。

市政府考察团访问非洲 9月，中共温州市委常委、常务副市长徐纪平率市政府考察团访问南非和阿联酋等国，在当地举行"温州日"经贸合作项目推介会介绍重点招商选资项目，引起当地政府和企业关注。

温州市代表团访问北美 11月，中共温州市委常委、市纪委书记陶时梅一行6人赴美国和加拿大学习交流反腐建设，考察洛杉矶郡、BC省政府政务委员会和地方检察院。

侨　务

概况 2007年温州市有华侨华人、港澳同胞42.5万人，分布在全球五大洲93个国家和地区，其中数理、电脑、建筑、太空、金融、医学及政治、文化领域专业人士4000余人。温籍侨胞担任主要负责人或同温州联系较为密切的海外侨团有200余个。全市有侨资、港资企业1800余家，总投资50余亿美元，占全市三资企业总数、总投资额均在80%以上。2007年，温州市侨办获"全国侨办系统信访工作先进集体"、"温州慈善组织奖"和温州市招商选资工作"优质服务单位"称号。

协办经贸活动 2007年，温州市侨办协办浙洽会、轻博会、"法国·中国温州日"、"意大利·中国温州日"、"俄罗斯·浙江周温州日"和民营企业对话世界500强等6次经贸活动，并具体负责在意大利和法国举办推介会和侨胞恳谈会，协助市人民政府推介温州投资环境和 60个招商选资重点项目，项目总投资约1000亿元。

引资引智 2007年，温州市各级侨办牵线促成经贸合作项目32个，合同利用外资29 601万美元，实际到位外资15 573万美元，其中3000万美元以上项目3个。各级侨办加强同海外人才交流联络，全年接待华侨华人专业人士102人次，签订高新技术项目8个，签订合作协议14项。

助推新农村建设 2007年，全市各级侨办实施"海外温州人牵手139计划"，引导华侨华人捐资助学，村企结对，捐建农村基础设施，捐助农村合作医疗，以实际行动参与温州新农村建设。鹿城侨办推出"凝心聚力筑和谐，服务大局促发展"主题活动，瑞安侨办开展"树典型，凝侨心，服务新农村"活动，瓯海、洞头侨办开展"凝心聚力，和谐共进"推进新农村建设活动，永嘉侨办开展"树立品牌，服务新农村"活动，乐清侨办帮扶农村特困户发展有"造血"功能的项目，泰顺侨办帮助困难家庭联系侨商，发展来料加工。

和谐侨团建设 2007年温州市侨办开展海外温籍侨团调查，以求比较准确地了解掌握海外侨团章程制度、历史沿革、组织机构和会务工作等实际情况。市侨办加强对侨联络，增进同侨团、侨领交流沟通，引导海外侨团化解矛盾，加强团结，完善制度，改进会务，努力在侨团内部和侨团之间建立利于协调合作的长效机制，构建"和谐相处，合作共赢，团结友爱，充满活力"的华侨华人社会。瑞安市侨办举办"瑞安市首届海外侨领研习班"，扶持和培养中青年侨领。

联谊与贺年 2007年温州市各级侨办接待海外华侨华人、港澳同胞4413人次，接待重点侨团72批次，主办、协办涉侨联谊活动30次，侨胞侨眷参加人数3013人次。温州市侨办主办、协办新春三胞团拜会、中秋三胞茶话会、世界温州人会长大会和海外温州人联谊会，鹿城侨办举办"情系鹿城，携手发展"海外知名人士联谊会，永嘉侨办举办在外永嘉人联谊酒会。2007年圣诞节前夕，全市各级侨办制作贺卡6000余份，寄送世界五大洲海外温州人，遥祝乡亲节日快乐。各级侨办还通过传真、电子邮件和电话向海外乡亲拜年。

侨务出访 2007年，温州市各级侨办8次派遣9人随团出访巴西、阿根廷、智利、美国、奥地利、法国、意大利、希腊、香港、俄罗斯、乌克兰、罗马尼亚、荷兰、德国、南非、埃及和土耳其，期间对重点侨团、重点人士和重点群体展开工作，考察中文学校，宣传温州投资环境和投资政策，并相机开展侨情调查。

海外华文教师培训班 7月，温州市侨办承办浙江省第二期海外华文教师培训，8个国家20所中文学校25名海外华文教师参加培训。国侨办华文教育基地温州大学承担教学任务。培训以中文基础教学为主开设汉语要素、汉语教学技能与技巧、课堂教学案例分析等课程，专家、教授主讲教育心理学和写作指导，另设美术、武术、舞蹈与烹饪课程供学员选修。

寻根之旅夏令营 7月10日至8月20日，温州市侨办主办2007年华裔青少年“寻根之旅”夏令营。法国、意大利、西班牙、荷兰、瑞典、丹麦、美国和加拿大等12个国家420余名华裔青少年参加活动，人数创历届之最。夏令营分设温州大学中文夏令营、鹿城中文夏令营、瑞安中文夏令营和瓯海丽岙镇走读式中文培训班4个分营。温州各华文教育基地发挥各自优势开展特色教育：温州大学基地把学生暑期社会实践同华文教育工作相结合，少艺校基地组织中外青少年联欢，城南小学基地针对12岁以下营员开展中文教学，华侨中学基地开展烹饪专业培训。

华文教育 2007年，温州市侨办对外加强宣传推介本地各华文教育基地，邀请海外华文学校组团到温州各华文教育基地观摩学习，促进本地华文教育基地同海外华社、华文教育界联络沟通。市侨办承办浙江省第二期海外华文教师培训期间，邀请10所省级华文教育基地教师来温观摩交流。2007年，市侨办向海外华文学校赠送教材1200册，为三侨子女办理入学和升学证明513份。

对外文化交流 2007年，温州市侨办牵线促成温州大学和澳大利亚莫纳西大学签署备忘录，共同开展意大利普拉托省温州籍华人华侨研究。温州少艺校文化艺术交流团一行12人赴意大利佛罗伦萨、罗马开展文化艺术交流，传播中华文化，宣传温州。温州中学同奥地利维也纳学术中学结为友好学校。

侨法宣传 2007年温州市侨办系统开展侨务法律、法规和侨务政策宣传教育。市侨办联合市“五侨”召开贯彻落实《浙江省华侨权益保障暂行规定》专题座谈会，印发《涉侨文件精选》10 000余册。温州日报全文刊载《浙江省华侨权益保障暂行规定》。鹿城区莲池街道创建侨法宣传角。乐清市成立侨法宣传领导小组，在乐清市机关、乡村、侨企、社区开展侨法宣传活动。

侨务信访 2007年，温州市侨办执行侨务信访分级分类管理责任制，依法争取各涉侨部门支持，逐步完善市、县（市、区）、乡镇（街道）“三级信访网络”，努力破解侨务信访难点、热点问题，重点信访件全程跟踪协调。通过接访、下访和约访形式，切实拓宽侨情侨意诉求表达渠道，尤其重视认真处理与答复侨界人大代表建议、政协委员提案。2007年，全市各级侨办收到人民群众来信252件，接待来访1366人次，结案1574件次。

保护侨捐 2007年温州市侨办完善侨捐项目监督，加强华侨捐赠备案管理，防止侨捐项目资产流失，切实保护捐赠人合法权益。针对一些地方出现侵犯捐赠人权益事件，温州市侨办积极介入，依法为捐赠人护权。2007年，温州市华侨捐赠4129.78万元人民币，创历史新高。

扶贫帮困 2007年，温州市各级侨办扶贫挂钩工作从“输血型”向“造血型”转变，重点扶持与帮助有能力的贫困侨户发展生产，改善生活，增加收入。经调查确属困难的侨户纳入当地低保，定期慰问。侨务部门全年慰问侨户173户，发放慰问救济金14.71万元，扶助困难学生411人。

服务侨资企业 2007年，温州市侨办组织律师，会同“浙江省为侨资企业服务律师顾问团”，上门为侨资企业服务，同时为侨资企业举办法律知识培训。市侨办开通咨询投诉热线电话和电子信箱随时接受侨资企业投诉。全市各级侨办全年为侨资企业维权82件次，受理相关经济纠纷16件次。温州市侨办还推荐10名侨资企业家参加省海协浙商系列评选活动，3名温籍侨商获“2007回乡投资模范浙商”称号。

侨务外宣 2007年，温州市侨办实施侨务外宣“内外互动工程”，发挥温州侨网侨务外宣主阵地作用，同时延伸侨务信息触角，同海外中文媒体和友好网站扩大信息交流。截至年底，海内外80余家媒体采用温州侨网编发信息1000余条。温州电视台同欧联传媒网合作，安排13家海外华文媒体37名记者到温州采访。春节期间，温州市侨办、温州电视台联合推出“海外温州人春节专递”电视片，于农历正月初一至初八日在温视经济科教频道播出，反响强烈。瑞安市侨办、浙江电视台联合摄制《春节，我们回家》和《浙人纵天下·瑞安篇》电视专题片。瓯海区编辑出版画册《侨领韩天进》。

温州华侨研究创刊 12月，《温州华侨研究》杂志创刊号发行。《温州华侨研究》由温州市华侨华人研究所主办，温州都市报协办，主要刊发研究华侨华人发展史以及相关的政治、经济、社会、宗教、社团、华文教育、文化等方面文章，同时针对海外华侨华人关注的问题展开若干理论探索。

侨界荣誉 2007年，海归硕士、永嘉县巽宅镇小坑村村委会主任章文琼获第三届“温州市十大优秀农村青年”称号，温州豪特实业有限公司董事长林光、温州康尔达印刷器材有限公司董事长翁银巧、浙江裕泰服饰有限公司董事长郑可龙、浙江欧士凯房地产开发有限公司董事长邹建庆、中侨实业发展（杭州）有限公司董事长姜际春获“2007回乡投资模范浙商”称号，匈牙利华侨余文龙、奥地利华侨黄振鑫获首届“洞头慈善奖”，荷兰华侨胡志敏、意大利华侨胡绍钱、廖榕华、法国归侨朱体留、德国归侨叶友如、意大利归侨周克信、胡希读、胡克聪、胡振明、余克亮获首届“文成慈善奖”，特福隆集团有限公司和瑞立集团有限公司获温州市首届“活力和谐企业”称号，西班牙华侨刘伟光获浙江省第十八届“绿叶奖”，乐清侨资企业长江集团获“中国机械工业优秀企业”称号，第四届世界华人数学家大会授予温籍数学家季理真晨兴银质奖，旅法侨胞潘长松、侨眷林宝吉获瓯海区首届“慈善事业贡献奖”，乐清籍海归科学家杨焕明当选中国科学院院士，侨资企业温州黄河皮革有限公司董事长任长江、瑞安光裕针织有限公司董事长孙裕强、浙江努奥罗散热器有限公司董事长陈国华、浙江信泰集团有限公司董事长胡福林、温州康尔达印刷器材有限公司总经理胡玲玲、瑞立集团有限公司董事长张晓平、侨眷朱体留、华侨吴晓、何明真、侨眷杨余律获首届“温州慈善奖”个人奖，日本政府授温籍旅日华侨潘桂华“篮绶褒章”。

侨　联

概况　2007年，温州市侨联以助推社会主义新农村建设和构建和谐侨界为主线，开展“聚侨心，促和谐活动年”和“作风建设年”活动，加强海外联谊，加大参政议政和依法护侨力度，创新侨联工作。基层侨联进村居，进社区，侨联组织优势得到更大发挥。2007年，重点侨乡乡镇（街道）、村（居）侨联组织形成网络，有8个基层侨联经省侨联评定，获基层示范性侨联称号。海外联谊工作继续巩固欧美，拓展联系南美和南非侨团、侨领。侨界信息、侨力、侨资、侨智为助推新农村建设做出新贡献。为侨服务更多地转向政策、法规和制度层面的侨益维护。市侨联获中国侨联维权工作先进集体称号。

侨联引导华侨捐资和引资引智　2007年，温州市各级侨联参与和协助引进外资4862.55万美元，协助接受海外侨胞、港澳同胞及归侨侨眷捐赠农村建设折合人民币3805.38万元。瓯海区丽岙、仙岩、茶山、瞿溪侨胞侨眷捐资2200余万元支持旧村改造与农村设施建设。鹿城区双潮、七都侨胞捐款380余万元修建乡村道路。洞头匈牙利华侨捐款300万元资助三盘西山头村新农村建设。文成旅荷华侨捐款50万元治理玉壶镇玉泉溪污染。永嘉侨胞捐款10万元启动建设鲤溪乡深固村示范村。侨眷杨余律2007年再次捐资33万元支援家乡新农村建设。泰顺一侨属企业同西旸镇双旸村结对扶贫，捐资20万元为该村铺设水泥道路，架设闭路电视。留学人员家属联谊会热心向留学人员推介温州留学生创业园，积极引导留学人员回乡创业，并提供咨询服务。永嘉海归硕士章文琼回乡担任巽宅镇小坑村村委会主任做出成绩，经永嘉侨联和市留联会推荐，任省侨联青年总会理事。乐清留联会会长张一平获省留联会工作先进个人称号。永嘉、洞头、苍南、文成、泰顺继续开展“阳光助学”活动，引导与发动侨胞侨眷捐资助学，全年捐资461.05万元。永嘉岩头下日川小学落成“林光侨心综合楼”。

侨界联谊与互访　2007年，温州市各级侨联接待华侨华人、港澳同胞4273人次，组团出访8批178人次，随团出访37人次。6月，市侨联工作人员随市委考察团访问香港开展联谊活动，参加香港温州同乡会成立22周年和同乡会第12届理监事会就职典礼。10月，市侨联领导随市委考察团访问南美，增进同巴西、阿根廷侨团和华侨华人联系与沟通。平阳县侨联主席金裕军在英国进修期间，主动同当地温籍侨胞、留学人员接触交流，建立关系。圣诞节前，市侨联向海外侨胞、留学人员寄发贺卡1000余份。各县（市、区）侨联以及玉壶、丽岙、仙岩、瞿溪、塘下、瓯北、七都、黎明、莲池、蒲鞋市、南门、水心、双潮、乐成、鳌江、昆阳等基层侨联、文成籍联谊会、青田籍联谊会，在春节和中秋都召开茶话会、酒会，邀请归侨侨眷和回乡侨胞、台胞、港澳同胞共庆佳节。瑞安、苍南、平阳侨联春节期间用电话和电子邮件向侨胞、侨眷拜年。市侨联加强同美国江浙工商会、法国华侨华人会联系，2007年接待多批西欧、北美和南美侨团。

侨界参政议政　2007年，温州市侨联界别人大代表、政协委员积极参政议政。市政协提案委员会领导应市侨联邀请对侨界人大代表和政协委员进行提案知识培训。永嘉、洞头县侨联坚持政协委员提案商讨制度，两会前夕针对侨界热点难点问题约谈侨界政协委员。文成侨界政协委员、人大代表关于重视华侨子女中文教育的提案和相关建议，为文成县争取到市财政拨款整治玉泉溪。2007年两会期间，全市侨界人大代表和政协委员提交议（提）案163件，其中涉侨议（提）案52件。

依法护侨　2007年，温州市各级侨联受理侨界群众来信195件，接待来访1256人次，协助处理涉侨侵权案件123件。市侨联和“五侨”一起认真学习贯彻《浙江省华侨权益保障暂行规定》，维护侨界权益有专人负责，来访必接，来信必复。2007年，法国华侨陈瑞国拆迁房“农户一翻三”安置、意大利老侨领胡绍科旧房改建和鹿城区黎明街道塗村侨户拆迁房安置均获圆满解决。文成、永嘉、平阳县侨联协调有关部门做好侨坟保护。瓯海侨联在丽岙镇开展侨法宣传，发放侨法知识宣传单200余份，赠送侨法宣传资料300余册。

和谐侨界　2007年杨余律事迹报告团继续在全省各地和瑞安市巡回演讲。瓯海、文成侨联邀请报告团宣讲杨余律事迹。2007年报告团共宣讲28场次，听众6700余人。瓯海区编纂出版《侨领韩天进》画册，省侨联主席王成云题词作序。乐清市侨联编纂出版《乐清华侨志》。春节前夕，各级侨联开展“送温暖，献爱心”活动，慰问困难侨户、知名侨领以及老侨联工作者。5月，瓯海区侨联携慰问金6900元到泽雅镇看望日本贫困老归侨潘成益。中秋、重阳节期间，莲池街道为辖区老归侨、侨眷举办金婚喜宴，乐成镇侨联赴大荆油岙山慰问老归侨、老侨眷，黎明街道侨联向辖区归侨侨眷馈赠月饼。8月，安徽籍新温州人卢丙会见义勇为事迹在侨界引起强烈反响，水心街道侨联干部偕辖区侨眷携慰问金3500元慰问卢丙会。鹿城五马花园34位侨眷为患病邻居捐款12 550元。飞云江侨联发动归侨侨眷捐款3300元帮助飞云中学患病学生。南门街道侨眷陈海鹰开办免费书法培训，向学员赠送字帖与毛笔。

侨联组织建设 2007年温州市新建乡镇侨联1个，村级侨联23个，村级侨联分会7个，社区侨联2个，20余个乡镇（街道）侨联完成换届。丽岙镇侨联服务活动中心奠基。莲池侨联建成“侨之家”和“侨法宣传廊”。鹿城江滨街道侨联创办刊物《江滨侨声》和男声合唱团。全市各地争创省“示范性基层侨联”，丽岙、玉壶、塘下、莲池、七都、仙岩、永中、枫岭等8个基层侨联获省侨联“示范性基层侨联”命名。2007年，市侨联选派4名工作人员参加市委组织部和市纪工委组织的业务理论培训，全市各级侨联举办培训17期，受训人员1372人次。2007年市留联会取得2名事业编制，鹿城区留联会获“浙江省留联会工作先进集体”称号。

侨界华文教育 2007年，鹿城区侨联举办第三期“寻根之旅”中文夏令营，意大利等12个国家148名华裔少年参加学习。丽岙镇侨联在辖区设立5个中文教学点，对暑期回乡华裔少年开展中文教育。永嘉县侨联向奥地利维也纳中文学校“文澜侨心书库”捐赠图书500册。洞头侨联开展“相约望海楼，争做家乡小导游”暑期华裔青少年义务导游实践活动。瑞安、洞头侨联帮助华侨子女在监护人居住地就近入学。鹿城区侨联联合温州大学法政学院，在七都镇建立华侨留守儿童关爱基地“侨乡留守儿童快乐之家”，又在洪殿街道夏屋社区建立“留守儿童阳光之家”，七都镇“侨乡留守儿童快乐之家”兼为温州大学法政学院社会学专业实践基地，并获2007年度温州市“统战工作创新奖”和统战宣传“精品工程”奖。

王成云当选浙江省侨联主席 11月21日，浙江省侨联七届四次全委会以无记名投票选举王成云为省侨联七届委员会主席。此前，王成云历任温州市人民政府副市长、温州市政协副主席、省侨联副主席职务。

华商协会考察内蒙古 7月2至6日，温州市华商协会会长胡福林率温州市华商协会考察团赴内蒙古赤峰市克什克腾旗参加“侨商.赤峰草原行”活动，同当地政府签署两项合作意向书，累计金额约1亿元，并向克旗呼必图小学现场捐赠善款2万元。

涉台事务

概况 2007年温台两地民间交流交往稳步上升，来温经贸考察、旅游观光和探亲访友的台胞台商超过1.1万人次，温州市派赴台湾交流团组19批，262人次。新增台资项目6个，总投资额5545万美元，合同台资1716.5万美元，3家台资企业增资，总增资2387万美元。

对台工作领导小组扩大会议 12月5日，中共温州市委召开对台工作领导小组成员扩大会议，市领导、市委对台工作领导小组成员、市对台宣传教育工作协调小组成员和有关领导70余人参加会议，部署台商投诉和涉台突发事件处置工作。市委副书记赵一德出席会议并讲话。会议决定调整市委对台工作领导小组与市对台宣传和涉台教育协调工作小组成员，并建立市台商投诉协调联席会议制度。

温台民间交流 6月，台湾小青蛙剧团到温州演出音乐歌舞卡通人偶剧，5000余名少儿与家长观看演出。伊竑理事长率台北市温州同乡会参访团一行20人到温州开展“杨梅季寻根之旅”活动。7月，台湾浙江籍青年学生夏令营在温开营，期间30余名台湾大学生同温州大学师生展开交流。10月，台湾嘉义县观光协会理事长苏佳男一行来温，商议阿里山与雁荡山两大名山对接交流事宜。台北市温州同乡会副理事长何纪豪同美国微笑基金会医师合作，在温设立唇腭裂儿童免费治疗点。12月，中国国民党中央政策委员会副执行长、大陆事务部主任张荣恭一行途经温州。

涉台突发事件应急体系 2007年温州市人民政府公布涉台突发公共事件应急预案，市涉台突发公共事件应急指挥部成立，各县（市、区）相应制定涉台公共事件应急预案。市台办依据应急预案编发内部通讯录。对涉台纠纷投诉、涉台突发事件和涉台信访特别是台商投诉要案、积案，市台办按照属地管理和分级负责原则加以排查梳理，协调有关部门妥善处理。市台办还会同公安和外经贸局完成温州市常住台胞、大陆常住台胞、台资企业和台企行业登记并汇总，促成温州台商、台胞资料库进一步完善。

救治台商汪海涂 10月16日，台商汪海涂突发脑干出血被送至温州医学院附一医救治。市台办启动应急预案，院方成立专家抢救小组施治。副市长陈宏峰指示医院全力抢救，市台办领导多次前往台资企业和医院看望病人及其家属。根据病人家属包机返台要求，市台办洽请口岸、机场和医院，开通飞行“绿色通道”。汪海涂于11月22日乘国际SOS救援专机至高雄医学院。浙江日报等媒体有相应报道。

台胞台属联谊会 2007年温州市台联召开四届台联三次理事会。市台联人大代表和政协委员认真参加“两会”，积极参政议政。市台联考察团赴云南等地考察，学习当地台联工作经验。

台胞接待站 7月，温州市台办考察组前往台州玉环和宁波考察台胞接待站对台小额贸易事项，温州市沿海台轮停泊点尝试性恢复对台小额贸易。2007年各级台办和台胞站认真做好对台劳务输出工作，预防对台渔工劳务纠纷和海上涉台突发事件发生。

海外反独促统工作 2007年温州市台办主动与涉侨部门协调配合，加强同海外温籍台胞联络交往，认真做好海外温籍台胞工作。6月，市台办领导赴香港会见在港台胞。市台办建立海外台胞工作资料库，同世界温州人联谊会、海外联谊会、留学生联谊会之间保持联络，互通信息，实现资源共享。12月，市海外联谊会换届，市台办协助市委统战部完成新一届海联会台胞理事调整工作。

接待台商考察团组 2007年温州市台办接待台商团组计有：国民党高雄市党部副主委李玉文所率台湾青商会考察

团、台湾微软考察团、台湾农业经营管理协会理事长段兆麟一行、台湾万事达国际集团访问团、台湾蓝天电脑集团公司、台湾和泰汽车股份有限公司考察组和爱乐福家具科技有限公司吉岳一行。台商团组在温逗留期间，市台办妥为安排参观考察活动，并酌情安排领导会见，相机推介温州投资环境，为招引台资牵线搭桥。

节会招引台商 2007年温州市台办邀请台湾工商界人士组团参加“浙洽会”、“兰博会”、“轻博会”和“海联会”活动，籍此开展经贸交流。“浙洽会”期间，台湾博盛集团有限公司和温州博康工贸公司签订合作医疗器械项目，总投资1100万美元。

台商服务工作 10月，温州市台办、市开放办联合召开台商服务月座谈会，30余位台商同市经贸委、财税、公安、工商、劳动、环保以及教育部门负责人面对面进行投诉交流和政策咨询。政府部门随时掌握台资企业经营动态，积极完善同台商之间的沟通机制。2007年市台办帮助台商解决生产经营方面困难40余起，其中包括台资企业泰庆皮革新厂房环评问题、永旭金属产品运输合同纠纷和进口设备投诉、三宜光学和富翔光学违规购买丙酮案件、好又多超市劳资纠纷和虚标价格案件、米哥食品负责人债务纠纷和晴崎光学违规结转案件。台商就医和台商子女就学等20余起生活问题亦获解决。

长三角台商经济投资研讨会 10月，温州市台办和浙江工贸职业技术学院联合承办第六届长三角暨华东六省一市台商投资与社会经济发展研讨会。华东六省一市台办领导以及专家学者50余人参加会议。16位嘉宾围绕“台商投资与社会经济发展”主题展开研讨与交流。省政协副主席吴国华、省台办副主任林呈生、温州市副市长陈宏峰出席会议。

台资企业协会 2007年温州市台资企业协会换届，新一届理事会影响力大，班子稳定团结。协会召开理事会和会员大会，并举办尾牙酒会。12月，协会举行第三、四届会长交接仪式暨6周年庆典活动，全国台企联会长张汉文、省台办主任裘小玲和温州市市长邵占维出席会议。市台办对台资企业协会加强指导管理，充分发挥协会团结和教育台商的桥梁纽带作用，并通过协会使党政领导联系台商更加经常化制度化。

涉台宣传活动 2007年是恢复台湾老兵回乡探亲20周年，温州市台办相应组织多项涉台宣传与纪念活动。6月24日，市台办工作人员、浙江工贸学院师生和各界人士齐聚洞头参加“两岸半屏山，共享奥运会”主题教育活动，台商代表出席并发表讲话。市台办注重搜集在温定居台湾老兵资料，邀请台湾老兵画家池伯成等人参加“迎接十七大书画展”。11月，3000本“对台知识手册”宣传品发放至全市各县（市、区）学校。12月，全市高中同时开展“宝岛台湾在我心中”知识竞赛活动，1000余名学生参与赛事。2007年温州对台宣传网站进一步充实更新，成为重要的对台宣传阵地和与台胞台属交流平台。

报刊入台宣传 2007年温州市台办通过温州日报和台湾同乡会会刊积极开展入岛宣传。自2005年台北浙江同乡会同温州报业集团建立长期合作关系以来，双方互相即时提供新闻稿件，双向交流渠道保持畅通，入岛宣传籍此获得明显效果。截至年底，全市台办系统和新闻媒体发表和转载至台湾本地媒体的稿件逾600条。春节期间，温州电视台摄制台北同乡会贺岁片，台胞深受感染，进一步激发爱国爱乡热情。

对台形势学习教育 2007年温州市、县（市、区）台办主任作台海形势报告150余场次，受众3万余人。厦门台湾研究所所长李非到温州向对台干部和浙江工贸学院师生做台湾问题与两岸关系走向专题讲座。10月，中国国际问题研究所研究员郭震远到温州作海峡两岸关系和发展前景报告会，市本级机关干部1600人到会听讲。

台办机关建设 2007年温州市台办开展作风建设年活动和文明机关创建活动。领导班子带头进行“科学发展创新业，为民办事树风范”主题实践，注意加强廉洁自律，提升心理素质。机关开展解放思想大讨论和台商台胞服务月活动，发动下属单位和服务对象评议机关工作。市、县（市、区）两级台办和台胞站认真做好涉台保密各项工作，全年未发生泄密事件。

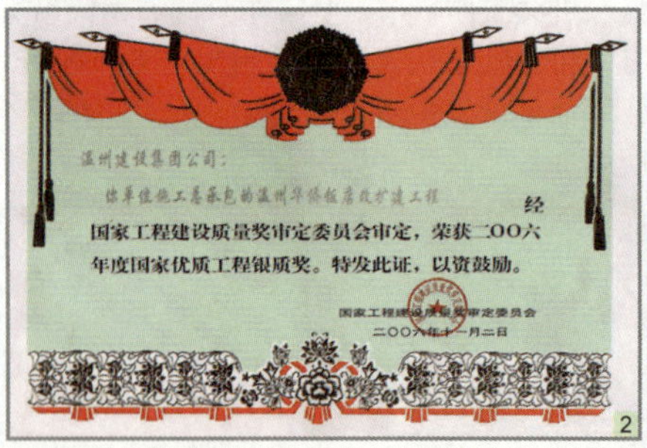

温州建设集团公司：

经国家工程建设质量奖审定委员会审定，荣获二〇〇六年度国家优质工程银质奖。特发此证，以资鼓励。

国家工程建设质量奖审定委员会
二〇〇六年十一月二日

2

荣誉证书

温州建设集团：

经考核，认定你单位为“浙江省工商企业信用AAA级‘守合同重信用’单位”。有效期三年。

认定机关：浙江省工商行政管理局
认定时间：二〇〇七年 月 八日

3

温州建设集团公司 创建于1952年10月，前身为浙江省第六建筑公司、温州第一建筑安装工程公司，1993年9月经温州市人民政府批准组建企业集团，更名为温州建设集团公司。具有房建工程施工总承包壹级、矿山工程施工总承包壹级、地基与基础工程专业承包壹级、建筑装修装饰工程专业承包壹级、建筑幕墙工程专业承包壹级、机电安装工程施工总承包贰级、消防设施工程专业承包贰级、起重设备安装工程专业承包贰级、预拌商品混凝土专业贰级、市政公用工程施工总承包叁级以及建筑设计乙级等多项总承包和专业承包资质，系中国500家最大经营规模、最佳经济效益建筑企业之一，列中国建筑业领先企业和浙江省建筑业重点骨干企业和温州市百强企业。

公司主要从事工业与民用建筑施工、建筑装修装饰、工业设备安装、房地产开发、压力容器制造、矿山井巷隧道、市政道路施工、建筑工程设计、建材检测试验、建筑劳务、建材经销、建筑材料设备租赁、预构件制作、建筑幕墙及钢铝塑门窗加工、商品混凝土、民工培训等，拥有对外（国际）承包工程劳务合作经营权。

五十多年来，公司坚持“质量第一、用户至上”宗旨，先后承建温州机场候机楼、温州火车站、温州体育中心三大场馆和温州日报新闻大厦、中国工商银行温州支行、温州大学育英图书馆、温州冶炼厂万吨锌技改、温州东向水厂一、二期扩建、温州国贸中心大厦、温州华侨饭店、百好花园、温州万丰城市广场、嘉盛锦园等一大批省、市重点工程和城市建设项目，承担各类锅炉、液化石油气储配站、起重机械以及中央空调安装和通风管道制作安装任务。

在长期的实践中，公司形成较为健全的质量管理体系和管理制度。1999年通过ISO9001、ISO9002国际质量体系认证，2003年10月通过ISO9001:2000质量标准体系转版认证，2004年11月通过职业健康安全、环境一体化体系认证。集团先后被授予省市纳税大户企业、国家建设系统信用AAA级企业、浙江省工商企业信用AAA级“守合同重信用”单位、温州市四星级企业、温州市外经工作先进单位、职工思想政治工作先进单位等称号，连续八年获得银行特级信用AAA级企业等称号。

公司重视企业文化建设和精神文明建设，坚持弘扬“团结、奉献、高效、争先”的企业精神，培育“以职工为根本，以诚信为基石，以创新为灵魂，以效益为中心，以和谐为保证，以科学发展为目标”的企业文化理念，激励广大职工争先创优，提升职工队伍素质和企业整体素质。

1 温州建设集团公司总部办公大楼
2 国家优质工程银质奖牌
3 省工商企业信用AAA级“守合同重信用”单位证书
4 5·12四川地震后，集团履行社会责任参与灾区安置房援建工作，完成安置房共计1326套、28 000多平方米
5 青川县木鱼镇文武村村民向公司援建队伍赠送锦旗

住房和城乡建设管理

城乡规划

概况 2007年温州市规划局继续实行"阳光规划"，推行新型城市化战略，实施"553城市提升计划"，市区建成区面积164.1平方公里（不含瓯北、七里）。全年市区核发建设项目选址意见书313件。核发建设用地许可证926件，批准用地总量915万平方米。核发建设工程规划许可证3963件，批准建筑面积713万平方米。核发建设工程竣工验收合格证684件，建筑面积274.74万平方米。

城乡规划编制 2007年温州市市本级在编各类规划90多项，完成46项。规划研究方面，完成《半岛地区规划研究》、《滨江商务区整合规划》、《瓯海大道城市设计》等课题，启动《滨江商务区城市设计优化》。专项规划编制方面，完成《温州市人防规划》、《温州市城市照明规划》、《温州市电力专项规划》、《温州城市道路竖向规划》、《江滨路（灰桥浦——会展中心）景观规划》、《停车库近期建设规划》等，启动《城市色彩规划》、《城市雕塑规划》、《龙湾片市政管线综合规划》等。详细规划编制方面，完成《半岛起步区控规》、《林里组团山坡地利用控规》、《七都岛控规》、《三垟湿地公园控规》、《沙城生活区控规》、《瓯海区山根村地段控规》、《江滨路A、B线控规》、《桃花岛地段控规》、《仰义前京片控规》、《鞋都二、三期铁路沿线地段控规》、《江滨路（安澜亭——灰桥浦）详细规划》、《潘桥镇区建设规划》、《温州古城五马墨池历史街区详细规划》、《划龙桥村旧村改造详细规划》、《六虹桥路整治规划》、《机场大道（机场口——永强大道）整治规划》、《临江镇沙头组团修规》等。启动《温州市近期建设规划》修编工作。各县（市）规划编制方面，完成7个县（市）的"县（市）域总体规划"与"土地利用总体规划"衔接专题报告的三级联审。加强中心镇、重点镇的近期建设规划和各地历史文化街区村镇保护规划的编制工作。完成各地电力设施布局专业规划和55个村庄规划的编制工作，审查、审批各县（市）域的给排水、环卫专项规划。

规划许可 2007温州市规划局为"五个一"工程改造区用地全部划定红线。建立"交通环"工程建设协调联席会议制度。继续为安置房规划审批实施"绿色通道"政策，全年审批11个项目，建筑面积近70万平方米，验收6个项目，建筑面积24.45万平方米。为瓯海大道建设提供西段设计要点。提出在几条主干道上建设8处行人过街通道的规划建议，缓解人车通行矛盾。提出启动温州市停车场（库）近期建设项目的建议，初步选定近期可启动建设的23个公共停车场的位置。完成杨府山总部基地规划方案的审查，提出民营科技产业基地规划意见，划定龙湾物流基地与潘桥物流中心规划用地红线，办理一批标准厂房用地许可证和工程许可证。做好诸永高速及其延伸线（过江通道）的规划选址申报工作，论证瓯江过江通道南接口方案，推进南塘大道、滨海大道延伸工程的规划前期研究，落实雁楠公路、大门大桥、小门石化基地IGCC等重点工程的选址工作。围绕城乡联动实施"139富民攻坚计划"，指导沿海地区30个乡镇完成农村住房防灾能力普查工作任务。

规划监察 2007年温州市规划局查处规划违法案件5716件，其中拆除案件4943件，拆除面积71.73万平方米，处以罚款529件。创新规划管理，龙湾分局推行劝解员制度、AB型联合拆违模式，与当地政府和有关部门联管联治；中心区分局开展巡查，每周至少一次，对发现的在建违法建设进行现场拆除，对新建住宅区做到事前提醒。开展市区楼顶违法建设、"三沿"整治、安全隐患排查整治等专项整治，会同有关部门对一千多个被闲置或挪用的停车泊位进行专项整治。建立历史文化街区村镇信息监管系统。

测绘管理 2007年温州市规划局完成全市持证测绘单位的测绘资质年度注册工作；进行年度测绘资质监督检查，对检查中发现问题的12家单位发放整改通知；完成19个测绘项目的备案工作，对一个项目未按规定进行备案的行为做出行政处罚，并通报批评；加强测绘项目的招投标监管工作，对两个项目提出整改要求。加强测绘单位质量保证体系运行的日常监管；全市需委托检验的所有测绘成果，全部经省测绘质量监督检验站验收合格后提供使用；全年未发现测绘产品质量不合格或质量低劣等问题。开展年度成果保密检查工作，通过签订成果使用合同和保密责任书强化保密工作。在乐清市开展永久性测量标志保护管理试点工作。按时保质完成测绘成果目录汇交。开展形式多样的测绘法律法规宣传教育和国家版图意识宣传教育，加强对地

1. 温州市区新城住宅区
2. 瑞安乡村别墅
3. 温瑞塘河人家

1	
2	3

许日光/摄

许日尤／摄

1. 鹿城区景观
2. 市区绣山公园
3. 市区江滨西路景观
4. 温州大道一角
5. 市区松台山

郑高华／摄

苏巧将／摄

郑高华／摄

1. 市区江滨路夜景
2. 瓯海区三垟湿地夜景
3. 市区江心屿夜景

图市场的监管。开展基础测绘计划监督检查，理顺基础测绘计划管理体制，完善财政投入机制。

基础测绘 2007年温州市规划局推进数字温州地理空间基础框架平台建设。5月，温州市被列为国家数字城市地理空间框架建设试点城市。之后，数字温州地理空间基础框架平台建设项目设计书通过评审，与国家测绘局、省测绘局签订“数字区域地理空间框架建设示范工程”协议书。市本级7个基础测绘项目实施情况良好，其中沿江沿海滩涂1：10000水下地形图测绘、温州市1：5000 3D数据处理入库、城市地下管线普查和整测工程（试点续建和一期）10.2个平方公里试点工作完成。加强基础地理空间资源的整合与利用，市规划局与市公安局、水利局、港航局、林业局等政府部门签订基础测绘成果资源共建共享协议，与瑞安、平阳、乐清规划建设局签订基础地理信息数据共建共享协议，促进全市地理信息产业的发展。全年为258个工程项目提供1142幅地形图，向23家单位提供2600多幅基础地形图，近163平方公里。

勘察测绘设计 2007年温州市勘察测绘研究院完成工程项目1146项（其中获2007年度“钱江杯”二等奖项目1个，“瓯江杯”一等奖项目2个），实现产值收入3735万元。市城市规划设计研究院签订各类项目139项（其中获“瓯江杯”二等奖项目1个），其中城市规划类83项，建筑设计类41项，市政设计类15项，合同总金额2730万元，实现产值2390万元。市民用建筑规划设计院实现产值超过1000万元，获“瓯江杯”二等奖及“钱江杯”三等奖项目1个。

规划信息化 2007年温州市规划局召开全市规划系统的信息化工作会议，制订局光纤直连的网络改造方案，搭建规划管理单元初步的系统平台，完成“一书两证”管理、电子报批、规划监察管理、档案资料管理等信息系统建设的前期准备工作，完成城市现状用地第二期60平方公里信息调查。

规划队伍建设 2007年温州市规划局开展基层规划所人员交流双向选择，21个规划所中有22人进行交流，占可交流对象的25.89%，试聘2人，待聘2人。推行协管员公开招聘制度，淘汰28名协管员，新录用32名具有大专以上学历的学生和退伍军人。实行干部上挂下派，市局3名业务骨干到直属分局挂职，直属单位和有关县（市）规划建设局选派5名中层干部上挂市局机关业务处室，实现多岗位锻炼干部。开展中层干部任职公开评价活动，对市局机关17名处长（主任）、副处长（副主任）和直属单位30名班子成员开展述职评议。开展“创业发展办事难、纪检监察来督办”活动，组织6次纪检巡视活动、5次落实“四项禁令”情况抽查活动，邀请规划行风监督员参与明查暗访。

建设科技与勘察设计

勘察设计 2007年温州市落实勘察设计有关规定，市本级施工图审查率100%。制订《关于加强温州市建筑工程初步设计审查管理规定》，提高初步设计审查质量。开展市区安置房十佳设计评审活动和温州市“广汇杯”中小套型住宅设计竞赛活动，提高勘察设计水平。全年获省勘察设计“钱江杯”奖7项，市勘察设计“瓯江杯”奖34项。

建设科技 2007年温州市加强建设科研工作，开展温州震区空斗墙抗震性能研究，参与浙江省村镇房屋抗灾性能的研究，7个项目申报省建筑业十项新技术应用示范工程。

建筑节能 2007年温州市编制《温州市墙材革新与建筑节能“十一五”发展规划》和《温州市居住建筑节能推荐方案技术措施》，推进建筑节能工作。在工程设计时，对建筑节能实行专篇审查，新建民用建筑全面实施建筑节能50%设计标准。开展建筑节能示范工程申报工作，温州附一医迁建工程等9个项目（计77.56万平方米）被列入省级建筑节能示范工程，其中公建项目4项，建筑面积38.95万平方米。组织开展建筑节能检查，通报并限期改正存在的问题。

墙材革新 2007年温州市开展“墙改宣传月”活动，加强新墙材产品质量和使用监管，研发节能降耗和利废新墙材产品。19家新墙材企业获得省认可证书。全市新墙材产量13亿块标砖，保护土地2145亩，节约能源80 600吨标煤，利废6.2万吨。城镇新型墙体材料建筑使用比例78%，实心粘土砖（瓦）产量限制在1.5亿块标砖以下。

房产管理

产权产籍管理 2007年温州市发放房屋所有权证35 269本，其中办理二手房交易10 757本，成交面积114.45万平方米，交易金额105.99亿元，比上年增加9.46%；办理商品房转移登记7116本；初始登记及总登记补登13 188本；日常变更和转移登记4208本。全年备案归档测绘成果560件，其中各类商品房测绘成果441件，厂房实测119件。3月，推行商品房网上销售，完成开发企业预售商品房合同登记备案6900件。市房产管理局采取措施解决群众反映强烈的“办证难”问题。办理16个旧城拆迁地块的安置房产权证。清理历史遗留件，梳理历史遗留件4420件，重新调查无法办理的原因，变死件为活件，注销、办理905件积压件。解决移民安置房领证难问题，完成藤桥镇96户“九四”洪灾安置房的发证；办理仰义乡珊溪水库移民安置点仰新社区7幢76户安置房的产权发证。化解侨胞侨眷解决办证困难问题，为七都镇89户侨胞侨眷办理产权证。

住房保障体系建设 2007年温州市开展全市低收入家庭住房状况调查工作，编制《温州市解决城市低收入家庭住房困难发展规划和年度计划》，颁布《关于进一步加强城镇住房保障体系建设的若干意见》、《关于解决温州市区低收入家庭住房困难的若干意见》等文件。加快经济适用住房建设步伐和住房货币化分配进程，全年全市开工建设经济适用住房面积30.6万平方米，竣工面积42.8万平方米，其中市本级新开工建设经济适用住房面积20万平方米，审核住房补贴1274人次，补贴面积7.03万平方米，补贴金额5062.86万元，累计审核16 530人次，累计补贴面积89.66万平方米，累计补贴额6.29亿元。扩大廉租住房制度保障覆盖面，全市实现“应保尽保”，市区的保障面积标准提高到户均不低于42平方米，人均不低于13平方米。通过公开摇号的方式，为市区54户四类特殊困难家庭提供实物配租2500平方米。在鹿城区开展扩面试点工作，将保障范围扩大到低保线1.3倍以内的无房户家庭。全市全年新增廉租住房保障对象769户，其中市区367户，全市廉租住房保障对象累计2722户。开展农村困难群众住房救助工作，落实“农村住房解困”工程实施方案，完成全市全年1000户农村困难家庭的危旧房改造任务。

住房公积金管理 2007年温州市制订《温州市住房公积金缴存管理实施办法》、《温州市住房公积金提取管理实施办法》和《温州市个人住房公积金贷款管理实施办法》等，于7月1日在全市统一实施。全市归集住房公积金22.29亿元，同比增加4.94亿元，增长28.43%，归集余额70.48亿元，比上年年底增长18.68%。全市向7549户职工家庭发放个人住房公积金抵押贷款21.07亿元，发放贷款增加2.19亿元，增长11.59%，累计发放贷款88 045户，住房公积金贷款余额57.49亿元。审批新职工建立住房公积金补贴1137人次。

拆迁安置工作 2007年温州市完善《温州市城市房屋拆迁管理实施办法》，加强房屋拆迁计划管理，依法规范拆迁许可，加大裁决和强制执行的力度，确定全市全年拆迁项目138个，拆迁面积171.3万平方米，其中市本级68个项目、127.73万平方米。到年底，市本级审批拆迁许可证26个，拆迁面积75万平方米；受理拆迁裁决39件，依法作出行政裁决18件，申请强制执行5件。组织专门工作组，解决拆迁户反响强烈的江滨路环城段6号地块等拆迁多年未能回迁安置的问题。转变服务方式，加强与各拆迁单位的协调，每月至少一次对交钥匙和可认购进展情况进行督查，解决拆迁安置过程中遇到的困难和问题。到年底，市本级安置房交钥匙10 353户，认购4606户。

物业管理 2007年温州市贯彻落实《浙江省物业管理条例》，结合本市实际，制定实施温州市《物业管理项目退出管理办法》、《物业专项维修资金使用、续筹实施方案》等规范性文件。实行物业管理准入制度，推行物业管理项目招投标制，加大物业维修资金和保修金的催缴力度，健全完善资金管理制度。推广物业管理“四位一体”模式，开展创优达标活动。至年底，市本级物业管理项目15个项目进行招投标，计108.3万平方米，收缴物业维修资金1.02亿元，保修金938.8万元；申报国家级示范项目1个、省级5个，评出市级示范项目3个、优秀项目28个。

房屋交易产权登记管理中心 2007年温州市房屋交易产权登记管理中心办理房产证35 269本，其中办理二手房买卖交易10 757本，成交面积114.45万平方米，交易金额105.99亿元。初始登记及总登记补登13 188本，日常变更和转移手续登记4208本。办理拆迁房屋权属证书4238本；证据保全48户；营业用房认定17件；办理营业用房产权变更登记62件。办理抵押登记44 485件，比上年增长3.8%，抵押面积798万平方米，抵押金额654亿元，房地产抵押注销登记35 135件。期房抵押登记4297件，期房抵押注销2715件。中心开展窗口“服务之星”评选，定期召开行风监督员会议。做好信访工作，网上“主任信箱”做到件件回复，答复率100%。获市文明委“文明服务示范点”、“温州市平安创建先进单位”等称号。

房地产业

概况 2007年温州市执行房地产市场的宏观调控政策，促进保障性住房和普通商品房的建设。开展房地产市场秩序专项整治活动，全市开展自查自纠的房地产开发企业172家，完成自查自纠的房地产项目200个，发现的各类违规现象65起，存在的问题基本得到纠正。规范房地产开发企业的资质管理，监督企业按照资质等级参与房地产开发土地的招投标活动，鼓励、引导房地产开发企业做大做强，全年新增7家二级资质房地产开发企业。提升商品住宅品质，金色尚品项目列入建设部住宅性能认定计划，南瓯景园通过国家康居示范工程达标验收。

房地产市场管理 2007年温州市完善房地产市场联席会议制度，市房产管理局发挥政府参谋作用，会同工商、物价、建设等部门，开展房地产交易秩序专项整治活动。抽查全市455家单位、73个在建项目，发现违法违规行为516项，除122家无证中介机构正在处理外，其余均处理完毕。完成房地产市场信息系统建设任务，启动新的“温州数字房产”系统建设。加强商品房预（销）售管理，市区和瑞安市、乐清市全面实施商品房网上公开销售制度，改变市场信息不对称的状况，保护消费者的知情权，促进商品房预售许可证制、购房合同备案制、实名购房制、期房限转制等各项制度的落实，遏制投机性购房和炒楼行为。

房地产开发 全年全市完成房地产投资192.49亿元，同比增长14.06%，占限额以上固定资产投资总量的26.09%。其中完成住宅投资143.63亿元，上升20.48%。新开工商品房572.61万平方米，增长18.68%，其中住宅426.45万平方米，增长18.36%；施工面积2465.56万平方米，增长6.87%，其中住宅1836.72万平方米，同比增长5.94%；商品房竣工面积535.12万平方米，下降28.37%，其中住宅405.32万平米，下降30.45%。

市政园林建设

城市道路建设 2007年温州市区完成惠民路整治工程。开工建设广化路鹿城段、新纺织路工程。完成民航路北段道路工程的土地征用报批和拆迁前期工作。大修、改造原有道路，提高道路通行能力。完成车站大道、新城大道、划龙桥路、吴桥路的道路维修工程以及仓根桥加固工程。全年完成维修道路16万平方米，调整更换平石1200米，桥梁维修24座次，桥梁清洗、油漆88座次。维修路灯3.5万余盏次，更换补装线路16 509米，新增路灯3306盏，

浙江中梁置业有限公司 创建于1993年，系专业房地产开发公司。坚持“诚信第一、品质为本”的经营理念，先后开发以下楼盘：山东菏泽牡丹小区安居工程（建筑面积25万平方米）、苏州·东城世纪广场（10万平方米）、金色尚城（11万平方米）、观澜丽宫（13万平方米）、温州中央公馆（6.4万平方米）、温州中梁·棕榈湾（4万平方米）、温州中梁银座（1.8万平方米）和温州香缇半岛（13.6万平方米）等，累计房产开发建筑面积计200多万平方米。其中，“中梁”胥江华庭与“中梁”东湖·春之韵房产被江苏省苏州市《姑苏晚报》和《现代快报》等众多媒体单位评为“苏州十大明星楼盘”与“苏州十佳楼盘”等称号，温州中央公馆受到广大用户好评。2008年“中梁”房产销售额30多亿元，实现房产品质与经济效益同步快速上升的战略目标。

“中梁”热衷公益事业，多次被苏州工业园区评为“光彩之星”。5月“中梁”捐资30万元资助四川抗震救灾。8月1日“中梁”捐款8万元慰问温海军部队。

1 棕榈湾
2 银座
3 中央公馆
4 香缇半岛

以上图片均为效果图

温州市京都房地产开发有限公司

成立于2000年3月3日，注册资金11 000万元，是一家具有房地产开发二级资质的股份制民营企业。

2001年7月，该公司在平阳县开发"京都花苑"、"京都国际大厦"。2002年，以招投标形式拍得市区商务中心区域原清明化工厂地块，开发"府东家园"商品房建设项目。该项目总用地面积61 068平方米，总建筑面积150 256平方米，于2008年7月交付。在规划、建筑设计中引入许多在温州尚属首创的元素，如户内花园、邻里花园、阳光地下室等。该楼盘获2003"中国优秀环境住宅设计大赛"金奖，在建设部科学技术委员会等部门组织"创新风暴·2004中国优秀住宅推介"的评选中获"中国景观环境示范住宅"称号，被中国保护消费者基金会评为"重质量·守信用单位暨高品质楼盘"。2005年2月，以全资控股方式在杭州开发高档楼盘"嘉泰·馨庭"。该项目总用地40 975平方米，总建筑面积106 469平方米，计划总投资8亿元，获"2006年全国人居经典建筑设计综合大奖"及"中国国际花园社区金奖"。2006年9月，在平阳县开发"华森家园"项目。2007年11月，该公司以14.1亿元的土地价竞得温州瓯海三垟黄屿C地块，建设"新京都家园"项目，该项目总建筑面积25万平方米。

该公司坚持高标准、高速度、守信用为建设开发宗旨，被中国建设银行和中国农业银行评为信用等级AAA级企业，并荣膺"中国（温州）城市发展运营商"、"浙江省房产行业诚信满意十佳优秀企业"，2005、2006年度"温州市纳税百强"等称号，董事长邵武荣膺首届"中国优秀房地产企业家"称号。

1 府东家园会所
2 府东家园的小桥流水
3 待建的新京都家园效果图
4 待建的新京都家园夜景图
5 待建的新京都家园景观鸟瞰图

路灯累计36 784盏，路灯专用变压器89座，市区亮灯率保持在98%以上。

给排水设施建设 2007年温州市加快污水处理和收集设施建设，滨海园区污水处理厂二期、东片污水厂一期建成通水试运行。文成、泰顺、瑞安、洞头、永嘉和苍南六个县（市）的污水处理厂建成并通水试运行。全市新增污水日处理能力32.3万吨，建成投入运行的污水处理厂11座。

加快配套管网建设，各县（市）新建主干管60公里，市区建成惠民路北段、汇源路、锦江路、吴桥路、西山南路、瓯海大道三垟段、瓯海大道永中段等排污干管工程计30.7公里。完成鹿城翠微片区污水整治工程，启动龙湾海城、天河、永中、龙瑶，瓯海三溪片区等污水收集和片区整治工程项目33项完成收集管网建设87公里。强化排水排污管道维养疏浚，疏浚雨、污水管道约137.1千米，清理检查井3529座，雨水口19 427座次，整改增设检查井55座，落水井85座，管道维修250.8米。

市容环卫设施建设管理 2007年温州市开工建设杨府山垃圾填埋场生态恢复工程。启动临江垃圾发电厂扩容工程前期工作，完成可行性研究。苍南垃圾焚烧发电厂进入设备调试。洞头县无害化垃圾填埋场一期工程竣工投用。文成、泰顺、乐清垃圾填埋场改造完成施工图设计。全市建成垃圾中转站30座(其中市区20座)，公厕100座（其中市区36座）。加强市容环卫设施管理，成立环卫设施普查小组，分阶段对市区1193.01平方公里内环卫基础设施的数量、质量、布局、管理、运转、归属情况等进行普查，完成相关数据统计、环卫设施分布图绘制，编制完成环卫设施普查成果汇集。加大公厕、垃圾亭的修缮、维护，完成8座公厕与4座垃圾亭的大修，18座垃圾转运亭和45座公厕的维修和粉刷。全年市区生活垃圾焚烧处置75.1万吨,总发电量17 274.73万度,垃圾无害化处理92%。

市政园林行业安全管理 2007年温州市市政园林局与各县（市、区）市政园林行政主管部门及局属各单位签订安全生产责任书，落实安全责任。开展市政园林在建工程、燃气、供水行业安全生产不定期抽查和专项检查，组织665人次，检查管道燃气及燃气储配（气化）企业44家、发出整改通知书15份；检查供水企业21家，发整改通知书1份；检查在建市政工程61个，发整改和停工通知书32份；检查市政桥梁121座，维修9座隐患桥梁。开展燃气事故预案演练、下水道作业紧急救援预案演练、机泵设备防护专项预案演练、城东垃圾场防汛抗旱应急预案演练及水厂漏氯紧急处理预案演练等大型预案演练5次，提高应急处置能力。加强对局属单位及市政园林企业进行宣传教育，培训企业管理人员2259人，企业员工8720人次。

供气管理 2007年温州市鹿城上陡门气化站综合楼通过竣工验收，永嘉瓯北气化站建成投入使用，苍南龙港、灵溪两地启动天然气利用工程建设。完成市区四家管道燃气企业整合，于6月底成立温州市管道燃气发展有限公司。全年建成燃气市政管道27千米（其中天然气管道13千米），新增管道燃气用户12 100户。

供水管理 2007年温州市开工建设温州西向水厂建设工程DN2400原水管道，完成管道安装366米。确定洞头大陆引水工程全线路径。完成灵昆段的施工招标，地质勘探霓屿段。加强农村供水工作，新增受益行政村73个、受益农村人口19.378万人。其中，龙湾区受益行政村39个，受益农村人口9.32万；瓯海区受益行政村11个，受益人口2万；永嘉、文成、洞头、平阳等县受益行政村23个，新增受益人口8.06万。加快“一户一表”改造工程，一户一表新增59 092户，累计245 690户。完成二次供水设施清洗消毒水池554个，计133 231立方米，水塔2968个。城镇出厂水水质综合合格率97%，市区99.81%。

公交服务 2007年温州市完善公交基础设施的建设，完成炬光园始发站桩基工程。经五始发站拆建项目、滨海园区1号公交始发站工程、永嘉桥头14路公交车站建设项目、桥头公交车站工程等进入招投标阶段。双屿交通枢纽站公交始

2007年度市区新增绿地面积一览

项目名称	绿地面积（公顷）
公园绿地	
惠民路、锦江路河滨绿化景观带	4
防洪堤二、三期绿化景观工程	4
龙湾区行政中心区市民广场	4
龙湾区天河镇新河公园	0.6
南白象东庄休闲公园	0.20
道路绿地	
汤家桥南路景观绿化工程	0.84
瓯海大道附属景观绿化工程	32.34
滨海园区维八路绿化工程	0.50
滨海园区经四路绿化工程	0.20
龙湾区行政中心区道路网绿化工程	7
居住绿地	
站南住宅区南瓯景园附属绿建工程	4.33
站南住宅区南瓯明园附属绿建工程	2.85
南塘大道安置小区绿化工程	5.55
其它绿地	
沙河生态示范村二期工程	0.58
三洋湿地一期旅游环境整治工程	0.40
郭溪、巨溪、南白象工业区绿化	0.10
龙湾区行政管理中心附属庭院绿化	6.0
沙城镇食品工业基地塘河绿化及永寿村绿化景观园	0.40
合计	73.89

发站准备进场施工。加强站牌维修管理，维修安装站牌4607块；制作安装和修复站杆站廊251个。全年新增公交线路1条，调整9条，总营运量15 993.5万人次，与2005年同期相比上升3%；总行驶里程7543.9万公里，同比上升3.8%。全年办理老年人乘车卡37 612张。

城市绿化建设管理 2007年温州市建成防洪堤二、三期景观绿地、惠民路、锦江路河滨绿地、天河镇新河公园、瓯海大道、汤家桥南路等绿化工程，全年实际新增城市绿地面积73.89公顷，完成文景花苑前绿地、城南立交桥立体绿化等工程，对机场大道、车站大道、等绿地进行补植。新建并完成马鞍池盆景园、华盖山资福阁工程，完成中山公园北大门及入口道路景观主体工程、九山公园亲水步道三期工程、景山动物园小兽笼舍改造等。

旧城改建

安置房建设 2007年是温州市旧城改建指挥部安置房建设进度最快的一年。各地块续建工程进展顺利，全年续建安置房23个地块，面积计159万平方米；竣工25.5万平方米，完成年度计划目标102%；结顶42万平方米，完成年度计划目标105%；新开工17.98万平方米，完成年度计划目标112%；完成府前街延伸段道路建设、大南路延伸段与锦绣路交叉口整治工程等公建配套工程，开工建设山前河桥梁驳坎工程、大士门路和广场路改建工程；各地块配套工程进展顺利。

拆迁工作 2007年温州市旧城改建指挥部完成龙泉巷以北（原长运公司以南）地块动迁工作，拆迁居民户98户（其中营业房18户），总拆迁面积约3200平方米。完成马鞍池10#楼的动迁工作，拆迁居民户72户（其中营业房16户），总拆迁面积约4997平方米。继续加大龟湖地块拆迁扫尾的工作力度，该地块动员搬迁拆迁户16户，尚剩余141户。

安置工作 2007年温州市旧城改建指挥部超额完成认购、安置、交钥匙等任务，完成住房认购1954户，完成年度计划目标103%。其中包括锦绣路2-1#地块426户，信河街中段二期334户，信河街南段（新政策）一期587户，信河街10#地块573户，提前安置各拆迁未安置地块的计37户。营业房安置98户，包括铁井栏危房地块乙类15户，任宅前乙类26户、丙类13户，解南营业房乙类（廛师里地块）44户。五马街营业房安置方案会审分隔完毕。初步编排兴文里、信河街2、3#地块营业房安置方案。单位办公房交付使用14家单位，会审定位12家单位，统筹编排安置方案共23个拆迁地块计248家单位。全年交付交钥匙1536户，完成年度计划目标的204%，其中包括铁井栏危房地块64户，信河街南段231户，房管南地块42户，外迁杨府山425户，信河街6#地块738户，现房安置36户。

城市中心区建设

概况 2007年温州市城市中心区指挥部实施“553城市提升计划”，推进新型城市化建设，拓展“五个一”民生工程，完成工程量约25亿元。指挥部获2007年度温州市重点建设先进单位、抗台救灾先进集体、全市实施“139富民攻坚计划”先进集体、招商选资金牌单位等称号。

中心区安置房建设 2007年温州市城市中心区建设指挥部完成安置房新开工面积43.5万平方米，竣工面积108万平方米，完成认购定位1113户，办理交钥匙5000户。

沿江防洪堤建设 2007年温州市区防洪堤三期二阶段工程（东方造船厂至会展中心，全长4800米）完成闭合2.3公里，完成工程投资额52 293万元。望江路改建工程（解放北路－安澜亭段）完成水门头－安澜亭段（宽30米，长960米）。完成防洪堤三期一阶段道路工程（安澜亭－东方造船厂，宽30米，长1260米）、防洪堤二期景观工程（解放北路－安澜亭，长960米）、防洪堤三期一阶段景观工程（安澜亭－东方造船厂、长约1260米）。

城市交通环建设 2007年温州市开工建设开源路，续建万源路，完成行政中心区1号路。开工建设东瓯大桥匝道接线工程。建成绣山路东段、惠民北路、永楠路等道路。

城市地下排污管网建设 2007年温州市完成惠民路北段污水干管、锦江路污水干管、汇源路污水干管及汤家桥南路污水泵站的建设任务。

公建项目建设 2007年温州市完成以下公建项目。工人文化宫及总工会大厦主体工程基本建成，进入内装修，2007年完成工程量1亿元，累计2.2亿元。大剧院土建工程和钢结构基本完成，2007年完成工程量1.49亿元，累计3.1300亿元。便民服务中心：2007年完成工程量420万元，累计1180万元。妇女儿童活动中心：2007年完成工程量2413万元。人才公寓（聚英家园）：工程分两期建设，一期Ⅰ标段8号楼主体施工至十九层，9、10号楼主体施工至十八层，11、12号楼主体施工至十七层；Ⅱ标段于2007年12月底开工。纪检监察案件检查工作站：2007年12月开工建设，总建筑面积8203平方米，概算投资4559万。公建配套工程如杨府山住宅区配套农贸市场、8号地块垃圾转运站及公厕、8#地块小学、核心区幼儿园、小学、文化中心、商业配套工程、中心广场前期工作进展顺利。

滨江商务区建设 温州市区滨江商务区西起环城东路，南以江滨路、黎明东路及黎明河经府东路、学院路、汤家桥北路和蒲州河延伸至沿江路和机场路为界，东北以瓯江为界，主要由洪殿片区、会展商务区和商务南片区三部分组成，规划总用地面积约11.5平方公里。2007年滨江商务区道路工程建设完成汇源路工程，造船厂路（望江路至江滨路）、高田路、汤家桥北路三期、黎明东路延伸段（府东路—江滨路）一期、商务六路一期（黎明东路—商务二路）、沿江路电缆沟等工程进场施工。会展商务区安置房一期（6万平方米）于11月开工，洪殿片区安置房1号地块于12月底开工，天盛地块安置房前期工作完成。

拆迁工作　2007年温州市城市中心区建设指挥部完成以下居民拆迁：上田村一期、二期地块开展拆迁扫尾工作，完成院落丈量，完成临时协议转正式协议203户。惠民北路开展拆迁扫尾工作，临转正70%。汤家桥北路地块开展拆迁扫尾工作，组织500多人对8户人家进行强制拆除。12月17日，对五仑头安置地块动迁，拆除30户。协议拆迁航运宿舍（原木材厂内）7户。二医大楼周边居民旧房拆迁签订正式协议4户。对洪殿街区拆迁进行摸底工作，完成前期调查建档工作，计户数1302户。防洪堤工程单位拆迁：完成温州海事局、海警二大队、温州面粉公司、建瓯励壳经营部、石泥砂公司浦东经销站、黎二村过船闸、金属材料总公司、建筑材料公司等9家被拆迁单位的拆迁工作。洪殿街区单位拆迁：与利尔电器集团、台联电镀、黎明印刷机械厂等3家企业签订正式协议，达成初步意向13家单位。完成五仑头航运技校、三桥匝道范围的公交车站、巨一小学（“一百”仓库）3家单位的拆迁工作。完成滨江商务区范围内的工业企业调查摸底工作，计企业258家，占地面积2415亩，建筑面积104万平方米。

征地工作　2007年温州市城市中心区建设指挥部完成征地1772亩，包括城区防洪堤三期225亩、灵昆安置区819亩，高田路道路工程16亩，天盛一期安置房地块31亩、正岙村85亩、娄桥街道东耕村202亩，葡萄棚村89亩、滨海园区筑城村与西前村180亩土地，汤家桥路125亩。完成中心区E18地块、F31地块一期、二期安置房、惠民路四期、府东路二期、中心区1号路、市区四营堂、造船厂路、广化水闸土地划拨手续。

城市建设档案管理

概况　2007年温州市城建档案馆被归为监督管理类事业单位。是年，该馆对全市1994～2003年已竣工尚未归档的工程档案进行清查统计，计777份。参加工程竣工验收及业务指导218次，接收工程项目259个，著录编目上架共8037卷。外出拍摄录像照片121次，形成录像资料1053分钟，存档817分钟，拍摄照片5000多幅，编理归档1810幅，征集到有价值照片（包括地图）190幅。根据社会需求，开拍专题《温州古街区》、《温州城市雕塑》、《温州十大古村落》。

全年接待查档人员1250人次，调阅档案1729卷，复印15 933页，复制照片205幅。

2007年市城建档案馆通过省一级档案馆的复评，连续十一年被评为市级文明先进单位，被档案局评为“2004～2007年度全市档案工作优秀集体”。

城建档案队伍建设　2007年温州市城建档案馆向社会公开招聘工作人员1名，两名技术人员被省档案局评为“副研究馆员”。乐清城建档案室编制问题得到落实，苍南、洞头、文成等城建档案室人员由原先的兼职转为专职。举办城建档案知识继续教育培训班一期，学员计160人；接待咨询档案管理业务知识人员48人次。论文《也谈温州城市标志性雕塑》被《浙江建设》期刊采用，获市规划学会优秀论文奖。

2007年温州市城建档案主要分布情况

单位：件

温州市城建档案馆	民用建筑类 38 290	工业建筑类 11 384	市政交通类 4865	勘测类 2912	城市规划类 23 233	照片 13 935	管线 3526	录像光盘 953	其他 3165	合计 102 263
温州市房管局	产权类 602 735	地籍类 30 145	私房落实类 4159	房产登记类 524册(注销534册)	丘形图 10（233幅）	其他类 6253				644 049
温州市国土资源局（包括鹿城、龙湾、瓯海）	地籍类 595 032	建设用地类 48 140	利用规划类 799	土地监察类 4446	其他类 164 492					812 909
温州市旧城建设指挥部	旧城拆迁类 18 685	其他 2619								21 304
总　　计										1 580 525

温州发展有限责任公司 是温州市交通基础设施国有龙头企业。公司以“发展温州，服务社会”为宗旨，致力于温州交通基础设施建设，经营产业包括高速公路、交通桥梁、城市供水、工程咨询监理设计以及相关配套设施，拥有多家全资、控股和参股企业。公司连续多年获温州市“纳税百强”称号，2008年获温州市“百强企业”称号，并被浙江省银行学会等多家金融机构评定为“信贷诚信企业”、“AAA级信用企业”。

高速公路建设是公司核心业务，公司承担温州绕城高速公路北线、诸永高速温州段延伸线瓯江过江通道等省、市重大交通基础设施项目投资任务。公司秉承“稳健，务实，开拓，创新”经营理念，倾力构建“管理科学，运作稳健，绩效优良，实力雄厚”的行业龙头企业。作为温州国有交通基础设施投融资主体企业，温州发展公司根据市委市政府建设“三个温州”、实现“三次跨越”奋斗目标和实施“六大百亿工程”总体部署，提出并确立了打造温州市交通资产经营企业集团战略定位和“经营模式向集团化管理模式跨越、资产规模向百亿规模等级跨越、资产经营向资本经营跨越”规划前景以及运作思路。当前，公司正在认真落实国家关于加快交通基础设施建设，扩大内需，促进经济增长的宏观调控政策，紧紧把握机遇，突出重点，强力推动在建工程进度，积极整合优质资产，为加大投资，拉动内需，促进省域中心城市建设，推进我市经济社会又好又快发展发挥基础和导向性作用。

温州发展公司下属单位简介

温州大桥管理处 是经市政府批准成立的事业单位，主要职责是对甬台温高速公路温州大桥段实行车辆通行费征收、道路养护、日常管理和周边开发经营。多年来，该处积极倡导“以人为本，服务至上”管理理念，不断完善“标准化、规范化、系统化”管理，率先在全省交通系统导入ISO9001质量管理体系和形象视觉识别系统，成功打造出温州大桥高速公路营运管理品牌，取得了显著的社会效益和经济效益。管理处先后获全国创建文明行业工作先进单位、省级“文明单位”、省级“青年文明号”、省交通行业文明示范窗口和“三星级公路收费站”等荣誉称号。

温州绕城高速公路有限公司 系温州发展有限责任公司全资子公司，2004年6月18日注册成立，是温州绕城高速公路北线项目业主。该公司坚持管理创新，技术创新，机制创新，首开我市资本金政策性软贷款先河，将34亿元概算资金一次性融资到位，拓宽了温州基础设施建设资本金融资渠道。公司全面实施工程建设信息化管理系统，引进“三位一体”审计模式，切实履行项目法人职责，促进了工程项目有序实施。绕城北线项目将于2009年建成，届时将形成环温州都市经济圈“交通黄金大动脉”，增强中心城区辐射力，对促进温州经济社会长远发展具有重要意义。

温州市高速公路投资有限公司 成立于2000年12月，系温州发展有限责任公司控股子公司，专业从事温州市境内高速公路和配套设施建设投资。公司充分发挥筹融资平台作用，相继参与投资建设了甬台温、金丽温高速公路温州段两个项目，为完善我市高速公路路网建设，驱动社会经济发展，加快联接“长三角”、“珠三角”，尽快建成现代化交通枢纽城市，促进温州经济社会又好又快发展，做出了积极贡献。

温州瓯江通道建设有限公司 系温州发展有限责任公司控股子公司，根据市委市政府建设诸永高速公路温州段延伸工程瓯江通道项目总体部署于2007年12月按现代企业制度要求重组，是诸永高速公路温州段延伸工程瓯江通道项目业主单位。公司认真履行项目法人职责，积极参与工程建设指挥部项目前期工作，为加速温州区域经济发展，拉大温州城市框架，促进瓯江两岸开发建设作出积极贡献。

温州市交通工程咨询监理有限公司

成立于1995年11月，是温州发展有限责任公司全资子公司，具有国家交通部批准的公路工程甲级、交通工程乙级、水运工程丙级监理资质、公路工程乙级咨询资质、丙级设计资质和特殊独立隧道专项监理资质。公司历年监理高等级公路、桥梁、隧道工程百余项，工程合格率100%，国家和省重点工程优良率100%，企业形象良好，赢得社会各界赞誉。公司曾先后获温州市人民政府“温州市文明单位”、“高速公路建设先进单位”、“温州市创建信用企业先进单位”等荣誉称号。

温州市泽雅水库管理站 是经市政府批准成立的事业单位，承担泽雅水库日常管理、安全保护和库区利用开发职责。多年来，该站坚持科学管理，规范运营，坚决执行市防汛办调度令，合理调蓄库容，充分发挥水库防洪抗旱功能，在确保水库大坝安全的前提下实现原水供应量稳中有升，取得了良好的社会效益和经济效益，为温州市区防洪、抗旱以及改善供水水质、保障城区供水安全作出了突出贡献，先后获市级“文明单位”、“花园式单位”、“先进职工之家”等荣誉称号。

温州市车辆停泊开发服务有限公司

成立于2000年9月11日，系温州发展有限责任公司全资子公司，主要从事城市道路停车咪表管理以及场库设施和相关技术的开发投资，属当前国家重点鼓励发展的社会公用性事业。公司遵循“扩大规模，强化管理，提高素质，增加效益”的发展思路，按现代企业制度规范运作。由于社会各界大力支持，公司已在市区主要街道发展泊位1800余处，有效地改善了我市道路临时停车秩序，缓解了市区停车难矛盾，为温州市创建全国文明城市工作做出了积极贡献。

1 温州绕城高速公路北线项目仰义枢纽效果图
2 温州大桥主桥
3 诸永高速温州延伸段工程之跨瓯江特大桥效果图
4 泽雅水库库区
5 甬台温高速与金丽温高速南白象互通枢纽

重点工程建设

综　述

2007年温州103个市重点建设项目完成投资300.95亿元，占年度计划投资105.6%，同比增长18.8%，超额完成年度计划目标，是历年来完成投资最好的一年。按行业分：农水项目完成投资35.7亿元，交通项目完成投资82.2亿元，电力项目完成投资44.1亿元，工业项目完成投资64.2亿元，社会发展项目完成投资8.7亿元，城市建设项目完成投资66.0亿元。按区域分：市（省）直项目完成投资217亿元，鹿城区完成投资12.5亿元，瓯海区完成投资3.9亿元，龙湾区完成投资3.9亿元，经济开发区完成投资17.6亿元，乐清市完成投资9.3亿元，瑞安市完成投资5.1亿元，永嘉县完成投资14.5亿元，苍南县完成投资7.4亿元，平阳县完成投资2.4亿元，洞头县完成投资2.2亿元，文成县完成投资1.3亿元，泰顺县完成投资4.1亿元。

建成项目25个：41省道永嘉段改建三期、57省道平阳段战备公路、58省道分泰线改造工程、瑞安东新公路、文泰线文成段公路改建、瓯南大桥、市乡村康庄工程、温州移动行政村村村通工程、苍南垃圾发电厂、500KV双丽瓯回输电线路工程、浙江瑞明汽车部件有限公司项目、浙江显峰汽车配件有限公司、温州金州集团外贸实业公司项目、浙江天信仪表有限公司项目、文成中学、乐清市区污水处理一期工程、文成县城污水处理厂、苍南县城污水处理厂一期工程、泰顺污水处理厂、龙湾区（东片）污水处理厂一期、瓯北污水处理厂、洞头县城南污水处理厂工程、瓯海大道、泰顺新城大道、平阳县昆鳌大道拓宽工程等。

开工项目22个：楠溪江引供水工程、飞云江堤防工程、市铁路新客站站前区河道改造工程、500KV乐清电厂至温东输电线路、市电镀基地标准厂房建设项目、市级示范标准厂房建设项目、苍南临港产业带基地合成革项目、慎江阀门有限公司项目、德嘉木业有限公司项目、瑞立集团有限公司项目、温州大丰农业中心、强强集团有限公司项目、温州市妇女儿童活动中心、温州医学院附一院迁建、杨府山中央商务区道路及安置房建设、瓯海经济开发区道路工程、南塘大道仙岩段、江滨路龙湾段、茶白公路拓宽工程、温州龙湾农产品物流中心、洞头旅游综合开发项目、国家鞋类质量检验中心大楼工程等。

2007年温州市重点工程进展情况（新建、续建项目）　　单位：万元

序号	项目名称	建设规模	总投资	开工累计	形象进度部位
	一、农水项目				
1	温州半岛浅滩一期	建海堤坝9.248公里，围堤16.662公里，围涂3.05万亩	122 100	123 903	北围堤及灵霓海堤主体工程已建成通车；北堤水闸一期主体完成；东围堤基础处理已完成，堤身抛石基本完成，护面部分完成；南围堤基础处理已完成，抛石、护面部分完成
2	苍南江南海涂围垦	围垦面积4.37万亩，海堤长13.1公里	94 449	17 983	施工道路完成8.1公里，北堤完成1.7公里，舥艚堤完成500米
3	温州市西向排洪工程	排洪线路全长6285.1米，设计排水量350立方米/秒	75 000	23 105	梅屿隧洞完成土石方57万立方米，上半洞已贯通，进口段土石方开挖已完成，进口洞脸固灌浆、锚喷支护完成，右侧护坡挡墙完成。温瞿公路桥和104国道桥施工
4	温州市城区防洪堤三期	百年一遇防洪堤6064米	191 442	109 897	A段安澜亭至东方造船厂已完成；B段东方造船厂至会展中心已开工三个标段中，东方船厂－天盛地块段完成83%，天盛地块－海事局段完成82%，涂村－会展中心段完成51%

续表1

序号	项目名称	建设规模	总投资	开工累计	形象进度部位
5	七都标准堤塘工程	百年一遇标准堤，长15公里，水闸三座，净宽18米	65 670	10 805	完成北堤水上施工平台全部搭设；完成灌柱桩造孔3.5万平方米，灌注桩砼浇筑1.75万立方米；老涂水闸桩基施工全部完成；南堤、东堤、吟州堤设计招标完成
6	楠溪江引供水工程	永嘉输水线路总长18公里；乐清白石水厂一期20万立方米/日，隧道工程3.8公里	93 681	11 575	10月27日开工
7	洞头县渔港工程	中心渔港防坡堤长1200米，驳岸长940米，码头长600米，泊位17个	25 498	13 509	防波堤建成；渔用码头完成土工布敷设，完成4.8高程堤身抛石填筑
8	洞头(温州)陆域引供水工程一期	近期日引水7万立方米/日，远期日引水10万立方米/日	25 593	9664	灵霓海堤段基本完成土建工程，钢管安装1560米；龙湾陆上段开挖沟槽1000米，钢管安装300米；霓屿段引水隧道进场施工；涉海段完成施工招投标
	二、交通邮电项目				
9	温福铁路浙江段	Ⅰ级国铁69.26公里	488 346	360 000	完成路基土石方415万方；特大桥施工7座，完成28 069成桥米；大桥施工7座，完成1456成桥米；全线隧道14.5座，完成19 862成洞米，已全部贯通，二衬完成9座
10	甬台温铁路	Ⅰ级国铁282.42公里，其中温州段94.21公里	1 628 419	1 090 000	全线完成路基土石方1044万方；特大桥施工36座，完成72 177成桥米；大桥施工34座，完成10 179成桥米；隧道58座，完成84 679成洞米
11	温州机场扩建工程	新建航站楼2.27万平方米，新建站坪6.63万平方米，改造航站楼1.16万平方米，道路1.2万平方米，停车场2.1万平方米	35 755	30 198	航站楼完成一、二层砖砌体、玻璃幕墙安装；内装修已进场；站坪工程完成混凝土道面95%
12	诸永高速公路永嘉段	高速公路双向四车道，全长64.6公里	526 219	327 212	累计完成路基工程91.2%、桥梁工程95%、隧道工程90.2%
13	绕城高速公路北线	双向六车道高速公路，主线全长26.6公里，路基宽33.5米，连接线3.7公里	331 100	239 384	土建工程完成81.7%，完成路基79.8%、桥梁工程71.6%、隧道工程95.1%
14	104国道永嘉段改建	全长20公里，路基宽25.5米，楠溪江跨江桥一座	57 080	39 888	路基工程完成59.3 %，桥梁工程完成77.1%；隧道工程完成89%
15	104国道乐清湖雾至清江段及虹桥段	湖雾至清江段28.6公里×30.5米，二级公路标准，虹桥段8公里×32米，一级公路加宽标准	70 200	26 909	湖雾至清江段完成总工程量64%，其中路基完成62%，桥梁完成91%，隧道完成72%，路面完成11%；虹桥段监理招标已完成
16	飞云江三桥及接线工程	长18.1公里，其中一级公路标准11.58公里，路基宽33.5米	90 045	72 447	主桥已合拢，路面开始施工
17	57省道文成段及文青公路二期	山岭重丘二级公路18.2公里，路基宽8.5米，路面宽7米	22 924	19 105	路基、路面工程基本完工；桥梁工程：桥台完成14个，占58.33%；隧道工程完成87.0%，二次衬砌完成56.06%
18	78省道苍南段改建	全长54.5公里	57 648	41 774	鹤顶山、顶魁山、云脚隧道贯通，完成路基填方57万立方米、挖方325万立方米，挡墙砌筑2.8万立方米、桥梁部分下部结构及桩基

续表2

序号	项目名称	建设规模	总投资	开工累计	形象进度部位
19	瑞枫公路瑞安至湖岭段	全长37.84公里，二级公路标准	69 273	33 745	完成路基41%、桥梁20.9%、隧道21.6%
20	洞头连港环岛公路	二级公路，全长20.8公里，其中隧道三座	20 437	12 491	建成风打岙至双朴隧道段，开工建设铁炉头至白迭段
21	龙湾港区一期改造	改造2个万吨级泊位及相应的配套设施	19 841	3351	完成港区堆场、道路、水电设施等改造；生产及管理辅助区工程按施工
22	七里港区二期工程	新建2个2万吨级泊位及配套	39 334	6838	陆域形成、水电安装施工、设备采购制造等
23	状元岙港区一期工程	2个5万吨级（兼靠10万吨）码头泊位2个	69 000	68 899	码头主体完成，道堆工程完成86.7%，附属配套管理房工程施工
	三、电力项目				
24	浙能乐清电厂	4x60万千瓦燃煤机组	1 080 000	494 584	一期主体建筑基本完成；机务部分：1#锅木体酸洗结束，#2锅炉水冷系、过热系统、再热系统已基本完成，#1机组扣缸完成，汽机本体二次灌浆完成；电气系统：输煤系统皮带机已完成试运转，码头变、PC及#1斗轮机已受电，启备已开始安装
25	500KV温东输变电	线路58公里，变电容量750兆伏安（500KV扩建间隔2个）	36 061	19 872	土建施工基本完成；温东变至瓯海双回线路工程已完成基础40座，立塔35座
26	500KV双丽瓯回输电线路工程	线路168公里；其中温州段为25.23公里	29 382	29 626	7月15日投运
27	500KV乐清电厂至温东输电线路	500KV输变电线路131.4公里（光纤通信）	36 548	9500	基础已完成99基，立塔55基，组立交塔3基
28	220KV输变电工程	线路577.9公里，主变总容量4860兆伏安	266 678	134 118	灵溪、东新一、二期、江北输变电、蒲州3#主变扩建已投运
29	110KV输变电工程	线路289.2公里，主变总容量2801兆伏安	164 265	90 183	潘岱、凤江、黎明、城东、西岸、纬八、县城、安阳、矾山升压、龙新输变电、新府一、二期输变电、上戍、横屿输变电、郑楼输变电、经二、直洛一、二期、下杜、新区一、二期、宋家扩、营州扩建、官庄输变电工程投运
	四、工业项目				
30	滨海新区	总规划面积40平方公里，总建筑面积2100万平方米，道路面积772万平方米，工业厂房建筑面积206万平方米	2 000 000	761 257	在建企业62家；滨海园区二期基础设施施工
31	市电镀基地标准厂房建设项目	在龙湾、瓯海等7个县（市、区）建设7个电镀基地，总用地规模1500亩	150 000	21 000	龙湾标准厂房电镀基地一期完工6.79平方米，瓯海郭溪电镀已进场施工
32	市级示范标准厂房建设项目	在瑞安、乐清等7个县（市、区）建设10示范标准厂房，用地5000亩，建筑面积500万平方米	5 500 000	85 000	瑞安汽磨配产业基地北区一期完工，瑞安云江、洞头南塘平阳郑楼光机电标准厂房、乐清经济开发区二期（翁垟）标准厂房已开工建设
33	温州中国鞋都产业化项目三期	总建筑面积140万平方米，道路及绿化面积37.5万平方米	118 000	177 846	在建64家企业，50家厂房结顶；12条道路已建成通车；安置房35 000平方米桩基施工
34	温州（鹿城）轻工产业化项目	启动建设6.65平方公里，其中工业用地186.54万平方米	236 091	170 189	首批22家入园企业全部建成；第二批24家企业进场施工，15家完成主体；第三批12家企业开工建设；市政道路“九路三条”施工

续表3

序号	项目名称	建设规模	总投资	开工累计	形象进度部位
35	浙江永嘉工业园区	总用地15平方公里，建筑面积1 598 840 平方米	480 000	516 655	企业竣工38家；供地52家，进场企业43家；建设基础设施21个
36	乐清经济开发区产业化项目	总建筑面积300万平方米，其中，厂房、仓储270万平方米	300 000	284 670	一期企业完成，二期企业进场施工，基础设施建设
37	苍南温州家具产业化项目	规划用地3000亩，一期19家企业	87 300	88 960	19家企业进场施工
38	灵江山海协作工程彭月基地	用地3500亩	200 000	31 608	已建成投产8家； 续建2家；新开工12家；即将建成投产1家
	五、社会发展项目				
39	温州大学新校园	建筑面积93.3万平方米	250 000	185 840	原温大E区学生公寓一期施工，化学与生命楼、风雨操场前期准备及施工；三期景观施工。原师院校区4#、7#工程施工；C区学生公寓A1待验收
40	温州医学院新校园	总建筑面积480 000平方米	90 000	86 920	中试基地工程完工
41	温州医学院附一院迁建	建筑面积348 620平方米左右	230 000	21 362	土方开挖完成总量的三分之一，基坑围护完成60%，砖胎模完成总量的1/8
42	温州二医住院楼	建筑主体21层，总建筑面积39 811平方米	9978	6352	进入二次装修阶段
43	温州中西医院病房大楼工程	建筑面积51 761.5 平方米	16 000	6172	完成主体24层柱及25层梁板；完成1~12层砌体工程，13~16层砖砌体工程开始
44	温州大剧院	建筑面积31 013平方米，地下5489平方米	65 405	43 982	钢结构已完成，幕墙完成85%，内墙彻筑完成正在灰。舞台设备、灯光音响已进场预埋，内装开始招标前期工作
45	温州市工人文化宫	总建筑面积87 000平方米	33 000	35 572	幕墙裙楼已基本完成，内装已基本完成四层
46	温州市妇女儿童中心	总建筑面积15 980平方米	13 000	3423	主体结构已进入三层施工
	六、城市建设及基础设施项目				
47	杨府山中央商务区道路及安置房建设	汤家桥路三期、黎明东路延伸、商务（四、五、六）路、滨江路、加州路、洪福路等10.8公里，北侧安置区工程一期21.2万平方米	150 000	30 679	汤家桥路三期工程已全面铺开，杨府山北侧安置区工程一期、商务六路一期、黎明东路延伸、沿江路电缆沟等准备进场施工
48	温州市东片排污主管网项目	D300-D2200污水管网146.8公里，泵站4座，用地98亩	48 775	20 117	主干管完成5598米，支干管完成1772米，截污纳管完成42 331米，沉井完成79座，检查井完成2410座；温州工业园区截污纳管完成7000米，标准厂房截污纳管完成7000米
49	永嘉西向供水厂	隧洞管道总长19.4公里，最大输水流量1.39立方米/秒，桥头水厂日供水6万吨，桥下水厂日供水4万吨	15 540	5010	隧洞开挖全部贯通，并阶段验收；提水泵站完成主体工程，机电设备安装，及钢筋筒砼管安装、隧洞砼衬砌和底板砼浇注；桥头水厂用地协议已签订
50	平阳城区片珊溪引供水工程	总规模为15万吨/日，一期为5万吨/日	11 726	6331	完成郑楼和万全轻工基地片区供水管网建设，完成净水厂土建试桩，完成滤池桩基础验槽、基础底板钢筋绑扎、综合池桩基施工
51	泰顺县城关引供水工程	日供水3万吨/日，远期6万吨/日	4629	4120	一标主洞开挖1556米，隧洞贯通；二标平洞开挖2735米，隧洞贯通，完成供水管道土建工程80%；完成净水厂土建工程；完成3.25公里管道安装

续表4

序号	项目名称	建设规模	总投资	开工累计	形象进度部位
52	七都大桥	双线六车道，主桥长2067米，宽34米	42 400	12 006	第一合同段陆地基础完成4根，另开孔2根，水上基础桩开孔1个；第二合同段施工准备
53	乐清市城市中心大道	城市Ⅰ级主干道：14.7公里×60米，支线3.21×30米	79 000	41 639	乐成段路基准备验收。象阳Ⅰ段路基回填已全部完成，桥梁基本完工；象阳Ⅱ段9号桥水泥搅拌桩已全部完成，桥桩完成12根；象阳Ⅲ段路基工程进入收尾阶段；柳市段12号桥桥面铺装，13号桥基本完成
54	温州南塘大道仙岩段	道路全长5200米，宽50米，互通立交1座，高架桥1座，隧道1座，安置房建筑面积9万平方米	43 000	9281	路基工程施工
55	龙湾南洋大道	全长4.298公里，宽40米，房屋拆迁1万平方米，用地280亩	22 338	14 477	搭板、平、侧石安装，雨水管、镀锌钢管安装，公交站台加固，水稳层浇注，搅拌桩、挡土墙、电缆管道施工
56	温州城市生态园	占地面积130平方公里。包括水环境治理、生态景观修复、基础设施建设、旧村搬迁整治、旅游设施建设等工程	500 000	43 747	三垟湿地保护及配套中局部已开工；三垟大道（黄屿段）、湿地一期旅游环境整治工程、南仙路建设工程等正在施工

沿海产业带建设

概况　规划建设中的温州沿海产业带是一条以拟建或在建的沿海快速通道（甬台温高速复线和滨海大道）为主轴，以“一轴六片十二产业区”为总体空间布局，向西至滨海大道沿线乡镇，向东至东海，由北至南依次包括乐清、瓯江口（洞头）、龙湾、瑞安、平阳、苍南等六个片区的沿海带状经济体和产业走廊。根据《温台沿海产业带发展规划温州市实施规划》构想，温州沿海产业带立足温州，依托都市经济圈，面向长三角，对接海峡西岸地区，将建设成为具有现代产业体系，设施先进，布局科学，生态环境优美，引领都市经济圈发展水平提升的产业新城、统筹和谐示范区和改革创新试验区。

乐清片规划建设　该片区包括乐清的乐成镇、翁垟镇、黄华镇、天成乡、蒲岐镇、南岳镇、南塘镇等7个乡（镇），陆域面积244平方公里，其中2020年前围涂可新增38.8平方公里陆地。近中期重点建设乐清湾临港产业基地和乐清经济开发区两个产业区块。其中，乐清经济开发区：规划面积约40平方公里，发展电工电器、电子信息、仪器仪表、机械装备和船舶修造等产业。乐清湾临港产业基地：规划面积约32平方公里，培育钢材、煤炭、建材等大宗散杂货储运业和集装箱运输业，壮大船舶修造、电力能源及设备、新材料、石化产品加工等临港工业。2007年开工建设南片集装箱区围海工程，编制完成5万吨级集装箱码头可行性研究，开展阿联酋迪拜国际货柜集团公司集装箱码头等招商项目。

瓯江口（洞头）片规划建设　该片区包括龙湾灵昆镇，洞头大门镇、元觉乡、霓屿乡、北岙镇、东屏镇等6个乡（镇），以及温州半岛工程围垦形成的陆域，乡镇陆域面积245平方公里，2020年前围涂可新增134.5平方公里陆地。近中期重点建设大小门岛石化产业基地、状元岙临港产业基地、半岛产业基地等三个产业区块。其中，大小门岛石化产业基地：规划面积约32平方公里。着重发展以石化工业为主的重化工业和电力能源等配套业。2007年开工建设大门黄岙二期围垦促淤工程，完成小门岛西片围垦各项报批，岛际围垦工程、岸线利用规划和30万吨进港航道可行性论证通过评审。神华集团煤多基联产IGCC项目和浙江鸿润石化有限公司小门岛年产150万吨重交沥青项目在大小门岛石化基地完成选址工作。状元岙临港产业基地：规划面积约54平方公里，规划建设临港保税物流园区，构建优势特色产业的出口加工基地。2007年建成状元岙深水港一期工程2个5万吨级多用途码头主体工程，完成状元岙港区控规审批，港区围垦工程第二、三施工段进场施工，霓北临港产业基地促淤堤项目立项。半岛产业基地：规划面积约46平方公里，发展机械装备、整车制造业、高新技术产业。2007年，半岛起步区控制性详细规划审批发布，编制完成市政设施专项规划，进行市政设施和首期Ⅰ号地块标准厂房工程的地质勘探、工可报告编制等工作。

龙湾片规划建设　该片区包括龙湾海滨、永兴、沙城、天河、海城等5个街道（镇），陆域面积约165平方公里，2020年前围涂可新增35.8平方公里陆地。近中期重点建设温州民营经济科技产业基地和温州滨海工业园区等两个产业区块。其中，温州滨海工业园区：规划面积约25平方公里。立足创新提升机械装备、汽摩配等优势特色产业，培育电子信息、环保能源和生物医药等高新技术产业。温州民营经济科技产业基地：规划面积约50平方公里。培育电子信息、机械装备等产业和高新技术产业，承接部分传统优势特色产业转移。2007年9月3日，市委、市政府下发《关于温州民营经济科技产业基地建设的若干意见》，成立温州民营经济科技产业基地建设协调委员会，开展方案制定、规划编制等前期工作。实行市、区两级联动，做好规划深化、环境评价、政策处理、征地拆迁等工作。

瑞安片规划建设 该片区包括塘下、汀田、莘塍、上望、东山、飞云等6个街道（镇），陆域面积约330平方公里，2020年前围涂可新增83.0平方公里陆地。近中期重点建设瑞安东工业区和瑞安经济开发区。其中，瑞安东工业区：规划面积约22平方公里。立足集聚塘下及周边乡镇的汽摩配产业转移，完善产业链，引进和培育特种车制造，形成整车制造带动、汽摩配产业配套的汽摩产业基地。瑞安经济开发区：包括北区、南拓展区两个区块，规划总面积约40平方公里。发展机械装备、新材料、船舶修造、水产品加工及高新技术产业，建设兼具城市功能的滨江（海）工业新城。2007年统筹规划总计11万亩的围垦用地，确定分期建设、滚动开发。阁巷围涂工程堵口初步合拢。

平阳片规划建设 该片区包括平阳县的榆垟、宋埠、昆阳、西湾、鳌江等5个乡（镇），陆域面积约258平方公里，2020年前围涂可新增35.2平方公里陆地。近中期重点建设平阳临海产业基地。该基地主要包括宋埠镇东片，以及西湾-宋埠围垦区和平阳中期围垦的北部地区，规划面积约22平方公里。重点发展机械装备、优特钢等临港产业。2007年有12家企业入驻宋埠墨城区块。

苍南片规划建设 该片区包括苍南县的龙港、芦浦、舥艚、炎亭、金乡、石坪、大渔、龙沙、中墩、赤溪、渔寮、沿浦、霞关等13个乡（镇），陆域面积约403平方公里，2020年前围涂可新增48.3平方公里陆地。近中期重点建设苍南临港产业基地和苍南工业园区（龙港）。其中，苍南工业园区（龙港）：规划面积约9平方公里。立足培育印刷包装、礼品等传统优势产业，发展新材料和设计创意等产业。苍南临港产业基地：规划面积约30平方公里。依托苍南电厂建设和舥艚港区开发，发展优特钢、精细化工、电力能源、新材料、船舶修造和港口物流等临港产业。2007年该基地3413.2亩的启动区控制性详规、防洪规划、环评规划获批复，15家企业入驻启动区。

瓯江口区域开发建设

概况 2007年是温州市瓯江口区域进入整体开发建设的第二年。市第十次党代会将瓯江口区域的开发建设作为全市“三大新区”之一建设，提出“五年出效益、十年显雏形、十五年见新城”的发展目标。市瓯江口开发建设总指挥部推进半岛浅滩围涂工程、状元岙深水港和石化基地“三大工程”建设，开工黄岙二期、灵昆北段标准堤、蓝田航道整治、深水港附属楼、东防洪堤、综合楼6个建设项目，完成深水港8、9#码头、围垦堤、东防洪堤3个建设项目。全年完成投资额6.37亿元,保持瓯江口区域开发建设的良好势头。

3月，温州市人民政府通报表彰嘉奖瓯江口开发建设总指挥部。4月，灵霓北堤和浅滩一期北围堤工程通过省水利厅验收，被评为优良工程，其中灵霓北堤Ⅰ标段获浙江省钱江杯优质工程奖，Ⅱ标段和浅滩一期北围堤获国家水利工程最高奖——大禹奖，这是温州市水利工程首次获得以上两个大奖。

半岛浅滩围涂工程 2007年半岛工程完成投资额3.19亿元，完成年初确定的投资计划的177%。浅滩一期东围堤和南围堤工程完成基础处理施工，基础工程全线贯通；浅滩二期围涂小霓屿促淤堤工程组织施工招标。浅滩二期围涂（南堤东段）工程项目经省发改委批复立项，南堤东段促淤堤项目建议书上报审批。

状元岙深水港一期工程 2007年状元岙深水港围垦和码头一期工程完成投资额2.62亿元，累计完成投资额10.4亿元。港区8#、9#多用途泊位及一期围垦工程通过交工验收，综合楼等房建工程主体结顶，道路堆场大部分形成；岸边集装箱起重机等设备到港安装。

大门临港产业基地启动建设 2007年大门石化产业基地启动建设，开工黄岙二期围涂工程，完成投资额3200万元。基地对外通道、连接乐清市翁垟镇与洞头县大小门岛的大门大桥工程完成初步设计审查，工程总投资额约18亿元，工期四年。该大桥全长10.651千米（主线长7.987千米，大桥大门侧近期接线长2.664千米），其中跨海大桥1座，长6.335千米。路线起点与改建中的柳翁公路连接，并通过互通与沿海高速相接，大桥横跨乐清湾沙头水道，在洞头县小门岛南侧上岸，接入大、小门岛石化基地围垦规划主干道“经七路”。

瓯江口航道整治工程 瓯江口航道整治工程分两期进行，采用整治和疏浚相结合的方式。整治范围从乐清的岐头山至大门岛口，长16多公里。一期航道整治目标为航道水深6米，满足1.5万吨集装箱船和2万吨级散装货船乘潮进港，总投资1亿元。二期航道整治目标为水深7米，满足2.5万吨级集装箱船、3万吨级散货船乘潮进港。

瓯江口招商选资工作 2007年温州市瓯江口区域开发总指挥部采取编印宣传资料、外出推介和现场考察调研等方式，对外宣传和介绍温州瓯江口区域开发建设规划和项目，推进招商选资工作。道达尔、中海油、三菱重工株式会社中国公司等一批国内外知名企业到瓯江口区域考察有关投资项目。指挥部加强对神华集团温州煤基多联产IGCC项目的追踪服务；协助乔顿集团等温州民营企业进入石化基地；协助新奥燃气50万吨二甲醚项目前期工作及东海油田油气上岸点选址工作；帮助小门岛石化企业解决生产用电、码头建设等实际困难。指挥部获温州市招商选资工作银牌奖。

瓯江口规划编制工作 2007年温州市瓯江口区域发展规划编制完成大部分的基础性工作。《瓯江口区域发展规划》通过审核意见，该《规划》提出要建设石化、钢铁、船舶修造、装备制造、高新产业、生态农业“六大基地”，培育港口物流、滨海旅游休憩、现代生产性服务“三大中心”。完成《半岛起步区控制性详细规划》编制审批和《半岛起步区市政设施专项规划》、《大小门石化基地启动区控制性详细规划》的编制工作，完成《石化基地产业布局规划》、《瓯江口区域电力规划》、《大小门港区详细规划》等编制，开展《霓屿布袋岙安置房方案》的研究。与洞头县共同委托省城乡规划研究院修编大门镇城市总体规划。半岛西区规划由市规划局委托中国城乡规划设计研究院编制。

瓯江口工程项目前期工作 2007年6月，瓯江口开发指挥部委托天津水运工程科学研究所对大小门岛际围涂进行数模、物模试验论证和30万吨级航道疏浚的试验论证成果通过评审。为了验证灵霓北堤试验论证的准确性和研究分析工程实施后对环境的实际影响程度，指挥部委托中国海洋大学对温州浅滩灵霓北堤工程进行环境后评估。这在全国海洋工程中还是首例，得到国家海洋局的肯定。委托国家海洋局温州海洋环境监测中心站，开展瓯江口10多年来最完整的海洋环境与渔业资源调查，召开专家审查会，这为灵霓北堤工程海洋环境影响后评价和瓯江口区域发展规划环境影响评估、近岸海域环境功能区划调整论证及各项海洋工程环境评估等提供基础资料。霓屿安置房用地围涂工程完成工可，首期占地30亩的安置房工程完成环评审批。瓯江口航道二期整治工程完成工可编制。半岛起步区完成首期1#地块地质勘探和工可报告编制等前期工作。

瓯江口建设政策处理工作 2007年瓯江口开发建设总指挥部充实半岛、深水港、石化三个指挥部班子成员，加强与当地政府的协调和沟通。总指挥部专门成立拆迁征收处。做好灵昆滩涂收回的政策处理工作。深入状元岙深水港所在的元觉乡三个村，做好政策宣传和思想工作。做好大小门船厂和盐场的废转工作。做好各工程石料场等征地工作。完成龙湾区400亩融资地块瑶溪镇两个村近300亩的征地报批工作。

瓯江口建设宣传工作 2007年温州市加强瓯江口区域建设对外宣传工作。半岛工程列入省“采访线工程”，成为第一批反映浙江省经济社会发展亮点、可供境外记者选择的采访点。10月瓯江口开发建设指挥部联合市海洋渔业局承办由中国海洋报社主办的2007海洋经济论坛。来自国务院、国家海洋局和沿海省、市有关海洋管理、科研、教育部门，沿海地区涉海企业的领导、专家、学者及海洋报理事会成员单位的代表近200人参加会议。出版发行《半岛梦圆》一书。全书围绕温州半岛工程，分“历史时刻”、“千年之梦”、“世纪大业”、“东海时代”、“历史丰碑”、“并非结束”六大篇章，40章，26万字。刊出12期《瓯江口简报》。

铁路建设

概况 2007年是温州市铁路建设的关键年，又是铁路配套工程建设的启动年。甬台温铁路温州段、温福铁路浙江段工程全年完成投资额35.4亿元，开工累计完成投资额85.2亿元，约为温州段总投资的76.2%；开工累计完成征地8555.87亩，拆迁66.78万平方米。站前区站房、广场前期工作继续，部分道路进入实施阶段。落实金丽温铁路扩能提速改造前期工作。全年市政府召开5次铁路建设专题会议。温州市铁路建设总指挥部继续被市府授予“温州市铁路建设系统和重点建设立功竞赛先进集体”称号。

甬台温铁路 2007年甬台温铁路温州段完成投资额23亿元，开工累计完成投资46.6亿元，约占该段总投资73.9%。主线线下工程建设完成土石方313万方、特大桥10 647延长米，大桥2411延长米、中桥212延长米、小桥110延长米、涵洞492横延米、隧道及明洞18 632成洞米。开工累计完成土石方565万方、特大桥22 688延长米、大桥3867延长米、中桥435延长米、小桥386延长米、涵洞2133横延米、隧道及明洞38 719成洞米。主要工程形象进度完成乌岩山隧道5595成洞米、凤凰山隧道7189米全线贯通、西岙三线隧道504米建成、瓯江特大桥5673延长米，线下工程量完成80%。

温福铁路 2007年温福铁路浙江温州段完成投资额12.4亿元，开工累计完成投资38.6亿元，约为该段总投资的78.8%。主线工程完成土石方94万方、特大桥20 288延长米、大中小桥730延长米、涵洞281横延米、隧道及明洞5141成洞米。开工累计完成土石方255万方、特大桥29 410延长米、大中小桥2223延长米、涵洞1019横延米、隧道及明洞19 861成洞米。主要工程形象进度完成圆岩寨隧道3681成洞米、飞云江特大桥2352延长米、平阳特大桥6425延长米、鳌江特大桥9718延长米、分水关隧道2109成洞米。

铁路温州新客站站前区建设 2007年铁路温州新客站确定规划面积4万平方米，征集站房设计方案8个。新客站广场设计通过方案设计招标，初步成果尚在进行中。开展铁路温州新客站与城市轨道交通衔接的专题研究。站前区河道整治一期工程达到通水的要求。站前区的站西路设计方案审查通过。站东路确定施工单位，陈蕉路、站南路完成施工图设计，瓯海大道公跨铁工程下穿铁路的辅道进入施工。铁路沿线各县（市、区）正在落实站房设计方案，启动站场地方其他配套工程的前期工作。乐清绅纺站由预留项目转为同步建设获得铁道部的批准。

铁路工程管理 2007年温州市铁路建设总指挥部配合业主、设计单位做好铁路主线施工图设计优化、部分地段设计变更、落实三线迁移、三改工程，配合解决一批公铁交叉、涉水、涉航、涉路工程的技术衔接，帮助、指导、督促、检查各县（区）指挥部工作，落实地方资本金1.37亿元和补差资金8.27亿元。做好铁路建设争先创优目标考核，确保全年工作任务的完成。

金温铁路扩能提速改造前期工作 金温铁路扩能提速改造工程正线全长187.6公里，进入温州市区后与在建的甬台温、温福铁路汇合于瓯海区潘桥镇的新温州站。设计标准为新建Ⅰ级双线电气化铁路，设计时速200公里，估算总投资164.18亿元。2007年该工程预可行性研究报告、项目建议书上报部省会签。

高速公路工程

概况 2007年温州市高速公路建设总指挥部处于工作职责转型阶段，负责平苍段的后续扫尾工作。12月，平苍段与施工单位完成最后质保金和审计保留金结算工作。全年全市高速公路建设系统未发生一起违纪违法案件，工程质量未发生重大事故。

绕城高速公路北线 2007年温州市绕城高速公路北线工程实际完成投资额8.26亿元，其中建设安装工程完成投资额6.556亿元，其他建设完成投资额1.7亿元。路基工程累计完成投资额21 976.3万元，桥梁工程累计完成投资额73 465.4万元，隧道工程累计完成投资额62 011.9万元，路面工程累计完成投资额2005万元。鹿城段除二、三产用地和未拆迁用地未交付外，其他工程用地基本交付，民房拆迁完成90%，新墙体、双豪等企业于2月初腾出施工用地，安置房建设的前期工作进入总平设计报批阶段。永嘉段征地工作基本完成，房屋拆迁完成96%，其中对工程建设影响最大的黄田电镀二厂于8月底基本拆迁完毕，因安置地供应问题，安置房建设滞后。乐清段征地、拆迁工作完成，除下安和高东村安置房处于建设中外，其余各村建成回迁。11月19日，国土资源部批准246.8593公顷土地，作为温州绕城高速公路北线工程建设用地。

金丽温高速公路永鹿段 2007年金丽温高速公路永鹿段工程完成全线16个合同段的工程结算、审价工作。6月，该工程通过环境保护专项验收。9月，高分通过按新档案验收标准实施的工程档案专项验收。12月，省交通厅质量监督局会同有关专家对该工程进行竣工质量验收，工程质量被评定为优良。

生态园建设工程

概况 2007年温州市生态园建设工程完成投资额2.8亿元，开工建设10个工程项目，开工建设道路约8公里，开工建设安置房约32万平方米；完成三垟湿地环境污染严管区"摘帽"任务，全年整治无纺布企业48家，关闭、搬迁无证无照和污染企业332家；拆除违法建筑约11万平方米。

生态园基础设施建设 2007年温州市开工建设生态园一期湿地公园水环境整治、西出入口、南仙路、黄屿大道、沙河二期景观、沙河二期市政、南仙花苑B地块安置房、黄屿西19号地块安置房、一期游线环境整治、二产留地标准厂房等10个项目。开展铁道南路、铁道北路、北出入口、马屿垟旧村改造、小水潭湿地生态体验基地、黄屿两路安置房等项目的各项前期工作。

生态园环境整治 2007年温州市生态园建设工程继续开展环境整治。清理垃圾死角200多处，清运垃圾2.7万多吨；填埋露天粪坑253个，取缔废品收购点35处；建成健身点6处，完成绿化3万多平方米；已建垃圾坞86座，在建垃圾坞2座，设置垃圾桶80只。开展沙河、樟岙两个市级文明生态村的创建工作，沙河村铺设污水管1020米，建设净化沼气池2座550立方米；樟岙村开工建设2座100立方米沼气化粪池。三垟大道建设完成460米污水管及14个沉井施工，南仙路完成6个沉井施工。

开展多项专项农业污染整治，累计完成110户养殖户自行停养或外迁，清理规范网箱1084只，取缔89只鲶鱼养殖网箱，停养或外迁猪932头，鸭5800只,奶牛85头。

启用黄屿拉丝基地，入园的拉丝企业建成污水处理设施，其生产废水处理达到国家A1标准。三垟湿地内的涉烟（粉）尘无纺布企业48家全部通过治理，废气排放达到国家规定二类区标准。开展联合执法行动，取缔三垟湿地内6家非法拉丝企业，关闭无证无照企业250家，取缔非法电镀69家，关闭湿地内砖瓦窑5家、煺火炉2家。全年拆除违法建筑约11万平方米。

11月底，三垟湿地完成环境污染严管区"摘帽"任务。

生态园功能开发 2007年温州生态园试开通三垟湿地一期游线，接待游客7000多人次，500多航次。加快沙河五福园景区建设进度，完成民俗楼、茶室、古建筑、廊桥等主体工程及各项配套设施建设。做好马屿垟农家乐项目、小水潭生态体验岛项目招商工作。启动大罗山天河——秀垟景区保护实施规划方案设计的前期工作。

2007年8月10日，温州生态园基础建设年八项系列工程集中开工仪式举行
（温州生态园管委会供稿）

生态园征地拆迁 2007年温州生态园管委会完成11个项目的农转用征地报批手续，计1274亩；完成三垟大道、南仙路、马屿垟农家乐的拆迁，拆除旧房约13.1万平方米，其中住宅面积110 439.97平方米，企业面积20 992.43平方米。

生态园保护管理条例颁布实施 2007年1月1日，《浙江省温州生态园保护管理条例》颁布实施。温州生态园管委会加强《条例》学习宣传，组建《条例》宣讲队、召开《条例》宣传贯彻座谈会等活动。发挥《条例》赋予的综合协调与监督职能，开展巡查，掌握环境、资源破坏动态，编发5期《情况通报》，衔接大罗山规划控制。筹备召开大罗山保护协调领导小组会议，制定《温州生态园大罗山联席会议制度》、《温州生态园大罗山巡查通报制度》等制度。制定《温州生态园大罗山生态保护综合整治实施方案》，打击生态破坏行为。

安居工程

概况 2007年温州市安居工程建设指挥部加快经济适用房和拆迁安置房建设。完成娄桥经济适用房693多亩的征地工作。瑶溪经济适用房一期20万平方米开工建设。黄龙一号地块解困房1000户提前一年交付使用。南塘街安置房建设，新开工21.54万平方米，竣工5.13万平方米，认购定位364户，提前交付钥匙150户。完成惠民路南段190多亩土地征用道路工程开工建设。完成南浦地下管网整治。全年续建工程总建筑面积138.21万平方米，新开工面积42.54万平方米，竣工面积65.16万平方米，完成投资额8.7亿元。南瓯景园通过建设部"国家康居示范工程"终审验收。

南瓯明园景观（温州市安居工程建设指挥部供稿）

安居工程资金盘活 2007年温州市安居工程建设指挥部为确保建设资金到位，紧抓资金盘活。清理南浦、黄龙历史遗留的偏僻、边角商业用房28宗，集中到市公共资源交易中心挂牌拍卖，成交16宗，建筑面积合计1796平方米，总成交价为2048万元，比挂牌起始价增值275万元。在南瓯景园交付之前销售地下室车位354个，销售金额4354万元。建立完善的房款催缴制度，根据购房合同，定期清理，对拖欠房款和迟延缴款的对象，先打电话通知，再发律师函告知，并加收银行同期利息。在安置房认购完毕后，销售划龙桥B 地块剩余房源，回笼建设资金2.93亿元。瑶溪住宅区桩基选型选用预应力管桩，比原钻孔桩设计方案节省造价2000多万元。全年虽然在建项目任务不断增加，但银行贷款余额比上年减少1.62亿元，银行利息支付比上年减少11%以上。

环境保护

综　述

2007年温州市环境监测结果表明，全市设测点城市环境空气质量良好，温州市区及各县（市）大气污染物二氧化硫、二氧化氮、可吸入颗粒物年均值都达到国家二级标准，主要污染物是可吸入颗粒物。温州市区降尘年均值达到省定标准，但比2006年有所上升。全市酸雨率较高，酸雨污染依然严重。全市地表水质量基本稳定，局部地区水质有所改善。三大入海河流中的瓯江、飞云江水质仍保持良好，鳌江水质比2006年有明显的改善；平原河网污染仍然严重，水质类别以劣Ⅴ类水为主；水库处于中～富营养水平；近岸海域水体仍呈富营养化。城市环境噪声污染有增加趋势。

水环境

概况　2007年温州市水环境绝大部分监测站位的水质保持稳定，地表水市控及市控以上54个监测站位的监测结果表明，符合地表水环境质量标准Ⅱ～Ⅲ类水质的站位24个，占站位总数的44.4%，与上年持平；Ⅳ类水质的站位个数2个，占站位总数的3.7%，比上年增加1个；Ⅴ类～劣Ⅴ类水质的站位28个，比上年减少1个，占站位总数的51.9%。全市地表水主要污染物为氨氮、总磷、生化需氧量等，城市或城镇内河水体溶解氧普遍偏低，明显呈生活型有机污染特征。主要是受生活污水、垃圾的污染，局部地区河道还受到工业、畜禽养殖业废水的污染。平原河网水体流动性差，自净能力差，水域污染的分布是以城市或城镇为主体向外扩散，上游和水库的水质较好，各河网流经城市中下游河段受污染严重，水质较差，部分河段水质污染严重。

饮用水源检测　2007年温州市区赵山渡、泽雅、山根三个饮用水源地每月一次监测，按GB3838-2002《地表水环境质量标准》Ⅲ类水评价，赵山渡水库、泽雅水库水质达到Ⅲ类水质标准，达标率100%。山根水库水质有七次监测结果表明粪大肠菌群项目超标。根据温州市水务集团提供的取水情况表，由于赵山渡水库水源充足，2007年度未在山根取水。2007年累计建成合格饮用水源保护区67个。

入海河流水质　2007年温州市入海河流瓯江干流、楠溪江、飞云江水质良好，全部为Ⅱ～Ⅲ类水。鳌江水质仍以劣Ⅴ类水为主，但上游已出现达标河段，各断面主要污染物浓度比上年有明显下降。

瓯江（温州段）：水质良好，瓯江干流小旦断面为Ⅱ类水，杨府山、龙湾断面为Ⅲ类水，各断面均能满足功能要求；楠溪江除清水埠站位为Ⅲ类水，其他断面均为Ⅱ水，各断面均能满足功能要求。

飞云江：水质良好，所有断面为Ⅱ类水，水质类别优于上年。除乌岩岭断面由于溶解氧达不到功能水质要求不能满足功能需要外，其余各断面都能满足功能要求。

鳌江：2007年平阳水头制革基地进行停产整治后，鳌江水质有明显改善，上游埭头断面氨氮浓度由2006年的1.52mg/1下降为2007年的0.50mg/1，水质由2006年的Ⅴ类水提高至Ⅱ类水，已能满足功能要求，其他三个断面由于氨氮的定类仍为劣Ⅴ类水，不能满足功能要求，但与2006年相比，氨氮浓度已明显下降。

平原河网水质　2007年温州市平原河网水质达到Ⅱ～Ⅲ类水标准的站位有8个，占总站位数22.8%；达到Ⅳ类水的站位有2个，占总站位数的5.7%；达到Ⅴ类水的站位有1个；占总站位数的2.9%；劣于Ⅴ类水的站位有24个，占总站位数的68.6%。与上年比较，Ⅱ～Ⅲ类水站位数减少1个，Ⅳ类水站位数增加2个，Ⅴ类水站位数持平，劣于Ⅴ类水站位数减少1个。

温瑞塘河：郭溪为Ⅲ类水，能满足功能水质要求；九山站位为Ⅳ类水，其他13个站位均为劣Ⅴ类水，主要污染物是氨氮、总磷、生化需氧量。

瑞平鳌塘河：除江南水厂站位为Ⅳ类水能满足功能水质要求外，其他站位为劣Ⅴ类水不能满足功能水质要求。主要污染物是氨氮、总磷、生化需氧量。

江南河网及入闽溪流：桥墩水库、交溪为Ⅱ类水，能满足功能水质要求；其他站位为Ⅴ～劣Ⅴ类水，不能满足功能水质要求。主要污染物是氨氮、总磷、生化需氧量。

乐清塘河：淡溪水库、十八生水库、钟前水库为Ⅱ类水，方江屿水库为Ⅲ类，能满足功能水质要求；蒲岐、乐成站位为劣Ⅴ类水，不能满足功能水质要求。主要污染物是氨氮、总磷、生化需氧量。

水库　2007年温州市泽雅水库、赵山渡水库、珊溪水库、桥墩水库、十八生水库、钟前水库、淡溪水库、龙潭坑水库为Ⅱ类水质，方江屿水库为Ⅲ类水质，能满足功能要求。其中方江屿水库、珊溪水库、淡溪水库、龙潭坑水库为富营养水平，其余水库水质都为中营养水平。主要污染物是总氮、总磷污染。

地下水 2007年温州市各类地下水动态监测点35个，监测结果：永强平原孔隙承压水Ⅰ组地下水环境质量为以Ⅳ～Ⅴ级水为主，与2006年基本相同。温州城区W52（五云山公司）由2006年的Ⅰ级水变为Ⅳ级水。瑞安平原孔隙承压水Ⅰ、Ⅱ组地下水环境质量为Ⅳ级，与上年相同。苍南平原孔隙承压水Ⅰ组地下水环境质量为Ⅳ级。2007年度永强平原由于珊溪水的引入，并且温州市新状元水厂的管网通到了滨海新区，滨海新区管委员会停止开采区内的地下水，永强平原地下水开采量与2006年同期相比显著下降，地下水水位上升明显，地面沉降速率减缓，其它各地地下水平均水位与上年相比基本保持稳定。

废水和主要污染物排放情况 2007年温州市废水排放总量3.26亿吨，其中工业废水1.07亿吨，城镇生活污水2.19亿吨。废水中化学需氧量排放总量为11.51万吨，其中工业废水中化学需氧量排放量为2.91万吨，生活污水中化学需氧量排放量为8.6万吨。废水中氨氮排放总量为1.46万吨，其中工业废水中氨氮排放量为0.73万吨，生活污水中氨氮排放量为0.73万吨。

废水和污染物排放治理 2007年温州市继续开展龙湾合成革业、龙湾蒲州拉丝业、龙湾不锈钢拉管行业、温州经济技术开发区合成革业和生态园三垟湿地等重点监管区污染整治，推进塘河沿线区域性、行业性污染整治，有效遏制了局部环境污染势头，一定程度上改善塘河水质。全面启动污水处理厂及配套管网建设，市区新建排污主干管30.7公里，收集管网87公里，各县（市）新建主干管60公里，新增污水日处理能力32.3万吨。全市已建成并投入运行的污水处理厂11座，市区污水处理率50%以上。

海洋环境

概况 2007年温州市近岸海域污染形势依然严峻，水质均未达到清洁海域标准。瓯江口、飞云江口、鳌江口和乐清湾水质严重污染，活性磷酸盐和无机氮仍是主要污染物。海洋沉积物质量总体较好，但局部区域受到重金属铜污染。所监测的江河排海污染物总量较高，入海排污口超标排污对邻近海域构成较严重的负面影响。全市海洋功能区水质达标率为39.0%，较上年略有提高。浅海增养殖区环境状况较好，较适宜养殖。南麂大沙岙海水浴场环境状况良好，海洋垃圾分布处于低水平；南麂列岛海洋自然保护区生态环境尚好，西门岛海洋特别保护区海域生态环境未见改善。乐清湾生态系统仍处于亚健康状态。乐清湾海域水质主要受到陆源污染物以及养殖业的污染，为超四类海水，定类项目为无机氮，与2006年相比，无机氮浓度略有上升，水体呈富营养化。

风暴潮和台风浪灾害较频繁，海域发生赤潮次数和累计面积较上年明显减少；温瑞滨海平原区海水入侵迹象不明显。

海洋赤潮 2007年温州市近岸海域发现赤潮6次，即硅藻赤潮1次，甲藻赤潮4次，硅藻和甲藻共同形成的赤潮1次，其中由米氏凯伦藻引起的有毒赤潮2次。全年累计赤潮面积约912平方公里。赤潮发生次数和累计发生面积明显小于上年，并且由于赤潮持续时间均较短，因此造成的危害亦较小。

海域治理 2007年温州市加大海域使用监管执法力度，落实海洋功能区划、海域使用权属登记、海域有偿使用三项基本制度，推进海洋工程建设项目环境影响评价核准工作，执行海洋倾废制度，开展养殖用海使用管理示范县建设，筹建市海域使用动态监管中心，推动海域使用信息化管理工作。全市海监支队继续开展“海盾”和“碧海”专项执法行动，全年立案54宗，结案36宗，处罚金额220多万元，有效遏制破坏海洋环境和非法占用海域的行为。壮大赤潮监视监测志愿者队伍，在乐清、苍南、瑞安、平阳、洞头、龙湾招募赤潮监视监测志愿者112人。9月，在乐清市召开首次乐清湾海洋环保区域合作联席会议。会议探讨海监执法、海洋生态建设、海洋功能区调整、涉海行业规划出台等信息互通机制和行政审批互动机制。

海洋自然保护区建设 2007年温州市海洋自然保护区1处（南麂列岛海洋自然保护区），已建和待批的海洋特别保护区2处（乐清市西门岛海洋特别保护区和瑞安市铜盘岛海洋特别保护区（待批））。2007年温州市对以上三处保护区进行监测保护。

大气环境

概况 2007年温州市区、瑞安市、乐清市、永嘉县、苍南县环境空气污染物年均值符合国家二级标准。主要污染物是可吸入颗粒物；空气污染的类型为煤烟和汽车尾气并重型。酸雨污染严重。

城市空气质量 根据污染指数分级，2007年度温州市区环境空气质量达到Ⅰ级标准的有53天，占14.5%；Ⅱ级标准的有308天，占84.4%；达Ⅲ级标准的有4天，占1.1%。首要污染物为可吸入颗粒物。

永嘉县、苍南县环境空气自动监测系统于2006年投入使用。2007年9月，平阳县、洞头县、文成县、泰顺县环境空气自动监测系统通过验收并投入使用。（由于前后的监测方法不同，这些县的环境空气监测数据量不符合统计要求，年均值在此仅作参考，不进行比较分析。）温州市区及瑞安市、乐清市、永嘉县、苍南县环境空气主要污染物浓度情况如下：

二氧化硫：年均值范围为0.009～0.038毫克／立方米，都达到国家二级标准。温州市区年均值浓度最高，乐清市最低。温州市区、瑞安市、乐清市年均值浓度均比2006年有所下降。

二氧化氮：年均值范围为0.005～0.059毫克／立方米，都达到国家二级标准。温州市区年均值浓度最高，永嘉县最低。温州市区、瑞安市、乐清市年均值浓度均比2006年有所下降。

总悬浮颗粒物：年均值范围为0.058～0.085毫克/立方米，都达到国家二级标准。瑞安市年均值浓度最高，苍南县最低。瑞安市年均值浓度比2006年有大幅度下降，温州市区、乐清市与2006年基本持平。

环境空气综合污染指数：温州市区和各县（市）城区环境空气综合污染指数范围为1.16～2.11，平均综合污染指数为1.46。温州市区最高，泰顺县最低。与2006年相比较，瑞安市有较大幅度的下降，温州市区、乐清市综合污染指数略有下降。

降尘年均值 2007年温州市区年均值为5.01吨/平方千米·月，比2006年（3.88吨/平方千米·月）上升了1.13吨/平方千米·月；瑞安市年均值2.55吨/平方千米·月，比2006年（3.12吨/平方千米·月）下降了0.57吨/平方千米·月。达到省定标准。

酸雨污染 2007年温州市区、瑞安市、乐清市、苍南县及永嘉县五地采集降水样品321个，其中酸雨样品295个，平均酸雨率91.9%，比2006年略有下降。五地降水pH值年均值分别为4.33、4.60、4.54、4.32、4.70，酸雨率分别为95.2%、83.1%、88.7%、92.3%、98.8%。其中温州市区、永嘉县酸雨率比2006年上升，瑞安市、乐清市、苍南县酸雨率有所下降。根据国家对“两控区”①酸雨污染控制的要求，温州市以上五地均属重酸雨区，酸雨污染严重。

废气中主要污染物排放量 2007年温州市二氧化硫排放总量为5.63万吨，其中工业二氧化硫排放量为5.55万吨，生活二氧化硫排放量为0.08万吨。全市烟尘排放总量为0.74万吨，其中工业烟尘排放量为0.72万吨，生活烟尘排放量为0.02万吨。工业粉尘排放量为139吨。

环境空气治理 2007年温州市实施“两控区”污染防治规划，巩固烟尘控制区创建成果，完成烟控区内燃烧设备的100%复测工作。加强对“一部三沿”地区烟尘监管力度，遏制污染反弹。在龙湾、开发区开展合成革DMF废气回收及二甲胺废气治理，基本消除恶臭现象，有效改善当地的区域大气环境质量。减少用煤量，关停小火电行业，推行集中供热等方式，全年全市二氧化硫排放量削减10.5%。

声环境

概况 2007年温州市区声环境质量有所下降，城市噪声污染比较严重。生活噪声源影响范围依然最广，交通噪声源和施工噪声源对区域环境噪声影响增大。在影响城市声环境的各类噪声源中，工业噪声源占5.6%，建筑施工噪声源占5.1%，交通噪声源占7.4%，社会生活噪声源占53.1%，其它噪声源占28.8%。

功能区噪声 2007年温州市区功能区噪声达标率为62.5%，其中昼间噪声达标率为75%，夜间噪声为50%。各类功能区中，全年平均达到国家标准的有二类、三类区昼、夜间噪声，四类区昼间噪声，一类区昼、夜间噪声及四类区夜间噪声均有不同程度的超标，其中以四类区夜间噪声超标8.3分贝。与2006年比较，二类区夜间噪声、三类区昼、夜间噪声、四类区夜间噪声有不同程度下降，其中三类区夜间噪声下降3.1分贝；其余均有所上升，其中一类区昼间噪声上升2.4分贝。

区域噪声 2007年温州市区区域环境噪声测点数为216个，声级范围为49.3～67.4，平均等效声级为58.6分贝，比2006年上升1.2分贝。瑞安市区区域环境噪声测点数为102个，声级范围为45.2～64.3，平均等效声级为55.8分贝。

交通噪声 温州市区道路交通噪声声级范围为64.7～73.9分贝，平均等效声级为69.3分贝，比2006年上升0.8分贝；路段超标率为27.92%，比2006年增加5.65%。瑞安市区道路交通噪声声级范围为65.1～73.2分贝，平均等效声级为69.8分贝，与2006年持平；路段超标率分别为11.45%，比2006年减少1.25%。

噪声治理 2007年温州市严格夜间建筑施工审核制度，开通“12369”和“96310”环保执法和城市管理行政综合执法24小时投诉电话，全天候严肃查处夜间施工、娱乐等各种扰民噪声问题。继续强化“6·5”环境日和中、高考期间噪声特别管制工作。继续强化城市噪声控制管理工作，落实已建成噪声达标区的复测，巩固原有噪声达标区创建成果。

固体废物

概况 2007年温州市工业固体废物产生量为200.39万吨，其中综合利用量170.36万吨，处置量为28.26万吨，贮存量为1.12万吨，排放量为0.68万吨，综合利用率为85.01%。

危险废物处理 2007温州市危险废物共计产生二十四类约12.19万吨。综合利用或无害化处置的有：废乳化液、蒸馏残渣、电子线路板制造废物、废铅酸电池等；转移利用的有：废矿物油、电镀污泥、含铬废物等。暂贮存的有：涂料废物、垃圾焚烧飞灰和其他废物。部分转移处置有医疗废物、医药化工废物。有机树脂类废物处置不规范。危险废物无害化集中处置率为77.58%，部分危险废物不规范堆放，存在严重的二次污染隐患。电镀污泥和不锈钢酸洗污泥共统一收集电镀污泥1.5万吨转移到外省利用处置。市区的231个医疗卫生机构的医疗废物由温州市维康医疗废物处理有限公司统一收集处置。

① “两控区”是环保领域的专属名词，是指酸雨控制区或者二氧化硫污染控制区的简称。《大气污染防治法》规定，根据气象、地形、土壤等自然条件，可以将已经产生、可能产生酸雨的地区或者其他二氧化硫污染严重的地区，划定为酸雨控制区或者二氧化硫污染控制区，即“两控区”。一般来说，降雨pH值≤4.5的，可以划定为酸雨控制区；近三年来环境空气二氧化硫年平均浓度超过国家二级标准的，可以划定为二氧化硫污染控制区。

城市生活垃圾处理 2007年温州城市生活垃圾产生总量为80万吨,其中无害化处理总量为74万吨,无害化处理率92.5%。

废物垃圾处理设施建设 2007年底温州市已建三座垃圾焚烧发电厂总处理能力为每日2055吨,年底建成投入试运行的苍南县垃圾焚烧发电厂日处理能力为400吨。3月初,温州市合成革残渣处置厂一期建成试运行,对龙湾的239条合成革生产线产生的残渣进行收集处置;二期工程完成建设,对全市的合成革残渣进行集中处置工作。平阳水头制革基地于年底建成日处理量为120吨的制革污泥焚烧处置设施,日实际处理量约为30吨。温州中田废油回收处理有限公司投资1000万元,开工建设占地15亩、设计年处理废机油1.5万吨的废机油收集、贮存、处理厂区。鹿城区医疗废物高温消毒处置中心开工建设,设计年处理能力为4000吨医疗废物。龙湾蓝田工业电镀污泥及不锈钢酸洗污泥集中处置设施开工建设 ,投资950万,占地15亩,设计年处理污泥4万吨,预计2008年8月建设完成。

自然生态环境

土地资源保护 温州市人均陆域面积少,平原和盆地比例不高,土地资源缺乏,人均耕地低于浙江省和全国平均水平。2007年末,全市土地面积18 383 650.4亩,农用地14 562 413.5亩,其中耕地3 524 925.9亩,建设用地1 309 725.7亩,未利用地25 115 11.2亩。耕地减少54 578.1亩,其中建设占用耕地面积为31 291.3亩,占57.33%,农业结构调整占用耕地面积为23 056.5亩、占42.24%,其他占用耕地面积为212.2亩,占0.39%,灾毁占用耕地面积为18.1亩,占0.03%。新增耕地面积48 052.5亩,其中:土地开发新增耕地面积为21 213.4亩;土地整理新增耕地面积为3730.3亩;农业结构调整增加9049.5亩;建设用地复垦新增耕地面积为318亩;其他增加13 741.3亩。全市耕地净减少6525.6亩,净减少的耕地主要是由于耕地调整为园地、林地等农业生产用地,即农业结构调整减少。全市耕地总量达到动态平衡(农业结构调整用地视同耕地)。完成省里下达的34.51万亩标准农田建设任务,提高相当一部分耕地的质量和产量,但由于各类建设占用的耕地均是耕作多年的平原优质耕地,而补充的耕地很难达到被占耕地标准,因此总体来说,耕地质量有升有降,总体保持平衡。

森林资源发展和保护 2007年温州市林业用地面积为74.3万公顷,占全市土地总面积的66.5%;有林地面积64.9万公顷;林木蓄积量1830万立方米;森林覆盖率59.6%。在全市森林面积中70.4%属于生态功能较弱的松、杉针叶纯林,23.5%属于以针叶树种为主的针阔混交林,而生态防护功能较强的阔叶林仅占4.2%。

2007年温州市绿化造林3371公顷,封山育林(新封)1363公顷,中幼林抚育1367公顷,竹林低改250公顷,零星(四旁)植树190.1万株。生态公益林建设面积384万亩。开展“绿化示范村”建设和村兴林富民示范工程建设。森林蓄积量净增量51.2万立方米,森林食品基地新建10.3万亩。开展保护林地资源宣传暨专项整治行动和打击破坏野生动物资源违法行动。森林公安重点开展“侦破森林火灾案件大会战”、“禁种铲毒”及“绿盾二号行动”。开展森林火灾群防群治和森林防火警示教育活动,提高全民森林消防意识。加强林业有害生物监测工作。开展松材线虫病疫情普查工作,组织松材线虫病除治、松褐天牛以及松毛虫等病重防治工作,防治面积7.52万亩。

森林生态与生物资源 温州地处东南沿海,属中亚热带南部亚地带,由于复杂多变的地形和多种多样的小微域气候环境,形成众多的森林生态系统,并孕育着丰富的生物资源。可分为针叶林、常绿阔叶林、落叶常绿阔叶林、针阔叶混交林、竹林、山地矮林、山地灌丛等七个类型。全市有木本植物112科、378属、1016种,其中已查明有25种属于国家重点保护树种。有兽类、鸟类、爬行类、两栖类陆生野生动物93科507种,其中列入国家一二类保护的陆生野生动物52种,省级保护动物35种。湿地藻类植物566 种,高等植物839种,隶属于453属159科;较为重要的湿地野生动物有89目397科1559种,其中鸟类14目34科185种,两栖动物2目11科38种,爬行动物2目9科34种,哺乳动物5目12科32种,鱼类38目151科519种,软体动物24目127科483种,甲壳动物主要种类有4目53科268种。湿地珍稀濒危物种种类多:其中列为国家一级重点保护的有12种,二级重点保护62种,省级重点保护15种,列入IUCN濒危等级的鸟类26种,列入《中日候鸟保护协定》鸟类100种,列入《中澳候鸟保护协定》鸟类47种,其它所有鸟类均被列为浙江省一般保护动物。

有国家Ⅰ级重点保护水生野生动物5种,较常见的有鼋、中华鲟;有国家Ⅱ级重点保护水生野生动物28种,大部分在近年仍有发现,其中较常见的有大鲵、江豚、宽吻海豚、黄唇鱼、海龟、花鳗鲡、水獭等,分属2门、4纲、10目、19科,占国家二级重点保护水生野生动物种类的1/2。

野生动物保护与管理 2007年温州市各地开展形式多样的爱鸟周和野生动物保护宣传月活动。在松台广场开展以“和谐社会 共享自然”为主题的保护野生动物知识宣传,展出国家、省重点保护野生动物标本100多种,印发保护野生动物宣传资料上万份。继续强化野生动物保护管理,对已发放陆生野生动物经营利用核准证和驯养繁殖许可证的单位进行换证,对从业人员进行保护野生动物知识培训。为防控高致病性禽流感,加强野生动物疫源疫病监测,安排专业人员定期对5个重点陆生野生动物疫源疫情监测点进行巡查监测,及时掌握候鸟迁徙规律和异常变化,为全面防控禽流感提供准确信息。

自然保护区 截至2007年底,温州市建成自然保护区4个,总面积43 293公顷,其中国家级2个,省级1个,县级1个。自然保护区面积占全市土地面积的3.67%。

农村农业环境管理 2007年温州市加强无公害农产品行动,新增市级农业标准化推广示范点13个,全年推广农业标准化面积7.5万亩。新增省级农业标准化生产示范点5个。截至年底，全市建成省级无公害农产品基地193个，有91个产品通过国家级无公害农产品认证，45个产品通过绿色食品认证，52个产品通过了有机食品认证。加强农村能源生态建设，建成生活污水净化沼气治理示范村93个，建设大中型沼气工程46处，发展农村户用沼气池2020户，新增户用沼气池容1.62万立方米，推广太阳能热水器4.3万平方米，农村清洁能源利用率80%。完成71个规模畜禽养殖场排泄物治理任务，其中新建畜禽粪便收集处理中心2个，经治理规模场污水达标排放率100%，畜禽排泄物资源化利用率85%。

"沃土工程"建设 2007年温州市在乐清、瑞安、苍南、瓯海、永嘉、平阳、文成、泰顺等8个重点实施县（市、区）建立38个"沃土工程"核心示范区或示范方，面积3.2万亩，涉及水稻、蔬菜、茶叶、水果（柑桔、板栗）、油菜、中药材等多种作物。推广测土配方施肥169.76万亩，其中春季实施79.66万亩，秋季实施90.1万亩，作物涉及水稻、茶叶、蔬菜等，总增收节支4753.3万元。实施水稻重大病虫害综合防治面积155万亩，实施农药减量控害增效工程20万亩，实施统防统治工程3万亩。推广应用物理和生物防治，推广应用频振式杀虫灯3500多盏。推广以测报为基础的"精、准"施药技术，改进施药方法，提高农药的有效利用率，减少农药使用量。

水土保持 2007年温州市治理水土流失面积147平方公里(其中有基本农田14.6平方公里，种植水土保持林21.8平方公里，种植经济林16.9平方公里，植草10.8平方公里，采取封育治理措施34.1平方公里等，开工建设塘坝池等小型蓄水保土工程15座)。全年审批开发建设项目水土保持方案599个，验收水土保持开发建设项目92项，对479个水土保持开发建设项目进行810次执法检查工作，查处违法案件34起。全市全年投入水土保持治理经费近2亿元，征缴水土保持设施补偿费和水土流失防治费1230万元。全市开发建设项目水土保持方案的编报率95%以上，水土保持方案的实施率90%以上。

辐射环境管理

概况 2007年温州市涉源单位53家，其中非密封放射性单位3家，在用放射源123枚；有射线装置单位266家，有用射线装置515台。全市电磁环境污染源单位61家，其中：广播电视类17家，通信、雷达及导航发射类13家，工、科、医类单位31家。全市电磁环境污染源共197台，其中：广播电视电磁辐射污染源82台，通信、雷达及导航发射设备34台，工、科、医类电磁设备63台。

完成电磁辐射设备（设施）申报登工作。审批辐射项目环境影响评价文件137个，其中：同位素项目20个、射线装置项目117个；预审同位素与射线装置项目13个；配合输变工程环评5个、验收29个。核发许可证182家，其中涉源单位45家，射线装置工作单位137家。督促8 家辐射工作单位完成收贮闲置、废弃放射源17枚，收贮率100%。

2月，温州市环保局经温州市编委批准单独设立辐射安全管理处，增加机关编制3名，中层领导职数1名。监察支队和11个县（市、区）环保局均配有固定的辐射安全管理人员，并通过辐射安全知识培训取得合格证书。制定并公布《环境影响评价文件审批程序》、《辐射安全许可证核发程序》、《辐射建设项目三同时验收程序》等规章制度，明确审批、发证等行政许可事项的办事条件、办事程序和工作流程及服务承诺。3月20～26日，由环保、公安、卫生系统组成四个联合执法检查小组，深入到全市11个县市区65家市级重点辐射工作单位进行现场检查，对检查中发现的问题及时发出整改通知，要求限期整改。

环境建设和管理

生态市建设 2007年温州市生态省建设工作考核结果为良好。4月，市委市政府召开生态市建设工作领导小组扩大会议，签订生态市建设年度工作任务书，明确市各有关部门和各县（市、区）政府年度目标任务。6月，市委、市政府专门成立生态市建设和环境污染整治工作督查室，定期检查和通报全市生态建设和污染整治工作情况。市生态办建立生态市建设工作目标任务进度分类报表制度，根据目标任务的重要性和进展性质，分月报、季报、半年报三种形式报送，及时掌握生态建设和污染整治进度情况。生态市建设专项资金由原来的1000万元提高到1500万元，全市市、县（市、区）两级财政落实生态建设专项资金9150万元。

生态环境功能区规划编制 截至2007年8月底，温州市完成生态环境功能区规划[①]初稿编制并通过专家论证。11月，市区和8个县（市）的生态环境功能区规划上报省环保局审查。

环境污染整治 2007年温州市水头制革业省级环境污染重点"监管区"及6个市级严管区完成整治任务。平阳水头制革业于10月通过省政府摘帽验收，平阳全县污染物排放量大幅削减，流域水质和生态功能明显好转，鳌江水质主要超标指标化学需氧量（cod）和氨氮浓度开始逐渐下降。龙湾区实施《龙湾区不锈钢拉管、蒲州拉丝业环境污染整治规划》，测算区域范围内DMF环境容量，着手编制《龙湾区合成革业环境污染整治规划》。鹿城区十里、岩门、洞桥、前京等4个制革基地基本完成废水整治任务，下岸制革基地的废水治理工程基本完工。温州生态园管理委员会落实市委、市政府建设温州生态园的总体规划布局，工业污染整治、农村面源治理、生态农村建设等各项工作取得较好的成绩，三垟湿地核心区环境得到较好的保护，河道水质总体有所改善，基本达到景观用水要求。开发区所有合成革企业建成污水处理设施，对干法、湿法生产线进行废气收集处理，基本消除恶臭现象。

①《生态环境功能区规划》是生态环境资源开发利用的控制性规划，根据当地的资源禀赋，环境容量、生态状况、人口数量及分布、经济格局、开发密度、发展潜力、城镇体系格局等状况，将全市区域划分成禁止准入区、限制准入区、重点准入区、优化准入区等4 种不同生态环境功能区。

生态乡镇、村建设 截至2007年12月，温州市累计创建全国环境优美乡镇11个，省级生态乡镇72个，市级生态乡镇77，市级生态村432个。全市累计建成农村生活污水处理设施958套，累计投资额11 718.13万元，处理能力5.1万吨/日，实际处理量4.2万吨/日，涉及574个自然村，受益人口53.8万人。累计建成农村生活垃圾处理设施243个，合计处理能力84.56吨/日。

环保建设项目管理 2007年温州市设立环保建设项目数2663个，比上年减少5.3%。其中执行环境影响评价制度的项目数2663个，环境影响评价执行率100%。全市建成投产应执行“三同时”的新建、扩建、改建项目数1088个，实际执行“三同时”项目数922个，执行率和合格率均分别为100%和91%。

环境科研监测 2007年温州市环境监测中心站完成《温州市合成革行业现状及发展趋势研究》课题并报审。完成国家环保总局委托的《合成革工业污染物排放标准》送审稿的修订。全市各级环境监测站完成环境质量监测数据42 198个，污染源监测数据103 293个，建设项目竣工环境保护验收监测和限期治理项目竣工验收监测1026家。建成温瑞塘河塘下水质自动监测站和飞云江赵山渡水质自动监测站，通过省环保局验收并投入运行。截至年底，新增环境空气自动监测站8个，累计18个，实现全市环境空气24小时连续监测，告别手工采样及分析的历史。

环境污染事故 2007年温州市发生突发环境污染事件5起。

排污申报和收费 2007年温州市环境监察部门办理排污申报登记12 201家企业(排污者)。征收排污费15 314.4万元。

环境监管和执法 2007年温州市保持对环境违法企业高压态势。各级环境监察机构开展饮用水源保护、工业园区整治、建设项目监管和无证企业取缔等系列专项行动，打击环境违法行为。开展温州市环境保护“绿箭系列”行动和“督查”系列行动，提高执法效能。加强建设项目监管，控制新的污染源。全年出动监察人员52 718人次，检查企业25 916家，作出行政处罚决定件3020件，处罚金额7438万元，申请法院强制执行案件1331件，行政复议案件25件，行政诉讼案件5件。

环保议案、提案和信访 2007年温州市关于环保问题的群众来信来电来访计8573件，比上年下降10.51%，其中来信601件，来电7404，电子邮件143件，来访425件，已处理8567件，处理率99.97%。分类合计包括水污染2014件，大气污染3631件，固体废物污染23件（比上年减少6倍），噪声污染2488件，化学品、农药、化肥污染17件（比上年增加4倍）；三产污染154件，占总数1.8%；其他污染164件，生态环境破坏和电磁辐射污染分别为12和42件，比上年分别增长71.43%和740%。来访425批，1022人次，已处理425批，处理率100%。其中水污染127批，大气污染111批，固体废物污染12批，噪声污染85批。全市人大建议55件，政协提案66件，均已及时办理。市本级全年环保“12369”电话举报516件，“96150”电话举报3件，市长热线电话8件，群众来信58件，环境污染举报省局转办的46件，群众来访15件，网上举报12件，现场查处554件，处理率为100%。办理市人大建议32件，政协提案26件。

环境保护宣传教育 2007年温州市刊发环保类新闻报道800余条。建立环境宣传新平台，5月16日在温州都市报开辟“环境保护专版”，每周一期，每周三出刊，反映环保工作取得的成绩，解决群众反映的环境问题，全年累计出版32期。3月，针对市民反映异常强烈的龙湾区大气污染，市环保局走进“政情民意中间站”演播室与广大市民面对面交流和沟通。5月，参与以“共建和谐家园”为主题的解决思想大讨论，就环境现状、环保工作、环保目标等问题交流。7月，联合温州晓雯音乐学校举办绿色环保专题音乐会，2000多名儿童及家长参加；针对新城臭气死灰复燃问题，组织温州都市报对环境执法全过程进行跟踪报道，彻底关停非法生产企业2家。8月，会同温州商报开展“十大避寒胜地”评选活动，推介生态乡镇村创建成果。开展“六.五”（世界环境日）系列活动宣传。

绿色学校、社区创建 2007年温州市2所学校、2个社区被国家环保总局命名为国家级绿色学校和绿色社区，19所学校被命名为省级绿色学校，24个社区被命名为市级绿色社区。

环境信息化建设 2007年温州市建成环境污染在线监控系统，采用光纤传输数据，配合全球眼技术24小时对重点污染企业实施监控，及时在线了解重点污染企业的排污状况。

环保机构队伍 至2007年底，温州市环保系统有105个机构，温州市及下辖11县（市、区）两级都设置环保行政管理机构和系列事业单位，11个县(市、区)在重点乡镇、街道共设有53个环保基层派出机构。全市环境保护系统批准编制数为1114人（其中：行政编制154人、事业编制960人），实有人数1175人（按照职称分类，其中高级职称39人、中级职称188人、初级职称334人；按照学历分类，其中研究生19人、本科生583人、专科生452人、中专及以下124人）。

卢春雨/摄

1. 6月，“乐斯杯”首届温州市十大环保形象使者颁奖晚会在市广电中心举行。
2. 4月10日，温州生态园有关部门对瓯海区三垟湿地辖区内的无证小作坊进行整治。

赵 用/摄

1. 3月22日，第十五届“世界水日”。温州职业技术学院的学生拿着自制的宣传牌—“珍惜水 保护水 从我做起”绕瓯海区茶山街道进行宣传。
2. 3月7日，团市委、市环保局、市塘河指挥部、市林业局等单位在市区马鞍池公园举行“保护母亲河—绿色和谐你我同行”主题活动启动仪式。
3. 6月5日是“世界环境保护日”，平阳县环保局在县城大厦广场举行“污染减排与环境友好型社会”宣传咨询活动。众多市民参与“许愿墙”签名等活动。
4. 8月8日，在2008年北京奥运会倒计时一周年之际，永嘉县绿色环保志愿者协会在县城广场举行“迎绿色奥运 创文明县城”环保宣传活动。
5. 9月22日，市区某道路“国际无车日”宣传。
6. 4月，浙江工贸职业技术学院团委组织300余名师生在校园举行“迎奥运，促和谐”共植“奥运林”活动。

许日尤/摄

朔/摄

许日尤/摄

许日尤/摄

许日尤/摄

许日尤/摄

1. 飞云江涂滩黑嘴鸥
2. 三垟水乡
3. 寨寮溪风光

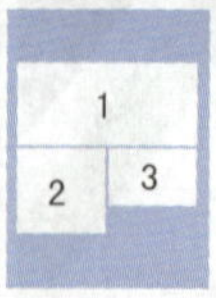

社会事务

社会保险

概况　2007年，温州市发布“完善企业职工基本养老保险制度实施办法”，改革基本养老金计发办法，实现养老保险新旧制度平稳过渡。发布“市区居民医疗保障试行办法”，参加医疗保险的企事业单位退休人员获免费体检待遇。发布“建筑施工企业农民工参加工伤保险实施意见”，工伤保险费按工资总额征收，征缴力度加大，工伤保险扩面取得进展。2007年底，全市参加基本养老保险137.46万人，其中企业参保人数116.60万人，净增11.16万人，企业养老保险基金支付能力提高到22.58个月，月人均养老金1164元，其中企业人均1065元。全市参加基本医疗保险75.71万人，比上年末净增12.73万人。全市工伤保险参保人数136.33万人，比上年末增加80.05万人，增长率为142%。全市参加失业保险55.72万人，比上年末净增 9.5万人。全市参加生育保险38.03万人，比上年末净增7.05万人。全市被征地农民纳入基本生活保障范围累计30.23万人，比上年末增加27.25万人，增长率为914%。

民族宗教事务

春节慰问少数民族　2月，浙江省民宗委副主任邢越生到泰顺、苍南、文成、瑞安慰问少数民族贫困户，温州市副市长陈宏峰到平阳县青街畲族乡和苍南县凤阳畲族乡看望少数民族群众和当地少数民族干部，被慰问少数民族贫困户60余户，发放慰问金30 000余元。市民宗局领导陪同慰问。

省委统战部长调研宗教工作　3月19至22日，中共浙江省委统战部部长王培民率省委宗教工作调研组在温州调研宗教工作，召集天主教界人士座谈，并前往苍南、乐清两地视察宗教场所。

省民宗委领导调研民宗工作　5月11至13日，浙江省民宗委党组书记、副主任赵一新一行到温州调研民族宗教工作，实地考察苍南县岱岭畲族乡、苍南县民族中学和温州太平寺、护国寺。市民宗局领导陪同调研。

余梅生调研民宗工作　5月15至16日，中共温州市委常委、统战部长余梅生率宗教事务管理调研组到市级宗教团体和鹿城、龙湾调研宗教工作，先后到访市道教协会、佛教协会、天主教温州教区、天主教爱国会和市基督教“两会”驻地，实地察看紫霄道观、江心寺、天主教总堂和城西基督教堂，并听取鹿城区、龙湾区宗教工作汇报。23日，余梅生到文成县、泰顺县调研民族工作。

国家民委调研民族工作　5月17至18日，国家民委人事司司长林涛一行到温州调研贯彻落实中央民族工作会议精神和少数民族干部培养、使用情况。

省人大领导检查宗教执法　6月14日，省人大常委会副主任孙优贤率执法检查组到温州检查宗教事务法律法规执行情况，召集宗教界人士座谈，并实地视察部分宗教场所。市人大常委会副主任钱成良、副市长陈宏峰陪同检查视察。

陈宏峰调研基督教工作　7月11日，温州市副市长陈宏峰调研基督教教产登记管理事项，分别召集市基督教“两会”和鹿城区基督教“两会”负责人座谈。17日，陈宏峰召集鹿城区民宗、房管部门负责同志座谈。

民宗界代表委员活动　3月28日，中共温州市委统战部和市民族宗教事务局组织市“两会”少数民族代表、委员联欢。市委副书记赵一德出席联欢会。温州大学和温州职业技术学院学生表演文艺节目。29日，市委统战部和市民族宗教事务局召开市“两会”宗教界人大代表、政协委员座谈会，市委常委余梅生、副市长陈宏峰出席座谈。市道教、佛教、天主教和基督教界在会上联合倡议“建设温州和谐宗教，服务第三次跨越”，提出深入挖掘各宗教教义中的和谐理念，全面加强各宗教自身团结与和谐，增进各宗教之间的合作与和谐，深化宗教与社会的适应与和谐，为构建和谐社会增添光彩，为推进温州发展贡献力量。

宗教慈善与赈灾活动　4月，温州市级宗教团体和市直重点宗教活动场所在“一日捐”活动中捐出善款20万元。4月10日，市道教协会常务理事扩大会议发起温州道教界“共同建设新农村志愿者”活动，各县（市、区）道协和各常务理事于当日捐出善款近100万元。8月，市委常委、统战部长余梅生率市级宗教团体负责人到泰顺县雅阳镇台风灾区慰问赈灾，市级宗教团体现场捐款30万元。

佛协教职人员培训　6月4至6日，温州市佛教协会举办佛教教职人员培训班，230人参加学习培训，为市佛协历史上规模最大的一次培训。省民宗委和市民宗局领导亦作专题演讲。中国佛协副会长、省佛协会长戒忍大和尚讲授《寺院管理与领导艺术》，福建福鼎平兴寺住持界诠法师讲授《僧人修行与自律》。

民族干部培训班 9月17至21日，温州市举办民族干部培训班，少数民族干部和民族乡镇长30余人参加培训，并实地考察湖南省民族工作。

穆斯林开斋节 10月12日，温州市2000余人在市区水心隔岸路渡船巷38号举行穆斯林开斋节活动。

少数民族龙舟赛 6月19日端午节，温州市少数民族男子龙舟队在贵州镇远参加全国少数民族龙舟邀请赛，获500米大龙舟男子组第2名和体育道德风尚奖。本次赛事浙江省仅派出温州市少数民族男子龙舟队参加。22日，温州市少数民族龙舟队在贵州都匀市参加国际龙舟邀请赛，获优胜奖。

少数民族体育运动会 11月10至18日，温州市派出50余名少数民族运动员和教练员，随省代表团参加广州第八届全国少数民族传统体育运动会龙舟、陀螺、蹴球和武术4个大项比赛，获9个小项前8名次，其中小龙舟250米直道竞速获第2名，为浙江省在全国少数民族传统体育运动会获取奖牌实现零突破。陀螺队在会上获体育道德风尚奖，苍南县民族中学获全国民族体育先进集体称号，温州大学学生雷小珊获“畲族民族体育之花”称号受到党和国家领导人接见。

香港基督教乐团访温 8月14至18日，香港城欣乐团130人访问温州基督教会并作圣乐交流。

市民族工作领导小组成立 9月4日，温州市委、市政府成立市民族工作领导小组，市委副书记赵一德为组长，市委常委、统战部长余梅生，副市长陈宏峰为副组长。领导小组下设办公室，市民宗局局长王宁兼办公室主任。

民宗局机关工作 5月，温州市第十一届人大常委会第二次会议任命王宁为温州市民族宗教事务局局长（连任），局机关开展“阳光投诉”集中受理活动。12月，国家人事部、宗教局授温州市民宗局全国宗教工作系统先进集体称号，系浙江省唯一受表彰单位。

计划生育

概况 2007年温州市把人口计生工作摆放在突出位置，统筹解决人口问题，较好地完成了年度目标管理责任制各项目标任务，全市上报当年出生人口86 723人，人口出生率为11.40‰，人口自然增长率为6.52‰。

人口计生工作责任机制 2007年温州市公布人口和计划生育一票否决制实施办法，严格实施“月排名，季通报，半年挂牌”动态管理制度。市委、市政府把人口计生工作列为重大督查事项，市人口计生领导小组多次派员明查暗访。全市有100名干部因计生工作不力受到责任追究，其中乡科级干部33人。党员干部违法生育被查处126人，其中开除党籍108人，开除公职13人。全市依人口和计划生育一票否决制规定审核先进集体997个，否决32个，审核先进个人1287人，否决23人。

出生人口性别比 2007年温州市各县（市、区）均实行二孩生育全程跟踪管理服务，全市查处22起使用B超非法鉴定胎儿性别案，涉案39人，其中判刑2人，刑事拘留6人，其余处以罚金。全市7个省定性别比治理重点县，有5个县性别比同比有所下降。省人民政府在瑞安召开全省出生人口性别比综合治理会议，肯定瑞安坚持管理和打击并重的性别比综合治理经验。

社会抚养费征收 2007年温州市依法足额征收社会抚养费。全市突破33例高额征收案件，其中乐清市最高征收个案达101万元。各地加大异地低额征收案件查处力度。全市取消20例异地低额征收案件予以重新足额征收。苍南和龙湾首次实现高额征收突破。

流动人口计生管理 2007年温州市在全省率先推行流动人口“双责考核”机制，并在鹿城区开展试点。市委、市政府公布加强流动人口专职协管员队伍建设若干意见，全市多数县（市、区）按500：1比例配备协管员，总人数为6666人。协管员工作职责和报酬亦相应得到落实。

计划生育利益导向 2007年温州市落实农村部分计生家庭奖励扶助政策，农村二女结扎户率先于全省纳入奖扶范围。全市有11 800余户独生子女与无子女农村家庭、670余户二女户农村家庭领取奖励扶助金，金额计2000余万元。永嘉县认真探索建立计划生育家庭社会养老保险制度，对部分符合条件的计划生育家庭实行社会养老保险。

计划生育服务 2007年温州市计生服务系统免费“三查”148.5万人次，咨询19.93万人次，培训避孕节育和优生优育知识22.5万人次，随访21.36万人次。瓯海区开展育龄妇女免费体检优质服务活动，获省优质服务县称号。各地举办人口计生工作巡回报告和人口资源环境知识竞赛活动，计划生育宣传教育和新型生育文化建设融入温州城乡一体化文化建设中。泰顺县依托“农民知识化”平台为育龄人员提供教育和咨询服务，并组织青年志愿者开展计生国策宣传。

移民工作

概况 2007年温州市人民政府深入贯彻执行大中型水库移民后期扶持政策，完成珊溪水库移民工程竣工验收，各项工作取得新成效。

珊溪水库移民脱贫奔小康工程 2007年温州市实施珊溪水库移民安置后期扶持十大项目，其中移民贷款创业项目向2682户移民发放贷款1.6亿余元，救助保障项目为全体移民实行人身意外伤害事故和房产保险，温馨行动项目募捐资金336万元，慰问移民困难户1200户，基地建设项目发展移民农业生产基地5000余亩，平阳、瓯海等地扶持一批移民创办的农业龙头企业。

珊溪水库移民平安稳定工程 2007年是发放移民首笔直补资金敏感时期，在未迁移民遗留问题尖锐，非农移民、小水库移民和原住村民新矛盾突出的情况下，珊溪水库直补到人资金平稳发放，实现全国"两会"期间温州市移民"零进京"上访工作目标。市本级受理移民来信来访同比下降76%和75%，其中群体访下降75%。

珊溪水库移民长效管理工程 2007年，温州市移民工作第一次列入市委、市政府对县（市、区）党委、政府综合目标考核范围，市政府同各县（市、区）政府签订水库移民后期扶持政策工作责任书，各县（市、区）政府同安置区乡镇签订责任书，移民工作属地管理责任得到进一步落实。市和县（市、区）两级后期扶持领导小组成员单位分头挂钩87个移民村（点）实施帮扶。

珊溪水库移民机关品牌工程 2007年温州市各移民机关加强队伍作风建设，着力创建"情系移民，用心服务"机关服务品牌。机关领导班子成员蹲点调研，分片指导，中层干部分头挂钩移民村（点），其余干部各自帮助一户移民特困户，全年为移民解决了32个遗留问题和新发生的热点难点问题。全市移民机关获准列入"参照公务员管理"单位。

水库移民后期扶持政策 2007年温州市落实大中型水库移民后期直补资金，首笔资金完成发放。《水库移民后期扶持规划》、《移民库区和移民安置区基础设施建设和经济发展规划》完成编制上报。温州市大中型水库移民后期扶持政策实施工作获全国大中型水库移民后期扶持政策部际联席会议督察组和省大中型水库移民工作领导小组督查组肯定。

珊溪移民工程竣工验收 2007年，应温州市人民政府邀请，水利部水利水电规划总院、国务院三峡工程和华北水利水电学院派出6名移民专家组成珊溪移民工程验收专家组，对珊溪移民工程进行竣工验收，综合评定为优良移民工程，达到国家级验收标准。

老龄工作

概况 2007年，温州市60岁及以上老年人有99.15万人，占全市人口13.01%，同比增加0.35个百分点，其中65岁及以上老年人口有72.91万人，占人口9.57%，居住在乡村的老年人口有74.64万人，占老年人口的75.28%，百岁以上老人218位（女性153位），人数居全省首位。《温州市老龄事业发展"十一五"规划》公布实施。

敬老爱老慰问活动 2007年"老人节"，温州市各地开展慰问救助老年弱势群体活动，市长邵占维、副市长黄德康慰问市区百岁老人、英模老人和贫困老人，市、县两级慈善总会、老龄办亦相应开展慰问活动，共计支出慰问金70万元，救助贫困老人1400人。市老龄委副主任、民政局局长周文珍专程到永嘉张溪乡慰问全省最长寿老人陈爱香(112周岁)。

为老办实事项目 2007年，温州市参加基本养老保险人数137.46万人，其中企业参保人数116.06万人，享受养老保险待遇人员23.21万人，企业人均养老金1130元，离退休人员养老金按时足额发放。全市30.43万名被征地农民参加社会保障，其中5.22万人参加基本生活保障，2.35万人纳入生活补助，1.71万人参加企业职工基本养老保险，7.45万人享受被征地农民基本生活保障待遇。全市新型社会救助体系基本确立：农村五保对象7261人，已集中供养6744人，城镇三无人员1090人，已全部集中供养。6.85万经济困难老人得到救助，其中纳入低保4.30万人，发放救助金（含低保金）5984万元。鹿城、龙湾、瓯海投入农村危旧房改造资金625.5万元，260户（756人）农村困难群众受益。部分农村计生家庭获奖励扶持，全市11 803名独生子女和673名二女户农民领取奖励扶助金，金额计2063万元。2007年，市卫生局通知各医疗单位实施老年人优惠看病，市政园林局所辖市区92所公厕对老年人免费开放。苍南、洞头、泰顺、文成相继公布老年人优待规定，瑞安、乐清基本实现70周岁以上老年人免费乘坐公交车辆。

基层老龄工作 2007年温州市巩固社区老龄工作"3587工程"建设成果，深化社区资源整合，积极推进居家养老服务体系建设。鹿城区和瑞安市居家养老服务由点到面推开，鹿城区和乐清市有17个省老龄工作规范化社区通过验收。农村基层老年人协会按照"三好"、"三有"、"三无"规范化标准加强建设，52%的老年人协会达到建设标准。全年培训老年人协会骨干1500人，超额完成省下达515名的培训任务。

2007年温州市百岁老人名单（共218名　男65名　女153名）

鹿城区（14名）

序号	姓名	性别	出生年月	家庭住址	序号	姓名	性别	出生年月	家庭住址
1	潘爱香	女	1902.05	水心杏6幢302室	8	汪虎臣	男	1906.11	红景天公寓
2	刘显高	男	1902.11	招贤巷19号102室	9	周文豪	男	1907.02	下吕浦
3	董花妹	女	1903.11	三牌坊76弄21号（现住九山南路11幢106室）	10	高沛彰	男	1907.08	隔岸垟路新村21幢
4	李有花	女	1905.08	华电新都C幢401室（现住永嘉中塘）	11	黄昆妹	女	1907.10	七都镇老涂村
5	黎云生	男	1905.12	水心松9-206室	12	瞿玉娟	女	1907.12	七都镇老涂村南路10号
6	徐阿英	女	1906.04	永宁巷205号	13	潘秀芬	女	1907.12	大同巷10弄5号
7	潘檄延	男	1906.11	信河街石板巷122号	14	陈秀英	女	1907.12	新码道56弄10号

龙湾区（12名）

序号	姓 名	性别	出生年月	家 庭 住 址	序号	姓 名	性别	出生年月	家 庭 住 址
1	沈玉妹	女	1904.02	永兴南桥北村（水潭）	7	蔡阿士	男	1907.01	海城街道上涂村老人公寓
2	项公彩	男	1905.07	沙城镇七一村中心街	8	李玲媛	女	1907.02	永兴街道乐二村
3	方周氏	女	1905.09	瑶溪镇苏川村前河路18号	9	项 氏	女	1907.04	永兴街道水潭村
4	项书姆	男	1906.03	永中桥北村	10	王阿英	女	1907.07	灵昆镇双昆村
5	李阿菊	女	1906.10	状元廊西巷44号	11	伍娇弟	女	1907.08	状元镇三廊桥村
6	王位喆	男	1906.12	天河镇照屏路1-5号	12	包寿波	男	1907.10	灵昆镇周宅村

瓯海区（7名）

序号	姓 名	性别	出生年月	家 庭 住 址	序号	姓 名	性别	出生年月	家 庭 住 址
1	苏永竹	女	1903.02	茶山街道睦竹垟村	5	计福媛	女	1907.10	茶山街道洪殿村
2	陈春月	女	1904.12	郭溪镇塘下村	6	项阿花	女	1907.12	茶山街道舜岙村
3	黄金德	男	1905.05	梧田街道老殿后	7	陈文妹	女	1907.12	仙岩镇竹溪村
4	张阿媛	女	1905.06	茶山街道舜岙村					

乐清市（31名）

序号	姓 名	性别	出生年月	家 庭 住 址	序号	姓 名	性别	出生年月	家 庭 住 址
1	朱 榴	女	1903.11	黄华镇长林东村	17	郑小花	女	1907.01	雁荡镇岙里村
2	谢公治	男	1904.06	清江镇方江屿村	18	金积定母	女	1907.01	北白象镇金炉村
3	章修乌	男	1905.02	仙溪镇上街村	19	胡毕氏	女	1907.03	镇安乡石坦山村
4	陈庆水	男	1905.07	柳市镇刘宅村	20	刘岩贤	男	1907.04	北白象镇峒桥村
5	恭云祖母	女	1905.10	柳市镇吕岙村	21	郑焕标	男	1907.05	翁垟镇东方村
6	蔡显进	男	1905.10	大荆镇叠石村	22	吴碎迪	女	1907.06	虹桥镇东洋村
7	石郑氏	女	1905.11	象阳镇路头石村	23	张成旺	男	1907.07	北白象镇琯头村
8	夏银彩	女	1905.11	南塘镇南塘村	24	倪桂林	男	1907.07	翁垟镇河头村
9	詹世增	男	1905.11	雁荡镇朴头村	25	蔡小女	女	1907.07	雁荡镇岙里村
10	何岳媚	女	1906.02	象阳镇垅前村	26	朱观定	男	1907.08	黄华镇歧四村
11	杨宗贵	男	1906.02	智仁乡小坑岙村	27	毕 香	女	1907.08	大荆镇叠石村
12	吴朱氏	女	1906.05	虹桥镇南村	28	刘卢氏	女	1907.09	石帆镇竹屿村
13	金月凤	女	1906.08	南岳镇前塘村	29	鲍香花	女	1907.10	大荆镇仙洋谢村
14	王兴棉	男	1906.08	清江镇富岩头村	30	陈张氏	女	1907.11	清江镇渡头村
15	陈金氏	女	1906.10	翁垟镇河头村	31	叶钗妹	女	1907.11	北白象镇峒桥村
16	周翠凤	女	1906.12	乐成镇慎海下塘村					

瑞安市（27名）

序号	姓 名	性别	出生年月	家 庭 住 址	序号	姓 名	性别	出生年月	家 庭 住 址
1	陈时娥	女	1904.08	塘下塘西村	15	张阿生	男	1906.05	飞云镇上埠村
2	陈阿英	女	1904.11	梅屿乡梅底村	16	蔡王妹	女	1906.08	顺太乡大坟脚村
3	许良妹	女	1905.01	荆谷乡八甲村	17	余向姆	女	1906.11	马屿镇江心巷2号
4	卢巧琴	女	1905.02	湖岭镇湖松路	18	王周弟	男	1907.02	平阳坑镇晚垟头村
5	薛行锡母	女	1905.03	上望街道办事处黎明村	19	项阿萍	女	1907.03	湖岭镇湖松路
6	徐存柳	女	1905.04	中南村中川路7号罗南信用社	20	胡雪华	女	1907.06	松桥西路一弄29号
7	朱千弟	女	1905.10	陶山镇瓷窑村	21	潘时锡	男	1907.06	上望街道九二村
8	吴大奶	女	1905.11	平阳坑镇大华村	22	胡碎脑	女	1907.10	汀田镇寨下村
9	戴韵芬	女	1905.12	万松路6弄6幢一单元201室	23	王乃儿	女	1907.10	梅屿乡河溪村
10	李娟妹	女	1905.12	莘塍镇富池东路52号	24	郑驮囡	女	1907.11	东岩乡岩头村
11	叶宣娥	女	1906.01	康宁巷3幢302号	25	陈阿利	男	1907.11	莘塍镇董七村
12	彭向妹	女	1906.01	鹿木乡前大村	26	张献虎	男	1907.12	东山街道上埠村
13	李开庆	男	1906.02	飞云镇云周坳头23幢138号	27	陈方奶	女	1907.12	鹿木乡缸窑村
14	阮桐华	女	1906.03	城中巷5号					

永嘉县（30名）

序号	姓 名	性别	出生年月	家庭住址	序号	姓 名	性别	出生年月	家庭住址
1	陈爱香	女	1895.09	张溪乡张溪村	16	陈时法	男	1906.01	瓯北镇礁下村渡口西路6号
2	王 氏	女	1901.01	桥头镇林下村	17	杨陈蕊	女	1906.01	渠口乡豫章村
3	陈玉花	女	1902.02	张溪乡黄界坑村	18	叶岩听	男	1906.04	枫林镇高塘村
4	叶爱珠	女	1902.11	大箬岩镇小箬口村	19	潘德尧母	女	1906.07	西溪乡潘宅村
5	李球花	女	1903.02	花坦乡双溪村	20	卢尚明母	女	1906.08	岩头镇溪南村
6	周 氏	女	1903.10	岩头镇河二村	21	朱海翠	女	1906.09	沙头镇古一村
7	陈其谷	男	1904.01	桥头镇前庄村	22	金家程	男	1906.11	岩头镇河一村
8	朱碎香	女	1904.02	瓯北镇浦西村	23	戴碎英	女	1907.01	枫林镇枫五村
9	周宝翠	女	1904.09	鲤溪乡葵坑村	24	金则火	男	1907.03	沙头镇上浮村
10	詹纪余	男	1905.01	桥头镇底新路31号	25	戴华连	女	1907.07	岩头镇周宅村
11	徐兰妹	女	1905.01	桥下镇桃山村	26	谢选梯	男	1907.07	东皋乡大山底村
12	陈龙云	女	1905.01	岩头镇下日川村	27	周领弟	女	1907.07	西源乡西一村
13	陈月妹	女	1905.01	五尺乡水东村	28	金定权	男	1907.08	乌牛镇吴岙村
14	金可兴	男	1905.07	岩头镇岩头村	29	叶际英	女	1907.11	沙头镇高浦村
15	谢 氏	女	1905.09	沙头镇中堡村	30	朱兴华母	女	1907.11	渠口乡珠岸山村

洞头县（1名）

序号	姓 名	性别	出生年月	家庭住址	序号	姓 名	性别	出生年月	家庭住址
1	叶竹香	女	1907.12	北岙镇阜埠岙村					

文成县（24名）

序号	姓 名	性别	出生年月	家庭住址	序号	姓 名	性别	出生年月	家庭住址
1	项 氏	女	1901.04	黄坦镇兴华中路	13	虞 氏	女	1906.01	珊溪镇联新村
2	赵阿娥	女	1902.02	大峃镇大发垟村	14	朱珠柳	女	1906.09	黄坦镇塘底垟村
3	赵钦六	男	1903.05	富岙乡富岙桥村	15	蔡 氏	女	1906.10	黄坦镇云峰村
4	毛 氏	女	1903.09	桂山乡分水村	16	周日道	男	1906.11	金炉乡城中村
5	马奶英	女	1904.08	二源乡钟垟村	17	叶碧玉	女	1907.01	云湖乡包山垟村
6	金松齐	男	1905.04	富岙乡盖后村	18	王玉珠	女	1907.03	西坑镇西坑村
7	郑 氏	女	1905.05	百丈漈镇碎垄村	19	王莲菊	女	1907.05	樟台乡鹤东村
8	万奶儿	女	1905.05	南田镇店岭村	20	王春柳	女	1907.05	大峃镇大峃街568号
9	柳 氏	女	1905.06	南田镇寨垄村	21	陈松春母	女	1907.08	大峃镇下徐村
10	郭碎奶	女	1905.11	巨屿镇金面孟村	22	钟 氏	女	1907.10	双桂乡垟山村
11	叶作巧	男	1906.01	西坑镇赤水洋村	23	吴正墨	男	1907.11	大峃镇下徐村
12	赵彩绿	女	1906.01	黄寮乡黄曲寮村	24	蒋育梅	女	1907.12	东溪乡吕一村

平阳县（37名）

序号	姓 名	性别	出生年月	家庭住址	序号	姓 名	性别	出生年月	家庭住址
1	蔡 氏	女	1901.07	鳌江镇雁门办事处	13	许春梅	女	1906.05	山门镇下屯村
2	倪 氏	女	1903.08	钱仓镇	14	潘善光	男	1906.05	宋桥镇宋桥村
3	徐 氏	女	1904.06	鳌江镇	15	赵 氏	女	1906.05	顺溪镇南新村
4	陈阿丁	女	1904.08	宋埠镇	16	王陈花	女	1906.05	腾蛟镇霞山村
5	杨荣妹	女	1905.02	鳌江镇塘东村	17	黄 氏	女	1906.06	宋桥镇宋桥村
6	黄銮妹	女	1905.06	昆阳镇	18	陈五某	男	1906.06	南雁镇后仓村
7	苏尚礼	男	1905.07	腾蛟镇腾带村	19	陈光福	男	1906.06	萧江镇潘南村
8	董 氏	女	1906.02	鳌江镇双垟村	20	刘 氏	女	1906.07	晓坑乡同利村
9	曾夏弟	男	1906.03	昆阳镇九街村	21	余焕媄	男	1906.07	榆垟镇台头村
10	陈 氏	女	1906.04	南雁镇雁河村	22	章 氏	女	1906.08	晓坑乡杭坑村
11	黄美思	男	1906.04	南雁镇笠湖村	23	鲍 氏	女	1906.09	萧江镇泱底村
12	白照凤	女	1906.04	山门镇永安村	24	无名氏	女	1906.09	山门镇

续上表

序号	姓名	性别	出生年月	家庭住址	序号	姓名	性别	出生年月	家庭住址
25	无名氏	女	1906.10	西湾乡跳头村	32	林春花	女	1907.06	钱仓镇
26	陈　氏	女	1907.02	鳌江镇吴兰村	33	李志看	男	1907.06	青街乡
27	方　氏	女	1907.03	鳌江镇	34	周银花	女	1907.07	山门镇
28	施达发	男	1907.03	凤卧镇内塘村	35	苏招弟	女	1907.08	腾蛟镇同兴村
29	陈　氏	女	1907.04	凤卧镇垟头村	36	高　氏	女	1907.09	萧江镇裕丰村
30	无名氏	女	1907.04	昆阳镇	37	张　氏	女	1907.10	晓坑乡高堡村
31	黄彩云	女	1907.05	麻步镇四居					

泰顺县（9名）

序号	姓名	性别	出生年月	家庭住址	序号	姓名	性别	出生年月	家庭住址
1	林翠玉	女	1899.05	新浦乡新仓村	6	林祥烧	男	1906.01	彭溪镇富垟村
2	章秀春	女	1900.12	东溪乡上村	7	周文钮	女	1906.11	西旸镇面前岭居委会
3	许学友	男	1903.01	联云乡新畲村	8	何　氏	女	1907.01	泗溪镇上院村
4	苏日进	男	1905.01	包垟乡驮坪村	9	徐荣吉	男	1907.04	下洪乡南源村
5	王若春	男	1905.03	柳峰乡国岭村					

苍南县（26名）

序号	姓名	性别	出生年月	家庭住址	序号	姓名	性别	出生年月	家庭住址
1	陈阿姆	女	1902.10	舥艚镇西浦口村	14	谢　菊	女	1906.09	桥墩镇桥南路117号
2	王中苏	男	1903.03	霞关镇霞关村	15	施　氏	女	1906.10	霞关镇长沙村
3	张步花	女	1903.08	观美镇岭脚村	16	王孝棒	男	1907.01	灵溪镇康乐路68号
4	易代车	男	1903.09	灵溪镇厅基三街13号	17	赵彩缎	女	1907.02	桥墩镇堂阳居291号
5	柯植畔	男	1904.02	马站镇顶魁村	18	陈志云	女	1907.02	岱岭乡福掌村
6	吴　氏	女	1904.02	灵溪镇灵江办事处横河村	19	罗　氏	女	1907.03	灵溪镇横支村
7	王阿燕	女	1905.03	金乡镇前张村8号	20	叶维萍	男	1907.05	马站镇金山村
8	杨　氏	女	1905.04	舥艚镇林家庄村	21	叶朱娥	女	1907.08	舥艚镇仙垅船村
9	吴如玉	女	1905.06	观美镇新岸村9号	22	林智局	男	1907.08	赤溪镇乌岩村
10	朱　氏	女	1905.12	观美镇三美村	23	卢英娥	女	1907.10	龙沙镇下门村
11	吴清玉	女	1906.05	观美镇三联村	24	郑阿姆	女	1907.11	括山镇东张庄村
12	叶　氏	女	1906.08	赤溪镇双联村	25	许大某	女	1907.11	桥墩镇南湖村49号
13	朱昌镌	男	1906.09	藻溪镇毛徐村	26	陈素琴	女	1907.11	灵溪镇灵浦路155号

老年文教体活动　2007年温州市举办第六届老年文化艺术周，文艺演出车到“全国敬老模范村”瓯海区娄桥街道娄桥村表演节目，市老干部活动中心举办老年书画展。2007年全市有老年文艺团体575个，参加人数2.06万人，老年大学11所，学员1.46万人，老年学校103所，学员1.56万人，老年电大分校教学点、教学班470个，学员3.66万人次，老年体育团体574个，参加人数2.12万人。10月，温州市老年体育代表团60余人参加浙江省第五届老年运动会取得好成绩。

老年人维权　2007年全市44个律师事务所全部设置老年人维权岗，开展“老年维权示范岗”创建活动。老年维权组织健全，为老助老维权渠道畅通。所有法律援助中心老年人申请维权法律援助审查批准时间缩短为3天。2007年，全市法律援助机构为老年人提供诉讼法律援助26件，其中民事诉讼21件，刑事诉讼5件，为行动不便老年人提供上门服务37件，为老年人提供法律咨询服务870件。

关心下一代工作

概况　2007年，温州市298个乡镇、街道，2147个村、社区，108个部门，75个事业单位，69家企业和782所中小学校建有关工委组织，“五老护苗”志愿人员28 816人，比2006年增加2800人。瑞安和平阳参与关心下一代工作“五老”人员均超过8000人。鹿城区有“五老护苗”志愿组织136支，“五老”人员2300人。瓯海区有3个街道建立楼幢帮教信息员队伍，参与的“五老”人员200余人。全市525位“五老”人员就“五老”建设、青少年犯罪和留守儿童帮扶问题开展调研活动219次，完成调研文章171篇。

百万青少年祭奠缅怀英烈　4月3日，“全市百万青少年祭奠缅怀英烈暨革命传统教育”活动启动仪式在江心屿温州革命纪念碑前举行，450余名大中小学学生参加仪式。此项传统教育活动系由市关工委会同市委老干部局、温州大学和鹿城、瓯海区关工委联合举办。苍南7位老同志编写11篇计6万余字讲稿对下一代进行传统教育，40位讲师团老同志坚守烈士陵园10日，宣讲革命传统80余场次，并前往9个乡镇25所中小学巡回宣讲，受教育青少年12余万人，撰写教育感想1000余篇。平阳“五老”宣讲员收集史料编写缅怀先烈小册子，为学校提供传统教育教材。瑞安市关工委开展“八个一”活动，组织“五老”队员分片宣讲，印发《瑞安英烈故事》8万余份，两个月内集合10.05万名青少年参加祭奠英烈活动。2007年清明节前后，全市近百万青少年祭扫烈士墓碑，参观烈士纪念馆，听“五老”队员讲述革命故事，访问功臣和英模，从中接受爱国主义、民族精神和革命传统教育。

和谐社会建设主题教育　4月28日，温州市关工委联合有关部门部署“构建社会主义和谐社会”主题教育千场报告会活动，全市各级关工委组织895名“五老”宣讲员到学校、农村、社区和企业，开展社会主义核心价值体系和诚实守信、公平正义、道德法制、公共服务以及生态环境等方面内容的宣讲，举办报告会1798场，发放学习宣传资料66 606份（册），受教育青少年599 337人次。瑞安市关工委讲师团宣讲邻里和谐、家庭和谐、代际和谐、禁毒和预防青少年犯罪计47场。苍南县关工委结合纪念建军80周年、“七七事变”70周年、香港回归10周年、打造“和谐苍南”和“6·26”禁毒日宣传，开展“构建社会主义和谐社会”主题教育215场次，受教育青少年20余万人次。12月，市委宣传部、市委老干部局、市关工委、市教育局联合表彰千场报告会活动先进单位和优秀报告员。

寻访身边共和国功臣　4月17日，温州市关工委根据省关工委和省军区政治部要求，联合市委老干部局和市文明委开展“寻访身边的共和国功臣”活动，组织新闻单位年轻记者和有写作能力的学生寻访各个革命时期为建立新中国作出重大历史贡献的老干部、老战士，为社会主义建设、改革事业和关心下一代工作作出突出贡献的老同志。活动共收到寻访文章51篇，经评选，33篇作品获优秀奖，28篇报省关工委参加评选，9篇获奖，温州日报潘秀慧《不变的追求，无尽的奉献》获省一等奖。

奥运主题宣传教育　2007年，温州市各级关工委以“心系祖国，情系奥运”为主题对青少年开展奥运精神宣传教育。鹿城区夏屋社区“五老护苗”志愿者暑期组织辖区学生开展“同一个世界，同一个梦想”与英美文化知识竞赛活动，参与青少年近千人次。12月，市关工委、体育局和教育局联合举办全民健身与奥运同行“意丹奴杯”2007年温州市城市定向锦标赛和青少年定向锦标赛，学校、机关、企业青少年无线电爱好者组成25支代表队计200余人参加比赛。

五老护苗志愿队　2007年温州市登记在册“五老护苗”志愿者28 816人。市直“五老护苗”志愿队一大队34名老同志出动110人次，对辖区62个网吧经营和未成年人上网情况进行查访。温州电业局40余名离休干部每人每年出资100元帮助泰顺县九峰乡中心小学贫困生。瑞安“五老护苗”志愿队老医生“六一”前夕到芳庄、金川、东岩、平阳坑等地中小学为700余名学生免费体检。各地关工委组织“五老护苗”志愿队老教师在未成年人集中的社区与乡镇举办“四点钟寄读所”、“托管学校”、“爱心辅导站”和“留守儿童俱乐部”。平阳县昆阳镇和鳌江镇退休教师创办“老园丁图书室”、“护苗斋”，为“挂钥匙”学生开办古典文学导读班。鹿城区4位“五老护苗”志愿者帮助一遭弃女童解决学习和生活费用。温州日报11月19日整版刊登“五老护苗”志愿队老同志感人事迹。10月，浙江日报和温州日报发表《“五老护苗”礼赞》述评，称赞“五老护苗”促进和谐社会建设，亦丰富“五老”晚年生活。

失足青少年帮教　2007年温州市406个帮教小组2602位“五老”人员帮教失足青少年1860人，1105人有明显进步表现。春节前夕，市关工委领导偕庄吉集团负责人携衣被、书籍、贺卡看望市劳教所劳教学员。平阳县关工委会同帮教协会和“五老护苗”志愿队组成特殊帮教团，到省少管所、省第二监狱对120余名平阳籍青少年犯开展社会延伸帮教。

留守儿童结对关爱　2007年，温州市和全省同步实施“留守儿童”结对关爱行动计划，各级关工委发动有条件的“五老”人员作为代理家长结对关爱留守儿童。鹿城区有50名“五老”担任留守儿童代理家长。瑞安市关工委为芳庄中心校34名最困难留守儿童落实代理家长。12月30日，瑞安“四套班子”领导出席“五老”与“留守儿童”迎新结对联欢活动。至年底，全市有1736位教师与离退休老同志作为代理家长同留守儿童结对。

农村和非公企业关心下一代工作　6月，正泰集团成立关心下一代工作委员会。7月，温州全市关工委主任会议专门研究加强农村和非公企业关心下一代工作，选定27个试点村和24家试点非公企业。温州南方寝饰用品有限公司8月21日成立关心下一代工作委员会，省、市关工委和瑞安市委领导到场授牌。苍南县13个乡镇开展“百村千户共建和谐争创文明村活动”。12月29日，瓯海区温州乐园有限公司等13家非公企业关心下一代工作委员会成立并授牌。瑞安市开展“关工五好先进村居”创建试点，平阳县公布县级“五无两有”村达标考核细则。

青少年思想道德教育网站　温州市青少年思想道德教育网站《温州青少年网》设置时事资讯、源远流长、锦绣河山、法律援助、心理救助、才艺展示等30余个栏目，每天至少更新5条信息，网站注册用户约18 000人，月访问网站近6万人次，上传信息约2万条。瑞安市关心下一代工作网和乐清市关工委《晨曦网》点击率逐月上升。

关心下一代工作专项基金　2007年温州市积极筹建青少年发展基金。温州市青少年发展基金总额50万元，其中鹿城区慈善老人邓洪如捐资30万元。瑞安市财政拨款20万元创设关心下一代工作启动资金。苍南县多元主体创设青少年资金，金诚公司定向资助10万元建立矾山镇青少年教育基金，灵溪镇关工委筹集资金32 091元建立关爱青少年基金。

残疾人工作

概况 2007年，温州市残联以“发展残疾人事业，构建和谐温州”为主题，承办国际特奥会迎圣火城市接待计划和大型助残两项活动，开展启明、启聪、启智、助行四项行动，实施安居、培训、助学、就业、康复五大工程，全市完成残疾人危房改造629户，改造面积5.21万平方米，安置残疾人就业2956人，动态管理下应保尽保，累计纳入低保贫困残疾人39 414人，省下达的各项残疾人康复指标超额完成。元旦春节期间，市、县各级党政领导慰问贫困残疾人家庭4000余户，发放慰问品和慰问金350余万元。社会各界帮助残疾人发展生产，增加收入，全年全市新结对帮扶残疾人2301人。“全国助残日”、全国爱耳日”、“国际残疾人日”和“国际盲人节”活动在温正常开展。

残疾人康复 2007年温州市实施残疾人“启明、启聪、启智、助行”康复工程，超额完成省下达康复指标，完成白内障复明手术5481例，聋儿语训76人，肢体残疾康复训练122人，供应用品用具2400件，为经济欠发达县残疾人配发轮椅1200辆。“爱心温州.慈善启明”工程启动，经济欠发达地区1000名贫困白内障患者接受复明手术，拟3年创建白内障无障碍市。市本级和瑞安、乐清聋儿语训部机构规范化评估达标，15名聋儿学生有14名达到评估要求随班就读。市残联会同电信部门推出关爱无声世界小灵通特惠套餐，赠送失聪人士手机100台、小灵通200台。全市318个社区参与“全国残疾人社区示范区”培育活动，新建残疾人康复点121个。开办儿童自闭症康复训练中心4家，在训儿童73人。全市救助贫困精神病患者200余人。

贫困残疾人扶助 2007年温州市按残疾人扶贫示范基地暂行标准选出市级示范基地21个，下达补助资金62万元，其中AAA级、AA级、A级基地分获6万、3万和1万元扶持。全市残疾人扶贫基地累计123个，安置残疾人696人，带动3405名残疾人从事种养业。

残疾人危房改造 2007年市人民政府实施残疾人特困家庭危房改造工程目标明确，程序公开，责任落实，措施到位。全年下达危改任务220户，专项资金110万元，实际落实危改对象629户，资金1638.63万元，改造面积5.21万平方米，受益残疾人734人。

残疾人社会保障 2007年温州市持一级和二级《残疾人特困证》、《中华人民共和国残疾人证》(限精神、肢体、智力)居民享受医疗保险费财政全额补助，市区发放特困证653个，持证特困残疾人家庭享受医疗救助和廉租房优惠待遇。市残联公布市区重度残疾人生活补助标准，每人每月200元。全市农村贫困残疾人低保、医保和临时困难救助工作全面落实。

残疾人就业 2007年温州市实施残疾人“就业工程”，全市残疾人就业2956人，其中按比例就业529人，集中安置1254人，个体就业466人，非正规就业572人，劳务输出135人。未按比例安置残疾人就业的用人单位，依法缴纳残疾人保障金，全年计征收7000余万元。

残疾人教育 2007年温州市认真抓好“三残”儿童义务教育，落实华强中专招生工作，58名高考上线残疾学生录取入学。“助学工程”落实专项补助资金270余万元，实施范围从原低保对象扩大到持特困证对象，残疾儿童和贫困残疾人子女2430人受益。

残疾人培训 2007年温州市残疾人职业技能培训中心举办保健按摩和足底按摩培训7期，培训保健按摩师94名，扶持盲人就业87人。另委托市就业训练中心开展残疾人岗前培训。全市共举办残疾人培训70期，受训4500人次。

残疾人基层组织建设 2007年，温州11个县(市、区)残联和292个乡镇(街道)残联完成换届。鹿城区聘任社区残疾人专职委员50名。市残联帮助各县(市、区)残疾人专门协会完成换届工作，支持它们开展学习、培训和联谊活动。2007年，市本级接待残疾人来访2672人次，处理来信373件。

残疾人活动 2007年温州市推荐5名运动员参加第七届全国残运会，文成县张仁波获4枚金牌。温州市参加省第四届特殊教育学校学生艺术汇演获奖19项，居全省之首，部分优秀节目选送参加全国比赛。2334名残疾人参加省第八届全国残运会运动员选拔，合格927人，152人入围全省集训。另推荐多名运动员参加省特奥足球队选拔。

温州市第十七次全国助残日活动 2007年全国助残日，温州市区举办“维护合法权益、展示自强风采、切磋劳动技艺、驶向美好未来、重见精彩世界、启迪幼小心灵、沐浴爱的阳光、涌动无声世界、关爱能人健康、聚集助残暖流”10项助残活动。5月20日，海坦广场举办“保障残疾人权益，共建和谐温州”活动，市委常委、副市长黄德康到场慰问，市委副书记赵一德和市委常委、副市长黄德康另行分率残工委成员单位慰问市特教学校、市聋校和市二医接受“白内障”手术患者。11个县(市、区)残联相应开展活动。全市各级领导和部门负责人500余人慰问残疾人家庭3761户，特困残疾人1701人，发放慰问品、慰问金200余万元，义诊2000余人次。

温州市首届残疾人职业技能比赛 2007年温州市组织80余名残疾人参加盲人按摩、海报设计、美发和服装样板设计4个项目比赛，市劳动和社会保障局授予一等奖选手温州市技术能手称号，二等奖、三等奖选手分授高级和中级职业资格证书。

温州市首次评选残疾人创业之星 2007年温州市首次评选残疾人十大创业之星，李岳环、戴建光、邵康田、屠定显、徐定枢、刘德喜、肖云州、薛宁、王国栋、陶兆景10人入选，市委常委、副市长黄德康出席创业之星表彰大会。苍南县残疾人方学能参加省首届十大“自强创业之星”评选活动，获省创业之星称号，永嘉县残疾人刘德喜获提名奖。

1. 12月14日，浙江星际集团图书捐赠仪式在瓦市小学双潮分校举行。
2. 1月17日，在温州市情系移民献爱心活动启动仪式上，有关单位及部门向移民捐款情景。

苏巧将／摄

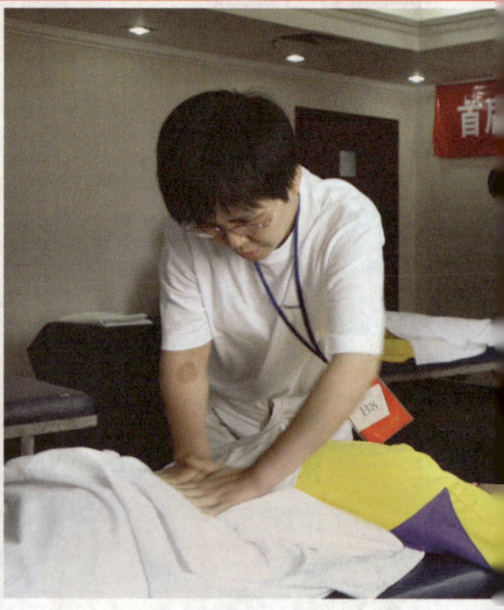

许日尤／摄

许日尤／摄

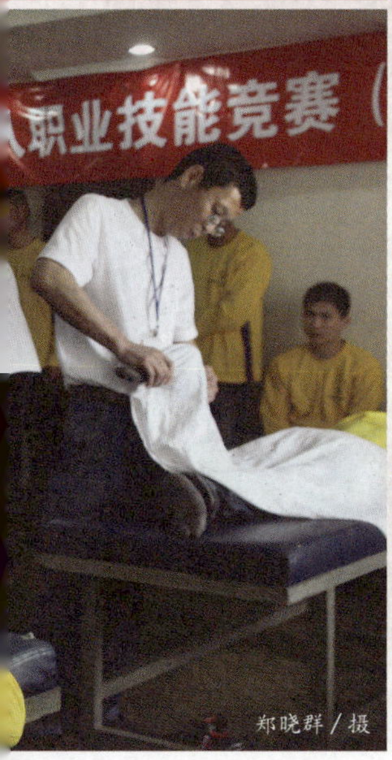

郑晓群／摄

陈　翔／摄

1. 8月28日，鹿城区五马街道在五马街休闲广场举行五马街创建“巾帼文明示范街”启动仪式。
2. 9月26日，洞头县妇联在北岙镇城南社区举办“邻里情”洞头特色小吃制作活动。
3. 4月12日，五马街道组织五马卫生院、29个社区等单位在中山公园门口开展以“清洁环境、保障健康、构建和谐”为主题的第十九个爱国卫生月活动，向市民宣讲日常生活中的卫生保健知识，并接受咨询和义诊服务。
4. 5月19日，温州市首届残疾人职业技能竞赛在市区举行，比赛的项目有：盲人保健按摩、美发、服装设计和海报设计等。
5. 8月30日，在市总工会举行的“爱在金秋”助学行动仪式上，11户困难职工子女获结对单位助学金。

1		2
3	4	5

2月11日，由温州市委宣传部等单位举办的“冬天的温暖——情系灾区特别行动”及慰问演出在苍南县金乡镇永兴村举行。

特奥会火炬跑迎圣火和起跑仪式 温州市是全国12个承办2007年世界夏季特殊奥林匹克运动会执法人员火炬跑和接待计划城市之一。9月27日，松台广场举行2007年特奥会执法人员火炬跑温州市迎圣火和起跑仪式。市领导王建满、邵占维、黄德康、曹国旗、陈石春、杨湘洪、王成云出席。中外执法人员、国际特奥运动员、温州市有关部门和单位负责人以及各界人士参加迎圣火和起跑仪式。市委书记、市人大常委会主任王建满点燃圣火。市委副书记、市长邵占维致辞。国际特奥运动员克里斯·奥斯特（Chris Oster）、国际执法人员代表约翰·普拉特(John Pratt)和温州市特奥运动员代表张金浩先后发言。火炬跑由特奥运动员、党政领导、社会名流、志愿者以及高校学生组成方阵，自松台广场经人民路、府前街、人民广场（旧）、解放北路、江滨路至星河广场结束。27日下午至28日，火炬跑在鹿城区22个社区和楠溪江风景区举行，总里程73公里，助跑人员4200人，参与活动者2万余人。中国残联与上海世界特奥会组委会授予温州市本次活动“优秀组织奖”，并赠送“腾龙”火炬。

接待挪威特奥代表团 9月28日晚，温州市区松台广场举行入城式欢迎挪威特奥代表团。市委常委、副市长黄德康致欢迎词。市残联理事长林联初等出席仪式。挪威特奥代表团共22人，其中智障人士14人，分别参加10月2日上海2007年世界夏季特奥会柔道、艺术体操和足球项目比赛。29日至10月1日，代表团在鹿城区游览、购物，并做客南浦清风社区。

慈善工作

概况 2007年温州市拓宽慈善募捐渠道，开展冠名基金、专项基金和项目捐资等定向捐资活动，全市慈善组织募集善款1.45亿元，其中市慈善总会募集善款2026万元。市慈善总会接收各界定向捐资款1224万元，“慈善一日捐”活动募集善款802万元。其余39个慈善基层分会募集善款4871.56万元。市本级设立圣雄慈善助医助学基金（1000万元）、国光慈善助老助困基金（1000万元）和金迅达慈善助医助困基金（2000万元），全市冠名基金规模约1.8亿元。2007年全市开展17个救助项目，支出慈善救助金9550万元，为历年投入最大。4月23日，温州市召开首届慈善大会，78个慈善机构、项目和个人获“温州慈善奖”。

慈善救助 2007年温州市慈善助学活动资助学生13 276名，慈善助学款1576.9万元。市慈善总会、教育局、人民教育基金会和温州日报联合主办“爱心温州·慈善助学”活动，向7818名大中小学生发放498.5万元慈善助学款。市本级会同三区慈善总会，出资78万元为2189名新温州人贫困学生慈善助学。6月，市慈善总会、卫生局、残联、红十字会、温州医学院附属眼视光医院和市二医联合启动“爱心温州·慈善启明”活动，计划3年把温州建成白内障无障碍市，2007年完成贫困白内障患者复明手术1000例。7月，市、区慈善总会出资148万元，会同卫生局启动“城区慈善门诊”，向鹿城、瓯海、龙湾2960户低保边缘户发放慈善门诊卡。老人节期间，市慈善总会安排40万元慰问特困老人800人，并组织义工提供志愿服务。“国光慈善助老助困基金”出资30万元慰问特困老人600人。“爱心温州·2007慈善宴”安排宴席800桌，5000户8000人参加慈善宴活动。“圣帕”、“韦帕”台风灾后，市慈善总会第一时间深入苍南、平阳、泰顺灾区，发放赈灾款64万元。2007年，温州市同中华慈善总会合作，开展格列卫援助项目和易瑞沙援助项目，实施和平慈善整形援助基金、浦发爱心慈善图书室和慈善医疗安康工程。

慈善宣传活动 2007年温州市慈善总会继续刊发温州慈善杂志和温州慈善报。3月，市慈善总会首次举办慈善活动月，推出《爱心温州》专栏，举办“爱心温州·慈善有我”慈善义工文艺演出。

慈善组织建设 2007年龙湾、瑞安、文成、苍南、洞头、平阳、瓯海相继召开慈善大会。全市各慈善总会在33个乡镇和6个企业成立慈善分会和企业分会。市慈善总会有8支义工队伍，10个县（市、区）慈善总会成立义工队伍，全市有慈善义工2258名。11月，全市慈善工作人员100余人参加慈善业务培训。

教　育

综　述

2007年温州教育系统省市级教育强镇（乡）达到115个（其中省级71个），比上年增加21个，超过目标11个。省市级教育强镇占全市乡镇总数的43.89%。省市级示范幼儿园、小学、初中分别达到82所、71所和75所，分别比上年增加11所、11所和8所。省市级重点中学达到67所，比上年增加6所。国家和省级重点职业学校达到22所，比上年增加1所。省级市级示范专业分别达到13个和23个，分别比上年增加2个和4个。国家级职业教育实训基地2个；省级市级职业教育实训基地分别达到8个、16个，均比上年增加4个，超过目标5个。小学、初中、普通高中、职业学校优质教育资源比例分别达到19.29%、35%、67.27%、41.57%。

温州教育坚持“保中间，放两头，活全局”的发展思路，深化教育改革，推进教育创新，运用民间资金丰裕和市场机制灵活的区域经济优势，走出了一条政府为主、全社会办教育的发展路子，为创建教育强市、实现教育现代化打下坚实基础。

全市教育工作会议筹备　9月4日至7日，中共温州市委书记王建满连续4天赴鹿城、瓯海、瑞安、平阳等县（市、区）专题调研教育工作，强调优先发展教育，加快教育强市建设，推进温州教育优质均衡发展。市长邵占维多次就当前教育发展面临的问题专门听取汇报，并提出了原则意见和相应的工作要求。副市长陈作荣多次主持召开市政府教育专题会议，召集发改、教育、财政、人事、土地、规划、建设、社保、房管等有关部门单位商议研究。在调研基础上，市委书记办公会议、市政府常务会议分别作出决定，将适时召开全市教育工作会议，着力解决教育发展中的突出问题，部署本届政府今后四年教育工作，推进教育科学和谐、优质均衡发展。

教育课题调查研究　2007年，温州市教育局组织人员分别到文成县、永嘉县、泰顺县、鹿城区、乐清市调研农村义务教育和民办教育。一年来，市教育局会同有关部门单位分别就农村义务教育、职业教育、民办教育、师资队伍、城乡配套学校规划建设等11个课题，赴各地基层学校调研，并借鉴上海、杭州等地成功经验，形成系列调研报告，编发《教育参考》12期，有针对性地提出相应的政策建议。

教育宣传工作　2007年，温州市教育局与温州日报、温州晚报、温州都市报、温州商报、温州新闻网、温州电视台、光明日报、教育信息报、中国教育报、人民教育等市内外媒体合作，分别策划开展年末回顾、年初展望等系列专题教育宣传工作。教师节期间，分别在本地媒体开辟教师人物专栏，在温州日报要闻版刊登了5篇反映各级各类教育事业发展成绩的专题采访报道，在温州晚报推出“名师风采”栏目，温州新闻网分类别设立骨干教师专题网页，温州电视台教育时空栏目开展优秀教师专题采访报道，同时在温州教育网、温州教育杂志开设专栏，宣传教育战线先锋模范。教育宣传工作有较强的计划性、主动性、典型性和全局性。温州教育网作为温州教育门户网站，入选全省第三届十佳文明办网示范单位。温州电视台教育时空作为合办栏目，收视率在同类节目中再次名列前茅。

教育议案提案办理　2007年，温州教育部门认真办理市人大代表建议议案和市政协委员提案答复工作，并首次制作专题博客公开建议提案和72件答复办理件执行情况，广泛听取网民建议意见，增加教育政务信息的互动交流。

语言文字工作　2007年，加强普通话推广和规范社会用字工作，贯彻实施《国家通用语言文字法》，温州市第二职业中专率先成为首批国家级语言文字规范化示范校，11月26日至29日，温州接受并通过国家二类城市语言文字工作评估。8月31日，温州市第二职业中等专业学校被国家语委确定为首批国家级语言文字规范化示范校，也是温州市唯一获得此项荣誉的学校。国家语委于7月8月开展申报和认定工作，全国171所学校获得此项荣誉，浙江省有12所。

教育管理规范年活动　2007年，温州市教育局开展“温州教育与第三次跨越”为主题的解放思想大讨论活动。建立党风廉政建设和反腐败工作组织领导责任分工制度，落实党风廉政建设责任制。建立局领导联系县（市、区）教育局制度，转变机关工作作风。开展教育收费专项检查和规范教育收费示范县创建活动，建立规范收费长效机制。加强基建项目招投标和政府采购工作。坚持实施“阳光招生”，严格执行公办高中招收择校生“三限”政策。加强教育系统内部审计工作，建立教育审计网络，教育审计工作获得市级先进。秋季开始在全市幼儿园和职业学校实行按成本收费制度，降低义务教育阶段学生课本费。各地将2007年定为“教育管理规范年”，全市农村义务教育学校教育管理规范化建设向纵深发展。

教育督导　2007年温州市把创建教育强县（市、区）、教育强镇（乡）和示范（重点）学校的评估与复评工作作为教育督导工作重点，突出督政，强化督学，加强对教育难点、重点、热点及焦点问题的调研督导工作，依法督促各地增加教育投入，保护师生合法权益，维护学校正常的教育教学秩序。做好县（市、区）党政主要领导教育目标考核工作，依法落实县级政府统筹规划、组织实施义务教育的主要责任。做好县（市、区）教育局工作目标考核工作，规范考核程序和指标体系，加强业绩考核工作，推进县域教育科学和谐、优质均衡发展。

抗击台风“韦帕”　9月19日凌晨，第13号强台风“韦帕”登陆苍南县霞关。抗台期间，温州教育系统早作防范，全力以赴，顺利完成学生安全转移工作，做到零伤亡。同时，全市教育系统安排213所中小学安全接纳社会避险人员49 368人，把该次台风灾害损失降到最低。

优化教育环境　2007年温州市教育部门加强与民盟、民进、农工民主党等民主党派人士联系，聘请特约人员，主动征求对政府教育工作的意见和建议。加强家校联系，向广大家长发放意见征询书，广泛听取并采纳家长的意见和建议。加强各级各类学校特别是职业学校校风、教风、学风建设。温州二中、温州华侨职业中专被评为全国教育系统先进集体。温州市第十七中学被评为“全国优秀家长学校”。

学前教育

概况　2007年，全市幼儿园1508所，比上年减少28所，在园幼儿250 904人，比上年增加7130人，超过目标10 904人；园均规模166人，比上年增加7人；3～5周岁幼儿入园率达94.17%，比上年提高0.99个百分点，超过目标0.17个百分点。学前教育办学行为进一步规范。制定实施《关于进一步加强学前教育管理的若干意见》（温教小〔2007〕57号），推进幼儿园办园水平评估和等级幼儿园认定工作，纠正当前学前教育“保姆式”、“小学化”倾向。各地加快乡镇中心幼儿园和示范幼儿园建设，全市乡镇中心幼儿园达到210所，比上年增加30所，建园率达80.2%，比上年提高11.5个百分点。

盛昌黎瓯海区调研民办幼儿教育工作　11月8日，浙江省副省长盛昌黎到温州市瓯海区调研民办幼儿教育工作，肯定了瓯海区民办幼儿教育工作和民办幼儿园在解决外来务工人员子女入学方面的努力。瓯海区通过政策优惠、教师人事代理、合作办学、建立激励机制等手段，积极发展民办幼儿教育，形成了政府办园为龙头、社会力量办园为主体的多元化办园格局，民办幼儿园占当地幼儿园总数的94%，在园幼儿占总数的86%。

幼儿园按成本收费　6月12日，温州市政府出台《温州市人民政府办公室关于转发温州市幼儿园收费管理实施意见的通知》（温政办〔2007〕83号），从秋季开始，全市公办幼儿园启动实施按成本收费制度，严禁以任何名义收取集资费、捐资费、赞助费。

新增省级示范幼儿园4所　2月5日，平阳县鳌江实验幼儿园、平阳县昆阳镇中心幼儿园、瑞安市莘塍镇第二幼儿园、泰顺县育才幼儿园被省教育厅命名为省级示范幼儿园。至此，全市省级示范幼儿园达到28所。

义务教育

概况　2007年，温州市农村中小学教师生活补助金制度全面启动，义务教育经费保障机制逐步健全，确保新增教育经费主要用于农村，全市生均预算内公用经费达到省定标准。该年全市有小学929所，比上年减少69所；在校生576 853人，比上年减少18 089人；入学率99.99%，超过目标0.09个百分点；在校生巩固率99.99%，超过目标0.09个百分点；毕业生升学率99.98%，超过目标0.08个百分点；校均规模621人，比上年增加25人。初中342所，比上年减少2所；在校生331 227人，比上年

2007年温州市教育经费总收入

单位：千元

项　目	总　计	其中：教育部门总收入数
总　计	8 323 508	6 437 824
一、国家财政性教育经费	5 008 103	4 566 362
1、预算内教育经费	4 409 933	3 992 482
（1）教育事业费拨款	4 085 153	3 801 644
（2）基本建设拨款	87 010	87 010
（3）科研拨款	29 596	
（4）其他拨款	208 174	103 828
2、各级政府征收用于教育的税费	597 787	573 615
（1）教育费附加	389 977	377 219
（2）地方教育附加	207 810	196 396
3、企业办学中的企业拨款		
4、校办产业和社会服务收入用于教育的经费	383	265
二、民办学校中举办者投入	46 250	597 787
三、社会捐赠经费	625 967	454 062
其中：农村	38 683	38 683
四、事业收入	2 093 306	926 368
其中：学杂费	1 229 328	468 405
五、其他收入	549 882	491 032

补充资料：1．社会捐赠经费中港、澳、台及海外捐赠收入88千元。

2007年温州市义务教育普及情况

	小学							初中					
	入学率		女入学率		巩固率		小学升初中比例	入学率		女入学率		巩固率	
	学龄人口(人)	入学率(%)	学龄人口(人)	入学率(%)	计(%)	其中：女(%)	(%)	学龄人口(人)	入学率(%)	学龄人口(人)	入学率(%)	计(%)	其中：女(%)
温州市	545 491	99.99	238 864	99.99	99.99	99.99	99.98	293 432	99.86	133 140	99.85	99.91	99.91
市直属	58 744	100	26 420	100	100	100	100	22 177	99.89	10 638	99.89	99.96	99.97
鹿城区					100	100	100					99.97	100.00
瓯海区	43 132	100	18 839	100	100	100	100	18 742	100	8664	100	100.00	100.00
龙湾区	31 124	100	12 740	100	100	100	100	13 540	99.50	5931	99.50	99.98	99.97
瑞安市	89 330	100	39 755	100	100	100	100	40 755	99.92	18 623	99.92	99.96	99.99
乐清市	89 742	100	38 209	99.99	100	100	100	49 470	99.99	21 878	99.99	100.00	100.00
永嘉县	60 376	99.98	26 806	99.98	100	100	100	32 804	99.95	15 069	99.96	99.95	99.96
平阳县	46 155	100	20 218	100	100	100	100	32 265	99.90	14 840	99.90	99.95	99.92
苍南县	85 450	99.98	36 364	99.98	99.99	99.99	100	61 353	99.82	27 154	99.81	99.88	99.88
文成县	14 358	100	6753	100	100	100	100	8109	99.82	3756	99.81	99.65	99.73
泰顺县	21 216	100	10 112	100	100	100	99.58	11 369	99.08	5326	99.02	99.09	99.02
洞头县	5864	100	2650	100	100	100	100	2848	99.72	1285	99.77	99.88	100.00

增加18 221人；入学率99.86%，比上年提高0.39个百分点，超过目标0.56个百分点；在校生巩固率99.91%，超过目标0.11个百分点；校均规模969人，比上年增加59人。

外来民工子女就学 2007年，温州市瓯海、瑞安、鹿城等（县、区）率先在省内推行外来民工子女接受义务教育"同城待遇"政策，较好地解决了外来民工子女入学难问题。全市义务教育学校接纳外来民工子女入学20.46万人，占全省24.16%，入学率达到99.97%。

组建教育集团 2007年，温州市继续鼓励优质学校以"名校带民校、名校带新校、名校带弱校、名校带农（村）校"等形式，通过布局调整和资源重组，扩大优质教育资源。各地实施名校集团化战略，稳妥推进教育集团办学，以优质教育资源为依托，县（市、区）内以"城区（镇）学校+农村学校"组建紧密型城乡教育集团，跨县（市、区）以"城区（镇）学校+农村学校"组建松散型城乡教育集团。

普通高中教育

概况 2007年，温州市普通高中优质教育资源进一步扩大。因受小学学制五年改六年等因素影响，从该年起全市初中毕业生人数骤减。面对高中生源紧张的新形势，各地坚持普通高中"分层指导，分类推进"办学策略，加强统筹规划，合理调整布局，加大重点中学创建力度，引导学校明确办学定位，实现错位发展，确保完成普高招生计划，初中毕业生升入普通高中的比例有了较大提高。普通高中139所，比上年增加3所；在校生154 045人，比上年减少7194人；初中毕业生升入普通高中的比例为52.91%，比上年提高3.58个百分点；校均规模1108人，比上年减少78人。高中学校招生79 832人，比上年减少13 176人。普通高中与职业学校招生比例为1.25∶1。初中毕业生升学率为95.32%，比上年提高5.49个百分点，超过目标5.32个百分点。

学业成绩后30%学生质量监测 6月20日，温州市教育局制定《关于加强初中毕业学业考试后30%学生质量监测工作的意见》（温教办中〔2007〕40号），关注学业成绩后30%学生的分析、统计和质量检测工作，有针对性、有计划地帮助和促进学习有困难的学生不断进步。

温州中学新疆班 8月30日，温州中学迎来155名新疆中学生，这是国家在温州市首次设立内地新疆高中班。内地新疆高中班自2000年开办至今，办班城市扩大到28个，办班学校50所，在全疆招生18 600人。

特殊教育

概况 2007年，温州市"三残"适龄儿童入学率达99.3%，比上年提高0.04个百分点，超过目标0.3个百分点。

中等职业教育

概况 2007年温州全市职业学校97所，比上年减少5所；在校生96 259人，比上年减少6140人。其中职业高中85所，比上年减少4所；在校生86 563人，比上年减少3829人；校均规模1018人，超过目标38人。普通中专1所，在校生2704人，比上年减少1192人。成人中专4所，在校生1582人，比上年增加40人。技工学校7所，比上年减少1所，在校生5410人，比上年减少1159人。

全市职业教育工作会议 2月6日，温州市政府召开全市职业教育工作会议，出台《关于大力发展职业教育的意见》。市政府从2007年起设立每年5000万元以上职业教育专项资金，各县（市、区）相应设立配套专项资金，用于重点职业院校建设、实训基地建设、重点专业建设、师资培训、校企合作办学奖励、地方课程开发、贫困生帮扶、优秀学生奖励等项目的专项奖补。

重点职校、实训基地和示范专业建设 2007年温州市重点职业学校、实训基地和示范专业建设进一步加快。11月，温州华侨职业中专年内顺利通过国家级重点职校评估。在校生5000人以上的温州市第三职业中专在市经济开发区滨海工业园区获准选址并开始进入筹建前期准备工作。坚持面向就业，深化校企合作，全市已初步拟定30所重点品牌职业学校创建计划，致力推进职业学校专业系列化改革，大力发展职业教育。全年共投入实训基地设备经费4345万元，市本级建成温州市职业中等专业学校数控、汽修车间和温州华侨职业中等专业学校西餐实训室、温州市第二职业中等专业学校形象设计室，各地进一步加快职业教育实训基地建设，推动职业教育步入改革发展的快车道。

成人教育

概况 2007年温州市农村预备劳动力培训19 720人次，超过目标4720人次。城镇职工培训25.01万人次，超过目标0.01万人次。招收成人高中段学历教育学员3646人，超过目标646人。

农村预备劳动力培训 8月4日，温州召开“百万农村劳动力素质培训工程”工作会议。该年全市投入2000万元用于“百万农村劳动力素质培训工程”，计划全年培训农村劳动力14.5万人。各地进一步做好农村预备劳动力培训工作，用好市本级每年1350万元和县（市、区）相应配套的农村预备劳动力培训专项资金。全市建成36个农村预备劳动力培训基地。

社区教育网络 12月10日，温州市教育局批复11个县（市、区）成立社区学院，街道（乡镇）相应成立社区学校。全市逐步形成“社区大学——社区学院——社区学校——社区教育点”的四级社区教育网络，为构建全民学习和终身教育体系奠定了基础。

高等教育

概况 2007年，温州市普通高校6所，在校生64 037人，比上年增加7226人。成人高校1所，在册生4.6万人，比上年减少1.3万人。远程教育站点39个，在册生1.6万人，比上年减少0.3万人。高等教育毛入学率为37%，比上年提高2.2个百分点，超过目标1个百分点。

高校办学层次和质量进一步提高 温州大学合并后首次招收215名研究生。温州职业技术学院被教育部财政部确定为国家示范性高职院校建设单位。建立市委领导联系高校制度，筹划建设新的高职教育基地。

高校学科专业建设 2007年贯彻落实《温州市高等学校重点专业建设实施意见》，温州市首次评出2006年度在温高校16个重点建设专业，每个重点建设专业在今后两年建设期内将由市政府提供每年15万元建设资金，在温各高校按1∶1的比例提供配套建设资金。温州医学院“眼视光学和视觉科学”实验室被国家科技部批准为省部共建国家重点实验室培育基地并正式通过认证。温州医学院瞿佳等7人首次入选教育部高等学校医药学科（专业）教学指导委员会。温州医学院瞿佳、管敏鑫等人的科研课题被省政府授予2006年度浙江省科学技术一等奖。温州大学、温州职业技术学院、浙江工贸职业技术学院、浙江东方职业技术学院、温州科技职业学院（筹）5所高校，同年开始在充分利用高校教育资源的基础上，鼓励专科学生在校期间通过自学考试获得本科文凭。

高校统筹管理 2007年温州市在大学

2007年温州市各级各类中小学分县简明情况

	幼儿园		小学				初中				普通高中				中等职业教育				特殊教育	
	园数	在校生数	学校数	毕业生数	招生数	在校生数	学校数	毕业生数	招生数	在校生数	学校数	毕业生数	招生数	在校生数	学校数	毕业生数	招生数	在校生数	学校数	在校生数
温州市	1508	250 904	929	119 312	102 539	576 853	342	91 114	116 024	331 227	139	51 846	47 720	154 045	97	28 987	32 112	96 259	12	1912
市直属	6	2163	2	427	669	3571	6	6591	6812	21 483	20	5639	6748	18 533	20	6398	6291	17 819		1
鹿城区	103	24 870	67	10 295	10 646	57 745	8	2067	2325	6960	1	315	166	570	5	938	732	2471	2	281
瓯海区	126	24 099	65	7872	8651	47 349	17	5660	7459	22 321	9	3405	3180	9561	5	1612	1831	4526	1	184
龙湾区	79	15 922	36	5727	6178	33 528	12	4608	4975	15 703	10	3214	3270	9269	4	766	614	2081		5
瑞安市	291	46 454	119	14 927	16 625	89 482	61	11 298	14 727	43 606	21	7349	5773	20 682	16	4365	4345	13 494	2	251
乐清市	294	39 784	157	19 548	17 674	96 442	63	15 000	18 923	56 606	21	8625	7278	24 490	15	4520	4716	14 987	1	353
永嘉县	202	22 217	156	13 358	11 342	65 584	51	8563	13 594	37 981	13	5271	4157	14 558	6	1994	2594	8725	2	272
平阳县	99	21 703	67	13 593	9143	50 689	43	9636	13 916	38 249	11	5520	4469	16 161	10	2618	3879	11 080	1	224
苍南县	199	35 639	130	23 515	14 025	87 994	54	18 254	23 403	63 777	19	8596	8270	27 402	11	4439	5603	17 496	2	265
文成县	33	7781	56	3239	2682	15 345	9	3716	3229	8649	6	1651	1507	4733	2	610	721	1776	1	51
泰顺县	57	7694	67	5327	3920	23 066	11	4660	5205	12 927	5	1553	2352	6328	1	492	554	1155		18
洞头县	19	2578	7	1484	984	6058	7	1061	1456	2965	3	708	550	1758	2	235	232	649		7

生思想政治工作、大学生创业指导、高校安全稳定、远程教育等领域加强管理和指导工作。在省内率先出台《温州市高校校园网络管理暂行办法》，建立并完善全市大学生心理健康网站，充分运用网络等工具加强学生心理健康教育。建立市大学生职业生涯教育研究会，开办温州大学创业园，联合举办2007年温州市高校毕业生就业招聘大会，鼓励引导大学生开展创业、就业、创新实践。成功组织协调在温各高校举办首届全市大学生文化艺术节，促进资源共享和文化交流，提高大学生文化素质。开展“远程教育在农村”活动，引导远程教育为社会主义新农村建设和学习型社会建设服务。

温州医学院首次独立招收博士生　9月12日，温州医学院首次独立招收12名博士研究生。该校在今年还获得眼科、外科、妇产科等3个学科教授评审权，成为全省除杭州高校之外唯一拥有博士授予权和教授评审权的高校。温州医学院“眼视光学和视觉科学”实验室通过国家科技部批准，正式成为国家重点实验室。为适应博士研究生教学需要，温州医学院从国内外遴选了首批22名博士生导师。

温州大学大学生创业园开园　11月14日，温州大学大学生创业园开园。该园占地1400平方米，能容纳40个创业团队开展创业实践，首批有12个学院的36个创业团队和创业工作室入驻。温州大学鼓励在校学生进行创业实践，并规定创业学分可充抵公共选修课学分。该校城市学院学生白炳卫获浙江省大学生最具潜质“创业之星”称号。

温职院创建示范性高职　10月13日，温州职业技术学院被教育部财政部确定为国家示范性高职院校建设单位，学院的模具设计与制造等6个专业同时被确定为国家示范性建设专业。该校得到国家和省市财政的重点支持，预计近三年内将有近1亿元资金投入学院的示范性建设。国家示范性高职院校建设计划被誉为高职院校“211”工程。学院已建成1个教育部教学改革试点专业，1个国家技能型紧缺人才培养试点专业，2门国家级精品课程，并获得“全国职业教育先进单位”荣誉称号。“依托行业，工学结合”是温职院的办学特色，曾被誉为“高职教育的温州模式”。

施凯获名师奖　8月22日，浙江工贸职业技术学院副教授施凯被教育部授予第三届高等学校教学名师称号。施凯从事鞋类专业教学和科研工作，2005年被教育部推选为“2006～2010年教育部高等学校高职高专服装纺织类专业教学指导委员会委员”。成为入选本级别学术组织的唯一鞋类行业高级专家。

温医教授获“西湖友谊奖”　9月24日，温州医学院特聘客座教授杰弗里·加里格斯·巴洛（Jeffrey Garrigus Barlow）被省政府授予2007年度“西湖友谊奖”。巴洛博士为美国太平洋大学教授、互联网教学中心主任。2003年起多次来温开展教学与学术交流，积极推动温州医学院与美国太平洋大学友好合作。2006年，巴洛曾获温州市政府“雁荡友谊奖”。

“两项计划”服务欠发达地区　6月18日，温州大学为15名“两项计划”（服务西部和服务省内欠发达地区计划）志愿者举行欢送会。其中服务四川14人，浙江省内欠发达地区1人，参加人数居浙江省高校第2名。“两项计划”实施5年来，该校共选派5届共83名学生参加。4月22日，该校还举行了“用一年的时间，做一件让一生感动的事情——服务西部计划和服务省内欠发达地区（两项计划）大学生志愿者事迹报告会”。

政府出政策助高校毕业生就业　11月5日，温州市出台《关于促进高校毕业生充分就业实施意见》，通过5方面16条政策推动毕业生就业。这些政策主要包括：通过提供基本生活补助等手段，鼓励和引导毕业生面向农村、社区就业；通过小额贷款扶持等政策，鼓励和引导毕业生自主创业、灵活就业；通过实施困难家庭毕业生援助等手段，建立健全高校毕业生就业服务体系。

首届大学生文化艺术节　11月28日，温州举办为期1个月的首届大学生文化艺术节。此次活动由市委高校工作领导小组办公室、市教育局主办，在温7所高校承办，以“飞扬青春激情，创建和谐校园”为主题，内容包括摄影比赛、

2007年温州市普通高校简况

	学校数	招生数	毕业生数	在校生数				预计毕业生数	教职工数						占地面积（平方米）	校舍面积（平方米）
				计	研究生	本科	专科		计	专任教师						
										小计	正高级	副高级	中级	初级		
总计	**6**	**21 269**	**13 146**	**64 037**	**1725**	**34 621**	**27 691**	**15 389**	**5805**	**3882**	**390**	**947**	**1433**	**993**	**4 061 902**	**1 980 654**
温州医学院	1	2715	1905	9741	1284	7681	776	2106	1381	798	114	151	235	291	597 333	319 247
温州大学	1	3326	3956	11 227	441	9437	1349	3296	1491	892	139	285	360	108	1 390 736	644 058
温州职业技术学院	1	2879	2213	7672			7672	2474	521	420	18	122	164	116	424 821	224 315
浙江工贸职业技术学院	1	2485	1478	5964			5964	1618	451	280	9	81	81	62	227 001	148 999
浙江东方职业技术学院	1	1972	922	4902			4902	1335	333	240	8	26	83	82	133 333	115 841
温州医学院仁济学院		1666	826	6535		6535		1161	364	332	36	60	72	164	256 000	138 920
温州大学瓯江学院		2693	991	9487		8316	1171	1514	532	489	32	120	227	110	261 253	185 488
温州大学城市学院		2422	545	6607		2652	3955	1579	396	309	34	71	159	21	322 535	154 450
温州科技职业学院（筹）	1	1111		1596			1596		336	122		31	52	39	448 890	49 336
电大温州各分校（工作站）			310	306			306	306								

校园DV作品比赛、英语口语大赛、舞蹈大赛、创业计划大赛、校园歌手大赛、主题演讲比赛、书画比赛、校园美文大赛等项目。

民办教育

概况　2007年温州市进一步规范民办学校办学行为。在保证国有资产不流失的前提下，以教育凭证等形式引进市场机制，鼓励支持各级各类学校之间实行联合办学或组建教育集团，深化办学主体多元化和办学模式多样化改革，积极探索民办教育的多种实现形式。市本级创办温州市绣山中学、温州市籀园小学等学校。各地进一步加强规范管理，促进民办教育健康发展。至年底，全市民办幼儿园、小学、初中、普通高中、职业学校已分别达到1456所、21所、23所、61所和44所。

奖励扶持民办教育　2007年温州市政府启动实施民办高校办学奖励政策。自建校舍办学的民办高校每培养1名本科、专科毕业生由市政府分别给予1000元、800元的办学奖励。平阳、瓯海、瑞安、苍南、乐清等地尝试选派公办教师到民办农村乡镇中心幼儿园任教任职，实行“教师公办性质不变、人事关系挂靠公办学校、工资由财政发给”的制度，进一步发挥公办幼儿园的示范指导作用。瓯海区在全市率先参照公办学校教师标准，为80位民办学校教师投保养老保险和医疗保险。各地积极贯彻实施民办教育促进法及其实施条例，以期促使民办学校在市场竞争中做活、做优，为社会提供更充足、更多样、更优质、更具特色的教育资源。

国际国内教育交流

概况　2007年温州市教育国际交流进一步扩大。教育行政部门之间的合作交流得到进一步加强，温州市教育局与德国吉森市教育局结为友好教育局，与加拿大BC省签署教育合作谅解备忘录。开展校际之间的国际交流，温州中学和奥地利维也纳学术中学结为友好学校，并着手与英国伊顿公学在教师互派、资源共享等项目上开展合作；温州市实验小学、温州华侨职业中专与德国吉森市相关学校结为友好学校；温州医学院与美国太平洋大学签署“2+2”合作模式以及教育学硕士“4+1”项目合作协议；温州大学与澳大利亚莫纳西大学、日本石卷专修大学签署合作交流协议；温州大学与美国肯恩大学确定“2+2”合作办学。7月，温州市第八批23名英语教师赴英国雷丁大学参加短期培训。9月选派11名英语骨干教师赴英国雷丁大学攻读“教与学”硕士学位课程。

国内合作交流深入开展。继续与东北师大在教育硕士研究生培养、访问学者选派、骨干教师研修、科研合作、教育信息化资助和毕业生实习等六个领域开展合作。与北京师大、上海师大、华东师大、浙江工业大学、上海第二工业大学、天津工程师范学院等国内院校合作培训骨干教师、中小学校长、教育分管领导、“双师型”教师。温州中学设立内地新疆高中班，首次招收155名新疆学生入学。与教育部中学校长培训中心合作举办以“学校核心竞争力的提升”为主题的中学校长论坛，全国各地40多位知名校长和温州800多位校长参加论坛。浙江工贸职业技术学院与新疆乌鲁木齐职业大学、文成职教中心等6所国内职业院校签约，在实训基地建设、专业和课程建设、师资共享等方面开展对口支援及合作交流。

与德国吉森市教育局结为友好　10月26日，温州市教育局与德国吉森市教育局举行友好合作备忘录签字仪式，结为友好教育局，在多方面进一步开展交流合作活动。两国地市教育局结为友好教育局尚属温州首创。签约仪式上，温州市实验小学、温州华侨职业中等专业学校、温州大学和德方学校结为友好学校。

与加拿大BC省签署教育合作备忘录　3月23日，加拿大不列颠哥伦比亚省（简称BC省）教育部副部长Emery Dosdall与浙江省教育厅副厅长蒋胜祥、温州教育局局长林卫平签署谅解备忘录，以促进两地在课程项目认证、赴加留学等教育领域内的合作与交流。

首位赴美汉语教师志愿者　8月3日，温州中学英语教师钱盈作为浙江省首位赴美汉语教师志愿者离温，开始为期2年的赴美汉语教学工作。8月5日，温州七中教师朱海娜也到美国志愿从事汉语教学工作。自2003年起实施的“国际汉语教师中国志愿者计划”，国家汉办2007年计划派出近2000人。

第四届国际教育展　7月10日，温州市举办第四届国际教育展。温州大学和澳大利亚莫纳西大学签署备忘录，共同对意大利普拉托市以温州人为主的华人华侨展开调研。普拉托省总人口约22万人，其中有近3万温籍华侨。2002年，普拉托省与温州市缔结为友好城市。

招生考试

概况　2007年温州市高考文理科上线41 641人（不含艺术、体育、高职单考单招上线人数），比上年增加4994人，增幅为13.6%，其中本科以上增加1361人，增幅为8.5%，高考文理科上线人数连续8年全省第一。高考录取37 945人，比上年增加3684人。该年全市共有22名保送生被北京大学、清华大学、浙江大学等7所“211”知名重点大学提前录取，其中21名来自温州中学，1名来自苍南中学。重点大学保送生人数占全省14%，刷新了温州市近年重点大学保送生人数的最高记录。

中考中招改革　1月16日，温州市2007年初中毕业考试与高中招生制度改革实施方案出台。与上年比较，主要有三个变化：初中地方课程明确纳入学业考试范围，语文社会政治要考地方课程；省一级中学保送生招生比例增加5%；高中学校招生自主权扩大，各校在不超过学校当年招生计划3%的前提下，可根据学校办学特色自主招生在体育、艺术、科技等方面有特长的应届初中毕业生。

英国剑桥大学温州设考点 4月11日，英国剑桥大学中国遴选中心温州考试中心正式成立，负责温州及周边的台州、丽水、宁德等地区笔试组织工作。至此，英国剑桥大学已在全国设立20多个笔试考点。

师资队伍建设

概况 2007年温州全市幼儿园教师15 410人，比上年增加1472人；学历合格率98.21%，比上年降低0.06个百分点。小学教师30 045人，比上年增加301人；学历合格率98.48%，比上年提高0.46个百分点，超过目标0.18个百分点；专科及以上学历比例76.25%，比上年提高3.6个百分点，超过目标0.65个百分点。初中教师20 857人，比上年增加502人；学历合格率98.24%，比上年提高0.35个百分点，超过目标0.14个百分点，本科及以上学历比例67.86%，比上年提高5.11个百分点，超过目标0.36个百分点。普通高中教师10 491人，比上年增加90人；学历合格率95.48%，比上年提高1.59百分点，超过目标0.78个百分点；研究生及以上学历比例1.98%，超出目标0.28个百分点。职业学校教师5162人，比上年减少235人；学历合格率84.06%，比上年提高3.22个百分点。该年教师节全市有省功勋教师1人，全国模范教师4人，全国优秀教师7人，省“绿叶奖”13人，省“春蚕奖”50人，省优秀教师38人，省先进教育工作者4人，省中小学师德楷模13人受到表彰。

教师培训 2007年温州市继续组织中小学名师培养对象、英语骨干教师分赴美国肯恩大学、英国雷丁大学培训或攻读硕士学位课程，继续与东北师范大学合作培养教育硕士。整合县级教师培训机构资源，鹿城区教师进修学校、平阳县教师进修学校成为省级示范性教师进修学校。举办名师大讲堂、特级教师骨干教师大讲台等活动，推进校本培训和全员培训，提高教师教育的针对性和实效性。为期三年的农村中小学素质提升工程和“139培训”取得圆满成功，其中农村中小学教师素质提升工程完成17 224人次的农村中小学教师培训，“139培训”完成近700名农村教师的培训。

教育人事制度 2007年温州市制定实施“十一五”师资建设规划。各级教育行政部门加强教师编制管理，完善考核制度，严把教师准入关，规范临时用工制度。优化教师队伍结构，通过赴高校招聘毕业生、举办供需见面会、公开招聘骨干教师等多种形式，拓宽优秀人才吸纳渠道。落实民办学校教师人事代理、合理流动、职称评审、表彰奖励等政策问题。鼓励引导教师和毕业生从事农村教育、职业教育和民办教育，逐步解决师资在年龄、性别、学历等方面存在的结构性矛盾。

公开招聘骨干教师 7月26日，温州市教育局和市人事局联合在全国范围公开招聘骨干教师。参加招聘学校有温州市籀园小学、温州市绣山中学、温州外国语学校、温州市艺术学校、温州职业中等专业学校等，所涉学科和专业包括语数英等文化类，器乐、视唱练耳等艺术类，以及汽车营销、西餐专业等紧缺中职类专业。这次招聘有两个特点：首次招聘实行人事代理的教师，强调落实“三险一金”政策待遇，以此打破公办学校与民办学校之间教师流动壁垒；特色学校和职业学校招聘专业教师以专业技能为考核重点。

名师名校长评选 9月5日，盖庆春、余贤庆等10人获第二届名校长称号，金晓涛、徐芦生等30人获第二届名教师称号，郑碎飞、孔沪生等20人获第二届名班主任称号，黄新民、何民等20人被评为第二届享受教授待遇中学高级教师。温州市自2005年起评选名师名校长，每3年组织一次。

胡海帆获浙江省功勋教师荣誉 8月22日，温州中学校长胡海帆被省政府授予“浙江省功勋教师”荣誉称号。该奖是省政府对在教育工作中做出突出贡献的优秀教师给予的最高荣誉奖项，原则上从全省各级各类学校和其他教育机构中获得“全国优秀教师”、“全国优秀教育工作者”以上荣誉称号的在职人员中遴选产生（在浙两院院士除外），每3年评选一次，每次15名左右，首次评选从1998年开始。至此，温州全市共有5名功勋教师。他们分别是第一届的章剑蕉（女），第二届的张茂松、刘美英（女），第三届的白莉莉（女）和该年第四届的胡海帆。

骨干教师大讲台网上直播 4月19日，温州全市特级教师骨干教师大讲台网上直播教学活动开播。该活动分高中、初中、小学三个学段设立大讲台，以期通过市、县、校三级网络实现资源共享，充分发挥骨干教师的示范辐射作用。

“139富民攻坚计划”支教活动 8月22日，温州市教育局出台《关于开展2007学年“139富民攻坚计划”支教行动的通知》。9月3日，举行2007学年“139富民攻坚计划”支教教师欢送仪式，选派100名城镇教师到欠发达乡镇支教，选拔200名受援学校骨干教师上挂交流，100所城乡学校和1000名城乡教师结对互助，择优录用1415名高校毕业生到农村任教。农村教师评培训进修实行计划单列，评优评先、职称评审予以政策倾斜。欠发达乡镇全年共评出35名市级先进，占全市先进总数的11%。温州市自2005年全面启动“139富民攻坚计划”教师支教行动，先后已有300名教师参加支教工作，并有100所省市级示范学校、市直属中学与139个欠发达乡镇的100所中小学进行一对一结对帮扶活动。

新闻奖教金 9月9日，温州市举行“新闻奖教金”设立仪式。温州日报报业集团和市广播电视总台在此后5年每年向市人民教育基金会各捐资50万元，专项奖励中小学优秀校长和优秀农村教师各50名。市人民教育基金会为此出台新闻奖教金评奖办法，按照教育发展需要专项设奖，使评奖更具有明确的导向价值和示范意义。

“雁荡素”确定为温州市敬师花 9月5日，温州市花卉协会确定“雁荡素”为温州市“敬师花”。9月4日，第十八届中国兰花博览会(温州)筹委会决定给全市500名优秀教师赠送“雁荡素”。

吴若琳陈建平获选感动温州十大人物

2007年温州市中小学教师数及学历合格率情况

	幼儿教师数	学历合格率(%)	小学教师数	学历合格率(%)	初中教师数	学历合格率(%)	普通高中教师数	学历合格率(%)	职业学校教师数	学历合格率(%)
温州市	15 410	98.21	30 045	98.48	20 857	98.24	10 491	95.48	5162	84.06
市直属	172	100.00	245	100.00	1462	99.45	1406	97.30	854	76.23
鹿城区	1683	98.46	2791	99.39	474	98.73	57	96.49	166	86.14
瓯海区	1327	99.32	1940	99.28	1353	98.60	692	96.82	208	94.71
龙湾区	962	99.79	1415	99.58	967	98.66	632	95.57	149	67.11
瑞安市	2842	97.33	4087	98.58	2868	98.85	1526	97.58	812	83.50
乐清市	2590	97.41	4754	98.32	3796	97.76	1640	94.94	794	83.63
永嘉县	1217	98.77	3222	98.82	2136	98.78	940	93.30	366	89.62
平阳县	1349	99.63	3420	97.69	2440	97.75	1024	95.31	640	90.47
苍南县	2467	98.42	4817	98.07	3450	98.46	1730	97.11	889	86.28
文成县	302	96.36	1336	98.20	795	96.35	317	83.91	146	83.56
泰顺县	332	92.47	1545	97.35	863	95.60	369	87.26	65	76.92
洞头县	167	99.40	473	98.73	253	99.21	158	96.84	73	82.19

2月5日，吴若琳、陈建平获选2006年度感动温州十大人物。其中吴若琳是温州十二中英语教师，从教12年来敬业爱岗，病中坚持为学生上课，去世时年仅35岁。陈建平是永嘉县张溪乡中学教师，13年来坚持为学生贷款垫付学费，帮助300多名农村孩子重返校园。陈建平入选为“2007感动浙江十大乡村教师”。

“中国环保建议第一人”　2007年，永嘉第十五中学校长杨建南接受中国教育电视台专题采访。杨建南15年来致力于各种社会公益活动和学生的环保教育，在社会上产生强烈影响，被誉为“中国环保建议第一人”，并曾荣获全国十大环境新闻人物等荣誉称号。《人民日报》、《光明日报》、《美国新闻周刊》相继予以报道。

郑元波被执行死刑　1月10日，“校长家访遭家长杀害案”凶手郑元波被执行死刑。39岁的郑元波是龙湾区灵昆镇农民，其子在灵昆中学读书。龙湾区灵昆镇中学校长黄玉生爱校如家、爱生如子，在家访时猝不及防被失去理智的郑元波杀害，永远抱憾而去。

学生工作

学生德育工作　2007年，温州市制定实施《温州市中小学班主任全员培训实施办法》，拟定《温州市中小学“德育导师制”实施管理办法（征求意见稿）》，加强德育工作队伍建设，实施“德育导师制”。开展“知荣辱，树新风”主题读书活动，学生行为规范和文明礼仪普及教育。开设“形势教育大讲堂”，进行爱国主义和社会主义荣辱观教育。开展加强学校普法和禁毒教育工作，积极推进心理健康教育，建成“五星”级禁毒学校13所，一级心理辅导室11个。发挥学校教育在加强和改进青少年学生思想道德建设中的主渠道、主阵地、主课堂作用。

“平安校园”和“绿色校园”建设　2007年温州全市“平安校园”达标率达98.2%，创建市级“绿色学校”43所。规范学生接送车管理，开展校园周边环境整治，健全校园保安队伍，加大学校安全设施建设力度，加强消防安全、食品卫生安全、交通安全教育和管理工作。在抗击9月19日超强台风“韦帕”时，全市教育系统顺利完成学生安全转移工作，并安排213所中小学安全接纳社会避险人员49 368人。

乡村小学“阳光伙伴”全国获奖　7月28日，温州市瓯海区郭溪镇燎原小学代表队在“阳光伙伴”少年集体体育竞赛全国总决赛获得亚军，同时被授予优秀组织奖和顽强拼搏奖。该赛事由国家教育部、体育总局、共青团中央等七部委联合组织。

毛陈冰被授予“真情人物”奖　10月12日，中央电视台二套“中国骄傲”栏目摄制组为温州籍女孩毛陈冰录制专题片，并作为本年度“中国骄傲”候选人在全国进行展播。9月15日，20岁的中国美术学院大三女大学生毛陈冰只身从杭州赶赴贵州山区，用鲜血将病危产妇杨昌花从死亡线上救回。毛陈冰2005年毕业于平阳职业教育中心，2007年10月25日被授予温州市“文明使者”称号，12月26日在上海被授予“2007年度真情人物”奖。

首位赴南极科考大学生　2007年，浙江万里学院温州籍女生戴芳芳，作为首位赴南极科考大学生，当选2006浙江教育十大年度影响力人物。

国际少儿艺术节获奖　4月2日，温州市实验小学的蒙古族舞蹈《祝福》和京剧舞蹈《俏花旦》，温州市实验中学的器乐小合奏《茉莉花》、《叮叮当》，分获第四届莫斯科国际少儿艺术节舞蹈类第一名和器乐类第二名。该届国际少儿艺术节共有俄罗斯、意大利等27个国家与地区代表队参加。

温州首位参加省少代会的民工子女　5月30日至6月2日，13岁的杨姗作为全市18.9万民工子女代表，参加在杭州举行的省第五次少代会，成为温州首位参加省少代会的民工子女。2007年全市民工子女入学率达到99.95%。

徐建威11年寻药救父 9月10日，泰顺一中学生徐建威被中共温州市委、市政府授予温州市道德模范称号。徐建威6岁时父亲患病，11年来坚持上山寻药救父，直到父亲过世。徐建威孝老爱亲的事迹牵动了无数人的心，并入选"感动2005·中国十大真情故事"，以他为原型的电影《我不能没有爸爸》已于2007年完成拍摄。

慈善助学 2007年弱势学生群体受教育权益得到进一步保障。温州通过市政府拨款助学、学校减免助学、社会捐资助学和银行贷款助学4种渠道，开展"不让一名贫困生失学"的扶贫助学活动。全年资助贫困生37.87万人次，金额达1.27亿元，实现了"应助尽助"。8月27日，市慈善总会、市教育局、市人民教育基金会、温州日报报业集团联合主办"2007爱心温州·慈善助学"爱心款发放仪式，市本级共资助8100多名贫困学子，金额超过500万元。2007年的慈善助学自7月下旬正式启动，是历年来资助规模最大的一次，慈善助学范围覆盖全市，并首度面向外来务工人员子女。

办学条件

概况 2007年，温州全市新建中小学校舍40.2万平方米，超过目标0.2万平方米。排除中小学危房7.1万平方米，改造破旧房10.5万平方米。9月29日，省教育厅公布第四批九年制义务教育标准化学校名单，温州市共有203所中小学校榜上有名，其中Ⅰ类15所（初中10所，小学5所）。

温州中学新疆部进入主体施工；温州市特殊教育学校进场施工；温州市实验中学综合楼竣工、温州第二中学海坛校区综合教学楼主体完工；温州市第三中学校园改造一期工程、温州市第二十六中学完成桩基施工；温州市第十一中学校园改造综合楼主体完工；温州市第四中学等8所中小学建成塑胶运动场；温州市第十九中学建成体育馆；温州市第八中学迁建工程进入扩初设计；温州第二外国语学校Ⅰ标段开工；温州忠义学校8幢用房结顶；温州市第三十二中学、温州市第三职业中专划定选址范围；温州市学生实践基地A区进入施工。温州市第十六中学、龙湾实验中学开工建设。县（市、区）永嘉实验中学一期工程竣工并投入使用；乐清雁荡旅游学校完成迁建工程；文成中学完成一期工程建设并投入使用；苍南县金乡四小、云岩小学灾后重建一期工程完工并投入使用，苍南县马站镇中心学校进入桩基施工。

农村中小学"四项工程" 2007年，浙江省农村中小学"四项工程"和温州市139富民攻坚计划教育发展"六项工程"进展顺利。到2007年底，全市建成408所省义务教育标准化学校（其中Ⅰ类32所，Ⅱ类51所，Ⅲ类325所），完成农村中小学食宿改造工程项目367个，竣工面积达26.47万平方米，竣工率达到90.2%，农村特别是欠发达乡镇学校办学条件明显改观。

新农村新校园建设工程 8月20日，温州市教育局、市财政局出台《关于印发新农村新校园建设工程实施意见的通知》，启动新农村新校园建设工程，全年由市县两级财政按7∶3的比例投入5000万元，在全市新建改建农村学校操场98个，厕所200个，卫生保健室800个，围墙3.4万平方米，农村学校的运动、就厕、卫生、安全等办学条件得到改善。新农村新校园建设工程是继2005年起市政府设立每年3000万元农村教育发展专项资金之后，该年办好五件实事的一项重要工作，体现了坚持向农村、向欠发达地区、向义务教育、向基础薄弱学校、向弱势群体倾斜的政策导向。

义务教育经费保障机制改革 6月15日，温州市政府出台《关于实施义务教育经费保障机制改革的通知》，全市设立农村学校教师每人每月不低于100元、欠发达乡镇学校教师每人每月不低于200元的生活补助金制度，所需经费列入同级财政预算内拨款项目，由市县两级按比例分担，使农村特别是欠发达乡镇中小学教师的经济待遇得到改善。

2007年温州市中小学占地面积和校舍建筑面积一览

单位：平方米

	小学		初中		高中		中职		生均	生均
	占地面积	校舍面积	占地面积	校舍面积	占地面积	校舍面积	占地面积	校舍面积	占地面积	校舍面积
温州市	**8 573 854**	**3 174 691**	**7 840 454**	**2 927 233**	**5 331 599**	**2 680 801**	**2 454 563**	**1 199 662**	21	9
市直属	64 787	40 750	328 456	172 278	526 209	302 278	587 186	201 573	25	12
鹿城区	535 020	322 865	143 809	56 938	2443	2477	67 232	86 940	11	7
瓯海区	576 625	205 952	578 770	228 421	377 652	231 474	97 340	67 753	19	9
龙湾区	472 505	152 141	332 930	103 569	383 764	218 881	36 597	31 986	20	8
瑞安市	1 468 138	466 928	1 276 021	524 230	882 758	421 221	534 202	191 599	25	10
乐清市	1 428 549	533 925	1 433 058	600 268	927 190	478 779	232 359	151 520	21	9
永嘉县	887 169	348 105	716 056	259 523	465 496	209 649	206 913	112 083	18	7
平阳县	893 263	267 579	1 067 153	349 116	502 397	251 306	340 203	177 468	24	9
苍南县	1 273 770	446 710	1 241 704	397 997	736 885	374 871	281 160	130 384	18	7
文成县	408 645	179 599	232 466	84 404	184 063	85 552	31 008	30 095	28	12
泰顺县	478 089	170 589	393 660	117 024	248 937	77 834	25 226	7543	26	9
洞头县	87 294	39 548	96 371	33 465	93 805	26 479	15 137	10 718	26	10

12校入选“浙江省百年名校”　3月25日，温州市12所学校入选“浙江省百年名校”100强。12所学校是温州中学、瑞安中学、温州第二中学、温州市广场路小学、温州市墨池小学、瑞安市实验小学、瑞安市玉海中心小学、乐清市北白象镇中心小学、乐清市柳市镇第一小学、平阳县腾蛟镇小学、苍南县金乡小学、文成县实验小学。

温州市艺术学校正式挂牌　6月3日，温州市艺术学校正式挂牌创办。学校办学性质为公办全日制完全中学，归属温州市教育局管理，规模为48个班级（初中高中各设24个班级），面向全市招生。

10校被评为省级依法治校示范校　6月8日，温州市10所学校被省教育厅确定为第二批省级依法治校示范校。10所学校是瑞安市安阳实验小学、洞头县海霞中学、永嘉县实验小学、温州市第二职业中等专业学校、温州市第十七中学、泰顺县第一中学、浙江省平阳中学、浙江省文成中学、苍南县灵溪镇第一中学、乐清市虹桥镇第九小学。

华侨中学50周年庆典　10月19日，温州华侨中学举行50周年庆典。该校属全日制公办职校，创建于1957年，是浙江省最早由华侨捐资创办的学校之一，至2007年已共培养毕业生2.5万多人，其烹饪专业在国内外久负盛名。该校被国家教育部、人事部授予“全国教育系统先进集体”荣誉称号。

温州二中110周年校庆　10月27日，温州二中举行110周年校庆暨创办人孙诒让塑像揭幕典礼，并出版《话说二中》一书，将办学历史作为校本课程。该次校庆的主题是：思源，合力，发展。

教育信息化

概况　2007年是温州市教育信息化飞速发展的一年，较好地完成了《温州市2004～2007年中小学教育信息化建设行动计划》所既定的目标和任务，各项主要指标初步实现了从远远落后全省平均水平到接近全省平均水平的历史跨越。全市45%的中小学校建有校园网，其中中心校以上学校建网数达80%以上，形成较为完善的网络远程教育系统。完成“两项工程”硬件配发任务，为139个经济欠发达乡（镇）中心校以上学校配备了一个多媒体教室和一套多媒体教学小平台。全市45%的教室可以联通温州教育网或互联网开展日常教学活动。全市90%以上学校能合理应用示范区软件各模块开展相关工作。建设了满足新课程教学需求的网络教育教学资源，有50个以上资源节点，共享资源300G，15 000多条，资源库访问量达18万多人次。建成浙江省最大的网络视频会议系统，系统应用逐步走向常态化。

教育局评为省十佳文明办网示范单位

2007年，温州贯彻“一网对多网”的理念，两次全面改版升级市教育局门户网站（www.wzer.net），以政务公开、为民服务为导向，改进网站页面布局和后台管理功能，组织相关处室和部门更新网站内容，提高网站访问量，“温州教育网”2007年再一次被评为全省优秀教育网站。同时，通过市宣传部推荐、省里初评、网上投票等环节，市教育局被评为省十佳文明办网示范单位。

网络视频会议系统进入常态化应用

2007年，温州市教育网络视频会议系统已拥有近400个接收点，初步建成了以市教育局为中心、以各县（市、区）教育局为主节点，覆盖全市所有教育机构的网络视频会议系统，可同时容纳30 000多人开展大型网络教学和培训活动，是浙江省最大的教育网络视频会议系统。其中尤其是2007年新建的76个乡镇中心校网络视频教室，成为优质教育教学资源向农村传送的新渠道。12月10日举办市电教馆演播室开播仪式，为网络视频会议系统的进一步应用提供了硬件基础。

“平安教育家校通”工程进展迅速

2007年温州全市有244所学校开通“平安教育家校通”项目，接入学校较上年增加了73%，学生注册使用数较上年增加了45%，随着项目的深入开展，其在家校互通中的桥梁和纽带作用，受到越来越多关注和肯定。

“中小学辅导网”得到充分应用　2007年温州全市“中小学辅导网”有注册教师约300人，注册学生3000多人，开有网络教室100多个，访问量达100万人次。积极推行网络教师概念，先后组织“2007年春季网上辅导”、“中、高考冲刺网上辅导”、“十校联盟网上辅导活动”、“2007暑期夏令营”等活动，让师生足不出户就能享受到优质的教学资源。全面开展对全市81所省级以上的现代教育技术实验学校的“中小学辅导网平台技术应用”培训活动，以学促用。

教育教学研究

新课程改革　2007年温州基础教育课程改革取得新成果。各地深化“三法”（教法、学法、考法）研究，推进“四项”（备课、上课、作业、考核）教学规范达标活动，发挥“三样本”（样本校、样本课、样本卷）的示范作用，紧紧抓住课程、课堂、课外三个关键环节，推动新课程改革。在课程建设方面，高中地方课程《魅力温州》顺利编辑出版；温州二中借110年校庆编辑出版《话说二中》，将校史作为校本课程；温州市实验小学以培养小学生良好的学习习惯为目标，推出整理课作为校本课程；各地农村学校更是从本地本校实际出发，创造性地建设自己的校本课程。在课堂教学方面，继续推进小学小班化教学、初中分层次教学、高中学分制等改革试验，并邀请黎世法教授举办“异步教学”理论与实践专题报告会，创设适合每个学生健康成长的教育教学模式。在课外活动方面，坚持开展体育节、艺术节、科技节，加强综合实践活动，组织开展读书活动、夏令营、“阳光体育”、“音乐伙伴”、校园集体舞等活动，继续推进校园文化建设，提高学生艺术素质、身体素质、心理素质、责任意识、团队意识。温州中学在浙江省中学中首次承办第22届全国中学生数学冬令营；瓯海区郭溪镇燎原小学代表队在“阳光伙伴”少年集体体育竞赛全国总决赛中获得亚军；温州市实验小学和温州市实验中学分获第四届莫斯科国际少儿艺术节舞蹈类第一名和器乐类第二名。市教育局被教育部评为全国第二届中小学生艺术展演活动优秀组织奖。《教育信息报》3月26日头版刊发《课程·课堂·课外——铺设放飞梦想的跑道》专题，介绍温州实施素质教育做法。

考试评价制度改革 2007年温州将初中地方课程纳入学业考试范围，继续增加省一级重点中学保送生招生比例，扩大普通高中学校特长生招收自主权。坚持公办义务教育学校免费、免试、就近入学原则，小学、初中入学实行公示制。高中阶段招生深化以初中毕业升学考试成绩为基础、综合素质评价相结合的改革。职业教育课程改革尤其是综合学分制改革取得实质性进展。规范普通高中保送生和特长生招生制度。继续开展发展性学生评价、课堂教学评价和教师评价改革实验，逐步建立和完善有利于促进学生个性发展、教育质量提升和教师素质提高的评价机制，充分发挥过程性评价、激励性评价和多元化评价的功能，促进青少年学生健康成长。

温籍科学家文章入编教材 2007年，温籍科学家杨焕明撰写的文章《人类基因组计划及其意义》被收入浙江省指定的高中新课改语文教材中，《我赞叹生命的美丽——与杨焕明教授一席谈》也出现在生物教材的"科学家访谈"栏目。杨焕明生于1952年，乐清人，1988年获丹麦哥本哈根大学博士学位。2007年12月27日当选中国科学院院士。现为北京华大基因研究中心暨中国科学院北京基因组研究所所长、国际"人类基因组计划"中国协调人。

陈耀受到胡锦涛接见 8月31日，温州市实验小学科学教师陈耀参加全国优秀教师座谈会，受到胡锦涛总书记、温家宝总理接见，并得到与会4位中科院院士的题词鼓励。陈耀参与组织并实施该校的"少年科学院"和"家庭实验室"计划，指导学生开展科学实验，培养孩子对自然科学的兴趣、科学思维和实践能力。至2007年底，该校学生各自在家建立700多个家庭实验室，有400多位小学生在全国及省市级青少年科技赛事中获奖。其中获全国一、二等奖10项、浙江省青少年科技创新大赛一、二等奖6项，申请国家专利1项。《中国教育报》、《浙江日报》、《浙江科技报》、《温州日报》等媒体对陈耀的事迹做了相关报道。

温州中学举行学科竞赛表彰会 1月11日，温州中学举行2006年学科竞赛表彰会。2006年，230位温州中学学生报名参加数学、化学、物理、生物和信息5个学科的全国奥林匹克竞赛，共捧回36个一等奖、60个二等奖和58个三等奖，获奖学生占参赛学生总数的67%，一等奖数量超过2002年至2005年三年所获一等奖总和。其中，1名学生跻身全国中学生物理奥赛国家集训队，6名学生参加全国中学生数学奥赛冬令营。获奖级别与数量均稳居全省普通高中全国获奖榜首位。

全国中学生数学冬令营在温州举行 1月25日至30日，第22届全国中学生数学冬令营在温州中学举行。这是首次在浙江省内举办的该项赛事，也是对温州市"数学家摇篮工程"的肯定。来自全国31个省、市、自治区，港澳特区以及俄罗斯代表队共计194名数学高手齐聚温中，比赛共产生41枚金牌、68枚银牌和85枚铜牌。温州中学4名参赛学生全部获奖，包京宇获银牌，陈然、王西、梁孝度获铜牌。

温州四学生获全国新概念作文一等奖 2月8日，温州中学张利亚、苍南中学陈凯鸣和瑞安中学薛超伟、张磊获第九届全国新概念作文大赛复赛一等奖。大赛由北京大学、清华大学、复旦大学等国内13所著名高校和萌芽杂志社共同主办。

温州医学院

概况 2007年，温州医学院设有外科学、妇产科学、眼科学3个博士点。临床医学、中药学2个一级学科硕士点。28个二级学科硕士点。30个本科专业和1个七年制本硕连读专业。涉及医学、理学、管理学、文学、法学、工学、教育学等七大学科门类。拥有1个省部共建国家重点实验室培育基地、6个省部级重点实验室（研究中心）、8个浙江省重点学科。学校现有3个校区，全日制在校生16 000多人，其中研究生1200多人，专任教师1000余人。主办5种学术期刊，其中《温州医学院学报》、《眼视光学杂志》、《肝胆胰外科杂志》入选"中国科技核心期刊"。共有10所附属医院，床位数8000多张。

医学院专业与学科建设 2007年，温州医学院增设电子信息工程、制药工程2个工学本科专业，招收首届博士研究生12名。经教育部批准，成为全国首批30所招收本科临床医学专业留学生的高校之一。眼科学、外科学和妇产科学等3个学科获得教授职务评审权。浙江省眼视光学和视觉科学重点实验室成为省部共建国家重点实验室培育基地，新建教育部现代眼视光技术与装备工程研究中心和浙江省生物技术制药工程重点实验室。

医学院教育质量和教学建设 2007年，温州医学院眼视光学教学团队成为首批国家级教学团队。新增1名浙江省级教学名师，2人获得省级教坛新秀称号。"眼视光学人才培养模式"入选国家人才培养模式创新实验区建设项目。临床医学专业入选国家第一类特色专业建设点，4个本科专业列入浙江省首批重点专业，3个专业获省级重点建设专业立项。新增4门省级精品课程。以优异成绩通过浙江省教育厅思想政治理论课督查评估和关于贯彻《学校体育工作条例》情况的督查。7部教材入选教育部普通高等教育"十一五"国家级规划教材，17部教材入选卫生部"十一五"规划教材。学生获"挑战杯"学生科研创新竞赛浙江省一等奖2项，全国三等奖1项。在全省医学学科硕士学位论文抽检中，平均得分名列第一。2007届毕业生年底平均就业率为93.10%。2007年全国执业医师资格考试，学校毕业生的通过率为80.6%。

医学院科研竞争力增强 2007年，温州医学院获得68个省部级以上课题立项，其中国家“863”计划项目1项，国家自然科学基金项目12项，省部共建重大卫生科技项目3项。首次获得国家社会科学基金资助。全年纵向科技经费到位2456.35万元，比上年增长60.75%。“Leber遗传性视神经病研究”项目获国家科技进步二等奖，“基因工程一类新药重组成纤维细胞生长因子（rFGF）系列产品的开发与应用”项目获中国药学会科学技术奖一等奖，“鼻咽癌强放射治疗的系列研究”项目获中华医学科技奖三等奖。2007年共获浙江省科技进步奖9项。产学研结合紧密，服务区域经济社会发展能力增强。通过与企业、地方政府合作，努力开发和推广眼镜行业、医药行业、生物技术产业中的高新技术产品。

医学院教师与干部队伍结构　2007年，温州医学院整体素质稳步提高。晋升高级职称182人，其中正高54人。新增享受政府特殊津贴1人，1人获人事部高层次留学回国人才资助，新增浙江省级突出贡献中青年专家1人，6人入选首批浙江省卫生高层次创新人才培养对象，13人入选省高校中青年学科带头人。2位教师当选第十一届全国人大代表。

医学院深化国际合作与交流　2007年，温州医学院正式签署与美国太平洋大学英语专业以及教育学硕士“4＋1”合作培养项目协议。由温州医学院、温州大学和泰国东方大学合作开办的泰国东方大学孔子学院大楼落成，成立泰国东方大学孔子学院理事会。深化与国际特殊奥林匹克运动会的合作关系，协办“智障人士福利全球政策高峰论坛”。外国专家杰弗瑞·巴洛教授获得浙江省政府“西湖友谊奖”。

医学院文化工作和组织建设　2007年，温州医学院围绕“高举旗帜、科学发展、创新创业”这一主题，认真做好思想政治理论课改革的实施工作，推动社会主义核心价值体系进教材、进课堂、进大学生头脑的进程。全面实施本专科生导师制，兼顾学业、思想品德、生活技能、心理健康等方面指导和引导的培养模式。家庭经济困难的学生资助工作得到落实。全年发放各类奖助学金1400多万元，办理国家助学贷款1000多万元。校园文化建设取得新进展，“名医故事会”入选浙江省高校校园文化品牌，学校50周年校庆筹备工作全面铺开。

医学院附属医院辐射能力增强　2007年，温州医学院5所直管附属医院全年门急诊总量402.63万人次，出院10.31万人次。通过浙江省卫生厅医疗质量检查，28个专科医师培训试点基地通过卫生部复审。新筹建慈溪和乐清两所非直管附属医院。附属第一医院、附属第二医院分别与温州市13个农村重点乡镇卫生院签订对口帮扶协议。附属眼视光医院增挂惠民眼科专科医院牌，开展“爱心温州慈善光明”活动，1000多名农村贫困白内障患者得到诊治。

医学院优化办学条件　2007年，温州医学院风雨操场、生物与天然药物研究中试基地建成并投入使用。实验动物中心升格为浙江省实验动物公共服务平台核心单位。加强和改进财务管理，资金使用效益继续提高。加强校园及周边治安综合治理工作，校园安全防范机制不断完善。

医学院招收临床医学留学生　8月，温州医学院成为教育部首批批准招收本科临床医学专业（英语授课）留学生的高校之一。

医学院获教授职务评审权　2007年，温州医学院被教育部授予高校教授评审权。有权评审眼科、外科、妇产科3个学科的教授。

医学院建立国家重点实验室培育基地

2007年，温州医学院“眼视光学和视觉科学”实验室被批准为省部共建国家重点实验室培育基地。该实验室从上世纪七十年代初开始眼视光学和视觉科学研究，是国内最早开展该领域研究的实验室。2007年校内还建有卫生部视光学研究中心、卫生部视觉科学研究重点实验室、浙江省重中之重学科、浙江省重点实验室、浙江省医学重点学科。

医学院首获国家社科基金项目　2007年，温州医学院副研究员谢红莉的项目《少数民族农村贫困地区医疗保障现状及对策研究》获全额资助，成为首个国家社会科学基金委批准的项目。

医学院增加省部级重点实验室　10月12日，温州医学院现代眼视光技术与装备工程中心获得教育部2007年度工程研究中心建设项目立项。10月15日，浙江省科技厅、财政厅、发展和改革委员会联合发文，同意温州医学院设立浙江省生物技术制药工程重点实验室。

医学院参与发起智障人士福利论坛　10月3日，智障人士福利全球政策论坛在上海国际会议中心召开。20多名来自各国政府、非政府组织、工商界、体育界和学术界的代表，共同发起并宣读全力支持改善智障人士福利的“支持声明”(Statement of Support)，温州医学院校长瞿佳作为国际学术界的代表参与发起、宣读了这一宣言，并承诺将在温州医学院与国际特奥会共同建设的首家国际特奥合作中心——尤尼斯·肯尼迪·施莱佛特奥运动健康中心的基础上，全力提供健康科学和医学领域的支持。

医学院6人入选高级创新人才培养　6月，温州医学院吕建新、李校堃、管敏鑫、吕帆、王良兴和林胜璋6人入选首批浙江省卫生高级创新人才培养对象。

医学院获国家科学技术进步二等奖

2007年，温州医学院由瞿佳、管敏鑫、周翔天等完成的科研项目“Leber遗传性视神经病研究”，获得2007年国家科技进步二等奖。该项目对导致视觉障碍的发病机制进行系统性研究，并取得多项突破性进展。并制定出中国Leber病的诊断标准，不仅为患者减少无谓的检查及错误治疗导致的费用，还可提早干预、指导优生优育。特别对特殊人群如飞行员、运动员等的选拔具有重要意义。

医学院获中国药学会科技一等奖　9月，中国药学会科学技术奖颁奖仪式暨中国药学会百年庆典在北京举行。温州医学院药学院教授李校　率团申报的项目“基因工程一类新药重组成纤维细胞生长因子（rFGF）系列产品的开发与应用”获得2007年度药学一等奖。学校在该项目中作为第一完成单位，开展大量成纤维细胞生长因子在眼科疾病方面的治疗研究，并围绕成纤维细胞生长因子的聚乙二醇定点化学修饰开展大量工作，完成PEG-haFGF和PEG-hbFGF的中试及药理药效学研究。同时参与国家一类新药“重组人酸性成纤维细胞生长因子”系列新药及新制剂的研究与开发。

医学院杨华被评为全国模范教师 9月4日，温州医学院杨华获得全国模范教师、全国高校优秀思想政治教育工作者称号。

医学院获全国心理健康教育先进单位 1月，温州医学院在第十届全国大学生心理咨询学术交流会上，获得“全国大学生心理健康教育工作先进单位”称号。学校心理健康教育工作与应用心理学专业建设紧密结合，共有11名师生取得心理咨询师国家职业资格。同时还承担多项国家、省部级心理健康方向研究课题。

温州大学

概况 2007年，温州大学确定教育部本科教学工作水平争创“优秀”目标，推进评建工作，开展自查、诊断预评和改进建设工作，查摆主要问题45个，落实整改措施近100项，初步完成自评报告、校长报告、学院部门报告及支撑材料的征集梳理工作。以评建工作为契机，突出教学工作中心地位，全面加强教学规范化建设，2007年新增浙江省级重点专业4个、省级精品课程4门、省新世纪教改项目3项。

温州大学生源质量提高 2007年，温州大学招收本专科生7702人、研究生215人，生源质量进一步提高。输送毕业生5453人，本专科平均就业率达92.63%，研究生为100%。在浙江全省高校2007届毕业论文（设计）抽查中2个专业分别获同类专业第1名和第3名。学生参加各类学科竞赛，获全国奖13项、省级奖210项。学生科技项目获省科技厅“新苗人才计划”立项14项。学校被授予“大学生KAB创业教育（中国）项目基地”、“大学生KAB创业教育（中国）项目优秀院校”。

温大综合实力进入全国百强大学 2007年，温州大学实施学科建设“558”战略，遴选建设校级重中之重学科5个、校级重点学科A类5个B类8个。获准建设浙江省皮革行业科技创新服务平台、浙江省新药创制科技创新服务平台温州工作站。根据《中国大学评价》2007年研究结果，温州大学法学、教育学、文学、理学等4个学科门类及社会科学综合实力进入全国大学100强。

温大科研成果 2007年，温州大学获得包括973在内的国家级科研项目13项、省部级项目27项、厅局级项目30项。获得省部级科研成果奖励6项、厅局级奖励22项，实现省社科优秀成果一等奖零的突破。科研经费达3781万元，其中外来经费为2181万元。成功举办“新材料研究与产业发展国际论坛”等高水平学术会议。学报哲学社会科学版被评为全国地方高校优秀学报。

温大教师向高学历化年轻化发展 2007年，温州大学校本部引进教师71人。全校晋升正高职称17人、副高职称51人，获得国家“百千万人才”培养人选1人，新增国务院津贴专家1人、浙江省级各类人才工程培养对象22人。顺利完成合校以来的首次全员聘任，转岗、进修30人，缓聘、待聘、低聘6人，高聘5人。全校2007年有正高职称教师187人、副高职称445人、博士122人、硕士637人。队伍整体结构渐趋合理，向高学历化、年轻化、团队化发展。

温大整合利用校产资源 2007年，温州大学新建校舍面积18.1万平方米，植树绿化校园8.3万平方米。完成仪器设备采购计划6000万元、用房维修改造2000万元。大学生活动中心、瓯江学院教学楼、城市学院独立校区投入使用，物理与电子信息学院迁入茶山南校区。推进办公自动化、校园“一卡通”多功能化，建成IP视频会议项目。开展清产核资工作，落实平阳校区回购计划，进一步整合利用校产资源。

温大创办高品位学术文化平台 2007年，温州大学确定校史、校歌、校标、校旗，开展“唱响校歌”主题教育活动。广泛征集校史文物资料，推进校史馆建设，组织编纂校史文化系列图书。推进发绣馆、民俗馆、瓯越文化名人雕像群建设。对校园主要道路、楼群进行命名。创办“罗山讲堂”高品位学术文化平台，邀请一批学术艺术大师来校讲学献艺。

温大推动“作风年”建设 2007年，温州大学培训入党积极分子4979人，发展党员1652人。结合“作风年”建设，推动机关百名党员干部结对班级开展“五个一”活动，编辑出版“百名教授话师德”文集。三人分别获得“全国五一劳动奖章”、“全国优秀教师”、“全国三好学生”荣誉称号。

温大确定校训 1月25日，温州大学正式公布校训为“求学问是，敢为人先”。“求学”意为勤奋好学，严谨治学，以唤起温大学人以探究学问为毕生事业，以培育人才为无上职责，养成良好的学风、教风和校风。“问是”意为追求真理，把握规律，告诫温大学人在育人求学时，必须研辨是非、抓住本质，求真务实，严格按照事物的规律办事。“敢为人先”是温州精神的精髓。意为开拓进取、锐意创新，要求温大学人敢想敢为，冲破旧框框，闯出新路子，树立现代教育新理念，把学校建设成为有地方特色的综合性教学科研型大学。

温大成立社会助学基金会 4月6日，温州大学社会助学基金会成立。温州大学社会助学基金会从温州日报报业集团、罗赛洛(温州)明胶有限公司、英博双鹿啤酒集团有限公司、温州菜篮子集团有限公司、温州长运集团、温州水务集团公司、温州海螺集团有限公司等18家单位及温大师生，共募集了1000万元人民币，用以帮助温州大学家庭经济特别困难或遭受意外损害急需救助的全日制研究生和普通本专科学生顺利完成学业。基金会将根据基金的收益情况，每年资助一定数量的特困学生，一次性资助学费、生活费

5000元。对于遭受意外损害学生的资助额度，视学生的损害程度酌情确定。

温大赵敏获“全国五一劳动奖章”　4月，温州大学研究生部部长赵敏教授被授予2007年“全国五一劳动奖章”并获浙江省劳动模范荣誉称号。

温大主持召开微分方程国际会议　6月3日，微分方程及其在生命科学中的应用国际会议在温州大学开幕。国际数学家大会一小时全会报告者、奥地利科学院院士Karl Sigmund教授，日本静冈大学Y.Takeuchi教授以及来自国内外生物数学专家共40余人出席。温州大学数学与信息科学学院院长陆征一教授主持会议。与会专家和学者就微分方程和动力系统的新理论和新方法及其应用于种群生态学、种群遗传学、神经生物学、流行病学、免疫学、生理学以及环境污染等方面提出见解并进行充分交流。

温大成立新材料行业技术研究中心　6月14日，温州市新材料行业技术研究中心在温州大学成立。温州市副市长徐育斐，温州市科技局局长王北铰，市经贸委，市教育局，各县（市、区）科技局领导、温州市化工、材料行业相关院所及知名企业家代表50余人出席授牌仪式。温州市新材料行业技术研究中心在黄少铭教授带领下，在碳纳米管材料与技术、高分子材料、荧光材料与技术、自清洁材料与技术等领域的基础研究与技术开发方面形成自己的特色研究。在仪式上，温州大学化学与材料工程学院与温州人造革公司、浙江五洲实业有限公司、温州三环橡塑制品有限公司、浙江宏元医药化工有限公司4家企业，分别签署产学研合作协议。同时共出资500万元设立科技创新基金，主要用于高新技术产品开发，共建研发中心和人才培养。澳大利亚DataTraceDNA公司提供研究经费20万澳元进行纳米荧光材料的技术开发研究。

温大举办“寻根之旅”夏令营仪式　7月13日，2007温州华裔青少年“寻根之旅”夏令营开营仪式暨浙江省第二期海外华文学校教师培训班开班仪式，在温州大学大学生活动中心举行。浙江省侨办主任邱国栋，温州市领导王小同、陈宏峰、王成云及市政府、市侨办、市文明办、市妇联、华侨中学等30多个单位的代表参加。该次夏令营共有来自12个国家的340多名营员参加。

温大林双录获“全国三好生”称号　8月9日，国家教育部、共青团中央作出决定，对两年来在“争先创优”活动中取得突出成绩的个人和班集体进行表彰。温州大学数学学院04数本（1）班学生林双录获“全国三好学生”荣誉称号。

温大成立浙江皮革行业服务平台　10月26日，浙江省皮革行业科技创新服务平台授牌仪式在温州大学举行。中国工程院院士段镇基，浙江省科技厅副厅长俞志华，温州市副市长徐育斐，温州大学领导陈艾华、蔡袁强，温州市鞋革行业协会、平台单位、企业家代表等参加授牌仪式。浙江省皮革行业科技创新服务平台根据浙江省皮革工业以温州的皮革与制鞋工业（中国鞋都）和海宁的皮革基地（中国皮都）为主要产业基地，以温州大学的浙江省皮革工程重点实验室为主要科研基地的特点搭建而成。平台管理中心设在温州大学，下设浙江省皮革与制鞋工程中心（温州）、浙江皮革工业研究中心（海宁）两个分平台。计划总投资3.25亿元人民币。其中温州平台投资1.7亿元人民币，海宁平台投资1.55亿元人民币。温州大学是2007年浙江省非省属院校中唯一拥有省级重点实验室和省级科技创新服务平台的高校。

温大罗山讲堂开讲　10月12日，温州大学罗山讲堂开讲仪式暨孙义燧院士学术报告会，在温州大学大学生活动中心剧院举行。温州大学位于大罗山下。加强对大罗山文化资源和书院精神的挖掘和利用，传承和创新温州本地得天独厚的优秀文化教育传统，是学校活跃校园文化、展现学术魅力、推进素质教育的一项重要举措。罗山讲堂作为温州大学最高学术讲坛，将陆续邀请国内外具重要影响的专家学者在此进行主讲。温籍中科院院士、天体力学家孙义燧这次作题为“克普勒到牛顿——从万有引力定律的发现谈起”的学术报告。

温大启用校歌校旗　11月6日，温州大学确定1933年为建校起始时间。该校办学经历“两校合并、七校融合”的沿革过程。1933年，温州近代著名爱国爱乡人士黄溯初创办温州师范学校。校歌沿用温州师范学校1945年的校歌，歌词作者为我国著名词曲学家与古典文学专家王季思教授（1906～1996），曲作者为我国著名音乐教育家刘质平教授（1894～1978）。抗战期间，两位教授均担任过温州师范学校教师。校旗由校标、苏步青先生题写的校名、英文校名等组成，蓝底白字。

温大启用大学生活动中心　11月14日下午，温州大学大学生活动中心启用暨大学生创业园入园仪式，在大学生活动中心广场举行。校党委书记陈艾华和温州市高教园区管委会主任陈光天为大学生活动中心揭牌。共青团温州市委书记徐晓为创业学生代表颁授象征打开创业大门的金钥匙。该大学生活动中心建筑面积22 000平方米，总投资6500多万元，其规模和设施条件都位居浙江全省高校前列。其中大学生创业园面积1400多平方米，首批进驻创业园的有来自温州大学12个学院的36个创业团队和创业工作室。主要从事艺术设计、IT信息服务、文化传播、综合服务等与学生专业相关的创业实践活动。

温大学生献血纪念“一二·九”　12月9日上午，温州大学团委、瓯江学院、温州大学无偿献血俱乐部，在校园内发起“一二·九”72周年无偿献血大型活动。1000多位献血志愿者共献出约24万毫升鲜血。活动当天，温州市中心血站出动4辆采血车近40位工作人员，从早上8点半一直工作到晚上8点多。

温大举行中国民俗学高层论坛　12月20日，由中国民俗学会与温州大学联合主办的首届中国民俗学高层论坛在温州大学举行。中国民俗学会理事长刘魁立研究员、中国民俗学会名誉理事长乌丙安教授，以及来自北京大学等著名高校的13位民俗学家及相关人员参加会议。

温大阮怡全国冬泳锦标赛夺4金 12月10日，第14届全国冬泳锦标赛在江西宜春落下帷幕，温州大学青年教师阮怡在女子青年组50米蝶泳、50米仰泳、女子青年组4×50米自由泳接力赛和女子青年组4×50米混合泳接力赛中勇夺4枚金牌。

温大举办“新材料研究”国际论坛 12月27日至28日，2007新材料研究与产业发展国际论坛在温州大学举办，澳大利亚联邦科学与工业研究院院士冒怀庆，中国科学院院士钱逸泰，2006年影响世界十大华人之一、芬兰 Enfucell公司首席技术官张霞昌博士，著名材料科学与工程领域专家王朝阳博士等40多位国内外专家和来自全国高校、科研院所、企业200余名材料及相关领域科技人员，结合自身研究成果和相关材料研究领域的现状与发展趋势，进行学术交流与探讨。温州大学纳米材料与化学重点实验室主任、温州市新材料技术研究中心主任黄少铭担任论坛主席。这是温州首次举办的关于新材料研究和产业发展的国际型大会。“纳米材料”、“塑料钱币”、“纸质电池”、“燃料电池”等前沿科学技术一同亮相温州。

温州职业技术学院

概况 2007年，温州职业技术学院被教育部、财政部列为国家示范性高等职业院校建设单位，国家示范性高职院校建设计划全面启动，为学院顺利实现“十一五”规划和下一步发展奠定基础。

2007年，温州职业技术学院新增计算机网络技术和建筑工程技术2个专业，全院现有专业数达到35个，其中国家示范性重点建设专业5个，教育部教学改革试点专业1个，国家技能型紧缺人才培养示范专业1个，省级重点专业2个，市级重点专业3个；国家精品课程2门，省级精品课程8门；国家“十一五”规划教材8部。2007年全日制在校生7672人，专任教师420人，副高以上职称146人(其中正教授20人)，双师素质教师208人，60人实现职称晋升或转评，4人晋升教授，6人晋升或转评副教授。

温职院入选国家示范性高职建设院校 10月13日，教育部、财政部联合发文公布2007年度国家示范性高职建设院校名单，温州职业技术学院房地产经营与估价、电机与电器、模具设计与制造、家具设计与制造、鞋类设计与工艺等5个专业被列为中央财政重点支持建设的专业，市场营销专业被列为非中央财政支持的重点建设专业，此后3年将获得来自中央和地方8985万元建设经费，其中中央财政支持专项资金1900万元。

中国高职高专教育网信息员会议 7月17～19日，温州职业技术学院作为浙江省高职教育研究会理事长单位，在雁荡山承办中国高职高专教育网第五次信息员会议。来自全国20个省、市、自治区的近50位代表出席会议。

国家示范性高职建设院校

温州職業技術學院

Wenzhou Vocational & Technical College

1 中共温州市委书记邵占维视察温州职业技术学院与企业共建的精密模具技术产学合作基地
2 温州职业技术学院与加拿大不列颠哥伦比亚理工学院(BCIT)合办的中加班开班仪式
3 全国百所示范高职建设院校校长到温州职业技术学院考察交流。图为教育部高职高专处处长范唯视察该院实训基地

温州职业技术学院 是1999年经教育部批准创办的全日制高职院校，由原温州商业学校、温州经济学校、温州机械工业学校以及温州业余科技大学组建而成，具有近50年的办学积淀。

学院由浙江省教育厅领导管理，温州市人民政府主办，现为国家示范性高职建设院校、全国职业教育先进单位、全国高职高专人才培养工作水平评估优秀学校、浙江省高职教育研究会理事长单位。

学院坐落于温州市茶山高教园区，占地面积637亩，建筑面积22.4万平方米，总投资超5.6亿元，教学设备总值8600多万元，图书馆藏书108多万册。

学院面向全国8个省（市）招生，是温州地区唯一一所具有自主招生权的高校，并与加拿大高校开展合作办学，现有全日制在校生8695人；成立15个省(市)院级研发机构，职业技能培训、鉴定15 000余人/年，科技到款额达545万/年。2007年，学院被国家教育部、财政部列为国家示范性高职建设院校，提出“三个示范”的建设目标。

学院立足温州区域特色，服务社会经济发展，全力打造高职教育“温州模式”，成为温州地区民营企业高技能人才培养培训基地、民营企业技术开发与服务基地、民营企业高新技术吸收转化基地。

温州市高职高专重点建设专业　7月18日，温州市政府办公室正式公布2006年度在温高校重点建设专业评审结果。温职院电机与电器、模具设计与制造、鞋类设计与工艺等3个专业被确定为温州市2006年度高职高专重点建设专业。

温职院建成国家及省级精品课程　11月27日，国家教育部发文公布2007年度国家精品课程，温州职业技术学院鲁丹萍主持的《国际贸易理论与实务》榜上有名。9月30日，浙江省教育厅公布2007年度省普通高校精品课程名单，温职院《实用网络技术》、《文书工作与档案管理》、《基础会计理论与实务》3门课程被评为省级精品课程。

温职院教改立项　2007年，温州职业技术学院《"三个合一"校内实训基地培养高技能人才的研究与实践》、《高职服装专业立体裁剪课程项目化教学改革与实践》获准立项为2007年度浙江省新世纪教改项目。另有10个教改项目获浙江省教育厅立项，立项院级教改项目15项。在浙江省高职教育研究会课题申报和年会学术论文的征集交流中，2个课题获得立项，1篇论文获一等奖。《鞋类设计与工艺专业"以产带学，以研促学"实践教学模式的创新与实践》、《基于企业平台与数字网络平台的房地产营销实训方案设计》，分获首届中国实践教学方案设计大赛团体和个人二等奖。

温职院第五届大学生职业技能大赛　2007年，温州职业技术学院将院级技能比赛项目与国家、省举行的大学生十大学科竞赛和十大技能竞赛项目相衔接。10月26日，举行温职院第五届大学生职业技能大赛开幕式。大赛历时两个月，共有3000名学生参与。设34个项目，36名学生获一等奖，并被授予学院"技能标兵"称号，85名学生获得二等奖，133名学生获三等奖。

全国大学生电子设计竞赛获奖　9月，在全国大学生电子设计竞赛中，温职院5支参赛队伍全部获奖，其中两支队伍夺得全国二等奖，一支队伍获得省级一等奖。

"三个合一"实训基地建设　2007年，温州职业技术学院按照"课堂与实训点合一、实训与生产合一、教学与技术开发、服务合一"的"三个合一"建设标准，基本完成机械系模具实训基地、建工系实训中心、轻工系鞋机与制鞋工艺实训基地、计算机系实训中心及工商系宾馆酒店综合实训中心等5个校内实训基地的新建、扩建及改建工作。按照"校企合作、工学结合"要求，机械系引进温州建达电子有限公司合建精密模具试制车间，接收学生进行生产实训。家具设计专业与华润制造集团成立华润涂料化工职业技能鉴定实训基地及培训考核点，共建涂饰车间。工商系与企业签订协议共建学生旅游实训基地、共建国际商务实训基地，并开始运作。同时启动文科类实训基地建设。全年采购教学设备2000多万元，首次购买一批进口设备。

温职院科研与技术服务　2007年，温州职业技术学院取消三级论文奖励。全年共获得浙江省社科规常规项目立项1项、省教科常规立项项目3项、温州市科技局科技计划立项项目12项及其它项目15项，院级课题31项。与企业合作横向项目12项。出版3部专著，SCI、EI等收录8篇论文，获得浙江省教育厅科研成果奖二等奖1项、三等奖1项、温州市科技进步奖三等奖3项，年科技到款额达440万。

温职院省级家具研发中心成立　3月5日，温州职业技术学院举行浙江省木材加工产业科技创新服务平台家具分平台筹建委员会成立仪式，胡景初教授签约加盟。4月28日，经浙江省科技厅审核、浙江省木材加工产业科技创新服务平台发文，同意温州职业技术学院成立浙江省木材加工产业科技创新服务平台温州家具研发中心。6月12日，浙江省科技厅副厅长俞志华、温州市副市长徐育斐、浙江林学院副校长鲍滨福、温州职业技术学院党委书记周锦成、院长丁金昌为家具研发中心揭牌。

温州市模具技术重点实验室成立　3月13日，温州科技局批复同意温职院成立温州市材料成型工艺与模具技术重点实验室。该实验室依托温职院人才和技术优势，瞄准区域内影响模具行业发展的共性、关键性、前瞻性技术难题，增强温州市模具行业技术创新能力和培养复合实用型模具专业人才。

温职院取得5项专利授权　2007年，温州职业技术学院取得"钢筋保护层垫块"、"延长投影机使用寿命的保护装置"等5项专利。

温职院师资队伍管理　2007年，温州职业技术学院完善师资队伍管理制度，出台《温州职业技术学院专业教师下企业锻炼管理办法》、《温州职业技术学院兼职教师管理办法》等多个师资管理文件。

温职院师资引进　2007年，温州职业技术学院共引进人才15人，其中实训指导老师5人，专业教师5人，辅导员4人，柔性引进教授1人。

温职院教师荣誉　2007年，周朝霞被评为浙江省级教学名师。田启明被评为省级"教坛新秀"。王志梅、吴百中、王双科、刘淑婷，鲁丹萍、李洁、祝宝江、黄雪英8人列为省高职（高专）专业带头人培养对象。张小加被浙江省教育厅授以省高校"育人奖"称号。周朝霞被温州市人民政府授予"温州市劳动模范"称号。苏北春被温州市政府授予"温州市优秀教师"称号。

温职院形成创业教育特色　2007年，温州职业技术学院推进职业素质教育，逐步形成创业教育特色。12月，在浙江省首届高职高专院校"挑战杯"创新创业竞赛中，学院推荐的《中国苍南印刷网创业规划书》获一等奖。

温职院校园活动　2007年，温州职业技术学院共组织36支队、5229人次参加各类活动。启动"思政教育网络课堂建设工程"。开展大学生文明教育活动、校园文化活动。举办首届"感动温职"人物评选活动和事迹报告会、"学习十七大，永远跟党走"知识竞赛等主题活动。承办浙江省大学生足球联赛。"民俗体育"获浙江省高校校园文化品牌称号。2007年，温职院在浙江省大学生优秀校园文艺节目评比中获小品类一等奖，在浙江省大学生羽毛球比赛中获二金一银两铜，2 名学生获浙江省“康恩贝自强奖学金”。

温职院通过校园评估 2007年，学院在浙江省二类城市语言文字评估中被评为优秀单位。以优秀的成绩顺利通过了浙江省体育工作条例检查。通过学生公寓标准化建设评估验收。顺利通过“浙江省平安校园”的复评工作。通过温州市级文明单位复查。

温职院开展对口支援交流合作 2007年，温州职业技术学院与新疆机电职业技术学院、成都技师学院建立对口支援和交流合作关系，将在师资培训、专业建设、教学设备、学生就业等方面给予支持。

温职院社会培训成果 温州职业技术学院积极承担非学历的短期职业技能培训和岗位培训任务。职业技能培训、鉴定10 000余人/年。成教学院增设函授站点4个，增加合作伙伴1家，并被授予“全国远程教育优秀校外学习中心”，受到教育部领导的嘉奖。成教学院还被浙江省电力局评为“农电网先进实训基地”。

温职院中加合作班开学 4月25日，国家教育部批准温州职业技术学院与加拿大不列颠哥伦比亚理工学院（BCIT）开展中外合作办学，招生专业为机械设计与制造，招收学生40人。10月25日，温州职业技术学院院长丁金昌、副院长王向红，加拿大不列颠哥伦比亚理工学院副院长理查德博士等出席中加班开学典礼。

温职院招生与就业 2007年，温州职业技术学院面向全国6个省（市）招生，完成招生3041人，实际报到2869人，报到率为95%。2007年毕业学生2204人，初次就业率达98.14%，其中初次签约率为96.23%。毕业生双证书率达到92.5%。

浙江工贸职业技术学院

概况 2007年，浙江工贸职业技术学院有10个系部，在校生7000余人，开设26个专业。该学院获得浙江省教育厅授予的“文明办网示范单位”，浙江省社会治安综合治理委员会、浙江省公安厅共同颁发的“治安安全示范单位”，2007温州市爱国主义教育年度先进教育基地等称号。副教授施凯获第三届全国高等学校教学名师奖，并被评为2007温州十大教育新闻人物。浙江工贸学院被浙江省政府推荐为2008年全国示范高职建设行列。2007年7月23日，浙江工贸技师学院被浙江省劳动和社会保障厅、浙江省发展和改革委员会正式批准成立。同年浙江工贸职业技术学院的教学、招生、就业等事业发展良好。

工贸学院工学结合培养人才 2007年是浙江工贸职业技术学院“教育改革年”。学院围绕“深化教育改革、推动思政创新、争创全国示范”中心工作，推进专业建设和教学改革力度，在实践基础上总结提炼“三三制”工学结合人才培养模式。2007年学院招生2692名，录取新生报到率为95.6%。毕业生1477人，就业率达97.56%，高于2006年97.3%的就业率。毕业生就业呈多元化趋势。

工贸学院教育成果 2007年，该学院数控专业、眼视光技术（眼镜设计与工艺）和印刷技术专业被列为温州市重点建设专业。同年学院有国家精品课程1门，国家精品专业1个，浙江省重点专业3个，省级精品课程6门。另有14个生产性实训基地，70余个实训实验室及18个科技服务中心。2007届毕业生职业技能等级证书（中级工）通过率达97%，其中高级工通过率26%。组织参加第四届“中国电机工程学会杯”全国大学生电工数学建模竞赛，获1个二等奖、3个三等奖。组织学生参加浙江省、市级大学生电子商务竞赛、省大学生程序设计竞赛等专业技能竞赛，2007年共获全国三等奖以上8项，全省三等奖以上22项。

工贸学院制定思政工作创新计划 2007年，浙江工贸学院组织召开大学生思政创新工作研讨会，制定并实施“一个网络”、“两个机制”、“四个工程”的大学生思想政治工作创新计划。制定《浙江工贸职业技术学院大学生思想政治教育创新工作实施方案》、汇编《浙江工贸职业技术学院思想政治工作论文集》、《浙江工贸职业技术学院班主任工作集》、《班主任工作手册》、《辅导员生情日记》、《身边的榜样》等系列思政教育的学习资料。

工贸学院拓展产学研服务 2007年，浙江工贸学院以“社会公益目标最大化”作为可持续发展的价值追求，主动拓展“产学研”服务项目，履行高校服务社会责任。成功开展“新经济模式下的旅游地产与城市发展高峰论坛”、“2007中国（温州）民间工艺美术学术论坛”、“第六届长三角暨华东六省一市台商投资与社会经济发展研讨会”、区域文化旅游品牌策划等“产学研”社会服务项目，为推动温州的城市文化运营和文化建设、促进学院办学水平稳步提升发挥作用。学院教师为课程建设、专业建设、科研项目的研究开发，共发表论文217篇，其中核心期刊108篇，比2006年增长100%。科研课题申报38项，社会科研赞助经费108.13万元。

工贸学院建立对口支援 2007年，浙江工贸学院与乌鲁木齐职业大学、云南西双版纳职业技术学院、辽宁经济职业技术学院及浙江东方职业技术学院、洞头县职业教育中心、文成县成人教育职业教育中心等6所西部与本地院校建立对口支援和合作交流关系。接受教师来学院交流和学生来学院借读，实现优势教育资源共享。2007年乌鲁木齐职业大学和辽宁经济职业技术学院，有2批次51名学生到浙江工贸学院进行专业学习和实践，2名干部和专业教师到该学院挂职交流。全年浙江工贸学院派出师生出国学习、考察、比赛人员共6批21人次。

工贸学院体教结合 2007年1月，浙江工贸学院召开2006年世界女子地掷球锦标赛表彰暨报告会，向全国发出“以08奥运为契机，深入开展大学生爱国主义教育”的倡议。该学院师生、世界冠军王美、郭晓敏和全国冠军李春峰3人被推荐为2008年奥运火炬传递手，郭晓敏入选全国2007年度百强大学生。浙江工贸学院男女地掷球队在2007年全国掷球锦标赛上获7金5银3铜，金牌和奖牌总数位居榜首。其中塑质球男子团体冠军填补了浙江省22年来在该项目全国比赛中的空白。开展阳光体育与奥运同行等群体活动，全校体育达标率98.68%。12月，学院接受浙江省教育厅组织的全省高校贯彻《学校体育工作条例》督查，成绩名列全省高职院校前三名。《浙江日报》第一版以大幅图片报道该院校"特色体育进校园"活动，《中国教育报》第一版以大幅图片报道该院校开展"两岸半屏山、共享奥运会"主题教育活动。中央媒体采风团专题报道该学院"体教结合"的经验。

工贸学院促进协调快速发展　2007年，浙江工贸学院新建2万多平米学院教学楼、400米塑胶跑道，总投资达5800万元，教学设备增加1083万元。在发展高职教育主业同时，该学院多元化经营做大现代服务产业，促进学院协调快速发展。2007年，浙江工贸学院房开公司的冶金半岛琴湾、文成刘基文化生态园（院教育实践基地），进入施工阶段。其中冶金半岛琴湾项目品牌树立了房开公司良好的品牌形象，文成教育实践基地工程被列入2007年浙江省重点工程项目。

浙江东方职业技术学院

概况　浙江东方职业技术学院是浙江东方集团投资创办的、温州市唯一一所国有民办高等职业院校，学院实行董事会领导下的院长负责制。截至2007年，东方集团对该学院投资近3个亿，使学院规模在各方面取得突破性的进展。同年学院有5000多名在校生，3000多名远程教育学生。经全院师生共同酝酿，确立了"素质成、一技成、一业成、天下行"的新校训。并明确学院"十一五规划"与"三一五工程"，学院从"十一五"开始，将工作重心从量的扩张转向质的提高，将主要精力投向教学质量和素质的提升。"十一五"期间，学院建设和发展的总体目标是：一年完善规划，三年总体良好，五年形成特色。

省教育厅到东方学院评估检查　12月，浙江省教育厅对浙江东方职业技术学院关于《学校体育工作条例》的执行情况进行评估检查。检查组肯定该学院领导重视体育工作，教学管理规范，经费投入和体育设施配备能满足教学需求，群众性的运动有特色。此外，省教育厅对学校《新世纪教改项目》进行督查。专家们听取副院长何玉龙关于《以能力为核心，就业为向导，高职院校课程建设优化研究》的自评报告，实地查看有关实训室基地，认为上述项目能和专业、教学、管理相结合，在教学实践中显示出阶段性的科研成果。

东方学院精品课程进入系统建设　2007年，浙江东方职业技术学院专业建设和精品课程进入系统建设并取得进展。计算机信息管理专业被列为浙江省级重点专业，国际经济与贸易专业被列为温州市级重点专业，管理学基础被评为省级精品课程。电子商务、物业管理、商务英语、电气自动化技术等4个院级重点专业和17门院级优秀课程被批准立项。2007年，印刷技术专业通过浙江省教育厅新专业检查。

东方学院教学成果　2007年，浙江东方职业技术学院教学学风稳定。毕业综合实践报告的规范性和质量有明显提高，在当年的浙江省高职院校毕业论文检查中，会计和电子商务专业分别夺得第二和第四名成绩。学院教师陈金标指导并带领的学生代表队在大学生ERP管理沙盘比赛浙江省赛区和全国决赛中均获第一名。英语等级考试在2007年冬季等级考试中取得全省第四的成绩。经管系学生在市级导游技能比赛中获得一、二、三等奖。经贸系学生在市学生电子商务技能竞赛中获团体银奖。在浙江省第四届大学生财会信息化大赛（专科组）中，经管系18名学生获得三等奖。

东方学院工学结合校企联姻　10月，浙江东方职业技术学院与温州人民电器集团合作办学，签订订单式人才培养的合作办学协议，确定"校企合作、师生互动、工学交替"的教学方案。该学院经贸系市场营销专业的两个班级被冠名为"人民电器班"。人民电器集团董事长郑元豹和温州市市场营销协会秘书长赵智强为学生讲授企业经营理念、市场营销策略等课程。根据协议规定，学院每年选派教师到人民电器集团挂职锻炼，并根据企业需要为其服务。同时企业为教师工作提供便利条件，以提高教师专业能力。

东方学院建立校外实习基地　4月，温州环宇集团在浙江东方职业技术学院成立环宇学院，校企双方进行合作。2007年上半年，学院工程技术系和申瓯通信设备有限公司、海螺集团、海安智能系统有限公司等十几家企业签订校企合作、工学结合协议，并举行签约授牌仪式。具体确定双方优势互补、共育人才的教学方案。学生工学交替，到企业顶岗、轮岗实习，每半年在企业实习一至二个月，同时邀请企业家、企业管理人员及高级技术人员来校给学生上课。经贸系市场营销专业通过温州市营销协会与正泰、德力西、环宇集团、世纪联华超市、时代广场超市等多家企业建立各种形式的合作关系，学生到企业顶岗、轮岗实习，甚至直接参与企业管理。

企业在东方学院成立学院部　12月26日，浙江东方职业技术学院经济管理系和浙江东方海外旅游有限公司温州分公司举行合作办学签约仪式，该公司在东方学院成立学院部。旅游公司与旅游相关专业院系合作，让学生直接面向市场、亲手操作的方式合作办学，在温州尚属首例。此外，包括部门经理、组团、计调、导游等所有工作人员都由学生竞聘上岗，学院教师和东方海外公司资深员工联合进行指导，整体运作都由学生自主操作，学院分部"学生员工"还可以在力所能及的范围内拓展包括线路设计、组团等旅游业务。学院经济管理系部分学生拥有导游资格证书，为他们开展旅游业务创造便利条件。

东方学院师资总量增加　2007年，浙江东方职业技术学院有教职工317人，专任教师232人，其中，副高职称以上34人，硕士学历以上65人，占专任教师总数的28%。为壮大师资队伍力量、提高师资队伍整体素质，该学院多管齐下，在控制在校生数量的前提下增加师资总量，争取师生比达到良好以上。引进和培养人才同时进行，引进以高级职称的教师为主，培养以硕士为主。学院颁发并实施《关于教职工报考硕士、博士的暂行规定》、《关于教职工培训管理暂行规定》等文件。根据规划，2007年～2010年，专业教师中高级职称教师的比例必须达到25%以上，35岁及以下青年教师中研究生比例必须达到50%以上。专任教师中双师比例必须达到80%以上。

东方学院招生及就业工作 2007年，浙江省发改委下达给浙江东方职业技术学院的招生计划数2125名，其中普高生1990名，为历年招生计划数最多的一年。学院超额完成招生任务，新生报到率91.7%。首次实行面向全国、跨省招生近40人。2007年近千名毕业生就业率为99%。据调查，用人单位对学院近年来的毕业生满意度达83%以上，而毕业生对就业工作满意度达84%以上。

东方学院实行教育家治校 4月9日，浙江东方职业技术学院第三届董事会第一次会议召开。会议选举产生由5位董事组成的新董事会，集团公司董事长郑念鸿被推举为董事长。现任浙江大学管理学院企业管理系主任、浙江大学全球创业研究中心副主任、博士生导师张钢担任学院独立董事。新一届董事会班子的结构，充分体现“专家治校”的战略思想。该董事会还有两个新的特点：一是实行独立董事制度，二是任命著名教授为院长、副院长。

东方学院开展校际合作交流 3月31日，浙江东方职业技术学院与浙江工贸职业技术学院、新疆乌鲁木齐职业大学等6所大专院校正式签约，开展对口支援及合作交流。根据协议，学院将在尊重各院校独立办学自主权的基础上，与他们在专业建设、师资队伍建设、产学研等方面进行全面合作，并以此为契机加快自身发展步伐。

东方学院开设企业家讲堂 2007年，浙江东方职业技术学院经贸系开设企业家讲堂，专门邀请温州知名企业家来校上课。第一批受邀的企业家有温州服装商会会长郑晨爱等。

郑念鸿获全国建材行业劳模称号 9月17日，全国建材行业先进集体、劳动模范和先进工作者表彰大会在北京召开。浙江东方集团公司总经理、浙江东方职业技术学院党委书记、董事长郑念鸿被授予全国建材行业劳动模范称号。这是21世纪中国建材行业首次重大表彰活动，特地表彰“十五计划”以来为建材行业作出重大贡献的先进个人和集体。

东方学院暑期社会实践活动 2007年，浙江东方职业技术学院约有95%的学生参加暑期社会实践活动。他们有的参加生存体验活动，有的前往山区进行“关爱留守儿童”，有的深入畲乡开展民俗调研。经贸系等系部则结合专业特色，分别到环宇集团等企业开展社会实践活动。

东方学院首届教职工代表大会 10月27～29日，浙江东方职业技术学院召开首届教职工代表大会暨工会会员代表大会。会议审议通过学院院长邵鸿烈的《工作报告》和财务处负责人的《财务报告》。选举产生了学院第一届工会委员会。

温州科技职业学院(筹)

概况 2007年，温州科技职业学院（筹）以科学发展观统领全局，根据中共温州市委、市政府的要求，坚持以筹建温州科技职业学院为中心，全院干部职工同心协力、求真务实、锐意改革、真抓实干，开创了该学院建设发展的新局面。

科技院一期基础设施建设全面启动 2007年，温州科技职业学院（筹）全面启动一期基础设施建设。学院在建一期项目工程总建筑面积7.81万平方米，总投资1.7亿元，共9个项目。同年8月陆续开工，预计2008年9月全面竣工。

科技院加快实验实训条件建设 2007年，温州科技职业学院（筹）投资1150万元，建成7259平方米实验实训大楼1幢。投入1299万元，根据13个专业建设的需要，启动建设实验实训室28个。投资899万元，启动南校区7482平方米实验实训基地建设．增加投资50万元，建成梧田分部生产性实训基地。落实125亩藤桥科研与实训基地。投资160万元，增加适用图书4.8万册。

科技院加快人才队伍建设 2007年，温州科技职业学院（筹）坚持“引进、培养”两手抓，全年共引进专业人员40名，其中副教授3人，研究生25名。晋升和转评职称54人，其中晋升高级5人、中级15人，转评副教授6人、高校讲师28人。引进、培养、聘请双师型教师45人。组织高校教师岗位培训49人。新增浙江省高职专业带头人、省151人才等市级以上各类人才5人。参加硕士及研究生进修班学习92人。人才队伍基本能满足高职教学需要。

科技院专业建设得以加强 2007年，温州科技职业学院（筹）将专业建设摆在办学的核心地位，同年增设8个专业，其中农类专业6个。建立专业建设指导委员会13个，聘请72位委员。建立了48个相对稳定的专业校外实习基地。

科技院招生工作超额完成 2007年，温州科技职业学院（筹）计划招生1200名，实际录取1206名，实际报到1112名，报到率达92.2%。特别是农类专业录取生源分布合理，质量优良。其中绿色食品生产与检测专业第一志愿投档人数与招生人数比例为1：6，畜牧兽医专业为1：3。

科技院严格教学管理 2007年，温州科技职业学院（筹）研究出台《教师教学工作规范》、《教学差错及事故认定处理暂行规定》等规章制度，严格教学管理。加强教学质量的检查和督导，强化听课制度，逐步完善院系两级教学质量监控体系。开展新老教师结对、青年教师教学技能比赛等活动，提高教师教学技能。经过努力，学院的教学工作取得显著成绩。高职英语应用能力考试一次通过率名列全省同类院校前茅。大学外语三级考试通过率为29.85%，高出全省同类院校5个百分点。高校计算机应用能力考试通过率为89.2%，名

1. 10月，温州市文明办、市交警支队、温州日报社在市区学院路温州医学院门口，联合举行斑马线礼让手势推广宣传活动暨礼让手势交通提醒牌揭牌仪式。

2. 12月4日是全国第7个法制宣传日，平阳县以“弘扬法治精神推进依法治国”为主题暨《劳动合同法》法制大型宣传日在县城举行。

3. 4月30日，首届温州艺术博览会在市国际会展中心举行，展出来自全国各地的绘画、书法、工艺美术等作品。

1	
2	3

1. 1月1日，温州市青少年活动中心举办“携手共走五彩路”大型广场庆祝活动，有文艺演出、坛子彩绘亲子赛等。
2. 4月7日，“网通杯”温州市风筝节在市青少年活动中心广场举行。
3. 10月1日，市区城南小学的学生正在制作“奥运中国龙”。该“奥运中国龙”长30米、龙鳞由2008张学生的“我的奥运心愿卡”张贴而成。
4. 11日10日，鹿城区文明办、教育局等单位主办的温州市第二届亲子文化衫环保彩绘决赛在市区丹璐广场举行。温州市各县（市、区）60余名儿童参加决赛。

1	2
	3
	4

许日尤/摄

许日尤/摄

卢春雨/摄

许日尤/摄

苏巧将 / 摄

卢春雨 / 摄

卢春雨 / 摄

许日尤 / 摄

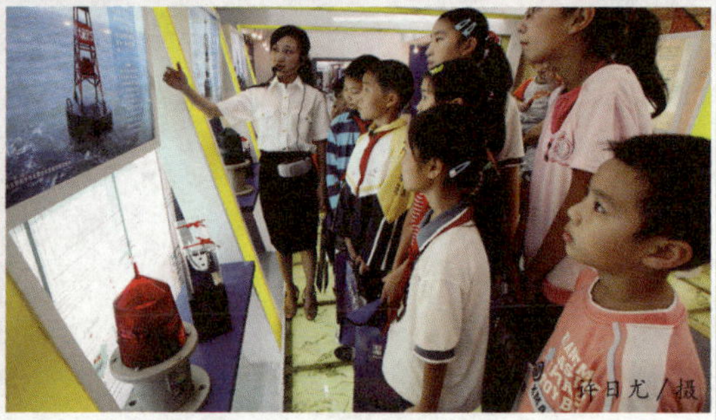

许日尤 / 摄

1. 4月12日，温州实验小学组织全体学生参观孙中山纪念馆，对学生进行爱国主义及革命传统教育，帮助学生树立远大的理想，激发学生的读书热情。
2. 我国第一颗绕月探测卫星“嫦娥一号”顺利进入工作轨道，11月11日，市青少年活动中心科技制作班老师向小学员讲解“嫦娥一号”卫星知识。
3. 10月18日，鹿城团区委、区教育局在市区松台广场举行第六次少代会星星火炬传递启动仪式。14名50年代到本世纪的优秀少先队员代表受邀亮相为星星火炬举行首轮传递活动。
4. 6月19日，温州瓦市小学举行“领略冠军风采，探索棋中奥妙”的活动，国际象棋世界冠军诸宸与母校的小棋手切磋棋艺。
5. 9月23日，由团市委、市文明办和上海海事局温州航标处共同主办温州航标展在市青少年活动中心开展。

1	3
	4
2	5

列温州同类院校前茅。

科技院强化实践教学　2007年，温州科技职业学院（筹）制订各个专业教学计划，改革课程设置，突出专业实践教学。以推动专业建设和精品课程建设为目标，设立25项院级教学改革课题和9个院级重点课程建设项目。以提高学生专业技能为目的，组织学生参加校内外各项技能竞赛活动，不断获得好成绩。在2007年大学生计算机维修工和多媒体设计大赛中，该学院学生蔡磊和陈珊分获三等奖。在浙江省第二届电子商务大赛中，该学院有7名学生和1位老师进入决赛。

科技院成教工作取得进展　2007年，温州科技职业学院（筹）增挂“温州市农村干部和农民培训中心”牌子。新设“浙江大学远程教育学习中心”和“继续教育培训中心”。举办各类培训班19期，招收本科、研究生学历教育新生300多名。创收80多万元。

科技院科学研究再上档次　2007年，温州科技职业学院（筹）课题项目立项数首次突破百项，总数达159项，其中国家课题3项，省级课题10项，总合同经费达442.8余万元，创历史新高。“浙南作物育种重点实验室”建设项目通过专家评审，这在浙江省地市级农科院和全省高职院校中都属首家。

科技院科研获奖52项　2007年，温州科技职业学院（筹）共获各类奖励52项，其中省级以上奖励5项。该院主持的“优质、多抗杂交晚稻新组合选育和产业化”科研项目，获2007年度温州市科技进步一等奖。温州科技职业学院首次参加浙江省高校科研成果奖，获得二等奖2项、三等奖3项，名列全省高职院校首位。全年推广拥有自主知识产权的科研成果8项，自行研制、引进、推广新技术20余项，增加社会经济效益3亿元以上。

科技院全面开展科技合作交流　2007年，温州科技职业学院（筹）与瑞安、文成、龙湾、乐清、永嘉等县（市、区）政府及相关部门签订全面科技合作与服务协议，拓宽服务渠道。广泛开展与浙江大学、浙江省农科院、上海水产大学、江南大学等高等院校与科研机构的科技合作与交流。

科技院为提升新农村建设服务　2007年，温州科技职业学院（筹）作为温州市社会主义新农村建设顾问单位，积极做好新农村建设示范试点（镇）建设规划设计，认真指导新农村示范村镇建设。举办各类农民培训班120期，受训1万余人次。下派科技干部13名，组织大型科技下乡活动8次，受益农民10万人次。科技服务工作的显示度和影响力得到提高。

科技院科技开发稳中有进　2007年，温州科技职业学院（筹）在探索、实践高职教育教学工作的同时，保持科研工作的稳定和可持续发展，在推动温州农业科技进步和“139富民攻坚”计划和社会主义新农村建设中发挥重要作用。全年该学院科技开发总产值达581万元，实现收益88.35万元。为下步开发工作拓展了市场。

科技院组织机构逐步建立　2007年，温州科技职业学院（筹）建立5系1部，实行系所合一，逐步理顺系所关系。调整行政管理机构，建立10个行政处室，明确各处室工作职能。调整党群机构，建立4个党总支、21个党支部，选举产生新的工会、团委、学生会。开展“四定”及人员聘任工作，探索实行院系两级管理，提高管理效能。

科技院加强学生教育和管理　2007年，温州科技职业学院（筹）探索科学有效的学生管理模式，完善管理制度，加强学生党团组织建设，健全学生思政工作体系，充分发挥学工部、班主任、思政辅导员和学生自我管理队伍作用，加强学生公寓管理。开展针对性和有效性教育，组织丰富多彩的校园文化活动，加强学生专业社团和创业基地建设，深入开展暑期社会实践活动，取得显著成效。首届高职新生暑期实践活动获浙江省级先进组织奖，学生创业作品获浙江省首届高职高专院校“挑战杯”创新创业竞赛三等奖。

科技院行政和后勤服务工作取得成效　2007年，温州科技职业学院（筹）提高后勤服务质量和行政工作效率，及时解决实际问题。在现有条件下最大程度改善学生学习、生活及文体活动条件。加快图书馆数字化、信息化建设，加快校园网建设，启用内部办公系统，提高办公自动化水平和工作效率。在专项经费使用、专项经费争取、资产管理等方面做了大量工作并取得显著成效。推进党建和精神文明建设，发挥党组织在学院建设、发展、改革实践中的战斗堡垒作用。发动工会、团委等群众组织，努力做好工、青、妇及老干部工作。

温州广播电视大学

概况　2007年，温州广播电视大学以创办人民满意电大为目标，继续深化“人才培养模式改革和开放教育试点”工作，全年学校共招收新生2298人，保持年均10%以上增速，其中开放教育新生1391人，全日制大中专教育409人，合作办学教育498人。通过各类教育协调发展，基本形成“一主两翼”办学格局，学校规模不断扩大，电大教育在学习型社会建设中发挥越来越大作用。

温州电大注重特色学科建设　2007年，温州广播电视大学在充分结合面授教育和网络教学基础上，深化开放教育内涵建设。5月，该校会计学专业被温州市政府办公室确定为2006年度在温高校重点建设专业，特色办学得到加强。由于重视教学过程管理，健全教学质量监控机制，该校获2007年度全省电大优秀教务管理集体称号。全年共开设301门课程，设有网上视频教学资源课程345门。“电大在线”平台注册学生9261人，浏览量达245 233人次。学校制作新版电大网站和后台管理系统，新建2个手工会计模拟实训室，提高学生实际操作能力。

温州电大推进全日制大中专教育　2007年，温州广播电视大学坚持抓好全日制大中专教育。全年招收农村预备劳动力401人，开设4个专业劳动技能培训班。温州市农村预备劳动力招生开学工作检

（下转第348页）

科　学

综　述

2007年温州市投入企业科技活动经费39.10亿元，同比增长27.0%，占全市生产总值比重为1.81%，比上年提高0.14个百分点。R&D经费投入18.26亿元，占全市生产总值比重为0.85%，比上年提高0.18个百分点。地方财政科技支出占地方财政支出比重为2.35%。科研项目列入国家火炬计划60项，累计实施264项，重点新产品计划11项。列入省级星火计划1项，省级新产品122项，省重大专项21项。列入国家“863”计划1项，国家级科技进步奖1项，省科技进步奖25项，市科技进步奖97项。全年专利授权5316项，累计30 673项。全市有国家级高新技术特色产业基地2处，省级基地6处，新增瓯海新型包装制品及设备省级高新技术特色产业基地。全年获省科技进步奖25项，评定市科技进步奖97项。正泰集团研发中心为温州市第二个国家级企业技术中心。

科技活动

民营企业科技创新推进大会　8月1日，温州市委、市政府召开全市民营企业科技创新推进大会，号召坚持温州特色民营企业科技创新之路，深入实施创新发展战略，推进创新型城市建设，实现民营经济新飞跃，为实现“第三次跨越”提供科技支撑。会议表彰获国家火炬计划重点高新技术企业称号和温州市科学技术奖的单位和个人，奖励科技创新计2001万元，为温州市奖励科技创新最多的一次。

科技政策环境　2007年温州市公布促进产业升级实施方案、工程技术研究中心建设管理办法、科技创业资金管理办法、重点实验室管理办法和民营科技示范园入园标准，加快推进民营经济科技产业基地建设。市科技局、财政局、国税局、地税局和统计局联合印发企业技术开发费税前扣除政策实施办法，规定企业技术创新开发费用按150%抵扣所得税，以此鼓励和推动企业技术创新。瑞安、乐清、平阳等县（市、区）相继依据上述政策制订实施细则。已有部分企业申请办理技术开发费税前扣除手续受益。

科技进步考核与科技强市建设　2007年，温州市认真收集市、县科技进步监测评价指标数据，市本级和鹿城、龙湾、乐清、瑞安、瓯海、永嘉、洞头、平阳、苍南县（市、区）通过全国科技进步考核。12月，温州市鹿城区、龙湾区、瓯海区通过第三批浙江省科技强县（市、区）考核验收。为创建省级科技强市，温州市强化科技进步目标考核，把创建科技强县（市、区）作为基础工作来抓。全市R＆D经费投入大幅增长，高新产业工业占比提高，信息化规模扩大。乐清市进入全省县（市、区）科技综合实力评价第7位。

科技创新体系与创新平台　2007年温州市区域科技创新体系渐趋完善，行业技术研究中心和创新服务中心建设顺利推进，高校科研和行业公共科研资源优势进一步发挥。温州市新材料行业技术研究中心成立。浙江省皮革与制鞋科技创新服务平台经省科技厅批复同意于10月间举行授牌仪式。浙江省木材加工产业科技创新服务平台第一个子平台温州家具研发中心成立。浙江新药创制科技服务平台温州工作站成立。兰州理工大学温州泵阀工程研究院申报省泵阀行业科技创新平台通过论证。2007年温州市申报省区域科技创新服务中心3家。乐清低压电器区域科技创新服务中心和文成县兔肉产业科技创新服务中心升级为省区域科技创新服务中心。浙南海水养殖科技创新服务中心、文成县兔肉产业科技创新服务中心、乐清低压电器省级区域科技创新服务中心和苍南县印刷包装省级区域科技创新服务中心获省专项补助资金计147万元。

高新技术企业　2007年温州市新增国家火炬计划重点高新技术企业18家，累计47家，新增省级高新技术企业79家，累计279家，新增市级高新技术企业50家，累计359家，新增省科技型企业40家，累计274家，新增市级企业研发中心28家，累计72家，申报省高新技术产品100余项，推荐申报国家火炬计划产业化项目89项，累计培育年销售额超亿元高新技术企业110家，高新技术产业化项目120项，高新技术产业增加值占规模以上工业增长值比重26%，市委、市政府发展高新技术目标超额完成。华峰集团有限公司、温州瑞气空分设备有限公司、迦南科技集团有限公司、江南阀门有限公司和浙江禾本农药化学有限公司列入2007年省创新型试点企业，获省专项补助80万元。

科技合作交流　10月26至28日，2007浙江（温州）高新技术成果交易会邀全国94所高校和科研院所310位专家携3000余项科技成果参与对接。交易会分设本地院校、温州市引进大院名校、国家863计划、海归人员以及上海市高校5个科技成果展区，展出工业电器、汽摩配、泵阀、五金、信息、医药等行业1045项目。期间举办5场产业发展论坛，温州市政府同浙江大学签订科技合作协议，各参与单位同130家企业达成技术合作项目141项，合作金额5931万元。另经多方沟通协调努力，科技部批复同意温州市参与中奥科技园建设。

科技计划　2007年温州市本级科技3项经费预算为6450万元，同比增长13.16%，分3期下达计379项。重大科技计划22项，市本级安排科技3项经费1360万元，主攻光机电一体化、新材料、电子信息和生物医药四大高新技术领域。电气机械、鞋革、电力、塑料制品、通用设备、服装、交通运输设备、化学原料以及化学制品等8个行业攻关项目13项，占59%，生物医药高新技术项目4项，安排3项经费260万元。一般科技计划357项，安排市本级科技3项经费5090万元。2007年温州市发布节能减排技术研发和推广项目指南，全年安排节能减排项目32项，落实科技经费689万元。农业和社会发展领域投入占33.8%，包括农业和社会发展项目138项，安排市本级科技3项经费1795.5万元，科技特派员项目53项，安排市本级科技3项经费273万元。

科技项目申报与资金　2007年温州市建立高新技术项目库，全年征集到100余个项目，其中15项申报国家"863"计划，3项推荐申报国家科技部火炬中心，2项获省级对接成功立项，获贷款贴息补助额190万元，1项获省"863"配套补助40万元，3项获国家创新基金管理中心立项，获中央财政资助额190万元，12项获省级创新资金立项，获支持经费300万元，6项获省级创新资金配套经费补助165万元，全年合计获中小企业创新基（资）金655万元。12月，温州市38个中小企业创新基金项目通过评审上报。全年申报省重大科技计划41项，其中重大专项25项，优先主题16项，获省级新产品122个，推荐申报国家级重点新产品27个，获国家科技计划项目111项，省级206项。

科技成果　2007年温州市发布科技成果鉴定管理规程，全年受理209个项目申报省、市科学技术奖，97项科技成果获2007年温州市科学技术奖，苍南仪表厂LLQZ系列气体智能罗茨流量计等5项科技成果获一等奖。推荐申报省科学技术奖25项，均获奖，其中温州市单位为第一完成单位的计17项。温州医学院瞿佳、管敏鑫、周翔天"Leber氏遗传性视神经萎缩遗传性状研究"获国家科技进步二等奖，是温州市科技工作者为"第一完成人"之最高奖项。2007年温州市认定登记技术合同471项，成交额13 327.60万元，其中技术额10 438.22万元，验收市级科技项目233项，评审60项。温州网上技术市场发布技术成果和专利项目414项，发布英文网站5个。

知识产权　2007年温州市通过全国知识产权试点城市考核，10月，国家知识产权局批复同意温州列入新一轮国家知识产权示范创建市。本年全市申请专利6680件，同比下降3%，授权5309件，同比增长21%。全市专利示范企业申报评选认定22家市级专利示范企业，累计认定市级以上示范企业105家，其中省级37家。

2007年温州市更新专利预警分析系统软件。打火机、剃须刀、拉链、汽摩配和锁具等5个行业发布第二期专利预警分析报告。15家省级专利示范企业完成2001～2004年度复核。正泰集团推荐申报国家企业专利工作站。鹿城、乐清、瑞安和平阳开展专利行政执法委托试点。全年受理专利纠纷案件3件，结案3件，应诉行政涉讼5件。

2007年，温州市参加浙江省保护知识产权成就展，有2个项目参加第十届中国专利奖评审，温州市企业参加浙江－美国加州知识产权论坛并进行合作对接。

科技扶农　2007年温州市推荐省农业科技成果转化项目17项，省农业与社会发展类重大科技专项和优先主题18项，获经费支持265万元。泰顺、文成、永嘉、洞头4个欠发达县申报科技部科技富民强县财政专项，永嘉列为省培育对象并上报科技部，获省100万元资助经费，文成、泰顺、洞头各获50万元。乐清市列入省新农村建设科技示范县名单，获150万元经费支持。全市确定农业科技型企业14家，农业科技企业研发中心7家，9名农业科技工作者获省农业科技成果转化推广奖。瓯海区省级可持续发展实验区建设总体方案通过论证。全市获省立项生态市建设项目4项，市本级安排生态建设科技项目18项，落实经费386万元。农业高科技园区相关县分规划方案制订完成，农业高科技园区二轮创建工作进行中。农科专家积极送科技下乡，同项目人员对接咨询，免费赠送农药和农业科技资料，实实在在支援新农村建设。针对瓯海、苍南、龙湾、乐清、瑞安、平阳等地蔬菜基地发生新型蔬菜病，市科技局会同农业局、农科院组织科技下乡，请蔬菜病毒专家现场会诊，指导防控技术。

科技特派员　2007年温州市有科技特派员262人，包括省各部门下派66人，市各部门下派53人，县（市、区）派出143人，各乡各镇都配有1名科技特派员。66个省特派员项目携经费358万元，53个市特派员项目携经费298万元。2007年温州市发布科技特派员基层工作管理办法，对科技特派员工作情况加强监督，对服务即将期满的50名市科技特派员进行调查。262名特派员中评出省级优秀特派员26名，温州市、泰顺县、永嘉县获省特派员工作先进单位称号。

防震减灾　2007年温州市地震局对外挂牌，温州市防震减灾"十一五"规划公布实施，珊溪水库地震监测台网建成投入试运行，温州地震监测台网分中心建设中，地震信息节点和应急指挥系统通用设备完成安装调试投入试运行，两处GPS地震台完成土建工程，乐清遥测地震台和瑞安地震观测站进入考核运行，苍南地震观测站建设中，温州绿城房开鹿城广场项目地震安全性评价申请通过审批。全市开展防震减灾工作综合调查。地震科普示范基地和示范学校建设启动。防震减灾宣传月期间，温州市印发防震减灾常识小册子2.5万册，农村民居抗震知识挂图1700套，并举办"关注地震灾害，共建和谐温州"防震减灾现场宣传活动。

科技宣传与科学普及　2007年温州市启动"全民科学素质行动计划"，开展"携手建设创新型国家"主题科普周活动。

5月，市科技局会同市委宣传部、市科协举办科技科普广场宣传活动，编发《科技业务常见问题解答工作手册》3000册。社区科普工作和科技信息政务网站建设日趋完善，科技信息实现实时更新，科技政务信息工作和重大科技创新事迹宣传报道力度加大。

科研基地

高新技术产业园区 2007年温州高新技术产业园区创业园累计入驻企业57家，其中留学生企业23家，承担国家级项目4个，省级项目17个，市、区级项目56个，累计吸引投资资本金约47 728万元人民币，同比增长211%，产出20 987万元，同比增长107%，创业园获省小企业创业示范基地称号。12月，创业园新引进申明激光数控设备有限公司、中科新能源科技有限公司、三境网络科技有限公司等20家企业，新增项目32项，新增投资额32 280万元。园区优秀企业瑞阳光伏材料有限公司携手美国杜邦公司研发太阳能电池封装材料EVA胶模通过杜邦公司认证投小批量生产。志科电子有限公司液晶屏幕和手机项目投产。中科公司生物液体燃料和浙江伊可夫信息技术有限公司COFDM数字无线编码技术研发成功。2007年创业园引进归国留学人员企业8家，其中安得森生物科技有限公司蛋白质检测试剂研发是国家“863”计划项目。园区清华中心积极为开发区企业服务，成套电器项目和TCR型SVC监控系统工业项目基本完成，10KV真空接触器零投切装置和矿井提升机两个市级科技项目完成申报，另有3个信息化项目完成验收。园区积极拓宽渠道吸收高级人才。园区内温州科技城启动建设。创业园三期工程竣工，相关附属配套设施建设中。2007年，12家经营较差企业迁出创业园。

农业高新技术示范园区 2007年温州市农业高新技术示范园区农产品加工区一期占地500亩，入园企业12家，总投资5亿元，已投资3.64亿元。产业包括畜产品、蔬菜产品、休闲食品、粮食加工和饲料加工。民丰、绿鹿、东瓯3家企业已投产和试投产。出口腌渍蔬菜、休闲食品、奶茶系列和饲料产品实现产值2.35亿元，税收500万元。10月，鑫鑫牧业项目整合完毕，开业投产。另有7家企业进场施工，多数企业完成厂房建设。省重点项目“大好大”北京签约项目着手征地。园区配套设施“1234工程”为1条河岸驳坎，2座桥梁，3条道路，4条管网（电网、自来水管网、供排水管网、通信管网），总投资1540万元，其中桥梁投资305万元，河岸驳坎投资315万元，排水管网投资177万元，均已建成，累计完成投资1290万元。横塘－农产品加工区排污工程完成设计申报列项。

园区特色产业区研发花卉、水果和蔬菜项目，占地1400亩，已投资1.98亿元建成智能化大棚和连体大棚12.4万平方米，15家入园企业已投产，水、电、路和通讯设施亦已建成投入使用。特色产业区规划加大项目整合力度，重点培养瓯海特色水果（瓯柑、亚欧种葡萄、蓝浆果）、花卉（兰花、红掌、蝴蝶兰、茶花、花惠兰）和蔬菜（花椰菜种苗、瓜果菜）。2007年，特色产业区通过省农业高科技园区第一轮建设验收。产业区承担国家级科技项目1项，省重大科技攻关项目2项，均已通过验收。3家企业申报省级农业科技企业和农业企业研发中心通过论证。兰光公司同台商合作的国兰生产基地以及神龙公司同法国专业种子公司合作项目获落实。产业区国兰组培、名贵茶花培育、花菜育种技术和油橄榄繁殖技术处于国内领先水平。

园区鼓励与支持企业在周边地区辐射建立蔬菜科技园、水果科技园和园艺科技园。大好大食品有限公司委托农高园创新中心整理改良泽雅陈岙村100余亩荒芜水果基地，冠名“大好大高山水果科技园”。省亚作所花卉基地在泽雅黄庄村建立高山花卉基地。兰光公司在泽雅包岙村建立兰光越夏基地。园区整合国兰培育中心、花椰菜培育中心、蔬菜引种中心，茶花名种园、瓯柑母本种质资源库、油橄榄繁殖推广基地、拉卡粒水栽培基地和亚欧种葡萄等8个特色项目，发展休闲观光农业。根据省科技厅指导意见，园区已委托设计单位着手编制二轮建设规划。

龙湾滩涂养殖科技园区 浙江省龙湾滩涂养殖科技园区入驻单位有温州国家级泥蚶原种场、中国水产科学院海洋贝类研究室试验基地、浙江省水产引种育种中心永兴基地、浙江省农业引智成果推广示范基地、浙南省级海水养殖科技创新服务中心和温州市滩涂养殖行业技术服务中心，其核心部分是孵化器，承担国家科技部、省科技厅、市科技局、龙湾区科技局项目18项，其中8项已通过验收。至12月，园区累计投入孵化器建设资金1500余万元，其中省科技厅资助30万元，温州市科技局、龙湾区科技局、温州市财政局、龙湾区海洋与渔业局投入配套资金计400余万元，其余自筹。园区已发展东海滩涂养殖公司、灵昆岛水产公司、盛发水产公司和华盐水产公司4家养殖龙头企业。园区项目“美国硬壳蛤全人工养殖技术研究”获中国水产科学研究院科技进步三等奖，滩涂贝类大规格苗种已形成产业，取得效益。孵化器高标准池塘养殖带动园区围塘和海堤改造，提高了养殖效益。7月，孵化器产出优质文蛤等贝类苗种5亿余颗，商品虾20吨，鱼类3吨。园区编写《泥蚶．缢蛏》、《牡蛎》等浙江效益农业百科全书3册，制订《无公害泥蚶》、《无公害文蛤》、《无公害泥螺》等省级地方标准7个。园区摄制电视科教片《文蛤全人工养殖技术》获浙江省科教片优秀奖。

乐清智能电器产业基地 2007年乐清市智能电器高新特色产业基地工业总产值233亿元，创利税48亿元，出口创汇31亿元，同比分别增长20%、18%和20%，基地工业总产值占全市GDP比重为35%，工业增加值占全市比重为38%。基地产业关联度大，布局相对集中，正泰、德力西、人民、长城、环宇、华仪等国家级、省级高新技术企业和成长型科技企业为智能电器生产企业群体和科技孵化创业服务中心，正泰集团、德力西集团、德力西股份、华仪集团、鸿宝和康泰6家企业为国家火炬计划重点高新技术企业。基地企业同大专院校、科研单位长期合作，相继建立上海理工大学正泰学院、省级电器技术开发中心（正泰）、德力西电器科学研究所和博士后科研工作站、省级电器技术研发中心（德力西）、华仪集团清华大学工程硕士研究生工作站、浙江大学电气科技胜武基地、建筑电器省级研发中心、天正电器技术开发中心以及天正国家级低压电器试验室。基地建立共性技术、关键技术研发专项计划，其中正泰“支持产品全生命周期协同设计和制造系统研究及其在电器创造业中的应用”、德力西“信息化系统安全防护过电压电器技术”和华仪“配电自动化系统”项目为省攻关项目。2007年，基地企业列入国家火炬计划项目10项，列入省级新产品84项，申请专利487项。基地企业电器产品获国家3C认证1330项，其中正泰集团320项，德力西集团200项，人民集团140项，天正集团100项。

永嘉特种泵阀产业基地 2007年永嘉特种泵阀高新技术特色产业基地有成员企业50家，其中骨干企业5家，国家火炬计划高新技术企业4家，省级高新技术企业15家，省级技术研发中心3个，基地当年新增国家火炬计划高新技术企业1家，省级高新技术企业2家。企业产品销售收入85.4亿元，同比增长24.3%，出口创汇1.4亿美元，同比增长79.4%，研究与开发经费支出4.8亿元，占销售收入的5.6%。基地企业开发新产品100项，开发专利产品64项。开发项目列入国家级火炬计划4项，列入国家级科技型中小企业技术创新基金项目2项。基地开展共性技术研究开发项目6项，其中2项为省重大科技攻关项目。累计实施省重大科技攻关项目8项，其中1个项目通过省科技厅验收，4个项目申请验收中。2007年，基地争取到启动资金600万元引进与组建兰州理工大学温州泵阀研究院。永嘉县泵阀创新服务中心投入30万元开展泵阀表面喷涂技术研究。基地同兰州理工大学、四川攀枝花学院以及温州职业技术学院合作，培训大中专毕业生300余人，管理和营销人员200余人。

瑞安自动化设备产业基地 2007年瑞安自动化设备省级高新技术特色产业基地承担国家级科技计划项目8项，省科技计划项目42项，瑞安市科技计划项目36项。基地有发明专利10项，有13家企业技术开发项目通过审核，CADE-5X五轴联动雕铣机床和视频监控智能锻压机器人等6个项目达到国际先进水平。省高新技术企业浙江宏华机械塑胶有限公司和浙江金龙自控设备有限公司等7家企业“产品数据管理系统（PDM）示范推广”项目取得进展。瑞安市根据企业技术开发费税前扣除政策，投入基地科技经费465万元，鼓励基地研发高新技术。基地企业同中科院长春化学应用研究所、吉林大学、哈尔滨工业大学、武汉理工大学以及华中科技大学等院校对接引进科技成果10项。同济大学、浙江大学和安徽工业大学专家学者曾应邀前来推介科技成果。基地应用异地设计制造、供应链和动态联盟技术，发挥特色产业群体优势，促进产业链发展，力求提高区域制造业创新能力。基地组建瑞安自动化设备技术创新服务中心和瑞安市科宏职工技协服务部，提供共性技术开发服务，推广信息化技术应用，同时接受政府委托开展公共事务与项目评估服务。

龙湾食品与制药设备产业基地 2007年龙湾食品与制药设备省级高新技术特色产业基地实现工业生产总值60亿元，同比增长18%。基地有企业706家，从业人员5万人，其中股份合作企业155家，高新技术企业14家，省级高新技术企业研发中心3个。产品有制药机械、食品机械和包装机械等50余种生产流水线和成套设备，品种占全国的40%，生产能力占全国的30%以上。基地承担国家火炬计划1项，国家重点新产品2项，省重大科技专项1项。龙湾区人民政府着力改善政策软环境促进基地建设，对高新技术企业和研发中心区别情况给予经费支持，区科技局科技经费亦向食品制药装备类企业倾斜。2007年基地启动“十一五”国家科技支撑计划“中药装备及关键技术研究”项目，获科技经费补助150万元。

瓯海包装制品及设备产业基地 瓯海新型包装制品及设备省级高新技术特色产业基地由东经控股集团有限公司、中国华联机械有限公司和浙江中申板业有限公司于2007年初开始共同酝酿建设。3月，总体方案上报区人民政府，区人民政府随即成立基地建设领导小组，完成基地发展规划编制。6月，基地组建方案通过省级高新技术特色产业基地专家组评审。12月，省科技厅批复同意建立“瓯海新型包装制品及设备省级高新技术特色产业基地”，指定东经控股集团有限公司、中国华联机械有限公司和浙江中申板业有限公司为基地骨干企业。至2007年末，基地有企业300余家，其中规模企业20家，省级企业技术研发中心3家，从业人员9000余人，承担国家级火炬计划项目3项，投入研究与开发经费3700万元，完成新产品开发89项，实现总产值18亿元，创利税1.2亿元，实现利润总额近1亿元。

浙南水稻选育种试验基地 2007年浙南水稻选育种试验基地在研项目54项，到位经费290万元。基地承担国家“十一五”科技支撑项目“农林重大生物灾害防控技术研究”子课题2个，国家基金项目和中科院知识创新工程合作项目各1项，主持与合作参与省市科技项目42项，其中“蔬菜粉虱传双生病毒病诊断技术流行监测及综合防控”列省、市重大科技专项。2007年基地“水稻种质资源征集鉴定评价保存和开发利用研究”获浙江省科技进步奖三等奖，“优质高抗杂交晚稻新组合的选育和产业化开发”获温州市科技进步奖一等奖。“二系不育系”通过中国水稻所人工气候室转换温度鉴定，“高产早籼温229”通过国家考察。温州市重大科技项目“珍汕资源保存利用和开发研究”和市重点软课题“温州市农业标准化体系建设研究”通过评审。基地科技工作者发表《浙南地区甜菜夜蛾发生规律和测报技术研究》等论文19篇，专著《农村种养新技术》由中国农业出版社出版发行，《温州市农业标准化体系建设研究》由科学普及出版社出版发行。基地引进硕士3人，在职研究生8人，招收大学生140人。基地所属作物研究所、蔬菜科学研究所、生态环境研究所和生物工程研究所整合优化，酝酿成立浙南作物育种重点实验室，10月间通过专家认证。实验室同浙江大学、浙江省农科院、IRRI、中国水稻所、四川农业大学以及天津德瑞特种业有限公司合作，在乐清、苍南、平阳开展“温305”、“新优365”、“温辐优1号”和“天优998”示范工作，并为瓯海和龙湾蔬菜质量安全监测提供技术服务。基地科技工作者全年开展培训服务活动9次，下乡举办培训讲座46场，培训农民4700余人次。

染料及中间体中试基地 浙江省染料及中间体中试基地是化学工程和生物工程科研基地，下设3个研究部门和1个协作研究部门，有二氧化碳超临界萃取装置、高压液相分析仪和中药提取蒸馏设备对外提供服务。2007年基地在研项目9项，完成科研项目8项，新立项目2项。基地科研人员发表论文5篇，获专利6项。2007年基地实验室新增仪器设备16台套，新引进液相色谱仪、气相色谱仪、定氮仪、旋涡混和器和固相萃取系统，中试生产性装备特别得到加强。基地同瑞安丰华化工有限公司合作完成4-氨基-3-甲基苯酚等3条生产线技改项目初步形成生产能力。基地同浙江禾本农药化学有限公司、浙江宏元医药化工有限公司、瑞安丰华化工有限公司以及温州龙胜化工有限公司合作完成功能染料及中间体合成、医药中间体及原料药研发等项目取得成果。高温高压高密封化工反应实验室装备和磁力密封搅拌反应釜对外服务年产值480万元，产业化前景良好。2007年基地分析测试中心承接检测服务1568批次，检测样品2231个，收入近百万元。基地注重引进和培养人才，经常派遣科研人员前往中科院上海有机所、浙江省化工研究院、省轻工研究院和绍兴质监院等单位交流学习。

眼视光学重点实验室 2007年浙江省眼视光学重点实验室获准建立“省部共建国家重点实验室培育基地”和“现代眼视光技术与装备教育部工程研究中心”。眼视光学重点实验室有教学科研大楼12 000平方米，新建的眼科药物安全性评价实验室（GLP）、运动视觉实验室和环境视光学实验室均为国内唯一的实验室。新投入使用的实验动物中心（SPF级）可开展普通级和无特定病原菌级（SPF级）动物实验。眼视光学重点实验室2007年获国家自然科学基金3项，国家“十一五”科技支撑计划2项，国家“973”子项目1项，国家“863”子项目1项，获纵向课题经费800余万元，获国家发明专利2项。“Leber氏遗传性视神经萎缩遗传性状研究”获2007年度国家科技进步奖二等奖。实验室同美国新英格兰视光学院、美国加洲大学伯克力分校、澳大利亚新南威尔士大学、中国科学院北京基因组研究所以及若干著名眼科医疗器械公司长期成功合作。2007年实验室招聘博士和硕士研究生60余人，从美国宾夕法尼亚大学、中南大学、中国科学院遗传和发育研究所引进博士4人，全职从事基础研究。实验室柔性引进美国波士顿大学、美国罗彻斯特大学、美国德洲A&M大学科研人员实施科研合作项目。

医学遗传学重点实验室 2007年浙江省医学遗传学重点实验室开展线粒体基因组与母系遗传病研究以及线粒体基因组与多因子病关系研究，初步确定与发病有关的线粒体突变位点，并建立了普查方法和技术路线，有望预防有相关基因缺陷的人因用药不当所致耳聋，有望实现糖尿病早期诊断，有望为肿瘤早期诊断和临床治疗提出新的策略和手段。2007年实验室获国家“863”项目1项，国家自然科学基金面上项目4项，浙江省自然科学基金面上项目6项，申请专利6项。实验室科研人员在国外SCI期刊发表论文11篇。本实验室成员主持的研究成果获浙江省科学技术奖二等奖2项，浙江省医药卫生创新奖一等奖1项，浙江省医药卫生创新奖二等奖1项，浙江省高校优秀成果奖1项。实验室学术委员会主任管敏鑫获2007年度国家人事部高层次留学人才回国资助。实验室主编全国高等医药院校教材《分子生物学检验技术》（第二版）由人民卫生出版社出版，主编《基本检验技术与仪器学实验指导》由高等教育出版社出版，主编《生物化学与分子生物学词汇》由高等教育出版社出版，主编《常见疾病的检验诊断》系列丛书共11分册（368万字）由人民卫生出版社出版。

皮革工程重点实验室 浙江省皮革工程重点实验室（温州市皮革行业技术研究中心）面积2400平方米，仪器设备总值1000万元。实验室科研工作围绕皮革化工产品绿色化、皮革生产清洁化、皮革产品高档化和皮革工业可持续发展梯度推进，重点解决影响皮革行业持续发展的共性关键技术，进而提升“蓝博科技（RAMBLERTECH）”品牌影响力。10月，“省皮革行业科技创新服务平台”获科技厅立项。2007年实验室承担国家级和省级项目7项，企业合作和其他项目20余项，到位经费320余万元，有4项发明专利获授权。省重大科技攻关项目和省重点项目有“制革工业绿色化学品研究开发”（合同额400万元）、“猪皮服装革酶助节水型低硫保毛脱毛工艺研究”（合同额24万元）、“猪皮服饰革鞣前湿加工生产清洁化”（合同额20万元）、同浙江卡森皮革有限公司合作的“制革清洁化技术及装备研究开发”（合同额480万元）、“汽车内饰革工艺技术研究及产业化”（合同额600万元）。“制革工业绿色化学品研究开发”项目多数产品和“猪皮服装革酶助节水型低硫保毛脱毛工艺研究”项目已投产。2007年实验室有工作人员36人，客座教授和客座高工各2人，实验室科研人员发表论文67篇，其中SCI论文38篇，EI论文11篇。

温州先进制造技术研究院 2007年华中科技大学温州先进制造技术研究院有工作人员32人，常驻专家18人，其中教授2人，副教授9人，新引进高级工程师7人。研究院申报省科技攻关项目9项，其中优先主题1项，申报温州市科技合作项目13项，其中重大项目4项，同企业联合申报科技计划项目8项。研究院基建项目完成招标，激光器机组安装完毕，激光工程技术研究中心初步建成。研究院研发系列产品和技术推向市场，为当地企业提供产品工艺试验获认可。研究院承担中药现代化科技产业（浙江）基地温州制药装备分基地建设，协同参与国家科技支撑计划“中药提取浓缩干燥成套装备及自动化控制技术研究”之“自动控制罐组逆流提取降膜浓缩喷雾干燥技术及装备研制”任务，罐组逆流提取装置（50升小试设备）已经完成。2007年研究院完成科技计划项目8项，全部通过评审验收。委托申报发明专利1项，实用新型专利1项，国家知识产权局已受理。2006年申请的实用新型专利已通过审查获得证书。研究院在职硕士研究生280人。研究院瑞安分院筹建中。

温州泵阀工程研究院 2007年，兰州理工大学温州泵阀工程研究院完成申报科技项目24项，其中省级优先主题重点项目1项，省级面上项目3项，市级重大项目8项，市级重大软科学研究项目1项，市级一般项目9项，县级一般项目2项，获批准立项12项，其中省级项目1项，市级重大项目2项，市级一般项目8项，县级项目1项，总经费335万元。研究院争取到省自然科学基金项目申报资格，申报自然科学基金项目4项，争取到省科技厅以奖代补经费80万元。2007年，研究院确定五洲、保一、科尔等12家泵阀企业为重点合作对象，同保一和南方等5家企业签署长期合作协议，同保一集团联合建立科技研发中心。12月，科技厅批准“温州泵阀科技创新服务平台”立项建设。阀门重点实验室第一批阀门流阻、流量和调节特性测试装置启动建设。

温州轻工研究院　浙江温州轻工研究院系由陕西科技大学和浙江工贸职业技术学院合作建设，于2007年1月29日成立，有员工37人，其中常驻专家22人（教授14人，副教授5人，高级工程师3人），轻化工研究室、创意与设计工作室以及机电工程中心（一期）相继投入使用。2007年，轻工院向温州市科技局申报科技项目40项，软科学研究项目5项，向浙江省科技厅申报重大科技专项2项，省配套项目1项，其中有12个科技项目、4个软科学项目和1个配套项目获批，获资助经费计207万元。另向省科技厅申报以奖代补项目1项，获经费80万元，申报发明专利2项，已获受理。新开发的电热靴、计步鞋、硬币包装机和可降解捆扎带等20项产品已具备产业化条件。研究院同康奈、奥康、哈杉鞋业、平阳恒兴皮革有限公司、兰州军区甘预师三团、咸阳市生产力促进中心、上海海谛软件公司以及陕西科技大学均有合作关系。

大院名校温州联合研究院　2007年国家大院名校温州联合研究院新引进合肥工业大学、江苏科技大学、杭州电子科技大学和湖南工业大学入驻，各入驻单位计承担省级科技计划项目7项，市级科技计划项目19项，县级科技计划项目7项，参与科技创新载体建设10项，转化科技成果7项，解决企业技术难题31项，技术收入773.5万元，开办硕士研究生班4期。研究院共建载体获省级经费补助50万元，并牵头建设中国皮革院温岭研究所。浙江工业大学温州工作站、浙江省机电设计研究院温州分院和中国皮革和制鞋工业研究院温州研究所为2007年度优秀入驻单位。

气象科技

综述　2007年，温州市气象局实施气象事业“十一五”规划，扎实推进区域气象自动站系统、信息网络和高性能计算机设施建设。市气象局新一代卫星通信气象数据广播（DVB-S）系统完成安装调试投入运行。温州气象网和温州台风网升级改版工作完成，台风网达到日访问50万人次技术要求，“罗莎”台风期间访问量达123万人次。市级气象影视演播系统开工建设。新建成35个自动气象站投入运行，全市累计有自动气象站117个。乐清、永嘉、洞头、瑞安、泰顺等5个县（市）气象局完成气象业务平台改造。

2007年，市气象局和市防汛办联合编制“防御台风灾害知识挂图”免费发放至乡村、街道居委会和学校。全市街道乡镇设置200余个电子显示屏，大范围加快灾害性天气信息传播。全市气象部门遵照省气象局部署开展土壤墒情观测。气象部门免费发送“圣帕”台风紧急警报短信计约150余万条，引发各方关注，央视、新华网和新浪网均作报导。温州农网参与IPTV（网络电视）项目首批试点获“中国农业网站100强”称号。3月23日市气象部门举办世界气象日纪念活动，接纳2000余名市民和学生参观气象台站设施。4月，气象部门在灵昆岩头村和文成二源乡开展雷电普法和科学防雷宣传教育活动，并发放《雷电防护手册》。

农村气象协理员　2007年，温州市人民政府和部分县（市）人民政府分别下发通知要求加强乡镇街道气象协理员队伍建设，144个乡镇设立气象协理员，有效克服农村气象信息“最后一公里”传播障碍，气象服务覆盖面得以扩大。

气象科研　2007年温州市气象局公布4个重要的科研管理文件，有2项科研成果投入应用。争取到市、县科技课题4项，投入科研经费36.4万元。新一代天气雷达多项科研成果投入业务运行，效果良好。温州气象工作者发表论文60余篇，其中在核心期刊发表16篇，获浙江省自然科学优秀论文奖一等奖1篇。温州市气象局主编《气象与蔬菜的栽培及病虫害防治》一书由气象出版社出版发行。

科技情报

科技情报速递　温州市《科技情报速递》创办于2006年，用于向市“四套班子”和科技系统领导提供科技信息，至2007年年底共刊出20期，主要报道国外科技管理改革和重大科技发展动向，部分文章直接译自外刊。

科技文献查新与检索　2007年温州市科技情报研究所利用CA、BA、EI、SCI、中国同方、万方、维普、中国专利文献等数据库和其他馆藏纸张型文献，为企业检索专利文献、技术标准和专题资料520篇，受市科技局委托为科技计划项目立项查新400项，其中省级查新项目85项。

科技信息网络　2007年温州科技信息网更新硬件设施，整理服务器存储信息，新建温州科技网络电视栏目，网络运行更加快速、可靠、安全。科技信息网保障每年网上申报市科技计划项目1500余项，承担温州农村信息化示范基地（国务院星火办公室授牌的网络中心）、温州地震信息网、温州市科技特派员网站和温州市知识产权网站建设与维护。科技信息网包含高新技术、农业、专利和地震方面约150余万字信息量，网络动态信息增加，更新期平均2天左右。

应用数据库开发　2007年温州市应用数据库软件开发包括：赛峰数据库（SCIF）、职业技能鉴定系统（PSAS）、视频播放平台（OVPP）、人才管理系统（TLMS）、高新技术企业及火炬计划在线管理系统（OMET）、科技项目管理系统

(STPPAS）和中国企业产品目录（样本）（CIICD）。其中科技项目管理系统完成第一阶段开发，第二阶段开发准备中。其余项目均完成开发投入使用，用户反映良好。

情报科研 2007年，温州市科技情报研究所承担科研项目如下：《温州市英文版科技管理网站建设与翻译》列入市科技计划项目，完成部分网站建设与研究任务。扶贫科技项目《日本梨引种栽培技术》获市科技局立项在永嘉县鹤盛乡实施。《知识产权协同工作系统平台》(同市高翔专利事务所合作项目）获市科技局立项，开发中。《温州市科协专家人才库建设》软课题获市科协立项，已完成。参与《温州地方文献数据库数字化平台开发》项目立项与建设。《农村信息化示范基地(温州)互联网声像专题数据库》项目完成400部科普片入库上网。《温州市高层次科技专家人才库》基本完成，拟提交验收。《杨梅无公害标准化栽培技术》实施中。《温州市科技基础条件现状调研及其平台建设研究》通过市科技局验收。

温州市科技年鉴 2007年温州市科技情报研究所受市科学技术局委托承担《温州市科技年鉴》(2006年度）编辑出版任务。编辑部收到稿件计55万字，照片100余张，2007年12月成书出版，16开本，242页。

科技情报翻译 2007年温州市科技情报研究所情报翻译工作重点是为温州市英文版科技管理网站科技新闻和政府文件中译英，部分科技新闻、主页内容和政府文件已完成翻译上网。此外翻译产品说明书、专利文献、论文、合同和外贸函电计约20万字。同温州大学合作完成的《论对外招商引资项目英译的语用策略》一文在中国科技翻译杂志发表，获全国第十二届科技翻译研讨会二等奖。

科技情报学会 2007年科技情报学会会刊《情报研究》刊载会员论文计30篇。学会组织科技情报界73篇文章参加温州市第十一届科技情报优秀论文评选，9篇获优秀奖。学会向企业团体会员免费发放《今日科技》和《决策参考》等资料。

社科研究

社科新著 2007年，《温州：敢为人先民本和谐》、《求索温州》、《民营企业国际化经营》、《环境困境与文化审思》、《温州组建民营银行实证研究》、《民间金融——基于温州的探索》、《永嘉鹤阳谢氏家集考实》、《孙诒让传》等18种学术专著相继出版，《温州文献丛刊》整理校点工作进行中，瑞安《古本琵琶记汇编》编纂中。21项研究成果获省社科奖和高校科研奖。马大康《诗性语言研究》、邱国珍《中国民俗通志——医药志》和刘水云《明清家乐研究》分获浙江省第十四届社科优秀成果一、二等奖。4月，社科联公布温州市第十一届社会科学优秀成果奖获奖名单。

党校社科研究 2007年温州市委党校教研人员发表论文68篇，出版专著1部，参编理论教材和著作5部，完成省市课题15项，新立项课题14项，其中省社会科学规划重点课题1项。12项成果在省党校系统理论研讨会和省级学会研讨会获奖，其中1等奖1项，二等奖1项，三等奖5项。副教授诸葛隽著《民间金融：基于温州的探索》由中国经济出版社出版发行。

温州蓝皮书 2007年，温州市委党校编著的《温州蓝皮书——2008年温州经济社会形势分析与预测》由社会科学文献出版社出版。本书是国家皮书出版中心第一本地市级城市发展蓝皮书，也是第一本温州蓝皮书。市委书记邵占维作序。

温州大学社科立项课题 2007年任映红《城郊结合部和谐社区建设研究——浙江社区案例》和叶世祥《20世纪中国审美主义思想研究》获国家社会科学基金项目立项。刘藏岩《中国民营企业社会责任推进机制研究》获教育部规划基金项目立项。苏勇强《北宋书籍刊刻与古文运动》获教育部青年基金项目立项。樊炳有《体育公共服务的内涵、目标及运行机制研究》和姚峰《新时期我国体育资源配置方式及相关问题研究》获国家体育总局研究项目立项。钭晓东《温州：敢为人先，民本和谐》、姚周辉《温州永嘉岩头古村落史》、张小燕《新社会阶层个性特征及社会地位研究一以温州为例》等11项课题获浙江省社科规划项目立项。陈冰冰《需求分析理论框架下独立学院大学英语教学改革研究》等19项课题获浙江省教育厅科研项目立项。王佑镁《支持知识建构的电子学档研究与应用》和应向东《“科学探究”教学的哲学基础及教师哲学素养教育研究》等7项课题获浙江省教科规划项目重点课题立项。李业杰《关于民生概念及内涵外延的研究》等9项课题获浙江省社科联项目立项。胡建南《中外美术鉴赏》等2项课题获浙江省社科联社科普及课题立项。王宗正《农村集体土地征收争议解决机制研究》获浙江省司法厅、浙江省法学会重点课题立项。张滢《征信档案和征信档案数据库建设》获浙江省档案局科技计划项目立项。夏曾玉《温州产品品牌(温州当代发展个案实录丛书)》等35项课题获温州文化研究工程立项。

温州大学社科研究获奖项目 黄兆信、潘维真等《大类招生与创新人才培养的实践研究》获浙江省第五届教育科学优秀研究成果奖二等奖。谢志远、方益权、夏春雨《大学生创业教育新探索》获浙江省第五届教育科学优秀研究成果奖三等奖。吴其南、吴翔之《守望明天——当代少儿文学作家作品研究》、黄兆信、林爱菊等《地方高校人才培养模式的创新与实践》、徐速《小学数学学习心理研究》获浙江省高校科研成果奖二等奖。江华《世界体系理论溯源获得》、何旭艳《信托业在中国的兴起——兼论“信交风潮”中的信托公司》、蒲祖河《中介化——提高民间资本配置效率的有效机制——以温州为例》、张晓瑜《课程表改进研究》、谢志远《温州人创业精神对大学生创业教育的启示》获浙江省高校科研成果奖三等奖。

社科期刊

温州论坛 温州市委党校校刊，1986年创刊，双月刊，具鲜明地方特色的理论刊物。2007年出刊6期，编发文章68篇，55万字。刊物以温州政治、经济、社会、文化发展热点、难点、创新点为主要研究对象，是党政干部、海内外学者、企业人士了解温州综合发展情况的重要刊物，连续多年被新闻主管单位评为温州市优秀报刊。

温州大学学报　温州大学学报（社会科学版）是温州大学主办的社科类综合性学术期刊，双月刊，国内外公开发行，国内统一连续出版物号CN 33-1345/C，马大康主编，“中国期刊全文数据库”、“中国人文社会科学引文数据库”、“万方数据数字化期刊群”全文收录。2007年出版6期，刊发论文125篇。11月，中国人文社会科学学报学会第二届评优活动评定温州大学学报（社会科学版）为“全国地方高校优秀学报”。

温州学刊及学会会刊　温州学刊展示社科成果，是温州市理论研究主阵地之一，温州市社科联主办。2007年增加温州研究方面内容与份量，更加贴近温州发展大局，共刊出12期，计107篇文章。各学会会刊《温州农村经济》、《温州财税与会计》、《温州交通》、《温州审计》等，在市内外亦有一定影响。

地方志

市本级地方志工作　2007年温州市地方志办公室积极指导市规划局编纂《温州测绘志》，11月，《温州测绘志》通过框架评审进入编纂程序。地方志办公室并派员帮助市律师工作者协会编纂《温州律师志》，志书大纲编写中。

市地方志办公室编辑出版《温州事务通》，并继续编辑出版《温州政报》，已连续5年。

2007年，全市部分方志工作者参加浙江省修志培训班学习。温州市方志界参加“浙江方志研究论坛”首届学术论文交流，有3篇论文获二等奖，10篇入选论坛论文集。

鹿城区方志工作　1月，鹿城区出版《鹿城年鉴》（2004年版）。11月，全市地方志系统学习贯彻党的十七大精神暨地方志系统联谊会在鹿城区召开。2007年鹿城区地方志办公室获浙江省地方志系统先进集体称号。

龙湾区史志工作　2007年龙湾区史志办收到史志稿件计约248万字，搜集整理历史档案114卷，图片资料1000余张，出版《龙湾史志》期刊3期。12月，方志出版社出版发行《龙湾年鉴》（2007年版），全书116.5万字，320幅图片，陈建敏主编。

2007年龙湾区史志办组织讲师团讲授地方史30场次，受众约50 000人次。《今日龙湾》报辟有“龙湾一月大事记”专栏，副刊版每周全版宣传龙湾地方史、历史名人、历史事件和传统文化。龙湾政府网刊有龙湾大事记和《龙湾年鉴》专栏。6月，龙湾区列入全省14个县（市、区）二轮修志创优工程试点单位。

瓯海区方志工作　瓯海区地方志办公室隶属区人民政府办公室，核定人员编制2人，有临时人员3人，经费列区财政预算。2007年办公室开展《瓯海区志》编撰前期工作，多方搜集《瓯海政协志》、《瓯海区民政志》、《瓯海组织史资料》和《瓯海统计年鉴》等地方资料，《瓯海区志》编目工作进行中，《瓯海年鉴》（2007年版）进入出版程序。

乐清市方志工作　12月，线装书局出版发行《乐清年鉴》（2007年版），全书分35个类目，347个分目，1620个条目，约100万字，另收入地图与照片300余张。同月，中国文史出版社出版发行《乐清市华侨志》，主编倪德西、叶品波，全书分10章31节，记述时限自1902年至2005年。

瑞安市方志工作　瑞安市自1986年成立方志办以来累计出版30余部部门专业志，计约1000万字。2007年，瑞安市方志办制作《瑞安年鉴》（1987～2005卷，计19册）可检索光盘5000张。中华书局出版《瑞安年鉴》（2007年版），全书600千字。《瑞安人物录》（第二辑）定稿，计223千字，涉179位瑞安人物。清·嘉庆《瑞安县志》完成点校6卷。《瑞安古诗700首》和《池志澂诗文书法集》出版。市方志办助理研究员李赐华获省地方志系统先进个人称号，副研究员周田田《农民工输入输出地二轮修志应重视农民工内容记述》一文获浙江方志研究论坛首届学术研讨会论文二等奖。

永嘉县方志工作　2007年，永嘉县地方志办公室启动编纂《永嘉县金石志》，期间辑录永嘉各地碑刻题记、摩崖和金器铭文获拓片50余张。清光绪《永嘉县志》点校工作进行中，全书计21卷约120万字。11月，方志出版社出版发行《永嘉年鉴》（2007年版）。

6月，县方志办应海龙《浅谈年鉴照片与图表的运用》和徐逸龙《明代永嘉粮长制度初探》参加全国学术交流获二等奖。高远《天台集的初步研究》入选《浙江方志研究论坛首届学术研讨会论文集》。孙小芬《浅析地方综合年鉴编纂过程中存在的问题及其对策》入选《中国地方志首届年鉴学术年会论文集》。徐逸龙《楠溪江古村落的建筑工艺、人文意义与保护思路》参加“全国新农村建设中乡土建筑保护暨永嘉楠溪江古村落的保护利用学术研讨会”交流。

7月，中共永嘉县委书记卢春中到县地方志办公室调研。11月，浙江省地方志办公室领导到永嘉县志办指导工作。12月，浙江省地方志办公室领导到永嘉讲授全省二轮修志创优和方志数字化工程。

洞头县方志工作　2007年，《洞头县志》第二轮（1991～2005年）修编工作进行中。6月，《洞头年鉴》（2006年版）出版，全书约28万字，杨志林主编。杨志林另有两篇论文发表于《浙江方志》和《浙江方志研究论坛首届学术研讨会论文集》。

文成县方志工作　《文成县志》和《文成续志》主编为朱礼，2007年版《文成年鉴》主编为刘炜珉。

平阳县方志工作　2007年，方志出版社出版发行《平阳县志》（1993年版），全书129万字，林顺道主编。《世界宗教研究》2007年第1期刊林顺道《摩尼教传入温州考》，《中国文化研究》2007年春之卷刊林顺道《明教大师法贤其人兼与廖大珂先生商榷》，《浙江学刊》2007年第2期刊林顺道《宋明教大师法贤考》。11月，方志出版社出版林顺道《方志资料审核论稿》，中国历史文献研究会副会长仓修良作序，全书43万字。

泰顺年鉴编纂工作　2007年，泰顺县编辑出版《泰顺年鉴》（2007年版），主编齐圣阳，全书35万字。

苍南县方志工作　1月，中国文史出版社出版《苍南县政协志》，主编萧耘春。7月，中国文史出版社出版《苍南工业商贸志》，主编陈福祟。11月，中华书局出版《灵溪镇志》（1990～2005），主编叶宗武。12月，《平阳苍南忠谏堂鲍氏通志》内部出版，主编鲍克让，海洋出版社出版《苍南县海洋与渔业志》，主编梅永炼，《苍南年鉴》（2006年版）和《苍南年鉴》（2007年版）出版。2007年，《苍南县志》（1981～2005）编纂中。

1至11月间苍南县方志办开展抗战课题调研，搜集到相关历史档案资料60余份，社会调查资料2000余份，日军5起严重侵害苍南人民历史事件基本查清。《苍南抗战时期人民伤亡和财产损失调研报告》以及相关统计资料已报市委党史研究室。

5月，方志办建成苍南县情网站，信息量1200万字，年点击数12万人次。县情资料库含《苍南县志》（1981～1990）和《苍南年鉴》（2006、2007年版两卷）近230万字。同月，县地方志编纂委员会随县机关换届调整，县长黄寿龙兼任主任，陈一鸣兼任编纂委员会办公室主任，简少微任《苍南县志》编辑部主编。

社科联

概况　2007年，温州市社科联贯彻党的十七大精神，坚持科学发展观，贴近温州发展大局，发挥社科联“桥梁纽带、组织协调、咨询服务、宣传普及”四大功能，加强重点学科、优势特色学科建设和社科人才队伍建设，创新方式，规范管理，突出重点，打造品牌，推进学术创新和工作创新，加大社科普及和咨询服务力度，全面实施温州文化研究工程，获全国先进社科联称号和浙江省先进科普组织奖。

学习胡锦涛重要讲话精神座谈会　7月20日，中共温州市委宣传部、市社科联召开学习胡锦涛6.25重要讲话暨贯彻落实市委十届二次全会精神座谈会，与会社科理论界专家学者表示要坚持“四个坚定不移”，推进温州三次跨越。7月28日《温州日报》专版刊发重点发言。

推进第三次跨越研讨会　5月17日，温州理论与社科界召开“弘扬温州人精神，推进第三次跨越”研讨会，展开解放思想大讨论。与会者从理论高度对温州人精神进行深刻阐述，5月19日《温州日报》摘要刊发部分发言。

温州文化研究　2007年，温州市社科联遵照市委部署，组织实施“温州文化研究工程”。6月19日，中共温州市委公布市文化研究提炼工程指导委员会组成人员调整名单，7月2日，公布温州文化研究工程第一、二批立项项目清单，《科学发展观在温州的实践》等108个项目立项。10日，市委召开温州文化研究工作会议，要求进一步提高温州文化研究工作整体水平。社科界专家学者积极参与工程实施，期间完成“温州健康城市建设研究”课题，并协助中国社科院对温州农村文化和转型期民间信仰进行专题调研。9月12至14日，区域文化研究与地方学建设学术研讨会在温州召开，各地地方学研究者对温州实施文化研究工程给予高度评价。

温州民营经济发展30年研究项目　5月24日市委召开协调会，决定成立“温州民营经济发展30年研究”课题组。市社科联相应拟定课题研究实施方案与写作大纲，着手搜集材料，并多次召集座谈会和研讨会，全面展开研究。

温州模式创新与发展研讨会　10月24日，“温州模式的创新与发展”研讨会在温州召开，上海社会科学院常务副院长左学金、经济学家袁恩桢、沈开艳、陈维等与会并考察温州民营企业。12月27日，上海《社会科学报》刊出一组温州模式理论探索文章，上海社会科学院成立温州研究中心。

温州人精神与大学生创业教育研讨会

6月13日，温州人精神与高校学生创业教育研讨会在温州大学召开。与会专家认为，开展创业创新教育，通过教育手段把温州人精神传承下来，变成一种能力，很有特色，应当坚持，发扬光大。

瓯文化学术研讨会　11月20至22日，“瓯文化”学术研讨会在温州举行，海内外80名与会专家学者就瓯、瓯族、东瓯国王城、东、西瓯关系和文化差异以及瓯文化的形成和发展等问题展开学术讨论。会议收到论文56篇，入选45篇。

纪念高则诚诞辰700周年　10月28至31日，纪念高则诚诞辰700周年暨《琵琶记》学术研讨会在温州举行，各地专家学者40余人与会，提交论文20余篇，探讨《琵琶记》本事、版本、思想、艺术和高则诚生平。

纪念陈傅良诞辰870周年　12月8至9日，纪念陈傅良诞辰870周年暨永嘉学派学术研讨会在温州召开，国内外专家学者60余人与会，讨论陈傅良民生与治学思想和实践以及永嘉学派事功学说有关社会和谐的论说，入选论文35篇。

温商研究所成立　12月22日，温商研究所成立，“温商的突破、创新和跨越论坛”在浙江工贸学院举行。

社科科普活动　9月13日至10月20日，温州市以“关注民生，惠及百姓”为主题举办社会科学普及周活动，100余家单位参与，启动仪式在乐清晨沐广场举行。活动期间举办科普讲座35场，论坛18场，咨询服务22场，科普展览11场，社科下基层活动45次，社科知识竞赛27场，文艺演出3场，放映电影110场，社科培训20场，其他活动61场。

社科学会活动　2007年，温州市社科联注重发挥专家学者优势，积极组织社科专家为地方经济社会发展提供服务。4月，市社科联到泰顺县雅阳镇调研经济发展，特邀专家对茶农进行技术培训。市社会学研究所举办“社会一角征文活动”，有3000余人参与。市审计学会《现代内部审计实务》一书入选全国审计工作教材，首印5000册短时售罄再版。东方道德文化学会举办“老子思想与温州发展”讲座。市律师协会开展“百名法官下基层”活动。经营师协会和市场经济学会举办2007《人民电器杯》论文大奖赛。收藏学会举办“鉴宝进社区”系列活动。

社科学会建设　2007年温州市新成立农村财政研究会和市大学生思想政治教育工作理论研究会，市历史学会换届，乐清市社科联获准成立，瑞安市社科联筹建中。4月，市社科联召开社科学会工作会议暨社科工作培训班，5月，派员参加全国大中城市社科联工作会议。社科联注重培养中青年学者，吕金记、诸葛隽、张一力入选2007年度温州市“四个一批（社科理论）专业人才”。

科　协

科协第八次代表大会　温州市科学技术协会第八次代表大会4月23至25日在市人民大会堂举行，科技工作者代表和特邀列席人员564人与会，市委书记、市人大常委会主任王建满、省科协党组书记、副主席鲁善增到会讲话，市长邵占维、市委副书记赵一德等出席会议。大会通过第七届委员会工作报告，选举产生市科协新一届领导机构，审议通过《〈中国科学技术协会章程〉温州市实施细则》和《温州市科协代表大会代表考察办法（暂行）》。以上实施细则和代表考察办法在全国科协系统尚属首举。

科学素质纲要实施　2007年，温州市遵照国务院《全民科学素质行动计划纲要（2006～2010～2020）》规定成立全民科学素质工作领导小组，市科协承担领导小组办公室职能，负责协调全市《科学素质纲要》实施工作。11个县（市、区）政府相应建立领导小组和工作机构。全市各牵头单位会同责任单位分头制定“未成年人科学素质行动”、“农民科学素质行动”、“城镇劳动人口科学素质行动”、“领导干部和公务员科学素质行动”、“科学教育与培训基础工程”、“科普资源开发与共享工程”、“大众传媒科技传播能力建设工程”、“科普基础设施工程”、“全民科学素质行动政策法规、队伍建设与监测评估”等9个工作方案，温州市《科学素质纲要》实施工作先于全省展开。

科协组织建设　2007年，温州市科协注重加强基层组织建设，指导乡镇（街道）科协随党政机构换届同步调整充实工作人员，同时开展村级科协组织建设试点，要求行政村、社区（居委会）逐步建立科协分会，成立科普工作领导小组，设置科普宣传员。截至年底，已建立行政村科协分会298个，社区科协分会171个。另按温州市非国有企业科协示范单位标准，创建了11家非国有企业科协示范单位，新建非国有企业科协5家。2007年，新一届市科协常委会分设7个专门工作委员会，市创造学会成立，公路学会和制冷空调学会获准筹建。

科普能力建设　2007年，温州市公布实施科学技术普及工作“十一五”规划。全市各级科协加大科普设施投入。文成、苍南、永嘉等欠发达地区加大科普设施建设力度。市科协和瑞安市科协开始配备科普大篷车。乐清市和龙湾区获中国科协第三批全国科普示范创建市（区）称号。15个基层单位通过第四批省基层科普示范单位考核验收。市科协考核命名23个基层科普示范单位。2007年，温州市有市级科普教育基地3个，农村科普示范基地11个，新建标准科普画廊95个。温州电视台《瓯越科普》栏目从周播扩展为日播，温州晚报《科学天地》专版每周六刊出，科协网站大幅扩容改版，《瓯越科普》报筹办中。2007年，温州市征集科普原创作品114篇，获奖15篇。

农村科普　2007年，温州市农函大（一年制）招生9950人，举办短期培训593期，受训43 450人次。市科协实施“科普服务三农”计划，全年开展科技下乡活动70余次，发放《科普历书》、《科普知识》、《消防常识科普读本》、《心血管病预防》、《节约能源》、《科普文选》计28万余册。农技专家深入田间地头传授种养殖技术，深受农民欢迎。

未成年人科普工作　2007年温州市完成第二十一届青少年科技创新大赛作品展览与终评，计参赛作品575项，获奖424项。493名中学生参加第十三届全国青少年信息学奥林匹克联赛（温州赛区），普及组获等级奖50人，提高组获等级奖42人。浙江省第二十一届青少年科技创新大赛在温州举行，温州市获科技创新项目等级奖31项，优秀科技实践活动等级奖7项，少年儿童科幻绘画等级奖14项。温州市第二十二届青少年科技创新大赛收到参赛项目（作品）586项（件），471项（件）获优秀科技创新项目奖、优秀科技实践活动奖和优秀科学幻想绘画作品等级奖。第十五届温州市青少年科技教育工作者论文评比活动评定获等级奖论文40篇。2007年，温州市各地普遍开展科普特色学校创建与青少年科普读本进校园活动。全市有40个学校12 000余名师生通过“百场青少年科普讲座下基层”活动接受科普教育。

城乡科普活动　5月19至25日，温州市以“携手建设创新型国家”为主题举办“做科学温州人”科技（科普）活动周，开展活动400余项，发放宣传资料74万余份，有80余万人次参与。9月15日，温州市举办第四次“全国科普日”广场宣传活动，市级学会（协会、研究会）、市级科普教育基地、市属企事业单位科协和市消防支队等36个单位300余名科技工作者共同参与，开展科普知识宣传和科技咨询服务。新雅集团公司（苍南）科协通过“一分钟科普”活动开展技术创新、安全生产和节能降耗科普宣传教育。温州科技馆举办海洋生物科普展和第三届科普游园活动暨阿里巴巴家庭实验室活动，截至11月15日共接待观众5.2万人次。各地科普画廊紧贴群众生活，随时更新内容宣传身边科学。各级科普教育基地创新宣传方式，开展科普活动。科普大篷车科普日巡回活动获中国科协资助，大篷车进校园，进社区，进乡镇，促进城乡科普均衡协调发展，取得良好效果。

学术交流活动 2007年温州市属各学会举办学术交流会、论证会、研讨会120次，与会23 140人次，交流论文1180篇，举办学术报告会95场，与会16 150人次，组织学术考察与调研活动45次，有790人参加，跨学科学术交流活动增加。温州市第十二届自然科学优秀论文奖评选活动收到论文3000余篇，获等级奖130篇，获优秀奖317篇。2007年温州市组团参加第四届长三角科技论坛学术活动。市科协“温州公众科学素养调查与研究”软课题完成材料整理。

科协学会管理与改革 2007年，温州市科协系统40余个市属学会（协会、研究会）完成年检，市电力工程学会、气象学会、图书馆学会、昆虫植病学会和中西医结合学会完成换届选举，市老科技工作者协会、港口协会、质量技术监督协会、防痨协会和经济师协会调整增补理事会成员。各学会改革和发展步伐加快，9个市级学会、1个县科协和1个县级学会计12篇论文参加省学会改革和发展研讨会交流，市汽车工程学会在会上作主题发言，11篇论文入选研讨会论文汇编。

科协人才管理与服务 2007年，温州市科协建立专家库，收录20余个学会500余名博士生和副高以上职称专家。市科协会同市人才办公室调查收集18名（其中6名已故）温籍院士生平业绩，着手编写《温籍院士风采录》，温州科技馆“温籍院士风采厅”前期工作筹划中。2007年，市科协举办《科技工作者建议》活动，要求各学会围绕创新型城市和“三个温州”建设组织科技人员每人至少向市委、市政府提供1条意见和建议。

科技人才培养与表彰 2007年，温州市各学会积极组织与推荐会员参加学习考察、学历教育和出国培训，一批年轻科技工作者获深造机会。经争取，泰顺县农民知识化培训和文成县乡土人才培养项目列入省欠发达地区人才队伍建设“2510行动计划”。《温州市农民技术人员职称评定实施办法（试行）》公布，农民职称纳入职称序列，全市评定农民技术职称1651人。各地农村以农函大教育为依托积极推进实用技术人才培训。温州田头青菜生产专业合作社负责人获中国科协2007年“科普惠农兴村计划”实施先进个人称号。全市推荐3人参加第十届中国青年科技奖和第九届浙江省青年科技奖评选。市科协第八次代表大会表彰奖励优秀科技工作者和科普先进工作者。

（上接第337页）

学管理给予肯定。2006年农村预备劳动力培训班的237位职业中专学员拿到毕业证书，温州广播电视大学被授予2007年度温州市农村预备劳动力培训优秀基地。2007年，温州广播电视大学推行农民大学生培养项目共有瑞安、乐清、瓯海、平阳、苍南5个点，全市共招150名。该校响应中共温州市委提出的“139”扶贫攻坚计划，捐助6.6万元支持西源乡建设并为其发展献计献策。完善“一二五”助学机制，做好贫困生助学工作，建立了贫困生资助制度。

温州社区大学依托电大办学 2007年，温州广播电视大学整合广播电视教育、现代远程教育、自学考试、各类成人教育和职业培训等教学资源，形成现代远程教育中心、成人教育中心、职业岗位培训中心和对外合作办学中心。2007年底，全市11个县（市、区）均成立社区学院，温州城区成立了36所社区学校和21所社区分校，逐步形成市、县（市、区）、乡（镇、街道）、村（居）一体化覆盖全市的4级社区教育网络体系。通过举办温州市创建星级文明社区干部培训班、温州市社区通讯员培训班，提高社区工作队伍的业务素质和工作水平。坚持以理论研究为先导推动社区教育发展，组织有关人员参加国内外社区教育发展论坛，编撰了《温州社区教育》杂志。

温州电大与浙大等名校联合办学 2007年，温州广播电视大学与浙江大学、江苏大学等名校及中央电大奥鹏远程教育中心实行联合办学，充分发挥名校品牌效益，推进该校远程教育发展，做好浙江大学远程教育“重点支持校外学习中心”。同时承担试点高校全国网络教育“统考”温州考点的考务工作，全年共组织二次大规模的网络考试，人数达近万人次。11月，温州市教育局“现代远程教育试点高校校外学习中心年报年检”专家组，对该校学习中心的招生、收费、考试3个项目的规范化管理给予肯定。

温州电大新校区选址龙湾区瑶溪镇 3月27日，温州市代市长邵占维在温州市第十一届人大一次会议《政府工作报告》中明确指出：重视发展社区教育和特殊教育，加快建设温州市电大新校区和特殊教育学校。同年底，浙江省国土资源厅落实该校177.3亩新校区建设用地指标。新校区选址龙湾区瑶溪镇，总建筑面积5万平方米，学校总投资调整为1.5亿元。该校多次发动教师参与新校园设计论证工作，为新校区规划好设计蓝图，并准备对建设总平方案设计进行招投标。

文　化

综　述

温州市文化广电新闻出版局由原温州市文化局、温州市新闻出版局、温州市广播电视局合并而成，是主管全市文化艺术、广播影视、新闻出版和著作权工作的温州市政府工作部门。2007年，该局按照温州市建设文化大市的总体部署，以完善公共文化服务体系为重点，以队伍建设为保障，以文化品牌建设、文化产业发展、文化遗产保护为抓手，着力推进全市文化建设，各项工作都取得了明显成效。

专业文化

概况　2007年，温州市文化广电新闻出版局加强文化精品创作和生产，增加公共文化产品供给，丰富群众精神文化生活。全年共获国家级奖项16个，省级68个。其中电影《好支书郑九万》、瓯剧《洗心记》等9个剧目获省“五个一”工程奖，获奖数为全省第二。五星京剧团《雏凤凌空》和京瓯剧团《生死牌》分获浙江省第十届戏剧节民营剧团演出金奖和银奖。温州市合唱团获全国合唱比赛“金钟奖”银奖。此外，温州还有两个节目在全国第八届艺术节群星奖中分获创作奖和表演奖。参加全省合唱比赛的4支队伍全部获金奖，其中两支获金奖中的第一名。温州市女子合唱团作为浙江省的唯一一支队伍，将参加2008年中央电视台青年歌手大奖赛。

社会文化

文化团队活动　2007年，温州市民族乐团、温州市流行乐团和温州市群众文化学会相继成立，以广场文化为主要特点的群众文化日益活跃。全年共举办各类节庆文艺活动20场，广场文艺演出103场，舞台车下乡演出108场，温州市“周末剧场”组织和引进高雅艺术和传统戏曲演出28场，其中温州市专业剧团参演11场，引进演出17场，取得良好的社会反响。此外，充分利用温州市图书馆、博物馆、影剧院、展览馆等文化阵地，举办各类活动丰富群众文化生活。

“文化下乡”活动　2007年，温州市广泛开展向农村送戏、送电影、送书的“三送”活动。全年共放映数字电影3.3万场、观众达1，6万人次，文艺演出1500多场，送图书16万多册。

温州市首届农民文化艺术节　6月9日～7月中旬，温州市文化广电新闻出版局举办温州市首届农民文化艺术节。内容包括开幕式文艺演出、农村民族民间艺术展览、“建设新农村，实现新跨越”主题文艺巡回演出、新农村文化建设图片巡回展、农民优秀书法美术作品展、农村千场数字电影大展映、温州市第六届曲艺汇演、农民器乐比赛、乡村青年歌手比赛、“新农村、新农民、新跨越”读书征文活动、艺术节文艺晚会等11个主题活动，范围遍布温州市11个县（市、区）。

高则诚诞辰700周年纪念活动　10月28～31日，由浙江省文化厅和温州市政府主办，温州市文化广电新闻出版局承办的纪念高则诚诞辰700周年暨《琵琶记》学术研讨会在温州举行。主要内容包括召开研讨会、排演永昆版《琵琶记》和出版《琵琶记》研究论文集。

歌舞晚会　2007年，温州市先后组织新年广场文艺晚会、新春精品歌舞晚会、迎新春民族音乐会、“八一”建军节文艺晚会、国庆节广场文艺晚会、温州市首届民乐比赛、第四届新温州人歌手大赛、“春天里的温暖——情系灾区文艺演出”、“温州大剧院”开播电视文艺晚会。此外，积极完成中共温州市委、市政府临时下达的演出任务，包括重点工程慰问演出、信用温州建设文艺晚会、特奥会文艺活动、民营企业对话世界500强文艺演出和党代会文艺活动等。

历史人文资源挖掘和保护　2007年，温州市文化广电新闻出版局利用温州人文历史悠久、文化底蕴深厚的优势，深入挖掘历史人文资源，大力加强物质文化遗产和非物质文化遗产保护工作。其中，文博部门加强对文保单位的维修保护、利用、管理，完成谷超豪故居异地搬迁，相继启动程·让平故居、苏步青故居、老鼠山遗址的保护规划编制，加快朔门古街及广场路的修整工作。

中国木拱廊桥保护工作　2007年，泰顺县参与浙闽11个县（市）共同签署《中国廊桥申遗寿宁宣言》，开启省际联合推动中国木拱廊桥保护和世界文化遗产申报工作。

非物质文化遗产保护　2007年，完成为期3年多的温州全市民族民间艺术资源普查工作，并召开总结表彰大会。成功申报第二批浙江省非物质文化遗产名录42个，推荐参选第二批国家级非物质文化遗产名录22个，入选公示10个。上报浙江省非遗生态保护区7个，非遗传承基地12个，非遗传统节日保护基地6个。指导文成、泰顺两县非物质文化遗产普查试点工作。编辑了《温州市非物质文化遗产画册》。

第三次全国文物普查工作 2007年，温州市全面开展第三次全国文物普查工作，对100余名普查员进行培训。完成3917件馆藏珍贵文物数据采集及25处国保、省保的“四有”记录档案整理。5月，温州市完成“文物调查及数据管理系统”3728件文物信息采集工作，超额完成省文物局布置的指标任务。温州博物馆获全国文物保护先进单位称号。

首届中国民俗学高层论坛在温举办 12月23～24日，中国民俗学界13位著名学者聚首温州，就国内非物质文化遗产保护和民俗学学科建设进行研讨。并对温州的芙蓉、屿北等古村落文化遗产状况进行考察。

文化市场行政执法

文化行政审批工作 2007年，温州市文化广电新闻出版局为进一步规范行政许可行为，清理规范性文件和非行政许可事项，优化行政许可流程，加强审批窗口建设，提高服务质量。全年受理行政许可事项318件，承诺办结318件，提前办结率为100%。

广播电视行业监管 2007年，温州市文化广电新闻出版局协调指导全市播出机构做好重大宣传报道，确保舆论导向，维护播出秩序。成功组织防范无线信号攻击和有线插播演练，提高应急处置突发事件能力，确保了“十七大”等重大安全保障期广播电视的安全播出，温州市文化广电新闻出版局和市监测中心分别受到浙江省广播电视局表彰。

广播电视安全播出联合演练 9月6日，由中共温州市委宣传部领导，市文化广电新闻出版局牵头，中共市委610办公室、市公安局、市信息化管理办公室、市广播电视总台、市无线电管理处等单位参加，举行全市广播电视安全播出联合演练。演练设置模拟有线电视网络遭到插播的应急处置等三个科目，用时1小时30分，参演人员近百人。经各方共同努力，取得圆满成功。

新闻出版行业监管 7月，温州市文化广电新闻出版局开展固定形式印刷品广告的专项清理行动，对温州市场上出现的DM广告进行规范，召集12家出版DM广告的广告公司进行自查，对违规的广告公司进行查处纠正；查处1家非法记者站。加强对企业报的审读工作，专题对涉及宗教内容进行审查，全年共审读123种企业报，701期，确保全年企业报无舆论导向差错，办报整体质量持续上升，《康奈报》、《森马集团报》等报纸获全国优秀企业报奖。

企业软件正版化 2007年温州市企业使用正版软件工作通过省企业使用正版软件领导小组验收。据统计，40家试点企业共出资293万元，新购操作系统1445套，办公软件1887套，杀毒软件2998套。

文化市场整顿 温州市文化广电新闻出版局坚持“一手抓繁荣、一手抓管理”，深入开展“扫黄打非”、秋季文化市场大整治等专项行动，积极组织开展部门联合执法检查，促进文化市场健康有序发展。2007年全市文化市场行政执法机构共出动检查16 479人次，查处违法违规经营单位2322家次，立案1238起，查处非法出版物地下批发窝点10处，收缴各类非法物品32万多件。市场完好率始终保持在85%以上。市文化执法支队被授予2007年度全国“扫黄打非”办案有功集体称号。

文化交流

温州艺术团赴北欧演出 6月7日～17日，温州艺术代表团赴北欧开展文化交流活动。这是温州第一次由市政府组团赴北欧进行的文化交流活动，取得了良好的效果。

温州大戏院剧目展播 2007年，温州市文化广电新闻出版局和温州广播电视台联合举办空中剧场——“温州大戏院”栏目，展播越剧、瓯剧、永嘉昆剧等优秀剧目。

央视“走进温州”民间寻宝 5月14日，温州市文化广电新闻出版局与中央电视台《艺术品投资》栏目、市旅游局等联合举办“央视2007民间寻宝记——走进温州”大型电视活动。同时，温州博物馆举办“国际博物馆日”免费鉴宝、拓碑等系列活动，并对外免费开放。

文化产业

文化体制改革 2007年，温州市继续深入开展公益性文化事业单位内部改革和经营性文化事业单位转企改制工作。温州市图书馆、市少年儿童图书馆进一步深化人事、分配制度改革。温州实验剧团和温州瓯剧团已完成合并，大众电影院和新中国影都正在合并，文化资源得到有效整合。瓯江电影院整体改制进入实质性操作阶段。雁荡电影院线公司和新时代电影大世界按股份制模式组建，取得良好效果。

文化产业规模扩大 2007年，温州全市文化产业经营单位达1.4万多家，从业人员15万多人，全年经营收入200多亿元。文化产业规模进一步扩大，集约化、专业化程度有所提高。温州文化用品市场投入使用，成为华东地区规模最大、档次最高的文化专业市场。全市现有图书发行网点1661处，出版物批发单位44家。温州市图书新批发市场营业面积与仓储面积达7000余平方米，成为全省第二大出版物批发专业市场。新兴的温州报业集团文化创意园区开始运作。温州雁荡电影院线公司发展宁波、金华、福建宁德等地影院加盟，实现跨省跨地区经营，全年票房总收入达到3344.48万元，同比增长32.4%。新中国影都票房收入首次突破1000万元，跻身全国票房超千万主流影院行列。

文化设施建设

市区重点文化设施建设　温州大剧院完成土建工程任务，进入舞台机械、音响和灯光设备安装阶段，温州书画院（美术馆）改扩建工程稳步推进，温州市图书馆鹿城分馆挂牌开放，新时代电影大世界已投入使用。

农村文化阵地建设　2007年，温州全市新建东海明珠、金海岸文化工程15个，省市级文化示范村（社区）41个，文化信息资源共享基层分中心（示范点）37个，文化示范户592户，初步形成市、县、乡、村四级文化网络。瑞安市、龙湾区文化中心相继建成。苍南县利用宗祠改建文化中心成为当地一大特色。

广播电视“村村通”工程建设　2007年底，新一轮广播电视“村村通”工程顺利推进，培训技术人员230人共20多个班次，成立转星调整工作技术巡回服务队伍70多个。市本级全年投入建设资金2010.5万元，实现441个行政村、1064个自然村通广播电视，分别完成年度任务的147%和266%。全市有线广播电视网络建设和改造成绩显著。根据中央统一部署进行卫星广播电视转星调整工作，顺利完成1152面卫星电视接收设施转星调整工作。

公共图书馆

概况　2007年温州市图书馆共接待到馆读者126.1365万人次，外借图书158.1171万册（盘）次，网络数字资源使用数达到107.5705万次，举办讲座、知识竞赛、文化展览等读书活动174场，直接参与人数5万余人次。建立馆外流通点30多个。新办读者证1.7646万个，新增书刊12.5993万册（盘），征订报纸311种。媒体预告、报道工作共341次（不完全统计），除本地媒体外，还有中央二台、省电视台、光明日报、中国文化报、中华读书报、新华书目报等。以上大多数据都达到历史最高点。此外，自2007年开始，温州市图书馆读者普通图书外借册数增加至三册，部分光盘开始实行开架借阅。

“温州学人讲坛”开讲　6月，温州市图书馆与温州都市报联合推出《温州学人讲坛》，每月举办一期，地点设在温州市图书馆一楼多功能厅。6月16日开坛仪式后，首期讲座特邀著名温籍作家叶永烈为读者作题为《名流侧影——我采访名人的幕后故事》的讲座，2007年还邀请过林冠夫、李启虎等专家进行授讲。

“大榕树市民学堂”开讲　11月6日，温州市图书馆与市创建学习型社会工作指导委员会办公室一起主办的“大榕树市民学堂”，开讲仪式在松台广场举行。中共温州市委宣传部部长曹国旗与市民代表一起为学堂揭牌。作为温州创建学习型社会的阵地和平台，继籀园讲坛、学人讲坛、视频讲座之后，“大榕树学堂”成为温州市又一个讲座品牌。每月一期，所有市民均可免费免票入场听讲。

《温州文献丛书》全书出版　12月30日，由温州市人民政府投入200万元，历时5年9个月的《温州文献丛书》四辑40部48册编辑出版工作全部完成。该丛书是温州市迄今为止最为完整的历史文献总汇。《温州文献丛书》档案移交仪式在温州市图书馆举行。

“温图”被列为全国古籍重点保护试点　7月，全国古籍普查工作督导组对温州市图书馆古籍普查工作的准备情况进行全面的检查与指导，温州市图书馆被文化部列为全国古籍重点保护试点单位。

“读书乐”全国摄影比赛优秀作品展　4月，第三届“读书乐”全国摄影比赛优秀作品巡回展在温州市图书馆展览厅展出。展览以“读书、爱书”为主题，让读书、爱书的市民通过视觉文化的艺术享受到读书的乐趣。

大型诗歌朗诵会在温州市图书馆举行　4月23日晚，“春天送你一首诗”全国大型诗歌朗诵会在温州市图书馆举行。该次活动由中国作家协会诗刊社与温州市文联、市教育局、市文化广电新闻出版局联合主办。人民文学编辑部主任商震、诗刊社主编叶延滨、诗刊社编辑部主任林莽、温州市文化广电新闻出版局副局长徐顺聪等应邀出席朗诵会。

“我爱我的新家园——新温州人演讲”　6月，温州市图书馆与温州都市报联合举办“我爱我的新家园”——首届新温州人演讲大赛。来自湖南、湖北、四川、江西、安徽等地的新温州人参与比赛。

免费为“两会”代表、委员办证　3月，在温州市人大、政协会议召开之际，为了更好地为“两会”代表委员提供文献信息服务，温州市图书馆为“两会”代表委员提供免费办理读者证服务，受到代表委员们的赞誉。

梅冷生先生纪念会　1月19日，“梅冷生先生纪念会”在温州市图书馆隆重召开，温州文化界100多位专家学者共同纪念这位“爱馆如家、爱乡邦文献如命”的温州市图书馆前任老馆长。会议由市图书馆馆长郑笑笑主持，市文化广电新闻出版局局长瞿纪凯、民革温州市委员会主委王小同、市政协文史资料委员会主任诸葛立淮、温籍著名数学家徐桂芳、《温州文献丛书》编辑部主编胡珠生、著名作家金江、《梅冷生集》编者潘国存，以及梅冷生后人的代表，先后在纪念会上发言。

温州市地方文献暨浙南谱牒工作会议　3月7日，“温州市地方文献暨浙南谱牒工作会议”在乐清市召开。乐清市人大常委会主任赵乐强、温州市文化广电新闻出版局副局长徐顺聪、浙江省图书馆地方文献部主任袁逸、温州市图书馆馆长郑笑笑及各县（市、区）图书馆馆长和相关人员参加会议。会上介绍了《温州市公共图书馆地方文献协作网方案》的内容及实施方式，并举行了《陈璋家族文献集》、《浙南谱牒文献汇编·诗词卷》的首发式。

温州市文化体制改革工作座谈会　3月

2007年温州市公共图书馆业务统计

馆名	馆舍面积（平方米）	年购书费（万元）	在编人员（名）	馆藏				年流通量（万）		举办读者活动		电脑台数	累计发放读者借阅证个数	图书流通点（个）
				年购书量（册）	报纸（种）	期刊（种）	总藏量（万册）	总流通量（人次）	外借册（盘）次	场数	参加人数			
温州市图书馆	32 000	250	67	125 993	342	1874	102.43	126.14	158.12	174	50 000	268	45 869	24
温州市少儿图书馆	9600	54	30	24 502	189	796	26.08	77.65	44.89	131	34 674	138	25 491	46
龙湾区图书馆	300	3	4	900	30	70	3.10	0.80	1.05	2	1000	9	1400	3
瓯海区图书馆	400	20	10	5600	56	40	6.10	19.80	15.80	10	11 000	46		38
乐清市图书馆	2100	50	28	19 303	80	500	23.18	14.76	21.61	18	3410	43	5200	20
瑞安市图书馆	1515	35	27	8506	99	469	20.60	13.48	72.60	10	13 500	43	34 216	13
永嘉县图书馆	3157	35	30	6811	142	730	15.50	26.50	15.60	38	27 000	98	2510	14
洞头县图书馆	1100	3	9	1266	42	58	7.54	3.12	5.61	8	2980	25	700	12
文成县图书馆	600	17	9	7887	24	148	6.35	3.12	6.14	18	1300	8	1018	13
平阳县图书馆	1280	11	19	4027	44	310	12.43	6.00	6.00	3	10 000	18	1000	7
泰顺县图书馆	1200	16	9	6000	30	80	4.60	4.00	2.20	4	1000	51	800	11
苍南县图书馆	1256	15	17	2310	40	80	15.23	2.21	1.00	25	12 000	18	300	

23日，温州文化体制改革工作座谈会在温州市图书馆七楼会议室召开。由中共浙江省委宣传部副部长、省文改办副主任高海浩，省新闻出版局报刊管理处处长黄柏青、中共浙江省委宣传部事业处副处长琚朝晖等组成的浙江省督查组成员出席会议。会议由温州市文化广电新闻出版局局长瞿纪凯主持。温州市图书馆、雁荡电影院线、温州大戏院、新中国影都等文化系统改革试点单位负责人，分别向省督查组汇报了本单位改革试点工作情况。

温州市第九届公共图书馆馆长会议　7月23日～24日，温州市第九届公共图书馆长联席会议在洞头召开。会议主题为：延伸服务、深入服务，提高社会效益。温州市图书馆、温州市少儿图书馆和10个县（市、区）的公共图书馆馆长参加会议。温州市文化广电新闻出版局副局长徐顺聪、文艺处处长梅阳、洞头县副县长张均林及县文化体育广电新闻出版局有关领导出席会议。

文化部督导组考察温州市图书馆　12月22日，文化部全国文化信息资源共享工程督导组考察温州市图书馆。考察组由文化部全国文化信息资源建设管理中心副主任张晓星任组长，浙江省图书馆副馆长刘晓清、文化共享工程浙江省中心主任詹利华陪同。该次考察组的主要任务，是为全国文化信息资源共享工程在温州地区的信息点建设、发展和使用情况，以及共享工程后续发展存在问题的收集而来。温州市文化广电新闻出版局副局长徐顺聪、文艺处处长梅阳等陪同考察。

国家二类城市语言文字工作评估　11月底，国家二类城市语言文字工作评估团公共服务组，实地检查评估温州市图书馆的语言文字工作。评估组在温州市政协教科文卫体委主任魏元喜的陪同下听取馆长郑笑笑工作汇报，并对该馆的语言文字、工作档案、文件、环境用字，以及服务人员的工作用语情况进行考查，并召开座谈会进行问卷调查。评估组在肯定工作的同时，也提出了建议。

金品芳红学书刊捐献温州市图书馆　8月29日，温籍已故红学学者金品芳的500多册红楼梦研究学术书刊，由其遗孀无偿捐献温州市图书馆古籍地方文献部。该馆特设“金品芳赠红学专柜”予以陈列。

“温州读书协会”终止　2月2日，温州读书协会二届一次会员大会在温州市图书馆召开。温州市文化广电新闻出版局副局长、读书协会副会长虞秋生及温州市民政局代表、中共温州市委宣传部代表出席会议。根据民政局关于协会终止程序的要求，读书协会全体会员代表对此次会议提出的终止动议进行表决，全体会员一致同意协会终止。市民政局代表对此次表决过程进行了监督。中共温州市委宣传部文艺处处长、读书协会秘书长徐小妮宣读《关于解散温州读书协会的决议》，温州市读书协会于当日正式终止。

图书馆建立图书流通站　2007年，温州市图书馆先后在瓯海区娄桥圩东村、藤桥区后垟村建立图书流通站，同时在仰义乡安心公寓、温州乐园建立图书流通站，使书刊资料走出图书馆为更广大的农民和新温州人服务。

陈作荣到图书馆调研　8月17日，温州市人民政府副市长陈作荣在市政府副秘书长谢树华、市文化广电新闻出版局局长吴东等陪同下，到温州市图书馆进行工作调研。

省委宣传部长黄坤明考察图书馆　11月2日，中共浙江省委常委、宣传部长黄坤明在中共温州市委书记王建满、市委宣传部部长曹国旗等有关领导的陪同下到温州市图书馆考察。

意大利普拉托省政府代表团参观图书馆　11月28日，意大利普拉托省政府代表团在温州市文化广电新闻出版局局长吴东陪同下，到温州市图书馆参观访问。意大利普拉托省是温州市的结对友好城市，2004年，普拉托省省长曾率队参观过温州市图书馆。

文物保护管理

葛慧君考察瑞安文物工作　10月31日，中共浙江省委常委、副省长葛慧君在中共温州市委副书记赵一德、瑞安市市长蒋珍明、副市长林济晚等陪同下，到玉海楼和利济医学堂旧址参观考察，并对玉海藏书楼的藏书和文物保护工作提出建设性意见，对瑞安文物保护工作成绩表示肯定。

市领导重视文物保护工作　2007年，温州市委书记、温州市长及分管副市长多次到市文化广电新闻出版局（文物局）调研文物保护工作，并将四项文物保护工作纳入市领导“走进矛盾、破解难题”专题工作。其中中共温州市委书记王建满负责牵头联系程·让平祖居维修保护工程；市政协主席包哲东负责牵头联系老鼠山遗址保护规划编制工作；市人大副主任陈笑华负责牵头联系平阳苏步青故居保护工程；市政协副主席王成云负责牵头联系泰顺古民居和廊桥的保护。

第三次全国文物普查　2007年根据《国务院关于开展第三次全国文物普查的通知》和《浙江省人民政府关于在全省开展第三次全国文物普查的通知》精神，温州市全面动员，精心组织，扎实开展第三次全国文物普查工作。市政府采取一系列重要部署、为落实普查工作提供有力的保障。9月底，市政府下发《关于在全市开展第三次全国文物普查的通知》；召开全市开展第三次全国文物普查工作电视电话会议；成立以分管副市长陈作荣任组长的温州市第三次全国文物普查领导小组；及时抽调精干力量组建市文物普查领导小组办公室，下设综合组、指导组和普查队，专门落实了办公场地，购置了办公设备。各级财政部门为普查工作的全面开展提供经费保障。11月13日～22日，温州市第三次全国文物普查领导小组办公室在瓯海宾馆举办全市第三次全国文物普查培训班。培训采取室内讲座和野外试点相结合的形式，全市各地的普查工作人员共80余人参加培训。各县（市、区）结合当地实际下发普查通知，及时成立普查机构，召开动员大会，制定普查实施方案，部署和指导当地普查工作。至底底，全市各地都已完成普查前期准备工作，开始转入野外普查工作阶段。

文物保护的相关法律法规宣传　“5·18”国际博物馆日期间，温州市相关部门配合央视2套举办“走进温州——民间寻宝”活动；市博物馆免费对外开放，和青少年免费拓碑互动，建立“博物馆之友”联谊会，同时正式开放温州博物馆网站。2007年6月9日是第二个“国家文化遗产日”，温州市各级组织精心策划、周密部署，紧紧围绕“保护文化遗产，构建和谐社会”的活动主题，开展内容丰富多彩、形式多样的宣传活动。6月8日与市规划局联合举办市级历史文化名镇村街区交流会，对13处市级历史文化名镇（村）进行授牌；在世纪广场举办大型广场文艺晚会，对文物工作先进集体、先进个人和优秀业余文保员进行表彰；6月9日在市博物馆开展文物法规咨询、有奖知识竞答、免费鉴宝、图片展览等活动；利用各种新闻媒体大张旗鼓宣传，在市区各文保单位悬挂宣传条幅。11月，瓯海区利用温州市第三次全国文物普查在该区培训、试点之际，在全区各乡镇（街道）悬挂文物普查宣传横幅154条；在主要交通道路悬挂灯杆旗帜420枚；制作《瓯海文化遗产》图版45幅进村宣传。

永嘉、平阳健全文物保护管理机构　永嘉县文化底蕴深厚，文化遗产丰富。而作为温州地区的一个文物大县，没有一个独立的文物事业单位，文物管理体制不顺严重阻碍了永嘉文物事业的发展。5月8日，永嘉县文物馆正式挂牌成立，使该县文物工作迈入正常化、制度化轨道。10月，平阳县为逐步完善文物保护管理体制，在该县文物馆增挂县文物保护管理所牌子，实行两块牌子、一套人马，单位隶属、性质、编制均保持不变。组建了顺溪古建筑群文物保护管理小组，调整充实全县业余文保员，出台《平阳县文物保护点保护管理办法》（试行），制定县级文物保护单位核定公布程序与标准，从而使县级文保单位的申报程序更加规范化、制度化。

温州落实文物保护维修方案　2007年温州各地严格按照《文物保护工程管理办法》，对已落实维修经费且维修方案得到批复的各级文保单位进行维修，包括瓯海区的屿山庙、王氏家族墓，龙湾区的张天麟家庙、张璁祖祠、石胜观，瑞安市的圣井山石殿、垟坑石塔，乐清市的朱质庵墓、法华寺，永嘉县的芙蓉古建筑群振昌祠、花坦梅堂祠、二房祠，平阳县的中共浙江省“一大”会址、苏步青故居，泰顺县的泗溪溪东桥临水殿，苍南县的蒲壮所城，洞头县的沙角天后宫等。温州市本级做好程氏古民居、谷宅、益康钱庄、玄坛殿等维修工程；对“五味和”旧址、宝大商行的电线进行整治；协调规划、环保、市政园林等有关部门做好三牌坊古井保护；配合鹿城区政府和市旅游局做好江心屿英驻温领事馆旧址的保护开发等工作；配合市人大、市政协到平阳苏步青故居和泰顺廊桥实地考察，分别补助苏步青故居10万元、泰顺文兴桥、三条桥12万元维修经费。

楠溪江古村落学术研讨会　6月17日～21日，新农村建设中乡土建筑保护暨永嘉楠溪江古村落保护与利用学术研讨会在永嘉、杭州两个会场召开。清华大学建筑学院教授陈志华，浙江大学人文学院教授毛昭晰，浙江省文化厅副厅长、省文物局局长鲍贤伦，永嘉常务副县长陈建良出席会议并讲话。中国民族建筑研究会民居建筑专业委员会主任、华南理工大学建筑学院教授陆元鼎对研讨会作了总结，并就古村落保护工作提出意见。浙江省建设厅规划处处长姚昭晖、省文物局文物处处长吴志强、北京大学世界遗产中心教授阙维民、瑞典隆德大学教授史雯参加了会议。与会专家就新农村建设中乡土建筑保护与利用展开讨论，并专题讨论了楠溪江古村落的保护与利用方案。

乡土建筑与历史文化名城保护座谈会　10月10日，瑞安市在玉海楼组织召开“乡土建筑与历史文化名城保护座谈会”，清华大学建筑系教授、著名乡土建筑专家陈志华应邀到瑞安考察乡土建筑保护情况及参加座谈会。瑞安市政府有关领导及历史文化名城保护专家委员会专家组成员等50多人与会。中共温州市委常委、瑞安市委书记葛益平到会讲话，陈志华等有关专家就该市乡土建筑保存现状和历史文化名城保护问题展开深入地探讨，并从不同角度阐述加强乡土建筑和历史文化名城保护。

苍南做好受灾文物抢修工作 2006年的桑美台风给苍南县的许多文物建筑造成不同程度的破坏。2007年该县文物馆将抢修、抢救受灾文物作为工作重点，在全面调查的基础上，及时落实受灾文物的抢修和保护措施。通过多种途径，筹集资金150多万元，修缮了莒溪镇的刘基庙、蔚文桥，桥墩镇的丁步头谢氏民居、护法寺、关帝庙、碗窑历史文化保护区民居，观美镇的徐俨夫墓，灵溪镇的罗氏笃敬居，钱库镇的吴荣烈故居，金乡镇的丰乐亭等文保单位，清理、整治了广福寺双塔的周边环境，取得了良好的成效。

温州规范保护规划编制 2007年，温州市不断规范各级文保单位尤其是省保以上的维修方案和保护规划的编制。编制了鹿城区程·让平祖居、老鼠山遗址，瓯海区四连碓二期维修，瑞安市陈傅良祠，乐清市南阁牌楼群，永嘉县詹氏宗祠、司马大屋，平阳县顺溪古建筑群、宝胜寺双塔、文明塔，苍南县矾矿遗址，泰顺县廊桥、仕水碇步等文保单位的维修方案和保护规划。温州市本级积极配合市规划局、鹿城区政府做好康乐坊、公安路、鼓楼街等历史街区的整治工作。

文博基础设施建设 2007年，瑞安市启动新博物馆内部装修和技防设备的安装工程，并对玉海楼孙诒让纪念馆进行重新设计和布展，投资50万元启动《孙诒让——甲骨文字学研究第一人》的陈列布展工作。乐清市投资26万元对馆内技防进行了全面的整改。苍南县努力改善文物库房条件，投入近15万元对文物库房和安防系统进行改造，添置库房文物存放设备。洞头县也完成文物库房安全技防方案设计，准备维修库房并添置藏品柜。

“四有”和建档工作 2007年，温州全市共完成9处第六批全国重点文保单位、16处第四批浙江省重点文保单位“四有”（有保护范围、有标志说明、有记录档案、有专门机构或指定专人负责管理）记录档案整理。市本级完成籀园、会典标名牌坊、天宁寺、新四军驻温通讯处等4处文保单位记录档案整理，完成第五批温州市文保单位说明碑树立。“文物调查及数据库管理系统”建设项目，是浙江省文物工作信息化建设的新起点，是切实加强文物保护管理、合理利用的根本保证。温州全市共完成3917件馆藏珍贵文物数据采集，超额完成浙江省文物局布置的工作任务。配合省文物局完成全市书画鉴定，共4000多件，新增二级品20余件、三级品600余件。12月完成全市馆藏文物总账登记验收工作。瑞安完成该市《古籍善本书目目录》的编纂，共整理出善本书目近百部。

考古调查发掘 2007年，温州全市各文博单位积极配合有关单位做好基本建设中的考古调查和清理，并认真做好涉台文物的调查工作。温州市本级完成金温铁路扩能改造工程温州段沿线文物调查；5月完成卧旗山古墓葬群考古清理。1月8日，瓯海区抢救发掘了开挖山地时发现的一座六朝古墓，10月抢救发掘了位于梧田街道南堡村后山因泥土流失发现的唐代石室墓，出土瓷器7件。苍南县对78省道南宋段和观美段的地下出土古墓进行抢救性考古。洞头县对大门镇小门岛上的市重点项目选址区内和小荆山顶、北岙半山，三盘大岙、下尾等工地进行了文物调查。

双屿湾儿山古墓葬考古清理 因甬台温铁路建设和温州市西向污水处理厂建设，温州市文物保护考古所分别于1月、3月中旬～4月下旬，两次对卧旗山支脉湾儿山进行考古清理。3个区共发掘古墓葬15座。墓葬形式主要为砖室墓和土坑墓、瓮棺葬。墓葬年代为新石器时代晚期、汉代、晋代、南朝、唐代、南宋和明代。出土随葬品有瓷器、陶器、铜镜等。此次发掘的新石器时代好川文化墓，结合近年来多次发现的石器、陶片等史前遗物，证明卧旗山曾是温州先民的聚落居住区，它与老鼠山遗址有许多相同点。老鼠山和卧旗山所具有的好川文化特征，进一步说明山前沿江的孤丘型聚落遗址是温州先民聚居的主要环境特点。西汉土坑墓是温州首例考古清理资料完整的汉代墓葬，为西汉时期地方史研究充实了资料；晋墓出土的青瓷器为东晋瓯窑瓷器的研究与断代提供了标准器。唐代土坑墓为温州首次发现同室双棺夫妻合葬形式，随葬品丰富，且虎子、剪刀带有明显男女性别区分。此次湾儿山考古清理的古墓葬年代涵盖广，墓葬类型多，随葬品丰富，从一个侧面反映了温州各个历史时期社会经济和文化特点，展示了各时期温州先民的智慧和工艺技术水平，为研究温州历史、葬俗、建筑以及手工业技术提供了丰富的资料。

乐清发掘清理三座明代古墓 12月底，乐清市南岳镇上岙村的南阳排涝隧道施工现场发现3座一字排开的明代砖室古墓，墓室坐西朝东。其中一座古墓出土1只青釉香炉、1只青瓷高足碗和1对福寿瓶等文物。从发掘出土的墓志铭可依稀看出，这是一座宗姓夫妇合葬墓，下葬时间在明代嘉靖甲午年（1534年）。3座明墓的发掘对研究明代当地民间丧葬习俗，有重要的历史价值和实物依据。

文物征集修复 2007年，温州博物馆征集文物300多件，修复北宋漆器29件，为社会鉴定文物400多件。6月，仙岩西周土墩墓出土青铜器全部修复完成，这次修复的青铜器包括3把短剑、3件戈和30多件矛，由中国文物研究所金属文物研究中心承担修复任务。洞头县征集了元代龙泉窑瓷、元八思巴文钱币等9件文物。

文物陈列展示 2007年，温州全市文博部门充分利用现有文物资源，落实“三贴近”，进一步对外开放文保单位、博物馆（纪念馆），拓展社会教育和服务功能。全年举办和引进各类陈列展览30多个，接待观众达40多万人次，取得良好的社会效益。温州博物馆举办“千年太岁惊现展”、“名家楹联展”、“龙泉窑瓷器”、“清宫精品展”、“瓯海历年出土文物展”、“青海历史文化展”等10多个展览；瑞安市举办“瑞安市博物馆之友联谊会会员藏品展”、“第二届瑞安市书法篆刻临摹作品展”等10个展览。平阳县举办“千年古驿、百年老街”图片展，南雁会文书院陈列展览对外开放。文成县举办该县首次文物展览。

文成首次举办文物展览　12月26日，文成县举办为期半个月的该县历史上首次文物展览。浙江省文物局副局长陶月彪、温州市文化广电新闻出版局局长吴东、文成县县长谢作雄、中国收藏家协会徽章收藏委员会会长李岐山等人出席展览活动并为开展仪式剪彩。这次文物展览分“文成历史文物”、“文成革命文物”、“文成民俗文物”、“民间收藏现代文物——毛泽东像章”4个展区。其中历史文物有新石器时代以来的石器、铜器、瓷器、铁器等古代农具、民用器具和刘基著述、刘基研究、刘基传说等实物；革命文物有大革命、土地革命时期、抗日战争时期到解放战争时期文成革命先辈用过的各种武器、书籍、生活用品等，包括红十三军、红军挺进师在文成境内的战斗业绩和活动情况；民俗文物有全县各民族特别是畲族的祭仪摆设、服饰穿戴、文牒传记、生产工具、生活用品等实物；“民间收藏文物——毛泽东像章”展出4万多个种类毛泽东像章，像章直径最大的100厘米，最小的仅0.24厘米，制造材料有金、银、铜、铁、锡、玉、竹、木等40多种。

文物安全检查　2007年，温州市文化广电新闻出版局文物处在市公安、消防等部门的配合下，每月组织人员对辖区内的各级文保单位进行一次认真细致地消防安全检查。市本级完成了厉宅、夏鼐故居等4处危房局部维修。认真做好抗台防汛准备，加大检查督办力度，真正把不安全隐患消灭在萌芽状态。台风来临前，温州市文物系统干部职工严格按照中共温州市委、市政府的抗台精神，认真开展文保单位安全险情排查，坚持在第一线尽自己最大努力做好各项抗台工作；灾后及时采取各项措施抗灾自救，对损失不大的文保单位进行抢救性加固、修复。

文物行政执法　2007年，温州市文物行政执法队伍全部建立，并不断完善文物行政执法责任制。明确行政执法主体，规范执法程序，界定执法权限，分解执法责任，制定执法责任制实施方案，建立相关考核和责任追究制度。5月，市文物监察支队挂牌成立，并落实了2个人员编制。2月7日，强制拆除了位于浙江省级文物保护单位正和堂窑址保护范围内的违章建筑，以保护地下文物的安全。这是近16年来该市首次大规模的文物联合执法行动。此次执法行动由市文物局牵头，市规划局、市国土资源局、市行政执法局共同参与，得到了市公安局、广化街道的大力支持。

文博干部业务培训　2007年，温州市加强文博干部的在职培训和继续教育，提高干部队伍的整体素质。为提高广大普查员的业务技能和工作信心，全市选派30多名业务骨干参加了浙江省普查培训班，市文物局也于11月在瓯海举办了为期8天的“温州市第三次全国文物普查培训班”。全市各文博单位互相学习取经，构建了良好的合作交流平台。

文物学术研究和文献整理　2007年，温州全市重视文物资料成果化，并积极组织撰写学术文章，宣传报道各地的文物新发现、新成果。市本级认真做好《温州历史文化遗产》出版前期文字与图片材料收集整理，编辑出版《王荣年手札遗墨选集》。瑞安市完成《浙江省古籍善本书目目录》的编纂工作，共整理出善本书目近百部；收入147位历史人物的传略和60张珍贵历史图片资料的《瑞安历史人物传略》一书已由浙江古籍出版社正式出版；《古本五种琵琶记汇编》（线装本）已由中华书局出版。《平阳文化遗产》也顺利出刊。洞头县积极开展历史文化研究和贝雕工艺研究。此外，历时五年多，由政府投入200多万元巨资，41位文化学术工作者参与编撰的《温州文献丛书》共四辑40部48册2000万字已经全部成书。《温州文献丛书》抢救性地系统整理出一批有价值、有影响的温州地方文献，不仅为文史研究人员提供一整套完备而有新意的温州地方文献的基本资料，也为后人呈上了一份丰厚的文化遗产。

中外专家联合考察泰顺村落文化　8月15日～28日，由复旦大学历史地理研究所教授吴松弟和上海交通大学建筑系教授刘杰率领的中外泰顺地方历史文化考察组对该县村落文化进行考察。考察组由复旦大学、上海交通大学、台湾华梵大学、美国哈佛大学、瑞典隆德大学和美国达特茅斯学院的20余位教授和研究生组成。考察组对在泰顺地方历史文化发展中占有一定地位的30余个村庄进行考察，并对重要的古廊桥、古民居进行了测绘和全景式摄影。

文博先进集体与先进工作者　2007年，为了表彰先进、树立典型，展示温州市文物工作成果，市文物局对市文物保护考古所、乐清市文物馆、泰顺县文博馆等3个“全市文物工作先进集体”、侯波良等15位“全市文物工作先进个人”、陈胜武等26位“全市优秀业余文保员”进行表彰。温州博物馆近年来工作成绩突出，被国家文物局授予“全国文化遗产保护工作先进集体”，该馆举办的“成吉思汗——中国北方草原游牧文化大展”获2007年度浙江省陈列展览精品项目。乐清市文物馆因“文化遗产日”期间组织科学、内容丰富、活动精彩，被国家文物局授予“2007年全国文化遗产日组织奖”。瑞安市文物馆获“全省文物系统先进集体”，市文化广电新闻出版局文物处处长王同军、龙湾区文博馆馆长尹津敏获“全省文物系统先进工作者”称号。温州博物馆高启新、平阳县文物馆罗祖雄被评为“全省文物系统优秀通讯员”。2007年温州还有3人晋升为副研究馆员，6人晋升为馆员。

温州博物馆

概况　2007年，温州博物馆把贴近实际办展览，贴近生活引展览，贴近群众送展览落到实处。策划“5·18”国际博物馆日和“6·9”第二个国家文化遗产日主题活动。完成2800件文物信息采集任务，抢救修复以出土宋代温州漆器为代表的一批文物。全年共讲解80多场展览，接待观众25万人次，接待学校及团体210多个。

博物馆把展览做精做大 1月，温州博物馆以《金丽人、熊后强彩扎、剪画创意展》拉开年度展览序幕。11月，引进《江河之魂——青海历史文化展》，以多姿多彩的民族生活用品和繁杂而神秘的宗教文物为主线，以各个时期文物为载体，由彩陶、藏传佛教、历史文物、民俗文物4个部分组成，展示青海悠久的历史文化。这次展览的一个特点是主动整合社会资源为我所用，如在引进展览之前，先与上海国际艺术节中心合作，把它作为10月20日文化展系列重要展览活动亮相上海国际艺术节，共担风险，互惠互利。同时联系温州媒体跟踪报道以提高展览的知名度。全年共举办《千年太岁惊现特展》、《馆藏名家楹联展》、《馆藏龙泉青瓷特展》、《翡翠观音》、《瓯海历年出土文物特展》、《文明曙光——良渚文化石器、陶器、玉器精品展》、《江河之魂——青海历史文化展》、《馆藏海派名家书画展》等9个具有影响的展览。做到大展经常有，小展不间断。确保每年引进一个有特色的大展，每月有一个展览展出。提高城市文化品味，丰富群众生活，取得良好社会效益。

博物馆扩大免费参观面 2007年，温州博物馆在市场经济大潮中，坚持把社会效益放在首位。根据中央精神，全面对未成年人实行免费参观展览。按照中共温州市委、市政府为民办“八大实事”要求，对60岁以上老人、离休干部、现役军人、具有30年工龄的人民教师和残疾人免费参观。博物馆针对未成年人特点，改写解说词，在文物展厅专门为中小学生提供通俗易懂的资料，并在馆内建立临时活动室，让他们通过亲自动手获得学校教育中得不到的知识，以满足学生的求知欲。

博物馆挖掘和深化教育内涵 2007年，温州博物馆主动与学校、社区、企业联系，组织集体参观，突出爱国主义教育主题，挖掘和深化教育内涵。全年共接待各种团体210多个，其中学校160所(次)。与温州大学人文学院、温州中学建立社会实践基地。义务为学校提供教学和课外教育基地。博物馆有两位专家被温州医学院聘请为客座教授和兼职教师，为学生开设温州古代史和考古学的选修课。多人被温州中学聘为社会实践指导老师。展览活动中，温州博物馆通过“三·八”妇女节对女性实行免费开放，母亲节对所有的母亲免费开放，相应增加了观众。6月9日是国家第二个文化遗产日，该馆举办温州历史文化遗产图片展、文物法律咨询和文物鉴定等系列活动。

博物馆成为学校的第二课堂 2007年，温州博物馆为使该馆的宣传教育内容与学生的学习紧密联系起来，使之更加贴近青少年，主动与教育主管部门及广大中小学、幼儿园等机构共建教育基地，签订共建协议，确定联络员和辅导员，针对学校实行“减负”措施后，本着“走出去请进来”的原则，密切联系校方举办各类展览，丰富“校园文化”或送展到校园，开办自然、文物历史知识、乡土教育等展览、讲座。每月都与温州市实验小学府东校区联系，一些重大展览活动也请该校师生一起参与，馆内的历史馆和自然馆成为校外第二课堂。一些学校也乐意与博物馆联系，结合教学内容和馆藏文物，向学生详细讲解古代史、近现代革命斗争史等相关学科知识。三年来育英学校都把秋游地点定在博物馆。温州博物馆主动把一些专题展参观券送到外来务工人员就读的民工子弟学校，让这些新温州人增加对温州的感情认同。

博物馆展出瓯海区历代出土文物 6月9日～7月9日，温州博物馆举办《瓯海历代出土文物特展》，展出各种文物200余件。展览内容分“仙岩西周土墩墓出土文物”、“历年出土陶瓷器”、“历代碑志”三部分。展示瓯海区几十年来文物考古事业所取得的成绩，向广大市民展示具有鲜明个性的古代瓯越文化。

博物馆加强与媒体合作 2007年，温州博物馆对每次重大展览都进行宣传，及时见诸报端和电视，尽可能做到家喻户晓。如在11月份举办《江河之魂——青海历史文化展》之前，温州媒体跟踪报道它在上海国际艺术节上的展出情况。上海展出后又全程报道它在温州展出的情况。此外，将义务捐献活动也作为宣传重点。三年来，有关温州博物馆的新闻见诸媒体的已达300余条。

文物捐献工作与人性化管理相结合

2007年，温州博物馆坚持以人为本，始终把捐献工作与人性化管理相结合。该馆自成立之日起，很多藏品就来自民间无偿捐献。许多私人或团体出于对公共文化事业的关注，或出于对博

2007年温州博物馆展览情况

时间	展览名称	主办、承办单位
1月20日~3月20日	“千年太岁”特展	温州博物馆、中国陕西肉灵芝研究中心
2月18日~5月	馆藏名家楹联展	温州博物馆
4月29日~5月6日	《国宝再现——清宫典藏中国历代书画复制精品展》	温州博物馆、上海大雅堂文化艺术有限公司
4月30日~5月底	《馆藏龙泉青瓷特展》	温州博物馆
4月30日~5月底	翡翠观音展	温州博物馆
6月9日	瓯海区“保护我们的家园，构建和谐瓯海”文物特展	中共瓯海区委、瓯海区人民政府主办，瓯海区文化广电新闻出版局承办
9月20日	文明曙光——良渚文化石器、陶器、玉器展	温州市文化广电新闻出版局、中国江南水乡博物馆主办，温州博物馆承办
11月2日	《江河之魂——青海历史文化展》	上海国际艺术节中心主办，青海省博物馆、温州博物馆、湖州博物馆共同承办
11月7日	馆藏海派名家书画展	温州博物馆

2007年温州博物馆获奖情况

奖项名称	获奖者	级别	设奖
全国文化遗产保护工作先进集体	集体	国家	国家文物局
2007物业管理示范大厦	集体	省级	浙江省建设厅
2007年度浙江省治安安全示范单位	集体	省级	浙江省综治办　浙江省公安厅
2007年度温州市未成年人思想道德建设优秀阵地	集体	市级	温州市精神文明建设指导委员会
2007语言文字工作优秀单位		市级	温州市政府
温州市2006年度为民办实事工作先进集体		市级	中共温州市委、温州市政府
2007年浙江省爱国主义教育基地优秀学员	马　炯　温巧燕	省级	浙江省委宣传部
温州市2006年度为民办实事工作先进个人	高启新	市级	中共温州市委、温州市政府
2007年度精神文明建设先进个人	董　姝	市级	中共温州市委、温州市政府

物馆的特殊感情，将收藏物品捐献给博物馆。捐赠成为博物馆获得藏品的重要途径之一。为答谢王荣年家属对博物馆的支持，该馆专门选出其捐献作品中的精品汇集《王荣年墨迹·书信》，由上海书画出版社出版。让捐献者感到博物馆的重视程度。五十五年前，朴学大师孙诒让的后裔孙孟晋将一批家藏珍贵文物捐献出来，开启了温州私家庋藏向国家收藏机构捐献文物的先河。此后，夏鼐、刘景晨、梅冷生、方介堪、戴夷乘、林镜平、单宾、章左平、王国桢、刘旦宅、王维新、林曦明、张亦文、尹铁虎等约计300余人向博物馆捐献各种文物千余件。对他们的义举，温州博物馆采取办捐献展览、出版书籍的方式表示感激。

文物征集工作做精做细　2007年，温州博物馆为在有限经费下，征集更多的文物，采取与检察院等司法部门建立友好关系，移交没收文物等灵活方式，开拓征集渠道。如在市长的直接关心重视下，经馆方与市检察院、上级领导部门沟通协商，王天义案正式办理移交手续，除原来已移交的书画206件、陶瓷29件，又移交了紫砂花盆系列311件。2007年博物馆共征集各类文物396件。其中较大的有"池上楼"后人张亦文捐献的一副由名家朱益藩撰写的池上楼对联及其自己收藏的书籍。家住西安的张翼捐献录明杨慎《临江仙》词篆隶横幅。中国印刷博物馆尹铁虎捐献泥活字课题研究相关物品。温州胡星光捐献一件民国双门柜。收购的重要文物有南宋银扣划花青白瓷碗、南宋龙泉窑青釉莲瓣纹碗、元代龙泉窑青釉钵、宋代红漆曲把勺、宋代黑漆器底残件、半月形木梳、宋代漆盒（奁）残件、明代蟠螭纹白玉匜形耳杯、清初云龙纹狮钮龙柄白玉执壶、商店清代红木家具等。此外，还接收了温州市文物考古研究所移交的一批文物。温州市检察院移交紫砂花盆系列311件。

库房保管和建档制度全面实施　2007年上半年，温州博物馆保质保量完成2800件文物信息采集任务，并按期上报浙江省文物局和温州市文物管理处。7月底，家具、粮票、王国桢书画已全部入藏。全年入总账561个总号，实际数量1472件，制卡建档1515件。编制宋代漆器54件2个保护方案、清单及照片资料、协议均送交湖北国家漆木器保护中心，已收回25件。书画、文献资料完成修复44件。全年无文物遗失、损坏，保证了文物安全年的落实。

博物馆为相关部门提供业务技术服务

2007年，温州博物馆主持参与瑞安孙诒让纪念馆、龙湾永昌堡、温州海军基地的3个专题布展。协助苍南县文物馆整理馆藏文物，建立分类账和总账，总计整理文物1300多件。9月，配合浙江省卫视台拍摄国宝文物——青釉褐彩蕨草纹执壶，并到西山和白象塔现场拍摄。配合浙江省考古所所长陈元甫来馆拍摄杨府山出土西周青铜器（剑和戈）。与温州电视台《百姓讲新闻》栏目到永嘉桥下镇鉴定化石。与温州晚报到永嘉上塘鉴定石塔"真山王舍利塔"。为《鹿城区志》提供文物照片并编写文字说明。受温州市民间收藏协会等组织邀请，2007年共参与各类义务鉴定活动30余场，为市民义务鉴定文物400多人次。

博物馆政治素质业务素质两手抓　2007年，温州博物馆坚持每月一次政治例会，学习内容为中央、省市文件、报纸文章和领导讲话等。对新出台的相关文物法规，除了《文物法》外，还对与博物馆各项工作相关的全国性的法律法规如《物权法》、《博物馆管理办法》、《文物保护实施条例》、《近现代文物征集参考标准》等经常组织学习。使全馆上下形成了尊法守法的风气。为了提高职工的业务素质，积极鼓励全体同志开展形式多样的陈列展览创新和业务研究。全年研究成果计有馆方筹备编辑出版《王荣年手札》、《温州文物综录新编》2套；侯波良、伍显军、高启新、谢作拳、陈宇、吕溯等六人在《收藏家》、《文献》、《文物工作》、《东方博物》等省级以上刊物发表研究论文共9篇，并在温州日报、温州晚报等各类文章80余篇。

文物安保工作有序开展　温州博物馆是国家二级风险单位，为认真落实《中华人民共和国公共安全行业标准》和《企业事业单位内部治安保卫条例》，2007年全馆投入4万2千对安防设施进行整改，投入3万余元对全馆的消防设施进行维护整改，及时消除消防安全隐患。每次临展期间，该馆都为展品所在展厅专门增加技防临时监控点，并加强人防力量。温州博物馆程序化、规范化和标准化的物业管理工作在全市物业管理行业中名列前茅，2007年并被评为浙江省优秀物业管理单位。

温州市展览馆

概况　2007年，温州市展览馆全年办展

2007年温州市展览馆展事一览

展期	展览名称	观众人数
2006年12月30日~2007年1月3日	《雁荡行画展》	3000
2006年12月30日~2007年1月3日	《温州集邮成果展》	2000
2007年1月6日~1月10日	《漆班泉水墨画展》	2000
2007年1月13日~1月15日	《2007"盛宇"水彩粉画大展》	3000
2007年1月20日~1月21日	《第二届全国青少年书画之星浙江选拔赛获奖作品展》	5000
2007年2月5日~2月7日	《迎春书画精品展暨藏品联展》	2000
2007年2月18日~2月23日	《温州市第二届书法教育成果展》	5000
2007年3月25日~3月31日	《温州市十一县（市、区）书法巡回展》	3500
2007年4月11日~4月17日	《第二届浙江省群星优秀摄影作品展览》	5000
2007年4月28日~4月30日	《"和谐盛世"百名将军百名部长百名画家书画全国巡展·浙江温州展》	8000
2007年5月9日~5月12日	《王滢中国画展》	3000
2007年5月22日~5月24日	《影像温州——首届温州摄影记者作品联展》	3000
2007年5月26日~5月27日	《温州大学瓯江学院第一届"耐利升"杯学生艺术作品展》	3000
2007年6月9日~6月20日	《温州市首届农民艺术节农村民族民间艺术》	5000
2007年6月9日	《新农村文化建设图片展》	5000
2007年6月12日~6月20日	《农民美术、书法、摄影优秀作品展》	4000
2007年6月23日~6月24日	《温州市全国高校招生咨询推介会》	20 000
2007年6月29日~7月5日	《第二届"新温州人"美术、书法、摄影作品展》	5000
2007年7月15日	《雅培亲子活动展》	1500
2007年7月21日~7月22日	《中国移动温州分公司第二届全球文化节全球通手机主题展》	15 000
2007年7月30日~8月8日	《"威武之师 文明之师"庆祝中国人民解放军建军80周年大型图片展》	6500
2007年9月15日~9月16日	《2007温州首届家装文化节暨建材展》	8500
2007年10月1日~10月7日	《聚人心 建和谐 促跨越 温州市统一战线迎十七大书画展》	5000
2007年10月12日~10月14日	《姜玉铭油画艺术展》	3000
2007年10月17日~10月26日	《"铁的精神"新四军成立70周年图片展》	5000
2007年10月22日~10月24日	《全市公安系统书画、摄影作品展》	3000
2007年11月10日~11月14日	《全省政协系统书画作品（温州站）巡回展》	5000
2007年11月16日~11月18日	《瓯海区美术书法作品展》	2000
2007年11月22日	《温州市教委系统课桌、柜投标展》	2000
2007年11月28日~11月30日	《民建温州书画院成立暨首届作品展》	5000
2007年11月28日~11月30日	《浙商拍卖2007秋季拍卖会作品巡回展》	5000
2007年12月7日~12月13日	《温州书画院第七届书画展》	3500
2007年12月26日~2008年1月2日	《"2007中国剪纸艺术大赛入选作品展"》	5000

33个，其中85%为美术、书法、摄影展览，观众161 500人次。网上展览自2002年2月28日开通以来，至2007年底网上点击率已愈20万人次。2007年全年办展数是2003年遭受"非典"影响后办展数最多的一年，观众人数与2006年同期相比也增加3200人次。随着互联网的普及，网上展览越来越受到网民的重视和欢迎。

各类展览中，日均观众量是衡量展览社会效益的重要标志。文化艺术类展览，日均观众在千人以上的有11次，其中在4月28日～30日举办的《"和谐盛世"百名将军百名部长百名画家书画全国巡展·浙江温州展》，日均观众数达2700人次；1月20日～21日举办的《第二届全国青少年书画之星浙江选拔赛获奖作品展》，日均观众达2500人次。2006年开始举办的首届温州市非物质文化遗产保护成果展览，在2007年的"文化遗产日"继续每年举办一次，成为温州市民的新看点。其他类的展览或推介会活动，其观众与会人数以每年6月23日～24日举办的《温州市全国高校招生咨询推介会》为最，日均人数达1万人次。另外，7月21日～22日举办的《中国移动温州分公司第二届全球通手机主题展》和9月15日～16日举办的《2007温州首届家装文化节暨建材展》，日均观众分别在7500人次和4300人次，说明展览内容的品位越高、越贴近市民生活，就会受到越来越多观众的关注和欢迎。

档案工作

概况 2007年，温州市档案局（馆）围绕中共温州市委、市政府中心工作，拓展档案工作服务领域，努力提高档案工作服务水平，在档案法制建设、基础业务建设、档案馆功能建设、档案干部队伍建设等方面取得成效。全市国家综合档案馆藏档案共1907个全宗、896 066卷、照片94 508张、录音录像1619盘；其中，温州市档案馆馆藏档案339个全宗、245 043卷，照

郑晓群/摄

郑晓群/摄

许日尤/摄

许日尤/摄

卢春雨/摄

1. 6月9日，温州市首届农民文化艺术节开幕式暨庆祝第二个“文化遗产日”在市区世纪广场举行。
2. 9月30日，2007金秋文化节音乐焰火晚会在江心屿举行。
3. 11月7日，由鹿城区广电文化广电新闻出版局等单位组织的“宣传十七大·文艺进鞋都”在鞋都举行。
4. 10月，龙湾区首届文化艺术节开幕式暨“滨海之路”大型文艺晚会在该区行政中心广场隆重举行。
5. 6月21日，温州市首届农民文化艺术节在瑞安市举行。

1	2
3	4
5	

余日近/摄

刘 峰/摄

1. 为纪念高则诚诞辰700周年，永嘉昆剧《琵琶记》在市区东南剧院上演。

2. 3月14日，阔别近半个世纪的武术节在永嘉县上塘庙会重现，来自永嘉各乡镇近90名拳师和武术爱好者登台表演了南拳、南棍对练、春秋大刀、太极拳、武当剑等武术项目，让观众一饱眼福。

3. 12月4日，2007灵溪物资交流会暨浙闽边贸文化节在苍南县灵溪镇举行。

4. 8月4日，省内各地网友到苍南县钱库镇倪处村的文化中心，观看米塑等民间艺术。

5. 5月23日，温州市文联组织瓯塑、瓯绣、黄杨木雕等民间艺术品在温州职业技术学院校区展示。

6. 8月8日，由温州市体育局、邮票协会等单位联合举办的“迎奥运”体育集邮展在市区体育中心体育馆举行。

1 3
2
4 5 6

陈 翔 / 摄

陈 翔 / 摄

许日龙 / 摄

赵 用 / 摄

5月10日，市考古所向社会通报、展示市区卧旗山考古成果

1. 第18号东晋永和五年砖室墓中出土的“鸡嘴盘口壶”
2. 第1号墓里出土的明代中期陶棺
3. 出土的古钱币
4. 第32号西汉土坑墓里出土的项链
5. 第19号西晋砖室墓里出土的瓷器“三足洗”
6. 第30号唐代土坑墓出土的瓷器“盘口壶”

		1
2	3	4
5	6	

片8179张、录音录像198盘。全市全年利用档案24 827人次，提供档案54 155卷次、28 379件次，编研档案资料17种计80万字。

档案接收与征集　温州市档案局（馆）积极开展调研，制订全市重点档案接收方案，建立完善档案征集、接收工作机制，加大征集工作力度。2007年不仅接收12个单位档案75 644卷、资料418册、光盘44张、实物30件，还征集到温籍知名画家杨涵版画20幅、保存60多年的浙南游击纵队队员日记原件2本、温州市首届艺术博览会相关资料以及一批散存在民间的珍贵档案，进一步丰富了馆藏。

档案的保管与利用　2007年温州市档案局（馆）共整理、编目、上架档案9936卷，重新审查和整理已拆卷扫描档案2630卷，组织专门人员对已到期和未到期应开放的档案进行了鉴定划控，增加开放档案12 182卷，使馆藏开放档案总数达55 576卷，同时，还对14 914卷旧政权档案进行去尘、除虫工作，确保档案的安全保管。2007年共接待档案查阅利用1923余人次，调阅档案11 611卷次，提供复印19 091页。3月，配合中央电视台拍摄《复兴之路》大型专题片，4月，配合浙江电视台《浙商》栏目组开展查档、拍摄工作，发挥了档案工作在经济、政治、文化和社会建设中的独特作用。同时，将现行文件中心纳入政务信息公开体系，部分实现了网上查阅，更好地发挥文件资料的政务信息作用；组织1500人次进馆参观展览，开展爱国主义教育；完成《新起点——2006温州大事记》，全面记录和反映了2006年温州的大事要事，资政作用显著。

新农村建设档案工作　针对温州市农村实施"强龙兴农"、"千村示范、万村整治"、农村劳动力素质培训、农村民主、城乡协调发展及公共服务体系建设等工作重点，温州市档案局（馆）加强对新农村建设档案管理工作的指导。2007年2月组织全市11个县（市、区）档案行政部门，举办新农村示范档案室及行政村档案管理软件使用、安装知识的培训，推动了新农村档案管理工作再上一个台阶。根据构建"建档范围全、规范程度高、管理机制新、服务功能强"的"三农"档案工作体系要求，温州市档案局（馆）及时制订下发通知，开展第二批"省、市行政村示范档案室"创建活动，在2006年创建工作的基础上，通过深化创建标准，又创建了11个省级、42个市级行政村示范档案室。达到树立典型、以点带面、推广示范的目的，推进温州农村档案规范化建设。到2007年底，全市共有22个省级、68个市级行政村示范档案室受到了命名表彰。

重点建设项目档案工作　2007年温州市档案局（馆）加大依法管理重点建设工程项目档案的工作力度，制订下发《温州市级重点建设项目档案管理实施细则》，加强对重点建设项目档案工作的依法管理，及时对85家省、市重点建设项目档案情况进行登记上报，落实专项验收制度，共组织、参与11家省、市级重点工程的档案专项验收工作，确保了重点建设项目档案的完整、准确和安全利用。下半年档案局还与温州市重点建设项目办公室联合组织开展档案管理执法检查工作，对18家省、市级重点建设项目档案工作的组织管理、机构人员配备、经费情况，档案收集、保管、利用情况以及竣工验收后续管理情况进行监督检查，促进重大建设项目档案管理法制化、标准化。

机关档案工作　2007年温州市档案局（馆）及时转发国家档案局发布的《机关文件材料归档范围和文书档案保管期限的规定》，对各系统单位机关文件材料归档范围和档案保管期限的修订，以及报批审查制度的执行提出明确的要求并进行监督指导。组织力量对10家市直机关单位进行档案工作年检，特别是对2006年年检不合格的6家单位进行重点指导。10月，温州市社保档案规范化建设通过浙江省检查组专项检查。

档案法制宣传　2007年是《档案法》颁布实施20周年，温州市档案局（馆）开展内容丰富、形式多样的档案宣传活动。3月，邀请原国家档案局局长毛福民作"档案价值和档案工作社会功能"报告。4月，开展"五·五"普法读书活动，分发《档案"五·五"普法读本》800册。5月，组织开展档案知识有奖竞赛活动。9月，组织召开纪念《档案法》颁布实施20周年座谈会，邀请浙江省档案局领导、中共温州市委、市人大、市政府、市政协分管领导座谈讲话；参与举办《浙江省档案事业发展成就》展；联合温州各家报社、电台、电视台等新闻媒体作专题宣传。10月，组织开展广场咨询活动，提高温州市民社会档案意识，扩大档案的社会影响力。

档案干部队伍建设　2007年，根据中共温州市委关于在全市开展"作风建设年"活动实施意见精神，温州市档案局（馆）召开会议，成立组织，制订方案，提出目标要求，部署开展"科学发展创新业，为民办事树风范"的主题实践活动和"阳光行动"，努力打造一支政治坚定、业务精通、作风优良的档案干部队伍，全年共组织举办2期档案人员岗位培训班、2期专业技术人员继续教育培训班，对全市391名档案专业工作人员进行《档案法制建设》、《档案学概述》、《文件材料管理》等十余门课程的专业知识培训。下发《关于2007年度档案专业技术职务任职资格评审有关事项的通知》，成立评审委员会，评审确认档案专业馆员任职资格26名、助理馆员40名、管理员14名，推荐副研究馆员2名。

档案系统评选先进　2007年温州市档案局（馆）和人事局联合下发《关于评选表彰全市档案系统先进集体和先进工作者的通知》，采取自下而上的方式，在档案行政部门评选出4个先进集体和12名先进工作者（含推荐2个省级先进集体和6名省级先进个人）；在全市党政机关、人民团体、企事业单位档案部门评选出34个优秀集体和44名优秀档案工作者（含推荐4个省级优秀集体和6名省级优秀工作者），树立甘于寂寞、乐于奉献、脚踏实地、勇于创新的档案人形象，激励全市档案工作者的工作干劲。

文学艺术

文联工作

温州市文联六届三次全委会 3月16日在新南亚大酒店举行。温州市文联六届委员及文联机关工作人员共70余人参加会议。市文联主席郑朝阳向大会作《2006年工作回顾及2007年主要任务》的工作报告。中共温州市委副书记赵一德、市委常委、宣传部长曹国旗出席会议。郑朝阳在报告中总结回顾了2006年市文联以“出人才，出精品”为目标，发挥“联络、协调、服务”的职能，科学制定温州文艺发展五年规划和《温州市重点文艺作品扶持资金管理办法》，成立重点作品扶持评审委员会，重点扶持和组织开展了“唱响温州一首歌”征集活动。举办首届温州电视舞蹈大赛、首届温州摄影节、温州宁波小幅美术精品联展，在全国地市级文联率先推出签约作家制度，落实了首批重点文艺作品扶持资金签约项目。报告同时提出新一年的工作思路。赵一德在会上作重要讲话，他肯定市文联过去一年在文艺作品创作、文艺人才培养、文艺推广普及、文艺宣传交流等方面取得的成绩，分析温州发展的形势和温州文艺面临的机遇和挑战，并就温州文艺工作提出了要求。强调各县（市、区）党委要加强对文艺工作的领导，重视文艺事业发展，每年要有一、二次研究文艺工作，解决一、二个实际问题，积极创造文艺发展的良好环境。

第五期文艺家读书会 1月12日～13日在江心屿举行。温州市属各文艺家协会、学会、各县（市、区）文联的负责人以及老文艺家、新锐作家等40余人参加。市文联主席郑朝阳在会上介绍2006年度市文联的主要工作和举办的重要活动及创作获奖情况。与会人员围绕贯彻落实全国第八次文代会、第七次作代会精神，分析温州文艺面临的形势和任务，畅谈文艺创作感想，针对温州文艺事业的发展建言献策，共同筹划2007年发展文艺大计。并表示要贯彻落实胡锦涛总书记在八次全国文代会上对文艺工作者提出的“四个一切”要求，做时代需要、人民喜欢、开拓创新、德艺双馨的文艺家。

纪念毛泽东《讲话》发表65周年 5月28日～29日在温州市苍南县五凤乡举行毛泽东《在延安文艺座谈会上的讲话》发表65周年纪念会，温州市文联组织各门类的文艺家代表40余人，以举行读书学习会的形式，重温“讲话”精神，畅谈党的文艺政策和温州文艺的发展。温州大学人文学院院长叶世祥教授应邀作讲座。中央电视台文艺部主任林义、浙江大学传媒学院教授王建光参加座谈会并表达了自己的学习体会。会议期间，文艺家还参观了被评为“温州市十佳魅力乡村”的五凤乡八亩后村茶园、苍南县金乡镇永兴村探访灾区新村重建情况。

文艺界学习十七大精神座谈会 11月7日在墨池吟坛召开。会议邀请党的十七大代表郑雪君做报告。温州市属各文艺家协会、学会、各县（市、区）文联、企业文联及离退休的老文艺家共50余人参加座谈会。中共温州市委宣传部副部长、市文联党组书记王祖共出席会议并对文艺界学习贯彻十七大精神提出要求。市文联主席郑朝阳作总结发言。

温州市文联迁址 5月9日～10日，温州市文联从原来的墨池坊迁至晏公殿巷新址办公。温州市文联从1954年成立以来几经迁徙，先后在现在的墨池坊23号四合院内、墨池坊1号大院红砖楼、墨池坊15号（现温州市劳动局办公楼）等地办公。

市文联领导开展慰问活动 2月13日，温州市文联主席郑朝阳、副主席吴琪捷率机关慰问组，赴结对扶贫对口单位永嘉县渠口乡开展系列慰问活动，他们和乡领导共同确定扶贫帮困对象，送上一万元慰问金。并分别慰问扶贫助学对子王珍、王自芳，为其送上生活学习费用，勉励他们认真学习，勤奋成才。2月14日，慰问组一行分别慰问温州市老文艺家马骅、金江、方家溪和退休老干部陈崇光，了解他们的创作和生活情况并送上慰问金。

省文联组联处处长到温州调研 6月12日，浙江省文联组联处处长袭昉一行3人抵温，就温州市各县（市、区）文联的建设和文艺活动情况进行调研。认真听取温州各县（市、区）文联的特色和亮点，以及鹿城区、苍南县、乐清市、瑞安市文联的工作汇报后，还到瑞安实地查看瑞安文艺中心的建设情况。

陈作荣到市文联进行工作调研 6月13日上午，温州市副市长陈作荣在市政府副秘书长谢树华、中共温州市委宣传部副部长王祖共的陪同下，到市文联机关进行工作调研。随后，陈作荣实地查看了墨池吟坛的建设情况，并指示文联要积极开发利用“诗之岛”江心屿的潜在价值，做好温州诗文化这篇文章，积极争取温州本土文化纳入中共温州市委党校干部培训教育内容。

冯骥才考察楠溪古村落 10月24日，全国政协常委、中国民主促进会中央副主席、中国文联副主席、中国民间文艺家协会主席冯骥才在浙江省民间文艺家协会副主席王恬、温州市文联副主席钟求是、永嘉县委宣传部、县文联及市民间文艺家协会负责人的陪同下，前往永嘉县芙蓉村、岩头村等地进行古村落考察。在考察中，冯骥才对古村落的保护工作及存在的问题，提出了自己的意见。

温州文艺家“三峡”采风 国庆期间，温州市文联组织温州市各文艺家协会的艺术家及各县（市、区）文联干部赴重庆、三峡、武汉等地，举办“走进三峡”采风活动。文艺家们瞻仰了红岩等革命遗址，参观了张飞庙、白帝城、屈原祠等人文景观和长江三峡大坝，沿途还采访当地经济建设、社会发展等情况，同时深入民间了解当地民俗风情。

市文联申报扶植的重点文艺作品 5月16日，温州市文联重点文艺作品评审委员会召开第二次会议，对2006～2007年度第二批申报扶植的“重点作品”进行审议。此次申报审议的作品共有21项25人，内容涉及“史录”、“调查”、“电视剧”、“纪实文学”、“长篇小说”等。中共温州市委宣传部副部长兼文联党组书记王祖共，市文联主席郑朝阳等出席评审会议。市文联顾问林剑丹、市美术家协会主席戴宏海、市书法家协会主席何元龙、市戏剧家协会副主席施小琴、市曲艺家协会主席卢和乐等专家、艺术家对申报工作、申报作品进行审议，并发表了意见和看法。

第二批市重点文学艺术作品扶持项目

5月31日，温州市重点文学艺术作品扶持资金评审委员会与列入第二批签约项目的负责人及两位签约作家进行签约。继2006年设立市重点文学艺术作品扶持资金以来，市文艺界认真准备和上报项目。评审委员会先后收到21个文艺创作申报项目，经严格评审，《温州民间信仰神调查》、《温州戏史录》、长篇小说《官路》等9个项目列入第二批签约。同时，温州市知名青年作家、诗人刘德吾、叶晔成为第二批签约作家。

十佳歌曲排序

歌曲名称	作词	作曲	名次
温州永远飞	吴文峰	张立虎	1
孤屿诗情	毛光正	谢益新	2
孤屿诗情	毛光正	郑小兵	3
温州精彩了中国	谢立民	郑小兵	3
家在温州	钱建隆	毛光正	5
温州之歌	应忆杭	张　寅	6
温州人	施　翔	金宇华	7
温州故事	施　翔	董夫腾	7
五马街的故事	周德钿	安建华	9
温州精彩了中国	谢立民	金　奇	10

“唱响温州一首歌”十佳歌曲评选

2006年7月起温州市开展“唱响温州一首歌” 征集活动，先后共收到来自全国各地应征的歌词270多首，作曲550多首，经活动组委会组织专家经过初评、复评评出入围歌曲15首。2007年3月开始以演唱会、名家评选、群众广泛参与等形式，围绕“唱响温州一首歌”征集活动，精心组织策划，评好10首，唱响一首。3月17日演唱会结束后，组委会综合评委意见，温州都市报、温州新闻网于次日刊登入选的十佳歌曲，温州电视台在黄金时间滚动播出演唱会现场录象，向社会各界征集最佳一首歌曲的评比意见。3月18日至4月18日在温州各大媒体和电信、网络上开展群众广泛参与的评比活动，顺利评出最佳歌曲1首、优秀歌曲9首。4月25日，经专家、领导、群众共同评审，由吴文峰作词、张立虎作曲的《温州永远飞》被评为最佳歌曲。

第七届温州市少儿文艺大奖赛 7月21日分别在温州市少年宫、苍南县龙港镇、温州市龙湾区3个赛区举行，大赛以“构建和谐社会，展现校园文化”为主题，分作文、美术、书法三大类，共有1700余位中小学生参加写作、美术、书法等门类的艺术比赛。经过一段时间的评审，共有200多人获奖。8月17日，温州市文联、市作家协会、市美术家协会、市书法家协会、市民间文艺家协会、市少年宫的相关领导和文艺界名家在市少年宫为获奖者颁奖，并分别就作文、书法、美术等方面，与获奖学生进行座谈并传授文艺知识和创作经验。

浙江省诗词楹联家学会在温采风

2007年是温州诗词学会成立二十周年，又适逢墨池吟坛修葺落成。6月27日～30日，由中共温州市委宣传部、浙江省诗词楹联家学会联合举办、温州市文联承办的2007’浙江省诗联家采风活动在温州举办。28日，全省各诗词楹联学会的代表120余人参加在墨池吟坛会议厅（墨池坊原鹿城区府大会堂）举行的开幕式。中华诗词学会副会长晨崧，中国楹联学会代表、副秘书长叶子彤，中国楹联学会常务理事、省诗词与楹联学会常务副会长王漱居，原中共浙江省委统战部副部长、省诗词与楹联学会名誉会长戴盟，省诗词与楹联学会副会长、温州诗词学会名誉会长吴军，浙江大学教授、省诗词与楹联学会副会长陈志明，中华诗词学会理事、省诗词与楹联学会副会长、秘书长周友生等出席开幕式。开幕式由温州市文联主席郑朝阳主持，中共温州市委常委、宣传部长曹国旗致欢迎词。开幕式后，与会人员在墨池吟坛举行中国山水诗鼻祖谢灵运的铜像揭幕仪式。温州的文艺家为代表们献演了一台精彩的诗词歌舞晚会。30日上午，省诗词楹联学会召开代表会议，改选产生了新一届领导机构。在温期间，代表们参观了中国正泰集团、大虎打火机有限公司、中国报喜鸟集团、康奈集团等温州著名的民营企业，并到洞头实地采访温州半岛、状元岙深水港等工程的建设情况，游览了“百岛之县”洞头的秀丽风光，参观洞头女子民兵连纪念馆，登临了新落成的望海楼。

2007新年合唱音乐会 2月4日晚在温州东南剧院献演。温州市音乐家协会合唱团、温州大学合唱团、蓝登合唱团、乐清市合唱团、龙湾区女教师合唱团、天音合唱团、雅歌合唱团等7个合唱团9个合唱组别，演唱了21首中外曲目。温州市新年合唱音乐会由中共温州市委宣传部、温州市文联主办，温州市音乐家协会承办。市音乐家协会从报名参演的20余个合唱团队中精选出7个，并对演出的节目进行指导。

参加中国音乐金钟奖全国合唱比赛 7月30日“第六届中国音乐金钟奖首届合唱比赛”在湖南长沙举行决赛。由温州市文联选送的市音乐家协会合唱团、爱乐女声合唱团双双荣获银奖。这是温州首次参加全国“金钟奖”比赛，也是浙江省连续参加六届中国音乐金钟奖以来获得的最好成绩。中国音乐金钟奖是由中共中央宣传部批准设立、全国唯一常设的音乐综合性大奖。

2008新年合唱音乐会 2007年12月30日在温州市区东南剧院举行。13个来献演的合唱团中，有刚在中国音乐金钟奖合唱比赛中双获银奖的市文联音乐家协会合唱团、市文联女声合唱团，有多次参加全国比赛并获得大奖的市蓝登艺术合唱团、龙湾区女教师合唱团、市少年艺术学校合唱团，也有组建不到一年的乐清市合唱团、平阳县昆阳好歌合唱团，共演唱了24首中外合唱曲目。音乐会由中共温州市委宣传部、温州市文联主办，温州市音乐家协会承办。新年合唱音乐会自2005年开办，至2007年已连续举办了四届，成为温州市文联的一个颇具影响力的文艺活动品牌。

第八届“温州文学周” 10月27日～29日在文成县举行。文学周邀请国内知名青年作家田耳、刘玉栋、小饭等参加，为本地作者与外地作者的交流提供了一个很好的平台。60多位文学爱好者围绕“文学和现实应建立怎样的关系”、“一个作家如何发出属于自己的声音”等课题进行研讨。文学周期间还举行作家签约仪式，温州市文联主席郑朝阳代表市文联评审委员会向马叙、哲贵、池凌云、东君等本地作家兑现上年度的重点文艺作品扶持资金，并续签了下年度的创作计划。该次活动由温州市文联、温州市作家协会主办，文成县文学艺术界联合会协办。

全市廉政小小说比赛 为配合温州市纪委等有关部门开展廉政文化建设，7月初，温州市文联与市纪委共同举办以反腐败为主题的廉政小小说比赛，坚持团结稳定鼓劲，正面宣传为主的方针，通过2000字左右的小小说来颂扬廉政勤政、关注民生，弘扬新风正气、抨击不正之风、鞭挞腐败。征稿历时两个月，共收到作品300余篇，9月18日经评委会评定，《剑》等22篇作品获奖。

廉政故事电视演讲比赛 7月，温州市文联与市纪委共同在全市开展廉政故事电视演讲比赛。由各县（市、区）纪委组织筛选、推荐，37名选手在建设银行温州市分行会议室进行决赛。

纪念中国话剧百年座谈会 2007年是中国话剧诞辰百年纪念时间。温州话剧是中国话剧的一个组成部份，百年中国话剧的创始人李叔同(弘一法师)，与温州有着独特关系。4月24日，市文联、市文化广电新闻出版局在行政中心召开温州“话剧百年”座谈会。

温州·宁波美术作品晋京联展 2007年12月28日～2008年1月6日在中国美术馆举行。由中共温州市委宣传部、温州市文联和中共宁波市委宣传部、宁波市文联联合主办的“尽精微·致广大——温州·宁波小幅美术作品联展”，汇聚了温州、宁波两地当代186位画家（其中温州市108位）的中国画、油画、版画、水彩（粉）画、漆画共300幅作品(其中温州市150幅)。全国人大常委会副委员长韩启德为联展作了题词。全国政协副主席白立忱，文化部艺术司司长于平，新华社党组书记、副社长李从军、中国文联国内联络部主任夏潮，中国美术家协会副主席、中央美术学院院长潘公凯，中国美术家协会副主席、清华大学教授曾成钢，宁波市人大常委会副主任陈旭，中共温州市委常委、宣传部部长曹国旗，中共宁波市委常委、宣传部部长宋伟，浙江省文联副主席、温州市文联主席郑朝阳，浙江省文联副主席、宁波市文联主席傅丹，以及温州、宁波籍在京领导、艺术家，首都艺术界人士共200多人参加开幕式。中国文联出版社出版的《尽精微·致广大——温州·宁波小幅美术作品联展作品集》温州卷、宁波卷合装本同时发行。这次晋京展是温州市美术家协会有史以来首次以纯艺术作品，以美术整体的形象在首都亮相。中央电视台、《美术》杂志、中国文艺报、美术报、艺术报、雅昌网等媒体都作了报导或大篇幅地刊登作品；温州、宁波两地所有的报纸、电视都进行多次报道、多次刊登作品。

温州·宁波作品联展在京研讨会 12月28日在中国美术馆召开。研讨会由《美术》杂志组织，《美术》杂志主编尚辉主持，13位全国著名美术理论家、教授、画家出席研讨会。会上，浙江省美协副主席、温州市美协主席戴宏海，宁波市文联名誉主席陈继武分别介绍了各自城市的概况及这次联展的组织、筹备情况。与会专家对参展作品给予高度评价，并对温州、宁波提倡小幅画精品创作，选择小幅画晋京展览加以赞扬。这种专门针对小幅画创作的高层学术研讨会，在全国尚属首次。

温州市“瓯越书风”书法巡回展 3月25日～3月30日在温州市展览馆展出。历时5个多月的“瓯越书风”温州市十一县（市、区）书法巡回大联展，最后一站在鹿城举行闭幕展。共展出了400多件代表温州当代书坛实力的优秀的书法、篆刻作品。“瓯越书风”书法巡回展览由中共温州市委宣传部、市文联主办，各县(市、区)委宣传部、文联承办。自2006年10月份巡回展启幕以来，足迹历经乐清、文成、泰顺、平阳等11个县(市、区)，展出的作品由温州市书法家协会选出部分优秀作品和当地书法家协会的优秀作品共同组成。展览让上万名观众零距离感受“瓯越书风”清正典雅的艺术韵味。

统一战线迎接“十七大”书画展 10月

1日～7日在温州市展览馆举办。展览以“迎接党的十七大召开，香港回归10周年”为主题，集中表现中国共产党的丰功伟绩和改革开放的伟大成就。活动由温州市委统战部、温州市政协文史委、温州市文联、温州市美术家协会、温州市书法家协会联合举办。画展从8月份开始征稿，组织全市各民主党派、工商联、无党派和各界人士踊跃参与，共征集到书画作品370余件，经过精心挑选，评选出优秀书画作品70件，入展作品299件。

书画家进警营联欢笔会 7月20日，温州市文联组织20多位著名书画家前往武警温州市消防支队，和该支队官兵进行联欢笔会活动，庆祝中国人民解放军建军80周年。部队热爱书画艺术的干部战士围住前来慰问的书画家，认真观摩学习书画艺术。书画家们热情地为官兵传经送宝，并现场泼墨挥毫，为武警消防支队新落成的办公大楼留下40余幅的书画作品。

迎“七一”机关廉政文化建设书画笔会 6月29日在温州市政协举办。为了迎接中国共产党建党86周年，温州市文联与中共温州市纪委、温州市政协书画社、温州市书法家协会、美术家协会及温州书画院联合举办了这一活动。三十多名温州市著名的书画家参加这次笔会，以书画为载体，以廉政为主题进行现场创作，倡导廉政文化。

2007首届温州艺术博览会 4月30日～5月4日在温州国际会展中心展出。参加艺博会的共有395个展位。其中书画作品展位323个，工艺品展位72个。范围包括中国画、油画、版画、水彩画、雕塑、苏绣、砚雕、瓷器、黄杨木雕、石雕、奇石、发绣、细纹刻纸、竹雕、文房四宝等。参展的著名艺术家和作品包括：中国美术家协会副主席刘大为点将的10位中国美术家协会实力派中青年画家的作品，以及温籍著名版画家、原上海美术出版社总编杨涵祖孙三代5位画家，温籍著名画家刘旦宅、林曦明，温籍文化名人苏渊雷及其子苏春生，温州解放后第一任美术家协会主席张明曹及其女儿作品，文化部中国艺术研究院中国画创作院副院长满维起等10位著名画家的作品，浙派名家何水法、吴山明的作品等。另外，参展的还有美国、日本、韩国的知名画家。温州共有25位书画家、15位工艺美术师的作品参展。此次艺博会的场地和展位首次向全国招募，通过网络信息发布和到各地艺博会直接招募的形式，组织全国各地名家名作来温参展。同时采取参展作品边展边卖。在展会期间，组委会还组织专家讲座和民间文艺演出。

中国剪纸艺术大赛入围作品展 2007年12月26日～2008年元旦在温州市展览馆举行。来自全国和温州市的剪纸艺术爱好者300余人参加开幕式并观看展览。温州市人大常委会副主任钱成良、市人民政府副市长陈作荣、中华民族文化促进会剪纸艺术委员会主任张树贤、中共温州市委宣传部副部长王祖共、市文联主席郑朝阳等领导和特邀嘉宾出席开幕式。活动共收到来自28个省、市、自治区的剪纸作品1000余件（其中温州乐清、苍南、龙湾等地的剪纸艺术家有82幅作品）参赛。经过大赛作品评选委员会审评，从中选出400余幅作品入围展览，同时出版作品集。参展作品有反映和谐社会建设，有表现迎奥运主题，有民间艺人创作的传统题材，也有美术工作者创作反映现实生活的题材。作品表现手法多样，包括刻、剪、撕、烫等多种剪纸工艺。参赛作品包括温州林邦栋、黑龙江傅作仁、香港邹立友3位国家级工艺美术大师的作品，我国著名画家、剪纸艺术家林曦明等也寄来了自己的力作。展览期间进行评奖活动，还召开了“中国剪纸艺术走向研讨会”。该次活动由中华民族文化促进会剪纸艺术委员会和温州市文联共同举办，温州市民间文艺家协会等单位承办。

首届温州石雕艺术展 1月20日～28日在温州市国宝斋艺术馆举行。共展出300多件石雕作品，是温州石雕艺术半个多世纪成果的集中展示。除了潘雨辰、吴克众、林岩福、赵永福等老一辈石雕大师的作品外，还有潘锡存、南汉斌、陈顺德、吴旭亮等近年来在全国屡屡获奖的艺术家作品。展览会还进行评奖活动。展览由中共温州市委宣传部、市经贸委、市文联共同主办，市民间文艺家协会、温州国宝斋艺术馆、温州文化用品市场有限公司承办。该次展览旨在抢救温州石雕非物质文化遗产，振兴温州石雕艺术。

文　学

“温州文学现象”研讨会 1月16日～18日，由中共温州市委宣传部、温州市文联和《江南》文学杂志主办的“温州文学现象”研讨会在温州举行。浙江省作家协会党组书记、主席黄亚洲，浙江省作家协会专职副主席王旭烽，中共温州市委常委、宣传部长曹国旗，中共温州市委宣传部副部长王祖共，温州市文联名誉主席吴军，浙江省文联副主席、温州市文联主席郑朝阳等领导出席会议，会议特邀贺绍俊、王尧、王必胜、胡殷红、李敬泽、施战军、南帆、任芙康、林建法、盛子潮等国内著名文学评论家聚集温州共同研讨“温州文学现象”，温州市知名作家及其他文艺界人士共35人参加研讨会。上世纪末以来，温州文坛涌现出一批青年作家，被誉为“浙江青年作家团体冠军”，同时还活跃着一群传记作家、诗人。2006年秋，《江南》文学杂志以整本杂志的篇幅集中刊登温州文学作品，引起国内文坛高度关注，被誉为“温州文学现象”。研讨会上，与会评论家也对温州文学创作尚未形成鲜明风格，缺乏有全国影响的扛鼎之作和领军人物等提出恳切的意见和期望。

联合举办第八届“温州文学周” 10月27～29日，温州市文联、温州市作家协会为了本地作者与外地作者提供交流平台，联合在文成县围绕“文学和现实应建立怎样的关系”、“一个作家如何发出属于自己的声音”等文学课题进行研讨。国内知名青年作家田耳、刘玉栋、小饭等应邀请出席，全市60多位文学爱好者参加文学周活动。期间，举行了新一轮作家签约仪式。

王手小说研讨会 6月9日，温州作家王手小说研讨会在杭州举行。《人民文学》副主编李敬泽、《当代作家评论》主编林建法、《中华文学选刊》主编王干、山东大学文学与新闻传播学院副院长、教授施战军、暨南大学人文学院教授洪治纲、中山大学人文学院教授谢有顺、《收获》杂志编辑部主任王彪、《文学报》主任、评论家朱小如、《作家》杂志主编宗仁发、省作家协会党组书记、主席黄亚洲、省作家协会名誉主席叶文玲、浙江文艺出版社主编叶晓芳、浙江文学院院长盛子潮等国内省内著名文学评论家、作家 40 余人出席，与会者对王手近年的中、短篇小说创作给予高度评价。研讨会由《当代作家评论》杂志社、浙江省文艺出版社、浙江文学院、温州市文联联合举办。

王手当选新一届省作协副主席　浙江省作家协会第七次代表大会5月6日～10日在杭州召开，大会选举产生新一届省作家协会领导班子，温州市的王手、马叙、刘文起、李涛、钟求是、程绍国被推选为省作协全委会委员。王手当选为新一届省作家协会副主席。

《本命年短信》荣登中国小说排行榜　2007年，由温州市作家王手创作的中篇小说《本命年短信》登上2007年度中国小说排行榜。这是王手继小说《软肋》之后，第二次入选此项排行榜。中国小说排行榜由中国小说学会颁布，冯骥才、雷达等近30 人组成的评委会，本着"人性内涵、历史深度、形式创新"的原则对入围的200多部作品进行认真的筛选，最后评出长篇小说5部，中、短篇小说10部。

《荒诞的人》获奖　温州作家东君的中篇小说《荒诞的人》获2007年度《上海文学》中篇小说奖。

戏　剧

承办纪念中国话剧百年座谈会　4月24日，由温州市文联、市文化广电新闻出版局主办，市戏剧家协会承办的温州"话剧百年"座谈会在市行政中心召开。曾活跃在文艺舞台上的温州"话剧人"与温州大学话剧社师生相聚一堂，共同纪念这段历史。会后温州话剧人陈寿楠《抗战时期的温州话剧》、张思聪《感谢话剧》、沈沉《文明戏与温州》3 篇文章在《温州日报》发表。

高则诚诞辰700周年学术研讨会　纪念高则诚诞辰700周年暨《琵琶记》学术研讨会于10月28日～11月1日在温州举行。国内外50余位戏剧研究专家与国学大师进行多次研讨，观摩永昆《琵琶记》并对瑞安高则诚故居进行考察，就高则诚及其作品研究展开积极对话，肯定了南戏之祖在中国戏曲史上的地位。同时也对温州打造"戏曲故里"这一文化品牌提出积极建议。中央电视台《戏曲采风》、文化部《中国文化报》、中国戏剧家协会《中国戏剧》、中国戏曲研究所《戏曲研究》、浙江省戏剧家协会《大舞台》、浙江省文化厅《戏文》、《温州日报》等媒体，都对此进行过采访报道。

舞台戏剧艺术讲座　9月4日在温州国贸大酒店举办。邀请中国艺术研究院研究员、中国戏曲导演学会会长、国家一级导演黄在敏到温讲座，温州市戏剧行业及各大剧团的编剧、导演、主要演员、音乐、舞美、灯光等主创人员60 多人聆听讲座。

戏曲进校园活动　10月26日，2007年度的"戏曲进校园"活动配合纪念高则诚诞辰700周年暨《琵琶记》学术研讨会，邀请中国艺术院研究员、永昆《琵琶记》整理改编编剧之一谭志湘和永嘉昆剧团到浙江工贸学院，向学生们讲解高则诚及其《琵琶记》，并由永昆表演《琵琶记》等折子戏，引起大学生对戏曲的兴趣，加深了对温州地域文化的热爱与认识。

"瓯剧音乐会"筹备、创作会议　3月15日，温州市戏剧家协会与市艺术研究所为了扩大瓯剧影响，走向现代观众，共同牵头策划"瓯剧音乐会"，组织温州市的瓯剧和音乐创作行家，在对瓯剧音乐作全面的回顾与梳理的基础之上，整理提炼瓯剧优秀唱段，创作出以瓯剧音乐旋律为素材的瓯歌《瓯歌悠悠》（毛光正词、安建华曲）、《古今戏恋》（蒋胜男词、何畏曲）、清唱《高机吴三春》（毛光正词、池文华曲）等节目，由温州市瓯剧团、蓝登合唱团联合演出。

温州市青年演职员论文比赛　9月15日～12月15日，由温州市戏剧家协会与温州市艺术研究所共同举办的温州市青年演职员论文比赛，共收到各单位演职员的论文10余篇，其中《八艺节部分剧目简评》等4 篇获优秀论文奖，《艺术的灵魂是创新》等5 篇获论文奖。

张烈获文华剧作奖　11月20日第八届中国艺术节在湖北宜昌落幕。由温州市著名剧作家张烈编剧、浙江昆剧团演出的昆剧《公孙子都》获文华奖，编剧张烈获文华剧作奖。这是他继《张协状元》后第二次获此大奖。文华奖是中国专业舞台艺术的政府最高奖。

昆剧《公孙子都》在京演出　10月27日，应文化部邀请，《公孙子都》在北京新建的国家大剧院演出获得成功。这是昆剧第一次进国家大剧院演出，也是温州人创作的剧本第一次进入国家大剧院演出。此前，《公孙子都》入选2006～2007年度国家舞台艺术精品工程，名列榜首。

温州戏剧界2007年艺术成果　张烈编剧、浙江昆剧团演出的昆剧《公孙子都》在"全国第八届艺术节"上获得文华剧作奖。郑朝阳编剧的瓯剧《洗心记》在省第十届戏剧节上获得优秀剧作奖。张思聪编剧的越剧《宦门浪子》在省第十届戏剧节上获得优秀剧作奖。林天文编剧的昆剧《琵琶记》在省第十届戏剧节上获得优秀剧作奖。王奋扬获浙江省第十届戏剧节优秀导演奖。潘好男获浙江省第十届戏剧节优秀音乐（唱腔设计）奖。朱吉庆获浙江省第十届戏剧节优秀舞台美术（舞美设计）奖。朱零获浙江省第十届戏剧节优秀舞台美术（舞美设计）奖。杜晨鹰获浙江省第十届戏剧节优秀舞台美术（舞美设计）奖。徐进获浙江省第十届戏剧节优秀舞台美术（木偶造型）奖。蔡晓秋获浙江省第十届戏剧节优秀表演奖。方汝将获浙江省第十届戏剧节优秀表演奖。刘文华获浙江省第十届戏剧节优秀表演奖。童红霞获浙江省第十届戏剧节优秀表演奖。周妙利获浙江省第十届戏剧节优秀表演奖。郑曼莉获浙江省第十届戏剧节优秀表演奖。李宝盈获浙江省第十届戏剧节优秀表演奖。卓晓军获浙江省第十届戏剧节优秀表演奖。应爱芳获浙江省第十届戏剧节优秀表演奖。尤文贵编剧、中央电视台、浙江越剧院联合摄制的10集清装越剧《杨乃武平冤记》由中央电视台11频道播出，获浙江省电视“牡丹奖”一等奖，获广电总局第二十六届电视剧“飞天奖”二等奖。张思聪、施小琴合作完成了20集电视剧《一树梨花细雨中》。蒋胜男编剧、温州电视剧制作中心投拍的电影《不能没有爸爸》拍摄制作完毕。毛光正编剧的永昆小戏《卖牛》获浙江省“群星奖”。毛光正作词的歌曲《水墨村庄》由浙江省选项送中宣部全国第十届精神文明建设“五个一工程”评选，获浙江省第九届“五个一工程奖”，温州市第九届“五个一工程奖”。郑朝阳的瓯剧《洗心记》在中国戏剧家协会《剧本》月刊发表。

音　乐

承办2007温州市新年合唱音乐会　2月4日晚，温州市音乐家协会合唱团、温州大学合唱团、蓝登合唱团、乐清市合唱团、龙湾区女教师合唱团、天音合唱团、雅歌合唱团等7个合唱团9个合唱组别，在温州东南剧院演唱了21首中外歌曲。该音乐会由中共温州市委宣传部、市文联主办，温州市音乐家协会承办。

承办“唱响温州一首歌”优秀歌曲大奖赛　3月17日，由中共温州市委宣传部、温州市文联、温州市广播电视总台主办，温州市音乐家协会承办的“唱响温州一首歌”优秀歌曲大奖赛在温州市东南剧院举行，中国音乐家协会党组书记、中国音乐家协会常委副主席、著名作曲家徐沛东等专家应邀担任评委，共评出10首优秀歌曲。温州市音乐家协会副主席张立虎作曲的《温州永远飞》被评为最佳歌曲。

承办“嘉乐迪之星”K歌大赛　5月至12月，温州市音乐家协会与“经济科教”频道共同承办“嘉乐迪之星”K歌大赛。

承办“绝对唱响”歌手大赛　6月至10月，温州市音乐家协会与“娱乐影视”频道共同承办“绝对唱响”歌手大赛。

温州艺术团赴芬兰参加“中国文化周”　6月，应芬兰科沃拉市爱默阿提市长的邀请，温州市音乐家协会主席卢挂芳任团长，温州市书法家协会名誉主席、书画院院长林剑丹、温州市音乐家协会副主席谢益新任副团长的温州市艺术团，赴芬兰参加芬兰“中国文化周”活动。艺术团各项活动取得圆满成功。

承办“温州百名歌手（江心）大型演唱会”　9月28日，温州市音乐家协会与流行音乐分会共同承办“温州百名歌手（江心）大型演唱会”。

温州市第三届吉他大赛　9月，温州市音乐家协会吉他分会与温州市音乐家协会流行音乐分会，在温州市文化宫联合举办温州流行音乐30周年回顾百名歌手大型演出。

承办“温州百名歌手大型演唱会”　10月29日，温州市音乐家协会在鹿城文化中心承办“温州百名歌手（文化中心）大型演唱会”。

温州市第二届少儿声乐独唱比赛　12月，由温州市音乐家协会和温州市青少年宫联合举办的2008年青少年首届新年音乐会，在温州市青少年活动中心举行。

2008年青少年首届新年音乐会　12月，温州市音乐家协会和温州市青少年宫在青少年宫剧场联合举办。

承办2008新年合唱音乐会　12月30日，温州市音乐家协会在市区东南剧院承办由中共温州市委宣传部、温州市文联主办的2008新年合唱音乐会。

温州市流行音乐学会两个分会成立　2007年，分别成立温州市流行音乐学会瑞安分会、温州市流行音乐学会洞头分会。

温州音乐界2007年艺术成果　温州市音乐家协会被浙江省人事厅、浙江省文联评为2007年度浙江省文联系统先进集体。无伴奏女声表演唱《对鸟》获第十二届CCTV亚太赛区大赛金奖，并入选中国音协主办的《世界之春中国民歌集》。卢桂芳、谢益新编曲，苏琼、刘婕、林小佳、江鸿丽等演唱；温州市文联音协合唱团、温州市文联女声合唱团双双获第六届中国音乐金钟奖首届合唱比赛银奖，指挥邹跃飞、声乐指导余小玲，钢琴伴奏陈泳；女声表演唱《水墨村庄》获浙江省第九届精神文明建设“五个一工程”奖第一名，作曲郑小冰；温州市文联女声合唱团获第十三届CCTV全国青年歌手（合唱）电视大奖赛浙江省选拔赛第一名，并作为浙江省唯一合唱参赛队晋京参赛，指挥邹跃飞、声乐指导余小玲，钢琴伴奏陈泳；温州市文联音协合唱团温州市文联女声合唱团双双获浙江省首届合唱大赛金奖，指挥邹跃飞、声乐指导余小玲，钢琴伴奏陈泳；龙湾区女教师合唱团获浙江省首届合唱大赛金奖，指挥王增；乐清市农民合唱团获浙江省首届合唱大赛金奖，指挥黄作平波；歌曲《春到农家》获浙江省第九届精神文明建设“五个一工程”奖，作曲安建华、作词黄平；歌曲《醉秋》获浙江省第九届精神文明建设“五个一工程”奖，作曲詹成樊、作词吴文忠；歌曲《山里的太阳》获浙江省第九届精神文明建设“五个一工程”奖，作曲董夫藤、作词晚笛；歌曲《守望水仙》获浙江省“群星奖”音乐新作演唱、演奏大赛金奖，作曲安建华；歌曲《山里的太阳》获浙江省“群星奖”　音乐新作演唱、演奏大赛，作曲董夫藤、作词晚笛；歌曲《绿色心情》获2008年浙江省创作大赛创作金奖，作曲董夫藤，作词袁昆；电影《不能没有爸爸》主题曲在全国公映，作曲安建华；歌曲《山里的太阳》在国家刊物《歌曲》发表，作曲董夫藤、作词晚笛；歌曲《不哭小孩》在《歌曲》发表，作曲董夫藤，作词施翔；歌曲《月亮河边的孩子》入选《全国少年儿童声乐考级歌曲集》，作曲安建华；少艺校合唱团获文化部、教育部主办的全国第二届中小学生合唱比赛金奖，指挥陈巧姑；少艺校合唱团获文化厅、教育厅主办的浙江省首届中小学生合唱比赛金奖，指挥陈巧姑；少艺校表演唱《叮叮当，罗呵哩》获浙江省“群星奖”少儿音乐大赛表演金奖，并代表浙江省参加全国第十四届“群星奖”比赛；陈巧姑获全国第十四届少儿“群星奖”优秀指导师奖；邹跃飞获浙江省首届合唱大赛优秀指挥奖（排名第一）；余小玲、叶文辉分别获浙江省首届合唱大赛辅导金奖；陈泳获浙江省首届合唱大赛优秀钢琴伴奏奖。

2007 年温州市音乐家协会获奖情况

作品	门类	作者姓名	奖项	设奖
《山寨素描》	声乐	朱琴燕（乐清）	全国第二届长三角青年歌手电视大赛浙江赛区选拔赛金奖	浙江省音乐家协会
《和谐是一粒神奇的种子》	声乐	作词：詹敏徵（乐清）	全国第四届群众创作歌词大赛金奖	中国群众文化学会
《唢呐朝天吹》	声乐	朱琴燕（乐清）	第二届长三角青年歌手电视大赛银奖	长三角地区音乐家协会
《我家》	声乐	朱琴燕（乐清）	全国第十三届青年歌手电视大赛浙江赛区选拔赛铜奖	浙江省文化厅
《雁荡放歌》	声乐	作词：阮静 表演：朱琴燕（乐清）	浙江省第十二届群星奖声乐新作演唱演奏大赛表演金奖	浙江省文化厅
《对鸟》	声乐	宋婷（乐清）	浙江省“寻找最浙江的声音”原生态擂台赛金奖	浙江省音乐家协会
《对鸟》	合唱	领唱：宋婷 赵琳娜（乐清）	浙江省第八届广场文化艺术节暨第五届南湖合唱节全省合唱大赛金奖	浙江省文化厅
《课间节拍》	打击乐	曾丽 陈静静 周洁静 乔延亮（乐清）	第四届浙江省特殊教育学校学生艺术汇演创作奖	浙江省文化厅
《洪湖主题随想曲》	民乐	支建策（乐清）	浙江省第四届民乐大赛三等奖	浙江省文化厅
《校园的早晨》	创作歌曲	作曲：郑贤武（泰顺）	全国第三届校园歌曲创作大赛二等奖	中国教育学会
《悠悠不了情》	创作歌曲	作曲：郑贤武（泰顺）	全国第四届群众歌曲创作大赛二等奖	中国教育学会
《小女孩背着书包走了》	创作歌曲	作曲：林彩云（泰顺）	全国第三届校园歌曲大赛创作一等奖	中国教育学会
《人民客运开新宇运管稽征谱宏篇》	音乐情景快板	改编：张海军 蔡海滨（洞头）	浙江省交通厅文艺晚会表演二等奖，音乐创作奖	浙江省交通厅
《海防线上一只虎》	创作歌曲	改编：张海军 蔡海滨（洞头）	全国第四届群众文化歌曲创作大赛银奖	中国群众文化学会
《心连心 手拉手》	创作歌曲	作曲：张海军（洞头）	全国第四届群众文化歌曲创作大赛金奖	中国群众文化学会
《乞岛歌》	声乐	指导：张海军 演唱：蔡海滨（洞头）	“寻找最浙江的声音”歌唱擂台赛金奖	浙江省音乐家协会
《乞岛歌》	声乐	演唱：蔡海滨（洞头）	中国流行音乐金钟奖“长三角”浙江省青年歌手电视大赛金奖	浙江省音乐家协会

舞 蹈

温州市舞蹈家协会五届三次会议 3月在平阳县召开。会上，温州各县（市、区）舞蹈家协会交流了2006年工作情况，温州市舞蹈家协会部署了2007年工作任务。同时，为在“温州市首届电视舞蹈大赛”中做出贡献的各县（市、区）舞蹈家协会及会员个人进行颁奖。

浙江首届新农村少儿舞蹈教师培训班 12月5日在温州市少艺校举办。全市38位乡村教师参加培训。这是中国舞蹈家协会发起的少儿艺术美育工程，由温州市舞蹈家协会、鹿城区教育局、温州市少艺校联合主办。

承办金桥杯国际标准舞锦标赛 9月8日～9日，浙江省第十六届金桥杯国际标准舞锦标赛在平阳县体育馆举行，浙江省近500位选手参赛，温州市代表队夺得桂冠。该次大赛由浙江省舞蹈家协会、浙江省舞蹈家协会国标舞艺术委员会主办，平阳县体育局承办，平阳县国际体育舞蹈协会协办。

参加浙江省少儿舞蹈创作研讨会 2007年，温州市组织舞蹈编导参加由浙江省舞蹈家协会举办的“浙江省2007少儿舞蹈创作研讨会”，为备战全国“小荷风采”舞蹈比赛打下基础。经过层层选拔，由温州市舞蹈家协会选送的温州市少艺校《卡通地带》获全国“小荷风采”金奖；《龙灯乐了村里娃》、《敦煌舞梦》获浙江省“小荷风采”选拔赛金奖；《数星星》等4个作品获银奖。

《山里的太阳》入围中国舞蹈“荷花奖” 9月，由中宣部立项，中国文联，中国舞蹈家协会主办的中国第六届舞蹈“荷花奖”在贵州贵阳举行。温州市歌舞团国家二级编导张德华创作的舞蹈《山里的太阳》以朴实的舞蹈语言，独特的视角表达了畲家儿女热爱大山的真挚感情获“荷花奖”十佳编导称号。同年11月该作品入围由中国文化部在成都举办的第七届全国舞蹈比赛，获得入围创作奖、表演奖。同月，《山里的太阳》参加在贵州举行的第六届中国舞蹈“荷花奖”民族民间舞大赛，这是温州歌舞团入围该奖项的首部作品。

《碗窑印象》八艺节上摘“群星” 11月20日，第八届中国艺术节在湖北省宜昌市闭幕。陈立宁编导的苍南文化馆选送的女子群舞《碗窑印象》获八艺节全国第十四届“群星奖”舞蹈“创作奖”，这是浙江省唯一获得该届“群星奖” 的舞蹈作品。

温州舞协受表彰 2007年，温州市舞蹈家协会因出色完成“温州市首届电视舞蹈大赛”活动，受到温州市文联的通报表彰。

温州舞蹈界2007年艺术成果 温州市实验小学表演的少儿舞蹈《BIA JI BIA》获中国舞蹈家协会等单位主办的“中国·安徽首届国际儿童艺术节”舞蹈大赛金奖；温州市少艺校表演的少儿舞蹈《卡通地带》获中国舞蹈家协会主办的第四届小荷风采少儿舞蹈大赛“小荷之星”奖（金奖）；温州市舞蹈《善柔情韵》获中华民族促进会、中共苏州市委宣传部、溧阳市人民政府、北京群英联合国际文化发展中心联合举办的首届全国职工文艺汇演特等奖；温州市潘佳佳等创作、少艺校表演的少儿舞蹈《极地QQ》获中华民族文化促进会主办的第二届“爱我中华”青少年音乐舞蹈大赛特等奖；温州市少艺校表演的少儿舞蹈《中国福娃迎世界》获中华民族文化促进会主办的第二届“爱我中华”青少年音乐舞蹈大赛特等奖；周亚舟编导的舞蹈《乐清湾渔火》获浙江省“群星奖”舞蹈大赛金奖；少儿舞蹈《龙灯乐了村里娃》获浙江省“小荷风采”选拔赛金奖；少儿舞蹈《敦煌舞梦》获浙江省“小荷风采”选拔赛金奖；少儿舞蹈《数星星》获浙江省“小荷风采”选拔赛银奖；陈秋香编导的少儿舞蹈《端阳碰碰碰》获浙江省“小荷风采”选拔赛铜奖；温州市舞蹈家协会余茹茹、应真、黄敏洁作为全国少儿舞蹈创作、教育的精英人物，应邀参加由中国舞蹈家协会主办的2007“小荷风采”全国少儿舞蹈创作教育研讨会；温州市舞蹈家协会主席余茹茹应邀参加“国际少儿艺术交流与发展论坛”活动，并在台上作题为《温州少儿舞蹈的现状》的发言；温州市少艺校歌舞《快乐精灵》受邀参加第七届上海国际少儿艺术节开幕式。

美 术

温州市美术家协会六届四次理事扩大会 9月12日在瓯海区泽雅召开。会议就2007年底“温州·宁波小幅美术作品晋京联展”进行再动员，温州市美术家协会主席戴宏海作“热爱家乡，为家乡争光，以高度的责任感和使命感办好温州市美术作品晋京展览”工作报告。会议回顾总结市美术家协会及各艺委会、女画家协会2006年工作，并对2007年温州市美术作品晋京展筹备工作进行具体部署。增补刘小雨、杨秀华、陈绍林、陈树岗、俞坚平、潘新新为理事。成立了温州市美术家协会网站筹备组。会议期间还到泽雅七折瀑风景区进行采风、写生。市美协向承办该次会议的中共瓯海区委宣传部赠送国画、油画、版画、水彩画作品40多幅。

作品入选浙江重大题材美术创作工程 2月4日，由中共浙江省委宣传部、省文化厅、省财政厅、省文联共同组织实施的“浙江省重大题材美术创作工程”，在杭州召开第二次草图观摩评审会。温州画家戴宏海的中国画《南宋御街》、金松的中国画《浙江大学西迁》首批评审通过。张兆鑫、陈旭海的版画《胡耀邦与大陈岛青年志愿垦荒队》、梁力宏的油画《挺进师与浙南游击根据地》、王建东的油画《创建红十三军》在第三次草图观摩评审会获通过。上述5幅作品同时与组委会签订了“作品创作责任书”。

“我画你说”温州绘画·文学作品联展 10月25日在温州市展览馆开幕。为创新美展形式，温州市美术家协会、温州市作家协会联合举办“我画你说”温

2007年温州市美术家协会获奖情况

作者姓名	作品	画种	奖项	展览名称（主办单位）
季胜杰	《山气氤氲》	中国画	优秀奖（最高奖）	第三届全国中国画展（中国美协）
季胜杰	《雨后山清》	中国画	优秀奖（最高奖）	纪念叶浅予百年诞辰中国画提名展（中国美协）
季胜杰	《初晴》	中国画	优秀奖（最高奖）	全国小幅工笔重彩作品展（中国美协）
张真恺	《故园小景》	中国画	优秀奖（最高奖）	2007全国中国画作品展（中国美协）
历　靖	《水之源》	油　画	优秀奖（最高奖）	全国小幅油画风景风情作品展（中国美协）
张真恺	《故园秋色》	中国画	入　选	第二届艺术奖“齐白石奖”中国作品展（中国美协）
陈旭海	《新世纪农民》	版　画	入　选	全国第十四届“群星奖”美展（文化部）
梁力宏	《玛曲八月》		入　选	第八届全国水彩、粉画作品展（中国美协）
李利民	《掘起》		入　选	第八届全国水彩、粉画作品展（中国美协）
黄良	《石城孩儿》		入　选	第八届全国水彩、粉画作品展（中国美协）
陈旭海	《农民肖像》		入　选	第十八届全国版画作品展（中国美协）
陈淑现	《闲》		入　选	第十八届全国版画作品展（中国美协）
廖笑焱	《南溪雪霁》		入　选	第十八届全国版画作品展（中国美协）
柯　夷	《内心世界》		入　选	第十八届全国版画作品展（中国美协）
连旭云	《寄语》		入　选	第二届全国漆画作品展（中国美协）
冯茂辉	《倮倮女》		入　选	第二届全国漆画作品展（中国美协）
季胜杰	《初晴》		入　选	全国小幅工笔重彩作品展（中国美协）
曾成金	《牡丹亭》		入　选	全国小幅工笔重彩作品展（中国美协）
杨秀华	《剑麻花》		入　选	全国小幅工笔重彩作品展（中国美协）
丁木友	《无题》		入　选	全国小幅工笔重彩作品展（中国美协）

州绘画、文学作品联展，将绘画和文学进行联姻。29位画家和29位作家共有29篇（幅）的小幅精品中国画、油画、版画、水彩画、水粉画、漆画参展，图文相得益彰。画家和作家在专题研讨会上交流创作心得，为促成温州文艺界间的协作和互动开了个好头。

特级教师姜玉铭油画展 10月12日在温州市展览馆举行，共展出姜玉铭近100件油画作品。作品取材本乡本土，以风景为主。姜玉铭是苍南县美术家协会主席、浙江省仅有的三名美术特级教师之一。这是一次温州市美术家协会进行城乡文化交流“请上来”的美展。

2007温州市女画家十人提名展 12月20日在温州市群艺馆艺术家画廊展出。展出温州市美术家协会女画家分会蔡瑞蓉、刘小雨、陈盈默、陈莜现、杨秀华、廖笑焱、连旭云、谢子静、计王菁、戴慧10位女画家的国画、油画、版画、水彩画、漆油共50幅。

迎“十七大”温州统一战线书画作品展 9月下旬在温州展览馆展出。该次展览由中共温州市委统战部、市政协文史委、市文联、市美术家协会、市书法家协会联合主办，市美术家协会会员有近百幅作品参展。

温州市美术家协会网站 9月14日开通。设温州市美术家协会动态、美术家协会画廊、美术家名录、艺术评论、艺委会、各县（市、区）美术家协会、精品力作推荐、网站相册、写生基地及旅游风情、少儿美术10个栏目。网站开通后对美术家协会工作的开展起到了良好作用。

戴宏海获全省文联系统先进个人称号 温州市美术家协会主席戴宏海被市文联推荐为全省文联系统先进工作者，并获得全省文联系统先进个人称号，受到省人事厅和省文联的表彰。

温州美术界2007年艺术成果 2007年温州入选中国美术家协会主办的全国美展有20件作品，其中获优秀奖（最高奖）5件。2007年，温州市入选浙江省美展的有140多件作品，其中获奖21件。在被列为中共浙江省委宣传部精品扶持工程的人文浙江美术展览中，温州市的曾成金、王建秋、尚文光、杨秀华、鲍铁雷的作品入选。第二届浙江省优秀中青年花鸟画家作品邀请展（浙江省美协、《中国花鸟画》杂志社主办），温州市张真恺、杨秀华二位作者共有8幅作品参展；浙江省十一个地市政协书画巡回展（浙江省政协书画社与全省十一个地市政协书画社联合主办），温州市美术家协会应约组织30多件作品参展；浙江省第二届反腐倡廉书画作品展（中共浙江省纪律检查委员会、中共浙江省委宣传部、浙江省文联主办），温州市有10幅作品获奖，其中二等奖2幅，三等奖2幅；浙江省第四届青年美术作品展（浙江省美术家协会主办），温州市有46件作品入选，11件作品获奖。其中程治国的油画《雪语》获银奖，另10件作品获优秀奖；潮涌浙江·繁花似锦——迎接省第十二次党代会胜利召开美术作品展览（中共浙江省委宣传部、浙江省文联主办），温州戴宏海、张兆鑫、孙光奇、蔡瑞蓉、陈旭海被特邀参展，鲍铁雷作品入选参展；浙江省百花朝阳花鸟画特展（中共浙江省委宣传部、浙江省美术家协会主办），温州市有26幅作品入选，其中张真恺的《生辉》获银奖；浙江名家——版画邀请展，温州市张兆鑫、陈旭海应邀有13件作品参展；南北·工笔画对话学术展暨系列学术活动（浙江省文联、浙江画院主办），温州市戴宏海的《唐人马球图》、《居有竹》、《昭君出塞图》应邀参展，戴宏海还赴杭参加系列学术活动。

书　法

概况 2007年温州市书法家协会在中国书法家协会和浙江省书法家协会所举办的一系列重大活动中，温州的参展、入选或获奖作品都位居全国、全省同类城市之先。温州书法篆刻作品注重传统，追求“文气”和“书卷气”，有“清正典雅”的特征。温州市书法家协会获中国书法家协会“2007书法家进万家活动全国先进集体”。

温州十一县（市、区）书法巡回大联展 由中共温州市委宣传部、温州市文联主办，温州市书法家协会、各县（市、区）委宣传部、县文联承办的“瓯越书风——温州十一县（市、区）书法巡回大联展” 2006年10月22日自乐清开展至2007年3月25日在鹿城区展出，先

2007年温州市书法家协会获奖情况

作者姓名	奖　项	设　奖
林剑丹	当代篆刻艺术大展参展	中国文联、中国书法家协会
张　索	当代篆刻艺术大展参展	中国文联、中国书法家协会
南剑锋	当代篆刻艺术大展参展	中国文联、中国书法家协会
倪渠森	当代篆刻艺术大展参展	中国文联、中国书法家协会
王　客	当代篆刻艺术大展参展	中国文联、中国书法家协会
王大禾	当代篆刻艺术大展参展	中国文联、中国书法家协会
元　子	当代篆刻艺术大展参展	中国文联、中国书法家协会
谢利疆	当代篆刻艺术大展参展	中国文联、中国书法家协会
赵青云	当代篆刻艺术大展参展	中国文联、中国书法家协会
陈一耕	当代篆刻艺术大展参展	中国文联、中国书法家协会
李砚（女）	全国第九届书法篆刻作品展参展	中国书法家协会

续上表

作者姓名	奖项	设奖
林光明	全国第九届书法篆刻作品展参展	中国书法家协会
林光进	全国第九届书法篆刻作品展参展	中国书法家协会
周可人	全国第九届书法篆刻作品展参展	中国书法家协会
王大禾	全国第九届书法篆刻作品展参展	中国书法家协会
吴加想	全国第九届书法篆刻作品展参展	中国书法家协会
吴志仲	全国第九届书法篆刻作品展参展	中国书法家协会
胡俊楷	全国第九届书法篆刻作品展参展	中国书法家协会
金碎有	全国第九届书法篆刻作品展参展	中国书法家协会
郑光泽	全国第九届书法篆刻作品展参展	中国书法家协会
卿三兵	全国第九届书法篆刻作品展参展	中国书法家协会
肖德权	全国第九届书法篆刻作品展参展	中国书法家协会
陈　默	全国第九届书法篆刻作品展入展提名	中国书法家协会
张　驰	全国第九届书法篆刻作品展入展提名	中国书法家协会
肖海森	全国第九届书法篆刻作品展入展提名	中国书法家协会
王　昕	全国第九届书法篆刻作品展入展提名	中国书法家协会
陈拥军	全国第六届刻字艺术展全国奖	中国书法家协会、中国书法家协会刻字研究会
李祖戏	全国第六届刻字艺术展入展	中国书法家协会、中国书法家协会刻字研究会
陈其增	全国第六届刻字艺术展入展	中国书法家协会、中国书法家协会刻字研究会
罗　龙	全国第六届刻字艺术展入展	中国书法家协会、中国书法家协会刻字研究会
欧阳世忠	全国第六届刻字艺术展入展	中国书法家协会、中国书法家协会刻字研究会
倪朔野	全国第六届刻字艺术展入展	中国书法家协会、中国书法家协会刻字研究会
陈忠康	首届中国书坛兰亭雅集特展暨兰亭书法双年展“兰亭七子”之首	中共浙江省委宣传部、省文联、绍兴市人民政府
林剑丹	首届中国书坛兰亭雅集特展暨兰亭书法双年展入展	中共浙江省委宣传部、省文联、绍兴市人民政府
何元龙	首届中国书坛兰亭雅集特展暨兰亭书法双年展入展	中共浙江省委宣传部、省文联、绍兴市人民政府
张　索	首届中国书坛兰亭雅集特展暨兰亭书法双年展入展	中共浙江省委宣传部、省文联、绍兴市人民政府
林　峰	浙江省第四届中青年书法篆刻展金奖	浙江省书法家协会
徐　强	浙江省第四届中青年书法篆刻展金奖	浙江省书法家协会
卿三兵	浙江省第四届中青年书法篆刻展银奖	浙江省书法家协会
李　砚	浙江省第四届中青年书法篆刻展银奖	浙江省书法家协会
倪　永	浙江省第四届中青年书法篆刻展银奖	浙江省书法家协会
梁世鲍	浙江省第四届中青年书法篆刻展铜奖	浙江省书法家协会
周静合	浙江省第四届中青年书法篆刻展铜奖	浙江省书法家协会
陈　伟	浙江省第四届中青年书法篆刻展铜奖	浙江省书法家协会
叶　向	浙江省第四届中青年书法篆刻展铜奖	浙江省书法家协会
陈其增	奥运·浙江省第四届刻字艺术展获奖	浙江省书法家协会
欧阳世忠	奥运·浙江省第四届刻字艺术展获奖	浙江省书法家协会
罗　龙	奥运·浙江省第四届刻字艺术展获奖	浙江省书法家协会
陈拥军	奥运·浙江省第四届刻字艺术展获奖	浙江省书法家协会
张银迁	浙江省第二届“温泉杯”书法大展赛金奖	浙江省旅游局、浙江省书法家协会、义乌县人民政府
徐　强	浙江省第二届“温泉杯”书法大展赛金奖	浙江省旅游局、浙江省书法家协会、义乌县人民政府
邱宗饮	浙江省第二届“温泉杯”书法大展赛铜奖	浙江省旅游局、浙江省书法家协会、义乌县人民政府
叶慧敏	浙江省第二届“温泉杯”书法大展赛铜奖	浙江省旅游局、浙江省书法家协会、义乌县人民政府
陈纪林	浙江省第二届“温泉杯”书法大展赛铜奖	浙江省旅游局、浙江省书法家协会、义乌县人民政府
王大禾	浙江省第二届“温泉杯”书法大展赛铜奖	浙江省旅游局、浙江省书法家协会、义乌县人民政府

后在11个县（市、区）举行11场巡回展览，历时5个多月，参展作品总数达400多件，这是温州历史上规模最大的书法展览，得到中国书协的表彰。

温州、湖州书法联展　9月28日～10月7日在湖州市首展。为庆祝国庆，迎接党的十七大胜利召开，温州、湖州·联合举办书法作品展，两地共展出200多幅书法篆刻作品。温州市书法家协会组成由主席何元龙为首的30余人的代表团赴湖州参观交流。中国书法家协会副主席、省书法家协会主席朱关田出席开幕式，会后召开书法联展研讨会和交流笔会。

温州市统一战线书画作品展　10月1日～7日，温州市书法家协会和温州市统战部等单位联合举办以聚人心、建和谐、促跨越为主题的“温州市统一战线书画作品展”，共有80多幅书法作品参加展出。

篆刻作品参展当代篆刻艺术大展 当代篆刻大展5月9日在中国美术馆开幕。此展由中国文联主办，中国书法家协会承办，是建国以来最具规模和特色的一次独立的篆刻艺术大展，共展出314位作者的篆刻作品。温州有林剑丹、张索、南剑锋、倪渠淼、王客、王大禾、元子、谢利疆、赵青云、陈一耕10位作者参展。

入选全国第九届书法篆刻作品展 由中国书法家协会主办的“全国第九届书法篆刻作品展”12月18日在广州展览馆举行。浙江共入展作品53件。温州市有李砚（女）、林光明、林光进、周可人、王大禾、吴加想、吴志仲、胡俊楷、金碎有、郑光泽、卿三兵、肖德权等12人作品参加展出，陈默、张驰、肖海森、王昕等7人为入展提名。全国书法篆刻作品展每4年一届，由中国书法家协会主办，是中国书法最大规模和最高水平的大检阅。

入选全国第六届刻字艺术展 1月20日由中国书法家协会、中国书法家协会刻字研究会主办的“全国第六届刻字艺术展”在黑龙江大庆市开幕。共有来自全国各地300余件作品入展，从中评出获奖作品15件；提名奖10件。温州市陈拥军的作品获全国奖，李祖戏、陈其增、罗龙、欧阳世忠、倪朔野的作品入展。

陈忠康获“兰亭七子”之首 由中共浙江省委宣传部、省文联和绍兴市人民政府联合举办的“首届中国书坛兰亭雅集特展暨兰亭书法双年展”，10月28日在绍兴举行。展览集中了中国当代书坛有影响力的174位书法名家的精品。温州市书法家陈忠康以优异成绩获“兰亭七子”之首殊荣。同时，温州林剑丹的篆书对联、何元龙的行书《咏兰亭绝句》和张索行书《桃源行》入选了该次展览。

入选浙江省第四届中青年书法篆刻展 省四届中青年书法篆刻展1月5日在丽水摄影博物馆开幕。这是浙江省书法家协会主办的2007年重要展览之一，温州有66位作者的作品参展，入选和获奖数均居浙江各市之冠。其中林峰、徐强获金奖；卿三兵、李砚、倪永获银奖；梁世鲍、周静合、陈伟、叶向荣获铜奖。

获“奥运·浙江省第四届刻字艺术展”奖 由浙江省书法家协会举办的“奥运·浙江省第四届刻字艺术展”终评工作于11月10日～11日在桐乡市科技会展中心举行。15件获奖作品中温州占7件。

获“温泉杯”书法大展赛金奖 浙江省第二届“温泉杯”书法大展赛12月8日在武义县开幕，温州市张银迁、徐强获金奖。邱宗饮、叶慧敏、陈纪林、王大禾获铜奖。活动由浙江省旅游局、浙江省书法家协会、义乌县人民政府主办。

王客加入西泠印社 9月3日，温州大学书法教师王客以优异成绩通过西泠印社海选社员活动，成为该次海选活动中唯一入社的浙江作者。

温州书画院

概况 温州书画院是研究和创作中国书画艺术的事业单位，旨在弘扬中国传统文化，培养书画人才。向省、国家级展览推荐优秀的书画作品；承担国家重大题材创作，挖掘和整理温州近、现代书画名家的文史资料等活动。书画院坐落在温州市区墨池公园内，建筑面积达3360平方米，分设美术馆、创作楼、办公楼3个区域，现美术馆和创作楼正在改建中，计划2010年全面投入使用。

2007年温州书画院在编人员5人，其中国家一级美术师2人，二级美术师2人，办公室1人。著名书画、篆刻家林剑丹任院长。另有兼职画师和理论家50余人。温州书画院为贯彻执行市政府提出的“133”文化战略部署，经常举办各类书画展览并对外开展艺术交流活动，为弘扬“永嘉画派”和“瓯越书风”作出了一定的成绩。

温州书画院改建工程 4月，温州书画院改建工程被温州市发改委列入2007年改建项目，总投资1180万元。其中温州美术馆方案图纸设计工作已初步完成，并由规划局召集财政、建设、房管、园林、消防、环保、交警等职能部门会审。

“三百”书画作品展系列活动 4月28日，根据中共温州市委布置，“百名将军、百名部长、百名书画家”书画作品展在温州举行。温州书画院组织30名书画家参与系列活动。林剑丹、戴宏海参加展览开幕式并与将军们举行书画笔会，相互切磋书画艺术。

“芬兰·中国温州文化周”书画展览 3月13日，根据温州市政府部署，温州市文化广电新闻出版局要求温州书画院赴芬兰举办书画展览，该院发动15位书画家创作了55件书画作品，6月6日～18日在芬兰克沃拉市艺术博物馆展出。芬兰科沃拉市长爱默/阿提、中国驻芬兰大使馆文化参赞吴世广、温州市政府代表团团长方立明及随行人员，与芬兰各界人士和艺术家参加开幕式。展览吸引了大批观众并通过翻译向他们介绍：中国的书画注重笔墨和线条的运用，特别强调融化物我，创作意境，以形写神，表达诗情画意，追求形神兼备。林剑丹、陈默的4幅书画作品在开幕式上被科沃拉市艺术博物馆收藏。芬兰·中国文化周活动期间还举办了中国书画艺术讲座和现场笔会，应邀去芬兰艺术家工作室作客，并进行中西文化艺术的交流和对话。

机关廉政文化建设书画笔会 6月29日，温州市迎“七一”机关廉政文化建设书画笔会由温州书画院参与并组织30多位温州著名书画家，在市政协机关三楼大厅举行，共创作60多件有关廉政建设的书画作品，旨在加强机关廉政建设和环境的布置。温州市四套班子领导出席笔会。

书画家进军营创作书画作品 7月17日，温州市政协和温州书画院组织书画家进军营体验士兵生活，为了部队

2007年温州书画院作品入选情况

姓名	展览名称	时间	地址
林剑丹	《中国文化遗产年鉴·书画艺术卷》入选	3月	北京
	《中国篆刻展览》入选	5月	北京
	《西泠印社名家展》入选	7月	杭州
戴宏海	浙江省重大题材《南宋御街》创作	1～12月	杭州
	《迎接浙江省十二大召开美术作品展》入选	8月	杭州
陈默	《全国第九届书法篆刻作品展》入选	12月	广州
	《浙江省第四届中青年书法篆刻作品展》入选	9月	杭州
张真恺	《全国第二届‘齐白石’奖中国画展》入选	10月	北京
	《2007年中国画大展》入选	11月	北京

文化建设，书画家们为某部官兵创作了80余幅书画作品。7月20日，温州市文联和温州书画院组织18位书画家到武警温州消防支队观看消防战士练武表演，画家们为消防官兵也创作了80余幅书画作品。受到部队官兵的热烈欢迎。

书画院举办第七届书画作品展　12月7日～18日，第七届温州书画院书画作品展在温州市展览馆展出，共展出书画作品80件，国画有人物、山水、花鸟、走兽，或工笔，或写意；书法正、草、隶、行和篆刻各体。参观人次达4000多，并发行《温州书画院第七届书画作品集》。

迎“十七大”统战部书画作品展　8月中旬，温州统战线部举办迎接中国共产党“十七大”书画展，温州书画院林剑丹、戴宏海、陈默、张真恺、叶向荣参与书画展的筹备工作并有作品参展。

出席温州·湖州书法联展　9月28日，温州·湖州书法联展在湖州首展，温州书画院林剑丹、陈默、张真恺、叶向荣出席书法联展开幕式并参加书法创作研讨会和书画笔会。

浙江省十一个地市政协书画巡回展　11月9日，浙江省十一个地市政协书画巡回展在温州展览馆展出。温州书画院参与此次展览筹备工作，林剑丹、戴宏海，张真恺、叶向荣、陈默的书画作品参加展出。

戴学正书画作品展　12月22日，纪念戴学正先生诞辰九十三周年暨《云叟鸿迹书画作品集》首发仪式暨戴学正先生的书画作品展和学术讨论会，在温州博物馆举行。戴学正先生是温州当代著名的书画家，早年毕业于上海美专，擅长文学、诗词、山水画、书法及中外美术史论、美学等。温州书画院参与此次活动。

温州·宁波美术作品晋京联展　12月28日，由中共温州、宁波两市市委宣传部、两市文联主办，温州、宁波两市美协和温州书画院承办的“温州·宁波小幅美术作品联展”，在中国美术馆开幕。全国人大副委员长韩启德题词，全国政协副主席白立忱，文化部，全国文联、美协，温州、宁波籍在京领导，温州、宁波市领导及首都艺术界200多人参加开幕式，由中国文联出版社出版的联展作品集精装本同时发行。期间邀请首都著名画家、教授、评论家举行作品学术研讨会。中央电视台，温州、宁波电视台及各媒体都作了专题报导，《美术》杂志、《美术报》多版选登了作品。这次晋京展规格高、质量好、影响大。

温州书画院2007年艺术成果　4月8日，温州书画院院长林剑丹作为全国兰亭42家及“兰亭七子”大型书法活动评委，应邀出席这次活动并参加作品展览。7月，陈默组织温州市书法家创作的30幅“防腐倡廉”书法作品，参加浙江省纪委举办的迎接十七大书画作品展览。9月17～20日，林剑丹去北京参加中国篆刻研究会学术研讨会。9月，张真恺组织发动温州花鸟画作者，上送44件精品参加由中共浙江省委宣传部、省文联为迎接“十七大”而举办的“百花向阳·浙江花鸟画特展”，张真恺获银奖。10月初，林剑丹作为被杭州市人民政府从全国选出的十大篆刻家之一为西湖新十景之一的《三台云水》治印，并应邀参加西湖新十景命名等重大活动。10月下旬，戴宏海组织画家、作家联姻“我画你说·温州绘画、文学作品联展”开幕，并举行专题研讨会。10月，戴宏海赴杭参加京、津、沪、江、浙五省市“南北工笔画对话学术展”暨系列学术活动。2007年，戴宏海被浙江画院工笔画研究所聘为艺委会委员，被温州大学聘为名誉教授，被推荐为浙江省文联系统先进工作者。

摄　影

旅游风光风情全国摄影作品大奖赛　首届温州旅游风光风情全国摄影作品大奖赛3月份开始征稿，10月份结束，共收到北京、广东、上海、江苏、山东、吉林、福建、湖南、湖北、黑龙江等13个省、市300多位作者的4000多件摄影作品。比赛共设奖100个，奖金总额6.3万元，是历年来设奖最高的影赛之一。温州郑高华的《三垟湿地》被评为极品收藏（即一等奖），许日尤的《山水温州》、常锋的《石桅岩风光》、邵媞华的《吉祥水》被评为上品收藏（即二等奖），刘峰等5幅作品被评为中品收藏（即三等奖），还有90幅作品被评为佳作收藏（即优秀奖）。该次活动由浙江省摄影家协会和温州市旅游局主办，温州市摄影家协会承办。

“跳跳鱼杯”茗岙风光风情摄影大赛　由温州市摄影家协会、永嘉县文联、永嘉县茗岙乡人民政府主办。共收到来自全国各地参赛作品327幅。其内容集中反映永嘉县茗岙乡的田园风光、民俗风情、建设成就。大赛评出一等奖1名、二等奖3名、三等奖6名及优秀奖10名。

首届温州市魅力乡村摄影大赛　温州市摄影家协会和温州日报联合主办的首届温州市十佳魅力乡村摄影大赛，经认真评选，刘峰的作品获一等奖，肖笛和苏立锁的作品获二等奖，叶卫周、许日尤和林元科的作品获三等奖。

2007首届温州摄影记者作品联展　“影

2007年温州市摄影家协会获奖情况

作者姓名	获奖作品	奖项	设奖
叶文龙	《后天NO.1》	第22届中国摄影艺术展览艺术类金牌	中国摄影家协会
萧禾嘉	《珠穆朗玛岛》	第22届中国摄影艺术展览艺术类银牌	中国摄影家协会
张则斌	《秋》	第22届中国摄影艺术展览艺术类作品入选	中国摄影家协会
叶文龙	《空山新雨后》	第22届中国摄影艺术展览黑白类作品入选	中国摄影家协会
叶文龙	《故乡小溪》	第22届中国摄影艺术展览黑白类作品入选	中国摄影家协会
张于东	《风雨无阻》	第12届中国国际摄影艺术展金奖	中国摄影家协会
戴贤武	《致富路》	第12届中国国际摄影艺术展铜奖	中国摄影家协会
张洪林	《秋林浣沙》	第12届中国国际摄影艺术展铜奖	中国摄影家协会
陈伟标	《海之韵》	第12届中国国际摄影艺术展入选	中国摄影家协会
王玉璜	《流逝》	第12届中国国际摄影艺术展入选	中国摄影家协会
刘　峰	《横店之光》	"横店风采"第五届全国摄影大赛铜奖	上海、江苏、山东、浙江、安徽、江西等省市摄影家协会
朱永春	《春色满园》	2007"瓯江行"丽水摄影大展外地组特级佳作奖（即一等奖）	中国摄影家协会、丽水市人民政府
苏立锁	《农活》	2007"瓯江行"丽水摄影大展外地组二等奖	中国摄影家协会、丽水市人民政府
张洪林	《冬牧》	第十四届佳能杯"亚洲风采"摄影比赛三等奖	新华社、佳能公司

像温州"——2007首届温州摄影记者作品联展5月22日在温州市展览馆展出。这是以"共建和谐温州"为主题，以温州日报报业集团旗下6家媒体摄影记者为依托，搭建的一个新闻摄影作品和学术信息交流的新平台。该次活动由温州市摄影家协会和温州市记协、温州日报报业集团联合举办。

温州年鉴"菱华奖"摄影赛　《温州年鉴》编辑部、温州市文学艺术界联合会、温州市摄影家协会联合举办的温州年鉴"菱华奖"摄影大赛，至2007年已成功举办9届。由于长期规范的运作，受到越来越多的专业和业余摄影爱好者的关注和参与，参赛作品的数量和质量也有不同程度地提高。

温州"华顺江都"摄影大赛　9月15日，300多幅参赛作品中共评出56幅获奖作品。其中常锋的《华顺江都风貌》荣获一等奖，戴贤武的《窗之韵》、沙开胜的《别墅情韵》获二等奖，刘峰的《江都旋律》、邵羡冰的《金童玉女》和金刚的《美丽家园》获三等奖。

"柯达杯"首届温州摄影技能大赛　8月在凯悦大酒店举行。为期两天的摄影技能大赛吸引了全市600多位专业和业余的摄影人参加。活动由温州市摄影家协会、市劳动局、市经贸委、市总工会等单位联合举办。

苍南县首届民间民俗艺术节摄影大赛　9月20日～26日在苍南县举行。苍南县第三届文化艺术节暨首届民族民间民俗文化艺术节摄影大奖赛全面聚焦该届文化艺术节系列活动，并评出一等奖《艺术节》（作者李士明），二等奖《提线木偶》（作者苏立锁）、《世纪乐章》（作者欧阳世忠），三等奖三名，优秀奖50名。

"海洋渔业杯"摄影大奖赛　11月至12月底，温州市海洋与渔业局和温州市摄影家协会联合举办，共收作品1000多幅，李斌的《拉媳妇》获金奖，另有105幅作品获奖。

叶君奋摄影集《法兰西印象》首发式

1月18日在温州奥林匹克大酒店举行。《法兰西印象》是中国摄影家协会会员、乐清市文联副主席、女摄影师叶君奋的海外摄影集。

承办2007浙江省摄影理论研讨会　研讨会由浙江省摄影家协会和永嘉县人民政府主办，宁波市摄影家协会和温州市摄影家协会承办，永嘉县摄影家协会协办。来自全省各地的40多位摄影理论家汇聚永嘉研讨，温州递交了12篇摄影论文，占该次研讨会论文总数的40%。

摄影采风观展团赴香港采风　6月22日～26日，温州市摄影家协会组织摄影采风观展团赴香港（澳门）采风。5天时间里，摄影家们以摄影的画面展现香港（澳门）回归后社会经济发展的喜人景象和风土人情，并应邀参观香港历史悠久的香港大众会第37届国际影展和澳门摄影协会举办的第14届国际影展。

摄影画册迎来收获期　2007年，《温州建筑摄影》画册出版，这是在温州首届建筑摄影大奖赛的基础上完成的；《"影像温州"——2007首届温州摄影记者作品集》出版；王曙的西部大片《感悟西部·摄影随笔》展现了神秘遥远的西部边陲和五光十色的情感世界；徐道浙的《画说楠溪江》再次把永嘉秀美山水呈现在世人面前，76岁高龄的邵平的《邵平人体艺术摄影作品集》体现了一位摄影老人对生活对摄影的热爱之情；年届83岁的中国摄影家协会会员洪克武的摄影集出版发行；身残志坚的余贤威的摄影集《心灵瞬间》出版发行；女摄影家叶君奋的《法兰西印象》以画面展现国外的风光风情；乐清虹桥林丹出版发行了第一本个人摄影集并举办了个展。

《温州市摄影家协会》创刊　2007年底，由中国摄影家协会副主席兼秘书长李前光题写刊头的《温州市摄影家协会》会刊，已出版了8期。

温州各县（市、区）摄协开展摄影活动

2007年鹿城区承办了浙江省群星奖的评比展览，举办了两次影赛；瓯海的快乐摄影和摄影网络建设颇具特色，摄影创作和沙龙活动持续不断，举办了多种形式的摄影比赛；乐清雁荡风光风情大赛和会员摄影展及摄影画册的出版发行延续了乐清的摄影特色；永嘉的茗岙风光、风情摄影大赛，“镜月溪山”摄影夜沙龙活动和永嘉网站楠溪论坛浮光掠影栏目让人关注；平阳举办该县第二届旅游风光、风情摄影比赛，组织几十位会员远赴新疆、云南、江西、福建等地进行摄影艺术创作并获多项奖励，多篇摄影论文入选省级摄影研讨会；苍南举办第三届艺术节摄影大奖赛，会员的美国摄影个展，多人在国内外影赛中获奖；泰顺连续举行摄影月会、摄影季赛和季赛展览。

温州摄影首次在国展上获奖 2007年，温州在代表中国摄影艺术最高水平的第22届中国摄影艺术展览上，获得一金一银和入选三幅作品的佳绩，改写了温州市在国展上从未获奖的纪录。其中叶文龙的《后天NO.1》获艺术类金牌，萧禾嘉的《珠穆朗玛岛》获青年类银牌，艺术类入选作品有张则斌的《秋》、黑白类入选作品有叶文龙的《故乡小溪》和《空山新雨后》，乐清年轻的叶文龙以三幅作品获奖（入选）成为该届摄影展中最为风光的摄影者之一。

“美丽香港”摄影作品获奖 2007年9月20日，中央政府驻香港特别行政区联络办公室网站和香港《紫荆》杂志联合举办庆祝香港回归十周年“美丽香港”摄影图片有奖征集活动揭晓，瑞安苏立锁的《繁荣之光》获得二等奖，他的《龙舟竞渡》和温州郑高华的《空中看香港》、《香港夜景》获纪念奖。

叶劲草获浙江省“摄影艺术贡献奖” 12月23日，温州摄影家叶劲草荣获由浙江省文化厅主办的省“摄影艺术贡献奖”。这是浙江省首次对建国以来在摄影艺术方面做出突出贡献的摄影工作者进行表彰，全省共有20位摄影艺术工作者获此荣誉。

中国国际摄影艺术展中获大奖 2007年，温州张于东的摄影作品《风雨无阻》在第12届中国国际摄影艺术展中获金奖。此外，戴贤武的《致富路》和张洪林的《秋林浣沙》获铜奖，陈伟标的《海之韵》和王玉璜《流逝》获入选。

温州摄影界2007年艺术成果 由上海、江苏、山东、浙江、安徽、江西等省、市摄影家协会联会主办的“横店风采”第五届全国摄影大赛中，温州刘峰的《横店之光》获铜奖，另有8幅获优秀奖；中国摄影家协会和丽水市人民政府主办2007“瓯江行”丽水摄影大展，温州朱永春的《春色满园》获外地组特级佳作奖（即一等奖）、苏立锁的《农活》获二等奖，另有多幅作品获佳作奖；在中央政府驻香港特别行政区联络办公室网站和香港《紫荆》杂志联合举办的香港首届全国摄影艺术展览上，温州获得3个铜奖和17个入选奖；在新华社和佳能公司主办的第十四届佳能杯“亚洲风采”摄影比赛上，温州张洪林的《冬牧》获三等奖，另有3幅作品得佳作奖。

曲　艺

温州市第六届曲艺（鼓词）会演 6月14日～15日，在苍南县龙港镇电影院举行。温州各县（市、区）12位知名温州鼓词艺人参加表演。会演由中共温州市委宣传部、温州市文化广电新闻出版局主办；温州市群众艺术馆、温州市曲艺家协会承办；苍南县龙港镇人民政府协办。

温州鼓词陈派艺术演唱会 12月5日在苍南县龙港镇举行。陈派创始人陈志雄及其学生们分别登台演唱短篇鼓词，展现陈派鼓词艺术风采并受到观众的不断喝彩。浙江省著名曲艺家马来法、浙江省曲艺家协会主席翁仁康等省、市有关曲艺同行到场观摩，并给予很高的评价。

温州曲艺界2007年艺术成果 温州鼓词艺人徐玉燕演唱温州鼓词《迷彩祸》（作者：张安乃、缪秀霞；音乐设计、艺术指导：胡平、卢和乐）获“浙江省第三届曲艺新作大赛暨‘群星奖’选拔赛一等奖，创作三等奖；著名鼓词艺人阮世池被浙江省文化厅确定为第一批浙江省非物质文化遗产项目代表性传承人；阮世池、胡广泽、胡平创作的温州鼓词作品《老鼠告状》在《曲艺》杂志2007年第一期发表；温州鼓词作品《白马与黑驴》（阮世池创作）、《再不上当》（凌康君创作）分别获得“2007浙江省曲艺征文评比”优秀作品奖；《到底是谁过》（凌康君创作）获“2007浙江省曲艺征文评比”作品奖。

民间文艺

2007中国剪纸艺术大赛入选作品展 12月26日，由中华民族文化促进会剪纸艺术委员会、温州市文联主办，温州市民间文艺家协会、温州展览馆等单位承办的“2007中国剪纸艺术大赛”入选作品展览，在温州展览馆开幕。该次大赛共收到来自全国28个省、市、自治区的剪纸作品1000余件（其中浙江省作品80多幅），并从中筛选出400多幅作品进行展览。参展作品内容广泛，有反映和谐社会建设，有表现迎奥运主题，有民间艺人创作的传统题材，也有美术工作者创作反映现实生活的题材。作品表现手法包括刻、剪、撕、烫等多种

2007年温州市曲艺家协会获奖情况

作者姓名	获奖作品	奖　项	设　奖
徐玉燕	温州鼓词《迷彩祸》	浙江省第三届曲艺新作大赛暨‘群星奖’选拔赛一等奖	浙江省文化厅
徐玉燕	温州鼓词《迷彩祸》	浙江省第三届曲艺新作大赛暨‘群星奖’选拔赛创作三等奖	浙江省文化厅
阮世池	温州鼓词《白马与黑驴》	“2007浙江省曲艺征文评比”优秀作品奖	浙江省曲艺家协会、浙江省群艺馆
凌康君	温州鼓词《再不上当》	“2007浙江省曲艺征文评比”优秀作品奖	浙江省曲艺家协会、浙江省群艺馆
凌康君	《到底是谁过》	“2007浙江省曲艺征文评比”作品奖	浙江省曲艺家协会、浙江省群艺馆

剪纸工艺。

首届温州石雕艺术展 1月20日～28日，中共温州市委宣传部、市经贸委、市文联、市民间文艺家协会等单位承办的首届温州石雕艺术展，在温州市国宝斋艺术馆举办。此次共展出300多件石雕精品，为建国以来温州石雕创作的力作，共选出金、银、铜、优秀等奖项。

“大工艺小巧匠”首届民间传统工艺制作 8月22日，为保护民间文化，推广民间艺术，传承瓯越地方文艺，温州市民间文艺家协会、市少年宫和温州广播电视报联合推出此次活动。市民协的艺术家亲临现场手把手地教孩子们制作工艺品，他们还带来自己的作品进行展示讲解，让孩子们在体验民间工艺制作乐趣的同时，感受传统工艺文化的内涵和价值。通过捏米塑、扎灯笼、做纸花等趣味性的手工活动，让孩子们真切地认识和体验民间传统工艺制作，近距离感受本土民间艺术的风采和魅力。

“温州民间地方神信仰调查论文”审稿会 9月18日至19日，温州市民间文艺家协会在瓯海泽雅风景区召开“温州市民间地方神信仰调查论文”第一次审稿会。会上共收到全市民俗工作者、爱好者的民间地方神信仰调查论文30余篇，与会者对所上交的调查论文稿件进行认真审阅，提出了不少修改意见。

“民间艺术进校园”活动 5月23日，温州市民间文艺家协会、温州市职业技术学院人文系联合主办“温州民间艺术进校园”活动在职业技术学院进行。使在校大学生近距离感受温州民间艺术的魅力和风采，拓展了大学生的视野，提高大学生的人文素质。参加这次展演的不仅有瓯塑、瓯绣、黄杨木雕、石雕、彩石镶嵌、米塑、树叶贴画、纸艺、陶艺等造型艺术，还有温州道情、提线木偶、布袋戏等表演艺术。20多位民间艺术家为师生们现场展示了绝技绝活。活动期间，艺术家们还现场解答同学们提出的各种问题。

民间文艺家进大学校园开展学术交流

5月30日，温州市民间文艺家协会主席潘一钢、副主席林长春、林子周应邀到温州大学进行学术交流。向同学们介绍当前温州的节日时岁民俗、民间祭祀、地方神信仰、墓葬文化、科学与民俗活动等问题，并回答了40多位大学生提出的许多与民俗文化学有关问题。近年来，温州市民协十分重视民俗文化学的理论研究与民俗文化实践工作。先后多次与温州大学等单位联合举办民俗学知识培训班和开展民间信仰专题调研活动，并取得一定成果。

民协举办第四次民俗知识讲座 4月10日，温州市民间文艺家协会在洞头县举办第四次民俗知识讲座，市民协理事、洞头相关部门干部和群众近百人到会。浙江省“十一五”哲社规范专家组成员、浙江省非物质文化遗产研究基地主任、浙江师范大学教授陈华文，应邀作了近3个小时的“申报非物质文化遗产要重视的几个问题”的讲座。

温州民间文艺家协会五届四次理事会

4月10日至11日在洞头召开。洞头县副县长张均林到会就洞头的经济、文化情况作了介绍。各县（市、区）民协负责人会上交流了工作情况，市民协主席潘一钢部署2007年协会工作，并就举办全国剪纸展览、撰写出版《温州民间地方神信仰调查》一书等重点工作征询大家意见，会上通过了一批新会员，推荐若干省、国家级会员。会议期间与会者还对渔岛的民俗文化进行了采风活动。

冯骥才到温州考察古村落 10月24日，全国政协常委、中国民主促进会中央副主席、中国文联副主席、中国民间文艺家协会主席冯骥才在浙江省民协副主席王恬、温州市文联副主席钟求是、中共永嘉县委宣传部、县文联及温州市民协负责人的陪同下前往永嘉县芙蓉村、岩头村等地进行古村落考察。在考察中，冯骥才对古村落的保护工作及存在的问题，提出了自己的意见，其许多思路和见解，使大家耳目一新。他还对市民协正在进行的地方神信仰调查工作予以很高的评价。

林邦栋作品入选中国非物质文化遗产展 6月8日，由文化部主办的“中国非物质文化遗产专题展”在中华世纪坛开幕。这次专题展分年画、剪纸、皮影、木偶、染织5个专题，共展出来自全国各地的1400余件作品。温州市林邦栋的细纹刻纸作品入选。6月9日10时30分，中共中央政治局常委、国务院总理温家宝走进年画和剪纸的制作表演厅参观，并和81岁的林邦栋进行亲切交谈。林邦栋是乐清“林家细纹刻纸”的第四代传人，其作品被中国美术馆、德国、法国和美国等博物馆广为收藏。他是第一批国家级非物质文化遗产项目代表性传承人和中国工艺美术大师，也是此次中国非物质遗产专题展中年纪最大的民间艺人。

温州市新添3位中国工艺美术大师 在第五届中国工艺美术大师评审工作总结表彰大会上，温州市3位乐清籍民间工艺家——王笃纯、虞定良（黄杨木雕）和林邦栋（细纹刻纸），获“中国工艺美术大师”称号。至此，温州全市共有7位艺术家获此殊荣。

两人获中国民间文艺杰出传承人称号

6月3日，由中宣部、中国文联主办的“中国民间文化杰出传承人”命名大会在北京人民大会堂召开，全国共有166位民间艺人被授予“中国民间文化杰出传承人”称号。乐清黄杨木雕和细纹刻纸世家的王笃芳、陈余华荣获该称号。王笃芳从事木雕创作已有40多年，《屈原》、《泼水节》等作品被中国工艺美术馆珍藏，《东坡赏砚》被中国现代文学馆收藏，《大唐盛事》、《老子说道》、《赤壁怀古》等多件作品获国家级金奖。他的传略入编《中国文艺家传集》、《中国工艺美术大辞典》、《中国当代文艺名人辞典》、《世界艺术家名人录》等辞书。陈余华创作的细纹刻纸作品《花蝶》，在首届中国工艺美术大师作品暨工艺美术精品博览会中获金奖；《九狮图》、《凤戏牡丹》、《十二生肖》、《天女散花》等作品，先后被中国美术馆以及中国华夏剪纸博物馆、温州博物馆等处收藏。

两人获中国民间文艺最高奖 11月30日～12月2日，第八届中国民间文艺山花奖颁奖典礼在苏州相城区举行。中国民间文化杰出传承人王笃芳的乐清黄杨木雕作品《大唐马球竞技》和中国工艺美术大师林邦栋的乐清细纹刻纸作品《西部开发新路》，双双获得“中国民间文艺山花奖·民间工艺美术奖”。全省仅3人获此殊荣。中国民间文艺山花奖是经中央宣传部批准，由中国文联和中国民间文艺家协会联合主办的国家级民间文艺大奖，与电影“百花奖”、电视“金鹰奖”、戏曲“梅花奖”、舞蹈“荷花奖”、音乐“金钟奖”、书法“兰亭奖”等同属中国文艺界的最高奖项。

影视

影视摄制作品丰产丰收 2007年，温州市共摄制电影《村书记郑九万》、《不能没有爸爸》、《城里姐姐乡里妹》等3部，电视连续剧《冰山上的来客》、《红日》、《AA欢乐营》、《觅迹追踪》等4部114集，电视艺术片《远行》和纪录片《温州人》等10多部。创作制作的数量和质量都达到近年最高水平。

影视界广泛开展社会活动 2007年，温州市影视家协会配合浙江省电视艺术家协会完成了浙江省电视艺术家赴澳大利亚和新西兰访问的组团和出访审批工作，协助省电视艺术家协会组团赴国内西部地区采风。在纪念建军80周年和抗日战争70周年之际，集中播出《红梅花开》、《狼毒花》等一批主题性影视剧。全年相继开展“谁不说我家乡好——首届温州十佳魅力乡村电视评选”、“军民和谐庆中秋电视联欢晚会”、“2007海峡两岸少年文化交流”、“梦想中国大型公益演唱会”、“2007‘我型我秀’浙江赛区总决赛”、“首届百业丽人海选总决赛”、“第四届新温州人才艺大赛”、“第五届温州十大IT歌手大赛”、“第六届十大广告模特电视大赛”、“绝对唱响大赛”、“金色童话欢乐小主播电视竞赛”、“手拉手亲子彩绘竞赛”等大型活动，丰富了人们的文化生活。多次组织“百晓艺术团”送戏到乡村、企业、学校等，并且组织电视艺术工作者开展“请为贫困山区孩子捐本书”活动。

影视界拓展现代传播方式 2007年温州电视台开设电视戏曲栏目《温州大剧院》，录制温州地方戏5部、折子戏12出，播出近80期节目；同时开设《星魅力——温州歌友会》电视栏目、以海内外著名歌手来温献艺为载体，吸引青年群体同场参与，打造大型品牌娱乐节目。电影阵地方面，组建民营性质农村数字电影发行、放映公司11家，农村流动数字放映队92支，培训农村流动数字电影放映员185人，农村数字电影放映31 174场，完成年计划的103.9%。雁荡电影院线公司发展到福建省宁德市、宁波市象山县，实现跨地区经营，全年票房总收入达3344.48万元，同比增长32.4%；新中国影都票房收入突破1000万元，跻身全国主流影院行列。

影视艺术成果丰硕 2007年，电影《村支书郑九万》和30集电视连续剧《冰山上的来客》获全国第十届精神文明建设“五个一工程”入选作品奖；电视剧《邓小平在会昌》获第二十三届中国电视金鹰奖候选提名；30集电视连续剧《红日》被浙江省定为重点影视作品推向全国；20集大型纪录片《温州人》被美国国会图书馆收藏；原创歌曲电视片《春到农家》获浙江省第九届精神文明建设“五个一工程”入选作品奖；音乐电视片《远行》和《乐清歌谣大赛颁奖典礼》获2007年度浙江省电视文艺一等奖，原创歌曲电视片《不能没有爸爸》和《温州永远飞》获2007年度浙江省电视二等奖；电视文学片《海之路》和公益艺术广告片《我们与奥运同行》等三部作品获浙江省第十八届电视“牡丹奖”二等奖，35集电视连续剧《AA欢乐营》和电视美术片《神琴飞进大森林》获浙江省第十八届电视“牡丹奖”三等奖。

工艺美术

概况 2007年是温州市工艺美术行业协会成立十周年的纪念年，也是工艺美术行业的发展年。在温州市政府有关部门指导下，实施了有利于工艺美术发展措施，使温州传统工艺美术优秀品种得到保护，鼓舞了工艺美术工作者的热情，提高了整个行业的凝聚力，促进了行业的新发展。

三人获中国工艺美术大师称号 1月4日，第五届中国工艺美术大师颁奖仪式在北京人民大会堂举行。国务院副总理曾培炎主持大会，并向获此称号的温州市林邦栋、王笃纯、虞定良3位大师颁发证书。

连续四年获先进行业协会称号 2007年，温州市工艺美术行业协会荣获“2007年度温州市工商领域行业协（商）会先进单位”称号，这是该协会连续四次获得此荣誉。工艺美术既是产业、又是有文化含量的行业，形成特殊的工作性质，得到政府部门肯定的主要工作是以服务为宗旨凝集会员，繁荣、发展工艺美术事业；为企业解难，鼓励企业出口创汇；开展各类活动和全国同行互相交流、学习，并采取文字传播、作品观摩等交流形式；组织会员参加重要展览，通过展览平台介绍温州民间文化及其丰富的优秀品种，同时在展馆里作手工表演，让人们认识精湛技艺。

温州工艺美术精品陈列馆 2月，为了展示工艺美术大师的精湛技艺和艺术魅力，展现温州深厚文化底蕴，进一步巩固、提升工艺美术在温州文化产业中的地位，温州市工艺美术行业协会和温州市工艺美术研究所共同组织承办“温州市工艺美术大师精品汇报展”。将馆藏的200多件作品，和征集的大师、名人和有代表性的作品，在温州市工艺美术研究所陈列馆内进行展出。

在东方工艺美术城举办展览 1月12日，浙江省首批文化产业重点扶持项目、温州市政府打造文化大市的重点项目——温州东方工艺美术城立项建设，该美术城位于温州文化市场内，建筑面积7800平方米，投入资金6000万元，是浙江省最具规模、挡次最高的工艺美术市场，具有参观、欣赏和商务服务的功能。2007年12月8日起对外展示。展馆中心区域由黄杨木雕、青田石雕、景德镇陶瓷、龙泉青瓷、新疆和田玉、龙泉宝剑、智力玩具组成的大师、名家精品馆，周围有温州瓯塑、瓯绣、十字花、木偶、古建雕刻、石雕、竹雕、彩石镶嵌等温州传统工艺品种。对外开放以来受到各级领导的赞誉，根据不同接待要求，可临时组织技艺人员现场表演，使参观者近距离接触温州工艺美术的风采。

参加中国民族民间艺术精品巡展 8月13日，中国非物质文化保护中心、北京奥运会帆船委员会在青岛国际会展览中心“水晶宫”主办《中国民族民间艺术精品》巡展。来自北京、上海、安徽、贵州、天津、浙江、河南、江苏、江西、山西、四川、山东等省市的100多位艺术家云集青岛。展区分展览、技艺表演和特色展卖。温州市被列为国家及省、市级文化遗产的黄杨木雕、瓯塑、十字花、发绣等4个品种的著名工艺美术师牟湘波、任明霞、张红姬、孟永国、王劲忠等所创作的18件代表作参加展览，5位艺术家各捐赠作品1件。中国非物质文化保护中心与奥帆委颁发参展证书和捐赠证书。

参加中国工艺美术精品博览会 9月31日，第八届中国工艺美术大师暨工艺美术精品博览会在杭州“浙江世贸中心”开幕。温州市工艺美术行业协会组织温州的瓯塑、瓯绣、发绣、石雕、木雕、十字花、绸塑、树叶拼画、彩石镶嵌等9个品种37件作品参展，其中石雕作品《畅游》（林锦星作）、《守望》（傅国焕作），瓯塑作品《花好月圆》（郑丽丽作），发绣作品《邓丽君》（陈洋作）4件作品获金奖。王劲忠的十字绣花《追忆》，邹绳珠、李加芝的瓯绣《国韵祥和》，林棣华的瓯塑《雁荡秋色》3件作品获银奖。叶小鹏的黄杨木雕《东方塑》，张红姬的瓯塑《传统和时尚》，陈小燕的瓯绣《五德图》，夏瑞分的木雕《观音》4件作品获铜奖。

参加第二届中国海峡工艺品博览会 10月27日，第二届中国（莆田）海峡工艺品博览会在福建省莆田市工艺美术城开幕。温州市有瓯塑、发绣、十字绣、黄杨木雕、石雕等工艺美术作品21件参展，获得较好的评价。

参加一品徽韵·文化博览会 11月21日，由中国工艺美术学会主办的“一品徽韵·文化博览会”在安徽国际会展览中心举办。温州市工艺美术行业协会组织4个展位共30件作品参展。经评比温州市作品取得金奖4个、银奖8个、铜奖4个的好成绩。

列入各级非物质文化遗产目录 2007年，温州市有许多优秀品种确认为《传统工艺美术品种》，这是从经济口所实施的保护动作。工艺美术具备既是产业又是文化的双重身份。2007年《温州市非物资文化遗产代表目录》公布的工艺美术品类有瓯塑、瓯绣、十字花绣、发绣、石雕、彩石镶嵌、竹丝镶嵌、米塑、绸塑等9项列入市级民间美术类。黄杨木雕、细纹刻纸、夹缬、瓯塑、瓯绣5项列入第一批《浙江省非物资文化遗产代表目录》后，2007年又有彩石镶嵌、竹丝镶嵌，十字花绣、米塑、玻璃银光刻、贝雕、矾塑等和传统技艺首饰龙8项列入浙江省非物资文化遗产名录。列入国家级非物质文化遗产继黄杨木雕、细纹刻纸后，瓯塑、瓯绣、彩石镶嵌在2007年又为温州市增添新的成员。

温州市工艺美术协会成立十周年 3月22日，温州市工艺美术协会第三届二次代表大会暨十年大庆，在东瓯大酒店召开。副市长孟建新及市经贸委、市财政局、市民政局等部门领导到会祝贺并向3名获得国家级的大师、17名获得省级的大师表示庆贺。大会对8个先进单位、92位先进个人进行表彰。1997年11月组建温州市工艺美术协会，经过十年历程，该协会会员人数从原来55家企业与个人，发展到2007年的290家企业与个人。

瓯文化学术研讨会

传　　媒

综　述

2007年，温州市新闻出版工作继续深化体制改革，减少审批程序，优化审批流程，以管理促繁荣，以规范致有序，整顿报刊、版权业市场，监管报刊、记者站，保护著作权，打击侵权盗版行为。推动印刷业工业园区建设，培育特色印刷基地，引导组建企业集团。图书发行业做强、做大，力争上规模、上档次。继续推进企业软件正版化，使温州新闻出版业健康、快速发展。

报刊版权管理

企业软件正版化　2007年，温州市企业使用正版软件工作通过省企业使用正版软件领导小组验收。40家试点企业共出资293万元，新购操作系统1445套，办公软件1887套，杀毒软件2998套。

报刊监管　2007年，温州市加大《著作权》宣传力度，保护知识产权，加强内刊管理和企业报印前审读管理。在全省首创建立企业报总编培训持证上岗制度、报刊评优制度、违规违纪警告制度、年检制度、项目变更制度，受到省新闻出版局的好评。根据省局有关委托部分新闻出版许可事项的实施方案，重新拟订相关许可事项流程，简化行政审批程序。

印刷发行业管理

概况　2007年，温州市印刷行业着力结构调整，实行强强联合。印刷企业达2534家，产值160亿元，年产值超亿元以上企业10家。已组建印刷企业集团7家，另有3家印刷集团正在组建中。苍南已建成和在建的园区7个，平阳已建成园区3个，鹿城、瑞安、乐清正在筹划中。在苍南金乡、平阳郑楼建立台挂历专项印刷基地。鹿城区印刷企业向出版物、包装装潢印刷品印刷方向发展，瓯海、乐清、平阳腾胶等地印刷业分别向包装装潢印刷品印刷、笔记本印刷方向发展。

出版物发行业发展迅速　2007年，温州市有图书发行网点1661处，出版物批发单位44家。文化用品市场正式投入使用，报业集团文化创意园区开始运作，工艺美术企业达300家，从业人员6万人，年产值超60亿元。

报　刊

温州日报报业集团经营业绩　2007年，温州日报报业集团总收入56 956万元，比上年增加5592万元，增长10%；广告收入首次突破3亿，达30 774万元，比上年增加1238万元；净资产39 273万元，同比增长13%；利润突破5000万元，同比增加1196万元，增长30%。连续三年进入“温州市纳税百强”和“企业集团纳税十强”排行榜。

报业集团推进发行工作　2007年，温州日报报业集团发行中心有员工1300多位，在下属5个县（市）发行站成立分公司并设门市部，形成征订、夹报、投诉、代理分类广告一条龙服务，并成立专门监督机构。从业务发展需要出发，召开全体职工代表大会，现场审议，讨论通过62大类规章制度，与新《劳动合同法》实现接轨。进一步完善OA办公系统，加入DM管理和人力资源管理功能，实现人财物精细化管理。发行中心还启用面向广大订户的会员系统网站，加入DM广告杂志电子版，提供更多便捷服务，为报业发行开辟更大的发展空间。

报业集团印务实现双丰收　2007年，温州日报报业集团印务中心调整岗位技能考评方法，严格实施质量管理制度，强调质量责任意识，通过胶印“快速出报”和印前“无差错月”等岗位练兵活动，印刷质量稳步上升。印务中心倡导良好节约风气，对原材料选购注重成本意识，加强易耗印刷配件的自制力度，开展“原材料节支”活动，厉行节约，年节约费用约100多万元。印务中心进行“切块包干核算”试运作，迈出市场化运作的关键一步。2007年，印务中心产值1.67亿元，利润同比增长11.5%，完成年初制订的各项工作指标，获得印刷质量和生产节约双丰收。

报业集团多元经营取得进展　2007年，温州日报报业集团实施“两分开”，围绕新闻宣传主业，借助品牌优势，兴办一批实业进行市场化运作，力求在多元化经营上实现大突破，使报业集团真正成为报业市场上强有力的竞争者、文化领域的战略投资者。集团有限公司兴办的实业，涉及网络直销、创意设计、户外广告、视频点播、资本运作、咨询培训等领域。

报业集团“报业数字化”转型取得突破

2007年，温州日报报业集团着力于传统媒体和新媒体的互动和嫁接，开展对外新型合作，探索各种双赢或共赢的运作模式。与温州电信合作经营0577视频点播业务。以温州新闻网为窗口，与移动、联通等战略伙伴合作，整合四张报纸的新闻，增加财经金融内容，以彩信方式发送，形成“手机+报纸”的新型传播途径。截至2007年底，手机报收费用户1.7万,同比增长150%。与交警部门合作交通违法短信业务，实现订置用户2.29万。与电视媒体及有关部门合作，参与节目点评、短信投票等活动，累计投标数超200万人次，成为网络增值业务一个新亮点。

报业集团品牌形象工程建设 2007年，温州日报报业集团抓好培育品牌媒体、品牌栏目和品牌版面，不断策划创新品牌活动，增强新闻报道的社会影响力。温州日报党报热线主推“党报公众服务网”、“爱心温州慈善助学”活动；温州晚报改版推出“昨夜今晨”和传递市民声音的“24小时说吧”栏目，以及“雪君工作室”、“十大影响力家庭”评选活动；温州都市报推出“温州学人讲坛”，与有关部门联合举办“新温州人”系列活动、“感动温州十大人物”评选活动；温州商报策划“温州经济十大年度人物”、“十大在外温商”“十大避暑胜地”评选活动和“服务进社区”活动；新闻网和瞭望联合举办“风尚盛典”活动等等，这些活动品牌效应明显，受到社会各界和读者广泛好评。2007年，集团各报网刊共获浙江新闻奖一等奖4个，二等奖5，三等奖5，获奖数量名列全省前茅。温州日报的《海归硕士当选村委会主任》获中国新闻奖三等奖，取得历史性突破。

报业集团基础设施工程建设 2007年，温州日报报业集团发行中心网络和商报发行网络成功合并，“四报一刊”发行格局实现统一，发行网络的拓展建设工作已完成。新印务中心的建筑设计参数和设计方案已基本确定，与温州建筑设计院签订设计合同。新引进的印刷设备经过多方对比和研究，已确定400多项技术条款。集团计算机的机房改造和网络整合已经完成，获得省报协颁发的“网络改造项目优秀奖”、中国报协颁发的“中国报业技术进步飞鹰奖”、中国新闻技术工作者联合会颁发的“王选奖”，及中国新闻出版总署颁发的“先锋奖”。与北大方正共同开发“数字报纸”网上发行营销系统，经权威专家鉴定，该系统是数字报纸应用开发的“最新成果”，属于“国内首创”。中国报协将该数字报纸发行系统作为一个行业标准向全国进行推广。

温州日报举办大型系列报道 2007年，温州日报与市农办、市委督查室联合举办“上线23——新闻助推富民攻坚”大型系列报道。派出20多批记者深入全市23个欠发达乡镇调查研究、挖掘典型，为欠发达乡镇致富提供新闻舆论支持。推出欠发达乡镇的“党报公益推介”报道，编排打破常规，内容紧扣乡情民情人情，可读性、实用性强。

温州日报连续报道新闻人物毛陈冰 2007年，温州女大学生毛陈冰千里献血，感动人心。温州日报连续刊出《温州少女，千里献上救命血》、《“美丽”触发的感动》、《情商引出的话题》等报道，引起强烈的社会反响。浙江日报主动提出要与温州日报携手做好后续报道。温州日报与温州网、浙江日报、腾讯网等六家媒体在温举办“美丽心灵之约”报网台互动访谈节目，成为全国网友讨论的一个热点。

温州日报礼让斑马线活动 2007年，温州日报党报热线部推出《让斑马线成为安全线》系列报道。经过系列宣传报道，斑马线礼让手势被正式确认为温州交通辅助标志。这组报道在各报网刊互动配合下，引起数十家省内外媒体的关注，对此做了较大篇幅的报道或转载。

温州日报获奖 2007年，温州日报的“党报热线”专栏获浙江新闻名专栏奖，党报热线新闻部被评为全省新闻工作先进集体。《海归硕士当选村委会主任》荣获第十七届中国新闻奖，这是温州日报的一个历史性突破。

温州晚报进行新一轮改版工作 2007年，温州晚报进行新一轮改版，适应报业的激烈竞争，更好发挥主流媒体的作用。在保持每周152个版面总量不变的基础上，通过对版面重新组合及采编体制的调整，设立编辑中心和采访中心，稿件的新闻性和新闻价值得到强化。强化本地新闻，突出优势版面，提高新闻报道的差异性，如推出民生、“昨夜今晨”等版面，更加体现晚报特色，同时还创办《城市周末》，力求以新面貌、新内容开拓周末读者市场，增强对年轻读者的吸引力。

温州晚报报道十七大和“两会” 2007年，温州晚报宣传报道十七大，开辟“十七大专题报道”、“学习贯彻十七大精神”等栏目，推出百余篇报道，十个专版。开辟 “雪君参会手记”栏目，连续刊发7篇手记，从代表的角度，以小切口报道大事情，从细微处反映十七大的闪光点。相继推出“市民看跨越”、“代表声音”、“两会议事厅”和“民意通两会”等栏目。用晚报式的视角来诠释和展现市党代会、“两会”内容，以及温州市在新的历史时期，建设“三个温州”，实现“三次跨越”的新局面。

温州晚报策划市长接听民生热线活动

2007年，温州晚报雪君工作室为进一步发挥其“桥梁纽带”作用，联合市政府市长专线电话室策划市政府领导接听民生热线活动。6月11日起，每半个月有一位副市长接听群众电话，与群众进行网上交流，认真解答群众关切的问题。进一步了解社情民意，认真解决百姓反映的突出问题，塑造“阳光政府”形象。通过倾听民声、体察民意、了解社情，拉近党和政府与群众之间的距离。

温州晚报突出民生报道 2007年，温州晚报推出“民生地理”新栏目，每期基本为一个版，以较大的篇幅，详实的内容，为广大读者提供更全面的服务资讯。已推出行车停车篇、市区伏茶地图、海滨浴场分布图、九九登高篇等“民生地理”。专栏图文并茂，不仅内容贴近生活，服务读者，而且形式也有所创新，顺应读图时代的潮流，让读者一目了然。

温州晚报评选好稿好版面 2007年，温州晚报每天由总编辑、副总编辑评出“五个一”，即“一篇好稿件”、“一个好版面”、“一幅好图片”、“一个好标题”、“一个好策划”。在此基础上，由月度好稿评审小组评选月度好稿，对获奖者进行奖励。通过半年的试行，推选出一批有深度、有分量的稿件、版面，较好地促进采编人员业务水平的提高，达到多出精品、多出人才，不断提高办报水平。

温州都市报报道两会　2007年温州市“两会”期间，温州都市报开设《“委员总编”说两会》栏目。其中《虚晃一枪使不得》、《掷地有声一个“惠”》、《问君能有几多忙》、《都说赶场很痛苦》、《新官应该理旧事》、《百姓话说“云抬月”》等六篇文章，引起社会各界的关注和好评。该专栏成为该年“两会”报道一大亮点，省新闻出版局阅评刊物《报刊审读与管理》给予该栏目很高评价。

温州都市报组织市民考察团　2007年4月24日，温州都市报组织由11位市民代表组成的“市民大讨论考察团”，赴杭州、宁波等地就如何解放思想，建设创新型城市进行考察学习。考察团考察了杭州滨江区、杭州国家动画产业基地、浙江中南集团卡通影视有限公司、宁波保税区、宁波国际软件园和宁波保税区留学人员创业园等，取得不少收获。该活动被中共温州市委评为全市开展以推进“三次跨越”为主题的解放思想大讨论活动“组织奖”。

温州都市报举办温州学人讲坛　2007年6月，温州都市报在品牌栏目《温州学人对话录》百期庆典之际，联合温州市图书馆举办“温州学人讲坛”，邀请著名作家叶永烈、中科院院士李启虎等温籍作家和学者来温主讲，至年底该讲坛共举办公益讲座6期。

温州都市报报道勇士卢丙会　2007年8月10日，《温州都市报》率先刊发《挺身拦贼遭报复，身上被砍十多刀》报道卢丙会见义勇为的消息。8月12日，《温州都市报》又刊发消息《流血勇士正为药费发愁》，在社会引起极大反响，当天就收到各界爱心捐款13万多元。此后，全国多家媒体开始介入报道此事。卢丙会见义勇为事件经该报等媒体报道后，温州市公安局授予卢丙会一等治安荣誉奖章，市综治办、市见义勇为基金会授予卢丙会“温州市见义勇为先进分子”荣誉称号，并因此促成《温州市见义勇为人员奖励和保障实施办法》的出台。

温州都市报举办新温州人系列活动
2007年，温州都市报与市文化广电新闻出版局共同主办“新温州人演讲大赛”、第四届“新温州人歌手大奖赛”，与鹿城区政协共同举办“新温州人征文大赛”。5月，温州市旅游局、温州广电总台都市生活频道和温州都市报等单位联合举办“百万新温州人游温州”大型系列活动，共有5万多名新温州人参与，丰富了新温州人的精神生活，受到热烈欢迎。

温州都市报举办“大榕树市民学堂”
2007年，温州都市报开设《十七大精神在温州》专栏，联合温州市创建学习型社会工作指导委员会办公室、温州市图书馆共同策划举办以温州市树为象征的“大榕树市民学堂”公益讲座，邀请十七大代表、专家学者为广大市民宣讲十七大精神。“大榕树市民学堂”在市区松台广场、市图书馆等多处受到群众欢迎，活动将一直延续到2008年。

温州都市报经济效益　2007年温州都市报总收入21 087万元，其中广告收入16 838万元，实现利润5205万元，各项指标均列温州各大媒体之首。

温州都市报评为市级文明单位　2007年温州都市报顺利通过市文明委的考核，成为第十三批温州市文明单位，是市级新闻单位中首家文明单位。

温州都市报获奖　在2007年度浙江新闻奖评选中，温州都市报选送的消息《花坦农民开出中国“沃尔玛”》获一等奖，通讯《山村救命款演绎人间真情》获二等奖，典型报道《流血勇士正为药费发愁》获三等奖，获奖总数和等级在同城同类媒体中均居第一。2007年温州都市报再次荣获“中国十大创新都市报”；温州都市报副总编辑、温州报业发行广告有限公司总经理鲍剑胜同时荣获“首届中国传媒领军人物”和“全国报纸自办发行协会2007年度十大领军人物”。温州都市报荣获首届中国金融新闻基石奖。

温州商报《营销温州》专版　2007年，温州商报推出32个专版的《营销温州》特别策划。调动30名记者在春节长假期间，深入采访140位在外温州商会会长和大量在外温商。该策划报道资料详尽丰富，体现专业性、权威性和服务性。展示在外温州商人的创业成果和在商界的影响力，受到全国各地温州商会和广大市民的关注。

温州商报经济年度人物评选　2007年初，温州商报成功评出“2006温州民营经济十大年度人物”，并在温州国际大酒店举行民营经济年度人物领奖典礼。北京师范大学教授于丹应邀出席颁奖典礼，并给300多位温州企业家讲授《论语心得》。评选活动受到广泛好评。

温州商报“十大避暑胜地评选”活动
2007年，为引导市民夏日休闲消费，促进温州旅游业发展，温州商报联合市林业局、市旅游局、市环保局开展“十大避暑胜地评选”活动。7月20日，“2007温州十大避暑胜地”揭晓，温州商报推出32个版的策划报道。该策划成为各大旅行社的介绍温州旅游景点的工具手册，成为市民休闲纳凉的指南，受到社会各界和读者好评。

温州商报《新学习》周刊创刊　2007年，为响应温州市委、市政府深入创建学习型社会的号召，10月14日，温州商报推出《新学习》周刊，每周日出刊。面向机关单位、企业和家庭，重点介绍国内外最新的学习理念和学习方法，挖掘温州最新的学习故事，反映温州人的价值追求。

温州商报《证券》专版　2007年，温州商报推出《证券》版，每天两个版面，周一至周五出刊。涵盖股票、基金、期货三大领域，解读宏观政策，播报最新动态，提供专家建议，反映投资百态。该版以服务股民读者为中心，针对证券市场的热点、难点问题，为广大股民提供有用、好看的信息资讯。做到专业性和可操作性的有机结合，信息量大、服务性强，受到读者喜爱。

温州新闻网获奖 2007年，温州网在第三届中国传媒创新年会上，被评为“中国十大创新新闻网站”，《代表在线》栏目被评为“中国十大创新栏目”；《迎接党代会献计献策》活动专题报道获浙江新闻奖一等奖，《超强台风“桑美”登陆温州》系列报道和《“为民好书记”郑九万》专题及系列报道获浙江新闻奖三等奖；温州网承担温州日报报业集团计算机改造工程获中国报协“飞鹰奖”；温州网与北大方正共同开发的“数字报纸”收费系统，获新闻出版署“数字报纸”先锋奖；温州网与温州日报报业集团发行中心共同开发的“电子订报卡”系统，获中国新闻技术委员“王选奖”三等奖。

温州新闻网“十七大”专题 2007年，在党的十七大期间，温州网开通《中共第十七次全国代表大会》等系列专题，通过新闻专题、评论、图片、原创报道、视频等多种方式，全方位集中报道。及时转发新华网、人民网的重要报道，进行重要活动的直播，并且结合本地特点做好原创报道。利用温州网博客的影响力，邀请100多名共产党员开通温州党员博客群，写十七大的学习体会文章。温州大学城市学院党员师生也在温州网开通“红色博客”，利用网络平台介绍支部活动，交流十七大学习经验。

温州新闻网“两会”专题 2007年，温州网在“两会”报道中加大视频报道的力度，对政协和人大的开幕式进行网络视频直播。世界各地关注温州的网友们能通过互联网看到温州两会的盛况。温州网还利用网络的互动性，在“两会”专题里推出“网友关注两会”、“捎句话儿给市长”等栏目，搭起网民与政府沟通的桥梁。

温州新闻网报道解放思想大讨论 2007年，解放思想万人大讨论由温州日报、温州电视台新闻综合频道、温州网联合承办。温州网在解放思想大讨论的报道中，利用网络媒体快捷、全面、互动等优势，通过开辟专题专栏、网民在线交流等形式，积极开展“解放思想大讨论”主题宣传活动，在网络上营造“解放思想网民谈”的热烈氛围。温州网以视频、图片、文字互动的方式对五场大讨论进行全程网络直播。参与电视、网络互动讨论的网民人数超过3000多人。

温州新闻网开通人大代表征集议案 2007年初，温州网邀请郑雪君等十多位全国、省、市级人大代表在温州网开通人大代表征集议案集体博客，短短几周，网民递交600多条建议。温州网邀请17个职能部门和司法机关一把手与网民代表“面对面”交流。通过这种部门与网民之间的“面对面”交流，取得良好的舆论引导效果。

温州新闻网专题报道五马街管理问题 2007年10月，针对网民热议的五马街管理混乱问题，温州网评论部记者在进行多次暗访、调查的基础上，以专题报道的方式进行舆论引导。这一组报道引起市长的重视，要求市行政执法局会同鹿城区政府切实解决五马街的管理问题。经过一段时间的集中整治和管理后，五马街正在逐步恢复往日的繁荣和谐有序的景象。

温州新闻网做好灾情舆论引导 2007年12月12日上午，温州鹿城区温富大厦一楼花店发生火灾，酿成惨剧。温州网在第一时间、头条位置发布《温富大厦发生特大火灾（组图）》的官方权威消息，公布温州火灾的基本信息和温州政府的及时处置情况。消除外界对温州火灾的种种猜测，保证信息公开、透明，掌握宣传的主动权。温州网积极利用论坛博客平台进行有效舆论引导，及时疏导网民的情绪，请火灾亲历者通过博客讲述营救故事。亲历者踊跃相应，纷纷开博或者跟贴讲述消防营救群众的感人故事，诚挚感人，引起众多网民的共鸣，纷纷留言表达对消防战士的崇敬感谢。温州网及时在新闻栏目和专题中转发，并推荐浙江在线、新浪网等网络媒体转载，起到良好的舆论引导作用。

温州新闻网积极宣传爱心形象 2007年，温州网与浙江日报联合推出“帮帮的故事”互动报道，以“温州人重情”的主题，连续在浙江日报头版和温州网首页专题报道这个爱心故事，报道引发人们对网络爱心的关注，也正面宣传温州的爱心形象。10月，“温州女孩千里单骑赴贵州救助侗族病危产妇”的故事感动了中国，温州网评论部与浙江日报、浙江在线、腾讯网、温州日报、温视新闻综合频道推出“美丽心灵之约——对话毛陈冰”互动节目，近20万网民观看直播节目。

温州新闻网直播民企对话世界500强 2007年10月，温州举行民企对话世界500强，新华网、人民网、新浪网等近30家国内重点网络媒体转载温州网的报道，新浪网、腾讯还在网站重要位置链接温州网视频直播入口，用“民企对话500强”等关键词在百度、GOOGLE搜索引擎里能搜索到10 000多条相关新闻。温州网已成为对内引导网上舆论、对外宣传温州形象的重要阵地。

温州新闻网用技术提升传播力 2007年，温州网积极跟踪网络技术发展，开展以温州博客为基础的web2.0服务，充分利用博客参与式的架构来报道新闻事件，提升网络新闻的传播能力。充分利用博客平台，挖掘温州日报报业集团记者队伍优势和新闻资源优势，为集团各家报社的主要记者和品牌、特色栏目开通博客，设立记者博客专区，为网站提供大量的、丰富的高质量的内容，提升网站新闻质量降低新闻制作成本，而且凸显新闻网站在Web2.0环境下的特色，提升网站的影响力。温州网充分利用自主开发的具有领先水平的网络互动直播技术，组织各种规模的网络互动直播报道超过20多次，树立温州网直播报道的品牌。

温州新闻网开创数字报纸收费模式 2007年，温州网首创的“数字报纸”发行系统正式上线运行，用户可在温州网上以付费的方式订阅当天出版的《温州日报》、《温州晚报》、《温州都市报》、《温州商报》四份报纸。中国报协电子技术工作委员会组织专家对温州日报报业集团“数字报纸网上发行营销系统”进行技术鉴定，认为该系统在国内首次提供数字报纸发行平台，实现数字报纸网上销售，建立生产、审核、销售、支付和售后服务体系，属于国内首创。数字报纸有4万多的注册用户。温州网已经与北京、上海、天津、云南、南京、宁夏和欧洲的意大利等城市建立销售网点。在国外除现有的意大利外，还将在法国、美国等欧洲和北美国家建立销售点。2007年的数字报纸销售收入达60万元。

温州新闻网移动新媒体业务稳定增长　2007年，温州网对自主开发的本地手机报进行全面改版，增加财经理财类的专版《金股快报》，用户订数明显增长。通过温州移动公司主力业务推广温州手机报。11月底，温州手机报拥有各类用户23万，比年初增加150%，月收入30万多，增长200%。温州网移动新业务另一项品牌业务交通违法短信业务也获得稳定发展。交通违法短信通知业务新老用户合计订户数2.29万，其中新业务用户数4470，增长40%，收入增长40%。 温州网还开展各类大小互动投票活动十几个，累计投票数超过200万，收入增长500%，成为该年增值业务部主要的经济增长点。

温州瞭望做好重大新闻报道　2007年，温州瞭望杂志社推出《2007梦想温州》专题，总结报道“迎接党代会，共谋新发展”献技献策活动，推出《盘点2006温州之最》对2006年温州民生大事作了总结。党代会召开之际，做了《县委书记畅谈发展大计》、《温州新篇章：第三次跨越》等文章，解读温州发展的战略部署。两会期间推出《温州，标高幸福指数》专题。对“解放思想大讨论”活动给予深度报道，刊发题为《解放思想，永无止境》的文章；做《温州劳资关系新境界》报道，为温州特色的和谐社会喝彩，也为党的十七大营造和谐的舆论氛围。

温州瞭望开拓创新　2007年，温州瞭望杂志社通过不断创新，进入良性发展轨道。在报道和栏目设置上，继续做大《温州望族》、《温州老街》等特色栏目，《新视野》再度改版，以贴近市场和读者为导向，开辟《温州藏家》、《寻找温州最美的地方》等新专栏。《新感觉》积极搭建时尚城市生活平台，推出《聚焦富人生活》、《让钱生钱》、《度假，让心去旅游》等贴近百姓的报道，深受读者欢迎。

温州瞭望加强活动策划　2007年，温州瞭望与温州新闻网联合推出“寻找都市新感觉——温州城市生活时尚新锐榜”活动，对年度风尚人物、潮流品牌进行表彰授牌，取得良好的社会效益和经济效益，直接创收180万元，推动温州瞭望的品牌知名度和社会影响力。在庆祝温州日报成立60周年之际，团结各报网摄影记者，成功举办《温州影像——首届温州摄影记者作品联展》，编辑《温州影像》画册。与市委宣传部、统战部合力推出《温州概览》、《世界温州人》等书刊，为广播电台编辑制作《音乐之声五周年》画刊，并编辑出版《温州迈向十一五》、《三十强镇》、《温州新农村建设》、《温州活力和谐企业》、《温州文明单位》等特刊和专栏，收到良好的社会效益和一定的经济效益。

温州瞭望经营工作创新高　2007年，温州瞭望杂志社实现经营收入630万元，其中广告收入450万元，同比增长36%，发行收入180万元，同比增长20%。成功培育家装、汽车、美容等行业广告，有效拉动广告增长，其中汽车广告收入100万，占同城同类媒体60%以上，家装类行业接到广告订单120万。

驻温媒体机构

新华社公开报道温州303篇、内参42篇
2007年，新华社温州支社共发表公开报道、社办报刊等各类稿件303篇、内参稿42篇。公开报道中，《温富大厦特大火灾、温州模式新特点》、《温州私企党建》、《“从小储蓄员到理财明星”的柯茜茜》、《温州成功应对贸易壁垒》、《欧盟认可温州打火机检测标准》、《温州担保业现状》、《泰顺矽肺病案》、《温州建立机制解决外来民工看病难》、《中国民企告倒世界低压电子最大巨头施耐德》、《温州房市调查》等报道被国内外多家媒体采用并引起较大反响，其中1篇稿件被《新华每日电讯》头版头条采用。内参报道中，被评为总社调研稿的11条，其中有4篇被温家宝、周永康、华建敏、吴仪等中央领导批示；浙江省委书记赵洪祝、吕祖善省长对2篇稿件作出批示。

新华社报道“中美知识产权第一案”
2007年7月，美国新墨西哥州联邦分区法院对美国莱伏顿(Leviton)公司起诉中国温州通领科技集团(以下简称通领科技)侵犯其美国专利案作出判决，判定通领科技制造销往美国的GFCI产品(漏电保护装置)，不侵犯莱伏顿公司的美国专利，通领科技等被告依法胜诉。这是美国法院下达的第一份中国企业在中美知识产权官司获胜的判决书，改写了中美知识产权诉讼史上中国企业未能完胜的局面。新华社温州支社社长沈锡权对此跨国知识产权案进行深度报道，在新华社内参、新华网、《经济参考报》、全国各地多家报刊、网络转载，取得较好的效果。对这一事件的新华社内参报道，国务院副总理吴仪作了批示，对实际工作的推进产生了影响。

新华社报道温州财经　2007年，新华社温州支社沈锡权采写的一批关于温州经济改革的深度报道均获得良好的采用效果和社会效果，共有60多篇稿件被新华社总社重点栏目采用。如《面对欧盟贸易壁垒重压，中国鞋企出口如何“突围”》、《浙江个私民营经济面临发展困局及对策研究》、《中国民企国际化面临跨文化难题及对策》、《温州民企上市暗潮涌动》、《温州担保业发展迅速存在问题待规范》、《民企境外合作区或成企业“走出去”新途径》等篇，在新华社的通稿、内参、新华网、《新华每日电讯》、《经济参考报》等多家媒体、网络刊发，取得较好效果。

新华社报道四次强台风　2007年，温州遭受“圣帕”、“韦帕”、“百合”、“罗莎”四次强台风袭击，其中是第一家播发关于“圣帕”台风导致龙港十多人死亡的媒体。2007年9月19日，凌晨强台风“韦帕”在温州苍南县霞关镇正面登陆，新华社温州支社沈锡权与新华社浙江分社记者傅丕毅、新华社总社记者霍小光一起采写《去年“桑美”今年“韦帕”，登陆地都在苍南》、《强台风为何“偏爱”苍南，气象专家分析原因》、《面对强台风，浙江“生命至上”创奇迹》等稿件，被《新华每日电讯》、新华网等数十家报刊采用、多家网络转载。

新华社报道温州非公企业党建 温州全市个体工商户、非公企业占全市工业企业总数的98.8%，工业总产值占96%，税收占70%以上。截至2007年6月底，温州全市非公企业党支部总数达3.1万人，党组织4036个，规模以上私营企业组建率100%，非公企业党组织数量居全国地级市第一位。新华社温州支社沈锡权据此发表新华社特稿、内参，揭示党组织成为温州非公有制企业蓬勃发展的原因，在《新华每日电讯》、新华网等多家媒体刊发取得较好的效果。

新华社报道温州社会热点问题 2007年，新华社温州支社以调研为工作重心，采写一批有较大社会影响的调研稿件。支社沈锡权和汪林义共同采写《高价暴利遇挑战 零利润房成了“眼中钉”》、《个私粮商成为粮食主销区“流通主渠道”》、《富人名人挑战计生国策》、《中国皮都，“壮士断腕”的背后》。汪林义采写《高额“进场费”，“营销惯例”还是“拦路打劫”》、《“120”缘何将流浪病人送往救助站》、《“断头路”提醒了谁？》。许群和汪林义共同采写《楠溪江生态保护调研》等。一些报道得到中央、省相关领导批示。如《温州担保业发展迅速存在问题待规范》得到温家宝总理批示，《中美知识产权第一案胜诉具有重要启示》得到国务院副总理吴仪批示，《温州检察院办案人员频遭打击报复》得到政治局常委周永康批示，《富翁乡里的贫困群体》得到浙江省长吕祖善批示，《瑞安探索新机制破解支农瓶颈》得到中央邻导周永康、华建敏批示。

新华社报道温富大厦火灾 2007年12月12日，温州市鹿城区人民路温富大厦发生一起死亡21人的特大火灾。新华社温州支社记者汪林义第一时间赶赴现场并与随后赶来的温州支社沈锡权、浙江分社记者张和平共同对这特大火灾进行了全程跟踪报道，深入、客观、全面地反映这一事件。

经济日报专题报道外来务工人员 2007年，经济日报温州记者站通过深入调查，根据温州区域经济特点：在外创业温州人100多万，来温外地务工人员288万的实际情况，写出专题报道《共建富裕安康的和谐大家庭——温州市推进社会事业发展纪实》。

经济日报报道温州民生建设 2007年，经济日报温州记者站写出系列获得好评的“民生报道”：《温州启动“利民惠民政策”》、《各方携手完善社会保障体系》、《温州年底建成150个小康示范村》、《温州逐步扩大廉租房保障范围》、《浙江温州打造“半小时”社区卫生服务圈》等。不少稿件成为经济日报月度星和季度精品奖。

经济日报追踪温州民企 2007年，经济日报温州记者站写好民生建设、共建和谐温州的同时，还把立足点放在追踪温州民企变革上。先后采写《温州每天新增2家外向型企业》、《温州民企频频投资农业》、《新际：依靠新品研发后来居上》、《正泰集团进入太阳能产业》、《我们开始储备3年以后的技术》等，获得肯定和好评。

浙报温州分社发稿300余篇 2007年，浙江日报温州分社围绕温州政治经济社会文化领域的重要政策和新人新事，采写300余篇消息、通讯，其中一版要闻56篇。依据温州市委市政府的发展战略，刊登《一次别样的见面“互动”会》、《温州迈开“第三次跨越”步伐》、《群众当面“挑刺”政府当场“拔刺”》、《激发“两创”热情创新发展模式全面改善民生》等报道。

浙报温州分社报道党建工作 2007年，浙江日报温州分社用20个整版策划了“抓党建、筑和谐、促发展，温州首批20家‘活力和谐企业’展示”。刊登《深化非公企业党建强化自主创新能力》、《民企董事长跨企业任党委书记》有影响力的党建主题稿件。

浙报温州分社报道典型事件 2007年，浙江日报温州分社密切关注温州的典型事件，《下山了真好》、《温州出现民营资本回归潮》、《温州民企努力跻身A股市场》、《深度推进“以民引外、民外合璧”》等稿件报道温州的新变革。在“农民‘种文化’”活动中，《扎实推进农民“种文化”活动》等稿件突出反映温州农村的新气象。

浙报温州分社报道典型人物 2007年2月，浙江日报温州分社与温州市委宣传部等单位联合举办的“感动温州十大人物”评选揭晓，随后又涌现出了一批感人至深的人物。连续刊出《好保安孤身勇斗歹徒》、《“我们的孩子是世界上最幸福的”》、《“美丽心灵”掀起如潮激情》等多篇报道，其中《安徽民工义举感动温州》系列报道得到省委书记的亲笔点评。

浙报温州分社报道抗台工作 2007年8月至10月，“圣帕”、“韦帕”、“罗莎”先后袭击温州，其中“韦帕”、“罗莎”均在苍南登陆。浙江日报温州分社全体记者第一时间赶往抗台前线，对温州干部群众齐心抢险做了详尽报道，刊登《台风夜，紧急大营救》、《南麂岛：2500名游客安全转移》等多篇优秀稿件。

浙江电台及时报道温州新闻 2007年，浙江人民广播电台新闻综合频道的《全省新闻联播》、《浙广早新闻》做到重大新闻不漏报。在报道中，始终坚持客观、公正以及正面报道为主的原则，能抓住突发事件，快速反应。紧紧围绕温州市委、市政府的中心工作，开展多角度，全方位的报道。2007年，温州市遭受台风“罗莎”、“韦帕”、“圣帕”的袭击，温州记者站在报道抗台风工作期间，按照频道领导的指示，深入台风登陆前沿，24小时不间断地发回相关消息，采写及时、鲜活的录音专稿。与浙江人民广播电台新闻台《阳光行动》栏目合作，采写8篇舆论监督稿件，以公正客观的立场进行报道，积极组织《阳光行动》来到温州开展“走遍浙江——温州现场直播”活动。记者站对该活动进行全过程的跟踪、协助，直播活动在听众当中引起较大反响。

中新社报道温州重大活动 2007年，中新社温州支社报道温州的一些重大活动，如招商引资、政府改变工作作风、人大政协两会的召开等，中新社采取通讯、消息的方法，充分向外展示温州的风采。这些报道有《温州推出07年招商项目引进外资银行列入重点》、《温州市开展"阳光行动"树"阳光政府"形象》、《40多家世界五百强企业会聚温州对话浙江民企》等。

中新社报道温州人投资新动向　2007年，受美国次债危机的影响，温州外贸出口不同程度受到影响。国际上的经济风波对温州企业构成新的挑战。面对全球经济风暴，中新社关注着温州企业的每一点变化。这些报道有《8月份温州外贸进出口增幅下降明显》、《欧盟新CR法规实施温州企业将再次赴欧谈判》、《交往史悠久　越南投资环境开始吸引温州商人》、《温州非公有制企业享受国企外企同等待遇》、《40多家世界五百强企业会聚温州对话浙江民企》等等。

中新社报道温州自然灾害　2007年，中新社全方位报道台风影响温州的消息。这些报道有《超强台风"圣帕"将临》、《　温州启动防台预案应对》、《台风"圣帕"致浙江温州死亡人数增至14人》、《台风"罗莎"登陆地附近温州苍南无人员死亡报告》、《直面台风"罗莎"的新老温州人》等。

中新社报道温州社会新闻　2007年12月12日，中新社在第一时间，准确地报道发生在温州的特大新闻，如：发生在温富大厦的特大火灾新闻。这些新闻有《温州高楼大火被扑灭已有21人死亡143人被救出》、《温州苍南金乡台挂历展　展出百年风情》等。

中新社关注台胞、侨胞　2007年，中新社报道台胞、侨胞的有《台湾现代化的奠基者——刘鸣传》、《温州瑞安三十七位海外侨领回乡"充电"》、《浙江瑞安水产品受华人喜爱　远行海外献乡情》、《浙江籍台湾学生参访团：难忘温州　盼尽地主之谊》、《马英九、吴伯雄电贺温州台协会成立六周年》等。

广播电视宣传工作

党的十七大宣传报道　2007年，温州广播中心新闻综合频率开辟《创新、发展、跨越——迎接十七大》和《十七大代表风采录》等专栏；电视新闻综合频道推出《喜迎十七大》、《主播带你看变化》、《干在实处，服务百姓》等5个专栏，制作8集大型系列专题片《第三次跨越》向十七大隆重献礼；电视经济科教频道推出《十七大代表风采》和《迎接十七大，百晓看变化》两组系列报道；电视都市生活频道推出成就类系列报道《盛世看盛景说盛事》、《喜迎十七大，数字看温州》、动态类系列报道《爱我温州，共建和谐都市》、《咱老百姓今天真高兴》和《以优异成绩迎接十七大》等专栏；电视公共频道开设《喜迎十七大》之"民生看点"、"文化亮点"、"城市新景点"三个系列专栏。广播和电视全方位地报道十六大以来温州取得的重要成就和温州干部群众喜迎十七大的精神面貌。频率、频道主动转播十七大开幕式和有关十七大的重要节目，开设《聚焦十七大》、《连线北京》和《连线十七大代表》等专栏进行报道，介绍会议的议程、内容、重点、亮点等，讲述参加盛会的感受，并且报道全市各地、各阶层对十七大报告的热烈反响和全市干部群众收看十七大的盛况等。会后阶段，广播主频率、电视主频道都开设《贯彻落实十七大精神，推进温州第三次跨越》、《代表归来谈贯彻》和《学习十七大——县（市、区）委书记和局长访谈录》等专栏；电视经济科教频道《求是论坛》理论栏目制作播出《解读十七大》系列专题节目；11月，广播和电视主频率频道又推出《高举旗帜，创新跨越》的主题宣传。

省第十二次党代会的宣传报道　2007年，温州广播电视主频率主频道等分别开设《喜迎省党代会》专栏，展示新成就、宣传新业绩，为省党代会召开营造气氛。会议期间，广播新闻综合频率推出《连线省党代会》、《广播记者看盛会》、《代表感言——来自省代党会的声音》等特色栏目；电视新闻综合频道推出《直通省党代会》、《代表心声》专栏和《富民强省》专题报道。组成10人的报道组，前往杭州及时报道大会盛况和温州代表团风采，做到当天节目当天传输、当天播出，使温州干部群众看到温州代表团参加大会的盛况，听到温州党代表的声音。

市第十次党代会宣传报道　2007年，温州市第十次党代会是启动温州"第三次跨越"的历史性会议，全台共投入近300名采编播、技术和行政等人员。广播中心和四个电视频道年初陆续推出《迎接党代会·共谋新发展》、《我为温州发展献一计》、《展示新成就，迎接党代会》、《新成就，迎盛会》、《从老照片看温州变化》、《数字看温州》和《市民身边的变化》等一系列专栏专题报道，为市党代会的召开营造舆论氛围。广播、电视分别对党代会开幕式进行现场直播，广播中心推出大量议程报道和《解读"第三次跨越"》系列报道；电视新闻综合频道连续五天推出《直通党代会》专栏和《解读党代会报告，展望第三次跨越》等多期专题节目；电视经济科教频道开设《喜庆党代会，共谋新跨越》专栏，播出党代会新闻50多篇，还摄制《经济学者谈现代经济强市建设》、《社会学者谈创新型城市建设》等节目；党代会闭幕后，广播中心和电视各频道立即推出《落实党代会精神，实现第三次跨越》等专栏。

人大、政协"两会"报道　2007年，"两会"期间，温州广播中心开设专栏6个，进行直播2场，播发稿件110篇；电视各频道推出专栏和系列报道20个，制作专题或特别节目10多期，电视现场直播2场，播发稿件280多篇，为"两会"营造舆论声势。宣传工作紧紧抓住推进"第三次跨越"这一主题，开设《迎两会，谈发展》、《喜迎市两会，实现新跨越》、《新征程、新跨越——两会专题报道》、《代表、委员话"跨越"》、《两会声音》和《两会话题》等针对性强的专栏，对代表、委员有关市委提出的第三次跨越的基础、条件、内涵、目标、任务、支点、途径等的讨论和共识一一进行报道。广播电视推出《百姓看两会》、《2007民生新看点》、《民生视线看两会》、《看两会谈民生》、《议案提案系民生》、《两会数字》、《民生中转站》等专栏和专题节目。在节目形式上，注重体现受众参与和互动，重点突出代表、委员、干部和群众的心声，如《直通两会》、《"两会"连线》、《"两会"互动平台》、《"两会"互动话题调查》等。

“第三次跨越”主题宣传 2007年，温州广播新闻综合频率、电视新闻综合频道相继开设《推进科学发展，实现第三次跨越》、《创新发展求跨越》、《凝心聚力建和谐，服务大局促跨越》、《解放思想，推进跨越》、《富民攻坚在行动》等专栏，对全市第三次跨越的各项举措和行动进行大量报道。电视新闻综合频道制作八集大型系列专题片《第三次跨越》，对第三次跨越的重大意义和开局成就作全面宣传；电视经济科教频道推出四集专题系列片《共话第三次跨越》，对在跨越中努力建设现代经济强市、创新型城市和群众满意的和谐城市进行深入宣传，制作《自主创新引领企业未来》、《寻找新的经济增长点》、《聚焦温州民企发展与第三次跨越》、《温州服装业如何实现第三次跨越》和《节能降耗在温州》等一大批专题节目，举办《高举旗帜、创新跨越》论坛特别活动；电视都市生活频道推出《走进新农村》和《倡导文明出行》等活动；电视公共频道制作《打造阳光政府》、《共话平安温州》、《迎接文化大发展》和《保卫蓝天》等一系列专题节目。

“三项重要活动”主题宣传 2007年，温州广播中心和电视各频道开展持续半年多的时间宣传报道“三项重要活动”，播出消息280多篇，专栏、专题节目众多。联合市委宣传部和温州日报报业集团共同举办五场万人电视大讨论活动，分别就如何建设幸福家园、迈向经济强市、建设新农村、打造阳光政府和“我为跨越做什么”开展热烈深入的讨论。开展政府阳光行动系列报道、领导干部蹲点调研系列访谈、跨越之路系列访谈等，广播中心推出《作风建设大家谈》、《转作风、创新业、树风范》、《蹲点感受——连线县（市、区）委书记》和《蹲点看成效》等专栏，电视各频道推出《转变作风，推进跨越》、《作风建设年》、《树新形象，创新业绩》、《走进矛盾，破解难题》和《作风建设与惠民行动》等专栏，制作《暗访机关作风》、《与百姓零距离——温州领导干部蹲点调研活动纪实》等专题片，反映作风建设年及其主题实践活动取得的成效和经验。

“创建学习型社会”主题宣传 2007年，温州广电总台对市委十届二次全会提出的“全面深入开展创建学习型社会活动”的决策进行深入宣传，在日常报道中突出对学习型机关、企业、村镇、社区和家庭的典型宣传，并且制作《创建学习型社会，促进人的全面发展》等专题节目，与市委组织部电教中心联合制作抗台知识教育专题片《话说台风》，积极办好《求是论坛》、《瓯越科普》和《教育时空》等自办的日播和周播栏目，继续引进播出每日一期的《前沿讲座》节目，多次与有关部门联合开展《森林法》知识竞赛、“温州第三届英语之星大赛”、“3.15”晚会、“6.15环境日晚会”等有关门类的知识性电视活动，推动创建学习型社会活动深入开展。

“先进典型人物”主题宣传 2007年，温州广播中心和电视各频道积极追踪与报道社会上涌现出的各类先进典型人物和群体的事迹，先后突出宣传见义勇为被砍成重伤的新温州人卢丙会、“千里赴单骑”至贵州山区为病危孕妇献出稀有血型血的大学生毛陈冰、置肝癌晚期而不顾于超强台风袭击中安全转移近百名群众的出租车驾驶员王得付、危急中勇救两幼童的铁道工王贵利、帮助500名贫困生喜圆上学梦的希望老人石进才、含辛茹苦十几年抚养十名弃婴的余上忠夫妇和为维护社会稳定构建和谐社会作出重要贡献的瑞安市场桥边防派出所全体干警等先进事迹，在社会上形成强烈的反响。电视新闻综合频道还面向社会开展“学学闲事婆，当当和事佬”活动，继续举办一年一度“感动温州十大人物”评选活动，对候选人事迹一一开展广泛的宣传；电视都市生活频道协同省台开展“浙江骄傲人物”评选活动。

“防御三大超强台风”的宣传 2007年，超强台风“圣帕”、“韦帕”、“罗莎”接踵而至，对温州造成严重影响。为做好防台抗台宣传，温州广电全台迅速启动防台报道应急预案，大量运用游走新闻字幕、现场连线报道、整点新闻播报等方法，快速播报台风最新消息和抗台工作的各项部署与动态，采用电信“全球眼”视频系统、卫星直播等技术手段提高报道效果。广电网开设抗台专题视频，发挥网络传播迅速、容量大的优势进行宣传。在“韦帕”超强台风登陆温州时，取消所有与抗台无关的广播电视节目，临时建立大编辑部机制，采取广播三套频率、电视四个频道分别并机直播的方式，推出大容量、高密度、全方位的防台抗台特别节目报道。在三次防御超强台风的宣传中，全台共派出记者1000多人次、采访报道新闻1200多条，游走字幕6万多字，上传新闻稿件400余条。

民生宣传工作 2007年，温州电视新闻综合频道《闲事婆和事佬》栏目与市福彩发行中心合作成立福彩救助金，全年累计为困难群众筹集300多万元的爱心救助金；经济科教频道《百晓讲新闻》栏目开设《寒风中的暖流》、《爱心助学行》等爱心专栏，组织社会有关方面为受灾群众和山区贫困生提供捐款和资助；都市生活频道《温州零距离》栏目连续开展“零距离助学行动”、“情系‘三老’人员”爱心募捐活动、免费送新温州人返乡活动、“新闻服务站为你讨工资”特别活动、“征集社区十大需要解决的难题”报道活动等，在泽雅镇中心小学建立“温州零距离图书室”，在“手拉手为灾区困难家庭孩子捐献儿童节礼物”活动中募集的礼物和文教用品18万元；公共频道在《绝对关注》栏目中开设《慈善在线》专栏，募集助求资金100多万元，并且制作《流动摊贩如何管理》、《如何解决看病难》、《关注择校费》和《孔明灯隐患》等深得观众好评的节目。广播新闻频率策划推出《情暖温州》和《关注新温州人子女上学》的特别报道，交通频率在抗台和高考期间均组织出租车司机成立应急服务队，为急需帮助的人提供服务。

举办大型活动 2007年初，温州广电总台联合市委宣传部、温州日报报业集团共同举办《冬天里的温暖——情系灾区特别行动》，发动全社会为灾区、震区人民再次捐款捐物，动员灾区、震区加快安置房建设。广播中心和电视新闻综合频道还对灾区人民住新房、过新年进行现场直播。积极协助中央电视台在温州举办《“春暖2007”全国最受农民工欢迎的十大城市颁奖仪式》，

翁卿仑/摄

翁卿仑/摄

许日尤/摄

1. 6月6日，甬台温高速公路温州段举行隧道群交通事故应急演习。
2. 9月6日，市消防队在原三维集团厂区举行重特大化工火灾事故应急预案演练。

1
2

陈 翔/摄

户春雨/摄

陈 翔/摄

赵 用/摄

郑晓群/摄

1. 10月6日，强台风“罗莎”带来的强降水使苍南县藻溪镇下山虎村低洼地段最深处积水近三米，武警温州支队苍南中队的官兵在奋力转移被水围困的群众。
2. 8月21日，台风“圣帕”过后龙港镇民兵应急分队来到该镇平等办事处布贤村，开展清理废墟拆除危房活动，帮助灾民早日重建家园。
3. 8月20日，台风“圣帕”过后，苍南县人武部干部将价值万余元的方便面、大米等救灾物资送到龙港镇受灾户的手中。
4. 10月7日，台风“罗莎”登陆后，矾山至观美道路，山体发生塌方，工程人员冒着风雨紧急出动清障，使受阻的车辆安全顺利通行。
5. 9月19日，台风“韦帕”带来的强降水，造成市区一些街道积水。图为市区府学巷积水的情景。
6. 8月18日，随着第9号超强台风“圣帕”的逼近，担负温州市抗台抢险任务的军分区海防营、船队等单位积极做好抗台抢险救灾准备。

苏巧将/摄

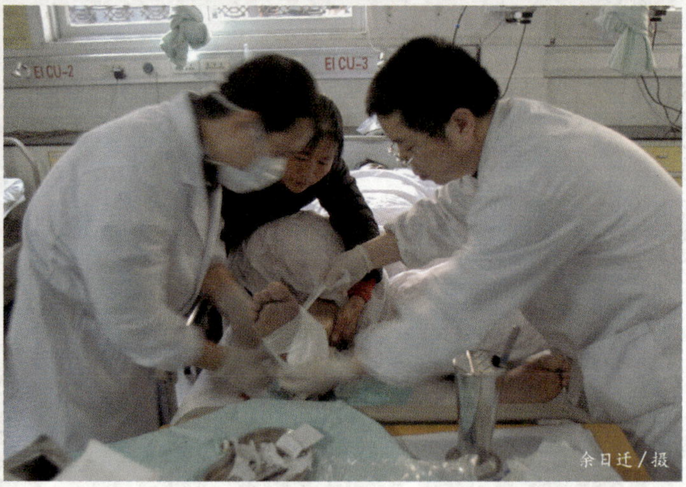

12月12日8时20分，市区温富大厦底楼发生特大火灾

1. 火灾现场
2. 消防队员奋力灭火
3. 消防队员在救援中受伤
4. 抢救伤员

推荐新温州人代表作为颁奖嘉宾。现场直播第十二届世界夏季特奥会温州执法人员火炬跑仪式、2007年浙江温州轻工产品博览会开幕式和泰顺县新58省道开通仪式等。统一推出和开展“广播电视受众日”活动、“迎新年听众联谊会”、全国36家“州”字号城市电台迎新春“锦绣神州踏歌行”、“和谐中秋”新温州人大欢聚、第七届司机联谊会、经典老歌专场赏听会、“流行音乐30年回顾”温州百名歌手演唱会、本土歌手广播演唱会、音乐之声开播五周年晚会、音乐校园行、“十足”欢乐送、丹璐广场万人相亲会和2007年听众最喜爱节目评选等系列活动；电视各频道推出“感动温州十大人物”评选、“十大影响力家庭”评选、“十大魅力家庭”评选、温州中小企业三十强颁奖、温州非公企业十佳精神文明活动创新奖暨百名优秀新温州人颁奖、胡润百富温州品牌价值榜揭榜、中国女子围棋公开赛三番棋决赛直播、春季农业信息发布会、为劳模免费体检、军民和谐庆中秋、百万新温州人游温州、“新消费·影响力”时尚品牌评选、第四届新温州人才艺大赛、第五届十大IT歌手大赛、第六届十大广告模特大赛、汽车宝贝评选、爱车年度车主评选、嘉乐迪之星K歌大赛、网络歌手大赛、“星魅力”歌友会、“绝对唱响”大赛、梦想中国大型公益演唱会、“舞彩之星”舞蹈大赛、关爱留守儿童晚会、金色童话欢乐小主播竞赛和大型国际冰灯冰雪节等多项活动。

宣传工作创优创牌　2007年，温州广电进一步实施创优责任制，全年作品获得省级政府奖57件，其中一等奖9件，二、三等奖各24件。在全国第十届精神文明建设“五个一工程”奖评选中，电影《村支书郑九万》获得入选作品奖；有6件作品在浙江省第九届精神文明建设“五个一工程”奖评选中获奖，温州市获全省组织奖；在温州市第四届精神文明建设“五个一工程”奖评选中，有8件作品获奖，并获得组织奖。广播中心设立《交通直播室》，开办《行风热线》栏目，开通交通频率，对原有三个频率实行节目改版；电视新闻综合频道对《温州新闻联播》栏目扩容提质，对《闲事婆·和事佬》栏目进行深度打造，收视率跻身前列；电视经济科教频道推出《马津龙财经会客厅》、《理财五分钟》和《爱车》等新栏目，在其品牌栏目《百晓讲新闻》开播三周年之际，策划推出一系列自我宣传活动；电视都市生活频道将品牌栏目《温州零距离》打造成“民生版”和“现场版”，设立新闻服务站与百姓零距离接触，并且打造《都市故事会》栏目，开办《“星魅力”歌友会》栏目和《HELLO美语》英语栏目，取得良好效益；电视公共频道引进《今日股市》栏目，推出《尾市盘点》栏目和《乐事保姆》栏目，创办《温州大剧院》，在品牌栏目《政情民意中间站》开播五周年之际举办以“和谐、创新”为主题的系列活动，出版《温州对话——走进<政情民意中间站>》图书。

对外宣传工作　2007年11月底，温州广播中心、电视各频道共向省级以上媒体传送3363条，央视媒体选用98条，省卫视选用468条，省台其他频道选用1060条，稿件上送总量和省级媒体用稿总量在全省城市台名列前茅。其中，广播中心向省级以上电台发稿80多条，中央人民广播电台选送用10条。通过浙江城市台新闻协作网、华东地区城市台新闻协作网传送稿件460多条。与央视四套、九套以及黄河电视台等对外播出机构建立良好关系，“上送”节目取得新的突破。上半年，组织人员先后到国务院新闻办所属的黄河台和黄河台华东记者站进行工作交流。广播中心与浙江电台城市之声联手开展“和谐中秋”新温州人大欢聚主题活动；电视新闻综合频道制作一批专题片在美国斯科拉电视网、黄河台以及央视一套、二套、四套、河北、天津、宁波、舟山等多家电视机构播出；经济科教频道在见义勇为人物卢丙会的报道中，和卢丙会家乡的安徽电视台开展跨省际双向合作，宣传温州人和新温州人的壮举、善举等。开通浙江城市台新闻协作网、华东地区城市台新闻协作网，增强与兄弟台之间的交流、沟通和节目资源共享。开设部分节目网络下载功能，让海内外温州人和关心温州的外地人能更好地收听收看温州广播电视节目；《百晓讲新闻》栏目视频通过温州广电网进入欧联传媒网，欧洲地区的温州华侨可以流畅地在线收看家乡话的新闻节目。电视新闻综合频道制作完成2007年版的外宣专题片《温州》，并以中、英、日三种语言介绍温州，制作光盘发行；配合央视完成《走遍中国》、《复兴之路》、《温州商人》和《跨越中国制造》等专题片在温州的拍摄，并与浙江卫视合作《创业强省之路》等节目；电视经济科教频道策划、摄制完成温州旅游外宣专题片《奇山秀水　东瓯圣境》，并刻录光盘，在北京举行的国家级风景名胜区展播活动中反响良好；该频道又在电视台演播大厅迎来德国贵宾，摄制《中国民企对话德国前总理施罗德》等大型节目。在中国（温州）民企对话世界500强论坛活动中，广播中心和电视各频道均制作和播出大量富有影响的节目。

卫 生

综 述

2007年，温州市有公立医院48家（其中综合医院29家，中医医院10家，专科医院9家），民营医院41家（数量全省第一），中心卫生院59家，乡镇（街道）卫生院300家，社区卫生中心113家，社区卫生服务站304家，基本形成了以城市医院为骨干，社区卫生服务机构为基础，民营医院为补充的医疗卫生服务体系。温州医学院作为省重点大学，全日制在校生达1.6万人，具有博士学位授予权，现有省部共建国家重点实验室培育基地1个，省、部级重点实验室（研究中心、基地）10个，省重点学科8个。2007年，全市有卫技人员30 408人，每千人医生数1.70人；实设病床18 612张，每千人床位数2.43张。孕产妇死亡率4.40/10万，婴儿死亡率4.87‰。农村自来水普及率89.78%，农村卫生厕所普及率73.16%，人均期望寿命78.14岁。全市医疗卫生事业经费54 514万元（不包括基本建设投资经费5953万元和医疗保障经费3251万元）。

便民医疗改革

医疗机构内部管理 2007年，温州市推行阳光院务，加大医疗信息公示力度，提高医疗收费透明度。在省、市级医院推行诊疗预缴费结算一卡通系统，简化看病程序。在市级医院主要服务窗口实施服务质量评价系统，自觉接受患者监督。推行医院弹性工作制，满足不同层次病人的医疗需求。

医疗机构基本建设 2007年，温州市政府召开专题会议，落实一系列解决医疗机构发展问题的具体措施。温医附属二院过街隧道设计方案敲定，医院老食堂拆迁完毕，综合病房大楼项目已报批，温十三中校区作为其非医疗用房已投入使用；市二医综合病房大楼配套工程已完成招投标，进入施工阶段；市中西医结合医院病房大楼顺利结顶；市妇幼保健院项目正在规划调整；市中医院迁建进入方案设计阶段。市急救中心规划用地、人员编制等问题基本解决。

城乡社区卫生服务工作 2007年，温州市政府召开城乡社区卫生服务工作会议，出台《关于加快发展城乡社区卫生服务工作的实施意见》，明确乡镇（街道）卫生院为差额拨款的全民公益性事业单位，市辖三区按城市、农村常住人口每人每年分别不少于30、20元标准安排社区公共卫生服务专项经费。城区、社区卫生服务机构设置规划草案编制完成。11个省级社区卫生服务中心示范点和龙湾区创建省级社区卫生服务先进区通过验收。温医附属一、二院支援13家社区卫生服务中心有序进行。全市建成社区卫生服务中心78家，在建90家；建成服务站188家，在建177家。

卫生服务进社区 2007年，温州市开展卫生服务进社区活动，召开座谈会16次；组织大型义诊15场，接受义诊群众3200人次；组织街道、社区干部免费体检1110人次，为75户生活困难群众捐赠慰问金7.5万元。举办社区保健知识讲座72场次，接受教育群众达13 800人次，发放健康读本23 000份（册）。10家惠民医院为48 497人提供优惠服务。市区9家惠民医院接诊病人1148人次，发生费用21万元，其中减免费用2.6万元。

卫生监督执法

食品卫生专项整治 2007年，温州市出动执法人员41 546人次，查食品生产经营单位61 337家次，取缔无卫生许可证971家次，销毁食品8048万公斤，立案2966件，罚款660.69万元。实施食品卫生量化分级管理15 328家，其中评定A级45家，B级233家，C级14 858家。食品抽检2121份，合格率78.08%；餐具抽检43 915份，合格率为60.4%。餐饮消费领域食品安全整治取得较好成效。学校食堂及县城以上餐饮单位持卫生许可证率、建立分级管理制度率、建立进货索证台账制度率、检查餐饮单位使用非法原料行为率均为100%。

医疗市场监管 2007年，温州市出动执法人员15 444人次，取缔无证诊所3373户次，立案693件，罚款477.03万元，吊销《医疗机构执业许可证》3户。检查民营医院25家，限期整改9家。查处非法开展终止妊娠、结扎手术医疗机构33家、卫技人员25人，查处非法开展选择性别人工终止妊娠3次，未取得专业资格证书从事B超诊断行为7人。查处发布违规医疗广告医疗机构40家次，处罚15家次。

公共场所监督检查 2007年，温州市监测宾馆、旅店、桑拿、足浴、理发美容等场所11 692份，合格率为91.01%；

温州市第二人民医院　始建于1897年（清光绪23年），是浙南地区最早的西医医院。现已发展为集医疗、科研、教学、预防、保健为一体的三级综合性医院。2002年至今，先后与温州市医药科学研究所、温州市第五人民医院、温州市肿瘤医院资产重组合并，成为市属医疗单位首家“三院一所”格局的医疗机构。2007年12月，温州市肿瘤诊疗中心在该院挂牌，并成立复旦大学附属肿瘤医院肿瘤学温州基地。

医院有两个院区，占地面积78.1亩，职工1523人，其中主任医师53人，副主任医师144人。开放床位1300张，设病区38个，临床专科38个，医技科室18个。其中消化内科、泌尿外科、儿科、肿瘤放疗科、神经内科、急救科、肿瘤外科、临床药学、心血管内科、超声医学是温州市医学重点学科，脑科学科群、肿瘤诊疗学科群为温州市医学重点学科群。有18个市级医疗质控中心与诊疗中心挂靠于医院。

医院拥有瓦里安直线加速器、飞利浦1.5T双梯度核磁共振（MRI）、西门子数字减影心血管造影机（DSA）、GE16层螺旋CT、奥林巴斯大型生化分析仪、多普勒高级彩超仪、GE中央监护系统、德国Drager麻醉工作台、美国ABI3130基因测序仪等一批先进医疗仪器设备，建有高标准的中心实验室，形成强有力的医疗质量保障体系。

1 住院大楼效果图
2 复旦大学附属肿瘤医院肿瘤学温州基地成立
3 医院新规划图
4 门急诊医技综合楼

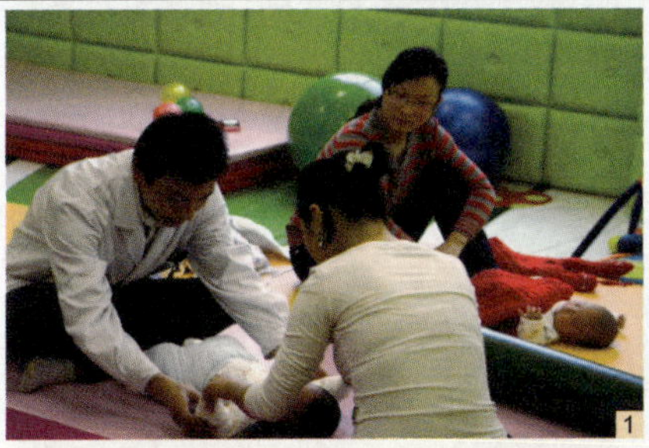

温州市第三人民医院　位于信河街东侧，是一家具有九十五年悠久历史的既有鲜明专科特色，又有较强综合实力的三级乙等综合性医院。开放床位800张，设21个病区，32个专业学科，10个医技科室。附设温州市体检中心、温州市医院感染管理质控中心、温州市计划生育技术指导中心、温州市生殖健康保健中心、温州市儿童听力诊断和治疗中心。设有全市一流的儿童保健中心、母婴健康中心，是温州市交通事故绿色急救中心医院、温州医学院等高等医学院校的教学医院。作为市妇幼保健院，拥有一支规模化、专业化的妇幼保健专业队伍，是温州地区危重孕产妇的抢救中心。

医院拥有西门子1.5T核磁共振成像装置、西门子16排螺旋CT扫描机、GE1250mA数字减影血管造影机、岛津800mA数字胃肠机、阿克发计算机成像系统、贝克曼全自动生化分析系统和流式细胞仪、十余台进口彩色多普勒超声诊断仪及各类诊疗用内镜价值5600多万的先进医疗设备。

医院秉承“崇德崇新、至精至诚”的院训。拥有血液内科、妇产科、消化内科、心血管内科、神经内科、普外科、骨科等九个省、市重点专科。呼吸内科、肾内科、内分泌科、脑外科、泌尿外科、肿瘤外科、肛肠外科等专科发展较快，在温州地区享有较高的声誉。医院现有职工1151人，中高级专业技术人员358人，其中高级职称125人。

医院坚持精神文明和物质文明两手抓，曾先后获得省级“文明医院”、省“优质医疗、优质服务”竞赛优胜医院、“全国百姓放心医院”等称号。自2007年以来，与12个基层医疗机构结对帮扶，长期以人员免费培训、双向转诊等措施支持基层医疗机构发展。2008年与新加坡国际管理学院合作开展“优质服务体系建设工程”，致力于打造温州优质服务第一品牌医院，努力为温州人民提供更为便捷、安全、价廉、高效的医疗卫生服务。

医院地址：温州市仓后57号
服务咨询电话：88059889

1 婴儿早教
2 住院大楼
3 温州首家母婴健康中心

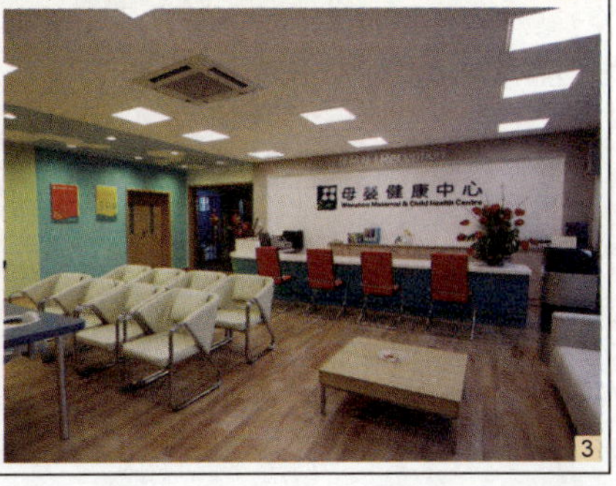

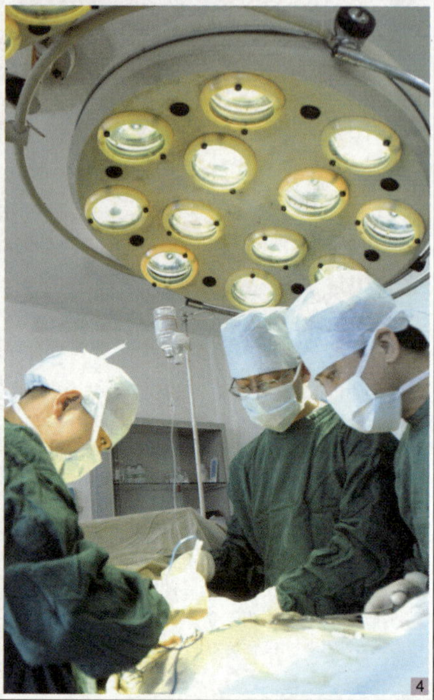

1 温州市中医院景山院区
2 医院门诊楼
3 血透室
4 外科手术

温州市中医院 创建于1923年，现系浙南地区级别最高，规模最大，整体服务功能最强的综合性中医医院，国家三级乙等中医医院。医院占地面积51亩，现有在编职工405人，高级卫技人员41名，中级卫技人员92名，开放床位420张。

多年来，该医院走“以中医为特色，中西医结合”的发展道路，坚持“以病人为中心，以质量为核心”的办院宗旨，竭力为广大患者提供优质高效的医疗服务。医院开设内、外、妇、儿、骨伤、针灸、推拿、理疗、康复等一级科室18个，病区10个。在肾病、肝胆、胃肠、呼吸、肿瘤、心脑血管病、中风偏瘫康复、乳腺病、不孕症、先兆流产、子宫肌瘤、颈腰椎间盘突出、骨关节炎、骨髓炎、脉管炎等专科的中医、中西医结合治疗方面具有地区领先水平。

2007年，该医院被列为浙江省中医药攀登工程名院建设单位，中医妇科、肾病科、肝病科被列为名科建设对象，保持在地区中医药发展建设中的领先地位，成为浙江省中医药大学附属医院、温州医学院和江西中医学院的教学医院。医院学科地区辐射性强，现有国家级中医重点专科1个、省中医重点学(专)科3个、地市院级重点学科4个。连续四年评为温州市行风建设先进单位，并在2001年荣获市文明单位。

地址：温州市锦绣路75号 （乘3、8、9、25、22、27、36、38、39、42、69、201路公交车到达医院门口）
联系电话：88913745、88913812
传真：88915775

1 2 建设中的中西医结合医院住院大楼

温州市中西医结合医院 是市属国有三级乙等综合性医院，东临绣山公园，北靠锦绣路。现有职工660名，核定床位800张，院区占地面积60亩，总规划建筑面积85 000平方米，为浙江中医药大学、温州医学院教学医院，联合国科教文组织授予“爱婴医院”称号，浙江省首批省级绿色医院。医院现有高、中级临床医技人员近300名。设急诊科、内科、外科、妇产科、儿科、伤骨科（创伤外科、手外科、脊柱外科）、神经内科、神经外科、消化内科、肾内科、心血管内科、康复科、男科，以及泌尿外科、内分泌、肛肠科、耳鼻喉科、针灸推拿等专科。其中妇产科、伤骨科、神经内科、男科为省、市重点专科。拥有1.5T超导核磁共振，PCR（临床基因扩增实验室）、8人座医用高压氧舱等先进设备。

建设中的温州市中西医结合医院住院大楼为市重点工程，是目前温州市单体建筑面积最大的病房大楼，楼高25层，建筑面积5.2万平方米，设计床位1000张，将于2009年投入使用。

医院全体职工努力树立“仁爱、至诚、严谨、奋进”的理念，开拓进取，共筑医院发展的新平台。不断提高医疗服务水平，为广大患者提供更加优越的就医环境和更为满意的医疗服务。

抽检生活饮用水1073份，合格率为66.71%；抽检化妆品296份，合格率为80.74%；抽检消毒产品990份，合格率为99.49%。

职业卫生监督　贯彻《职业病防治法》，检查企业1752家次，限期整改701家，罚款65家，合计金额162.9万元。组织45 691名从业人员职业健康体检，体检率为53.5%。全市有生产环境职业危害企业5743家，申报3700家，申报率为64.43%。

农村卫生

新型农村合作医疗制度　2007年，温州市政府把新型农村合作医疗制度工作纳入民生工程和五件实事中，与各县（市、区）政府和有关部门签订责任书，同比增加财政投入560万元。市级信息化平台与市辖三区及10家市区定点医疗机构实现对接，9个县（市、区）完成信息化建设。8个县（市、区）新农参合基金通过审计部门审计。全市参合人数422.8万，参合率达83.35%，人均筹资水平达70.32元，受益农民55.6万人次，住院补偿率为18.54%。

乡镇卫生院建设　2007年，温州市政府把乡镇卫生院"新六件"配置和危旧房改造列入为民办实事内容。275家建制乡镇（街道）卫生院1354件"新六件"装备全部配置到位，市本级财政投入1780万元。31家乡镇卫生院危旧房改造任务全面启动，18家已动工建设（其中4家已竣工），13家完成立项。继续加强省200强和市50强农村示范卫生院创建，有4家卫生院通过省级200强中期评估，2家卫生院通过省200强终期评估，落实市级50强创建经费675万元。

农村公共卫生服务管理　2007年，温州市聘任责任医生4253名，乡镇公共卫生管理员242人、村级联络员3751名，覆盖率100%。农村公共卫生服务项目三大类12项综合达标率86.88%。建立农民健康档案245.3万份，建档率78.28%，农村健康教育资料户覆盖率88.93%，在乡镇及以下医疗机构就诊患者占67.46%，计划免疫接种率96.49%，农民对社区卫生服务机构和社区责任医生满意率为90.3%。累计体检农民250.2万人。

农村卫生扶贫　2007年，温州市安排32家省、市级医院与6个县实行对口扶贫，组织253名省、市级医院中级职称以上医生到基层定期工作。落实8名医师参加万名医师支援农村卫生工程。全市安排483支医疗队参加卫生下乡3524人次，诊治病人73 679人次，抢救危重病人186人次，开展手术1498例，消耗药品价值84.7万元，捐赠器械价值40.8万元、捐赠扶贫经费61.7万元，免费提供进修298人次、带教业务骨干436人次。

公共卫生体系建设

公共卫生体系建设　2007年，乐清市、瑞安市、永嘉县公共卫生中心顺利竣工；永嘉县、平阳县、洞头县疾控中心已结项。所有县级以上医疗卫生机构和建制乡镇卫生院实现网络直报。举办霍乱防控应急演练和全省鼠疫防控技术培训演练。开展重点传染病防控、急救、心理危机干预等知识培训，成立市级卫生应急机动队15支。市传染病院完成基建前期工作。龙湾区、瑞安市、苍南县和永嘉县人民医院传染病区建设进展顺利。

医疗救治体系建设　2007年，温州市制定《市突发公共事件心理危机应急干预行动方案》。全年市急救中心120专线受理呼救电话20.78万个，急救出车11 502次，运送急救病人8406人次。龙湾区、瓯海区设置急救分中心；文成县成立急救指挥中心。

预防保健

传染病防治　2007年，温州市报告甲、乙、丙类传染病40 721例，死亡34例，同比基本持平。组建艾滋病防治知识宣讲团，培训领导干部7185人。全市建成初筛实验室26个，确证实验室1个，免费接受抗艾滋病病毒治疗50人。参加自愿免费咨询检测8033人次，检出HIV阳性11人。各社区药物维持治疗门诊累计收治海洛因成瘾者2328人，报告艾滋病感染者138例，其中病人25例。219个肠道门诊监测点开展疫情监测。全市报告霍乱病人19例，健康带菌者10例。免费治疗6867例肺结核病人。举办12期高血压防治培训班，调查确诊精神疾病患者6000多例。对317个预防接种门诊进行复核认定。组织15岁以下儿童乙肝疫苗查漏补种工作，首针应补种203 479人，已补种195 967人，补种率为96.3%。

妇幼保健工作逐步加强　2007年，温州市孕产妇死亡22例，其中本市户籍3例，同比减少2例，死亡率为4.40/10万；流动人口19例，同比增加6例，死亡率为28.83/10万。婴儿死亡率为4.87/千，继续维持在较低水平。启动妇女健康促进工程，检查妇女病175 969例。三项筛查率同比明显提高，产前筛查县覆盖率达100%。建立艾滋病孕产妇登记报告制，发现艾滋病感染孕产妇11例。

爱国卫生

创建卫生城市工作　2007年，温州市洞头县被命名为"浙江省卫生县城"，泰顺县创建省级卫生县城通过考核。全市省级卫生先进单位17个，省级卫生先进村21个，24个单位和65个行政村分别通过市级卫生先进单位、卫生村考核。市区通过省级灭蟑先进城区达标复查；永嘉县灭蟑达标创建和文成县灭鼠达标巩固工作通过考核验收；农村自来水普及率达89.78%，农村卫生户厕普及率达73.16%。龙湾区第一人民医院、洞头县和永嘉县人民医院创建省级绿色医院通过验收。

救灾防病

概况　2007年，温州市开展医疗救护和卫生防病工作，确保大灾之后无大疫，受到省、市领导的充分肯定，市卫生局被市政府评为抗台救灾先进集体。全市下派医疗队21支，诊治伤员1256人次，抢救危重伤员15人次；累计组织220支（次）防病应急小分队深入灾区，下发消杀物资20吨，分发宣传资料31万份，发送防病知识短信50余万条。

医疗管理

医院管理年活动 2007年，温州市各级各类医院对照《医疗服务质量检查表》开展自查自评。5家和10家医院分别接受省厅和市局检查，组织16家市属民营医院进行自查汇报。各医院办院宗旨和方向进一步端正，以病人为中心理念进一步转变，安全医疗意识强化，基础医疗质量提高，服务态度改善，诊疗工作不断规范，医疗费用得到有效遏制。医疗质量控制持续巩固，基础护理技术水平明显提升。

中医名院名科建设 2007年，温州市3家医院被确定为省级中医名院建设单位。2家医院被确定为国家级农村医疗机构中医特色专科建设项目单位；18个省、市级中医药学科（专科）通过申报。评选出市级名中医10名和优秀中青年中医10名。10名省基层名中医培养对象通过中期考核。市中医院、平阳县中医院和永嘉县中医院开展70多个单病种规范项目研究。2个社区卫生服务中心继续创建省级中医药参与社区卫生服务示范单位。落实培养农村中医药骨干50名，大专学历提升班100名。

血液管理工作 2007年，温州市总献血61 083人次，献血量达17 478.6升，连续保持无偿献血占临床用血100%。献血宣传模式不断创新，举办各类主题活动55场次。温大瓯江学院成立3000余名大学生组成的高校献血志愿者队伍。赠送爱心保险卡49 626份，保费72.6万元，理赔15.8万元。采供血机构设置规划完成调整，血液集中化检测正式实施。开展采供血机构和医疗机构用血安全专项检查。

干部保健工作 2007年，温州市把200多名保健对象列入健康干预对象，向1500名领导干部和人大代表、政协委员定期定时发送《健康宝典》短信息200期37万多条次，完成《名医讲坛》组稿，撰稿45篇，9万余字。为保健对象专家门诊及咨询服务3600人次，送医送药服务230人次；完成各级领导来温和大型会议保健任务38次，组织健康体检54 403人次。

卫生行风建设

卫生系统党风廉政建设 2007年，温州市出台《市卫生局议事规则》，制定领导干部外出请假制度和任期考核制度。推进作风建设年和创建满意单位活动，开展文明机关创建。深化商业贿赂治理，收到上缴商业贿赂款11.6万元。开展“一号双机”清理，清理小灵通51部。

1

2

温州市中心血站 始建于1965年。1987年6月，经省卫生厅浙卫[1987]184号及温州市人民政府批准，正式设立为全民事业单位，是温州市采供血和输血科研中心，担负全市采供血总协调和四个分支机构的业务技术指导工作。

血站位于温州市公共卫生中心内，总建筑面积4773平方米，投资9000万元。设有办公室、业务科、财务科、总务科等4个职能部门和质量管理科、血源科、外采科、临床输血服务科、检验科、临床血液供应科等6个业务科室。严格依法开展采供血业务工作，奉行保障用血安全、合理、有效、及时的宗旨，始终视血液质量为生命，实现并保持血液安全零事故。将每周三下午定为“血站开放日”，招待各方来宾参观指导。无偿献血宣传、招募工作不断深化。2007年，市中心血站供血量14.7吨，机采血小板33 640单位，成分输血率、红细胞使用率均超95%。

近年来，业务发展步入快车道，临床用血全部来源于自愿无偿献血。在上级各项工作检查中均取得优异成绩。荣获2006～2007年度“国家无偿献血先进市”的荣誉称号。被评为市级文明单位，科室获得“青年文明号”、“三八红旗集体”、“巾帼建功立业标兵岗”等多项荣誉称号，员工多次在省、市级青年技能比赛与文体竞赛中取得佳绩。

1 温州市中心血站新貌
2 《献血法》实施十周年志工与站领导合影

接受投诉案1737件，查办率达99%。深化青年文明号活动，6人获得省级岗位能手竞赛奖，市中心血站通过市级文明单位创建考核。202名高校毕业生经考录进入市直单位工作。安排9人组成医疗队赴非州马里开展援外工作。

推进依法行政工作　2007年，温州市落实行政执法责任，出台行政执法责任制实施方案和行政执法责任制考核（评议）办法。强化规范性文件管理，提请市政府保留1997年以来市局制定实施的规范性文件81个。开展法制宣教，提高广大卫技人员法制意识；普及卫生法律知识，促进全社会懂法守法。

卫生行风建设出成效　2007年，温州市53家医院公示新医疗服务项目和药品及医用材料价格；46家二级以上医院公示门诊住院费用明细清单；28家医院设立费用查询系统。二级以上医疗机构之间开展了医学检验、检查互认制度。启动45家县及县以上医疗机构10 643个品种临床用药网上招标，成交15亿元，让利群众4500万元。全年医用设备采购4336万元，节约资金621万元；医用耗材采购4091万元。

医教科研

医学科研教育工作　2007年，温州市申报市级以上医药科研计划113项，立项28项；市局科研计划立项97项，通过评审验收54项。通过市级重点学科（专科）验收22个。培训科教管理人员132名。申报继教项目国家级4个、省级15个，参加人数422人。加强Ⅱ类学分项目管理，实施市级Ⅱ类继教项目99个，参加人数10 802人。临床住院医师规范化培训1472名，全科医师662名。基层卫技人员岗位培训2204名。

红十字会

红十字会法宣传　2007年，温州市红十字会抓住以“5.8”世界红十字日和温州市第一列造血干细胞“陈佩佩”的成功捐献事件为锲机，加大宣传力度宣传红十字会法、红十字运动的基本知识等。投入资金制作大型广告牌，在市区主要街道进行宣传。全年在报刊登载文章100余篇，电视新闻播报100多条。

红十字会社会救助　2007年，第9号超强台风“圣帕”和13号超强台风“韦帕”连续袭击温州市。其中13号超强台风“韦帕”在温州市苍南县霞关登陆，对温州市造成严重影响。市红十字会在台风未登陆前，充分做好各种物资准备，在台风登陆后，第一时间把物资送到灾民手中。全市捐赠和救助款物累计约500万元，受益人数30 000人。市本级已发放救灾款35万元，救灾物资价值100万元。

造血干细胞工作突破　2007年，温州第

1

2

温州市红十字会　成立于1951年，后曾由种种原因被迫中止，1986年9月30日又正式复会。现有市本级红十字会1个和瑞安等县级红十字会10个。2004年12月，温州市红十字会根据温市编〔2004〕54号关于理顺市红十字会管理体制的通知，由市卫生局代管改为市政府领导联系，其他工作关系参照市级群团办理。

温州红十字会以备灾救灾为重点，提高社会救助能力，在台风、地震等自然灾害中，积极发挥政府人道主义助手作用。历年来，温州市红十字会开展卫生救护培训，主要针对各企业、消防队、高校学生等进行初级救护培训。开展“博爱送万家、温暖千万家”活动。设立并启用“红丝带”专项基金。推动造血干细胞的采集工作的发展等。

1 小朋友为四川地震灾区捐款
2 温州红十字会“博爱送万家”活动
3 市蝉街幼儿园全体师生为四川地震灾区捐款

3

温州市县及县级以上医院概览

医院名称	职工构成				营运概况		
	总数	医师		管理人员	实有床位数	门(急)诊人次	出院人次
		执业	助理				
温医附属一医	2392	728	4	130	1604	1 787 048	41 832
温医附属二医	1872	656	1	55	1693	1 852 596	54 506
市二医	1412	364		33	975	710 872	24 826
市三医	906	337	2	23	730	629 519	21 729
市中医院	476	133	2	19	361	464 934	4988
市中西结合医院	550	205	3	7	400	608 827	10 057
温州红旗医院	107	23	8	4	150	32 645	474
鹿城区人民医院	141	38	8	2	120	156 114	4505
龙湾区第一人民医院	246	87	7	3	228	287 590	7431
龙湾区人民医院	76	28	11	8	50	51 537	819
瓯海区人民医院	140	21	8	2	110	84 732	2430
瓯海区第三医院	150	44	8	5	120	162 419	5408
乐清市人民医院	792	227	2	13	653	636 914	21 060
乐清市三医	549	150	26	15	316	235 299	8835
乐清市二医	556	170	7	23	280	305 407	9408
乐清市中医院	182	55	0	9	155	94 267	1574
瑞安市人民医院	1646	415	11	11	1145	1 175 442	42 633
瑞安市二医	99	27	6	4	117	72 888	1274
瑞安市三医	100	23	13	7	100	22 423	561
瑞安市中医院	256	90	5	11	150	279 692	1574
永嘉县人民医院	447	135	6	6	300	138 982	8802
永嘉县中医院	288	92	21	6	130	175 496	4638
洞头县人民医院	172	48	7	0	125	130 544	2633
洞头县中医院	19	5	1	0	0	11 436	0
文成县人民医院	339	79	0	20	203	107 446	5689
文成县中医院	96	28	6	16	60	47 822	910
平阳县人民医院	700	195	4	29	452	365 033	17 018
平阳县二医	290	98	6	8	130	113 389	5185
平阳县中医院	341	125	6	11	228	203 485	5659
泰顺县人民医院	237	74	0	0	120	166 050	6080
泰顺县中医院	92	30	6	5	75	94 516	1915
泰顺县二医	91	24	6	2	58	45 098	719
苍南县人民医院	534	142	1	35	280	281 244	12 440
苍南县第三医院	269	94	3	5	150	159 762	11 535
苍南县第二医院	409	125	11	25	170	188 407	9135
苍南县中医院	180	74	3	11	136	94 269	5265

一例造血干细胞自愿捐献者陈佩佩的事迹在全市引起强烈反响，市民捐献热情空前高涨。市红会于6月和7月分别到乐清、洞头进行现场采集，有力推动造血干细胞的采集工作。2007年，共700人参加采集造血干细胞血样入骨髓库活动。

民办医疗事业

概况 2007年末，温州市有民营医院42家，总投资约15.5亿元，设床位4610张，约占全市总床位26%。温州康宁医院成为全国民营医院典范。

体　　育

综　述

2007年，温州市抓住2008年北京奥运会的历史机遇，以建设体育强市为目标，开展体育创强和"全民健身与奥运同行"系列活动。体育代表团在全国第六届城市运动会上获得4金7银3铜的成绩。加强体育产业发展研究，探索新形势下体育市场管理机制。体育彩票发行创历史新高。集聚财力，加快体育基础设施建设。

竞技体育

竞技体育成绩　2007年，在全国第六届城市运动会上，温州市体育代表团获得4金7银3铜、总分152分并超一项世界纪录的成绩，列74个代表团第17位，创造温州市在历届城运会上的最好成绩。朱启南在10米气步枪比赛中以703.7环的总分超世界记录，被国家体育总局授予体育运动一级奖章，并被评为"城运之星"。代表团获得"体育道德风尚奖"。全年，温州市运动员获得1项世界冠军、5项世界杯站赛冠军、3项亚洲冠军、12项全国冠军。（详细比赛成绩列表于下）

2007年温籍运动员参加国际大赛竞赛成绩

队别	比赛名称	时间	地点	姓　名	性别	比赛项目	成绩	名次
体操	世界杯中国站	7月	上海	江钰源	女	女子高低杠		1
体操	世界杯中国站	7月	上海	江钰源	女	女子自由操		1
体操	世界杯中国站	7月	上海	江钰源	女	女子跳马		3
体操	世界锦标赛	9月	斯图加特	何　宁　江钰源	女	团体		2
体操	世界锦标赛	9月	斯图加特	江钰源	女	自由体操		4
皮划艇	世界杯系列赛第一站	5月	克罗地亚	朱敏圆	女	女子1000米双皮		1
皮划艇	世界杯系列赛第一站	5月	克罗地亚	朱敏圆	女	女子500米双皮		3
皮划艇	世界杯系列赛第二站	5月	匈亚利	朱敏圆	女	1000米双皮	3.37:608	1
皮划艇	世界杯系列赛第二站	5月	匈亚利	朱敏圆	女	500米双皮		8
射击	世界杯美国站	3月	美国	朱启南	男	男子10米气步枪		1
射击	世界杯德国站	6月	德国	朱启南	男	男子10米气步枪	598*102.6	3
射击	世界杯总决赛	10月	韩国	朱启南	男	男子10米气步枪	598*102.6	1
国际象棋	世界冠军个人锦标赛(分区赛)	5月	河北	丁立人	男	国际象棋		3
皮划艇	亚洲锦标赛	9月	韩国	朱敏圆	女	女子200米单皮		1
皮划艇	亚洲锦标赛	9月	韩国	朱敏圆	女	女子500米单皮		1
皮划艇	亚洲锦标赛	9月	韩国	朱敏圆	女	女子1000米单皮		1

2007年温籍运动员参加全国大赛竞赛成绩(前三名)

队别	比赛名称	时间	地点	姓　名	性别	比赛项目	成绩	名次
游泳	全国冠军赛	5月	顺德	张　长　汪海波 吴　鹏　蔡　力	男	4*100混	3.42:72	1
游泳	全国锦标赛	9月	重庆	陈慧佳	女	50米蛙	32:47	1
游泳	全国锦标赛	9月	重庆	施浩然　吕志武 苏郑宁　吴　鹏	男	4*100自接力	2.24:48	1
游泳	全国锦标赛	9月	重庆	郑芸芸　郑　静 夏晨莹　汤景之	女	4*200自接力	8.12:04	1

温州市体育彩票管理中心 成立于1999年4月，是温州市体育局直属的自收自支事业单位，业务上接受浙江省体育彩票管理中心和温州市财政局监管，全面负责温州市体育彩票的发行和站点的管理等工作。

截至2008年，温州市累计发行体育彩票37.88亿元，为社会筹集公益金12.87亿元，增加地税收入4500多万元，为社会创造2500多个就业岗位。中国体育彩票作为国家公益彩票，所筹集的公益金广泛用于体育事业和北京奥运会、社会保障基金、青少年校外活动场所建设和维护、红十字人道主义救助、残疾人事业、地方农村医疗救助基金、城镇医疗救助基金等多项社会公益事业。温州市利用体育彩票公益金实施建成了全民健身苑点4000多个，健身路径4000多米，健身器材40 000多件，青少年俱乐部17个。

温州市体育彩票管理中心先后被评为“温州市模范集体”、温州市“双千结对、文明共建”先进单位，温州市“文明单位”、浙江省“文明单位”，温州市“巾帼文明示范岗”、浙江省“巾帼文明岗”、“全国巾帼文明岗”，2003年至2007年连续五年获得浙江省“年度体育彩票发行销售突出贡献奖”，2006年、2008年两次被温州市委宣传部推荐为浙江省文化改革和发展典型单位。

市体彩中心夏跃主任于2005年被浙江省人事厅和浙江省体育局评为“先进工作者”，2007年5月荣获“浙江省五一劳动奖章”，2008当选为年北京奥运会火炬手；市体彩中心副主任卢努德先后被评为温州市“优秀农村指导员”和2007年度“双千结对、共建文明”先进工作者。

1 温州体彩 秉承公益宗旨 履行社会责任

2 2008年5月17日北京奥运火炬在温州传递，市体彩中心夏跃主任在传递火炬

续表1

队别	比赛名称	时间	地点	姓 名	性别	比赛项目	成绩	名次
体操	全国冠军赛	10月	贵阳	江钰源	女	自由操		1
蹦床	全国冠军赛	9月	福建	宋烨鸿 朱彬倩	女	女子单跳团体		1
蹦床	全国锦标赛	6月	萧山	朱彬倩	女	单跳		1
皮划艇	全国夏季皮划艇冠军赛	6月	大连	朱敏圆	女	500米双皮		1
武术	全国冠军赛(传统项目)	7月		金兵兵	女	女子地躺拳		1
武术	全国冠军赛(传统项目)	7月		金兵兵	女	女子双刀		1
举重	全国锦标赛男子	5月	潍坊	陈爽利	男	77KG	挺举	1
跆拳道	全国跆拳道冠军赛	10月	扬州	董凤鸣	女	63KG		1
田径	大奖赛总决赛暨冠军赛	9月	新疆	朱书靖	男	三脚跳远	16.59	2
游泳	春季游泳锦标赛	3月	福州	朱奕舟	男	男子100米仰泳		2
游泳	春季游泳锦标赛	3月	福州	施浩然	男	男子1500米自由泳		2
游泳	春季游泳锦标赛	3月	福州	朱奕舟	男	男子200米仰泳		2
游泳	春季游泳锦标赛	3月	福州	郑蓉蓉	女	女子100米蝶泳		2
游泳	全国冠军赛	5月	顺德	孙 杨 施浩然 吕志武 蔡 力	男	4*200米自	7:29.21	2
游泳	全国锦标赛	9月	重庆	张 长	男	50米仰	26:26	2
游泳	全国锦标赛	9月	重庆	张 长 金 聪 苏郑宁 吕志武	男	4*100混接力	3.47:68	2
艺体	全国艺体集体锦标赛	4月	沈阳	张 玲 季倩倩 鲍语嫣 鲍语晴 吴 昊 王亲亲 金琦佳 金卓佳 马伊娜 魏晴文	女	大团体(集体+少年)		2
赛艇	全国锦标赛	8月	山东	赵 磊 朱自强 赵东振 屠银伟 周达明 孔张明 王铁鑫 李 飞 王建敏	男	男子八人艇		2
皮划艇	全国锦标赛	9月	日照	裘赛荣 朱雄辉 戴进放 董 辉	男	1000米四划		2
皮划艇	全国锦标赛	9月	日照	裘赛荣 朱雄辉 戴进放 董 辉	男	500米四人划艇		2
举重	全国锦标赛男子	5月	潍坊	陈爽利	男	78KG	总成绩	2
武术	全国锦标赛女子	5月	成都	金兵兵	女	刀术		2
举重	全国举重冠军赛	11月		陈爽利	男	77KG挺举		2
跆拳道	全国跆拳道锦标赛	4月	晋城	董凤鸣	女	-63KG		2
跆拳道	全国跆拳道锦标赛	4月	晋城	董万胜	男	+84KG		2
武术	全国武术冠军赛	9月	广州	毛亚琪	女	南拳		2
武术	全国武术精英赛	8月	河南	毛亚琪	女	南拳		2
武术	全国武术精英赛	8月	河南	毛亚琪	女	南刀		2
马术	全国冠军赛	5月	温州	李文成 支忠信 张 锋 贾海涛	男	团体赛		2
马术	全国锦标赛	5月	温州	李文成 支忠信 张 锋 贾海涛	男	团体赛		2
射击	全国团体锦标赛	6月	昆明	余 亮 林略阳 王光宇	男	10米气手枪团体	1731环	2
射击	全国团体锦标赛	6月	青海	王成意 陈 译 包晓圆	女	60发卧射团体	1772	2
射击	全国系列赛第一站比赛	4月	合肥	陈 译	女	50米步枪卧射	595环	2
海模	全国锦标赛	9月	富阳	潘 磊	男	F1-E1KG级		2
海模	全国锦标赛	9月	富阳	潘 磊 冯 锐	男	F1-V团体		2
田径	全国大奖赛	6月	苏州	朱书靖	男	三级跳远	16.22M	3

续表2

队别	比赛名称	时间	地点	姓 名	性别	比赛项目	成绩	名次
游泳	春季游泳锦标赛	3月	福州	陈远帆	男	男子200米个人混合泳		3
游泳	春季游泳锦标赛	3月	福州	郑明健	男	男子400米个人混合泳		3
游泳	春季游泳锦标赛	3月	福州	苏郑宁	男	男子50米自由泳		3
游泳	春季游泳锦标赛	3月	福州	郑蓉蓉	女	女子200米自由泳		3
游泳	春季游泳锦标赛	3月	福州	郑蓉蓉	女	女子400米个人混合泳		3
游泳	春季游泳锦标赛	3月	福州	郑芸芸	女	女子400米自由泳		3
游泳	全国冠军赛	5月	顺德	吕志武	男	50米自	23;22	3
游泳	全国冠军赛	5月	顺德	郑芸芸 杨 雨 夏晨莹 汤景之	女	4*200米自	8.06:06	3
游泳	全国锦标赛	9月	重庆	吕志武	男	50米自	23.12	3
游泳	全国锦标赛	9月	重庆	陈晓俊	男	400米混个人	4.28:27	3
艺体	全国冠军赛	6月	四川	张 玲 季倩倩 鲍语嫣 鲍语晴 吴 昊	女	集体全能		3
艺体	全国冠军赛	6月	四川	张 玲 季倩倩 鲍语嫣 鲍语晴 吴 昊	女	集体五人棒		3
体操	全国锦标赛	6月	上海	江钰源	女	高低杠		3
艺体	全国艺体集体锦标赛	4月	沈阳	张 玲 季倩倩 鲍语嫣 鲍语晴 吴 昊	女	5人绳(成年)		3
艺体	全国艺体集体锦标赛	4月	沈阳	王亲亲 金琦佳 金卓佳 马伊娜 魏晴文	女	5人绳(少年)		3
皮划艇	全国春季皮划艇冠赛	4月	千岛湖	朱敏圆	女	女子2000米单皮		3
皮划艇	全国春季皮划艇冠赛	4月	千岛湖	朱敏圆	女	2000米单皮		3
举重	全国锦标赛女子	5月	合肥	董彩莲	女	53KG	挺举	3
举重	全国举重冠军赛	11月		陈爽利	男	77KG总成绩		3
武术	全国武术冠军赛	9月	广州	毛亚琪	女	南刀		3
武术	全国武术精英赛	6月	上海	金兵兵	女	棍术		3
射击	全国个人锦标赛	10月	郑州	陈邱龙	男	60发卧射	597+101.2	3
射击	全国系列赛第一站比赛	4月	合肥	陈 译	女	3*20	679.9环	3
射击	全国系列赛第一站比赛	4月	合肥	包晓园	女	10米气步枪	500.2环	3

温州体育赛事　2007年，温州市举办26项市级少年儿童竞赛，有3000多人参加比赛。首次举办全市儿童体操、艺术体操、蹦床比赛。承办全国马术盛装舞步锦标赛、全国武术（男子）套路锦标赛等2项全国比赛，承办省少儿射击、羽毛球、女子足球三项锦标赛。派出800多名运动员参加浙江省27个大项的青少年常规比赛，取得93.5枚金牌。

温州调整业余体育训练布局　2007年，温州市体育局重新设置新一周期业余训练布局调整方案。增设射箭、自行车等2个训练项目，把体操、艺术体操比赛项目列入第十四届市运会。在各县（市、区）设置帆板、帆船、男排和乒乓球、羽毛球、男篮等两类18个“市队县办”项目。除自行车以外，全部项目与十四届省运会接轨，全市共开展25个大项的业余训练。

温州体育重点抓“两训”　2007年，温州市体育局重点抓好“两训”。采用分散和集中相结合的形式，组织1000多名运动员参加夏训和冬训，由市体校组织各县（市、区）800名运动员进行选材集训。拓宽业余训练范围。在市工贸学院成立温州市少年网球训练基地；在一对一击剑俱乐部成立少儿击剑训练基地，首次组队参加全国业余击剑比赛，夺得儿童组重剑比赛团体冠亚军；市体校和市心桥幼教集团联办心桥体操俱乐部，承担温州市幼儿体操、艺术体操、蹦床训练任务；市立峰集团承担马术队省队市办任务，17家民营企业联合成立温州明日足球俱乐部，开创市足球职业化的先河。制定全市业余训练考核评估办法，促进各县（市、区）训练竞赛工作的规范化。

教练员素质培训　2007年，温州市体育局派出42名教练员参加全国、省级田径、举重、散手、摔跤、射击5个项目的高、中、初级教练员培训班。举办全市田径、排球等项目裁判员培训班，共培训104名裁判员，派出26名裁判员参加全国、省级裁判员培训班。与市教育局联合举办全市体操教练员培训班。引进8名优秀教练员，充实教练员队伍。做好教练员职称评审工作，评出一级教练员13名，向省评审委推荐申报4名高级教练员，全部获准通过。加大奖励力度。调整有关竞技体育贡献奖励制度。

群众体育

“全民健身与奥运同行”系列活动 2007年，温州市体育局以宣传2008年北京奥运会为契机，以“全民健身与奥运同行”为主题，开展群众体育活动。分别举办“左邻右里零距离，活力人生大舞台”社区体育活动、首届温州市全民健身健康文化节、“百万学生阳光体育运动启动仪式、全国百城健身气功系列展示活动浙江省温州大会、体育进社区优秀健身项目展示活动、北京奥运倒计时一周年揭牌仪式暨万人健步走迎奥运活动等。

全民健身月活动 2007年，在“全民健身月活动”期间，温州市举办市级大型活动10次，县（市、区）级大型活动45次，直接参加全民健身活动30万人次。平阳县组织机关乒乓球赛、水头镇武术大会、联安社区趣味运动会、“郑楼杯”篮球赛、“供电杯”足球赛等12次体育比赛，参加运动员2727名，参与活动人数43 300人。龙湾区在河泥荡公园举行大型全民健身月启动仪式，开展国民体质监测和健身咨询活动。乐清市在机关、乡镇、企业、农村、社区开展健身活动，参与各项活动人数2万余人。鹿城、瓯海、瑞安、泰顺、文成等地组织举办“全民健身月活动”启动仪式，开展群众性活动。

传统体育项目注入新内容 2007年，温州市体育局组织元旦万人健身跑活动，增设普通市民个人10公里长跑赛。做好民间龙舟队的监督管理、技术指导和水上安全教育，实现无死人事故、无群体性、突发性事件的目标。端午节期间龙舟最高日下水数为1312只，参加划龙舟活动人数12万余人，观众110万人次以上。

群众体育交流 2007年，温州市体育局组队参加全国少数民族运动会、全国大漠运动会、全国地掷球锦标赛等全国性赛事和浙江省第五届老年人运动会、浙江省首届民营企业运动会等全省比赛，取得较好的成绩。承办2007年“盛宇杯”全国汽车短道拉力赛等全国性体育赛事和浙江省第十九届地掷球锦标赛、浙江省电子竞技联赛、全省老干部网球邀请赛等全省性体育比赛。

体育创强活动 2007年，温州市体育局以体育创强为载体，推进农村全民健身活动的开展。申请体育创强的14个乡镇（街道）都举办全民运动会。以省级体育强乡强镇和先进乡镇为龙头，先后举办全市省级体育强乡强镇、体育先进乡镇篮球赛和干部乒乓球比赛、飞镖比赛等。推进发达乡镇开展省级体育强乡强镇创建活动，创建平阳县鳌江镇、苍南县灵溪镇等14个省级体育强乡强镇。据统计，温州市已创建省级体育强乡强镇（街道）35个，创强乡镇（街道）率13.35%，创强人口占全市总人口的30%。

2007年6月，鹿城区体育局在广化街道举办“全民健身月活动”，市民在练习“太极拳”

奥运火炬接力

火炬手选拔推荐 根据浙江省组委会的安排，2008年北京奥运会火炬接力温州区域需推荐选拔62名火炬手。2007年，为确保火炬手候选人的代表性和界别、年龄的广泛性，在整个火炬手候选人选拔过程中，2008年北京奥运会火炬接力温州站组委会按照《2008年北京奥运会火炬接力温州区域火炬手选拔工作运行方案》规定的程序进行，做到选拔推荐工作的公开、公平与公正。

编制完成火炬传递路线 2007年，根据浙江省组委会的安排，结合实际，温州市奥运火炬传递区域以鹿城区为中心，时间3个半小时，传递距离22.7公里。根据《2008年北京奥运会火炬接力温州站路线编制方案》，对市区的环境、交通状况等进行实地勘查，经过多方论证后，2008年北京奥运会火炬接力温州站组委会编制上报温州区域火炬接力路线。编制的奥运火炬接力温州区域传递路线，展示温州中心城市的时代风貌和温州传统文化，同时方便群众观摩和有利于安全保卫工作。

温州区域火炬传递路线名称征集 2007年，2008年北京奥运会火炬接力温州站组委会征集温州区域火炬传递路线名称活动开始后，共征集到2000多条建议，归纳梳理为32个路线名称。经过专家评审，报温州市委、市政府审定，最终确定“和谐之旅——温州跨越之路”

1. 8月19日，全国国际象棋乙级联赛在温州举行。
2. 4月14日，国家体育总局健身气功管理中心、浙江省体育局共同主办，温州体育局等承办的，“全民健身与奥运同行”2007全国百城健身气功系列展示活动浙江省温州大会在市区体育中心举行。
3. 12月15日，永嘉县首届楠溪江冬泳邀请赛在风景秀丽的楠溪江狮子岩景区举行。
4. 4月14日，浙江省第十九届地掷球比赛在浙江工贸职业技术学院举办。

1	
2	4
3	

赵 用/摄

赵 用 / 摄

赵 用 / 摄

赵 用 / 摄

赵 用 / 摄

9 月 26 日，第十二届世界夏季特殊奥林匹克运动会圣火传递到温州。27 日，在市区松台山广场举行火炬接力跑仪式

1. 9 月 26 日，特奥会火炬跑执法人员到温，市公安局女警官施展静和来自美国缅因州的特奥运动员克里斯 · 奥斯特高擎火炬带领队伍跑出松台广场。
2. 9 月 27 日，市委书记王建满和特奥运动员克里斯 · 奥斯特点燃圣火坛。
3. 9 月 28 日，特奥会执法人员火炬跑暨永嘉县楠溪江欢迎仪式在楠溪江生态广场举行。
4. 9 月 29 日，挪威特奥会运动员来到温州市清风社区与居民互动游戏。
5. 9 月 27 日，火炬接力跑队伍所到之处受到市民热烈欢迎。

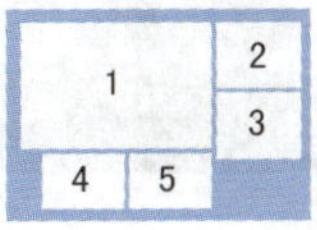

3月25日，温州市学生阳光体育运动启动仪式暨2007年温州市中学生田径运动会在市体育中心举行。

作为温州区域传递路线的名称。

体育产业

体育产业安全管理　2007年，温州市体育局对危险性大的体育经营项目实行备案，专业性强、技术要求高的项目均按国家相关标准开展规范经营。按照国家标准审核2007年开放的游泳（水上项目）场所开场申报资料。在夏季游泳高峰期，组织人员对各县（市、区）的游泳（水上项目）场所进行检查，发现安全隐患坚决予以限期整改。加强国有体育资产管理，落实体育产业有偿使用及经营情况季报制度、临时占用公共体育设施批准制度、房屋和场地租赁监督备案制度、经营性投资审批制度等，公共体育设施临时占用和房屋、场地租赁纳入监管。

体育市场管理新机制的探索　2007年，温州市体育局在体育产业管理缺乏相应法定职能保障的情况下，探索体育市场管理新机制。通过对健身房星级评定和回访督查，使该行业初步形成价格协调机制。指导市救生协会和市游泳协会做好救生员和游泳教员的培训、复训以及水质管理员的培训工作，开展会员年检。举办市第四届“人保杯”救生技能比赛，选拔组队参加全国水上救生比赛。组织意丹奴户外活动俱乐部有限公司、永嘉楠溪江甸园漂流有限公司和瓯海泽雅漂流有限公司代表温州参加全国首届体育旅游博览会，促进体育旅游的发展。

体育产业调研　2007年，温州市体育局会同温州大学、市工商局、市统计局等有关单位，开展《温州市体育产业现状、发展趋势及对策》课题研究，该课题已经市科技局批准立项，获得温州市2007年度建设文化大市“六大工程”项目经费的补助。

体育有偿服务　2007年，温州市体育中心、市体育俱乐部等直属单位在强化公共设施公益性服务功能的同时，开辟经营渠道，为社会提供有偿服务。据不完全统计，市体育局局直属各单位全年创收2300万元。各类体育经营服务场所发展，截至2007年底，有各类体育经营服务单位2700余家，涉及体育项目20余项，其中的羽毛球、游泳、健美、山地户外运动等项目，成为全民健身的重要载体。

体育彩票发行创历史新高　2007年，温州市体育彩票销量6.42亿元，同比增长13%，为国家筹集公益金2.24亿元，其中市级公益金5457万元，增加地税收入480.4万元（不包括中奖20万元以上到省中心兑奖所缴纳税款），捐赠希望工程314 278元。体育彩票事业的发展，为群众体育、竞技体育的发展和场馆建设提供资金支持。

体育基础设施建设

体育场馆建设　2007年，温州市体育局编制完成并上报温州奥林匹克体育中心工程项目建议书，其中的综合服务中心项目已纳入省文化产业重点项目目录，参加义乌文博会进行推介。温州体校2号楼（生活训练楼）拆建工程设计方案进行调整，完成施工图设计、审查，进入招投标程序。温州体校3号楼（教学行政楼）建设规模和投资概算进行调整，完成项目建议书编报。温州奥林匹克射击中心综合楼工程、文成体育馆和游泳训练馆开工建设。

体育为民办实事工程　2007年，温州市本级筹措资金1223万元，在全市新建32个篮球场、32个门球场或地掷球场、313个健身苑（点）。完成省政府交给温州市6 个欠发达县实施的“小康体育村”工程建设任务，建成健身苑（点）150个、少数民族村健身苑（点）40个、体彩工程健身路径15条。各县（市、区）政府安排建设250 个“小康体育示范村”。开展全民健身精品工程建设，平阳县宋桥镇下桥村的体育公园，乐清市天成乡体育广场、翁垟镇体育广场等体育精品工程成为全民健身工程建设的亮点。

中国共产党温州市委员会

综　述

2007年，中共温州市委带领全市各级党组织和广大干部群众，以学习贯彻党的十七大精神为动力，以科学发展观为统领，按照省委"两创"总战略等重大部署，全力推进经济、政治、文化、社会"四位一体"建设和党的建设，各项工作都取得了可喜成绩。全市实现生产总值2157亿元，同比增长14.3%；财政总收入293亿元，同比增长21.6%，其中地方财政收入157亿元，增长21.9%；城市居民人均可支配收入24 002元，同比增长12.2%；农村居民人均纯收入8591元，同比增长13.9%。

推进发展方式转变。贯彻中央宏观调控政策，推进经济结构调整和发展方式转变，保持了经济较快增长、结构趋向优化、质量不断提高的良好态势。招商选资成为转变发展方式的重要途经，全年合同利用外资、实际利用外资、引进内资分别达10.49亿美元、6.17亿美元、50.55亿元，全面超额完成年度任务。经济结构调整成为转变发展方式的重要举措，66个重点工业项目建设顺利推进，全年完成工业性投入260亿元，同比增长13%；全市超10亿元企业已达33家；高新技术产业增加值占规模以上工业增加值比重已达20%；全市已拥有中国名牌产品和中国驰名商标104个。全年超额完成了开工200万平方米、建成200万平方米的标准厂房建设目标任务，完成了2万亩圈围任务，浙能乐清电厂等项目建设进展顺利；新兴产业培育进一步强化，临港产业基地建设继续推进，旅游、金融等现代服务业加快发展。重大基础设施建设成为转变发展方式的重要支撑，全年103个重点项目顺利推进，其中深水港、绕城高速、甬台温铁路、温福铁路和机场改扩建工程加快推进。节能减排成为转变发展方式的重要抓手，2007年主要能源消费指数低于经济增长速度，主要污染物排放呈现"双减少"态势，单位GDP能耗下降4.4%，化学需氧量排放量削减4.71%，二氧化硫排放量削减4.54%；"一江"（鳌江）、"二业"（水头制革业和电镀业）、"十六区"（16个严管区）的污染整治取得实效，电镀业、水头制革业和苍南褪色业整治已通过省级考核验收，16个严管区已基本完成整治任务。

推进城乡区域统筹发展。坚持以城带乡，城乡互动，推进城乡区域协调统筹发展。中心城市建设加快推进，"553城市提升计划"启动实施，滨江商务区建设顺利启动；南塘街风貌区改建完成规划，塘河整治示范工程等项目进展顺利；温州生态园建设的环境整治、湿地一期等工程顺利推进。新农村建设扎实推进，全市完成建设省市级小康建设示范村207个、环境整治村1690个。40多个省级中心镇和经济强镇得到重点扶持。"139富民攻坚计划"全面实施，"巩固成果、攻坚达标"目标如期实现，全市已达标的116个欠发达乡镇实现不反弹、未达标的23个欠发达乡镇基本实现"上线"。

推进保障和改善民生。把改善民生作为全局工作的重中之重，着力建设宜居城市，"五个一"民生工程扎实推进，农村"五件实事"有效实施，三沿两侧环境整治深入开展，全年安置房建设新开工151万平方米、竣工178万平方米、认购4606户、交钥匙10 353户，建成并交付使用1000套解困房，中心区沿瓯江防洪景观带初见端倪，瓯海大道东段实现全线通车，城市交通环中建成道路9条、新开工建设8条，新建排污管网主干管30公里，东片污水处理厂及网管系统等工程已投入使用。着力提高公共服务水平，教育优先发展战略大力实施，新型农村合作医疗制度加快推进，城乡社区医疗卫生工作进一步加强，社保工作全面加强，新一轮就业再就业政策全面落实，新温州人合法权益得到维护，农村"五保"和城镇"三无"对象集中供养制度不断巩固和完善，廉租住房和经济适用房制度建设不断加强。着力增强防灾减灾能力，深入实施"515"防洪保安工程，集中抓好市区西向排洪、沿江防洪堤、平阳顺溪水利枢纽等28项重点水利工程建设，全年完成投资12.5亿元。面对连续三次的强台风正面袭击，坚决贯彻落实中央领导重要指示和省委、省政府决策部署，以"不死人、少伤人"为首要目标，科学决策，周密部署，靠前指挥，团结带领广大军民，奋勇抗灾，夺取了抗台救灾全面胜利，把灾害损失降到了最低程度。

推进和谐社会建设。面对大事多、喜事多的年份，着眼于保持政治社会稳定，深入开展严打专项整治和禁毒人民战争，全面开展"两查两保"专项整治活动，抓好企业安全生产，全力做好信访工作，实现了"确保重大政治活动期间和重大节日社会稳定"目标，呈现了"刑事发案减少、矛盾纠纷减少、信访总量减少"的良好态势。推进文化发展，深入实施新一轮"文明素质提升"工程，开展学习型社会创建活动，学习型机关、学习型企业、学习型社区、学习型村镇、学习型家庭建设全面展开；深入实施文化大市建设"六大工程"，推进科技、教育、卫生、体育"四个强市”建设，文化产业发展势头良好；人口与计划生育工作保持攻坚力度，整体水平有了新的提高；双拥工作取得新的成效，再次荣获“全国双拥模范城”称号。推进依法治市进程，法治温州建设各项工作得到较好落实；人大、政协工作进一步得到加强，各民主党派、工商联、无党派人士和工青妇等群团组织的作用进一步得到发挥，党管武装和外事、侨务、对台、民族、宗教等工作进一步得到加强。

推进党的建设。以学习宣传贯彻十七大精神为主线，把学习贯彻党的十七大精神、省党代会和省委全会精神作为一项重大政治任务，兴起了学习宣传贯彻十七大精神热潮，把全市各级党组织和广大党员干部的思想和行动统一到中央和省委的重大决策部署上来。召开了市第十次党代会，明确了今后五年温州市改革发展的基本任务、奋斗目标和战略重点。加强领导干部建设，顺利完成市、县换届选举以及市直部门领导班子人事调整，实现了领导班子各要素的优化组合；立足各级党委中心组理论学习，加强换届后的领导干部政治理论教育，促进了领导班子的思想政治建设。夯实基层组织，“三级联创”活动和“先锋工程”进一步推进，创优评星活动全面展开，农村指导员和科技特派员下派工作继续深化，乡镇专职农村工作指导员制度得到建立；“一村一名大学生”计划顺利启动；村级组织换届试点工作取得成功经验。建设“活力和谐企业”，纵深推进非公企业党建工作，整体水平有了新的提升；机关、学校、社区、新社会组织、国有企业等领域党的建设不断加强，党建工作覆盖面不断拓展；“人才强市”战略深入实施，人才培养、引进和使用力度进一步加大。以“作风建设年”活动依托，广泛深入开展解放思想大讨论活动、领导干部蹲点调研主题实践活动、“阳光行动”、万人评议“满意和不满意”单位和“机关中层干部服务基层”等活动，作风建设不断深化。以全面落实党风廉政建设责任制为龙头，建立健全考核、督查、评价和责任追究工作机制，落实领导干部廉洁从政有关规定，完善惩治和预防腐败体系，查处一批违法违纪案件，纠正损害群众利益的不正之风，重视加强农村基层党风廉政建设，反腐倡廉工作取得新的成效。

市委重要会议

市委九届十二次全体（扩大）会议 2007年2月9日召开。会议审议通过九届市委向市第十次党代会的报告；审议通过市纪委向市第十次党代会的工作报告；酝酿人事安排方案；讨论通过市第十次党代会主席团常务委员会建议名单；讨论确定市第十次党代会召开的具体日期；圈选温州市出席省第十二次党代会代表候选人预备人选。市委委员、候补委员；市纪委委员；市人大常委会主任、党员副主任，市政府党员副市长（市长助理），市政协主席、党员副主席，市中级法院代院长、市检察院检察长；各县（市、区）委书记、纪委书记参加会议。

市委九届十三次全体会议 2月16日召开。会议圈选浙江省出席党的十七大代表候选人初步人选。市委委员、候补委员；市纪委委员参加会议。

中共温州市第十次党代表大会 2007年2月27日举行。出席大会代表534人，王建满代表中共温州市第九届委员会作题为《推进科学发展，构建和谐社会，为我市实现第三次跨越而努力奋斗》的报告。会议听取和审查中共温州市第九届委员会工作报告；审查中共温州市纪律检查委员会工作报告（书面）。大会以无记名投票方式，选举出57名委员、11名候补委员组成的中共温州市第十届委员会；选举中共温州

中共温州市第十次代表大会

市纪律检查委员会；选举温州市出席中共浙江省第十二次代表大会代表。有关方面负责同志列席会议。

市委十届一次全体会议 2007年3月3日举行，会议实到市委委员57名；候补委员11名。全体委员以无记名投票方式，差额选举产生了中国共产党温州市第十届委员会常务委员会委员13名；等额选举产生了书记、副书记。王建满当选为书记，邵占维、赵一德当选为副书记。会议通过了中国共产党温州市纪律检查委员会第一次全体会议选举结果；通过了《中共温州市委关于加强自身建设的若干意见》、《中共温州市委议事规则》。

市委十届二次全体（扩大）会议 7月23日召开。会议学习贯彻中共中央总书记胡锦涛在中央党校省部级干部进修班发表的重要讲话精神，全面落实省第十二次党代会确定的战略任务，研究部署下半年工作，动员全市上下进一步解放思想，开拓创新，求真务实，全力推进经济社会又好又快发展，以优异成绩迎接党的十七大胜利召开。市委委员、候补委员；市纪委委员；市人大党员副主任，党员副市长，市政协主席、党员副主席；市人大、市政府、市政协秘书长；市委、市政府副秘书长；市直属各单位党委（党组）主要负责人；各县（市、区）委书记、县（市、区）长；市（地）职党员老同志参加会议。

市委常委扩大会议 8月2日召开的会议，传达贯彻8月1日下午省委视频会议精神，学习贯彻中共中央总书记胡锦涛在浙江考察工作时的重要指示，领会精神实质，进一步统一思想、坚定信心，全面落实科学发展观，做好迎接党的十七大召开的各项工作，扎实抓好当前，推进全市经济社会又好又快发展。11月7日召开的会议，传达学习省委十二届二次全会精神，按照省委的统一部署，结合温州实际，扎实推进省委“创业富民、创新强省”战略在温州市的实践，促进温州第三次跨越。12月9日召开的会议，传达学习贯彻中央经济工作会议精神和省委常委（扩大）会议精神，要求认真谋划好明年全市经济工作的总体思路，全力推进温州经济社会又好又快发展。

全市宣传思想工作会议 1月30日召开。会议学习贯彻党的十六届六中全会和全省宣传思想工作会议、市委九届十一次全会精神，总结2006年全市宣传思想工作，部署2007年工作任务，进一步做好新形势下宣传思想工作。

全市农村工作会议 2月13日召开。会议贯彻党的十六届六中全会和中央、全省农村工作会议精神，按照市委九届十一次全会的总体部署，总结2006年“三农”工作，部署2007年新农村建设任务，动员全市上下坚定信心、乘势而上、开拓进取、统筹推进，努力开创温州市新农村建设新局面。

全市经济形势分析会 4月26日召开。会议传达学习浙江省委书记赵洪祝到温州考察工作时的重要讲话精神，结合温州市实际，部署贯彻赵洪祝重要讲话精神的初步意见，分析研究当前经济工作，动员全市各级干部进一步统一思想，明确任务，开拓创新，狠抓落实，努力实现经济社会又好又快发展。

全市统战工作会议 5月8日召开。会议贯彻落实全国、全省统战工作会议和市第十次党代会精神，回顾总结近几年来温州市统战工作，研究部署今后一个时期统战工作任务，动员全市各级党组织和统一战线各界成员，明确任务，扎实工作，努力开创新阶段统战工作的新局面。

全市人口和计划生育工作会议 5月8日召开。会议贯彻落实中央有关精神，总结2006年全市人口和计划生育工作，部署2007年全市人口和计划生育工作任务，签订2007年全市人口和计划生育工作目标责任书，表彰先进，交流经验，进一步推进全市人口和计划生育工作。

全市城市工作会议 9月10日召开。会议贯彻胡锦涛总书记在中央党校重要讲话和在浙江考察时的重要指示精神，按照省第十二次党代会和市第十次党代会的部署要求，研究部署温州市新型城市化发展的重点任务和举措，动员全市上下坚定不移地推进新型城市化战略，促进城市集约发展、统筹发展、和谐发展。

全市领导干部会议 10月24日召开。会议学习传达党的十七大精神，部署温州市学习贯彻意见，要求各地各部门切实加强领导，精心组织部署，迅速在全市掀起学习、宣传、贯彻党的十七大精神的热潮。

全市民政会议 12月27日召开。会议学习贯彻党的十七大和第十二次全国民政会议精神，按照省委“创业富民、创新强省”总战略和第十六次全省民政会议的部署要求，总结温州市过去五年民政工作，部署当前和今后一个时期民政工作任务，动员全市上下开拓进取，统筹推进，不断开创民政工作新局面。

推进“四大工程”建设再动员大会 4月6日召开。温州市委、市政府按照市党代会和市“两会”的战略部署，总结2006年“四大工程”（招商引资“一号工程、工业发展“12345工程”、“139富民攻坚计划”、基础设施建设“百项千亿工程”）实施情况，部署深化“四大工程”建设任务，动员全市广大干部群众乘势而为、再鼓干劲，深入推进“四大工程”建设。

深化“五个一”工程动员大会 3月10日，温州市委、市政府召开全市性千人大会——深化“五个一”工程、办好“五件实事”动员大会。会议贯彻落实市第十次党代会精神，全面部署深化“五个一”建设、办好“五件实事”工作。“五个一”建设的目标是：安置房建设交钥匙7600户，防洪堤建设实现基本闭合，瓯海大道全面建设东段、启动改造西段，东部和西部路网建设打卡口、建成网，排污主干管新建30公里。“五件实事”是：办好农村劳动力素质培训、深入实施农民健康工程、加强农村文化建设、改善农村饮水条件、完善城乡社会保障体系。会议表彰了一批2006年为民办实事项目的先进单位和个人。市政府与各县（市、区）和有关责任单位签订了该年为民办实事项目的责任书。

“作风建设年”活动再动员大会 3月23日召开。温州市委、市政府贯彻胡锦涛总书记在中纪委七次全会上的重要讲话精神，全面落实省委重大决策部署，深入开展“作风建设年”活动，以优良的党风促政风带民风，以作风建设的成果推进“三次跨越”。永嘉县和市环保局在会上作了表态发言。各县（市、区）委书记、县（市、区）长、副书记、纪委书记、组织部长、宣传部长；市直属各单位主要负责人和市直机关干部近千人参加了会议。

实施“139富民攻坚计划”推进大会 5月16日召开。温州市委、市政府按照市第十次党代会和市“两会”的战略部署，交流富民攻坚工作经验，部署深入实施“139富民攻坚计划”的任务，动员全市上下坚定信心，凝心聚力，克难攻坚，为实现欠发达地区共同跨越而不懈努力。省纪委在会上介绍了结对帮扶泰顺县万排乡的工作经验，泰顺县、温州经济技术开发区管委会、泰顺松垟乡、文成平和乡、苍南观美镇等在会上作了经验交流。各县（市、区），市直有关部门和139个欠发达乡镇负责人参加会议。

“阳光行动”动员大会 5月18日召开。温州市委、市政府开展“阳光行动”，动员全市上下切实转变观念、转变职能、转变作风，努力打造“阳光政府”。这次“阳光行动”从2007年4月份开始，到11月份告一段落，历时8个月，分“阳光发动”、“阳光自查”、“阳光投诉”、“阳光整改”、建立“阳光工作机制”等5个阶段进行，以加强政府自身建设，切实提高行政效能，进一步加强作风建设。

“515”防洪保安工程建设推进会 6月8日召开。温州市委、市政府部署深入实施“515”防洪保安工程的任务，动员各地各部门深入实施“515”防洪保安工程作为构筑防灾抗灾体系的第一抓手，痛下决心，凝心聚力，全力打好“515”防洪保安工程攻坚战，切实提高防灾抗灾能力。

民营企业科技创新推进大会 8月1日召开。会议认真总结近年来科技创新发展情况，着重分析当前民营企业科技创新中存在的主要问题，研究部署推进温州市民营企业科技创新的措施，努力为实现经济社会又好又快发展提供强大的动力支撑。

农村指导员工作总结表彰暨动员会议 8月29日召开。会议总结经验，表彰先进，部署新一轮农村指导员工作任务，进一步激发全市广大干部践行为民宗旨、投身于基层实践、服务新农村建设的干劲和热情，以实际行动促进市委、市政府重大决策部署在基层的贯彻落实。

“创建学习型社会”活动动员大会 10月10日召开。温州市委、市政府动员广大干部群众牢固树立全民学习、终身学习的理念，积极投入学习型社会创建活动，在全市上下形成学习风、创新潮，为全面掀起学习宣传贯彻党的十七大精神热潮作准备，为温州经济社会又好又快发展提供强大动力。会议表彰了以推进第三次跨越为主题的解放思想大讨论的先进集体和先进个人。奥康集团总裁王振滔代表20名企业家宣读《做知识型温商、创学习型企业》倡议书。

政策研究

课题调研 2007年，中共温州市委确定4月份为“调查研究月”，市委政策研究室承担起草了《落实市党代会和“两会”重要目标任务的重点课题调研安排》，为市委领导全年重点调研课题的确定和开展做好基础工作。并参与市委、市政府领导开展的与社会发展相关的课题调研活动，重点参与市委书记王建满主持、市委政研室负责的《进一步改善民生对策措施研究》课题调研活动，配合做好8个子课题的分工落实、协调和服务工作。参与完成市委领导牵头关于增强城市包容课题子课题报告；参与市委、市政府重大课题“温州改革创新”课题研究；参与副市长徐纪平主持、市委政研室和市发改委共同承担的《我市明年经济社会发展的总体目标、工作重点及主要举措》课题研究，形成《温州市2008年经济社会发展思路研究》，供市委、市政府参阅。

市委重要文稿和政策性文件起草 2007年，温州市委政策研究室先后承担起草市第十次党代会报告、十届市委关于加强自身建设的决定；撰写市第十次党代会召开情况报告、市第十次党代会精神传达提纲、市第十次党代会辅导提纲、市委向省委书记赵洪祝汇报材料等综合材料；撰写市委领导在县（市、区）工作考核动员大会上讲话、市委领导在县（市、区）工作考核领导小组会议上讲话等文稿。负责起草《中共温州市委关于扎实推进创业富民创新强市的若干意见》、《关于加快森林旅游业发展的意见》、《温州民营经济创新发展综合配套改革框架方案》等政策性文件。

组织工作

概况 2007年，温州市有地方党委12个，基层党委652个，党总支755个，党支部18 776个，党员362 924名。其中行政村党委6个，党总支63个，党支部5281个，农村党员229 528名；非公有制企业党委32个，党总支29个，党支部3837个，企业党员26 463名。全市市管领导干部1027名；其中党外干部71人，女干部136人，少数民族干部15人。县（市、区）党政班子成员平均年龄42岁，大专以上学历占99.5%，研究生学历（含硕士）占24.6%；市直单位班子成员平均年龄46.4岁，大专以上学历占94.5%，研究生学历占10.6%。

市、县两级换届工作 2007年2月，温州市第十次党代会召开，选举王建满等13名同志为中共温州市第十届委员会常务委员会委员，选举产生第十届市委委员57名，候补委员11名；选举产生中共温州市纪律检查委员会委员37名；全市共分103个选举单位分配代表名额，选举产生市党代表534名。同年3月，温州市第十一届人民代表大会第一次会议召开，选举王建满为市十一届人大常委会主任，邵占维为市政府市长、崔盛刚为市中级人民法院院长，李泽民为市人民检察院检察长；选举市十一届人大常委会副主任7名，市政府副市长7名。11月，市十一届人大二次会议召开，选举产生温州市出席浙江省第十一届人民代表大会代表91名。推荐安排、协调确定市政协委员560名，推荐省政协委员人选30名。把加强党的领导、充分发扬民主与严格依法办事统一起来，严格执行中组部《关于坚决防止和严肃查处拉票贿选等严重违反换届纪律问题的通知》精神，换届选举取得圆满成功，组织提名的人选全部当选。11个县（市、区）全部只设一名专职副书记，副书记职数比上届减少19人，同时增加了党政交叉兼职数。市、县两级领导班子知识结构和专业结构得到优化。市级领导班子换届后，市直部门领导班子也进行了相应调整。

主题实践活动　2007年，中共温州市委开展以“团结和谐干在实处、科学发展走在前列”为主要内容的“树新形象、创新业绩”主题实践活动，并组织“调研月、住村周、服务日”活动。市委和县（市、区）委书记带头下村蹲点，市、县、乡三级领导班子成员和部门干部也开展蹲点调研。全市有6444名领导干部到6826个村和3049个企业开展蹲点调研，累计蹲点调研22 647天，访谈群众39 695户。各级领导干部共开展现场服务1943次，帮助引进发展项目1900多个，初步落实各类建设资金7000多万元，梳理问题5700件，办实事8423件。推进“走进矛盾、破解难题”专项行动，通过采取分解责任、建立破解难题责任制，深化“联乡、联村、联户、联项目”制度，开展阳光行动，实行领导信访包案等措施，破解一批难题。全市有4751位领导干部参加专项行动，梳理确定要破解的难题2698个（其中涉及民生问题的1395个），有2574个难题得到破解。采用漫谈或者一对一的方式，深入到11个县（市、区）开展“走亲访友话家常、谈心交心零距离”活动，掌握换届后领导班子和领导干部的履职情况。

农村党员干部现代远程教育　2007年温州市建成远程教育终端站点6085个，实现了乡镇、行政村全覆盖，提前一年完成省里下达的建点任务。建立省级学用示范点22个、市级示范点100个，把示范点打造成农村党员干部的教育基地和农民致富的模范基地。探索发挥远程教育在应急救灾方面的功能，在全市包括79个防汛重点乡镇的3500多个村安装了视频互动系统，并在协助防御“帕布”等四次台风工作中发挥了重要作用。指导各县（市、区）开展“一县一品”试点工作，开设“直播课堂”，开发建设市、县两级辅助网站。出台《市委关于进一步开展党员干部现代远程教育工作的意见》，制订远程教育学习收看和记录、设备管理、站点管理员职责、信息通报等一系列工作制度，以及以建点率、完好率、利用率和培训率为主要内容的平时考核办法，初步构建了规范的综合管理和考核体系。

非公有制企业党建　2007年温州市委组织部门组织开展“党组织组建年”和“‘活力和谐企业’推进年”活动。十七大召开之前，全市新组建非公有制企业党组织841家，规模以上企业组建率100%，按时完成组建任务。开展“活力和谐企业”评选活动，有4103家企业报名参加评选，最终评选出20家“活力和谐企业”、30家“活力和谐企业”创建工作先进单位。市委与各县（市、区）委签订组建责任书，建立市县两级常委联系点制度，市委常委每人联系一个县（市、区），县（市、区）委常委联系未建党组织规模企业超过3家的乡镇（街道）。

“活力和谐企业”党建研讨会　2007年，温州市委出台了《关于扶持“活力和谐企业”发展的若干规定》，加大对“活力和谐企业”政策扶持力度。市委组织部与中央党校党建部共同举办“温州非公有制企业党的建设研讨会”，有关领导、专家共50人出席会议，会议对温州市“活力和谐企业”建设等非公有制企业党建工作给予较高评价。“全省非公有制企业党建工作现场推进会”也在温州市召开，温州市作了典型发言，省委常委、组织部长斯鑫良充分肯定了温州市建设“活力和谐企业”的做法。省委书记赵洪祝在《浙江信息》上对《温州以建设“活力和谐企业”为总抓手努力推动非公有制企业党建工作实现新突破》作出重要批示。

领导干部综合考核评价试点　2007年温州市委组织部根据省委组织部的部署，选择3个市直部门和龙湾、乐清两地的6个区（市）直部门，开展了体现科学发展观要求的部门党政领导班子和领导干部综合考核评价试点工作。在试点中，突出机关部门特点，将民主测评、民意调查、个别谈话环节中的指标内容设置为共性和个性指标，个性指标体现各部门工作重点和与群众生产生活密切相关的重点问题。建立了定期收集资料、部门考核公示、相关职能部门定期报送评价资料等相关配套制度。温州市试点工作得到省委组织部充分肯定，并参与了省委组织部《浙江省部门综合考核评价试点工作报告》和《操作办法》等相关文件材料的起草工作。

干部教育培训　2007年，温州市举办县（处）级领导干部进修班等各类培训班17期，培训人数1002人。创新培训方式，主体班次普遍应用案例式教学、启发式教学、研究式教学、情景模拟、现场教学等现代培训方法，增进学习效果。举办“温州讲坛”10期，邀请全国高层领导干部、著名专家来温讲课。策划组织2007民营企业对话世界500强10个论坛。实施“走出去，请进来”战略，实行内外并举，加大合作交流力度，建构跨区域、跨国境的干部培训网络。

干部实践锻炼　2007年，温州市委组织部门加强干部上挂、下派和外派工作，做好第五批4名援疆干部轮换，安排好4名援疆返温干部工作，做好第五批3名援藏干部选拔工作。选派4名市直部门正、副职领导干部到国家直属机关挂职学习，15名县（市、区）党政副职和市直部门副职到省直机关单位挂职学习。安排3名副县（区）长到湖南挂职，5名中层干部到丽水挂职，5名县（市、区）党政副职、市直部门副职干部到上海浦东、江苏无锡挂职锻炼。选派10名新提任的副县级领导到信访部门挂职，15名市直单位科级市管后备干部到15个重点乡镇挂职，20名县（市、区）的市管后备干部到市直单位挂职，12名县（市、区）后备干部跨县交流挂职学习锻炼。选派160名市直单位干部到农村、社区、非公有制企业挂职担任工作指导员，20名市直单位、有关县（市、区）年轻干部到城市建设重点工程挂职锻炼学习1年。选派30名科级干部到欠发达乡镇对口支援工作2年。通过多形式、多渠道的挂职锻炼活动，提高领导干部解决实际问题的能力，改善干部队伍整体素质。

干部监督工作 2007年温州市委组织部开展了市本级和11个县（市、区）贯彻执行《干部任用条例》情况的自查工作，规范干部选拔任用工作行为。深化科学规范和有效监督县（市）委书记用人行为的试点工作，继续指导瑞安市深入开展全委会成员民主推荐提名制度试点工作，修改完善《全委会民主推荐提名暂行办法》。开展领导干部选拔任用启动程序课题调研，提出规范干部启动程序（包括动议和初始提名）的基本思路。贯彻执行党员领导干部个人有关事项报告制度，坚持和完善领导干部经济责任审计制度、通报制度和整改检查制度，全年完成23名市管领导干部经济责任审计任务，通过检查整改，挽回国家经济损失100多万元。在鳌江镇开展乡镇党政正职经济责任捆绑审计试点工作，得到中组部的肯定。在龙湾区开展领导干部离任交接监督制度试点工作。建立并推广干部监督信息管理系统，提高干部监督工作的效率和质量。做好领导干部出国（境）审查监督工作。落实干部任免票决制、试用期制和公示制。全年市委常委会、全委会共票决11批380人次。

党管人才工作 2007年温州市委出台《关于进一步建立和完善人才工作运行机制的意见》，加强对人才工作的领导和指导，促进人才工作水平的提升。出台《温州市人才工作专项资金使用管理办法》，形成以资金整合项目、以项目推动工作的机制，落实人才工作项目39个，专项资金2556万元，同比增长13%。开展《温州产业提升紧缺人才引进工作》和《温州市民营企业创新型人才队伍建设情况》专题调研，推进新世纪"551人才工程"，推进高层次创新型人才和创新团队建设。落实省"希望之光"和市"139富民攻坚计划"，投入专项资金150多万元，分两批选派和培养100名优秀农村实用人才，选派新一轮科技特派员，深化"专家咨询服务团"活动，解决有关难题20多项，服务群众2500多人次。落实建设资金5000万元，加快聚英家园建设。表彰208名"名师名家"和100名"优秀农村实用人才"，组织开展温籍两院院士联系采访工作和"科技人才创新篇"专题报道活动，营造了"四个尊重"的良好社会氛围。建立市党政领导联系专家制度，落实第六轮专业技术拔尖人才年度津贴，组织高级专家进行体检活动，安排部分人员分别赴国外学习考察和国内健康疗养，成立服务行业"名师名家"联谊会，开展了服务社会系列活动。制定《2007年温州市人才监测统计方案》，确定500家企业作为人才变化监测点，定期开展重点行业、企业人才动态监测。

组织部门自身建设 2007年温州市委组织部门以作风建设年活动为载体，加强组织部门自身建设，不断提升组织工作水平。健全和落实理论中心组学习制度，举办组织部长学习读书会，引导部机关干部养成理论学习和思考的良好习惯。根据主题载体化，载体具体化的要求，开展了"开门纳谏找差距"、"精通业务成能手"、"精细服务树形象"等三项活动，加强和改进部机关的作风建设。通过多种方式和途径，向社会各界征求到对全市组织工作、对市委组织部机关以及干部作风建设的意见与建议575条，经梳理、分析、归纳为79条。十七大闭幕后，及时开展了"学习党的十七大精神组工业务大练兵"活动，全市组织系统和市、县、乡镇组工干部、基层党务工作者近万人参加，并通过农村党员干部远程教育网络现场直播决赛盛况。此外，通过开展组织工作业务政策研讨会、举办全市组工干部业务培训班等，提高全市组工干部的知识水平和业务能力。

宣传工作

理论学习教育 2007年，温州市委宣传部以学习宣传党的十七大精神、省第十二次党代会和市第十次党代会精神为重点，利用中心组学习会、专题学习会、领导干部的跨越论坛、党员干部的发展论坛、普通群众的大榕树学堂等平台，通过专家辅导、组织十七大精神宣讲团、召开座谈会、文艺演出等形式，在全市掀起学习贯彻十七大精神的热潮，引导干部群众加深对中国特色社会主义理论体系的理解。一年来，市委理论中心组集中学习22次15天，联合举办温州讲坛8期，协调抓好全市800多名县处级领导干部的理论考试，组织开展各类辅导讲座1.2万多场次，发放辅助学习资料30多万册，发动、组织全市200多万名机关干部、企业职工和普通群众深入学习十七大精神。

理论研究工作 2007年，温州市委宣传部紧密联系温州改革发展实际，开展系列理论研究工作。先后组织开展了"科学发展观在温州的实践"、"十七大精神主题宣传教育"、"网络文化建设与管理"、"文化精品创作与生产"等26个课题和省级系列课题"科学发展观在浙江的实践（温州卷）"、"敢为人先，民本和谐"的理论研究。启动了"温州民营经济发展30年"专题研究。与中国社科院共同完成了"区域科学发展的跨越模式：温州的初步实践"课题研究。组织召开了"科学发展、社会和谐"、"解放思想促跨越"、"弘扬温州人精神，推进三次跨越"等系列研讨活动。

文化研究工作 2007年，温州市委宣传部组织全市社科理论单位，进一步推进"文化研究提炼工程"，召开了温州文化研究工作会议，落实第一、二批108个文化研究项目。围绕"今、古、人、文"四个方面，不断深化"温州学"、温州当代发展和温州历史文化研究。召开了"瓯文化"研讨会、"温州文学现象"研讨会、纪念高则诚诞辰700周年暨《琵琶记》学术研讨会、纪念陈傅良诞辰870周年暨永嘉学派研讨会，其中《琵琶记》研讨会吸引了国内外40多名专家学者参加会议。

市委中心工作的宣传报道 2007年，温州市委宣传部组织新闻媒体全力宣传解读好党的十七大、省第十二次党代会、市第十次党代会精神，引导干部群众准确把握省委“两创”总战略和市委创新跨越的战略任务。围绕市委、市政府的“四大工程”、“五个一”民生工程、文化大市建设、社会主义新农村建设、全国文明城市创建、电网攻坚、抗台救灾等中心工作进行了宣传报道，为推进“三次跨越”营造了良好的舆论氛围。配合市委开展好“作风建设年”活动、领导干部“科学发展创新业、为民办事树风范”主题实践活动、“阳光行动”、“走进矛盾、破解难题”等重大活动的宣传报道。

突发性事件的宣传报道 2007年温州市委宣传部制定和实施了《温州市突发公共事件新闻发布应急预案》，健全突发性事件报道机制和新闻发布制度，稳妥地做好群体性、突发性事件的舆论引导工作。进一步健全网上舆情告知制度，加强网上评论员队伍建设，及时做好网上舆情引导，确保全年不发生因网络引发的重大事件。

先进典型的宣传报道 2007年，温州市委宣传部注重挖掘、宣传和推广郑九万、毛陈冰、徐建威、卢丙会等一批在全省乃至全国产生较大影响的先进人物。组织开展道德模范评选活动，评选出郑九万、李学生、卢丙会、徐建威等10位集中体现社会公德、职业道德和家庭美德的市级道德模范，其中李学生还被评为全国“见义勇为模范”，郑九万获得全国“敬业奉献模范”提名奖，卢丙会获得全国“见义勇为模范”提名奖。配合开展领导干部主题实践活动先进事迹巡回报告会。组织开展了“感动温州十大人物”、“温州市十大杰出在外创业青年”、“百佳文明市民”等评选活动。

社会主义核心价值体系建设 2007年，温州市委宣传部把社会主义核心价值体系建设纳入国民教育和精神文明建设的全过程，在全市机关、社区、农村、学校以及企事业单位深入开展社会主义核心价值体系的宣传教育。结合温州改革发展实际，大力宣传弘扬温州人精神、温州城市精神及“抗台”精神。组织和配合省委抓好建军80周年、香港回归10周年和迎接奥运会的各种图片展、主题文艺演出、大型音乐会等一系列活动。深入开展爱国主义教育基地争先创优活动，有2个基地在全省评先创优活动中获奖，市委宣传部获组织工作奖。培训了50名爱国主义教育基地讲解员。建立并启用郑九万农村基层党员干部教育基地，组织开展红色旅游。

解放思想大讨论活动 2007年，温州市委宣传部为全面贯彻落实市第十次党代会精神，集中6个月时间，通过深入调查研究、成立工作机构、召开动员大会、制定并深入实施活动方案等途径，分宣传发动、学习讨论、总结提高等三个阶段，在全市范围广泛深入地开展了以“第三次跨越”为主题的解放思想大讨论活动。大讨论活动坚持突出重点，分类指导，党政系统重在转变作风、优化服务、提升效能；企业经营者重在创新观念、提升产业、做大做强；广大城乡群众重在解放思想、鼓足干劲、全面创业，通过上下联动、干群互动、城乡齐动的思想大讨论活动，逐步建立起与“第三次跨越”相适应的思想观念、体制机制、新风正气。大讨论活动中的市民考察团、“创新·提升·跨越”青年企业家论坛、解放思想万人电视大讨论、八大群体联合对话等载体活动在社会上造成广泛影响。大讨论期间，全市刊播各类宣传报道2400多篇次，组织各类讨论会3600多场次，机关、社区、学校、农村以及全市企事业单位120多万人次参与了大讨论活动。

学习型社会创建活动 2007年10月10日温州市委召开创建学习型社会活动千人动员大会，全面部署学习型社会创建活动。市委宣传部制定并实施了全市创建学习型社会活动意见与五类学习型组织活动方案，成立了创建学习型社会工作指导委员会，建立联席会议制度，抓好“三坛促学”、“求知超市”、“农家书屋”基层学习网络、开通“温州学习型社会建设网”等系列载体活动，推进学习型机关、学习型企业、学习型社区、学习型村镇、学习型家庭的创建，在全市初步形成了“学习风、创新潮”，取得了阶段性成效。

社会主义新农村主题教育活动 2007年，温州市委宣传部按照《关于在全市农村开展建设社会主义新农村主题教育活动的通知》要求，召开专题会议进行部署，开展“温州十大魅力乡村评选”、“温州新农村建设巡礼”、“办实事、送温暖”、“新农村建设金点子征集”、“八进村”等12项载体活动。广泛深入开展形势政策宣讲教育，组织编写《温州市新农村建设通俗读本》、《新农村建设工作手册》，发放至全市5407个行政村。主题教育活动期间，全市共刊播各类相关新闻3600多条，举办各类培训4850多场次，领导干部下基层宣讲1850多场次，培训基层党员干部群众达220多万人次。

基层党校建设 2007年，温州市委宣传部组织开展了先进基层党校的考核复评工作，全年新增市级基层党校11所，市级示范基层党校10所，省级先进示范基层党校5所，省级先进示范点6所。举办基层党校师资骨干培训班70多期。全年利用基层党校举办各类学习培训3800多场次，受教育人数达60多万人次。编辑发放了《温州市基层思想政治工作探索与创新》，强化基层思想政治工作。

文化大市建设 2007年，温州市委宣传部继续实施组织文化大市建设的“六大工程”，贯彻执行《文化大市建设重点工作责任制》，落实1500万文化建设资金，完成了2007年文化大市建设的各项目标任务。深化文化体制改革，推进公益性文化单位的内部改革与经营性文化单位的转企改制。温州日报报业集团有限公司挂牌运作，温州数字移动电视有限公司组建成立，新中国影都与大众电影院完成合并，瓯江电影院改制工作基本完成。温州文化创意产业园已经成立，温州文化用品市场、市图书批发市场规模进一步扩大。印刷业规模化发展势头良好，成功组建了新雅投资集团等7家印刷企业集团。

文艺创作演出 2007年，温州市深入实施文化作品提升工程，集中力量打造一批体现温州特色的文艺精品。一年来，文艺工作者深入基层，创作了一批反映时代风貌的电影、歌曲、舞蹈、电视剧、小说等文艺作品，其中电影《村支书郑九万》被中宣部授予全国第十届精神文明建设“五个一工程”入选电影奖；歌舞《叮叮当啰来》、《碗窑印象》分获全国第八届艺术节创作奖和表演奖；市合唱团获得全国合唱比赛金钟奖，全年全市有8项作品入选全省第九届精神文明建设“五个一工程”奖，获奖作品总数居全省第二，入选作品档次、数量均为历届之最。举办了“温州首届艺术博览会”、“唱响温州一支歌”歌曲征集、“首届农民文化艺术节”等系列大型文化活动。成立了“新温州人”艺术团，组织开展以新温州人为主要对象的第三届新温州人歌手大赛等文化活动。开展了形式多样的送文化下乡活动，一年来共向基层送电影31 174场、民营剧团演出2万多场、文化直通车下基层演出105场，新建文化信息资源共享工程基层示范点30多个。

对外宣传和文化交流 2007年，温州市委宣传部加大外宣投入和对外宣传力度，全年中央和省级各类新闻媒体刊播宣传温州的新闻报道达4000多条，突出报道实现“三次跨越”、建设“三个温州”的做法和经验。重点报道以民引外、民外合璧发展模式创新。在《人民日报》、《中国经济时报》等重要媒体先后刊发了《以提高利用外资质量创新发展模式（调查与思考）》、《全面看待温州模式》、《如何看待温州招商引资》等系列文章，在《香港文汇报》推出了3个《解读温州》专版。通过“连线浙江－欧非记者”、“中俄友谊之旅·中国行”等主题外宣活动和“轻博会”、“2007民营企业对话世界500强”等活动，向外界展示温州活力和谐新形象。建立健全网络管理机构，加强网络文化建设与管理和引导，营造和谐文明的网络环境。升级外宣工作机构，把外宣处升级更名为市委对外宣传办公室，建立对外宣传采访基地，构建大外宣格局。协助中央台拍摄好《复兴之路》、《中国制造》，制定完成了2007年版的《温州概览》、《中国温州》DVD光盘，编辑出版适合外国人阅读习惯的外宣品《漫步温州》，提高外宣品质量。

宣传文化人才队伍建设 2007年，温州市委宣传部加大干部教育培训的力度，制定了《2007年全市宣传文化系统干部培训计划》，举办了“四个一批”人才和社科理论、文化文艺、文化产业经营管理、政工、新闻专业技术人员等6个层次15个班次的培训班，培训各类宣传文化干部3000多人次。深入实施文化人才提携工程，评选出20名“四个一批”人才。制定和实施了《关于在全市宣传系统开展“作风做表率，服务促发展”主题实践活动的实施意见》，开展了“开门纳谏”活动，大力倡导八个方面的良好作风，提高宣传部机关工作的规范化、制度化水平。

市民素质提高工程 2007年，温州市贯彻《公民思想道德建设实施纲要》，深入开展“迎奥运、讲文明、树新风”活动，广泛开展文明社区、文明单位、文明家庭的创建活动，进行以“八荣八耻”为主要内容的社会主义荣辱观教育。开展“倡导文明出行，提升温州形象”系列主题教育实践活动，在全国首创“斑马线文明礼让手势。”广泛开展“关爱新温州人”为主题的“情暖温州、共创和谐、共享文明”活动，活动启动阶段社会各界投入关爱资金近50万元，组织新温州人开展“我为三次跨越做什么”解放思想大讨论，提高新温州人文明素质。深入开展学习型社区创建活动，推进科技、文体、卫生、法律“四进社区”，筹措资金400多万元，建成文体活动室250个，体育健身点262处，举行宣传教育活动400余次，举办培训班837次，提升居民素质和社区文明程度。加强文明礼仪宣传教育，组织开展了“十佳文明礼仪示范窗口”、“十佳文明礼仪使者”、“十佳文明礼仪栏目”评选，“移动杯”文明礼仪公益广告大赛，“知荣辱、明礼仪”电视大赛复赛以及“送温暖、献爱心、扶弱助残进万家”等活动，在全社会进一步营造“知荣辱、讲正气、树新风”的良好氛围。

未成年人思想道德建设 2007年，温州市在全省率先修订《温州市未成年人思想道德建设工作目标考核暂行办法》等4个文件，明确工作职责，加强专项考核，确保未成年人思想道德建设各项工作落到实处。健全教育网络，按照“三贴近”的要求，深入开展以“知荣辱、爱祖国、争做品德高尚接班人”为主题的教育实践活动，推进社会主义荣辱观“进学校、进课堂、进教材”。健全和完善以学校为龙头、家庭为基础、社区为平台的未成年人思想道德教育网络，促进未成年人健康成长。树立先进典型，组织开展未成年人思想道德建设百个先进单位、百名先进工作标兵、百名文明礼仪标兵评选活动，评选出102个先进集体、18个优秀阵地、106名先进个人和100名文明礼仪标兵，发挥了典型示范作用。关爱留守儿童，组织开展“代理家长”征集活动，为全市近8万名留守儿童征集“代理家长”，并制订了工作职责，以实际行动关心帮助留守儿童。组织开展了百篇感恩书信征文、百堵墙体画廊建设、百篇研讨文章征集、百场优秀影剧进村入校、百场法律咨询服务、百篇创新案例征集、百万未成年人读书等“七个百”活动，营造未成年人思想道德建设氛围。

深化“三沿”整治工作 2007年，温州市落实《温州市创建全国文明城市2006～2008年规划》，召开市文明委全体会议和全市深化“三沿”整治推进大会，制订了《关于开展“深化‘三沿’整治，提升城市形象”活动的实施意见》，建立创建文明城市督导员和社会监督员工作制度，确保创建工作常态化。“三沿”整治工作按照“质上抓提升、线上抓延伸、面上抓拓展”的思路，通过“拆、清、整、改、建、管”六管齐下，在巩固去年23个重点村庄整治成果的基础上，完成了21个重点村庄（部位）、16条城郊内河、14个城郊村级农贸市场和3个重点整治片区的整治任务。启动城郊主干道的市容景观整治，组织开展市容环境专项整治月活动和多次大规模的清脏治乱活动，共拆除各类违章26.83万平方米，清运垃圾6.13万吨，建设绿化96.8万平方米，立面修饰91.76万平方米，河道驳坎7853平方米，治理青山白化766座，建设环卫设施1354个，整治废品收购站点69个。开展瓯海大道（东段）整体景观整治攻坚战，解决了道路两侧脏乱差现象。推进城区主要道路的市容整治，修建围墙18 000米，修缮沿街立面44.8万平方米，修缮沿街店面12 500米，整治店牌店招15 612平方米，建设文化景墙2.833万平方米，清洗小广告覆盖面积23 400余平方米，查处占道设摊2400多起，完成了兴文里等31条老街的修饰性景观改造，使城市环境面貌、景观形象有了较大的提升。

基层群众性文明创建活动 2007年，温州市加强对文明城区（城市）创建工作的指导，平阳县、洞头县获省级文明县城称号，龙湾区、永嘉县被评为省级创建文明城市工作先进区（县）。规范文明社区创建，分两次举办城区和县（市、区）创建星级文明社区干部培训班，多次组织开展调研和指导，全面推进全市创建星级文明社区、学习型社区工作。强化文明行业（窗口）管理，开展了新一批文明行业的评选和前四批文明行业复评工作，新创市级文明行业5个。健全文明单位创评机制，全面实行文明单位预申报制和动态淘汰制，对525家市级文明单位进行复评，撤消市级文明单位28家，对145家申报单位进行考评，新创市级文明单位135个。加强文明风景旅游区（点）创建，组织对前四批市级文明风景旅游区进行复评检查和对新报的风景旅游区进行考核验收，保留市级文明风景旅游区26个，新创市级文明风景旅游区3个。

农村精神文明建设　2007年，温州市文明办继续推进文明单位与农村行政村结对共建文明工作。全年全市结对1550对，投入共建资金2856.5万元，为结对村赠送图书19.632万册，修建道路694.8公里、桥梁73座，帮建文化活动室1180个31 536平方米，开展文化活动1969次，帮助开发经济发展项目351个。瑞安市文明办、苍南县文明办因在共建结对中成绩突出，被评为全市结对共建先进组织奖一等奖。进一步规范文明村镇创评活动，组织开展温州市十佳示范文明村和温州市百佳文明农户评选活动，全年全市新创市级文明村30个，保留市级文明村41个、市级星级文明镇42个，市级文明镇加星7个，限期整改市星级文明镇2个，取消市级文明村和星级文明镇14个。组织开展乡风评议活动，在21个乡镇、村试点成功的基础上，在全市114个乡镇、549个行政村逐步进行推广。

统战工作

全市统战工作会议　2007年温州市的全市统战工作会议是五年一次的盛会，是各级党委、人大、政府、政协完成换届工作后的一次重要会议。会前，温州市委常委会多次听取汇报，专题研究贯彻意见，出台了《贯彻落实<中共中央关于巩固和壮大新世纪新阶段统一战线的意见>的实施意见》。会议统一了全市各级党组织、统战部门和广大统战成员的思想；明确了发展目标及主要任务；增强各级领导干部的统战意识，促进统一战线事业的新发展。

统战部门开展系列活动　2007年温州市委统战部部署开展了“凝心聚力建和谐，服务大局促跨越”主题活动。市级统战部门和各县（市、区）委统战部根据部署，立足实际，不断创新，推出了许多富有特色的工作载体，开展了一系列活动，活跃了统战工作局面。这些活动，推进了各领域统战工作，为建设“三个温州”，推进“三次跨越”提供了力量支持。据统计，全市统战系统单位和广大统战成员为新农村建设落实项目1216个，落实资金1.24亿元；有3000多名民主党派、工商联和无党派人士参加了调研，形成报告161篇；组织开展社会服务202次，义诊9759人次，结对助学1897人，免费赠送药品价值77.8万元，扶贫救灾等捐款捐物达4300多万元。

温州市海外联谊会换届　2007年，温州市委统战部协助召开温州市海外联谊会第三届理事大会暨世界温州人联谊总会一届四次会长（扩大）会议，组织内涵丰富的“凝聚·跨越”主题论坛，选举产生新一届海联会领导班子。同时，密切配合市里举办的“民营企业对话世界500强”活动。

统战宣传工作　2007年，在温州市委的重视与支持下，把统战宣传工作纳入市委的总体工作部署和统战工作的重要内容，建立了市直统战系统宣传工作联席会议制度，联合举办了“新征程、新使命”党的统一战线知识竞赛、“凝心聚力建和谐，服务大局促跨越”主题活动系列宣传以及“聚人心、建和谐、促跨越”统一战线迎接十七大书画展等一系列宣传活动。加强统战宣传“精品工程”建设，全市有36个项目获得省、市统战宣传“精品工程”奖，“两刊两网”工作有了新提高，《世界温州人》刊物获得了侨刊号。

统战调研工作　2007年温州市各级统战部门树立“调研兴部”的工作理念，把调查研究放在提高统战工作能力的首要位置来抓，形成了主要领导亲自挂帅，分管领导直接参与，职能处室具体承办的调研工作机制。探索社会化调研模式，召开温州市非公有制经济人士统战工作研究中心年会，承办全省非公人士统战工作研究基地年会，一批温籍非公人士新聘为省部研究员。首次承接了省委统战部《非公有制经济代表人士综合评价体系工作延伸研究》的招标课题，调研成果获中央统战部2007年度统战理论研究一等奖。继续深入开展创新奖评选活动，有22个项目获省、市创新奖，19篇调研文章获省、市优秀调研成果奖。

统战工作机制建设　2007年，温州市委统战部落实“制度建部”的要求，加强统战工作机制建设。建立统战工作考核机制，首次将统战工作列入县（市、区）工作目标责任制考核内容，形成各级党委、政府重视统战抓统战的局面。完善党外人士培训机制，探索市社会主义学院社会化合作办学模式，形成“依托大学，合作办学”的办学思路，为社院的办学提供软硬件支持，并举办市人大新代表、市政协新委员培训班7个班次，培训人员630人。健全部机关管理机制，健立健全了部务会、市统战系统理论学习中心组、月工作例会、党员干部学习等制度，促进机关干部学习经常化、制度化，提高机关干部整体素质；制定出台部财务管理、保密工作、车辆管理、机关考勤、信访工作等制度，机关内部管理日趋规范。

党外干部与党外人士两支队伍建设　2007年，温州市各级统战部门在各级党委的重视与支持下，党外干部和党外人士实职安排和政治安排工作取得新进展。市县两级共配备58名县级党外领导干部；县（市、区）政府部门配备了58名党外副职、1名党外正职。党外人士政治安排有所突破，第九届市政协委员有党外委员340名，占60.7%。党外常委46人，占70.77%。171名党外人士当选为第十届市人大代表，占代表数31.1%；市人大常委会中有党外委员11人，占常委数33.3%。

政党关系和谐发展 2007年温州市委统战部门贯彻落实中央两个5号文件和市委69号文件精神，进一步健全重大决策协商、重要情况通报等制度，全年召开民主协商会、座谈会和情况通报会6次。9个政府部门与7个民主党派市委会、市工商联和无党派人士联谊会建立了对口联系，监察局、规划局等15个单位共聘请162名特约人员。深化"诤友建言"活动，围绕中心工作和民生问题开展考察调研，完成46篇调研报告。协助民主党派市委会开展以坚持走中国特色社会主义政治发展道路为主题的"政治交接学习教育活动"。发挥市无党派人士联谊会作用，瑞安市、龙湾区等7个县（市、区）成立无党派人士联谊会。

民族新村建设 2007年温州市委统战部门贯彻落实市委、市政府《关于进一步加快少数民族和民族地区经济社会发展的若干意见》，争取省、市民族发展资金633万元，落实扶持项目51个，并安排一批民族乡村基础设施、产业基地等项目。深入开展"情系民族地区，共建民族新村"活动，推进9个民族小康示范村建设。继续开展"情系民族学子，共育栋梁之才"活动，筹集13万元结对少数民族贫困学生150人。基本完成《少数民族古籍总目提要·畲族卷》温州卷的编撰。组队参加全国第八届少数民族传统项目运动会，获小龙舟250米直道竞速项目第二名，实现浙江省在全国少数民族传统体育运动会奖牌零的突破。加强少数民族干部学习教育培训工作，全市举办少数民族干部培训班10期、586人次。举办少数民族实用技术培训班8期、588人次。

宗教工作 2007年，温州市委统战部门加强宗教政策法规的宣传教育，落实防控措施，确保了重要政治活动和重大节日期间宗教领域的社会稳定。开展宗教活动场所换证工作，全年换证3275处，并推进场所的规范化管理。加强宗教团体自身建设，开展对宗教界人士和教职人员的培训。推动宗教界发出的"建设温州和谐宗教，服务第三次跨越"的倡议活动，全市宗教界参与助贫帮困等社会公益事业捐赠数达1000多万元。市民宗局获全国宗教工作系统先进集体称号。

新的社会阶层统战工作 2007年，温州市委统战部门继续在非公有制经济人士中开展争做"优秀建设者"活动，尤小平被授予第二届全国优秀中国特色社会主义事业建设者；高天乐等6人被评为浙江省第二届优秀中国特色社会主义事业建设者。深入开展"反哺工程"活动，采取社会化运作、推进村企结对等活动，引导非公有制经济代表人士致富思源，回报社会。苍南县促成130家非公企业与132个行政村结对共建，帮助落实项目100多个，项目涉及资金2800多万元。瓯海区9家企业建立冠名慈善基金，基金总额达1.14亿元。永嘉县开展"魅力家园"主题活动，筹集扶贫资金近1000万元，支持农村建设。发动统战成员和统战干部为苍南、泰顺等台风灾区捐款捐物价值达200多万元。开展新的社会阶层人士调查摸底，初步建立新的社会阶层人士名单库。吸收部分代表人士参加无党派人士联谊会，加强与新的社会阶层人士的联系，乐清市建立了全市首家新社会组织统战工作站。

港澳台海外统战工作 2007年，温州市委统战部门加强联谊联络，拓展港澳台湾海外统战工作，抓住庆祝香港回归祖国10周年和香港温州同乡会成立22周年等契机，组织市委、市政府和各县（市、区）代表团赴港庆祝香港回归10周年活动，帮助香港温州同乡会成立青年委员会，密切同乡会与内地群众团体的联系交往。加强温台民间交流交往，全年接待来温台胞台商超过1.1万人次；组织赴台交流团组19批262人次；新引进台资项目6个，总投资额5545万美元，合同台资1716.5万美元。承办了浙籍台湾青年学生2007年大陆夏令营活动。

党校工作

党校主体班次培训 2007年，中共温州市委党校全年举办各类主体班次108期，培训学员15093人次。开设的班次主要包括：县（处）级领导干部进修班、中青年干部培训班、乡镇党政一把手轮训班、处（科）级公务员任职培训班、公务员学分制班等。除了市本级的干部培训任务外，还承担了瓯海、龙湾两个区的主体班次培训。干部培训范围辐射到苍南、洞头、文成等县以及医学院、国资委系统、烟草系统、交通系统等部门。（主体班次培训情况附表）

党校函授教育 2007年，中共温州市委党校注重推动党校函授校园文化的发展，成立了全省党校首家学区级学员联合会、校友联谊会、学联艺术团，2006年和2007年连续举办了两届校园文化体育节。各类活动的开展促进党校函授品牌的建设，提升了党校函授教育的核心竞争力。市委党校函授学区近5年来报名人数、注册人数、在校生规模一直居全省首位，占全省1/5强，是全省唯一学员人数超万人的大学区，遥遥领先于其他学区，得到中央党校函授学院的肯定。2007年党校函授在校生11 737人，其中直属班4238人。

党校申办研究生教育 2007年，温州市委党校成功申办中央党校经济学专业研究生班，成为浙江省第一家中央党校研究生班的地市级党校教学点。该班将于2008年开始招生。

党校深化教学改革 2007年，温州市委党校按照胡锦涛总书记"联系实际创新路，加强培训求实效"的要求，深化教学改革，提高教学质量。教学工作围绕党的中心工作展开，无论是教学布局，还是课程设置，都围绕改革发展稳定的大局，主动贴近并服务于建设中国特色社会主义的实践。不断改进教学方式方法，推行了研究式、案例式、模拟式、现场式和学员论坛等互动教学方式，开展学军、学农、学先进活动。推进教研一体化，按照"教学出题目、科研做文章、成果进课堂"的做法，及时将马克思主义中国化最新成果作为课题立项，并将优秀科研成果纳入主体班次教学计划，提高课堂教学的科研含量。在管理体制上坚持从严管理，引导学员实现从干部到学员、从工作到学习、从家庭生活到集体生活的转变；坚持民主管理，发挥好班委会的

温州市委党校2007年主体班次培训情况

序号	班次	期数	人数	学制
1	市直机关国家公务员初任培训班	2期	394	一周
2	龙湾区公务员公共管理基础课程培训班	18期	4140	一天
4	乡镇党政一把手轮训班	2期	120	四周
5	公共管理进修班	3期	166	四周
6	县（局）级领导干部进修班	2期	124	七周
7	中青年干部培训班	2期	102	三个半月
8	妇联温州市社会性别意识与反家庭暴力的参与式培训班	1期	25	四天
9	温州市国家公务员学分制培训班	25期	5000	二天
11	苍南县乡镇统战委员培训班	1期	36	三天
15	医学院科级干部培训班	1期	158	五周
16	新农村建设培训班	4期	280	一周
17	欠发达乡镇领导干部培训班	2期	113	两周
18	市直机关中层干部理论培训班	2期	75	两周
19	温州经济技术开发区管委会中层干部培训班	2期	72	两周
20	市直机关处(科)级公务员任职培训班	2期	84	五周
25	瓯海区第一期社会主义新农村建设村党支部书记培训班	3期	194	一周
26	公务员离岗培训班	1期	13	一个月
42	文成科（局）级领导干部轮训班	1期	38	一周
53	部分单位公务员学分制培训班	12期	2400	半天
54	基层党务工作者培训班	2期	312	一周
63	温州市国资系统国有企业党支部书记培训班	1期	41	一周
64	温州市国资系统国有企业领导班子成员专题培训班	1期	67	二周
65	温州市组工干部业务培训班	1期	130	一周
66	人民银行中心支行中层干部培训班	1期	30	三天
67	洞头副科级干部培训班	1期	37	一周
76	新提任市管干部培训班	1期	133	一周
77	烟草系统干部培训班	1期	34	一周
78	交通系统干部培训班	1期	25	一周
79	洞头中青年干部培训班	1期	45	三天
84	新农村建设示范、试点镇、村干部培训班	1期	76	一周
89	全市老干部工作人员培训班	1期	87	四天
90	龙湾区非公企业党支部书记培训班	1期	30	两天
94	龙湾区新提任科（局）级领导干部培训班	1期	40	三天
102	瓯海区中青年领导干部培训班	1期	58	五周
103	瓯海区新提任副科级领导干部培训班	1期	40	一周
104	十七大精神理论骨干培训班	1期	180	三天
105	龙湾区女领导干部培训班	1期	74	三天
106	农业副乡镇长班	1期	50	两周
107	老龄委工作人员培训班	1期	30	一周
108	龙湾区招聘到农村和社区工作的高校毕业生岗前培训班	1期	40	一周
	合　　计	108期	15 093	

组织作用，创造民主宽松的学习氛围；坚持科学管理，规范教学环节管理，在入学教育、班级管理、党性锻炼、调研课题、学员综合考评等方面制订规范性文件，统一指导党校教学管理工作。

党史研究

《中共浙江省第一次代表大会》出版

中共浙江省第一次代表大会1939年7月在平阳召开，这是新民主主义革命时期浙江党组织召开的唯一一次全省党代表大会，是浙江党史上一个重要里程碑。为纪念中共浙江省委成立80周年，总结省一大的历史经验，缅怀刘英等革命先烈的光辉业绩，2007年5月，温州市委党史研究室与省委党史研究室、平阳县委党史研究室编辑出版了《中共浙江省第一次代表大会》，并在浙江省党第十二次党代会上首发。该书分综述、回忆录、文献资料、省一大代表简介和选举产生的省委领导成员等四个部分，其中收录珍贵回忆文章、文献资料25篇，全书16万字，印刷5500册。

温独支纪念碑亭建设完成 中共温州独立支部于1924年12月成立，是浙南地区最早建立的中共党组织，直属中共中央领导。“温独支”的成立，点燃了浙南地区的革命之火，揭开了浙南历史新的一页，在浙南党的历史上具有十分重要的地位。为纪念这一重大党史事件，温州市委党史研究室与旧城改建指挥部等单位积极筹划，于2007年8月建成中共温州独立支部纪念碑亭。该亭座落在信河街华侨饭店斜对面，亭高7.6米，面积27平方米。

纪念粟裕诞辰100周年系列活动 2007年8月3日，温州市委党史研究室与平阳县委在平阳联合举办纪念粟裕诞辰100周年活动。活动期间，还举行“省一大”陈列馆开馆、中国工农红军挺进师纪念园开园和“粟裕小学”命名仪式。整个纪念活动隆重、简朴、安全、圆满。

纪念新四军成立70周年图片展 2007年10月17日至26日，为纪念新四军成立70周年，温州市委党史研究室和温州市新四军研究会在市展览馆联合举办“铁的新四军”图片展。浙南是新四军的策源地之一，1938年春，原红军挺进师师长粟裕奉命率领浙南红军开赴皖南前线，入编新四军。浙南儿女喋血抗日战场，为中华民族解放事业立下了不朽的功勋。此次展览展出照片300余幅，对广大市民免费开放。

《浙南革命历史文献汇编》(抗战时期)出版 浙南革命斗争时间长、范围广，留下了大量反映革命斗争足迹的文献资料，编辑出版《浙南革命历史文献汇编》，对于保存浙南革命斗争历史和抗战史记录，以史鉴今具有重要的意义。2007年底，温州市委党史研究室完成了该书的校注和出版工作，全书95万字，印刷1500册。

温州革命历史纪念馆建设完成 2005年8月，温州市委党史研究室接收江心屿原温州博物馆馆舍，改建温州革命历史纪念馆，至2007年底，全面完成了纪念馆建设、布展任务，开始对外开放。温州革命历史纪念馆是展现浙南革命历史全貌的重要场馆，是温州市革命传统教育的一个重要基地和红色旅游的一大亮点。

党史研究室获省先进集体称号 2007年，温州市委党史研究室获省人事厅、省委党史研究室联合授予的“全省党史系统先进集体”荣誉称号。

老干部工作

全市离休干部基本情况 至2007年12月31日，温州市有离休干部3644人。其中鹿城114人、瓯海83人、龙湾14人、瑞安440人、乐清498人、永嘉338人、文城256人、平阳377人、苍南214人、泰顺122人、洞头33人；机关1690人、事业878人、企业1076人；享受正厅6人、副厅100人、正县99人、副县1160人、其他2279人；70～75岁的有394人，76～80岁的有1847人，81～85岁的有1108人，86～90岁的有233人，91岁以上的有62人；全市离休干部平均年龄约79岁。

老干部思想政治工作 2007年11月15日～22日，中共温州市委老干部局举办地市级实职离休干部学习十七大精神读书班，中央党校教授辛鸣，上海市委党校教授唐钰岚、冷鹤鸣和省委党校教授郭祥才作辅导讲座，市委组织部常务副部长白一舟通报全市组织工作情况，读书班还组织老同志赴宁波、台州参观考察工农业建设。7月13日和12月26日，市委书记、市人大常委会主任王建满两次主持召开地市职老干部座谈会，听取老同志对市委十届二次、三次全会报告的意见和建议。全市各地各部门各单位组织老干部学习党的十七大精神和中央、省市委重要文件，举行形势报告会、老干部座谈会、老干部阅文，走访慰问老干部，请老领导参加重要会议和重大活动，组织老干部外出参观考察等活动。

全市老干部工作会议 2007年3月13日，中共温州市委召开全市老干部工作会议。市老干部工作领导小组成员单位领导，各县（市、区）委分管副书记、老干部局局长，市直各单位分管领导、老干部工作专兼职人员、离退休干部党支部书记和各类先进代表共400多人参加会议。市委副书记赵一德就增强老干部工作责任感、提高老干部工作整体水平和形成做好老干部工作合力三个问题作了重要讲话。市委组织部副部长、市委老干部局局长沈伟作工作报告。会上，市委还表彰了40个老干部先进集体、48名老干部先进个人、40个老干部工作先进集体和47名老干部工作先进个人。

老干部党支部建设 2007年4月27日，温州市委老干部局召开市直单位老干部党支部建设工作经验交流会，142位老干部党支部书记参加会议。市人大、市民政局、温州工业资产公司、温州医学院等6个离退休干部党支部在会上交流经验，市直单位老干部党书记就如何进一步推进老干部党支部建设进行了讨论，提出了建议意见。11月26日至28日，温州市委老干部局在温州老干部党校举办老干部党校第一期主体班——市直老干部党支部书记学习十七大精神培训班。培训班邀请市委党校教授对学习党的十七大精神进行辅导，有关专家和部门领导结合学习党的十七大精神与温州实际，就基层党组织建设、住房保障工作、生态文明建设、“五五三”城市提升计划等进行专题讲座。

成立温州老干部党校 2007年11月22日，市委组织部、老干部局决定成立“温州老干部党校”，市委常委、组织部部长鞠建林担任校长，老干部党校设在温州老年大学。培训对象为市直单位离休干部党员、担任市级领导职务的退休干部、离退休干部党支部书记（支部委员），各县（市、区）委老干部局组织的老干部党员。培训班分主体班和专题班，培训方式采取教师讲课与自学讨论相结合，理论学习与就地就近参观考察、专题调研相结合等形式开展教学。从市委党校、温州各大专院校聘请一批教授、专家、学者和有关部门领导担任老干部党校的兼职教师。不定期邀请上级领导、知名人士及其他地区等有关人员到校授课或通报情况。12月13日，温州市老干部党校举办第一期专题班，组织老干部党支部骨干学习党的十七大精神。

走访慰问老干部 2007年春节期间，市四套班子主要领导分四路看望慰问老红军和原担任市级领导职务的离休干部。4月，温州市委老干部局组织人员对2006年医药费在500元以下（人均27 000元）的13位离休干部开展走访调研，了解老同志的生活和医疗情况，总结规律、推广经验。9月，以市委、市政府的名义组成5支慰问组，对温州市易地安置在上海、江苏、山东、福建、安徽、浙江等6省28个地区的61位离休干部开展逐户走访慰问。通过开展多层次走访慰问和检查活动，落实中央《关于做好国有改制和破产企业离休干部管理服务工作的意见》文件精神，力促改制企业在深化改革中妥善安排和照顾好离休干部，做到安置、待遇、管理、服务四到位。

高龄离休干部管理服务工作 温州市委老干部局把高龄服务作为2007年重点调研课题。6月至8月，开展全市离休干部的生活情况检查，对离休干部年龄、住房条件、身体状况、经济条件、子女情况、当前存在的困难和最大需求等作了全面调查和统计，最需要解决的问题是社区家政服务不到位，特别是高龄离休干部急需精神文化方面服务。9月28日，市委老干部局召开全市高龄离休干部服务与管理工作交流会，探讨提高为老干部服务水平的新路子和新方法。各地采取切实措施，加强高龄离休干部管理服务工作。如乐清市委老干部局每月20～30日，全体工作人员分头到各乡镇了解老干部情况；平阳县出台《平阳县老干部工作应急预案》；龙湾区完善“一对一”结对服务机制，应对高龄老干部服务工作。

为老干部办实事 2007年5月9日至20日，温州市委老干部局组织地市级老干部年度健康疗养，有65位老干部参加。全年市老干部医务室门诊11 600多人次、上门服务530人次，在市体检中心组织开展全体离休干部体检活动。一年来，市委老干部局接待来信50多件，来访100多人次，上门看望慰问97位生病住院的离休干部，审批56人生活不能自理护理费补贴，向老同志发放各类困难补助57万元。

庆祝温州老年大学建校20周年 2007年9月12日，温州市委老干部局举办温州老年大学建校20周年庆祝大会。省委老干部局副巡视员金彩珍、调研处处长蔡国平来温参加庆祝大会，金彩珍代表省委老干部局发表讲话。市四套班子领导，市委老干部工作领导小组成员单位负责人，老同志代表，历任市委老干部局局长、老年大学专职副校长和温州老年大学教师、学员代表参加庆祝大会。市委副书记赵一德作重要讲话。市委老干部局局务会议成员、老年大学专职副校长史宪明在会上作“温州老年大学办学20周年”回顾报告。大会表彰了老年大学优秀班主任、优秀教师、优秀班干部、优秀学员。老年大学教师代表和学员代表先后在会上发言。会后，老年大学学员作文艺汇报演出。为庆祝老年大学建校20周年，温州老年大学出版了《温州老年大学成立20周年专刊》，举办了老年大学学员书画、摄影、集邮和花卉盆景展，开展了校庆系列活动。

老干部活动中心和老年大学建设 2007年，温州市老干部活动中心有15个老干部协会，开展活动达100余次。温州老年大学开设77个班级、在校学员4500多人。各县（市）扎实开展创评先进老干部活动中心和老年大学示范活动，经过检查组的评审和验收，泰顺县老年大学、文成县老年大学、瓯海区老年大学、洞头县老年大学被省委老干部局授予第四批“规范化建设示范校”的荣誉称号。各县（市）老干部活动中心和老年大学围绕中国人民解放军建军80周年和党的十七大胜利召开，组织老干部开展一系列纪念活动。市老干部活动中心在4月和11月分别举办了温州市第十届老干部中国象棋比赛和全市性老干部门球邀请赛。

发挥老干部作用 2007年4月开始，温州市委老干部局在全市老干部中开展“我为温州第三次跨越建言献策作贡献”主题活动，11月份对老同志提出的70条建言献策进行归纳，分别报送有关部门供改进工作与科学决策参考。一年来，地市级老干部和老干部党支部书记分别考察了温州市行政执法、教育、房管、规划、卫生、环保、市政等部门和乐清、永嘉等县（市）的工作，给相关单位提出意见和建议，推进地方和部门工作。全年全市有28 816位老同志参加“五老护苗”关心下一代工作。

老干部局自身建设 2007年，温州市委老干部局在全市老干部工作系统开展创建以热心、真心、耐心、细心、贴心为主要内容的“五心”服务品牌活动，并做好“作风建设年”各阶段工作，发出问卷调查表和征求意见表255份（收回113份），征求到意见和建议114条，经分类梳理落实到职能处室，制定具体整改措施。10月22日，举办全市老干部工作人员培训班，并多次组织全局机关工作人员学习“十七大”报告和新党章，参加十七大知识竞赛。2007年在全市万人评议活动中，市委老干部局再次获得满意单位荣誉称号。

市直机关工作

市直机关思想建设 2007年，中共温州市直机关工委按照中央办公厅《关于加强党员经常性教育的意见》，深入学习贯彻党的十七大和市第十次党代会精神，在市直机关兴起了学习贯彻十七大精神的高潮。开展创建学习型机关活动，下发《关于深入开展创建学习型机关活动的通知》，召开创建学习型机关工作推进会、经验交流会，组织领导干部“五带头”、机关干部“五个一”学习活动和夜学制度，并开展“我为跨越做什么”解放思想大讨论活动，以此为内容举办全市机关征文活动与演讲比赛。抓好党员经常性教育，下发《关于2007年市直机关党委（党组）中心组和机关干部理论学习的意见》，对中心组成员和机关干部理论学习的重点、方法和要求做出具体安排。围绕加强机关效能建设、保持共产党员先进性长效机制、发展党内民主、建设学习型党组织与其说和谐机关等重点课题，组织指导开展调研活动，形成一批优秀的调研报告和理论文章。

市直机关组织建设　2007年温州市直机关工委以落实机关党建工作责任制为重点，强化党务干部队伍建设，推进机关和企事业单位基层党组织建设。继续抓好党支部“四个好”达标管理活动，开展创建“党建工作先进单位”活动，强化机关党建目标管理工作。严把党员入口关，确保质量，全年发展党员284人，预备党员转正278人。做好党内统计分析工作和党费管理工作。实施党内关爱机制，对生病的老党员和困难党员进行帮困慰问。做好党代表推选工作。通过上下结合、反复酝酿、逐级遴选的办法，选举产生了107名出席市第十次党代会的代表。严格考核审批程序，调整14名机关党委专职副书记，批准3个单位成立机关党委，指导39个机关党组织进行换届选举。

市直机关群团建设　2007年温州市直机关工委重视加强群团工作。建立健全市直机关工会基层组织，加强工会干部培训，改进机关副食品供应方式，丰富和活跃机关文化生活。市直机关妇工委进行了换届选举，组织开展了有利于机关妇女身心健康的系列活动。市直机关人口与计生工作以目标管理责任制为龙头，较好地完成了人口与计生工作的各项目标任务，工委被鹿城区评为计生与人口工作先进单位。

市直机关作风建设　2007年温州市直机关工委坚持以开展作风建设年、评议满意不满意单位活动和创建机关服务品牌为重要抓手，深化机关效能建设。将2006年度评议满意和不满意单位活动中征集到的3200多条意见建议进行疏理汇总，向各参评单位作了反馈，并组织力量对重点单位重点问题的整改进行了督查。协调组织开展明查暗访行动，通过媒体曝光和通报处理典型事例，震慑了机关不良作风，规范了行政行为。继续深入开展社会各界评议满意不满意单位活动。完善改进评议方法，策划出台了关于2007年度社会各界评议满意和不满意单位活动的方案，并进行部署，采取各种有力措施，强化评议过程的纪律监督，确保2007年度评议活动公平公正。坚持把创建机关服务品牌作为深化评议满意和不满意单位活动、创建人民满意单位的一项重要抓手，着重抓了服务品牌各项举措和承诺的落实，完善各项便民办事制度，完善长效机制。

市直机关反腐倡廉建设　2007年温州市直机关工委抓好反腐倡廉宣传教育工作，开展“廉政提醒教育”系列活动，在电视台开设“清风论坛”互动栏目，邀请嘉宾就有关问题进行面对面访谈；在《温州都市报》开辟“清风论坛”廉政专版；举办了第三届“我谈党风廉政”有奖征文比赛。加强源头预防和治理工作，运用电子政务、网上办公、网上审批、信息管理等现代科技手段，提高反腐倡廉工作的科技含量。加强对市直单位科级干部的日常监督，健全和落实领导干部的民主评议、谈话诫勉、述职述廉等制度。开展“阳光行动”、“行政问责”、“明察暗访”等活动，加强机关工作纪律和工作作风的监督检查，确保机关政令畅通。加强对党员干部廉洁自律各项规定执行情况的监督检查，制止以权谋私、与民争利、侵害群众利益等行为。继续严格“三公”管理，倡导生活正派、情趣健康、讲操守、重品行的良好风气。加强违纪违法案件的查处。建立“市直单位案件协办员制度”，完善市直单位片区协作办案机制，整合办案力量。全年收受信访举报件15件，初核12件，报结10件。转立案4起，移送司法机关2人，涉案人员24个，违纪金额58万，涉案金额117万。

市直机关文明单位创建活动　2007年温州市直机关工委修订了深化创建文明机关活动的实施意见，重点突出了学习型、服务型、节约型、和谐型、廉洁型等“五型机关”建设为主要内容的深化文明机关创建活动。进一步修订《温州市创建市级文明机关考核评分细则》，在原来“五个好”标准的基础上提出“六个好”的创建标准。加强对创建活动指导，对第1、2批文明机关进行了复查复评和表彰。

机关党建调研与创新　2007年，温州市直机关工委开展机关党建现状和机关党组织隶属关系调研工作。通过走访、发放调查问卷、召开座谈会等形式，共收到机关党建专题汇报材料62份，查摆问题和收到建议200余条（项），在此基础上，形成了《关于理顺机关党组织隶属关系，进一步加强和改进机关党的建设的调研报告》上报市委，为市委决策提供重要依据。深化市县乡机关党建工作“三级联动”与指导乐清开展机关党建向乡镇延伸的试点工作，取得了成功经验。通过召开市、县（市、区）工委书记例会、市工委领导分片联系制度、深入县（市、区）调研指导、选送工委书记参加上级工委举办的培训班等措施和途径，加强对县（市、区）工委工作的指导。

中共温州市纪律检查委员会（监察局）

纪委重要会议和活动

市纪委向市第十次党代会报告工作　2007年2月27日，中共温州市纪律检查委员会向中共温州市第十次代表大会报告市第九次党代会以来的工作情况和对今后工作的建议。3月2日，市第十次党代会审查批准了市纪委的工作报告。报告分三个部分，即第九次党代会以来的主要工作；必须把握的工作原则；今后五年的工作建议。报告提出了今后五年温州市党风廉政建设和反腐败的指导思想和要实现的目标。

新一届市纪委领导班子产生　2007年3月2日，中共温州市第十次代表大会选举产生新一届市纪委委员37名，3月3日第一次纪委全体会议选举产生了新一届纪委领导班子。书记：陶时梅，副书记：殷乐人、周爱平、徐有平，常务委员会委员9名。陶时梅代表新班子作了讲话，她提出新一届市纪委领导班子要带头加强学习，做勤于思考、勇于实践的表率；带头维护团结，做凝聚人心、协力共进的表率；带头改进作风，做勤奋工作、清正廉洁的表率；带头务实创新，做恪尽职守、服务大局的表率。

省纪委领导抵温调研　3月6日至9日，浙江省委常委、纪委书记王华元到温州市调研。他在调研中指出，各级党委、政府要按照胡锦涛总书记倡导的八个方面良好风气的要求，贯彻落实省委、省政府开展“作风建设年”活动作出的全面部署，加强和改进领导干部作风建设，进一步解放思想，立足温州实际，充分发挥优势，推进温州经济社会又好又快发展。市委书记王建满代表市委、市政府，汇报温州市经济社会发展基本情况。市委常委、秘书长黄德康，市委常委、纪委书记陶时梅陪同调研。7月3日，王华元到永嘉县就“作风建设年”活动开展情况进行调研。他强调，各级党委、政府要贯彻落实省第十二次党代会精神，加强党员干部作风建设，以优良作风推进经济社会又好又快发展，使作风建设的成果惠及广大群众。市委书记王建满，市委常委、纪委书记陶时梅陪同调研。

市纪检监察案件检查工作会议　5月14日召开。中共温州市委常委、纪委书记陶时梅出席会议并讲话。市纪委副书记周爱平代表市纪委常委会作了工作报告。会议还表彰了一批先进单位。市纪委常委和副调研员、各县（市、区）纪委书记、分管办案的副书记、常委、纪检监察室主任，市直单位纪检组长（纪委书记）、监察室主任，市纪委各室主任、全体办案人员共170多人参加了会议。

市纪委第二次全体（扩大）会议　7月24日在人民大会堂四楼新闻发布厅召开。会议回顾总结了上半年党风廉政建设和反腐败工作，研究部署了下半年的工作任务。温州市委常委、纪委书记陶时梅代表市纪委常委会作题为《关注民生、服务发展，深入开展党风廉政建设和反腐败工作》的工作报告。全会审议通过了《关于进一步为温州实现第三次跨越提供有效保证的若干意见》。市纪委委员；非市纪委委员的各县（市、区）纪委书记、监察局局长；市直各单位纪委书记（纪检组长），未设纪检监察机构的市直单位分管纪检监察工作的领导；市纪委各室（中心、处）主任（处长）、副主任参加了会议。

市首次执纪执法机关办案工作会议　9月30日召开。会议成立了反腐败协调小组，协调小组下设办公室。出台了《中共温州市委反腐败协调小组工作职责》和《中共温州市委反腐败协调小组案件协调办法》。中共温州市委副书记赵一德作了题为《搭建新平台、建立新机制开创执纪执法机关协同办案工作新局面》的讲话，他要求市反腐败协调小组成员肯定成绩，认清形势，增强查办违纪违法案件的责任感和使命感；着眼全局，统一思想，充分认识加强执纪执法机关协作配合的重要性和必要性；明确职责，密切配合，努力开创执纪执法机关协同办案的新局面。会议由市纪委牵头组织，有公安、检察院、法院、审计和工商等执纪执法机关和部门参加，并邀请了有关市人大、市政协常委与会。

市纪检监察系统领导干部读书会　11月22日至23日在温州金瓯宾馆六楼百合厅召开，会议交流了2007年度调研工作成果，研究了2008年工作思路。中共温州市委常委、纪委书记陶时梅要求，全市广大纪检监察干部要深入学习贯彻党的十七大精神，以良好的精神状态和扎实的工作作风，做好纪检监察工作，推进反腐倡廉建设。会议还邀请上海市委党校冷鹤鸣教授作题为《旗帜、道路和科学发展观》的专题报告。

市纪委增设申诉复查室　12月19日，为进一步做好新形势下纪检监察申诉复查工作，落实中央纪委领导批示和省纪委的通知精神，温州市纪委常委会研究决定，并经温市编〔2007〕49号批文同意，在市纪委、市监察局增设了申诉复查室。

《行风热线》节目开播 9月13日，温州市纪委、监察局，市广播电视总台在市人民广播电台新闻综合频道设立《行风热线》节目。节目以“展示部门形象，倾听百姓呼声，接受群众监督，促进行风建设”为宗旨，定期邀请与群众生产生活关系密切的一些部门和单位领导到电台做嘉宾参与节目录制，在政府部门与人民群众之间架设起一座沟通和理解的桥梁，促进改革、发展、稳定大局，推进和谐社会建设。

迎“七一”机关廉政文化建设书画笔会 于6月29日在温州市政协大厅举行，笔会由市纪委与市文联、市政协书画社、市书法家协会、市美术家协会及市书画院联合举办，三十多名温州市著名的书画家参加了笔会，并进行现场创作。市委常委、纪委书记陶时梅、市人大常委会副主任张林、市政府副市长叶际仁、市政协常务副主席王成云以及主办单位的领导参加了这次书画笔会活动。

党风廉政建设

落实党风廉政建设责任制 2007年，温州市各级党委、政府坚持把落实党风廉政建设责任制作为推进反腐倡廉工作的龙头来抓，加强对领导干部执行“四项纪律、八项要求”情况的监督检查。进一步落实领导干部廉洁从政公开承诺、廉政谈话、个人重大事项报告、经济责任审计、“一把手”四个不直接分管等制度。继续严肃查处领导干部在廉洁自律方面存在的突出问题，进一步落实和完善公务接待、公车管理、公务外出的有关规定。加强国有企业领导人员廉洁自律工作。

农村基层党风廉政建设 2007年，温州市纪委制定出台了《关于进一步推进农村基层党风廉政建设的实施意见》，完善勤廉双述等“十项制度”。针对村级组织换届临近的实际，部署开展以农村信访和财务大清查为主要内容的集中清理整顿，实施“千村审计”行动，全市已审计1200多个村。加大查处力度，全市立案查处村（居）、基层站所党员干部违纪违法案件643件，涉案金额8521万元，挽回直接经济损失278万元。龙湾区探索加强村级集体资产管理措施、永嘉县推行农村个人建房一条龙服务、苍南县基层站所推行岗位双向选择、泰顺县推行村务监督委员会制度等工作具有特色，推进农村基层党风廉政建设。

领导干部廉洁自律 2007年，温州市各级党委、政府组织学习党的十七大，加强反腐倡廉经常性教育，开展案件通报会、“现身说法”、庭审旁听、观看警示片等活动，增强党员干部的廉洁自律意识。市纪委检监察机关加强阵地建设，《反腐纵横》全年播出52期，《温州党风廉政》杂志进行了改版，一批廉政网站发挥了较好作用。加强廉政文化建设，创新形式，丰富内容，开展廉政文化书画展览、廉政故事演讲比赛、廉政格言和小小说征集、家庭助廉教育、廉政承诺等活动，龙湾区、文成县、平阳县等地创建廉政文化教育基地，营造崇尚廉洁的的社会氛围。加强对领导干部的监督，全市乡（科）级以上领导干部在规定范围内进行述职述廉4904人，纪委负责人同下级党政主要负责人谈话592人，任前廉政谈话920人，实行诫勉谈话24人。开展“三礼”、“一号双机”、楼堂馆所等专项清理，全市有269名党员干部主动上交“三礼”合计170万元，清理与办公电话捆绑计费的小灵通2762台，对19个不符合规定的党政机关楼堂馆所建设项目提出了整改建议。探索“三公”管理新模式，选取了2个县（市）和6个部门开展公务消费改革试点，平阳县在公务消费改革方面取得了一定成效，洞头县采取交通费补助奖励办法控制新购公车。

反腐倡廉治本工作 2007年，温州市纪委协助市政府制定出台了行政首长问责制和行政过错行为责任追究办法。严格执行党风廉政建设“一票否决制”。推进行政审批制度改革，市本级清理非行政许可事项549项，取消76项，待定28项；推进行政审批服务中心建设，新进中心事项20项，并联审批、“绿色通道”等措施进一步落实。瓯海、乐清、永嘉等地逐步建立乡镇便民服务中心。推进财政管理制度改革，会计核算中心的监管作用进一步加强，瑞安、苍南、平阳等地推行“乡财县管”制度。推进投资体制改革，瑞安市建立健全政府投资工程监督管理中心，永嘉等地推行政府投资项目公示制和代建制。推进公共资源配置市场化管理，招投标制度不断完善，市本级网上政府采购即将投入运行，建设项目标后管理进一步加强。政务公开、厂务公开、村务公开的实效性逐步提高，党务公开、公用事业单位办事公开积极推进。

惩防体系建设 2007年，温州市纪委全面落实《2005～2007年工作要点》，建立具有温州特色的惩治和预防腐败体系基本框架。研究制定县（市、区）和市直部门2007年党风廉政建设责任制考核办法，落实党风廉政建设责任制。制定了《关于为实现温州第三次跨越提供有效保证的若干意见》，进一步明确纪检监察工作的目标定位。贯彻落实全省推进惩防体系建设工作会议精神，起草了《温州市惩治和预防腐败体系建设2008～2012年实施细则（征求意见稿）》。

作风建设 2007年纪检监察机关牵头承担“作风建设年”具体工作任务。着眼解决问题，先后组织开展了“执纪为民”、“阳光投诉”等专项投诉活动，通过领导包案、自办、督办等多种方式，受理投诉和咨询件2008件，已办结1970件，解决了城镇居民安置房产权证难办等一批历史遗留问题。着眼服务基层，开展“千名科长服务基层”活动，着重抓好问计于基层、承诺于媒体、授权于窗口、评议于社会等工作，市直机关有39个单位652名中层干部开展联村、联农、联企工作。着眼转变作风，围绕“创业发展办事难，纪委监察来督办”主题，加强效能监察工作，全市受理反映机关效能问题的投诉696件（次），给予书面效能告诫等处理518人；加大明查暗访力度，制作“效能问题”专题片，推进了效能建设。瓯海区建立了“效能指数”评价机制，泰顺等地加大了对机关工作人员的组织处理力度。着眼长效管理，督促建立健全作风建设各项制度，巩固了活动成果。

纪检监察干部队伍建设 2007年温州市各级纪检监察机关带头开展“作风建设年”活动，深化“执纪为民”主题实践，切实改进作风，树立良好形象。加强思想建设，通过理论中心组、学习会等多种形式，把广大纪检监察干部的思想统一到十七大精神上来，提升执纪理念。加强组织建设，市、县两级纪委领导班子换届中新进成员38名；配备乡镇（街道）纪委班子成员987名；加大干部交流、轮岗和使用力度，60多名纪检监察干部被提拔、交流到重要岗位；市本级对28个市直派驻（出）纪检监察机构实行了统一管理，鹿城区也开展了这项工作。加强业务建设，市、县纪委领导班子带头深入基层调研，完成了一批有一定质量的调研报告，通过读书会等形式进行交流，使调研成果转化为工作实践。全市778名纪检监察干部参加各种形式的业务培训。

执纪与纠风

执纪办案 温州市各级党委、政府加强对办案工作的领导，各级纪检监察机关加强组织协调，执纪执法机关通力协作，查办案件工作继续保持良好的势头。据统计，2007年度，全市各级纪检监察机关受理信访举报9771件（次），初核1356件，立案查处违纪违法案件1042件，其中县（处）级干部5人、乡（科）级干部92人，给予党纪政纪处分1127人，涉嫌犯罪被移送司法机关82人，为国家和集体挽回直接经济损失4450多万元。市本级查办的典型案件有：温州市房地产公司原总经理林某某受贿渎职窝、串案；温州市政协原副秘书长黄某某渎职受贿案；文成县原副县长林某受贿案等。各县（市、区）和市直机关纪工委分别查处了环保、交通、土地、水利、财政等在当地有影响的典型案件。在严肃查处案件的同时，落实查办案件的有关规定，严格依法依纪办案。建立反腐败协调小组，形成工作合力。加强信访工作，认真排查、妥善处理赴省上京的越级访，维护社会稳定。加强案件审理工作，建立健全回访教育等七项制度，市本级增设申诉复查室。剖析案件，提出建议，完善制度，堵塞漏洞，发挥办案的治本功能。坚持实事求是原则，查核举报失实的信访件196件，为一批党员干部澄清了是非。

执法和效能监察 2007年温州市、县两级开展执法监察项目92项，查出违纪违法金额1368万余元，避免或挽回经济损失9000多万元。开展救灾款物使用管理情况专项检查，涉及金额6.2亿元，立案查处党员干部9人。开展保险、金融市场秩序检查，对行政事业单位设立的3593个银行账号进行清理，收缴违规“保险服务费”590多万元。加强对投招标的监督检查，查处温州大剧院灯光系统政府采购串标案等多起典型案件，并落实黑名单制度。会同有关部门对国有资产出租出让、经营性土地使用权出让、土地违法违规案件开展专项检查，督促有关部门纠正问题，市本级追缴土地出让金拖欠款6700万元。参与安全生产重大事故调查，对27名党员干部进行了责任追究。加强对抗台防洪救灾工作和“五个一”民生工程的监督检查，保证政令畅通。创新监督制约机制，启动电子监察系统建设。

纠风治乱 2007年温州市纪检监察机关继续开展商业贿赂专项治理，全年立案查处94件，涉案金额900多万元，给予党纪政纪处分19人。推进义务教育经费保障机制改革，各地一律停止收取义务教育阶段学杂费，取消幼儿教育阶段捐资费，全市减轻学生家庭负担6900多万元；查处教育乱收费案件33件，清退270多万元，给予党纪政纪处分12人。深入治理公路“三乱”，加强对公路执法部门的执法行为监督检查，对交警协管员单班上路拦车检查、抄单拍照行为公开曝光，并进行责任追究。严肃查处涉农、涉企乱收费行为，市本级共清退76万余元，取消针对出租汽车的收费项目2个。全市药品集中采购达14.4亿元，约占医院用药总额的90%。取消评比达标表彰项目556项，仅保留33项，减少相关经费开支3800多万元。抓政风行风建设，服务经济发展。在37个部门所属3000多个基层部所（办事窗口）开展民主评议暨创建群众满意基层站所活动，组织省、市政风监督员参加评议，既评满意单位，又评不满意单位，促进了经济发展软环境的优化。开通“行风热线”，搭建政府部门与群众沟通、互动的平台，促进与群众生产生活密切相关问题的有效解决。

温州市人民代表大会

市人民代表大会及其常务委员会会议

市第十一届人民代表大会第一次会议

2007年3月27日至31日举行。出席大会代表544名。举行4次全体会议，5次主席团会议，1次计划预算审查委员会会议。会议听取、审查并通过了温州市人民政府、温州市十届人大常委会、温州市中级人民法院、温州市人民检察院的工作报告。听取和审查了温州市2006年国民经济和社会发展计划执行情况与2007年国民经济和社会发展计划草案的报告、温州市2006年全市和市级预算执行情况与2007年全市和市级预算草案的报告，批准温州市2006年国民经济和社会发展计划执行情况的报告及2007年国民经济和社会发展计划、温州市2006年市级预算执行情况的报告和2007年市级预算。会议选举王建满为市十一届人大常委会主任，陈笑华、钱成良、翁锦武、张林、朱铭源、卓高柱、王小同为副主任，选举张林为秘书长（兼），选出市十一届人大常委会委员33名。选举邵占维为市人民政府市长，徐纪平、黄德康、叶际仁、孟建新、陈宏峰、徐育斐、陈作荣为副市长。选举崔盛钢为温州市中级人民法院院长。选举李泽明为温州市人民检察院检察长（须报经省人民检察院检察长提请省人大常委会批准）。表决通过了市十一届人大各专门委员会组成人员名单。会议收到代表10人以上联名提出的议案52件，其中政治法制类10件，财政经济类14件，教科文卫类8件，城建环保类15件，农业扶贫类4件，其他1件。会议主席团将关于建立和完善对仲裁的事前内部监督、完善被征地农民社会保障、加快中心城区“退二进三”进程促进城市功能提升和产业结构优化、大力加强农村文化基础建设等4件代表议案，按照职责分工，分别交由市人大有关专门委员会在闭会期间审议。其余的48件转为建议，与会议期间收到的517件建议、批评、意见一起交由有关机关办理落实。会议特邀50名外地温州商会会长列席、20名市民旁听有关工作报告。

市第十一届人民代表大会第二次会议

2007年11月29日至30日举行。出席大会代表536名。举行2次全体会议，3次主席团会议。会议选举产生温州市出席浙江省第十一届人民代表大会的代表91名。

市第十届人大常委会第二十五次会议

2007年1月18日举行。会议听取和审议了市公安局关于全市深入开展“扫黑枪、除黑恶、反两抢”专项斗争情况的报告、市发改委关于提请调整温州市国民经济和社会发展第十一个五年规划纲要部分指标的报告、市检察院关于报请许可对市十届人大代表夏春弟采取强制措施的报告。通过关于批准调整温州市国民经济和社会发展第十一个五年规划纲要部分指标、关于召开温州市第十一届人民代表大会第一次会议、关于许可对市十届人大代表夏春弟依法采取刑事拘留强制措施的决定。

市第十届人大常委会第二十六次会议

2007年1月26日举行。会议决定接受冯志礼辞去温州市人民政府副市长职务、华关祥辞去温州市中级人民法院院长职务；任命崔盛钢为温州市中级人民法院副院长、审判委员会委员、审判员，决定崔盛钢代理温州市中级人民法院院长职务，并向崔盛钢颁发了任命书。崔盛钢代院长在会上作了任职表态发言。

市第十届人大常委会第二十七次会议

2007年3月12日举行。会议听取和审议了关于温州市第十一届人民代表大会代表的代表资格审查报告的说明、关于温州市第十一届人民代表大会第一次会议筹备工作情况的汇报、关于温州市第十一届人民代表大会第一次会议主席团、秘书长及列席人员等名单草案的说明以及市检察院提请的关于批准程兰生等同志任职的报告，书面审议了市人大常委会工作报告稿。会议通过了市十一届人大一次会议代表资格审查报告、市十一届人大一次会议主席团和秘书长名单草案、市十一届人大一次会议列席人员名单、市人大常委会工作报告稿，批准了有关人事任命。

市第十一届人大常委会第一次会议

2007年4月13日举行。会议审议通过温州市第十一届人民代表大会常务委员会代表资格审查委员会组成人员名单。任命了市人大常委会副秘书长、各委、室主任、副主任，通过了市人大常委会代表工作委员会委员名单。会议期间，全体组成人员学习了监督法和温州市人民代表大会常务委员会组成人员守则，市委书记、市人大常委会主任王建满在会议结束时作了重要讲话。

市第十一届人大常委会第二次会议

2007年5月17日举行。会议听取和审议了关于温州市人大常委会议事规则（修订草案）、温州市人大专门委员会工作规则（修订草案）修改情况的说明和温州市人大常委会2007年度工作要点（草案）的说明、市十一届人大常委会主任会议提请对市人大代表汤伟丘依法采取刑事强制措施的批复给予确认的议案、邵占维市长提请关于任命黄纯诚等职务的议案，听取了市委常委、组织部长鞠建林关于市政府组成人员人事安排情况的说明；通过了温州市人大常委会议事规则、温州市人大专门委员会工作规则和温州市人大常委会2007年度工作要点以及确认主任会议关于对市人大代表汤伟丘依法采取刑事强制措施的批复的决定，听取了24名拟任命政府组成人员的表态发言，依法决定任命黄纯诚等24位市政府组成人员的职务。市委书记、市人大常委会主任王建满在会议结束时作了重要讲话。

市第十一届人大常委会第三次会议

2007年6月26日至27日举行。会议听取和审议了市政府关于生态建设、环保执法、节能减排工作情况的报告及市人大常委会检查组检查情况的报告、市政府关于温州市2006年市级财政决算、关于温州市2006年市级财政预算执行及其他财政收支的审计工作报告及市人大财经委所作的决算审查报告。批准2006年市级财政决算。通过有关人事任免。

市第十一届人大常委会第四次会议

2007年8月23日至24日举行。会议听取了市政府关于开展“阳光行动”工作和缓解土地要素制约工作情况的报告及市人大常委会调查组的调查报告；听取了市发改委、市财政局关于今年以来国民经济和社会发展计划、财政预算执行情况的报告及市人大财经委关于上半年经济运行情况的分析报告；听取了市人大常委会执法检查组关于义务教育法等法律法规执法检查情况的报告，书面印发了市政府关于贯彻实施义务教育法有关情况的报告。会议对上述报告进行了认真的审议，并提出关于实施“阳光工程”、缓解土地要素制约工作、今年以来计划预算执行及义务教育法等法律法规贯彻实施工作的审议意见草案。常委会党组书记、副主任陈笑华在会议结束时作了重要讲话。此次会议还安排列席的省、市人大代表单独进行分组审议，部分代表在会议联组审议时就有关工作发表了意见。

市第十一届人大常委会第五次会议

2007年10月30日至31日举行。市委书记、市人大常委会主任王建满传达了党的十七大精神。会议听取了市政府关于实施“四大工程”情况的报告和关于“五个一”民生工程和五件实事落实情况的报告及市人大常委会调查组的调查情况汇报；听取了市政府关于非行政许可审批事项清理规范工作情况的报告及市人大常委会调查组的调查情况汇报；听取了市政府关于代表建议办理工作情况的报告及常委会代表工委关于代表建议督办工作情况的汇报；书面印发了有关专门委员会关

温州市第十一届人民代表大会第一次会议

于市十一届人大一次会议有关议案审议结果的报告、市人民代表大会闭会期间代表活动的若干规定及其起草情况的说明。会议表决通过市政府关于代表建议办理工作情况的报告，以及市人大法制、财经、教科文卫、城建环保委员会关于建立和完善对仲裁的事前内部监督、完善被征地农民社会保障问题、大力加强农村文化基础建设、加快中心城区“退二进三”进程、促进城市功能提升和产业结构优化等四个议案审议结果的报告和市人大常委会关于市人民代表大会闭会期间代表活动的若干规定。提出关于五件实事落实情况、非行政许可审批事项清理规范工作的审议意见。审议通过了关于召开温州市第十一届人民代表大会第二次会议的决定。

市第十一届人大常委会第六次会议 2007年11月20日上午举行。会议听取了市十一届人大二次会议筹备处关于市十一届人大二次会议筹备工作情况的汇报、市十一届人大常委会代表资格审查委员会关于市十一届人大二次会议代表资格审查报告、市委组织部关于市十一届人大二次会议主席团和秘书长名单草案的说明、永嘉县公安局关于报请许可对郑永兴采取行政拘留措施的报告。会议审议通过了市十一届人大二次会议代表资格审查报告、市十一届人大二次会议主席团和秘书长名单草案、许可对市十一届人大代表郑永兴依法采取行政拘留措施的决定。任命王仁贤为温州市人大常委会副秘书长。

人大监督工作

法制监督 2007年，温州市人大常委会督促市政府贯彻落实常委会2006年作出的关于在全市公民中加强法制宣传教育的决议和关于建设“法治温州”的决议，要求市政府进一步，树立社会主义法治理念，深入开展法制宣传教育，提高依法行政的能力和水平。专题调研市中级法院、市检察院“规范执法行为，促进执法公正”专项整改活动情况，提出审判、检察机关要在关注民生、促进司法为民、维护社会稳定，建立规范执法行为长效机制，提高队伍素质等方面狠下功夫，引起市中级法院和市检察院的高度重视。调研全市流动人口治安管理工作，不定期组织市人大代表到市中院及部分县（市、区）法院旁听行政案件的庭审情况。与市中级法院建立沟通联络制度，监督和支持法院依法开展行政审判工作。恢复干部任前法律知识考试制度，对新一届市政府组成部门“一把手”进行了任前法律知识考试。协助省人大完成了省社会治安综合治理条例（修订草案）、省实施妇女权益保障法办法（修订草案）、省各级人大常委会规范性文件备案审查规定等11部法规草案的征求意见及反馈工作。

财经监督 2007年，温州市人大常委会为督促市政府提高审批效率，改善投资环境，提前介入，全程开展非行政许可审批事项清理规范工作监督。为确保“四大工程”顺利实现，视察和调查工业发展“12345工程”实施情况，针对任务难度较大的高新技术发展水平问题，向市政府提出建议。深入开展20个重点部门预算执行情况调查，及时向各预算部门和财政部门提出意见和建议。提前介入政府投资项目计划的审查，组织代表视察重点工程项目建设，监督重点工程项目进展。调查上半年计划和预算执行情况，调研山区重点集镇跨越式发展和重点高新技术企业发展情况，并将情况向市委、市政府作了反映，引起市委、市政府的高度重视。为了落实监督法关于审计报告公开的规定，在“温州人大”网站上首次公开审计报告提出的重点问题和常委会的审议意见。

教科文卫监督 2007年，温州市人大常委会历时3个月，检查新修订的义务教育法及相关法律法规实施情况。逐条对照法律条文，将其落实情况作为报告附件一并提交常委会审议。召开义务教育法及相关法律法规执法检查情况通报会，将执法检查情况与市、县两级政府及有关部门进行沟通交流，使审议意见得到了较好的落实。调查“五件实事”进展情况，调研职业病防治法实施情况。跟踪监督科技进步法审议意见落实及温州科技城建设、市传染病医院建设情况。配合省人大调研农村卫生文化工作。

民宗侨外监督 2007年，温州市人大常委会检查宗教事务法律法规贯彻实施情况，提出要加大相关法律法规的宣传力度，培养宗教人才，严格依法管理，充分发挥宗教促进社会和谐作用等意见，市政府及民宗部门十分重视。调查温州市出入境管理法律法规实施情况，并进行明察暗访。调研清真食品服务情况，配合省人大开展清真食品管理立法调研。调研少数民族乡（镇）经济社会发展情况，促进相关法规和政策的落实。配合全国人大外事委来温调研外事工作立法。

城建环保监督 2007年，温州市人大常委会在政府自查的基础上，对市政府三年来落实市人大常委会审议意见情况以及环境突出问题的整改情况、各级政府贯彻省政府“811环境污染整治行动”情况与“十一五”规划节能减排指标分解落实情况进行重点抽查，对部分严管区的整治效果进行明察暗访。调研评估省温州生态园保护管理条例实施一年来情况，并牵头组织条例相关知识竞赛。调查市政府“阳光行动”工作特别是“阳光投诉”及其办理情况，针对个别重点问题进行实地视察，特别调查房屋产权办理进度缓慢问题。调研瓯江口区域发展规划、中央商务区建设规划、百项千亿工程进展、“五个一”民生工程建设、市区取消车辆上路额度单竞投、市区机动车停车整治等241项，并将意见向市政府反馈，引起市政府重视，推进各项工作顺利开展。

农村与资源保护监督 2007年，温州市人大常委会调查缓解土地要素制约工作，提出要合理编修下一轮土地利用总体规划，充分有效地用好新增建设用地等审议意见，引起市政府高度重视。调查农村能源生态建设、沿海防护林建设、平阳顺溪水利枢纽工程进展情况，并提出有针对性的意见。听取农产品质量安全情况汇报，督促市政府抓好质量安全。视察“139富民攻坚计划”落实，推进城乡统筹发展。处理群众来访，调查十八湾河道盖板问题，督促市政府依法行政。

人大代表工作

代表活动 2007年，温州市人大常委会制定闭会期间代表活动若干规定，规范活动的内容和形式。组建代表中心组和代表小组，制定年度代表活动指导性意见。全年举办代表培训班3期，参与培训的代表达到580多人次。通过集中学习宪法法律和邀请专家学者举办专题讲座、优秀代表介绍履职经验、组织代表外出考察学习等形式，强化培训效果，增强代表的责任感和使命感，提高代表的政治素质和履职能力。坚持邀请代表列席常委会会议，并鼓励代表在常委会联组审议后发表意见。一年来，参加常委会组织的视察、调研等活动的代表达600余人次。100多名代表参加市“两院”上半年工作情况通报会，并就有关问题与“两院”负责人沟通，增进了代表对“两院”工作的了解。此外，组织代表与网民互动、旁听庭审；为每位代表开通了电子信箱，实现代表议案、建议网上提交。

代表议案建议办理 2007年，温州市人大常委会对市十一届人大一次会议主席团交付的关于加强仲裁的事前内部监督、完善被征地农民社会保障、加强农村文化建设、加快中心城区“退二进三”进程等4件议案进行了认真的审议，提出审议意见交由市政府落实。10月份，常委会通过了各有关专门委员会关于议案审议结果的报告。代表在市十一届人大一次会议和闭会期间提出的建议、批评和意见573件，经有关机关共同努力，全部按时办理，办理情况全部答复代表，代表对大多数办理结果表示满意。市政府领导领办的19件重点建议得到市政府相关领导认真研究办理，涉及的小车牌照投标拍卖等问题得到了较好的解决，这部分代表建议的满意率达到100%。同时，常委会创新督办形式，组织部分代表对市教育局、公安局等6个重点承办单位的建议办理工作进行评议，有力推动了代表建议办理工作。

换届选举 2007年，温州市人大常委会向市委建议落实省人大换届选举工作会议精神，推荐上届履职优秀的省、市人大代表为省人大代表候选人，并主动与组织部门沟通，共同研究工作方案，确定基本原则，联合召开了全国、省人大代表的候选人推荐和选举工作会议。经过各方努力，市十一届人大二次会议选举产生91名省十一届人大代表，年龄梯次合理，界别构成基本符合要求，文化程度有所提高，连任代表占23%。

人事任免及常委会日常工作

人事任免 2007年，温州市人大常委会根据法律规定，任免国家机关工作人员共64人次，其中任免市人大常委会工作机构负责人8人次，任免市政府人员27人次，市中级人民法院人员3人次，市人民检察院人员26人次。

人大宣传工作 2007年，温州市人大常委会与市委宣传部联合召开人大宣传工作座谈会，推动新闻单位对监督法确定的公开原则的落实。《温州人大》杂志出刊6期，温州人大网站编发信息500余条，人大宣传工作的深度和广度得到进一步提高。《实事面对面》和《代表在线》两个栏目共播（刊）出103期，“两个栏目”关注的《寨寮溪变成千岛湖》、《560亩粮田亟待复耕》、《地下车位产权证何时能办》、《礼让斑马线，关注生命》等一些问题引起相关部门的重视，并得到有效的解决。

人大信访工作 2007年，温州市人大常委会受理人民群众来信来访1702件次，其中来信1089件次，来访613批1154人次。从初信初访的性质分类，申诉类182件、检控类475件、求决类645件、批评意见类33件、其他9件。重要信访件59件。

人大对外交流 2007年，温州市人大常委会组织3个代表团，分别以常委会领导为团长，先后应邀赴韩国、日本、美国、加拿大、英国、法国、德国有关城市进行议会友好访问交流和考察。接待了应邀来温考察访问的日本石卷市教育代表团、法属圭亚那大区议会代表团和美国北加州匹茨堡市政府及苏浙同乡会代表团。

人大机关建设 2007年，温州市人大常委会组织学习十七大精神，开展“作风建设年”活动，打造“民意通道、代表之家”品牌，投身文明机关创建活动并顺利通过了文明机关复评。开展机关法律学习周活动，出台市人大机关贯彻落实监督法的若干意见、常委会关于加强与市“一府两院”工作联系的办法，修订了市人大常委会机关内部23项制度。

温州市人民政府

综　述

2007年，温州市坚持以科学发展观为统领，贯彻落实省委“两创”总战略，抓调整促提升，抓保障破瓶颈，抓民生求和谐，抓政风树形象，推动经济社会又好又快发展，较好地完成了市十一届人大一次会议确定的目标任务。全市实现生产总值2157亿元，比上年增长14.3%；分产业看，第一产业增加值71.24亿元，增长0.5%；第二产业增加值1168.73亿元，增长13.8%；第三产业增加值917.02亿元，增长16.0%；人均地区生产总值28 362元，增长13.2%，按年平均汇率折算，达到3730美元；财政总收入293.3亿元，其中地方财政收入157亿元，分别增长21.6%和21.9%；完成全社会固定资产投资737亿元，增长14.2%；实现社会消费品零售总额906.5亿元，增长16.3%；城市居民人均可支配收入24 002元，农村居民人均纯收入8591元，扣除物价因素，实际分别增长8.4%和9.4%。单位生产总值能耗下降4.3%（未完成4.4%的年度目标），化学需氧量、二氧化硫排放量分别削减5.1%和3.7%。

产业结构调整。推进沿海产业带规划建设，启动建设温州民营经济科技产业基地，基地一期政策处理工作进展顺利。瓯江口区域综合开发稳步推进。坚持以增量促调整，完成工业性投资282.1亿元，建成重点工业项目492个。推动民营企业科技创新，培育高新技术产业化项目120个，新增国家和省级高新技术企业97家，高新技术产业增加值占规模以上工业增加值的比重超过20%。引进“大院名校”取得新进展，科技公共服务平台建设得到加强。深化品牌培育工作，新增中国名牌产品6个、中国驰名商标51个、国家免检产品23个。加强产品质量和食品安全监管，一批突出的产品质量问题得到整治。建筑业整体实力得到提高。旅游业发展态势良好，接待游客总人数2221万人次，旅游总收入200.5亿元，分别增长18.9%和19.1%。雁荡山被评为国家5A级旅游景区。商贸、物流、金融、信息等服务业稳步发展，第三产业增加值比重达到42.5%。

发展支撑条件。开展“双百攻坚”活动，完成重点建设投资301亿元，增长18.8%。甬台温铁路、温福铁路、绕城高速公路北线等工程建设加快，状元岙港区一期码头主体工程建成；市域“五条通道”建设加快推进，飞云江三桥主桥合龙，瓯南大桥、58省道建成通车。围垦造地取得新进展，完成投资7.6亿元，圈围面积2万亩。加强土地节约集约利用，新开工标准厂房303.6万平方米，建成244.5万平方米，完成土地整理40.8万亩，建成标准农田35万亩。持续开展电网攻坚，一批重要输变电设施建成投运，新增输变电容量300万千伏安。楠溪江引供水工程开工建设，洞头陆域引供水工程进展顺利，新增大网供水11万人，解决25.68万农村人口安全饮水问题。加强以“515”防洪保安工程为重点的防灾减灾体系建设，28项重点水利项目完成投资13.1亿元，21个重点标准渔港全面启动建设。

节能减排工作。落实节能减排目标责任制，建立健全工作体系，重点领域的节能减排工作全面展开。电镀业整治成果得到巩固，平阳水头制革业整治通过省级验收，省下达的“811”环境污染整治任务全面完成；合成革、不锈钢拉管、拉丝等行业污染整治取得明显成效，16个市级环境严管区顺利“摘帽”。编制实施温瑞塘河综合整治方案，启动重点河段水环境治理。加快推进环保基础设施建设，县级城区生活污水处理厂全部建成投运；市、县两级环境监控中心全面建成，147家重点污染企业实现实时在线监控。启动珊溪库区周边环境整治，饮用水水源保护工作得到加强。

新农村建设。落实支农惠农政策，加强对粮食和生猪生产的扶持，推动农业产业化经营，建成市级特色农产品基地40个，新增农民专业合作社291家、市级农业龙头企业28家。深化“千村整治、百村示范”工程，新增省市级全面小康示范村77个、环境整治合格村614个。完成乡村康庄工程2337公里。抓好农村劳动力素质培训，培训17.3万人次，实现转移就业3.8万人。实施“139富民攻坚计划”，发展种养业、来料加工和“农家乐”、“渔家乐”，落实“山海协作”项目59个，137个欠发达乡镇农民人均纯收入超过全国平均水平。

城市建设管理。加快实施“553”城市提升计划和新一轮城市总体规划，做强做优中心城市。滨江商务区建设力度加大，征地拆迁和配套设施建设全面启动。南塘街、朔门街等特色街区改造有序推进。温州生态园建设和保护工作取得新进展。龙湾中心区初具雏形，瓯海中心区建设步伐加快。实施“五个一”民生工程，市区安置房竣工181万平方米，交钥匙10 353户，建成并交付经济适用房1000套，新增廉租住房保障对象583户；建成城区防洪堤2公里，闭合2.2公里；瓯海大道东段建成通车，成为城区东西走向的“大动脉”；市区交通环建设扎实推进；建成排污主干管30.7公里。继续实施“绿化、美化、亮化”工程，推进市政公用设施维养市场化运作，城市管理水平有了新提高。

改革开放。完善支持民营经济发展的政策，出台了《关于进一步拓宽非公有制经济市场准入的若干意见》。推进金融改革创新，引导民营企业上市，新增上市企业2家。国有资产管理体制改革进一步深化。农村综合改革稳步推进。开展招商选资，实际利用外资6.2亿美元，实际到位内资50.5亿元，分别增长33.5%和56%。应对外部环境变化，对外贸易持续增长，进出口总额达到122.5亿美元，增长23.8%，机电产品和高新技术产品出口分别增长38.1%和57%。支持民营企业开展多种形式的对外投资和跨国经营，俄罗斯远东经贸合作区等境外工业园区加快建设，新批境外机构61家。口岸开放工作取得新进展。加强与在外温州人的联系，经济互动更加紧密，引进在外温州人投资项目133个，到位资金24.1亿元。

社会建设。坚持优先发展教育，完善义务教育经费保障机制，实施新农村新校园工程，农村中小学办学条件得到改善；设立职业教育发展专项资金，市财政安排5000万元支持职业院校基础能力建设。加强城乡社区卫生服务体系建设，开展大医院与基层卫生机构结对帮扶，基本配齐乡镇卫生院“新六件”。完善社会保障体系，新增被征地农民基本生活保障参保人数27.3万，新增工伤保险参保人数80.1万，新型农村合作医疗参合率达到83.4%。农村文化建设得到加强，文化精品创作取得新成果。全民健身运动广泛开展，竞技体育取得新成绩。开展“走进矛盾、破解难题”活动，加强矛盾纠纷排查调处，保证了重大活动和敏感时期的社会稳定。落实社会治安综合治理措施，加强安全生产管理，开展出租房综合整治试点，一批社会治安“乱点”和突出安全隐患得到整治，“平安温州”建设取得新成效。人口和计划生育工作扎实推进。民族、宗教、外事、侨务、对台、双拥等工作和老龄、慈善、残疾人事业取得新成绩。

政府自身建设。按照建设服务政府、责任政府、法治政府、廉洁政府的要求，加快推进职能转变和管理创新，努力提高政府的执行力和公信力。以解决历史遗留问题为重点，开展“阳光行动”，集中解决了364件群众反映强烈的热点、难点问题。推进依法行政，开展行政规范性文件和非行政许可事项清理，建立行政首长问责制和过错行为责任追究制。全面实施“五五”普法。开展财政资金使用绩效评价和专项资金清理，加快推进公共资源市场化配置，行政监察和审计监督得到加强，反腐倡廉建设进一步深化。自觉接受人大及其常委会的法律监督、工作监督和政协的民主监督，办理人大代表建议和政协提案1077件。加强与民主党派、工商联和无党派人士的沟通联系，工会、共青团、妇联等人民团体的作用得到有效发挥。

市政府常务会议

市政府第四十八次常务会议 2月2日召开。会议审议并原则通过了《关于进一步增强自主创新能力的实施方案》、《温州市“十一五”工业结构升级规划》、《温州市半岛起步区控制性详细规划》、《市属改制企业精减退职人员生活困难补助遗留问题》、《关于全面推进工伤保险的意见》、《关于完善企业职工基本养老保险制度的实施办法》、《关于贯彻实施〈中华人民共和国各级人民代表大会常务委员会监督法〉的意见》，听取并原则同意全省外经贸工作会议精神汇报和贯彻落实意见、关于2006年为民办实事项目完成情况和2007年为民办实事项目建议的汇报，审议了《政府工作报告（讨论稿）》，听取了2007年全省旅游工作会议精神及贯彻意见的汇报。

市政府第四十九次常务会议 3月16日召开。会议审议并原则通过了《2007年政府投资项目计划安排意见（汇报稿）》、《关于温州市2006年国民经济和社会发展计划执行情况与2007年国民经济和社会发展计划草案的报告（送审稿）》和《关于温州市2006年全市和市级预算执行情况及2007年全市和市级预算草案的报告（送审稿）》、《2007年度温州市人民政府规范性文件制定计划（送审稿）》，审议了《政府工作报告（送审稿）》。

新一届市政府第一次常务会议 4月2日召开。会议审议并原则通过了《温州市人民政府工作规则（草案）》和《温州市人民政府会议制度（草案）》、《温州市人民政府部门行政首长问责暂行办法（草案）》和《温州市行政过错行为责任追究办法（草案）》、《温州市人民政府领导班子勤政廉政承诺（送审稿）》、《关于开展“阳光行动”的工作方案（送审稿）》，讨论了《关于分解落实政府工作报告重点工作任务的通知（草案）》，会议对市长、副市长的工作作了分工。

市政府第二次常务会议 4月28日召开。会议审议并原则通过了《温州市区养犬管理规定（送审稿）》、《关于加强“十一五”期间基层政法综治组织基础设施建设的意见（送审稿）》、《关于进一步加强城镇住房保障体系建设的若干意见（送审稿）》、《关于进一步加强住房公积金管理有关问题的意见（送审稿）》、《温州市能源发展第十一个五年规划》、《关于开展珊溪库区环境整治的实施意见（送审稿）》、《关于2007年进一步推进社会主义新农村建设的若干意见（送审稿）》，听取并原则同意关于由市政府领导牵头办理的市人大代表建议和市政协提案的报告、全省标准渔港建设工作会议精神及贯彻实施意见的汇报，听取了关于温州接待宾馆建设方案的汇报、温州市“滨江新区”整合规划和开发建设方案的汇报、文成县政府要求变更市山海协作扶持项目的汇报，审议了《温州市城市房屋拆迁管理实施办法（修改稿）》。

市政府第三次常务会议 6月5日召开。会议审议并原则同意《关于加强我市流动人口专职协管员队伍建设的若干意见》、《温州民营经济科技产业基地实施方案》、《温州市区招标拍卖挂牌出让工业国有土地使用权实施办法》、《温州市区拆迁地段无产权住宅房屋处理办法》，听取并原则同意关于实施义务教育经费保障机制改革意见的汇报、雁荡山世界地质公园开园仪式暨第十届旅游节开幕式活动实施方案的汇报，听取了关于推进“515”防洪工程实施方案的汇报、全省开展党政机关办公楼等楼堂馆所建设项目清理工作电视电话会议精神及贯彻意见的汇报、全省农村文化工作会议情况及贯彻意见的汇报，讨论了《温州市市区征用（收）农民集体所有土地管理办法》。

市政府第四次常务会议 6月27日召开。会议审议并原则通过了《温州市区城镇居民医疗保障试行办法》、《“8·8”诚信日温州民营企业大型主题活动方案》，听取了省政府开展规章和行政规范性文件清理工作会议精神及贯彻意见的汇报、全省城乡社区卫生服务暨新型农村合作医疗工作会议精神及贯彻意见的汇报、全省污染减排工作会议精神及贯彻意见的汇报、全省民政会议精神及贯彻意见的汇报、全省高等教育工作会议精神及贯彻意见的汇报、“阳光行动”投诉件办理进展情况的汇报，讨论了诸永高速公路温州段延伸工程南北两岸互通方案。

市政府第五次常务会议 7月26日召开。会议审议并原则同意《关于加快推进城区住房保障工作的具体意见》、《关于促进我市高校毕业生充分就业的实施意见》、《温州市2007年度鼓励扶持开放型经济发展若干意见》、《’2007民营企业对话世界500强活动总体方案》、《关于我市社区矫正工作情况及下步工作意见的汇报》，听取并原则同意《关于全省落实部分军队退役人员有关政策工作会议精神及我市贯彻意见的汇报》，听取了温州市国宾馆改建规划方案的汇报、《关于取消市区小型客车上路额度竞投方案》的汇报、《市政府第一次全体会议报告》起草情况以及北京2008年奥运会火炬接力温州火炬传递工作筹备情况的书面汇报。

市政府第六次常务会议 8月29日召开。会议审议并原则通过《关于进一步加强农村文化建设的实施意见》、《温州市见义勇为奖励和保障实施办法》、《关于温州市申报实现民营经济新飞跃综合配套改革试点区的情况汇报》、《关于加快渔港体系建设的若干意见》、《温州市重大动物疫病防控工作责任制管理办法》、《温州市区困难群众救助管理办法》、《温州市区外来困难务工人员医疗救助试行办法》、《关于要求批准公布温州市区新建物业首期专项维修资金交存标准的请示》，听取并原则同意《关于贯彻落实全省“811”环境污染整治百日攻坚大会精神有关情况汇报》、第五届全国各地温州商会年会活动总体方案的汇报、关于全省规范公务员津补贴会议的主要精神及贯彻意见的汇报、关于全省预防化解行政争议暨行政复议工作会议精神及贯彻意见的汇报、全省基层应急管理工作会议精神及贯彻意见的汇报，审议了《温州港乐清湾港区控制性详细规划》，听取了关于开展第23个教师节庆祝活动方案的汇报、关于取消市区小型客车上路额度单竞投工作的汇报、关于《杨府山垃圾场终场处置工程总体方案》的汇报、关于产品质量和食品安全专项整治工作的汇报，研究分析了当前温州市物价形势。

市政府第七次常务会议 10月25日召开。会议审议并原则同意《关于进一步加强民政工作加快发展民政事业的意见》、《关于加快发展城乡社区卫生服务的实施意见》、《温州市林宋组团山坡地利用控制性详细规划》，审议了全省“三合一”场所火灾隐患整治暨今冬明春消防安全工作会议精神及贯彻意见的书面汇报，听取了温州市社会福利中心筹建情况的汇报、全市非行政许可审批事项清理规范工作情况的汇报、《瓯江口区域发展规划》编制情况的汇报、温州市区3处过街通道建设方案的汇报、中奥科技园项目推进情况及下一步实施意见的汇报。

市政府第八次常务会议 11月19日召开。会议审议并原则同意《瓯海中心区行政、商业金融区块修建性详细规划》，审议了《温州市区建筑业企业工资支付保障金管理试行办法》，听取了关于全市标准厂房建设情况的汇报、关于市政府规范性文件清理结果情况的汇报、关于调整温州市区城镇土地使用税土地等级划分及适用税额标准的汇报、关于设置乡镇质监工作机构方案的汇报、关于江心寺修建木鱼老和尚舍利塔具体选址和设计方案的汇报、关于市区七都镇华侨花园开发项目有关情况的汇报。

市政府第九次常务会议 12月20日召开。会议审议并原则同意《关于全面加强人口和计划生育工作统筹解决人口问题的实施意见》、《关于发挥供销合作社在新农村建设中重要作用的实施意见》、《温州市军人抚恤优待办法》、《温州市市区征收农民集体所有土地管理办法（修订稿）》、《关于促进企业上市工作的若干意见》、《关于鼓励企业在杨府山总部基地设立总部的若干意见》、《温州市区非居民生活用户污水处理费的调整方案》，审议了《关于优先发展教育加快教育强市建设的决定》，听取了关于2008年温州市经济社会发展主要综合指标安排方案的汇报、关于永强机场建设和发展有关问题的汇报、财政有关工作的汇报、关于贯彻实施《中华人民共和国政府信息公开条例》情况的汇报。

重要决策和活动

“五个一”民生工程全面实施 2007年3月10日，温州市委、市政府召开了深化“五个一”民生工程、办好“五件实事”动员大会，全面部署了2007为民办实事任务。“五个一”民生工程中的“一房”主要指新开工安置房150万平方米，竣工150万平方米，可认购4000户，交钥匙7600户；“一堤”指建成市区沿江防洪堤2公里，再闭合2公里；“一路”是指全面建成瓯海大道东段18.1公里，启动改造瓯海大道西段；“一环”是启动或开工建设城市交通环道路9条，续建或基本建成8条；“一网”是指再建市区排污主干管30公里。“五件实事”是指农村劳动力素质培训，农民健康工程，农村教育、卫生、文化基础设施建设，农村饮用水改善和城乡社会保障体系建设等五个方面工作。

“阳光行动”全面开展 2007年5月18日，温州市委、市政府部署开展“阳光行动”，通过“阳光发动”、“阳光自查”、“阳光投诉”、“阳光整改”和建立“阳光工作机制”，集中力量为群众解难题、办实事。次日，市政府在市区松台广场、世纪广场、海坦广场举行了大规模的集中受理投诉活动，62个市级单位面对面接受群众投诉，当天受理投诉1707件（含重复件），其中现场答复569件，带回处理1138件。在有关部门的共同努力下，364件群众反映强烈的热点、难点问题得到了有效解决，其他因政策或客观条件限制等原因无法解决的，都向群众作了解释说明。

"139富民攻坚计划"深入实施 2007年5月16日，温州市委、市政府在泰顺县召开深入实施"139富民攻坚计划"推进大会。要求2007年确保已达标的116个欠发达乡镇不反弹，确保未达标的23个欠发达乡镇基本实现"达标上线"。以此为突破口，集中更多的资源，调动更大的力量，采取更有力的措施，强力推进，狠抓落实。

温州民营经济科技产业基地启动建设

2007年9月6日，温州市政府召开动员大会，全面启动温州民营经济科技产业基地建设。温州民营经济科技产业基地位于温州中心城市东部龙湾沿海一带，近期规划总面积19.9平方公里，用地主要包括永兴、天城和丁山3个围垦用地。该基地功能定位为以高新科技产业生产及研发为主，传统产业提升为辅，并具有完善生活配套的综合性生态新城，成为温州市高新技术产业及传统产业提升的中心基地。

温州民企对话世界500强活动 11月28日，由国家商务部投资促进事务局、中国外商投资企业协会和温州市人民政府共同举办的2007民营企业对话世界500强活动在市人民大会堂开幕，这是温州民营企业与世界500强的第三次年度"对话"。此次活动以"民营资本与国际资本对接和融合"为主题，吸引了150多家温州民营企业和40多家世界500强、跨国公司前来参加，通过专题论坛、高峰对话、投资环境推介、项目洽谈、交流酒会等多个环节，为温州民营企业与跨国公司在资本和产业领域的交流、合作创造了新的平台。

中国温州轻工产品博览会

概况 10月下旬，2007年中国温州轻工产品博览会在温州市国际会展中心举办。此次轻博会的主题是：高技术、新产品、大跨越，力求充分展示近年来温州市高新技术产业发展，建设先进制造业基地和工业发展"12345"工程的成就，引导企业走调整结构、节能降耗、自主创新的集约发展之路。

轻博会产品展示活动 2007中国温州轻工产品博览会主要展示温州高新技术产品，展区面积8000平方米，参展企业有145家，参展产品有323项，以国内外先进水平及国家级、省级新产品为主，涉及装备制造业、电子信息、生物医药、新材料、光机电一体化以及传统优势产业的工业新产品、节能减排的先进技术及产品等。第四届中国（温州）泵阀管道展览会，设展位403个，来自全国各地的295家企业参展，包括香港康贝尔集团、中国宣达集团、河北远大阀门集团、中德机械集团等，美国、日本、加拿大、印度等20多个国家和地区的120多位泵阀客商报名参观订货。第七届温州信息技术与产品博览会，设展位100个，分电子政务和电子商务，通讯运营商，电脑、数码产品和办公设备，软件和网络信息服务等4个展示区，有参展单位41家，包括联想集团、惠普公司、LG电子、三星电子等国际知名企业，展会期间组织了多场数码产品拍卖会。

轻博会专题活动 轻博会中举办2007浙江（温州）高新技术成果交易会，邀请国家大院名校300多位高校专家及海外留学人员，携3000多项科研成果和项目，主要集中在与温州市产业关联度比较大的电气、泵阀、汽车零部件、专用设备等领域；围绕温州产业提升，促进与国内外大院名校、科研院所合作发展等内容组织大院名校校长论坛、先进制造业论坛等，并举行市政府与浙江大学科技合作签约仪式。还举办2007金秋人才交流大会及相关活动，市内外重点民营企业以及其他各类用人单位计2000多个岗位向社会招聘，市人事部门现场办公，提供人才引进（落户）、人才派遣、人才测评等相关服务；举办科技智力合作项目洽谈会，西安交大等国内高校60多名博士、博士后参加，组织温州市相关项目78个、企业200家与其对接；组织以制造型企业如何提升竞争力的主题论坛。

为民办实事项目

概况 2007年，温州市政府为民办实事项目，涉及农村劳动力素质培训、农民健康工程、农村教育、文化基础设施建设、农村饮用水改善、城乡社会保障体系建设等五个方面，包括劳动技能培训、乡镇卫生院建设、农村合作医疗、校园工程电视广播、楠溪江供水工程、养老保险等12项内容。在市政府及有关部门的共同努力下，12项为民办实事项目，进展顺利，成效明显，解决了一批群众最关心的实际问题。

农村劳动力素质培训 2007年，温州市完成各类劳动力培训173 094人，完成年度目标任务的119.4%。其中，"专业农民"农业技能培训28 510人，"转业农民"农业技能培训52 066人，"务工农民"岗位技能培训76 241人，未升学初、高中毕业生（预备劳动力）职业培训19 720人。

农民健康工程 2007年，温州市各级政府基本配齐乡镇卫生院"新六件"的要求，全市275家乡镇卫生院需配置"新六件"的，完成配置1354件，完成年度目标任务的100%。启动乡镇卫生院危旧房改造31家，完成年度目标任务的100%。全市应参加新型农村合作医疗农民499.97万人，完成参合农民422.8万人，参合率达84.73%，超额完成了年度目标任务。

农村教育、文化基础设施建设 2007年，温州市加强农村校园建设。全市建成农村学校厕所200座；建成农村学校保健室800个；落实农村学校操场建设100个，其中建成98个，在建2个；建成农村学校围墙34 187平方米。在文化体育设施方面，新增通广播电视行政村441个，新增通广播电视自然村1064个，分别完成年度目标任务的147%和266%。放映农村数字电影31 174场次，完成年度目标任务103.9%。建成篮球场32个；建成门球、地掷球场32个；建成健身苑点310个，超额完成建设任务。

农村饮用水工程 2007年，温州市政府为改善农村饮用水，楠溪江供水工程已经全线开工，至年底，工程完成投资7677万元，占年度计划投资（7500万元）的102%。洞头陆域引水主体工程已经全线开工，全年完成投资7126万元，占年度计划投资（7000万元）的102%。完成44个行政村113 177受益人口供水管网建设。完成改善农村饮用水条件计受益人口25.68万人（超市计划15.68万人），完成年度目标任务的257%

城乡社会保障体系建设 2007年，温州市全年新增企业养老保险参保人数12.4万人，完成目标任务的207%。新增工伤保险参保人数80.05万人，完成年度目标任务的123%。完成农村政策住房保险144.59万户，参保率达93%，超额完成年度目标任务，成为全省先进典型。

建议提案办理

建议提案办理情况 2007年，温州市政府及各承办单位办理市十一届人大一次会议代表建议534件，市政协九届一次会议提案543件。全部在规定时限内办理完毕，按时答复率为100%，代表委员的满意和基本满意率达97.5%。其中，已得到解决或基本解决的“A”类有264件，占24.3%；已在解决之中或列入计划解决的“B”类有586件，占54.2%；因条件尚不具备，或其他原因只能以后研究解决的“C”类有202件，占18.7%；所提问题不可行或留作参考的“D”类有30件，占2.8%。通过办理落实，解决了一批事关人民群众切身利益的热点、难点问题。

建议提案办理规范程序 2007年4月初，温州市人大、政协“两会”一结束，市府办就对建议提案进行梳理分类，确定承办单位，并通过政府电子公文处理系统进行预交办，召开联合交办会明确办理任务及相关要求，并在交办会前修订下发《关于进一步做好人大代表建议和政协提案办理工作的通知》，进一步规范整个办理工作流程。各承办单位也结合实际制定了相应的办理制度和措施，保证了办理工作的有序推进。各承办单位在深入调研基础上，制定切实可行的办理方案，使一批如《取消市区小型客车普通牌照拍卖》、《促进高校毕业生就业》、《加强城乡医疗卫生工作》等建议提案得到妥善解决。

建议提案办理加强领导和督促 2007年在建议提案办理中，温州市政府常务会议、市长办公会议、市政府专题会议先后9次讨论研究办理工作，形成市长负总责、常务副市长具体分管、其他副市长按分工抓落实的办理工作格局。市政府领导还牵头承办11个专题的28件建议提案。各承办单位也都相应建立“一把手”负总责的工作机制。市政府主要领导、分管领导多次听取办理工作汇报，强调办理工作要紧盯不放。市政府办公室专门制定督办工作计划，并会同市人大代表工委、政协提案委实行跟踪督办，在办理后期市府办每天公布办理进度情况，先后下发了10期《督查通报》。

市长专线电话

市长专线受理情况 2007年温州市长专线受理群众来电来信54 193件，其中12345系统受理来电和语音留言50 513件，市长信箱电子信件2359件，市民书面来信385件，政务通936件。对受理来电，除即时答复和电话交办外，重点书面交办457件，网络派单82件。

领导接听情况 2007年，温州市市长专线邀请新一届温州市政府7位副市长和公安、环保、交通、安监等7个职能部门负责人现场接听市长专线电话，分别就其分管工作或部门职能范围内的有关工作及相关社会热点问题听取群众的意见建议和投诉，为群众排忧解难。

为民解决问题 2007年温州市市长专线加大现场调查和信息分析力度，及时将市民反映的社会热点、焦点问题和倾向性、苗头性信息编辑专报呈报市政府领导参阅和决策参考。全年编写月报12期，编写专报30期，市长邵占维等领导在专报及相关材料上作出重要批示25次，推动了出租汽车行业整治、市区雨水排放系统完善、五马商圈整治等一批焦点问题的解决处理。另一方面市长专线不断强化媒体合作，2007年市长专线与《温州都市报》推出“关注民生·共同行动”，与《温州晚报》推出“联手出击”，与温州电视台都市生活频道推出“连线12345市长专线”等固定合作栏目，发挥舆论监督作用，推动建筑泥浆监管、消防隐患点查处、聋哑人短信资费优惠等相关工作的开展或解决。此外，市长专线还参与“阳光投诉”行动，安排工作人员统一参加5月19日的大型广场投诉活动和后续处理工作，抽调2位工作人员到市作风办具体从事“阳光投诉”的受理协调工作。年终市长专线电话室被市政府命名为温州市“巾帼文明示范岗”。

信用体系建设

“信用温州　品牌强市”大型主题活动

2007年8月8日，由温州市信用办、市工商局、市经贸委、市质监局联合主办，市品牌协会、市诚信企业促进会、市民营企业协会承办的温州市第六个“诚信日”民营企业大型主题活动在杭州武林门广场举行。活动以“信用温州·品牌强市”为主题，宣传温州市信用建设和品牌建设的成果，进一步促进“信用温州”建设。省信用办、省工商局、省经贸委、省质监局的相关领导出席了活动，温州市副市长徐育斐在开幕式上致辞，市企业诚信促进会会长南存辉做了题为“做诚信表率　促三次跨越”的发言，市品牌协会名誉会长王振滔宣读温州“品牌强市”倡议书。温州市52家获得中国驰名商标的企业参加活动并进行品牌展示，奥康集团和吉尔达鞋业当场向贫困学生和贫困地区分别赠款80万元和50万元。副市长徐育斐、省信用办副主任钱建鑫和南存辉、王振滔等8位企业家代表一起点燃“诚信之火”和“品牌之火”，将活动推向高潮。参加活动报道的媒体超过50家近100名记者，包括新华社、人民日报、光明日报、中央电台、凤凰卫视、香港文汇报等著名媒体。温州市媒体推出了诚信日特刊大力宣传。活动总结和宣传二十年来温州品牌强市和信用温州战略实施的成果，昭示“信用温州”建设的决心。

信用平台建设 温州市企业信用信息交换平台2006年8月正式开通，至2007年已汇集全市10万多家企业的基础信息，100多万条信用信息，有11个部门向平台报送了信息，通过系统的自动比对整合功能，形成较为综合全面的市级企业信用信息数据库。2007年市信用办重新修订了企业信用信息目录，将数据征集部门扩大到19个，将征集的条目和内容进行了规范，并向相关单位征求意见。为加强信息征集工作，要求各有关单位设立信用信息管理员，并推进相关制度建设。市信用信息中心每月向工商、质监、税务等部门征集企业信用信息，主要包括企业基础登记信息和企业信用状况信息，并及时将各部门报送的信息数据导入数据库系统，做好对数据的维护工作。根据系统运行以来的情况，10月份由开发单位对系统进行修改和完善，解决运行中存在的一些问题，对系统功能进行进一步的补充和完善。

企业信用信息应用试点 2007年8月份，温州市信用办启动企业信用信息应用试点工作。召开专门会议，部署和推广这项工作。市工行、市浦发行、市商业银行成为首批企业信用信息应用试点银行。市企业信用信息系统为试点银行开放了查询权限，试点银行可以通过企业信用数据库查询相关信贷企业信用信息，为贷款业务提供参考依据，促进信贷风险的防范。为规范企业信用信息的使用，防止信息泄漏和用于其他无关用途，市信用办制定了《温州市企业信用信息数据库使用试行规定》，建立企业信用信息的使用、维护、异议处理等方面的制度规定，保障企业信用信息应用有序进行。为及时准确了解应用工作开展情况，要求试点银行建立信息查询工作台账，并按月报送报表。通过试点工作的开展情况和试点单位反映的问题，以便于有针对性的加强和改进信息征集和使用工作。

诚信日宣传系列活动 2007年8月，温州市政府专门下发《关于开展诚信日活动的通知》，要求各县、各部门开展相关诚信宣传教育活动。市信用办组织开展各项宣传教育活动。诚信日期间，市信用办和市工商局联合举办了企业信用全程管理培训班，有近100家企业的160多人参加了培训。市信用办和市人事局联合举办了公务员社会信用知识讲座，邀请国家发改委经济所信用研究中心主任陈新年到温授课，并将这次讲座列入公务员培训学分制课程。市信用办、市文化广电新闻出版局分别和鹿城区、瓯海区、龙湾区一起举办了三台以“诚信”为主题的广场文艺演出，开展“诚信文艺进社区”活动。市信用办还在温州电台做诚信公益广告，利用大众媒体的传播和覆盖效应，加强诚信宣传教育，营造诚信氛围。各县市区、各部门也开展多种形式活动，促进诚信宣传教育。鹿城区启动了创建“诚信一条街”活动；温州数码广场举办以“诚信经营、文明经商”为主题的大型诚信倡议活动；在温州市家电协会的组织下，康泉电器、国美电器、苏宁电器等家电业巨头共同发表诚信宣言并联合举办大型主题活动。

应急管理体系建设

预案体系和应急机构建设 2005年初，温州市政府成立了突发公共事件应急预案编制领导小组，同年9月30日，《温州市突发公共事件总体应急预案》颁布实施。2006年8月温州市突发公共事件应急管理办公室成立，为市政府办公室内设副处级机构，下设综合协调处和预案管理处，行政编制6名；履行值守应急、预案管理、信息汇总和综合协调职能，发挥市政府应急管理工作的运转枢纽作用。到2007年，温州市人民政府确定的34个专项应急预案，10个应急行动保障方案（除1个由于特殊情况不编外）已全部完成。初步建立了覆盖各地区、各行业、各单位的预案体系。

应急救援队伍建设 温州各地都建立以公安、消防队伍为骨干，各类专业抢险、抢修为基础的抗灾、救灾应急专业队伍。全市各地为加强应急救援队伍力量，至2007年已建立了6320支，71 415人的“一专多能、一队多用”的基层非专业综合队伍。这支队伍大多分布在基层乡镇、村居、企业、学校，配备了一定数量各种抢救装设备，具有一定综合救援能力，在关键时刻能拉得出、救得上、抢得来，已成为各基层应急救援的重要力量。并建立了全市应急救援专家人才信息库。

应急宣传教育 在应急宣传教育工作中，温州全市各地各部门都各显身手，百家争鸣，百花齐放，开展了多形式、多渠道的宣传教育活动，特别是深入宣传各类应急预案，全面普及预防、避险、自救、互救、减灾等知识和技能，通过努力已逐步把公共安全和应急防护知识送进农村、社区、企业和学校。2007年4月，经市应急办和市委组织部、市委党校（行政学院）协商和研究，在市委党校组织的主体班次培训计划中增加应急管理知识培训内容，县（处）级领导干部进修班、中青年干部培训班、乡镇党政“一把手”轮训班等主体培训班次的全体学员参加，在省内率先将应急知识教育培训纳入党校各类干部培训的内容。

应急政策措施 2007年，温州市政府相继下发了《关于进一步完善我市突发事件和公共危机预案体系以及应急机制的通知》、《关于认真做好突发公共事件应急预案编制工作的通知》、《温州市人民政府关于突发公共事件应急管理机制建设的若干意见》、《温州市人民政府办公室关于建立温州市应急管理工作联席会议制度的通知》等文件。8月底，全市应急救援资源普查统计工作完成，并建立了200多种应急救援资源信息管理档案。

应急会议与综合演练 2007年9月6日，温州市召开基层应急管理工作会议，市委常委、常务副市长徐纪平在会上传达了全国、全省基层应急管理会议精神，总结、交流了各地基层应急管理工作经验，并部署下一步全市基层应急管理工作。11个县（市、区）和105个市直单位参加了会议，是近年来温州市召开规模最大、内容最重要的一次应急管理工作会议。会议期间还举行温州市重特大化工火灾事故应急预案演练暨温州、台州跨区域灭火救援实战演习，所有与会代表观摩了演习的盛况。

法制建设

法治政府建设 2007年温州市成立了以市长邵占维为组长的法治政府建设工作领导小组。研究制定了《2008年温州市法治政府建设工作要点》，明确了2008年度全市法治政府建设工作七大任务。制定了《温州市依法行政工作考核办法》及《2007年度市政府直属单位依法行政工作考核内容和评分细则》、《2007年度县（市、区）政府依法行政工作考核内容和评分细则》等两个年度配套制度，量化了考核指标。督促市政府所属各部门全部制定了《依法行政整体工作方案》和《2007年度依法行政工作计划》，并逐个进行审核。年终，根据市政府的统一部署，组织对县（市、区）政府、市政府所属各部门依法行政工作进行了考核。制定了《温州市人民政府法律顾问工作暂行规则》，聘请3名法学教授和8名律师作为市政府法律顾问，健全了社会公众参与、专家论证和政府决策相结合的重大行政决策机制。

规范性文件审核与制定 2007年，温州市政府法制办公室制定审核规范性文件46件，其中以市政府令形式的10件，以其他形式的36件。《温州市见义勇为人员保障与奖励实施办法》受到媒体的广泛关注，成为该年制定规范性文件的亮点。收到立法机关的征求意见稿26件，每份稿件都征求市有关部门和各县（市、区）意见，提出修改意见。组织参加立法机关在温召开的立法调研座谈会，提出修改意见或建议。

规范性文件清理 温州市政府法制办根据国务院、省政府和市政府关于清理规范性文件的要求，梳理出市政府2007年7月31日前制定的行政规范性文件600件，予以废止的196件、修改的12件、保留的392件；市政府所属各部门制定的行政规范性文件3367件，予以保留的1083件，予以废止的2284件；县（市、区）政府制定的行政规范性文件3682件，予以保留的1767件，予以修改的258件，予以废止的1657件。对省政府240件规章提出建议修改38件、废止52件的清理意见。起草了《温州市行政规范性文件定期清理暂行办法》、《温州市行政规范性文件评估暂行办法》、《温州市行政规范性文件异议处理暂行办法》三项制度。

行政复议 2007年，温州全市各级行政复议机关收到行政复议申请558件，受理529件，审结482件，结案率为91%。其中，经审查决定维持原具体行政行为的299件，占62.1%；撤销32件，占6.7%；变更8件，占1.6%；确认违法4件，占0.8%；责令履行职责1件，占0.2%；调解7件，占1.4%；终止审理129件，占26.8%；作其他处理的2件，占0.4%。市政府本级收到行政复议申请100件，受理95件，不予受理5件，结案122件（含上年遗留33件）。在办结的122件案件中，经审查维持原具体行政行为的67件，占结案数54.8%；撤销23件，占19%；变更2件，占1.6%；确认违法1件，占0.8%；调解3件，占2.5%；终止审理26件，占21.3%。全市各县（市、区）政府受理行政复议案件总数为281件，与上年相比下降8.5%。从高到低依次排列为：乐清市43件，永嘉县43件，瑞安市40件，平阳县40件，苍南县39件，鹿城区21件，龙湾区17件，瓯海区13件，文成县11件，洞头县8件，泰顺县6件。从涉及执法领域看，公安203件，占36.3%；劳动和社会保障118件，占21%；土地55件，占10%；规划37件，占6.7%；环保36件，占6.5%；房管25件，占4.5%；交通15件，占2.7%；卫生12件，占2%；其他57件，占10.3%。

行政应诉 2007年，温州全市发生行政应诉案件707件，已结595件，未结112件。在已结的595件案件中，驳回起诉30件，占5.1%；驳回诉讼请求41件，占6.9%；撤诉173件，占29%；维持206件，占34.6%；确认合法1件，占0.1%；撤销65件，占10.9%；责令履行职责16件，占2.7%；变更4件，占0.7%；确认违法2件，占0.4%；其他57件，占9.6%。707件应诉案件中，未经复议直接应诉的562件，占79%；经复议后应诉的145件，占21%。从涉及管理领域看，案件最多的是土地类，计188件，占26.6%；此外房管161件，占22.8%；公安121件，占17.1%；劳动和社会保障59件，占8.3%；规划48件，占6.8%；工商15件，占2.1%；卫生6件，占0.8%；交通4件，占0.6%；其他105件，占14.9%。2007年，市本级发生行政应诉案件72件，已结60件，未结12件。在已结的60件案件中，驳回起诉12件，占20%；驳回诉讼请求1件，占1.7%；撤诉27件，占45%；维持5件，占8.3%；撤销5件，占8.3%；确认违法2件，占 3.3%；责令履行职责1件，占1.7%；其他7件，占11.7%。在72件应诉案件中，未经复议直接应诉68件，占94.4%；复议后应诉的4件，占5.6%。土地54件，占75%；房管10件，占13.9%；劳动和社会保障1件，占1.4%；其他7件，占9.7%。

行政执法监督 2007年温州市受理行政执法投诉18件，已办结10件，转办6件。基本上做到件件有回音，事事有答复。审查已施行的行政规范性文件64件，发现存在问题的5 件，通知其自行纠正的4件，发《行政执法监督通知书》的1件；审查重大行政处罚案件124件。

处理其他涉法事务 2007年温州市政府法制办为市委、市政府的重大决策及其他法律事务提供法律意见。全年审核以市政府名义作出的具体行政行为15件。承办领导交办的审核意见9件。

法制课题调研 2007年，温州市政府法制办对全市行政复议案件的相关情况展开调研，并撰写相关分析报告。在深入分析研究的基础上，撰写的《论行政复议证据的特殊性》获2007年度全省行政复议研讨会优秀论文。

行政执法证件管理 2007年温州市政府法制办，在组织11个县（市、区）的有关人员进行证件管理知识培训的基础上，按照省政府法制办的统一部署，完成全市20 000多个行政执法证件的全面换证工作。

行政执法人员培训 2007年7～8月份温州市政府法制办举办知识更新培训

19期，合计培训人员11 000人；11月～12月份举办年度行政执法人员综合法律知识培训4期，有1600余名行政执法人员参加了培训。

政府法制宣传 2007年，温州市政府法制办抽调专人做好《温州市行政案例选编》的审核、编撰工作，并完成了其全部发放工作；在全国人大会议召开前期，认真准备较大市的申报材料，做好申报工作。开展形式多样的政府法制宣传，办好“温州政府法制”网，组织依法行政论文评比，编辑《温州政府法制》计12期。

仲裁工作 2007年，温州仲裁委员会受理仲裁案件435件，总标的额4.83亿元。结案485件，结案率为91%。其中，裁决的有427件，裁决率为88%；调解的47件，调解率为9.7%；撤回申请（包括和解）的11件。从形式来看，商品房预售合同227件，占52.18%；买卖合同116件，占26.67%；建筑工程施工合同57件，占8.05%。

经济体制改革

民营经济改革试点申报 2007年，温州市委、市政府鉴于进入新的发展时期，按照科学发展观的要求，“温州模式”的先发优势面临许多新的问题和挑战，迫切需要通过综合配套改革，探索解决先行发展遇到的问题。为此向省政府请求，要求开展温州市实现民营经济创新发展综合配套改革试点。

公共资源配置 2007年，温州市政府加强对公共资源配置部门的制度性制约和监督，运用公共资源交易中心的招投标、产权交易、统一采购等功能，确保有形建筑市场、土地市场、政府采购、国有和集体产权交易等领域公共资源配置“阳光运作”。首家事业单位人才服务中心营业房进场交易，市司法局等机关事业单位办公楼出让出租项目也相继在进行委托前的准备工作。

公共财政体制改革 温州市政府财政部门进一步深化部门预算改革，完善公用经费定额，提高预算的严肃性约束力。构建公共财政体系，优化财政支出结构，加强改善民生财力倾斜，完善公共产品财政补贴机制，整合财政支农资金，建立稳定增长机制。2007年12月启动国库集中支付改革试点，制定了温州市财政国库管理制度改革方案；起草了温州市国库集中支付管理办法及财政国库集中支付会计核算办法；确定了试点单位。推动绩效评价改革，组建市级绩效评价专家库和市级中介机构库，开展项目绩效评价工作，自评项目24个、主管部门评价8个、财政部门评价10个，共涉及财政资金9500万元。

规划体制改革 2007年，温州市政府规划部门落实《温州市规划管理办法》，强化国民经济社会发展规划在各类规划中的统领地位、龙头作用。强化规划的空间布局，着手开展四类主体功能区划工作，被省里列入试点城市。坚持以规划带项目，按规划排资金，强化政府规划的调控作用和配置资源的导向作用。

事业单位改革 2007年，温州市政府按照“整体推进、分类实施、分级组织”的要求，稳步推进事业单位改革，完成市属287家事业单位分类认定工作，出台《温州市市属事业单位机构改革的实施意见》和《温州市事业单位改制实施意见》。

行业协会改革 2007年，温州市登记在册的行业协会423家，需要与行政机关脱钩的行业协会116家，其中合署办公的44家。截至到8月30日，全市已完成脱钩工作的行业协会116家，占应脱钩行业协会总数的100%，其中因运作不规范、活动不正常，拟注销的行业协会12家，行业协会与行政机关脱钩工作已圆满完成。

投资体制改革 2007年温州市政府加强政府投资项目的概预算工作，组织审查温州市杨府山北片安置区一期工程（F、G地块）、市铁路新客站配套工程等22个概算项目。加强重大项目稽察工作，对列入省稽察国债的6个项目进行动态跟踪。加强项目的竣工验收工作。开展代建制试点工作，市本级开展了两个项目的代建试点。政府投资项目计划管理进一步完善。

要素市场化配置改革 2007年，温州市政府研究制定促进资源节约和减少污染物排放的政策措施，逐步建立能够反映市场供求和资源稀缺程度的价格形成机制，提高资源配置效率。加大污水处理征收力度。探索工业用地市场化配置改革者，规范协议出让的操作程序和实施行为，普遍推行工业用地协议出让公示制。出台《温州市市区工业国有土地使用权招标拍卖挂牌出让实施办法》（温政发[2007]53号），全年全市工业用地共招拍挂644亩，成交额40 181万元。

国有企业改革 2007年，温州市政府进一步加大国有企业结构调整的力度，开展优化国资布局专题调研，优化国有资本的布局和结构。优化港口整合，做好温州港务集团兼并东海石油温州服务总公司及温州锦港经济开发有限公司工作。组建温州能源投资有限公司，做大做强能源板块。逐步整合交通板块，做好温州发展有限责任公司兼并市高投公司工作。启动温州矾矿改制工作。加快改制企业清算注销工作，妥善解决国有企业改制的遗留问题。

金融体制改革 2007年温州市基本完成温州农村信用联社改革，全市五家农村合作银行、五家一级法人联社和一家二级法人社已全部完成产权模式的转变。温州市商业银行完成第二期增资扩股改为温州银行。推出金融支持成长型企业发展八项措施，引导金融机构支持中小企业发展。推动建立银企合作机制，探索重点建设项目直接融资、间接融资新路子，创新融资方式，确保重点项目资金落实。推进企业上市，出台《温州市培育企业上市和扶持上市公司发展实施意见》。

涉外体制改革 2007年温州市政府推动外商投资“一条龙”服务，进一步减少外资项目审批程序，建立符合科室发展观要求的吸收外资考核评价体系，引入了技术含量，设立研发中心、地区总部等质量评价指标。“民外合璧”取得新进展，全年批准“民外合璧”项目57个，合同外资44 043万美元，占总数的49%，国家商务部批准了德力西与世界500强施耐德公司的并购协议。

就业统筹体制 2007年温州市开展创建充分就业社区试点工作，把帮助就业困难人员和“零就业”家庭作为具体帮扶的主要目标群体，并通过开发社区就业岗位等手段对就业困难人员实施再就业援助。

社会保障体系建设 2007年温州市社保部门以被征地农民生活保障、工伤保险扩面和城镇居民医疗保障工作为重点，完善社会保障体系建设。出台实施了《关于完善企业职工基本养老保险制度的实施办法》，实行通过银行代扣代缴灵活就业人员基本养老保险费。修订并重新颁布了《温州市城镇医疗保险办法》，温州市区、乐清市、瑞安市、洞头县作为第一批试点地区，出台实施了城镇居民基本医疗保障政策，将老年居民、低保人员、残疾人、学生儿童等人群纳入医疗保障范围。加大工伤保险扩面力度，实行按工资总额征收工伤保险费办法；进一步加强失业、生育保险基础工作，健全业务操作流程和管理制度。

教育体制改革 2007年温州市教育部门启动实施义务教育经费保障机制改革，提高义务教育阶段中小学日常公用经费保障水平，巩固和完善义务教育中小学教师工资保障机制。推进集团化办学，扩大优质教育资源。创建市农村寄宿制达标学校10所，创建省市示范小学10所、初中10所，普通高中优质教育资源达70%。主注弱势群体受教育问题。关心外来务工人员子女教育，入学率达99.05%；扶持特殊教育发展，“三残”适龄儿童同等享受优质教育；进一步强化教育教学管理，推进农村“小班化”教育。市政府出台《关于大力发展职业教育的意见》，规定每年安排5000万元以上的专项经费，主要用于以重点职业学校、实训基地、示范专业、师资培训、校企合作办学的奖励和补助。

科技体制改革 2007年温州市政府出台《增强自主创新能力，加快科技强使建设若干意见》，推进公共科技创新平台建设，创新合作机制。制定《关于进一步增强自主创新能力促进产业升级的实施方案》，推动高新技术产业优先发展，推进知识产权和人才战略实施。建设具有规模和技术优势的省级科技创新服务平台，推动相关行业的发展。通过高新技术成果交易会，引进大院名校科技成果、国家863计划成果以及海外留学人员科技成果。全年有130家企业与合作单位达成技术合作项目141项，合作金额达5931万元。

医疗卫生体制改革 2007年温州市医疗卫生部门完善社区卫生服务，健全服务网络，制订了市区社区服务设置布点（草案），全市设有社区卫生服务中心113家，服务站304家。出台了《温州市加快发展城乡社区卫生服务的实施意见》。完善新型农村合作医疗改革。至9月底，全市参合农民达到422.80万人，参合率83.35%，人均筹资70.32万元，筹集合作医疗资金2.97亿元，38.95万人次受益。农村公共卫生服务项目工作推进顺利，出台《农村公共卫生服务项目实施方案及考核办法》。

农村综合改革 2007年，温州市以乡镇换届为契机，组织实施乡镇机构改革，推进乡镇政府由管理型向服务型转变，承担起促进经济发展、加强社会管理、搞好公共服务、巩固基层政权、维护农村稳定的重大任务。全市11个县（市、区）精简乡镇党政领导职数413个；乡镇事业编制从8403名精简到7865名；乡镇机关内设机构数从1176个精简到941个。农村义务教育进一步完善“以县为主”的管理体制，落实县级政府为主的投入和管理责任，确保农村义务教育全面纳入公共财政保障范围。县乡财政管理体制改革按照财权和事权相结合原则，根据乡镇财政管理体制。针对中心镇、欠发达乡镇或规模较小的乡镇、由乡镇改为街道办事处的三种类别，确定不同的财政管理方式。乡村债务化解机制初步建立。在检查、摸清底数的基础上，按照“分级分类承担、责权利和借用还相统一”原则，通过健全乡村债务动态监控机制、乡村财务管理制度和新增债务责任追究制，逐步建立化解乡村两级债务的长效机制。村级组织运转保障机制逐步健全。一方面，进一步加大财政对村级组织运转资金的投入。另一方面，支持引导村民自治建设，促进村级组织运转规范化、村民自治法制化、民主监督程序化，全面推进村级组织规范化建设。

政策性农村住房保险 2007年，温州市政府根据省政府的统一部署，在全市范围内推进政策性农村住房保险工作。全市有144.59万户农户参保，参保率达到92.95%，保费收入2165.03万元。全年全市已有4324户农户、8015间房屋受灾，赔付2158.01万元，赔付率达99.68%。

政策性农业保险试点 2007年温州市政府在龙湾、瑞安、乐清三个参与政策性农业保险试点的市、区自完成了一系列前期工作后，从5月底开始全面展开了投保工作。至年底，全市已有农户2867户参保，完成保费收入442.57万元，以201%的幅度超额完成省定年度工作目标。

国内经济合作

经济技术协作办公室更名 温州市政府经济技术协作办公室于1986年4月成立，当时在市场经济体制条件下，以执行煤炭、钢材、水泥等战略物质区域间的调剂供应为主要职能。为适应形势发展需要，使名称与实际职能相符，更好地推动国内经济合作事业的发展。2007年3月19日，温州市人民政府经济技术协作办公室更名为温州市人民政府国内经济合作办公室。

杨府山总部基地建设 杨府山总部基地的设立，是为鼓励在外温州人回乡投资提供一个重要平台。总部基地选址在中心区北片杨府山中央商务区内，规划总用地面积167亩，拟建地上建筑面积22.6万平方米，具有商务办公、产品展示、信息交流、研发创意、配套服务等多项功能。2007年3月，杨府山总部基地建设的规划方案完成。4月12日至15日，市委副书记、市长邵占维率领市国内经济合作办公室等部门负责人赴广州、东莞、深圳等城市，就品牌经营和总部经济进行实地考察、调研，在广州举办了总部经济恳谈会。12月20日，市政府常务会议审议通过了《关于鼓励企业在杨府山总部基地设立总部的若干意见》。会议明确市国内经济合作办公室作为园区建设的主要职能部门。为此，市经合办反复研究建设方案，拟订入园企业政策规定。

国内选商引资提前完成全年任务 2007年，温州市全年国内选商引资提前三个月完成市委、市政府下达的全年国内招商引资预期目标任务。全市全年实际到位内资50.54亿元，完成计划的169.06%；其中新引进项目217个，总投资198.74亿元；亿元以上新项目57个，总投资143.55亿元。鹿城区、龙湾区、瓯海区、乐清市、瑞安市、洞头县等6个县（市、区）提前超额完成全年预期目标任务。

异地温州商会年会在乌鲁木齐召开

2007年9月21日，由温州市和乌鲁木齐市两地政府联合主办、新疆温州商会承办的第五届全国各地温州商会年会在乌鲁木齐市召开。新疆自治区主席司马义·铁力瓦尔地，温州市委常委、统战部长余梅生，副市长陈宏峰、市人大副主任张林、市政协副主席郑胜涛等领导出席会议。此次年会的主题是“合作交流、和谐发展”。来自全国各地150多家温州商会的近500名代表到会，共商发展大计。会议期间，两地还举行了乌鲁木齐—温州经贸洽谈会，温州市推出近百个招商项目。

异地温州商会会长新春酒会 2007年2月25日，温州市委、市政府召开异地温州商会会长新春酒会。市领导与200多名全国各地温州商会负责人欢聚一堂，畅叙乡情，共谋发展。市委书记王建满代表市四套班子领导和家乡人民，向在全国各地创业的温籍企业家和创业者，致以新春的问候和良好的祝愿，并介绍了温州2006年经济社会发展情况及2007年工作部署。酒会前，市政府举行了温州招商信息发布会。副市长陈宏峰向全国各地商会负责人介绍了近年来温州市招商工作情况，希望在外温州人发挥优势，为家乡经济社会发展多作贡献。市开发区管委会、市科技局、文成县、泰顺县等单位负责人在会上推介了招商项目。

温州组团参加第十一届“西洽会”

2007年4月5日至10日，第十一届“西洽会”在西安举行。浙江省由副省长陈加元率领省政府代表团和省经贸代表团参加。温州市组织了有关部门和签约代表参加“西洽会”的各项活动。共签下6个合作项目，投资金额达3.5亿元。主要涉及房地产开发、服务业等领域，投资主体是以在外温籍企业家为主，进一步拓展了温州市企业向外发展的空间和领域。

17名温商在浙商大会上获奖 2007年5月30日～31日，“2007浙商大会”在杭州召开。17名温商获得“2007浙商创新奖”等6大奖项，省委书记赵洪祝等领导为获奖人员颁奖。温州经贸代表团在会上举行温州投资环境推介活动。在此次获奖的17名温籍企业家中，除奥康集团王振滔、浙江华峰集团尤小平等本地企业家获得“2007浙商创新大奖”等奖项外，还有在外温州人的代表、陕西银邦集团谢秉艾获得“2007省外浙商社会责任奖”，温州豪特实业有限公司林光、温州天宇轻工机械有限公司沈永贤、温州康尔达印刷器材有限公司翁银巧、浙江裕泰服饰有限公司郑可龙、浙江嘉华房地产开发有限公司王吉雷获“2007回乡投资模范浙商”等。

温州组团参加第九届“海交会” 2007年5月17～21日，由国台办、中国贸促会、福建省政府联合主办的第九届“海峡两岸经贸交易会”在福建省福州市举行，全国政协副主席、台盟中央主席张克辉等海内外嘉宾共2000多人参加大会。此次“海交会”突出“投资合作、贸易拓展”两大主题，秉承“促进两岸合作、加强经贸交流、展示海峡西岸”三大宗旨，集中展示台湾县市区域形象和两岸优势产业、特色产品，举办了两岸合作、区域协作、项目招商、文化交流等一系列活动。温州市经合办率由各县（市、区）协作办负责人组成的“温州经合系统代表团”一行十几个人应邀赴闽参加活动。活动期间，温州代表团考察了“台湾中部都市影象展”等7个展区，并重点调研了海峡西岸经济区发展情况，对温州如何发挥优势，主动融入海峡西岸经济区、参与共建和发展等有了新的认识和思路。

温州组团参加第十八届“哈洽会”

2007年6月15日，中国哈尔滨国际经济贸易洽谈会(简称“哈洽会”)在哈尔滨开幕，温州市副市长陈宏峰率市经贸代表团出席展会，并主持召开“温州市投资环境推介说明会”，温州企业在“浙江·黑龙江能源及优势产业合作签约仪式”上签定合作项目7个，温州方总投资3.5亿多元，签约项目中，温州企业瞄准了电气、机械、化工等领域的商机。此次“哈洽会”温州有34家企业组团参展，市政府牵头设立了专门的温州形象展厅和温州产品展厅，参展产品主要涉及电器、汽摩配、泵阀、锁具、仪器仪表、精细化工、皮革等。

上海温州商会组团回乡投资考察 2007年6月25日～27日，温州市政府驻上海办事处、上海温州商会组织“在沪温籍企业家回乡投资考察团”回乡考察访问。温州市委、市政府在王朝大酒店专门召开座谈会，市领导及市有关部门负责人与50多位温籍企业家座谈。市委书记王建满代表市四套班子向回乡投资考察和所有在上海创业的温州老乡表示问候和感谢，市长邵占维介绍了温州市经济社会发展情况。温籍企业家代表在会上发言，并与温州市有关部门签署了总投资2亿元的医疗合作项目，同时捐资75万元结对帮3个新农村建设项目。

组织异地温州商会牵手“139活动”

2007年，温州市国内经济合作办组织开展异地温州商会“参与社会主义新农村建设、深化牵手139活动”，项目协议资金1500万元。推出30个新农村产业和公益项目在全国各地温州商会（新疆）年会和省外浙商联合会年会上推介。引导6家异地温州商会参与家乡新农村建设，落实无偿帮扶资金200余万。上海温州商会捐资75万元结对帮扶瑞安范山村、永嘉九埄村和龙湾区丰台村等3个新农村建设项目。还有30多家异地温州商会落实资金500万元，与温州市欠发达乡镇结对帮扶。

山海协作工程　2007年，温州市政府调整市内山海协作结对关系，建立领导互访机制，结对县（市、区）党政领导开展互访并签订《山海协作协议书》。合力实施“山海协作·百村经济发展促进计划”，发达市（区）确定13个强镇（街道）与欠发达县的13个贫困村结对共建，落实资金282万元，重点改造村容村貌。引导县（市、区）开展项目推介，促成5个欠发达县引进项目59个，协议总投资41.23亿元，实际到位资金3.69亿元。开展“百万农村劳动力素质培训工程”，培训19万人，转移劳动力4.1万人。促成温州经济技术开发区与泰顺、文成共建彭月和樟山工业产业区，并作为温州的山海协作功能区给予政策扶持。

对口支援和帮扶工作　2007年7月，温州市经合系统代表团赴“双对口”地区考察交流，验收2006年温州市援建的公益及浙川扶贫新村建设项目。踏勘2007年拟建的浙川新村项目。4月，重庆涪陵区区委书记张鸣率领涪陵区党政代表团来温考察，市委书记、市人大常委会主任王建满等市领导与涪陵区党政代表团就对口支援三峡库区工作进行了座谈。7月，四川南部县党政代表团来温交流，并赴8个对口县（市区）考察，温州市经合系统组织企业参加南部投资环境说明会。温州市全年帮助对口地区转移劳动力540人，促成项目合作4个；全年全市605万元援藏、援疆和双对口资金全部于4月1日前及时拨付到位，还计划外争取到援助资金390万元。7月，温州市党政代表团出访西藏嘉黎和新疆和田，考察交流工作，并带去援助资金，慰问援助干部。

外地驻温机构工作　2007年，温州市国内经济合作办公室加强对驻温办事机构的管理、指导和服务工作。做好备案登记，全年新设办事处42家（其中政府4家），撤销14家，变更28家，现有310家。加强联系与沟通，走访50余家驻温机构，开展年度复核，表彰一批先进、注销不合格单位。温州重庆商会和温州四川商会年内成立，外地在温商会达到7家，辐射百万外地创业者。召开2次异地在温商会工作例会，交流情况、引导参与社会公益活动；组织开展“三次跨越”解放思想大讨论、学习贯彻党的十七大精神，举办《劳动合同法》培训。安徽商会成立党工团组织，湖北、湖南等5个商会设立法律援助工作站，为外来务工人员提供法律援助。推荐商会优秀会员参加“百名优秀新温州人”评选活动，3人当选。

信　访

信访工作责任制　2007年，温州市党政主要领导连续第四年与11个县（市、区）党政一把手签订信访工作目标管理责任书。制订出台了《温州市县（市、区）信访工作目标管理考核评分办法》和《温州市政府直属单位信访工作目标管理考核评分办法》，建立信访工作“一票否决”、重要时段信访工作单项考核评价等配套制度。各地各部门把信访工作纳入年度综合目标管理，延伸到乡镇（街道）和村居、站所，全市初步形成了“横向到边、纵向到底，形成合力、齐抓共管”的信访工作体系。

重信重访专项治理　2007年，温州市信访部门开展了重信重访问题专项治理，集中时间、集中力量化解农村土地征用、城镇房屋拆迁、环境污染、国有企业改制、涉法涉诉等方面的信访突出问题。全市确定180件重大信访问题由市、县两级领导干部亲自包案督办，市信访督查专员专题抓落实，息访了一批多年信访老户。全年全市化解了500多件信访突出问题。

重大活动期间的信访工作　2007年，温州市信访部门坚持把做好重大政治活动和敏感时期的信访工作放在突出位置，着重在排查、调处、稳控、劝返“四个到位”上下功夫，确保了党的十七大和省、市党代会，全国、省、市“两会”以及民营企业对话世界500强、浙江省山海协作系列活动等重大政治、经济活动期间的社会稳定。

信访基层基础建设　2007年，温州市信访部门推进信访工作进农村、进社区、进企业、进重点工程“四进”行动，提高了基层一线排查化解矛盾纠纷的能力和水平。不断创新发展“枫桥经验”，总结推广了苍南县“五站式”民情服务模式，形成了基层信访工作力量强、机制顺、配合好、合力抓的新局面。市领导深入群众带头下访，变群众上访为领导下访，带动和推动各级干部层层下访，促进了信访工作重心进一步下移。

信访干部队伍建设　2007年，温州市各级党委、政府高度重视信访部门和信访干部队伍建设，制定出台了一系列措施，在人、财、物等方面给予信访部门强有力的支持，解决了县（市、区）信访局按一级局设置问题，配齐配强了市、县两级信访部门领导班子，进一步优化了信访干部队伍结构，增强了信访干部队伍的整体活力。各级信访部门和信访干部扎实开展“作风建设年”活动，加强自身素质和能力建设，全市信访部门综合协调、业务指导和推动解决信访问题的能力进一步提高，信访干部精神面貌、业务能力和工作作风都有明显改善，并涌现出了一大批先进典型。

行政审批管理

概况　2007年温州市审管办（审批中心）办件总量20.13万件，比上年增长3.7%，办结20.11万件，办结率99.93%。其中办理的承诺件实际办理时间比法定时间提速50%以上，提前办结率超过92%，办事群众对市审批中心工作的满意率稳定在98%以上。市审管办以开展“作风建设年”活动为契机，以创建省级示范中心为载体，以非行政许可事项清理规范为重点，深化审批制度改革，推进审批中心建设，各项工作取得新的成绩，被评为市级年度“审批服务工作先进单位”；在省考评组考评中被评为“省级示范行政服务中心”；还获得了市级“落实党风廉政建设责任制优秀单位”、“‘双千结对共建文明’活动先进单位”等荣誉。

创建省级示范中心　2007年下半年，温州市审管办在全省开展的省示范行政服务中心办创建活动中，对照省政府文件要求，结合自身特点制订了创建方案，做到内容分解细化，工作任务明确，人员落实到位，营造了全员发动、共同参与的良好氛围。经过努力，市审管办以高分通过了省考评组的考评，并评为“省级示范行政服务中心”。温州市被评为“省级示范行政服务中心”的还有乐清市和瓯海区行政审批服务中心，苍南县、龙湾区审批服务中心被评为“省级先进行政服务中心”。

非行政许可事项清理 2007年温州市审管办根据国务院非行政许可审批事项保留的目录，参照外地的一些做法，结合温州市的实际情况，制定了《温州市非行政许可审批事项清理标准》，按照“横向到边，纵向到底”的工作要求，组织和督促部门搞好自查自清，并依据《标准》对部门上报的非行政许可审批事项逐项进行核对和清理，把握好量与质的关系，确保清理质量。至年底，清理工作取得了阶段性成效，摸清了审批“家底”，为后续规范和监管打下了坚实的基础。

三级联动便民服务网络建设 2007年下半年，温州市审管办在开展调查研究的基础上，与市监察局共同制定了《关于加强乡镇（街道）便民服务中心建设的意见》，计划到2008年底，全市综合实力30强的乡镇（街道），原则上都要建成便民服务中心，其中设有基层站所的乡镇（街道）一般应建立综合型便民服务中心；驻地设有基层站所的其他乡镇，原则上应建立集中式便民服务中心；其他乡镇（街道）要根据各地实际，建立规模不同的便民服务综合窗口。从而建立市、县、乡（镇、街道）三级联动的便民服务网络。

创新审批方式 优化审批流程 2007年，温州市审管办在完善原有的联合审批、联合踏勘、告知承诺、重点建设项目无偿代理服务工作的基础上，推出提速提效的审批新方式，如建立投资项目会商制度、网上并联审批制度，探索企业登记“一表制”和“案例援引”审批等新审批方式等。并加强联审制度建设，扩展联审范围，全年，市审批中心召开投资项目联审会196次，比上年增加50多次。

审批服务中心建设 2007年，温州市审管办一手抓的审改的深化，一手抓审批中心建设，探索窗口建设的新途径和新方法，落实各项规章制度，加强内部管理，以深化审改来促进审批中心的建设，引入ISO9001质量认证体系，利用内审制度，解决了办件监管不到位等问题，实现了“中心”的标准化、规范化管理，提升“真诚服务、高效便民”的服务品牌效应。

接待工作

概况 2007年，中共温州市委、市政府接待办公室共接待地市级以上来宾1233批次26 431人次。其中警卫任务5批次166人次；省部级领导153批次4154人次；地市级领导1075批次22 111人次。

接待的主要组团有：全国政协副主席张榕明一行；全国政协副主席李蒙一行；全国人大内务司法委员会副主任陶驷驹一行；全国人大法律委员会主任委员杨景宇一行；全国人大农业与农村委员会副主任委员舒惠国一行；全国人大外事委员会副主任委员吉佩定一行；全国人大财政经济委员会副主任委员石广生一行；全国政协常委、民进中央副主席冯骥才一行；全国政协常委、副秘书长，台盟中央副主席李敏宽一行；全国政协委员、民革中央副主席、最高人民法院副院长万鄂湘一行；全国政协委员、文史与学习委员会副主任刘枫一行。此外，还接待了国务院参事室主任陈进玉一行；国防大学副政委李殿仁中将一行；国家电监会主席尤权一行；国家电力部部长陆燕荪一行；全国妇联主席黄晴宜一行；国家质检总局党组书记李传卿一行；全国工商联合会党组书记全哲洙一行；全国总工会党组书记孙春兰一行；国家海洋局局长孙志辉一行；原中央文献研究室主任逄先知一行；原中纪委常委祁培文一行；原国家档案局局长毛福民一行等。此外还接待了越南国会副主席丛氏放一行；前德国总理施罗德一行等重要外宾。

重要活动的接待工作 温州市政府先后于2月举办了“春暖2007-财富手拉手”大型活动，4月下旬举办了“和谐盛世，百名将军、百名部长、百名画家书画展”；10月下旬举办了“中国国际轻工产品（温州）博览会”，11月下旬举办了“民企对话世界500强”大型活动。这四次活动先后邀请了全国各地和海内外嘉宾约2200余人，市接待办参与或协助有关部门做好接待服务工作。

驻外办事处

概况 2007年，温州市政府驻外办事处机构有北京、上海、杭州、广州、成都、西安等六处。驻外办事机构主要承担驻地省、市的联络工作，并承担周边省、市的联络任务，为市委、市政府中心工作服务、为在外温州人服务为宗旨，开展“联络、宣传、服务、公关、信息、接待”等多方面工作，发挥桥梁、窗口、协调等作用。一年来，各办事（联络）处在联络政务、合作交流、后勤保障、服务温籍企业和在外温州人、信息、信访与宣传等方面做了大量工作。各办事（联络）处都加强自身建设，组织学习党的十七大文件，开展党风廉政建设，提高队伍的素质和业务水平。广州办事处在温州市政府的支持下购买了位于广州市中心越秀城市广场392平方米的办公用房，于2月1日对外办公，改善了办公条件。

驻北京联络处 2007年，温州市政府驻北京联络处为确保全国“两会”和党的十七大顺利召开，将驻京信访工作作为重点。驻京联络处配合市信访局组织召开了4次驻京信访工作专题会议，贯彻落实市委办市府办《关于进一步加强和改进驻京信访工作的通知》的精神，建立了驻京信访工作联席会议制度，与驻京接访处一起及时协调日常出现的信访情况。利用在京工作的温州人与在京经商的温州企业家骨干对已发现的来京上访或其在京亲属及时做好劝返思想工作。在全国“两会”和党的十七大期间，对在京的温籍企业和有关人员，开展了拉网式，地毯式排查。并协助对排查出的案件明确了责任，进行包案处理，控制特殊时期进京上访案件的上升。

协助并支持在京的温籍企业界争取北京市民政局正式批准，同意北京温州企业商会的成立，它是唯一一家合法登记的在京地市级商会。7月19日，协助北京温州企业商会召开成立大会。成立大会到会800多人，代表着20多万在京的温籍各界人士，世界各地的温州商会以及温籍知名人士参加大会。北京温州企业商会的成立，不仅向北京向世界宣传了温州，同时更好地为在京的20多万温州商人提供了一个良好的服务平台，巩固发展在京温州各阶层人士的联络关系，拓展了与北京周边省、市、地区的温籍知名人士与商会的联络与沟通。

做好日常性工作，确保重点任务的完成。联络工作主要采取三个内外联动形式，开展活动：即以联络在京温籍领导干部、知名人士为基点与联络关心温州发展的在京知名人士相结合；以联络在北京经商创业的商界知名人士为重点及联络北京周边天津、河北、山西、内蒙古及环渤海地区相结合；以联络浙江在京的各办事处为辅助与联络工作有关的各办事处相结合，使2007年的联络工作获得较好的效果。宣传工作除以传统的座谈会向有关媒体、单位传送宣传资料外，还通过学术论坛、交流会等宣传温州。利用多年与有关部委、国家机关交往的基础，及时完成温州市政府及相关部门、单位上报国家有关部委和中央政府的项目，较好地发挥了公关作用。

驻沪联络处 2007年，温州市政府驻沪联络处将浙江省委、省政府提出的“接轨大上海，融入长三角”作为指导思想，把做好接轨服务工作作为重点。年初，温州市委、市政府有关领导就“健康城市”、“市民信箱”、“政府办公机构建设”、“政府工作报告”等课题专程到上海考察，联络处主动做好沟通联络工作，推进温沪两地的合作与交流。为学习上海市行政管理先进经验，培养接轨上海的处级干部，经联络处提议与联络，在复旦大学举办了温州处级干部培训班，落实选派处级干部赴浦东新区挂职锻炼。12月27日，携手上海市杨浦区人民政府，上海市工商联温州商会举行了“融入杨浦、共创未来”2008年新年联谊会，上海市有关领导、杨浦区四套班子领导及知名人士与企业家300余人与会。平时通过各种形式的交流为温沪两地的一些行业协会和企业牵线搭桥，寻找合作对象和资源，为两地政府和企业互访做好服务。

为维护上海的社会稳定和在沪温州企业的合法权益，驻沪联络处先后参与调解奉贤玫瑰园企业、奉贤国际包装城与当地政府的矛盾，解决了瑞安来沪企业在松江区发展过程中的矛盾，劝解虹口区飘鹰大厦温籍购房户上访等，避免了事态进一步升级。温籍企业——上海太美生物科技有限公司销售人员在普陀区某企业被殴打，通过多方努力协调，企业收回应收款，被殴人员得到医药费、营养费、误工费等赔偿共达40多万元，使温籍企业与当地企业矛盾得以解决，维护了社会稳定，拉近了温州企业、温州人与上海市各级政府、企业的距离。

支持与帮助上海温州商会和有关组织开展工作，促进沪温两地发展。至2007年，温州人在上海创办企业2万多家，总投资2000多亿，遍布电器、化工、机械制造、中介服务、鞋革、印刷、房地产、教育等领域。联络处支持“上海温州商会”开展工作，充分发挥商会的作用，引导企业家们积极参与上海的政治生活和社会活动，努力为上海经济建设做贡献。同时，他们也不忘回报家乡。8月，组织了50多位在沪企业家回乡投资考察和洽谈活动，企业家们纷纷表达参与家乡“第三次跨越”经济建设的愿望，在众多签约项目中，其中就有3个支援“新农村建设”的项目。“世界温州人联谊会上海医务分会”5月组织12名温籍上海医生利用双休日，到瓯海区送医送药，进行教学门诊，开展学术讲座，有300多名患者接受免费诊治、化验检查和赠药，加强了温州与上海的医疗卫生合作，促进家乡医疗水平的提高。

做好信息和接待工作。驻沪联络处紧扣温州接轨上海这一主题，以上海经济社会发展举措及其最新动态和成功经验为信息收集的重点。联络处向温州市领导、信息部门不断报送信息，全年共报送《上海信息》24期、《信息荟萃》109期，为市领导工作提供了参考借鉴。2007年又被温州市委、市政府评为信息工作先进单位。联络处为温州市各级领导来沪考察，工作学习、访友求医、出国中转提供服务。全年接待105批532人次。对上海市委组织部、交通局、浦东新区、奉贤区、南汇区、徐汇区等有关领导赴温参观考察做了安排和服务。

加强全国各地驻沪联络处之间的联系与交流。8月16日，上海市合作交流办公室在温州驻沪联络处召开驻沪联络处文明单位创建工作现场交流会，来自天水、镇江、无锡、南通等13个地市级联络处主任出席会议，进行了现场交流，确定了新一轮创建工作的目标，制定了创建文明单位的总体方案，合交办领导对温州驻沪联络处所做的工作给予高度评价。温州市驻沪联络处获2005～2006年度上海市合作交流系统“文明单位”称号，并获2005～2006年度上海市合作交流系统“双服务”先进单位。

驻杭州办事处 2007年温州市人民政府驻杭办事处以联络促办事，一年来先后走访了浙江省委、省政府两办，省人大、省政协、省委组织部、宣传部、研究室、信访局、政法委等60多个部门，并对有关人士进行了春节、端午节、中秋节等节日慰问，代表或陪同领导看望省领导等。只要市委、市政府要求办的事，基本上都能够圆满地完成任务。开拓服务范围，完善服务方式，把服务当做最好的联络方式，不管是谁，只要有要求，都尽量向他们提供优质的服务。至12月25日，共汽车接送76批次，接待123次，收送机要及传真39次，订房订票后勤服务等107次，替领导会议报到37余次，为温州人办事服务63次，为市委、市政府及有关部门到省委、省政府办事42次。

主动地发挥窗口作用，主要有三：传递信息，信访处理，宣传温州。搞信息工作，采用三条腿走路即：一条腿游离于省委、省政府，通过探、看、听、获得信息；一条腿在互联网上漫游，搜索外省信息；第三腿是依靠信息协会。至12月25日，驻杭办事处向市委、市政府发信息667条，在驻外办事处中排名前列。作为驻省城办事处，配合省、市信访局做好上访者的接待、劝解工作。办事处安排专门人员负责这方面工作。仅两会期间，就配合市信访局，接待了25批300余人次的上访。

以人为本抓好内部管理。2007年，驻杭办事处通过合理化建议活动制定修改了《考勤制度》《休假制度》《值班加班制度》《内部管理制度》《岗位责任制及其考核奖励办法》等5个制度的基础上，根据办事处工作性质和有关人员的特殊情况，对制度进行了局部修改，使制度更加体现了以人为本民主科学管理。温州驻杭办事处参与杭州经合办的党委筹建工作，经过选举，驻杭办主任当选全国驻杭办机构党委副书记，承办了杭州市经合办党委的部分党建课题。

驻广州办事处 2007年温州市政府驻广州办事处发挥"窗口"作用，促进温穗两地合作与发展。全年接待温州市委、市人大、市政府、市政协和市属有关部门及部分县（市、区）考察团、经贸洽谈等团组45批，600多人次。办事处与广东省相关市委、市政府及有关部门联系，安排行程和考察内容，使其考察学习达到了预期目的。如广州、东莞、深圳的总部经济，深圳、广州、珠海慈善工作，交通管理工作，广州市节能减排集中供热工作等经验受到温州市领导及相关部门的关注和借鉴。协调广州、佛山、深圳等到温州考察团12次，其中有广州协会一行25人，佛山政协一行15人，广州经济协作一行13人等考察团90人次。做好一年两度的"广交会"和"高交会"服务工作。协助温州外经贸委，把"广交会"办成展示温州产品和企业综合实力的盛会。深圳"高交会"期间，协助市科技局预订住宿、预订门票等服务。做好经贸合作。4月10日～15日市长邵占维率温州总部经济考察团一行18人赴广州、东莞、深圳等地考察市场，并召开企业家座谈会，在广大驻粤企业家中引起反哺家乡做大做强总部经济的热情。据不完全统计，2007年温粤两地经贸合作达20多亿元。

为在粤温州人服务，为商会、企业服务。"广交会"期间，世界各地温籍人士、侨领、企业家来的较多，只要找到办事处，都热情为他们提供服务。温州舰在广州黄埔造船厂维护期间，组织温州经济开发区企业家慰问温州舰全体官兵，并送上5万元慰问金。协助温州市协作办成立了深圳工商联合会温州商会和广州温州商会换届工作，参加广州温州商会成立三周年、远东集团成立十二周年、广东浙江商会成立二周年以及第四届广州（桥头）工商业联合会庆典大会。利用这些平台为企业服务。秋交会期间，温籍企业家在广州驾车与泥头车相撞，导致二死一伤的交通事故，接报后，办事处立即同当地交管部门联系，协助处理善后和维权工作，使该事件得以解决。

做好信息的编发。全年编发信息上千条，分别被市委《温州信息》和市政府《温州政务信息》、《每日要闻》录用多篇。温州市驻广州办事处在业务上自觉接受广州市经协办和浙江省人民政府驻广州办事处的指导。被广州市协作办公室评为2007年度广州市协作系统"共建和谐"表彰单位。

驻成都办事处 2007年温州市政府驻成都办事处拓宽政务联络的渠道，密切与驻地各级党政部门的联系，重点加强与工商、税务、质监、公安等执法部门的联络。通过联络交流，扩大温州对外宣传。如帮助四川省温州商会鞋革分会组织人员参加成都市2007年端午节龙舟赛，温州龙舟队在比赛中取得第二名的好成绩。

做好在川温州人的服务工作。为温州企业来川投资做好咨询服务，帮助他们落实投资项目和争取优惠政策。据统计，办事处全年为来川投资创业的温州人提供信息咨询100余次。维护在川温州人的合法权益，3月份，温州奥古都鞋业有限公司成都荷花池代理处因企业间竞争纠纷被成都工商局全部查封，后经办事处出面与成都市工商局协商，要求给予支持，很快得到解决。协调温州人内部矛盾，维护温州对外形象。四川省温州商会与乐清分会、苍南分会之间的矛盾，四川省温州商会与四川省浙江商会之间的矛盾，都是办事处出面协调，及时妥善地化解了矛盾。

做好接待和信息工作。全年接待了30批次，计180多人。做好日常信息的搜集、编写和报送工作。一年来，办事处就四川省和成都市在经济结构调整、体制改革、再就业等热点难点问题上的经验以及全国各地具有参考意义的做法编发报送了大量信息，超额完成了市委、市政府下达的信息工作指标任务。

驻西安办事处 2007年温州市政府驻西安办事处加强温陕两地的沟通和联系。做好温州市代表团参加的每年一届在西安召开的中国东西部投资与贸易洽谈会的会务工作，办事处及时主动地与两地政府及有关部门保持联系，做到及早介入，认真准备，使得各项活动安排有条不紊地进行。做好温州市领导及有关部门赴西安考察团（组）的日常接待工作，全年接待来自温州市各种考察团（组）35批，320余人次。此外，对驻地省、市有关考察团组到温考察活动，都给予协助和配合，做好联系、沟通、协调及考察日程活动安排等方面工作。办事处还为两地政府和有关部门以及企业间的咨询、联系和沟通提供服务。据不完全统计，全年为两地间搜集资料和提供咨询服务70余次。

重视招商引资工作。一年来，办事处先后走访了西安有关区、县及周边9个市，召开温籍工商业者参加的座谈会8次，及时了解他们经营情况及投资意向，广泛宣传、介绍温州市招商引资工作，动员他们在可能的情况下回乡投资，建设和回报家乡。

为温籍企业和温州人服务。办事处利用其信息积聚效能，为温籍企业寻找投资开发项目和当地项目寻找投资合作伙伴牵线搭桥。一年来协助组织温籍企业参加西安及周边市县的座谈会、招商会、洽谈会、信息发布会等各种活动5次，帮助双方相互提供合作对象4起，初步成功合作项目2个。为温籍企业及个体工商户排忧解难，全年协助调解各种纠纷12起，帮助处理维权事件4起。

做好信息与宣传工作。一年来，办事处有针对性地收集和传递有关西部大开发方面的政策、举措以及科技、人才等方面的信息94期306条，较好地完成了全年信息工作任务。与当地媒体如西安晚报、三秦都市报、西安电视台、陕西电视台等广交朋友，不失时机地利用各种场合宣传、介绍温州以及温州人的创业精神。

政协温州市委员会

政协全体会议及常委会议

市政协九届一次全体会议　2007年3月26日至31日举行。出席政协委员560名。会议听取并审议了蒋云峰所作的政协第八届温州市委员会常务委员会工作报告和姜嘉锋所作的政协第八届温州市委员会常务委员会关于提案工作情况的报告，听取并协商讨论了代市长邵占维所作的《政府工作报告》及其他有关报告。会议选举包哲东为市政协主席，选举王成云、姜嘉锋、高育厅、朱贵远、谷定英、黄兆鸽、郑胜涛、戴祝水、夏克栋为市政协副主席，选举李颖为市政协秘书长，选举叶明德等65人为市政协常务委员。会议审议通过了政协第九届温州市委员会第一次会议提案审查情况的报告；审议通过了政协第九届温州市委员会第一次会议决议。市党政军领导应邀出席了开幕会和闭幕会。历届市政协主席、副主席，在温的全国政协委员和省政协委员，市有关部门负责人，市政协港澳台侨委特邀海外人士，部分在外的温州商会负责人等200余人列席了会议，30多名市民旁听了会议。

市政协九届一次常委会议　2007年3月31日举行。会议审议通过了关于政协第九届温州市委员会专门委员会设置的决定，审议通过了政协第九届温州市委员会副秘书长名单，审议通过了政协第九届温州市委员会办公室主任、副主任、研究室主任、副主任名单，审议通过了政协第九届温州市委员会各专门委员会主任、副主任名单。

市政协九届二次常委会议　2007年6月28日举行。会议传达学习了浙江省第十二次党代会精神，听取了温州市政协调研组关于民生问题民意调查情况的汇报，审议修订了市政协有关制度。市委书记王建满到会通报了市第十次党代会确定的温州市经济社会发展指导思想、战略目标和主要任务，并对政协工作提出了殷切希望。

市政协九届三次常委会议　2007年9月17日举行。温州市委副书记、市长邵占维到会通报了市政府工作情况和事关人民群众的重大民生问题。会议听取了市民政局、环保局、行政执法局关于提案办理情况的汇报，审议通过了市政协调研组关于医疗卫生问题的调研报告，审议通过了关于本届政协工作定位的决议。

市政协九届四次常委会议　2007年12月27日举行。会议听取了温州市委、市政府提案办理情况的通报，听取了市纪委关于党风廉政建设情况的通报。与会人员还交流十七大精神学习体会。

政协专门委员会工作

提案委员会工作　2007年，温州市政协提案委员会贯彻落实全国政协提案工作座谈会和全省政协提案工作会议精神，修订、完善了提案工作制度，发挥政协提案的优势和特点，推进温州市各项工作科学发展。一年来，市政协以提案形式提出的意见建议620件，参与提案委员480人，占委员总数的85.7%。经审查立案593件，占总数的95.6%，其中，委员个人提案553件，市各民主党派、有关人民团体及市政协专门委员会团体提案40件。在全部提案中，经济建设方面的提案139件，占提案总数的23.4%；科教文卫体方面的提案132件，占提案总数的22.3%；综合方面的提案322件，占提案总数的54.3%。市委、市政府和各承办单位非常重视提案办理工作，593件提案已全部办复。其中，提案建议被采纳或部分被采纳的493件，占提案总数的83.1%。提案建议因条件限制或其他原因不予采纳的，各承办单位均作了相应说明。未立案的27件，转为委员来信，也作了认真处理。市政协收到委员提案办理反馈意见537件，反馈率达90.6%，其中非常满意74件，满意281件，基本满意173件，不满意9件，满意率达98.3%。

经济建设委员会工作　2007年，温州市政协经济建设委员会重新修订了《经济建设委员会工作简则》。针对专委会新委员多、涉及社会领域广等特点，将成员分成农业、工业、内外贸易、城建交通、财政金融等5个小组。多形式组织委员进行培训学习，先后召开了“实现‘三次跨越’解放思想大讨论”座谈会、经建委和经济界别委员党的十七大精神学习会。对温州市船舶制造业发展情况开展专题调研，向市委、市政府报送了《关于抢抓机遇　加快船舶业发展的建议案》。配合全国政协经济委员会开展“粮食基地建设和粮食安全”专题调研，配合省政协开展“民营经济可持续发展”、“发展和谐劳动关系”等专题调研。开展标准厂房建设、甬台温铁路建设、瓯海大道建设等视察活动。参与市政府召开的改革创新专题会议、经济金融分析会、品牌推进研讨会，为经济建设建言献策，为市企业的可持续发展、技术创新、品牌战略等做好协调、咨询和服务工作。组织委员考察了鹿城生猪基地建设、菜篮子营销工作、滨海新区建设、泰顺旅游业发展、永嘉绿色食品基地建设。组织委员参加了国税工作、财政工作、国资委工作、市政园林工作等情况通报会，为委员知情知政搭建平台。配合市委、市政府做好"解难题、抓落实"、"走进矛盾、破解难题"等活动。

人口资源环境委员会工作 2007年，温州市政协人口资源环境委员会联合市经贸委、市发改委、市环保局和市质监局，开展节能减排集中供热专题调研，向市委、市政府报送《关于我市工业园区（基地）实施节能减排集中供热的调研报告》和《关于温州电厂向瓯江南岸实施集中供热的建议》。围绕民生工程，组织委员开展生态建设、"一网"工程和外来流动人口计生管理与服务等视察活动。在"走进矛盾，破解难题"专项活动中，协助领导就金温铁路龙湾货运站散装水泥装卸时污染环境，进行协商协调。会同提案委、经建委开展重点提案《关于重视"我市建筑工地泥浆入河"问题》督办。参与省、市政府对平阳水头制革基地污染整治的考核与验收工作。配合抓好生态园三垟湿地环境污染整治和温州经济技术开发区合成革行业环境污染整治的考核和验收工作。

科教文卫体委员会工作 2007年，温州市政协科教文卫体委员会组织委员开展温州文化用品市场建设、城区新建住宅区配套幼儿园建设、民族民间艺术资源传承和保护、民办教育、改善科普工作环境条件等课题的调研，形成专题调研报告7篇，其中1份建设性意见被市政府直接采纳落实。组织部分医疗卫生专家委员开展"八一"慰问活动，赴苍南鹤顶山为驻地官兵进行了体检和健康咨询。协调救治文成县百丈漈镇同垟村夏家姐妹脊柱严重侧弯畸型疑难病症，并妥善安排其康复后就学。做好委员为社会办实事工作，利用周末学生放假休息时间，选送优秀影片进校园放映。以泰顺县育才中学为基地，开展不定期的助学支教活动。协助市政协领导做好"解难题、抓落实"、扶贫督查等活动。邀请市政府分管领导及教育卫生部门负责人向委员通报有关情况，听取委员的建议意见。

社会与法制委员会工作 2007年，温州市政协社会与法制委员会组织委员开展民生问题民意调查和专题调研，形成《关于解决我市医疗卫生若干问题，缓解群众"看病难"的调研报告》报市委、市政府，为市政府制定《关于加快发展城乡社区卫生服务的实施意见》提供了有益的参考。对温州市"阳光行动"开展民主监督，形成了关于机关作风建设情况民主监督的调研报告，报送市有关领导。对"满意不满意"单位评比中名次靠后的市卫生局开展专题民主监督。组织市政协法律顾问组，联合市总工会、市劳动与社会保障局举办了《劳动合同法》现场咨询活动，并举办专题讲座宣传《劳动合同法》。配合全国整规办等18个部委开展"保护知识产权宣传周"活动，组织部分市政协委员参加市中院知识产权典型案件公开庭审旁听活动。组织委员视察市公

政协第九届温州市委员会第一次会议

安局强制戒毒所和市看守所，了解在押人员的生活和管理等情况。配合省政协开展“完善企业工资分配和社会保险制度依法保障职工劳动经济权益”、“农村基层民主法治建设”等专题调研监督活动。

文史资料委员会工作 2007年，温州市政协文史资料委员会征编《温州文史资料》第23辑。参与全国政协和省政协文史委有关协作课题，为全国政协文史委协作课题《全国各级政协文史资料名录》提供温州文史资料，为省政协文史委编辑的《春到江南》一书联系征集“三亲”史料和有关图片。召开全市政协文史资料工作协作会议，传达全国、全省政协文史工作有关会议精神，邀请专家作关于非物质文化遗产保护的知识讲座，分批对县（市、区）政协文史委新委员进行有关文史资料工作的培训、指导。配合市政协领导开展“走进矛盾，破解难题”活动，督促协调市有关部门做好鹿城区藤桥镇老鼠山文化遗址保护工作。参与举办“纪念我国著名地质学家南延宗教授诞辰100周年”座谈会。承办“全省政协系统书画作品巡回展”温州展，征集作品参加台州展。与市纪委、市文联等单位联合举办“迎七一廉政文化建设笔会”，与市委统战部联合举办“全市统一战线书画展”。开展书画进军营活动，组织书画家赴驻温海军部队进行拥军慰问。举办温州、湖州书法联展，组织参观赵孟頫书法精品展，举办书法笔会。

港澳台侨委员会工作 2007年，温州市政协港澳台侨委员会组织召开海外委员、特邀委员参加的座谈会，为海外委员参政议政搭建平台。组织开展四次委员视察调研活动：就侨台资企业在和谐劳动关系构建、节能减排、发展循环经济建设等内容开展调研；就侨胞、侨眷在出国办照和涉外公证办理情况开展调研；就侨乡“留守儿童”教育现状开展调研；就华侨捐赠物管理情况开展调研。参与举办“五侨”干部及部分归侨侨眷涉侨法律培训班，提高以法护侨的意识和水平。参与组织“寻根之旅”夏令营活动。参与举办“迎中秋、庆国庆”茶话会。做好港澳海外委员自愿捐资设立的港澳海外政协委员扶贫公益基金的协管工作，向遭受超强台风“韦帕”袭击的重灾区龙港镇捐赠10万元，支持灾区恢复生产。

政协经常性工作

社情民意工作 2007年，温州市政协加强新一届市政协特邀信息员和信息联络员队伍建设，进一步完善反映社情民意信息工作的激励机制，及时向市委、市政府及有关部门报送重要的社情民意信息；探索在基层建立社情民意收集站点，同时为委员密切联系群众，充分反映民情搭建平台。在鹿城、乐清和永嘉等地召开民情民意座谈会，分别就社区生活、新农村建设和“新温州人”等问题广泛搜集意见、听取民意，进一步加强政协与人民群众的沟通联系，拓宽政协反映社情民意的渠道。

委员联络工作 2007年，温州市政协办公室组织开展两次委员活动日活动，学习贯彻十七大精神和政协理论知识培训。组织委员视察市重点工程建设、洞头深水港和三垟湿地生态园建设情况。做好十届全国政协和九届省政协在温委员的组织、管理、联系等工作，组织在温省政协委员赴丽水市开展水资源保护与利用调研视察活动。

《政情民意中间站》栏目 2007年，温州市政协办公室与市电视台合办的《政情民意中间站》栏目继续坚持“三贴近”原则，以小见大，紧扣市委、市政府中心工作，关注社会治安、看病难看病贵、民工子弟就学等群众关心的热点、难点问题，制作播出电视节目31期。其中对夜间船舶噪音扰民问题深入采访、跟踪报道，节目播出后，社会反响强烈，促成了相关问题的解决，受到群众欢迎。与温州都市报合作推出《政情民意中间站》专栏，延伸栏目的节目内容，使有关情况得以深度报道，进一步扩大了栏目的影响。举行栏目开办五周年系列庆祝活动，出版五周年栏目精选集《温州对话》一书，举办“和谐、创新”——《政情民意中间站》开播五周年晚会。栏目荣获了2007年度浙江新闻名专栏奖。

政协联谊交流活动 2007年，温州市政协加强同全国政协、省政协和各省、市政协的联系与交流，配合全国政协、省政协开展的各类专题调研活动；参加兄弟城市政协横向联谊活动，学习先进地区的好经验、好做法；接待来温考察指导的全国各级政协组织考察团组，维护温州良好的外宣形象。

民主党派和人民团体

综　　述

2007年，温州市7个民主党派市委会下属有县（市、区）委员会6个，党支部（基层委员会）37个，支部233个，小组1个，成员5339人。温州市工商联合会（总商会）会员总数为20 091人。

温州市各民主党派和工商联成员主动参政议政，参加中共温州市委、市政府及部门的协商会、座谈会和情况通报会。在政协和人大“两会”期间，出席的各民主党派成员提出集体或个人议案、提案及大会发言和书面发言，有的被评为重点议案、提案和优秀大会发言材料。应邀受聘担任各类特约检查员、监督员和审计员等民主党派成员和无党派人士较好的发挥民主监督作用。

温州市各民主党派和工商联加强思想和组织建设，组织各种学习会，学习贯彻十七大精神，开展政治交接学习教育活动。参与市委统战部“诤言建友”活动，申报课题，开展调查研究。2007年，各民主党派发展新成员266人。

温州市各民主党派根据各自特点开展扶贫助学、义诊，送教下乡等社会服务活动。

温州市总工会、团市委（市青联）、市妇联等人民团体围绕党和政府各项中心工作开展活动，维护各自代表群体的合法利益。市总工会召开第十三次代表大会。开展社会主义劳动竞赛、和谐劳动关系建设和困难职工帮扶等活动。团市委（市青联）开展青年自愿者行动、“温州市十大杰出在外创业青年”评选等活动；市少年宫和青少年活动中心开展各种培训，丰富青少年业余生活。市妇联优化妇女发展环境、维护妇女合法权益，实施女性素质工程建设，开展妇女儿童发展规划宣传。

2007年温州市各民主党派组织和成员情况

单位：个、人

党派名称	组织情况				成员	
	县(市、区)委员会	总支部(基层委员会)	支部	小组	新成员	总数
民革		5	34		40	418
民盟	2	5	16	1	51	1117
民建		11	43		43	763
民进		5	48		37	723
农工	2	7	56		44	1016
致公			10		8	187
九三	2	4	25		43	1108
合计	6	37	233	1	266	5339

2007年温州市各民主党派参政议政情况

单位：人、件

党派名称	担任人民代表(人)				担任政协委员(人)				温州市人大议案(件)	温州市政协提案(件)
	全国	省	市	县(市、区)	全国	省	市	县(市、区)		
民革			8	8		2	19	57	13	37
民盟		3	8	7		2	34	75	7	34
民建			13	12	1	3	17	71	24	25
民进		1	7	10	1	2	23	52	7	42
农工		1	10	11		2	25	92	13	45
致公		1	3	1		1	12	13	13	12
九三		2	6	8		2	37	90	10	48
合计		8	55	57	2	14	166	450	87	243

2007年温州市工商业联合会（总商会）会员构成

单位：个、人

会员总数	非公企业会员数	团体会员数	个人会员数（含原工商业者）	行业商会	街道(乡镇)商会
20 091	17 039	17	80	78	42

中国国民党革命委员会温州市委员会

概况　2007年，民革温州市委会发展新党员40人，其中博士研究生2名，科级干部4人，平均年龄35岁。截至年底，全市民革党员418人。市委会下辖总支部5个，支部34个。

民革党员参政议政 2007年，民革温州市委会领导参加中共温州市委、市政府举行的协商会、谈心会、情况通报会、专题座谈会10多次。召开三次参政议政会议，部署落实参政议政工作。“两会”期间，党员中的省、市、县（市、区）人大代表、政协委员提出议案、提案120多件，其中团体提案10多件。有18篇大会发言材料入选市政协大会发言材料集，在党派中名列首位。市委会党员中的人大代表提交议案15件，其中《关于以科学发展观解决“看病难、看病贵”的建议》被省人大评为重点议案；《关于整治泽雅废塑料洗涤业的建议》和《充分利用资源优势，加快温州临港经济发展》的建议被市人大评为优秀建议；《关于城镇居民医疗保险的调研报告》在温州市委统战部举行的“诤友建言”调研成果评比中获二等奖。重视信息工作。全年向温州市政府和市委统战部报送信息45条。有24篇稿件分别被《团结报》、《联谊报》、《浙江民革》等采用。民革市委会有17名党员被市中院、市检察院、市教育局等部门聘为特约人员，较好地履行民主监督职能。

民革开展社会服务和“三下乡”活动 2007年，民革温医附二院支部先后赴瓯海五凤垟、乐清白石镇义诊，开展健康咨询活动。龙湾总支、平阳总支、瓯海支部、市直二支部、瑞安支部等开展送教助学、捐赠、法律咨询、普法宣传教育等活动。

民革开展扶贫助困活动 2007年，民革乐清总支经济支部联合乐清团市委、希望办等发起举行“爱心助学结对新乐清人暨手拉手赠书”仪式和“爱心助学”活动，先后共筹集捐助93多万元。《团结报》对此作专题报道。

民革开展海峡两岸联谊活动 2007年中秋节，民革温州市委会邀请市台办领导作台海形势报告。全年市委会和党员共接待“三胞”100余人次；参与接待台湾青年学生参访团、台北市温州同乡会参访团等。乐清党员牵线新加坡著名华侨陈利民和乐清中学联姻，实现互派师生到对方学校考察学习。市委会党员的多篇作品发表在《温州会刊》、《乐清会刊》等台湾刊物上。

民革思想建设 2007年，民革温州市委会先后开展学习胡锦涛6·25重要讲话，民革中央关于开展“坚持中国特色社会主义发展道路，搞好政治交接”主题教育活动文件精神等等。学习贯彻中共十七大精神，开展民革主委办公会议，常委会、市委全会、基层支部会议等学习活动；邀请中共十七大代表郑雪君为民革省委委员、市委委员、两会代表、委员支部主委作专题辅导报告。2007年是温州市民革成立50周年，市委会结合政治交接主题教育活动，举办一次大型纪念活动。

民革组织建设 2007年，民革温州市委会做好人大代表、政协委员的推荐工作。在温州市“两会”上，市委会主委王小同当选温州市人大常委会副主任，4名党员当选温州市政协常委。民革市委会组织新任民革省委委员、市委委员参加中央社会主义学院和省社院举办的培训班学习。新任人大代表、政协委员参加中共温州市委统战部组织的培训班。组织新党员参加温州市委统战部举办的新党员培训班。

中国民主同盟温州市委员会

概况 2007年，中国民主同盟温州市委员会发展新盟员51名，平均年龄36.5岁，其中大学以上文化程度占96.1%，高级职称占51%。44人担任民盟温州市十二届市委会各部委办正副职，其中新上任32人。2人担任民盟省委会医卫、民营经济专委会副主任，4人担任民盟省委会教育、法律、民营经济、青年专委会委员。18人担任市政府各部门特约人员。4人参加中央社会主义学院培训班，2人参加民盟省委会新委员培训班，2人参加省委统战部组织的民主党派领导干部培训班，1人参加省社院党外中青年干部培训班。市委会开展形势教育和盟史教育等各类学习活动近10次。

民盟开展政治交接学习教育活动 2007年，民盟温州市委会出台开展政治交接学习教育活动的实施意见，成立政治交接学习教育活动领导小组，召开政治交接学习教育活动动员大会。率先在领导班子成员中进行学习。

民盟十大和民盟省十大会议温州代表 2007年，民盟温州市委会潘长旺、项剑萍、方青、胡玫4位代表参加民盟第十次全国代表大会，盟员王勤美当选为新一届民盟中央委员。潘长旺等19位代表参加民盟浙江省第十次代表大会，潘长旺当选为民盟省委会常委，潘长旺、魏元喜、陈良明、陈国荣4位盟员当选为民盟省委会委员。

民盟参政议政 2007年，民盟温州市委会在市政协九届一次会议上，提交大会书面发言9篇，其中代表市委会2篇：《加快创意产业立业进程 助推温州经济又好又快发展》和《关于进一步推进我市玩具产业发展的若干建议》，提交提案34件。会议期间，民盟组政协委员们围绕温州城市建设、教育卫生事业发展、干部作风建设等方面发表各自的意见。在十一届市人大一次会议上，提交人大议案和建议7件。

民盟开展调查研究 2007年，民盟温州市委会各工委开展调研。全年形成调研报告5篇，收到基层组织“一支部一建议”30条，上报市政协信息3条。其中2篇调研报告获市委统战部“诤友建言”调研成果三等奖。

民盟参与政治协商、民主监督 2007年，民盟温州市委会主要领导参加中共温州市委、市人大、市政府、市政协和市委统战部召开的各类协商会、座谈会、情况通报会、征求意见会、交友谈心会40余次。市级特约人员参加考察调研、行风评议等活动。与市教育局先后召开2次对口联系单位座谈会，与市文化广电新闻出版局召开座谈会。

青年盟员学习会 2007年5月19日，民盟温州市委会组织部和青年工委联合举办2007年青年盟员学习会，着重进行民盟优良传统教育，60多位青年盟员参加会议。

民盟暑期骨干学习会 2007年7月13日，民盟温州市委会举行暑期骨干学习会，会议听取"我国多党合作制度的历史和发展"的辅导报告，表彰2005～2006年度市级先进盟组织和先进盟员等。与会人员还参加市社会主义学院与温州大学合作办学仪式。市委会委员和各部委办、基层组织负责人等70多人参加会议。

民盟盟务活动 2007年，民盟温州市委会组织传统活动如新春慰问、老盟员迎春茶话会、"三八"联欢酒会、教师节致慰问信、"三胞"中秋联谊会、老人节宴庆活动等，举办新一届市委会各部委办负责人会议、组织工作会议、宣传信息工作会议、调研工作会议、青年盟员学习会、文史小组会议等。明萌培训学校全年招收27个班级，培训1986人次。

民盟开展"烛光行动" 2007年，民盟温州市委会贯彻民盟中央"农村教育烛光行动"的倡议，提高农村基础教育教学质量。鹿城总支联合鹿城区教育局举办"新农村少儿舞蹈美育工程"浙江省首期教师培训，全区38名乡镇农村学校、民工子弟学校的非音乐专业教师接受培训。乐清市委会举办民盟求实论坛之一教育论坛，邀请温州市委会教育专家就乐清教育发展献计献策。

民盟温州市委会与衢州市委会结对 2007年，民盟温州市委会与民盟衢州市委会成为帮困对接市委会。12月22日，温州医学院总支的医疗专家一行15人赴衢州龙游送医义诊，开展会诊、讲座、赠书仪式等活动。

民盟温州实业家联谊会会员大会 2007年9月22日，民盟温州实业家联谊会举行会员大会暨"民营企业创新与发展"论坛。会议增补理事、副会长，交流民营企业创业经验，听取民营经济专题讲座。会议邀请民盟中央社会服务部副部长郭勇和民盟省委会、民盟衢州市委会等有关领导出席，共60余人参加会议。

盟员获省级以上荣誉情况 2007年，民盟温州各组织有2人被评为全国优秀教师，1人被授予"中国民间文化杰出传承人"称号并享受国务院特殊津贴，1人荣获"松庭杯"中国竹笛演奏邀请赛金奖，1人荣获第十一届中国青年五四奖章，1人入选"中国十大工商英才"；1人被评为省中小学师德楷模，1人被授予"浙江省第二届优秀中国特色社会主义事业建设者"称号，1人获2007浙商创新奖。

中国民主建国会温州市委员会

概况 2007年，民建温州市委员会有会员763人，平均年龄50.2，大专以上学历459人，中级职称以上277人，经济界人数534人，新社会阶层人数258人，私营企业主人数164人。市委会下属总支部11个，支部43个，其中直属支部3个。全市民建会员担任各级人大代表、政协委员共120人。在民建中央、省委会换届中，当选省七大代表27名，全国九大代表3名。当选七届民建浙江省委委员7人，其中常委2人；当选民建中央常委1人。

民建参政议政工作 2007年，民建温州市委会中的人大代表在市十一届人大一次会议期间，领衔提出议案、建议24件，附议57件；政协委员在市政协九届一次会议期间，提交提案25件，其中，集体提案3件；编入政协大会发言书面材料12篇，其中在大会上作口头发言1篇。参加市政府、市政协召开的提案工作会议和办理通报会，与办理单位进行面对面协商，跟进提案、议案的答复办理情况。"两会"前，民建会员秦小伟在市政协八届四次会议上的提案《关于加强老年人社会保障体系工程建设的建议》被评为市政协优秀提案。各县（市、区）基层组织在当地的"两会"上共提交议案17篇，提案125篇、大会发言6篇。会员中的省政协委员在省政协大会上提交提案3件。全国政协委员高天乐在全国政协会议上提交提案3篇。

民建民主监督工作 2007年，民建温州市委会主要领导参加中共温州市委、市政府党外人士通报会、工作报告征求意见座谈会、民主协商会等会议20多人次，推荐党派成员担任各级行风监督员、特邀监察员28人。鹿城区、瓯海区等基层组织与有关政府部门签订对口联系协议书，开展联合调研。

民建反映社情民意工作 2007年，民建温州市委会推荐4位会员为省委会参政议政委员会委员，3位会员为市政协特邀信息员、信息联络员，组织每两个星期请部分会员议政的"周四半月谈"。向省委会、市政协报送信息近20篇，其中《建议尽快修改<现金管理暂行条例>及其<实施细则>》分别被省政协、全国政协采用，民建温州市委会被省委会评为信息工作先进集体三等奖。

民建调研工作 2007年初，民建温州市委会完成调研课题23个，其中市委会重点课题3个。年底，召开2007年度参政议政成果交流会，13个优秀课题组代表在会上发言，评出1个特等奖、2个一等奖、4个二等奖、7个三等奖、9个优秀奖。5个课题报送参加市统战部诤友建言活动，2个课题获得三等奖。

民建组织建设 2007年，民建温州市委会召开组织工作专题会议。建立常委会组成人员联系总支、直属支部制度。各总支、支部组织各类学习会、农家乐和农村访贫、回访结对单位、助学结对等活动。瓯海区支部与温州大学支部结成友好关系。

民建组织发展与培训 2007年，民建温州市委会新发展会员43人，平均年龄33.7，大专以上学历人数37人，中级以上职称人数19人，经济界人数18人，新社会阶层人数17人，私营企业主人数12人。举办新会员学习班和2006年度入会成员的继续教育学习会，共86人次参加培训。

《温州民建》改版 2007年，民建温州市委会会刊《温州民建》与《民建企业联合报》合刊。新版《温州民建》定期双月出刊，3月开始，已出刊5期。市委会分别被评为《浙江民建》会刊先进集体二等奖、浙江民建网站先进集体二等奖和新闻宣传先进集体一等奖。

民建“思源工程” 2005年12月，民建中央启动“思源工程”，号召成员要为贫困地区脱贫贡献力量。据不完全统计，2007年，民建温州市委会14个总支、直属支部，除2个老龄会员为主的总支外，各类慈善捐资总额大部分都在100万以上。会员企业天正集团为民建中央思源工程基金会成立捐款208万；青山控股集团公司分别拿出2个2000万作为基金，在龙湾区和青田县成立慈善分会；报喜鸟集团为云南地震灾区捐赠价值300万元的衣物。

民建与泰顺荣西村结对扶贫 2007年，民建温州市委会与市政协副主席朱贵远蹲点的泰顺县仕阳镇荣西村建立对接合作关系，捐资20多万，建设饮用水工程。市第一总支捐款2万元成立助学基金。

“民建讲堂”和“温州大讲坛”开讲 2007年4月，民建温州市委会和民建企业家联谊会共同举办的“民建讲堂”在将军大酒店开讲。民建企业家联谊会与温州艺翰文化传播公司联合主办“温州大讲坛”，邀请知名专家为会员企业家授课。

民建企业家走进温大瓯江学院系列活动 2007年12月23日，民建温州市委会、温州大学瓯江学院共同举办民建企业家走进温大瓯江学院系列活动，5家民建会员企业成为瓯江学院大学生专业实习基地，8位民建会员企业家受聘担任该校客座教授和创业导师。民建市委会与该校100名贫困大学生结对，现场捐献首批爱心款20万元。

民建开展政治交接学习教育活动 2007年，民建温州市委会制定下发《关于在全市民建开展政治交接学习教育活动的实施意见》，成立领导小组，开展政治交接学习教育活动。举办“走中国特色社会主义政治发展道路”专题学习会和政治交接宣讲会；参加民建省委会赴上海、江苏的政治交接学习考察团；参加温州市委统战部组织的政治交接学习会100人次。

民建会员荣誉 2007年，民建温州市委会会员被评为“市统战系统‘重情民生、共建和谐’系列活动先进个人”1人、“温州慈善奖”1人、“中华慈善事业突出贡献奖”1人；被评为“温州功勋企业家”1人、“温州市优秀企业家”1人，“2006温州民营经济年度人物”1人，“2007浙江经济年度人物”1人。民建市委会副主委金克明律师被浙江省司法厅、浙江省律师协会授予“浙江省律师事业突出贡献奖”和“从业20周年纪念奖章”二个奖项。

中国民主促进会温州市委员会

概况 2007年，民进温州市委会发展新会员37人。至年底，全市共有会员723人，平均年龄53岁。市委会下设5个总支，48个支部。市委会被评为浙江省组织建设先进单位，温州大学支部、平阳总支昆阳一支部、瑞安总支文化卫生支部获民进浙江省先进支部称号。5月，在民进浙江省第八次代表大会上，民进平阳总支、民进瑞安总支、民进瓯海支部被评为浙江省2002～2006年度工作突出的先进集体。市委会领导参加中共温州市委召开的协商会、党外人士座谈会、情况通报会，参加或列席中共温州市委常委会和理论中心组扩大会，对经济、政治、文化、社会建设提出意见和建议。

民进参政议政 2007年，在温州市政协九届一次会议上，民进温州市委会共提交团体提案6件，个人提案36件，大会发言材料14篇，其中《大力推行节能型住宅建设的建议》和《实行阶梯水价，建设节水型城市》在大会上作口头发言。在温州市政协八届二十三次常委会议上，《打造城市文化品牌推进文化大市建设》、《让新温州人的孩子都上得起初中》等两件提案被评为优秀提案。在温州市十届人大会议上市委会《关于创建文明交通有序停车示范区的建议》、《关于减少道路重复开挖、翻修的建议》两件议案被评为优秀建议案。市委会提案《制度建设是节水型城市建设的关键》被市政协列为2007年的11个重点提案之一。各地方基层组织向地方“两会”提交大会发言及提案。平阳总支提交14件提案，瑞安总支提交16件提案，苍南总支提交10件提案，鹿城总支共提交提案10件，龙湾支部提交提案6件，瓯海支部提交9件提案。

民进调研工作 2007年，民进温州市委会多次召开课题组会议。市委会的《以民企为主体的创新城市建设的路径选择》调研课题被民进省委会立项。市委会向温州市委统战部举办的“诤友建言”调研活动申报并完成《构成城郊结合部和谐社区的思考》等11个调研课题，其中五篇调研成果在此次活动中获奖。被温州市委统战部评为唯一的“优秀组织奖”。

民进社情民意信息工作 2007年，民进温州市委会列市政协各组成界别反映社情民意信息第一位。反映社情民意信息18条，其中被温州市委统战部采用1条、市政协采用3条、省委会采用8条、专报省政协2条、专报民进中央4条。一条信息在《全国政协报》全文刊登。

民进组织建设 2007年，民进温州市委会建立后备干部人才库。选派后备干部参加中央社院、省社院学习培训。多渠道推荐17位会员担任温州市各界特约人员。3月份，五届四次常委会议对《温州市民进组织会员发展规划（近期）》进行修订。对《优秀支部评分标准》进行修订。年初，市委会将原温大支部和原温师院支部进行合并，成立民进温州大学总支委员会；对市直中学的退离休支部进行结构调整。11月，市委会在嘉善县召开研讨会，民进瑞安、平阳、苍南、鹿城、龙湾、瓯海六个地方基层组织的负责人参加会议，与民进嘉善县委会就政治交接活动开展情况进行交流。全年，市委会制订相关会议制度和一系列工作制度（包括有关公文处理、印章使用、财务、车辆使用管理工作制度等）。

民进宣传工作 民进温州市委以“两刊一网”（两刊是《温州民进》、《温州民进工作动态信息》，一网是温州民进网站）为宣传阵地。2007年，向省委会报送信息80多条；被会中央采用18条；向市委统战部报送会务信息120多条。平阳、瑞安、苍南、鹿城、龙湾、瓯海6个地方基层组织刊发会刊，苍南总支、瓯海支部设有网站。全年，市委会收到并向省委会转发的理论文章11篇。《温州统战》采用3篇、《联谊报》刊发1篇。2篇获省"社院杯"征文优秀奖。

民进"三江协作机制" 2007年11月，位于瓯江、婺江、衢江流域的民进温州市委会、民进丽水市委会、民进金华市委会、民进衢州市委会在温州召开会议，建立"三江协作机制"。"三江"四地将加强会务工作的磋商与协调行动，对共同关注的重大问题相互支持、合作，共同推进参政党的自身建设。

民进职业高中 民进职业高中是民进温州市委会主办的学校。2007年，学校共招新生153人。服装培训学校是校企结合办学的。截至年底，培训学校的车工、打版、电脑CAD、服装设计等短期培训及高级研修班等796人次。

民进基层组织开展社会服务活动 2007年，民进温州各基层组织开展社会服务工作。苍南总支举行送教助学到赤溪中学、渔寮中心幼儿园等；瑞安总支开展送文化、医疗、科技下乡、送调研指导下乡活动；鹿城总支开展法律、教育进社区活动、与市一幼联合送教下乡活动；瓯海支部开展送文艺下乡、结对扶贫活动。

中国农工民主党温州市委员会

概况 2007年，农工党温州市委会发展新党员44人，平均年龄36.3岁，中高级职称44人，占新党员总数的100%，大专以上学历43人，占新党员总数的98%。至年底，共有党员总数1016人，市委会下辖县委会2个，总支部7个，支部56个。市委会主要领导人参与政治协商，出席市委、市政府、市政协召开的协商座谈会、情况通报会、交友谈心会等会议40余次。

农工党参政议政 2007年，农工党温州市委会中有25人担任温州市政协委员，其中常委3人，副主席1人；10人当选温州市人大代表，其中常委1人；1人当选省人大代表、2人担任省政协委员。在温州市九届一次政协会议期间，提交提案45件，其中团体提案5件；提交大会发言材料8篇，其中孙毅委员代表市委会在大会上作《加强城市形象建设，着力打造城市品牌》的口头发言。在温州市十一届人大一次会议期间，提交13件议案和建议案。农工党各县（市、区）组织共有县（市、区）级人大代表11人，政协委员92人，在当地"两会"上共提交人大议案、建议10件；提交提案109件，其中团体提案9件；提交大会发言11篇。有2件被评为优秀提案，有1件被评为优秀大会发言，有1件被评为重点提案。

农工党代表参加省和全国代表大会 2007年6月，农工党温州市委会有19名代表参加农工党浙江省第十次代表大会，谷定英、孙毅、郑志强、徐芦生等4人被选为省委会委员，谷定英被选为省委会常委。12月，市委会谷定英、李雪芬、周志宏、蔡萌芽等4人参加农工党全国第十四次代表大会，

农工党调整基层组织 2007年，农工党温州市委会根据温州医学院支部党员较多，退休人员比例大的现状，于5月底成立农工党温州医学院退休支部；根据瓯海区农工党员人数逐年增多的现状，于8月份成立农工党瓯海区支部。

农工党参加"诤友建言"活动 2007年，农工党温州市委向中共温州市委统战部上报7篇调研报告。在12月市统战部召开的"诤友建言"调研成果交流表彰大会上，有2篇调研报告被评为二等奖，有1篇被评为三等奖。

农工党开展调研 2007年4月，农工党温州市委会调研组由市政协副主席、市委会主委谷定英带队，赴苍南龙港镇杨家宅村开展蹲点调研工作。7月，市委会调组织研组前往永嘉县交通局，就"扎实搞好乡村康庄工程，解决农村行路难问题"进行调研。8月初，农工党组织市区市政协委员、人大代表、市委委员20多人前往仙居对当地的经济建设和旅游业发展等情况进行调研。8月下旬，前往温州市运管处进行调研。12月，组织赴福建省泉州、宁德等地考察调研。

农工党中央副主席到温调研 2007年9月，农工党中央副主席陈宗兴率领农工党中央联络工作委员会调研组到温州开展"加强两岸经贸交流，共创良好投资环境"课题调研，召开座谈会。并参观具有代表性的在温台资企业和日泰集团。

农工党民主监督工作 2007年，农工党温州市委会中有19人被聘为市本级有关单位特约监督员，有3人被聘为行风监督员。有12人被聘为县（市、区）特约人员。

农工党宣传信息工作 2007年，农工党温州市委会共出刊《温州农工信息》4期，发行4800份。年底，出刊《温州农工》综合本，全面反映市委会一年的工作、活动情况。市委会被中共温州市委统战部评为2006年度统战系统信息工作二等奖。

农工党社会服务活动 2007年，农工党温州各县委会、总支和支部开展各项社会服务活动，开展义诊活动40次，诊治病人7496人次，赠送药品价值10万元，参加党员360人次；送教下乡7次，结对助学26人；扶贫结对16人，全年捐助的各类扶贫款、助学款、慈善款及公益资金等154万元，赠送各类物品价值7万余元。

农工党开展"政治交接"学习教育活动 2007年，农工党温州市委会开展"政治交接"学习教育系列活动。成立政治交接学习教育活动领导小组，制定学习教育计划，召开动员大会，举办专题讲座，召开各种会议。8月，在雁荡山举办为期二天的新党员培训班，有70多名新党员参加。向全市基层组织转发有关通知，要求基层组织学习文件精神，开展各层次学习教育活动。

农工党党员获奖情况 2007年，农工党温州市委会党员获得省级以上奖励的有：郑秋秋获第五届全国中小学外语教师园丁奖、浙江省第三届基础教育教学成果奖二等奖；邵平被评为浙江省“十大热心老人”，并获得“温州慈善奖”个人奖；庄孔文被授予“浙江省卫生厅农村基层协会先进个人”称号；连庆泉完成的“异丙酚药代动力学及靶控输注麻醉的临床研究”获浙江省科技进步二等奖和省医药创新二等奖，主持的三个课题分别被列入国家自然科学基金项目、浙江省科技厅重大合作项目、省教育厅重点项目；邢庆武参与的“关于高血压综合防治研究项目”被评为国家十一五科技攻关项目；孙成超参与的“提高老龄和急危重心血管疾病外科治疗疗效的研究”项目被列入国家十一五科技支撑项目；王淑君撰写的2篇论文分别获浙江省第十三届自然科学优秀论文三等奖和温州市第十届自然科学优秀奖。

中国致公党温州市委员会

概况 2007年，致公党温州市委会下设10个支部，党员187名，担任省、市、区人大代表、政协委员29名。市委会履行参政议政职能，各级代表委员向“两会”递交议案4件，提案5件，团体提案1件，个人提案11件。召开主委学习会一次，市委扩大会学习1次（60人次），参加市政协中心组学习会4次（11人次），参加市统战部学习会2次（14人次），各支部组织学习会近100人次。市委会召开7次主委会议，3次市委会扩大会议，6次交流座谈会，37次机关学习会，26次各支部学习会。成员参加中央社学院、省、市社学院、市政协各类学习班政协委员学习会3次。以下发文件和学习文件材料等方式，开展学习活动。

致公党学习教育活动 2007年，致公党温州市委会开展“政治交接学习教育活动”，组织五十二名党员，参观南昌市八一纪念馆、八一广场，参观中共“八大”旧址进行革命传统教育。结合“作风建设年”活动，组织省、市、区三级人大代表和政协委员以上的骨干19位同志召开座谈会，为中共温州市委提出“三次跨越”解放思想大讨论活动建言献策。市委会9位委员参加市委统战部组织各党派新市委委员的集中学习。

致公党参政议政 2007年，致公党温州市委会把有较高质量的提案选送到“两会”，其中一提案被评为温州市政协九届四次会议以来的优秀提案。全年参加或列席政协各类会议23次，参加政协组织的调研活动4次。参加中共温州市委、市政府及部门的协商会、座谈会和情况报道会15次。参与“诤友建言”活动，申报课题11个，已被市委市政府立项课题11个，已完成课题7个。参加市委统战部组织的“我为跨越作贡献”为主题的解放思想大讨论座谈会。召开“落实多党合作制度工作座谈会”，落实“政府部门同民主党派对口联系”、“聘请温州致公党党委人士担任政府部门特约人员”两项制度；健全市政府领导与民主党派负责人、无党派人士结对交友工作。

致公党调研活动 2007年，致公党温州各支部深入基层、农村开展调研活动，全年调研达41人次，上报信息18条，其中被采纳8条，提出意见建议25条，上报11条，撰写调研文章共20多篇。市委会分别两次组织机关、温大支部到文成贫困山区调研，了解农民的生活情况，以便为贫困山区人民提供服务。在文成电影院举行文艺下乡演出活动。

致公党开展社会公益活动 2007年，致公党温州各支部为慈善机构捐款20余万元。医卫支部接待归国华侨就医50多人次，下乡义诊3次。开展科普讲座活动，针对健康问题在社会各个层面开展《现代领导干部的心理压力与调节》、《大学生生理与性心理知识讲座》、《心理健康与经营能力》等多场讲座。温大支部一成员全年承接民事案件8件、经济案件17件、刑事案件23件，为弱势群体服务。致公－俊雅民族音乐学校应日本吴市市长邀请，率20名学生代表温州市组团前往日本吴市访问演出；率团参加浙江省“文明出行，和谐交通”巡回千人义演晚会；参与“情暖温州，共享文明献爱心（义演）晚会”演出。致公阳光艺术团，组织部分演员在浙江省第七届老年文化艺术周赴杭州为老年人表演舞蹈“罐舞”。

致公党联谊活动 2007年6月，应致公党中央的邀请，荷兰中国商会考察团一行20人对温州进行为期四天的参观考察，由致公党温州市委会全程陪同。2月份，市委会安排一次温州－昆明两地致公企业家座谈会，谈区域经济发展与温州的“三次跨越”。致公党浙江省委会老龄委一行二十人，到温州进行为期两天的工作考察活动，与老党员以及市老龄委成员举行座谈会，并先后参观考察由该党成员创建的温州挺宇集团有限公司和温州吉隆电器有限公司。

九三学社温州市委员会

概况 2007年，九三学社温州市委会共发展新社员43名，平均年龄36.35岁，其中高级职称16人，占新社员总数的37.2%。截至2007年底，全市社员总数为1108人。下属1个市（县）委员会，1个县委员会、4个基层委员会，25个直属支社。

九三学社温州组织50周年纪念大会

2007年12月23日，九三学社温州组织建立五十周年纪念大会在鹿城文化中心召开。九三学社温州市委会主委黄兆鸽作纪念报告。九三学社中央委员会发函致贺，九三学社浙江省各市委会和社武汉、济南等市委会发来贺信。九三学社浙江省委会领导，市四套班子领导，市委统战部、九三学社金华市委会、市各民主党派、工商联、无党派人士联谊会、科技局、经贸委、农办等领导出席会议。市各有关高校统战部、有关县（市、区）统战部领导参加了会议。

九三学社参加温州市“两会”情况

2007年，九三学社温州市委会37名政协委员和3名列席人员出席温州市政协九届一次会议。会议期间，提交团体提案5件，个人提案43件，其中重点提案2件；提交大会发言材料16件，其中3件发言材料在大会上发言。社市委团体提案《推广总价合同工程管理，从体制上预防工程建设中的腐败》被评为市政协九届一次会议以来的优秀提案。在温州市十一届人大一次会议期间，九三学社温州市委会6名市人大代表参加会议，提交10件议案和建议。

九三学社代表参加省和全国代表大会 2007年，九三学社温州市委会共有28名代表出席九三学社浙江省第六次代表大会。经大会选举，市委会黄兆鸽、陈国龙、周健民、黄跃君等4名社员当选为社省委委员，黄兆鸽当选为社省委常委。此外，黄兆鸽、陈国龙、陈良茶、孙国勇4名社员当选为九三学社第九次全国代表大会的代表并参加社全国九大会议，黄兆鸽当选为社中央委员。

山海协作工程在温举办系列活动 2007年，浙江省山海协作工程系列活动在温州举办期间，九三学社温州市委会配合社省委，与"国际科学与和平周"期间的活动相结合，开展活动。与社省委一起组织医卫界专家赴泰顺县三魁镇、市区绣山街道开展义诊，举办咨询、讲座等活动，约550人受诊，免费送药4000元。组织温州民营企业与社省委组织的15名科技专家进行项目对接会，20多家企业与浙江大学等单位提供的30多个科技项目实现对接。举办科学报告会。12月14日，与市科技局联合举办科学报告会。12月23日，与市卫生局、温州医学院联合举办"卫生改革、农民健康"科学报告会。

九三学社民主监督工作 2007年，温州市九三学社有20名社员担任市检察院、法院、监察局、教育局等政法和政府有关单位特约人员，1位社员被选任为市检察院第二届人民监督员，1位社员被聘任为市文明创建社会监督员。社员近百人参加温州市效能办组织的评议满意不满意单位活动。

九三学社开展调研 2007年4月，九三学社温州市委会的蹲点调研组由政协副主席、社市委主委黄兆鸽带队，赴龙湾区瑶溪镇龙东村开展为期三天的蹲点调研工作。了解基层情况，宣讲党的路线方针政策，尽可能地帮助基层解决实际困难。

九三学社社情民意工作 2007年，九三学社温州市委会成立宣传信息专门工作委员会。收到信息49篇，被社省委采纳16篇，社中央采纳7篇，市政协采纳2篇，省政协采纳5篇。社员高雍和被省政协聘请为特邀信息员，高雍和、李高楼被社省委聘请为特邀信息员。

九三学社开展政治交接学习教育活动 2007年，九三学社温州市委会成立政治交接学习教育活动领导小组。将各种会议精神和时事政治的学习、学习社内先进人物事迹与政治交接学习教育相结合。

九三学社举行王选关怀基金授赠仪式 2007年初，九三学社温州市委员会孙国勇、陈国龙、陈继远、郑海滨等四位社员向王选关怀基金捐款共计5万元。9月，社员石人璋被定为王选关怀基金关怀对象。

九三学社开展社史编撰工作 九三学社温州市委会于2006年2月正式启动温州九三社史编撰工作，成立《温州九三志》编审委员会和九三社史编辑部。2007年12月，《温州九三志》印刷发行。全书约55万字，记录和展示温州九三50年来在参政议政、民主监督、社会服务、自身建设等方面取得的成果。编辑完成《诤友建言集》。

九三学社社员论文获奖情况 2007年，九三学社温州市委会社员苏立胜的《构建农村新型合作体系，推动社会主义新农村建设》和戴建国的《浅谈农村金融市场培育中的风险防范》两篇论文在九三学社中央第二届"九三论坛"上获奖，被编入《农村金融问题与新农村建设》论文集。市委会上报7篇调研报告，参加温州市委统战系统"诤友建言"论文评比获一等奖、二等奖、三等奖各1篇。

温州市工商业联合会（总商会）

工商联组织建设 2007年，温州市工商联有基层组织159个。新成立市革基布商会和市工商联温州商人联谊会、鞋跟商会、文成商人联谊会、泉州商会等5个直属商会，市本级直属商会35个。吸收甘肃兰州温州商会、兰溪温州商会、马鞍山浙江商会、宁德温州商会、温州市漳州商会等5家商会为团体会员单位。指导五金、鞋料和灯具商会完成换届工作。

非公经济代表人士队伍发展 至2007年底，温州市非公经济人士中担任县及县以上人大代表、政协委员的达到1375人（次），其中全国人大代表2人、全国政协委员5人，省人大代表9人、省政协委员5人，市人大代表143人、市政协委员80人，县人大代表438人、县政协委员693人。

非公经济人士思想政治工作 2007年，全国工商联党组书记全哲洙来温州调研期间，组织召开温州非公有制经济代表人士思想政治工作座谈会。尤小平被授予第二届全国优秀中国特色社会主义事业建设者；高天乐、陈国荣、邱光和、郑步良、王迪、叶际宣被评为浙江省第二届优秀建设者；黄作兴被中共中央、国务院、中央军委授予解放军英雄模范称号。华迪、华仪、大虎等7家会员企业被授予全国"守合同重信用"单位。温州市工商联举办"神力杯"温州首届民营企业家运动会和温州市工商联书画摄影大赛。

工商联参政议政 2007年，工商联温州市委会成立全国工商联系统首个市人大代表工作室。瓯海、龙湾分别成立工商联人大代表工作室和参政议政委员会。"两会"期间提交议案、建设和大会发言、提案52件，其中政协大会发言7件、团体提案2件，内容涉及支持民营企业自主创新等方面。团体提案《关于大力支持民营企业自主创新推动民营经济再上新台阶》被列为主席督办重点提案。

工商联调查研究 2007年，温州市工商联开展的"温州行业商会发展与治理研究"调研课题，成功申报"温州文化研究工程"课题，调研报告获温州市党政系统优秀调研成果二等奖。承接并完成省工商联"浙商省外投资和异地商会情况调查”课题调研任务，参与市委、市政府重点课题“构筑对外开放新格局”的调研工作。同浙江大学合作，举办“商会发展与治理：美国VS中国温州”研讨会。

工商联拓展服务领域 2007年，温州市工商联成立市总商会经济服务中心。主办“温州民营企业国际化——出口贸易的拓展和机遇”论坛。举行首届财富论坛暨2007温州金融峰会、温州首届青年创业博览会。举办30多场招商引资项目推介会。协助市模具协会会员企业处理在山东德州的投资纠纷；帮助大好大公司较好地解决在江苏溧阳遭遇的不公正行政处罚案件；协助零售业商会妥善解决8家会员企业被诉侵权等案件。

工商联“反哺工程” 2007年，温州市工商联会员企业实施光彩事业投资项目70项，参与社会公益事业1785项，安置民工就业48 135人次，安置下岗职工8268人次，捐款总额7930多万元。2100余家民营企业参与“千村千企结对”，投入资金14 919万元，发展各类项目1914个。“反哺工程”在各县（市、区）推进，瓯海区金州、森马、中城、瑞新、力西特等5家非公企业各捐助2000万元，成立区慈善总会企业分会；鹿城区金迅达房开出资2000万元成立“金迅达慈善助医助困基金”，国光房开出资1000万元成立“国光助老助困基金”；龙湾区工商联筹资100多万元，成立“民生扶助资金”。永嘉县工商联动员该县企业捐资达4500多万元；苍南县工商联开展“民企系三农、共建新农村”活动，在中央电视台七套播出；瑞安市工商联继续推进“光明行动”，为贫困白内障患者实施免费手术；文成县工商联通过发动企业家担任“农村经济工作指导员”等推进脱贫致富。

工商联培训工作 2007年，温州市工商联举办2期高级经营师执业资格认证培训班和1期金融理财师培训班。与清华大学人文社会科学学院合作开办现代企业管理总裁高级研修班。在“民营企业对话世界500强”活动期间，承办有国内200多位企业家参加的民营企业“走出去”暨境外投资实务培训班。

工商联宣传工作 2007年，《温州商会》内刊出刊5期。温州总商会网站更新信息3000多条，被评为温州市统战宣传精品工程创意奖。12家行业商会会刊被省工商联评为优秀会刊。

行业商会发挥服务功能 2007年，温州房地产商会多次召开会议引导会员执行国家宏观调控政策。服装商会筹建温州服装大楼。橡胶商会牵头举办浙江省首期橡胶物理测试员培训班。电脑商会制定出台《维修服务行规公约》和《维修收费指导目录》。食品商会充分发挥维权委员会作用，为会员企业挽回经济损失1000多万元。饮料商会成立消费委投诉站和法律咨询中心。文成商人联谊会筹集24万元反哺家乡。托运商会协助市运管处对货运市场进行整顿治理。合成革商会引导企业治理“三废”、节能减排。眼镜商会建立对外贸易预警工作站，被评为温州市开放型经济工作先进单位。五金商会协办第四届中国锁具品牌年会。家具商会引导家具企业重视产业升级和结构优化，苍南、平阳、闽北三大家具基地建设稳步推进。皮革化工商会向政府有关部门反映，帮助落实皮化、鞋化和黏合剂销售市场及仓储基地。模具协会创办东海模具产业研发中心和模具产学研中心。

行业商会党建工作 2007年，温州市工商联党总支下辖24个商会党支部。市鞋料商会、饮料商会和美容美发器材协会党支部按期换届；两个商会临时党支部转为正式支部。全年培养入党积极分子12名，确定发展对象6名，发展党员2名，接转党员组织关系11人，党员数增加到82名。

温州市总工会

概况 2007年，温州市总工会被全国总工会授予先进财务单位称号，在浙江省职工社保知识竞赛中获团体二等奖，“新温州人情感交流站”等四项工作被省总工会评选为工作创新奖。设立温州市“五一”新闻奖。7月12日，全国总工会副主席、书记处第一书记孙春兰一行到温州调研非公有制企业工会建设工作，考察森马集团和德力西集团两家非公有制企业。扩大对外交流，接待埃及全国铁路工会来访。

温州市工会第十三次代表大会 2007年9月27至29日，温州市工会第十三次代表大会召开。大会通过戴祝水代表市总工会第十二届委员会《组织职工　服务职工　动员职工　为建设“三个温州”推进“三次跨越”努力奋斗》的工作报告，选举产生温州市总工会第十三届委员会、经费审查委员会和由主席戴祝水，副主席王建中、叶忠华、余爱玉、童裳显组成的温州市新一届总工会领导班子成员。451名来自各条战线的职工代表参加会议。

全国政协工会界别委员到温视察 2007年7月14日至15日，由全国政协副主席张榕明任团长，31位全国政协常委、委员组成的视察团到温州视察企业劳动关系和工会建设情况。这是全国政协首次以界别的形式组织视察。视察团听取温州市委副书记赵一德就温州市经济社会发展和企业劳动关系、工会建设等方面的情况汇报，对温州市工会工作取得的成绩予以肯定。视察团先后到森马集团、德力西集团实地参观考察。

工会开展社会主义劳动竞赛 2007年，温州市总工会开展“创建学习型企业，争做知识型职工”活动，全市累计组织4500多名职工参加19项技术比武活动，820人获得高级工职业资格证书，67人获技师资格证书。通过市职工中等专业学校和基层培训基地等，做好农村劳动力转移和企业预备劳动力培训。开展“手拉手”送安全生产知识活动，在企业开设安全生产知识讲座，印发2万多份宣传册。

工会关爱劳模工作 2007年，温州市总工会举行劳模座谈会、团拜会，组织劳模疗休养，关心慰问困难劳模。做好全国和省“五一”劳动奖章（状）的推荐工作，4月底，5名全国“五一”劳动奖章和3个“五一”劳动奖状获得者在北京受表彰。在2007年首次设立的浙江省劳动奖章（状）评选中，温州市8名个人和2个集体分别获奖。评选表彰2005～2006年度温州市级劳模，共99名个人和30家集体。

基层工会组建工作 2007年，温州市总工会先后召开非公有制企业工会建设会议、党建带工建“三级联创”工作会议，通过“非公有制企业工会建设年”活动，全市已建基层工会11 653家，涵盖行政机关、企事业单位20 944个，会员144.33万人；非公有制企业建会25 437家，会员120.3万人，农民工入会率85%；外商、港澳台资企业工会497家，组建率92%。推动221个乡镇（街道）工会委员会的规范化建设，新建乡镇总工会8家。市总工会与市经贸委联合出台《关于加强行业工会建设的实施意见》，新建市级行业工会1家、县（市、区）行业工会7家。在企业规模偏小、职工人数较多的村居（社区）建立联合工会或基层工会联合会26家。以经济开发区、工业园区以及市场、建筑、商贸流通服务等领域为重点，新建市场工会8家、楼宇工会5家。组建1个大型建筑项目工会，带动全市建筑企业组建工会21家，组建麦当劳门店工会2家，外商、港澳台资企业工会142家。

和谐劳动关系建设 2007年，温州市总工会成立温州市职工法律维权（帮扶）中心。各县（市、区）和99个乡镇（街道）建立劳动关系三方协商机制。全市建立劳动争议调解委员会的企业8484家，区域性劳动争议调解委员会152家，建立劳动保障法律监督机构的企业1832家。全年签订企业集体合同6083份，覆盖13 735家企业，覆盖职工73.6万人；签订工资协议3662份，覆盖4394家企业；签订行业性工资协议18份，覆盖企业641家。女职工权益保护专项集体合同签订3619份，劳动保护安全生产专项集体合同签订582份。全市有1720家企业开展安康杯竞赛活动，已建工会的规模以上工业、交通、冶金、矿山等行业重点企业中，有1066家主动参与安全生产工作。

困难职工帮扶 2007年，温州市总工会市本级拨出慰问款95.3万元，对96个困难企业、376户困难职工、236户特困职工进行慰问。开展“金秋助学”活动，筹集188多万元助学资金，帮助1468位困难职工子女（包括困难农民工子女）落实减免学杂费等有关政策，发放“温暖助学行动”助学金。开展“与百户困难女民工家庭结对帮扶”活动，与近300名困难女民工家庭结成“一对一”帮扶关系。组织两趟农民工专列，方便2600多名农民工平安返乡。

工会宣传教育 2007年，温州市总工会设立职工文化事业发展专项资金，主要用于工人文化宫等职工文化活动阵地建设以及开办职工公益性文化活动。组织“连心桥”工人艺术团，赴基层开展以“关爱民工”为主题的文艺演出。开展送安全知识、送法律知识等系列“送文化下基层”活动。开展“工会宣传月”活动，设立“五一”新闻奖，采用车体宣传等形式开展了工会形象系列宣传活动，整理编辑《温州工会工作系列丛书》。

共青团温州市委员会
温州市青年联合会

概况 2007年，共青团温州市委下辖县（市、区）团委11个，基层团委1385个，团总支813个，团支部19 557个，基层团工委69个，团员380 120名，其中各经济类型中团员288 673名，专职团干部916名。少先队组织154 406个，其中大队1550个，中队20 050个，小队132 806个。少先队员716 512名，其中城市105 520名，县镇303 295名，农村307 697名。辅导员23 292名，少先队工作者550名，总辅导员12名，大队辅导员1550名，中队辅导员20 050名，校外辅导员1680名。

青少年思想政治工作 2007年，温州市各级团组织以团干部和青年学生为重点，通过团干部读书会、理论研讨班、大中学生业余党团校等形式，组织团员青年学习党的十七大精神，社会主义核心价值体系理论。有200多万名青少年参加“民族精神代代传”、“雏鹰争章”、“三下乡”等传统道德实践体验活动。开展温州市十大优秀农村青年、十大杰出在外创业青年等评选表彰活动，彭星、柯茜茜等被团中央授予“中国五四青年奖章”，叶敏杰等当选浙江省十大杰出青年，涌现“见义勇为好青年”王贵利和“温州市文明使者”毛陈冰等一批青年典型。全年共组织19期2450名学生干部培训。团市委获得温州市未成年人思想道德建设工作奖。

青年志愿者行动 2007年3月4日，共青团温州市委、市志愿者协会、鹿城团区委在双屿工业区举行以“爱心奉献·共促和谐”为主题的广场志愿便民服务，为进城务工人员提供法律咨询，送医送药，金融理财，义务理发、摄影，疾病控制知识、防艾和计生知识宣传等志愿服务。开展六大活动：动员志愿者参与全国文明城市创建；动员志愿者服务新农村建设，开展“健康成长送希望、共创和谐新农村”主题实践活动；实施“温州市志愿者和谐社区共建行动”，深化社区志愿服务工作；推进法律援助志愿服务行动；推进绿色环保志愿行动；推进“献爱心·讲奉献”为主题的志愿者帮扶活动和志愿者助学、助老、助残、助困活动。

共青团保护母亲河活动 2007年3月7日，共青团温州市委联合市水利局、市环保局、市林业局、温瑞塘河整治工程指挥部在市区马鞍池公园举行“保护母亲河——绿色和谐你我同行”主题活动启动仪式。400多名环保志愿者从马鞍池公园出发，分组开展徒步考察温瑞塘河、骑车宣传环保常识、广场环保图片展出、现场环保问卷调查、塘河河道垃圾清理、沿河排污情况检查等活动。3月9日，向全市200万手机和小灵通用户发送以宣传环保理念为主题的公益短信，并发放青年环保社团保护母亲河行动小额项目资助金；3月10日，在温州市青少年活动中心举行以“生态温州、青年行动”为主题的第三届温州市大学生绿色论坛，全市300多名高校环保社团骨干参加交流活动；3月11日，组织第二十届温州各界青年共栽同心树活动，共植下260棵同心树，在“温州热线”开通网络植树点。

大中学生暑期社会实践活动 2007年6月20日，2007年温州市大中学生暑期社会实践活动启动仪式举行，由团市委联合市委组织部、市委宣传部、市教育局、市文明办、市学生联合会共同主办，主题是“展示青春风采，投身‘三次跨越’，构筑和谐社会”。此次活动组织5万大学生、800多支实践小分队到市内外开展暑期“三下乡”社会实践活动，选拔18名大学生志愿者赴西部和欠发达地区开展志愿服务活动。市本级层面组织200支重点团队：50支和谐社会建设宣传服务团、50支服务温州经济建设实践服务团、50支建设社会主义新农村实践服务团、50支未成年人思想道德建设实践服务团。同时，开展“四个一”中学生暑期社会实践活动。

“新农村·新青年”发展计划 2007年，温州市各级团组织开展农村青年人才培训工程、“百万青年农民信箱”普及行动、“青春奉献‘十一五’、志愿服务新农村”和乡村青年文化节等活动，各乡镇建立志愿者服务站263个，农民信箱、文化宣传和环保服务队789支，服务农村群众65万人次。开展以绿色论坛、环保实践、资金援助和扶持环保社团为内容的“保护母亲河——绿色和谐你我同行”系列活动。选派86名在校大学生志愿者服务农村党员干部现代化远程教育工作。

青少年维权工作 2007年，共青团温州市委开展优秀青少年维权岗创建活动，启动12355青少年服务台建设，宣传新修订的《未成年人保护法》，接听青少年心理咨询100多例，挂牌成立温州市留守儿童关爱基地，推进青少年“无毒社区”创建活动，2000多人接受咨询引导。开展16场法律知识等各种主题讲座。召开市未成年人保护委员会和预防青少年违法犯罪工作领导小组全体成员会议。

希望工程 2007年8月21日，共青团温州市委联合奥康集团、温州日报报业集团、温州市希望工程实施办公室共同主办以“共享一份爱·同圆一个梦”为主题的王振滔慈善基金会爱心接力计划温州站启动仪式，来自温州市各县（市、区）的200名品学兼优贫困大学新生，每人接受4000元助学金。8月29日，团市委联合市教育局、中国移动温州分公司、温州报业集团举办“移动学子情”全球通爱心助学计划现场资助仪式暨百名学子励志公开课，100名贫困大学学子接受首年4000元爱心款和资助证书。10月，“移动学子情”全球通爱心助学计划在温州各大高校资助100名外地来温就读贫困大学生，资助标准为每人每年4000元，资助两年。2007年新增资助中小学3600名、大学生1095名，资助家庭困难的农民工子女610名，全年助学金621.34万元。

区域共青团整体化建设试点工作 2007年8月2日，共青团温州市委召开全市区域共青团整体化建设试点工作动员大会，确定鹿城区及10个乡镇为市级试点单位。制定并下发《温州市区域共青团整体化建设工作方案》，明确深化非公企业建团与团建、青年社团联系与引导、探索区域联动机制等7项重点工作的推进。在全市确定整体化建设试点单位31个，重点项目57项，开展基层团建“百日集中行动”。

青年企业家推进“三次跨越”大讨论

2007年4月12日，“创新·提升·跨越”——温州市青年企业家推进“三次跨越”解放思想大讨论活动召开，由温州市委宣传部、共青团温州市委主办，温州市青年企业家协会承办。市四套班子领导与全市近400名青年企业家围绕“创新·提升·跨越”这个主题，谈企业改革创新思路，共谋温州第三次跨越发展大计。论坛分为上下两个半场，上半场是主题演讲部分，下半场是对话会。

“温州市十大杰出在外创业青年”评选

2007年7月24日，中共温州市委宣传部、共青团温州市委、温州市人民政府国内经济合作办公室、温州市青年联合会、温州日报报业集团等单位联合启动第二届“温州市十大杰出在外创业青年”评选活动，经公示、投票、评选等环节，王均金、王晓明、王积锋、朱清国、连良桂、张国利、陈建、林东、林智（女）、金国平等10人被评为第二届“温州市十大杰出在外创业青年”，许斌、孙慎逸、沈永贤、陈路、林文俊、罗云远、姜永忠、徐世金、高立存、潘永淼等10人被评为第二届“温州市十大优秀在外创业青年”。团市委争取第一、二届“温州市十大在外创业青年”的支持，设立总额为2000万元的“温州青年创业创新基金（企业留本）”，基金增值部分用于扶持和奖励青年开展创新创业活动。举行颁奖典礼，举办“奇光”、“异彩”两场与大学生的对话会。

温州市青年联合会工作 2007年，温州市青年联合会召开全市各界青年学习贯彻党的十七大精神座谈会，成立温州青年创业创新基金，举办青年跨越论坛。召开市青联六届七次常委（扩大）会议，编制《温州市青年联合会工作手册》、制定完善《市青联主席牵头制度》、《走访委员制度》、《委员建议和提案工作制度》，编辑刊发《2007年温州青联工作年报》，设计出台温州青联形象标识。在香港温州同乡会成立青联组织。市青年联合会获2007年度浙江共青团、青年工作创新奖。

少先队工作 2007年5月，温州市少工委举行温州市少先队“迎接十七大，红领巾永远跟党走”火炬队旗传递活动启动仪式。6月，温州代表团43名代表参加省第五次少代会。9月，在全市少年儿童中开展“珍爱国土、从我做起”、节能“四个一”、水资源调查、青少年网络文明行动等活动。建立全市各中小学“留守少年儿童”信息库，开展“留守少年儿童”专项调研工作。在全市100所城镇小学设立100个“红领巾捐书站”，为100所农村学校少先队组织建立“手拉手爱心书屋”。由市少工委主编的《少先队工作新视野》等4篇少先队教育专著、科研课题获中国少年先锋队工作学会“十五”科研成果二、三等奖。市少工委获浙江省少先队信息化工作先进单位、浙江省“学礼仪争奖章，快乐和谐共成长”主题教育活动优秀组织奖等称号。

温州市少年宫 2007年，温州市少年宫培训2万人次，特长培训小班化使学生学习技能和展示才能并举。开展公益活动，年受教育人次超过15万，被媒体宣传45次。2000多平米改建工程的少年宫改扩建项目基本完工。

温州市青少年活动中心 2007年，温州市青少年活动中心培训2万人次，参与活动人数近9万多人次。举办“筝翱翔筝奇妙——2007年温州市风筝节”系列活动，举行“迎奥运·讲文明·树新风”齐转奥运环活动。国内第三座航标展馆——温州航标展馆落户中心。

温州市妇女联合会

概况 2007年，温州市有市、县（市、区）、乡镇妇女联合会（简称妇联）组织304个，社区妇联207个，基层妇女代表委员会5104个，团体会员1405个，县级以上党政群团和民主党派、科教文卫等机关事业单位妇委会345个，非公经济组织中妇女组织172个。2007年，温州市妇联先后获全国家庭教育工作先进集体、全国妇联系统信访工作先进集体、温州市农村指导员工作先进单位等称号。

巾帼建功活动 2007年，温州市妇联健全各项制度，举办各类座谈会、培训班等，提升“巾帼文明示范岗”创建水平。拓展“巾帼文明示范岗”创建领域和层面，由“巾帼文明示范岗”向“巾帼文明示范街”、“巾帼文明示范单位”、“巾帼文明示范村”发展。全市有县级巾帼文明示范岗1823个。在欠发达地区，开辟鞋帮加工、制笔等行业的来料加工点，引进来料加工项目157个，有20万余妇女参与加工，每人每月可增加600元收入。

双学双比活动 2007年，温州市妇联以引领农村妇女参与新农村建设为重点，深化“双学双比”（学知识、学技术、比成绩、比贡献）活动，开展“百岗联动建新村”和“巾帼文明示范村”创建活动，帮助村妇代会建设。组织54个巾帼文明示范岗与村妇代会结成对子，开展管理指导、技术帮助、资金支持等。举办2期农村女能手、女经纪人培训班。扶持“妇字号”龙头企业、妇女经济合作组织，全市有各类“妇字号”龙头企业、基地51个。

优化妇女发展环境 2007年，温州市妇联宣传男女平等基本国策和《中华人民共和国妇女权益保障法》、《中华人民共和国未成年人保护法》等。树立与宣传“三八红旗手（集体）”、“农村女能手”、“巾帼建功标兵”、“优秀妇联干部”等各类妇女先进典型。组织广大妇女参与“解放思想大讨论”活动，引导妇女树立发展意识、创新意识、和谐意识。

维护妇女合法权益 2007年，温州市妇联贯彻执行《温州市预防和制止家庭暴力的规定》，督促职能部门制定反家庭暴力实施方案，开展“反家庭暴力周”宣传教育活动。筹建反家暴服务热线，加入中国法学会反家暴网络。关于家庭暴力的来信来访与上年同期相比下降13.75%。开展《浙江省实施<中华人民共和国妇女权益保障法>办法》宣传月活动，举办妇女普法讲堂238次，参加人数近3.6万多人次；组织普法宣传活动258场次。利用妇女维权合议庭和土地仲裁等维权平台，解决一批侵害农村妇女土地相关权益和婚姻家庭等案件。全市妇联系统接待来信来访共2000余件，办结率为98%。温州市妇联作为全国唯一的地方妇联代表参加中国最高法院应用法学研究所举办的研讨会。

未成年人思想道德建设 2007年，温州市妇联引导4000余名社会热心人士与留守儿童结对，建立20个留守儿童俱乐部（之家）等活动阵地。深化“双合格”活动，开展家庭教育宣传实践月活动，全年举办337场报告会，10万多名家长接受教育；召开家庭教育座谈会，举办每周亲子话题大讨论。加强家长学校建设，开展第四批市级示范性家长学校申报、评估活动；在鹿城区、泰顺县建立“留守儿童家长学校”，在正泰集团建立企业家长学校。

和谐家庭创建活动 2007年，温州市妇联开展“平安家庭”创建宣传教育活动，评选一批市“平安家庭”创建活动示范社区（村）和“平安家庭”模范户。开展学习型家庭与“最佳学习型家庭”、绿色家庭与“十佳绿色家庭”、首届“十大环保形象使者”、第二届市“十大影响力家庭”、“十佳”军嫂和孝老爱亲模范等各类特色家庭的评选活动。联合市纪委开办领导家属廉政教育班。

妇女儿童发展规划宣传和监测 2007年，温州市妇联宣传《温州市“十一五”妇女、儿童发展规划》（简称两规），印发“两规”手册，开展大型广场咨询宣传活动。督促“妇女健康促进工程”实施。建立“两规”统计指标体系，成立“两规”统计监测组和专家评估组。

女性素质工程 2007年，温州市妇联实施“女性素质工程”，开展计算机、会计、鞋革制作、烹饪技能、家政服务技能等各类实用技术和就业技能培训。引导女性集中的企事业单位、巾帼文明示范岗等开展岗位技能培训。全市共举办各类技能培训400多期，共培训5万名城乡妇女。更新妇女人才库，举荐优秀妇女。

帮扶弱势妇女儿童群体 2007年，温州市妇联开展对特困妇女的“关爱女性，真情送暖”慰问、结对共建活动。关注新温州人，开展以“同饮瓯江水，共建新温州”为主题的献爱心系列活动。实施“春蕾计划”，帮助失学和濒临失学的贫困女童就学。“六一”期间，组织协调有关部门及社会各界对孤残儿童、外来务工人员子女和山区贫困学生进行慰问，为儿童办好事，解难事。

妇联组织能力建设 2007年，温州市妇联学习、领会“6.25”讲话和十七大精神，开展社会主义荣辱观教育和解放思想大讨论活动。开展以“社会和谐与妇女发展”为主题的调研活动。加强对基层妇联干部的政策水平和业务知识培训，在全市开展村（社区）妇女维权服务站建设。开展妇女儿童工作创新奖评选活动。

政 法

综 述

2007年，温州市政法部门按照深化"平安温州"、"法治温州"建设的总体部署，各政法综治部门密切配合、齐抓共管，合力推进平安、综治、维稳、司法、信访、安全生产等各项措施的落实，在全市上下形成了稳定的良好工作格局。

维护社会政治稳定。全市政法综治部门开展"走进矛盾，破解难题"专项行动，建立健全矛盾纠纷排查化解机制，使大量矛盾纠纷在基层得到化解。全年调处矛盾纠纷1.8万多件，调解成功率达96%。推行群体性事件"专案经营"机制，预防和处置群体性事件，全年群体性事件同比减少33起。做好信访工作，深入开展重信重访问题专项治理，突出涉法涉诉信访案件的处理力度，维护信访工作的正常秩序，确保党的十七大、省第十二次党代会等重大活动和节假日期间的社会稳定。推广专职人民调解员制度和人民调解"以奖代罚"方式，促进人民调解、司法调解、行政调解的有机结合，逐步形成"大调解"工作机制。深化隐蔽战线斗争，严密监控和防范"法轮功"顽固分子捣乱破坏活动，全面排查"呼喊派"等邪教组织，确保"法轮功"分子"零进京"、"零滋事"。

突出治安问题整治。坚持打防结合、综合治理，进一步深化"严打"整治斗争，相继开展了"春季铁掌"、"一排查五控制"、"反两抢"等专项行动，全市打击处理人员数、破案数、追逃绝对数、命案侦破、打击"两抢一盗"工作实绩等均列全省前列。开展社会治安防控体系建设，全面推行"全球眼"视频监控系统等建设，健全治安防范网络，进一步提高治安防控水平。推进禁毒人民战争，全年查破涉毒案件8331起，抓获犯罪嫌疑人2043名，缴获各类毒品144千克，查处吸毒人员6542人次，连续三年实现实有吸毒成瘾人员"负增长"的工作目标。严厉打击群众反映强烈和影响社会稳定的民间非法集资融资、制售假发票、虚开增值税发票等突出经济犯罪活动，巩固和扩大了整顿和规范市场经济秩序的成果。全年全市立刑事案件77 000起，同比下降3.63%，破31 826起，同比上升8.96%；批捕14 656人、起诉16 590人，审结一审刑事案件10 380件，判处罪犯15 111人，遏制了刑事犯罪高发势头。

基层基础平安建设。全市政法机关推进政法综治工作重心下移，加快"两所一庭一中心"规范化建设，全年投资5000多万元，开工建设17个法庭、18个派出所、90个综治工作中心（司法所），基层政法综治硬件设施得到改善。加强流动人口综合服务管理，配备了流动人口专职协管员6900余人。全面推行专职人民调解员制度，走出了一条人民调解职业化、专业化的路子。深入开展基层平安创建工作，全市"平安乡镇"创建合格率超过90%，"平安村居"创建合格率超过85%，"平安企业"创建率达90%。结合"法治温州"建设，深入开展"五五"普法宣传教育，推进依法行政、公正执法，进一步形成崇尚法治的社会氛围。苍南县依托乡镇综治工作中心和村居综治室，实行化解矛盾纠纷"五站式"工作法，得到中央领导的充分肯定，并在全国推广。开展"两查两保"、"安全生产执法年"、出租房整治等专项活动，交通、消防、安全生产等各项指标得到优化。

政法综治队伍建设。全市政法机关开展社会主义法治理念教育和"作风建设年"活动，加强执法规范化建设，广大政法干部的执法思想进一步端正，执法为民的理念进一步确立，执法中的一些突出问题得到整改。坚持抓班子带队伍，组织开展领导干部读书会、政法干警大练兵和政法综治培训班等，增强政法干部的整体素质。建立案件质量评查制度，对瑕疵案件进行评查和责任追究，促进执法规范，确保执法公正。落实党风廉政建设责任制，开展典型教育和警示教育，弘扬正气，狠杀歪风，树立政法队伍的良好形象。

审 判

概况 2007年，温州两级法院围绕"公正与效率"工作主题，推进审判执行工作，全年受理各类案件67 419件，上升8.9%；办结67 587件，上升8.5%；截至年底，尚有未结案4574件，下降3.5%。其中，市中级法院受理各类案件6732件，上升32.2%；办结6835件，上升31.6%；截至年底，尚有未结案579件，下降15.1%。全市法院审判、执行工作均呈"两升一降"的良性发展态势；根据省高院的考评，温州市中级法院人均结案数等多项指标居全省第一。

温州两级法院落实中央《关于进一步加强人民法院、人民检察院工作的决定》和省委《实施意见》，按照"公正司法、一心为民"的要求，从思想、组织、作风三方面着手，全面加强法院自身建设。市中院修订完善多项内部规章制度，加强审判管理，改进审判作风；试行法官遴选制度，从基层法院遴选6名优秀法官，激活基层法官选用机制；联同上海财经大学在温开办法律硕士学位班，加强法官教育培训工作，增强法院队伍司法能力。在全省基层法院法官轮训验收考核中，温州市法院以高出全省平均分4.68分的好成绩，列全省法院首位。2007年，市中级法院刑二庭被评为全国法院刑事审判工作先进集体，立案庭被评为全省法院涉诉信访工作先进集体，刑二庭一名审判员被评为“全省优秀法官”。基层法院中有3个法院和7个内设机构及12名个人，分别被省委、省政府、省高院记功或表彰。

刑事审判 2007年温州两级法院坚持宽严相济惩治犯罪，全年共受理一审刑事案10 370件，审结10 373件，分别上升16.2%和16.1%。受理二审刑事案894件，审结891件，分别上升10.5%和10.3%。针对严峻的治安形势，全市法院依法从重从快打击严重危害社会治安的故意杀人、抢劫、盗窃、强奸、贩毒等犯罪活动，市中级法院审结此类案件200件、356人，其中被判处无期徒刑至死刑的占62.6%；各基层法院审结此类案件5510件、8798人，其中被判处五年以上有期徒刑的占16.8%。全市法院受理一审贪污、受贿、挪用公款犯罪案104件、132人，审结100件、117人；根据最高法院指定，温州市中级法院审理了原福建省委常委、宣传部长荆福生受贿案，一审依法判处其无期徒刑。审结合同诈骗、金融诈骗、虚开增值税专用发票等破坏市场经济秩序犯罪案件258件，判处罪犯437人，为国家和集体挽回经济损失1768万余元。加强刑事领域的人权保障，市中级法院贯彻中央关于“保留死刑，严格控制死刑”的刑事司法政策，严把死刑案件质量关，死刑案件数量明显下降。全市法院为1108名符合法律援助条件的被告人指定辩护律师，在审理中，有92件案件因证据不足，由公诉机关撤回起诉。依法审结减刑案1110件、假释案1件，对9192名罪犯处以三年以下有期徒刑和缓刑。判处未成年犯罪嫌疑人1799人，并加强和改进帮教工作。开展公开宣判1次，宣判罪犯27人。

民商事审判 2007年，温州两级法院全年新收一审民商事案件25 851件，上升1.8%；审结25 824件，上升0.7%。其中审结婚姻家庭、继承纠纷案8569件，各类合同纠纷案12 509件，权属、侵权纠纷及其他民事案件4746件。受理民商事二审案件2558件，审结2576件，同比上升12.9%和9.7%。在审判中，两级法院落实“能调则调、当判则判、调判结合、案结事了”的民事司法原则，充分发挥诉讼调解优势，加强对人民调解工作的指导，形成人民调解、诉讼调解与司法裁判的有机衔接和良性互动。全市法院审结的一审民事案件中，调解撤诉率近50%，比上年上升了3.1个百分点。瑞安法院在2007年被授予部分知识产权案件管辖权，对知识产权的司法保护力度进一步加大，全年共审结知识产权案件134件。市中院依法审结了正泰集团与施耐德电气低压（天津）有限公司涉案标的达3.3亿元的专利权纠纷案，并在全省法院系统首次通过司法途径认定外国企业持有的商标(LG)为驰名商标。

行政审判及国家赔偿 2007年，温州两级法院全年新收一审行政案件2226件，上升165.3%；审结2249件，上升169%，占全省法院行政一审案件审结数的42.5%。受理二审行政案件1614件，审结70件，分别上升336.2%和325.5%。受理国家赔偿案7件，办结7件。全市法院坚持监督、维护、协调有机统一的原则，探索预防和化解行政争议互动机制，促进司法和行政的良性互动。妥善化解了陈正和等183人与乐清市政府、乐清市国土资源局征地纠纷等行政争议。继续推动行政首长出庭应诉制度的落实，行政首长出庭应诉率进一步提高。运用协调方式解决行政争议，全市法院审结的行政诉讼案件中，经协调后以原告撤诉等方式结案的358件，缓和了官民关系。试行异地交叉审判。行政审判的公信力不断提高。

执行工作 2007年，温州两级法院全年收执行案件16 274件，下降1.7%；执结16 413件，下降1.1%；执行标的为14.6亿余元，有效执结率达到62.85%。其中，市中院受理执行案件485件，上升59.5%，执结486件，上升58.8%，有效执结率达61.52%。温州市委将协助执行工作纳入建设“平安温州”、“法治温州”和社会治安综合治理工作的考核内容，构建综合治理执行难工作机制。市中级法院和市国土局联合出台了《协助人民法院办理集体土地使用权变更登记暂行规定》，全市公安机关专门指定了44名民警担任法院执行联络员，协助法院执行工作网络基本建成。6至8月份，市中级法院还在全市法院部署开展了夏季集中执行活动，三个月共清理执行积案4300件。全市法院用足用好强制措施，穷尽执行手段，依法对393名拒不履行生效裁判的被执行人予以罚款和司法拘留。慑于法律的威严，被执行人自动履行法律义务的比例有所提高。执行工作和执行队伍形象有了较大改观。

2007年6至8月，温州中院部署开展夏季执行活动，并在6月11日召开新闻发布会

申诉信访及审判监督 2007年，温州两

级法院全年复查申诉案件288件，审结再审案件179件，通过审判监督程序改判77件。开展了纠正监外执行罪犯脱管漏管专项行动，纠正脱管漏管人员85人，进一步规范监外执行工作。坚持开展涉诉信访集中排查化解工作，妥善化解了一批信访老案，全市法院来信、来访同比分别下降37.6%和25.2%，进京上访同比下降64%。市中级法院还建立巡查工作制度，组织开展专项审判工作、审限管理、诉讼收费和司法礼仪等专项检查，加强对基层法院审判工作的监督和业务指导，使全市法院审判质量不断提高。全年全市基层法院上诉案件被改判的400件，下降22.6%；发回重审的62件，下降45.1%。

司法便民措施 2007年温州两级法院继续深化落实“三项承诺”，丰富和落实司法便民措施，优化为民服务。全市已有9个法院建成符合省级规范化标准的立案大厅，其中6个被省高院评为“文明窗口”。各法院积极推广“口头起诉”、“专人导诉”、“预约开庭”，在偏远乡村、海岛设立便民诉讼联系点，利用夜间、假日、休渔期开展巡回审判，方便群众诉讼。进一步加大司法救助力度。全市法院普遍设立了司法救助基金，金额达335万元，全年向152名经济确有困难的当事人发放救助金147万余元。严格执行《诉讼费用交纳办法》，努力降低诉讼成本。依法减缓免收诉讼费240万余元。依法扩大简易程序适用范围，全市7个法院建立了速裁机构专门审理简易案件，办案效率有了新的提高。

法院基层建设 2007年温州两级法院坚持重心下移，从人员配置、业务培训、物质装备等方面进一步加强法院基层建设。市中级法院协助基层法院做好人民法庭机构升格、增设专职审委会委员、完善执行内设机构等工作，强化法院基层组织保障。抓住市委、市政府支持基层政法综治组织基础设施建设的有利时机，加快“两庭”建设步伐，至年底，6个人民法庭用房已经动工兴建，7个人民法庭用房已经立项，法院基层基础设施建设得到加强。继续巩固“五好法庭”争创成果，深入开展争创“模范五好法庭”活动，全市法院“省级五好法庭”覆盖面达85.7%，3个人民法庭被评为“省级模范五好法庭”。

检 察

概况 2007年，温州市检察机关把维护社会和谐稳定作为重要任务，认真履行批捕、起诉职责，严厉打击严重刑事犯罪，贯彻宽严相济刑事司法政策，化解矛盾纠纷，促进社会和谐稳定。全年批捕各类犯罪嫌疑人14 656人，提起公诉16 590人。推进反腐倡廉建设，全年立案侦查贪污贿赂、渎职侵权等职务犯罪案件183件230人，为国家挽回直接经济损失2746.5万元。为维护社会公平正义，检察机关加强诉讼监督，突出监督重点，强化监督措施，增强监督实效。并将检察工作置于人大监督和政协民主监督之下，以此作为严格公正文明执法的保证，不断推进队伍和基层建设。一年来，温州市检察业务和队伍建设取得较好成效。市检察院反渎局被最高人民检察院评为“全国十佳反渎局”，市检察院赵海霞被授予全国“五一”劳动奖章，瑞安市院张天煜被评为“全国侦查监督十佳检察官”。全市检察机关有6个部门、4位个人被省检察院荣记二等功。

打击严重刑事犯罪 2007年温州市检察机关打击危害群众生命、财产安全的严重暴力犯罪、毒品犯罪、涉枪犯罪以及“两抢一盗”等多发性侵财犯罪。批捕此类犯罪嫌疑人11 101人，起诉11 844人，同比分别上升13.3%和22.5%。开展“打黑除恶”专项斗争，与有关部门密切配合，从重打击黑恶势力犯罪。市检察院提起公诉的被告人应雄伟等25人组织、领导、参加黑社会性质组织案，涉嫌7项罪名，提起公诉后，应雄伟等2人一审被判处死刑，其余23人被判处死缓至有期徒刑六个月。从严打击严重破坏社会主义市场经济秩序犯罪，批捕235人，起诉450人。对重特大案件提前介入侦查109件，并依法快捕快诉，在检察环节保持严打态势。

宽严相济刑事司法政策 2007年温州市检察机关对主观恶性不大、犯罪情节轻微的初犯、偶犯、过失犯，以及因亲友邻里纠纷引发、当事人达成和解的轻微刑事案件，坚持可捕可不捕的不捕，可诉可不诉的不诉，努力减少社会对立面。全年不批准逮捕轻微刑事犯罪嫌疑人350人，不起诉144人。对未成年犯罪嫌疑人，坚持“教育、感化、挽救”的方针，慎重批捕和起诉，并开展社区矫正工作。全年不批准逮捕未成年犯罪嫌疑人117人，不起诉32人。对群体性事件中的刑事案件，坚持打击首要分子，教育挽救一般参与者。如平阳县海涂围垦工程建设中发生了300多人聚众闹事事件，该县检察院坚持宽严相济、慎重处理，对3名首要分子和积极实施者予以批准逮捕，而对一般参与者则不予逮捕，取得良好的社会效果。

刑事案件办理机制创新 2007年温州市检察机关探索轻微刑事案件快速办理机制。8月份，市检察院会同市公安局、市中级人民法院制定《关于依法快速办理轻微刑事案件的规定》，明确了适用快速办理机制的案件范围、办理期限和办案程序。完善未成年人案件办理机制，成立专门小组或确定专人办理未成年人犯罪案件，坚持每案提审，并通过建立品行调查制度、通知法定代理人到场等途径，保障未成年犯罪嫌疑人合法权益。全面开展不批捕、不起诉案件的答疑说理工作，提高检察执法公信力。

化解社会矛盾纠纷 2007年温州市检察机关执行检察长接待日制度和首办责任制，全年接待处理来信来访1644件次，其中检察长接待群众来访122件，批办89件。对集体访、告急访和上访老户案件实行院领导包案，充分运用联合接访、巡访下访、公开听证等有效手段，努力化解社会矛盾纠纷，妥善解决了一批长期上访的积案和疑难复杂案件。结合办案开展“举报宣传周”等活动，加强检察职能宣传。积极参加社会治安防控体系和“平安温州”建设，落实检察环节社会治安综合治理措施。

重点领域的贪污贿赂大要案查办 2007年温州市检察机关立案侦查贪污贿赂大案87件，县处级要案1件。重点查办城建领域商业贿赂犯罪，立案63件74人，其中行贿犯罪嫌疑人18人，推动了治理商业贿赂专项工作的深入开展。苍南县院查办城镇建设领域商业贿赂犯罪案件16件18人，其中国土、规划系统14件14人，形成办案规模效应，有力配合了全县范围的“拆违大行动”。永嘉县院查办了该县水利局副局长刘某某、渠口乡乡长孙某等9人贿赂窝串案，揭开了以河道疏浚为名经营沙场为实的严重破坏楠溪江自然景观的内幕。

涉及民生的职务犯罪案件查办 2007年温州市检察机关立案侦查教育、环保、医疗卫生、国土规划、征地拆迁、电力水利等领域贪污贿赂案件78件83人。鹿城区院查办了鹿城区环境保护局局长郑某涉嫌受贿15万余元案。立案侦查公安、司法人员职务犯罪案件5件5人。立案侦查村干部贪污贿赂案件37件40人。乐清市院查办了石帆镇竹屿村村委会主任刘某某等人受贿200万元案；瑞安市院查办了锦湖街道瓦窑村村委会主任林某某、村支部书记姜某某受贿100万元案等。

渎职侵权犯罪案件查办 2007年，针对温州市重大安全责任事故频发的现状，市检察机关加强与纪委、安监等部门的协调配合，介入重大安全责任事故调查60余件次，深挖重大责任事故和造成国家重大经济损失背后的渎职犯罪，立案侦查渎职侵权犯罪案件32件43人，其中，重特大案件8件，县处级干部1人，科级干部7人。温州市江滨路环城段改建工程指挥部原副指挥林某某滥用职权受贿60余万元，造成国有财产损失1490余万元，被拆迁人多次大规模上访，侦查终结后被提起公诉。

职务犯罪预防工作 2007年温州市检察机关针对办案中发现的问题，向发案单位、行业主管部门发出预防职务犯罪的检察建议44件，举办预防讲座40余次，协助相关部门建章立制17项。建立职务犯罪预防信息库、行贿犯罪档案查询系统，录入职务犯罪案件信息1921件、重点行业和工程信息135项，提供查询18次。推动交通、国税、国土、电力等20多个系统、133个单位基本形成预防职务犯罪工作体系。

刑事诉讼监督 2007年温州市检察机关监督公安机关立案112件，提起公诉后，被判处三年以上有期徒刑54人，其中被判处十年以上有期徒刑6人，死刑1人。监督公安机关对154件不该立案而立案的案件作撤案处理。侦查活动监督方面，依法追加逮捕犯罪嫌疑人205人，追加起诉119人，不批捕757人，不起诉171人，对违法侦查情况提出纠正意见54件次。审判活动监督方面，提出刑事抗诉13件，同期法院已审结9件，改判1件，发回重审6件。

民事审判、行政诉讼监督 2007年温州检察机关重点对侵害公共利益和弱势群体利益的案件、违反法定程序导致错误裁判的案件进行监督纠正。对认为确有错误的民事、行政裁判向市中级人民法院提出抗诉50件，提请省院抗诉25件，发出检察建议13件。同期市中级人民法院审结25件，改判（调解）22件。对148件严重侵害国家利益的民事案件进行督促起诉，防止国有资产流失6000余万元。

刑罚执行活动监督 2007年温州市检察机关开展核查纠正监外执行罪犯脱管漏管问题的专项监督，纠正脱管、漏管监外执行罪犯335人。依法监督纠正减刑、假释、暂予监外执行不当案件41件，维护刑罚执行的严肃性和监管场所的正常秩序。

自身执法行为监督 2007年温州市检查机关对人民监督员和特约检察员进行换届，选任人民监督员103名，聘任特约检察员21名。鹿城、龙湾区院实行了人民监督员由当地人大考察、任命的新选任方式。人民监督员对44件犯罪嫌疑人不服逮捕决定和检察机关拟作撤案、不起诉处理的职务犯罪案件进行了监督，其中不同意原处理意见3件，检察机关采纳1件。加大刑事申诉和刑事赔偿案件的办理力度，受理刑事申诉案件20件，复查后改变原处理决定1件；受理刑事赔偿申请8件，依法作出赔偿决定7件。

接受人大监督 2007年温州市检察机关遵照《监督法》，及时向市人大报告半年工作、年度工作和全市检察机关2005年以来开展“规范执法行为，促进执法公正”专项整改活动情况及落实审议意见。制定《温州市人民检察院贯彻实施<监督法>的意见》，对接受人大及其常委会监督的各项工作制度和组织工作机构作出具体规定，保证《监督法》的有效落实。完善《关于加强与人大代表联系的规定》，确保联系代表工作的经常性和时效性。认真办理人大交办案件和代表建议。全年办理人大交办案件11件，代表建议2件，办结12件。邀请市人大领导为新任命的检察员颁发任命书。

检察队伍建设 2007年温州市检察机关深入开展“作风建设年”活动和社会主义法治理念教育活动，抓好理想信念教育和思想道德教育。坚持业务培训和继续教育双管齐下，优化检察干警的素质结构。组织开展司法警察业务培训、同步录音录像培训等7期386人次。与浙江大学合作举办法律硕士班1期，有30余名检察干警参加学习。开展“优秀文书制作”、“审讯对策研究”等多种形式岗位练兵和业务技能竞赛。组织干警参加司法资格考试，有38名检察干警通过考试，通过率达61.5%。

基层检察院建设 2007年温州市检察院坚持联系基层检察院制度，加强对落后地区基层院的指导和重点帮扶，促进基层检察工作协调发展。《中共中央关于进一步加强人民法院、人民检察院工作的决定》和省委贯彻实施意见下发后，市检察院督促基层检察院及时向当地党委汇报文件精神，尽力使各项加强基层检察工作的措施得到落实。组织开展“先进检察长”评比活动，激励基层院检察长争先创优。

公　安

概况 2007年温州市公安机关以党的十七大安全保卫工作为中心，组织开展“春季铁掌”、“深化严打、消除隐患、确保稳定”等专项行动，严厉打击违法犯罪活动，强化社会面治安防控，优化行政管理服务，推进现代警务机制建设，各项公安工作取得了新的进展。全市全年共侦破刑事案件31 826起，同比上升8.96%；查处各类治安案件79 060起，同比上升54.5%；抓获犯罪嫌疑人19 804名，逮捕15 478人，分别同比上升2.2%、13.58%，共归案各类网上逃犯3868名，追逃绝对数名列全省第一，全市侦查破案、打击“两抢一盗”犯罪实绩排名也在全省前列。

2007年是全国公安机关“三基”（抓基层、打基础、苦练基本功）工程建设进入关键阶段的一年。全市各级公安机关迅速掀起十七大精神学习高潮，开展创建学习型公安机关活动，市公安局获温州市委授予的“全市开展以推进‘三次跨越’为主题的解放思想大讨论活动组织奖”。全面开展公安队伍正规化建设，加快基层一线实战部门建设，有128名派出所所长、13名边防派出所所长进入乡镇（街道）领导班子，占应进总数的100%，组织783名领导、1500多名在职民警和165名新警赴警校训练。推进党风廉政建设的反腐败斗争，及时查办涉警信访举报，严肃查处违法违纪案件。全市全年立案查处民警违法违纪案件20起28人，同比分别下降20%和9.7%，同时，加大维权力度，维护民警正当执法权益，全年办理维权案件162起，查处违法犯罪人员246人，其中刑拘31人。深化“创满意活动”，开展一系列爱民、便民、助民活动，与《温州日报》合作推出了“警方风采”系列报道，与《温州都市报》合作举办十大“感动我的警察故事”评选、报道活动，与《温州晚报》合办“警察家庭”、“走进警营”专栏，借助大众媒体强化警察公共关系建设。2007年，全市公安机关有2名个人荣立一等功，14个集体和23名个人荣立二等功，35个集体和204名个人荣立三等功，104个集体和1318名个人受到嘉奖，96个集体和197名个人受到上级公安机关和党委、政府的表彰。

命案侦破　2007年，温州市公安机关坚持“命案必防”和全面提升打击效能两手并举，以情报信息为导向，深化和拓展命案必破工作，侦破了一批如瑞安“4.10”、瓯海“4.14”特大杀人分尸案等有重大影响的恶性案件，破案率达96.04%，同比上升4.6个百分点，再创历史新高。其中，龙湾、平阳、苍南、泰顺4个地区实现命案全破，洞头实现全年零发案。

打黑除恶　2007年，温州市公安机关开展“打黑除恶”斗争，全市全年共摧毁黑社会性质犯罪组织4个，恶势力犯罪团伙120个，抓获犯罪组织成员1229名；破获各类涉黑恶刑事案件887起，缴获黑恶势力犯罪团伙作案枪支35支；查破涉枪案件61起，其中持枪作案案件13起，非法持有枪支案件48起；摧毁公安部督办团伙2个，省厅督办团伙5个，市局督办团伙19个，五类恶性案件破案率达100%。

社会治安专项整治　2007年，温州市公安机关组织开展打击“两抢一盗”专项整治，全市破“两抢一盗”案件25 102起，其中抢劫案件3221起，抢夺案件1877起，盗窃案件20 004起。打击各类“黄赌”违法犯罪活动，查处卖淫嫖娼案件617起，查处违法人员

“温州公安03”号指挥艇首航仪式现场

2007年全市道路交道事故四项指数同期比较表

单位	次数			死亡			受伤			直接经济损失		
	本期	同期	增减	本期	同期	增减	本期	同期	增减	本期	同期	增减
合计	4496	5671	-20.72%	738	762	-3.15%	5081	6351	-20.00%	7 066 363	10 068 829	-29.82%
一大队	205	470	-56.38%	75	83	-9.64%	180	461	-60.95%	88 713	206 470	-57.03%
二大队	354	380	-6.84%	31	22	40.91%	343	393	-12.72%	391 328	193 330	102.41%
三大队	212	462	-54.11%	62	64	-3.13%	214	499	-57.11%	65 805	599 030	-89.01%
四大队	474	706	-32.86%	71	63	12.70%	511	784	-34.82%	61 598	680 630	-90.95%
洞头	44	53	-16.98%	1	7	-85.71%	61	72	-15.28%	209 000	279 405	-25.20%
永嘉	530	578	-8.30%	91	92	-1.09%	627	622	0.80%	445 624	613 740	-27.51%
平阳	382	401	-4.74%	58	61	-4.92%	462	462	持平	401 771	476 190	-15.63%
苍南	430	406	5.91%	56	77	-27.27%	508	489	3.89%	267 474	491 824	-45.62%
文成	83	106	-21.70%	17	19	-10.53%	111	167	-33.53%	220 407	602 800	-63.44%
泰顺	76	83	-8.43%	27	18	50.00%	79	80	-1.25%	985 600	1 176 300	-16.21%
瑞安	735	1030	-28.64%	110	111	-0.90%	834	1165	-28.41%	1 885 522	1 865 445	1.08%
乐清	971	996	-2.51%	139	145	-4.14%	1151	1157	-0.52%	2 043 521	2 882 665	-29.11%

1229人次；赌博案件2996起，查处涉赌违法犯罪人员9169人。组建专业和义务反扒队伍，以公交线路、站点、农贸市场、医院、商场等为重点开展市区反扒专项整治行动，全年破获市区扒窃刑事案件968起，抓获违法犯罪嫌疑人417名。

禁毒斗争 2007年是为期3年的禁毒人民战争的最后一年，温州市公安机关发挥禁毒主力军作用，争取各级党委、政府的支持和社会各界的帮助，组织开展“猎鲨”和“惊雷”两大禁毒专项战役，广泛开展禁毒人民战争，连续3年实现实有吸毒成瘾人员“负增长”的工作目标。全市全年查破涉毒案件8331起，其中贩毒案件1789起；抓获犯罪嫌疑人2043名；缴获各类毒品144.14千克。查处吸毒人员6542人次，新增吸毒成瘾人员814名，同比下降16.08%，戒断巩固3年以上人员1894名，同比上升21.41%。

打击经济领域违法犯罪活动 2007年，温州市公安机关打击群众反映强烈和影响社会稳定的民间非法集资融资、制售假发票、虚开增值税发票等突出经济犯罪活动，侦破了温州肽康生物科技有限公司非法经营案、“11.29”特大非法制造假发票案等涉案金额巨大的经济案件。全市全年受理各类经济犯罪案件779起，立案717起，破案537起，破案率为74.9%；挽回经济损失14 516.23万元，追缴率为51.1%；抓获经济犯罪嫌疑人578人。

打击偷渡犯罪 2007年，温州市公安机关继续建立和健全信息预警、信息导侦、信息促控等反偷渡工作运行机制，着力提高打击效益，全年立偷渡刑事案件6起，破案6起，其中刑拘12人，移送起诉7人。

党的十七大安全保卫 2007年10月10日至12日，中共十七大召开前夕，温州市公安机关在全市组织开展了“安泰”第二次集中统一行动，出动民警、党政干部及群防群治力量共12 745人，清查公共复杂场所16 381家，在各大交通要道设立卡点141处，破获各类刑事案件146起。十七大期间，全市没有发生敌对势力和邪教组织破坏活动，以及因不安定因素引发的大规模群体性事件。

警卫及重大活动安全保卫 2007年，温州市公安机关做好上级领导来温视察的警卫工作，完成了包括德国前总理施罗德、越南高级党政干部考察团等54批警卫保卫任务。同时完成了特奥会执法人员火炬跑及城市接待活动、“2007民营企业对话世界500强”、金秋文化节、民间划龙舟等各项大型活动的安全保卫工作。全市全年共举行大型活动380起，其中3000人以上活动64起，参加群众约104.8万人次，全市公安机关出动警力13 400人次，安排保卫力量56 000人次，全年未发生一起重大活动事故。

“虚拟警察”公开亮相 2007年，温州市公安机关全面启动互联网依法公开管理工作，专门成立全市互联网依法公开管理领导小组，并制定《全市公安机关互联网依法公开管理工作方案》。9月28日，市公安局召开全市互联网依法公开管理启动仪式，第一批“虚拟警察”在中国温州、温州警务在线、温州网等5个网站公开亮相，接受网民网上违法信息和网络案件举报。市委常委、宣传部长曹国旗在仪式上作重要讲话，市委常委、公安局长陈石春为“虚拟警察”公开亮相揭幕。截至年底，受理网民咨询628条，网民报警727起。

道路交通安全管理 2007年，温州市公安机关预防和减少道路交通事故，全面推进交通管理智能化、严格化、人性化、社会化和效能化建设。深刻汲取“8.10”特大交通事故教训，对临水、临崖、高落差危险路段和事故多发点段开展排查，排查危险路段隐患1145处，逐一进行整改。深入开展“蓝盾”、“龙风”、“遏制特大道路交通”、农村道路交通安全、斑马线上交通违法行为集中整治等专项整治行动，打击超速、超载、酒后驾驶、无证驾驶等严重交通违法行为，查处各类交通违法行为143.5万起，拘留3114人。全市道路交通事故

温州市2007年与2006年火灾四项指标对比表

	火灾次数			死人数			伤人数			损失数（元）		
	2007年	2006年	升、降	2007年	2006年	升、降	2007年	2006年	升、降	2007年	2006年	升、降
合计	231	226	2%	45	23	96%	5	21	-76%	13 395 113	5 766 562	132%
鹿城	24	28	-14%	28			1	4	-75%	1 056 705	599 735	76%
龙湾，合计	28	30	-7%	2			2			601 381	653 995	-8%
开发区	7	10	-30%							19 224	98 743	-81%
瓯海	16	15	7%		8	-100%				993 746	735 802	35%
洞头	3	1	200%							15 120		
永嘉	5	5	0%							524 327	154 000	240%
平阳	14	14	0%		2	-100%				710 500	471 476	51%
苍南	38	24	58%	2	3	-33%		5	-100%	2 876 978	798 511	260%
文成	5	8	-38%	2						23 000	73 900	-69%
泰顺	10	14	-29%							289 953	469 729	-38%
瑞安	51	48	6%	11	10	10%	2	11	-82%	3 499 246	800 537	337%
乐清	37	39	-5%					1	-100%	2 804 157	1 008 877	178%

四项指数连续第3年全部下降，万车死亡率连续第8年下降，实现了省政府提出的“三年零增长”工作目标，全市全年发生道路交通事故4496起，死亡738人，受伤4631人，直接经济损失706.6万元，同比分别下降20.72%，3.15%，27.08%和29.82%。

文明礼让斑马线整治活动　2007年9月13日，温州市公安局交警支队与市文明办、温州日报联手开展“文明礼让斑马线”整治活动。交警支队一方面加强对不礼让斑马线交通违法的曝光和处罚，一方面首创并大力推广“竖起拇指示意礼让”和“伸出手掌摇示先行”斑马线礼让手势。11月1日，市政府举行了市直机关驾驶人员“文明礼让，机关带头”活动动员大会，400多名市直机关司机代表、万名公交车、出租车司机作出“文明礼让斑马线”承诺，47支志愿者队伍走上街头，进社区、学校宣传礼让手势，6万多名市民在宣传横幅上签名，将斑马线整治活动进一步推向了高潮。这一举措得到中央、省、地级新闻媒体和社会各界肯定，并呼吁在全国各地推广，全省迅速掀起了一股“拇指热潮”。

交通指挥中心升级启用　2007年8月3日，温州市公安局交通指挥中心升级启用仪式举行，标志着全市公安交通管理智能化水平迈上了一个新台阶。该中心投资1500万元完成了控制系统中心控制室、大屏幕显示系统、交通信号控制、交通电视监控、违法监测记录、警车GPS定位、交通流采集系统和交通诱导系统等10个项目的建设，初步形成了控制中心、数据中心、运行维护中心“三个中心”，指挥调度平台、办公自动化平台和对外综合信息发布平台“三个平台”为框架的智能交通管理体系。截至2007年底，市区已建成交通信号计算机控制路口22个、监视系统路口500个、“电子警察”路口46个，交通管理现代化水平得到了明显的提升。

消防安全管理　2007年，温州市公安机关深入开展以“多合一”、“三合一”企业、出租房、人员密集场所等区域和部位为重点的消防隐患排查整治工作，对2家省级、10家市级和11家县级重大火灾隐患单位实行了政府挂牌整治。全市全年检查企业出租房6142家，核发《责令限期改正通知书》1656份、《重大火灾隐患限期整改通知书》79份，对1009家单位和858名个人实施了行政处罚，其中责令停止施工、停产停业、停止使用933起，罚款970.74万元。全市全年发生火灾事故231起，死亡45人，受伤5人，烧毁建筑72 309.3平方米，直接经济损失1339.5万元。

灾害事故应急救援预案演习　2007年9月6日，由温州市政府主办、温州市消防支队和台州市消防支队承办举行的温州市化工灾害事故应急救援预案演习在原温州市三维集团进行。温州市委常委、常务副市长徐纪平担任演习总指挥，省消防总队副总队长孙伯春、市委常委、公安局长陈石春以及市直有关部门领导和联络员、各县（市、区）人民政府分管领导、应急办负责人、温州军分区、市委办、武警温州支队等有关领导和新闻媒体记者等临场观摩。这是一次温州全市多部门共同参与的化工灾害事故演习，是对全市处置重大灾害事故能力的一次检验，也是对温州消防部队执勤岗位大练兵活动的一次检验。

消防官兵勇救温富大厦特大火灾　2007年12月12日8时27分许，温州市鹿城区人民西路温富大厦裙房一楼朵朵鲜鲜花店发生火灾。指挥中心先后调集了广场路消防中队等10个中队33辆消防车，出动270余名消防官兵，赶赴现场灭火救援，9时30分许，火势得到全面控制。11时30分许，余火被全部扑灭。此次火灾过火面积1270多平方米，造成21人（12男,9女）死亡。火灾扑救中，消防官兵抢救113人、疏散98人，有效地控制了火势蔓延，保护了二层以上建筑设施及财产安全，3名消防官兵负伤。特勤二中队头车班长金台国在此次火灾扑救过程中，英勇顽强，不顾个人安危，多次深入火场中疏散救人，受到上级领导的充分肯定与赞扬。公安部消防局、省消防总队党委、省市政府等有关领导第一时间表示慰问，并要求医院全力救治伤员，中央电视台还专程进行了采访。

第二代身份证换发工作 2007年，温州市公安机关全面推进二代证换发工作，不断提高服务质量，完善各项服务措施，市公安局及乐清、永嘉县公安局继续远赴云南、新疆、北京、天津等地开展异地办理二代证业务，在春节假日期间推出为返乡人员集中办理二代证换发工作，为群众提供方便。全市全年共采集、审核并上传制证信息165万余条，完成占16周岁以上应换证人口的73.52%，提前一年多完成省政府确定的工作任务。

出入境管理 2007年，温州市公安机关全面深化“出入有境、服务无境”的品牌建设，进一步修改和完善ISO9001质量管理体系的运行机制，加强全市出入境受理、审批、制证和签发工作的规范化管理，市公安局出入境管理局获公安部“全国文明窗口”称号。全市全年批准出国146 488人次，其中批准赴港澳98 972人，赴台湾375人；接待临时来温境外人员116 010人次，其中外国人69 242人次，华侨35 080人次，港澳居民4794人次，台湾居民6894人次。

外来流动人口管理 2007年，温州市登记在册暂住人口333.3万人，登记备案出租房72.4万户，暂口网上登记率为92.07%，出租房屋网上登记率为96.74%，“人户一致”率达86.63%。全市公安机关坚持“以人为本”按照“公平对待，合理引导，完善管理，搞好服务”的原则，进一步创新管理方式，完善工作机制，做好外来流动人口服务和管理工作。针对流动人口办证难、基层派出所办证能力跟不上实际需求，建立了出租房信息登记与采集向村（居）和社区警务室延伸的工作机制。并按照“警力有限，民力无穷”的社区警务思路，调整管理方式，对外来人口管理实行“依托社会，抓小放大，重在抓小”的工作模式，推广了一系列新型的管理模式和专项工作，如大中型企事业单位流动人口自主管理模式、流动人口集中居住管理模式、全市建筑施工场所外来务工人员委托管理制度以及开展出租房委托式管理专项工作等，既方便了用人单位对员工的管理，又提高了流动人口管理工作效能，促进社会防控机制建设。

开展各项创安工作 2007年，温州市公安机关组织全市5711家单位参加“法人创安”活动，新建治安保卫组织414个，新增保卫人员861名，内部单位刑事发案同比下降15.6%。落实校园安全保卫“八条措施”，推进银行、医院、学校等创安单位系统内部安全规范建设，并在校园内建立经济护卫教育大队。在符合条件的封闭小区的基础上加快创建安全小区，依托治安岗亭和物业管理单位，加强对自行车、摩托车、汽车等被盗案件的防范整治。强化水域、码头、港区治安管理，加强水上巡逻和执法协作，出动公安艇检查各类船舶459艘次、船民949人次，打击查处海上各类违法犯罪活动。进一步壮大新温州人治安志愿者队伍、村居巡逻队等群防群治力量，组织全警开展“秋冬”治安大巡防等专项巡防活动。构筑企业单位内部、水域、重点时期辖区重点部位等3张治安防控网。初步建成覆盖全市重点区域和部位、点面结合、多层次、多形式的社会治安动态视频监控系统，共建监控点10 315个，建设数量居全省首位。全市利用治安动态视频监控侦破各类刑事案件156起，其中命案10起，查处治安案件194起，抓获犯罪嫌疑人174人。

车载移动警务系统投入试用 温州市公安局车载移动警务系统是以车载电脑为主要终端，依托联通CDMA无线虚拟专线网络，以WEB代理方式，通过移动警务平台和内外网交互平台建立一条安全的加密通道，在保障安全的前提下，使一线民警在户外实时访问授权的内网信息系统实现移动办公。市公安局的35辆巡逻处警车和市局交通治安分局的8个治安查报站均使用该系统，市局机关主要的一线办案单位也专门配备使用该系统的笔记本电脑。通过该系统试用，可以及时地进行警情、案情通报和现场信息反馈，在突发紧急情况下指挥中心可以及时准确地将警情、案情等以图文方式广播到相应的终端，提高快速反应能力，以弥补电话、无线电等传统通讯方式的不足。

“温州公安03”号指挥艇首航 2007年10月26日，温州市公安局举行“温州公安03”号指挥艇首航仪式。“温州公安03”指挥艇由省公安厅和温州市人民政府共同拨款250万元为市公安局水上分局配备，船长26.5米，总宽4.68米，乘员38人，主机采用两台“沃尔沃”715马力柴油发动机，静深水航速可达27节，抗风力7级，续航力300海里。该指挥艇的投入使用，推进了水上公安基层基础建设，提高了水上公安快速反应能力。

温州市看守所搬迁 2007年10月29日凌晨，温州市看守所搬迁工作启动。市公安局指挥中心、政治部、督察室、后勤处、信通处、监管支队、看守所、特警支队、武警支队、交警支队、龙湾分局等各单位根据预案分工，将市看守所的729名在押人员安全迁押至位于龙湾区永中镇度山村的新所内，市新看守所投入使用，有效缓解了全市监管场所超标准羁押的现状。

实施社区(农村)警务战略 2007年，温州市公安机关坚持典型引路，树立品牌，探索和建立城区、集镇和山区海岛3种社区（农村）警务工作模式，涌现出以警务区为单位的“块”状划分、打造“信息采集中心、人口管理中心、安全防范中心、治安管理中心、纠纷调解中心、服务群众中心”六位一体社区警务工作平台、打造品牌警务室等典型经验。全市全年建成符合规定标准的社区与农村警务室527个，警务联络室和警民联系点3177个，已“亮名”警务室63个，已配社区（驻村）民警1044人，协勤人员2078人。

规范基层公安执法 2007年，温州市公安机关受理各类有效报警案件130余万起，每次接警都能及时出警、处置，对于公民或组织扭送、报案、控告、举报或者犯罪嫌疑人自首的，立即受理，迅速进行审查或处置，按照标准依法及时予以立案。依法及时办理公民和单位提出的户口、出入境、交通、消防、水上、治安等各类行政许可申请，没有发生应当履行职责而不履行的情况和刁难、拖延、乱收费情况，基层执法的质量和效率得到进一步提高。全市全年批捕率为97.96%，移诉率99.94%，起诉案件准确率为99.94%。，劳教呈报准确率为98.67%。

公安民警抗台救灾　2007年8月19日，苍南龙港镇遭遇“圣帕”的回流波以及衍生的突发龙卷风，多间民房瞬间倒塌，造成重大的人员伤亡和财产损失，市委常委、公安局长陈石春，市局党委副书记、常务副局长苑卫平到现场指挥抢险，苍南县局动员全体民警参与抗台救灾工作，共接警1572起，有效处警175起，出动警力1648人次，帮助安全转移群众4.1万人。9月19日凌晨，第13号台风“韦帕”在苍南县霞关登陆，并在不同程度上影响全市各地。全市共出动警力10 594人次，出动车辆116车次，冲锋舟2艘，接到报警求助电话545次，转移群众480 783人次，帮助群众3035人次。10月7日下午3时许，第16号台风“罗莎”在浙闽边界登陆，对温州市沿海地区造成严重影响。全市共出动警力7445人次，救助群众3832起，协助转移群众510 470人，协助转移景点游客29 179人，出动冲锋舟13余次。

边防支队场桥边防派出所获殊荣　2007年，温州边防支队场桥边防派出所由于爱民固边工作成绩显著，被公安部记集体二等功一次，并分别被公安部边防管理局和省厅边防总队授予基层建设标兵单位、先进党支部荣誉称号。该所所长蔡方旭被公安部记个人二等功一次，被公安部边防管理总局授予优秀共产党员等称号。12月3日，公安部部长孟建柱在公安部边防局编发的反映温州边防支队场桥边防派出所爱民固边战略成效的简报上作出重要批示，给予充分肯定。

“特警一号”远程集结演练　2007年4月1日，浙江省公安厅组织全省公安特警队进行代号为“特警一号”的实警、实地、实装远程集结演练，集结地定于绍兴。根据统一部署，4月1日6时至18时30分，温州市公安局副局长张继烈率领市公安局特警支队及各部门保障人员132名参加了以处置绍兴县安昌镇大规模群体性事件为背景的“特警一号”远程集结演练。此次演练由市局指挥中心、信通、交警、后勤、督察、政工宣传等有关部门警种密切配合、协同作战，全体参演民警充分发扬英勇顽强、不怕疲劳的优良作风，完成了各项任务。市委常委、公安局长陈石春、市公安局党委副书记、常务副局长苑卫平在市公安局指挥中心通过电话对演练行动进行了指挥。4月底，省公安厅又组织了“特警一号”汇报表演，市公安局特警支队参演队员们中继续发挥顽强拼搏的精神，再接再厉，取得优异成绩。

参加特奥会执法人员火炬跑活动　2007年上海世界夏季特殊奥运会执法人员火炬跑活动于9月27日上午在温州市松台广场启动，温州市公安局组织部分民警代表参加了此次火炬跑活动。活动中，市委常委、公安局长陈石春点燃了火炬并进行领跑，市公安局副局长张继烈、市公安局党委委员、鹿城公安分局局长李江晖等领导到现场进行了指挥。当日下午，2007年上海世界特殊奥运会执法人员代表团到市公安局参观访问，陈石春局长对代表团的来访表示热烈欢迎，双方互赠礼物后进行了合影。代表团一行还参观了市公安局指挥中心和公安陈列馆。

温州民警参加国际维和行动　温州市公安局首位参加维和工作的经侦支队女民警叶红于2006年7月底赴利比里亚执行维和任务为期一年。2007年2月1日，胡锦涛主席看望检阅中国赴利比里亚维和部队官兵，叶红作为温州市参加利比里亚维和工作的民警光荣地参加了检阅仪式。2007年3月16日，温州市委常委、公安局长陈石春在市局一楼大厅欢送市公安局特警支队防暴大队九中队副指导员陈康赴东帝汶参加国际维和行动。陈康是浙江省唯一一名代表中国参加此次维和行动的警察（全国共10人），为期一年。

司法行政

概况　2007年，温州市司法行政机关推进司法行政工作改革与发展，制定并实施司法所基础设施建设规划。坚持人民调解为先，专职人民调解员队伍建设取得突破性进展。法律服务工作纵深推进，法律援助领域进一步拓展。法制宣传、劳教管理、社区矫正、归正人员安置帮教、律师和公证管理、基层法律服务、国家司法考试、司法鉴定等各项工作均取得了新成绩。全市司法行政系统以“作风建设年”活动为契机，开展干部培训、“岗位练兵”、“立功创模”、“服务基层”、行风建设等系列活动，干部作风明显改善，司法行政机关的社会形象得到了新的提升。龙湾区人民调解员刘万定、市劳教所七大队民警俞瑛分获全国模范人民调解员、全国岗位练兵先进个人荣誉称号；永嘉县瓯北镇司法所、苍南县龙港司法所林敏分别荣立集体、个人二等功等。全年全市司法行政系统有36个先进单位（集体）和56名先进个人获得省委、省政府和省司法厅的通报表彰。

司法所建设　温州市司法局在组织实施“司法所基础设施建设十一五规划”中，按照分步实施、分类推进的原则。2007年制定司法所建设“4321”计划，要完成一类乡镇的79个司法所基础设施建设任务，今后三年分别要完成61个、37个、16个，计划用4年时间使193个乡镇司法所的基础设施建设达到省级标准。2007年，超额完成建设任务，全年完成司法所基础设施建设82个。加强组织机构建设，完善司法行政工作的组织体系，确保基层司法行政工作有人管、有人抓。加强基层业务建设，规范运行机制，完善工作秩序、业务台账、考核办法等，进一步提升履行司法行政职责的能力和水平。

人民调解　2007年初，温州市司法局与市综治办联合下发了《关于在乡镇（街道）设立专职人民调解员的意见》，明确了乡镇（街道）设立专职人民调解员的操作办法，全市有59个乡镇（街道）聘请专职人民调解员74人，人民调解员达到26 146名。在巩固和完善传统人民调解组织建设的同时，延伸工作领域，建立非公企业调委会、集贸市场调委会、外来人口聚居地调委会等调解组织。全市有人民调解组织6690个，其中非公有制企业调委会463个，集贸市场调委会15个，外来人员调委会6个，其他新型调解组织126个。全年全市各级人民调解组织调处民间纠纷20 263件，调解成功率达95%，其中重大疑难纠纷5122件，非正常死亡案件383件，协议赔偿金额4800多万元，轻伤害案件211件，协议赔偿金额518万元。

法律援助 2007年，温州市司法行政机关开展“法律援助进商会”工作，在湖北、湖南、福建、安徽、江西等5家在外温州商会中成立法律援助工作站。全市乡镇法律援助工作站和村居法律援助工作点的建成率达到90%，建立民营企业、商会和行业协会等法律援助工作站51个。全年全市法律援助机构指派办理法律援助案件2887件，指派办理非诉讼法律援助案件224件。发挥“12348”法律服务平台作用，广泛收集民情，集中反馈民意。全市“148”值机中心全年解答法律咨询热线电话23 238个，网络咨询法律问题140件，上门服务221次，刊出《“148”值机舆情分析》76期。做好涉法信访接待处置工作。全年接待涉法信访人员3102人次，并参与市县“两会”信访接待，接待信访人员128批3000多人次，其中50人以上的7批次，减轻了市委市政府的信访压力。

法制宣传教育 2007年，温州市司法行政机关以“法律六进”活动为载体，重点加强重点对象学法的制度化、规范化建设，全年举办“新温州人”法制教育培训6342批次，有90万余人次的“新温州人”接受法制教育。领导干部和公务员学法整体推进，协助组织拟任市政府组成人员任前法律知识考试，联合举办2期大型法治专题报告会，举办6期公务员法制培训班。组织开展“法律服务进乡村”活动，在农村开展法律咨询252场次，发放法律宣传资料2万余册。建立温州市青少年法制教育基地（市劳教所），6所市直中学的1200多名学生接受了基地法制教育，组织大学生义务法制宣传队，开展法律进农村（社区）活动。研究制定“诚信守法企业”标准体系，以瑞安长城换向器公司和苍南新雅集团为“诚信守法企业”试点单位，进行企业法制宣传教育培训。开展“民主法治村”创建活动，对各县（市、区）申报的102个四星级“民主法治村（社区）进行考核，并对通过考核的88个村（社区）进行挂牌命名。围绕市、县、乡三级人大换届选举工作，开展相关法律法规的宣传教育。

律师和公证业务 至2007年底，温州市有律师事务所44家，执业律师583名；公证处12家，执业公证员47名；法律服务所66家，基层法律服务工作者385人。全市律师事务所办理刑事诉讼辩护及代理案件8178件，办理民事诉讼代理案件15 268件，办理行政诉讼代理案件902件，办理非诉讼法律事务1392件。全市公证处办理公证案件154 239件，其中国内公证83 868件，涉外公证70 371件。全市基层法律服务所办理各类诉讼案件6383件。

法律服务行业管理 2007年，温州市司法行政机关以规范法律服务行业管理为重点，建立健全管理制度，强化对法律服务行业的监管和指导。在律师队伍中开展社会主义法治理念教育，组织开展“百名律师送法进千村”和“千名法律服务工作者服务社会活动月”活动，搭建了律师参与和谐社会构建的工作平台。印发《加强律师文化建设工作的意见》，组织编纂《温州律师志》，启动并完成“温州律师希望小学”工程建设。建立“律师事务所百分制考核制度”，完成对全市44家律师事务所进行全面考核并及时通报考核结果。以《公证法》为依据，进一步调整和改善公证机构设置和工作布局，按照申请、受理、审查、出证的程序规范了公证审批。按照自查，主管局检查，市局抽查的步骤对公证处的执业、财务运行、人事管理等情况进行监督检查，规范了公证行业的执业行为。开展事业体制公证处人员聘用制试点工作，探索建立公证处人员聘用制度，建立健全公证机构岗位目标责任制、公证人员实行了新的分配机制。加强基层法律服务所建设，统一规定了基层法律服务所规范化建设标准，完成基层法律服务所建设的检查考核与申报注册工作，加强对基层法律服务工作者的教育培训，加大对法律服务工作者投诉案件的查处力度。加强对鉴定机构管理和日常性工作的指导，注重业务交流和沟通，强化对群众投诉案件的调查和处理，规范司法鉴定市场的管理，完善司法鉴定工作相关台账与司法鉴定软件设施建设。

司法考试 2007年，国家司法考试温州考区报考人数为1862人，比2006年增加了221人，同比增加13.5%，参加考试1508人，参考率为80%，有287人通过了司法考试，比2006年增加111人。

劳教管理 2007年，温州市劳教所开展“强化责任意识警示教育月”、“文明执法强化责任教育周”等专题活动，增强大局意识、责任意识，树立安全稳定的首位意识。建立健全安全稳定“五项机制”，及时消除和堵塞安全隐患和漏洞，提高安全稳定工作规范化、制度化建设水平。加大对场所警戒安全设施的投入力度，为场所安全稳定提供基础保障。全年共收容劳教人员1225人，解教1166人。劳教场所持续保持安全稳定。

帮教安置 2007年，温州市全年接收归正人员6813人，其中刑满释放3835人，解除劳教29 787人，已纳入帮教6639人，帮教率为97.5%，通过落实责任田、鼓励自谋职业、安置基地等渠道和方式安置就业6161人，安置率为90%，重新犯罪410人，重新犯罪率为2.4%。

社区矫正 2007年，温州市司法行政机关按照“试点先行、积极稳妥、逐步推开”的原则，在瓯海区社区矫正（将罪犯置于社区内，矫正其犯罪心理和行为恶习，促使其顺利回归社会的非监禁刑罚执行活动）试点工作基础上，制定社区矫正分期分批实施计划，下发了《关于扩大社区矫正试点范围的通知》，第二批“两区两市一县”（鹿城区、龙湾区、瑞安市、乐清市、永嘉县）社区矫正试点工作方案通过了省社区矫正委员会的批准，第二批社区矫正对象的在册人数为2384人。

军　事

军分区

军分区思想政治建设　2007年，温州军分区以迎接十七大召开、学习贯彻十七大精神作为思想政治建设的主线。贯彻《思想政治教育大纲》，联系实际着力解决官兵的现实思想问题，老兵思想教育的做法受到省军区肯定。新闻报道工作中宣传肖石龙勤政廉政典型事迹取得预期效果。开展纪念建军80周年系列活动，“洞头先锋女子民兵连”原连长杨海英和“全国优秀退伍军人”黄作兴，出席全军英模代表大会。

军分区军事训练工作　2007年，温州军分区培育战斗精神，强化各级真打实备意识。修订作战方案。组织编组联训和参加上级演习，深化作战重难点问题研究。组织军分区机关和海防营徒步拉练，落实实弹射击和实投、实爆训练。组织16个兵种专业的竞赛性考核，逐级抓好作战能力检验评估。

军分区基层建设　2007年，温州军分区坚持常委、机关业务科与基层分队挂钩帮带责任制。抓好经常性业务培训、以会代训，深化人武部与基层挂钩帮建活动。抓好小、散、远、直单位建设。加强和谐军营建设，落实南京军区《关于加强基层民主建设的若干规定》，开展“四知”活动，融洽内部关系。

军分区组织首长机关集训　2007年4月中旬，温州军分区依托教导队，组织军分区和人武部两级首长机关业务技能集训。集训突出强化机关业务共同基础课目训练，共完成地形图知识、简易沙盘制作、军事标图和综合作业等6个内容学习训练，提高首长机关人员业务技能。

海防分队竞赛性考核　2007年7月上旬，温州军分区采取理论测试与技能考核相结合方法，组织海防营连级单位基础技术课目考核性比武竞赛。考核以新增课目和重难点课目为重点，抽考海防营6个连级单位11个专业32个单兵课目进行考试，平均参考率达85%以上。通过考核，全面检验单兵课目精准化训练效果和海防分队上半年训练总体水平，评选出12名优秀“四会”教练员、28名“神枪手”和“神投手”标兵。

军分区开展心理健康工程建设　2007年，温州军分区针对部分官兵心理问题日趋突出的现象，把官兵的心理教育纳入年度经常性教育计划。利用专题讲座、播放教育录像、举行知识竞赛等途径，做好官兵的心理常识普及教育。抓测试干预，定期进行心理咨询、心理测试和疏导服务，消除官兵不良心理行为倾向。抓长效机制，促进官兵健康成长和部队安全稳定。

军分区开展经费资产一体化管理
2007年7月至9月，温州军分区按照浙江省军区《关于实施经费资产一体化管理工作的意见》及《省军区团以上机关实物资产编配限额（量）管理办法》，组织分区本级和所属单位，按计划对现有资产进行核实清理，摸清现有底数，各资产使用管理单位依据编制及现有人员实力，结合工作性质，提出资产编配限额标准需求。

国防后备力量建设

概况　2007年，温州军分区协调市委、市政府出台《关于民营企业贯彻“军民结合、寓军于民”战略思想的具体措施和意见》(温委98号文件)，按作战方案编强民兵组织。在全省率先组织民兵心理战分队整组点验，抓好军区国动委会议有关筹备工作，民兵海上救护课目演示受到军地各级领导肯定。完成年度征兵任务，21名女兵公开征集质量高、反映好。推广乐清市黄华镇抓乡村国防教育做法。开展双拥共建活动，温州市和洞头县被评为“全国双拥模范城（县)”。

《温州市女兵公开征集选拔评分细则》
2007年，温州军分区依据《浙江省征兵工作条例》，结合温州实际情况，按照应征女青年家庭和本人的政治、身体、文化、特长等，制订出台《温州市女兵公开征集选拔评分细则》，作为择优定兵的依据。《细则》拟定应征女青年政治条件、素质条件、家庭贡献等三个方面共14项加分分值，对评分的实施和监督办法进行明确。

民兵船运团检验性演练　2007年9月，温州军分区采取“以少代多”的方法，组织民兵船运团1个中队民船，进行海上集结、编队、航渡伴动造势演练。探讨检验民兵船运团参加威慑行动可能担负的任务、力量编成、兵力部署及战法运用。

民兵预备役抢险救灾　2007年7月至8月，在抗击第9号、13号、16号台风中，温州军分区出动民兵预备役人员7.2万人次，帮助转移疏散群众42.5余万人，解救被困群众1590人。

民兵组织整顿 2007年，温州军分区在瑞安市召开温州市民兵组织整顿观摩暨2007年度民兵组织整顿工作任务部署会。4月初，对各单位的整组方案、国防动员任务分配、梳理的“三个现地”逐一进行会审，而后开始整组。6月底，全市基干民兵分队，按成建制集中点验的要求全部完成点验，任务分队全部实施“三个现地”。

军分区科技动员工作 2007年，温州军分区继续以军民通用装备、气象水文专业、高新技术科研机构为重点，抓好科技动员潜力核对工作。结合民兵整组，加大科技支前保障分队高新装备人才比重，将原来在平阳县和鹿城区组建的电子雷达、船舶、防化专业维修分队调整到技术潜力较厚的乐清市和龙湾区。投入20余万元，做好应急科技支前分队人装配套建设。同时建立科技支前分队与分区部队联训联保机制。

民兵海上医疗救护实兵演示 2007年，温州军分区组织海上民兵医疗救护分队，在舟山参加浙江省军区统一组织的海上勤务课目实兵演示。演练以应急作战行动为背景，以省军区关于组织海上民兵勤务保障分队演练各种指示为依据，按作战编成组织全员额、全装备、全物资、全过程的演练，探索组织实施海上医疗救护的方法路子，形成实在管用研究成果。

民兵心理战分队整组 2007年7月，根据浙江省军区有关加强民兵心理战队伍建设的指示精神，温州军分区着眼战时任务需要，对民兵心理战分队进行调整编组。这是省军区系统首次心理战整组，为省军区部队开展心理战工作提供经验和启示，增强政治工作参战功能。

温州设立‘企业国防教育周’ 2007年，在温州市召开国教委全会时，温州军分区对《温州市企业国防教育实施意见》进行修改完善。其中对国防教育进企业、进社区、进乡村“三进”问题作部署。为强化普及企业国防教育，全市以立法的形式，把企业国防教育的责任纳入到地方各级领导的目标考核之中，并将每年的国防教育日（9月份的第三周周六）所在的周定为温州市“企业国防教育周”。温州军分区到鹿城、龙湾、乐清、瑞安等4个市（区）的7个社区、5个乡村，就社区、乡村国防教育进行专题调研。

民兵后勤保障分队演练 2007年9月15日至29日，温州军分区结合防卫区、联防区编组联训，先后组织鹿城区、瓯海区、龙湾区、瑞安市、平阳县、洞头县人武部的医疗救护、汽车运输、水电保障、食品供应、油料保障、民兵警通和海上保障等7支民兵后勤保障分队，进行“民兵后勤保障分队战时保障行动”演练。

预备役部队

概况 2007年1月16日，温州预备役团召开党委全体（扩大）会议，团党委书记陈春雷作工作报告，团党委副书记谢建友部署2007年度军事工作。3月8日，原浙江陆军预备役步兵师司令部工化科科长季正洪调任温州预备役团团长。3月8日，南京军区副司令员林炳尧中将带军区工作组，到温州预备役团检查工作。5月，调整改选基层营（连）党委（支部）24个。8月8日，召开党委书记座谈会，分析上半年工作形势，部署下半年工作。年底，步兵一营党委、步兵三营九连党支部被预备役师评为先进基层党组织，步兵三营九连被省军区评为基层建设先进标兵连队，步兵一营、步兵二营炮兵连、炮兵营双37高炮连被预备役师评为基层先进单位，2名现役干部立三等功。有7人被省委组织部、省人事厅和预备役师联合表彰为优秀预备役军官。

预备役团开展思想政治教育 2007年，温州预备役团党委开展新时期我军历史使命、理想信念、战斗精神、社会主义荣辱观等“四项重大教育”活动，结合实际组织“三观”、“四反”、法制、心理卫生、尊干爱兵、“讲正气、正风气”等经常性教育。

预备役团开展科学发展观教育活动 2007年，温州预备役团成立教育活动领导小组，建立常委成员与基层党委（支部）挂钩帮带负责制。2月26日至3月5日完成“社会主义核心价值体系”的专题教育，6月25日至30日完成“强化战斗精神，增强事业心、责任感”的专题教育，9月4日至10日完成“牢记宗旨使命，坚定政治信念”专题教育，11月26日至12月5日，组织“学习贯彻十七大，忠实履行新使命”专题教育。

预备役团军事工作 2007年10月17日至19日，温州预备役团首长机关带现（预）任官兵96人，组织以“围绕复杂电磁环境下支援温州地区重要目标机动支援防卫作战行动”为主要课题的编组联训，演练指挥所开设，机动支援和防卫作战行动。完成步兵一营三连、步兵二营炮兵连、步兵三营九连、炮兵营100迫击炮连、团直警侦连、修理所等6个连队成建制训练、7个专业78名专业兵种训练、组织1期“两法”集训、3期首长机关和现役营连长强化训练，组织现役营连长参加省军区和预备役师考核，完成总部对预备役团应急作战能力检验评估。

预备役团成建制快速动员和点验 2007年4月4日至18日，温州预备役团在乐清市组织团首长机关带步兵一营快速动员演练，落实演练时间15天，参演人数550人。4月，全团所有建制连（队、所）完成点验任务，团队整组工作的做法在全师得到转发。6月23日，省军区工作组对步兵三营九连整组工作进行抽查，全连到点率98.1%，年底该连被省军区评为基层建设标兵单位。

预备役团兵员整组工作 2007年，为确保兵员的质量和整组工作的落实，温州预备役团实行责任包干制，常委分工到营，股长负责到连。并与营、连主官签定目标责任书。全团所有连队的人员调整到位，卡片、表格、身份证、照片等数据采集基本完成，所有分队均完成点验任务，编入官兵的“七率”全部达标。

预备役团战备建设 2007年，温州预备

许日尤/摄

7月25日，武警温州支队反恐分队擒歹徒演练。

许日尤/摄

许日尤/摄

许日尤/摄

许日龙／摄

卢春雨／摄

许日尤／摄

卢春雨／摄

1. 7月31日，为庆祝建军八十周年，武警温州市支队举行庆“八一”军事汇报表演。
2. 3月，温台丽三地武警新兵训练考核比武在温州市举行 。
3. 7月11日，驻温某部海训官兵苦练海上作战本领。
4. 8月22日，武警温州市支队举行2007年建制班军事比武活动。来自该支队13支基层中队100多位参赛队员进行越障碍、擒敌、射击等军事项目竞赛。

1	2
	3
4	

赵 用/摄

郑晓群/摄

陈 翔/摄

1. 4月19日，温州海关缉私演练。
2. 5月24日，温州海关全体人员轮流进行为期两天的军训，内容有队列、礼仪、射击和拓展等。
3. 4月，一携带毒品的外籍青年，从永强机场出境时被温州海关截获。海关人员从其身上搜出18公斤的大麻，价值百万元。这是温州海关有史以来查获的最大宗毒品案。

役团拟制完成团本级作战方案及战备配套方案。落实战备值班，坚持团、营、连24小时值班和报告制度。投入294.5万元（其中团本级58.2万元，营、连236.3万元），用于保障训练和演习。

预备役团战备潜力建设 2007年，温州预备役团重点围绕应急作战后勤准备"瓶颈"问题和短板弱项，修订后勤保障方案计划。3月，完成后勤实力会审。9月，对战时后勤、装备通用物资储备的潜力调查，建立战备潜力数据库。重新签订军民通用车辆征用协议。

预备役团后勤建设 2007年3月，温州预备役团完成师对财务干部的全面考核保障，在迎接省军区审计处对该团资金安全审计过程中得到很高的评价。5月，开通POS转账业务。6月，保障了全师预任指挥军官集训、各营连的专业兵集训和成建制训练的经费保障工作。10月，保障了参加师组织的党委（支部）书记集训活动。加强对营房营产营具和贵重物品的管理。

预备役团参建共建工作 2007年，温州预备役团出动兵力3000余人次，参加地方山林灭火、维护治安、抢险救灾和清除城市"牛皮癣"等活动。在抗击"圣帕"、"韦帕"、"罗莎"强台风斗争中，共出动官兵22批2340余人次，疏散危房内、海边作业等各类人员4万多人，加固危险堤坝100多米。5月，在温州民间赛龙舟活动中，出动官兵500多人次，维护社会治安。"六一"期间，团组织人员慰问双桥小学、黄龙小学和市机关二幼三所共建学校。7月下旬，慰问组赴文成山区慰问孤寡老红军。两次组织为灾区和贫困地区捐款2万多元。

人民防空

人防应急准备 2007年，温州市围绕军事斗争人民防空应急准备，所有县（市、区）完成人民防空应急行动方案和保障措施的制订。推进人口疏散和人员掩蔽预案进社区工作。配备民防应急移动指挥车，安装卫星接收站，开展操作技能培训。完成市至省机要网和无线超短波应急网建设及数字地图、警报、工程、重点目标图层制作。7月，根据全省的统一部署，开展省带市网上演练，提高综合协调与保障能力。

人防工程建设 2007年，温州市各级人防部门坚持"以建为主、应建尽建"的原则，控制"以缴代建"项目，完成人防"结建"工程面积141 978平方米，收取人防易地建设费7014万元，超额完成年度工程建设任务，被评为全国人防工程建设先进集体。推进人防自建工程建设，白鹿洲公园地下人防工程、温州"303"人防工程完成施工前的准备工作；乐清、平阳自建工程通过论证和项目审批。

人防行政执法 2007年，温州市按照《行政许可法》和审批制度改革的规定，对人防系统行政许可事项进行清理，规范市、县两级人防部门的许可事项。清理、换发人防执法人员的执法证件，规范审批窗口审批程序和审批事项。先后2次组织对人防工程项目、收费管理等工作开展行政执法大检查，杜绝随意减、免、缓缴现象，依法补收人防易地建设费600万元。

人防宣传教育 2007年，温州市丰富人防宣传教育形式和内容。5月，结合市政府开展广场"阳光投诉"活动，分发人防宣传资料5000余份。瓯海区先后2次在街道、乡镇组织人防宣传活动，举办全区乡镇和机关部门主要领导参加的人防法规讲座。落实市、县两级党校人防讲座课，全市开展人防知识教育学校84所，受教育学生48 000人。上半年，组织召开人防信息报道工作座谈会，开展人防优秀论文评比表彰活动。人防系统人防宣传报道被国家、省人防专刊采用近百篇，首次被国家人防办评为全国人防通讯报道工作先进单位。

人防岗位练兵 2007年，温州市人防系统为提高干部队伍综合素质和专业岗位技能，开展"知识大学习、业务大培训、岗位大练兵、技能大比武"岗位大练兵活动。市人防办制定下发练兵实施方案，召开动员大会。12月，市人防办对各县（市、区）人防办岗位练兵情况进行检查验受，选送13名人员参加全省人防系统专业技能比赛。

县(市、区)人防工作 2007年，温州市11个县（市、区）开展人防工作，鹿城区、乐清市增挂民防局的牌子，乐清、瑞安、永嘉等县（市）完善内设机构，建立党组，工会等组织。40个人防重点镇分别建立人防领导小组和办事机构。瓯海区人防办在全区每个街道乡镇设立人防办事机构。

武警温州市支队

武警支队思想政治建设 2007年，武警温州市支队开展"弘扬人民军队优良传统，忠实履行新的历史使命"和"赞颂新成就，履行新使命，迎接十七大"主题教育。组织党委中心组重点学习科学发展观、胡锦涛"6.25"、"8.1"两个重要讲话和党的十七大精神等内容。组织副连以下干部培训和"四会"考核，举办基层保卫委员和思想骨干培训，开展送法下基层活动。对485名基层官兵进行思想大调查，使思想工作有针对性。加强警营先进文化建设，基层中队都建立网络学习室。新闻报道被省级以上用稿60余篇，支队政治处被浙江省总队评为新闻工作先进单位。

武警支队执勤 2007年，武警温州市支队在三中队召开正规执勤秩序现场会，对看守中队逐个实施"三个一遍"，搞好检查调研。坚持副班首长每日查勤、午夜查勤报告跟踪和定期通报执勤情况制度。完成日平均看守量约9000名，月平均押解量约700名的看守勤务。完成温州市、洞头县看守所嫌疑犯迁押、民间划龙舟安全保卫和市"两会"执勤等临时性勤务。专题召开执勤"软隐患"治理党委议中心会议，开展押解任务实地调研，支队实现连续12年执勤无事故。抓军事训练，新训工作获浙江省总队第2名。完成"罗莎"等三次强台风的防御和抢险救灾任务，抢救遇险群众982人，转移群众11 866人。苍南中队、平阳中队被浙江省总队分别记集体二等功和集体三等功。

武警支队组织水上抢险集训 2007年5月份，武警温州市支队抽调全区部队45名抢险骨干、22艘舟艇，在教导队组织开展水上抢险集训，进行船艇驾驶、水上营救、现场急救和航行编队等科目训练。

武警支队成立反恐小分队 2007年4月份，武警温州市支队抽调部分基层军事技术骨干在机动中队成立反恐小分队。分队按纲施训，以提高单兵突击、班组配合技战术为重点，提高反恐处突能力。

武警支队安全管理工作 2007年，武警温州市支队抓部队的安全管理。开展作风纪律教育整顿，加强新兵“第二适应期”部队教育管理。开展“条令法规学习月”活动，获总队条令法规知识竞赛三等奖。开展“暑期百日安全”活动，组织网上安全发展教育辅导。执行政治纪律和网络失泄密“十不准”。修订完善《支队车辆安全管理规定》，严格车辆使用管理。

武警支队完善“四配套”建设 2007年，武警温州市支队投入经费398万元，抓好“四项（执勤、训练、文体、生活）设施”配套建设。4月份至10月份，对所属单位“四配套”建设进行完善。4月份，召开完善“四配套”建设部署会；8月份，召开完善“四配套”建设瑞安现场会；10月底，对支队所有基层单位“四项设施”配套建设进行检查考核。

武警支队后勤建设 2007年，武警温州市支队加强后勤战备研究和建设，调整和修订应急保障各类方案，投入20万元完善战备设施，建立420个应急保障网点，形成温州地区应急保障网络。落实总队11项后勤管理新规章，组织网上法规集训。加大审计监督力度，落实岗位离任经济责任审计。支队后勤处、警勤中队分别被总队表彰为先进后勤处和红旗车分队标兵单位。

武警支队基层整体建设 2007年，武警温州市支队选准配强基层主官，基层中队普遍建立健全五人支委会，组织新任党支部书记参加总队培训，强化岗位锻炼。苍南中队党支部、洞头中队党支部书记分别被总队评为先进基层党支部和优秀党务工作者。对全区部队基层单位梳理归类、分清层次，实行部门包片，股队挂钩帮建责任制，对3个连续8年未跨入先进行列的中队落实党委成员结对帮扶，洞头、平阳中队跨入先进行列，瑞安中队进步明显。

边防支队

概况 2007年，温州公安边防支队抓作风转变、统筹协调和保障发展，推进部队全面建设。被浙江公安边防总队评为“先进党委”、“先进执法单位”。场桥边防派出所被公安部边防局评为基层建设标兵单位和先进党支部，霞关、场桥边防派出所记公安部边防局集体二等功，霞关边防派出所、鳌江边防派出所、舥艚边防派出所记公安部边防局集体三等功，2名警官记公安部边防局个人二等功，36名官兵先后记个人三等功，三分之一的基层派出所综合排名挤身温州公安机关前列。

爱民固边战略活动 2007年，温州公安边防支队在群众工作、维护辖区安全稳定、提供优质服务、化解矛盾纠纷、科技管边管海等方面有新突破。实施爱民固边模范村创建工作和关爱无助儿童工程。9月，浙江省边防总队在瑞安召开“创建爱民固边模范村、实施关爱无助儿童工程活动”推进会。场桥边防派出所主动联手地方党委政府，通过创建爱民固边模范村活动，使五兴村转变为环境卫生“示范村”、治安状况“文明村”、经济生活“小康村”。

边防业务工作 2007年，温州公安边防支队在辖区重点区域、治安复杂地段建起以人防、物防、技防为基础的打防控一体化的社会治安防控体系。全年共出动警力5744人次，查破各类案件1642起，打击处理违法犯罪人员2099人，缴获海洛因304.9克、冰毒256.198克、K粉5531.77克、铲除罂粟原植物2745株，查获各类赌博案件130起，抓获涉赌人员162人，缴获赌资人民币86万，美金2万余元，抓获各类逃犯83名。

边防支队拥政爱民活动 2007年，温州公安边防支队推出“8小时工作24小时服务”的便民制度，为体弱多病、行动不便的老年人开辟“绿色通道”，为外来务工人员开设“夜间办证通道”，为外出务工村民和偏远村民开通“上门服务通道”，为群众做好事、办实事、解难事共2352件，为辖区弱势群体捐款捐物共计价值3万余元。在抗击台风“圣帕”、“韦帕”、“罗莎”期间，共出动警力1800余人次，安全转移群众13.5万余人，救助遇险群众1400人次，抢救转移物资价值500余万元。

边防检查站

边检服务水平提高 2007年，温州边防检查站救助船舶15艘次、船员52人次，收到锦旗5面。开展“提高边检服务水平，我们怎么看怎么干”大讨论；组织汇编《边检服务理论读本》、《边检服务关键词手册》；开展“读优秀书籍，树职业精神”活动，受到浙江边防总队领导的肯定，在全省推广。加强业务技能培训学习，陆续举办各类学习培训班11期500余人次。加强边检服务领导、监督、评价机制建设。成立社会监督委员会、内部监督小组、维权应急小组、投诉受理中心等组织，运行好监督投诉维权机制。抓现场建设，投入10万多元专门用于站办证厅改造和监控设施改建。

边检站队伍建设 2007年，温州边防检查站通过“大教育”、“大讨论”、“大实践”，引导官兵反思“从业思想、职业行为、职业纪律”。在省边防总队开展的主题教育征文和演讲比赛中均获得三等奖。开设廉政党课、开展廉政谈话、举行廉政教育交流会，在全省反腐倡廉书画摄影作品竞赛中，获得优秀组织奖，“爱民固边”组照获公安部边防局三等奖。开展以“自励点亮人生，服务实现价值”为主题的励志文化建设。修改完善《站干部量化考核实施办法》和《站干部岗位津贴发放办法》，使干部素质能力、工作实绩和日常表现公开化、透明化。全年调整干部20多人次，部队反应良好。

边检站部队管理　2007年，温州边防检查站摸索总结出“两防”精准排查法，被评为省边防总队创新成果优秀奖。此排查法通过实地排查、表格排查、数字排查、人人排查等方式，较好地摸清部队安全工作底数。加强部队的正规化建设，以贯彻《内务规定》为主要内容，集中开展为期一周的封闭式训练，学条令，练作风；制订和完善《机关单身干部和基层干部管理规定》、《关于进一步改进和加强车辆管理使用的规定》、《自驾车管理规定》等一系列规章制度；建设并开通与七里分站的远程视频系统，抓基层正规化管理。以北仑四期执勤组为试点，制定一套常态管理制度，定时定人定事；建立《值班领导一周情况通报制度》，具体通报部队内务、安全、节能、车辆方面存在的一些问题。

边检站后勤建设　2007年，温州边检站解决营房置换问题，公寓房工程于4月开工奠基。中队工程强力进场施工。码头工程实现独建，岸线增加5米，建设资金由原来的60万追加到150万元。已建工程紧张结尾，七里分站工程在报部局审计；七里分站办公楼在进行工程决算和地方事务所审价审核。后勤保障日益规范，修订完善《基建项目经费管理规定》、《经费开支审批办法》，规范票据、现金、军粮卡及固定资产管理。

边检站双拥活动　2007年，温州边防检查站加强与地方联系，解决营房建设资金3796万元外，列入地方财政预算经费比上年增加20%以上。边检站关爱永嘉南正小学无助儿童，受到宣传；监护中队官兵照顾乐清柳市敬老院老人、勤务中队官兵照顾驻地孤寡老人。有两名官兵分别被温州市人民政府表彰为“十佳子弟兵”和“十佳爱民模范”。

机场边检站

概况　2007年，温州机场边防检查站共检查出入境航班647架次，机组人员6362人次，出入境旅客45 578人次，处理违法违规案件67起83人次，没有发生一起执勤事故和漏控、失控事件，没有发生一起行政复议案件。

机检站部队正规化建设　2007年，温州机场边防检查站通过开展条令条例学习月活动，加强以领导、机关、干部为重点的正规化管理教育整顿活动。出台《留营干部管理规定》、《士官量化管理实施办法》、《士官探亲、休假管理实施办法》、《驾驶员出车规定》等。定期召开安全分析会，分析形势，消除隐患。采取措施对“五条禁令”、“车子”、“台子”等重点环节加强管理，落实车辆管理规定，加强驾驶员教育，全年未发生一起违法违纪案件和行政责任事故。

机检站完善监督机制　2007年，温州机场边防检查站成立以检查站纪委牵头的内部监督机构与以地方党委政府及有关单位人员和出入境旅客组成的外部监督机构。在检查现场、互联网站上公布三级投诉电话、电子信箱、地址，制定服务质量旅客评价制度，安装服务评价器。每月定期召开业务例会，讨论执勤过程中遇到的各种新情况，研究对策和方法。通过每日录相倒查制度、每月不定期现场督查、日常的旅客评价等一系列措施，对执勤官兵进行评价，组织评选每月“服务之星”。

机检站队伍建设　2007年，温州机场边防检查站抓党委班子的思想政治建设，组织党委中心组学习17次，共有7篇理论文章被总队录用。开展“弘扬公安边防精神”、边检职业精神、廉政建设、十七大等多项专题教育，检查站党委班子成员主动下基层宣讲。每周二、四开展　“教育培训日”，安排理论、业务学习和体能、基本技能、军事等训练。加大与各兄弟单位之间的横向交流，先后组织2批16人次业务干部，到杭州、宁波机场等兄弟边检站学习交流。全站干部均通过岗位执法认证和省三级计算机等级考试，有9名干部取得国家公共英语三级以上证书。

机检站基础设施建设　2007年，温州机场边防检查站加强基础设施建设。协调民航及口岸联检单位，由民航出资为检查现场添置部分服务设施。先后投入10万余元，对现场执勤设施、服务设施及标识标志进行改造。新建人像比对系统，添置更新卡口工作台、填卡台、告示栏、引导牌、宣传架、执勤卡台、服务台、意见箱、便民箱、投拆箱等基础设施。

温州人在全国各地

全国各地温州商会

至2007年末，在外温州人在全国地级以上城市正式建立温州商会161家。2007年新建的商会：

1月23日，黑龙江鸡西温州商会成立。在鸡西市登记的温州商户56户，计300余人。

4月22日，深圳温州商会成立，有会员单位650多家。

6月30日，济南市温州商会成立。在济南的温州人有6万多，开办的企业超过3000家。

7月19日，北京温州企业商会成立，有会员企业1000多家。

8月26日，内蒙古自治区通辽温州商会成立。

8月28日，衢州市温州商会成立，有会员200余人，会员单位100余家。

9月7日，农八师温州商会成立。它是新疆生产建设兵团成立的首家商会。

10月18日，张家口温州商会成立，有会员320名。

10月29日，临汾温州商会成立。在临汾的温州商人有1万多人，各类企业700多家。

11月27日，宁德温州商会成立。在宁德的温州人创办各类经济实体1000多个，其中规模企业300多家。

12月8日，甘肃温州商会成立。

同日，绥化温州商会成立。在绥化的温州商人有近千名，创办企业200多家。

12月30日，常州温州商会成立，有会员单位180个。

同时，部分温州商会建立或吸收各种形式的分会。据不完全统计，建立分会的温州商会已约有30余个，以省会城市、直辖市和较大城市为主。

温州人在北京

七好集团获“2007十大慈善企业”称号

2007年4月26日，“2007中国慈善排行榜”电视颁奖晚会在中国人民大学召开。由温籍企业家周建云创办的七好集团，与中国石油化工集团有限公司、可口可乐中国有限公司等十家企业一同获“2007十大慈善企业”称号。七好集团董事长、东莞市温州商会会长周建云出席晚会并接受颁奖，周建云曾获得“2006十大慈善家”称号。

南都公益基金会在北京成立 温州商人周庆治在外创办的南都集团控股有限公司出资创立南都公益基金会，主要以提供资金的方式，对涉及外来务工人员子女教育、心灵关怀的志愿服务和公益创新项目进行资助。2007年5月30日，南都公益基金会在北京正式成立，宣布用5年至10年时间在全国捐建100所以“新公民学校”命名的公益学校，协助政府更好解决外来务工人员子女的教育问题，每所资助金额为150万元至200万元人民币。南都公益基金会将通过项目招标，选择合适的地方与非营利组织合作，进行学校的建设和管理。

北京温州企业商会成立 2007年7月19日，北京温州企业商会成立，温州市政府领导，北京各界有关领导和嘉宾，国内外著名企业家，港澳台工商界知名人士以及全国各地温州商会代表700多人出席会议。北京温州企业商会由中国国际贸易促进委员会北京市分会主管，有会员企业1000多家，会长叶茂西。

20世纪80年代中期，温州人开始到北京创业，至2007年，在京的温州人约有25万，创办企业3万多家，主要从事服装、印刷、房地产、百货、医疗器械、低压电器等行业，形成一批行业龙头企业。叶茂西创办的“西京”网印公司，是世界上较先进的丝网印刷工厂；李振开创办的金开利德服装市场，总投资9亿元；以温州人为主的北京南城浙江村是亚洲地区最大的服装物流中心，年交易额约400亿元人民币。

奥运场馆五分之二座椅由温商制造

2007年8月，“好运北京”奥运系列测试赛在部分已竣工奥运场馆举行，国际奥委会官员对场馆设施表示赞赏，这些场馆的座椅均为上海浩博椅业有限公司制造。上海浩博椅业有限公司是温州商人黄湘勋在上海创建的专业体育场馆座椅制造商。继2005年成为国家体育场“鸟巢”VIP座椅(贵宾座椅)唯一指定供应商后，开始为北京工人体育馆、北京奥林匹克公园网球中心等赛场制造座椅。北京2008奥运会在北京新建场馆12个，改、扩建场馆11个，临建场馆8个，共涉及约50万张座椅的采购与安装，其中五分之二由上海浩博椅业有限公司提供。

温州17家企业列中国大企业竞争力500强 2007年10月27日，国家统计局公布2007年度中国大企业集团竞争力500强名单，温州17家企业上榜，其中正泰集团列第12位。此次评价的指标体系是国家统计局按照影响企业集团竞争力的因素分为能力指标和机制指标。评价范围是2004年至2006年国家统计局《企业集团统计年报》中年营业收入和资产总计均在5亿元及以上的企业集团。

拜丽德亿元资助大学生创业 2007年12月5日，温籍企业拜丽德集团在北京启动全国大学生创业基金“千万亿”工程。“千万亿”的概念是：千，即在全国1000所高校实施大学生创业活动；万，即在每校认定10名学生组成活动实施团队，计10 000人；亿，即于每个活动团队投入10万元，共计1亿元。全国大学生创业基金“千万亿”工程由拜丽德集团和团中央相关部门共同发起，是面向全国在校大学生的一项公益性爱心活动。

杨焕明、王克明当选中科院院士 2007年12月27日，温籍科学家杨焕明和王克明增选为中科院院士。

增选为生命科学和医学学部院士的杨焕明是基因组科学家，1952年10月生于温州乐清市。1978年毕业于原杭州大学(现浙江大学)，1982年于原南京铁道医学院（现东南大学）获硕士学位，1988年获丹麦哥本哈根大学博士学位，现任中国科学院北京基因组研究所所长。他带领团队创建“北京华大基因研究中心”，领衔完成“人类基因组序列图”和“人类基因组单体型图”的“中国卷”，为中国的水稻、家鸡、家蚕等大型基因组，以及“非典”病毒等微生物基因组的研究做出贡献，对中国基因组学科规模化研究的发展起重要作用。

增选为技术科学部院士的王克明是著名的材料物理学家，山东大学教授，1939年3月生于温州乐清市。1961年毕业于山东大学物理二系，长期从事离子束与固体相互作用及材料改性的研究工作。截至2007年，温籍中科院院士共有19名，其中6人已去世。

李大鹏当选中国工程院院士 2007年12月29日，温籍科学家李大鹏当选为中国工程院院士。李大鹏是浙江中医药大学的教授、研究员、博士生导师，又是浙江康莱特集团董事长。30多年来，一直致力于中国中药现代化及产业化研究，率先从中药薏苡仁中分离出新的抗癌化合物薏苡仁甘油酯，并研制成中国第一个中药静脉乳剂——康莱特注射液，其科研成果“超临界二氧化碳萃取中药有效成分产业化应用”获得2006年度国家技术发明二等奖。李大鹏热心公益慈善事业，历年爱心捐赠超过2.2亿元。截至2007年，温籍工程院院士有2名。

温州人在上海

2万多家温商企业在沪发展 截至2007年底，温州人在上海创业、就业的人数20万，所办企业2万多家，在上海的投资总额超过2000亿元人民币，投资领域集中在电器、服装、制鞋、机械制造、印刷、房地产等行业。

温企在沪打造连锁加盟总部基地 2007年4月，由温州数码科技广场和顺生大酒店投资兴建的“全球品牌加盟中心”进入招商阶段。该中心临近上海浦东机场，将建成68万平方米的品牌代理基地，已完成12万平方米的配套设施建设和15万平方米的展示交易中心设计，预计三年内可以全部建成并投入运营。“全球品牌加盟中心”的前期招商工作已筹备四年，联合全球53个特许经营协会和728个国外商会协会，将从全球3万多家品牌连锁企业中优选1500家入驻。

亚龙集团创办上海电线电缆博物馆 亚龙集团董事长为温州籍企业家张文荣，该集团在建设工业园时，特划出2300平方米地块，创办上海电线电缆博物馆。2007年4月，上海电线电缆博物馆开门迎客，这是全国首家电线电缆博物馆。该馆收集400多种电线电缆，系统展示国内外电线电缆工业的发展进程。馆内有19世纪到20世纪英、美、法等国家早期生产的各种电缆，也有中国不同时期生产的各种电缆。除橡皮绝缘电缆等传统电缆外，还展示最新的磁悬浮电缆、核电站电缆、铝合金绞线等高端电线电缆。

温商打造房车亮相上海车展 2007年4月22日，由温籍企业家吴国琳控股的中欧集团生产的第一辆“中欧·奔驰旅居房车”，在第十二届上海国际汽车展亮相。该车由德国奔驰公司提供发动机、变速箱、底盘等设施，上部设施则由海姆公司和中欧集团共同制造。车内设有卧室、厨房及卫生间等，还配备有GPS卫星导航、多媒体视听、无线通话、无线网络等，可以满足高端客户的需求。

上海温州青年共话创业梦想 2007年6月16日，上海温州青年联合会第二期“青年论坛”在复旦大学举行，论坛主题是“创业人生、创业梦想”，旨在为创业青年和在校大学生提供一个近距离与成功企业家交流的平台。近百名在上海创业的温州青年企业家和上海各大高校科创类协会以及对创业感兴趣的学生约600人参加论坛。

上海温州商会组织回乡投资考察 2007年6月25日，上海温州商会组织50多名在沪温籍企业界精英集体回乡投资考察。当日，举行简短的合作项目签约及捐资仪式，总投资4亿元的医疗器械生产合作项目、国际品牌服饰生产基地合作项目分别落户龙湾区和苍南县。在沪温籍企业家捐助75万元，支持温州市新农村建设。

“创意投资论坛”在沪举行 2007年7月19日，由上海市创意产业协会、温州市政府驻沪联络处、上海市工商联温州商会、上海市浙江商会温州分会主办的“2007创意投资论坛”在上海举行，300多名在沪及异地温商参加。以“创意、智慧、分享”为主题的论坛倡导创意投资，力求将创意转化为企业和社会的财富。

温州人在天津

温州企业家在天津捐资助学 2007年5月29日，天津和平区举行“共享阳光”助学捐赠活动，由和平区委、区政府主办，驻和平区浙江温州商会协办。活动所募捐款全部注入即将成立的“阳光助学基金会”，帮助全区生活困难学生完成学业。驻和平区的浙江温州企业家当场捐赠600万元。

温州人在重庆

温州人新建的万吨浮船坞投入使用 长

江中上游作业的三峡大坝三期蓄水实现后，长江中上游需要满足更大吨位船舶上岸修理的船坞，以前只能满足5000吨左右船舶修理。温州人朱建生创办的重庆神溪船业有限公司抓住这一修船商机，投资4800万，2006年开始建设万吨级浮船坞"神溪一号"。2007年3月12日，在忠县新建的万吨级浮船坞"神溪一号"投入使用。

乐清商人包下渝东珍稀植物园 2007年3月，乐清商人叶日许承包重庆市巫山县渝东珍稀植物园，承包经营期为20年，计划将该园建成集珍稀植物、科普教育、旅游休闲于一体的珍稀植物游乐园。2007年5月1日，渝东珍稀植物园对外开放。园内有珍稀植物、名贵花木、经济林三大类苗木60多万株，是三峡库区最大的中华蚊母、疏花水柏枝抢救保护基地。

重庆模具工业园开园 2007年5月18日，重庆模具产业园一期工程——重庆五金国际机电城及西部机床设备交易中心正式开园迎接国内外客商。重庆模具产业园工程项目为2004年浙江省政府与重庆市政府联合签署的重大经济合作重要项目，占地面积3000亩，分市场交易区、工业加工区及综合配套区三大功能区，由戚列雄、谢仁兴、谢卫国、潘伟等四位温州企业家共同投资40亿元打造。

温州人在山西

太原温商每年上交税收20亿 2007年，在太原经商创业的温州人有6万余人，大小企业和个体经营户数千个，涉足煤炭、机电、装潢等40个领域。太原温州商人近年每年上交税收20亿元以上。

温州人在内蒙古

包头温州商会被评为先进民间组织

2007年4月10日，内蒙古自治区民政厅在呼和浩特市召开全区民政工作会议暨表彰大会。包头温州商会被授予"全区先进民间组织"称号。

二连浩特市温州商会捐助行动 共青团二连浩特市委启动"春风助学"行动。2007年5月，二连浩特市温州商会的金宪聪等，为12名贫困中小学生进行爱心捐助，与所捐助学生结成"一对一"帮扶对子，在银行为他们单独设立账户，建立"爱心"存折，每学期定期存入一定的资金供学生们使用。

何经鹏被评为包头市劳动模范 2007年8月6日，包头市召开庆祝内蒙古自治区成立60周年暨民族团结进步和劳动模范表彰大会。包头市工商联(总商会)副会长，包头温州商会常务副会长何经鹏被评为劳动模范。1994年，何经鹏以800万元买下包头市一家国营针织企业，开创包头市私企兼并国企的先河。1996年，包头市经鹏纺织有限责任公司成立，拥有两条大型生产流水线，年产值1500万元。

包头温州商会支持新农村建设 2007年8月3日，由包头市委统战部牵头，包头温州商会向东湾村捐赠新农村建设帮扶资金30万元，用于建设该村1.2公里长的水泥路一条。

温州人在辽宁

沈阳温州商会招商成果 沈阳温州商会成立于1999年9月26日。沈阳现有温州人6万多，创办3万余家企业，投资总额超过1000亿元。2007年温州日活动期间，温州商人与沈阳市签订51个项目的意向或协议，投资额183亿。沈阳温州商会在招商引资领域签约动工的工业项目有："沈阳温州工业园"、"包装印刷产业园"、"西班牙陶瓷城"等。房地产项目投资额超10亿元的"啄木鸟总部大厦"、"沈阳瑞盛国际汽配城"、"巴塞罗那"、"东北亚医药城"等在建设中。"沈阳数码通讯广场"、"中乾广场"等已落成。2月24日，沈阳细河经济区在温州举行招商项目推荐会，与沈阳温州商会、浙江亚伯兰电器有限公司等签订投资项目，资金总额30多亿元。

中变公司落户沈阳温州工业园 2007年11月10日，总投资3亿元的中变变压器有限公司落户沈阳温州工业园。至此，沈阳温州工业园已有13家投资超亿元的企业落户，总投资近20亿元。沈阳温州工业园规划面积1500亩，重点发展普通机床、重型机床、机床传动部件、输变电配套部件等产业和产业集群。

"沈阳东北亚医药城"奠基 2007年4月21日，"沈阳东北亚医药城"在沈阳市和平区奠基。此项目由温州人胡定海投资5亿元人民币兴建，占地1.2万平方米，建筑面积12万平方米，是沈阳市重点医药项目工程。

"中国国营第一店"成为"温商民企"

2007年12月27日，大连天百大楼重新开业。天百大楼是新中国成立后国内第一个国营百货商场。2006年7月，天百大楼因故宣布停业。2007年7月，天百大楼公开拍卖，温州人邹云光等五人共同出资6000万元，以竞价方式购买原天百大楼(北楼)，天百大楼由国营变成"民企"。10月，他们注册成立大连新天百有限公司，11月与大连市政府有关部门协商租赁天百大楼南楼，使新天百南北贯通，营业面积2万平方米。

温州人在黑龙江

温州企业开拓东北市场 2007年6月15日，在第十八届中国哈尔滨国际经济贸易洽谈会上，温州市经贸代表团携带7个合作项目，参加浙江——黑龙江能源资源及重点优势产业合作签约，总投资5.07亿元。据统计，从2004年至2007年的四届哈洽会上，温州企业签约项目总投资额已超过100亿元。

温州商会冠名健美比赛 2007年11月24日，迎接全国第十一届冬季运动会"温州商会杯"健美、健身小姐、健美操大赛在齐齐哈尔市电业文化宫结束。这次比赛由齐齐哈尔市体育总会、鹤城晚报、齐市电视台联合主办，齐齐哈尔温州商会取得本次比赛的冠名权。

温州人在江苏

南京温商投资科技园 2007年6月18日，南京工业大学科技产业园在浦口开发区举行开工建设仪式。该园一期占地面积约301亩，规划建筑面积24万平方米，总投资约3亿元人民币。这是南京第一个由大学和民营资本合作投资建设的科技产业园，占总投资大部分的民营资本来自温州商人蔡鸿友等人。蔡鸿友的荣达建设开发有限公司成为南京工业大学的战略合作伙伴，共同对科技园进行投资、管理与运作。

周忠怀创办华东文化市场 2007年7月18日，由温州龙港人周忠怀投资的南京华东文化市场开业。此市场依托温州龙港文化产业基地，以与文化品牌旗舰店联合为经营模式，是江苏省和长三角地区第一家集品牌文化用品仓储、展示、批发、配送为一体的市场。已有20多家国内一线文化品牌商入驻华东文化市场。

吕金航打造南京宁南汽配城 2005年，温州人吕金航投资5亿元打造南京宁南国际汽配城。一期6万平方米的汽配市场于2006年12月竣工并交付使用，百余家南京汽配商户入驻开业。2007年初，针对中国汽车售后市场业态变化和南京地区私家车越来越多的现实，吕金航将宁南国际汽配城二期8万平方米市场定位为汽车用品市场，填补南京该专业市场的空白。

肖绍静获“南京新长征突击手”称号

2007年，温州人肖绍静被共青团南京市委授予“南京新长征突击手”称号。肖绍静16岁到南京发展，19岁时租用某商场两个眼镜柜台开始创业，至2007年，在南京已有24家“明亮眼镜”直营连锁店，市场占有率超过10%。

苏州市温州商会筹建温州大厦 2007年12月16日，苏州市温州商会召开一届二次会议。大会上，工商银行苏州分行与温州商会签订多项合作协议，该行将为温州商人提供一系列有针对性的服务，为温州商人定制专门银行卡。温州商会宣布2008年将选址金鸡湖西中央商务区（CBD）核心地块筹建温州大厦。温州大厦项目拟建30层以上，总建筑面积超过5万平方米，投资约3.7亿元人民币，建设周期2年多。该项目将由温州商会统一协调，在苏温州商人企业会员按自愿原则参与的方式进行建设。常年在苏州的温州商人有20万。

5万温商在昆山年创造百亿财富 2007年，在昆山经商的温州人达5万余人，涉及房地产、餐饮、五金、化工、服装等60多个行业，每年在昆山创造总价值百亿元。在昆温商向贫困学生、弱势群体和社会公益事业捐款。据统计，昆山温州商会会员从2006年以来已捐款500多万元。

徐州4万温商投资近百亿兴业 2007年9月16日，徐州市工商联温州商会召开第二届会员大会。在徐温商有4万多人，投资近百亿元，提供就业岗位近5万个。徐州市工商联温州商会于2004年成立。

温州人在福建

温州人在福鼎规模投资超200家 2004年以来，温州商人开始在福鼎投资。截至2007年7月，在福鼎投资的温商有200多家，基本是千万元以上的规模投资。

宁德市温州商会成立 2007年11月21日，温州在外第156个商会——宁德市温州商会正式成立。成立大会上，温州商会向当地“光彩事业”首次捐资10万元。在宁德有温州人5万左右，创办各类经济实体1000多个，其中，创办上规模的企业300多家，主要涉及工业制造、房地产开发、能源开发、农业开发以及旅游业等行业。

温州人在安徽

温商集团打造温州人品牌 安徽温商集团投资有限公司（略称温商集团）成立于2003年7月。先后进军生产制造业、房地产业、流通贸易和中介服务业。温商集团在安徽境内投资4亿元，有20多家合肥温州籍商人企业加盟集团，其中包括“正泰”、“康奈”、“夏蒙”、“赛纳”等。集团旗下子公司、控股公司有7家。

由温商集团控股的合肥万好置业有限公司投资开发的"温莎杰座"是合肥市新站区的标志性建筑，温莎国际广场是安徽省内规模最大的国际购物休闲中心之一。另一个由温商集团投资的合肥汽配城改扩建项目，进入实施阶段，该项目占地74亩，总投资4.5亿元，建筑面积14.5万平方米，其中汽配市场7.2万平方米。

淮安温州商会换届 2007年11月8日，淮安市温州商会成立三周年庆典暨换届选举大会在淮安召开。淮安市温州商会成立三年来，有5000余名温州人落户淮安。在淮的1300多家温州工贸企业投资额400多亿元。

合肥温州商会投资18亿建产业园 2007年9月，合肥温州产业园入驻长丰县吴山聚集区，签约仪式在安徽大剧院举行。合肥温州产业园投资18亿元、占地1000亩。合肥温州商会专门成立产业园领导小组，多方宣传推广，鼓励温州企业家入园。签约仪式上，合肥温州商会党支部、会员单位向夏季遭受龙卷风袭击的长丰县吴山镇受灾群众捐赠10万元。

温州人在山东

蒋益东被评为济南创业十佳青年 2007年4月，蒋益东被济南团市委、国税局、工商局、济南日报报业集团、青企协评为第二届来济南投资创业十佳青年。2005年11月，蒋益东与当地众鑫公司合作，投资3亿元在济南建设山东齐鲁鞋城。鞋城总占地102亩，近7万平方米的规模集商品展示、批发零售、物流集散、商务办公、信息发布、娱乐餐饮于一体，填补济南鞋业商场化专业管理的空白。

济南市温州商会成立 2007年6月30日，济南市温州商会成立。在济南经商的温州人约有6万，主要从事鞋帽服装、房地产开发、汽车配件、机械制造、农副产品、眼镜灯具等十几个行业。温州人在济南建设、创办的皮鞋批发市场、服装批发市场等，年销售额在120亿元以上；创办的加工企业年产值超过40亿元。

济南温州商会协办招商引资推介会 2007年9月15日至16日，济南市商贸代表团到温州市举办商贸招商引资项目推介会。签订合同、协议、意向项目14项，投资总额50.5亿元。此次招商引资活动由济南市政府主办，市贸易服务局、市旧城改造投融资中心承办，济南市温州商会协办。温州工商企业界200多人到会，14个项目现场签约：清河煤矿培训中心改造开发项目，投资额8000万元；边庄片区开发项目，投资额1.7亿元；山东现代物流园项目，投资额5亿元；段店房地产开发项目，投资额2.7亿元；历城区洪南片区开发项目，投资额2.6亿元；市中区九曲片区开发项目，投资额8000万元；顺河商业街招租项目，合作经营面积7800平方米；西门电子城项目，投资额2000万元；章丘市温州工业园项目，投资额30亿元；章丘物流园区项目，投资额2.6亿元；章丘四星级酒店项目，投资额5亿元；长清区金合作购物广场项目，投资额1000万元；平阴县鲁西建材大市场项目，投资额7000万元；济阳变压器厂项目，投资额3000万元。

温州人在河南

郑州温州特色工业园奠基 2007年9月16日，全国首家由民营经济投资，集生产、研发、展示、销售为一体的温州特色工业园，在郑州市二七区马寨工业园安家落户。园区总投资4亿元，一期占地200亩，计划工期24个月。郑州市和温州市有关领导出席开工仪式，全国30多个城市的温州商会会长到场祝贺。常年在郑州的温州籍经营者约7万人，温州商会共拥有会员企业800个，主要从事商业贸易，年销售额超过500亿元。

4000温商驻马店投资兴业 2007年10月30日，驻马店市温州商会成立两周年庆典暨首届驻马店——温州经贸洽谈会在河南驻马店市召开。驻马店市有关部门和单位与温州企业进行项目签约，签约总金额近5亿元。驻马店市有温籍商人近4000人，创办的企业有160多家，投资近30亿元，资产逾亿元的企业有10多家。经营范围涉及电子、建筑、印刷、食品、医药、服装、家具、机械等行业。

温商收购洛阳国企 2007年，在洛阳投资、做生意的温州商人2.7万人，兴办企业600多家，洛阳温州商会会员企业200家，安排再就业人员2600多人，涉及房地产、钢铁、电力、旅游、酒店、服装、灯具、眼镜等40余种行业。

从2004年开始，温州商人在洛阳收购洛阳国企，主要集中在第三产业，涉及收购资金22亿元。2005年，温州人以5100万元的价格收购旋宫大厦。2006年3月，温旭涨联合其他7位商会会员花3000万元收购改制国企洛阳饮食服务有限公司，将其改造成小商品市场，主打温州货。洛阳大厦、大统购物广场和广州市场百货大楼等相继被温商收购。

温州人在湖北

温商建武汉礼品城 2007年3月7日，武汉国际商务礼品城项目在武汉市汉正街启动。该项目以温籍意大利侨领潘光宏为投资主体，耗资13亿元人民币。商务礼品城建筑面积16万平方米，有2600个门面，是全国单体最大的商务礼品城。

十堰温州汽配工业园奠基 2007年7月31日，武汉温州商会投资的十堰市高新区温州汽配工业园正式奠基。十堰温州汽配工业园是2005年10月湖北光彩事业（十堰·丹江）库区行的签约项目。该项目拟投资5亿元，以多层标准厂房的模式进行园区规划设计，以高档社区式物业管理方式为商家提供贴心服务。园区规划总面积2000亩，首期开发440亩，可容纳30家中小企业入驻发展。

武汉温州商会举行十周年庆典 2007年12月3日，武汉温州商会举行创建十周年庆典，全球各地100余家温州商会会长汇聚武汉。武汉温州商会创建于1997年，拥有鞋业、服装、汽摩配、灯具、皮革、印刷、礼品等15个分会，会员企业1000多家，从业人员17万人。

温州人在湖南

温州人在常德投资30亿元 至2007年，温州人在常德投资总额约30亿元，涉及房地产、矿产开发、化工、商业流通等10多个领域。常德市温州商会成立于2002年7月20日。为常德市公益事业捐赠捐物120多万元，先后引进常德兴隆装饰城、湖南创业德力西电气有限公司、广宇商务楼等项目，在鼎城区着手修建总投资3.5亿元、一期用地500亩的温州工业园。

温商在恩施投资过亿建宾馆 2007年5月30日，温州洁瓴不锈钢有限公司通过公开挂牌竞标方式，以1800万元竞得五指湖片区的土地开发使用权。五指湖片区位于恩施经济开发区上官田许家坪机场路入口右侧，占地面积160 717平方米。该公司将投资1.5亿元建全州第一个生态环保型五星级酒店。

温州人在广东

中山温州商会产生品牌效应 广东中山市约有1.3万温州人，绝大部分从事灯饰行业，还有小部分从事五金、服装、物流等行业。2004年，中山市温州商会成立，有会员企业180多家，2007年发展到330家。中山市温州商会产生品牌效应，已吸引60多位宁波商人加盟，成为温州商会的会员。

温商率先在国内生产“电子纸” iRex科技有限公司承担飞利浦集团“电子纸”的科技攻关。“iRex”首席技术官、华裔科学家周国富博士带领旗下团队开发出技术领先的“电子纸”。2007年，温商朱清国与其签下合作协议，成为“iRex电子纸”中国唯一总代理，在广州生产“iRex电子纸”。“iRex电子纸”利用电泳显示技术（也称油墨显示技术）原理发明而成，可以通过无线接口下载即时新闻。这种“电子纸”利用环境光来进行阅读，字迹非常清晰，同时配有电磁感应笔，可以在上面随意书写。

温州人在四川

中国西部服装产业园奠基 2007年11月11日，由温企法派集团投资开发的中国西部国际服装产业园在四川简阳市奠基。该产业园总规划投资25亿元，总占地面积1500多亩，第一期项目占地350亩，为法派的西部主体工业园。第二期分别由法派集团及其它服装企业实施联合投资。产业园将设计容纳各类服装企业和配套企业30多家。建成后预计可实现年产值70亿元，是集服装加工、面料交易、研发设计等为主要功能的服装生产基地。

四川省温州商会举行十周年庆祝会 2007年12月29日，四川省温州商会在成都体育场举行商会成立10周年的庆典暨“放歌奥运——四川省温州商会为奥运喝彩演唱会”大型晚会。晚会所有门票收入捐给“栋梁工程——温州商会助学基金”。四川省温州商会现场向该基金捐赠300万元成立金。

温州人在贵州

温州姑娘毛陈冰千里献血贵州 2007年9月14日，温州姑娘毛陈冰，从网络上得知稀有血型的产妇杨昌花病危的消息后，只身一人借钱辗转48小时赶到贵州山区，献出240毫升鲜血，及时拯救产妇杨昌花的生命。10月19日，毛陈冰与中央电视台《中国骄傲》摄制组再次踏上贵州。

贵州温州商会促使温籍企业家考察 2007年初，贵阳市、黔东南、黔南、黔西南、毕节、铜仁等6个地、州、市党委政府委托贵州省温州商会组织温州籍企业家到贵州省考察。商会出资100万元具体承办，负责人专程前往温州、上海、广州等城市落实。在贵州温州商会的促进下，2007年4月18日至22日，来自国内外的近200名温州籍企业家到贵州省进行项目考察和投资洽谈。贵州省温州商会从2003年10月成立至今，已为贵州省引进50多亿元的投资。

温州人在陕西

八百温商共议全民创业计划 2007年9月2日，约800名在西安创业的温商代表会聚一堂，共商如何借西安市委市政府推进全民创业的东风，发展壮大。西安温州商会与西安市相关部门协作，就全民创业计划，针对普通市民开展一系列活动。

早在20世纪九十年代初，西安温商就自发联合起来。1995年10月8日，经西安市政府批准成立浙南工贸协会（后更名为西安温州商会），是全国第二个异地温州商会。在西安投资创业的温州人有10万多。

温州人在甘肃

温州商会酒泉签约20亿 2007年6月6日，酒泉市肃州区政府与甘肃温州商会考察团项目签约仪式在酒泉饭店举行，签约金额20亿元。甘肃温州商会考察团至酒泉市肃州区经过两天的考察与项目洽谈，共确定温州工业园开发、不锈钢工业园开发、酒泉城市商业银行等7个项目的合作协议。酒泉与温州客商的合作最早可追溯到20世纪80年代初。

甘肃省温州商会成立 2007年12月8日，甘肃省温州商会在兰州成立。同日，兰州专门向来自全国各地的135位温州商会会长举办招商项目推介会，推出165个招商引资项目，涉及石油化工、装备制造、特色园区、新农村建设、太阳能产业、土地开发、城中村改造等10个领域。在甘肃的温州籍工商业者超过10万人，创办工商企业近万家，涉及家电、机电、房产、服饰、百货等多个行业。

温州人在青海

昆山温州商会在青海建希望小学 2007年9月18日，由昆山市温州商会捐资40万元修建的隆中昆山温州商会希望小学在湟中县甘河滩镇隆士干村落成，100多名孩子有新的学习环境。2007年初，昆山温州商会在湟中县考察时，捐资40万元，湟中县政府配套20万元修建新隆士干村小学。工程从4月开工，8月底完成并投入使用。新修建的学校有建筑总面积为610平方米的教学楼一幢和新的栅栏式围墙、厕所、操场等。

温州人在宁夏

银川开发区设立“温州工业园” 2007年，银川市温州商会组织实施的“温州工业园”开始建设，规模为1000亩园区，主要发展机械电器装备制造业、新材料产业、轻工纺织业、汽摩部件产业等。进入园区的企业同样享受国家、自治区和银川市以及开发区的多项优惠政策。园区管委会以优惠的投资环境和投资政策，吸引有温州实力的企业在工业园投资办厂。

温州人在新疆

新疆温州企业家高峰会举行 2007年1月22日，首届新疆温州企业家高峰会在乌鲁木齐举行，与会200多名温商发出《新疆温州企业家合作发展倡议书》。新疆有温州人10多万，在乌鲁木齐有6万多，从事商贸、基础设施、工业企业，每年创造100多亿元产值。

温籍港商周建云捐助千万元 2007年1

月22日，新疆维吾尔自治区主席司马义·铁力瓦尔地在乌鲁木齐会见世界华侨华人社团联合总会副会长、香港七好集团董事长周建云一行，对周建云向新疆捐助1000万元表示感谢。周建云是温州籍爱国港商。2006年1月，新疆发生特大雪灾，各族群众遭受严寒威胁，香港七好集团加班为灾区群众赶制价值百万元的棉衣、棉被等御寒物资。2006年底，周建云再次向新疆贫困地区捐助价值500万元的生活用品。2007年初，又确定向新疆贫困地区捐助500万元。

新疆民族服饰变身为温州品牌 2007年初，成立不久的新疆艾得莱斯服饰有限公司开发出女装、领带、丝巾等产品，并在新疆乌市温州工业园区筹建艾得莱斯绸博物馆。该公司由在新疆经商的温州人徐建新创办，并注册“艾得莱斯”商标。新疆维吾尔族服饰艾得莱斯绸出现距今已有近3000年，是新疆喀什、和田地区特色传统手工艺织品。

和田温州商会投资成立典当公司 2007年3月28日，由和田地区温州商会以及农十四师国资公司、棉麻公司共同投资500万元成立的和田中汇典当有限责任公司开业。和田温州商会成立于2001年12月31日，有正式会员73人，主要从事商贸、酒店、企业、销售等。

温商创建水磨沟工业园 2007年8月，温州商会与新疆水磨沟区签订协议，水磨沟区政府将以水区工业园作试点，从园区规划用地范围内划出3457.92亩建设用地，支持新疆温州商会带领创办工业园区。根据《新疆温州商会在水磨沟工业园创办新疆温州工业园协议书》，温州商会将引进符合园区产业导向的中小企业300余家，引进企业总投资额规模不低于60亿元人民币，重点发展外向型和都市型工业，引进针纺、食品、建材、家具、印刷等产业。初步商定三年内完成温州工业园的建设。

温州企业捐资设立奖学基金 2007年8月19日，浙江温州恒生资产管理有限公司向新疆财经大学捐赠100万元，设立奖学基金，帮助该校贫困大学生完成学业。团中央书记处书记、全国青联副主席尔肯江·吐拉洪出席捐赠仪式。

全国温州商会年会在乌鲁木齐召开 2007年9月21日，由乌鲁木齐市、温州市人民政府主办，新疆温州商会承办的“第五届全国各地温州商会年会”在乌鲁木齐举行。全国各地温州商会年会是由温州市政府牵头、全国各地温州商会参加的全国性经济盛会，先后在昆明、哈尔滨、广州、石家庄举办过四届。此届年会以“和谐、发展”为主题，旨在加强新疆与浙江、乌鲁木齐与温州两地政府间的沟通与协作，加强新疆企业与全国各地温州商会之间的交流与合作。中共温州市委、温州市人民政府率领各相关部门、温州知名企业家及全国各地150多家温州商会的代表来疆，与新疆14个地州市招商局、开发区、工业园区及有关厅局的代表进行贸易洽谈，与会人员近千名。会议期间举办第五届全国各地温州商会新疆经贸洽谈会。新疆招商发展局收集、整理2000多个招商引资项目。

温州商人设立新疆慈善基金 2007年9月21日，在第五届全国各地温州商会年会期间，在新疆的4名温商分别斥资500万元，设立四大慈善基金，分别为新疆温州商会·新乐投资集团社会爱心基金、圣雄集团复明基金、德汇实业集团“我想有个家”流浪儿童救助基金、海大酒店“见义勇为”英雄慈善救助基金。

温州人在西藏

南时珍登顶珠峰 2007年5月21日6点47分58秒，温州人南时珍成功登上海拔8844.43米的珠穆朗玛峰，并于当晚19点50分安全下撤到海拔6500米的ABC营地。南时珍成为温州第一个登上世界最高峰的人。

时43岁的南时珍是中国著名的登山运动员，温州市鹿城区洪殿人。此前曾经登上海拔8027米的西夏邦马峰，多次登上海拔8201米的卓奥友峰。2007年上半年，温企蜘蛛王集团与中国皮鞋和制革研究院联合提出《极地条件下检测“鞋生命”》的课题，蜘蛛王斥资100万元选拔登山勇士，南时珍在全国海选中成为“蜘蛛王勇士”。

西藏温州宾馆开张 2007年，西藏温州宾馆在西藏布达拉宫边开张营业。温州宾馆负责人黄城生是温州市鹿城区人。宾馆是按三星级标准投资兴建的涉外旅游酒店，共有72间客房，供应的菜肴包括藏菜、粤菜、川菜以及温州菜等。宾馆特聘温州数家大酒店的4名厨师来做温州家乡菜，一些菜品从温州空运过去。

温州小伙去珠峰“捡垃圾” 2007年5月22日，温州小伙季善奔坐上北京到拉萨的飞机，到珠峰“捡垃圾”。经过层层选拔，季善奔成为“2007地球第三极珠峰大行动”的一员，是浙江省第一位通过选拔参加此项行动者，也是华东区的唯一代表。

温州人在浙江各地

温州诚信日活动在杭州举行 2007年8月8日是第六个温州诚信日，温州市政府和温州市品牌企业代表，在杭州武林门广场点燃“诚信之火”、“品牌之火”。温州市企业诚信促进会会长南存辉发表《诚信宣言书》。温州品牌协会名誉会长王振滔发表《品牌强市倡议书》。52家获得“中国驰名商标”的温州企业，在活动现场进行企业品牌展示。温州鞋企吉尔达鞋业现场向泰顺贫困山区捐款50万元，奥康集团向温州贫困学子捐款80万元。

南存辉等资助青年创业 2007年9月3日，由共青团浙江省委等单位联合企业家设立的“浙江青年创新创业基金”在杭州启动。该基金由11位浙江青年企业家分别出资1000万元，设立总额为1.1亿元。正泰集团董事长南存辉、奥康集团总裁王振滔、美特斯邦威董事长周成建3位温籍企业家是该基金的发起人。从2008年起，该基金理事会将每年定期组织开展“创业浙江”大赛，创业奖获得者由所在市级建设银行提供不同额度的优惠利率贷款。

温商投资打造国际服装贸易平台 2007年3月，温籍侨商姜际春与其他几位温籍合作伙伴一起拿下杭州四季青服装交易中心国际服装城项目。四季青国际服装城项目总投资3.8亿元，总面积7.3万平方米。将引进欧洲、日韩、中国港台二、三线服装品牌入驻，与国内其他服装品牌同台展出。

温商建设中国国际紧固件五金城 2007年4月1日，由温州泰顺人蔡志远投资建设的中国国际紧固件五金城在浙江海盐经济开发区举行奠基仪式。五金城建设用地面积为335亩，总规划面积50万平方米，市场规划包括产品交易区、市场服务中心、物流配送中心、展示中心、国际采购总部、商务酒店等，共设铺位2200余间。

金华温州商会获银行授信15亿元 2007年9月6日，总部位于义乌的浙江稠州商业银行与金华温州商会授信合作签字仪式在义乌举行，商行同意合作授信于金华地区的温州商会会员企业共计15亿元，以解决商会企业在发展过程中融资难问题。据统计，在义乌经商的温州人有十多万，拥有自有资金80多亿元，年销售额200多亿元。

温商杭州4S店卖飞机 2007年7月23日，杭州余杭的广厦天都城内国内首家通用飞机4S店开张，目标客户是长三角地区民营企业。飞机4S店开张一天后，已有17家飞机公司表达入驻意向。温州人许伟杰创办的西安西捷飞机有限公司成为首家入驻该店的飞机销售企业。2007年5月23日，西安西捷飞机有限公司在西安阎良国家航空高技术产业基地开工建设，该项目初期投资380万美元，年产量可达100架。

温商投资“平湖温州高科技产业园” 2007年7月7日，平湖市举行平湖市、上海松江温州商会经济合作洽谈会，上海松江温州商会50家企业计划联合在独山港区投资创建“平湖温州高科技产业园”，双方签订项目合作意向书，重点发展太阳能（光伏）、风能、光电（家电）、IT、汽摩配及飞机、火车专用座椅等高新技术产业。

温州人在香港

旅港温州人共庆香港回归十周年 2007年6月30日，近千名旅港温州乡亲在香港旺角的伦敦大酒店聚会，共同庆祝香港回归十周年。香港温州同乡会成立22周年暨同乡会第12届理监事会就职大会同时举行。

香港回归祖国十年来，温港两地之间开展交流与合作。据市外经贸局统计，从1997年到2006年底，温州出口香港贸易额达147 489万美元；香港在温州投资286 567万美元，注册资金158 232万美元。香港温州同乡会于1985年9月成立，旅港温州人有2万多。

温州人在台湾

台北温州同乡会 在台温州人有20万左右，散居于台湾各地，台北约2万人。1958年7月27日，台北市温州同乡会成立。台北市温州同乡会以联络乡谊、共谋福利为宗旨。该会曾接待来自家乡参访团50多团次（包括荷兰、纽西兰、洛杉矶的温州同乡会），个别拜访者500多人次。台北市温州同乡会曾数次组团返乡访问各县市，举行投资、教育、青年座谈。

2007年4月18日至29日，以温州市委统战部副部长陈景云为团长的经贸考察团赴台湾考察。期间，考察团一行拜访台北温州同乡会，双方举行交流座谈会。

温州人在世界各地

温州人在美国

林光任美“亚太商业委员会”委员　2月7日，美国联邦商务部少数民族商业发展署和东北区办公室在纽约曼哈顿下城联邦大楼举行“亚太裔商业委员会”授权大会，会上任命了25位华裔、韩裔及越棉寮菲的社区领袖担任委员，温籍侨领林光获任委员会委员。

纽约温州同乡会成立30周年会庆　2月25日，美国纽约温州同乡会成立30周年会庆在华埠金丰大酒楼隆重举行。中国驻纽约总领事刘碧伟、纽约市议员刘醇逸等嘉宾和温州同乡千余人欢聚一堂，共贺温州同乡会诞生30周年。会上，温州侨办敬赠锦匾给年过八十的荣誉会长黄益崇。83岁的陈金宝花女士捐款1000美元资助家乡贫困大学生。

郑加彪当选华人社团联合会副主席　3月25日，由美国南加州40多个华人社团联合组成的“南加州华人社团联合会”第二届领导集体正式就职。著名爱国将领张治中之女、清华北美教育基金会会长张素久担任联合会主席，洛杉矶温州商会会长郑加彪等6人任副主席。

温州旅美同乡会举行十周年庆典　3月30日，温州旅美同乡会在美国加州洛杉矶郡蒙特利公园市举行成立十周年庆祝酒会。当地政府、各个主流侨团和温籍华侨等500多人参加庆祝酒会。温州市政府也派团参加酒会。中央、省和市级的侨办、侨联，加州当地各级政府以及美国劳工部长赵小兰发来贺电。3月31日晚，作为庆祝活动重头戏之一，张靓颖北美演唱会暨温州旅美同乡会成立十周年庆祝晚会在洛杉矶举行。

温州民企在美建立工业园　5月11日，温州民营企业通领科技集团与美方正式签约，宣布投资1亿美元在亚特兰大市建设占地达1300亩的低压电器工业园。这是中国民营企业第一次把工业园区设到美国。 通领集团主要生产GFCI(接地故障漏电保护装置)，该产品是美国强制推行的安全装置，每两年必须更换一次，在美国已经形成每年30亿美元的巨大市场。通领科技集团拥有5项美国发明专利，其产品畅销美国市场。

温州通领科技集团在美维权获完胜　7月10日，美国新墨西哥州联邦分区法院判定通领科技集团制造销往美国的GFCI产品(接地故障漏电保护装置)，不侵犯莱伏顿公司的美国专利。至此，持续3年多的官司，终以通领科技集团胜诉而告终，这也打破了在涉外知识产权纠纷中，中国企业没有完胜的局面。2004年4月，美国电气巨头莱伏顿公司以侵犯其美国专利权为由，分别在美国新墨西哥州、佛罗里达州、加州等地方法院起诉4家通领科技集团的重要经销商。2004年10月，通领科技集团主动以制造商身份加入诉讼案，并为全部被告承担诉讼费用和侵权担保。

莱伏顿公司是世界500强。莱伏顿公司的策略是把专利诉讼作为商业竞争的工具，利用两个专利陆续发起多个侵权诉讼，以高昂的诉讼费和漫长的诉讼周期拖垮通领。这场马拉松式的诉讼，也确实使通领科技集团一度陷入困境，客户纷纷延期订货、停购甚至退货。但通领科技集团咬牙坚持，3年来，花费200多万美元诉讼费，走完了美国法律规定的所有应诉程序。这一案例是中国企业海外依法维权的成功典范，说明中国企业已经掌握美国知识产权专利诉讼的游戏规则，具备了对美国复杂和难以操作的知识产权官司的驾驭能力，对中国企业跨国经营及应对涉外知识产权诉讼具有重要启示。

温州首批2名汉语教师志愿者赴美　2007年8月，应美国政府邀请，温州市首批两名汉语教师志愿者赴美国从事中小学汉语教学工作，为期2年。她们是温州中学的钱盈和温州七中的朱海娜，两人都是英语教师。

温州人占据曼哈顿批发市场　曼哈顿批发市场是全美著名的小商品批发市场，温州人1995开始到此做生意。到2007年，曼哈顿批发市场温州籍批发商已达200多家，在这里工作的温州人超过1000人，占据半个批发市场，主要销售皮带、皮包、帽子、围巾和手套、打火机、手机袋、内衣、内裤、拖鞋等日用品，以及水晶工艺品等，每周从中国大陆进口200多个货柜。旅美温州人以“当老板、也能睡地板”的低调、苦干精神，短短10多年在曼哈顿创造了经济奇迹。

温州人携手进军纽约建筑市场　2007年，在纽约的温州人建筑公司有二十多家，装修公司有一百多家。纽约是个老城市，房子都很旧。华人买下房子后，就设法扩建。有的是增大房子面积，有的是增加房子层数，有的在大面积房子中间建道墙，改为两家庭或三家庭的住宅，还有的是拆旧建新。温州人早期都是装修房子，没有钱投资盖房子。这些年，随着纽约房地产市场的兴旺，做生意赚了钱的温州人投资房地产的越来越多。温籍华侨喜欢雇用温州人，温州建筑工人也愿意为温籍华人打工。雇主和工人不是亲戚，就是同乡，大家互相帮忙。这种家族和同乡式的操作模式把许多温州人带进建筑业，开始在法拉盛、可乐娜等华人聚居地买地盖房。办装修公司不需要本钱，拿了定金才买材料。学会建筑技能后就可以做老板。因此，温州人的建筑公司增长很快。为了降低成本，许多材料从中国大陆进口。

温州籍华裔少年获“总统教育奖” 2007年6月，祖籍瑞安的美籍华裔12岁少年陈路，获得布什亲笔签发的2007年度“总统教育奖”。该奖是美国政府表彰小学至高中阶段学生的最高奖项。该奖项以学业、领导才华、个人特质、社区贡献和学校活动等来评定。每年从各州选拔出品学兼优的男女学生各1名，外加艺术才能杰出的学生20名，到华盛顿参加颁奖活动。2007年，美国共有100多名学生获此奖项。

陈路父母是留美学生，现在美国工作。陈路的童年在瑞安度过，会说一口流利瑞安话。他从小喜欢音乐，不仅会弹钢琴，小提琴也拉得非常棒。8岁那年赴美，上小学后不久，就担任了学校的小提琴演奏队队长。他还非常喜欢玩橄榄球，成为学校的橄榄球队队长。现在已是美国宾夕法尼亚州哈里斯市学校初一学生。刚一入学，他就向学校提出申请，要求参加初三数学课程的学习，获得了学校的批准。

温商洛杉矶房地产业淘金 洛杉矶是美国第二大城市。10多年来，洛杉矶市区主要发展商业，忽视了居住和文化娱乐功能，造成居民大量迁移至郊区，市中心日益萧条。2003年9月，洛杉矶政府宣布将斥资12亿美元，启动复兴洛杉矶市中心项目，拟建成不夜城。这个复兴计划的项目中80%的投资都来自于海外。温籍侨领、洛杉矶成德物业有限公司董事长林德宪1995年就已进军洛杉矶房地产业。温籍美国侨领谢正兄担任董事长的美国加州房地产开发公司，也正在参与复兴洛杉矶市中心项目。开发包括距离市中心五六分钟车程的一些地块，还有市中心“中国城”地块，共有数百套房子。此外，温州本土的企业家也积极参与洛杉矶复兴计划中来。

纽约温州同乡会救助洞头尿毒症患者 2007年2月，洞头县北岙镇大王殿村21岁女青年吴珍珍被查出患有尿毒症。不到一年时间，花去医药费15万元，由于家庭贫困，珍珍之前的治疗费大多都是借的。钱用完后，一家人陷入了困境。在大王殿村任驻村指导员的温州侨办副主任周顺来得知吴珍珍的情况后，联系了美国纽约温州同乡会。12月3日上午，同乡会一行人来到珍珍家进行慰问，送上45 695元爱心款，吴珍珍终于有钱治疗了。

2007年12月3日，美国纽约温州同乡会向洞头大王殿村尿毒症患者吴珍珍捐款45 695元。

温州论文入选美国气象学会研讨会 温州市气象局黄克慧等人撰写的《Forest Fires Detected by Using Doppler Weather Radar》（用多普勒天气雷达探测森林火情）论文被2007年10月23至25日在美国缅因州举行的第七届火与森林气象学术研讨会（Seventh Symposium on Fire and Forest Meteorology）录用。该研讨会由美国气象学会农业森林气象委员会和东北防火科学工作组联合举办，有加拿大、澳大利亚、日本、法国、意大利及美国等西方发达国家大学科研机构和业务部门的科研人员出席。黄克慧等人撰写的论文是国内使用多普勒雷达CINRAD-SA探测森林火灾的首篇文献，也是中国入选该次学术研讨会的惟一论文。文章分析了用多普勒雷达探测温州市及周边地区森林火灾的案例情况，多普勒雷达的回波特征以及潜在的应用价值。

“泰顺廊桥”走进哈佛课堂 2007年，精美的泰顺廊桥漂洋过海“走进”了美国哈佛大学的课堂。打开哈佛大学的网站，在该校东亚语言与文明系中国地方史的教学网络上，就能看到泰顺古廊桥、古民居等数十幅照片和相关的文字介绍。

地处浙南山区的泰顺至今仍保存着传统的桥梁、官道、民居、寺庙，以及宗祠、家谱等。其中，30余座廊桥至今仍在使用。2006年夏天，哈佛大学东亚语言与文明系教授包弼德和复旦大学教授吴松弟带领泰顺地方历史文化考察队约60人，对泰顺的廊桥和民居进行了为期30天的考察。包弼德回美国后，在为哈佛全校本科生开设的中国通史课和为东亚语言与文明系研究生开设的中国地方史课程中，开始以泰顺为例进行分析，并频繁使用上年考察时获取的相关照片和资料。精美的泰顺廊桥成了哈佛学生心目中一个极具中国特色的风景，并且作为中国传统地域文化的代表，成为哈佛学生研究中国的一个“窗口”。

温籍学子周昌印做客比尔·盖茨家 2007年，从苍南龙港走出来的温籍学子、28岁的周昌印应邀赴美，成为比尔·盖茨家中的座上宾。周昌印2002年从复旦大学本科毕业后，曾在上海的微软全球技术中心工作过两年，后来又考读了复旦大学硕士生。2006年3月，他被北京的微软亚洲研究院录取，专攻计算机视觉研究。实习期间，周昌印有两篇论文被国际期刊和国际大会录用。实习期满后，他获得了赴美访问机会，与盖茨共进晚餐是访问内容之一。

温州人在加拿大

滕达捐建温州会馆　2005年2月，滕达被推选为加拿大温州同乡总会会长。6月，滕达在加拿大温哥华购买了一处房产筹建为温州会馆，捐赠给加拿大温州同乡总会。12月9日，开馆仪式在温哥华市维多利亚街隆重举行。加联邦多元文化部长陈卓愉以及中国驻温哥华总领事田春燕等前往庆贺。现在，会馆已成为同乡们互相联络交流的服务中心，吸引了许多有爱心有才能的同乡们在会馆里做义务工作。会馆经常安排各类知识和信息讲座，帮助新移民适应新环境。同时，新老同乡经常在此聚会，大家奉献和分享着彼此间的智慧与才能、关心与温暖，都觉得受益不小。

温州人在意大利

温州人在罗马　罗马是温州商品销往欧洲各个国家的集散地，温州的货源好，物美价廉，很受欧洲人欢迎。从1997年开始，罗马已经有十来条街的店面大部分被温州人买下，房租每年高达数十万元人民币，给当地居民带来了丰厚的收入。华人的凝聚力和整体发展令当地政府非常关注，并给予华人贸易总会非常大的支持，每年罗马华人举行大型中国传统文化活动时，都会邀请当地政府官员参加。在罗马的温州商人有1万多人，2007年温州同乡花500万元人民币买下一处180平方米的会所，从此温州人在罗马就有自己的“家”了。

潘永长当选罗马移民议会议长　2007年1月，潘永长在罗马市政府移民议会议长换届选举中当选新一届议长，任期5年。1964年出生的潘永长祖籍温州永嘉，1986年随亲戚移居意大利。旅意后主要从事餐饮业，积极推动中意交流合作。2004年3月28日，罗马市由128个移民国代表参加普选的“移民议会”议员结果揭晓，潘永长作为得票最多的前23名移民代表之一顺利进入议会。

温商进军意大利零售业　3月29日，温州商人徐家驹在意大利的第二家经营面积超过1500平方米的新时代商场在意海滨城市佩斯卡拉市附近正式开业，把温州的优质服装、鞋类产品推向意大利零售市场。开业庆典上，当地市长和中国驻意使馆领事到场祝贺。徐家驹表示，在海外商业圈立足，一定要研究当地主流社会商业企业不同的经营模式，再根据自己的特长，尽快在经营战术和战略上实现本地化。新时代商场就大量雇用了当地的意大利人担任营业员，由他们向当地消费者推介来自中国的、高质量的时尚商品和传统商品，让消费者认可并接受中国制造的商品。

《欧华联合时报》成立十周年庆典　5月12日，《欧华联合时报》社成立十周年、欧华传媒网(www.ouhuaitaly.com)正式启动暨与新华社专版合作庆典大会在罗马市著名的ST.REGIS GRAND HOTEL宴会大厅举行。1997年2月19日，一群温州籍爱国侨领在意大利罗马创办了《欧华联合时报》的前身《欧华时报》。十年来，《欧华联合时报》与意大利的华人社会一起成长。2001年以来，《欧华联合时报》先后与《温州都市报》、温州报业集团、中央电视台海外节目中心、新华社签订了合作协议。《欧华联合时报》已经成为温州人在海外弘扬祖国文化的代表作，旅居意大利的广大温州籍侨胞更是将它视为“精神家园”。

温州人在普拉托创办服装企业　普拉托(Prato)位于意大利中部，距离意大利文化复兴城市佛罗伦萨仅10多公里，人口20多万，是欧洲著名的纺织品集散地。20年前，普拉托的伊欧楼和达沃拉工业区都是意大利的纺织批发企业，现在已有95%的企业被华人并购。温州华人买下工厂，聘来意大利或欧洲服装设计师画草图大样，打样出来后，立刻裁布缝衣，生产速度快，价格便宜，交货迅速，让旁边的意大利工厂纷纷停业，并一间间卖给温州人。除了当地服装设计师外，工厂上上下下全是华人，布料多半由中国进口，制作出来的衣服全都贴上Made in Italy。这些物美价廉的服饰卖到欧洲各地，销路很好，订单不停涌入，工厂几乎全天候在运转，有的衣服甚至再卖回中国大陆或亚洲。

普拉托温州移民的故事　普拉托的故事就是温州移民的故事。以前温州人到欧洲打天下都以餐馆业为主，现在改行做服装，普拉托现在有2000家中国服装工厂。从温州到意大利打天下，不必再到厨房打杂，而是改当裁缝。温州方言是普拉托华人的常用语言，这里的温州人依然保持着家乡的习俗。中秋吃月饼，春节食汤圆。普拉托华人子女大多在公立学校学习，也有少部分人回中国读书。普拉托华人的婚礼相当隆重，婚礼完全是东方式的，小两口在婚礼上收到的彩礼钱足有10万欧元以上，家族较大、亲友比较多的能收到20多万欧元。从此小两口捧着这桶金就开始了自己的创业历程。

普拉托市举办“中国温州日”活动　5月24日，“2007意大利·中国温州日”活动在意大利普拉托市举行，温州市政府代表团与意大利企业界人士、华商等进行了经贸推介与洽谈。温州市市长邵占维在“中国温州日”活动开幕式上向意大利企业家介绍了温州的情况，他欢迎普拉托的企业家到温州进行交流与合作。普拉托省副省长巴内拉蒂介绍了普拉托市准备为华人提供的一些项目，包括为中国留学生提供奖学金等。普拉托企业界代表对举办“中国温州日”表示欢迎，希望通过此次活动，加强两地间经贸合作关系，增进两地人民的友谊，寻求更多合作机会。

米兰拟兴建贸易中心安置华人批发商

在米兰的华人有2万人左右，其中有80%是温州商人。保罗·萨比区是米兰有名的“唐人街”，大约有500家华人店铺在此经营批发业务，其中温籍商人占九成以上。根据米兰市政规划，该地区的批发企业将有计划的迁出。但政府的这个计划遭到当地华商的反对，并引发了米兰事件。2007年5月，为缓解矛盾，保障保罗·萨比地区华商的权益，米兰市政府提出了最新方案。这项方案包括，市政府将无偿提供近十万平方米的土地，建造米兰贸易批发中心，批发中心的地点建在米兰黄金地段新国际会展中心附近，市政府将以最优惠的条件，为保罗·萨比华人批发商提供最佳的经营场地。

刘得州当选Udeur普拉托地区党书记 2007年，20岁的华人青年刘得州当选意大利政党Udeur普拉托地区新一任党书记，成为意大利托斯卡纳大区第一个在意大利政党担当职务的华人移民。刘得州，祖籍温州，4岁时随同父母来到意大利，在完成自己的学业后开始经商并在普拉托地区中意交流协会服务，他与协会里的年轻人为该地区的中意文化交流活动做了大量工作。

意大利南部瑞安同乡会举行换届庆典 8月19日，意大利南部瑞安同乡会在罗马举行第二届会长团换届大会暨换届庆典活动，罗马各侨团负责人、当地知名侨领、中国驻意大利使馆官员、意大利意中友好协会主席曼菁妮和社会各界人士150多人应邀出席了典礼。意大利南部瑞安同乡会是以旅意浙江瑞安籍华人华侨为主体的公益组织，会员遍布罗马及意大利南部地区。

廖宗林当选罗马华侨华人总会会长 9月19日下午，意大利罗马华侨华人联合总会第六届会长团举行了隆重的换届选举，中国驻意大利大使馆陶土根参赞和领事部马景莲主任出席了选举大会，参加此次选举的有来自罗马十四个侨团的代表38人。选举以无记名投票的方式进行，选举结果为全票一致推举温州籍华侨廖宗林担任罗马华侨华人联合总会第六届会长。

温州人在法国

温州人占领犹太人“地盘” 曾是犹太生意人天下的巴黎3区的市长街(RUE AU MAIRE)、庙街(RUE DU TEMPLE)一带，现在则是温州人在巴黎的聚集地之一，这里汇集了许多温州人经营的首饰、皮具、服装、旅游纪念品等批发零售商店。20年来，温州生意人在2、3、11区和犹太人竞争，一步步地把犹太人挤出原来领地。1992年起，温州商人又开始进驻欧拜赫维里耶。发展到2007年，温州人在这个地段的批发店已经占到了99%，只剩下几家实力雄厚的大型犹太人批发公司还在继续经营。

温州人在巴黎争当老板 2007年，在法国的温州人有15万人左右，遍及法国各地。温州人最密集的城市是巴黎。巴黎第11区的伏尔泰街早期只有几家成衣批发店，自从上世纪90年代中期，温州人收购了几个店铺后，其他的乡亲也到附近开店。温州人到法国人开的面包店、药房、肉铺、奶酪店，提出以高价收购店铺。法国传统商家老板见店铺的转让费比他们十年辛苦工作所得的钱还要多，足够退休养老，乐得立刻转手顶让。几年间，这一带三四条街，全开起成衣批发店，整个第11区约有五六百家。在巴黎附近开店成本提高后，就往其他省份走，短短几年，温州人在法国各地的商业中心纷纷开起皮包店、快餐店、百货店。

七都中学巴黎同学会 5月23日，温州七都中学七〇届和七一届同学会在法国巴黎举行，50多位来自美国、加拿大、荷兰、意大利、法国、奥地利等国家的同学和老师聚首巴黎。参加聚会的同学和老师，很多人已经30多年没有见面了。七都中学七〇和七一届有90多名同学，现在大部分都在国外，其中旅居美国的有40多人，在法国的有16人。大都从事餐饮、旅馆、外贸、服装等生意，事业有成，已经融入当地社会。特别让同学们高兴的是，65岁的翁玲华、陈顺魁老师也从美国赶来参加这次聚会。七都中学得知校友们在国外开这个特殊的同学会后，也发去了贺信。

巴黎举办“中国温州日”活动 5月27日，由温州市市长邵占维率领的温州市政府代表团在巴黎粤海中国城隆重举行“2007法国·中国温州日”活动，推介温州整体投资环境以及60多个投资项目。来自法国、意大利、西班牙、比利时等国家的华社侨领及华商、法国工商企业代表共300多人出席了温州日活动。

邵占维向与会者介绍了温州的投资环境、政策、项目，特别向大家推介了滨江新区、瓯江口区域项目。他欢迎各界朋友前来观光旅游、考察访问、投资创业。活动期间，代表团深入侨社看望温籍侨胞，召开温籍侨胞恳谈会，听取侨胞对家乡建设的意见和建议。

侨领110万元赠110岁母校 温二中创办于1897年，培养了大批优秀人才。10月27日，在学校110周年校庆盛典上，校友、旅法侨领周世义先生向母校捐

2007年10月27日，旅法侨领周世义夫妇向母校温二中捐赠110万元设立奖学基金。

赠110万元人民币设立奖学基金。

周世义先生是温二中的老三届毕业生。1974年出国，上世纪80年代在当地华侨群体中脱颖而出，当选为第三、四届温州旅法同乡会(俱乐部)副会长。1992年周世义曾向母校捐赠50万元，使温二中在建的科学馆工程得以顺利落成。

温州人在西班牙

王敏科获西班牙文学奖 5月23日，中国青年王敏科获得西班牙第十一届Relato Breve文学奖。Relato Breve文学奖由西班牙《国家报》、艺术家协会和Alfaguara出版社联合举办、评选。作为一个中国人，王敏科能够以西班牙文写作胜出，成为本届的文学奖得主，十分难能可贵。王敏科，28岁，浙江温州人，1988年到西班牙，电脑工程师，曾去英国留学，现居马德里。

西班牙国王接见温籍侨胞 6月27日晚上，西班牙国王胡安·卡洛斯一世在北京饭店接见参加中西工商峰会的4位西班牙温籍侨胞，对华商在西班牙从事文化、高科技等行业表示赞赏。西班牙方面组织了由300位企业家组成的经贸代表团参加此次中西工商峰会。在旅西侨胞中，共有9位华人企业家受到邀请参加峰会，其中有黄志坚、王绍基、刘光新、李铁等4位温籍侨胞。

温州人在比利时

比利时温州同乡会换届 2007年2月，比利时温州同乡会召开换届大会，大会通过选举产生第三届理事会，王耀毅再次当选会长。3月13日晚，比利时温州同乡会在布鲁塞尔金龙大酒店举行第三届理事会就职典礼暨新春团拜会。

温州人在荷兰

荷兰温商应邀参加中欧工商峰会 11月28日，中欧工商峰会(EU-China Business Summit)在北京人民大会堂举行。欧洲温州华人华侨联合会副主席、荷兰温州商会会长陈云长率团参加会议。中欧领导人会晤暨中欧工商峰会，已在荷兰海牙、中国北京、芬兰赫尔辛基成功举办过三届，逐步发展成为中欧工商界层次最高、影响广泛的定期盛会，并获得中欧政经界和企业家的高度认可。

温州人在德国

温州鞋企德国揽订单 9月14日至16日举行为期3天的德国杜塞尔多夫国际鞋展(简称GDS)，50余家温州制鞋企业参加展览。温州制鞋企业在20世纪90年代初涉足外贸时，就与GDS结下不解之缘。在德国GDS上坐镇指挥的查理鞋业董事长谢卫国坦言，和家乐福的合作伙伴关系，就是通过GDS建立起来的。由于GDS曾带给查理丰厚的回报，查理每次的展位面积都有70多平方米。此次查理展示厅摆出了400多个鞋款，来参观、订货的欧美客户络绎不绝，其中皮鞋的订单有几十万双。其他参展温州鞋企，大多效果不错。

冯定献获“军民奉献欧盟之星”勋章 8月12日，温籍侨领冯定献收到了象征“军民奉献欧盟之星”最高荣誉的金质勋章，以表彰他多年来致力于欧洲与中国之间的经济、文化交流。冯定献是德国著名侨领，旅德十多年，靠着勤劳吃苦精神打拼出一片天地，逐步融入当地社会。此后，他凭借着个人影响力，协助当地华人创办了多所德文、华文学校(学习班)。同时还投身于社团工作，积极维护当地华人华侨的合法权益。

温州人在奥地利

“儒商华侨” 黄镇鑫被人称为“儒商华侨”。1968年，黄镇鑫到温州第一中学读书，毕业后留校任教。1978年，他创办了闻名全国的勤奋外国语学校。上世纪80年代出国后，黄镇鑫经荷兰到奥地利定居、学习并创建奥亚贸易公司，主要从事东欧市场亚洲电器批发、转口业务。

1999年，奥地利华人商会正式成立，黄镇鑫当选为首任会长。两年后，他继续连任。在先后两届的任职期间，他积极参与国内的赈灾捐款、捐资助学，并多次组团参加国内招商引资活动，接待来访的中国政府部门及商贸团体，为推进奥中文化、经济交流作出了贡献。2005年，黄镇鑫得知洞头县有很多贫困生因交不起学费而辍学，就主动参与洞头县开展的扶贫助学活动。至2007年，黄镇鑫已连续三年拿出10万元资助该县贫困学生，帮助他们完成学业。

温州人在希腊

“温州兵团”盘活希腊服装批发市场 2007年，在希腊创业的温州人将近1万。1997年初，温州人开始来希腊淘金，价廉物美的中国纺织品在希腊很畅销。此后，越来越多的温州人开始进入希腊，逐渐在雅典的奥莫尼亚地区形成了一定的规模。加上温州人特有的亲戚加朋友的发展模式，该地区的华人服装批发行已经有将近200余家，温州人占70%。客商不仅来自雅典和希腊其他地区，还有周边阿尔巴尼亚、保加利亚和塞浦路斯等国的人也“慕廉而来”。

10年前，奥莫尼亚地区虽是市中心，但房子破烂，房价很低。温州人开启了在该地区发展商铺的先河，带动大大小小的华人店铺纷纷扎根此处。2007年这里成了服装、鞋帽、箱包和小商品的大型批发地区，成为雅典的一个经济中心，就连当地人和其他移民想要涉足服装批发行业，也会把地点选在这个地区。

温州人在俄罗斯

俄罗斯乌苏里斯克市“温州日”活动 2007年9月2日，温州市政府和乌苏里斯克市政府在乌苏里斯克市共同举行“温州日”活动，共同推进乌苏里斯克市经济贸易合作区建设。

该合作区由康奈集团和黑龙江东宁吉信集团共同出资建设，计划引进60家企业，总投资20亿元。合作区发展重点是轻工、电子两大产业。

温州学生莫斯科摘金夺银 2007年4月，在第四届莫斯科国际少儿艺术节上，10名温州市实验小学学生表演的蒙古族舞蹈《祝福》、京剧舞蹈《俏花旦》和10名温州市实验中学学生合奏的《茉莉花》、《叮叮当》获得本届艺术节舞蹈类第一名和器乐类第二名。实验小学的舞蹈因为表现突出，在艺术节闭幕式上还应邀加演了一场。

莫斯科国际少儿艺术节，是面向欧洲国家的少儿艺术展演活动，由于正值举办俄罗斯中国年，组织方于是向中国人民对外友好协会发出邀请，希望派遣少儿参加艺术节。最终，20名温州学生作为我国唯一的代表团体成员参加了艺术节。

温州人在巴西

中国驻巴西大使访问温州同乡联谊会

2007年10月，中国驻巴西大使陈笃庆和夫人来到巴西温州同乡联谊会会馆，看望该会的理监事成员并举行座谈。陈大使表示，温州人素有敢为人先，艰苦拼搏的精神，温州的进步和发展给他留下了深刻的印象，在巴西的温州侨胞，温州同乡联谊会也使他感到钦佩。

温州招商团向侨胞推介农林渔项目 11月11日，温州市副市长黄德康率领的温州市赴南美招商投资考察团一行6人抵达巴西圣保罗，巴西温州同乡联谊会于12日晚设宴欢迎，同时举行温州圣保罗农林渔业投资项目推介会，40余名温州籍同胞和同乡会骨干成员到会听取投资项目的情况介绍。中国驻圣保罗总领馆副总领事顾云芬和领事于晓应邀到会。

温州人在阿根廷

阿根廷温州同乡会正式成立 7月8日，阿根廷温州同乡会在布宜诺斯艾利斯正式成立，一百余名温州老乡、各侨团代表欢聚一堂，庆祝这一盛会。中国驻阿根廷张拓大使夫人林海、霍洪海参赞和李亮领事也到场祝贺。新当选的会长谷建龙表示，温州同乡会将秉承温州人精神，以团结同乡、和谐社会为宗旨，让温商的精神和文化在阿根廷发扬光大。

温州人在日本

温家宝接见温州旅日侨领 4月13日，正在日本访问的国务院总理温家宝在东京新大谷饭店接见了留日华侨华人温州同乡会会长陈今胜、日本华侨联合会总会长曾德深等旅日侨领。接见时，温家宝和他们亲切握手，并勉励他们不断学习、团结互助，展现中国人的风貌。

吴晓斌在日本创造温州人财富神话

1995年，吴晓斌前往日本留学。1998年创办了“日本忠成贸易有限会社”，2001年吴晓斌成立以开发、生产、销售黑色家电产品为主的日本ZOX株式会社，2002年他收购了专门从事电子配件生产的株式会社——太阳精机，2004年11月，他又成立了以销售玩具为主的株式会社AXCEL。

温州青年吴晓斌在日本白手起家，经过十年奋斗，他的公司产品已涵盖了视听、数码、通信、电子电器、汽车用品及网络等领域，集设计、生产、贸易为一体，年销售额达到6000万美元。过亿身价的吴晓斌始终保持着一颗中国心。他说：“我妻子和小孩全部是日本国籍，但我至今没有加入日本国籍，我为自己是一个中国人感到自豪，我也会为我的祖国奉献自己的力量。”

日本政府授予潘桂华“蓝绶褒章”

2007年，日本政府为了表彰温籍旅日华侨潘桂华在环保、卫生、旅游方面作出的突出贡献，授予他“蓝绶褒章”。潘桂华原籍温州瓯海区西岸乡（现鹿城区双潮乡），1941年毕业于日本明治大学文学部史学地理学科，现任日本全国旅馆业环境卫生同业组合连合会会长、日本食品卫生协会长、全国生活卫生同业组合中央会理事长、留日华侨华人温州同乡会顾问等职。

温州人在蒙古

温州人造的飞机出口蒙古 10月26日至27日，国家航空产业基地联合中国航空学会在西安阎良举办“2007中国通用航空大会”。在本次航空大会期间，由温籍民营企业家投资的西捷飞机公司向蒙古国销售10架“巡逻兵”固定翼飞机。“巡逻兵”飞机是国家航空基地内企业生产的第一批飞机，主要用途为空中巡视、航空测量、航空勘探、航空摄影、旅游飞行和体育娱乐飞行。

温州人在新加坡

让·平首访新加坡温州会馆 2月7日，有华族血统的加蓬共和国副总理兼外交部长让·平(Jean Ping)博士首次访问新加坡时，携妻子和外甥探访温州会馆，认祖寻根，与温州同乡共聚乡情。1926年，让平的父亲程志平19岁，离开温州，到法国巴黎谋生。3年后他再与一名同乡到位于非洲中西部的加蓬开创事业。1942年让平出生时，他父亲的事业已上轨道。二战后，富裕的父亲把他送到巴黎读大学。1994年随姆巴总理访华，这是让平第一次回到故籍温州。2000年，他应中国外交部长唐家璇的邀请，再到温州探亲。2003年则专程来温参加世界温州人大会，三度回乡。

温州人在阿联酋

温商70亿抢滩阿联酋房地产市场 12月6日，由亚洲商务卫视组织的“2008赢在中东”商旅行动投资考察首发团与阿联酋拉斯海马Rakeen房产局举行项目签字仪式，两位温州商人以超过70亿元人民币的总投资额抢滩阿联酋房地产市场。其中，上海进福房地产开发有限公司投资50多亿元，预购拉斯海马酋长国即将开发的丹娜岛中部分地块；南京中浙房地产开发有限公司投资20亿元，预购拉斯海马酋长国总面积达30万平方米的一个土地项目。这两家公司均由温州人注册。

阿联酋温州商会与上海温州商会结好　2007年10月，阿联酋温州商会会长陈志远率该会考察团一行10人，专程赴上海进行为期2天的考察，并与上海温州商会签署了友好商会协议。双方一致表示，两个商会缔结为友好商会后，要加强联系和合作，以实现优势互补、资源共享、互助共赢。仪式结束后，宾主双方还互赠了代表各自商会的礼品和友好商会锦旗。

阿联酋温州商会成立贫困生助学基金　3月30日，在温州市政协九届一次会议共建新农村专题座谈会上，市政协港澳台侨委员会特邀委员陈志远代表阿联酋温州商会捐资200万元，成立农村贫困学生助学基金。陈志远是温州市鹿城区人，1998年前往阿联酋迪拜，在当地先后建起了4家商城。2004年，发起成立阿联酋温州商会，现有会员6000多人。

温商2亿买下迪拜上海岛　2007年10月，由温州人胡宾投资的上海中州国际控股集团与迪拜Nakheel签定协定，以2800万美元（约合人民币2.1亿元）买下迪拜世界地图岛中的上海岛。迪拜世界地图岛由300多个小岛按照世界地图的形状建成，是世界上最大的人造海岛群。这些岛上将设有酒店及各种休闲旅游设施，整个工程的规模堪称现代“世界第八大奇迹”，投资高达140亿美元。上海岛占地面积为111亩，可建面积4万多平方米。

温州人在南非

南非温州人同吃“正月酒”　2月24日，是中国农历正月初七，在南非约翰内斯堡过年的78名温州人邀请中国驻南非使领馆的官员、南非国会议员、当地政府官员以及南部非洲浙江商会的其他人士等，同吃具有浓郁温州特色的“正月酒”。

组织这次“正月酒”的南部非洲浙江商会会长、温州人胡李明说，在温州每年正月都会召集亲朋好友聚会，吃吃“正月酒”，就是出国也不能落下。“温州鱼丸好吃兮，温州乡音浓兮浓。”席间，受邀的南非华人艺术团以及温州人轮番上台表演助兴，不少温州人更是情不自禁地用温州话唱起了歌。温州人到南非“淘金”始于2000年，至2007年南非已有400名温州人，其中在约翰内斯堡有150多名。他们从事服装鞋帽、水暖锁具、眼镜、打火机、小商品、五金电器等外贸业务。

温州老板黄建文掘金非洲“富矿”　2001年，温州投资人黄建文开始闯荡非洲市场。几番斟酌之后，黄建文决定挥戈进入非洲经济“桥头堡”南非。在最初两个多月时间里，黄建文从温州组织了二十个集装箱的鞋类、服装产品发往南非，十分畅销，甚至几家连锁公司还找上门来。2003年，黄建文组建了南非非亚国际发展集团(略称“亚非国际”)，进军矿产、地产两大行业，并很快寻得一块能连续开采80年，每年产出20万吨的铜矿。2006年初，亚非国际与国内某有色金属公司签订了月供万吨精铜的合约。

温州人在马里

温州援非医生把友谊带到陌生的土地　7月23日，温州市援外医疗队启程前往马里共和国锡加索地区，开展为期2年的援外工作。这是温州市第二次大规模向非洲国家派驻医疗队。马里共和国是位于非洲西部撒哈拉沙漠南缘的内陆国，面积124万多平方公里，人口1352万。援非医疗队员所在的医院叫马里锡加索大区医院，该医院的当地医生仅20来人。

温州市援非医疗队于当地时间7月25日晚上到达锡加索地区，长途旅行带来的疲惫还没来得及消退，就开始工作了。金利栩值班的第一天，就连做了4个手术，都是情况比较严重的病人。来自市二医食堂的高级烹饪师杨庆忠，是唯一两次参加援非医疗的人。2002年，温州市首次组织医疗队去中非时，他就是其中一员。上年看到援非医疗队报名通知时，他再次申请去非洲，他说“我要保证咱们温州的医生吃得好，身体健康。”

温州人在刚果

温州德嘉木业获刚果(布)林地开采权　2月2日，温州德嘉木业有限公司在非洲刚果(布)的森林开发项目招标中中标，获得了954万亩的林地开采权。这是迄今为止中国企业在国外获得的最大的一宗木材开采权。中标后，德嘉木业还向刚果(布)林业部递交了一份既符合环保又有利于再生的开发计划。

许日尤/摄

陈翔/摄

1. 11月17日，市区民营企业组织新温州人到永嘉县山坑乡后九峰村参观学习。
2. 1月30日，市总工会、鹿城区总工会主办2007年新温州人年夜饭。

许日尤/摄

许日尤/摄

洞 头 客 运

郑晓群/摄

翁卿仑/摄

许日尤/摄

1. 12月31日，温州经济开发区的浙江缝叶鸟鞋业有限公司为8对新温州人举行隆重的集体婚礼。
2. 7月4日，鹿城区总工会、教育局等单位组织50余名优秀“新温州人子弟”到该区临江镇驿头村“农家乐”基地开展暑期夏令营活动。
3. 1月28日，温州市百名优秀进城务工青年颁奖典礼在市青少年活动中心举行，同时首次揭晓十佳进城务工青年。
4. 5月15日，“百万新温州人游温州”活动在洞头新城客运站的洞头旅游集散中心举行启动仪式，首批1000多名新温州人领略了洞头海岛景区的美景。
5. 4月，市区某企业为员工免费办理《鹿城区新温州人合作医疗证》。

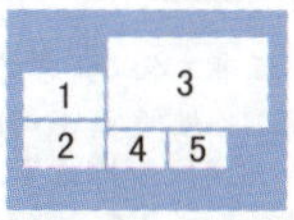

1. 4月11日，在市工人文化宫里举行新温州人快乐之声K歌大赛，来自全国各地的22名新温州人参加。
2. 4月25日，乐清市虹桥镇第五届职工文艺汇演欢庆“五一”劳动节，外来务工者登台载歌载舞。
3. 5月27日，温州经济技术开发区“迎奥运、促和谐”首届职工趣味运动会在温州第十五中学开赛。

外地人在温州

综　　述

2007年6月30日，温州市公安局对外公布全市登记在册的外地暂住人口为3 163 653人。外来暂住人口中，鹿城、瓯海、龙湾三区为1 771 755人，占总数的56%；瑞安、乐清两市为849 849人，占总数的26.86%；永嘉、苍南、平阳、文成、泰顺、洞头六县为542 049人，占总数的17.14%。暂住人中务工的占绝大多数，达2 753 390人，占87%，从事服务业的有112 137人，经商的51 116人，务农的38 243人。暂住人口的居住场所，租赁房屋的有1 917 456人，占60.6%，居住单位内部的有845 222人，暂住工地现场的有93 706人，暂住当地居民家中的有209 964人，居住在旅店或其他场所的有97 305人。暂住人口中，来自省外的有2 856 630人，占90%，其主要省份是贵州、江西、湖南、湖北、安徽、四川等省；浙江省内的有302 113人，港澳台的391人，国外的4519人。

2007年，温州市人事局采取多种形式引才揽才，组织115家重点骨干企业和事业单位提供近3500个岗位，分赴杭州、重庆、武汉、西安、成都、上海、北京等城市招聘各类人才。继续做好“交流大会”、“周五人才夜市”，举办6场大中型人才交流大会，47场周五人才夜市。进场交流人数达14.2万人次。全年新增各类人才13 456人，其中刚性引进人才1006名。执行引智项目89项，邀请外国专家97人次。

外地人在温州大部分从打工起步，经过自身努力，艰苦奋斗，有的已成为企业部门的主管或经理，有的已成为技术工人、工程师；有的自行创业，已成为某一行业的老板。他们从事的行业主要分布在鞋业、服装、餐饮、建筑、贸易等领域，创业的足迹遍布温州的各个角落。他们艰苦奋斗，为温州的发展，奉献着自己的智慧和汗水。他们已逐步融入温州社会，将温州视为“第二故乡”，而成为新温州人。这个群体涌现出不少见义勇为、拾金不昧、义务献血、参与志愿者行动等先进人物和感人事迹。他们为了团结和维护同乡们在温州的合法权益，先后组织了异地商会，至2007年在温州已有福建、安徽、江西、湖南、湖北等5家省级商会，重庆、四川的商界也在积极筹组商会，并已得到了温州市政府相关部门的批复。

自2006年温州市委、市政府发出“关爱民工，和馨行动”的号召以来，各有关部门、单位不断推出惠及民工，关爱民工的举措，开展各项扶贫帮困，送温暖活动，以解外来务工者之忧；通过慈善、医疗社保、救助基金等以保安康治本；民工子女入学，就业教育培训以提升素质；开展各种文化娱乐与旅游活动以丰富生活；法律援助以维护农民工的合法权益。关爱新温州人已逐步成为温州人的自觉行动和一种社会风尚。2007年2月7日，央视经济频道与奥康集团共同举办的中国首届农民工春节晚会上、温州市被评选为“十大最受农民工欢迎城市”。

新温州人的工作和生活

40四川人在温州　2007年在温州的四川人有近40万，主要从事的行业有：建筑业约10万人，服务业（餐饮业为多）约10万人，制造业（鞋、服为多）约15万人，其他5万人左右。其主要职业：务工30多万人，职业经理1万多人，老板5000～6000人，教师与医生4000～5000人，其他2万人。四川人在温州从业的特点是“四多”，即务工人多、职业经理多、文化人多、从打工到做老板的人也多，其中都有知名度较高的代表人物。在务工人员中出了个建筑业“全国技术状元”贺刚；在职业经理中有“温州市首届十佳优秀外来务工青年”、温州市中国大江控股集团副总裁张静、温州迪信通总经理李雪榕；在文化人中有温州大学数学学院院长、博士生导师陆征一、温州大学外国语学院院长刘锦明；从打工到老板的有温州市超迈鞋业有限公司董事长李超、温州悍鲨服饰有限公司董事长苗伟、川菜餐饮业老板唐博等。

在温州的泉州商人　2007年，有1万多泉州商人在温州。他们主要从事阀门、化工、建材、装饰装潢、鞋材鞋机、茶叶等行业。在温州从事泵阀销售的泉州人就有1000多人，他们把温州的60%泵阀销往全国各地，销售额高达138亿元，为温州阀门行业立下了汗马功劳。泉州人黄劲松把港澳台地区刚刚起步的休闲鞋底运到温州销售，并创办了鞋楦与休闲鞋底两家企业，年产休闲鞋楦80万双、鞋底500余万双，促进温州休闲鞋业的发展。扎根温州15年的泉州人林文化，以茶文化为媒介会友，8年前创办第一家“五福林“茶馆后，至2007年已在温州开了11家连销店，还为温州拿下首个中国茶王的称号。泉州是全国石材和建材市场的大本营，在温州的高楼大厦里，有60～80%的石材是泉州人或有泉州人参股经营的。

重庆餐饮业在温州 2007年在温州的重庆人约有20万，其中务工有18万，职业经理1.2万，老板3000～4000人。其行业除了建筑业外，主要为餐饮业，计有5万多人。在温州的重庆人做得最出名的是餐饮业，川渝菜店已经遍布温州的大街小巷，据统计大约有150家左右，其中比较有名气的有“川妹火锅”、”辣妹子川菜”、“阿川鱼庄”、“三毛川菜馆”等，温州新近流行的“水煮黑鱼”、“酸菜黑鱼”等菜就是出自重庆人之手。重庆人所经营的餐饮店，主要分布在市区和乐清，乐清占大多数。温州最大的纯川菜馆“辣妹子川菜”是重庆人程宇峰经过10年努力经营出来的，其员工有三分之二来自重庆。除了餐饮，重庆人制作的辣酱在温州也相当有名，邓兵制作的“兵牌”香辣酱在温州已经摆上了500多家商场、超市的货架。

“马路大军” 在温州市区的一些路口，常看到一群自行车上绑着装修工具，提供装修服务的民工，等待雇主的招募。据统计，2007年这类由装修民工组成“马路大军”，在温人数已近万人。他们来自全国各地，年龄平均在40岁左右，文化程度偏低，月收入平均八九百元左右。从业者为清一色的男性，以江西、湖北、四川、安徽等地的民工居多。“马路大军”平时上街揽活的时间为早上6点到晚上6点。因为生活困难，他们住的都是四五平方米用木板隔成的出租房，他们的衣服上随处可见斑斑点点油漆、泥灰等“劳动留下的痕迹”。据这些民工透露：现在温州许多搞装潢的外地小包工头，过去都出身于“马路大军”，小包工头每月都能稳赚五千到一万元左右，他们拉到的业务，让“马路大军”去做。

流动摊贩 一些从外地到温州的困难人群，他们没有一技之长，就业机会少，又缺乏足够的资金开设店铺从事经营。迫于生计，他们手推板车，肩挑担子，走街串巷，日晒雨淋，穿梭于熙熙攘攘的人流之中，停留在城市繁华的街头路面，他们为“流动摊贩部落”。据估计，2007年，在温州的外地“流动摊贩部落”约有上万人之多。他们主要经营蔬菜、水果、小百货、零星小吃等，月平均收入约千元左右。对于流动摊贩和执法部门的“猫鼠游戏”，他们早已习惯了。不可置疑，流动摊贩在一定程度上方便了市民生活，也解决了自身就业问题，但也给城市管理带来了脏乱差，产品质量参差不齐和环境污染等难题。有关部门已开始关注进城摊贩这一群体的生计问题，采取疏堵结合，网开一面，尽量予以包容的做法，逐步得到社会各界的认同。

拾荒“部落” 所谓拾荒，就是在垃圾箱中掏取可以回收的废旧物品。在温州市区的拾荒者绝大多数来自安徽、河南等地，最初来的拾荒农民，从垃圾中淘到一些养家糊口的路子，其中不乏致富成为“破烂王”的传奇故事。于是在这些老乡的带领下，拾荒队伍不断壮大，并以亲疏关系自成组织，共同居住在一处，相互照顾，互通消息。位于市区的横渎、山下、上田、蒲州等城中村内，租住着上千名拾荒人，他们自成“部落”。据估计，2007年温州市约有十万人的拾荒队伍，大多数拾荒者都来自外地农村的中老年人，由于近年拾荒者越来越多，钱越来越不好赚，一天多则二三十元，少时只有十多元，除了平均每天的生活费用，一年省吃俭用也只能赚个四五千元回家。

城市菜农 2007年，温州市拥有市级一线蔬菜基地17万亩，主要分布在鹿城、龙湾、瓯海三区与瑞安市。离市区较近的基地基本由外地人员承包种植。这些菜农中，江西、四川、湖南、湖北、重庆、河南和福建的占五分之三，文成、泰顺的占五分之二。一户菜农一般承包8至10亩菜地，总共有1900户左右的菜农散落在城郊接合部。菜农们一直是种菜、卖菜“一条龙”，一年到头都是白天忙在田里，傍晚时分采集蔬菜后骑着专用人力三轮车，运到市区水心蔬菜批发市场交易，一年四季源源不断地给市民提供各种时令蔬菜，一年下来一户菜农平均收入约1.2万元。

送水工 温州市的大街小巷，经常可以看到一个个骑着自行车，驮着大大小小纯净水桶的人，他们就是去给千家万户送水的送水工，他们大都是外地民工。一般送水工，一辆经改装的自行车最多能载10桶水，以5加仑装每桶水重20公斤计算，一次要负重200多公斤，往返客户家中与送水点10至12趟，从早上7时上班一直干到晚上9时，一天工作10多个小时，平均每天要送100桶，有时还要扛20公斤重的水桶上下楼梯，这样的重活个中辛苦不是一般人所能承受的。这行业虽苦，但提成还是颇为可观，一般的送水工，一个月拿到3000元的工资是不成问题。

外来妹当上女协警 2007年4月初，温州市交警支队开始训练一批交通女协警，综合年龄、学历、身高、视力、仪态等多方面因素，最终仅挑选7名外来妹作为第一批培训对象。经过20多天的集训，这7位分别来自贵州、河南、安徽、江苏、四川等地的女孩在磨练中互相鼓励、互相关心，感情越来越深，成了好姐妹。她们顺利通过了考核，走上了工作岗位。5月15日，她们第一次到车站大道十字路口，指挥交通。

外警协管外口 2007年6月，温州市公安局与贵州省有关地区公安局签订了警务协作协议，分别从贵州铜仁地区公安局、遵义仁怀市公安局引聘3名民警到永嘉县公安局和龙湾区公安分局工作。“外警协管外口”这一模式在于依托和发挥“老乡警察”的亲情、语言和身份的优势，加强对流动人口动态管理，跟踪服务，及时调处和化解涉及流动人员的矛盾纠纷和不稳定因素，依法保障流动人口的合法权益，严防和打击流动人口违法犯罪，取的较好的效果。

新疆班学生的温州生活 2007年9月，温州中学首次承办了新疆班的教学任务。新疆班155名学生中，男生65名，女生90名，来自全疆各个地区，分属维吾尔族、回族、哈萨克族、俄罗斯族等12个少数民族。学生不分民族编成4个班，统一使用汉语授课，并与学校同年级教学班统一教学计划，使用统一教材，将在温州4年完成高中阶段学业。对于一批十五六岁远离家乡、亲人的少年，思乡情绪日渐显露，学校一方面给他们提供一个开放式的学习平台，尊重他们日常生活饮食习惯；另一方面关心他们心理健康，专门配备了心理课老师。节假日，由老师带领外出购物、参观或组织旅游，了解温州的风土人情。

在饮食上，还专门为他们聘请了新疆籍厨师烹调清真饭菜。他们在温州生活过得十分愉快。

19万新温州人子弟在温学习 2007年，温州市有1237所学校接纳新温州人子弟入学，其中公办中小学1071所，民办中小学79所，另有10所学校还设立了专门的新温州人子弟就读班。此外，还有专门接纳新温州人子弟的民工子弟学校77所。全市共有近19万外来务工人员子女走进第二故乡校园，其中公办学校接纳16.5万名，占总数的87.3%，成为外来务工人员子女教育的主阵地，以单独举办民工子弟学校为次渠道，全社会关心民工子女教育的格局已逐步形成。

新温州人为第二故乡献血 2007年1月，外来务工人员密集的温州市区双屿镇举行“快乐献血拯救生命，爱心共筑和谐家园”为主题的大型献血活动，上百新温州人踊跃参与献血。6月底，温州市献血办推出夜间采血以来，每晚平均约20人上采血车自愿献血，其中新温州人占了6成。炎炎夏日，无偿献血的人数减少，致使市中心血库A型及O型血存量告急。8月6日，温州一日用品公司有200多名新温州人来到市区人民路街心公园，头顶烈日，排队等着献血，缓解了第二故乡的用血之急。

新温州人演讲大赛 2007年6月30日，由温州市文化广播新闻出版局、温州都市报主办，温州市图书馆承办，中国鞋都文化广场协办的“我爱我的家园”新温州人演讲大赛决赛，在中国鞋都文化广场举行。来自全国各地的新温州人用最朴实的语言和最真实的感情来讲述同一个“家”——温州。来自四川的新温州人罗洋夺得一等奖，2名选手获得二等奖，3名选手获三等奖，7名选手获优秀奖。市委宣传部常务副部长周品英等为获奖选手颁奖。

新温州人大欢聚系列活动 2007年9月15日是农历中秋节，由温州市委宣传部指导，市总工会、市广播电视总台联合主办的大型公益活动“和谐中秋——新温州人大欢聚”系列活动正式启动。此次系列活动包括“最感动您的新温州人”、“最具才艺的新温州人”，“最吸引新温州人的企业”评比，和“温州，我的第二故乡——新温州人主题征文大赛”、“新温州人广播艺术团慰问演出”、“新温州人同庆中秋和谐盛宴”等六大主题活动。

重庆垫江县在温成立党支部 重庆垫江县在温州市务工的约有5万余人，其中有党员300多名。2007年6月27日，该县温州流动党支部在龙湾区成立，并举行挂牌仪式，使这些流动党员有了自己的家。

新温州人中的佼佼者

全国五一劳动奖章获得者邱晓来 邱晓来1995年应浙江超达阀门股份有限公司的邀请，放弃了原在机械工业部通用机械研究所阀门研究室的工作，落户温州，担任该厂总工程师。多年来，他抓好企业质量管理，研究开发新产品，3项成果获得机械部科技进步二等奖，开发研制成功的20多种阀门新产品中有12种填补国内空白，6种获国家专利。为超达阀门公司注入了新的活力，为永嘉阀门赢得良好声誉。该企业产品出口量占总量60%左右，远销美国、日本、英国等地。2007年，他获得了全国五一劳动奖章。

温州十佳进城务工青年陈常友 2007年被评首届“温州市十佳进城务工青年”的陈常友，是湖北利川人，温州奋起皮业有限公司总工程师。他来温十年，从一名打工者成长为企业的总工程师，年薪高达10万元。2003年，他为企业成功引进台湾的先进设备，并组建生产流水线，每年为公司增加产值3500万元，实现利润400万元。他的12次技术创新，6次设备改进，3次工艺革新，使公司产量提高了3个百分点，降低能耗5个百分点。

从打工妹到“火锅皇后”的徐雪 1990年初，曾在家乡教过书，做过服装生意的23岁川妹子徐雪来到温州打工，以后自行经营起重庆家乡的特产——麻辣火锅，生意一下子好起来。1994年在温州大会堂开起了“川妹子火锅城”，随着麻辣火锅在温州的流行，“川妹子火锅”逐渐形成了气候，1999年9月又开了一家规模更大的“新川妹火锅城”，并自任温州川妹火锅美食餐饮有限公司董事长。生意越做越大，“川妹火锅”成为一个品牌。虽然近年来她将目光投向制造、商贸、房地产等行业，但所有这些都代替不了“川妹火锅”在她心中的分量。2007年她将成立一个集团公司整合她的产业，做大做强“川妹事业”。来温17年她已融入温州社会，能说一口流利的温州话。现在正在和一些在温州的重庆籍企业家一起为筹备成立温州重庆商会而奔波。

从学徒到老板的吴鹏 1995年四川省南充市21岁的吴鹏南下广东深圳打工，从印刷学徒，到印刷师傅，再到车间主任。2000年，吴鹏受温州天虹印刷有限公司邀请来到温州，出任该公司常务副总。2001年底，他把握机遇，自己在龙港成立了印刷器材公司，在不到半年时间就实现销售额300万元。2004年他洞察市场变化，调整公司经营思路，走高端印刷设备市场，将公司从龙港迁往瓯海新桥。同年收购了四川南充最大的一家国有印刷包装企业，为家乡的税收和就业作出贡献。吴鹏说，温州人创业精神和资本运营模式让他学到了很多，是温州的创业氛围给了他创业的激情，他将继在温州做好他的印刷事业。

高校引进的人才团队 近年来，温州市各高校引进海内外教授、博士落户温州，他们以自己出色的业绩，带领高校在教学科研上创新，不断提升学校的科研水平。2005年以李校堃教授为首的人才团队到温州医学院药学院，到2007年两年来带领药学院先后获得国家、省、市等10多项科研项目支持，并先后搭建了国家新药开发工程研究中心制剂工程研究基地、浙江省中药重点实验室等，获得第二届中国药学会科技技术一等奖。继李校堃之后，医学院又在海洋生物研究、农业虫害防治等方面引进了以黄长江、杜永均为首的学术团队，开辟了海洋环境、生态等领域的研究，应用非化学农药技术来治理果蝇对杨梅的危害。温州职业技术学院家具专业在副教授王双科带领下，建立了浙江省木业平台温州家具研发中心，并与本地家具企业合作，共同开发课题，研究新技术，推进了温州家具行业向着更高的领域跨越。

背着“地球”走神州的蒋桂山 来自江西都昌的蒋桂山，10多年来一直在温州一家酒店当厨师，有了一定积蓄。眼看着一些地方环境污染日益严重，他做出一个惊人的决定，放下自己的工作，徒步神州宣传环保。他亲手制作了一个“地球”，上面写着“保护地球刻不容缓”的字样。这个“地球”大约一米多高，他的头从“地球”里面钻出来，用肩膀扛着“地球”走。2007年6月4日他身背“地球”来到《新闻服务站》，把温州作为首站，开始他的“神州环保行”。至11月，5个多月时间走了70多个城市，身边的钱用完了，就擦皮鞋赚钱，有钱了再走。他的心愿是：在4年之内走遍500个城市，无论前途多坎坷，都一直走下去。他说：“既然到处说自己是温州人，就是有温州人的气魄，决不能给温州人脸上抹黑”。

巾帼新温州人 2007年初，在正泰、德力西、天正、华峰、人本、奥康、康奈、报喜鸟、庄吉、森马等10家知名企业各个部门的“当家人”的抽样调查中，发现其中外来女性共有139名，占中高层人数的12%，而5年前仅占5%左右。这些外来“女当家人”中，本科以上学历就有七成多。奥康集团中层以上干部120多人，其中外来女性就有36人，该集团行政管理中心行政部经理、国际扩展部副经理、鞋业分公司总经理等重要岗位，都由外来女性担任。2000年从中国科技大学取得MBA硕士学位后进入天正集团工作的安徽淮南籍的孔媛卿，如今已是上海天正电机集团有限公司常务副总经理、天正总裁助理。1998年进森马集团的外来妹金艺从打工、文员到如今是该公司有75名员工的销售部负责人。

新温州人人大代表为打工者代言 2007年，温州全市有11名外来务工者当选为县（区）人大代表，其中瓯海区5名、鹿城区4名、永嘉和乐清各1名。从打工仔成为老板的叶红星，2002年由外来务工者推选为市人大代表，2007年又被企业界推选为新一届市人大代表。他为300多万新温州人代言，在其担任人大代表期间，提了多个有分量的议案，如“关于市政府每年推出为外来务工者办一大实事项目”的议案、“关于设立外来务工人员医疗紧急救助基金”的议案等，都先后引起市政府和有关部门的重视，有的被列为重点议案。瓯海区人大代表陈云霄，自2002年以来先后为外来民工子女就学难等问题提出了建议，被区政府采纳而逐步得到解决。2007年对有关部门为慈湖工业区企业员工看不上有线电视的议案处理投了“不满意”票，在她的力争下，终于得到圆满解决。她曾多次出面为民工讨薪，最多一次为40多名外来务工者拿到20多万元被拖欠的工资。

民工子女出席省少代会 2007年，温州市有18.9万民工子女走进了全市各地小学、中学校园。5月30日，由43名代表组成的温州市少先队代表团启程赴杭州参加为期4天的中国少年先锋队浙江省第三次代表大会。其中就有一名作为民工子女学生的代表杨姗参加了省少代会。杨姗是江西省上饶县应家乡人，出生4个月后，就随务工的父母来到温州，现就读永嘉县瓯北四小六年级，是班里的副班长，学习成绩一直名列前茅。

新温州人子弟获“阳光伙伴”冠军 4月14日，2007“阳光伙伴”浙江赛区总决赛在杭州举行，温州市瓯海区郭溪镇燎原小学的新温州人子弟夺得冠军，7月，他们代表浙江赴北京参加全国总决赛。“阳光伙伴”是唯一一档经教育部等批准的全国性的青少年竞技活动，比赛以28人为一组，参赛队友之间两两绑腿，肩搭着肩形成“28人29足”的阵式，进行距离为50米的集体赛跑。参加浙江赛区总决赛的共有17支队伍，其中温州市有4所小学参赛，夺冠的燎原小学是一所乡村学校，该校80%学生是新温州人子弟。

勇士卢丙会 42岁的卢丙会是安徽省泗县黄圩镇农民，在温州市鹿城区黄龙家电商贸城一托运部打工。2007年8月9日晚一女士途经下桥村附近时，突然遭遇歹徒抢包，正在托运部的卢丙会等3人闻声跑了出来，卢丙会从侧面追上将包夺回，该女士感激地取出100元作为酬谢，被婉言拒绝。大约40来分钟后，该歹徒纠集8名同伙拿刀冲到托运部，将躺在纸箱上休息的卢丙会砍成重伤，造成右手被砍断，右腿5处骨折，右肩锁骨粉碎性骨折，生命垂危。卢丙会不顾个人安危，见义勇为的事迹感动了皖浙两省，浙江省委书记赵洪祝做出批示，温州市委、市政府向全市人民发出号召，学习卢丙会见义勇为的英勇精神和高尚品质，并分别授予一等治安荣誉奖章、市见义勇为先进分子称号，安徽省综治办专门派员来温慰问并送去了慰问金。

见义勇士热血洒瓯越 来自安徽颍上县的姚仁全在乐清县柳市镇马仁桥村任联防队员，2007年4月15日凌晨在追击窃贼时与歹徒搏斗而英勇牺牲。四川省宜宾市的江仁海为龙湾公安分局保安公司派驻龙湾天龙轻工机械有限公司当保安，4月13日下午4时，当企业与人民的生命财产面临威胁时，他挺身而出与4名歹徒搏斗，身中4刀，英勇牺牲。这些新温州人将热血洒在瓯越大地，感动了温州人，分别被授予见义勇为的称号。

防汛志愿者王得付 江苏省响水县籍的哥王得付，在苍南龙港镇开出租车已有十多年，一直将苍南视为第二故乡。2007年7月初，苍南县委组建一支出租车防汛应急志愿服务队，王得付立刻报名参加。8月18日中午，9号超强台风“圣帕”袭击苍南期间，王得付忍着病痛，顶风冒雨，驾着出租车，转移群众近百人，运送大量物资，一直忙到凌晨3点多。台风过后，王得付被查出患有中晚期肝癌，为了不想给别人添麻烦，他悄然回到响水老家住院治疗。苍南群众得知王得付患病消息后，短短10多天，社会各界捐款6万多元，由的士服务队的3名队友远赴响水县，表达第二故乡人民的慰问之情，的哥的事迹也感动家乡人民，响水县委决定为王得付申报江苏省第十一届文明建设新人新事和盐城市2007年度“十佳文明新事”。

新温州人中的外国人

国外智力引进 温州市组织申报2007年引进国外智力项目11项，省外专局批准立项101项，其中专家组织项目11项，非专家组织项目90项，共执行引智项目89项，88项为非专家组织项目，1项为专家组织项目，项目执行率为88%，邀请外国专家97人次。全年办理外国专家来华工作许可45人；现场核查聘请外国文教专家资格单位8家；新办《外国专家证》60人，办理《外国专家证》延期手续13人。经人事部批准，温州市新增“聘请外国文教专家资格单位”3家。2007年度引进国外和台湾地区技术项目执行情况见表。

2007年度引进国外和台湾地区技术、管理人才项目执行情况

序号	项目号	项目名称	行业	用人单位	专家姓名	在华工作天数	国别地区
1	G20073300087	引进童装工艺制版设计开发人才	纺织	红黄蓝集团	Michel LECARPENTLER	20	法国
2	S20073300128	临床高脂血症、冠心病诊断试剂的研制	医药	浙江伊利康生物技术有限公司	SEGBO Julien A·Gaetan	62	贝宁
3	Z20073300039	肿瘤免疫治疗（细胞转移治疗）的应用研究	科研	温州医学院	周菊华	30	美国
4	Z20073300040	线粒体基因突变与甲状腺癌的发病关系研究	科研	温州医学院	白益东	21	美国
5	Z20073300041	铁硫蛋白检测的方法学研究	科研	温州医学院	丁焕根	20	美国
6	Z20073300042	间歇性低氧致心血管功能紊乱的分子机制	科研	温州医学院	刘树芳	21	美国
7	Z20073300043	EB病毒LMPT　CTL细胞表位的预测和免疫效应	科研	温州医学院	赵孔南	16	澳大利亚
8	Z20073300044	川芎嗪对肺缺血—再灌注损伤时血红素氧合酶／一氧化碳系统的调控作用	科研	温州医学院	潘天力	20	美国
9	Z20073300045	饮水型砷暴露人群KNA损伤与健康效应的评价	科研	温州医学院	Hiroshi KASAI	16	日本
10	Z20073300046	生物地球化学性因素对暴露人群死亡的危险评价	科研	温州医学院	Ken Takahsshi	16	日本
11	Z20073300047	糖尿病病人自我管理模式研究	科研	温州医学院	Pawana Keeratiyutawong	25	泰国
12	Z20073300048	近视眼相关因子及其基因研究	科研	温州医学院	Dan-Ning Hu	30	美国
13	Z20073300049	RPG镜片阻止儿童近视进展	科研	温州医学院	Guang-Ji Wang	60	美国
14	Z20073300050	角膜厚度对角膜硬度的影响	科研	温州医学院	Jian-Hua Wang	30	美国
15	Z20073300051	人类胚胎中枢神经通路以育的研究	科研	温州医学院	Ken Ashwell	20	澳大利亚
16	Z20073300052	角膜移植和角膜创伤修复	科研	温州医学院	Ruo Zhong Xie	30	澳大利亚
17	Z20073300053	眼镜片光学质量的测量及其在视光学中的应用	科研	温州医学院	Ji-cang He	20	美国
18	Z20073300054	G蛋白在视网膜色素上皮细胞增殖的分化研究	科研	温州医学院	刘明耀	60	美国
19	Z20073300055	像差、调节与近视的研究	科研	温州医学院	Frank Thorn	50	美国
20	Z20073300056	浙江省全科医师培训的规范化国际化项目	科研	温州医学院附属第一医院	1lse HELLEMANN	25	奥地利
21	Z20073300057	髓鞘少突胶质细胞糖蛋白噬菌体单链抗体构建及其对多发性硬化保护研究	科研	温州医学院附属第一医院	Hui Zhang	60	荷兰
22	Z20073300058	微球血管栓塞技术治疗肝癌等肿瘤的疗效评价	科研	温州医学院附属第一医院	堀信一	16	日本
23	Z20073300059	PERIOWAVE激光不同光照时间对牙周炎治疗疗效进行分析	科研	温州医学院附属第一医院	李一鸣	22	美国
24	Z20073300060	P73\P63基因转录表达与淋巴组织增生性病变的关系	科研	温州医学院附属第一医院	韩欣	21	美国
25	Z20073300061	儿童青少年情绪障碍的社区防治策略	科研	温州医学院附属第一医院	李利人	20	美国
26	Z20073300062	多发性骨髓瘤骨病变机制及siRNA靶向治疗	科研	温州医学院附属第一医院	刘新华	60	美国
27	Z20073300063	种族抗CD20-scFV-CD28／ζ基因T细胞的构建及其对CD20阳性恶性肿瘤的靶向治疗研究	科研	温州医学院附属第一医院	单大铭	60	美国
28	Z20073300064	TOPⅡa基因失活与苯致造血干细胞损伤的关系及逆转探讨	科研	温州医学院附属第一医院	李斯德	53	美国
29	Z20073300065	丹参对冻融人卵巢组织缺血氧和再灌注损伤的保护作用及其机理研究	科研	温州医学院附属第一医院	刘军	26	英国
30	Z20073300066	h1TF的分离纯化及其对胃肠道放化疗损伤的保护作用	科研	温州医学院附属第一医院	林锦	60	美国
31	Z20073300067	A2a型腺苷受体在多发性硬化发病中的作用及其机制	科研	温州医学院附属第一医院	陈江帆	30	美国
32	Z20073300068	神经营养因子在卒中后抑郁发病中的保护作用及机制研究	科研	温州医学院附属第一医院	李晓锋	30	美国
33	Z20073300069	激素与感染对高氧暴露新生鼠肺损伤的研究	科研	温州医学院附属第一医院	陈凯	30	美国
34	Z20073300070	综合性睡眠医学中心的建设与发展	科研	温州医学院附属第一医院	Arthurs Walters	20	美国
35	Z20073300071	开发抑制Ⅰ型11β羟甾脱氢酶药物治疗糖尿病与代谢综合症	科研	温州医学院附属第一医院	Dianne O·Hardy	15	美国
36	Z20073300072	DEHP对Leydig细胞增殖和分化能力的影响	科研	温州医学院附属第一医院	HARDY Matthew P·葛仁山	15	美国
37	Z20073300073	大血管手术	科研	温州医学院附属第一医院	叶箭	16	加拿大
38	Z20073300074	细胞凋亡在高血压视网膜动脉病变中的角色	科研	温州医学院附属第一医院	耿永健	18	美国

续表1

序号	项目号	项目名称	行业	用人单位	专家姓名	在华工作天数	国别地区
39	Z20073300075	银杏叶提取物对糖尿病脑病模型大鼠学习记忆功能和细胞凋亡相关蛋白表达的影响	科研	温州医学院附属第一医院	TIANQING PENG	20	加拿大
40	Z20073300076	非对称二甲基精氨酸对内皮祖细胞的损伤机制研究	科研	温州医学院附属第一医院	陈凯	20	美国
41	Z20073300077	中澳合作人乳头瘤病毒样颗粒6型对儿童喉乳头瘤病的临床研究	科研	温州医学院附属第二医院	Ian Frazer James Pang	20	澳大利亚
42	Z20073300078	IA-2剔除对小鼠缺血性脑损伤的作用及机制	科研	温州医学院附属第二医院	蔡涛	20	美国
43	Z20073300079	新生儿病房建设及专科护士培训	科研	温州医学院附属第二医院	Esian holzman	21	美国
44	Z20073300080	缺氧缺血性脑损伤宫内模型的建立以及药物治疗窗口期的研究	科研	温州医学院附属第二医院	sidhartha Tan	30	美国
45	Z20073300081	HPV-VLPs防治生殖道疣的临床研究	科研	温州医学院附属第二医院	Louise Hayman	30	澳大利亚
46	Z20073300082	鬼臼苦素抗上皮性卵巢癌的作用及机制研究	科研	温州医学院附属第二医院	Louise Hayman	30	澳大利亚
47	Z20073300083	人乳头瘤病毒样颗粒6型免疫防治生殖道乳头瘤病的临床研究	科研	温州医学院附属第二医院	James Pang	60	澳大利亚
48	Z20073300084	中美合作预防及治疗新生儿缺氧缺血性脑病	科研	温州医学院附属第二医院	林景	30	美国
49	Z20073300085	微创外科手术在膝关节疾病中的应用	科研	温州医学院附属第二医院	Philippe Neyret	21	法国
50	Z20073300086	温州医学院中-法关节外科中心	科研	温州医学院附属第二医院	Jean Puget	21	法国
51	Z20073300087	NICU入院和急救护理流程建设和护士培训	科研	温州医学院附属第二医院	Jolanta Borovik	21	美国
52	Z20073300088	新生儿临床护理评估模式的建立和临床应用	科研	温州医学院附属第二医院	Mary M,Cunningham	21	日本
53	Z20073300089	高血压肠系膜动脉平滑肌细胞容积调节性氯通道研究	科研	温州医学院附属第二医院	Yutska Nakaya	31	美国
54	Z20073300090	护理人员在职继续教育模式的探索与实践	科研	温州医学院附属第二医院	Bill Duffy Luzl.schlaeger	20	美国
55	Z20073300091	促进健康解决问题(PSBH)培训	科研	温州医学院附属第二医院	Kathleen Capitulo	20	美国
56	Z20073300092	铁与泛素-蛋白酶体系关系及在帕金森病发病中的作用	科研	温州医学院附属第二医院	Weidong Le Aijun Zheng	30	日本
57	Z20073300093	腺苷A2A受体在左旋多巴诱发的异动症中的作用机制	科研	温州医学院附属第二医院	Isao Inoue	31	加拿大
58	Z20073300094	国际护理管理知识培训	科研	温州医学院附属第二医院	van den Berg,Riek	11	美国
59	Z20073300095	水通道蛋白在羊水量异常中的表达和调控研究	科研	温州医学院附属第二医院	林锦	22	美国
60	Z20073300097	纳米银的合成与应用研究	科研	温州大学	杨志浩	16	美国
61	Z20073300098	养殖鱼类的疾病防治研究	科研	浙江省海洋水产养殖研究所	小林信之	16	日本
62	Z20073300100	功能性服装的开发和设计	纺织	庄吉集团有限公司	Amelie mongrain	260	加拿大
63	Z20073300101	国际先进的生产、财务、营运、销售等管理体系建设	纺织	夏梦·意杰服饰有限公司	Silvio Vesine Filippo Marco Elisabetta Cogotzi	50	意大利
64	Z20073300102	新型颜料润湿和分散助剂的开发	化工	温州鑫雅精细化工有限公司	Kaushik Doshi	48	美国
65	Z20073300103	国际先进网球生产线设备与技术引进	轻工	浙江天龙集团有限公司	王玉瑞	355	美国
66	Z20073300104	高固型份发泡树脂制造PU合成革加工技术	皮革	温州新华迪合成革有限公司	李彦敏	300	台湾
67	Z20073300106	美式豪华太子水冷摩托车技术改造	机械	立峰集团有限公司	Johnny Pagnini	24	美国
68	Z20073300107	内部财务管理体系建立	机械	温州市冠盛汽车零部件制造有限公司	David Z·CHEN	120	加拿大
69	Z20073300108	皮鞋的国际贸易开拓	皮革	浙江奥康鞋业股份有限公司	吴春悦	365	美国
70	Z20073300109	XDS高硅不锈钢板材改进	机械	宣达实业集团有限公司	洪博志	60	日本
71	Z20073300110	鞋样设计	皮革	红蜻蜓集团有限公司	ANTONIO FARINA	17	意大利
72	Z20073300111	红蜻蜓时装产品定位和设计	皮革	红蜻蜓集团有限公司	Jason Zhu	320	美国
73	Z20073300112	低温阀门试验装置与深冷处理工艺的开发	机械	浙江方正阀门制造有限公司	铃木	40	日本
74	Z20073300113	全麻衬商务CEO要服技术改造	纺织	浙江报喜鸟服饰股份有限公司	GIOVANNI NEGLIA	365	意大利
75	Z20073300114	法雷奥起动电机换向器生产指导	电气	温州安固电器有限公司	Koch Winfried	37	瑞士
76	Z20073300115	铜铝焊式水箱改进为铝涨管式	机械	瑞安市亚美力汽车部件有限公司	Reijo Kinfried	30	丹麦
77	Z20073300116	富康汽车散热器产品技术改进	机械	瑞安市亚美力汽车部件有限公司	STEFANO LORENZI	365	意大利
78	Z20073300117	换向器铜板加工工艺改进	机械	浙江长城换向器有限公司	Haresh Patel	60	英国
79	Z20073300118	碱性酚醛树脂铸造工艺	机械	嘉利特荏原泵业有限公司	西康司	330	日本
80	Z20073300119	生产加工工艺的可视化改进	机械	嘉利特荏原泵业有限公司	渡边和则	80	日本
81	Z20073300120	石油、石化泵的设计研发	机械	嘉利特荏原泵业有限公司	町田彰久	330	日本
82	Z20073300121	建立国际品质管理技术体系	机械	嘉利特荏原泵业有限公司	原田哲夫	330	日本
83	Z20073300122	汽车发电机技术改进	电气	温州滨阳汽车电器有限公司	MarVin Barfield	50	美国

续表 2

序号	项目号	项目名称	行业	用人单位	专家姓名	在华工作天数	国别地区
84	Z20073300123	中高档汽车内饰面料生产技术改造	纺织	新潮集团股份有限公司	RON PALIN	30	澳大利亚
85	Z20073300124	汽车空调压缩机的制造、设计、开发	机械	温州中成化汽油制造有限公司	IAN FISHER	26	美国
86	Z20073300125	防盗锁具的设计研发	轻工	浙江汇力锁业有限公司	王腾云	90	台湾
87	Z20073300126	超微无机材料的绿色合成技术开发及其产业化	化工	浙江超微细化工有限公司	陈建德	270	加拿大
88	Z20073300127	1.5MW风力发电机组开发研制及产业化	电气	华仪电气股份有限公司	Wolfgang Watermann	30	德国
89	Z20073300128	解决流量计技术难题与工艺攻关	电气	浙江天信仪表有限公司	丹尼尔·杰瑟里纳克	70	美国

生活在温州的老外　随着温州经济的发展，越来越多的老外来到温州工作、经商，越来越多的外国人逐步融入到温州人的生活中。据不完全统计，2007年在温的外国人将近4000人。在温州工作的外国人以教师居多，主要在大学或各类外语培训学校教外语。德国人大多是公司指派过来，采购商品或是给温州企业安装设备，培训员工。韩国人多半是做整形美容和开韩国料理。印度人有的在健身馆教瑜伽，有的在酒店里当厨师做印度飞饼，还有就是当门童。一些日本人除卖寿司外还教剑术。此外，一些东欧国家的青年男女在酒店酒吧服务比较多，一群在温州工作的乌克兰人、白俄罗斯人和俄罗斯人共同组成一个“同乡会”，他们经常找地方开Patly。在温的韩国人也经常聚在一起，成立了一个“一心足球俱乐部”在周末组织足球比赛，并以此为纽带，经常聚会，相互帮助。

千名老外为温州民企打工　据不完全统计，2007年受雇温州企业的外籍员工，约有1000余人。5月28日在温州举行的“正泰集团第二届国际营销大会”，使用了18种语言，欢迎来自47个国家和地区的经营商代表，受雇正泰集团的外籍员工有近百人。6月15日奥康国际（印度）有限公司的11名印度籍员工与奥康美国员工、香港员工一起，在温州接受企业文化、职业规划、拓展训练等项目培训。温州冠盛汽车零部件制造有限公司收购了美国南卡罗莱纳的一家濒倒闭的汽配工厂后，从并购重建时的美国公司员工107人发展到129人，其中美国与墨西哥人占了大部分，该公司财务主管、技术主管等外籍员工，上任前均被送到冠盛汽配温州总部培训3个月。温州的鲁宾斯鞋业公司投资的尼日利亚杜邦鞋公司，一次性招收了80多名尼日利亚员工。

开酒吧的荷兰人　荷兰人埃维特（Eyert）几年前在温州一家电子公司上班，喜欢抽空去外地旅行，结识了不少朋友，业余时间经常泡酒吧。后来，他看到了越来越多的老外来温州，没有别的娱乐，都喜欢泡在酒吧里。于是他把工作辞去，开始经营起酒吧。开始在EF英孚英语培训学校附近开了一家蓝贝壳酒吧(blue snell),曾经是许多洋漂一族的老外根据地。2007年他转移到了下吕浦新开一家月亮酒吧，它比蓝贝壳酒吧大、音乐气氛好，再加上老板埃维特一帮老外朋友的带动下，这里很快成了老外的新据点。

外教赞叹温州文化　2007年1月13日，温州大学的9位外教，走进市博物馆，开始了他们为期半天的温州历史体验活动，白象塔出土的泥瓦瓷砖和展馆的工笔、写意的国画作品等，使这些不同肤色的老外们赞叹不已。

洋专家催化产业升级　从1996年至2007年，乐清市共引进来自美国、德国、日本等发达国家和地区200多位外国专家，解决了涉及60多个企业和单位的100多个专业领域的难题，生产出数百项技术领先或接近领先技术的新产品来。2007年在德力西集团就职的99位来自法国、日本、德国、荷兰等国家的专家学者，在企业内开展项目技术攻关的同时，也为该企业培养了近百名专业技术人员。请进洋专家，通过磨合，零距离接触，乐清民企解决了一些技术和管理上的问题，使产业升级，缩短了与国外先进企业的距离。

农民请来“洋专家”种菜　温州田头青菜生产专业合作社位于苍南县龙港镇白沙，成立于2002年10月，至2007年已拥有社员500多人，不少大户单户种植面积达500多亩。合作社有草莓、莲藕等各类专业示范基地8个，总面积达1000多亩。合作社为了引进生产技术和管理理念，拓宽农民视野，增长先进知识，2007年5月，合作社邀请日本农业专家町谷喜市，为当地蔬菜种植大户授课，培训优质蔬菜高效栽培技术。

百名优秀新温州人中有三位外籍人士

2007年2月8日，温州市文明办授予首届“百名优秀新温州人”中有3位外籍人士：报喜鸟服饰股份有限公司技术总监乔瓦尼内利亚（意大利籍）、嘉利特荏原泵业有限公司副总经理塚田孝夫(日本籍)、温州英之辅语言培训中心教务长助理伊丽莎白（英国籍）。

温州的洋媳妇伊丽莎白　2004年11月，26岁的英国姑娘伊丽莎白到温州英之辅语言培训中心任外教，她针对温州学生听说能力差的特点，通过夸张的表情，丰富的肢体语言和学生们交流，并通过各种道具、游戏给每个学生创造开口的机会，赢得了学生们的赞誉，2005年被市政府授予“雁荡友谊奖”的荣誉。2006年6月她在温州蓝贝壳酒吧与温州大学装潢设计专业毕业的温州小伙子王文芒相遇相知，恋爱而结婚，成为温州的“洋媳妇”。2007年2月她被入选“百名优秀新温州人”。

巴西华人孙华凯夫妇获得中国“绿卡”

巴西华人孙华凯夫妇自2002年来温投资办企业，取得了较好的经济效益和社会效益，为温州市经济建设做出了贡献。经其本人申请，公安部批准，孙华凯夫妇获得在中国永久居留资格。2007年2月9日，温州市公安局向他们颁发了有效期为10年的“外国人永久居留证”，成为温州市首批获得永久居留资格的外国人。

18名洋专家获“雁荡友谊奖” 2007年12月22日晚，温州市第五届“雁荡友谊奖”颁发仪式暨在温外国专家圣诞联谊会在市区王朝大酒店举行。近百名在温工作的外国专家、各国留学生代表欢聚一堂，载歌载舞度过美好的一晚。据不完全统计。今年在温州市文教、经贸、科技、卫生等领域工作的外国专家有280多人。为表彰为温州市经济社会发展作出贡献的外国专家，温州市于2003年起评选“雁荡友谊奖”，迄今，已有68位在温外国专家获此殊荣。今年市政府首设“雁荡友谊特别奖”，专门表彰在温工作两年以上贡献特殊突出的外国专家。今年获奖的外国专家名单如下：

雁荡友谊奖

姓名	聘用单位	国籍
艾伦.加奇诺	温州医学附属第二医院	加拿大
威荷美茵	温州大学	加拿大
卡尔	温州大学	加拿大
乔治·罗伊	温州市实验中学	加拿大
蒂姆	温州英之辅语言培训中心	加拿大
佐埃尔.杜里	浙江工贸职业技术学院	法国
温弗瑞德·库哈	安固集团有限公司	德国
盐见教郎	温州医学院外国语学院	日本
尹泰钟	华锋集团有限公司	韩国
史蒂夫	温州第二高级中学	新西兰
奥罗拉索可	温州鹿城区优优少儿教育培训中心	南非
帕德洛克·欧勒	环亚西文－温州圆达培训中心	乌克兰
乔伊·丹尼尔·克鲁斯诺	乐清中学	美国
罗斯.米格那诺	温州医学院	美国
吉瓦萨	夏梦意杰服饰有限公司	意大利

雁荡友谊特别奖

姓名	聘用单位	国籍	服务时间
金钟大	温州金龙微电机有限公司	韩国	4年
贯桂林	温州第二高级中学	新西兰	4年
弗兰克·宋	温州医学院眼视光学院	美国	12年

老外在温州过年 在温州工作、经商、学习的数以千计的外国人为推动温州经济社会发展出力，他们把温州视为第二故乡，不断地融入温州这片热土。2007年2月17日是农历大年三十，不少外国人留在温州过年。在市区顺生大酒店25楼经营韩餐馆“名家宫”的洋老板赵恩珠和张吉锡姐弟俩，第一次在温州过年，他们选择了春节餐馆不打烊，年夜饭摆在餐馆里，希望来年生意蒸蒸日上。俄罗斯姑娘爱丽雅为温州奥林匹克大酒店餐饮部接待经理，她与大酒店同事们聚在一起吃分岁酒，席间从经理手中接过年终大红包。在温州医学院国际教育学院首批成建制的留温过年的27名洋学生，自己动手炒了6个菜，聚在一起吃分岁酒，一个洋学生还买来两个大红灯笼在宿舍里挂了起来，以示庆贺。

温州关爱新温州人

温州入选“最受农民工欢迎城市” 2007年2月7日，由央视经济频道与奥康集团共同举办的中国首届农民工“情暖2007——财富手拉手”春节晚会在温举行，现场揭晓“十大最受农民工欢迎城市”：北京、上海、广州、深圳、杭州、无锡、青岛、苏州、厦门和温州。央视主持人王小丫宣读了温州获得“最受农民工欢迎城市”的颂词：“温州，温润之城。在这里，农民工不是外来者的代名词，而是城市的新主人。她用温暖的怀抱接纳来自五湖四海的农民工兄弟，她通过‘和馨行动’解务工之忧，慈善医疗包安康治本，教育培训提升素质，精彩文娱丰富生活。本地人外来人，都是有为之人，第一故乡第二故乡，都是创业之乡……”由在温州救人献身的外地务工者李学生的女儿宣布温州获奖，并把奖杯授予温州市委常委、常务副市长徐纪平。

春运关爱行动 2007年农历春节期间，在温务工的外地农民工纷纷购买车票、机票回乡过年，可车少人多，一票难求，不少单位、企业推出“春运关爱行动”让民工带着温暖回家。由温州市总工会组织，有70余家企业报名预订，得到金温铁道开发有限公司及上海铁路局的支持，一辆承载着1200多新温州人的返乡专列A88次列车于2月3日春运第一天晚上7点25分从温州驶向湖北武昌。市总工会主席戴祝水参与发车暨欢送仪式，30多位工作人员给新温州人送矿泉水、方便面、饼干等，并发给维权知识手册，有3名工作人员乘专列护送至武昌。温州晚报与温州恒大微创医院推出的《包车，送他们回家》活动，从2月3日开始至2月15日前后包车5趟次，从温州至江西南昌，免费送新温州人中的困难和弱势群众乘座。奥康集团出资30多万元“包机”送238名生产一线普通员工分别飞往重庆、武汉、贵阳、长沙和成都5大城市回家过年。

65桌年夜饭宴请新温州人 2007年1月30日晚，温州市总工会和鹿城区总工会联合举办“新温州人年夜饭“活动，在市区西城路东海明珠大酒店摆了65桌，宴请为温州城市建设添砖加瓦的新温州人。来自全市各行各业的优秀代表和部分特困家庭共300多户新温州人家庭欢聚一堂，共话温州好，同叙故乡情。宴会现场还安排了歌舞及小品等精彩文艺表演。主办方还给每位到场的新温州人准备了新年红包和年货。

感恩新温州人晚会 2007年3月8日，由温州经济开发区社会发展局、龙湾区妇联、鹿城区总工会、瓯海区总工会、文化出版局等单位联合主办，温州商报协办的感恩新温州人大型公益文艺晚会在中国鞋都工业区鞋文化博物馆广场举行。为感谢新温州人为温州的建设与发展所做的贡献，主办方现场向新温州人捐赠价值20万的医疗抵金券，其中5万元的抵金券在现场送给100位被评为温州市“第四届百名优秀进城务工青年”。

鹿城区为新温州人送温暖活动 2007年初鹿城区在全市率先启动“情系民生，爱心帮困“送温暖活动，并将新温州人困难户列入帮扶对象。至1月17日，该区首批筹集的700多万元帮困资金基本发放完毕，379户新温州人困难户在此次活动中得到帮助。

市总工会女职工委结对帮扶活动 2007年3月8日，温州市总工会女职工委员会再次在全市启动“与百户困难女民工家庭结对帮扶活动”，20位家庭困难的外来女民工和温州市20家单位工会建立帮扶关系。自上年开展这项活动以来，女职工专项保障金账户已收到全市各界捐款近40万元，共有132个单位和外来女民工结对，并通过助困、助医、助学和法律援助等方式对外来女民工开展长期有效的帮助。

新温州人困难救助基金 瑞安市荣光集团有7000多名员工，其90%是外来务工人员。为了解决员工的后顾之忧，减轻贫困员工的经济负担，2007年初，该企业起草了《困难职工救助会章程》。章程决定，公司划拨10万元作为启动基金，以后每年都划拨10万元，一般职工每人每年缴纳25元，并不定期组织志愿者活动，将活动收入全部纳入基金，用于因工致伤、致残，大病治疗，意外事故造成家庭困难员工的应急救助。平阳县昆阳镇工会成立“爱心互助金1+1工程，企业每月为每个员工捐一元，员工自己每月捐一元，由企业工会收齐后存进爱心互助会专门账户，以救助企业的困难员工。至2007年第一季度，全镇已有50多家企业加入了爱心互助会1+1工程，占全镇企业的70%多，入会企业员工多达4000余人。会员企业的

央视经济频道与奥康集团共同举办的中国首届农民工春节晚会上，温州市入选“最受农民工欢迎城市”，英雄李学生的女儿李敏将奖杯授给温州市副市长徐纪平。
卢春雨／摄

员工家庭遇到困难时，可申请救助，救助金额一般在1000元到4000元不等。

农民工返乡不用带现金 2007年6月21日起，温州市商业银行金鹿借记卡新增农民工特色服务功能——农民工在市商行各网点办理金鹿卡并存入现金，返乡后在家乡就近的农村信用社营业网点可以提取现金或查询余额。金鹿卡农民工特色服务已在贵州、山东、重庆、湖南、江西、四川、陕西、云南、河南、广西、湖北等13个省市开通，开通范围涉及143个地市、881个县（市）、13 353个县及县以下农村信用社，28 755个农村信用社营业网点，对返乡取款交易每笔仅按取款金额0.8%收取，最低1元，最高20元，查询交易不收费，手续费直接从金鹿卡中扣除。

新温州人创业贷款 瓯海区农村合作银行于2006年8月创建了“新温州人创业贷款”业务。该项业务推出一年间，向新温州人发放贷款22笔，累计金额只有150多万元。问津者不多，可能与宣传不够有关。

“百万新温州人游温州”活动 2007年5月15日，由温州市旅游局主办的“百万新温州人游温州”活动，在洞头县旅游集散中心举行启动仪式，首批来自温州各行各业的1000多名新温州人可一览海岛美景，领略温州的奇山秀水。该活动启动后，市旅游局将联合各大景区，陆续推出“走进雁荡山”、“走进楠溪江”等主题活动，鼓励企业组织优秀员工及新温州人实行奖励游。景区门票予以最大优惠，甚至免费，活动持续到年底。6月16日市旅游局、奥康集团、温州广播电视台和温州都市报联合举办“奥康情·千名新温州人城市之旅活动”。时间一天，游览景点和路线是：江心屿、博物馆、世纪广场、江滨大道和奥康集团等，免费项目包括门票、乘车、午餐和导游费等。

为新温州人免费刮痧 2007年7月21日下午2时，室外温度高达38℃，由温州晚报牵头组织温州爱国刮痧健康服务部和周天推拿养身会所9位刮痧高手，来到位于市区锦江路F31号地块的歌山建筑工地，为在高温下劳作的外地建筑工人免费刮痧。在2个多小时里，共对50多位工人进行服务。受刮的工人们说：刮痧之前，头重、肚子阵痛，刮痧后，觉得整个人变得轻松。

为新温州人设“午间法庭” 瑞安市塘下镇有大小企业8000多家，各类民商案件频发，其中尤以员工工伤事故损害赔偿案居多。为方便外来务工人员打官司，2007年7月起，瑞安市人民法院塘下法庭推行“午间法庭”制度。“午间法庭”的开庭时间具体分为11：30、12：00、12：30、13：00四个阶段，诉讼当事人可根据自身情况来选择。至年底，塘下法庭共审查民商案件600多件。

法律援助站开进外地在温商会 2007年5月30日，温州市法律援助中心在湖北、湖南、福建、安徽、江西等5家外地在温商会成立法律援助站，委托其受理新温州人的法律援助申请。法律援助站预先审查收到的援助申请，当事人身份与经济困难证明等材料后，在2个工作日内送市法律援助中心审查，经审核后，市法律援助中心在3日内指派相关人员办理，为新温州人提供无偿的法律援助服务。

市总工会维护农民工合法权益 至2007年9月，温州全市已建立工会组织的非公有制企业有2.6万多家，会员118万人。其中大部分是外来务工人员。劳动争议案件逐年上升，特别是外来务工人员被欠薪比例逐年递增。为了维护外来务工人员的权益，市总工会较早建立法律维权（帮扶）机构，该年已在23个镇建立起工会法律维权（帮扶）机构，并分别建立135个区域性，7864个企业劳动争议调解委员会，共受理了14 887件劳动争议案件，维护农民工的合法权益。2007年又建立劳动关系预警机制，它包括网络管理，奖罚制度，预报制度等9个方面，一旦发生劳动关系纠纷，相关责任人要在第一时间第一现场处理事件。

黄龙街道成立外来人员调解站 温州市区黄龙街道下辖瓯浦、垟田，箬笠岙、双岙4个村、生活在这里的有7万余名外来人员，他们与村民、企业之间，以及外来人员相互之间常有各种摩擦。2007年8月2日，该街道成立了外来人员矛盾纠纷调解站，由4个村调解委员会主任及企业专管员担任专职调解员，具体调解外来人员、家属之间有关人身、财产权益问题，以及日常发生的民间纠纷和新温州人与企业之间的劳资争议等方面的问题。

瓯海区率先推出多年期暂住证 2007年4月26日，瓯海区率全省之先推行暂住证多年期制度。该区有外来务工人员70万余人，过去给他们签发的暂住证有效期均为一年。为使长期在瓯海务工、经商的外来人员更好地融入当地社会，瓯海区公安分局推出外来人员分层次管理的办法，决定实行有效期3年、5年的暂住证申领制度。对外籍在瓯海居住的市、区人大代表、政协委员；已在瓯海购房；已在瓯海租房固定暂住3年以上、工作稳定、无违法犯罪记录的人员，可申领5年有效期暂住证。凡外籍人员在瓯海固定暂住2年以上、工作稳定、无违法犯罪记录人员；百人以上企业里，工作相对稳定的高级管理人员，可申领3年有效期暂住证。

新温州人“防艾”教育基地 2007年12月5日，温州市首家新温州人预防艾滋病健康教育基地在鹿城区仰义乡安心公寓落成。居住在此地的4000名新温州人成基地直接受益者。鹿城区已发现的艾滋病病毒感染者中，流动人员占60%以上。共青团鹿城区委和鹿城疾控中心联合成立的该教育基地，定期开设专家讲座、图片展览等宣传教育活动。向新温州人传授流行病预防、职业病防治与幼儿预防接种等知识。

WENZHOU YEARBOOK 温州年鉴

温州学者论著

综　　述

2007年，温籍及在温工作的专家、学者学术研究成果颇丰。据专家、学者本人和有关科研单位提供的资料，选编成《2007年温州学者社会科学论著发表概览》、《2007年温州学者自然科学论著发表概览》、《2007年温州学者外文论文发表概览》。因篇幅所限，概览只载篇目，不载正文。《2007年温州学者社会科学论著发表概览》和《2007年温州学者自然科学论著发表概览》选录的均为中文论著，按作者姓氏笔画排列，其中论文均发表在国内核心期刊或较有影响力的报刊上；选录的社会科学论著302篇，作者170余人；自然科学论著185篇，作者140余人。《2007年温州学者论著（外文）发表概览》选录的论文181篇，均被世界三大科技文献检索系统收录，按作者姓名字母顺序排列。凡合作论著，只取第一作者或第二作者系温籍或在温工作的专家学者的篇目。

篇目辑录

2007年温州学者社会科学论著发表概览

文　章　名（书名）	作　者	报刊名（出版社名）	卷次、期数（出版时间）	备　注
宋代徽语考	丁治民	古汉语研究	2007.1	
《汉隶分韵》成书时代及作者考	丁治民	中国语文	2007.6	
对我国社区文化建设的思考	于洪卿	青海社会科学	2007.11	
文学：对视觉权力的抗争——从霍桑的《红字》谈起	马大康	文艺研究	2007.2	
电子媒介时代文学的文化生态	马大康	文艺争鸣	2007.7	
中国古典美学的思维特征及其现代转变	马大康	文艺理论研究	2007.6	
爱德华·巴罗的心理距离说辨析	马大康　张书端	浙江学刊	2007.5	
开放存取——文献资源建设的新思维	马宏伟　黄显堂	图书馆论坛	2007.1	
对外贸易风险的成因与防范	马　媛	统计与决策	2007.1	
智能与绿色建筑文集3	仇保兴	中国建筑工业出版社	2007	
从黄体芳论同光清流	尤育号	历史教学问题	2007.4	
法学耆宿，多彩人生	尤俊意	《东方法学》	2007.1	
物权法通过后并非万事大吉	尤俊意	《新民晚报》	2007.4.4	
未成年人保护：成年人的共同责任	尤俊意	《解放日报》	2007.9.5	
公民意识与宪法精神	尤俊意	《文汇报》	2007.12.4	
试论《反垄断法》对邮电行业的影响	尤俊意	《邮电经济》杂志	2007.34期合刊	
校园侵权民事责任纠纷的解决方式	方益权	教育评论	2007.3	人大G30转载2007.10
博客侵权问题研究	方益权　王　勇	法学家	2007.3	
论“受害人同意”及其在学生伤害事故中的适用	方益权　陈　英	政治与法律	2007.4	
新创研究生实用英语教程（下）	毛继光	中国科学技术出版社	2007	
对信用证欺诈若干法律问题的思考	毛毅坚　龚保华	江西社会科学	2007.5	
文化比较中的文化因素及文化补偿	王大来	求索	2007.8	
高校历史教材中先秦科技史重大失误之考述	王兴文	历史教学问题	2007.2	
中国经济史跨领域研究的新尝试——读卢华语主编《〈全唐诗〉经济资料辑释与研究》	王兴文	中国经济史研究	2007.3	
高校图书馆电子文献资源利用率探讨	王　红	图书馆论坛	2007.27(3)	
论“变官”在京剧唱腔中的作用	王志毅	戏曲艺术	2007.2	

续表1

文　　章　　名（书名）	作　者	报刊名（出版社名）	卷次、期数（出版时间）	备　　注
人口就业风险的化解：温州经验解读	王尚银	人口与经济	2007.2	
中国区域性公民社会新探——以温州模式为例	王尚银	新视野	2007.5	
温州公民社会的演绎进程	王尚银	青海社会科学	2007.4	
社会结构的层次性与深层次和谐问题的提出	王尚银	求索	2007.9	
社会主义社会矛盾运动理论的划时代创新——纪念毛泽东《关于正确处理人民内部矛盾的问题》发表五十周年	王拓彬	胜利油田党校学报	2007.1	人大A2转载2007.3
高校校名的商标保护	王　娜	电子知识产权	2007.3	
集体合同制度与当前温州民营经济的提升和发展	王柏民	青海社会科学	2007.4	
浙江平阳县昆阳镇方言词汇的调查	王　莉	开篇（日本）	2007.26	
动态联盟的期权分析	王　惠　吴冲锋	上海交通大学	2007	
教育券：由来、实质、意义和评价	王德林	社会科学战线	2007.2	
新公共服务理论:政治民主与行政民主在新时期的融合	邓念国	江汉论坛	2007.1	
从放松管制到重新管制:新公共管理运动中政府微观干预的嬗变	邓念国	社会科学辑刊	2007.4	
鲁迅小说创作中的“失语”现象管窥	叶世祥	中国语言文学研究（美国）	2007.1	
诗性语言研究的新拓展——评马大康《诗性语言研究》	叶世祥	文艺理论研究	2007.2	
产品交易抽样检验实践	叶永和	中国计量	2007.11	
翻译教学的交互性模式研究	叶　苗	外语界	2007.3	
平面形态设计基础	叶洲荣　苗　颖	上海书店出版社	2007.3	
天使361°：来自家庭实验的报告	白莉莉	浙江科学技术出版社	2007.11	主编
中国历代民族史——魏晋南北朝民族史	白翠琴	社会科学文献出版社	2007	
宗教在新农村建设中的作用——以温州上村为例	任映红	中国宗教	2007.11	
非公企业党建评价体系的探索与构建	任映红	江汉论坛	2007.1	人大D2转载2007.5
温州村落社区宗教文化及其影响	任映红	青海社会科学	2007.4	
基础教育信息化进程中面临的问题与对策	伍海燕　王佑镁	教育评论	2007.4	
探索独立学院学生管理工作的新途径	全　力	高等教育研究	2007.28(6)	
知识管理视角下合并高校提升竞争力的策略研究	全　力	社会科学战线	2007.3	
论高校和谐校园建设及其管理创新	全　力	理论前沿	2007.7	
天地造化，和谐之美——对龙泉青瓷文化的再认识	关明新	文艺研究	2007.7	
家乐盛衰演变的轨迹及其对中国音乐文学的重大影响	刘水云	文艺研究	2007.3	
论宋代之前家伎的歌诗活动及其影响	刘水云	浙江学刊	2007.3	
论明清家乐的导演体制及其对明清戏曲导演理论的贡献	刘水云	求是学刊	2007.3	
论明清家乐对明清戏曲表演艺术的积极影响	刘水云	艺术百家	2007.1	人大J2转载2007.6
张棡《杜隐园日记》中的地方戏剧史料	刘水云　黄义枢	文献	2007.3	
《汉语大词典》误释辨正四则	刘传鸿	语言研究	2007.1	
近年来学界对民粹主义的研究与争论	刘建国	北京日报	2007年	人大D0转载2007.7
彩色摄影	刘青松	浙江大学出版社	2007.3	
企业社会责任与危机管理	刘藏岩	生产力研究	2007.13	
基于投入产出系统的企业创新动力三维构架研究	刘　霞	生产力研究	2007.13	
灰，鲜艳的诗歌颜色	孙万鹏	名家出版社	2007.6	
世俗的兴起　神圣的没落	孙邦金	读书	2007.2	
探寻人类诗意栖居的精神家园——评马大康《诗性语言研究》	孙良好	浙江社会科学	2007.4	
新课改课堂环境现状调查：进展与问题	孙芙蓉	上海教育科研	2007.5	
美国“评估三角形”研究：框架、设计及应用	孙芙蓉　谢利民	外国教育研究	2007.3	
叶适事功思想与现代温州人精神	孙金波	青海社会科学	2007.7	
复活的私权（形而下法理丛书）	孙笑侠	中国政法大学出版社	2007.6	
《古本琵琶记汇编》	孙崇涛	中华书局	2007.7	
网络行为研究的意义与价值	朱永德　黄少华	兰州大学学报（社会科学版）	2007.35（2）	
清初女诗人钱凤纶考	朱则杰	文学遗产	2007.3	

续表2

文章名（书名）	作者	报刊名（出版社名）	卷次、期数（出版时间）	备注
孔尚任佚文《长留集序》及其他	朱则杰	文艺研究	2007.11	
《四库全书总目》十种清诗总集提要补正	朱则杰	浙江大学学报	2007.1	
清诗总集所见名家集外诗文辑考	朱则杰	深圳大学学报	2007.6	
从失范到和谐：当代大学生道德重构的思考	朱建平	中国高教研究	2007.5	
就业市场化与大学生心理健康教育	朱建平	教育评论	2007.3	
大学计算机基础	毕保祥等	中国广播电视出版社	2007	
全球视野中的晚清国家与社会——基于苏州商会的研究	江华	社会科学战线	2007.5	
世界体系理论研究——以沃协斯坦为中心	江华	上海三联书店	2007.7	
英语课堂教学语言的语用分类及其优化设计	牟金江	课程·教材·教法	2007.2	人大G381转载2007.7
尊重与引导——正确对待信教大学生之我见	牟德刚	当代青年研究	2007.4	
机构话语视阈中的教师自主发展	何永成	学术界	2007.2	人大G1转载2007.7
上海信托业研究（1921～1949年）	何旭艳	上海世纪出版集团上海人民出版社	2007.8	
孔子年谱	何新	时事出版社	2007	
诸神的起源	何新	时事出版社	2007	
谈龙说凤	何新	时事出版社	2007	
孙子兵法新解	何新	时事出版社	2007	
楚辞新解	何新	时事出版社	2007	
楚帛书与夏小正新解	何新	时事出版社	2007	
龙——神话与真相	何新	时事出版社	2007	
论语新解	何新	时事出版社	2007	
尚书新解	何新	时事出版社	2007	
老子新解	何新	时事出版社	2007	
易经新解	何新	时事出版社	2007	
天问新解	何新	时事出版社	2007	
诗经（情诗）新解	何新	时事出版社	2007	
家族企业代际传承与制度创新	余向前	学术月刊	2007.3	
温州民办幼儿园教师人文素质探析	余蕙	教育评论	2007.5	
服务型政府建设欲行还难——服务型政府建设阻力分析	吴玉宗	社会科学研究	2007.4	人大D01转载2007.11
服务型政府建设研究	吴玉宗	经济日报出版社	2007.7	
贸易保护主义的政治经济学分析	吴宗金	统计与决策	2007.6	
论高等院校艺术教育的现状与发展	吴晓勇	社会科学战线	2007.4	
20世纪50～70年代的二胡曲创作	吴晓勇	中国音乐学	2007.2	
二胡演奏基础	吴晓勇	吉林大学出版社	2007.8	
本土行政法治的展开	吴道富	浙江人民出版社	2007.8	
温州式的统一战线观	张小燕	青海社会科学	2007.4	
冈仓天心与日本美术院的创立	张少君	新美术	2007.1	
自由的法哲学透视	张玉霞	学习与探索	2007.4	
民族地区婚姻法变通的法理思考	张玉霞	黑龙江民族丛刊	2007.2	
新闻隐性广告的存在及辨析	张信国	新闻界	2007.5	
设计美学	张宪荣	化学工业出版社	2007.1	
高等教育发展的滞后与区域经济发展的困局——基于温州的实证研究	张玲玲	中国高教研究	2007.1	
独立学院与区域经济互动发展研究——以温州为例	张玲玲	青海社会科学	2007.2	
校园统一目录服务系统的设计与实现	张艳超	中国教育信息化(高教职教版)	2007.11(168)	
粟裕对毛泽东游击战争战略战术思想的继承和发展	张敏卿	毛泽东思想研究	2007.1	
重释“北上抗日先遣队”组建的原因	张敏卿	中州学刊	2007.2	
土地革命战争时期中共对“根本”之地的争取	张敏卿	历史档案	2007.2	
试论高等教育的区域性发展	张雪萍	教育评论	2007.1	
基于改进灰色关联分析的供应商评价方法	张滢 党耀国	统计与决策	2007.21	

续表3

文章名（书名）	作者	报刊名（出版社名）	卷次、期数（出版时间）	备注
毛泽东文化“精华糟粕论”再思考	李业杰	东岳论丛	2007.2	人大A2转载2007.3
试论社会建党视野中的信仰重建	李业杰 王荣栓	山东科技大学学报	207.1	人大D2转载2007.7
社会建党的概念和实质初探	李业杰 王荣栓	北京行政学院学报	2007.3	
经济全球化背景下的新贸易壁垒	李健	东北财经大学出版社	2007.12	
技术创新对企业核心竞争力的影响	李健	统计与决策	2007.8	
晚清新教传教士的中国佛教观	李新德	宗教学研究	2007.1	
鞋靴制作工艺	杨文杰 顾任飞 祝忠良	中国轻工业出版社	2007.1	
家族企业外部顾问董事制度的效率和绩效分析	杨龙志	统计与决策	2007.7	
家族企业的绝对权力效应及其实证研究	杨龙志	现代管理科学	2007.1	人大F22转载2007.3
论高校图书馆反盗版及非法出版斗争策略	杨安利 诸葛毅	中国出版	2007.3	
读者图书借书权利限定因素的多维思考	杨安利 诸葛毅	情报杂志	2007.3	
张元济先生与古籍版本学	杨安利 黄显堂	图书馆理论与实践	2007.3	
图书馆用户满意测度新论	杨凌云	图书馆杂志	2007.26(9)	
数字参考咨询的“本地”问题研究——温州大学图书馆案例分析	杨凌云 詹德优	大学图书馆学报	2007.25(6)	
小学综合实践活动案例	杨素琴	光明日报出版社	2007	主编
Research of E-Commerce Application in Small and Medium Enterprises——A Case Study of Wenzhou	杨焕春	Chinese Business Review(USA)	2007.6 (2)	
Study of Integration of e-HRM and ERP and its Business Process Reengineering	杨焕春	International Journal of Business and Management (Australia)	2007.2 (3)	
温州企业技术创新能力和产出的调查与分析	杨焕春	科学学与科学技术管理	2007.9	
“蓝海战略”为中国企业提供了什么？	肖文旺	经济导刊	2007.5	
“蓝海战略”的营销意义	肖文旺	统计与决策	2007.6	
企业竞争观念的演化	肖文旺	经济导刊	2007.6	
从青海社火看本土音乐的文化变迁	苍海平	音乐艺术	2007.4	
南戏文脉 瓯越情怀——从《张协状元》看永嘉昆剧的艺术特色	苍海平	中国音乐	2007.4	
五代时期南唐校勘人才及其印刷传统	苏勇强	社会科学	2007.12	
北宋科举教育与书籍刊刻	苏勇强	贵州社会科学	2007.3	
“魏晋文学自觉”辨	苏勇强	江汉论坛	2007.7	人大J2转载2007.12
菊花与刀——日本文化诸模式	苏勇强 费解	陕西人民出版社	2007.5	
素质教育“内化”意识略论	邱晓雅	教育评论	2007.5	
关于独立学院特色建设的几点思考	邱晓雅	江苏高教	2007.3	
清末吏治与乡村民变——以浙江为例	邵晓芙	浙江社会科学	2007.4	
清末乡村民变的社会影响——以浙江为例	邵晓芙	江西社会科学	2007.5	
阎连科《受活》中民间原型阐释	陈小碧	文艺争鸣	2007.8	
论文献情报工作对高校创新的推动作用	陈太洋	图书馆理论与实践	2007.4	
我国大学图书馆网站链接的实证分析——以中国“211工程”高校为例	陈太洋	图书馆杂志	2007.3	
国内外图书馆实施知识管理的几种模式	陈太洋 任全娥	图书情报知识	2007.2	
温州民营企业管理模式研究	陈平	学林出版社	2007	
成就与梦想：温州民企创业文化思考	陈平	学林出版社	2007	
远程教育教学交互理论对外语网络教学的启示	陈冰冰	外语电化教学	2007.4	
雁北鼓吹乐艺人的“黑话”	陈克秀	中国音乐学	2007.4	
对历史教科书某些编写问题的思考	陈志刚	历史教学	2007.9	
冯文慈的教研思想给我的启示	陈其射	中国音乐	2007.1	
论音乐教育的审美特征及其平衡	陈其射	人民音乐	2007.9	
现代领导方法与领导艺术	陈国治 谭劲松	浙江大学出版社	2007.11	
中国美术馆当代名家系列作品集·书法卷	陈忠康	河北教育出版社	2007.12	

续表4

文　　章　　名（书名）	作　者	报刊名（出版社名）	卷次、期数（出版时间）	备　注
明代杭州的夜市	陈学文	浙江学刊	2007.2	
明清契尾考释	陈学文	史学月刊	2007.6	
明清徽商的经营理念与宗亲情结——以叶向高《新安里记》为中心	陈学文	天中学刊	2007.3	人大复印资料《经济史》(2007.5) 转刊
庄仆非佃户考略	陈学文	中国经济史研究	2007.3	
称雄于明清时期的龙游商帮	陈学文	《商帮探源》(浙江人民出版社)	2007.8	
比例法裤子结构参数的调整	陈明艳	纺织学报	2007.8	
高师人本音乐教育初探	陈　思	中国音乐	2007.2	
外来务工人员子女父母教养方式的研究	陈美芬	心理科学	2007.5	
我国外汇储备快速增长下的货币政策分析	陈　婷	统计与决策	2007.19	
我国存款保险差别费率的厘定	陈　婷	生产力研究	2007.16	
温州组建民营银行实证研究	陈　婷　林　贵	经济科学出版社	2007.7	
模糊数字英译的顺应性原则	陈琳霞	宁夏大学学报(人文社会科学版)	2007.1	
大学生思想政治教育在构建和谐社会中的任务	陈福生	青海社会科学	2007.6	
唐诗志疑录	陈增杰	上海人民出版社	2007.12	
数学实验课程教学改革研究	陈　慧	中国大学教学	2007.12	
德彪西《水中倒影》的和声游移特征	陈　飚	中国音乐学	2007.1	
求索温州	卓高柱	浙江人民出版社	2007.4	
我国C2C市场状况的实证研究	周欢怀	未来与发展	2007.11	
《化工原理实验》教学管理系统的开发	周欢怀　艾　宁	计算机与应用化学	2007.24 (12)	
平面媒体的话语权危机及其对策	周亨友	新闻界	2007.1	
清洁生产技术的创新扩散与政府责任	周建华	科技进步与对策	2007.1	
2005诺贝尔经济学奖得主学术思想介绍	周建华	生产力研究	2007.9	
中国住宅有效需求测算——基于期望效用和需求收入弹性的研究	易晓文	江西社会科学	2007.4	
林斤澜散文——(插图珍藏版)	林斤澜	人民文学出版社	2007.3	
杂花生树	林斤澜	辽宁人民出版社	2007.1	
邓小平建设社会主义新农村的理论与实践	林孟清	中国特色社会主义研究	2007.2	
幼儿园环境教育地方课程建设研究	林炎琴	科学出版社	2007.7	人大A3转载2007.7
跳跃式国际化及其效应：以温州打火机产业为例	林　俐	经济与管理研究	2007.5	
民营企业国际化经营研究：基于温州的实践	林　俐	浙江大学出版社	2007.5	
金融市场建设与中小企业融资结构的理论分析	林　贵	统计与决策	2007.11	
论我国存款保险制度的构建	林　贵	学术界	2007.6	
方志资料审核论稿	林顺道	方志出版社	2007.11	
消费、投资增长差距扩大是经济失衡的主要原因——马克思资本有机构成理论对我国宏观调控政策的启示	林琼慧	生产力研究	2007.4	
包装设计	郑　娟	浙江人民美术出版社，西南交通大学出版社	2007.3	
服装学科信息资源整合研究	郑乐丹　王慕抽	图书馆理论与实践	2007.1	
当代大学生学习动力问题研究	郑庆柱	社会科学家	2007.2	
温州方言的轻声变化	郑张尚芳	方言(商务印书馆)	2007.2	
吴语中官话层次分析的方言史价值	郑张尚芳	《历史层次与方言研究》(上海教育出版社)	2007.11	
语言同源与接触的鉴别问题	郑张尚芳	《语言接触与语言比较》(学林出版社)	2007.11	
中国长短句体戏曲声腔音乐	郑孟津	上海社会科学院出版社	2007.7	合著
处境不利学生的内隐、外显自我概念及其与社会支持的关系	郑信军	心理科学	2007.1	人大B4转载2007.5
从“听”故事到“说”故事——道德叙事的心理解构和建构	郑信军	课程教材教法	2007.9	
聚焦处境不利学生：社会性发展研究的对象关注	郑信军	浙江大学出版社	2007.5	
道德敏感性的研究现状与展望	郑信军　岑国桢	心理科学进展	2007.1	
公民不服从理论的现实困惑——以六十年代美国学	郑春生	浙江学刊	2007.4	

续表5

文　　章　　名（书名）	作　者	报刊名（出版社名）	卷次、期数（出版时间）	备　　注
生运动为例				
独立学院新生教育模式的实践与探索	郑彩莲	社会科学战线	2007.3	
独立学院学生自我认知与择业就业关系的研究	郑彩莲	中国青年政治学院学报	2007.2	
末路章氏王朝	金文兵	读书	2007.6	
苗瑶语的阴声韵母系统	金理新	语言研究	2007.27(3)	
基于网络的数字化微格教学系统的建设	俞树文　王　峰	现代教育技术	2007.9	
说佛：现代学佛者修证对话	南怀瑾	陕西师范大学出版社	2007	
“诗言志”的嬗变史解读	施春晖	社会科学家	2007.2	
浅谈材料与概念书设计	柯思昱	新美术	2007.3	
《诗经》中的两种服饰考略	洪之渊	社会科学战线	2007.2	
我国个人金融市场的营销策略	祝孔海	统计与决策	2007.5	
基于存款保险制度的道德风险分析	祝孔海	经济体制改革	2007.2	
大学生的素质拓展与人力资源开发	胡伟国	教育评论	2007.4	
农民失地利弊辩	胡振华	经济问题	2007.7	
寄托儿童与一般儿童人格特征的比较研究	胡　瑜　余　凌	心理科学	2007.2	
高校舞蹈艺术教育的创新	贺捷频	教育评论	2007.6	
DOI与学术论文参考文献著录和页眉标示	赵肖为等	中国科技期刊研究	2007.18(4)	
市民社会理论研究基点的展开及其在中国语境中的应用性研究	钭晓东	浙江学刊	2007.4	
法律教育的实效性研究——论学生法律思维的积淀与养成	钭晓东	社会科学战线	2007.2	
刘向《列士传》佚文辑校增补	饶道庆	文献	2007.1	
“绛珠”之意蕴及其与古典文学的关系	饶道庆	红楼梦学刊	2007.4	
论《红楼梦》电影中的戏曲因素	饶道庆	红楼梦学刊	2007.6	
形容词作可能补语的情况考察	骆锤炼	宁夏大学学报	2007.29(4)	
有感于澳州老人“炼丹”求死	倪正茂	上海法治报	2007.11.21	
且看日本发生“泄题丑闻”之后	倪正茂	上海法治报	2007.9.24	
“知情”在政策制定过程中	倪正茂	民主与科学	2007.6	
在拓宽民主监督渠道上下功夫	倪正茂	联合时报	2007.11.23	
中国的业主维权与市民运动	倪正茂	北海道大学法学论集	2007.春	日本
国刑法立法文献资料精选(京师刑事法文库)	高铭暄	法律出版社	2007.8	
刑法学	高铭暄	中国法制出版社	2007.4	
高铭暄自选集（中国人民大学名家文丛)	高铭暄	人民大学出版社	2007.8	
现行高考制度的弊端及改革对策	唐苏琼	教育评论	2007.6	
试论农村小学英语课堂情趣学习策略	夏侯富生　吕　菲	教育理论与实践（学科版)	2007.5	人大G39转载2007.8
道德判断的社会直觉模型述评	徐　平　迟毓凯	心理科学	2007.2	
浙江醒感戏	徐宏图	民俗曲艺丛书	2007.3	
试论南戏的流向及地域分布	徐宏图	《戏曲研究》第七十四辑	2007.8	
南戏《刘文龙》遗存考	徐宏图	《中华艺术论丛》第7辑	2007.8	
习昆、唱昆、写昆、研昆——纪念庄一拂百年华诞	徐宏图	《戏曲艺术》	2007.4	
不同解题条件下小学六年级学生真实性思考的研究	徐　速	心理科学	2007.30(3)	
江浙沪服务业区域竞争力实证分析	郭显光　敫宝林	商业经济与管理	2007.5	
保护不足与保护过度——试论《中华人民共和国劳动合同法》倾斜保护的“度”	钱叶芳	法商研究	2007.3	
劳动合同法应确立“鼓励稳定”的原则	钱叶芳	甘肃社会科学	2007.2	人大D413转载2007.7
《劳动合同法（草案)》三审稿立法技术的缺陷和弥补	钱叶芳	法学	2007.5	
“风险社会”视野中的现代性及其双重维度	钱亚梅	求索	2007.1	
社会思潮对高等教育功能释放的影响	钱　强	西北师大学报(社会科学版)	2007.44 (5)	
大学发展内涵与价值取向探析	钱　强	教育评论	2007.4	
人力资本价值计量研究	梁志勇	统计与决策	2007.5	
建立中国特色的方言语汇学——以瓯语研究为例	盛爱萍	中国语研究	2007.49	

续表6

文　　章　　名（书名）	作 者	报刊名（出版社名）	卷次、期数（出版时间）	备　　注
英语语言文化散论	黄卫峰	国防科技大学出版社	2007	
瘾君子自白（原著托马斯·德·昆西）	黄　丹	上海文艺出版社	2007.5	
教师的劳动权及其保障	黄文浩	教育评论	2007.5	
黄本诚文集	黄本诚	中央编译出版社	2007.1	
让学校成为和谐社会的“熔炉”——杜威和谐教育思想述评	黄希尧	社会科学家	2007.2	
新闻娱乐化成因解析	黄良奇	新闻界	2007.2	
塞尚眼中的绘画与自然	黄　良	新美术	2007.2	
剖析教育腐败的类型及其治理对策	黄明光、潘玉进	社会科学家	2007.1	
ILAS系统外文图书回溯建库实践与思考	黄显堂　陈太洋	图书馆理论与实践	2007.1	
论综合实践活动课程的基本特征	彭小明	社会科学战线	2007.6	
教学板书特征论	彭小明	教育评论	2007.4	
电子资源使用统计的应用实例研究	曾尔雷	图书馆杂志	2007.26(6)	
《信息检索》课程考试方法研究与实践	曾尔雷	图书馆杂志	2007.26(3)	
设计事理学与非物质设计的比较分析	舒湘鄂	中南民族大学学报(人文社会科学版)	2007.3	
宋代折枝花鸟画的构图程式	谢子静	新美术	2007.5	
宋代花鸟画折枝构图的艺术美	谢子静	文艺争鸣	2007.11	
大学生创业教育新探索——以温州大学创业教育实践为例	谢志远	社会科学战线	2007.1	
温州大学生与其他地区大学生创业意识比较分析	谢志远　林　茹　曾维华	高等工程教育研究	2007.3	
象棋指要	谢侠逊	上海文化出版社	2007.4	
农村居民收入的影响因素分析——以温州永嘉县为例	谢　健	财经论丛	2007.1	
儿童哲学	谢循康	光明日报出版社	2007	主编
营养与健康教育	谢循康	光明日报出版社	2007	主编
竺可桢离别浙大前后	谢瑞淡	《浙江老年报》	2007.3	
驰骋国际法庭的中国法官李浩培	谢瑞淡	《纵横》	2007.4	
孙中山和象棋	谢瑞淡	《浙江老年报》	2007.8	
商检与报关实务	鲁丹萍	清华大学出版社	2007	
国际金融	鲁丹萍	清华大学出版社	2007	
中小企业融资需求层次研究——基于美国经济数据的分析及政策启示	蒲祖河	财贸经济	2007.1	
基于温州正规金融与民间金融结构现状的博弈分析	蒲祖河	经济社会体制比较	2007.3	
农村小企业非正规融资研究	蒲祖河	生产力研究	2007.14	
民间资本中介化配置与高技术产业发展研究——以温州为例	蒲祖河	生产力研究	2007.18	
青少年的人际关系运作能力及其培育	雷　霞	中国青年研究	2007.11	
基于手机传播的“第五媒体”的原理和价值构成分析	熊国太	新闻界	2007.2	
论温州人的休闲观	蔡克骄　范慧佳	青海社会科学	2007.4	
温州：敢为人先，民本和谐	蔡克骄等	浙江人民出版社	2007.1	
我们该如何面对钟惦棐？	蔡贻象	电影艺术	2007.3	
从“文化滞后”到“文化整合”——建构大学新校园区文化的理论思考	蔡　锋	社会科学家	2007.6	
大学生非正式群体特征研究	潘从义	当代青年研究	2007.6	
高校青年教师思想政治状况调查与对策思考	潘从义	青海社会科学	2007.3	
从几个词语讨论苗瑶语与汉藏语的关系	潘悟云	《语言研究》	200.7.2	
上古汉语的韵尾*-l与*-r	潘悟云	《民族语文》	2007.1	
《东方语言学》第二期	潘悟云	上海教育出版社	2007年	
我国服务贸易国际竞争力的现状和对策研究	潘益兴	经济纵横	2007.1	
柔性管理和高校学科队伍建设	薛玉香	江苏高教	2007.2	

2007年温州学者自然科学论著发表概览

文　章　名（书名）	作　者	报刊名（出版社名）	卷次、期数（出版时间）	备　注
水盾草(Cabomba caroliniana) 入侵对沉水植物群落物种多样性组成的影响	丁炳扬等	海洋与湖沼	2007.38(4)	
百山祖北坡中山常绿阔叶林的物种组成和群落结构	丁炳扬等	浙江大学学报(农业与生命科学版)	2007.33(4)	
福建薹草（莎草科）的考证	丁炳扬等	植物分类学报	2007.45(3)	
杭州西溪湿地中不同土地利用类型的种子库特性	丁炳扬等	林业科学	2007.43(11)	
马尔柯夫链在农作物年景预测中的作用	于　波　陈希镇	统计与决策	2007.21	
传染性法氏囊病病毒的分子生物学及新型疫苗研究	于　涟	浙江大学出版社	2007.3	
妇科证治经方心裁	马大正	人民卫生出版社	2007.12	著
DMSO对鸡蛋白溶菌酶溶液变性的影响	方盈盈等	物理化学学报	2007. 23 (7)	
溶菌酶热变性的DSC研究	方盈盈等	物理化学学报	2007. 23 (1)	
教育信息化领导力的内涵与发展	王佑镁	中国教育信息化(基础教育版)	2007.171	
MVU优质在线课程标准及其评价体系探析	王佑镁	现代远距离教育	2007.1	
电子学档系统的整合模型研究	王佑镁	现代教育技术	2007.17(4)	
国家精品课程网上资源可及性评估研究	王佑镁	高等工程教育研究	2007.3	
全球数字化学习准备度排名报告探析	王佑镁	比较教育研究	2007.28(10)	
在线教学设计标准及其评价应用研究	王佑镁	中国电化教育	2007.7	
知识时代教学设计的变革框架与思维转型	王佑镁	电化教育研究	2007.1	
校长信息素养与学校信息化互动发展的认知与相关分析	王佑镁等	开放教育研究	2007.3	
数量生态学软件研发及应用	王玮明　李镇清　林晓敏	生物数学学报	2007.22(4)	
铁原子与氮分子间的相互作用——单端位构型	王朝杰等	物理化学学报	2007.23 (5)	浙江省自然科学基金
脯氨酸的构象及性质	王朝杰等	物理化学学报	2007.23 (3)	浙江省自然科学基金（Y404085）
氨基糖苷-(3)-乙酰转移酶Ⅱ的表达纯化及初步活性	王　震等	细胞生物学杂志	2007.29 (1)	
数据结构（C语言版）(第2版)	邓文华	电子工业出版社	2007.8	
数据结构（第2版）	邓文华	清华大学出版社	2007.12	
数据结构实验与实训教程（第2版）	邓文华	清华大学出版社	2007.12	
种子乳液聚合制备MCPU-PMMA复合乳液	兰云军	化工学报	2007.58(3)	第二作者
沪郊水稻生产的数量经济分析	叶安乐等	华东师范大学学报(自然科学版)	2007.2	
论物理教学中提出问题的水平	叶建柱	课程教材教法	2007.5	
体育与健康新编	叶建强	哈尔滨地图出版社	2007.1	
树化玉	叶祥奎	化石	2007. 132 (2)	
杨钟健与古脊椎所	叶祥奎	化石	2007. 133 (3)	
大学生电子资源使用情况调查分析	叶新东	现代教育技术	2007.06	
大学生社会网络与学习的相关性调查研究	叶新东	电化教育研究	2007.02	
基于WIKI的写作教学实验研究	叶新东	中国电化教育	2007.01	
绝经与健康	叶碧绿	人民卫生出版社	2007.5	主编
构建“人文奥运”理念传播的新型模式	龙　军　薛林峰	北京体育大学学报	2007.30(7)	
DNA计算中的模板框优化方法研究	刘文斌等	电子学报	2007.8(35)	EI
The Hamiltonian Cycle Problem Based	刘文斌	International Journal of Unconventional Computing	2007.3(2)	
小波神经网络在过程控制中的应用	刘丽敏　潘立登	计算机仿真	2007. 24 (4)	
地方高校教学管理创新模式的探索	刘　吟	中国大学教学	2007.7	
坩埚下降法生长铌酸锂晶体	向卫东等	硅酸盐学报	2007.10	
非晶55Mg35Ni10Si块体的制备及力学性能	孙　尉等	中国有色金属学报	2007.17 (7)	国家“十五”科技攻关计划资助项

续上表

文　章　名（书名）	作　者	报刊名（出版社名）	卷次、期数（出版时间）	备　注
Fe-Al合金中与Al反位置原子弛豫有关的内耗峰	孙　蔚等	金属学报	2007.43 (3)	(2003BA310A03-1) 国家自然科学基金资助项目50172067
石墨颗粒/CuAIMn形状记忆合金复合材料中的位错内耗峰	孙　蔚等	物理学报	2007.56 (2)	
粒子群优化算分析及法研究进展	朱丽莉	计算机工程与应用	2007.43(5)	
手机定位服务系统的研究	朱丽莉	华东理工大学学报(自然科学版)	2007.33(6)	
用线性码构造DNA计算编码的海明距离	朱翔鸥等	计算机工程与应用	2007.43(25)	
概率论与数理统计新编	严　忠　岳朝龙	中国科技大学出版社	2007.9	
血清IGF-I、雌激素在调节过度疲劳大鼠骨量及骨密度变化中的作用	何淑敏等	北京体育大学学报	2007.30(3)	
区域创新网络下产业集群与技术集群的发展模式研究	何婷英	科技管理研究	2007.178(27)	
大学生创业意识的调查与研究——以温州高校大学生为例	何婷英　张丽萍	中国青年研究	2007.1	
大学计算机基础实验教程	励龙昌等	上海交通大学出版社	2007.9	
液相基底温度对Al薄膜中带状有序结构的影响	吴一琦　方轶君　叶高翔	浙江大学学报（理学版）	2007.34(4)	
交互式计算机图形学(第4版)	吴文国	清华大学出版社	2007.9	
响应面法优化酶法水解提取鲨鱼鱼油条件	吴祥庭	中国粮油学报	2007.22(1)	
国家体育竞争情报体系建设研究	应　中	图书馆理论与实践	2007.4	
泥螺肝胰腺细胞的超微结构和功能	应雪萍	海洋科学	2007.31(10)	
从药物经济学看中药注射剂	张　方　周超凡	中国中药杂志	2007 (5) 453-455	
小荚蛏的核型分析	张永普	海洋科学	2007.31(9)	第二作者
内皮祖细胞作为组织工程瓣膜内皮种子细胞的可行性研究	张怀勤等	中国生物医学工程学报	2007.26 (1)	浙江省自然科学基金资助项目
南京1号直立人头骨与肯尼亚KNM-ER3733人类头骨化石的形态比较	张银运等	人类学学报（中国科学院古脊椎动物与古人类研究所）	2007.8	
金牛山人类化石的发现和人类演化的阶段	张银运等	北京大学考古学丛书考古学研究	2007.12	
国外基础教育信息化国际最新进展述评	张新立	中国教育信息化	2007.4	
浸没膜厚度对固体浸没透镜系统分辨力的影响	张耀举	激光与红外	2007.1	
色散对半球型固体浸没透镜系统透射场的影响	张耀举	激光杂志	2007.4	
用三区振幅和相位滤波器优化固体浸没透镜显微系统的光场分布	张耀举	激光杂志	2007.2	
古今中医辨治精要丛书	李亚平	人民军医出版社	2007	总主编
多媒体环境下提高小学生阅读能力的教学研究	李　伟	中国教育信息化(基础教育版)	2007.3	
MPPM软判决方案及其在超宽带通信中的应用	李　昌　蔡启博	重庆大学学报(自然科学版)	2007.30(5)	
WEB系统软件开发项目的成本估算模型	李虎雄	计算机工程	2007.33(16)	
体育在国家认同形成与强化中的功能分析	李春华	武汉体育学院学报	2007.41(7)	
媒介体育与国家认同——国外相关研究综述	李春华　刘红霞	北京体育大学学报	2007.30(4)	
岐黄用意：巧治疑难杂症	李　珍	上海中医药大学出版社	2007	编著
矩阵连接法在辨识和PID参数设计中的应用	李　巍　王明明　潘立登	石油化工高等学校学报	2007.20(s),	
生理学	杜友爱	人民卫生出版社	2007	主编
Correspondebce Between Quantum and Classical Dynamic in Photodetchmet Near Elastic wall	杨光参　郑亦庄	chinese journal of chemical physics	2007.5	
掺杂Ag对TiO2粉末晶型结构的影响	杨昕宇　向卫东	硅酸盐通报	2007.26(3),	
菜籽油酰胺化改性反应的研究	邹祥龙　兰云军　罗卫平	中国油脂	2007.32(9)	
建立计算机基础实验课程教学评价体系的探索	陈丽春	中国大学教学	2007.1	

续表1

文　　章　　名（书名）	作　者	报刊名（出版社名）	卷次、期数（出版时间）	备　　注
基于数字化校园的教育信息化探讨	陈丽春　谢安俊	中国高教研究	2007.8	
高校网络化教学及其评价的有效性原则	陈宏毅　伍海燕	中国教育信息化(高教职教版)	2007.9S	
高等代数	陈希镇	四川大学出版社	2007.9	
奥林匹克产业化模式发展特征的探讨	陈　明	体育与科学	2007.28(3)	
多变量时滞过程的解耦内模控制及应用	陈　娟　潘立登等	北京化工大学学报	2007.34(3)	EI 收录
地下水流数值模拟中抽水井水位的校正	陈崇希　王旭升　胡立堂	水利学报	2007.38（4）	国家自然科学基金项目（40542011）
地下水流模拟系统PGMS（1.0版）简介	陈崇希　胡立堂　王旭升	水文地质工程地质	2007.34（6）	中国地调局项目
普通高校新体育课程评价体系初探	周义义　何满龙　刘建华	体育与科学	2007.28(5)	
硅灰石合成新技术研究	周永强　陈丽建	非金属矿	2007.1	
制笔材料	周永强等	中国轻工业出版社	2007.3	
影响大学生消费的因素分析	周　丽	统计与决策	2007.22	
眼镜脚套的参数化模型及折弯算法	周宏明	计算机工程与应用	2007.43(12)	
面向产品配置的相似度计算模型及实现方法	周宏明	中国机械工程	2007.18.(13)	EI:73210755149
赋范线性空间多目标规划的广义KT- 真有效解	周轩伟	系统科学与数学	2007.27(5)	
中老年健康生活指南	周际明	东华大学出版社	2007.4	
Isolation of a novel alginate-degrading bacterium,Occhrobacterium sp.and production of algonate-degrading enzyme	周茂洪　马建设　李　军　叶海仁　赵肖为	Journal of Life Sciences	2007.1(1)	
基于测地距离的多边形网格模型约束变形	周　艳等	软件学报	2007. 18（6）	
理性对待中药不良反应	周超凡	中医杂志	2007.48（2）	
对中药寒热属性表述的回顾与反思	周超凡	中国中药杂志	2007.20	
应加强对朱砂、雄黄药用价值的再评价	周超凡	中国药物经济学	2007.3	
重视药品不良反应（ADR）提高中医用药安全性	周超凡	中国医药指南	2007.6	
合理的运动及营养处方对老年人体成分的影响	林　恬　张秀华	上海体育学院学报	2007.31(3)	
环境影响评价	林春绵	化学工业出版社	2007	主编
电解质量国家标准应用手册	林海雪	中国标准出版社	2007.1	主审
吸尘机器人的现状与智能系统的若干关键技术	罗　胜	传感器与微系统	2007.26(11)	
西南地区合成树脂及塑料工业现状与发展战略	郑国汉	科学技术文献出版社重庆分社		参编，获重庆科委软科学二等奖
聚乙烯醇扩建工程设计中拟采用的新技术	郑国汉	合成纤维	2007.1	
我国赖氨酸工业现状与展望	郑国汉	化工设计	2007.1	
电石生产节能技术进展	郑国汉	维纶通讯	2007.4	获四川省科技论文一等奖
乐清湾滩涂大型底栖动物群落结构的时空变化	郑荣泉等	动物学报	2007.53（2）	浙江省自然基金项目资助
精品课程协作探究式学习平台的构建	郑晓丽　王　峰	中国教育信息化(高教职教版)	2007.15	
中小学信息化教育平台的建设模型研究	郑晓丽　王　峰	中国教育信息化(基础教育版)	2007.15	
内分泌及代谢疾病的检验诊断	郑景晨	人民卫生出版社	2007	主编
第18届世界杯足球比赛技术统计指标与比赛结果相关性研究	金川江	成都体育学院学报	2007.33(1)	
PCR-RFLP和PCR-SSCP方法对弱精子症精子mtATPase6基因突变的检测	金龙金等	细胞生物学杂志	2007.29（4）	
基础物理实验	金清理等	浙江大学出版社	2007.6	
低温阀门冷态试验的动态传热过程模拟与分析	金　滔等	低温工程	2007.4	
液氮浴中不锈钢板动态冷却过程试验及模拟分析	金　滔等	低温工程	2007.1	

续表2

文　章　名（书名）	作　者	报刊名（出版社名）	卷次、期数（出版时间）	备　注
数字无线传输	姚庆栋	清华大学出版社	2007.2	合编
运动员营养学	姜伯乐	贵州人民出版社	2007.3	
数学走进现代化学与生物	姜伯驹	科学出版社	2007	
基于OPC和IMC的先进控制及其应用	姜景杰　甄新平 李全善　潘立登 闻光辉	北京化工大学学报	2007.34(1)	EI收录
非集中式P2P系统中资源搜索与现存问题分析	施晓秋	计算机工程	2007.33(5)	
肺炎克雷伯菌耐氨基糖苷类抗生素基因aac（3）-I的改构与功能	查长森等	细胞生物学杂志	2007.29（4）	浙江省科技厅重点项目
中国农村医师临床合理用药指南	段大奎　周超凡	人民军医出版社	2007.3	主编
Some Rational Conditions of Group Utopian Preference Mapping	洪振杰	运筹学学报	2007.11(3)	
概念地图对写作困难学生写作水平影响的实验研究	胡来林	电化教育研究	2007.17	
语音识别支持写作困难学生的个案研究	胡来林	中国电化教育	2007.3	
运用语音识别技术干预写作困难学生的研究	胡来林	中国特殊教育	2007.2	
信息技术辅助写作困难学生教学的研究	胡来林	吉林科学技术出版社	2007.8	
现代教育技术——面向信息化的教师专业发展	胡来林等	电子工业出版社	2007.8	
关于Vague集间相似度量的缺陷及修补	赵亚娟　王鸿绪	计算机工程与应用	2007.43(5)	
Vague集向Fuzzy集转化的一种新方法	赵亚娟　王鸿绪 任宝东	计算机工程与应用	2007.43(13)	
铜回收、再生与加工技术	赵国权	化学工业出版社	2007.1	合编
电网中非线性负荷谐波功率方向的确定	赵　贺　林海雪	电网技术	2007.313（17）	
胶束催化与微乳催化	赵振国	化学工业出版社	2007.5	
吸附作用驱动力的热力学分析	赵振国　戴乐蓉	宁夏大学学报(自然科学版)	2007. 28(112)	
微反应器技术在有机合成中的应用	钟　平　黄南平	化学试剂	2007.29(6)	
超宽带平面天线技术	钟顺时等	电波科学学报	2007.2	
阻抗带宽超过21：1的印刷单极天线	钟顺时等	上海大学学报(自然科学版)	2007.4	
异纤度异收缩化纤长丝纺丝原理分析	姜　岩	纺织学报	2007.516	
纱线膨松性能的表征与EIB测试	姜　岩　王善元	东华大学学报(自然科学版)	2007.33（6）	
空气变形纱毛羽的测试方法	姜　岩　王善元	东华大学学报(自然科学版)	2007.33（5）	
微波谐振器——滤波器的小型化	倪尔瑚　凌家良	中国空间学会空间材料分会学术会议论文集	2007.6	
基于序列挖掘的Web服务推荐研究	夏海江	计算机应用研究	2007.6(24)	
不同指标下的穗港城市走廊潜在通达性及其空间格局	徐　旭	地理研究	2007.1	
教学改革的困境与对策	徐彦辉	教育发展研究	2007.10B	
含笑小孢子的发生、雄配子体的发育及其系统学意义	敖成齐	广西植物	2007.27(6)	
流动注射——氢化物发生原子吸收光谱法测定香烟接装纸中的痕量砷	郭武学等	分析科学学报	2007.23（5）	
乙酸铜对雄性小白鼠生殖毒性的影响	钱晓薇　罗蔚华	细胞生物学杂志	2007.29(3)	
铁电液晶缺陷光子晶体滤波器的设计	钱祥忠	光子学报	2007.36(3)	
通过朗日万定理计算固态软起动网压降	高越农	电气传动自动化	2007.5	
交流电路中晶闸管的电感性	高越农	电气技术	2007.11	
一株H5N1亚型禽流感病毒的分离鉴定与基因组序列分析	寇　铮　李永东 陈绳亮等	武汉大学学报（理学版）	2007. 53（6）	
基于分形信息维数的流域地貌形态与侵蚀产沙关系	崔灵周等	土壤学报	2007.44(2)	
模拟降雨条件下流域地貌动态变化过程研究	崔灵周等	水土保持学报	2007.21(2)	
嫁接于平行板的受限紧密高分子链末端距分布函数的研究	章林溪	高分子学报	2007.05	

续表3

文　章　名（书名）	作　者	报刊名（出版社名）	卷次、期数（出版时间）	备　注
三维吸附紧密高分子单链的力学性质研究	章林溪	高分子学报	2007.4	
受限于平行界面之间高分子链力学行为的研究	章林溪	高分子学报	2007.2	
论科学的教育公平发展观	黄兆信	社会科学战线	2007.4	
医学专家解答心血管疾病	黄体钢	四川科学技术出版社	2007	主编
Intermedin / adrenomedullin 2及其受体在慢性低氧性肺动脉高压大鼠右心室的表达变化	龚永生	生理学报	2007.59（2）	
身体哲学视野下的体育文化反思	童丽平	体育与科学	2007.28(3)	人大G8转载2007.9
文蛤受精及早期胚胎发育过程的细胞学观察	董迎辉等	动物学报	2007.53（4）	国家科技基础条件平台建设项目
固定化细菌降解氰化物培养条件的研究	董新姣　邱叶蔚	水处理技术	2007.33(2)	
无花果曲霉菌丝球对刚果红的脱色研究	董新姣　李　娜	水处理技术	2007.33(8)	
温州大学生与其它地区大学生创业意识比较分析	谢志远等	高等工程教育研究	2007.3	
大学生诚信教育的手段选择	熊　琳	教育评论	2007.3	
2-(甲苯-4-磺酰胺基)-苯甲酸的晶体结构、光谱及热性质	熊静等	物理化学学报	2007.23（8）	
Delphi 2006 for .NET开发技术原理与实践教程	蔡　宏	电子工业出版社	2007.3	
具有区域极点配置的水轮机调速系统的H2/HX混合控制	蔡元宇	电力科学与工程	2007.2	
带机器准备时间的机器覆盖问题的在线、半在线算法	蔡圣义	高校应用数学学报	2007.22(3)	
Co2Ysn(Y=Ti，Zr)电子结构和轨道磁性的第一性原理研究	蔡建秋	原子与分子物理学报	2007.24(1)	
H原子吸附的Cu(100)表面原子结构和电子态	蔡建秋	物理化学学报	2007.23(3)	
现代木结构	樊承谋　聂圣哲等	哈尔滨工业大学出版社	2007.1	
基于修正Iwan模型的软黏土动应力－应变关系研究	蔡袁强等	岩土工程学报	2007.29（9）	国家自然科学基金资助项目
浙江民营企业农民工体育活动调查研究	樊炳有等	中国体育科技	2007.43(2)	
广州管圆线虫病	潘长旺	人民卫生出版社	2007.8	主编
过程控制技术原理与应用	潘立登	中国电力出版社	2007.5	主编
饱和软土刚性短桩复合地基--强度及变形实用计算公式	潘林有	自然灾害学报	2007.16(2)	
振动频率对饱和软粘土相关性能的影响	潘林有　王　军	自然灾害学报	2007.16(6)	
机械设计基础	薛　伟	浙江科学技术出版社	2007.3	
综合性能监控管理模型的设计与实现	戴大蒙　李虎雄　陈赛娉	计算机应用	2007.1	
简化稳定广义预测控制算法	魏　环　高　峰　王东凯　闻光辉　潘立登	系统仿真学报	2007.19(12)	
利用中间变量信息的连续时间广义预测控制	魏　环　潘立登　甄新平　李全善　史经堂　王　强	东北大学学报	2007,28(S1)	

2007年温州学者外文论著发表概览

论文题目	作者	发表期刊	索引类别	发表时间	卷	期	页码
Comparative anatomy of bisexual and female florets, embryology in Calendula officinalis (Asteraceae), a naturalized horticultural plant	Ao, CQ	Scientia horticulturae	SCI	2007	114	3	
A systematic investigation of leaf epidermis in Camellia using light microscopy	Ao,CQ;Ye,CX; Zhang, HD	Biologia	SCI	2007	62	2	
Atomic geometry and adsorption of Cu(100)/H surface	Cai, JQ;Tao, XM; Tan, MQ	Acta physico-chimica sinica	SCI	2007	23	3	

续表 1

文章名（书名）	作者	发表期刊	索引类别	发表时间	卷	期	页码
Semi-online machine covering	Cai, Sheng-Yi	Asia-pacific journal of operational research	EI	2007.6	24	3	373-382
Semi-online machine covering	Cai, SY	Asia-pacific journal of operational research	SCI	2007	24	3	
Synthesis and structural characterization of a new cadmium (II) complex bridged by endo-norbornene-cis-5,6-dicarboxylic acid	Cai, XQ;Hu, ML; Chen, F	Chinese journal of structural chemistry	SCI	2007	26	1	
Study on dynamic stress-strain relationship of soft clay based on modified Iwan's model under undrained cyclic loading	Cai,Yuan-Qiang;Liu, Wei;Xu, Chang-Jie; Huang, Hong-Chao	Yantu gongcheng xuebao/ chinese journal of geotechnical engineering	EI	2007.9	29	9	1314-1319
Bis(dimethylammonium) 2,5-dicarboxybenzene1,4-dicarboxylate bis(1,10-phenanthroline)	Chen, DC;Li, XH; Ding, JC	Acta crystallographica section e-structure reports online	SCI	2007	63		
A facile synthesis of 2,3-dihydro-2-aryl-4(1H)-quinazolinones catalyzed by scandium(III) triflate	Chen,JX;Wu, HY; Su, WK	Chinese chemical letters	SCI	2007	18	5	
Active metallic indium-mediated ring-opening of epoxides with diphenyl diselenides: a novel one-pot synthesis of beta-hydroxy selenides in aqueous media	Chen,M;Wu, HY; Su,WK;Xu,R; Liu, MC;Ding, JC	Journal of chemical research-s	SCI	2007		6	
Solvent-free synthesis of beta-hydroxy esters and beta-amino esters by indium-mediated reformatsky reaction	Chen,X;Zhang,CF; Wu,HY;Yu,XC;Su, WK;Cheng,J	Synthesis-stuttgart	SCI	2007		20	
4-Amino-5-(2-ethoxyphenyl)-2,4-dihydro-2H-1,2,4-triazole-3-thione triphenylphosphine oxide (1/1)	Chen,XA; Huang, XB;Wu, HY	Acta crystallographica section e-structure reports online	SCI	2007	63		
Solvent-free synthesis of β -hydroxy esters and β -amino esters by indium-mediated reformatsky reaction	Chen,Xi'an; Zhang, Changfu;Wu,Huayue;Yu, Xiaochun;Su, Weike; Cheng,Jiang	Synthesis	EI	2007.10		20	3233-3239
Interfacial structures and electrical properties of HfAl ₂O ₅ gate dielectric film annealed with a Ti capping layer	Cheng, Xinhong; Wan,Li;Song, Zhaorui;Yu, Ehui; Shen, DaShen	Applied physics letters	EI	2007	90	15	152910
Theoretical evidence of d-orbital aromaticity in anionic metal X ₃⁻ (X = Sc, Y, La) clusters	Chi, Xian X.; Liu, Yong	International journal of quantum chemistry	EI	2007.8	107	9	1886-1896
Theoretical evidence of d-orbital aromaticity in anionic metal X-3(-) (X = Sc, Y, La) clusters	Chi, XX; Liu, Y	International journal of quantum chemistry	SCI	2007	107	9	
Asymptotic smoothing effect of solutions to Davey-Stewartson systems on the whole plane	Di Zhao, C;Li, YS; Zhou, SF	Acta mathematica sinica-english series	SCI	2007	23	11	
Volatilities and desires of the agent clusters drive together markets	Dong, Linrong	Physica a: statistical mechanics and its applications	EI	2007.7	380	1-2	512-518
Market behaviors and dynamic evolution on heterogeneous agent clusters	Dong, Linrong	Physica a: statistical mechanics and its applications	EI	2007.3	376	1-2	573-578
Volatilities and desires of the agent clusters drive together markets	Dong, LR	Physica a-statistical mechanics and its applications	SCI	2007	380		
Market behaviors and dynamic evolution on heterogeneous agent clusters	Dong, LR	Physica a-statistical mechanics and its applications	SCI	2007	376		
Adsorption of Cu²⁺ from solution by a kind of biomass Cladosporium sp. entrapped in Ca alginate	Dong, Xin-Jiao	Huaxue gongcheng/chemical engineering (china),	EI	2007.2	35	2	9-12
Theoretical analysis on the structure and properties of thiourea dioxide crystal	Fang, G.Y.;Xu, L.N.; Li,X.H.; Wang, S.; Lin,J.J.;Zhu,W.H.	Molecular simulation	EI	2007.10	33	12	975-978
Study on thermal denaturation of lysozyme by DSC	Fang,YY;Hu, XG;	Acta physico-chimica	SCI	2007	23	1	

续表2

论文题目	作者	发表期刊	索引类别	发表时间	卷	期	页码
	Yu,L;Li, WB; Lin, RS	sinica					
Effect of DMSO on denaturation of hen egg-white lysozyme in aqueous solution	Fang,YY;Hu, XG; Yu,L;Li,WB; Zhu, YQ;Yu, S	Acta physico-chimica sinica	SCI	2007	23	7	
On D-admissibility conditions of singular systems	Gao, Lixin; Chen, Wenhai	International journal of control, automation and systems	EI	2007.2	5	1	86-92
On a sufficient stability condition for ray of polynomials	Gao, LX	Wcica 2006sixth world congress on intelligent control and automation, vols 1-12, conference proceedings	ISTP	2007			582-586
On D-admissibility conditions of singular systems	Gao,LX;Chen, WH	International journal of control automation and systems	SCI	2007	5	1	
Kinetic behavior of aggregation-exchange growth process with catalyzed-birth	Han,AJ;Chen,Y; Lin,ZQ;Ke,JH	Communications in theoretical physics	SCI	2007	47	3	
Asymptotic expansions of one-dimensional second-order Helmholtz equation with rapidly oscillating coefficient	He, Wen-ming	Applied mathematics and computation	EI	2007.5	188	2	1921-1929
Error estimates of finite element method about elliptic problems with singular righthand side	He, Wen-ming	Applied mathematics and computation	EI	2007.5	188	1	824-832
Asymptotic expansion method for some nonlinear two point boundary value problems with rapidly oscillating coefficients	He, Wen-ming	Nonlinear analysis: real world applications	EI	2007.1	8	5	1390-1397
High effective finite element algorithm for elliptic partial differential equation	He, Wen-ming	Applied mathematics and computation	EI	2007.4	187	2	1567-1573
Asymptotic expansion method for some nonlinear two point boundary value problems with rapidly oscillating coefficients	He, WM	Nonlinear analysis-real world applications	SCI	2007	8	5	
High effective finite element algorithm for elliptic partial differential equation	He, WM	Applied mathematics and computation	SCI	2007	187	2	
Error estimates of finite element method about elliptic problems with singular righthand side	He, WM	Applied mathematics and computation	SCI	2007	188	1	
Asymptotic expansions of one-dimensional second-order Helmholtz equation with rapidly oscillating coefficient	He, WM	Applied mathematics and computation	SCI	2007	188	2	
A new approximate method for second order elliptic problems with rapidly oscillating coefficients based on the method of multiscale asymptotic expansions	He, WM;Cui, JZ	Journal of mathematical analysis and applications	SCI	2007	335	1	
A finite element method for elliptic problems with rapidly oscillating coefficients	He, WM;Cui, JZ	Bit numerical mathematics	SCI	2007	47	1	
A local error estimate of the method of multi-scale asymptotic expansions for elliptic problems with rapidly oscillatory coefficients	He, WM;Cui, JZ	Journal of mathematical analysis and applications	SCI	2007	329	1	
Crystal structure of 4,4 '-bipyridine-(toluene-4-sulfonylamino) acetic acid (1 : 2), C10H8N2 center dot 2C(9)H(11)O(4)S	Hu,ML;He,DF	Zeitschrift fur kristallographie-new crystal structures	SCI	2007	222	1	
Crystal structure of (toluene-4-sulfonyl)-5-fluorouracil, C11H9FN2O4S	Hu,ML;Yan, XW; Xiong, J	Zeitschrift fur kristallographie-new crystal structures	SCI	2007	222	1	
Design and realization of the virtual campus roams based on the panorama drawing	Hu, Zhuxin; Huang, Guoxing; Pan, Zhigeng	Journal of computational information systems,	EI	2007.2	3	1	417-422
Synthesis and properties of novel imidazolone derivatives containing a sulfur atom	Huang,XB;Liu, ZJ; Yang,FL; Ding, MW	Phosphorus sulfur and silicon and the related elements	SCI	2007	182	5	

续表3

论文题目	作者	发表期刊	索引类别	发表时间	卷	期	页码
Analytical potential energy functions and theoretical spectroscopic constants for MX/MX⁻ (M=Ge, Sn, Pb;X=O, S, Se, Te, Po) and LuA (A=H, F) systems: Density functional theory calculations	Jalbout, Abraham F.;Li,Xin-Hua; Abou-Rachid, Hakima	International journal of quantum chemistry	EI	2007.3	107	3	522-539
Syntheses and biological activities of 6-aryl-3-(3-hydroxypropyl)-7H-1,2,4-triazolo[3,4-b] [1,3,4]thiadiazines	Jin, JY;Zhang, LX; Chen, XX; Zhang, AJ; Zhang, HL	Molecules	SCI	2007	12	3	
Synthesis and biological activity of some novel derivatives of 4-amino-3-(D-galactopentitol-1-yl)-5-mercapto-1,2,4-triazole	Jin,JY;Zhang, LX; Zhang,AJ;Lei, XX;Zhu,JH	Molecules	SCI	2007	12	8	
Revision of some problematic taxa of Rhododendron sect. Tsutsusi (Ericaceae) from China	Jin,XF;Ding, BY; Jin,SH;Zhang, YJ; Fu, CX	Annales botanici fennici	SCI	2007	44	1	
Novel biased aggregation-annihilation model	Ke,JH;Lin,ZQ; Chen, XS	Communications in theoretical physics	SCI	2007	47	2	
Solvable single-species aggregation-annihilation model for chain-shaped cluster growth	Ke,JH;Lin,ZQ; Zheng,YZ;Chen, XS; Lu, W	Journal of physics-condensed matter	SCI	2007	19	6	
Coagulation and self-duplication processes of a chain-shaped polymer system	Ke,JH;Zheng, YZ; Lin,ZQ; Chen, XS	Physics letters a	SCI	2007	368	3-4	
Solvable single-species aggregation-annihilation model for chain-shaped cluster growth	Ke,Jianhong;Lin, Zhenquan;Zheng, Yizhuang;Chen, Xiaoshuang;Lu, Wei	Journal of physics condensed matter	EI	2007.2	19	6	
Synthesis and crystal structure of 3-(4-ethoxyphenyl)-6-(phenoxymethyl)-1,2,4-triazolo[3,4-b] [1,3,4]thiadiazole	Lei,XX;Liu, MC; Xiao,HP; Zhang, AJ;Zhang, LX	Chinese journal of structural chemistry	SCI	2007	26	5	
H-1 and C-13 NMR spectral characterization of some novel 7H-1,2,4-triazolo[3, 4-b] [1,3,4] thiadiazine derivatives	Lei,XX;Zhang, LX;Zhang, AJ;Ye, XX;Xiongi, J	Magnetic resonance in chemistry	SCI	2007	45	3	
An improvement of commodity and posted price model based on GRS	Li Mingbiao	Advanced computer technology, new education, proceedings	ISTP	2007	7		
Some rationality conditions of joint efficient mapping in group multi-objective programming	Li, Jing;Hu,Yuda	Journal of systems science and complexity	EI	2007.12	20	4	585-591
Mechanics behaviors of adsorbed three-dimensional compact chains	Li,M;Zhang,LX	Acta polymerica sinica	SCI	2007		4	
Design and implementation of mass storage scheme based on bio-grid	Li, Mingbiao	2007 1st international conference on bioinformatics and biomedical engineering, icbbe,	EI	2007			1244-1248
A design for solution to bandwidth bottleneck problem in P2P download	Li,Mingbiao;Xie, Shengli;Li,Jian; Chen, Xingmeng	Sixth wuhan international conference on e-business, vols 1-4 - management challenges in a global world	ISTP	2007	1		
Saturation effects on Ba 6pnl (l=0, 2) and 6pnk (vertical bar M vertical bar=0, 1) autoionization spectra	Li, SB;Dai,CJ	Chinese physics	SCI	2007	16	2	
Segment density profiles of compact polymer chains confined between two parallel plane walls	Li,SB;Zhang,LX	Chinese journal of polymer science	SCI	2007	25	5	
Saturation effects on Ba 6pnl (l = 0,2) and 6pnk (|M| = 0, 1) autoionization spectra	Li,Shi-Ben;Dai, Chang-Jian	Chinese physics	EI	2007.2	16	2	382-391
Segment density profiles of compact polymer chains confined between two parallel plane walls	Li,Shi-Ben; Zhang, Lin-Xi	Chinese journal of polymer science (english edition)	EI	2007.9	25	5	525-533

续表4

论文题目	作者	发表期刊	索引类别	发表时间	卷	期	页码
Crystal structure of catena-(mu-(N,N-dimethylformamide)-N,N-dimethylformamide-mu-(2,2 '-dithiodibenzoato)-lead (II)), Pb[(CH3)(2)NCHO](2)[S-2(C6H4COO)(2)]	Li,XH;Jia,SC; Jalbout, AF	Zeitschrift fur kristallographie-new crystal structures	SCI	2007	222	2	
Crystal structure of tetraaqua-bis(4,4 '-bipyridine)-cobalt (II) bis(2,2 '-hydrogendithiodibenzoate), [Co(H2O)(4)(C10H8N2)(2)][C14H9O4S2](2)	Li,XH;Lu,JL; Jalbout, AF	Zeitschrift fur kristallographie-new crystal structures	SCI	2007	222	2	
Content-based 3D model retrieval using relevance feedback	Li,Zhongyue; Pan, Zhigeng;Zhang, Mingmin	Journal of computational information systems,	EI	2007.2	3	1	173-179
Aliphatic anionic polyurethane microemulsion leather filling-retanning agent	Lihong,Bao; Yunjun,Lan; Shufen, Zhang	Journal of the society of leather technologies and chemists	EI	2007.3	91	2	73-80
Aminophosphine supported on Al₂O₃ as recoverable catalyst for the Suzuki coupling	Lin, Baoda£;Liu, Zhiqing;Liu, Miaochang; Pan, Changduo;Ding, Jinchang;Wu, Huayue; Cheng, Jiang	Catalysis communications	EI	2007.12	8	12	2150-2152
5-Amino-1-(2-chlorophenyl)-1H-pyrazole-4-carbonitrile	Lin, QL;Zhong, P; Hu, ML	Acta crystallographica section e-structure reports online	SCI	2007	63		
An equitable allocation of fixed costs and resourcesA DEA approach	Lin, RY	Wcica 2006sixth world congress on intelligent control and automation, vols 1-12, conference proceedings	ISTP	2007			550-554
N,N-Bis(5-bromo-2-thienylsulfonyl)-3-nitroaniline	Lin, SM;Zheng, M; Xiong, J	Acta crystallographica section e-structure reports online	SCI	2007	63		
Research on optimizing the template frame in DNA computing	Liu,Wen-Bin; Chen, Li-Chun; Bai,Bao-Gang; Zhu,Xiang-Ou; Zhang, Qiang; Ma, Run-Nian	Tien tzu hsueh pao/acta electronica sinica	EI	2007.8	35	8	1490-1494
A variational retouching algorithm for jacquard fabric image based on Mumford-Shah model	Liu,Y;Feng,ZL; Wang,LW	Wcica 2006sixth world congress on intelligent control and automation, vols 1-12, conference proceedings	ISTP	2007			10261-10265
A novel method for realizing grid workflow modeling	Liu,Yang;Qu, Wenyan;Feng, Zhilin; Zhao, Duanyang;Zuo, Wuheng	Proceedings of the 2007 11th international conference on computer supported cooperative work in design, vols 1 and 2	ISTP	2007	18		367-373
An algorithm of real root isolation for polynomial systems with applications to the construction of limit cycles	Lu,Zhengyi;He, Bi; Luo,Yong; Pan, Lu	Symbolic-numeric computation	ISTP	2007	22		
5-Amino-1-(2,6-dichloro-4-nitrophenyl)pyrazole-3-carbonitrile	Luo,Y;Zhong, P; Hu, M	Acta crystallographica section e-structure reports online	SCI	2007	63		
Stability analysis for Lotka-Volterra systems based on an algorithm of real root isolation	Luo,Yong;Lu, Zhengyi	Journal of computational and applied mathematics, v 201, n 2, apr 15, 2007, dynamical systems theory and its applications to biology and environmental sciences, p	EI	2007			
One simple synthesis route to nanocrystalline tantalum	Ma,HH;Du,YH;	Materials letters	SCI	2007	61	17	

续表5

论文题目	作 者	发表期刊	索引类别	发表时间	卷	期	页码
carbide via the reaction of tantalum pentachloride and sodium carbonate with metallic magnesium	Wu,MM;Pan, MC						
One simple synthesis route to whisker-like nanocrystalline boron nitride by the reaction of NaBH4 and NaN3	Ma,JH;Li,J;Li, GX; Tian,YG; Zhang,J; Wu, JF;Zheng,JY; Zhuang,	Materials research bulletin	SCI	2007	42	5	
One simple synthesis route to nanocrystalline tantalum carbide via the reaction of tantalum pentachloride and sodium carbonate with metallic magnesium	Ma, Jianhua; Du, Yihong;Wu, Meining; Pan, MingChu	Materials letters	EI	2007.7	61	12	3658-3661
One simple synthesis route to whisker-like nanocrystalline boron nitride by the reaction of NaBH₄ and NaN₃	Ma,Jianhua;Li, Jun; Li,Guoxing;Tian, Yiguang; Zhang, Jing; Wu, Jufeng; Zheng, Jinyong; Zhuang, Hemiao; Pan, Tonghua	Materials research bulletin	EI	2007.5	42	5	982-988
Effect of variant counterions on stability and particle size of silica sol	Pan,MC;Yang,YX; Ying,HP;Jia,XC; Chen,YR;Tang,Y	Chinese journal of chemistry	SCI	2007	25	10	
Design of the tunable photonic crystals filter based on ferroelectric liquid crystal defect	Qian,Xiang-Zhong	Guangzi xuebao/acta photonica sinica	EI	2007.3	36	3	425-428
The palladium-catalyzed addition of aryl-and heteroarylboronic acids to aldehydes	Qin,Changming; Wu,Huayue; Cheng,Jiang; Chen, Xi'an;Liu, Miaochang; Zhang, Weiwei; Su, Weike; Ding, Jinchang	Journal of organic chemistry	EI	2007.5	72	11	4102-4107
The palladium-catalyzed addition of aryl-and heteroarylboronic acids to aldehydes	Qin,CM;Wu, HY; Cheng,J;Chen, XA;Liu,MC; Zhang,WW;Su, WK;Ding	Journal of organic chemistry	SCI	2007	72	11	
A modified algorithm for the Adomian decomposition method with applications to Lotka-Volterra systems	Ruan, J;Lu, ZY	Mathematical and computer modelling	SCI	2007	46	9-10	1214-1224
A modified algorithm for the Adomian decomposition method with applications to Lotka-Volterra systems	Ruan,Jing;Lu, Zhengyi	Mathematical and computer modelling	EI	2007.11	46	9-10	
Analysis of cyclic pepticies in Pseudostellaria heterophylla (Miq.) Pax by HPLC-APCI-MS	Shen,Y;Han,C; Chen,JH;Wan, XR	Chromatographia	SCI	2007	66	5-6	
Free energy barrier for compact chains escaping from a small sphere	Shen,Y;Zhang, LX	Polymer	SCI	2007	48	12	
Free energy barrier for compact chains escaping from a small sphere	Shen,Yu;Zhang, Linxi	Polymer	EI	2007.6	48	12	3593-3600
Buckling eigenvalue of structures with random parameters under several probability distributions	Shi,Wenhai;Li, Zhengnong; Huang, Bin	Wuhan ligong daxue xuebao (jiaotong kexue yu gongcheng ban)/journal of wuhan university of technology (transportation science and engineering)	EI	2007.4	31	2	348-351
Second-order phase transition in two-dimensional cellular automaton model of traffic flow containing road sections	Shi,Xiao-Qiu; Wu, Yi-Qi;Li,Hong;	Physica a: statistical mechanics and its applications	EI	2007.11	385	2	659-666

续表6

论文题目	作者	发表期刊	索引类别	发表时间	卷	期	页码
	Zhong,Rui						
Popularity adaptive search in hybrid P2P systems	Shi,Xiaoqiu; Han, Jinsong;Liu, Yunhao; Ni, Lionel M.	Proceedings - 21st international parallel and distributed processing symposium, ipdps 2007;abstracts and cd-rom, 2007	EI	2007			
Second-order phase transition in two-dimensional cellular automaton model of traffic flow containing road sections	Shia,XQ;Wu,Y; Li,H;Zhong, R	Physica a-statistical mechanics and its applications	SCI	2007	385	2	
The phase behaviors of adsorbed polymethylene chains	Su,Jiaye;Zhang, Linxi	Polymer	EI	2007.11	48	25	7419-7430
The subsurface microscopy with hypersphere solid immersion lens	Sun,Ce;Zhang, Yao-Ju;Shi, Hua-Ping	Guangxue jishu/optical technique	EI	2007.5	33	3	476-478
Research of nanometer positioning stage with six degree of freedom based on binary actuation principle	Sun, Shufeng	Proceedings of the international conference on integration and commercialization of micro and nanosystems 2007	EI	2007			1639-1648
Sulfite-promoted one-pot synthesis of sulfides by reaction of aryl disulfides with alkyl halides	Tang,Ri-Yuan; Zhong,Ping;Lin, Qiu-Lian	Synthesis	EI	2007.1		1	85-91
Sulfite-promoted one-pot synthesis of sulfides by reaction of aryl disulfides with alkyl halides	Tang,RY;Zhong, P;Lin, QL	Synthesis-stuttgart	SCI	2007		1	
Selective oxidation and chlorination of trifluoromethylsulfide using trichloroisocyanuric acid in ionic liquid	Tang,RY; Zhong, P;Lin,QL	Journal of fluorine chemistry	SCI	2007	128	6	
Reduced species (HSO2-,SO2 center dot-) promoted one-pot efficient synthesis of phenyl alkyl selenides	Tang,RY;Zhong, P;Lin,QL	Chinese journal of chemistry	SCI	2007	25	4	
Palladium-catalyzed carbonylative annulation reaction of 2-(1-alkynyl)benzenamines: Selective synthesis of 3-(Halomethylene)indolin-2-ones	Tang,S;Yu,QF; Peng,P;Li,JH; Zhong,P;Tang, RY	Organic letters	SCI	2007	9	17	
Tilt growth of the epilayer with large lattice mismatch to the substrate	Wan,L.;Shangguan, J.;Luo, H.;Huang, Y.;Tang,B.	Epj applied physics	EI	2007.6	38	3	231-238
Observation of antiphase domains in BiFeO3 thin films by X-ray diffraction	Wan,L;Li,YW; Meng,XJ;Sun, JL; Yuan,XZ; Shangguan, J; Chu, JH	Physica b-condensed matter	SCI	2007	391	1	
Tilt growth of the epilayer with large lattice mismatch to the substrate	Wan,L; Shangguan, J; Luo, H;Huang,Y; Tang, B	European physical journal-applied physics	SCI	2007	38	3	
Tilt growth of MnAs on the GaAs(001) substrate	Wan,L; Shangguan, JS; Luo, HJ;Huang, YM;Tong, NH	Physics letters a	SCI	2007	367	4-5	
Observation of antiphase domains in BiFeO₃ thin films by X-ray diffraction	Wan,Li;Li, Yawei; Meng, Xiangjian; Sun,Jinglan; Yuan, Xianzhang; Shangguan, Jinsi; Chu, Junhao	Physica b: condensed matter	EI	2007.3	391	1	124-129
Reply to "comment on 'calculation of electromagnetic field components for a fundamental Gaussian beam'"	Wang, Guozhong; Webb, J.F.	Physical review e - statistical, nonlinear, and soft matter physics	EI	2007.3	75	3	
The strictly attractive 1/l² interaction between steps of crystal surfaces	Wang, Guozhong; Webb, J.F.;Zi, Jian	Surface science	EI	2007.5	601	9	1944-1948

续表7

论文题目	作者	发表期刊	索引类别	发表时间	卷	期	页码
Reply to "Comment on 'Calculation of electromagnetic field components for a fundamental Gaussian beam'	Wang,GZ; Webb, JF	Physical review e	SCI	2007	75	3	
The strictly attractive 1/l(2) interaction between steps of crystal surfaces	Wang,GZ; Webb, JF;Zi, J	Surface science	SCI	2007	601	9	
Competition between the catalyzed birth and death in the exchange-driven growth	Wang,Haifeng; Lin, Zhenquan; Ke, Jianhong	Physical review e - statistical, nonlinear, and soft matter physics	EI	2007.4	75	4	
Competition between the catalyzed birth and death in the exchange-driven growth	Wang,HF;Lin, ZQ;Ke,JH	Physical review e	SCI	2007	75	4	
Effect of Te doping on superconductivity and charge-density wave in dichalcogenides 2H-NbSe2-xTex (x=0, 0.1, 0.2)	Wang,HT;Li, LJ; Ye,DS;Cheng, XH; Xu, ZA	Chinese physics	SCI	2007	16	8	
Steered molecular dynamics simulation of elastic behavior of adsorbed single polyethylene chains	Wang,Y;Zhang, LX	Journal of polymer science part b-polymer physics	SCI	2007	45	16	
Steered molecular dynamics simulation of elastic behavior of adsorbed single polyethylene chains	Wang,Yu; Zhang, Linxi	Journal of polymer science, part b: polymer physics	EI	2007.8	45	16	2322-2332
One- and two-phonon Raman scattering from hydrogenated nanocrystalline silicon films	Wei, Wensheng	Vacuum	EI	2007.2	81	7	857-865
Investigation on high mobility nanocrystalline Si with crystalline Si heterostructure	Wei,Wensheng; Wang,Tianmin; He, Yuliang	Superlattices and microstructures	EI	2007.4	41	4	216-226
Electronic characteristics of n-type nanocrystalline/p-type crystalline silicon heterostructure	Wei,Wensheng; Wang,Tianmin; He, Yuliang	Semiconductor science and technology	EI	2007.6	22	6	601-607
Raman spectra of intrinsic and doped hydrogenated nanocrystalline silicon films	Wei,Wensheng; Xu,Gangyi; Wang, Jinliang;Wang, Tianmin	Vacuum	EI	2007.1	81	5	656-662
Carrier conduction in heterojunction of hydrogenated nanocrystalline silicon with crystal silicon	Wei,Wensheng; Xu, Gangyi;Wang, Tianmin;Shen, W.Z.	Thin solid films	EI	2007.2	515	7-8	3997-4003
Conduction behaviour of hydrogenated nanocrystalline silicon backward diode	Wei,Wensheng; Zhao,Ningning; Wang, Tianmin	Nanotechnology	EI	2007.1	18	2	
One- and two-phonon Raman scattering from hydrogenated nanocrystalline silicon films	Wei, WS	Vacuum	SCI	2007	81	7	
Investigation on high mobility nanocrystalline Si with crystalline Si heterostructure	Wei,WS;Wang, TM;He,YL	Superlattices and microstructures	SCI	2007	41	4	
Electronic characteristics of n-type nanocrystalline/p-type crystalline silicon heterostructure	Wei,WS;Wang, TM;He,YL	Semiconductor science and technology	SCI	2007	22	6	
Raman spectra of intrinsic and doped hydrogenated nanocrystalline silicon films	Wei,WS;Xu,GY; Wang,JL;Wang, TM	Vacuum	SCI	2007	81	5	
Carrier conduction in heterojunction of hydrogenated nanocrystalline silicon with crystal silicon	Wei,WS;Xu,GY; Wang,TM; Shen, WZ	Thin solid films	SCI	2007	515	7-8	
Conduction behaviour of hydrogenated nanocrystalline silicon backward diode	Wei,WS;Zhao, NN;Wang,TM	Nanotechnology	SCI	2007	18	2	
Atomic spectrum in Ramsey four separated interaction fields	Wu,Wenguo; Chen, Jingbiao	Chinese journal of electronics	EI	2007.10	16	4	598-602
Atomic spectrum in Ramsey four separated interaction	Wu, WG;Chen, JB	Chinese journal of electron-	SCI	2007	16	4	

续表8

论文题目	作者	发表期刊	索引类别	发表时间	卷	期	页码
fields		ics					
Growth of lithium niobate crystal by the vertical Bridgman method	Xiang, Weidong; Liang, Xiaojuan; Lu, Baoliang;Li, Xinhua; Xu, Jiayue; Xia, Zongren;Wu, Jianbo	Kuei suan jen hsueh pao/ journal of the chinese ceramic society	EI	2007.10	35	10	1387-1389+1395
Research progress of glass as a third order nonlinear optical material	Xiang, Weidong	Kuei suan jen hsueh pao/ journal of the chinese ceramic society	EI	2007.8	35	SUPPL.	149-156
DFT study on the structures and properties of 3-nitro-1, 2,4-triazol-5-one crystals at high pressure	Xu, L;Fang,GY; Li, XH;uan, EX;Hu, XG;Zhu,WH; Xiao, HM;Ji, GF	Journal of molecular graphics & modelling	SCI	2007	26	2	
DFT study on the structures and properties of 3-nitro-1, 2,4-triazol-5-one crystals at high pressure	Xu, Lina; Fang, Guoyong;Li, Xinhua; Yuan, Jixin;Hu, Xingen; Zhu,Weihua; Xiao, Heming;Ji, Guangfu	Journal of molecular graphics and modelling	EI	2007.9	26	2	415-419
Carbon dioxide as a carbon source for synthesis of carbon nanotubes by chemical vapor deposition	Xu, Xiang-ju; Huang, Shao-ming	Materials letters	EI	2007.8	61	21	4235-4237
Carbon dioxide as a carbon source for synthesis of carbon nanotubes by chemical vapor deposition	Xu, XJ;Huang, SM	Materials letters	SCI	2007	61	21	
2-(5-bromothiophene-2-sulfonamido)benzoic acid	Yan,XW;Hu, ML; Xiong, J	Acta crystallographica section e-structure reports online	SCI	2007	63		
Quantum chemical and statistical study of hypocrellin dyes with phototoxicity against tumor cells	Yang,Hai-long; Huang, Fu-ru	Dyes and pigments	EI	2007.11	74	2	416-423
Quantum chemical and statistical study of hypocrellin dyes with phototoxicity against tumor cells	Yang,HL; Huang, FR	Dyes and pigments	SCI	2007	74	2	
Research on the structural relaxation of Na₂ O-B₂O₃-SiO₂glasses prepared by sol-gel method	Yang, Xin-Yu; Liang,Xiao-Juan; Xiang, Wei-Dong	Wuhan ligong daxue xuebao/ journal of wuhan university of technology	EI	2007.8	29	8	55-57
Optimizing the optical field distribution of solid immersion lens system by a continuous phase filter	Ye,Xuehua; Zhang, Yaoju; Chen, Junfeng	Chinese optics letters	EI	2007.6	5	6	318-321
Synthesis and biological evaluation of some novel schiff's bases from 1,2,4-triazole	Ye,XX;Chen,ZF; Zhang,AJ; Zhang, LX	Molecules	SCI	2007	12	6	
The synthesis and biological activities of 6-aryl-3-(D-glucoheptonic-hexitol-1-yl)-7H-1,2,4-triazolo[3,4-b][1, 3,4]thiadiazines	Ye,XX;Chen, ZF; Zhang,AJ; Zhang, LX	Journal of chemical research-s	SCI	2007		4	
Methyl 2-(4-methylphenylsulfonamido)-3-phenylpropanoate	Yin,P;Hu,ML; Xiong, J;Yan, XW	Acta crystallographica section e-structure reports online	SCI	2007	63		
Theoretical study on the aromaticity of dianions X-3 (2-) (X = Zn, Cd, Hg)	Yong, L;Chi, XX	Journal of molecular structure-theochem	SCI	2007	818	1-3	
Theoretical study of aromaticity in small hydrogen and metal cation clusters X₃⁺ (X=H, Li, Na, K, and Cu)	Yong,Liu;Wu, Shao Dan;Chi,Xian Xing	International journal of quantum chemistry	EI	2007.3	107	3	722-728
Enthalpic interaction coefficients of glycine in aqueous sodium halide solutions at 298.15 K	Yu, L;Hu, XG; Lin, RS	Journal of molecular liquids	SCI	2007	135	1-3	
Enthalpic interaction coefficients of glycine in aqueous sodium halide solutions at 298.15 K	Yu, Li;Hu,Xin-Gen;Lin, Rui-Sen	Journal of molecular liquids	EI	2007.7	135	1-3	96-104
6-Dichloromethyl-3-propyl-1,2,4-triazolo[3,4-b][1,3,4]	Yu,M;Zhang,K;	Acta crystallographica sec-	SCI	2007	63		

续表 9

论文题目	作 者	发表期刊	索引类别	发表时间	卷	期	页码
thiadiazole	Qian,KD; Zhang, LX;Liu,YZ	tion e-structure reports online					
4-Bromo-5-[(4-chlorobenzylidene)-amino]-1-[2,6-dichloro-4-(trifluoromethyl)phenyl]-1H-pyrazole-3-carbonitrile	Yu,XC;Li,SY; Zhong, P	Acta crystallographica section e-structure reports online	SCI	2007	63		
Synthesis, structure analysis, and antitumor activity of (R)-2,4-dioxo-5-fluoro-1-[1-(methoxycarbonyl) ethylaminocarbonylmethyl]-1,2,3,4-tetrahydropyrimi	Yuan,JX;Cai, XQ; Chen,DM;Hu, ML	Chinese journal of chemistry	SCI	2007	25	3	
Hydrothermal synthesis, crystal structure, and characterization of a novel terbium(III) coordination polymer bridged by 5-sulfoilsophthalate trivalent an	Yuan, JX; Xiong, J	Chemical research in chinese universities	SCI	2007	23	2	
Palladium-catalyzed kumada reaction employing aminophosphine as ligand	Zhang,L;Cheng, J; Zhang,WW;Lin, B; Pan, CD;Chen, J	Synthetic communications	SCI	2007	37	19-21	
A steered molecular dynamics study on peptide sequence prediction from force-extension profiles	Zhang,Linxi;Sun, Tingting;Cheng, Jun;Ma, Haizhu	Polymer	EI	2007.5	48	10	3013-3020
Rate of intramolecular contact formation in proteins	Zhang, Lin-Xi; Sun, Ting-Ting; Wang, Xiang-Hong	Chinese journal of polymer science (english edition)	EI	2007.3	25	2	197-201
A steered molecular dynamics study on peptide sequence prediction from force-extension profiles	Zhang,LX;Sun, TT; Cheng, J;Ma, HZ	Polymer	SCI	2007	48	10	
Study on determination of metal elements in honeysuckle by carbon pick-up acid dissolvation digestion with ICP-AES	Zhang,SB;Li, JY; Guo, YS	Spectroscopy and spectral analysis	SCI	2007	27	6	
Study on determination of metal elements in honeysuckle by carbon pick-up acid dissolvation digestion with ICP-AES	Zhang,Sheng-Bang; Li, Jin-Yan;Guo, Yu-Sheng	Guang pu xue yu guang pu fen xi/spectroscopy and spectral analysis	EI	2007.6	27	6	1222-1224
N-acetyl-N '-{3-cyano-1-[2,6-dichloro-4-(trifluoromethyl)phenyl]pyrazol-5-yl}thiourea	Zhang,XH; Zhong, P;Lin, QY	Acta crystallographica section e-structure reports online	SCI	2007	63		
Crystal structure of 1-(2,6-dichloro-4-(trifluoromethyl) phenyl)-5-(4-bromobenzenesulfonylamide)-1H-pyrazole-3-carbonitrile, C17H8BrCl2F3N4O2S	Zhang,XH; Zhong, P;Xiao,HP;Hu,ML	Zeitschrift fur kristallographie-new crystal structures	SCI	2007	222	1	
Three-zone phase-only filter increasing the focal depth of optical storage systems with a solid immersion lens	Zhang,Y.;Ye, X.	Applied physics b: lasers and optics	EI	2007.11	86	1	97-103
Design of three-dimensional superresolving binary amplitude filters by using the optimizing method	Zhang, Yaoju	Optics communications	EI	2007.8	276	2	327-331
Design of three-dimensional superresolving binary amplitude filters by using the analytical method	Zhang, Yaoju	Optics communications	EI	2007.1	274	1	37-42
Optical intensity distribution of a plano-convex solid immersion mirror	Zhang, Yaoju	Journal of the optical society of america a: optics and image science, and vision	EI	2007.1	24	1	211-214
Multilevel phase Fresnel zone plate lens as a near-field optical element	Zhang,Yaoju; Chen, Junfeng;Yea, Xuehua	Optics communications	EI	2007.1	269	2	271-273
Research on methodology of fuzzy retrieve based on soft computing	Zhang,YG;Yao, M; Shen, B	First international multi-symposiums on computer and computational sciences (imsccs 2006), proceedings	ISTP	2007	2		568-571
Design of three-dimensional superresolving binary amplitude filters by using the analytical method	Zhang, YJ	Optics communications	SCI	2007	274	1	
Optical intensity distribution of a plano-convex solid	Zhang, YJ	Journal of the optical society	SCI	2007	24	1	

续表10

论文题目	作者	发表期刊	索引类别	发表时间	卷	期	页码
immersion mirror		of america a-optics image					
Multilevel phase Fresnel zone plate lens as a near-field optical element	Zhang,YJ;Chen, JF; Yea, XH	Optics communications	SCI	2007	269	2	
Design of three-dimensional superresolving binary amplitude filters by using the optimizing method	Zhang, YU	Optics communications	SCI	2007	276	2	
Limiting behavior of a global attractor for lattice nonclassical parabolic equations	Zhao,Caidi; Zhou, Shengfan	Applied mathematics letters	EI	2007.7	20	7	829-834
L-2-compact uniform attractors for a nonautonomous incompressible non-Newtonian fluid with locally uniformly integrable external forces in distribution s	Zhao, CD;Zhou, SF	Journal of mathematical physics	SCI	2007	48	3	
Pullback attractors for a non-autonomous incompressible non-Newtonian fluid	Zhao, CD; Zhou, SF	Journal of differential equations	SCI	2007	238	2	
Compact kernel sections for nonautonomous Klein-Gordon-Schrodinger equations on infinite lattices	Zhao, CD; Zhou, SF	Journal of mathematical analysis and applications	SCI	2007	332	1	
Propagation of vectorial Gaussian beams behind a circular aperture	Zheng,Chongwei; Zhang, Yaoju; Wang, Ling	Optics and laser technology	EI	2007.4	39	3	598-604
Off-axis flat-topped multi-Gaussian beam and its propagation through paraxial optical system	Zheng, Chongwei	Optik	EI	2007.11	118	11	552-556
Similarity calculation modeling and implemention method oriented to the product configuration	Zhou,Hongming;Xue, Wei;Zhan, Yongzhao; Li,Fengping;Fu, Peihong	Zhongguo jixie gongcheng/ china mechanical engineering	EI	2007.7	18	13	1531-1535
Synthesis and biological activities of some novel triazolothiadiazines and Schiff bases derived from 1,2,4-triazole	Zhou,SN;Zhang, LX;Jin,JY; Zhang, AJ;Lei,XX;Lin,JS; He,JW;Zh	Phosphorus sulfur and silicon and the related elements	SCI	2007	182	2	
Synthesis and crystal structure of novel Schiff bases derived from 3-(2-Ethoxyphenyl)-4-Amino-5-Mercapto-4H-1,2,4-triazole	Zhou,SN;Zhang, LX;Zhang,AJ; Sheng,JS;Zhang, HL	Journal of heterocyclic chemistry	SCI	2007	44	5	
Geodesic-based constrained deformations for polygonal mesh models	Zhou,Yan;Liu, Sheng-Jun;Jin, Xiao-Gang;Feng, Jie-Qing; Ye, Xiao-Feng	Ruan jian xue bao/journal of software	EI	2007.6	18	6	1543-1552
Based on self organized evolutionary algorithm for solving constraint problem	Zhu,Lili;Zhao, Kong;Yuan, Hua; Yi, Rongqin	2007 international symposium on computer science & technology, proceedings	ISTP	2007	10		
An identification method based on the improved nlj algorithm and its application	姜景杰；甄新平；李全善；魏环；靳其兵；潘立登	Chen. J. Chem. Eng.	SCIEI	2007	15	1	88-91
Compact elliptical monopole antenna with impedance bandwidth in excess of 20:1	钟顺时；梁仙灵；汪伟	Ieee trans. Antenna and propagation	SCIEI	2007	55	11	
Progress in ultra-wideband planar antennas	钟顺时；梁仙灵	J.shanghai university(english edition)	EI	2007.4	11	2	
Compact tri-band printed monopole antenna	钟顺时；张丽娜；梁仙灵	2007 ieee international workshop on antenna technology(iwat2007), cambridge,uk	EI	2007.3			

人　　物

国家级先进人物

李芳雪　女，1953年1月出生，大学本科学历，中共党员。苍南县人民医院协理员返聘马站医院院长。曾获2001～2002年度市劳动模范、2002～2003年度市先进女职工、2003年度市职业道德十佳标兵、2006年省抗台救灾先进个人、“浙江骄傲”2006年度最具影响力人物等称号，是2007年度全国五一劳动奖章获得者。

李芳雪一直坚持在临床第一线，她以高超的医术救治了难以数计的病人，挽救了许许多多的生命。因她的辛勤付出，使马站医院两度起死回生。对因溺水呼吸停止的小孩，她进行口对口呼吸；对生活困难病人她热情资助；对孤寡高龄病人她送医送药上门。为不断提高自己的医术，更好地为山区群众服务，她在繁忙的工作之余，不忘挤出点滴时间刻苦学习、钻研业务。1997年晋升为副主任医师时为当时全温州市县级以下医疗机构在编医务人员中第一位也是唯一一位的副主任医师。2006年“桑美”超强台风袭击马站后，她又小灾帮大灾，向马站受灾群众捐资10 000元。在马站区域十几万人口中几乎无人不知晓她的名字，无人不信赖她的医术。

邱晓来　男，1959年11月出生，大学本科学历，中共党员。浙江超达阀门股份有限公司总工程师，十三、十四届永嘉县人大常委。享受国务院政府特殊津贴。是浙江省有突出贡献的中青年科技家，浙江省“151”人才，温州市“551”人才，永嘉县专业技术拔尖人才，2007年度全国五一劳动奖章获得者。

邱晓来积极承担国家重大科技攻关项目，多项成果达到国内领先、国际先进水平。他负责并完成了国家级重点新产品1项，国家火炬计划项目1项，浙江省信息化项目1项。他为国家重大工程项目开发研制了30多种阀门新产品，其中12种阀门产品填补国内空白，7种产品获得国家专利。他负责制订国家标准6项，负责制订国家机械行业标准6项，参加国家标准制订14项。编写学术专著5部，发表学术论文18篇，其中3篇论文被评为优秀学术论文。自他担任公司总工程师以来，企业在产品研究开发、质量管理、现代企业制度的建立等方面取得了巨大的进步。通过20年多的忘我工作，他为中国阀门行业的技术进步作出了突出的贡献。

赵海霞　女，1974年3月出生，硕士研究生，中共党员。温州市人民检察院检察员。曾三次荣立三等功，获市严打先进个人、优秀检察官、市劳动模范、十佳青年、“十佳优秀公务员”，温州市、浙江省十佳公诉人，第二届全国优秀公诉人、浙江省首届十佳检察官等称号。是2007年全国五一劳动奖章获得者。

赵海霞不论作为办案干警还是上诉小组负责人，每年办理的一审刑事案件数在处里名列前茅，且没有一件撤诉，更没有一件被法院判处无罪。据统计，十年来，其办理各类重特大一审刑事案件170余件460余人，其中被判处无期以上、死刑的就达到了96%。同样是她的细致认真使一些本不应该被究刑事责任的人在审查起诉阶段能及时得到纠正，促使侦查机关撤销案件，较好地体现了宽严相济的刑事政策。近年来，她几乎包揽温州最有影响的大要案出庭指控任务。由于她掌握案情充分，审查仔细，法庭上充分运用现场信息，机智敏捷的辩论风格，使原本作无罪辩护的一个个律师服输而归，使一个个被告人获得应有的有罪判决，取得较好的法律效果和社会效果。

赵　敏　男，1966年4月出生，硕士，中共党员。温州大学研究生部部长、研究所所长。曾获温州市劳动模范，浙江省“151人才工程”人选，温州市专业技术拔尖人才，温州市优秀教师，温州市“551人才工程”人选，温州市“科教文化的青年人才”等称号，是2007年度全国五一劳动奖章获得者。

赵敏热爱教育事业，富有极强的事业心和责任感，学风严谨、踏实，工作投入，富有创新精神，既能在学业上严格要求学生，又能在生活上爱护关心学生，具有良好的教师职业道德，教学效果好，在教书育人和教学改革方面成绩显著。他所指导的本科生曾多次获学校优秀毕业论文一等奖及优秀奖。他在科学研究方面有扎实的基础，熟悉国际研究前沿。以第一作者或通讯作者身份在国际著名杂志Biocbem J》、《Chaos，Solitons and Fractals》等国内外学术刊物上发表了30多篇论文。他对非稳态酶动力学问题进行了研究，并取得了系列成果，论文被SCI、CA、BA等著名检索刊物收录，经鉴定该成果处于国际先进水平，在医药等领域有应用价值，并获浙江省科学技术三等奖。

2007年度感动温州十大人物

王得付　男，1965年7月出生，江苏响水人，出租车司机。2007年，在台风“圣帕”和“韦帕”袭击苍南期间，加入出租车志愿者队伍。两个夜晚，他几次被疼痛折磨得直不起腰，但仍坚持转移近百名群众，运送大量物资。台风过后，被查出患中晚期肝癌，于11月21日凌晨逝世。入选2007年“感动温州十大人物”。

卢丙会 男，1961年5月出生，安徽泗县人。2007年8月9日晚，在温州黄龙商贸城工作，听到有人喊“抓贼”，他挺身而出，截住歹徒去路，帮一名素不相识的妇女追回被抢的包。40分钟后，他遭到歹徒报复，身中10多刀，生命垂危。英勇事迹引起浙江省、温州市领导重视，也引起社会各界强烈反响，四天时间，温州市民自发募集爱心款50多万元，他的生命得到挽救。入选2007年“感动温州十大人物”。

叶 楠 男，1983年9月出生，浙江泰顺人。2005年从厦门大学本科毕业后，来到宁夏西海固支教。西海固曾被联合国粮食开发署确定为全球“最不适宜人类生存的地区”，叶楠却在这个地方呆一年。第一周，他流鼻血、喉咙发炎、拉肚子，他没有喊过一声苦。他把知识带给那些孩子们，并以自己亲身经历写成20万字的纪实作品——《把梦留住——叶楠西部支教纪实》，引起反响。入选2007年“感动温州十大人物”。

毛陈冰 女，1987年1月出生，浙江平阳人，中国美院学生。2007年9月14日，从QQ群上得知贵州一名产妇大出血，急需稀有的Rh阴性AB型血救命。她知道自己是这个血型。简单核实后，第二天，从未单独出过远门的他花41个小时，坐飞机、乘汽车辗转千里赶到贵州，献出240毫升Rh阴性AB型，救活素不相识的侗族产妇，没收任何报酬悄然回到杭州。入选2007年“感动温州十大人物”。

虞海河 男，1972年6月出生，浙江瑞安人，私营企业主。从小失去父亲，生活艰辛。2003年开始，他行车8000公里，足迹遍布瑞安10余个山区乡镇，挨家挨户地寻找需要帮助的孩子。有人笑他傻、笑他呆，可他不理会。2007年，他收养8个家境贫困的孩子，为他们建起“幸福一家”。让自己10岁的儿子寄宿学校，整个身心放在他所领养的孩子身上。他说：“他们都是我亲生的，就是变卖房子我也要养活他们。入选2007年“感动温州十大人物”。

陈桂芳 女，1974年12月出生，浙江泰顺人。身患绝症，泰顺凤垟乡亲们短短一天就为其募集5万多元。得知生命只剩几个月，她不愿浪费大家的钱，将这笔可延续生命的善款，一一归还给大家。她许下心愿，去世后要捐献眼角膜。这个真实的故事打动很多人，温州市肿瘤医院专人专车把陈桂芳接到市区治病，社会各界为陈桂芳捐献治疗费，希望延长她的生命。入选2007年“感动温州十大人物”。

李北平 男，1974年5月出生，北京人，浙江嘉瑞成律师事物所律师。2001年，12名残疾人中，8人聋哑，2人智障，2人肢残，因与所在企业发生劳动保险纠纷，到李北平所在的律师所请求法律援助。7年来，他用极大的耐心与精力与他们沟通。2007年，官司一审判决，12名残疾人的合法权益得到维护。李北平入选2007年“感动温州十大人物”。

王海英 女，1971年3月出生，浙江丽水人。自幼患上小儿麻痹症，依靠拐杖行走。她把所有希望都放在读书上，却因为身体原因被高校拒绝。但她并没有因此退却，坚持学习、工作，白手起家，先后在温州创办三家公司，并吸收残疾人就业。2007年，她以个人名义捐出20万元，设立“王海英助残扶贫基金”，用于救助没钱医治的残疾人和特困新温州人。入选2007年“感动温州十大人物”。

柯永乐 男，1934年2月出生，浙江永嘉人。曾任永嘉县副县长、县人大常委会副主任，被当地群众称做“布衣县长”。在查出患肺癌后，他一边治病，一边开始致力于现代自然生态有机农业课题的研究，经常奔波在山区帮助农民建设有机农业基地，农民年收入比往年增加2000多元。2007年病情恶化去世。入选2007年“感动温州十大人物”。

陈佩佩 女，1977年8月出生，浙江温州人。温州第一个通过骨髓库配对成功的造血干细胞捐献者。他忍受注射动员剂的全身疼痛，经历一动不动躺三四个小时的采集过程，无偿捐献147毫升造血干细胞给西安素不相识的白血病患者小周，带去新生命。她感召近百温州市民自愿加入捐献造血干细胞队伍，成为志愿者。入选2007年“感动温州十大人物”。

外地媒体报道温州

2007 年篇目辑要

新华社报道温州（内参）

标　　题	记　　者	刊　号
个私粮商成为粮食销区“流通主渠道”	沈锡权　李均德	新华社内参第4期
浙江深化新一轮国企改革国有资本快速增值	沈锡权　李亚彪	新华社内参清--第377期
浙江国企改革“稳”字当头谋求和谐发展	沈锡权　李亚彪	新华社内参清--第378期
浙江采取措施举一反三严防安全事故隐患	沈锡权　章　苒	新华社内参清--第2989期
瑞安农合协会实践者对农村金融的思考	李亚彪　沈锡权　杨三军	新华社内参第32期
台风“圣帕”最新情况报道	徐洪长　傅丕毅　沈锡权	新华社内参两办--第1469期
龙卷风袭击温州龙港造成9人死亡	沈锡权　傅丕毅	新华社内参两办--第1470期
浙江温州瑞安市发现12例霍乱病例	傅丕毅　沈锡权	新华社内参两办--第1471期
温州克服强台风影响全力控制瑞安霍乱疫情	傅丕毅　沈锡权	新华社内参两办--第1483期
浙江瑞安探索新机制破解金融支农瓶颈	李亚彪　杨三军　沈锡权	新华社内参清--第3136期
欧盟拟对我出口皮鞋发起反规避调查	沈锡权　刘秀荣	新华社内参两办--第1510期
温州低保家庭生活艰难	沈锡权　张和平	新华社内参清--第3297期
“中美知识产权第一案”胜诉具有重要启示	沈锡权	新华社内参清--第3325期
苏向青提出警惕发达国家对我反补贴调查	沈锡权	新华社内参清--第3397期
温州民企走出去开发境外资源的成果与问题	沈锡权	新华社内参清--第2107期
温州提升理念完善机制增强应急抗灾能力	沈锡权	新华社内参清--第3569期
温州积极推动企业党建工作向纵深发展	沈锡权	新华社内参清--第3590期
温州民企走出去开发境外资源的成果与问题	沈锡权	新华社内参第38期
温州一些检察干部因办案频遭打击报复	沈锡权	新华社内参清--第4181期
苍南台风灾区重建工作喜中有忧	沈锡权　汪林义	新华社内参清--第4217期
民营境外合作区或成企业“走出去”新途径	沈锡权	新华社内参清--第2837期
“富翁乡”里的贫困群体处境艰难	沈锡权　张和平	新华社内参第48期
温州担保行业快速发展存在风险	沈锡权	新华社内参清--第4549期
专题报道：辞职官员：创业环境决定就业流向	汪林义　姜　涛　张　琴	半月谈内部版第1期
专题报道：用激情叩启创业之门	汪林义　张　琴	半月谈内部版第1期
流浪病人管理难度大　利益补偿机制需明确	汪林义　康　森	新华社内参清--第300期
浙江苍南30多名学生集体食物中毒	汪林义	新华社内参两办--第421期
浙江苍南36名学生食物中毒原因初步查明	汪林义	新华社内参两办--第430期
一江清水是如何保住的——永嘉县楠溪江生态保	许　群　汪林义	新华社内参清--第1157期
闽浙部分地方流浪病人救助难度大	汪林义　康　森	新华社内参第28期
先要让老百姓增收致富——永嘉县楠溪江生态保	许　群　汪林义	新华社内参第29期
浙江各地相继出台措施严禁公务员上班炒股	汪林义　裘立华	新华社内参清--第1773期

续上表

标题	记者	刊号
江浙两地建立机制解决跨界水污染纠纷	汪林义　姜　帆	新华社内参清--第2694期
被骗三轮车夫围堵温州市政府要求帮助追回损失	汪林义	新华社内参两办--第1906期
农民工自主罢工增多凸显劳资矛盾新变化	汪林义	新华社内参清--第4730期

新华社报道温州（通特稿）

发表日期	标题	记者	发稿
1月21日	温州民企打赢首起反补贴官司	汪林义	财经对外信息经参5版 通稿 40家采用
1月31日	如何看待个人合作建房的“温州模式”	汪林义	财经、经参10家采用
2月1日	个人合作建房的春天来了	王传真　汪林义	经参1日2版
2月6日	（春节报道）浙江苍南万户灾民喜迁新居	沈锡权	通稿 2月7日电讯2版头条多家采用
2月7日	中国“十大最受农民欢迎的城市”在温州揭晓	沈锡权　汪林义	对外、网络多家
2月8日	首届农民工春节晚会在温州上演	沈锡权　汪林义	社文12家
2月18日	“桑美”台风灾区迎来灾后第一个春节	沈锡权　汪林义	对外多家
2月18日	全国各地群众欢度新春佳节	沈锡权　汪林义	通稿66家
3月5日	高额进场费：营销惯例还是商业贿赂？	许　群　汪林义	财经　电讯15版头条、经参5版头条　20家采用
3月9日	特稿：如何遏制超生现象？	沈锡权　汪林义	特稿13家采用
3月11日	欧盟CR法案开始实施 中国打火机面临	汪林义	财经聚焦对外3.12日电讯14版头条　29家采用
3月13日	英国驻温州领事馆旧址将修缮成高档商务会所	沈锡权　汪林义	对外多家
4月11日	治乱反添堵：温州车为何喜欢异地上牌	汪林义	
4月12日	浙江提出要浙江：民营经济“助力”国企改革者	李亚彪　沈锡权	通稿 4.13电讯6版头条 多家采用
4月18日	“普工荒”背后	汪林义	
5月8日	浙江出台12条意见支持温州经济第三次跨越	屈凌燕　汪林义	对外多家采用
5月20日	一江春水向南流——浙江永嘉县楠溪江生态保护调查	许　群　汪林义	半月谈第10期
5月25日	“灰色金融”何去何从	沈锡权　汪林义	5月24日经参视角4版
5月25日	温州“炒房”牵动各地经济“神经”	沈锡权　汪林义	5月24日经参视角4版
5月25日	民间融资会不会冲击银行信贷——温州	沈锡权　汪林义	5月24日经参视角4版
5月29日	浙江温州海关查获一起跨国毒品走私案	沈锡权	
6月1日	温州实行行政首长问责制防范其履行职责越位缺位错位	沈锡权	通稿28家采用
6月5日	温州追究行政过错新举措：“该说不说”也要问责	沈锡权	通稿36家采用　6.6电讯头版
6月7日	温州开展“慈善启明工程”救助白内障患者	沈锡权	通稿7家采用
6月13日	中国打火机企业破欧盟技术壁垒取得关键进展	沈锡权	财经对外6.15经参6版
6月26日	电影《家在东魁河畔》在温州开拍	沈锡权	社文多家采用
6月26日	浙江温州多管齐下抓禁毒成效显著	沈锡权	通稿多家采用
6月26日	“品牌是一种高潜质资源”——温州信用形象重塑记	沈锡权　汪林义	通稿多家采用
6月27日	温州警方摧毁一特大持枪贩毒团伙	沈锡权	通稿多家采用
7月7日	南非籍毒品犯罪嫌疑人在温州被提起公诉	沈锡权	通稿多家采用
7月19日	温州查获大宗走私入境毒品	沈锡权	通稿多家采用
7月20日	欧盟出具的中国打火机检测报告在温州问世	沈锡权	对外多家采用
7月28日	温州企业率先积极应对美国“编织袋反倾销”	沈锡权	通稿信息多家采用
7月31日	温州近半数中小企业“寿命”不到4年	沈锡权	通稿36家采用
7月31日	“沿海农房防灾管理系统”在温州问世	沈锡权	通稿信息13家采用
8月1日	温州：学校会堂成为“避灾所”	沈锡权	社文多家 电讯2版采用
8月2日	温州斥两千万元巨资重奖民企科技创新	沈锡权	财经信息多家采用
8月4日	温州建“高温中暑预警机制”	沈锡权	
8月4日	温州逾百家企业遭遇“荣誉”诈骗	沈锡权	社文12家采用

续表1

发表日期	标　　题	记　者	发　稿
8月7日	温州海关查获一起非法携带象牙入境案	沈锡权	
8月8日	温州近十年来最大涉黑社会团伙案一审宣判	沈锡权	通稿14家采用
8月8日	温州企业积极参与"制标"争夺行业规则"话语权"	沈锡权	通稿9家采用
8月14日	温州企业家林圣雄再捐1000万元助学济困	沈锡权	对外社文多家采用
8月19日	特写：龙卷风之夜的生死时速	傅丕毅　沈锡权	通稿19家采用
8月19日	造成温州龙港重大伤亡的龙卷风属小概率事件	沈锡权　张和平	通稿28家采用
8月19日	龙卷风袭击温州龙港镇156间房屋倒塌9人遇难	傅丕毅　沈锡权	通稿88家采用
8月19日	龙卷风袭击温州龙港镇事件遇难者增至12人	沈锡权　傅丕毅	通稿116家采用
8月19日	温州防台新理念：淡化行政圈，强化台风圈	冯　源　沈锡权	通稿8家采用
8月21日	温州一司机：危难之际送伤员　无力尽孝老母亲因灾遇难	裘立华　沈锡权	通稿7家采用
8月24日	浙江泰顺"8.10"特大交通事故的肇事司机被批捕	沈锡权	通稿对外29家采用
8月25日	温州劳保鞋成功应对反倾销出口快速增长	沈锡权	财经对外海外版5版　10家采用
8月26日	勇士亲人致信感谢"尊重英雄之城"——温州	张和平　沈锡权	通稿7家采用
8月28日	"精神福利"成为温州构建和谐劳资关系新途径	沈锡权	社文11家采用
8月29日	温州"慈善助学"使万名寒门学子受益	沈锡权	社文6家采用
9月7日	应未雨绸缪应对因SA8000引发的国际贸易壁垒	沈锡权	
9月14日	浙江瑞安发现千年古墓	沈锡权	社文对外12家采用
9月14日	欧盟对我鞋企发起反规避调查	沈锡权	财经信息9家采用
9月18日	温州成功破获一起特大制造毒品案	沈锡权	对外通稿22家采用
9月18日	温州市发布命令进入紧急防汛期	沈锡权	通稿16家采用
9月18日	柯茜茜：矢志敬业，为民理财	任　芳　沈锡权	通稿20家采用
9月19日	"韦帕"登陆再次考验苍南县灾害应对能力	沈锡权	通稿15家采用
9月19日	"韦帕"强台风登陆苍南后带来险情	沈锡权	
9月19日	(新华时评)面对强台风，众志成城一切为人	霍小光　沈锡权	通稿11家采用
9月19日	气象专家分析：台风为何"偏爱"登陆苍南县	沈锡权　傅丕毅	通稿46家采用
9月19日	强台风"韦帕"登陆地温州苍南县转移人数超过去年防	沈锡权　傅丕毅	通稿20家采用
	御"桑美"	沈锡权　傅丕毅	通稿12家用
9月19日	强台风"韦帕"登陆地温州农村电网受重创		
9月21日	温州灾区迅速投入灾后自救工作	沈锡权　傅丕毅	对外多家采用
9月29日	中国标的最大知识产权判决　中国民企胜诉	张　乐　沈锡权	对外多家采用
10月7日	"罗莎"台风登陆后对温州产生严重影响	沈锡权	通稿37家采用
10月7日	"罗莎"台风在浙闽交界处登陆	沈锡权	通稿对外52家
10月7日	温州苍南组建民间防汛抗台志愿者联盟	沈锡权	通稿7家采用
10月7日	温州发布台风红色预警信号	沈锡权	通稿18家采用
10月7日	温州已转移各类人员482 812人温州机场取消26个进出港航班	沈锡权	通稿21家采用
10月9日	香港籍货轮"阿拉丁之梦"成功获救	沈锡权　傅丕毅　章　苒	对外多家采用
10月10日	以弱胜强的官司是如何打赢的?	沈锡权	财经信息13家采用
10月10日	(特别关注)生死大营救——中国全力施救香港籍货船"阿拉丁	傅丕毅　沈锡权　韦　鹏	特稿多家采用
	之梦"	沈锡权　汪林义	半月谈第19期
10月10日	鳌江："壮士断腕"背后		
10月13日	温州发现一座唐代石室墓	沈锡权	社文多家采用
10月24日	温州推出"斑马线文明礼让手势"	沈锡权	社文22家采用
11月1日	浙江温州取消了实施了18年的普通车牌拍卖政策	汪林义	社文多家采用
11月1日	浙江平阳检察院设立司法救助金	沈锡权	通稿9家采用
11月2日	浙江民营经济行业分布更趋合理	沈锡权	通稿7家采用
11月2日	温州模式出现四大新变化	沈锡权	通稿18家采用

续表2

发表日期	标　　题	记　者	发　稿
11月2日	浙江温州创新行政复议举措化解"官"民矛盾	沈锡权	通稿8家采用
11月5日	温州鹿城区检察院创建"不捕说理"新制度	沈锡权	通稿6家采用
11月16日	温州行政诉讼官司民"赢"比例接近五成	沈锡权	通稿17家采用 11.16电讯头版
11月16日	德力西施耐德正式确立合作关系	沈锡权	财经对外多家
11月15日	温州：个人合作建房蜕变形成开发商	汪林义	电讯6版
11月17日	温州：大学生就业基层，月补助至少800元	汪林义	电讯2版
11月19日	党建在温州民营企业	沈锡权	特稿多家
11月20日	浙江瑞安：干部到法庭上接受廉政教育	沈锡权	通稿23家采用
11月22日	浙江"泰顺矽肺病案"被执行人因拖欠赔偿被提起公诉	沈锡权	通稿51家采用
11月22日	欧盟贸易壁垒面前中国鞋企如何"突围"	沈锡权	财经信息8家
11月25日	浙江温州建立巡诊机制解决外来民工"看病难"	汪林义	社文服务12家新华每日电讯头版头条
11月28日	一名"的哥"的一座城市的情缘	汪林义	特稿多家采用
12月9日	浙江瑞安公示领导干部经济责任审计结果	汪林义	
12月12日	温州特大火灾事故原因初步查明	汪林义　张和平　沈锡权	对外多家
12月13日	温州"12.12"特大火灾相关人员已被警方控制	沈锡权　汪林义	通稿对外多家
12月15日	温州特大火灾事故赔偿、补助工作启动	张和平　沈锡权	通稿对外多家
12月18日	温州查处一特大非法购销陈化粮案	沈锡权	通稿对外信息 多家采用
12月18日	21条生命的警示——浙江温州"12.12"特大火灾	汪林义　沈锡权　张和平	社文多家采用
12月25日	从"冷眼看"到"上市热"温州民企	沈锡权	财经　多家采用

《经济日报》报道温州

发表日期	标　　题	记　者
1月9日	2006：我们的收获与喜悦	张　玫
1月18日	一个年轻的交警，案件办结率达到100%，同事敬佩，群众信赖	张　玫
1月25日	机场跻身全国"较大"港口进入全国"重点"	张　玫
1月30日	温州：提前安排　缓解压力	张　玫
2月6日	和谐春运巧安排　平安顺畅好还乡	
2月12日	促进非公有制经济健康发展	
2月13日	强化进口商品质量监管势在必行	
2月22日	共建富裕安康的和谐大家庭——温州市推进社会事业发展纪实	张　玫
3月11日	温州：各方携手完善社会保障体系	张　玫
3月24日	产品市场占有率超过50%　星际：依靠新品研发后来居上	张　玫
3月27日	永嘉珍溪村实现生活垃圾减量化资源化无害化	张　玫
4月2日	目标：经济强市、创新城市、和谐城市——温州努力争创发展新优势	张　玫
4月4日	挖潜创新　打好旅游商品这张牌	
4月24日	小额贷款：促农业发展　助农民致富	张　玫
5月12日	信仰　信念　信心——记"全国五四青年奖章"标兵的海军温州舰舰长刘志刚	
5月31日	汽修连锁市场潜力巨大	
5月31日	何向荣和浙江工贸学院	张　玫
6月7日	温州新型合作医疗方便农民看病报销	张　玫
6月12日	温州将改变困难农民居住条件	张　玫
6月13日	温州启动"利民惠民工程"	张　玫
6月14日	温州服装行业积极推进与韩国服装行业合作交流	
6月14日	金融服务支持村集体经济发展促进农民致富	
6月20日	质量创牌　科技立牌　文化护牌	张　玫
7月4日	温州雁荡山地质公园开园	张　玫

续上表

发表日期	标题	记者
7月5日	产品创新实力哪里来	
7月12日	金平亮 在“转悠”中找商机	张 玫
7月19日	浙江企业百强门槛达到40亿元	
7月28日	给小企业铺就发展之路	
8月1日	建设和谐新农村——浙江省洞头县采访记	张 玫 王信川 张家祥
8月2日	保护生态环境 发展生态经济——浙江省泰顺县采访记	张 玫 王信川 张家祥
8月3日	在创新中发展 在发展中创新——浙江省乐清市采访记	张 玫 王信川 张家祥
8月13日	温州实施百万农民培训工程	张 玫
8月14日	坚持科学发展 实现富民强省——浙江省努力实现经济社会又好又快发展纪实	张 玫 王信川 张家祥
8月28日	黄作兴 模范拥军不忘本	
9月15日	中小企业创新创牌路正宽	
9月20日	温州应对台风“韦帕”	
9月21日	喜迎十七大·十七大代表风采录 柯茜茜：做一个百姓信任的“理财师”	张 玫
9月25日	温州逐步扩大廉租住房保障范围	张 玫
9月28日	先通“心路”再修公路	
10月9日	大力发展现代农业 加快推进新农村建设	
10月31日	发展产业集群 振兴区域经济	
11月2日	投资10亿元建设二代薄膜太阳能电池生产基地 正泰集团进入太阳能产业	张 玫
11月2日	记者观察：向科技、环保、节能产业转型	张 玫
11月12日	浙江温州打造“半小时”社区卫生服务圈	张 玫
11月14日	完善制度 优化资源 加大力度 温州建立新型社会救助体系	张 玫
11月15日	今年已新增外贸和自营出口企业672家 温州每天新增2家外向型企业	张 玫
11月20日	德力西与施耐德组建合资公司	张 玫
11月21日	浙江温州鼓励高校毕业生到基层就业	张 玫
11月27日	温州民企频频投资农业 已有2000多家企业投资农业，投资总额60多亿元	张 玫
11月28日	以产品创新拓展为中小企业服务业务	
11月29日	温州年底建成150个小康示范村	张 玫
12月4日	带动产业集群大发展	
12月4日	浙江省温州市柳市镇上园村党支部书记胡成云 我们的生活会一天更比一天好	张 玫
12月5日	金融下乡让浙江温州瓯海农民得实惠	
12月7日	温州经济继续保持又好又快发展势头	张 玫
12月11日	温州已有158家民企建立了研发机构，一批民营企业家成为业内知名的“发明家”——“我们开始储备3年以后的技术”	张 玫
12月13日	提升中小企业自主创新能力	
12月19日	浙江温州加快社区卫生体系建设	张 玫
12月20日	走进“温州市大学生科技创业园”	张 玫
12月26日	让金融创新给百姓带来更多的实惠	
12月26日	温州银行正式挂牌	张 玫

《光明日报》报道温州

发表日期	标题	记者
1月10日	“希望老人”石进才	陆 健
1月12日	温州企业家宁夏献爱心	陆 健
3月15日	温州：在质疑中转型	陆 健 严红枫
3月23日	电影《村支书》获各方好评	
3月25日	奥康集团成为北京奥运会皮具供应商	李 海

续上表

发表日期	标　　题	记　　者
4月7日	至爱写忠诚——追记浙江瑞安刑警余晓荣	陆　健
4月14日	温州市民有了“网络保姆”	陆　健
4月19日	温州市中学生热评网络扫黄	陆　健
4月21日	浙江百名书记下乡蹲点	陆　健
5月18日	温州民企蓄势待发进军资本市场	陆　健
5月21日	温州赋	尤文贵　郑朝阳
6月17日	浙江平阳县一小学“选星”选出怪味	陆　健
6月20日	温州瓯市小学校本课程结硕果	易　文
6月23日	正泰集团进军国际市场侧记	陆　健　瞿金霞
6月26日	“精神福利”：温州民企关爱员工新方式	陆　健
7月14日	温州用鼓词传唱百姓生活	陆　健
7月20日	温州医院错时上班缓解看病难	陆　健
8月15日	温州市民踊跃捐款救助安徽民工	陆　健
8月15日	温州边防为留守儿童设立“爱心奖学金”	
9月21日	用心为客户服务——记十七大代表柯茜茜	陆　健
9月21日	道德模范颁奖晚会感动各地群众	陆　健
9月28日	温州国税局打造满意税务窗口	方庆来
10月3日	温州文化庙会流淌欢乐之歌	陆　健
11月4日	浙江女大学生千里送血到侗家	陆　健
11月20日	温州：自主创新成为习惯和时尚	陆　健
12月4日	大学生创业教育的“温州模式”	陆　健
12月21日	温州：文化讲座成为最具影响力的教育品牌	陆　健

《中国工商报》报道温州

发表日期	标　　题	记者、通讯员
1月9日	温州：“一人公司”势头良好	蔡小龙
1月10日	温州工商无公害处理问题生猪	温兴汉
1月12日	温州私企直面外资冲击波	一　文
1月18日	温州首现个人委托商标拍卖	陈　义
1月18日	温州恒星跨过“337门”	央　视
3月1日	温州新增2个商标品牌基地	商　言
3月10日	温州试行企业年检申报备案制	邱碧霞
4月4日	浙江温州百名社会监督员上岗	孙成栋
4月7日	温州成立食品安全专家咨询小组	蔡小龙　黄宗华
5月23日	龙湾发布企业生命周期报告	蔡小龙　黄宗华
6月1日	温州外企享受周到服务	林温温
6月1日	龙湾公布首份企业生命周期报告	蔡小龙
6月14日	温州保住“老酒汗”	商　语
6月16日	瓯海设立企业信用建设指导员	叶一舟　张旭飞
6月28日	乐清整顿头盔行业	叶傲蕾
7月6日	温州规范完善外企管理	孙训山　应仲平
8月10日	温州民资涌现“从军”热	晓　兆
8月30日	温州开展航空服务消费民调点评有关方面作出积极回应	吴家鸿　孙剑秋
11月2日	瓯海成立民企协会政协委员工作室	张旭飞　叶　琳
11月7日	温州市工商局向社会公开勤政廉政承诺	黄宗华
12月7日	温州农村食品安全网运行有序	黄宗华　胡荣恩
12月12日	永嘉合理统筹提高办案效率	王金瓯　董庆亮
12月13日	柳市：品牌强镇的样本解读	周朝顺　叶傲蕾
12月27日	德国彪马温州维权获胜	马　津

《中国经济时报》报道温州

发表日期	标题	记者、通讯员
1月17日	《瑞安综合农协这两年》	李　鹏
1月30日	《乐清新农村建设：帕累托改进的前林路径》	汪海宝　卢丽平
1月30日	《城市里的乡村别墅区——乐清市岭底乡张庄新农村建设一瞥》	朱小央　汪海宝
3月7日	《温州商人为什么喜欢商会》	赵　明
3月7日	《温州商会：民营经济的助推力》	郁建兴　江　华
3月19日	《乐清“八大王”和登山鞋事件始末》	汪海宝　卢丽平
4月19日	《电子纸成投资热门议题——预计两年内将有900亿温州可投资资本进入》	刘树铎
5月25日	《“中国眼镜之都”在温州南翼悄然崛起》	林春霞
5月29日	《“眼镜之都”呼唤游子归来》	林春霞
5月31日	《“眼镜之都”路在何方？》	林春霞
10月9日	《温州精神催生山东平原力量》	李小干　侯美丽

《解放日报》报道温州

发表日期	标题	记者、通讯员
1月1日	温州青年张金成打破吉尼斯世界记录　骑车“跳”上88层金茂	陶　健
2月12日	温州打火机濒临熄火？	潭新政
6月22日	浙江平阳南麂海域造赤潮袭击	方　列
7月27日	温州民企乐施“精神福利”	潭新政　潘玉涛
7月30日	面对美国“编制袋反倾销”温州企业积极应对	沈锡权
8月24日	温州推建“第三次跨越”：创新	张　斌
10月15日	瑞安启动维权“特快专列”	黄春翔
12月13日	温州高楼大火造成21人死亡	张　斌　树　承
12月14日	温州特大火灾相关人员被控制	沈锡权　汪林义
12月18日	温州5000吨陈化粮结案	沈锡权

《文汇报》报道温州

发表日期	标题	记者、通讯员
1月5日	温州“谢绝自带酒水”同盟瓦解	汪林义
1月17日	温州铁路春运将设新温州人返乡专列	蒋　萍
8月20日	浙江198万人受灾 温州12人死亡	吴　越
9月19日	“韦帕”凌晨登陆浙江苍南　狂风暴雨今日袭击上海	
11月1日	温州商人在陕西投资造飞机	韩　宏　万润龙
11月4日	永嘉突发山林大火	

《浙江日报》报道温州

发表日期	标题	记者
1月4日	温州十民企包摆三百桌“慈善大宴”	黄松光
1月4日	灾民喜摘丰收菇	黄曙林　林仁状　陈雪鹏
1月5日	温州“谢绝自带酒水”同盟瓦解	李　扬　黄云峰
1月5日	农民的“传家宝”要代代相传	徐琴微　朱琮洁
1月8日	水产干制品加工船下水	庄颖昶
1月9日	一次别样的见面“互动”会	王　纲　方　海
1月9日	温州一金融机构专设“和谐社会贡献度”指标	方　海　文永胜
1月9日	科技特派员入股农业基地	李士明　陈　翔
1月9日	“我不能把爱心带回家”	李　扬　叶　锋　蓝小春

续表1

发表日期	标　　题	记　　者
1月11日	民企董事长跨企业任党委书记	方　海　黄松光　王　珏
1月11日	打火机安全性能检测技术却“待字闺中”	陈扬渲　李　扬　王　颖
1月12日	患者就医享受“贴身”服务	方　海　金新安　李鸽伶
1月13日	紫菜之乡忙丰收	黄曙林　林仁状　陈雪鹏
1月14日	金州集团设立慈善分会	叶芳佐
1月15日	两司机高速公路上飙车酿事故	潘传察　廖小清　毛传来
1月16日	“一张纸”汇报一年工作	赵雪微　邢文东　方　海
1月16日	为一名白血病女孩小山村凑起了20多万元	毛传来　钟晓波　林小勇
1月18日	209名村民喜迁新居	方　海　邢文东　钟建芬
1月18日	雁荡山发展旅游不忘地质保护	方　海　金新安　陈　晨
1月18日	龙湾成功治理一地质灾害隐患点	徐华东
1月21日	乐清一企业胜诉	周晓丹
1月22日	洞头引水工程开工	何掌霞　陈志华　李　扬
1月22日	瓯海茶山农民成立“艺社”	黄松光　周吉敏
1月22日	温州老年大学异常火爆	李　扬
1月23日	温州破获一新型毒品案	李仲芳　李　扬
1月24日	你在浙江还好吗	杨军雄　施晓义　洪加祥　周松华　李　扬
1月25日	为民代言“面对面”	方　海　王　珏
1月25日	年关将近，温州典当行热闹了	王　珏　方　海
1月25日	乐清民企抱团行善	方　海　金新安
1月25日	温州火车站买票凭身份证	李　扬　施晓义
1月25日	中国首届农民工春晚将在温州上演	李　扬　王天厚
1月27日	在新家看“春晚”	袁　艳　李　扬　陈雪鹏
1月28日	慈善援助演绎人间真情	汪成明
1月29日	民警帮“空巢家庭”照看老人小孩	李　扬　黄通帅　林上真
1月3日	温州村民争相买戏进村	李　扬　施晓义
1月31日	86岁老人开博客，不亦乐乎	王　珏　方　海
2月1日	吴越国末代国君钱俶的墓在苍南	刘　慧
2月2日	温州：检测大巴开进市场	李　扬　潘达源
2月2日	温企中标刚果森林开发项目	曾荷绿
2月5日	免费停车位却要收取“泊车费”	王　珏　方　海
2月5日	观光农业富农民	金新安　赵　用
2月6日	平民英雄感动温州	王　纲　李　扬　王　珏
2月6日	“恨车祸无情，带走了我的快乐”	李　扬　赛　敏　杨　熙
2月7日	文成农民养鸡种菜都有标准	庄千慧　秦　军　赵雪微
2月7日	一封警劝信感动千万人	李　扬　耳震云　施赛敏
2月8日	基金热开始降温	徐　园　李　扬
2月1日	春运高峰来临	苏　靖　李　扬　徐　青
2月11日	温州龙湾区网上曝光“不诚信企业”	黄　宏　朱　馨　李翔宇
2月11日	把做寿的钱用到公益项目上	方　海　叶圣义
2月12日	温州“桑美”台风倒房灾民喜迁新居	汪成明　方　海
2月12日	“今天我们搬新家”	方　海　汪成明　陈雪鹏
2月12日	“上山下海”种瓯柑	方　海　黄松光　王　珏
2月12日	蒸汽余热养鲜花	郑　鹏　陈　忠
2月13日	“奥康”买机票送员工返乡	李　扬　黄晓群
2月13日	“感动温州”，改变着一座城市的气质	王　纲　李　扬　王　珏
2月16日	受助学子争当义工	黄松光　郑　洁
2月18日	郑九万与乡亲共话新发展	汪成明　方　海　叶圣义

续表2

发表日期	标　　题	记　者
2月21日	山城泰顺居民喜登高	毛传来
2月22日	数万乐清人驾车返乡过春节	章　蓓
2月22日	酒后千万别开车	余　勤　张炳钧　王伟国
2月23日	和孤老一起过年	袁　艳　金新安　钱建林
2月24日	永嘉113岁老人为90岁女儿庆祝生日	周泽西　谢文东　肖国强
2月24日	碧海仙山"守护神"	汪成明　李利法　陈　勇
2月25日	乐清干部春节回乡忙"作业"	袁　艳　叶长一
2月25日	瓯海"超时默许"制度惠企利民	方　海　黄松光
2月25日	创业团队留守校园为创业	李　扬　姜　瑜
2月25日	温州劳动力市场推出1万多个工作岗位	方　海　姜海燕　郑丹丹
2月26日	苍南：喜迎康庄工程通车	方　海　吕德炳
2月26日	温州通用锁具公司47名员工轻松"双飞"	郑　洁　陈　好
2月26日	乐清"龙档"将在巴黎起舞	徐琴微
2月26日	收取"进场费"，属于商业贿赂	黄　宏　范跃红　吕　晶
2月27日	永嘉推出"无会月"促实干	王　纲
2月27日	温州为80万留守儿童	李　扬
2月27日	两小时生死大营救	蔡宽元　苏志立
2月28日	温州迈开"第三次跨越"步伐	王　纲　方　海
2月28日	喜悦写在脸上	李　扬　张炳钧
2月28日	把保护山水列入村规民约	袁　艳　金新安　郑道福
3月2日	贫困儿童受益边防"助学帮困基金"	陈　勇　潘　杨　汪成明
3月4日	让农民工与企业一道成长	王　纲　陈福彬　韦开孟
3月4日	王建满当选温州市委书记	
3月5日	"新温州人"不再东奔西跑	王　珏
3月6日	总有一种精神让我们热泪盈眶	陈扬渲　李　扬　丁玉绒
3月6日	温州十一家旅行社对潜规则说"不"	李　扬　肖新华
3月7日	"请不要给我们太多的压力"	朱琼洁　陈微微
3月8日	瑞安破获一起票据诈骗案	夏秋华　张美盈　李　扬
3月12日	康奈集团新进员工可免费吃住一周	方　海　卢书友
3月12日	温州"宝马受伤"事故耐人寻味	王　珏　胡建国　李　扬
3月13日	群鸟舞翩跹	孙　凛
3月14日	弃商归农科技致富	金新安　赵　用　林时强
3月15日	浙江早茶　多出温州	方　海　叶苏达
3月15日	原汁原味民俗展	许日尤　项绍雄
3月15日	普工受欢迎，技工收入各有千秋	施晓义　李　扬　胡　璐
3月15日	永嘉"义工QQ群"有了"娘家"	方　海　王　珏　叶圣义
3月15日	透明售房难消温州"楼市黄牛"	饶建军　方　海
3月16日	温甬携手开辟浙南港口新通道	李　扬　曾长新
3月17日	温州城区最后一批居民告别挑水喝历史	黄松光
3月17日	人面桃花相映红	许日尤
3月18日	鹿城区农民在家门口学艺	陈　晨　方　海
3月19日	温州各医院争做"新温州人"的低价医院	王　珏
3月19日	瑞安三商人弃商从农	夏盈瑜
3月19日	乐清：用工双方相谈欢	金新安　陈半雨
3月19日	农民"种文化"百村赛小红旗越插越多	高丽敏　张品方　方　海　徐晓恩
3月20日	让大家看看我们的本事	方　海　王　珏　陈志华
3月20日	捣毁赌窝	蔡宽元　安林强
3月20日	"断肠人"重返公司	黄松光

续表 3

发表日期	标题	记者
3月22日	无偿献血可得“爱心保单”	袁 艳 叶长一
3月23日	违纪学生得到“温情治疗”	李 扬 姜 瑜
3月23日	奥康成北京奥运会供应商	李 扬
3月25日	下山了真好	方 海 陈仲华
3月25日	乐清社会各界捐资4000万元建设新农村	金新安 蔡 虹
3月26日	祝福送到莫斯科	卢春雨
3月26日	《温州文献丛书》全部出齐	李 扬
3月26日	能，乐清小企业“联保”获贷款	尤成勇 金新安
3月27日	“阳光伙伴”齐步跑	庄 艳 林亥珍
3月27日	切实抓好春季农业生产	王国锋 李永平 章 蓓
3月27日	新兵比武	卢春雨 苏程俊
3月28日	车在桥上行 水电输海岛	张 帆 方 海
3月28日	谷龙重新“飞”回乐清	何乐敏 张联喜
3月28日	乐清四都乡中学有个“编外司务长”	王 珏
3月29日	泰顺廊桥“走进”哈佛大学课堂	毛传来 林小勇 钟晓波
4月1日	王建满当选温州市人大常委会主任 邵占维当选温州市市长 包哲东当选温州市政协主席	
4月3日	两个半小时换来居民方便	袁 艳 虞冬青
4月5日	认真读一读基层这本“书”	毛传来 王 纲 周智敏 施龙有
4月5日	听到家人声音真开心！	陈 翔 黄晓群
4月5日	学生不许带手机进校	李 扬 黄云峰
4月5日	大学生“管家”亮相温州	李 扬
4月6日	蓓蓓，你很美	吴元峰 骆晓磊 于 伟
4月6日	新瓯海人的平安生活	袁 艳 黄松光
4月6日	温州打火机打入南美高原市场	郑光荣
4月8日	用生命呵护“一方净土”	汪成明 永嘉县报道组 叶圣义
4月9日	泰顺廊桥何以“走进”哈佛课堂	赵 畅
4月10日	鸟儿重返大自然	许日尤
4月10日	珍贵宋代漆器完成“整容”手术	王 珏 高启新
4月10日	“我是被父母放飞的风筝”	袁 艳
4月12日	金色沙滩舞贝壳	方 海 王 珏 何掌霞
4月12日	温州摧毁一大型传销网络	方 海 蔡小龙
4月12日	留守儿童有了新“家”	林仁状 张炳钧 李 扬
4月13日	千人山村竟有五项基金	施晓义 乐清市报道组 金新安
4月13日	温州诞生首家职业足球俱乐部	方 海 通讯员 陈文达
4月15日	感动，消防战士火场抢险受伤寒心，不良的哥嫌其没钱拒载	李 帮 李 扬
4月16日	人还未毕业 创业先实践	袁 艳 叶柏霜
4月16日	“阳光伙伴”浙江赛区比赛举行	陈扬渲 解建钒
4月16日	乐清电器迎来又一段跨国“联姻”	金新安 通讯员 杨 忠
4月17日	身中两刀仍死死抓住歹徒	施晓义 通讯员 梁 梓 许勋磊
4月17日	温州运管部门严肃处理当事的哥	李 扬 冯献东
4月18日	大榕树下开讲坛	陈培勇 李 扬
4月18日	乐清龙档宁波万工轿亮相巴黎	徐琴微
4月18日	乐清警民合力擒获一名嫌凶	朱琼洁
4月19日	摸惯锄头的手 拿起纤细的笔	方 海 黄松光 王 珏
4月20日	温州出现民营资本回归潮	王 纲 方 海
4月20日	好保安孤身勇斗歹徒	吴 杰 叶 锋 李 扬
4月22日	不平凡的选择	施晓义 金新安 叶长一

续表4

发表日期	标　题	记　者
4月24日	首批中国民间文化杰出传承人确定	刘　慧
4月24日	瑞安“4·10”杀人分尸案告破	温公宣　瑞公宣　李　扬
4月24日	温州海关缴获18公斤大麻	李　扬
4月28日	爱心助我重建家园	黄曙林
4月30日	一桥飞架鳌江两岸人民梦圆	李　扬　陈培勇　张炳钩
4月30日	乐清围涂工程投资8.5亿	金新安　陈　霜
4月30日	“会说话”的人行横道灯	李　扬　周卓彦　陈　凯
4月30日	乐清建立劳模基金	王　调
5月1日	节日收到“健康礼包”	吴元峰　陈显英
5月2日	不文明行为少了　文明行为多了	毛　珺　周松华　李　扬　何掌霞
5月5日	爱心牵手贫困生	吴元峰　黄园珠
5月7日	“这个长假，我们赚上了‘绿色钱’”	袁　艳　黄松光
5月8日	观众又听到了20多年前的老昆腔	刘　慧
5月8日	研究温州话敲开美国名校之门	郑剑佩　金新安
5月10日	甬台温高速14车相撞	余　勤　林西子　徐行号
5月11日	“正泰”凭自主品牌打开高端市场	王　纲　方　海
5月11日	“百忙官”分粥忙	吴元峰
5月11日	救一群人的制度之美	张永贵
5月11日	平阳公车统一挂特殊牌照	李　扬　陈培勇　郑微微
5月13日	苍南推行领导干部蹲点调研“回头看”	毛传来　方　海　通讯员　杨崇演
5月14日	温州民企努力跻身A股市场	方　海　王若江　饶建军
5月15日	温州商团在美下大单	嵇　哲
5月15日	海岛吹来“节能风”	吴元峰　何掌霞　谢　芳
5月16日	一户一策一干部　社会帮扶带项目	王　纲　方　海
5月16日	时尚五马街	吴元峰
5月19日	就医不用带病历　责任医生包到底	李　扬
5月20日	群众当面“挑刺”　政府当场“拔刺”	李　扬
5月25日	挽留信，按着百余村民手印	袁　艳　李碎贤　胡中坚
5月25日	集中办丧事　政府发补贴	周乐光
5月28日	共同富裕的道路越走越宽广	曹曙光
5月29日	像手机充值一样缴电费	李　扬　王楚东
6月1日	温州瓯海：十天后办一场主题演出	方　海　黄松光
6月4日	娱乐场所有了“巡更式保安”	施晓义　谢钦巨
6月4日	学生的荣誉家长来领	李　扬
6月5日	烦恼了来碗“心灵鸡汤”	李　扬　朱珊超
6月7日	三十三名大学生就聘村“两委”	金新安　李　艺
6月7日	170万大奖归还不知情的彩民	谢文枝　李　扬
6月8日	转变作风从办“小事”做起	方　海　金新安
6月8日	抢抓机遇加强创新　促进又好又快发展	王瀛波
6月10日	有了党支部，就有了家的感觉	李　扬　卢春雨　富晓春
6月11日	身边的喜事特别多	方　海　金新安
6月13日	加快民营经济创新实现温州第三次跨越	王　纲
6月15日	苍南成立出租车防汛应急服务队	李　扬　张炳钧
6月16日	中俄友谊之旅新闻采访团赴温州采风	李　扬
6月19日	雁荡山世界地质公园昨开园	李　扬　陈　霄　吴　杰
6月19日	万余农嫂家门口挣钱	日　尤　进　华
6月19日	奥康：向“海外本土化”转向	方　海　梁彦平
6月21日	创新走前列　惠民求实效	王　纲　方　海

续表5

发表日期	标题	记者
6月22日	买到过期食品至少可赔50元	王 珏
6月23日	深化非公企业党建 强化自主创新能力	方 海 万伯华
6月25日	"我终于成为预备党员了"	李 扬
6月26日	泰顺县实现移动信号全覆盖	方 海
6月28日	"小戚书记"理旧账	袁 艳 林仁状
6月29日	"7171",为您排忧解难	袁 艳 黄松光 周吉敏
6月29日	温州新生男婴被盗案告破	李 扬 瓯公宣
7月2日	泰顺采药少年感人事迹搬上银幕	林小勇
7月2日	用耳朵学习上网"冲浪"	朱珊超
7月3日	不问分数多少掏钱就能上高校?	温 工 朱海兵
7月3日	"黑客"从网银用户转账60万	包珍珍 李 扬
7月3日	小小面摊情法两难	王 珏
7月5日	群众利益无小事 民生问题大于天	汪成明 林仁状
7月5日	瑞安一顾客在肯德基店内吃到虫子	龚方听 潘达源 李 扬
7月6日	温州创新路子推动欠发达地区创业富民	王 纲
7月8日	温州鼓词传唱百姓生活	王 婷 周 航
7月9日	金穗温州商人卡发行	李 扬
7月10日	55个难题进入"一题一协调会"	汪成明 叶圣义
7月10日	温州五十名机关中层干部担任非公企业党建指导员	方 海
7月10日	偷婴儿的假孕妇被批捕	潘标标 张春玲 李 扬
7月10日	切勿在路边纳凉睡觉	李 扬 王 珏
7月12日	南麂列岛特种邮票发行	李 扬
7月13日	借得大海三分地	周晓丹 张联喜
7月14日	平阳对症下药解决民生难题	毛传来 陈 骧
7月16日	文成算清脱贫账	赵雪薇 方 海
7月16日	大学生体验民工艰辛	郑 鹏 姜 瑜
7月16日	飞云江上卧长龙	庄颖昶
7月17日	"我们的孩子是世界上最幸福的"	李 扬 郑光雨
7月17日	温州全力打好防洪保安工程攻坚战	方 海 林仁状
7月17日	医生错时上下班 病人少吃"闭门羹"	周俊朗 李 扬
7月17日	金温铁道公司连续安全生产2800多天	钟小玲 陈福彬
7月17日	帮助孩子走出心理阴影	王 珏
7月18日	网民为宝宝取名"帮帮"	李 扬 应忠彭
7月19日	开开心心住一年 租金只要一千元	方 海 林仁状
7月19日	温州菜将端上奥运餐桌	李 扬 陈 岳
7月20日	温州通领集团在美"维权"获完胜	刘 刚 孙湫词
7月20日	这台空调,让人等得好心焦	李 扬
7月20日	温州首个社区"笑脸墙"亮相	李 扬 朱珊超
7月21日	从卖单机到卖智能化生产线	苏 靖 方 海 王琳俐
7月21日	千里送善款情暖灾民心	李 扬 王海龙 钟小玲
7月23日	"飞机餐厅"闭门谢客	蔡宽元
7月23日	乐清向富人超生开出最高罚单	金新安 李 艺 晓 霄
7月23日	给"留守儿童"一个快乐暑假	袁 艳 叶长一 罗润华
7月31日	"美人指"俏了	金新安 赵 用 梁 梓
7月31日	温州科技创新推进第三次跨越	陈福彬 刘焕斌
8月1日	我省重拳整治旅游业"零负团费"	李 扬
8月2日	家长落实有点为难	孙 丽
8月4日	隆重集会纪念粟裕同志诞辰100周年	李 扬

续表6

发表日期	标　　题	记　者
8月5日	乐清12万群众喝上平价水	金新安
8月6日	农民“种文化”让城里人大开眼界	方　海　钟小玲　林仁状
8月7日	温州建“高温中暑预警机制”	沈锡权
8月8日	“活力和谐企业”成为各方共同追求	王　纲
8月8日	同工种　同报酬	何乐敏
8月9日	诚信铸就品牌　创新促进跨越	廖小清　朱海兵
8月9日	收取“带孙费”，你觉得合适吗	方　海　王　珏
8月10日	每个村居都有避灾点	方　海　林仁状　钟小玲
8月11日	泰顺一客车坠入水库7人获救16人遇难	李　扬
8月12日	在偏远小村创大业	方　海　钟小玲　叶圣义
8月12日	创新，温州第三次跨越的强大引擎	王　纲
8月13日	家门口打“洋工”	叶寒青　赵雪微　钟建芬
8月13日	乐清电厂建设进入施工高峰	朱将云　张　帆
8月14日	安徽民工义举感动温州	李　扬　蒋　健
8月15日	让勇士不再有后顾之忧	李　扬　蒋　健　陈　芳
8月16日	高山菜农住上廉租公寓	叶寒青　翁旭欧　林小勇
8月16日	温州：小巷餐饮店油烟熏人	李　扬　钟小玲
8月17日	见义勇为的卢丙会今接受二次手术	李　扬　蒋　健
8月17日	问题餐饮店正在进行整顿	李　扬　钟小玲
8月19日	温州紧急撤离海上作业人员	吴水斌
8月19日	英雄事迹感动家乡人	李　扬　梁建国
8月20日	采取有力措施做好抗灾救灾工作不断提高处置各种自然灾害能力	金　波
8月20日	台风夜，紧急大营救	方　海　钟小玲　林仁状
8月20日	温州干群全力以赴抗台救灾	王　纲　方　海　钟小玲
8月20日	“钢哥热线”为农民工解“心结”	袁　艳　叶长一
8月21日	温州干群进一步开展防灾救灾	方　海　丁素素　翁旭欧
8月21日	大部分受灾乡村已恢复供电	章其鹤　王　石　张　帆
8月23日	当一个为人民多说话多办事的记者	方　海　钟小玲
8月24日	浩然正气涌瓯江	李　扬
8月24日	总有一个医生护着你	胡　振　章　蓓
8月25日	泰顺“8·10”特大交通事故肇事司机被批捕	王佐兴　陶京津　黄　宏
8月26日	瑞安忙引“远水”急解“近渴”	胡　振　朱友好
8月27日	“还好我保险了！”	王　珏
8月27日	一场民工晚会　现场不见垃圾	尤国增　丁志峰
8月27日	温州8家民企组建私募股权基金	胡作华
8月28日	“追风”梦成真	方　海　钟小玲　金新安
8月28日	廊桥文化引客来	叶寒青　林小勇
8月28日	乐清：风险基金为瓜农添保障	金新安　陈　霄
8月29日	“抢救”百年古樟	苏巧江
8月29日	邀国际专家加入“自主创新”队伍	方　海　金新安　钟小玲
8月29日	核载38人的客车上塞了129人	张　晶　林西子　余　勤
8月29日	重建家园	陈　敢　林仁状
8月31日	文成“草帽干部”下乡解民忧	方　海　赵雪微　钟建芬
8月31日	把非亲非故的孩子接到家里抚养	金行哲　胡　振
8月31日	“新警察故事”演绎铁汉柔情	王　珏　金新安
9月3日	昨日凌晨东海海域发生两船相撞事故	李　扬　夏婕妤
9月3日	两千八百名新温州人首次领到助学金	王　珏
9月3日	温州市总工会启动金秋助学	黄松光

续表7

发表日期	标　　题	记　　者
9月3日	乐清法院首推社会调查员制度	金新安　谷若怀
9月4日	“我们不用再为水烦恼了”	叶圣义　方　海
9月4日	乐清潭头“打”出“太极村”	王　珏　金新安　方　海
9月4日	小岛高血压患者为何特别多？	王　珏
9月5日	“慈善”，植入企业文化	袁　艳　黄松光
9月5日	深夜，你能买到药吗	李　扬　陈　岳
9月6日	乐清屠氏兄妹当街赠送五千包子	
9月7日	下月，从泰顺到温州两小时	叶寒青　林小勇
9月7日	惊魂10秒道口工车轮下勇救幼童	张建成　王东方
9月10日	谁来帮帮这位绿色“猪司令”	施晓义　谢文东
9月13日	温州设立外来务工青年助残帮困专项基金	王　珏　钱素文
9月14日	心随百姓共冷暖	陈　敢
9月14日	同一斑马线1小时连发3起车祸	刘吉利　余小明　余　勤
9月15日	温州龙湾区合成革固废处理中心正式运行	龙　轩
9月17日	寻亲路上，她成了“寻亲义工”	施晓义　范丽明　张　力
9月17日	说是试驾一加油门没影了	李　扬　夏秋华
9月18日	渴望	庄颖昶
9月19日	“韦帕”今日凌晨登陆苍南霞关	嵇　哲　谢根能
9月19日	“可不能让台风把我们的‘家’毁了”	胡　振　余　勤　章　蓓
9月20日	再接再厉夺取抗台救灾斗争全面胜利	金　波
9月20日	风情雨情民情事事关情	金　波　嵇　哲
9月20日	树大根深好挡风	胡　振　余　勤
9月21日	出租车防汛应急服务队紧急出征	胡　振　余　勤
9月21日	“我为‘两创’献计献策”	李　扬　钟小玲
9月22日	温州抓紧安排好灾民基本生活	方　海　李　扬
9月24日	新老温州人中秋共团圆	李　扬　王　珏
9月25日	乐清民企为员工设“中秋假”	袁　艳　叶长一
9月25日	温州首次动用储备农药救灾	李　扬
9月25日	将廊桥搬回家	叶寒青　林小勇
9月26日	“种文化”种出个民俗艺术节	王　珏　林仁壮　方　海
9月27日	朗尼逛	郑　鹏
9月28日	特奥会执法人员火炬跑在温州起跑	李　扬
9月28日	这些“温州特产”你身上有吗	李　扬
9月30日	正泰告施耐德专利侵权一审宣判	方　海　钟小玲
10月2日	“兴奋得睡不着觉”	李　扬
10月4日	乱丢垃圾的人少了	方　海　叶金涛
10月4日	在愉快的游戏中体验科学的乐趣	肖国强　黄振昊
10月5日	见义勇为者的医疗等费用财政全额埋单	钟小玲　方　海
10月6日	南麂岛：2500名游客安全转移	方　海
10月7日	我省各地干群严阵以待防御“罗莎”	
10月7日	撤离游客	吴水斌　何　汀
10月7日	在风浪中感受生命关怀	方　海　钟小玲　陈朝晖
10月8日	台风“罗莎”昨在浙闽交界处登陆	嵇　哲　谢根能
10月8日	4小时，百余村民安全转移	杜大强　朱海兵　方　海　李　扬
10月8日	霞关，狂风暴雨中的宁静	杜大强　朱海兵　方　海　李　扬
10月9日	立即动手重建家园	杜大强　朱海兵　方　海　李　扬
10月10日	援救香港籍货轮	徐　斌
10月10日	乐清：迅速落实灾后防疫措施	金新安

续表8

发表日期	标题	记者
10月10日	风雨营救见真情	李扬 钟小玲
10月11日	温州启动创建学习型社会活动	方海 王纲
10月11日	再小的力量也是一种支持	杜大强 朱海兵 方海
10月12日	带领村民大步迈上致富路	汪成明 叶圣义
10月12日	夜船扰民何时休	洪加祥 郭广宇
10月12日	特殊的“接力赛”	蔡卓识 朱海兵
10月13日	青山作证	钟小玲 黄松光 方海
10月18日	王贵利被推荐为“中国骄傲”候选人	张建成 王东方
10月18日	瓯北，一颗瓯江捧出品牌明珠	叶圣义
10月20日	广大农村群众的好福气	汪成明
10月21日	“温州女孩”成侗族传唱英雄	施晓义 陆书明 黄之宏
10月21日	可亲可爱的毛陈冰	李扬
10月23日	做无愧于时代的大学生	方海
10月24日	竖起拇指：礼让 伸出手掌：先行	刘耀 陈凯 李扬
10月25日	“美丽心灵之约”网络互动访谈今天下午3时开通	黄之宏 施晓义
10月26日	“美丽心灵之约”报网台互动访谈反响火爆	方海 黄之宏
10月26日	家乡拥抱美丽女生	
10月26日	“美丽心灵”掀起如潮激情	黄之宏 施晓义 李扬 方海
10月27日	温州取消市区私车普通号牌竞投	方海 李扬
10月27日	正泰进军新型光伏电池产业	张丹丹
10月29日	省皮革行业科技创新平台在温建立	钟小玲 李扬
10月31日	平民英雄浴血反扒	吴元峰 金新安
10月31日	扎实推进“第三次跨越”	王纲 方海
11月1日	“琵琶”一曲七百年众人争说高则诚	庄颖昶
11月1日	瑞安开出民工维权“特快”	黄春翔
11月2日	轮椅方便众患者	卢春雨 潘力
11月2日	畲族“形象大使”温州女孩雷小珊入选“民族体育之花”	方海 邱哲
11月5日	《碗窑印象》脱颖而出	刘妙居 陈立宁 霍云集
11月6日	温州加快培育上市梯队	方海 王纲
11月6日	宣讲十七大	吴元峰 翁旭欧 林小勇
11月6日	“报喜鸟”：产销各环节都有标准来“把关”	方海 钟小玲 叶圣义
11月6日	大型数控球磨温州造	黄春翔 翁卿仑
11月6日	“性格婚测”，为爱情“打分”	方海 钟小玲
11月8日	朱启南当选“城运之星”	
11月9日	毛陈冰送来了“原生态精神食粮”	施晓义
11月10日	激发“两创”热情 创新发展模式 全面改善民生	王纲 方海
11月12日	“法派”入川打造服装城	方海 刘贯高
11月13日	文成企业“成长”日志折射机关效能	赵雪微 钟建芬 方海
11月15日	温州大学推出大学生创业园	方海 刘青松
11月16日	学生患上“老年病”九成来自“电脑迷”	李扬 杜笑铃
11月16日	乐清农民有了“健身教练”	金新安 方海
11月19日	中法合资德力西电气有限公司揭牌	方海
11月21日	温州百位“名师名家”公开招徒	李扬
11月21日	学生自选“社团班”课程学习自己感兴趣的知识	钟小玲
11月21日	企业到监狱招聘归正人员	金新安 何乐敏 陈素林
11月22日	执子之手 远离暴力	金新安 刘言勇
11月22日	店内丢包该不该赔？	贤群 胡建国 李扬
11月24日	乐清黄坦洞村入选首批“中国景观村落”	刘慧 金新安 郑晓群

续表9

发表日期	标 题	记 者
11月24日	救援飞机首次从温州直抵高雄	李 扬 王微芳
11月24日	省委学习十七大精神宣讲团在温州丽水举行宣讲报告会	李 扬 聂伟霞
11月25日	乐清成立男性反家庭暴力志愿小组	李 扬 徐琴微 刘言勇
11月26日	“流动车间”进瑞安农家	黄春翔
11月27日	康奈摘得“全国质量奖”	李 扬 卢书友
11月29日	深度推进“以民引外、民外合璧”	王 纲 方 海
11月29日	温州建立医学专家民营企业巡诊制	李 扬
11月30日	文明节俭办丧事，有奖	金新安 袁 艳
11月30日	走路闯红灯 电脑会记牢	刘 曜 陈 凯 李 扬
12月2日	平阳水头制革业“休克”重生	王 纲 李 扬
12月4日	乐清首饰龙被国家非遗中心收藏	南凝平 阮 静 李 扬
12月5日	为创业创新提供坚强保证	
12月5日	瑞安“阿柳班”要办戏校	庄颖昶
12月7日	“名字被抢”之惑	朱海兵 廖小清
12月9日	洞头县积极帮助渔农民转产转业	方 海 何掌霞 钟小玲
12月10日	重访浙江经济“老照片”探寻又好又快“新故事”	李亚彪 肖 敏
12月12日	出租车装“探头”	吴元峰
12月13日	温州鹿城发生一起特大火灾死亡廿一人	王 纲 李 扬 金 波
12月14日	危急时刻，他把保命湿毛巾递给别人	
12月17日	丧父之痛埋心中 热血男儿奔军营	汪成明 余 庆
12月18日	一个企业家的另类学术追求	
12月18日	瑞安检察官当选全国侦查监督“十佳”	周梅红 张 云 李 扬
12月18日	古戏台又传戏曲声	庄颖昶
12月18日	模拟火场	余日迁 刘 飞
12月19日	温州到泰顺，少转484个弯	李 扬 翁旭欧
12月20日	温州布俏川西	叶寒青
12月20日	你所不知道的温州人	沈宇翔 李 扬 蒋 健 周梅红
12月20日	温州人的多彩一面	沈宇翔
12月24日	瑞安推广“午间法庭”	孙伟芳
12月26日	“三分钟晨学”有趣又实用	方 海 林仁状
12月26日	五彩宽屏任冲浪	卢春雨
12月27日	温州温富大厦火灾后续	王 纯 夏 雷 余 勤
12月27日	毛陈冰当选“真情人物”	徐 元 施晓义
12月27日	得知绝症后，她把受捐的钱一户户送了回去	李 扬 翁旭欧 林小勇
12月27日	民间叶适纪念馆风景这边独好	黄春翔 翁卿仑
12月29日	当老师非要开博客吗?	李 跃 方 海
12月29日	瑞安打击制售假发票行为	钱 潮
12月29日	“谢谢你们！救命恩人”	李 扬 施晓义
12月31日	929.34万元！鹿城社会捐助创新高	方 海 蒋 健

浙江人民广播电台报道温州

播出日期	标 题	记 者
4月3日	我国第一艘水产品干制品加工船“华盛渔加1号”正式启航	李晓华 应月衡
11月20日	温州见义勇为者医疗费用由政府来买单	陈瑜艳 李晓华
11月24日	温州市开展“名医进名企”活动，为在企业务工的“新温州人”免费送医送药	李晓华
11月28日	“2007民营企业对话世界500强”活动在温州开幕	李晓华 应月衡
12月11日	我省最宽的城市快速道路——温州瓯海大道东段正式通车	李晓华 应月衡
12月18日	新58省道建成通车，温州从真正意义上实现了“两小时交通圈”	李晓华 应月衡

县（市、区）

鹿城区

概况 2007年鹿城区实现生产总值262.6亿元，同比增长14.4%。人均生产总值38 306亿元，增长12.9%。财政总收入28.5亿元，其中地方财政收入14.3亿元，分别增长22.4%和27.5%。城镇居民人均可支配收入24 955元，增长12.5%。农民人均纯收入10 203元，同比增长13.5%。全区在岗职工平均工资18 912元，增长11.2%。年末金融机构各项存款余额130.33亿元，比年初增加17.53亿元，增长15.5%，其中居民储蓄存款余额80.63亿元，比年初增加1.87亿元，增长2.4%；贷款余额97.72亿元，比年初增加22.76亿元，增长30.4%。

实现农业总产值2.54亿元，增长3.6%。其中，农业产值8777万元，下降2.0%；林业产值23万元，下降42.1%；牧业产值16 125万元，下降60.9%；渔业产值370万元，增长135.1%。新增国家级无公害农产品2个、中国绿色食品2个、农业标准化示范基地3个、市特色农产品基地5个，累计农业专业化合作社、行业协会20家，市级农业龙头企业7家。

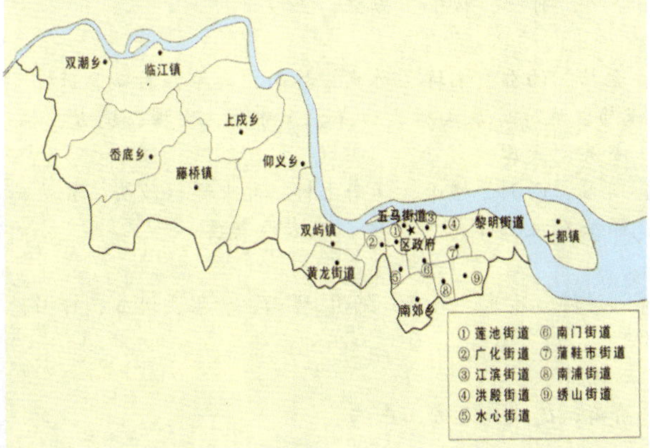

鹿城区行政区划示意图

实现工业总产值511.6亿元，增长16.4%，其中规模以上工业总产值333.2亿元，增长19.7%。重工业发展速度加快，增速超过轻工业。新增工业产值超1亿元企业15家，累计61家，超10亿元企业1家。4家企业被列为温州市第一批拟上市企业予以重点扶持。新增国家级高新技术企业2家，累计5家；省级高新技术企业6家，累计25家；市级高新技术企业8家，累计25家。新增省级首批创新型试点企业1家，累计1家；省科技型中小企业7家，累计56家。2家企业列入省级专利示范（试点）企业名单。企业获国家授权专利1386项。新增中国驰名商标6枚、中国名牌产品1个、国家免检产品7个、全国质量奖1个、省著名商标4枚、浙江名牌7个。建筑业全年完成产值19.7亿元，增长16.5%。

第三产业实现增加值146.6亿元，增长17.5%，占生产总值比重55.8%。社会消费品零售总额325.8亿元，增长18.6%。批零贸易业零售额282.85亿元，增长20.0%。住宿和餐饮业零售额42.96亿元，增长9.9%。

全社会固定资产投资67.69亿元，增长16.5%。其中工业性固定资产投资19.25亿元，下降4.7%；房地产投资26.45亿元，增长22.7%。全年房屋施工面积210.37万平方米，增长23.3%，商品房销售面积38.36万平方米，增长312.1%。

实现进出口总额17.52亿美元，增长31.3%，其中出口总额16.01亿美元，增长31.0%。合同利用外资12 680万美元，实际利用外资6378万美元，分别增长5.6%、3.7%。实际到位内资7.20亿元，增长68.3%。全年新批外商投资企业20家，其中投资额1000万美元及以上的企业8家，500万～1000万美元的4家，500万美元以下的8家。

2007年列入市级以上科技计划项目44项，其中国家863计划项目1项、省级重大科技计划项目3项、省级农业科技成果转化资金项目1项。全年专利公告授权数1551项，其中发明公告165项。

新增公共绿地面积7.2万平方米，翻修道路27条，补助建设农村道路14条，翻建、新建人行道15条，新建农村公厕52座，疏浚下水道3.9万米，改建、新建垃圾坞104座，新增清扫保洁车300辆，清除卫生死角8962处，清运垃圾废土3.7万吨。全区一级、二级、三级、四级道路平均清洁度分别达到98.59%、97.63%、95.59%、96.02%。化学需氧量（COD）排放量下降4.7%，二氧化硫排放量下降6.8%。建成国家级绿色社区2个、省级25个、市级51个、区级91个。

年末基本养老保险参保人数147 130人，比上年增加13 707人；基本医疗保险参保人数55 739人，增加16 367人；工伤保险参保人数119 753人，增加66 367人；生育保险参保人数57 454人，增加9753人。被征地农民参保对象34 350人。新型农村合作医疗制度参合率96.9%，新温州人合作医疗参合人数2.1万。农户参加政策性农村住房保险40 071户，参保率93.3%。全年农村

鹿城区行政区划

街道（乡镇）名称	面积（平方公里）	人口（万人）	政府驻地	社区、行政村
五马街道	2.55	12.11	万岁里	29个社区：谢池巷、公园路、铁井栏、招贤、华盖、墨池、简巷、永宁巷、望江、打绳巷、屯前街、万岁里、八仙楼、安平坊、百里坊、仓桥街、金锁匙巷、道前、广场路、甜井巷、蝉街、府前街、鼓楼、五马街、大高桥、乘凉桥、人民西路、纱帽河、人民中路
莲池街道	3.56	4.63	蝉街	11个社区：郭公山、徐衙巷、麻行、皮坊、庆年坊、丁字桥、蛟翔巷、张府基、松台山、来福门、半腰桥 1个行政村：松台
水心街道	2.45	4.73	清明桥新村	13个社区：清明桥、花坦头、西站、昌明、隔岸路、杏花堂、茶花、松柏、菱藕、桃李、桂柑、昌盛、枫桦 2个行政村：九山、水心
南门街道	2.59	6.09	小南路	16个社区：花柳塘、龙泉巷、仓坦、山前街、蒋家巷、闸宅、坦前、垟头下、吴桥、月光池、虞师里、荷花、南蝉桥、马鞍池、河丰、汇车桥 1个行政村：丰收
江滨街道	2.10	5.58	江滨西路	12个社区：黎明新村、甲田、垟儿路、永东路、路西、矮凳桥、路湾、十八家、株浦、永楠、行前街、安澜
蒲鞋市街道	3.90	6.10	学院中路	16个社区：青园、沁园、春园、芳园、锦园、明园、绿园、双井头、东港、下垟头、蒲鞋市、上村、金丝桥路、蒋家桥、横河北、横河南 1个行政村：巽山
洪殿街道	3.17	2.04	洪殿北路	10个社区：筲箕涂、洪殿、夏屋、黎明侨村、灰桥、东游路、上陡门、浦东、浦江、航标 2个行政村：黎一、黎二
广化街道	4.10	3.30	新桥头住宅区	10个社区：月湖、教场、打索、金宅、浦桥、翠微新村、集新、特陶、集善、双乐 2个行政村：广化、双桥
南浦街道	2.70	4.70	桥儿头新村	16个社区：蔷薇、迎春、上吕浦、下吕浦、宏景、春秋、文苑、宏兴、柳园、富荣、清风、温迪、献华、南塘、龙方、鱼鳞浃 3个行政村：南塘、灯塔、鱼鳞浃
黎明街道	9.00	1.55	学院东路	5个社区：杨府山、宏源、丰源、恒源、汇源 3个行政村：杨府山涂、蒲州、上蒲州
绣山街道	6.20	2.44	开源路	7个社区：绣山、吴宅、龙沈、划龙桥、锦江、万源、大自然 6个行政村：龙沈、划龙桥、前网、上田、横渎、巨一
黄龙街道	7.85	1.78	黄龙住宅区	7个社区：临风、月泉、栖霞、云峰、温化、新泽、康园 4个行政村：瓯浦垟、垟田、双岙、箬笠岙
双屿镇	17.65	1.95	温金公路138号	4个社区：营楼桥、新屿、旗山、中央涂 9个行政村：牛岭、岩门、潘岙、屿头、正岙、上伊、前陈、嵇师、营楼桥
七都镇	23.90	0.94	老涂村	6个行政村：老涂、吟州、前沙、板桥、樟里、上沙
藤桥镇	45.23	2.20	南街	1个社区：藤桥 24个行政村：樟村、金马、油岙、石垟、陈良、林山、南岸、石埠、新村、北岸、垟岸、下庄、埭马、底垟、底山根、后垟、上寺西、大塘、坑古、雅漾、上埠头、桥上、潮济、大潭
临江镇	30.70	1.82	后支村	16个行政村：后支、前盈、西洲、横山、江南上村、郑大垟、沙头、驿头、山根、和平、平山、驿头岙底、下湾、仁地、庄岩、巽岙
仰义乡	28.09	1.78	外埠头澄沙桥路150号	1个社区：仰新 12个行政村：澄沙桥、渔渡、后京、前京、笼川、垟山、十里、河岙、钟山、陈村、林里、馒头驻
南郊乡	10.00	1.34	温州大道洛河路	2个社区：十里亭、三板桥 5个行政村：里垟、莆蓟、德政、龙方、东屿

续上表

街道（乡镇）名称	面积（平方公里）	人口（万人）	政府驻地	社区、行政村
双潮乡	31.45	1.40	东岙村	16个行政村：东岙、小旦、朱下、茅垟、东坑、西坑、渡船头、双溪、沈岙、下冯、下垟、下冯山、荫溪潮埠、夏家山、黄茅坪、利八坑
上戍乡	30.29	1.62	坎上村	19个行政村：坎上、上桥、下岸、外垟、潮埠、竹桥、西湾、周徐、下巨、前林、渡头、营上、戴宅、方隆、岭下、山岸、东村、支岙、枫林岙
岙底乡	26.90	0.95	小岙村	12个行政村：小岙、三新、林路、江池、田塘头、白脚坳、丁埠头、呈岸、底坦、吊埄、江心田、上皮山

劳动力素质培训708人。

鹿城制革业整治 2007年9月，鹿城区开展制革业整治攻坚战，采取“坚决打非、加强监管、压缩规模、加倍收费”等措施，实行24小时不间断环境巡查制度，拆除全区所有无牌转鼓和违章建筑（面积约5万平方米），压缩制革行业生产规模在30%以内，加倍征收排污费，对17家制革企业予以最高限额重罚并停产1个月，注销1家制革企业的排污许可证，推进环境污染整治和污染减排工作。

鹿城获“全省民政工作先进区”称号

2007年5月16日，鹿城区在省第十六次民政会议上获“全省民政工作先进区”称号，是全市唯一获得表彰的县、市（区）。

温州（鹿城）总部经济园二期工程 2007年温州（鹿城）总部经济园二期工程启动，该工程位于一期项目东边，设计理念沿用总部一期的“商务花园”概念，由48幢多层独立式总部楼和一幢17层综合式配套用房组成。

农村药品“两网一规范”示范区落鹿城

2007年浙江省确定鹿城区为全省22个农村药品“两网一规范”[①]示范区之一。该区建立以监管部门为主，药品监督员、协管员、信息员为辅的覆盖区、乡镇、村三级药品监督网络，确定7家实力较强、管理规范的药品批发企业承担农村药品配送任务。

① “两网一规范”即：农村药品监督管理网络、农村药品供应网络建设和农村基层医疗机构药品质量规范化管理

龙湾区

概况 2007年龙湾区本级实现生产总值182.73亿元，比上年增长15.5%。第三产业增加值36.11亿元，增长16.1%。完成财政总收入24.3亿元，增长21.3%，其中地方财政收入10.05亿元，增长23.4%。城镇居民人均可支配收入21 462元，农民人均纯收入11 730元，分别增长9.5%和8.3%。年末金融机构存贷款余额分别为204.62亿元和200.1亿元，增长20.7%和23.7%。

粮食播种面积4.75万亩。发展灵昆等地蔬菜生态园区、大岙溪杨梅省级示范基地等优势特色农业。完成永兴土地整理和标准农田建设。完成政策性农业保险试点工作。加强山海协作与对口帮扶工作，落实帮扶资金300多万元，新签约的6个合作项目投资额达5亿多元。

工业总产值571.55亿元，增长23.7%，其中规模以上工业总产值390.77亿元，增长24%。出台工业循环经济“十一五”发展规划，投入技改资金1.1亿元，完成技术改造项目25个。新增中国名牌产品1个、中国驰名商标8枚，新增国家级高新技术企业3家、省级16家。新增年产值超10亿元企业1家。

社会消费品零售总额37.4亿元，增长38.3%。发展灵昆等地“农家乐”乡村旅游。“山海龙湾·都市休闲”特色旅游品牌效应显现。

全社会固定资产投资66.37亿元，增长29.4%。建设中心工业区、制笔之都、沙城、海城、天河等特色工业基地，标准厂房开工35.8万平方米、完工40.03万平方米。重点工程投资额完成13.62亿元。东片排污管网工程建设全面铺开，东片污水处理厂一期工程完成建设。天城围垦堵口合龙，永兴北片围垦工程通过竣工验收。区劳动就业服务基地主体工程基本建成。建成区、镇、村三级避灾场所56个。温州文化用品市场一、二期建成营业，农产品物流中心开工建设，不锈钢市场建设进入土地挂牌程序。工业项目累计实现项目进场40个、开工70个、竣工35个、投产134个，完成工业性投资27.88亿元，增长19.1%。

外贸进出口总额10.66亿美元，增长37.9%。全年合同利用外资1.12亿美元，实际利用外资5918万美元，实际到位内资5.65亿元，推进招商选资工作。实现自营出口总额7.8亿美元，增长25.3%。

加强城市规划编制工作，完成永强次片区、瑶溪南片生活区和灵昆岛控规调整，编制沙城镇、天河镇中心片控规和状蒲片区规划。省级文明城区创建工作先进区通过评审。城市中心区面积由原来的2.55平方公里扩大到14.58平方公里。

健全交通网络，瓯海大道东段建成通车，江滨路龙湾段、龙腾南路、南洋大道等工程加快建设，茅永公路修

龙湾区行政区划示意图

龙湾区行政区划

街道（乡镇）名称	面积（平方公里）	人口（万人）	政府驻地	社区、居民区、行政村
永中街道	46.64	6.94	永中路88号	1个社区：罗东锦苑 5个居民区：街北、街南、罗东、永昌、永上 34个行政村：镇南、沧河、普门、寺西、上京、镇北、桥北、石浦、棋盘、城北、街前、朱垟、郑宅、刘宅、度山、前街、殿前、城南、新城、丰台、坦头、孙垟、双岙、新莒、青山、东林、横泱、新联、下湾、龙华、王宅、联谊、双河、上湾
海滨街道	28.38	2.82	沙村路29号	1个居民区：海滨 13个行政村：沙中、宁村、教新、沙北、小陡、北新、蓝田、江一、沙南、蟾钟、渔池、建新、城东
永兴街道	31.68	3.46	纪兴路1号	1个居民区：永兴 14个行政村：乐二、萼芳、沙园、榕树下、南桥北、下兴、水潭、永民、永乐、乐一、祠南、大塘、小塘、五溪
蒲州街道	7.09	2.13	蒲江北路67号	1个社区：蒲江 6个行政村：下埠、上江、汤家桥、江前、屿田、上庄
海城街道	14.70	3.05	振兴街	2个居民区：前冈、后冈 10个行政村：上涂、西一、中星、东门、埭头、石坦、屿门、邱宅、东溪、东成
状元镇	14.15	2.73	龙飞路78号	3个居民区：状元、龙腾、龙泽 10个行政村：状元桥、横街、御史桥、山西岙、三郎桥、西台、干岙、大岙溪、响动岩、石坦
瑶溪镇	24.48	3.06	河头龙西路2号	19个行政村：朱宅、苏川、河口、皇岙、南山、雄心、永胜、瑶溪、璋川、环一、河滨、泱底、白楼下、底岭下、金岙、龙湾、龙东、黄石、黄山
沙城镇	37.43	3.63	永强大道2968号	1个居民区：沙城 15个行政村：七甲四、七甲一、七甲二、七甲三、七甲五、八甲、大郎桥、永阜、永思、烟台、永寿、永福、沧宁、钟桥、顺江
天河镇	23.18	2.57	环镇路1号	1个居民区：天河 17个行政村：天津、高轩、三星、筑成、西前、天凤、二甲、郑岙、庄泉、建丰、司南、新河、中和、新川、金益、蒲门、泰河
灵昆镇	51.30	2.10	海思村灵南路	1个居民区：灵昆 9个行政村：沙塘、上岩头、周宅、九村、双昆、北段、海思、叶先、王相

复工程竣工投用，沙城中心街等4条永强大道分流道路启动改建。

推行重大疑难信访问题领导包案制度。建立流动人口专职协管员队伍。创建省级无毒社区先进区，毒品问题专项整治“千人县”摘帽。开展省农村药品“两网一规范”示范区创建工作。投入4.5亿元建设十大民生工程。通过全国科技进步先进区考核。在全市率先实现省市级教育强镇全覆盖，温十五中、龙湾中学等10所中小学通过省市示范性学校评估。举办首届文化艺术节。维修永昌堡城墙维修，建设综合管网。创建省级社区卫生服务先进区。推进计生指导站标准化建设。新增参保（养老、医疗、工伤和生育保险）人员10万多人。完成农村劳动力素质培训13 000多人。

生态建设 2007年龙湾区开展环境污染整治大会战。开展“绿箭”等各类环保专项执法行动，立案查处违法企业382家。取缔无证无照不锈钢拉管和拉丝企业206家，拆停违规合成革生产线23条。不锈钢拉管和蒲州拉丝行业市级环境严管区“摘帽”。蒲州拉丝基地、不锈钢拉管基地和合成革固废处置中心相继建成投用。建成国家级绿色社区1个。制定五年温瑞塘河综合整治实施方案，完成永中西岸河等8条河道整治。开展生态镇、村建设，灵昆镇创建成为全区首个省级生态镇。

东片排污管网工程建设 2007年龙湾区截污纳管39个标段进场施工，建成干管5.6公里、截污管74公里。

温州民营经济科技产业基地启动建设

2007年温州民营经济科技产业基地启动建设。该基地是温台沿海产业带的重要组成部分，位于龙湾围垦区，规划区域总面积约40平方公里，包括已围的永兴围垦南片、丁山一期围垦、在围的天成围垦，以及规划围垦的龙湾二期等，开发建设按滩涂围垦进度分三期推进，预计至2020年末，民营经济科技产业基地建成。

瓯海大道龙湾段建成通车 2007年12月，被誉为温州“市门第一路”的温州瓯海大道（东段）建成通车。瓯海大道

（东段）总投资29.9亿元，西起南塘大道，跨梧田河网，沿三垟湿地边缘，穿茅竹岭山地，经永强片区，东至温州永强机场，全长18.18公里，宽112米，是全省最宽的城市快速路。

瓯海区

概况　2007年瓯海区实现生产总值192.85亿元，比上年增长14.8%。其中第一产业实现增加值3.91亿元，增长2.4%；第二产业实现增加值126.57亿元，增长14.8%；第三产业实现增加值62.37亿元，增长15.6%。人均地区生产总值按平均汇率折算为6242美元，首次突破6000美元。全年财政总收入22.12亿元，增长24.3%；其中地方财政收入9.78亿元，增长24.7%。城镇居民人均可支配收入22 818元，农村居民人均纯收入10 568元，分别增长10.5%、13.8%。

实现农林牧渔业总产值6.8亿元，增长4.8%。其中畜牧业和渔业分别增长27.9%和23.1%。新增农业龙头企业4家，农民专业合作社7家，无公害农产品基地2个，累计培育省级以上农业科技型企业7家，新建无公害农产品基地2个，农业高新技术示范区农产品加工园建成投产，丁岙杨梅成为国家地理标志产品。开展“农村环境清洁行动”，45个村通过整治验收，建成全面小康示范村3个。深化农村综合改革，推进村级集体资产股份制改革试点工作。山林延包工作通过省级验收，100多个“扶贫结对”开发项目实施。

实现工业总产值530.56亿元，增长22.7%。其中规模以上工业企业产值312.4亿元，占工业总产值的58.9%。规模以上企业679家，其中超亿元企业63家、超10亿元企业2家。重工业年产值97.11亿元，增长26.9%，增幅高于轻工业约10%。培育市级以上高新技术企业12家、企业技术研发中心7个，实现高新技术产业产值36.97亿元，增长24.1%。推进节能减排降耗工作，万元生产总值能耗下降4.6%，化学需氧量和二氧化硫排放量均削减3.5%。新增中国名牌产品2只、中国驰名商标10枚，被命名为“浙江省新型包装企业基地”。

工业性投资31.57亿元，增长36.6%。推进开发区建设，280家新入园企业建成投产。扶持标准厂房建设，启动实施仙岩标准厂房示范园区和郭溪电镀园区，引导村级第二产业用地建设标准厂房，新建成标准厂房31.3万平方米。

实现社会消费品零售总额67.86亿元，增长17.7%。限额以下批发零售业市场渐趋活跃，占到全区零售总额的82.4%，成为拉动消费市场的主力因素。旅游总收入11.31亿元，增长34.3%。

实现外贸出口总额9.46亿美元，增长14.5%，其中机电、高新技术产品出口分别增长18.8%、54.2%。外资利用方式发生变化，“以外引外”和服务业引资占利用外资的53.7%。

开工建设商务中心、总部经济园、大西洋购物中心、文化创意园、潘桥国际物流基地等项目。新建排污管网20公里，建成污染源在线监控中心，整治造纸、陶瓷、畜禽养殖等重点污染产业，完成生态示范区建设初级阶段目标。

推进城乡基础设施建设，新建、续建26个重点工程项目，完成投资11.98亿元。启动城市中心区建设，温福、甬台温铁路及站前区建设扎实推进，“瓯海新城”初露端倪。实施“交通疏导工程”，西山南路、高桐公路临时接线、新桐公路等工程竣工，实施南塘大道仙岩段、瓯海大道西段改建、六虹桥路整治等项目，“大交通”格局逐步显现。改建危桥4座，完成12座山塘水库的除险加固工程。建成输变电工程5项。

瓯海区行政区划示意图

投入社会各项事业发展经费4.47亿元。新增省级示范学校3所、标准化学校15所。新增社区卫生服务站34家，新建群众个人健康档案10万份。建成“东海明珠工程”1个，文化共享工程基层点200个。新增各类健身苑点30个，创建体育强镇2个。计划生育各项指标处于全市领先水平，成为省级计划生育优质服务区。

新增各类保险参保人员9.6万人，为4.7万名被征地农民办理养老保险，7095名城乡居民纳入最低生活保障，农村“五保户”和城镇“三无”人员集中供养率分别为90%、100%，新型农村合作医疗保险走在全省前列。建成拆迁安置房13万平方米、三产安置房22万平方米，改造120户低保和特困残疾人家庭危房，政策性农村住房保险投保覆盖面97%。

瓯海区连续三年获省级“平安区”称号，瓯海经济开发区被评为省级和谐劳动关系工业园。

瓯海锁具产业入选中国百佳产业集群

瓯海是“中国锁都生产基地”，拥有制锁企业260多家，年产值25亿元，产品在国内市场占有率50%以上，执手门锁出口量位居全国第一，“中国十大锁王”有4个属于瓯海，“中立”、“通用”等企业分别成为“中国自行车锁具中心”、“中国自行车锁研发中心”，承担全国自行车锁行业标准的修订。2007年8月，瓯海锁具产业集群入选中国社会科学院工业经济研究所公布的《中国百佳产业集群》名单。

丁岙杨梅获国家地理标志产品保护

丁岙杨梅是瓯海区最具特色的优势农业产业之一。全区丁岙杨梅栽培面积2.8亩、年产量近万吨。2007年4月，国家质检总局批准对瓯海丁岙杨梅实施地理标志产品保护。

全国马术盛装舞步锦标赛/冠军赛　2007年4月，“凯易路”杯全国马术盛装舞步锦标赛（冠军赛）在瓯海区丽岙镇的温

瓯海区行政区划

街道（乡镇）名称	面积（平方公里）	人口（万人）	政府驻地	社区、居民区、行政村
景山街道	2.79	1.29	容新路51号	5个社区：景山、净水、西山、繁荣、勤奋 2个行政村：将军桥、净水
梧田街道	25.96	4.40	梧田大道428号	2个社区：泽霞、龙潭 1个居民区：梧田 13个行政村：梧田街、月落垟、寮东、塘东、塘西、霞王、老殿后、林村、北村、南村、南堡、蟠凤、大堡底
茶山街道	30.60	4.63	茶山村梅泉路	1个居民区：茶山 14个行政村：茶山、新民、罗山、京山、舜岙、睦州垟、后村、山根、洪殿、河头潭、罗胜、霞岙、罗丰、银山
南白象街道	12.72	1.59	新象街1号	1个居民区：南白象 7个行政村：鹅湖、横港头、南湖、霞坊、上蔡、金竹、南白象
新桥街道	7.69	1.85	金蟾大道6号	5个社区：新桥、白泉、金蟾、站前、前花 5个行政村：新桥、山前、三洪、西湖、高翔
娄桥街道	23.18	2.73	振兴街3号	1个居民区：娄桥 15个行政村：娄桥、下斜、古岸头、圩西、圩东、圩南、吕家埭、东风、上汇、岩头、前园、社叶、东耕、河庄、安下
三垟街道	13.10	1.98	三垟大道897号	11个行政村：垟河、黄屿、沙河、丹东、吕家岸、张严冯、上垟、园底、应潭、池底、樟岙
瞿溪镇	35.34	2.50	会昌路76号	1个社区：会昌 2个居民区：桥下、瞿溪 16个行政村：河头、埭头、林桥、桥下、瞿溪、溪头街、瞿岙、蛟垟、雄溪、大同、雄岙、肇山、北坦、泉东川、大岙、雄河
潘桥镇	57.44	4.12	永宁路56号	1个居民区：潘新 24个行政村：华亭、潘桥、仙门、横塘、河西、林桥头、丁岙、学士前、横屿头、马桥、金堡、下岙、岷岗中村、岷岗后村、岷岗前村、屏山、陈庄、焦下、泉塘、东边、桐岭、陈岙、方岙、田平
郭溪镇	42.59	3.85	景德路26号	1个居民区：塘下 18个行政村：塘下、郭溪、郭南、曹平、郭西、岭头、宋岙底、宋岙河头、梅园、宋岙前垟、宋岙三合、梅屿、浦西、浦东、浦北、凰桥、任桥、曹埭
丽岙镇	33.00	2.16	丽岙镇中路1号	2个居民区：茶堂街、下呈街 21个行政村：茶堂、叶宅、下川、杨宅、任宅、下呈、河头、后中、上坦、泊岙、丽塘、王宅、下章、曹建、后东、上胜、梓上、梓河、路溪、林山、姜宅
仙岩镇	34.30	3.93	河口堂村	24个行政村：河口堂、社帆、渔潭、自力、秀垟、盘垟、岩一、岩二、仙北、仙南、东樟、派岩、下林、跃进、穗丰、罗垟、星光、凤池、大岭、竹溪、花台、横坑、李山、沈岙
泽雅镇	139.56	5.73	源口村	2个居民区：源口、林岙 81个行政村：源口、岭雪、大川、东山、西山、门槛山、大坪头、麻芝川、林岙、岙外、石梓、下庵、林岸、龙头、潘庄、吴坑、上村、中村、下村、李埄垟、外坳、岩角山、石榜山、郑家山、鹤岙、郑坑、小源、潘宅、吴岙、隔岸、上陈、双界田、下陈、垟田、天长、戈恬、西岸、垟坑、外水良、横垟、上潘、水碓坑、下良、下连坑、唐宅、言章、小石垟、黄岭头、黄坑、岩门、苏田、犁头垟、仙宅山、大石垟、岙底、林垟、屿山、庙后、庙益、石坑、黄山、外叶、师科垟、安乐溪、胡坦、山后、五凤垟、黄庄、包岙、李山、石良、基田、桂川、底陈岙、黄埄坑、支坑、布袋垟、古、库门坳、坑源、洞桥头

州凯易路马术俱乐部举行，这是浙江省首次承办全国性的大型马术比赛。此次赛事是全国马术界最高规格的比赛，自1984年以来每年举办一届。

乐清市

概况　2007年乐清市实现生产总值360.92亿元，比上年增长14.7%。其中第一产业增加值12.72亿元。第二产业增加值228.13亿元，增长15.8%增。第三产业增加值120.07亿元，增长14.5%。财政总收入46.17亿元，增长22.7%，其中地方财政收入21.63亿元，增长22.3%。年末全市金融机构存、贷款余额分别增长22.2%和24.6%。职工平均工资为21 562元，增长16.9%。城镇居民人均可支配收入为22 736元，增长11.2%，农村居民人均纯收入10 438元，增长12.0%，首次突破万元大关。

实现农业总产值20.27亿元。粮食总产量13.92万吨，早稻单产创历史新高。畜禽产品产量5.7万吨。新发展农民专业合作社41家。

实现工业总产值1008.7亿元，增长24.4%，在温州各县（市、区）中首次超千亿元。实现新产品产值89.7亿元，增长49.2%，比上年提高37.5个百分点。工业经济实现利润总额44.5亿元，增长22.2%。

社会消费品零售总额96.38亿元，增长17.2%。接待旅游人数378.9万人次，实现旅游收入24.3亿元，分别增长22.3%和21.9%。雁荡山入选首批国家5A级旅游景区，黄檀硐村入选首批中国景观村落。

完成全社会固定资产投资97.55亿元，增长19.5%；市本级37个重点工程累计完成投资19.2亿元，增长13%。市区污水处理一期、行政管理中心、公共卫生大楼、市民活动中心、公安指挥中心、市区三环路、110千伏西岸输变电等7个工程项目建成，累计完成投资3.5亿元。乐清湾港区围（海）涂、楠溪江引供水、柳市项目水厂改造、虹桥流域东排、市区垃圾卫生填埋处理、钟前水库除险加固、乐成公立寄宿学校、市区银溪路等工程开工建设，累计完成投资3.97亿元。市公共卫生大楼竣工。

实现进出口总额12亿美元，其中出口总额11.2亿美元，分别增长43.7%和39.8%。新批外商投资企业13家，新设立境外企业6家，完成境外投资1032.2万美元，160家生产企业新获进出口自营权。合同利用外资1.5亿美元，实际利用外资8007万美元，实际到位内资6.4亿元。

制定《乐清市关于培育和鼓励企业上市的实施意见（试行）》，建立了全市后备上市企业资源储备库，3家企业被列为温州市拟上市企业。

加强生态建设。万元生产总值综合能耗下降4.6%，二氧化硫排放量下降4.8%。编制完成《乐清湾港区循环经济示范区建设规划》。省级初级阶段生态市通过评审，11个乡镇通过上级生态乡（镇）达标验收，其中1个乡镇被评为全国环境优美乡镇，城北、秦垟、南村等3个村申报国家级生态村。

全市列入国家火炬计划13项、星火计划27项。专利授权数1497件。1项国家863项目通过验收。新增国家级高新技术企业3家。创建省级专业性科技企业孵化器——乐清市科技孵化创业中心。正泰集团研发中心被认定为国家级企业技术中心。获“全国科普示范市”称号。创建省级教育强镇（乡）1个、省级示范学校6所，新建校舍5.77万平方米。省级卫生城市通过复查验收。

82.4万农民参加新型农村合作医疗，参合率86.2%。15.3万人参加城镇职工基本养老保险，3.8万名被征地农民纳入社会保障范围。农村“五保”、城镇“三无”对象集中供养率分别93%和100%。首年农业政策性保险工作开展顺利，参保农户1925户。投保政策性农村住房保险农户26.6万户，占全市农户总数的92.6%。年末城镇居民人均住房面积44.8平方米，农村居民人均住房面积44.4平方米。

引水隧道下庠出水口开工　2007年10月27日上午，作为楠溪江引供水工程在乐清市内的建设项目——乐清市引水隧道下庠出水口工程开工。

乐清市获“中国优秀旅游城市”称号

2007年11月28日，国家旅游局发文命名乐清市为“中国优秀旅游城市”。

近年来，乐清先后编制《乐清市旅游发展总体规划》、《乐清市滨海旅游发展规划》、《雁荡山旅游发展总体规划》、《中雁荡山风景名胜区总体规划》、《灵山风景名胜区总体规划》等一系列城市旅游规划和景区规划。2005年2月，雁荡山跨入世界地质公园行列。正泰集团成为2005年全国工业旅游示范点。2006年乐清市城市绿化面积254.3公顷，建成区绿化覆盖率31.97%，城市建成区噪声平均值54.3分贝，城市空气污染指数59，城市饮用水达标率100%。2007年5月，雁荡山成为国家首批5A级旅游景区之一。11月，中雁荡山被评为国家4A级旅游景区。

“广场政治”　2007年4月，乐清市人大常委会决定：在一年中以分时召开3次常委会专题会议的方式，听取市政府7位分管副市长年初对全年工作思路、年中对工作进展情况和年末对工作成果的汇报，人大常委会依法对其组织审议和监督，全程通过网络和电视向公众直播。乐清这种人大监督方式被称为“广场政治”，是乐清市十四届人大对人大监督机制的创新之举，在全国尚属首例，引起全国各大媒体的广泛关注，入选由决策杂志社、国家行政学院政治学部、北京大学政治发展与政府管理研究所、清华大学公共管理学院政府创新研究中心联合主办的2007年“十大地方公共决策实验”。

乐清市行政区划

街道（乡镇）名称	面积（平方公里）	人口（万人）	政府驻地	社区、居民区、行政村
乐成镇	98.59	15.46	双雁路	11个社区：北城、沐箫、银潭、乐湖、丹霞、民丰、东城、乐怡、西城、南城、云浦 1个居民区：盐盆 68个行政村：八金田、上敖、林场、水塘山、北门、金溪、中心、银溪、仓桥、东门、西门、南门、黄村、岩前、湖上岙、潘家垟、孔坦、万岙、水深、马车河、县浦、宋湖、盖竹、石马北、石马捕捞队、南岸捕捞队、石马南、南岸、前山、界岙、支岙、市岭、上米岙、后所、蛎灰窑、半沙、东山南、南草垟、坝头、百岱、白沙、牛鼻洞、珠垟、黄良、上叶、梅湾、包山、天场、北沙角、土墩塘、龙山头、新塘、石龙、云岭、新下塘、盐盆、东山、上段、樟北、后埭头、柏树巷、盐盆捕捞队、樟南、山根、吴岙、田垟、杨岙、盘岙
柳市镇	49.88	10.51	柳青南路1088号	6个社区：西垟、东风、翔金垟、上园、长虹、三里 77个行政村：方斗岩、朝阳、垟心、后西垟、前西垟、吕庄、后街、翔金垟、上园、东风、前街、长虹、上峰、长丰、象山、西潭头、上池、木山后、泱西、泱东、长春、社头、西凰屿、东凰屿、东仁宕、峡门、西西、新光、刘宅、张瞿、西东、上游、苏岙、苏吕、南吕岙、横带桥西岸、横带桥东岸、黄七甲、上来桥、林宅、三里、塘沿周、马仁桥、后西、新民、前西、东村、西仁宕、薛宅、捕捞新村、尚宅、长道坦、前垟洞、店后、山弄、沙后、戴西、戴东、隔篱、沙东、沙西、前窑、前州、岙底、岙外、旭光、荷岙、上五宅、西宋、湖东、湖西、丁桥、智广、杨宅、蟾东、仙垟、蟾西
磐石镇	11.86	1.68	镇前路1号	1个居民区：磐石 15个行政村：河北、磐南、河南、磐西、磐东、重石、油车、西新城、东社、西社、芝湾、西横河、东横河、沿河、陡门
北白象镇	63.62	10.26	象南西路39号	3个居民区：象东、象南、象北 94个行政村：白象、岭门、塘下、鹤泱、旺林、前西漳、后西漳、西刘宅、赖宅、后岸、中西漳、白塔王、东巉头、西巉头、南巉头、沙门、樟湾、前岸、前程、河深、车头、商量桥、万南、东斜、西斜、赵家硐、下庠、涂岙、万茗、车岙、水塔头、西垟、张家湾、塘上、马路角、桥下、前星、南岙、金炉、蒋家桥、洪渡桥、黄庄、乐东、城田、项岙、印屿、炉岙、坂塘、下安、高西、瑞里、陈家桥、新皇岙、新桥、高中、高东、赵岙、岭西、白鹭屿、楼桥、双庙、沈岙、后潘垟、硐桥、前黄、前潘垟、琯头、后西岑、前西岑、王家店、水潭、四房、三重炉、前五宅、大新、三房、大星捕捞队、大港、七宅、山东、中方、山下、小方、前方、小港、泮珠垟、莲池头、东河、万仓、上垟田、东垟田、中垟田、盈仓捕捞队、豹屿捕捞队
七里港镇	7.40	2.52	七里	1个居民区：七里港 19个行政村：七前、七西、七东、排岩头、排岩头东村、楼下、金光岙、金东、金西、上屋、里隆、马道底、曹田前、曹田后、西埭、项浦埭、马道西、马道头、七里港捕捞队
黄华镇	16.00	3.70	瓯潮南路188号	1个居民区：黄华 27个行政村：黄华、黄华堡、黄华关、华西、北山、南山、前京、南山前、殿后、沪屿后、沪屿前、南陈岙、金棚头、华山、胡家垟、三宅、长林西、长林东、华东、南盐、上岩后、上岩前、岐头一、岐头二、岐头三、岐头四、黄浦
白石镇	47.90	2.88	玉溪北路	1个居民区：白石 25个行政村：上陈、岐元、街口、新村、大岙、甩稻岩、东泱、窑川、北新、上升、下阮、新河泱、坭岙、合湖、凤凰、下印、中雁、岙上、赤水垟、上坭、中石门、中湖、下坭、下马岭、钟前

续表1

街道（乡镇）名称	面积（平方公里）	人口（万人）	政府驻地	社区、居民区、行政村
象阳镇	14.75	3.70	荷盛村	1个居民区：象阳 35个行政村：荷盛、象山东岙、象山桥前、象山桥后、深河、高前、高后、上池头、高四、大河沿、大谟、彭桥、泮垟后横、泮垟前横、庄垟、柳南、龙根、下渎朱、寺前田垟、井虹寺前、晚斜阳、四板桥、荷堡、汤东、汤西、圆木社、山前马、路头石、谊山、汤岙余、大茅岭、万里桥、垅后、垅前、花泱
翁垟镇	23.70	5.78	府前路	1个居民区：翁垟 38个行政村：九房前、翁盐、九房后、北街、后西门、前西门、南街、后桥、后盐、曙光、前进、河西、前桥、三屿、三盐、高桥、东塘下、东盐、东方、桥头、地盐、华新、前湖埭、雪湾、北山前、河岙、樟树下、沙头、沙头盐、南山根、新河、双望、门前、沙角、下垟、后湖埭、高阳、山环
虹桥镇	56.75	10.14	府前路1号	8个居民区：第一、第二、第三、第四、第五、第六、第七、第八 59个行政村：连桥、八村、七村、三村、四村、东垟、东街、西街、上陶、一村、龙坦、邬家桥、界屿、东馆、蒋宅、上滕、严宅、溪东、溪西、瑶北、瑶南、上沿、下沿、上仙垟、塔东、下仙垟、仙垟赵、仙垟陈、邵东吕、北村、兴宝坦、大乌石、桥北、桥南、龙泽、南村、钱家垟、下村、小乌石、下桥、信岙、河深桥、建强、黎明、周宅、田垟季、吴宅、潘宅、武宅、长山后、塔桥、长山前、凰岙、西塘、里弄巷、港沿、埭下、水坑、湾底
蒲岐镇	14.88	3.52	东门街45号	1个居民区：蒲岐 17个行政村：东门街、双屿、北门街、西门街、东外、渔业捕捞队、南门街、上侯宅、下侯宅、华一、华二、寨桥、华岙、仓下、下堡、娄川、娄浦
南岳镇	18.50	2.51	府前路1号	1个居民区：南岳 18个行政村：杏湾一、大嵩上岳、大嵩下岳、平盘山、后塘、前塘、里三、里岙渔业队、里二、里一、岩坑、上庄、垟步桥、沙港头、杏湾二、杏湾三、杏湾四、杏湾渔业队
清江镇	34.31	3.66	区前路1号	1个居民区：清江 29个行政村：渡头、方江屿、上埠头、珠上、珠下、江沿、棉花塘、靖江、清江底、三塘、泗塘、清南、谢屏、北塘、郕岙、清北、石阵、福山、麻车、西沿、礁头、石古墩、坎头下、田垄、蔡岙、建新、清江、沙埠头、富岩头
芙蓉镇	41.80	2.63	镇前路98号	1个居民区：芙蓉 19个行政村：海口、山外湾、良园、上街、下街、山外、后垟、前垟、石碧、兰屿浦、小芙、麦西、包宅、东岙、茶塘、下湾、筋竹、前横、西岙
南塘镇	14.50	2.25	交通中路190号	1个居民区：南塘 18个行政村：南塘、小横床、小东塘、鲤鱼山、外塘、里红、里塘、杨洲、东山埠、龙珠塘、朝霞、江宅、永光、南浦、三江、山马、珠北、珠南
雁荡镇	77.88	5.34	镇府路85号	1个居民区：雁荡 32个行政村：松垟、白溪街、田东、上黄、上阮、跳头、上詹、上林、江边、泽前、楼村、石件头、陈家庄、响岭头、选坑、下灵岩、上灵岩、能仁、下塘、下塘渔业捕捞队、富岙、环山、陡门头、小岙、靖底施、朴头、樟下、西门岛、白沙岛、南岙山、山后、岙里
大荆镇	57.80	6.58	湖边路28号	4个居民区：荆东、荆南、石门、西门 54个行政村：东瓜岭、仙垟谢、屿后、珠山、冯村、蒸湖、干岭、下干、荆东、下山头、高地、肖包周、三官庙、石门、西一、西二、东里、荆南、仙垟方、李宅基、叠石、闸水坑、蔡界山、溪坦、小洪坑、前溪、仰天湖、桐阳、隐处岙、大园、西下、久防、龙滩、田岙、黄家岙、泗洲

续表2

街道（乡镇）名称	面积（平方公里）	人口（万人）	政府驻地	社区、居民区、行政村
				堂、油岙、中庄、岭脚、谷岙、南园、白箬岙、盛宅下、铁场、山外蔡、舟山头、小横浦、大横浦、中花坦、后垟门、小花坦、盛家塘、蒲湾、上花坦
仙溪镇	72.52	2.69	府前路	1个居民区：仙溪 31个行政村：下北阁、石碧岩、小坑、塘岸、福新、花坦、鸡冠垄、双溪、白岩山、大公山、上北阁、高塘、旬岭下、大岭头、蔡家岭、后林、东辽、双南、大岩、马鸣瑞、南阁上街、果木场、卓屿、下屿坦、潭头户、打铁巷、前岙孔、横坦、横官路、地上王、南阁下街
湖雾镇	29.00	2.01	湖江路48号	1个居民区：湖雾 17个行政村：海头、隔溪、赤砂、里湖、里穷、外林、硐岭头、永丰、三界桥、大屋、兴上、新东、中街、台头、新进、小球、定头
石帆镇	31.95	3.45	朴湖二村	1个居民区：石帆 29个行政村：朴湖一、朴湖二、朴湖三、东朴湖、西洙、上河头、前林、大林后、泮垟、竹屿、河沿、后屿、下雪、汇头、陈岙、河淇、绅坊、青屿、上官塘、下官塘、左原岭头、大界、山前、外岙、上贯岙、岩宕、下贯岙、万东坑、郭路
淡溪镇	43.12	2.63	富康东路	1个居民区：淡溪 28个行政村：桥外、桥底、福虹、龙潭、街头、石龙头、岀车、长青、茅垟、黄塘、西山、平瑶、潭头、龙川、马岙、寺西、下埠宅、东高桥、孙家垟、里岙、西林、硐垟、天雁、龙顺、埭头、赤岩坑、西湖、兴城
城北乡	40.07	1.14	里章村	17个行政村：里章、松罗、郭公山、黄坦洞、章山、仰根、济头、山峰垟、龙台头、黄底、马龙头、后步坐、林山、垷垟、秦垟北、秦垟南、垟下
天成乡	9.05	1.99	万桥二村	13个行政村：万桥一、万桥二、万桥三、西潭、万泽后、万泽前、万泽捕捞队、埠头、凤凰亦、巨光、巨星、马良、巉头
四都乡	41.42	1.52	梅溪村	15个行政村：梅溪、石角龙、丁岙、江岙、杨川、双尖凤、梅岙、岭下、垷山、柏岩、樟岙、陈坦、垟岙、佐溪、玛瑙
岭底乡	65.87	1.74	南充村	19个行政村：南充、嵁峄、湖上垟、五亩田、黄坦、九龙、潘公龙、张庄、竹龙岙、泽基、夏林头、仰后、南山庵、东田、上岙、屿山、新丰、茅平、珠琸
雁湖乡	47.38	1.63	丹灶里村	21个行政村：丹灶里、舟山、双坑、巨坑庵、垟车、上垟、小舟山、兰章田、上马石、长徽、南山、大山背、吕家田、上岙垟、尚古山、白岩、长山头、山坑、西塍、黄岙、路上
双峰乡	48.14	2.34	龙避岙村	19个行政村：龙避岙、长垟、后岙、安然、湖口、水碓舟、新坊、平园、双峰、老鼠嘴、上陈管、上阁口、下阁口、叶家垟、上六垟、下六坪、大岩头、大门、溪心
镇安乡	22.94	1.47	石坦村	12个行政村：石坦、陈家山、南平、翁村、临黄、北吕岙、盘黄、庆丰、坎头、石坦山、下垟、溪头
福溪乡	26.87	0.63	湖岙村	12个行政村：湖岙、岭里、御营、四角丘、高余、四亩垄、西庄、梅川、岩塔头、福溪、凤溪、旬岭冈脚
龙西乡	40.31	1.29	仙人坦村	14个行政村：仙人坦、北垟、上山、菖蒲塘、屿头、山岙头、东加岙、贵坑、硑头、显胜门、兰田、庄屋、叶山、李家山
智仁乡	40.00	1.97	令店	21个行政村：大井头、赵家辽、大树冈、水坑头、石井坑、石施坑、昌门、合朝、马家山、青坑、利条、小岭、太湖山、寺前、银坑、大台门、小坑岙、下岙、乌芦岙、西滩、象周

瑞安市

概况 2007年，瑞安市实现生产总值327.03亿元，比上年增长14.0%。其中第一产业增加值11.24亿元，下降0.4%；第二产业增加值177.01亿元，增长14.9%；第三产业增加值138.79亿元，增长14.1%。人均生产总值28 356元，增长12.7%。财政总收入40.03亿元，增长22.8%，其中地方一般预算收入21.16亿元，增长21%。年末，金融机构人民币存款余额386.39亿元，贷款余额305.34亿元，分别比年初增长18%和24.9%。城镇居民人均可支配收入23 473元，农村居民人均纯收入9439元，分别增长11.5%和13.6%。

农林牧渔业总产值19.32亿元，比上年增长6.0%，其中农业、林业、渔业、牧业产值分别为7.95亿元、0.22亿元、8.64亿元和2.22亿元。粮食作物播种面积36.55万亩，其中早稻11.7万亩。“订单粮食”收购量1.75万吨，地方粮食储备量3.25万吨，连续4年被评为省粮食生产先进县（市）。新增绿色食品4个、无公害农产品2个、无公害农产品基地1.25万亩。高楼杨梅被评为“省十大精品杨梅”。开展农村合作“三位一体”建设推进年活动，新发展农业龙头企业18家、农业专业合作社47家。全国第一艘海上水产加工船“华盛渔加1号”上水作业。获“中国水产品特色加工之乡”称号。

工业总产值750.59亿元，增长20.9%。规模以上工业企业1255家，实现工业总产值513.01亿元，增长21.9%。汽摩配、机械电子、高分子合成材料及其制品三大主导行业实现产值280.87亿元，增长21.2%，占规模工业总产值的比重54.7%。新增年产值超亿元企业17家，累计90家。新增国家高新技术企业2家、省级高新技术企业15家、温州市高新技术企业13家，高新技术企业认定数量列温州市第一。获国家免检产品8个、省级名牌产品12个、温州市级名牌产品28个。新增中国驰名商标13件，累计14件；新增省著名商标26件，温州知名商标36件。

全社会固定资产投资额78.22亿元，比上年增长16.6%，其中工业性投资额36.54亿元，增长31%；房地产投资15.78亿元，增长4.4%。全年安排重点工程30个（其中续建项目17个，新建项目13个），实际完成投资额16.05亿元。污水处理厂、高桐公路瑞安段、塘下大道二标段、东新公路、220千伏东新变、110千伏周田变等10个项目竣工投运。温福铁路瑞安段工程进度居全线前列，瑞安大桥（飞云江三桥）主体合拢，丁山二期围垦、阁巷围垦、下埠水闸、飞云江南岸堤防等工程进展顺利。

社会消费品零售总额111.27亿元，比上年增长15.9%。其中，批发零售额21.53亿元，增长19.5%；零售业零售额76.02亿元，增长14.2%；住宿、餐饮业零售额13.71亿元，增长20.2%。商品交易市场实现成交额112.8亿元，增长2.7%，年成交额超亿元市场10个，超10亿元市场2个。全年接待国内游客230.55万人次，实现旅游总收入15.55亿元，分别增长15.9%和17.1%；接待入境游客4.88万人次，实现旅游收入1037.25万美元，分别增长35.9%和52%。

外贸进出口总额16.70亿美元，比上年增长27.4%。其中，出口额13.70亿美元，进口额3.00亿美元，分别增长28.9%和20.5%，同168个国家和地区建立经贸合作关系。合同利用外资4539万美元，实际利用外资3390万美元。新批利用外资项目4个，其中总投资1000万美元以上的项目2个。新批境外投资机构8家。对外合作营业额4113万美元，带动出口4877万美元。向国外劳务输出122人。

申报国家火炬计划、国家创新基金、国家重点新产品和省重大科技计划46项，对接国家863计划项目3项，承担863计划项目1项，项目申报成绩名列温州第一。专利公开授权739件，其中发明专利授权26件。新增省级高新技术企业研究开发中心7家、市级高新技术企业研究开发中心1家，新建3个行业创新服务机构。新增省级标准化学校30所、省级示范小学2所、温州市级重点高中1所，通过省教育复查，碧山镇、平阳坑镇通过省教育强镇验收。全年创作作品213件（篇），其中获国家级奖11件、省级奖27件、温州市级奖88件。6个乡镇（街道）通过“东海文化明珠”、“金海岸文化网”工程建设验收。木活字印刷、藤牌舞入选省级非物质文化遗产保护名录。获“千年古县”称号。在省级以上运动会上获金牌12枚、银牌11枚、铜牌9枚。

全市建成社区卫生服务中心10个，社区卫生服务站27个。新增五项保险参保人数20.79万人次，累计参保人数74.61万人次，被征地农民基本生活保障参保人数5.66万人。新型农村合作医疗人口覆盖率85.58%，比上年提高8.68个百分点。城镇“三无”和农村“五保”对象集中供养率分别100%和99.18%。

年末总人口116.05万人，人口自然增长率10.4‰。

瑞安获“中国水产品特色加工之乡”称号 瑞安地处浙江东南沿海，位于中国黄金海岸线中段。海域面积是陆域面积的两倍多。拥有海岸渔业乡2个，渔业村20个，大小渔船近千艘，渔业人口1.4万人，渔村人均年纯收入1.2万元，高于全市农民人均纯收入的44.3%，连续10年居省、温州市前茅。拥有国家级农业产业化龙头企业1家、省级3家、市级7家，其中年产值超亿元加工流通企业3家，年创汇超1000万美元企业2家。2006年全市水产总产量12.47万吨，渔业总产值14.79亿元，其中水产品加工产值6.53亿元，出口创汇4830万美元。

瑞安市行政区划示意图

瑞安市行政区划

街道（乡镇）名称	面积（平方公里）	人口（万人）	政府驻地	社区、居民区、行政村
安阳街道	11.80	3.65	安康路	6个社区：瑞阳、华瑞、之江、兴隆、进源、凤荷 8个行政村：周湖、岭下、三圣门、篔筜桥、十八家、白岩桥、杨家桥、塘根
锦湖街道	32.40	2.30	瑞湖路158号	2个社区：花园、沙河 19个行政村：三星、龙星、二号、五星、同星、胜利、信星、天河、外厂、进星、西岙、联星、牛伏岭、周岙、第一桥、西门、城北、瓦窑、小横山
玉海街道	6.60	8.05	周松路	16个社区：后垟、凤山、云江、殿巷、沙堤、县前、望江、滨江、沿江、南门、浦后、东门、硐桥、虹南、东丰、西门河头 2个行政村：后垟、东涌
东山街道	15.80	2.28	瑞光大道555号	5个行政村：车头、上埠、中埠、下埠、肖宅
上望街道	24.50	5.10	林西村	20个行政村：黎明、九一、九二、九三、东安、林西、林东、雅儒、蔡宅、新村、北隅、南隅、薛前、薛后、东沿、永光、新桥头、街路头、八十亩、横塘头
潘岱街道	28.90	2.07	前垟村	21个行政村：前垟、梧岙、长山、寺前、砚下、上溪、山南、盖竹、前岸、后岸、曹岙、芦浦、林岙、谢岙、下湾、白莲、新星、白象、江边宅、谢岙底、瑞湾
飞云镇	79.30	9.08	码道村	7个居民区：振兴、桥南、飞霞、雅桥、普桥、江南、桥东 73个行政村：码道、西垟、独峰、上埠、吴桥、前金、陈家垟、霞砀、东垟、东风、升天基、杜山头、垟西、龙头、孙桥、桥里、浦口、章桥、横河、石碣门、宋家埭、汇头、林泗垟、金家堡、下厂、桥邻、南港、龙珊、林北、林中、林南、大池头、南爿、直洛、外甲、大桥、西湖、龙潜、东旭、东湖、阁一、阁二、阁三、沙园、塘头、柏树、团前、塘渔、繁荣、杏垟、中洲、坳头、高园、杏里、干桥、社门、西山、马头、黄垟、高旺、卓岙、铁炉、上步、下汇、下硐、半河、十八江、潭头、少埠、刘宅、门台、周村、上河
塘下镇	81.60	16.04	邵宅村	8个居民区：建胜、建设、建国、建民、建辉、场桥头、龟令、磨埭河 89个行政村：邵宅、张宅、陈宅、赵宅、韩田、肇平　新渎、肇平垟中村、肇平垟下村、塘西、上金、岑头、北堡、里北垟、新居、东陈、垟头、西南、陈宅旺、小南山、新溪、鲍五、鲍一、鲍二、鲍三、鲍四、鲍七、新方、凰湾、官进、鲍垟、高星、官渎、高营、东洲、上升、南河、上戴、上潘、上马、后朱、前桥、前北、前丰、前进、新前、五林、五方、埭上、埔桥、龟山、西岙、陈岙、上叶、西河、上灶、五兴、凤士、塘口、八水、双桥、吴岙、凤渎、花园、前庄、中南、中北、凤川、驮山梅林、驮山岩头、沙岙、驮山中爿、驮山西爿、驮山东爿、山官、　凤胜、沙河、沙渎、银岙、双凤、海东、海北、镇海、海西、霞霖、石岗、凤山、镇东、城南、城东
汀田镇	21.20	4.64	汀十村	1个居民区：营兴 30个行政村：汀十、汀一、汀二、汀三、汀四、汀五、汀六、汀七、汀八、汀九、金前、金后、山上陈、凤岙、繁里、荣里、富里、强里、建光、联光、宣前、宣中、联盟、寨下、联西、联余、香桥、联胜、联前、南湖
莘塍镇	23.71	8.29	下村村	7个居民区：九里汇、新浦、莘桥、周田湾、里岸、西岸、营塍 37个行政村：下村、星火、和平、上村、中村、莘民农场、周田、南垟、四坦、前埠、七坦、董一、董二、董三、董四、董五、董六、董七、董八、董九、华表、山根、垟底、红星、仙浃、上山根、仙浃季、南镇、西岙龙、双岙、上沙塘、下沙塘、红光、周家桥、鱼墩、西垟谬、营新
仙降镇	34.10	4.19	横街村	40个行政村：横街、上塘头、金光、下西垟、仙降、翁垟、新安、林光、下社、新河、项岙、金山、台头、涨岙、垟头、后林、前林、街头、下西垟、岱头、四甲、塘角、垟坑、东川、塘里、银湖、龙垟、　新渡桥、坊额底、仙篁竹、寺东、灯垟、下涂、山皇、上垟、江头、坎头、碓岙、徐岙、大坑

续表1

街道（乡镇）名称	面积（平方公里）	人口（万人）	政府驻地	社区、居民区、行政村
马屿镇	60.20	7.03	马北村	3个居民区：文昌、东司桥、莲子河 58个行政村：马北、马南、马岩、五甲、团社、树排头、上安、垟下、焦坑、九甲、永丰、石牌、净水、水坑、山后、上洞、湖头、村前、一甲、格利、东山头、藤岙、潘山、朱岙底、外垟、底山、大垄头、五仁山、江浦、后姜、上郑、黄甲、江东、江西、吴堡、上京、姜家汇、冯桥、黄桥、会东、三株松、龟山下、吉南、玉岙、蜇丰、鹤一、鹤二、江桥、高岙、篁屿、石垟、山河、村口、河岙底、青石桥、增光垟、马岙、协山
曹村镇	36.20	2.69	曹东村	2个居民区：太平桥、曹川 18个行政村：曹东、曹南、曹西、曹北、姜山、女岙、许南、许北、大板桥、宋岙、丁凤、曹平、东岙、西前、上都、南岙、南堡、碗窑
平阳坑镇	47.70	3.01	平阳坑村	2个居民区：永和、平江 42个行政村：平阳坑、林泗洞、小净水、塔石、凤门、上河头、塘岙、大降、徐山、篁坑、白象、底大坑、陈山头、东源、南山、界后、晚垟头、碎石、半岭堂、黄岩、牛桥、坳口、马前、龙潭、林宅、戈溪、岭脚、下角、彭宅、施宅、上马前、吴界山、滩脚、南翔、上岙、坑底角、江边、大华、外垟湾、底垟湾、株树坪、杭山
龙湖镇	57.90	1.82	西村	1个居民区：龙翔 22个行政村：西村、石龙、朱山、湖石、白岩前、下龙、车头岗、张坑、铁炉坑、后坑、范山、坑底、龙一、孙山、屿后、张基、岩头咀、龙二、永安、顺溪、上龙、樟岙
陶山镇	57.90	3.97	河南村	3个居民区：新街、新南、新北 41个行政村：河南、花园底、岱下、陶峰、锡垟、陶北、金桥、固前、新殿后、石坑、松垟、向荣、张染、瓷窑、桃花垟、河西、陶南、前降、霞林、岱西、腾斗、沙洲一、沙洲二、沙洲三、沙门、龙斗、六甲、社下、荣垟、张骆桥、塘上、娄渡、河山头、龙坦、棠梨埭、上岙、郑宅、门前山、前途、云桥、新厦垟
碧山镇	24.90	3.27	三甲村	26个行政村：三甲、前河、曾山、山下、林华、横塘、洲渎、航西、桐利、桐江、航浦、湾头、江山、前村、龟岩、三樟、花井、西坞、渡头、泥涂、涂厂、坎锋、车门下、马河、均岙、街路
湖岭镇	31.80	2.24	大同村	3个居民区：繁湖、前街、兴北 26个行政村：大同、盘龙山、牛端头、下者、四谷山、闲心寺、湖东、松坦、丁山、盐店、山前、雅村、项垟、大岭垟、冯岙、马车塆、新社、源口、新垟、戍林、呈岸、天长、西坑、东坑、天长山、东坑山
荆谷乡	20.30	2.29	沙垟上村	17个行政村：沙垟上、沙垟下、南口、新岙、山西、潘岙、苏山、石埠、东进、新河头、涂头、山头下、河沿、八甲、七甲、山头上、霞潭
梅屿乡	37.40	2.39	屿头村	24个行政村：屿头、五云、梅岭头、上平坑、金竹湾、大田平、大岙底、洞桥、外山头、河溪、底三甲、外三甲、梅底、先岙、马岭斡、马下、马中、马上、宫后、杨巷、霞岙、柴上、柴下、冯渡
顺泰乡	29.90	1.00	村头村	14个行政村：村头、金竹坑、田垄、龙船河、姜地、白石坳、三大厂、大坟脚、山田上、汤岙、清河、焦浦、泛浦、建新
大南乡	25.70	1.24	许峰村	18个行政村：许峰、呈佛、杨思田、岭坪、后坪、杨角井、押头、圣井、西安、陈新、新华、中垟、下徐、中坦、蛟池、南阳、林白坑、南新
高楼乡	29.10	1.67	高一村	21个行政村：高一、高二、高三、横架、大京底、象垟、蚕场、社后、大京垟、大京山、东升、罗溪、下泽、象村、溪口、沙垟、大京、软山、东村、上泽、樟垟
宁益乡	63.50	1.71	下巨垟村	11个行政村：下巨垟、大梅、红头巾、马岗脚、徐垟、双坑、南山一、南山二、墩头、徐发、黄山
营前乡	31.20	1.08	营前村	17个行政村：营前、铁山、官岩、地赖、赵山、小口、旺垟、文湾、黄岙、潘营、石溪、下山、大树脚、双垟、林山、洪地、地赖山

续表 2

街道（乡镇）名称	面积（平方公里）	人口（万人）	政府驻地	社区、居民区、行政村
东岩乡	41.10	0.88	东坑村	18 个行政村：东坑、水碓坑、寿桃尖、梅山、白叶、大徐、民族、中心、斜山、杜垟、寨下、石马、金垟、梅树岭、岩头山、岩头、驮庵、沉河田
枫岭乡	29.80	0.45	大藏村	9 个行政村：大藏、垄头、东龙、西龙、大竹坑、垟岙头、垟岙、岙口、大垟坑
桐浦乡	48.50	3.33	桐浦村	38 个行政村：桐浦、桐溪、小岭、后龙、毛坦、桐岭、陶岙、根溪、山外、云垟、西岸、东寺前、阮坑、桐星、丁岙山、董夏、大路、黎明、桐西、丁岙、云屿、下岙、二平、坳头、弯前、高河、沙岙、山平、小垄、岭南、凤社、后河、浦西、浦东、澄江、塔山、澄头、金山桥
永安乡	59.60	1.55	上埠坦村	18 个行政村：上埠坦、六科、呈岙、南岙垟、草岱、吴垟、亦垟、凤山头、白水漈、下石垟、江山炉、永胜、呈店、直根、南坑炉、均路、宅西、朱垟
潮基乡	17.70	1.01	上街村	9 个行政村：上街、贾岙、大岭脚、河山、陶溪、下店、路头、岩头、下街
鹿木乡	18.80	1.40	彭埠村	12 个行政村：彭埠、花草垟、河岙、缸窑、岙底、下林坳、呈山坪、中心垟、松湾、前大、前小、青山
林溪乡	49.70	2.32	石埠坪村	31 个行政村：石埠坪、上甲、上园、林源、桥垟、桥头、枫树垟、郭山、梅岸、东南、尖头垟、河头山、燕子窝、里见、白沙埄、水干岸、小坑、定岗、大坪、溪坦、傍山、枫树头、岭头、金山、吴山底、倪宅、自然、吴坑、西吴坑、陈雅山后、陈雅山前
金川乡	19.50	1.50	叶庄村	24 个行政村：叶庄、金岩头、茶石、雪尖山下、丰门、下坑泱、陈山、岩下、平齐、金星、分水岩、对坑、山儿头、大路前、林下、小林源、吴源、杜山、李东、英山、木坑、林胜、朱元、东川
芳庄乡	43.80	2.27	山坑村	33 个行政村：山坑、黄深坑、三角头、直坑、余山、叶山、周垟上、周垟下、方岙头、南坑、黄坳、金丰、蒋山、尾垟下、森岙、周湾、光头、钟山、光辉、加速、宋坑、卓庄、侯垟、上瑶、后垄、东元、娄山、大河、九龙头、西屋、梅树坑、庄下、章坑
桂峰乡	39.00	0.50	元底村	7 个行政村：元底、峰垟、坳后、河上垟、黄林、瓦窑头、上寮
北麂乡	4.50	0.40	海利村	6 个行政村：海利、壳莱岙、东联、立公、下岙儿、关帝山
北龙乡	8.30	0.21	大岙渔业村	6 个行政村：大岙渔业、大岙农业、凤凰头、三联、小南龙、冬瓜屿

2007 年 1 月 15 日，中国水产流通与加工协会授予瑞安“中国水产品特色加工之乡”称号。

瑞安获“千年古县”称号 瑞安是浙江省历史文化名城，自三国赤乌二年(239)置县至今，已有 1760 多年的历史。素有“理学名邦”、“东南小邹鲁”之美誉，涌现出永嘉学派名家陈傅良、叶适，南戏鼻祖高则诚和清代大儒孙诒让等一批历史文化名人。拥有玉海楼、利济医学堂等 4 个国家级重点文保单位及史前遗址和各类文物史迹 600 多处。2007 年 5 月，中国地名学会专家到瑞安实地考察、调研。7 月，联合国地名专家组中国分部、民政部地名研究所评审鉴定，授予瑞安“中国地名文化遗产——千年古县”称号。

中国第一艘海上水产干制品加工船 2007 年 4 月 3 日，中国第一艘海上水产干制品加工船、亚太地区最大水产加工船——“华盛渔加 1 号”在瑞安东山渔港码头启航。该船总投资额 5600 万元，船长 65 米、宽 14 米、高 15 米、船舱 5 层，总吨位 2500 吨，航速 8 海里，续航能力 480 小时。船内设有 3 条具有国际先进水平的自动水产干制品加工流水线，可带领 47 对渔船出海作业，在海上即时加工捕获物，日处理捕获物 15 吨，年设计加工能力 3000 吨。船上配备 300 吨冷藏库、500 吨油库和 500 吨清水仓，可为海上作业渔船和渔民提供全方位的生产、生活服务。

永嘉县

概况 2007 年永嘉县实现生产总值 154.49 亿元，同比增长 13.6%，人均生产总值 17 029 元，增长 12.3%。财政总收入 18.38

永嘉县行政区划示意图

永嘉县行政区划

街道（乡镇）名称	面积（平方公里）	人口（万人）	政府驻地	社区、居民区、行政村
上塘镇	157.00	10.65	建镇巷1号	5个社区：城西、城北、城南、城中、城东 83个行政村：前村、后村、中村、浦口、浦东、横溪、敬仁、水碓塆、下塆、三元堂、立新、云加山、石阶下、绿峰、河底、绿嶂、绿上、下堡、渭石、嶂岙、龙翔、上桥头、西后、西前、金塘、前一、前二、前三、郭山、应山、溪了头、大了埲、中联、中西、中兴、麻山、仁堂、外山、李家村、粟一、金平、东山下、中埲、马兰坦、岭山、山节、金元埲、十二盘、上庵、江北田、枫树下、阮家埲、李家坑、牛角门、下庵、大亨、朱岙、塘山、路口、杭廊、柯师塆、阮家山、岭后、峙口、焦坑、河屿、长源、大龙头、溪头、高山、塘里、山仓、河岙、大岙坦、东岸、李浦、观下、炉塆、东岸岙底、东岸坦、黄屿、观前、屿门
瓯北镇	126.90	13.18	双塔路	8个社区：双塔、清水埠、楠江、襟江、镇西、创新、江北街、金瓯 73个行政村：花岙、罗浮、浦一、和一、和二、和三、马岙、白水、珠岙、礁下、堡一、堡二、浦二、林垟、塘头、五星、浦西、东方、蔡桥、龙桥、码道、新桥、河田、王家坞、前牌、安丰岙、江头、仙山、后江、三江浦东、三江浦西、长岙、新建、梅园、挂彩、开洋、东占岙、池头、埭下、黄岩洞下、江边、珠江、凤屿、浦边、江北岭、上白岩、下白岩、岭下、外窑、黄田岙、新寿湾、夹里、雅林、千石、雅村、芦田、罗溪、行禅、芦黄、缪北、龙川、木桥、北岙、龙头、龙下、启灶、山后、南岙、半岭、仙客、陈家坑、箬隆、箬岙底
乌牛镇	77.00	3.99	王宅村	1个居民区：乌牛街 37个行政村：王宅、大联、金合、横岚岙、新庄、荣庄、乌牛岭下、鸭鹅、茅楼、吴岙、古塘、乌牛西垟、孙宅、芦池、西湾、乌牛码道、横屿、青塘、乌岩、东嶂、十八垄、西叶、西岙底、上叶、水对头、杨家山、洪山、岳田、大嶂、仁家垟、东坦头、上三房、马岙、项岙、河口埭、河口岙、泰庄
桥头镇	90.60	6.68	桥西村	2个居民区：桥东、万象 57个行政村：桥西、桥头、桥一、埲头、潘罗、龙头、詹岙、新华、溪心、黄堡、底新、将山、前下、井大、溪西、外新、下近、金窑、殿前、街头、宋坑、窑底、坦头、店埠、谷联、梨村、凤山、夏园、董岙、外岙、荷塘、沈埲、黄坦、龙根、石念头、大沸下、东行、前庄、金村、前堡、石埠头、连岙、朱涂、白沙、外垟头、闸水坑、石马岙、壬田、外岙儿、林福、林下、四角石、胜丰、洛溪、白垟、桃湾、白下
桥下镇	79.50	3.62	桥下村	2个居民区：桥下街、西岸街 38个行政村：桥下、小旦岙、光华、西溪下、金兰、肖山、山联、连村、泰山、桥上、上埲、京岸、陈山、外塆、桃山、韩埠、胡山、八里、方岙、小京岙、岩下、垟塆、梅岙、埠头、麻坑、小京、西岙、徐山、下斜、霞岙、中央山、上村、东山、塘坑、尤山、延寿、叶岙、浦石
沙头镇	64.90	2.47	高浦村	1个居民区：沙头街 26个行政村：高浦、稠树、渔田、庙活、潮际、龙潭下、下浦、石埠、阳岙、响山、新星、上光、乌龙川、东章、罗川、古二、古一、上浮林、下浮林、西垟、北山、中堡、南川、古庙口、龙益、陈住起
大若岩镇	90.90	2.81	大箬村	1个居民区：大若岩 36个行政村：大箬、白泉、玉泉、双岙、大元下、龙垟、府岸、黄潭、荆州、黄岙、石岙、涨岸垟、银泉、下湾、上湾、水云、钱泉、桐州、李大屋、埭头、大东、李茅、舟岙、小若口、九房、梧涨、陈岙、下岸、都溪、田垟、蒋山、都南、寺前、垟坑、藤溪、里舍
碧莲镇	44.80	2.05	碧莲村	1个居民区：碧莲街 16个行政村：碧莲、上村、新岙、澄田、鱼仓、地凑、石山、东坑里、东边、缸窑、黄岗、石湖、邵园、下岭根、梧岙、梧町

续表1

街道（乡镇）名称	面积（平方公里）	人口（万人）	政府驻地	社区、居民区、行政村
巽宅镇	77.20	1.96	巽宅村	1个居民区：沿溪 24个行政村：巽宅、小坑、金溪、龟背、下谢、小溪、巽一、岭东、麻埠、进书、沙埠、龙前、里山、下一、下二、三里、麻庄、石垟、水头垟、邵川、山下、外宕、中山、章山里
岩头镇	57.30	4.38	岩头村	1个居民区：丽水街 36个行政村：岩头、河三、河二、河一、协岙、塆里、芙蓉下、小港、芙蓉、张大屋、郑岙、下园、溪南、屿根、里岙、里户、港头、大岙埄、垄翔、大坵田、陈家坪、苍岙、潘家垟、渡头、苍坡、周宅、方岙、上美、中美、下美、上岙山、岙底、下日川、西岸、上烘头、下烘头
枫林镇	73.60	3.98	枫林	1个居民区：圣旨门 45个行政村：枫一、枫二、枫三、枫四、枫五、东升、西墻、新坊、岦垟、镬炉、镜架山、徐家塆、兆潭、狮溪、大门台、后山、湖西、孤山、陈垟、新强、娄山、里龙、老庵、新竹、福田、高塘、金南、大木岦垟、汤岙、田寮、乌弄、垟山、下港、陈田、垟山头、田东、粪埠、内档、外档、外垟、包岙、金山、凤岙、朱山头、金山头
岩坦镇	61.90	1.23	岩坦村	1个居民区：岩坦街 14个行政村：岩坦、坦一、西塘、叶坑、三面山、源头、闪坑、岩门、屿北、蛙蟆垄、东岙、庙下、大岭、龙园
徐岙乡	39.80	1.43	徐岙村	20个行政村：徐岙、塘上、朱硐坑、吴垟、黄麻垟、岭根了、朱坑、大头岙、大平、金加了、宋岙、银坑、西尖、桐园、殿后、樟岙、杨塆、蒲家墩、黄川、廿四垄
西溪乡	83.70	3.92	吴宅村（现暂驻六龙村）	38个行政村：吴宅、六龙、章一、下庄、罗徐、呈岙、朱坑垟、潘宅、坦头垟、龙头、下徐、龙口、墩头、山根、富垟、湖钟、周山平、济根、黄村、双联、上朱山、茶一、茶二、朱山、阮山、里村、黄山、陈岙、瓯渠、双进、前山、岭一、金园、娄川、垟观、向阳、徐山、瓯山
下寮乡	24.50	0.69	底寮村	13个行政村：底寮、外寮、前坪、八里、芬益、中心、芬星、朱寮、陈下山、江山、山平、银场、江坑
陡门乡	50.00	1.09	全安村	18个行政村：全安、牛伦、潘垟、陡门、仝山、东坑、林村、梅岙、茅竹坑、珠山、大溪、西林垟、上庄山、翁山、山溪头、绍山、金竹垟、平坑
花坦乡	70.70	2.47	花坦	30个行政村：花三、花二、花一、樟树鸟、马田、科竹、廿四堨、高坑、东光、董岙底、水岩、石公田、黄村、溪北、珍溪、架鹤山、霞山、 头山、珍岙、双溪、胡头、廊一、廊二、廊三、朱垟、埄下、小溪、东川、东升、繁荣
渠口乡	48.00	2.12	中方村	18个行政村：中方、上方、下方、珠岸山、珠岸、豫樟、石柱、岭垟、坦下、岭下、塘塆、九丈、呈坑、泰石、霞川、码砖、下城岙、福利
茗岙乡	42.10	1.63	茗下村	22个行政村：茗下、茗后、茗上、茗中、坐凳、胜山、章当、下石坑、石田坑、光塘垟、剩庄、章岙、龙外、徐宅、马界山、外徐、乾口、底岙、麻岙、岩山、南山、平川
昆阳乡	31.50	1.87	东村	20个行政村：东村、西村、南村、吊坑、梅坑、前山头、郑山、双坑、下陇、里斜、外砻、底砻、塘下砻、邵山、赤岭、双垄、吴山、昆岭、楼山、金仓
石染乡	62.70	0.77	石染村	10个行政村：石染、和平、雷付、珠龙、墨印、云岩、木坑口、上横、下坑口、茅山
界坑乡	70.80	0.95	界坑村	11个行政村：界坑、黄岙、杨庄、美岙、界鸟、上董、盘山、兴发、坑口、饭盆尖、信岙
西岙乡	43.50	0.63	西岙村	11个行政村：西岙、横排、泥坑、泥坑口、后坑、川岙、郭坑、柴皮、白石泥、石山、野胃
溪下乡	110.00	0.78	溪下村	12个行政村：溪下、黄二、黄一、刘山、茶山、陈山头、罗垟、马上山、金山、麻村、邵坑、陈坑

续表2

街道（乡镇）名称	面积（平方公里）	人口（万人）	政府驻地	社区、居民区、行政村
大岙乡	49.60	0.75	大岙村	7个行政村：大岙、北溪、金益、大柏、茶岙、应岙、孙山
山坑乡	37.10	0.82	山坑村	12个行政村：山坑、后九绛、前九绛、大树垟、汤店、槎川、驮平、了烈、小巨、新宅、郑庄、巨川
应坑乡	43.10	0.71	应坑村	8个行政村：应坑、炉山、章进岙、应二、应一、半坑、廿四垄头、东庄
五澌乡	41.90	1.22	五下村	17个行政村：五下、五上、下龙、西川、水东、水西、西下、小茅垟、杨山、山结、里塆潭、藤垄根、龙潭坑、下宅、岭根、南垟、林山
表山乡	55.10	0.69	表山村	14个行政村：表山、祖婆山、口上、郎中岩、石匣、季家山、张公平、碎坑、岭里、岭外、麻家溪、外胡坑、内胡坑、周山
东皋乡	36.10	1.51	东皋村	12个行政村：东皋、西炉、上塆、塡垟、下家岙、蓬一、蓬二、蓬三、东炉、上日川、大山底、平龙山
鹤盛乡	86.90	1.57	鹤盛村	17个行政村：鹤盛、上埠、大砳、下岙、郑源、鹤垟、岩峰、塘村、罗川、大山头、霞岭根、鹤泉、黄坑、炉山、岩山、谷庄、箬袅
西源乡	51.50	1.00	西源村	12个行政村：西源、西一、藤家垄、德岙、垟京、梅坦、岩舟、南岸山、鹤湾、齐山、谷山、下庄垟
岭头乡	88.10	1.44	岭北村	17个行政村：岭北、岭南、鱼里、黄家山、金墩、红枫、半山、小陈、蔡岙、富源、上港、中源、南陈、南坑、山南、英岙、山根
溪口乡	56.00	1.51	溪口	19个行政村：溪一、溪二、陈寮、石鸟头、横路下、小舟垟、北山、前山、上宅岸、下坑、南岸、永坦、铁坑、前溪、乌头、大谢、分水、后坪、刀架山
鲤溪乡	65.00	1.69	鲤溪村	16个行政村：鲤溪、郑家庄、山背、葵坑、杏岙、八沸垟、四联、福佑、抱岙、陈坪、垟头、深固、上泛、齐岙、陈岙、高山
张溪乡	83.00	1.07	张溪村	18个行政村：张溪、桧染、金竹溪、福山、深固坑、寺后、石陈、里上坑、毛竹、南正、黄界坑、小长坑、上岙、岭坑、江潭、陈周、水景、下潘
黄南乡	152.40	0.87	黄南村	17个行政村：黄南、道基、岭背、碧油坑、西山、王山、岩门下、上坳、李庄、潘塘、深龙、霄岭、大学、岙头、山早、岭坑、理只
潘坑乡	89.50	1.14	潘坑村	12个行政村：潘坑、石鸟、岩龙、佳溪、垟绛、周卫、田龙、陈庄、潘二、金钟、八亩、白岩

亿元，其中地方财政收入9.21亿元，分别增长23.7%和23.8%。城镇居民人均可支配收入17 140元，农村居民人均纯收入6140元，分别增长9.2%和17.7%。年末金融机构各项存款余额167.64亿元，增长19.5%，各项贷款余额118.80亿元，增长22.1%。城乡居民储蓄存款余额98.26亿元，增长13.1%。全县户均存款3.55万元。

农业总产值9.54亿元，增长2.2%。农作物播种总面积47.47万亩，其中粮食播种面积29.73万亩，总产量8.50万吨。通过有机食品、绿色食品、森林食品和无公害农产品认证14个，"乌牛早"被评为中国驰名商标，实现农产品国家级品牌零的突破。组建县农业龙头企业联合会和农民专业合作社联合会，新增市级农业龙头企业4家、规范化农民专业合作社17家。新建下山移民小区6个，搬迁1177户3996人。7个欠发达乡如期完成"139富民攻坚"任务。

工业总产值371.27亿元，增长23.3%，其中规模工业产值262.43亿元。新增国家级高新技术企业3家、国家级新产品项目6项，创建省级泵阀科技创新服务平台；新增中国名牌产品1个、中国驰名商标16枚；新增国家免检产品5个、省级专业商标品牌基地1个。瓯北镇被命名为浙江省品牌强镇，中国教玩具协会儿童游乐玩具委员会落户桥下。

全社会消费品零售总额48.57亿元，增长11.4%。批发零售业零售额42.93亿元，增长11.2%，住宿和餐饮业零售额5.53亿元，增长13.8%。全年接待游客112.53万人次，旅游总收入7.26亿元，分别增长19.8%和39.9%。

进出口总额38 433万美元，增长48.1%，其中出口总额32 929万美元，增长57.6%，进口总额5504万美元，增长8.4%。实际利用外资3396万美元，实际到位内资3.88亿元，分别增长16.1%和43.9%。

全社会固定资产投资额46.58亿元，增长18%。完成工业性投资26.05亿元，增长18.3%，开工建设标准厂房10.72万平方米，建成标准厂房11.1万平方米。开工建设41省道岭下至上塘段改建、楠溪江供水工程、110千伏乌牛变、溪头变、县传染病房、永嘉电大二期等工程。推进诸永高速公路及连接线、温州绕城高速公路北线、甬台温铁路永嘉段、104国道乌牛至张堡段改建、49省道露礁桥段改建、县西向供水工程、县城防洪工程、上塘环城东路、环城北路、永兴路、县前西路延伸和瓯北道路网建设。完成220千伏江北变工程、上塘供水管网改造、鹅浦河公园一期、环城西路人行道改建、屿山公园景观改造和瓯北污水处理厂、瓯北自来水厂工程二期、阳光大道亮丽工程一期、卫生大楼、疾控中心扩建主体、县实验中学一期主体工程等项目建设。完成康庄工程路基改造267.8公里、路面硬化372公里。完成整治村90个，示范村6个，村庄连片整治2个。完成“移动村村通”工程，实现全县行政村移动信号全覆盖。

实现万元生产总值综合能耗下降3.8%，二氧化硫排放量下降3.6%。实施节能项目10项，创建清洁生产企业3家。启动第一次全县污染源普查工作，建立健全污染减排监测体系，完成21个规模化畜禽养殖场生态化改造和43家造纸厂的转产或生态化改造。完成永嘉县生态环境功能区规划编制，建成农村生活污水处理设施30个、医疗废水处理设施1个。实施农民饮用水工程，解决1.53万农民安全饮水问题。创建全国环境优美乡镇4个、省级生态乡镇2个和国家级生态村2个。

全社会企业科技活动经费投入3.51亿元，增长30%，占全县生产总值比重2.27%。创建省级教育强镇2个，市级教育强乡强镇2个，省级职教实训基地和示范专业各1个。举办首届干部职工运动会，开工建设10个乡镇文化站建设，创建省级体育强镇1个。

新增五项社会保险参保人数14.69万人次，其中工伤保险12.5万人、被征地农民基本生活保障2.55万人。政策性农村住房保险参保率88.7%。新增低保对象1133人，农村五保和城镇“三无”人员集中供养率分别为93.3%和100%。培训农村劳动力15 533人，实现转移就业2813人。城镇登记失业率为3.7%。

报喜鸟成功上市 2007年8月16日，浙江报喜鸟服饰有限公司在深交所中小企业板成功挂牌上市，成为温州鞋服行业第一家上市公司，也是温州第一家上市的消费品品牌公司。该公司组建于1996年，已连续10年进入全国服装行业销售收入、利税双百强之列，成为全国著名的大型服饰集团之一。服装主打品牌“报喜鸟”在全国建立600多家特许加盟店，先后获中国驰名商标、中国名牌产品、国家免检产品等称号。

永嘉创建星级新农村 2007年永嘉县开展“星级新农村”创建活动。146个村庄申报“星级新农村”创建，78个村庄通过经考核验收，其中一星级11个，二星级38个，三星级26个，四星级3个。

永嘉县获“中国文化旅游大县”称号 2007年7月4日，由中国传统文化促进会、中国县域旅游网、影响力传媒机构等单位联合主办的“一生要去的66个中国文化旅游大县”评选活动在京揭晓，永嘉县获“中国文化旅游大县”称号，永嘉县大若岩镇上榜乡镇名单。

洞头县

概况 2007年洞头县实现地区生产总值26.33亿元，比上年增长17.3%。其中，第一产业增加值3.12亿元，增长0.7%；第二产业增加值8.67亿元，增长16.8%（其中，工业增加值6.58亿元，增长18.9%）；第三产业增加值14.55亿元，增长20.0%。三次产业在国民经济中的比重为12.3：32.8：54.9。海洋经济总量继续扩大，全年实现海洋经济总产出为51.82亿元，增长19.9%；实现海洋产业增加值19.07亿元，增长15.8%。全县人均地区生产总值21 112元（以户籍口径计，折合2776美元），增长16.35%。

全县财政一般性预算收入33 075万元，首次突破3亿大关，增长22.46%，其中地方财政收入17 652万元，增长16.32%；上划中央“四税”收入15 423万元，增长30.34%。全年财政一般预算支出23 863万元，增长20.33%。年末，全县金融机构各项存款余额172 205万元，比上年增加16 480万元，增长10.58%；其中城乡居民储蓄存款67 071万元，比上年减少6872万元，下降9.29%。各类贷款余额116 882万元，增加23 772万元，增长25.53%。不良贷款率占比为1.63%，下降0.66个百分点。城镇居民人均可支配收入15181元，增长15.0%。渔农村居民人均纯收入6114元，增长13.4%。

全县全年农作物播种面积19 376亩，其中粮食播种面积10 995亩，分别比上年下降5.24%和5.76%。粮食总产量2433吨，下降9.28%。全年海水养殖总面积4.05万亩，比上年减少0.23万亩，下降5.37%。洞头县养民到异地发展养殖3616亩，增长23.96%。全县渔业总产量15.14万吨，增长2.57%。其中，海洋捕捞产量13.58万吨，增长2.75%；海水养殖产量1.56万吨，增长1.29%。渔业总产值7.03亿元，增长4.15%。其中，海洋捕捞产值5.53亿元，增长7.8%；海水养殖产值1.50亿元，下降7.41%。全年实现渔业增加值3.12亿元，增长4.9%。年末，投入渔业生产的机动船只1702艘。

实现工业总产值34.7亿元，增长25.6%。实现工业销售产值34.1亿元，增长36.95%。工业对全县经济增长的贡献率为34.0%。规模以上工业企业新增9家，累计39家。国家级重点高新技术企业1家，省高新技术企业2家，市高新技术企业6家，省级科技型中小企业4家，省级农业科技企业4家。全年实现利税2.24亿元，增长1.8%。全县房屋施工面积55.94万平方米，商品房销售面积15.23万平方米。

实现社会消费品零售总额69 549万元，增长31.41%。接待国内外游客145万人次，增长7.33%。完成货物运输量785.9万吨，增长14.06%。港口货物吞吐量524.7万吨，下降7.12%，其中小门岛石油液化基地吞吐量272.6万吨，下降14.52%。全县公路运输客车229辆，水路运输客船24艘。完成客运量921.5万人次，增长7.88%。邮电业务收入7353万元，下降4.8%，其中，邮政业务收入549万元，增长10.2%；电

洞头县行政区划示意图

洞头县行政区划

街道（乡镇）名称	面积（平方公里）	人口（万人）	政府驻地	社区、居民区、行政村
北岙镇	24.28	4.85	镇前路1号	6个社区：上新、城中、银海、岭背、城南、新城 23个行政村：小三盘、大朴、小朴、东郊、隔头、九仙、白叠、大长坑、小长坑、风门、打水鞍、东沙、海霞、柴岙、大王殿、九厅、双垄、鸽尾礁、大岙、播网岙、西山头、阜埠岙、下尾
大门镇	35.80	2.55	镇中路4号	3个居民区：兰湖洞、大溪、朝阳 22个行政村：甲山、岙底、岙面、大荆、小荆、长沙、乌仙头、头岩、东屿、小门、仁前涂、美岙、寨楼、营盘基、杨梅田、西浪、东浪、石浦、潭头、沙岙、枫树坑、观音礁
东屏镇	14.48	2.10	中仑村府前路51号	16个行政村：中仑、洞头、东岙、东岙顶、垄头、后寮、寮顶、惠民、岙仔、后坑、金岙、大北岙、松柏园、外埕头、大瞿、南策
元觉乡	7.84	1.03	状元村繁府路15号	7个行政村：状元、活水潭、沙角、花岗、沙岗、深门、小北岙
霓屿乡	11.50	1.26	布袋岙村滨海北路2号	10个行政村：布袋岙、桐岙、上社、下社、石子岙、同兴、正岙、下郎、郎等、长坑垄
鹿西乡	10.06	0.80	鹿西村海景街92号	6个行政村：鹿西、口筐、山坪、东臼、扎不断、昌鱼礁

信业务收入6804万元，下降5.9%。城乡固定电话用户47 283户，小灵通用户20 021户，移动电话用户6.5万户，互联网用户6161户。全社会供电量11 356万千瓦时，增长13.46%。

全社会固定资产投资完成153 227万元，增长3.42%。全年安排重点建设项目29项，其中新建项目4项，完成投资额7205万元；续建项目完成投资额43 339万元。望海楼、寮项垃圾填埋场、县青少年（妇女）活动中心主体工程等完成。完成大门35千伏变增容扩建设和35千伏元觉变电站增容改造。投入村庄整治资金4979.87万元。

外贸出口总额2687万美元。招商选资实际到位内资3.82亿元，增长77.67%，实际利用外资1163万美元，增长186.45%。

全年安排科技三项经费483万元，实施科技项目43项，其中有14项列入国家、省、市科技计划项目。小学、初中入学率分别为100%和99.81%，农民工子女入学率99%，"三残"儿童入学率100%，初中毕业生升入高级学校为96.7%。全年举办成人各类培训115期，受训3567人次。为渔农民放映数字电影1000场。全县农村有文艺队伍121支，文艺进乡村活动500余次，送戏下乡36场，新建7个健身苑点、3个篮球场、2个门球场、1个地掷球场。举办洞头县第三届运动会及县级体育竞赛活动10余项。

全县空气质量达到国家一级标准，饮用水源地下水水质达标率100%。8个农村生活污水集处理设施投入使用。生态县建设通过省级验收。被中共浙江省委、省政府命名为省级文明县城。全县有低保对象1438户2610人，城镇和农村的最低生活保障标准分别提到250元/人·月和150元/人·月。新型农村合作医疗参保7.96万人，渔农民参保率88.3%。新增就业人数1667人，城镇下岗职工实现再就业558人，城镇登记失业率3.75%。城镇居民人均生活用房46.3平方米，农村居民人均生活用房33.3平方米。召开洞头县首届慈善大会。全年募集善款547.7万元。人口自然增长率为4.86‰，计划生育符合率95.11%。

洞头县被命名为全国"双拥模范县"

洞头人民有着军民联防的优良传统。2005年，洞头县连续第三次被中共浙江省委、省政府、省军区命名为"双拥模范县"。2007年12月，被全国双拥工作领导小组、中华人民共和国民政部、中国人民解放军总政治部命名为全国"双拥模范县"。

"望海楼"建成对外开放 "望海楼"选址在洞头岛烟墩山顶（海拔227米）。工程建设总投资2000余万元，占地面积700余平方米。工程包括主体工程望海楼和配套的钟亭、诗亭、咏史碑亭等。主体工程由江西滕王阁重建总建筑设计师陈星文主持设计。2003年开始筹建，2005年1月27日动工兴建，2007年6月7日建成对外开放。楼层明三暗五，高35.4米。该楼顶端以4座小阁呈众星拱月之势，使大楼倍增雄阔，被誉为"气吞吴越三千里，名贯东南第一楼"。楼上匾额楹联为在全国征联的获奖作品，出自书画名家启功、沈鹏、韩美林、李铎、朱关田等之手笔。楼内设海洋民俗文化展厅，五楼为观景厅。登楼环望，百岛洞头尽入眼帘，海天佳景美不胜收。"望海楼"成为洞头海岛标志性建筑物。

文成县

概况 2007年文成县实现国内生产总值27.86亿元，比上年增长16.4%。人均生产总值7571元。财政总收入2.85亿元，增长23.3%。其中地方财政收入1.09亿元，增长27.0%。年末，全县金融机构各项存款余额53.80亿元，比年初增加11.57亿元；年末金融机构贷款余额23.61亿元，增加6.61亿

文成县行政区划示意图

元。城镇居民人均可支配收入13 838元，农民人均纯收入4185元。

实现农林牧渔业总产值5.13亿元，增长15.1%。其中，农业产值3.14亿元，林业产值0.21亿元。全县农作物播种面积22 033公顷，增长0.1%。粮食总产量5.46万吨，下降4.8%。绿化造林136公顷，迹地更新80公顷。开展农村能源生态建设和实施农村生活污水净化沼气工程，改善农村生产生活环境。

实现工业总产值26.88亿元，增长38.2%。国有及年销售收入500万元以上工业企业实现产品销售收入20.33亿元，增长44.6%。建筑业实现总产值5.88亿元。完成房地产开发投资2.59亿元，增长96.9%。

完成全社会固定资产投资13.38亿元，增长28.6%，其中工业性投资3.76亿元，增长23.8%。限额以上项目投资额10.52亿元，增长24.6%。开工建设57省道暨文青公路二期改建工程和文泰公路文成段改建工程全面展开。完成通村公路路基改造142公里，路面改造181公里。自2003年实施康庄工程以来，累计完成通村公路路基810公里，路面改造802公里。全县通准四级以上公路和水泥路的行政村370个，等级公路通村率和通村公路硬化率均达96.4%。开工建设猴王谷景区、天顶湖旅游接待中心和刘基文化生态园等项目。开工建设体育中心二期工程和游泳训练馆建设。

实现全社会消费品零售总额11.53亿元，增长15.2%。接待游客85.34万人次，实现旅游总收入5.6亿元，门票收入393万元，分别增长28.9%、29.3%、29.4%。铜岭山国家森林公园跻身国家4A级景区和浙江省首批五星级森林旅游景区行列。龙麒源景区建成对外开放。举办首届避暑纳凉旅游节和仰山杨梅节。“红枫古道”游异军突起，“农家乐”休闲旅游成为繁荣县域经济、转移农村劳动力、促进农民增收的载体之一。

外贸进出口总额3779万美元，下降3.2%；外贸出口总额3778万美元，增长0.3%。招商引资方面新推出包装项目22个，新引进招商项目10个，协议金额6.75亿美元。合同利用外资652万美元，下降27.4%，实际到位外资420万美元，下降11.4%，实际到位内资2.37亿元，增长28.5%。

实施县本级科技项目55项，市级科技项目17项，省级科技项目26项。培育省农业科技型企业1家，创建省级区域科技创新服务中心1家。新文成中学迁建工程实现整体搬迁。全县中小学拥有计算机0.30万台。通过市示范学校验收2所，省标准化学校验收7所，撤并薄弱学校6所。“刘伯温传说”入选浙江省非物质文化遗产目录，被推荐申报国家级非物质文化遗产名录。在省第八届田径运动会和省体操、跆拳道、武术、柔道等项目比赛中获金牌4枚、银牌3枚、铜牌5枚，在市田径、排球、跆拳道、柔道、艺术体操等项目的比赛中，获金牌13枚，银牌10枚，铜牌6枚。

参加新型农村合作医疗22.57万

文成县行政区划

街道（乡镇）名称	面积（平方公里）	人口（万人）	政府驻地	居民区、行政村
大峃镇	25.37	4.12	建设路165号	12个居民区：徐岭、苔湖、石垟垟、城西、上房、城东、栖云、周村、华侨新村、二新、县前、城南 27个行政村：双西、城南、林店尾、二新、县前、上房、桥头井、陈宅、苔湖、石垟垟、周村、珊门、黄岭头、坪头、苔湖山、下沙垟、下徐村、上徐村、岭脚、吴垟、屿根、凤垟坑口、周徐、呈树、大发垟、垟井
珊溪镇	104.50	4.00	珊溪街139号	1个居民区：富强新村 36个行政村：五新、南阳、新红、环秀、君阳、新湖、联新、街尾、街头、下山垟、新西坑、山根、下爿坦、牛坑、下山、坛岐、驮了、罗山、西黄、西山、朱川、松源、毛坑、东坪、福首源、岭背、高山、井市、新建、平坑、吴新、李夏、徐岙、卓山、项坑、松根
玉壶镇	73.00	1.78	府前街	18个行政村：外村、底村、中村、龙坑、樟坪、龙背、长丰、光明、上村、五一、五四、垟头、赵基、樟坑、高坪、东樟、林龙、金岩
南田镇	99.00	2.30	朱宅巷20号	19个行政村：三源、五源、三甲、新岙、龙岙、龙上、南田、九都、西垟、梅树、岳垟、新南、横山底、叶山头、驮湖、武阳、言山、新星、高村
西坑畲族镇	45.00	1.16	政前路1号	11个行政村：西坑、叶岸、塘垟、南坑垟、旁边垟、双前、梧溪、让川、敖里、双田、江山

续上表

街道（乡镇）名称	面积（平方公里）	人口（万人）	政府驻地	居民区、行政村
黄坦镇	74.00	2.23	后巷村	24个行政村：前巷、山后、支垟、新康、云峰、新峰、黄西、后巷、严本、占里、驮岙、沙垟、济下、黄宅、新龙、周岙、依仁、塘底垟、底庄、共垟、林山、旺山、严垟
百丈漈镇	42.50	1.19	百丈漈路119号	13个行政村：新亭、长塘、富洋、同垟、长垄、篁庄、西里、西段、镇头、底大会、外大会、下石庄、上石庄
巨屿镇	56.00	2.16	云江大道	23个行政村：黎明、葛洋、黄龙、正湾、三五新、张平、稠泛、垟尾、龙前、金面盂、方前、穹口、花竹岭、潘岙、徐龙、潘山、垟地边、项坑边、孔山、前山、东坑头、赤砂、双尖
樟台乡	30.00	1.61	樟岭路65号	13个行政村：樟台、兴川、鹤东、东城、金仓、塔山、双东、马山、双马、东降、双龙、桥坑、桂山
龙川乡	33.15	1.52	下村	18个行政村：季马、中村、中堡、建新、龙马、樟坑、中林、村头、花园、横山、下田、下村、马垟、过山、贵坪、坪山、茶寮、乌田
二源乡	45.00	1.19	初阳路3号	17个行政村：二源、谈阳、榅树根、四格、朱山、庄后、岭头、陈村、坑底、陈钟、钟垟、东坑、湖底、驮田、廷坑下、山头、呈岭
周壤乡	31.00	1.58	联丰村	16个行政村：岭南、新南、岭岙、联丰、项山、麻山、诸葛岭、路山、岙底、上龙、周墩、大坑、林山、中南、外南、周龙
东溪乡	28.00	0.91	碧溪路	8个行政村：九南、裕山、碧溪、东头、南河、吕一、碧坑、茗垟
十源乡	30.00	0.77	东步街	8个行政村：十源、利民、光明、高新、新富、郑岙、呈段、高民
黄寮乡	33.00	0.18	黄山村	4个行政村：黄山、黄曲寮、富头、黄垟坑
石垟乡	30.00	0.41	上垟村	7个行政村：中垟、上垟、吴坳、石门、枫龙、岗山、上斜（石垟林场）
下垟乡	17.00	0.17	下垟村	4个行政村：下垟、都铺、桂竹、半坑
岭后乡	27.00	0.27	岭垟村	5个行政村：岭垟、富垟、三合、下庄、苍降
富岙乡	20.50	0.68	富岙桥村	9个行政村：富岙、培头、富康、莲头、周岙底、双坑、上堡垟、盖后、石竹寮
仰山乡	11.00	0.45	雅坪村	4个行政村：雅坪、鳌洋、塘山、松坑
桂山乡	26.50	0.63	三垟村	7个行政村：三垟、新兴、分水、福全、凤狮、桂库、平溪
峃口乡	21.00	0.71	峃口村	6个行政村：峃口、城东、龙车、九山、新联、鱼局
金垟乡	15.00	0.92	李山村	8个行政村：李山、小龙、溪口、良坑、谷山、横培、渡渎、驮垟尾
双桂乡	17.50	0.95	桂溪村	8个行政村：桂东、桂溪、桂阳、宝丰、双垟包、桂西、垟山、周山下
周山畲族乡	14.00	0.52	养根村	9个行政村：周垟、双新、吴垟、官坑、包山底、养根、际下、水井头、上坑
公阳乡	20.00	0.70	公阳街	7个行政村：公阳、上岳头、水碓宅、白石坑、驮尖、金岭、鹿堡
平和乡	22.00	0.87	平和村	10个行政村：平和、双塆、廿五坑、田东、郭山、新田、东方、梅垟下、大垟口、下沙河
金炉乡	13.00	0.61	金山村	7个行政村：城中、王家、金山、炉山底、岚岩、新垟、陈庄
里阳乡	16.50	0.57	里川村	8个行政村：里川、孙岙、余山、垟底、垟外、江底、江外西山、岩头
金星乡	23.00	0.51	金星村	7个行政村：金星、朱坪、角山、桃坑、蔡坑、洪地、八格
朱雅乡	28.00	0.44	雅龙村	5个行政村：朱寮、雅龙、坳坪、吴坑、汤垟
上林乡	13.00	0.31	联民村	5个行政村：新林、联民、木湾、周山垟、林岩
云湖乡	102.00	0.55	龙湖村	13个行政村：龙湖、包山垟、塘垄、西北山、上金、上坪、高西、石岭、驮加、千秋门、取垟、叶山、杜山

人，对农民进行大额住院医药费用补偿4950人次，补偿金额1069万元。年末参加基本养老保险职工1.68万人，城乡居民最低生活保障对象7749户10 651人。农村敬老院18所，床位526张，城镇“三无”对象集中供养率100%。

平阳县

概况　2007年平阳县实现地区生产总值139.6亿元，比上年增长12.7%。其中，第一产业增加值8.1亿元，同比下降6.3%；第二产业增加值68.9亿元，同比增长12.6%；第三产业增加值62.6亿元，同比增长15.9%。人均GDP达到16 381元，同比增长12.4%。

全年财政总收入13.3亿元，增长21.7%，其中地方财政收入7.1亿元，增长24.7%。全县金融机构存款余额124.1亿元，增长14.4%，增幅比上年下降9.3

个百分点。其中居民储蓄存款余额82.6亿元，增长9.6%，比上年下降12.3个百分点。金融机构贷款余额89.7亿元，增长22.5%。职工平均工资22 079元。城镇居民人均可支配收入17 708元，增长8.2%；农民人均纯收入6934元，增长10.8%。全县11个欠发达乡镇农民人均纯收入超过全国平均水平，晓坑、朝阳、维新三个欠发达乡镇实现脱贫。

农林牧渔总产值15.22亿元，比上年增长0.39%。农业（种植业）产值5.99亿元，下降15.04%，其中粮食作物产值1.85亿元，占种植业总产值的30.88%。林业产值0.55亿元，增长25%。牧业产值3.74亿元，增长25.45%。渔业产值4.18亿元，增长3.57%。农林牧渔服务业0.76亿元。农作物播种面积50.38万亩，下降7.25%。迹地更新造林3170亩。林木抚育面积10 000亩。水产品总产量50 694吨，比上年增加3255吨，增长6.9%。

工业总产值335.2亿元，增长16.8%。其中规模以上工业总产值146.3亿元，增长20.1%，规模以上工业总产值占全部工业总产值的比重由上年的42.2%提高到43.6%，其中产值超亿元的企业24家。全年规模以上工业实现销售产值143.2亿元，增长17.2%。“乔治白”衬衫成为平阳首个获“中国名牌产品”称号。

进出口总额39 654万美元，增长24.3%。其中进口11 219万美元，增长41.6%，增幅比上年提高11.7个百分点；出口总额28 435万美元，增长18.5%，增幅比上年回落5.3个百分点。在出口产品中，皮革制品、宠物用品、机电产品、纺织类产品的出口额占前几位。合同利用外资9465万美元，实际利用外资3622万美元。

全社会固定资产投资39.48亿元，增长20.3%，其中工业性投资完成20.59亿元，增长19.8%。重点建设项目完成投资额24.7亿元，增长39.5%。瓯南大桥、110KV郑楼输变电工程、变电所扩建增容工程、萧江华东农贸市场、平阳疾控中心迁建工程、浙江显峰汽车配件有限公司厂房等6项工程完成。

社会消费品零售总额61.2亿元，增长16%。至年末，登记在册的各类市场45个，其中消费市场41个，工业生产资料市场4个。全年商品市场成交额29.8亿元，增长3.3%，其中成交额超亿元市场2个。

平阳县国家级高新技术企业实现零的突破，浙江三星机电有限公司通过国家高新技术企业认定。新增省级高新技术企业8家、新增市级高新技术企业3家。全县累计有国家级高新技术企业1家、省级11家、市级19家。申报国家火炬计划项目5项，国家级重点新产品计划3项，国家科技型中小企业创新基金项目3项，省级新产品计划项目18项。实施国家火炬计划项目5项，省重大高新技术产业化项目3项，省新产品试制计划26项。新增省高新技术产品7个。申报各级科技计划项目184项（其中国家级12项，省级36项，市级31项，县级105项），得到立项88项（其中省级14项，市级22项，县级52项）。新增专利示范企业9家，其中省级1家，县级8家。专利申请量416项，专利授权量235件。

平阳县通过省级教育强县验收。山门、梅源、榆洋、顺溪等4个市级教育强镇通过评估验收，创建省、市重点示范学校（幼儿园）15所，省级标准化学校18所，市寄宿制达标学校8所，组建九年一贯制学校1所。

卫生机构641家，社区卫生服务站59家，各类卫生技术人员3329人。

“文化名县”建设 2007年平阳县推进农村文化繁荣，开展“百场戏、千场电影、万册图书”送文化下乡（村）活动，送戏（文艺活动）190场，电影3758场，图书1万册。县图书馆接待到馆读者6万人次，外借图书3万册。实施农村文化活动繁荣工程，举办温州市首届农民文化艺术节平阳赛区声乐、器乐选拔赛，邀请市县专家评选声乐、器乐、鼓词、书法、美术、摄影节目，参加温州市首届农民文化艺术节声乐、器乐比赛。举办平阳旅游节开幕式暨南麂列岛自然保护区特种邮票首发仪式、西湾美食文化节、纪念粟裕将军诞辰一百周年、“歌舞颂清风，喜迎十七大”等活动。自编自演的小品《镜子》、少儿剧《铃铛》代表浙江省报送全国“群星奖”，获全国“群星奖”入围奖。木偶少儿剧《雁荡狗娃》参加省戏剧节获省十届戏剧节剧目奖、优秀舞美设计奖、优秀造型设计奖、优秀表演奖等多个大奖。

生态建设 平阳县水头制革业污染严重，被列为全国十大环境违法典型案件和浙江省严重污染环境九大案件之一，是浙江省唯一戴上“国”字号污染帽子的环境保护重点监管区。从2004年开始，启动水头制革业污染整治。2007年，水头制革基地摘掉省级环境重点“监管区”帽子。平阳县共有11个乡镇完成创建国家、省、市级生态乡镇。其中南麂镇和梅源乡通过国家级环境优美乡镇创建；山门镇、龙尾乡、吴垟乡被命名为省级生态乡镇；宋桥、郑楼、梅溪、闹村、朝阳、西湾等6个乡镇和全县32个村完成市级生态乡镇、村创建工作。南雁镇堂基村和山门镇悦来村成为温州市著名的生态品牌村。南麂岛497公顷大黄鱼养殖基地获国家级无公害水产品生产基地认证。

温州平阳中国商务礼品文化节 2007年4月26至28日，平阳县举行2007第二届温州平阳·中国商务礼品文化节。参展企业150家，签约项目5个，涉及金额近1亿元。此次文化节期间，举办首届中国商务礼品设计大赛（平阳赛区），平阳县金玉泉工艺品有限公司生产的

平阳县行政区划示意图

平阳县行政区划

街道（乡镇）名称	面积（平方公里）	人口（万人）	政府驻地	社区、居民区、行政村
昆阳镇	80.40	10.53	人民路	6个社区：城南、仙坛、横阳、九凰、兴业、联安 50个行政村：水塔、后垟、沙岗、九街、南岙、凤山、南丰、垟岙底、皇岙、阳岙、平塔、牧垟、城东、前宕、白垟、雅山、烟台、龙安、西浦、殿后、童桥、黄山头、垟教、溪岙、万兴、后岙、长山、步廊、三杆桥、雅村、水亭、前爿、庆丰、石塘、西戈、莲大新村、临区、万金、万丰、溪坑店、庙头、民丰、蒙垟、上林垟、建丰、鸣山、郭庄、铁凤、新欣、湖屿
鳌江镇	97.60	14.23	吉祥路	8个社区：商城、兴隆、曹门、江滨、南门、水深、西洋、曙东 59个行政村：种玉、藕莲、孙家垟、横河、蓝田、古鳌、下埕、柳王、东河、郑家墩、五板桥、雁门、山外、徐家站、三大厂、后半厂、罗垟、高垟、联南、龙山、贵德、岱头、旺厂、厚垟、塘下、岳巢、西塘、河东山、环溪、玉莲、下河、新城、城北、海城、东城、联城、荆溪、新明、珍岙、三永、枫林、垂杨、塘东、塘北、塘中、塘西、阳屿、平河、和家、下厂、塘外、下垟埠新桥、天源、河滨、西桥、横店、福山、友谊、务垟
水头镇	36.30	7.11	剧院路	4个社区：望雁、城中、振德、泾川 4个居民区：泾口、凤尾、腾龙、凤林 33个行政村：内岙、金山垟、外岙、三桥、水凤尾、中后、金凤、龙垟、仕静、溪心、下林、詹江、下埭头、鹭鸶湾、寺前、上林、周山、凤岩、青岙、南山脚、金塔、上店、麻园、龙涵、清河、银溪、小南、章岙、蒲潭、建安、雅屿、湖桥、凤湾
萧江镇	25.80	5.19	永乐路	2个社区：胜利、双榕 2个居民区：沿河、富强 49个行政村：萧江、岱口、江边萧、西炉、青龙、毛家处、直浃河、立后、庄里、潘南、潘汇、四大屋、浃底、落马、落马头、河头垟、裕丰、山下垟、山桥、夏宅、后林、垟浦、张家山、凤头、前河头、前林、淡浦、上汇、高黎、上宅、兰花桥、下汇、永门、夏桥、浦口、夏后垟、棋盘桥、河峥、上园、前村、岙底坑、垟心金、门前垟、叶段、河浦、河坤、杨梅庄、鹤湖、胜光
腾蛟镇	40.00	4.44	凤鹤路	3个社区：龙腾、昌荣、凤翔 26个行政村：腾蛟、驷马、岱山、金田、腾带、腾溪、联源、北溪、南陀、青堮、岭门、双坑、塘溪、霞山、平棋、林家、金岭桥、王坛、同兴、双垟、梅坑、赤金、文理、湖窦、碧源、和兴
鹤溪镇	28.20	2.51	中元路	1个社区：乐溪 1个居民区：鹤秀 16个行政村：石牌、霞溪 缸窑、溪尾、下村、南一、乌秋坑、内村、速成、水上垟、长安、新鹤、中元、秀溪、南二、蔡垟
宋桥镇	25.20	2.33	镇前街	10个行政村：宋桥、孙楼、金宕、四都、安阳、湖岭、龙祥、和平、瑞阳、金阳
宋埠镇	13.60	1.79	公园路	10个行政村：长桥、官宕、陡北、陡南、北厂、东横塘、新界、加丰、仙口、宋埠
钱仓镇	15.00	1.73	双塔路	9个行政村：钱仓、方家、包田、东垟、东江、上凰桥、山垟、前进、白水
麻步镇	42.80	4.72	永安街	2个社区：万安、永安 39个行政村：麻步、雷渎、欣雅、新桥、鳌寒、雷峰、黎明、华亭、陶贡、西岙、显桥、郑家内、下堡、前垟、水港、江景、沿口、西村、高阳、仙垟、宏寮、河古、岙底、江湾、上周、四十五、高沙、燕州、下泛、华龙、新华、渔塘、横山、范岙底、凤山头、兴民、东坑、盖竹、富民
凤卧镇	36.40	2.31	镇前街	13个行政村：凤林、马头岗、吴潭桥、西塔、垟头、蒲山、赤砂、平凤、凤卧湾、凤东、内塘、平马、玉轩
顺溪镇	57.30	1.49	益民路	2个居民区：桥西、桥东 18个行政村：溪口、溪南、白云、青石桥、双田、石柱、下东、山头庵、上顺溪、顺溪、下顺溪、溪北、处基、鹿岩、只音、田里、中山、富溪

续上表

街道（乡镇）名称	面积（平方公里）	人口（万人）	政府驻地	社区、居民区、行政村
山门镇	35.80	2.84	镇前街	3个居民区：老街、大桥、曙光 26个行政村：山门、郭岙、下东山、西山、悦来、亭后、水门头、下路堡、大屯、田中央、碇步头、高一、高二、大楼、下屯、上垟、大岭脚、大岙、永安、坑东、屿边、梅丰、溪源、石牛坑、旺庄、包山
南雁镇	43.50	2.69	南雁大街	16个行政村：后仓、东门、蒲岭、笠湖、溪边南、迢岩、三兴、前山、两旺、堂基、周岙、雁峰、南雁、吴山、五十丈、雁山
榆垟镇	15.90	1.30	榆垟	20个行政村：中镇、谷垟、榆北、台头、下周、荷花、上呈、榆茶、泱口、南门、麻车、新渎、岙斗、五角斗、横湖、象湾、丰门、龙头、榆龙、榆南
郑楼镇	16.40	2.14	下里	26个行政村：郑二、陈交大、古农、古渔、郑三、张阁、郑一、倪垟、周垟、下鲍垟、下薛、叶垟、吴垟、后陈、岗上、岗下、林步桥、姜垟、廖垟、柳垟、迎学垟、周贵垟、十五殿、光山、郑东、练兴
南麂镇	11.10	0.22	双龙湖	11个行政村：火焜岙、大檑、新码头、国姓岙、对岙、后隆、竹屿、马祖岙、三盘尾、百亩坪、门屿尾
闹村乡	46.90	2.30	西垟村	20个行政村：净凉、吴岭、玉联、南垟、上南、小施、上浪、中村、卢家、桥头、东北、龙凤、杨美、光辉、季山、黄山、秀尖、大施、西垟、苍南
晓坑乡	35.60	1.85	晓坑村	15个行政村：石城、中心、西垟亭、东山下、章坑、高堡、杭坑、上双岙、晓阳、徐垟、晓坑、法洪、岳溪、下岭头、黄施岙
桃源乡	11.00	1.01	吴家垟	8个行政村：曾山、桃岭、桃源、包岙、岩山、塔下、兴源、硐垵
南湖乡	19.10	1.80	鹿角山	12个行政村：湖滨、清江、湖北、增光井、横山岭、墳后、塔院、后街、湖南、龙湖、前街、普美
龙尾乡	20.20	1.01	龙尾村	11个行政村：龙尾、包垟、吴小垟、林坑、龙横、横平、龙岙、百尖、南胜、麻树、河山平溪
吴垟乡	18.70	0.40	下垟村	7个行政村：下垟、顺垟、底屋、周家、岭后、狮峰、戈场
怀溪乡	27.20	1.17	溪头	10行政村：金溪、曹门、垟边、金山、垟底、南山垟、水口、联山、畴垟、畲龙
梅溪乡	26.30	1.49	寨山脚	10个行政村：凤岙、联丰、书阁、凤尾山、山碧、梅里、包岙内、万安、溪头、清桥
梅源乡	25.40	1.39	曹堡	13个行政村：章公尖、赤溪、岭根、顺利、三源、山平田、七星、孙岙、解元、凤岩、苏岭、梅源、重阳
凤巢乡	19.90	1.58	溪头街村	11个行政村：仁家垟、灵岩、秀垟、大岭、伍岱、洞桥头、三脚田、山边、溪头街、联合、凤巢
维新乡	24.30	0.67	俞思坑村	7个行政村：俞思坑、朱垟、杨光、大垄、岭墳、余山、进士
朝阳乡	12.90	0.55	凤门隔	7个行政村：赵阳、新东、双溪、新溪、新联、双峰、同盟
西湾乡	17.00	1.55	殿后山村	10个行政村：殿后山、海滨、跳头、北山、一沙、二沙、三沙、四沙、银岭、青湖
青街畲族乡	21.80	1.08	青街村	11个行政村：九岱、十五亩、南朱山、王神洞、太心、垟心、南网、青街、新三、睦源、东坑

"中华百家姓"礼品纪念章获特等奖，温州张臣木艺有限公司生产的"女儿红50年凤酒包装盒"、浙江安海公司生产的"帆船圆珠笔"礼品盒获一等奖。

8项目入选省非物质文化遗产名录 2007年7月，浙江省第二批非物质文化遗产名录项目公布，平阳县选送的8个项目全部入选。这8个项目分别为卖技、集锦头通、木偶戏、布袋戏、渔鼓、太平钿剪纸、头发吊灯制作技艺和牛筋琴制作技艺，涉及民间文学、民间音乐、传统戏剧、曲艺、民间美术、传统手工技艺等6大类别。其中，传统戏剧木偶戏和布袋戏将继续申报国家级非物质文化遗产。

南雁荡山列入国家AAAA级旅游景区 2007年12月，全国旅游景区质量等级评定委员会公布最新一批国家AAAA级旅游景区名单，平阳县南雁荡山景区榜上有名。

泰顺县

概况 2007年泰顺县实现国内生产总值27亿元，比上年增长15.8%。人均国内生产总值7688元，增长15%。财政总收入2.7亿元，增长26%，其中地方财政收入1.87亿元，增长24.5%。城镇居民人均可支配收入11 699元，农民人均纯收入4138元，分别增长14%和22.8%。年末全县金融机构各项存款余额35.29亿元，增长15.4%，比年初增加4.71亿元；金融机构贷款余额19.13亿元，增长27%，比年初增加4.07亿元。全年金融机构现金收入196.8亿元，增长23%；现金支出200.6亿元，增长22%。

农业总产值4.99亿元，增长2.5%。农作物播种面积30.3万亩，增长1.2%，其中粮食作物播种面积16.68万亩，粮食总产量为5.27万吨。茶叶产量1914吨，增长41.8%。蔬菜产量7.07万吨，增长14.6%。药材产量1433吨，增长32.7%。油茶籽产量159吨，竹笋干300吨，板栗404吨。采伐木材1.26万立方米，毛竹219.3万根。肉类总产量5885吨，禽蛋370吨，牛奶产量1086吨。全市最大的生猪养殖基地落户泰顺。迹地更新394公顷。新增和改造农业基地1.2万亩。建成省市级农业标准化示范项目7个，新增省市级龙头企业11家、专业合作示范组织6家、名牌产品5个、著名（知名）商标3枚。

工业总产值19.03亿元，增长30.7%，其中规模以上工业产值9.96亿元，增长30.2%。完成工业性投资额3.62亿元，增长20.2%，其中技改投入6400万元。年产品销售收入500万元以上工业企业实现产品销售收入9.32亿元，增长31.5%；产品销售率93.6%；利税1.06亿元，下降4.3%。竹木制品及玩具业产值1.77亿元，增长5.7%。矿产品业产值2.05亿元，增长10.3%。绿色食品业产值1134万元，增长9%。不锈钢产品和橡胶塑料制品行业产值分别为3.04亿元和1.39亿元，分别增长125.6%和20.1%。来料加工业产值3.67亿元、加工费5858万元。建筑业产值、税收分别为32.71亿元和3797万元。

社会消费品零售总额9.86亿元，增长17.3%。其中住宿餐饮业零售额0.85亿元，增长18.7%；批零贸易业9.01亿元，增长17.1%。县级零售额5.51亿元，增长19.4%；县以下零售额4.35亿元，增长14.7%。城镇居民人均生活支出8653元，恩格尔系数为38.9%。农村居民人均生活消费支出2692元，恩格尔系数为50.2%。

全社会固定资产投资额14.63亿元，增长20.5%。限额以上项目固定资产投资额10.13亿元，增长15%。工业性投资3.62亿元，增长20.2%。房地产开发投资额1.9亿元，增长116.4%。基础设施建设完成投资5.84亿元，增长2.5%。

出口总额717万美元，增长41.7%。新引进招商项目13个，实际到位内资2.38亿元，增长62.8%；合同利用外资3000万美元，实际利用外资101万美元，新开工项目14个，投产6个。

接待游客55万人次，增长25.5%。旅游综合收入2.7亿元，增长88.1%。新增示范性农家乐11家，综合收入3100万元。氡泉－九峰省级风景名胜区总体规划通过论证，氡泉、乌岩岭入选“温州十大避暑胜地”，岭北乡村尾村、泗溪镇下桥村被评为“浙江100佳美丽乡村”。

全年科技项目由省市立项43个，项目经费409万元，增长26.9%。落实县本级科技发展计划项目66项，下达项目经费160万元，增长6.7%。提线木偶获国家“文化遗产日奖”，“元宵节·泰顺百家宴”申报国家级传统节日保护示范地，编梁木拱廊桥营造技艺、提线木偶戏列入省第二批非物质文化遗产保护名录。

城乡低保对象8550户17 500人，其中城镇299户582人、五保对象和城镇“三无”对象551人，全年支出1784.4万元，其中低保金1308.6万元。人均住房面积37.01平方米。

茶叶生产 2007年泰顺县实施茶叶品牌整合战略，实行“三杯香”商标许可使用制度，启动“三杯香”证明商标和原产地保护申报工作，“三杯香”茶叶获浙江省名牌农产品。举办浙江·泰顺茶产业发展论坛。推进茶厂标准化建设，改造茶叶初制厂15家，新增QS认证茶厂5家。新增和改造茶园面积8000亩，茶园面积累计5.9万亩，茶叶总产量1914吨，实现茶叶总产值1.07亿元，分别同比增长41.8%和34.6%。

彭月产业基地建设 2007年泰顺彭月产业基地完成规划控制区1：500地形图测量，开展彭月产业基地预可行性研究和总体规划、月湖片控制性详细规划、月湖拓展区修建性详细规划编制工作，开工建设基地引供水工程、110千伏月湖输变电工程，启动建设月湖拓展区。制订低丘缓坡综合开发利用试点方案。与温州经济技术开发区签订合作开发协议，共同组建彭月产业基地开发投资有限公司。至年底，引进企业33家，建成投产企业8家，基地累计完成投资额3.16亿元，实现工业产值4.3亿元，占全县工业总产值的22.6%。

新58省道（分泰线）建成通车 2007年11月底新58省道（分泰线）工程竣工。该工程2003年12月动工，2007年12月28日正式全线通车。工程总投资7.2亿元，是泰顺迄今为止投资规模最大的重点工程。公路按二级公路标准建设，路基宽10-12米，全长59.3公里，其中隧道10座总长13.3公里、桥梁27座总长1.8公里，起点连接泰顺新城大道，途经9个乡镇，终点连接同三高速温州段分水关互通口。该公路建成后，泰顺县城至分水关距离缩短了33公里，弯道数量由600多个减少至116个，行车时间由2个小时缩短为50分钟。

生态环境建设 2007年，泰顺县完成生态环境功能区规划编制，启动珊溪库周乡镇环境整治工程。城关污水处理厂通水试运行。建成县城截污管网5.3公里。治理、整合石材加工企业71家，淘汰砖瓦窑等落后产能，推进清洁生产和重点用煤企业技改工作，实现主

泰顺县行政区划示意图

泰顺县行政区划

街道（乡镇）名称	面积（平方公里）	人口（万人）	政府驻地	社区、居民区、行政村
罗阳镇	104.90	4.26	西大街	1个社区：新北 4个居民区：城东、城南、城西、城北 20个行政村：溪坪、联新、鹤联、南山、横岗、东内、东外、南内、南外、西内、西外、北内、北外、三垟、毛竹下、白溪、上交垟、下交垟、江渡、赤坑
泗溪镇	49.50	1.65	白粉墙村	1居民区：环水 13个行政村：上院、前坪、南溪、下桥、半溪、溪源、白粉墙、洪坑、秀垟、�竹坑、玉岩、半地垟、企石
雅阳镇	67.30	1.91	中村村	15个行政村：新联、雅阳坪、莲头、福梅、岭垟、和平、中村、沐峰、埠下、吴家墩、百福岩、白巢、承天、红朱田、东安
百丈镇	88.70	1.01	飞云湖	1个居民区：飞云湖 10个行政村：洪秀、建民、阳山、莒云、横辽、南坑垟、台石、双岭、朱垟、山后
三魁镇	69.60	2.27	张宅村	1个居民区：燕水路 16个行政村：张宅、秀溪边、刘宅、戬州、曲尺潭、东垟底、上武垟、庵前、下武垟、薛内、薛外、西岙、黄沙坑、卢梨、夏家山、水车垟
仕阳镇	68.40	2.31	溪东村	18个行政村：溪东、朝阳、严山、上林垟、桥底、翁地、赵垟、垟望、双神、林垟、龟垟、裕垟、董源、龙头、黄碧龙、瑞昌、双路、荣西
司前畲族镇	117.70	1.24	新北	1个居民区：新北 9个行政村：司前、左溪、溪口、大住、台边、里光、上地、叶山、榅垟
彭溪镇	53.00	1.12	彭溪村	10个行政村：彭溪、车头、富垟、外垟、均山、富山、五里牌、官引、官坑、玉塔
筱村镇	76.10	1.62	徐岙村	14个行政村：葛垟、徐岙、枫林、北坑、新楼、坡头、章前垟、东垟、长垟、坳头、玉溪、里垟、五蒲、翁家山
龟湖镇	71.20	0.94	龟湖村	1个居民区：白岩 8个行政村：双临、董陈、龟湖、上宅垟、章荣、龙垟、郑家庄、后章岗
西旸镇	39.60	0.94	门楼坳村	1个居民区：面前岭 9个行政村：叶瑞旸、横川旸、老鹰岩、竹茂旸、双旸、尾厝、瑞后、门楼坳、外西坑
南院乡	66.10	0.71	南院村	10个行政村：南院、桥下、桂坪、上察溪、毛垟、三坪、棠坪、三联、育秀垟、叶盛坑
仙稔乡	44.80	0.55	仙居村	5个行政村：仙居、三滩、上稔垟、下稔、春阳
岭北乡	48.60	0.46	村尾村	5个行政村：村尾、板场、道均垟、北峰、上垟
黄桥乡	40.60	0.21	黄桥村	1个行政村：黄桥
竹里畲族乡	47.90	0.28	竹里村	3个行政村：竹里、茶石、何宅垟
碑排乡	62.30	0.35	碑排村	6个行政村：苏北、思岱垟、大岗背、碑排、马联、五斗
峰门乡	38.30	0.29	峰门村	2个行政村：峰门、徐宅
包垟乡	36.70	0.90	新塘垟村	9个行政村：新塘垟、包垟店、林岙、卓南坑、包垟底、横溪、岩上、涂坑、驮坪
新浦乡	40.20	0.90	库村	9个行政村：库村、新仓、双坑、孙坪、南峤、龙前、新厂、新兴、周新
翁山乡	45.40	0.66	外垟村	6个行政村：兴东、永兴、坑底、山峡、外垟、梨垟
联云乡	22.54	0.50	箬垟村	5个行政村：箬垟、新源、朝头垟、包坑、培坑
凤垟乡	37.33	0.98	三门垟村	7个行政村：三门垟、洲路、西溪、三星、李垟、梧桐垟、梨槙垟
横坑乡	24.60	0.61	建新村	6个行政村：建新、池源、华垟、坑头、大坪、春白坑
九峰乡	40.55	0.60	西地村	7个行政村：新和、九峰、半岗、西地、塆头、前坪仔、石门
月湖乡	17.50	0.49	水尾村	5个行政村：月湖、水尾、西关、柘下、银洞
峰文乡	25.50	0.26	汇源村	3个行政村：峰文、汇源、双溪口
松垟乡	19.40	0.54	松垟村	5个行政村：松垟、上仁、灵乾、上村、下村

续上表

街道（乡镇）名称	面积（平方公里）	人口（万人）	政府驻地	社区、居民区、行政村
柳峰乡	28.40	0.83	墩头村	7个行政村：墩头、上岚、国岭、卓宅、东桥、梧村、新庄
东溪乡	32.60	1.08	上村	8个行政村：琴桥、蔡宅、上村、秀溪、桥头、普城、吾坪、黄淡漈
雪溪乡	26.60	0.96	双溪村	9个行政村：双溪、双桥、保兴、雪临、山前、桥东、大龙口、武岭、桥西
万排乡	21.10	0.39	上排村	3个行政村：茂竹园、下排、上排
下洪乡	47.60	0.98	门楼底村	10个行政村：门楼底、门楼外、南源、道观后、凤垟、洪溪美、上洪、贝谷、大溪源、下彩
大安乡	26.80	0.90	柳埠村	7个行政村：柳埠、大垟、下塔、花坪头、罗汉、大丘坪、洪岭头
垟溪乡	50.10	0.70	垟边村	7个行政村：垟边、富家垟、白海、彭坑垟、坑斗、后头、可溪
洲岭乡	45.20	0.85	洲滨村	8个行政村：洲滨、华荣、华庄、龙华、上庄、上舟垟、瑞岭、半路

要污染物减排目标。完成大气质量自动检测站仪器安装和调试，与省市保持联网，县环境监控中心建成投入使用。新增省级生态乡镇6个、市级生态乡镇9个。根据中国环境监测总站公布数据，2007年，泰顺县生态环境状况继续保持全省第一。

民生事业发展 2007年泰顺县民生事业取得进展。1067户困难群众危旧房完成改造。6.9万户农民参加政策性住房保险。 25.8万农民参加新型农村合作医疗，21.9万农民免费参加健康体检。学校食宿改造项目完成19个1.93万平方米，5916名学生享受爱心营养餐，7655名家庭困难中小学生和133名大学新生得到资助。康庄工程完成路基改造117.1公里、路面硬化149.2公里、乡道硬化24.4公里。建成40个饮用水项目，解决4.6万人饮水困难。实现86个行政村、251个自然村光缆联网，152个行政村通调频广播。完成16个乡镇19个中心村的污水和垃圾集中处理设施建设，建成户用沼气池216户。送电影下乡到村2038场次。

苍南县

概况 2007年苍南县实现国内生产总值177.84亿元，比上年增长12.7%。实现第三产业增加值84.09亿元，增长15.1%。财政总收入16.89亿元，增长32.5%，其中地方财政收入达到10.01亿元，增长37.6%，两项增幅均列温州市第一。年末金融机构本外币存款余额161.65亿元，贷款余额137.38亿元，分别增长23.2%和30%。城镇居民可支配收入16 743元，增长11.1%。农民人均纯收入6609元，增长16.3%。

实现农业产值25.24亿元，比上年增长7.2%。发展特色农产品基地5个，新建农业产业化基地9.5万亩，新培育市级百龙企业3家、县级农业龙头企业13家，在全市率先成立第一家县农民专业合作社联合会。全县36个乡镇实现连锁超市全覆盖，515个行政村建成农村放心店。

安排县财政预算内“三农”资金9.23亿元推进“富民攻坚计划”，新发展各类效益农业基地90个、14 500亩，辐射带动25万农民增收。发展来料加工点61个，创造就业岗位5000多个。新建、续建下山移民点35个，2290户9531人实现搬迁。开工建设新美洲移民小区，启动望里镇神山村等6个行政村的整村搬迁。完成农村劳动力培训25 093人次，转移就业7574人。政策性农村住房保险农户参保22.33万户，参保率94.2%。参加新型农村合作医疗保险农民57.7万名，参合率75%。

实现工业总产值403.32亿元，增长17.3%。房地产开发投资15.96亿元，增长9%。新增“中国台挂历礼品生产基地”、“中国梭子蟹之乡”国字号金名片2张、中国名牌商业企业1家。技术改造立项47项，建立省级企业技术研发中心3个，市级科技研发中心4个，国家级高新技术企业实现零的突破。

全社会消费品零售总额85.44亿元，增长16.3%。浙福边贸水产城市场进入全国水产品批发市场二十强，新增省三星级市场1个。举办五凤开茶节、肥艚开渔节、渔寮沙滩风筝节、炎亭海鲜美食节等活动。实现旅游总收入10.5亿元，增长10.2%。

全社会固定资产投资61.26亿元，增长21.3%。安排重点建设项目24个，完成投资16.27亿元。瓯南大桥、104国道平阳界至灵溪段建成通车，温福铁路苍南段、78省道改建、安居工程三期等工程进展顺利，2个220KV、2个110KV输变电工程投运，开工建设桥墩水库保安加固工程。完成工业性投资28.11亿元，增长22.8%。

外贸出口总额2.43亿美元，增长36.5%。进出口总额2.69亿美元，增长31.6%。全县实际利用外资2678万美元，实际到位内资2.9亿元。

举办县第三届文化艺术节暨首届民族民间民俗文化节、全国汽车超级短道拉力锦标赛等大型文体活动，群舞《碗窑印象》获全国群星创作奖。舞

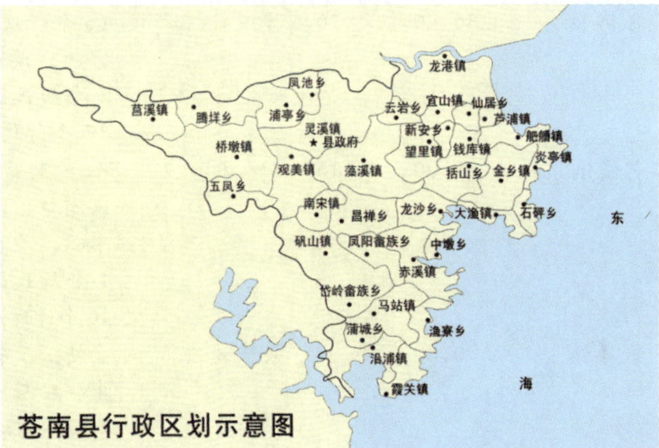

苍南县行政区划示意图

苍南县行政区划

街道（乡镇）名称	面积（平方公里）	人口（万人）	政府驻地	社区、居民区、行政村
灵溪镇	83.20	20.70	江滨路	4个社区：大门、灵堡、城中、莲池 18个居民区：古磉、上街、凤山、双台、柴街巷、黄宅内、会龙门、塘北、站东、韩头桥、灵浦、站前、站北、望江、玉龙、南鹤、横阳、城北 112个行政村：樟浦、家堡、双台、双灵、古磉、下东垟、双垟、大门、斤基、西山、宫后陈、灵丰、山东、五垟、沿尾缪、东仓、上江、水门内、上垟庄、河尾庄、上林、官堂、新建、灵堡、岩头、龙渡、鱼塘口、垟、后垟、坑底、岭北、大观、南龙、溪心、水头、坑源、五亩、金岙、晓丰、田、北山下、坝头、下埠街、岭前、象松、过港、秦岙、渡龙、双汇、叶家垟、屿湖、宕顶、西程、埭头、白鹤、望鹤、余桥、水垟、凰山前、蔡宅、联进、横支、四大、横河、金福、桥底、营垟、内李、王宅、梧梅、浦边、江苏、河口叶、新港、仓泱、沪山、新溪、台溪、柳庄、五爱、三河、山北底、凤阳、畔垟、门前、山南、周林、浦口、后蔡、前蔡、新桥头、新浦、百丈、塘下、横浦、华山、大洽头、上刘、红星、塔里、横江、平水桥、双家垟、棋南、汤家垟、山脚李、平南、下汇周、斗南、郭家车、镇江、上垟
龙港镇	80.70	24.68	镇前路	23个居民区：江浦、通港、海港、建新、镇前、龙跃、沿河、文卫、江湾、西南、龙湖、站前、百有、江滨、龙华、望城、永盛、建北、龙威、鹤浦、东浦、泰安、繁华 107个行政村：新渡、方岩下、河底高、金钗河、江口、下埠、池浦、朝西屋、流浦、柳江、咸园、砖瓦、新陡门、新兰、东排、西排、新美州、洪宫、涂厂、黄家蓬、瓦窑头、李家垟、下涝、浦后、三大屋、河北庙、黄中、象北、象中、象南、七河、刘北、刘西、刘南、方北、方中、方南、章良、岑浦、下东庄、二河、海头、河尾、前东、朝北处、后岸、民主、海下、新垟、西桥、东河、下垟郑、双桂、陈良、杨家宅、凤江、双龙、汇龙、李庄站、长连屋、朱家站、三垟、凰浦、水深垟、童处、林陈、新光、麟头、张西、张东、环河、徐家庄、陈家宅、韩家垟、布贤、仕家垟、梧桥、吴家弄、陈宅、林官仓、陈华垟、吴兰楼、余北、余南、施良、孙店、周家车、西河、下水门、郭宕、新河、上河头、薛北、薛中、薛南、月星、大店、文楼、东庄、三大庙、都口、卢处、平桥、寿山、王家门、下湾、振棋
宜山镇	13.24	4.18	球新路	8个居民区：球山、龙头、仁寿、前垟、站前、东兴、兴龙、环球 27个行政村：严处、吴家库、朱处、甲第、上黄、下黄、林梁、宜一、宜二、塘西、东店、八岱、谢垟底、东跳、张北、张南、上水门、陈家寺、前河蒋、泱中堡、珠后、珠西、珠东、芙蓉、水亭、梁宅、后垟增
芦浦镇	6.00	2.20	芦浦村	1个居民区：芦光 14个行政村：芦浦、增产、儒桥头、鉴后西、鉴后东、鉴后垟、前垟、县后、石路、东门垟、南宕、林家院、黄楼下、前垟底
苔溪镇	50.50	1.70	苔溪村	1个居民区：云山 15个行政村：苔溪、大坪、大山、上村、大俄、西厅、王洞、王立、桥南、宫外、溪东、田寮、天井、黄畲、坳下
舥艚镇	18.00	5.15	炉头村	3个居民区：中魁、双港、桂泉 37个行政村：炉头、泮河西、泮河东、北岭、林家庄、平安、老台、七二、七一、舥艚、中段、老陡门、下乾头、方城底、横池、东山周、垟底张、泱底、东浦口、山塘、陈处、马路下、西浦口、金家沿、北大垟、九刀连、新桥、水心、倪前、倪后、黄库、浦东、浦前、仙垅船、夏口徐、黄东、马鞍桥
钱库镇	20.80	6.53	兴中	4个居民区：兴中、东街、西街、兴华 40个行政村：东西街、横街、三西、三东、黄判桥、倪处、金家垟、垟西、车头、金处、三秀桥、西堡、陈东、陈西、陈南、苏家堡、项西、项东、垟北、垟南、垟中、后谢、李家车、小河川底、山下、孙家河、林家塔、李后、李前、桐桥、前吴、章均垟、夏口、陡门底、蔡里、彭家礁、后官、河家埭、前官、垟东

续表1

街道（乡镇）名称	面积（平方公里）	人口（万人）	政府驻地	社区、居民区、行政村
望里镇	32.40	3.42	南茶寮村	3个居民区：南茶寮、港滨、镇前 24个行政村：南茶寮、北岙、南北岙、北茶寮、河口、新民、泱底园、下堡、乌石岭、港头、六板桥、凤岙、马鞍、金家庄、罗厝、宫西、溪头埠、祺临、东山头、雅儒、山岙口、护法寺、仙居山、神山
观美镇	42.50	2.85	观美村	17个行政村：观美、大路、岩联、新岸、凤鹤、桃湖、中屿、茂竹、寨岭脚、双溪、三美、三联、楼下、东阳、顶垟、十字路、碗窑美
藻溪镇	75.70	3.75	建光村	3个居民区：兴康、九堡、建光 31个行政村：建光、周浦岭、高岙、下山虎、盛陶、新荣、九堡、丁步头、蔗岙、燕坑、东溪、银湖、富山、汇山、平水、加针坑、小心垟、毛徐、草白、下村、流石、下应、东垟、元店、繁枝、三岙、坡南、北山坡、白坟、丁岙、魁桥
桥墩镇	75.00	4.45	堂阳	6个居民区：堂阳、玉山、镇西、松山、西园、桂兰 34个行政村：云仙、石龙、凤岭、库区、龙井、墓庵、新宫、柳垟、仙堂、古树、新村、金山头、卅七、下垟、碗窑、高山、矴步头、小沿、四亩、罗垟、方竹、蔡垟、关庙、发凤、树枫、南湖、马渡、后隆、黄檀、官南、横墙、蕉坑、天星、小源
炎亭镇	14.00	1.71	振兴村	6个行政村：西沙、东沙、崇家岙、新兴、振兴、海口
金乡镇	43.55	7.38	卫前街	7个居民区：卫前、凤凰、丰乐、球山、茶亭、七星、海晏 61个行政村：灵峰、夏八美、后半垟、前半垟、夏泽、灵峰黄、下泽汤、大处基、底店、河头、上堡、冯店、汤鉴垟、上乾头、坊下、林家硐、四代徐、黄家宅、余庄、大桥头、阳美、半泱连、池心、洪岭下、东山蔡、苏家、郑家楼、郑家垟、前张、东田、河尾垟、南祥、东店包、蔡家、黄金河、东埭头、珠照垟、戴家堡、吴家堡、湖里、坎头、张良山、前堡、瓦窑、倒桥、桥头连、黄坭岙、梅岭脚、梅岭头、凉亭、珠梅岭、十八步、干溪、牛卧龙、龙蟠基、狮山、星光、五一、城中、金星、溪头
大渔镇	16.00	2.01	南行街村	7个行政村：南行街、北行街、渔岙、大岙、岭门、小渔、大岙心
矾山镇	52.95	4.27	新华街	9个居民区：南下、内街、南垟、新街、大埔头、龙舌头、王家洞、水尾、福德湾 17个行政村：古路下、深家坑、内山、南下、中村、金斗垟、南堡、顶村、杨子山、甘茶、青山后、倪家山、埔坪、狮头脚、拱桥内、柯岭脚、甘岐
赤溪镇	50.00	2.30	南行村	1个居民区：赤溪 19个行政村：南行、过溪、塘头、北岙内、赤溪、园林、白湾、流歧岙、半垟、双联、泗安、官岙、信智、棕利头、后垵、乌岩、韭菜园、湖井、园屿
马站镇	36.00	2.93	南新街	2个居民区：南街、蒲中 22个行政村：马站、凤尾山、金山、桥头、山边、闸桥头、霞峰、后岘、城门、大门洋、西边、棋盘、车岭、下屿、中魁、下魁、顶魁、小姑、中姑、南垄、三墩洲、鲂鱼山
霞关镇	34.45	2.20	霞关村	1个居民区：金玉沙 12个行政村：霞关、瑶洞、兴霞、三星、南坪、新林、长沙、三澳、澄海、库下、仙岩、大垅
南宋镇	22.00	1.35	北山村	2个居民区：北山、枫树门 8个行政村：南宋、古楼山、垟丰、垟尾园、蕉坑底、大埔山、溪光、北山
沿浦镇	30.00	2.18	沿浦村	2个居民区：沿浦、新兴 19个行政村：沿浦、鼻头、大姑、新塘、李家井、下在、岭尾、外垟、斗门头、三茆、云亭、界牌、牛乾、南堡岭、孟福林、白蓬岭、木林、沙岭、海丰
凤池乡	14.00	1.10	板岙村	9个行政村：板岙、徐溪、白水、湾旦、大坡、垟岙、水月、浦内洪、双益

续表2

街道（乡镇）名称	面积（平方公里）	人口（万人）	政府驻地	社区、居民区、行政村
浦亭乡	27.30	1.35	燕头村	8个行政村：燕头、苍溪、灵浦、浦南、石聚、玉泉、和平、大亭
腾垟乡	20.00	0.80	后车村	6个行政村：腾中、兴庆、传星、玉腾、东山、苍北
云岩乡	13.00	1.79	鲸头村	13个行政村：鲸头、士金兜、上对口、中对口、山前、凤山、金中、云岩、梁峰、三峰、联友、瑞岩、港头
仙居乡	8.00	1.69	安居村	15个行政村：安居、仙平、朱家斗、李家垟头、湖广店、翁处、雅后、雅店桥、雅前、神宫桥、木桥头、柘园、龙船埠、十二岱、河西岸
新安乡	8.20	1.94	东社村	18个行政村：东社、新社、小云兜、大云兜、路边、金龙、西谢、大树下、东浃头、廖家垟、玉龙、鉴桥、管店、大河川底、塔头、塔前、山北、陈鉴垟
括山乡	24.00	2.02	将军村	17个行政村：将军、小陈家堡、南垟、蔡家堡、西张庄、东张庄、尤家园、大庄、下汤、河西、新岙、斜路、西括、岭脚、东括底、龙山、丰山
五凤乡	29.00	1.19	嘉同村	9个行政村：嘉同、新利、南山头、八亩后、黎垟、柘垟、新凤、水沟、思居
石砰乡	10.00	1.34	坑南村	5个行政村：坑南、坑东、兴渔、兴澳、凤水湾
龙沙乡	38.00	1.47	沙坡村	6个行政村：沙坡、吊壁灯、石塘、安峰、玉溪、下门
昌禅乡	35.00	0.71	昌禅	6个行政村：兴昌、大心垟、三条溪、王家垟、中岙、高丰
中墩乡	10.00	0.97	中墩村	7个行政村：中墩、海滨、南头、下厝、王家山、小岭、尖礁
渔寮乡	17.00	0.85	渔寮村	9个行政村：渔寮、后增、崇安、荷包田、王孙、联盟、雾城、关头、滨海
蒲城乡	9.00	0.70	城西	5个行政村：金城、龙门、甘溪、西门外、兴蒲
凤阳畲族乡	21.00	0.55	顶堡村	6个行政村：顶堡、岭边、龟墩、凤楼、鹤山、鹤峰
岱岭畲族乡	20.00	0.63	东宫村	8个行政村：东宫、云遮、云山、坑门、福掌、富源、杨家边、大厝基

蹈《小小花翎》在第二届中国国际青少年音乐舞蹈比赛中获金奖。建成全民健身苑点16个、文体俱乐部30个。苍南民族中学获“全国民族体育先进集体”称号，少年王昆昆夺得2007全国大众跆拳道锦标赛58公斤冠军。动工建设苍南图书馆新馆，新建村文化活动场所76个，宗祠改建文化活动中心20个，农村放映数字电影5502场。16个乡镇通过省、市教育强乡（镇）验收，连续14年高考上线人数列温州市第一名。温新新以615分的成绩夺得高考温州市文科第一名。

苍南获全国防汛抗旱先进集体 2007年苍南县面对两次强台风正面登陆和一次强台风严重影响，全县上下以最快的速度抢修灾毁设施，在最短的时间内恢复工农业生产，以最有效的措施推进灾后重建，取得抗台救灾的胜利，获全国防汛抗旱先进集体称号。县委书记章方璋获“全国防汛抗旱模范”称号，马站镇人民医院院长李芳雪获全国五一劳动奖章并入选“浙江骄傲——2006年度最具影响力人物”。

生态县建设 2007年苍南县加强生态县建设。推进县城引水工程建设，该工程采取管道引水方案，线路总长18.3公里，总投资14 299万元。总投资1.3亿元、日处理污水6万吨的县城污水处理厂和总投资1.6亿元、日焚烧生活垃圾400吨的县垃圾发电厂投入试运营。一批农村饮用水工程建成投入使用。推进“百村整治、十村示范”工程、“三位一体”服务联合体和农村基础设施建设，启动整治村建设33个、省级示范村8个。强化褪色污染和“十五小”企业整治，开展污染源普查和污染物减排工作。启动规模化畜禽养殖场的污染治理工作，完成江南畜牧场、苍南县百纳獭兔养殖有限公司等8家规模化畜禽养殖场的排泄物的治理任务，其中江南畜牧场产生排泄物采取资源化利用。加强对地表水、饮用水源地和降雨等水质例行定期监测，建成灵溪、龙港两处空气质量自动监测站并投入使用。累计建成全国环境优美乡镇1个，省级生态乡镇2个，市级生态乡镇7个，市、县级生态村58个。

招商选资推介会 2007年9月1日，苍南县招商选资项目推介会在温州王朝大酒店举行。苍南县安排的1200多亩土地、31个项目在会上推出，项目涵盖产业招商地块、市场、基础设施、文卫、旅游业、企业嫁接等领域。推介会上，中国金港船业有限公司等企业和县政府签约项目投资额25亿元。

地方新事异闻

地方新事

烈士的父母　战友的双亲　一月上旬，鹿城区双潮乡利八坑村陈云生烈士家里来了7位“不速之客”——瓯海区公安分局民警周跃南与其女儿周焕等7人手提大米、食用油、味精、咸鱼和棉衣、棉裤、棉帽等探“亲”来了，饱受失子之痛的两位老人当即感动得老泪纵横。

陈云生烈士于1985年2月为国壮烈牺牲。消息传来，与烈士一起入伍、一起参战的周跃南等温州籍战友悲痛万分。同年底，当周跃南等温州籍战士退伍回乡后，第一件事就是约上七八位战友一起来到陈云生家，认其父母为“亲爸亲妈”，把烈士父母当作自己的亲生父母来孝敬。21年来，周跃南等除了平时牵挂着老人，经常打电话慰问老人外，每年都会选在“七一”节前去探望老人，在陈云生家过一次特殊的“党组织生活日”，并每人都交一笔特殊的党费。因此认亲“队伍”也日益扩大，甚至连陈云生生前的团长也千里迢迢来到山上看望烈士双亲。

该年23岁、从小常听父亲讲烈士故事长大的周跃南女儿周焕，2006年从浙江经济学院毕业，前不久刚刚参加工作。她参加工作后的第一件事就是想让父亲陪着到山上看望烈士双亲。进入寒冬，周跃南也挂念着住在高山上陈云生双亲的寒暖。与周跃南平常在一起参加晨练的金立成、包陈青等市民听说要去看望烈士父母，就主动要求加入了探亲队伍。周跃南与女儿周焕、战友池文隆、“山友”金立成、包陈青等，开着两辆小车驱车40余公里，带着提前买好的日用品和御寒衣物，来到山上探望年逾古稀的烈士双亲。云生的老父亲穿上暖暖的棉衣棉裤后眼含热泪说：“跃南和他的战友年年都这样，真比亲儿子还孝顺呀！”

英雄遗愿　家人捐资修路　4月15日凌晨，安徽籍民工姚仁全在乐清柳市与歹徒英勇搏斗，洒尽一腔热血，献出了年仅34岁的生命。姚仁全的事迹经媒体报道后，社会各界人士与企业单位纷纷伸出援助之手，用各种方式关心帮助姚仁全家属。姚仁全走后，留下了一个只有5岁的年幼女儿姚鑫宇。兴乐集团决定帮助其妻子解决工作问题，并以每年2000元学费的资助形式，助学结对姚鑫宇直到18周岁。5月22日，乐清团市委给姚鑫宇捐款5000元。

姚仁全的事迹在他的家乡安徽省颍上县广为流传，关屯乡群众集资20多万元准备在姚仁全的家门口修一条路来纪念英雄。姚仁全生前就有修建此路的愿望，其妻刘瑞敏表示，要从善款中捐出10万元在老家修建“姚仁全路”。

老翁50万元捐建教学楼　黄永寿，74岁，年轻时当过20多年村干部，养过蜜蜂，养过鸭，还扒过2年螺蛳，一辈子勤劳，日子虽辛苦，过得却也不错。上世纪90年代初，黄永寿的两个儿子一个女儿，先后出国经商。“孩子在国外发展得不错，生活慢慢好起来了，我就想着，让大家回国做做善事，首选就是捐资助学。”黄永寿说，“跟女儿女婿一说，他们一口答应了。”

该年下半年，黄永寿托朋友帮他在文成、泰顺等地山区，找所学校资助。经过一段时间的筛选，在市教育局的牵头下，选择了文成县百丈漈镇中心学校。11月29日，黄永寿跑到学校实地查探了一下。当天看到的情景对他触动比较大，老人说：“山区确实还是比较困难的。百丈漈在海拔六七百米的高山上。从温州过去，颠簸了两个多小时。学校只有一间教学楼，设施简陋。500多名住校生，寝室都不够，有的寝室十几二十个学生挤着住。孩子们读书环境比较艰苦啊。”黄永寿当即与学校签订了协议：捐资50万元，建一幢新教学楼。这钱到底谁出？老人笑笑说：“这是一家人出的。”

女生退还多出的资助　8月17日，对乐清市岭底乡潘龙村的18岁女孩俞书秋来说，是兴奋而又难过的一天，喜的是盼了两个月的浙江旅游职业学校录取通知书终于到家了，忧的是通知书上注明的6000多元学费，让她家无力承担。2006年4月因癌症去世的父亲留下了巨额债务，加上母亲体弱多病，弟弟又在读书，一家人只能寄居于祖父家中，靠母亲打零工糊口。

俞书秋的困境牵动了很多人的心，不久，柳市镇的一位企业家给俞书秋打来电话，表示愿意负担其大学的学杂费用，近期会将学费存入俞书秋交学费的银行账户里。过了几天，俞书秋又接到了一个电话，芙蓉镇的一位企业家也向她表达了资助的意愿，第一学年提供7000元学杂费，今后每年还要提供6000元，直到俞书秋毕业。如果说第一份资助带给俞书秋的是上学的喜悦，那么这次摆在她面前的便是享受大学生活的机会。在“要”与“不要”这个命题前，她选择了后者。村里人说，孩子家里这么困难，拿多点钱补贴家用也是好的。然而，纯朴的俞书秋却觉得这钱拿着不安心，她说：“感谢好心人！但我在大学里可以半工半读养活自己，不能随便乱要好心人的钱。”于是，她托姑父林康理将其中一份资助退还。

得知此情，两位资助人都盛赞俞书秋明理，并表示愿意在俞书秋遇到困难时尽量帮助她。

温州女孩赴贵州献血救人 毛陈冰是温州市平阳人，20岁，中国美术学院艺术设计职业技术学院环境艺术专业的三年级女生。9月15日，毛陈冰在“稀有血型QQ群”看到一条紧急求救信息：贵州省黎平县人民医院一位孕妇因宫外孕大出血，急需输ABRH阴性血型的血救命，但全省没有找到所需血源。“救命如救火！”与病人同血型的毛陈冰没有多想，就决定赶去当地输血救人。她在迅速联系病人表哥和向同学筹借到路费后，便匆匆上了路。

1个多小时的火车、3小时的飞机、11个多小时的汽车，9月16日晚6点，毛陈冰终于赶到了病人所在的医院。稍作休息后，毛陈冰体内240毫升的ABRH阴性血型的血被成功输入病人杨昌花体内。为了不耽误课程，次日凌晨3点，毛陈冰拖着疲惫的身体踏上返校的路程。

贵州省黎平县人民医院办公室的王秘书告诉记者，一见到毛陈冰，第一感觉就是“瘦小”。“不顾路途劳顿的她献血心切，当即就要求给病人输400毫升的血，她只是一个劲地说‘救人要紧！’”在对毛陈冰进行抽血检测通过后，立即开始输血。可当血输到240毫升时，毛陈冰发生了虚脱。在简单接受医生处理后，毛陈冰依然要求继续输血，但出于安全考虑，医院最终还是停止了输血。

现在，杨昌花的身体状况恢复很快，并能下地干活了。她说：“真的无法用语言表达，她就是我的救命恩人！”

老夫妻买年货送灾区 离传统佳节春节的日子越来越近了，灾区困难群众的年货备好了吗？1月26日，年逾古稀的温州市区老人张长姆、郑阿玉夫妇，带着60份年货来到苍南，将厚厚的棉被送给遭受台风“桑美”重创的灾区困难群众。在苍南县金乡镇河尾垟村灾民临时安置房外，特意开着残疾车从村外赶回的低保户潘志慧接过两位老人递过来的棉被、大米和食用油，“这么远送过来，好比春天一样暖啊。”这个38岁的汉子激动地告诉记者，虽然他家的房子在台风中全毁了，家里的东西什么都没了，但得到了许多帮助，他家受市慈善总会资助的新房已经建好了外框架，估计能搬进去过个好年。

“真是个好日子，大家都会过个好年的。”看到河尾垟村的灾民新房均建得很是规模，张长姆夫妇俩很是高兴。老人说，这次带来灾区的棉被、大米和食用油都是他们自己去一一挑选过来的，一共60份，虽然只6000多元物品，却是他们最真诚的心意。随后，两位老人又来到金乡镇永兴村，向生活特别困难的灾民分送了年货，表达了祝福。据了解，其余的年货将由金乡镇工作人员送到同样受灾严重的河头村和夏泽村。

员工得病 老板千里送款 田列峰是湖北省恩施人，该年29岁。2002年，他只身来温，在乐清一家汽车配件公司务工。两年后，由于工作出色，田列峰被提拔为车间主任。之后，他将老家的妻子张柳接到了乐清，上年小两口添了一个大胖小子，一家人生活得其乐融融。没想到，2007年年初，田列峰开始感到背部酸痛，11月开始，全身发肿，感到胸闷，时而呕吐，最后被确诊为尿毒症。11月15日，田列峰请假回到武汉，住进当地的同济医院。

田列峰老家在湖北农村，一直靠工资维持生活，2006年，因为妻子难产，家里的积蓄花得差不多了。因为没了治疗费，妻子张柳试着给公司经理李先生打了电话，李先生当即给田列峰寄去1万元。12月6日，了解到田列峰要做肾脏移植手术，李先生派出公司员工搭乘飞机专程赶往武汉医院看望田列峰，并送去6万元医疗费。

为报2元之恩 送秘方治愈顽症 6月12日，缙云人小胡又给平阳鳌江的吴老伯送药了。自上年5月在温州公交车上的一次邂逅后，这是小胡第14次给吴老伯送药，以报答吴老伯解围之恩。

2006年5月的一天，小胡在木材鞋都附近乘43路公交车去市区找老乡。车起步了小胡才发现自己忘了带钱，只得尴尬地对驾驶员说下站下车。这时，一位老伯拿出2元钱，为他付了车费。

小胡在道过谢后与老伯聊了起来。老伯说自己姓吴，家住平阳县鳌江柳发路，得了骨髓异常增生综合症，贫血、乏力、免疫力极差，一直低烧，动不动就感冒，好几次晕倒。到处求医不见好转，有时靠输血维持。这次到温州来是求医的。

小胡是丽水缙云人，在温州打工。听了老伯的话后，他想起家乡有一名亲戚曾经得过这种病，多方求医不见效，后来不知从哪里弄到一个秘方，吃了很有效。小胡就将这一情况告诉吴老伯。吴老伯将信将疑，但看到小胡真诚的表情，他还是把联系方法留给了小胡。

两天后，小胡给吴老伯来电，说已经打听到亲戚吃的药是在丽水龙泉一药房配的，他按一个月的药量抓了药，亲自给吴老伯送过来。吴老伯要给小胡钱，小胡说啥也不要，说吃了有用他再去买。吴老伯这时才打消了对小胡的怀疑。之后，吴老伯按照小胡提供的方法，熬药服用。一个月后，真的有点起色。由于龙泉到平阳鳌江没有直达车，药都是由班车带到市区黄龙车站，小胡到黄龙车站取了药，再到牛山客运中心托运给吴老伯。服药后，吴老伯的病情真的一天天好起来了。现在，他的血液生化指标已基本正常。

6块银元 三代人的信义 上世纪30年代，今文成县金垟乡渡渎村的篾匠师傅郑步孩，在瑞安市桂峰乡河上垟村做篾谋生。在这个偏远山区里，多亏当地农民陈盛列为他提供住所、并照顾着他的生活，久而久之，两人便有了不错的交情。1936年，陈盛列突患肺结核病，这对陈家来说，无疑失去了顶梁柱，家境也一落千丈。贫病交加中的陈家，只得在1936年至1938年间，先后共向并不富有的郑步孩借了6个银元。1938年底，陈盛列病入膏肓，在弥留之际，他对妻子张氏留下遗训：“有一日家道中转，要后辈尽快还钱。”无力偿还债务的张氏，只能愧疚地向郑步孩道歉，并表明了丈夫的遗愿并承诺，即便自己还不了这钱，也一定下承子孙，把债还清。在老家简居草屋的郑步孩，尽管家徒四壁，但他只淡淡地表示，钱不重要，他希望张氏好好抚养儿女。此后不久，郑步孩便离开了河上垟村，从此杳无音讯。此后陈家却历经磨难，1939年，陈家幼子被抓当了壮丁，家中仅剩下长子——陈昌达的父亲一个劳动力。屋漏偏逢连夜雨，次年，陈昌达的母亲也中风倒下。此时的陈家只有陈昌达的祖母、父亲和幼小的四兄弟。为让丈夫遗言能在某一天兑现，张氏将这笔债务的来龙去脉，告诉了长孙陈昌福和次孙陈昌达兄弟，并一再叮咛，不管哪一天，只要有能力，就一定要尽快把钱还上。这一年，陈昌达13岁。

69岁的陈昌达说，祖母当时只告诉他一个名字，连姓也没说清楚。文成这么大，怎么找到郑步孩？何况，照年龄推算，郑步孩应该不在人世了。这是个难题，但他坚信，只要努力，总会找到，即便是郑步孩的后人，自己也要把钱还上。功夫不负有心人，几年前，陈昌达终于通过定居在湖岭的文成县金垟乡篾匠郑叶松处了解到，当年的篾匠师傅郑步孩是他同乡，住金垟乡渡渎村。此时，陈昌达的其他3个兄弟先后去世。当他知道了恩人确切的地址后，以长辈的身份于上年底召集子侄，把这个藏在心里60多年的秘密告诉了大家。还债，很快在这个家族中达成了共识。

2007年5月10日，陈昌达带着子侄，一路颠簸来到了渡渎村，他向村民们询问当年篾匠师傅郑步孩时，恰巧碰到了郑步孩的长孙年届61岁的郑国斌。当陈昌达核实了对方的身份、然后把事情原委说清楚后，郑国斌听呆了："爷爷和爸爸过世时，都没有提到过这6个银元，七十年了，真是难为你还记得。"在郑国斌的描述中，陈昌达了解到，郑步孩回乡后一直穷困，一生都在茅草房中渡过。陈昌达垂下热泪，将4000元钱和一封感恩信递给了郑国斌，他还特地赶到郑步孩的墓前，向长眠于地下的恩人献上一炷清香。

200米红地毯迎亲人回家　3月31日早上，龙湾永兴街道纪兴路17号，87岁的季翠花在众人的搀扶下，踏上了亲人们为她铺的"欢迎回家"的红地毯。这一天，季翠花老人苦苦期盼了78年。

1929年，由于生活艰难，季翠花的父亲狠心将9岁的她卖到了福建福州仓山区城门镇一商户人家做丫环，改名秋菊。20岁时，季翠花嫁到与仓山区一江之隔的福州长乐银前镇。在养育儿女的过程中，季翠花对故乡的思念与日俱增，她时常告诉身边的女儿，老家在温州龙湾永兴，老家的门口有河，能坐船，具体地点却记不清楚。她希望有一天能找到故乡的亲人，能踏上回家的路。但是对故乡事物没了具体印象的老人来说，想找到亲人谈何容易。

季翠花日夜思念亲人的同时，温州龙湾永兴的姊妹兄弟也在牵挂着她。季翠花父亲当年将女儿卖给那家商户后，走时记住了那户人家在一座桥边，桥头有四个石狮子。他期待着生活好转的那一天，还能赎回女儿。凭这个印象，父亲后来又托人前去当地寻找女儿，但是由于种种原因，杳无音信。上世纪90年代初以来，寻找季翠花成为季家所有兄妹的心愿。家族中的亲人曾先后辗转福建厦门、漳州、宁德、福州一带多次寻找，皆以失败告终。

2006年11月，经人提醒，季翠花的外甥张雄俊将寻亲的事写成300多字，刊登在《福建老年报》上。寻亲文章见报第二天，就被季翠花的大女儿看到了。报纸上的寻亲内容怎么与母亲的经历如此相似呢？随后她立即与张雄俊取得联系，做进一步的求证。

2007年3月14日，张雄俊和几个亲人赶赴福州长乐和姨妈见面，不但找到了那座狮子桥，还通过姨妈头部特有的印记最终确认。3月18日，他们最终确定了季翠花就是要找的姨妈。那一刻，全家人的喜悦不是一个高兴能形容的。

3月31日早上，为了迎接季翠花的到来，温州这边的亲人齐聚到龙湾永兴。一位远在成都做生意的侄子，还一大早坐飞机从成都赶回温州。两条总长200米的红地毯从家门口一直铺到了马路边。几个兄妹相互搀扶着，脸上的泪水潸然而下。季翠花老人不停地抹着眼泪说："虽然故乡的话我早已忘记，但是这么多年来，想家的心愿却从未改变。我知道只要心中有家，有亲人，总有一天会回到故乡和他们团聚。"

迷路哑巴老人画"S"民警解谜送回家
10月26日下午6时许，永嘉县大若岩派出所两位民警路经大若岩镇黄潭口公路时，发现路边坐着一位七八十岁的老人，嘴里哇哇叫，显得很着急。因为老人是个哑巴，一时不解其意，民警决定先带他回派出所。

到了所里，民警们给附近各村打电话查问村里有无走失的哑巴老人，毫无结果。民警又轮流打手势，跟老人交流。许久后，老人用双手在空中划了一个弧形，好像是一个洞，民警们猜测老人可能住在大若岩风景区陶公洞附近，立即开车带他到陶公洞，可老人拼命摇头。民警们只好将他带回派出所，拿纸与笔让他写字，但老人又不认识字，折腾了半天后老人在纸上画了一个弧形的洞，并在洞中画了一个"S"形。对此，在场的民警们一脸茫然。民警拿起电话问他家里有没有电话，老人摇头；民警又拿身份证示意他，老人还是摇头；最后民警拿户口簿样本示意老人身上是否有这样的证件，这时老人从内衣口袋里摸出一个证件。民警一看是一个低保证，大家终于松了一口气。经查，这位78岁的哑巴老人叫陈顺丰，家住该县鲤溪乡鲤溪村。原来他在纸上画了一个弧形的洞，意思是指岩头至岩坦公路途中的下家岙山洞隧道；在洞中画了一个"S"形，意思是指两地的行车路线，穿过隧道呈"S"形状。

深夜12时，大若岩派出所民警终于将陈顺丰老人安全送到其家中。

数十人手拉手救起落水者　5月27日下午6时许，当温州渡轮快要在瓯北码头靠岸的时候，突然听到一名妇女大叫："有人落水了！快救人啊！"只见一名男子在江水中挣扎着，他时浮时沉，情况非常危急。当时，落水男子旁边没有任何可以用于自救的物体，船上的人手头也没有什么可以用来施救的东西，怎么办？这时，一名农民模样的老伯说："我这里有扁担！"一名穿黑色短袖的健壮男子马上明白了老伯的意思，勇敢地跨出船舷，一手抓着栏杆，一手握着扁担，伸向落水男子。但由于落水男子已经漂远，扁担的长度够不着。见此，周围群众纷纷上前，其中几人靠着船舷紧紧拉住黑衣男子的左手，黑衣男子将身体斜倾出去……终于，落水男子抓住了扁担的一头。但人在水里是要很大的力气才拖得动的，于是，后面的群众又接上来拉住靠着船舷的几个人的手，前后30多名群众“接龙”稳当后，一起用力，把落水者“拖”到船舷边，然后拉了上来。

21年前的订书票 有效 1986年，潘博文在泰顺县新华书店订购了一套13册装的《汉语大词典》。这套书由汉语大词典出版社出版，1986年发行第一册，1993年整套书全部出齐。当这套书的最后两册到达泰顺时，潘博文已退休回青田老家。

2006年，回到泰顺的潘博文抱着试试看的想法，拿着保存了21年的订书发票找到了泰顺县新华书店，希望书店能找到最后两册书，帮他了却多年心愿。书店工作人员立即着手寻找这两本早已绝版的书。几经周折，书店人员发现海宁市新华书店还藏有这套《汉语大词典》，便订下了最后两册书，2007年12月初，书店工作人员把书送到潘博文手中。

追了十来里 讨声“对不起” 9月18日下午，肖先生开着一辆柳州小四轮去娄桥，因为天气凉爽，便开着车窗。不料，经过慈湖路口的一个大水坑时，边上一辆小货车风驰电掣般驶过，溅起的泥水将肖先生的车子及全身浇了个透。看对方没有停下道歉的意思，肖先生很窝火，加大油门赶到了小货车前面，令对方停车，可是对方不理不睬。这下可把肖先生惹火了，决定跟对方较劲，他从慈湖路口一路尾随对方到了新桥镇，直到对方在一家包装公司前停车卸货。

肖先生听到对方说出“对不起”三个字后，一股怒火才稍稍降温。他说，自己并不想要对方“赔偿”什么，只是想提醒对方，注意文明行车。

乐清奇人马拉松跳绳 天正集团江西籍员工李建刚1999年参加中国电视吉尼斯大赛项目——无终点倒跑挑战赛。参加比赛的人有80多个，但跑完42.195公里的只有李建刚一个人，耗时4小时34分31秒。2001年，他参加中国电视吉尼斯大赛项目——16公里穿皮鞋跳绳跑，最后以1小时10分13秒34的最好成绩获得冠军。10月21日，李建刚又参加了2007年全日空北京国际马拉松赛，跟其他运动员不同的是，他以跳绳跑的方式跑完全程。

李建刚之所以能参加这么多的挑战赛，跟他平时的锻炼分不开。该年38岁的李建刚1999年加入温州乐清天正集团做保安工作。因为从小喜欢田径运动，工作后他仍然保持每天晨跑的习惯，一天的运动量达10公里。再加上公司一周三次的训练，让他的身体更加强健。

说起北京的马拉松赛，李建刚显得十分兴奋。“25 000人参加比赛，只有我一个人用跳绳跑，所以一出场就引得观众阵阵惊叹。”李建刚说，此前他最好的训练成绩才20公里，所以上场前心里一直在打鼓，但观众们的热情大大激发了他的斗志。

李建刚说：“30公里后，体力消耗非常严重，但人群中不时传来呐喊声：‘跳绳跑的加油！’我就咬牙坚持了下来。”李建刚最后的成绩是3小时26分15秒，排到前300名。

百岁玳瑁放归大海 5月26日早上8时，灵昆岛渔民许岳定在瓯江口捕鱼时捕到一只百岁大玳瑁。许岳定知道玳瑁是保护动物，于是立即将船开回灵昆，向边防派出所报告。

经测量，这只大玳瑁身长108厘米、体宽80厘米，重达110斤。边防官兵请来专家给玳瑁体检，确定它没有受伤后，和渔民一起将其送回海水深处放生。

上千野生动物回归大自然 5月24日，苍南县矾山镇群众将1000只（条）野生动物专车运到海拔千米的鹤顶山，放归茂密的林海之中。矾山镇开展“保护野生动物，和谐生态平衡”活动。社会热心人士纷纷热情参与，四处寻找、抢救国家保护的野生动物。经过多方努力，共抢救了1000多只（条）的野生动物，品种繁多，包括斑鸠、猫头鹰、麻雀、蟒蛇、竹叶青、乌龟、青蛙等。

黄嘴白鹭落崖 兵民同救助 5月23日中午，瑞安市北麂乡学校几个学生放学后经过一海边山崖，发现一只坠崖受伤的大鸟。他们马上联系北麂边防派出所的徐警官，徐警官在学校上法制教育课时，教过他们保护野生动物常识。徐警官带战士赶过去。他们发现这只鸟背颈覆盖着白色羽毛，黄黄尖尖的喙，细长漆黑的腿，与书本上描述的白鹭相似，但一时仍难以确认。他们马上将大鸟抱到派出所，从互联网上找到白鹭的图片。一比对，果然是国家二级保护动物黄嘴白鹭。

确认是黄嘴白鹭后，大家马上检查它有没有受伤，发现仅有小伤并无大碍，倒是一副极度饥饿疲惫的样子，官兵与学生赶紧找来小鱼虾和水等食物。白鹭看到食物，饥饿难耐，马上狼吞虎咽饱餐了一顿。黄嘴白鹭吃饱喝足后，显得精神了很多。官兵与学生又抱着它，来到常有白鹭出没的海边，放在山崖上。不久，远处飞来一群白鹭，黄嘴白鹭跟着飞走了。

鹰嘴龟放生大自然 9月初，泰顺县凤垟乡李垟村的小伙子小勇，从一农民手中解救出一只鹰嘴乌龟，放回大自然。

这只奇怪的乌龟重400多克，身长约13厘米，宽约9厘米。令人称奇的是，这只乌龟有一条长约12厘米、带有鳞片的尾巴，以及老鹰似的嘴巴，模样十分特别。

救治受伤猴面鹰 12月17日上午9时许，龙湾区灵昆镇叶先村的渔民夏某，在海边滩涂上发现一只受伤的怪鸟。这只怪鸟看着像猫头鹰，心脏形的脸酷似猴脸，长着一张弯弯的鹰嘴和一双鹰爪，浑身上下的羽毛已经湿透，在寒风中昏迷不醒。

夏某即向灵昆边防派出所报警求助。派出所官兵迅速赶赴现场，并将怪鸟带回所里进行救治。经过一个多小时的悉心照顾，怪鸟终于慢慢地苏醒过来，并逐渐恢复了行动能力。随后，边防官兵又请来林业专家帮忙辨认，据林业专家介绍，这只怪鸟学名叫草鸮，别名猴面鹰，是国家二级保护动物。这只猴面鹰已被送往动物园养护。

百年古樟灾后吐新芽 8月18日，受“圣帕”台风和龙卷风的袭击，苍南县龙港镇章良村一棵139岁、直径约1米左右的古樟树被连根拔起，奄奄一息。经过省金桂园林工程有限公司技术员和当地村民的精心抢救，经过两三个月的养护，这棵百年古树已冒出大量嫩绿新芽，把树干覆盖得密密的，一派生机盎然的景象。

古樟树刚扶正的时候，树上没有一张叶子，整棵树只剩下光秃秃的树头，没有一点生气。又经历了一段高温天气，为避免根部受炎夏地表高温伤害，村民们自发拿锹、抡锄头搬运来黄土，加厚根部土层，以减少水分损失，保证水分充足供应。在金桂园林工程有限公司专家的指导下，他们每天除了给树大面积浇水外，还要学当“树医生”，给树喷洒除虫剂、输营养液、撒生根粉等。一个月后，开始吐新芽、长新根，渐渐恢复生机。

长寿村里的耄耋老人 文成县南田镇的新宅村是个“长寿村”。新宅村原名泉谷，明朝起称盘古第，又名新宅，是刘基庙和刘基故居的所在地。全村依山傍水，环境十分清幽。新宅村共有人口2665，90岁以上的老人有15名，村里原来还有一位107岁的长寿老人吴氏妹，2006年1月去世，为此前村里最长寿的一个。

该年94岁的刘有义老人育有三儿三女，子女中年龄最大的64岁，老人的子女多在外地生活，如今刘有义老人一人独居家中，生火做饭种地除草全都自己动手。老人说不是子女不照顾，是因为自己身子骨还十分硬朗，完全有能力自己照顾自己。10月23日早晨，媒体记者跟随刘有义老人去他山上的地里看他挖番薯，上山的时候老人脚步飞快，连年轻人都未必能赶上。而下山回家时，老人挑起40多公斤重的番薯，轻轻松松就下来了。他说，现在这个年纪挑50多公斤的担子还完全不成问题。下山走到一个亭子旁，老人还为记者表演了一套太极拳，看着他灵便的身影大家忍不住连连喝彩。

地方异闻

苍南发现清代粮规石碑 11月16日报载：苍南县赤溪镇龙山公园口竖着一块清代石碑，刻着粮规告示，保存完好。这块青石质地的石碑高1.4米，宽0.7米，碑文直书楷文阴刻，字迹清晰，碑额横题“恩定粮规”，碑文左边署清同治三年(1868年)四月立，刻款全文上书，针对粮食价格上升的时弊，为稳定粮价，署温处兵备道温州府正堂奉旨刻碑告示，平阳地区陈粮新粮规定每升折钱二千七百文，现定核减钱二百文；每石折钱四千五百文，现定核减钱二百文。

据了解，粮规石碑13年前埋在地下3米深处被发现，当地村民为了保护文物，将碑挖出后，抬到鹤翔路龙山公路口。此碑为研究清代粮食发展历史提供了文字资料。

3米粗巨樟沉埋鳌江千年 1月16日，平阳鳌江镇一建筑工地出土了一段奇香古木，这段胸径3米、长13米、重30吨的古木经专家初步鉴定，为香樟木，距今有上千年历史，可能为温州古代造船业遗留材料，对温州造船业历史研究颇有价值。

这段巨型古木深埋于建筑工地淤泥6米处，出土后仍散发出阵阵清香，其周围没有其他枝叶遗迹，树根部也没有其他根系遗迹，断面和裂纹处除了露出深褐色的木质之外，部分已经出现泥化。

梅雨潭爬出异国巨龟 12月17日上午10点，在瓯海区仙岩风景区梅雨潭边卖香烛的村民李道斌突然发现，潭里有动静，似乎有东西在爬动。他赶紧下去看个仔细，竟然是一只大乌龟。李道斌把这只乌龟抱了上来，仔细端详。这只龟通体乌黑，体长约65厘米，宽30厘米，有10多公斤重，四脚各有五个脚趾，脚趾上长着锋利尖爪。梅雨潭里爬上一只大乌龟的事不胫而走，引来游客的围观。其中一名游客因为好奇，抱起这只乌龟想亲自感受一下重量，结果一不小心连人带龟摔了一跤，乌龟肚子上的龟甲摔裂，流了很多血。

为了给乌龟治伤，也为了解开这只乌龟的身世之谜，瓯海区旅游局仙岩分局和瓯海区农林渔业局的有关人员联系了温州动物园，并把这只乌龟护送到温州动物园。动物园副园长郭建华介绍说，这只龟属于巨龟类，是国外的品种，杂食，长到这样的个头一般需要五六年时间。至于这只巨龟怎么会安身在梅雨潭里，农林局工作人员推测，可能是有香客将这只巨龟放生在潭里。动物园里为巨龟诊断伤势的兽医说，这只巨龟受的是外伤，经过处理已无大碍，但发现乌龟的鼻孔流出大量的分泌物，可能是生病了，还需要“住院”观察。

乌岩岭发现金斑喙凤蝶 5月下旬，乌岩岭国家级自然保护区科研人员在昆虫生物多样性调查科研活动中，发现一种极为罕见的蝴蝶——金斑喙凤蝶。据有关专家透露，被誉为“国蝶”和世界八大国蝶之首的金斑喙凤蝶，在浙江省尚属首次发现。

该蝶珍贵而稀少，被国际濒危动物保护委员会定为R级（最稀有的一级）、《濒危野生动植物种国际贸易公约》一级保护物种、我国唯一的蝶类国家一级保护动物。

“杨梅王”一颗2000元 6月17日下午，丽水市青田县在温州市举行杨梅推介会，并举行了“杨梅王”拍卖会。一颗重达52.5克的山鹤杨梅被温州的张先生2088元拍得。这颗“杨梅王”是青田县数万亩杨梅中挑选出来，刷新了浙江省此前杨梅单体重达47.5克的纪录。随后，在1公斤山鹤杨梅拍卖中，金海岸化工公司总经理以4688元的价格拍得。他说将把这1公斤杨梅寄送给意大利的合作伙伴。

哭丧哭昏头 9000元现金随遗体火化 瑞安市宁益乡石垟村91岁的李老太于1月19日逝世，因为该村与文成县较近，所以李老太的亲属便决定将李老太的遗体运往文成县殡仪馆火化。

1月20日下午3时30分许，李老太的遗体运抵后，殡仪馆的工作人员已基本下班，其亲属将李老太的遗体抬下车安放在火化炉前，等待火化。这时，来了一名操作火化炉闸刀的工作人员来启动火化。眼看亲人即将进炉火化，大家围着李老太的遗体嚎啕大哭。李老太73岁的儿子黄某居然忘记了放在母亲遗体旁的一只提包，包内有9000多元现金。当母亲的遗体被推进火炉后，他才突然想起这只提包，尽管他大呼：“我的包！我的包！”但已无济于事。

耳朵里长出豆芽 11月10日的早晨，家住龙湾区的陈女士在打扫卫生时，突然听到厨房里传来响声。想到自己4岁的儿子明明刚才独自跑到厨房玩耍，于是她急忙跑进厨房，只见自己早上刚买的新鲜黄豆撒了一地，儿子不知所措地站着，还用手指挖耳朵。陈女士当时并未在意，没想到第二天，明明仍然不停地用手指挖耳朵，还嚷嚷说耳朵痛。这下她可急了，抱着孩子跑到附近的诊所就诊。医生用手摸了摸明明的耳朵，又用电筒照了照，说是中耳炎，便往他的耳朵灌药水，说再洗两次就好了。岂料用药水洗了两天后，明明反倒哭闹得一次比一次厉害了。这下医生也着急了，他建议陈女士还是到正规医院的五官科看看。于是陈女士带着孩子到一家正规的五官科医院就诊。

医生往明明耳朵里一看：好家伙，怎么在耳蜗里种上豆芽啦！随后医生用夹子把豆芽夹了出来，明明马上就不哭了。这下，陈女士恍然大悟：肯定是那天明明碰撒黄豆有一粒掉进耳朵里去，因为感觉痒，他就用手指挖，结果越挖越深，加上在诊所里医生没有反光照明设备，根本看不到耳朵里的黄豆，灌了几次药水，黄豆就在里面长成豆芽了。

扮学生“住”校盗窃　睡过头被人发现　4月10日上午，温州大学城某高校的老师来上班时，在教学楼的教师休息室看到一名呼呼大睡的陌生男子，旁边还放着一些书本、笔记本和杯子等物品。大吃一惊的老师急忙报警，正在沉睡中的男子就被“请”到了温州市瓯海区茶山派出所。原来，该男子唐某，贵州人，因抢夺罪被判刑，上个月刚刑满释放，但恶习不改。近半个月来，唐某白天就装扮成大学生模样在大学城各高校里游荡，晚上就到物色好的教室、图书馆、食堂等地偷东西。饿了就跑到学校的食堂里偷面包吃，夜深了就到学校的教师休息室睡觉，在老师上班之前溜出去。但没想到那天早上睡过头，被老师发现了。被派出所处以治安拘留15天的处罚。

睡着了出事　报完警又睡　4月14日，江苏籍司机韩某和小强从江苏拉了一车塑料，运往温州瑞安塘下。两人在车上轮着休息。15日凌晨1时许，小强在甬台温高速公路台州段换下了韩某。可刚接过方向盘，小强就闹肚子，必须去“方便”。凌晨2点，小强再次接过方向盘时，已经拉得全身发软，没有力气再开车。

韩某只得再次接过方向盘，继续向瑞安方向行驶。而此时他已非常疲劳，为了打起精神，不断拧自己的大腿。15日凌晨4点50分许，车驶至甬台温高速瓯南段时，他再也拧不动自己的大腿了，不知不觉睡了过去。睡梦中，韩某被强烈的震动惊醒——货车正跨上公路护栏向前冲，跑了40多米才停下，所幸两人都没有受伤。

车祸发生后，睡在驾驶室床上的小强说了一句“你报警”，倒头又睡了过去。于是韩某就打电话报了警，然后就趴在方向盘上继续睡。据他本人讲，事故已经发生了，只能等警方来处理，急也没用，干脆趁警方到达之前补补觉。出警民警说：“我们赶到现场时，两人都还在睡觉。”

轿车撞穿围墙　司机还在打呼噜　8月24日晚10时50分许，在市区吴桥南面下坡处，一辆轿车撞到路边一建筑工地围墙上，司机不知为什么一直坐在车上不动。温州市交警一大队一中队民警接到报警后迅速赶到现场。民警发现事故轿车的车头斜着撞穿围墙，车头约三分之一部位偏进工地内，透过车窗只见司机靠在驾驶室座椅上睡着了，还传出阵阵的呼噜声。民警打开车门把司机推醒后，司机林某一开口便结结巴巴地说：“我……我……酒喝多了。”于是民警用酒精测试仪对林某进行呼气测试，结果显示其血液中的酒精含量超过酒后驾驶临界值。民警决定依法扣留其驾驶证，并让林某坐到车后面等亲属朋友过来开车，岂料就在民警低头开单时，林某在半醉不醒之间竟然重新爬到驾驶室的座位上，令民警惊出了一身冷汗，再次把他劝到了后面。民警一直等到其家属过来。

撞了人的司机　把自己辗死了　5月31日下午4时许，四川人王某驾驶厂里的一辆货车去送货，经过柳市新光工业区时，与一名骑自行车的妇女发生刮擦，妇女摔倒在地。发现这一情况时王某已开着货车上了一段上坡路，知道自己闯了祸，他赶紧脚踩刹车将车停住，之后将头探出车窗外，查看摔倒的妇女是否有事。不料，王某重心不稳摔下了车。这下，刹车松开了，本来就严重超载的货车顺着坡就往下滑，车轮重重地从王某的头部碾了过去，造成颈部动脉大出血，当场死亡。

司机驾着“火”车跑了9公里　5月31日凌晨4时40分许，高速交警温州支队二大队的李警官在甬台温高速公路浙闽主线站值勤时，发现往温州方向的车道开来一辆厢式大货车，车厢与车头连接部位正冒着浓烟和火光。这辆货车快速驶了过去，等李警官反应过来这车是起了火的时候，它已经跑过去100多米了。很明显，司机不知道自己的车起了火，因为该车没有减速的迹象。李警官当即拉响警笛追上去，同时通知消防人员前来救火。追了300多米，李警官将货车拦住了。驾驶员还以为是他违法驾驶了，李警官来不及向他解释，拿起车上的灭火器就去灭火，那时候火已经太大了，无法控制。等消防人员赶到现场时，车上装载的茶叶和电风扇已全部烧毁，车厢也烧掉了一大半，损失近30万元。

驾驶员夏某称，他从分水关上高速公路之前没有发现车子异常。警方和消防人员根据货车起火情况估算，其起火时的地点应该在福建进入浙江的9公里下坡处，如此算来，夏某驾驶起火的货车差不多跑了9公里。

劫匪逃窜　摔倒在派出所门口　2月1日晚10时许，驾乘两轮摩托车的贵州籍男青年吴某和江西籍男青年刘某，利用摩托车在大南路好又多超市前，对市区女子依某实施抢夺，得逞后拼命驾车逃窜，依某被抢走装有5000多元的挎包后，立即边追边喊。当吴某和刘某驾乘的摩托车逃到几十米远处的南门派出所门前时，因做贼心虚而没有控制好车速和方向，与一辆正在掉头的出租车发生猛烈的碰撞，于是连车带人摔倒在地，尽管两人都没有受伤，但还是被这一撞给撞蒙了，没了逃跑的力气。只几秒钟的功夫，就被派出所巡逻队擒获。2月2日，该两名男青年因涉嫌抢夺被刑事拘留。

新版“此地无银三百两” 2006年11月4日下午2时许，贵州人陈某伙同老乡周某（刑拘在逃）等四人在温州龙湾区状元镇消防队边的路上，将与周某有纠葛的四川人古某强行拉上一辆三轮摩托车。将古某带到状元镇山西岙山上，周某等人对古某拳打脚踢，要古某拿出6000元了事，并强行搜走他身上100元现金及一本电话本。随后，周某用陈某的手机打电话给古某的哥哥，要其拿6000元赎人，遭到拒绝。而后，周某多次用陈某手机打电话给古某的哥哥要钱，并最终谈好以500元赎人，约定在山西岙菜场附近交钱赎人。

当晚9时许，古某的哥哥在约定地点交给周某500元钱后，陈某提出要他写张字条给他，并将自己的意思写在香烟盒上给他抄，内容是，“陈某没敲诈古某，双方没有关系。”并让他签下名字。不过，古某的家人还是在当天向警方报了案。2007年1月26日，警方将陈某抓捕归案。5月28日，龙湾检察院以涉嫌绑架罪依法对陈某提起公诉。

小偷遇偷去报警 自投罗网被判刑 崔某、胡某、李某都是贵州省六枝特区新窑乡人，三个人还是亲戚，崔某、胡某分别是李某的外甥和外甥女婿。2006年11月1日中午，三人经预谋骑着一辆摩托车，窜至温州市瓯海区丽岙镇下呈村一巷子里，窃取三轮摩托车一辆。匆忙中，三人驾驶着偷来的摩托车逃离了现场。在路上，三人突然想起来，自己骑过去的摩托车忘在作案现场了。经过商量，由舅甥俩回去找摩托车，由外甥女婿守着新偷来的车。令他们吃惊的是，停在作案现场的摩托车不翼而飞。舅甥俩怀疑是遇到小偷了，于是便来到辖区派出所报警。在民警为他们做笔录的时候，他俩露出了马脚。

2007年3月中旬，瓯海法院审理后判处崔某有期徒刑三年三个月，并处罚金2000元；判处胡某有期徒刑三年，并处罚金2000元；判处李某有期徒刑十个月，并处罚金1000元。

酒后爬窗行窃 醉眠房主床边 9月18日凌晨1时许，喝了酒的秦某独自一人经过温州龙湾区永中街道东林村时，看到一户人家的二楼窗户开着，而旁边有根水管正好可以爬上去。秦某顺着水管爬上二楼，从窗户翻了进去。进了房间，他将衣柜、卫生间储物柜等翻了个底朝天，但都没有找到值钱的东西，于是他又来到主人的卧室翻找起来，但翻着翻着，酒劲上头，他竟歪在床边睡着了。到了凌晨3时许，睡在卧室里的女主人陈女士醒来，发现床边竟然睡着一个陌生男人，于是叫醒丈夫，两人悄悄起来把门锁住，然后报了警。

检察机关认为，犯罪嫌疑人秦某承认借助自来水管爬到二楼、翻窗进入他人住宅实施盗窃的行为，但没有偷到任何物品，因此不构成盗窃罪，可是其行为已涉嫌非法侵入他人住宅罪，依法批准逮捕。

被盗洗衣机“绕”一圈回来啦 2月上旬，家住温州市新桥街道西山西路的李先生家被小偷光顾了，一台非常旧的洗衣机被盗。这可是台“古董”级的洗衣机，使用多年，底下的铁皮因过度生锈早已脱落。为此李先生还特意将下面的一圈铁皮换过。虽然洗衣机不值几个钱，但用了这么多年，它的主人对它可是很有感情的，况且李先生的生活中还确实少不了它。2月12日中午，李先生打算到旧货市场先买台旧洗衣机先用用，谁知道在旧货市场转了一圈，惊奇地发现其中一家店内有一台洗衣机竟是自家被盗的洗衣机。这真是踏破铁鞋无觅处，得来全不费工夫啊，于是李先生不假思索当即打电话报了警。

经查，这台旧洗衣机是几个中年妇女以80元钱价格卖给这家旧货店老板的。店老板见这洗衣机太旧，本打算将其拆了零件再利用，谁想还没拆，这洗衣机就遇到了旧主人。现洗衣机已被李先生领回，绕了一圈后物归原主。

互殴啤酒瓶脱手 第三者遭飞来横祸 2006年8月14日晚8时许，周某与叶某在永嘉县瓯北镇一小卖部因赌博发生争执，叶某拿起一只啤酒瓶，敲碎瓶底对周某进行威胁，被人劝开。随后，叶某见周某的妻子李某过来骂自己，就拿起方凳要打李某。周某见妻子要吃亏，左手拿起满瓶的啤酒瓶要砸向叶某。叶某急忙蹲下，并举起方凳阻挡，周某的左手被方凳碰撞后，啤酒瓶脱手飞出，砸中站在叶某左后方的历某，导致历某因颅脑损伤而死亡。同年8月16日，周某向公安机关投案自首。2008年1月中旬，周某就因啤酒瓶砸死人被永嘉检察机关提起公诉。检察机关认为，周某故意伤害他人身体，致一人死亡，应当以故意伤害罪追究刑事责任。叶某另案处理。

劝架人打人耳光 搭上性命一条 江西籍的林某、暨某和瑞安籍的林某都是瓯海区潘桥镇一牛羊屠宰场的屠宰工人。1月16日晚7时许，胡某和暨某因放在屠宰场内的油漆无故被人使用发生争吵，一旁的林某听见后就过去劝架。在劝架时，林某说胡某平时总是喜欢“惹是生非”，胡某说林某“爱管闲事”，林某就抓住胡某的衣领，骂了他几句并打了他几个耳光。不料，胡某从身旁的屠宰桌上拿起一起剔骨尖刀，顺手刺向了林某的腹部。当晚20时许，林某经抢救无效死亡。捅了人后，胡某越想越害怕，于当天晚上到潘桥派出所投案自首。1月22日，涉嫌故意伤害致死的胡某被警方依法提请逮捕。

诱发他人冠心病 拳脚换来十年刑 2月28日下午，市区人林某在泰顺罗阳东门的菜市场，看见妻子彭某与叶某在前面走，便怀疑两人有不正当关系，随即上前，朝叶某头部挥打了一拳，叶某应声摔倒在地。林某欲再次殴打叶某时，被彭某拦住，三人扭在一起，林某摔倒在地，叶某和彭某将其压住，林某用力踢了一下，叶某又摔倒在地。后来，叶某起身坐到台阶上，神态失常。林某被彭某放开后，又拿了皮带欲打叶某，被他人劝阻，又转而殴打彭某。过了一会儿，民警赶到现场，叶某被送往医院，但送至医院时已死亡。

经法医鉴定，叶某系在原有重症冠心病的基础上，头部轻微外伤、吵架时情绪激动等因素，诱发急性心脏病发作而死亡。泰顺县法院审理认为，林某故意伤害他人身体致人死亡，其行为已构成故意伤害罪。鉴于林某对叶某实施伤害只是被害人死亡的诱因之一，且叶某具有一定的过错，据此判处林某有期徒刑十年。

为狗动干戈 砍人被拘留 1月15日晚上8时许，罗某一家人到温州市瓯海区郭溪镇梅屿村的一家超市里购物。罗某见超市里有条小狗煞是可爱，便逗着小狗玩，玩得兴起时，微有醉意的罗某踢了小狗一脚，小狗嗷嗷大叫。在超市里收银的营业员刘某见状，便大声呵斥罗某有病。罗某一言未发返身就走，回到出租房里，罗某越想越生气，拿了一把菜刀，气势汹汹地赶往超市。一进超市，罗某对着刘某迎面就是一刀，刘某连忙后退，罗某仍是不依不饶，继续追着刘某。这时，超市老板等人赶了过来，罗某见对方人多势众，拔腿就跑，慌乱中摔倒在地被擒获，随后超市老板报了警。1月16日，罗某被瓯海公安分局处以拘留15天。

登记礼金多个“0” 新娘伴娘打一场 1月8日是许某结婚的日子，和她相识相交多年的小姐妹黄某自告奋勇提出当伴娘。许某很高兴，欣然答应并请她负责收受礼金。晚上11点，在一片欢快的气氛中，整个婚宴即将结束，黄某将清单与礼金一并交给了新娘，可是，新娘在清点后发现数额不对，便婉转询问黄某。黄某可能觉得被姐妹怀疑，心里有气，说：“我没有拿你的礼金。”许某也来了气，便反问道：“那钱怎么会少呢，难道是它自己有腿跑了不成。”黄某一听，顿时发火反问道：“我拿了又怎么样？”这时的气氛已经非常僵硬，在众多亲友面前，许某感到丢尽了面子，忍不住骂道：“我看你就是个贼。”许某刚讲完，黄某的拳头已经打在了许某的脸上，许某不甘示弱，当即予以“还击”。两个人的不冷静终于导致一场争斗，婚宴陷入一片混乱，黄某一气之下转身离去。

“有人在某婚礼上打得不可开交呢！”接到报警后，苍南县公安局炎亭边防派出所民警立刻赶到了现场。此时场面已经稳定下来。为了弄清事情的原委，民警拿来礼金账簿，一笔笔核对礼金金额，并对已经离去的亲朋好友，通过电话一一询问。经过一个小时的仔细核对，民警发现黄某在登记礼金数额时存在笔误，在登记某笔500元的礼金时，多加个“0”写成了“5000”元，当时两人都没发觉。

“早知如此，我应该把事情搞清楚了再说，我心直口快说了她几句，没想到她会打我。我担心几年的小姐妹感情算完了。”新娘万分懊悔，希望能向黄某赔礼道歉。民警立即帮她拨通了黄某的电话，在一番解释之后，黄某终于答应愿与许某重归于好。而此时，已是次日凌晨了。

“色盲”听成“色狼” 双方打成一团 5月21日晚，在丽岙某制衣厂上班的王某去一车间拿布料，拿货时，王某因为车间灯光的缘故，看不清布的颜色，不得不麻烦负责交接的龚某好几次。龚某不禁脱口而出：“你个色盲！”孰料王某听成了“色狼”，无缘无故被人骂成色狼，而且又是当着这么多工友的面，一气之下，王某就和龚某扭打在一起，双方的亲人好友见状，也不分青红皂白，加入战团。

正在这时，有民警经过，制止了事态进一步发展。在了解事情原委后，民警哭笑不得，幸好双方都没什么损伤，在警官的调解下，都承认是一时冲动惹的祸，最后握手言和。

半山腰凉亭避雨 五人遭雷击身亡 6月25日下午4点多，7名路人在乐清市磐石镇芝湾村半山腰的凉亭避雨，不幸遭强雷暴袭击，发生5人身亡的悲剧。

这7名路人分别来自永嘉和青田，当时有5人站在亭中央，亭外2人。一阵猛雷过后，亭中5人倒下身亡，亭前一人被打飞但无恙，亭后坟坦上一人仅脚受轻伤。

出租房坍塌 老鼠乱窜救了房客 12月21日中午，瓯海郭溪镇黄桥村河边的出租房里突然大群老鼠四处乱窜。奇异的现象引起房客们的恐慌，纷纷跑到屋外。随后一排出租房发生坍塌，所幸居住在房子里的6户人家已及时逃出，没有造成人员伤亡。

据现场的围观人员介绍，临时搭建在河边的这一排单层出租房都是违章建筑，砖瓦结构，隔成7个房间。事发前居住着6户人家，一共有大人小孩15人左右。坍塌的原因有可能是前段时间河道内的河水被抽干，引起房子地基松动所致。一房客在现场心有余悸地说：“当时听见有人说房子要塌了，我赶紧冲进房间，把在家的小孩抱出来，才走到房子的拐弯处一排房子就全塌了，要是当时再迟1分钟就完了。”

重要文件

2007年市委重要文件选载

中共温州市委　温州市人民政府关于进一步完善为民办实事长效工作机制的意　见

温委发〔2007〕34号

这些年来，市委市政府把为民办实事、努力解决民生问题、推进社会和谐稳定摆上了全局工作的重要位置，各地各部门积极主动地为民办实事，取得了明显成效。为全面贯彻落实科学发展观和构建社会主义和谐社会的战略思想，丰富为民办实事的内涵，根据省委省政府为民办实事工作的部署要求，现就进一步完善为民办实事长效工作机制提出如下意见。

一、为民办实事的基本原则

为民办实事旨在为民。为民办实事的各项工作都必须按照“认认真真察民情，诚诚恳恳听民意，实实在在帮民富，兢兢业业保民安”的要求去做，坚持走群众路线，坚持为群众服务，真正把为民办实事办到点子上。在具体工作中要坚持以下基本原则：

1、民生为本。从人民群众最关心、最直接、最现实的利益问题入手，着力办好与人民群众切身利益直接相关的事项，多做得人心、暖人心、稳人心的事，千方百计为人民群众排忧解难，实现好、维护好、发展好最广大人民群众的根本利益。

2、民意为先。进一步畅通为民办实事的民情反映渠道，问需于民、问计于民、问情于民，按照群众的呼声和需求安排为民办实事项目，使实事项目源自民意，合乎民心，真正做到让人民群众参与、让人民群众做主、让人民群众受益、让人民群众满意。

3、实效为重。大力弘扬求真务实精神，量力而行，尽力而为，把为民办实事各项工作落到实处，把实事办实办好，使群众看到实效、得到实惠。

4、坚持为贵。改进工作方式，完善工作程序，拓展工作领域，创新工作载体，不断提高为民办实事工作规范化、制度化、科学化水平，真正使为民办实事工作形成制度，坚持下去。

二、为民办实事的工作程序

为民办实事是一项长期的工作任务。要在实践中不断总结经验，注重把制度建设贯穿于为民办实事的各个环节，不断改进和完善工作方法和工作程序。

1、调查研究。各级党委、政府和有关部门要加强调查研究，深入了解群众急需解决的实际问题，并通过人大代表议案、建议和政协委员提案、人民群众来信来电来访以及政府网站等渠道，广泛征询为民办实事项目。各级人大和政协要建立健全人大代表走访选民或选举单位、政协委员社情民意调查制度，主动向党委、政府提出为民办实事建议。各民主党派、群众团体要充分发挥联系群众的桥梁纽带作用，及时反映群众关心的热点难点问题。

2、民主决策。各级政府要在综合各方面意见建议的基础上，排出为民办实事的具体项目，并根据公开、透明原则，采取社会公示、公众听证、专家咨询等形式，广泛听取群众意见，经政府常务会议和党委常委会讨论决定后，形成为民办实事工作计划，并向社会公布。

3、落实责任。要根据实事项目的内容，明确分管领导、承办单位、完成时间和工作要求。各级党委、政府主要领导要高度重视，分管领导要具体抓，承办单位要落实目标责任制，定期向党委、政府报告项目进展情况。对涉及多个部门的事项，可以建立联席会议制度和联合办公制度。各部门在抓好党委、政府重点实事项目的同时，要根据各自职能，把为民办实事体现到日常工作中，不断改进便民服务措施，帮助群众解决具体问题和实际困难。

4、督查考评。要加强对为民办实事工作的督查，及时发现问题，提出针对性的工作要求和改进意见。加强对为民办实事工作的考评，把为民办实事情况作为对各级领导干部政绩考核、人大对政府部门工作评议的重要内容。建立为民办实事工作报告、通报制度和责任考评追究制度，各级政府每年必须将为民办实事工作情况向人民代表大会报告，向政协委员会、民主党派、工商联负责人和无党派代表人士通报，并通过各种方式向社会公布，接受社会各界和群众监督。

三、为民办实事的工作重点

要根据群众需求的变化，不断拓展为民办实事领域，丰富为民办实事内容，特别要注重在扩大城乡就业、完善社保体系、安置房和廉租房建设、农村教育卫生、改善农村用水、下山移民脱贫、生态环境保护、基础设施建设以及群众生活生产安全等方面为民办实事项目，力求在多领域、宽范围让人民群众共享改革发展的成果。

1、社会保障。重点是扩大企业职工养老保险、失业保险、医疗保险和生育保险覆盖面，率先建立比较完善的社会保险体系。加快构建以最低生活保障、被征地农民基本生活保障、农村合作医疗、贫困家庭子女入学资助、孤寡老人集中供养等为主要内容的覆盖城乡的新型社会救助体系。逐步构筑不同保障水平、覆盖城乡的社会保障体系。同时，加强优抚安置、灾害救助和社会福利工作。

2、医疗卫生。重点是建立和完善公共卫生服务体系，加大财政对农村卫生的投入力度，调整优化农村卫生资源配置。规范医疗服务行为，完善药品和医疗服务价格管理，切实解决群众看病难、看病贵的问题。加强食品药品质量监管，确保食品药品安全。继续搞好计划生育优质服务工作。

3、基础设施。重点是加快电源电网建设，努力保障人民群众生产生活用电。科学合理地开发和利用水资源，加快水利设施建设，着力缓解部分地区日趋突出的生产用水紧张和群众“饮水难”问题。加强城乡交通基础设施建设，加快构筑适应经济社会发展需要的综合交通网络，逐步解决城市交通拥堵和农村交通设施相对落后等问题。继续抓好“千村整治、百村示范”工程，加强村镇规划和村庄整治，改善农村居住环境。

4、城乡住房。重点是加快城镇拆迁安置房的建设，加强城镇经济适用房的建设和管理，普遍建立廉租房制度，完善住房公积金制度，建立健全住房保障体系，抑制商品房价格过快上涨。

5、生态环境。重点是做好城乡环境综合整治，加强生态环境保护。加大对重点流域、重点区域、重点行业的环境污染整治力度，全面加强水环境整治、工业污染整治和农业农村污染整治。加快建设环境质量监测系统，定期公布环境质量报告。

6、扶贫开发。继续实施欠发达地区“139富民攻坚计划”，加强财政转移支付、区域协作和结对帮扶工作，加快山区、海岛等异地脱贫步伐，加强革命老区、少数民族地区基础设施建设。加大对城乡困难群众的帮扶解困力度。切实做好移民安置工作。

7、科教文化。重点是加强农村基础教育，改善城乡办学条件，完善扶贫助学体系，全面普及15年教育；继续发展高等教育，不断优化结构，提高办学水平；大力发展职业教育和成人教育。切实加强未成年人思想道德建设，深入开展法制宣传教育。继续开展科技扶贫、科技下乡等活动，健全科技特派员制度，建立和完善面向广大农村的科技服务平台。改善农村文化基础设施条件，丰富群众文化生活，不断满足群众日益增长的精神文化需求。

8、权益保障。重点是进一步加强妇女、未成年人和老年人保护工作，做好助残工作。深入实施关爱民工的“和馨行动”，改善外来务工人员生产生活环境，切实保护外来务工人员的合法权益。着力解决城乡居民在企业转制、房屋拆迁、土地征用过程中权益受侵害的问题。积极开展法律援助，认真解决执法过程中的“执行难”问题，切实维护广大群众的合法权益。

9、就业再就业。重点是大力开发就业岗位，加强职业教育和就业培训工作，全面落实再就业扶持政策，鼓励和引导自主创业。大力实施“百万农村劳动力素质培训工程”，提高农民就业能力，进一步加大农村劳动力转移和渔民转产转业工作力度。

10、社会稳定。重点是依法严厉打击各类违法犯罪活动，加强社会治安综合治理工作。做好信访工作，积极疏导化解人民内部矛盾，有效预防、妥善处置各类群体性事件。整顿市场秩序，依法查处制售假冒伪劣产品等违法行为。加强公共安全管理，消除事故隐患，避免和减少生产、交通等各类事故的发生，提高对突发公共安全事件的应急处理能力。加强社会监控体系建设，及早发现和预防可能引发社会不稳定的因素，不断提高构建和谐社会的能力。

四、为民办实事的组织领导

惠及民生，造福于民，是广大人民群众的期盼，更是党和政府的重要责任。各级党委、政府要牢固确立群众利益无小事的观念，真正把解决民生问题摆在更加突出的位置，以更加务实的作风和有效的举措，切实加强对为民办实事工作的组织领导。要切实加强对广大党员干部的思想教育，树立和落实正确的政绩观，强化以人为本的执政理念，真正做到立党为公、执政为民。要把为民办实事作为创建服务政府、责任政府的一项重要内容，进一步增强工作的自觉性和主动性，不断提高为民办实事的本领。要按照建立公共财政的要求，优化财政支出结构，把为民办实事的必要投入纳入年度财政预算，进一步加大为民办实事的投入力度，同时加强为民办实事资金的绩效审计，确保资金专款专用，并积极鼓励和引导社会各界参与为民办实事项目建设。各级领导干部要大力发扬密切联系群众的优良作风，带着深厚感情办好各项实事，各相关部门要加强协调，切实提高办事效率，努力形成为民办实事工作“领导带头抓、公开承诺干、形成合力推、督查问责办”的格局。要进一步加大宣传力度，动员社会各方面力量关心、支持和参与为民办实事工作。

中共温州市委　温州市人民政府
关于在全市开展“作风建设年”活动的实施意见

温委发〔2007〕55号

为认真贯彻落实胡锦涛总书记在中央纪委第七次全会上的重要讲话和《中共浙江省委　浙江省人民政府关于在全省开展“作风建设年”活动的意见》（浙委〔2007〕51号）精神，市委、市政府决定在全市开展以“科学发展创新业、为民办事树风范”为主题的“作风建设年”活动。现提出如下实施意见：

一、指导思想

以邓小平理论和“三个代表”重要思想为指导，全面落实科学发展观，深入贯彻胡锦涛总书记在中纪委七次全会上的重要讲话和省委书记习近平在省纪委十次全会上的讲话精神，全面加强干部的思想作风、学风、工作作风、领导作风、生活作风建设，弘扬新风正气，抵制歪风邪气，解决突出问题，构建有效机制，努力实现领导干部作风的进一步转变，抓党风促政风带民风，为建设“三个温州”、实现“三次跨越”提供组织上和政治上的保证。

二、目标要求

围绕省委提出的注重深化认识、注重解决突出问题、注重建章立制、注重统筹兼顾、注重领导带头等“五个注重”的目标要求，促使领导干部争做解放思想、开拓创新的表率；勤奋好学、学以致用的表率；心系群众、真抓实干的表率；顾全大局、民主和谐的表率；艰苦奋斗、廉洁从政的表率。切实把加强作风建设落实到学习贯彻市第十次党代会精神、实现第三次跨越的总体目标上；落实到推进市委、市政府各项工作决策的重大部署上；落实到为民办实事、为民解难题的根本要求上；落实到树立干部队伍新形象、优化创业发展软环境的实际行动上。

三、主要内容

按照胡锦涛总书记关于在各级领导干部中大力倡导八个方面良好风气的要求，根据省委、省政府的部署，努力在大兴学习之风，深化机关效能建设，改进工作作风，改进和规范公务接待，坚决刹住违规建设楼堂馆所的不良风气，厉行节约、反对铺张浪费等六个方面取得明显成效。并结合温州实际，着重解决五个方面的问题：一是“学风不浓”的问题。重点解决有的干部在学习上“不想学、不愿学、不善学”等问题，克服有的干部在学风上浅尝辄止、断章取义、照抄照搬、本本主义等现象。二是“工作不实”的问题。重点解决有的干部作风漂浮、精神不振、因循守旧、不思进取、事不关己、高高挂起等现象。三是“干劲不足”的问题。重点解决有的干部服务意识不强，工作主动性不够，工作推诿扯皮、效率低下，给群众造成“办事难”等问题。四是“落实不力”的问题。重点解决有的干部碰到困难就退、碰到矛盾就避、碰到难题就推，对一些事关大局的问题不去决策、不敢决策、不善决策等问题。五是“形象不佳”的问题。重点解决少数干部荣辱不分、情趣低级、铺张浪费、贪图享受等问题。

四、主要措施

（一）组织广大干部开展解放思想大讨论、大实践活动

1、组织一次解放思想大讨论。在全市各级干部中开展以推进“三次跨越”为主题的解放思想大讨论活动。

责任单位：市委宣传部

2、开展一次主题实践活动。在市、县（市、区）、乡镇（街道）和市、县（市、区）直属单位领导班子及其成员中开展以“科学发展创新业、为民办事树风范”为主要内容的主题实践活动。特别要集中一段时间开展“三级四联”活动，组织市、县、乡三级干部下基层、下农村、下企业，实行联乡、联村、联户、联项目，破难题、攻难关、克难点，帮助基层解决实际问题。

责任单位：市委组织部

（二）组织各个部门开展倾听民意、公开政务、提升服务的“阳光行动”

1、开展“阳光投诉”。通过组织广场接待日活动、开通阳光投诉热线、接受网上投诉等形式，广泛征询社会各方面的意见，特别是接受对涉及企业发展创业软环境、人民群众办事难等问题的投诉、举报，并注重媒体联动，实行全程监督。同时，在“阳光投诉”的基础上，督促各地各部门各司其职、分门别类，梳理和解决一批群众反映强烈的热点问题。

牵头单位：市府办、市审改办、市纪委（监察局）；责任单位：各有关部门

2、推出一系列政务公开措施。开展一次自上而下的以“勤政、务实、高效、廉洁”为主题的公开承诺活动。以各部门为单位，将涉及为企业、群众办事的环节向社会公开政务信息，接受全社会的监督。

牵头单位：市府办、市审改办、市人事局、市直机关工委、市纪委（监察局）；责任单位：各有关部门

3、开展一次效能再提升活动。进一步深化“效能革命”，继续清理行政许可事项，下放审批权限，简化审批环节和办事程序，完善工作流程，打造机关服务品牌，提高工作效能和服务

水平。同时，出台一批便民、利民、惠民的服务措施，废止一批越位、错位、过时的红头文件。

责任单位：市直机关工委、市审改办、市纪委（监察局）

（三）健全党风、政风、行风建设长效机制

1、出台一系列相关规定。市委将研究出台关于加强作风建设的意见，市政府研究制定系列建设效能政府、法治政府、责任政府、服务政府、节约型政府的若干意见，各相关职能部门也要就加强政风行风建设研究制订具体措施。

牵头单位：市委办、市府办、市审改办、市法制办、市纪委（监察局）；责任单位：各有关部门

2、开展行政问责。要针对当前一些部门在工作环节中存在的政令不畅、执行不力，推诿扯皮、效率低下，行政败诉、造成损失，行为不廉、形象不佳等行为开展行政问责；对工作热情不高，敬业精神不强，工作态度不好，解决问题不力等行为开展一次诫勉谈话。落实诫勉等一系列制度。

责任单位：市纪委（监察局）、市法制办

3、组织一次社会化的评议。进一步完善社会化的评议机制，深化满意不满意单位的评议活动，将评议对象向重要部门、重要岗位、重点环节、服务处室（窗口）、基层站所（中心）延伸，开展一次自下而上的评议活动。

责任单位：市直机关工委、市纪委（监察局）

五、实施步骤

开展“作风建设年”活动，从2007年3月开始至12月结束，具体分四个阶段实施：

第一阶段：宣传发动，提高认识（3月～4月）

市委、市政府召开全市“作风建设年”活动动员会议，制订工作实施方案，进行一次全面深入的再动员。各新闻媒体要广泛开展舆论宣传活动，加大宣传力度，努力为开展“作风建设年”活动营造良好的氛围。

第二阶段：查找问题，边整边改（5月～8月）

各级领导机关和领导干部要结合从社会各界征询到的领导干部作风方面存在的突出问题，对照本单位、本岗位和自身的实际，积极查找问题，认真开展整改，要针对特别突出的问题开展一系列专项治理工作，落实整改责任。

第三阶段：建章立制，总结提高（9月～10月）

进一步健全和落实相关制度，用制度管人管事管权，用制度规范干部行为，使干部作风建设逐步走上制度化、规范化的轨道，形成长效机制，发挥长效作用。同时，要注重总结经验，善于发现、培养和树立典型，及时推广好做法、好经验。

第四阶段：开展督查，接受评议（11月～12月）

邀请党代表、人大代表、政协委员、无党派人士、新闻媒体和群众代表对“作风建设年”活动进行监督和评议，帮助查找问题，明确今后努力方向。

六、组织领导

为切实加强对“作风建设年”活动的领导，市委、市政府成立市“作风建设年”活动领导小组，负责对活动的组织、协调和指导。领导小组办公室设在市纪委（监察局），所需工作人员从有关单位抽调。

市委、市政府将把“作风建设年”活动作为当前的一项重要工作来抓，切实加强领导，明确责任，落实分工，形成合力，确保“作风建设年”活动的有效开展。市“作风建设年”活动领导小组办公室要按照市委、市政府的部署和要求，加强督促检查，推动活动顺利有效开展。各县（市、区）和市直各单位要成立相应的领导小组和工作班子，并结合实际制定具体的实施办法。“作风建设年”活动结束后，各地各部门要对今后一个时期全面加强领导干部作风建设继续作出部署。

年底，各地各部门要对活动开展情况进行总结，并向市“作风建设年”活动领导小组作出书面报告。

市委办公室　市政府办公室
关于进一步加强农村文化建设的意见

温委办发〔2007〕84号

为认真贯彻落实中央、省委关于农村文化建设的一系列文件精神，繁荣农村文化事业，不断满足广大农民群众日益增长的精神文化需求，构建完善的农村公共文化服务体系，促进我市新农村建设和经济社会持续健康和谐发展，实现市第十次党代会提出的“第三次跨越”目标，经市委、市政府同意，现就进一步加强我市的农村文化建设提出如下意见：

一、充分认识加强农村文化建设的重要意义

（一）重要意义。加强农村文化建设，满足广大农民群众多层次多方面精神文化需求，是全面贯彻落实科学发展观、构建社会主义和谐社会的必然要求，是建设社会主义新农村、加快农村经济社会发展的重要内容。近年来，我市大力加强农村文化工作，通过制定政策措施，落实各项工作，有力地推进了农村文化建设。但从总体上看，农村文化建设同经济社会发展和农民群众不断增长的精神文化需要还不相适应，农村文化基础设施比较薄弱，文化产品、文化服务供给相对不足，农村文化体制还不够完善，城乡、区域文化发展水平存在较大差距。对此，各级党委、政府必须引起高度重视，采取切实有效措施，加快推进农村文化建设。

二、进一步加强农村文化建设的指导思想、总体目标和基本原则

（二）指导思想。以邓小平理论和“三个代表”重要思想为指针，以科学发展观为统领，以满足人民群众日益增长的精神文化需求和保障人民群众的文化权益为根本出发点，以加强文化基本设施、基本队伍和基本方式建设为主要内容，大力发展健康向上、丰富多彩、具有温州特色的先进文化，努力建成同温州经济和社会发展水平相适应的，遍布乡村的公共文化服务体系，实现农村文化活动经常化、大众化，并形成资源共享、共建联办的良好格局，最大限度满足农村广大群众多层次、多样化的文化需求，力争使温州的农村文化建设走在全省前列，为“三个温州”建设提供精神动力、智力支撑和良好的人文环境。

（三）总体目标。至2011年，全市农村基本形成符合文化大市建设要求和社会主义新农村建设需要的新格局，文化阵地覆盖面、文化资源利用率、文化服务能力等主要发展指标同全市经济和社会发展指标相适应，力争走在全省前列。全市建成5个以上全国或省级文化先进县（市、区）、200个“浙江东海文化明珠”和“温州市金海岸文化网工程”、200个省（市）文化示范村（社区）、200个全国文化信息资源共享工程基层服务点。培育一批农村文艺骨干和文化经纪人，因地制宜，半数行政村建有一支以上农民业余文化队伍。扶持、鼓励农村自主开展多种形式的文化活动。坚持每年送文艺演出、电影、图书到农村基层，各县（市、区）及乡镇（街道）每年各组织一次以上以农民群众为主体的文化展演活动。全面实施农村电影数字化放映工程，全市每村每月放一场电影，中心村放映覆盖率达到100%，每个乡镇每2个月有一场演出，基本实现“2131”工程提出的各项目标。完成农村广播电视“村村通”工程，积极创造条件，推进广播电视数字化建设，基本实现各行政村建有广播室，有线广播农民收听覆盖率达到80%左右。出版发行网络覆盖到有条件的乡镇一级。各级政府进一步建立完善的农村文化投入机制、工作机制和考核机制。

（四）基本原则。坚持着眼长远与立足当前相结合，因地制宜，统筹规划，循序渐进，整合资源，使农村文化建设标准、建设内容、相关政策措施切合农村实际。坚持政府主导与农民主体相结合，既要发挥政府的主导作用，体现农村文化事业的公益性，又要发挥农民群众的主体作用，充分调动农民的积极性，鼓励社会力量参与建设。坚持文化建设与经济发展相结合，充分发挥文化对经济的促进作用和经济对文化的支撑作用，使文化产业成为推进农村服务业发展的新增长点，注重挖掘农村传统产业、产品的文化内涵，提高知名度和市场竞争力。坚持弘扬先进文化与传承乡土文化相结合，不断增强农村文化的吸引力和生命力。坚持“送文化”与“种文化”相结合，丰富内涵，创新形式，建立完善长效机制，通过“送文化”带动“种文化”，提高农村文化自我发展能力。

三、加快农村文化设施现代化建设，构建较为完备的农村公共文化服务体系

（五）加强县乡村文化基层设施建设。按照

国家提出的“十一五”期间实现县有两馆(文化馆、图书馆)、乡(镇)有一站(文化站)、村有一室(文化室)的要求,建设与当地经济社会发展相适应的文化活动场所和文化设施。到2011年,永嘉、洞头、文成、平阳、泰顺、苍南等县图书馆、文化馆建设标准不低于1500平方米(国家二级馆标准);鹿城、龙湾、瓯海、乐清、瑞安等市(区)图书馆、文化馆建设标准不低于2500平方米(国家一级馆标准)。县级公共图书馆平均藏书15万册以上,有条件的图书馆要配备流动图书车(船),文化馆要配备流动演出车。条件具备的县(市、区)还可适时建设集图书馆、文化馆、影剧院和青少年活动中心于一体的综合性文化艺术中心。具有独特地方文化资源的县(市、区)可建设特色博物馆。乡镇(街道)要建设多功能、综合性文化站。到2011年,争取实现乡乡(镇、街道)建有符合标准的综合文化站。永嘉、洞头、文成、平阳、泰顺、苍南等县综合文化站均用房面积不低于500平方米,鹿城、龙湾、瓯海、乐清、瑞安等市(区)综合文化站均用房面积不低于1000平方米,中心集镇综合文化站建筑面积不低于省级东海文化明珠发达地区相应硬件标准(1500平方米)。综合文化站建有图书阅览室、文体活动室、文化培训室、“共享工程”电子阅览室和文化广场。争取1/3以上的行政村建有不低于100平方米的文化活动室,包括图书阅览室、文化培训室、综合文体活动室和文化广场,并配有必要的设备和器材。加强农村文化资源的整合,充分利用村级组织活动场所和闲置校舍、旧礼堂、旧宗祠等,采用多种方式建设多功能、综合性村级文化活动室。同时,逐步充实、完善村文化室文体活动器材。机关、企事业单位和学校内部的文化设施,有条件的要采取多种方式对农民群众开放。

农村文化建设实行“分级管理,以县(市、区)为主”的管理体制。市级文化广电新闻出版行政主管部门协同有关部门负责农村文化建设的宏观规划和指导,制定和完善各项政策措施,扶持欠发达地区农村文化建设。县(市、区)政府负责本地农村文化建设的统筹规划和组织实施,筹措建设和活动经费,落实相关配套政策措施,抓好农村文化建设。乡镇具体负责制定并实施本地农村文化建设规划,筹措建设和活动经费,改善文化工作人员的工作和生活条件,经常组织开展群众文化活动。村要在组织群众文化活动方面,发挥积极作用。

(六)开展农村数字化文化信息服务。将实施全国文化信息资源共享工程、数字电影工程与加强农村文化建设紧密结合起来,充分利用现有信息资源传播设施,把“共享工程”与农村党员干部现代远程教育工程、数字电视、数字图书馆建设、公共图书馆、文化馆等基层文化活动中心相连接,形成综合性的文化教育信息服务体系,提高公共资源的利用率。同时加快公益文化单位文献信息资源的自动化、网络化和数字化建设,推进数字图书馆建设。

(七)大力推进广播电视进村入户。重点推进尚未通有线电视的乡镇(不含海岛乡镇)及行政村实现有线电视联网,争取使有条件的20户以上自然村通广播电视。基本实现各行政村建有广播室,有线广播农民收听覆盖率达到80%左右。确保农村有线电视用户收看节目套数与城区用户基本相同。个别无条件通有线电视而采用卫星小有线、MMDS微波等方式覆盖的山区自然村和海岛能收看8套以上电视节目。有线广播电视联网的行政村能收听4套以上广播节目。加大广播电视发射设施更新改造的投入,完善中央关于基本实现无线覆盖的要求。完善农村广播电视公共服务覆盖体系,建立广播电视维护保障运行机制,确保“村村通”、“优质通”、“长期通”。

(八)继续加强农村文化遗产保护。制订和完善保护农村文化遗产各项管理办法。通过普查评估,提升文物保护单位级别。建立市、县二级非物质文化遗产名录保护体系,加强对农村非物质文化遗产的保护和利用。贯彻落实《浙江省文物保护管理条例》、《浙江省非物质文化遗产保护条例》、《浙江省非物质文化遗产代表作保护管理办法》、《浙江省非物质文化遗产传承人艺术津贴(补贴)管理办法》,加强对农村优秀民族民间文化资源的发掘、整理和保护,开展具有民族传统和地域特色的民间艺术及民俗项目表演,培育扶持民间艺术之乡、特色艺术之乡、特色文化村镇、民族民间文化生态保护区,命名表彰民间艺人,培育一批文化名镇、名村、名园、名人、名品。认真开展文化遗产普查工作,积极做好历史文化街区(村镇)保护工作。市政府先期安排财政资金为基础,并积聚社会各方力量,设立优秀历史文化保护发展基金。

(九)努力加快农村体育事业发展。坚持体育为全面建设小康社会和社会主义新农村建设服务,为提高农村群众身体素质和生活质量服务。以创建体育强县(市、区)、强镇(乡)为载体,按照创强标准,加强农村体育设施建设。加快农村体育组织网络建设,进一步增强开展体育健身活动的组织能力。鼓励乡村体育协会、老年体协、农村体育俱乐部开展体育竞赛活动,丰富农村群众的文体生活。继续实施扶持贫困村计划,推动农村落后地区体育设施建设。开展体育三下乡活动(即:送健身器材下乡、送体质监测下乡、送体育培训下乡),让更多农村群众参与全民健身活动,努力提升农村体育发展水平。

(十)切实加强农村文化设施的管理和使用。各县(市、区)文化行政管理部门要加大对农村文化设施使用情况的管理力度,建立健全规章制度,规范服务行为。广泛了解农民群众文化需求,通过组织开展多种多样的阵地文化活动,提高文化设施的利用率,以吸引更多的群众参与。加强对文化设施的规划、建设和使用情况的监督,防止农村文化设施被挤占、挪用,对被挤占、挪用的文化设施要坚决收回。

四、努力提供优质的农村公共文化产品与服务,丰富农民群众文化生活

(十一)大力开展文化下乡活动。鼓励各级艺术表演团体、群艺馆、文化馆、图书馆、电影公司等文化单位,送戏、送书、送电影、送文化科技知识到农村,并使之经常化、制度化。积极拓宽思路,争取社会各界支持,探索灵活多样、行之有效的文化下乡新形式,打造群众喜爱的、各具特色的群众文化品牌活动,发挥示范、带动、促进的作用。群艺馆、文化馆工作重心要下移,要把工作面向农村广大群众,组织策划带有示范性、导向性、节庆性的文化活动。乡(镇)综合文化站、村文化活动室也要积极开展经常性的多种形式的文化活动,活跃农村文化生活。扶持民办文艺团体,大力发展农民业余文艺演出队和民间职业剧团,鼓励农民自编自演,自娱自乐。重视文化扶贫,推进欠发达地区文化事业发展,逐步解决这些地区农民文化生活贫乏问题。关心老年人、未成年人、残疾人的文化生活,积极组织老年人业余文艺团队,广泛开展适合未成年人兴趣爱好的课余文化活动。有条件的乡(镇)要增设残疾人文化活动设施。要重视新温州人的业余文化生活,农村文化设施要对其开放。

(十二)繁荣群众文艺创作,丰富农村文化产品。进一步重视农村的文艺创作,把创作任务落实到具体创作人员和文艺团体,把农民欢迎不欢迎、喜欢不喜欢作为重要标准,认真组织创作讴歌主旋律、富有鲜明时代特征、真实反映社会主义新农村建设、反映人民群众现实生活、催人奋进的群众文艺作品。积极参加“五个一工程奖”、“群星奖”、“文华奖”的评比以及国家、省、市、行业各类比赛和展演。对获奖的优秀作品要积极组织展演、展览、推广移植和宣传评介活动,努力扩大获奖作品的社会影响。制定扶植政策,对优秀群众业余文艺作品的创作、演出和出版给予奖励和表彰。

(十三)加强对农村文化市场的管理,发展农村文化产业。坚持“一手抓繁荣,一手抓管理”的方针,坚持不懈地开展“扫黄打非”斗争,依法保护文化知识产权,打击各种非法文化经营活动,净化农村文化市场。加强对图书报刊、音像制品、电子出版物、演出、娱乐、网吧及文物流通等文化市场的管理。进一步加快现有电影公司、电影院、新华书店等文化经营单位的体制机制改革,积极扶持农村个体、私营等非公有制文化企业及民间剧团发展。

(十四)加强农村图书发行和流通网络建设。大力加强农村图书发行,积极探索农村图书发行新的经营业态,发动各地新华书店、供销社及民营图书经销单位借助农村的成熟网络平台,推进农村经营性图书连锁发行网点“农家书屋”工程建设,方便农民购书。

五、切实加强农村文化队伍建设,不断提升农村文化工作水平

（十五）充实农村文化工作骨干。在乡镇综合改革中，要明确农村文化工作的职责，配备相应的工作人员，以综合文化站为载体，积极开展公益性文化活动，所需经费纳入财政预算。挑选有一定专长、热爱农村文化工作的文艺骨干充实基层文化工作队伍，保证各乡（镇）至少有1名文化工作人员。文化馆、图书馆、综合文化站等公益性文化事业单位，要面向大众，面向市场，全面推行聘用制，引入竞争机制，实行公开招考、竞争上岗、双向选择，择优聘用。适应新形势要求，依照相关法律法规的规定对乡镇文化工作人员实行从业资格制度。完善和加强文化工作人员的量化管理考核，建立健全岗位职责，形成定量和定性相结合的考核制度。推进农村文化工作人员的基本养老、医疗和失业保险制度的实施。同时建立稳定的文化志愿者队伍，5年内，每个行政村至少拥有1名文化辅导员。

（十六）加强农村文化队伍建设。充分发挥村文化员在农村文化建设中的骨干作用，逐步建立专兼职相结合的村文化员队伍。积极开展农村文化队伍培训，进一步加强对县以下文化馆、图书馆、乡镇文化员、群众文化主要门类业务干部和村（社区）文化员在业务培训，努力提高农村文化工作服务水平，争取5年内，文化馆（站）工作人员的学历要有明显提升。将农民业余文化队伍骨干培训纳入政府培训范围，对从事文化辅导、文艺创作、文艺表演、文化经纪等各类农村文体骨干进行重点培训。探索建立农村文化经纪人从业资格制度，进一步规范和发展农民业余文化队伍。加强示范引导，对作出突出贡献的农民业余文化骨干进行表彰奖励。

六、加强组织领导，为农村文化建设提供强有力的保障措施

（十七）明确工作责任，建立考核机制。各级党委和政府要把农村文化建设纳入重要议事日程，纳入当地国民经济和社会发展总体规划，所需经费列入本级财政预算。建立农村文化建设目标责任制，制定党委、政府农村文化工作联席会议制度，明确各有关部门职责，定期召开专门会议，研究农村文化工作，并将农村文化工作的各项任务列入各级党政班子政绩考核之中，同时增加年度目标考核有关农村文化建设的分值。市里每年要组织农村文化建设督查组对各县（市、区）情况进行检查考核，并作出评估分析报告，以推动农村文化建设和发展。

（十八）增加财政投入，加大扶持力度。各级财政要统筹规划，加大对农村文化的投入，不断提高公共财政用于乡镇和村文化建设的比例。市、县两级均要设立农村文化建设专项资金。市财政安排的专项资金主要采取以奖代补的方法用于补助农村“两馆一站”建设、文化下乡、农村文化队伍培训、农民自办文化、优秀作品和各类先进典型的奖励等。积极鼓励和吸引社会资金投资建设农村文化设施。

（十九）完善相关政策，优化文化发展环境。有关部门要在全面落实国家和省、市各项文化经济政策的基础上，适应农村文化发展新形势，研究制定支持农村文化建设的政策、措施。在确保公益性前提下，积极开展有偿服务和文化产品经营活动，有效盘活现有文化设施，所取得收入全部用于文化设施建设。通过增加自我创收，解决开展文化活动的经费短缺问题，增强自我发展能力。拓宽农村文化事业捐赠渠道，鼓励和支持企业、非营利组织、社会团体等社会力量参与农村文化建设。鼓励和支持农民群众自筹资金、自负盈亏、自我管理，兴办个体放映队、民间剧团、农民书社等，大力发展农村特色文化产业，政府要在土地使用、税收、信贷等方面给予一定的优惠。

市委办公室　市政府办公室
关于印发《温州市农村信息化建设方案》的
通　知

温委办发〔2007〕120号

温州市农村信息化建设方案

根据《中共中央　国务院关于推进社会主义新农村建设的若干意见》和信息产业部《关于推进社会主义新农村建设工作的意见》，结合《温州市“十一五”信息化规划》，为进一步加快我市农村信息化进程，促进社会主义新农村建设，特制定本方案。

一、我市农村信息化发展现状

目前我市农村信息化的建设和发展还处在起步阶段，是我市社会主义新农村建设这项系统工程中的薄弱环节。尽快提升农村信息化水平，已成为我市社会主义新农村建设的一个重点领域，同时也是贯彻和落实中央加快农业信息化建设的文件精神的一项重要举措。自2003年以来，以建设“数字温州”为纲要，依托“温州农网”、“农民信箱”、“农村党员干部现代远程教育试点”以及“农村文化资源共享”等一系列工程，积极推进农村信息化建设，使我市农村信息化水平得到了显著提高。据不完全统计：到2006年底，全市各大通信营运商的城域出口带宽共51.4G；本地固话用户数达到373.96万户，其中，农村电话用户120.70万户，移动电话用户681.63万户，互联网用户113.8万户，宽带用户75.95万户，行政村通宽带率为91.26%。全市广播综合人口覆盖率达97.4%，电视综合人口覆盖率为97.6%，行政村有线电视通达率88%。全市“农民信箱”注册用户数超过12万户，启用数超过10万人，乡镇开通率达到100%，村一级的联络点建设率达到92%，培养村联络点信息员5343人，“农民信箱”逐步成为农业部门发布政策信息、气象信息、技术信息和农资信息的一种有效载体，成为农民获取涉农信息的一条重要途径。温州农网网站建设已初具规模，全市8个分中心，乡镇信息服务站194个，占乡镇总数的70%，形成了比较完善的三级信息服务网络。全市农村党员干部远程教育终端共建成5362个，其中乡镇站点353个，村级站点4820个，全市行政村建点率达89.4%，培训相关技术人员1953人。县（市、区）、乡镇、街道、社区、村等各级各类文化设施内共建成温州市文化信息共享基层站点106个。

与此同时，我市农村信息化建设也存在不少问题，主要集中体现在以下几方面：一是农村信息化应用平台较为落后。除了应用全省统一的“农民信箱”外，还没有一个成形或较为完备的农村信息化应用平台（或系统）。二是现有的各种涉农信息资源存在着重复建设的问题。目前，全市的农村党员干部远程教育平台、农村文化信息资源共享工程、“农民信箱”、温州农网都是各自相对独立，在信息资源和网络方面没有相互融合，其功能作用没有得到最大发挥，也大大增加了运营成本。三是农村信息化设施和环境相对滞后。当前农村信息化建设总体上仍存在着许多薄弱环节，农村和广大农民对信息技术、网络、产品以及涉农信息的需求和农民自身的有关生产、生活、经营等信息对外进行发布的信息渠道远远不够，农村信息化建设方面的项目和资金也相对较少。

二、指导思想、总体目标和工作原则

（一）指导思想

以邓小平理论和“三个代表”重要思想为指导，全面落实科学发展观，围绕“生产发展、生活宽裕、乡风文明、村容整洁、管理民主”的社会主义新农村建设总体要求，发挥政府的引导、协调和服务作用，加大各级政府部门、企业和其他社会机构的信息资源整合力度，促进资金、基础设施和机构人员的有效利用。实施农信“121”工程（即“打好一个基础，建设两个平台，培养一支队伍”），提高农民信息应用能力，有组织、有重点、有步骤地推进我市农村信息化建设。

（二）总体目标

经过3～5年努力，建成较为完备的农村信息化基础设施，基本实现“村村通宽带，无线全覆盖”。建立和完善农村信息化服务体系，各类涉农信息资源得到比较充分的开发利用。农民的信息化素质进一步提高，利用信息化手段增收致富的能力明显增强。充分发挥信息技术对农村社会经济和生产生活的促进作用，推动农村经济社会又好又快发展。基本构建起适应社会主义新农村发展要求的农村信息化支撑体系。

——完善农村信息化基础设施。基本实现自然村通电话、宽带网、移动通信网络，有线广播电视覆盖全部行政村。农村行政村计算机拥有率达到100%，网络普及率达到100%。农村中小学、乡镇文化站、乡镇卫生院和条件具备的村卫生站实现与各应用系统的网络连接。

——建设农业综合信息服务平台。整合各部门涉农信息资源，建成一个面向农民和各涉农部门的统一综合信息服务和交换平台。各县（市、区）全部建成农业信息综合服务平台，所有的乡镇建立信息服务站，90%行政村建立起农业信息服务点，80%的乡镇企业、种养大户、流通大户能上互联网，接入农业综合信息服务平台。

——推进农村管理和公共服务平台建设。积极推进电子政务向乡村延伸，全市90%的乡镇和30%的行政村基本实现农村管理信息化，90%乡镇和30%行政村能利用农村公共服务平台获取文化、教育、医疗、社保等公共信息服务资源。

——培育农村信息化服务队伍。90%的行政村的农村信息员完成计算机及网络基础知识和信息采集、发布等基本技能的培训，基本建成覆盖我市的农村信息化服务体系；对一大批农村中青年农民进行信息能力培训。

（三）工作原则

1、坚持统筹规划，整合资源。实现对信息资源和信息化队伍的充分整合利用和共享，形成合力，推动网络互通、资源共享，防止各自为政，避免重复建设。

2、坚持政府引导，需求主导。从满足政府和“三农”当前最迫切的需求出发，紧扣新农村建设的需要，以开发应用系统为核心，确保信息化工作推进的针对性。

3、坚持服务三农，讲求实效。根据各地不同情况和特点，因地制宜，注重实效，为广大农民群众提供经济实用的信息化产品和服务，力求效果最好，效益最优。

4、坚持突出重点，试点示范。针对农村信息化工作基础差、需求大、投入有限的客观情况，重点夯实基础，同时建设需求最迫切的应用系统特别是农业信息服务系统。选择条件比较成熟、群众需求比较强烈的农村开展试点，积累经验，逐步推广，分步实施。

三、目标任务

以实施农信“121”工程为主要内容，建立健全农村信息化建设的基础网络，搭好农业综合信息服务平台和农村管理和公共信息服务平台，努力建设一支农村信息化中的管理员、信息员队伍。

（一）进一步完善农村信息基础设施建设

进一步完善农村通信基础设施，积极创造条件，推动电话、宽带网、移动通信网络“村村通工程”向自然村延伸，基本实现乡镇通光纤率为100%，有线广播电视覆盖全部行政村，力争在2008年底实现“村村通宽带，无线全覆盖”的目标，并逐步改善无线通信网络，如增强型无线数据网（EDGE）和第三代无线通信网络（3G）。进一步建设和完善我市农村党员干部远程教育网络，建立保障农村信息化设施应用与维护的长效运行机制；利用农村党员干部远程教育网络、“农民信箱”和温州农网等现有的信息资源，利用多种形式，加快农业信息网络终端向村级组织、农业龙头企业、农民专业合作组织、种养殖大户和农村各类专业协会及中间组织等延伸。继续探索和创新信息进村入户的新载体，使广大农户可以通过电脑、手机或电话、IPTV（网络电视）等途径方便地获取和发布信息，切实解决农村信息化“最后一公里”问题。

（二）建设农业信息综合服务平台

加强对涉农信息资源和农村信息化队伍资源的整合力度，建立起市、县（市、区）、乡（镇）和村四级农业信息综合服务体系。市级要建立农业综合信息服务平台，县（市、区）有信息中心、乡镇有信息站、村有信息室，设立标准，明确任务，落实责任，加强培训，强化服务，让农民足不出户就能获取和发布信息。该平台是依托现有的农村信息网络基础，整合“农民信箱”、温州农网等现有资源，形成多方位、多层次的农业信息的收集、传递、分析、发布体系，提供统一的农业市场供求、农业技术咨询、农业监测预警、特色生态农业服务（如特色农家乐等）等农业综合信息服务。建立起覆盖全市90%乡（镇）、80%的行政村、农业龙头企业、农产品批发市场、农民专业合作组织、经营大户以及有条件的种养大户的农村市场信息服务网络，促进农业增效，农民增收。

1、整合现有的农业资源。大力推广“农民信箱”，进一步完善“温州农网”，并整合到全市统一的农业综合信息服务平台上，为全市农民提供统一的农资信息、农产品市场信息、农业政策咨询、农业科技等服务。

2、建设农业监测预警系统。建设集农产品监测、动物疫情、植物病害、天气灾害等功能的监测预警系统，对动物疫情、植物灾害、大宗农畜产品进行监测预警，为农民提供及时的农业气象信息，包括气象灾害预警等，为政府决策提供科学依据，为农民生产经营提供参考。

3、加快建设特色生态农业信息服务系统。收集、整理全市农家乐、渔家乐、生态农业、观光农业、休闲农业、特色农业等农业信息，建设相应的网站和应用系统，实现向公众提供全面、详实、及时的农村特色产业信息和相关业务的在线交易功能。

4、推动农业生产过程信息化进程。在条件成熟、需求突出的区域，大力推动以信息网络技术促进农业生产环节的标准化和智能化（测土配方施肥、专家应用系统等）、农产品生产质量安全控制信息化（RFID即射频识别或条码的应用）与农产品安全可追溯系统、地理信息系统（GIS）在农业中的应用。用信息技术改造传统农业，合理使用各种农业资源，保护生态环境，发展节约型农业和生态农业。

（三）建立农村管理和公共服务平台

结合我市实际情况，以信息网络改善农村公共服务，推动电子政务公共服务延伸到农村，为农民提供公共信息咨询和服务。整合农村党员干部远程教育、文化资源共享等资源，各县（市、区）各自建立有特色的农村管理和公共服务平台。该平台具有集农村集体资产管理、村务公开、人口管理、社会保障、合作医疗、农村公共事件应急处理等功能的农村村务综合管理系统和农村远程教育、法律政策宣传、卫生防疫、职业介绍等功能的农村公共信息服务系统。利用该平台实现农村村务管理、公共信息服务的信息化，农村文化娱乐网络化，教育培训远程化，促进农村管理信息化水平和社会服务事业的快速发展。

1、建设农村社会管理信息系统。以县（市、区）为单位，独立建设农村社会管理信息系统，各乡镇设立服务中心，行政村建立服务终端。该系统基本实现村务公开、村集体资产管理和社会事务管理信息化。

2、建设农村公共信息服务系统。依托信息网络，改造提升传统农村服务业（供销合作社、邮政、农村经济合作社）；发展农村网络增值服务、电子金融、现代物流、连锁经营、专业信息服务、咨询中介等新型服务业。促进农业电子商务，降低物流成本和交易成本。各县（市、区）要加大电子政务建设，并向农村延伸的力度，建设集农村剩余劳动力培训、就业，咨询中介，现代物流，连锁经营等信息的农村公共信息服务系统。

3、进一步完善农村远程教育网络。大力实施农村中小学现代远程教育工程，使城乡学校共享优质教学资源；进一步推广和完善农村党员干部远程教育服务网络，并充分发挥远程教育网络和优势，推进农村文化资源共享工程，使农村文化资源共享站点与党员远程教育站点同步发展。

4、大力实施农村医疗信息化项目。实施农村新型合作医疗信息化项目，使得乡镇卫生院能够直接对农村合作医疗进行当场核销；以信息化推进农村卫生防疫和医疗救治的能力，基本实现90%的乡镇卫生院能够利用互联网进行医疗咨询、公共卫生宣传和对突发性公共卫生事件进行有效干预和控制。

（四）加强农村信息技术服务体系建设

各县（市、区）要按照农业部《关于做好农村信息服务网络延伸和农村信息员队伍建设工作的意见》的要求，建立一套长期、科学、规范的培训、认证管理体系，不断提高和增强全市农业信息人员的业务素质和信息服务能力。采取现代远程教育、现场教学和市县集中培训等方式，结合农村信息服务站的建设工作，分别针对操作者、信息化管理人才和信息专业人才三个层面进行培训。重点培训信息采集、计算机、网络应用基础常识。通过培训达到会收集、会分析、会传播信息的“三会”要求，逐步建立一支有经验会管理的复合型人才队伍。同时，鼓励农村信息化平台的维保服务进行外包，减轻对信息化专业人员缺乏的压力。

四、实施步骤

农村信息化建设计划分三个阶段进行，即试点阶段、推广阶段和全面实施阶段。具体计划如下：

（一）试点阶段（2007年7月～2008年7月）。在各县（市、区）所辖范围内各选择有条件的1

个乡镇进行试点，试点内容为：以乡镇为单位，在整合现有涉农信息资源基础上，建设农业信息综合服务站、农村管理和公共服务中心，同时在辖区内建设3～5个信息化示范村，建立起"乡镇通光纤，宽带网、移动通信网络和有线广播电视覆盖全部行政村"完备的农村信息化基础设施体系；基本实现农业信息服务网络进入辖区内所有行政村、农业龙头企业、经营大户、80%的种养殖大户；三分之二的行政村熟练利用农村管理和公共服务平台进行村务公开、资产管理、人口管理等基本农村社会管理和获取涉及农民切身利益的公共信息；培养一批有经验会管理的农村信息化服务人员（包括村信息员）。

（二）推广阶段（2008年9月～2009年12月）。在总结试点乡镇经验基础上，各县（市、区）再选择10～20个条件相对较成熟、需求较明显的乡镇进行推广，在推广过程中要及时总结相关经验，表彰先进。

（三）全面实施阶段（2010年1月～2012年12月）。全面总结推广阶段的经验，各县（市、区）全面实施农村信息化建设工程。努力实现既定目标，基本构建起适应社会主义新农村发展要求的农村信息化支撑体系。

五、保障措施

（一）加强领导，精心组织

农业和农村信息化工作是一项综合性工作，内容新、难度大、要求高，要在市社会主义新农村建设领导小组领导下，由市社会主义新农村建设领导小组办公室、市信息办牵头，各职能部门，尤其是市社会主义新农村建设领导小组成员单位要结合各自的职责和农信"121"工程建设内容，密切配合，推进农村信息化建设工作。各县（市、区）要负责本区域的农村信息化推进工作，健全工作机制，按照省市的工作部署，采取有效措施，务实推进农业和农村信息化。

（二）多方筹资，加大投入

要建立以政府投入为引导、社会投入为主体的多元化农村信息化融资体制，不断加大农村信息化建设投入。要在政府引导下，充分发挥各通信运营公司的积极性，加大对农村信息化建设的政策倾斜和资金投入，大力改善农村通信条件，最大程度地降低农村通信资费，最大限度地开展面向农民的公共信息普遍服务。对于涉及农村基础网络建设，各地各部门要大力支持，给予方便。市财政用于支持农村信息化建设的资金主要用于对试点乡镇的补助或奖励，各县（市、区）也要配套相应的补助资金。要积极组织农业和农村信息化项目申报省和市里的各类基金和专项资金。同时，鼓励和支持企业加大投入，积极吸引外资、民间资本参与农村信息化建设。鼓励信息产品制造商研发和推广适合农村使用、质优价廉的信息终端和软件产品，以多种形式、多种途径为农民提供适用的市场、科技、教育、卫生、气象等信息服务。

（三）强化培训，提高素质

要抓好县、乡、村三个层次的网络管理人员以及信息员的专业知识和专业技术培训，采用基础知识培训与专项业务技术培训相结合、集中培训与现场培训相结合、县级培训与乡级培训相结合等多种方式，搞好农村信息人员的培训。培训工作由市信息办牵头，各县（市、区）信息办统一组织乡镇、村级业务人员进行。培训内容主要有五个方面：一是网络设备培训，包括设备安装、系统调试、系统管理、系统配置、故障排除等；二是计算机系统培训，包括计算机设备、计算机操作系统等内容；三是网络安全培训，包括网络安全、数据备份等内容；四是农业综合信息服务平台培训，包括农业信息采集标准、农业信息发布与检索、应用软件使用等；五是农村工作管理及相关软件使用等。

（四）加强宣传，形成共识

农村信息化建设是一项崭新的工作，覆盖面广，各地各相关部门要通过各种宣传媒体和媒介，宣传信息技术在农村经济发展和社会主义新农村建设中的重要地位和作用，展示信息技术和信息化助农惠农的新成果，开展农业和农村化信息化优秀成果展示和经验交流等各种活动，推广成功做法和典型经验，形成全社会关心和支持农业和农村信息化工作的良好氛围。各级领导要深刻认识农村信息化推广应用项目对当地经济发展的意义和作用，认真细致做好工作，调动各级干部群众的工作积极性，确保农村信息化建设的有效实施。

附：乡（镇）试点标准

乡(镇)试点标准

一、乡镇试点标准

乡镇综合信息服务站（点）建设：乡镇建有一个农业综合信息中心服务站，宽带网、移动通信网络和有线广播电视覆盖全部行政村，每个行政村有一个党员现代远程教育接收点暨"三农"综合信息服务点、一所中小学远程教育试点学校、一个"网上党支部"。乡镇综合信息中心服务站要求配备1～2名信息管理员、一个固定场所、开通2M以上的宽带和一套专用设备（硬件和平台软件）以及一套管理制度。乡镇建立起自己的网站，实现网上政务信息公开和自我宣传；90%的所属行政村在该网站上有自己的网页，在该网页上进行村务公开和其他相关消息。

建设农业信息综合服务系统。通过互联网及时向农民发布农资供求，农副产品深加工、生产技术、市场动态、价格行情、供求信息、惠农政策、农业气象等信息，引导农民科技致富和发展产业化经营，并形成网上销售格局，为农民提供农业技术、市场信息、生产资料、农村文化等服务，带动农民增收，促进农业增效和农村经济发展，活跃农村文化生活。

建设农村公共管理和咨询平台。实现农村远程教育与培训（包括农村党员干部远程教育）、村务公开、集体资产管理、人口管理（主要是流动人口管理）、医疗保险、社会救助、法律援助等农村基本的公共管理信息化，同时提供相关政策、法律、法规的咨询。

二、村居试点标准

广播和有线电视入户率不低于90%，电话（包括移动电话）用户拥有率不低于70%，宽带网络接入户率不低于10%。

有固定的用于党员远程教育接收点暨"三农"综合信息服务点的场所，一名专（兼）职信息员、一套信息服务制度、一个对外信息收集发布服务渠道，能有效开展信息服务。

村居主要干部能操作计算机和熟练操作农村公共管理和信息服务平台，能利用该平台有效地进行农村社会管理和向群众提供方便的信息咨询服务。

市委办公室　市政府办公室 印发《关于扶持"活力和谐企业"发展的若干规定》的通　知

温委办发〔2007〕251号

关于扶持"活力和谐企业"发展的若干规定

一、为加快"活力和谐企业"建设步伐，培育与扶持一批"发展充满活力、内部关系融洽、外部环境友好、党建扎实有效"的优势企业和重点企业，进一步提升我市非公有制企业党建工作水平，特制定本规定。

二、加大政策扶持力度。在同等条件下，对"活力和谐企业"在土地供给、资金信贷、能源利用、人才引进、市场准入、品牌建设、上市发展等方面给予优先保障和优先安排。同时，凡我市已实施的有关扶持重点、优势企业发展优惠政策和激励办法，除未达到相关硬性指标外，"活力和谐企业"均可享受，其中一些惠及企业家个人的待遇同样适用于"活力和谐企业"党组织书记。

三、鼓励企业自主创新。积极引导"活力和谐企业"加大投入力度，推进自主创新。有关部门应将"活力和谐企业"优先列为科技计划项目、建设先进制造业基地、中小企业发展等相关财政专项资金的扶持对象。

四、明确"活力和谐企业"的政治待遇。在安排党代表、人大代表、政协委员和工商联、青联等人民团体相关职务时，在符合相应条件的前提下，对"活力和谐企业"的董事长、党组织书记予以优先考虑。同时，将"活力和谐企业"评选入围单位的董事长、党组织书记、总经理当然列为当年度市县两级评选"功勋企业家"、"优秀企业家"和"优秀党务工作者"的推荐对象。"活力和谐企业"的董事长、党组织书记、总经理纳入市重点教育培训对象范围，拓宽学习培训渠道，帮助提升综合素质。

五、积极创造良好的发展环境。规范对"活力和谐企业"的各类执法检查，除法律法规规定、省市统一安排的专项检查和涉案检查外，市县两级有关部门对“活力和谐企业”各种临时性、突击性的检查，应经该部门主要领导同意。加强对“活力和谐企业”所在工业园区内或周边环境整治，优化治安状况，完善公共交通、医疗卫生等配套服务。按照生产经营的现实需要，企业可经主管部门批准设立内部治安保卫机构。

六、加强舆论宣传。每年一度“活力和谐企业”评选结果产生后，要组织新闻媒体积极宣传入选企业的创业创新经验，为“活力和谐企业”创建活动提供有力的舆论支持。

七、落实奖励措施。对首次入选为“活力和谐企业”的，由政府一次性奖励30万元。

八、市有关职能部门根据本规定要求，制定具体实施办法，确保扶持政策落实到位。

九、本规定由温州市“活力和谐企业”评选工作领导小组负责解释。

2007年市政府重要文件选载

温州市人民政府部门行政首长问责暂行办法

温州市政府第93号令

《温州市人民政府部门行政首长问责暂行办法》已经市人民政府第1次常务会议通过，现予发布，自2007年5月17日起施行。

市长　邵占维

二〇〇七年五月十七日

第一条　为了加强对我市政府部门行政首长（含主持工作的副职，下同）的监督，促使其恪尽职守、依法行政，确保政令畅通，提高行政效能，防止和减少行政过错行为，建立为民、务实、高效、廉洁的政府，根据《中华人民共和国地方各级人民代表大会和地方各级人民政府组织法》、《中华人民共和国行政监察法》、《中华人民共和国公务员法》等法律规定，结合本市实际，制定本办法。

第二条　本办法所称政府部门行政首长问责，是指市政府对所属各部门不履行或不正确履行职责，或者政府部门行政首长的言行与职务身份不相符合造成重大失误或不良社会影响，依照本办法追究责任。

本办法所称市政府部门，包括市政府组成部门、直属机构、特设机构、派出机构。

第三条　行政首长问责遵循权责统一，有错必究，过错与责任相适应，教育与惩戒相结合，合法、客观、公正的原则。

第四条　政府部门行政首长应当履行法定职责，完成市政府交办的各项工作，接受监督。

第五条　政府部门执行法律及上级机关的决策和部署不力，有下列情形之一的，应当对行政首长问责：

（一）拒绝、放弃、推诿、不完全履行法定职责的；

（二）不执行国家的方针政策、上级机关依法作出的决定和命令的；

（三）无正当理由未能按期完成市政府确定由其承担的工作任务的；

（四）不正确执行上级机关依法作出的决策和部署，致使公共利益和行政管理相对人合法权益受严重损失的，或者影响政府整体工作部署的。

第六条　政府部门决策发生重大失误，有下列情形之一的，应当对行政首长问责：

（一）超越部门权限擅自决策的；

（二）重大的决策事项，不按照规定的程序和议事规则进行决策的；

（三）应当公开的决策信息未按规定公开的；

（四）未按《温州市行政规范性文件制定管理办法》制定规范性文件的；

（五）行政决定或者命令与法律、法规、规章或上级政策规定相抵触的；

（六）违法设定行政许可、行政处罚、行政事业性收费或者行政强制措施的；

（七）因决策失误造成重大人员伤亡或财产损失、生态环境破坏或者其他不良社会影响的。

第七条　政府部门不正确履行社会公共管理职责，有下列情形之一的，应当对行政首长问责：

（一）瞒报、谎报、迟报突发公共事件等重要信息的；

（二）发生重特大突发公共事件时，未按照相关法律规定、上级要求和实际情况，未能及时、妥善、有效处理和组织有关救援工作的；

（三）未按照有关规定和要求建立健全安全工作规章制度、制定公共突发事件应急预案，或者发现重大公共安全、生产安全隐患后不依法采取措施，出现重特大责任事故或造成不良社会影响的；

（四）因采取行政措施违规违法或行政行为不当而引发群体性事件，或者对群体性、突发性事件处置失当造成严重后果的；

（五）对涉及人民群众合法利益的重大问题不及时解决、或者对群众反映强烈的问题能够解决而不及时解决，造成严重后果或者不良社会影响的；

（六）违法实施行政许可、行政处罚、行政事业性收费或者行政强制措施，造成严重后果或者不良社会影响的；

（七）非法干预市场经济活动，或者对扰乱市场经济秩序行为监管不力或纵容、包庇的；

（八）政府部门直接负责或者直接管理的单位所负责的重大建设项目发生失误或存在质量问题，造成严重后果的；

（九）违反规定安排使用财政资金、国有资产，造成资金浪费或国有资产流失的；

（十）因疏于管理、处置不当致使公共利益和行政管理相对人合法权益受严重损失或者造成不良社会影响的其他情形。

第八条　政府部门不正确履行内部管理职责，有下列情形之一的，应当对行政首长问责：

（一）政府部门工作效率低下，服务质量差，群众反映强烈的；

（二）违反干部选拔任用规定，导致用人严重失察、失误，造成严重后果的；

（三）对政府部门的违纪、违规、违法行为隐瞒不报，包庇、袒护、纵容的；

（四）指使、授意本部门工作人员弄虚作假的；

（五）因管理不力造成严重后果或者不良社会影响的其他情形。

第九条　政府部门行政首长有下列情形之一的，应当对行政首长问责：

（一）在公众场合发表有损政府形象的言论的；

（二）违反规定泄漏国家秘密或者工作秘密的；

（三）利用工作之便掌握的未公开的信息为自己或者亲属等其他人牟取利益的；

（四）对配偶、子女及身边工作人员的严重违法违纪行为知情不管，或包庇、纵容的；

（五）造成社会不良影响的其他行为。

第十条　市长发现政府部门行政首长有本办法规定的问责情形或者依据下列问责信息，可以提请市政府常务会议决定启动问责程序：

（一）公民、法人或其他组织署名的附有相关证据材料的检举、控告材料；

（二）上级领导机关的指示、批示；

（三）审判机关、检察机关提出的问责建议；

（四）审计、行政监察、政府法制等监督机关提出的问责建议；

（五）副市长、秘书长提出的问责建议；

（六）市人大代表、政协委员提出的问责建议；

（七）政府部门工作考核结果；

（八）新闻媒体曝光的材料；

（九）其他反映政府部门行政首长存在问责情形的材料。

市监察局负责受理公民法人或其他组织认为政府部门行政首长有本办法规定问责情形的检举、控告，并向市政府报告；市政府办公室负责受理相关部门的问责建议和收集相关材料，并定期向市长报告。

第十一条　市政府常务会议决定启动问责程序的，应当责成市监察局会同有关部门在市政府常务会议决定后5日内组成调查组进行调查。

调查组依照《中华人民共和国行政监察法》规定的权限和程序开展调查。

调查组成员与拟问责的政府部门行政首长有利害关系、可能影响公正处理的，应当回避。

第十二条　在调查过程中，拟问责的政府部门行政首长应当向调查组作出书面说明。有关部门和人员应当对调查组的调查工作予以协助。

拟问责的政府部门行政首长阻挠或者干预调查工作的，调查组可以提请市政府依照有关规定暂停被调查人履行职务。

第十三条 调查组应当在30日内完成调查工作，并向市长提交书面调查报告。调查报告应当包括问责情形的具体事实、基本结论和是否问责的具体建议。

第十四条 市长接到调查报告后，应当在15日内提交市政府常务会议讨论，作出问责或者不予问责的决定，并决定责任追究的方式。

拟问责的政府部门行政首长在问责期间可以就问责的事项向市政府陈述和申辩。

第十五 政府部门行政首长被问责的，采取下列方式追究责任：

（一）责令限期整改；

（二）诫勉谈话；

（三）责令作出书面检查；

（四）责令通过市级新闻媒体向社会公开道歉；

（五）通报批评；

（六）责令辞职；

（七）建议免职。

以上责任追究方式可以单独适用或者合并适用。

采用前款第（六）项、第（七）项方式问责的，按照管理权限和规定的程序办理。

第十六条 有问责情形的政府部门行政首长引咎辞职的，不再依照本规定追究责任。

被问责的政府部门行政首长涉嫌违反政纪、应当给予行政处分的，由监察机关依照有关规定和程序处理；涉嫌违反党纪的，移送党的纪律检查机关处理；涉嫌犯罪的，移送司法机关处理。

第十七条 对政府部门行政首长作出的问责或者不予问责的决定，应当书面告知本人及作出问责批示或提出问责建议的有关机关及个人。

第十八条 被问责的政府部门行政首长对问责决定不服的，可以按照《中华人民共和国公务员法》规定的程序进行申诉。

第十九条 被问责的政府部门行政首长拒绝执行问责决定的，依照管理权限免去其职务后，再按照有关规定作出处理。

第二十条 参与问责调查工作的人员滥用职权、徇私舞弊、玩忽职守的，应当依照有关规定追究其责任。

第二十一条 政府部门行政首长被问责的情形是由其他负责人或者工作人员造成的，应当依照有关规定追究相关人员的责任。

第二十二条 对政府部门行政首长问责，法律、法规和规章另有规定的，从其规定。

第二十三条 对县（市、区）人民政府行政首长的问责，参照本办法执行。

各县（市、区）人民政府对本级政府部门的行政首长和乡镇政府（街道办事处）的行政首长进行问责，参照本办法执行。

第二十四条 本办法自颁布之日起施行。

温州市行政过错行为责任追究办法

温州市政府第94号令

《温州市行政过错行为责任追究办法》已经市人民政府第1次常务会议通过，现予发布，自2007年5月17日起施行。

市长 邵占维

二〇〇七年五月十七日

第一章 总 则

第一条 为促进依法行政，提高行政效能，确保行政机关及其工作人员正确、及时、公正、高效地实施行政管理，防止行政过错行为发生，根据《中华人民共和国公务员法》、《中华人民共和国行政监察法》和有关法律、法规、规章的规定，制定本办法。

第二条 本办法适用于市政府所属各部门及其工作人员。

前款所称市政府部门，包括市政府组成部门、直属机构、特设机构、派出机构；所称工作人员，包括在编人员和聘任人员。

第三条 本办法所称行政过错行为，是指行政机关及其工作人员不履行或不正确履行规定的职责，以致影响行政秩序和行政效率，贻误行政管理工作，或损害行政管理相对人合法权益，造成不良影响和后果的行为。

前款所称不履行职责，包括拒绝、放弃、推诿、不完全履行职责等情形；不正确履行职责，包括无合法依据以及不依照规定程序、规定权限和规定时限履行职责等情形。

第四条 行政机关及其工作人员必须依法行政。发布规范性文件、采取行政措施和作出行政决定，必须主体合法、内容合法、程序合法和形式合法。行政行为违法或不当的，应追究行政过错行为责任。

第五条 行政机关及其工作人员必须依照上级依法作出的决定、命令和部署实施行政管理。不依照上级依法作出的决定、命令和部署实施行政管理的，应追究行政过错行为责任。

第六条 行政机关必须建立健全政务公开、层级监督、岗位责任、工作规程和其他各项行政管理制度。违反行政管理制度的，应追究行政过错行为责任。

第七条 行政过错行为责任追究，应与行政机关工作人员的任用、考核工作相结合。

第八条 行政过错行为责任追究，坚持实事求是、有错必究，惩处与责任相适应、教育与惩处相结合的原则。

第二章 行政过错行为责任追究机构

第九条 行政过错行为责任追究工作，实行监察机关统一组织实施、政府部门各负其责的制度。

第十条 市监察机关负责全市行政过错行为责任追究具体工作，县（市、区）监察机关负责本辖区行政过错行为责任追究具体工作。

第十一条 监察机关主要履行下列职责：

（一）指导、监督政府部门的行政过错行为责任追究工作；

（二）调查、处理本机关受理的行政过错行为投诉；

（三）统计分析本行政区域行政过错行为的处理情况；

（四）研究政府管理中出现的重大问题，并向政府提出改进建议。

第十二条 各级政府所属部门应设立行政过错行为责任追究机构，负责本部门行政过错行为责任追究的实施工作。

行政过错行为责任追究机构应由部门领导成员和专门负责监察、法制、人事工作的人员组成。没有监察、法制、人事专职人员的，由各部门视本部门实际情况确定组成人员。

行政过错行为责任追究机构主要履行下列职责：

（一）决定是否对行政过错行为投诉进行调查；

（二）审议调查报告；

（三）作出处理决定。

第十三条 行政过错行为责任追究的办事机构应设在本部门的监察或法制工作机构。没有监察或法制工作机构的，设在本部门办公室。

办事机构主要履行下列职责：

（一）受理检举、控告和投诉；

（二）调查行政过错行为；

（三）草拟调查报告、提出处理意见。

第十四条 县（市、区）监察机关应定期向市监察机关报告行政过错行为责任追究工作的实施情况。

政府所属部门应定期向同级监察机关报告行政过错行为责任追究工作的实施情况。

市监察机关应定期向市人民政府报告全市行政过错行为责任追究工作的实施情况。

第三章 行政过错行为责任追究范围

第十五条 行政机关有下列情形之一的，应追究有关责任人的行政过错行为责任：

（一）贯彻落实国家的方针政策、法律法规和政府作出的决定、命令不力的；

（二）无正当理由未能按期完成政府部署的工作任务，影响政府工作整体推进的；

（三）对重大、复杂的事项不按规定程序决策的；

（四）对人民群众、人大代表、政协委员及新闻媒体反映强烈的问题，能够解决而不及时解决的；

（五）对本级人民代表大会及其常委会在监督检查中发现的问题、指出的错误，不及时解

决和纠正的;

(六)拒不执行人民法院作出的生效裁判和上级行政机关作出的复议决定的;

(七)拒不执行监察机关、审计机关、政府法制机构等行政监督部门依法做出的决定,无正当理由不采纳行政监督部门提出的建议的;

(八)违反《温州市行政规范性文件制定管理办法》发布规范性文件,或违法制定行政措施的;

(九)对于重大自然灾害、重大疫情、重大安全事故及其他重大突发公共事件瞒报、谎报、缓报或防范、救援、救治不力的;

(十)防范、整治公共安全或督促整改安全生产隐患不力,发生事故或造成不良社会影响的;

(十一)行政措施错误,引发群体性事件,或处置群体性事件失当,造成不良社会影响的;

(十二)滥用职权,干预行政管理相对人正常的生产、经营活动的;

(十三)对破坏市场经济秩序、妨碍社会管理秩序的违法行为不制止、不查处的;

(十四)截留、滞留、挤占或挪用财政专项资金和政府代管资金,或不按规定使用财政资金、国有资产的;

(十五)不按规定的程序、条件和原则录用行政机关工作人员或晋升工作人员职务的;

(十六)其他因不正当使用行政资源致使国家利益、公共利益和公民、法人、其他组织合法权益受到损害,或造成不良社会影响的。

第十六条 行政机关工作人员在处理行政内部事务时,有下列情形之一的,应追究其行政过错行为责任:

(一)无正当理由拒不执行上级依法作出的指示、决定和命令,或执行上级依法作出的指示、决定和命令不力的;

(二)不履行层级监督管理职责,对下级报告、请示的事项不签署具体意见、不作具体指示,对内部管理中出现的问题放任不管,对工作人员的违法违纪行为不制止、不查处的;

(三)无正当理由未在规定时限内完成工作任务的;

(四)对于工作中出现的问题,或遇到紧急突发事件和重大安全事故,不及时向上级报告、请示的;

(五)向上级机关报告或对外发布有关情况时,弄虚作假、隐瞒真实情况的;

(六)违反议事规则,由个人或少数人作出决定的;

(七)对于涉及其他机关或部门职权的事项,不与有关机关、部门协商,或协商不能取得一致,未报请上级裁决,擅作决定的;

(八)按规定应移送有关机关、部门处理的事项,不及时移送有关机关、部门处理的;

(九)对于不属本单位职权范围或不宜由本单位办理的事项,不告知当事人办理途径或不转送相关部门的;

(十)违反公文处理的有关规定,办理公文不及时、不规范,造成不良影响或损失的;

(十一)未遵守保密工作制度,泄露国家秘密及行政管理相对人的个人隐私或商业秘密的;

(十二)保管文件、档案不善,致使文件、档案、资料损毁或丢失、泄密的;

(十三)违反规定使用公章,或管理公章不善,造成不良后果的;

(十四)不服从管理,不接受正常的岗位调整、工作安排的;

(十五)不遵守考勤制度,工作时间擅离职守或办理个人事务的;

(十六)其他违反内部管理规定,贻误行政管理工作,造成不良后果的。

第十七条 行政机关及其工作人员履行公开与告知义务不力,有下列情形之一的,应追究行政过错行为责任:

(一)不履行主动公开义务,应公开的信息不公开的;

(二)不依照规定的公开形式、期限实施公开的;

(三)公开的内容不全面、不准确、不真实,或对行政管理相对人隐瞒应提供的政务信息的;

(四)对公开、公告、公示的内容应予说明解释而不予说明解释的;

(五)执行公务不按规定出示证件、不表明主体资格身份的;

(六)不予受理、不予批准申请人提出的行政审批、赔偿、补偿等申请,不书面说明理由的;

(七)对行政复议申请、信访投诉不予受理,不书面说明理由的;

(八)作出行政处罚决定、采取行政强制措施,不告知当事人事实认定情况和处罚、强制的依据及内容的;

(九)回复信访投诉调查处理情况,不告知事实认定情况、处理结果及相应依据的;

(十)未依法告知行政管理相对人救济权利、救济途径的;

(十一)首次承办发现申请材料不全、不符合法定形式,不一次性告知申请人必须补齐的全部内容的;

(十二)符合听证条件,未依法告知当事人听证权利的;

(十三)在征地拆迁、安置等工作中,未按规定履行公告义务的;

(十四)不依法向其他利害关系人履行告知义务,致使其他利害关系人权益受到损害的;

(十五)不按规定告知行政管理相对人权利和义务的;

(十六)其他违反政务公开和行政告知有关规定的。

第十八条 行政机关及其工作人员在实施行政审批过程中,有下列情形之一的,应追究行政过错行为责任:

(一)无合法依据实施行政审批的;

(二)违反规定擅自增加、取消或停止实施行政审批的;

(三)擅自增设行政审批程序或审批条件的;

(四)不按照规定方式实施行政审批的;

(五)受理或不予受理时,不开具有效书面凭证的;

(六)违法委托其他组织或个人实施行政审批的;

(七)对符合规定条件的申请应予受理而不予受理的;

(八)对不符合法定条件的申请准予行政审批或超越法定职权作出准予行政审批决定的;

(九)对符合法定条件的申请不予行政审批或不在法定期限内作出准予行政审批决定的;

(十)擅自变更、延续、撤销行政审批的;

(十一)作出准予行政审批的决定且应颁发行政审批证件,不向申请人颁发合法、有效的行政审批证件的;

(十二)已受理申请材料,无正当理由要求申请人重复提供申请材料的;

(十三)要求申请人购买指定商品、接受特定服务的;

(十四)不依法履行监督职责或监督不力的;

(十五)未按规定实施统一受理、联合办理、集中办理行政审批的;

(十六)其他违反审批工作规定的。

前款所称行政审批,包括行政许可、非行政许可的审批和登记。

第十九条 行政机关及其工作人员在实施行政征收过程中,有下列情形之一的,应追究行政过错行为责任:

(一)无合法依据实施征收的;

(二)未按法定范围、程序、权限、时限实施征收的;

(三)截留、私分或擅自开支征收款的;

(四)不开具合法专用票据的;

(五)应实施征收而不予征收的;

(六)行政机关不与行业协会、中介机构脱钩,致使其依附行政权力从事征收活动的;

(七)其他违反征收工作规定的。

前款所称行政征收,包括税收、行政事业性收费等事项。

第二十条 行政机关及其工作人员在实施行政监督检查过程中,有下列情形之一的,应追究行政过错行为责任:

(一)无法定依据实施检查的;

(二)未按法定权限、程序实施检查的;

(三)未按规定将检查情况和处理结果记录、归档的;

(四)放弃、推诿、拖延、拒绝履行检查职责的;

(五)对检查中发现的违法行为隐瞒、包庇、袒护、纵容,不予制止和纠正的;

(六)违反规定损害被检查对象合法权益的;

（七）其他违反行政监督检查工作规定的。

第二十一条 行政机关及其工作人员对违反行政管理秩序的行为实施行政处罚时，有下列情形之一的，应追究行政过错行为责任：

（一）不具备行政执法资格实施行政处罚的；

（二）没有法律和事实依据实施行政处罚的；

（三）违反规定设立处罚种类或改变处罚幅度的；

（四）违反法定程序进行处罚的；

（五）使用、丢失或损毁扣押的财物，给当事人造成损失的；

（六）违反有关规定，给公民人身或财产造成损害、给法人或其他组织造成损失的；

（七）应依法移交司法机关追究刑事责任而不移交的；

（八）对应予以制止和处罚的违法行为不予制止、处罚的；

（九）符合听证条件、行政管理相对人要求听证，应予组织听证而不组织听证的；

（十）其他违反规定实施行政处罚的。

第二十二条 行政机关及其工作人员在执法过程中采取行政强制措施时，有下列情形之一的，应追究行政过错行为责任：

（一）无合法依据采取行政强制措施的；

（二）违反法定权限、程序采取行政强制措施的；

（三）违法限制公民人身自由的；

（四）违法对行政管理相对人的财产采取查封、扣押、冻结、滞留等强制措施的；

（五）其他违反规定实施行政强制措施的。

第二十三条 行政机关及其工作人员在履行行政复议职责时，有下列情形之一的，应追究行政过错行为责任：

（一）对符合条件的行政复议申请，无正当理由不予受理的；

（二）在法定期限内不作出行政复议决定的；

（三）其他违反行政复议工作规定的。

第二十四条 行政机关及其工作人员在履行行政赔偿职责时，有下列情形之一的，应追究行政过错行为责任：

（一）对符合规定的行政赔偿申请，应予受理而不予受理的；

（二）应予赔偿，逾期不予赔偿的；

（三）不按规定核定赔偿标准的；

（四）作出赔偿决定后，未依法责令应承担责任的组织或个人承担赔偿费用的；

（五）依法不应赔偿而给予赔偿的；

（六）其他违反行政赔偿工作规定的。

第二十五条 行政机关及其工作人员在征地拆迁工作中，有下列情形之一的，应追究行政过错行为责任：

（一）对符合规定的补偿申请，应予受理而不予受理的；

（二）虚报或虚核土地面积、地上附属物面积和青苗数量及规格的；

（三）不按规定核定补偿标准的；

（四）应予补偿，逾期不予补偿的；

（五）不按协议要求支付补偿款的；

（六）其他违反征地、拆迁工作规定的。

第四章 行政过错行为责任划分与承担

第二十六条 行政过错行为责任分为直接责任、主要领导责任和重要领导责任。

第二十七条 承办人未经审核人审核、批准人批准，直接作出具体行政行为，导致行政过错行为发生的，承办人负直接责任。

承办人弄虚作假、徇私舞弊，致使审核人、批准人不能正确履行审核、批准职责，导致行政过错行为发生的，负直接责任。

承办人不依照审核、批准的内容实施具体行政行为，导致行政过错行为发生的，负直接责任。

第二十八条 承办人提出的方案或意见有错误，审核人、批准人应发现而没有发现，导致行政过错行为发生的，承办人负直接责任，审核人负主要领导责任，批准人负重要领导责任。

第二十九条 审核人不采纳或改变承办人正确意见，经批准人批准导致行政过错行为发生的，审核人负直接责任，批准人负主要领导责任。审核人不报请批准人批准直接作出决定，导致行政过错行为发生的，审核人负直接责任。

第三十条 批准人不采纳或改变承办人、审核人正确意见，导致行政过错行为发生的，批准人负直接责任。未经承办人拟办、审核人审核，批准人直接作出决定，导致行政过错行为发生的，批准人负直接责任。

第三十一条 经集体研究、认定导致行政过错行为发生的，决策人、持赞同意见的人和不发表意见的人负直接责任。

第三十二条 上级机关改变下级机关作出的具体行政行为，导致行政过错行为发生的，上级机关负责人负主要领导责任。

第三十三条 承办人不履行规定职责的，负直接责任。审核人或批准人指令承办人不履行规定职责的，作出指令的人员负直接责任。审核人作出的指令经批准人同意的，审核人负直接责任，批准人负主要领导责任。

第三十四条 本办法所称批准人，一般指行政机关的行政首长及其副职人员；审核人，一般指行政机关内设机构的负责人及其副职人员；承办人，一般指具体承办行政管理事项的工作人员。但依照内部分工或经行政授权，由其他工作人员行使批准权、审核权的，具体行使批准权、审核权的人员为批准人、审核人。

第五章 行政过错行为责任追究程序

第三十五条 行政行为有下列情形之一的，应进行调查，以确定实施该行政行为的行政机关及其工作人员是否应承担行政过错行为责任：

（一）发布规范性文件和规定行政措施有违法情形，被上级机关或主管机关依法撤销的；

（二）经行政诉讼，被人民法院判决撤销、部分撤销并要求重新作出具体行政行为的；

（三）经行政复议，上级机关变更原处理决定，或撤销并要求重新作出具体行政行为的；

（四）在上级或同级人大、政府行政执法监督检查中，被认定错误，要求予以调查处理的；

（五）市人大代表、政协委员提出责任追究建议的；

（六）行政管理相对人投诉、检举、控告的；

（七）政府政务督查机构对逾期不能完成政府工作或市领导批示、交办工作，且两次就同一事项发出催办通知书的；

（八）监察机关、审计机关、政府法制工作机构等行政监督部门要求调查处理的；

（九）新闻媒体披露有行政失当情形的；

（十）其他应进行调查的。

第三十六条 对于行政管理相对人的检举、投诉、控告，监察机关或部门行政过错行为责任追究机构应在5个工作日内审查是否有事实依据，并决定是否受理。

经审查有事实依据的，应予以受理；没有事实依据的，不予受理。实名检举、投诉、控告的，应书面告知受理决定；不予受理的，应书面告知不予受理的理由。

第三十七条 决定调查的案件，应在决定调查之日起2个月内调查完毕。情况复杂的，经领导人员批准，可以适当延长调查限期，但延长期限不得超过2个月。

第三十八条 行政管理相对人对部门行政过错行为责任追究机构的不受理决定不服，可以自收到书面答复之日起60日内，向同级监察机关提出复查申请。监察机关应当自收到复查申请之日起30日内提出复查意见，并书面告知当事人。

监察机关收到检举、投诉、控告后，可以直接受理或责成作出行政行为的机关及时处理。

第三十九条 对行政机关及其负责人的检举、投诉、控告，应由市政府监察机关负责办理。涉及行政处分的案件，依照有关规定办理。

第四十条 调查行政过错行为案件，应由两名以上工作人员进行。调查期间，发现行政过错行为直接关系他人重大利益的，应告知利害关系人并听取其意见。

第四十一条 行政过错行为责任追究机构成员及调查人员与行政过错行为或有关责任人有利害关系、可能影响公正处理的，应回避。

第四十二条 调查处理行政过错行为案件，应听取被调查人的陈述和申辩，并做好记录。作出的处理决定应告知行政过错行为责任人过错行为事实的认定、责任性质、适用依据和处理结果，以及其依法享有的申诉权利。

第四十三条 行政过错行为责任人对处理决定不服提出申诉的，按照《中华人民共和国公务员法》和《中华人民共和国行政监察法》的规定办理。

第四十四条 对行政过错行为责任人作出的处理决定，应依照管理权限报送同级监察、组织和人事部门备案。

第六章 行政过错行为责任追究

第四十五条 根据情节轻重、损害后果和影响大小，行政过错行为分为一般过错行为、严重过错行为和特别严重过错行为：

（一）情节轻微、造成损害后果或影响较小的，属一般过错行为；

（二）情节严重、造成损害后果严重或影响较大的，属严重过错行为；

（三）情节特别严重、造成损害后果特别严重或影响恶劣的，属特别严重过错行为。

第四十六条 追究行政机关工作人员行政过错行为责任的方式分为：

（一）责令限期整改；

（二）诫勉谈话；

（三）责令作出书面检查；

（四）取消当年评优评先资格、扣发奖金；

（五）责令通过市级新闻媒体向社会公开道歉；

（六）通报批评；

（七）调离工作岗位或停职离岗培训；

（八）行政处分；

（九）免职、责令辞职、辞退。

以上追究方式可以单独或合并适用，也可以依据《中华人民共和国公务员法》的规定采取其他追究方式。

第四十七条 行政机关的行政过错行为，视情节轻重给予责令作出检查、通报批评、不予评优评先处理，并按第四十六条的规定追究行政首长及其他责任人的行政过错行为责任。

第四十八条 一般过错行为，对有关责任人员单独或合并给予第四十六条第（一）、（二）、（三）、（四）、（五）、（六）项处理。

第四十九条 严重过错行为，按照第四十六条第（七）项的规定，对负直接责任者，给予警告、记过、记大过或降级处分；对负主要领导责任者，给予警告、记过或记大过处分；对负重要领导责任者，给予警告或记过处分。

第五十条 特别严重过错行为，按照第四十六条第（七）项的规定，对负直接责任者，给予撤职或开除处分；对负主要领导责任者，给予降级、撤职或开除处分；对负重要领导责任者，给予记大过、降级、撤职或开除处分。

第五十一条 负主要领导责任者和重要领导责任者给予降级处分的，可以同时责令其辞去领导职务。

第五十二条 行政机关工作人员受到行政过错行为责任追究的，按下列规定确定其年度考核等次：

（一）受到行政过错行为责任追究的，参加年度考核不得确定为优秀等次；

（二）一年内犯一般过错行为3次，均负有直接责任的，参加年度考核，只写评语，不定等次；

（三）因行政过错行为受到行政处分的，参加年度考核，只写评语，不定等次。

考核结果的使用，依照人事部《公务员考核规定（试行）》办理。

第五十三条 聘任人员犯一般过错行为的，单独或合并给予第四十六条第（一）、（二）、（三）、（四）、（五）项处理；犯一般过错行为3次，或犯严重过错行为、特别严重过错行为的，予以解聘。

第五十四条 行政过错行为责任追究，按照管理权限和规定的程序办理。

第五十五条 行政过错行为责任人有下列情形之一的，从重处理：

（一）故意导致行政过错行为发生的；

（二）拒绝纠正行政过错行为的；

（三）干扰、阻碍对行政过错行为进行调查的；

（四）对控告人、检举人、投诉人打击报复的。

第五十六条 行政过错行为责任人有下列情形之一的，从轻处理：

（一）积极配合调查或有其他立功表现的；

（二）主动纠正错误，有效制止损害后果扩大的；

（三）其他应从轻处理的。

第五十七条 有下列情形之一的，不追究行政过错行为责任：

（一）主动发现过错行为并及时纠正，未造成损失或不良影响的；

（二）行政管理相对人弄虚作假，致使行政机关工作人员无法作出正确判断的；

（三）出现意外或不可抗力因素致使行政过错行为发生的；

（四）其他应不予追究的。

第五十八条 因行政过错行为侵犯了行政管理相对人的合法权益，造成损害并涉及赔偿的，依照《中华人民共和国国家赔偿法》的有关规定追究行政过错行为责任人的赔偿责任。

第五十九条 监察机关或部门行政过错行为责任追究机构对行政管理相对人的检举、投诉、控告应当受理而不受理的，或受理后不按规定进行查处的，应当参照上述条款规定追究相应责任。

第七章 附 则

第六十条 行政过错行为责任追究，法律、法规和规章另有规定的，从其规定。

第六十一条 本办法自颁布之日起施行。

温州市最低生活保障实施办法

温州市政府第89号令

《温州市最低生活保障实施办法》已经市人民政府第47次常务会议通过，现予发布，自2007年3月1日起施行。

市长 邵占维

二〇〇七年二月十三日

第一条 为了保障我市城乡居民的基本生活，健全和完善最低生活保障制度，根据国务院《城市居民最低生活保障条例》和《浙江省最低生活保障办法》（省政府令第131号）等规定，结合我市实际，制定本实施办法。

第二条 本实施办法适用于在温州市行政区域内持常住户籍的城乡居民家庭的最低生活保障。

第三条 凡温州市行政区域内持常住户籍的城乡居民家庭，其共同生活的家庭成员人均月收入低于其户籍所在县（市、区）政府公布的最低生活保障标准，均有向当地人民政府申请享受最低生活保障待遇的权利。

共同生活的家庭成员，是指依法形成赡养、抚养或扶养关系并共同生活在一起的人员。

第四条 温州市城乡居民最低生活保障制度实行各级人民政府负责制。

市民政部门负责全市城乡居民最低生活保障的管理工作；县（市、区）民政部门负责辖区内城乡居民最低生活保障的审批与管理工作；街道办事处、镇（乡）政府（以下统称管理核查机关）负责辖区内城乡居民最低生活保障的核查和保障金发放等具体管理工作。

社区居民委员会、村民委员会根据管理核查机关的委托，承担最低生活保障的有关管理、服务工作。

第五条 财政、统计、审计、劳动保障、教育、卫生、工商等行政部门，根据各自的职责做好最低生活保障的有关工作。

第六条 城乡居民最低生活保障所需资金，由各级政府列入年度财政预算，纳入社会救济专项资金支出项目，专项管理，专款专用，实行财政专户管理。

最低生活保障资金支付，实行财政分级负担：

（一）温州市市区，由市、区、镇（乡）分级负担。市、区按财政体制分担，市本级财政负担的保障资金通过年终结算转移支付给各区，由区财政实行专项管理；区、镇（乡）财政分担比例由各区政府自行确定。

（二）县（市），由县（市）、镇（乡）财政分担，具体分担比例由各县（市）政府自行确定。

村级自治组织或村级集体经济组织不承担最低生活保障资金的支付责任。

第七条 保障资金由县（市、区）民政部门低保资金支出专户拨给所在的街道办事处或镇（乡）政府最低生活保障资金专户，镇（乡）政府按县（市、区）政府规定分担的保障金，应当同时配套拨入专户。

第八条 社会组织和个人为城乡居民最低生活保障所提供的捐赠资助，应当全部纳入当地城乡居民最低生活保障资金项目。

第九条 财政、审计部门依法监督最低生活保障资金的使用。

第十条 城乡实行不同的最低生活保障标准。但同一辖区内同一类型对象的最低生活保障标准应当实行统一标准。城镇居民最低生活保障标准一般按当地最低工资标准的40%确定，农村居民最低生活保障标准原则上按城镇居民最低生活保障标准的60%确定。

市民政部门应当在市政府公布最低工资标准后10日内，拟定调整方案报市政府批准并公布执行；县（市）民政部门根据当地政府公布最低工资标准后10日内，拟定调整方案报本级政府批准，并报市民政部门备案后公布执行。

第十一条 基本生活消费品价格上涨较快的年份，对低保对象按下列规定实行一次性基本生活物价补贴：

（一）涨幅在3%～5%（含）之间的，给予不低于半个月当地全额最低生活保障金标准的物价补贴；

（二）涨幅在5%～10%（含）之间的，给予不低于一个月当地全额最低生活保障金标准的物价补贴；

（三）涨幅在10%以上的，其补贴标准另行研究确定。温州市区由市民政部门提出基本生活物价补贴方案报市政府批准后执行；县（市）由县（市）民政部门提出基本生活物价补贴方案报当地政府批准后执行，并报市民政部门备案。

第十二条 申请享受最低生活保障待遇的家庭，应当按照《浙江省最低生活保障办法》第十条至第十三条规定计算核定申请人的家庭收入，并按下列规定分别计算、核定家庭成员的收入：

（一）在职职工或企业离岗退养人员按单位实际支付的工资、奖金或生活费计算；

（二）企业下岗、失业人员按实际领取的基本生活费或失业救济金计算；

（三）离休干部按实际领取的离休金计算；

（四）退休、退职人员按实际领取的基本养老金或退职金计算；

（五）机关、事业单位工作人员和企业职工遗属生活困难补助费按实际领取额计算；

（六）从事非正规组织、自谋职业或从事临时性工作的人员按前6个月实际领取的劳动收入平均值计算；

（七）从事农业生产的人员按扣除成本后的种植、养殖等收入计算；

（八）对其他应当纳入家庭收入计算范围的各种收入，但本条未作具体计算、核定规定的，可以根据实际情况分别确定较为准确易行的计算方法。

居民个人按规定自行缴纳的养老、失业和医疗社会保险费（须有缴纳凭证）在计算家庭收入时应予扣除。

第十三条 下列特殊收入不计入家庭收入：

（一）农村老党员、老游击队员、老交通员的定期补助；

（二）因病生活困难而得到政府救助和社会捐赠款中用于治病支出部分；

（三）因灾得到政府救济和社会捐赠款中用于住房修复部分；

（四）因就学困难得到政府补助和社会捐赠款中用于学业开支部分。

上述的政府救济补助款和社会捐赠款用于治病、修复住房、就学后有结余的部分，仍应计入家庭收入。

法院判决的离异困难家庭未成年人抚养费，因特殊情况无法履行的，离异困难家庭可以向管理核查机关提出申请，经核实后可以不计入家庭实际收入。

第十四条 赡养人、扶养人、抚养人的支付能力按以下公式推算：

（一）支付能力=家庭收入-家庭人数×1.5倍当地的最低生活保障标准；

（二）支付水平=支付能力÷需赡养、扶养、抚养的人数。

以上公式及由此得出的支付水平仅适用于民政部门推算被赡养人、被扶养人、被抚养人的赡养费、扶养费、抚养费收入。当赡养人、扶养人、抚养人的支付水平加上被赡养人、被扶养人、被抚养人的其他收入，其数额达到或超过当地最低生活保障标准时，该被赡养人、被扶养人、被抚养人将不能列为最低生活保障对象。

第十五条 申请享受最低生活保障待遇的家庭，应当以户主为申请人向户籍所在地的管理核查机关提出书面申请。户主在提交书面申请时，应当同时提供下列相关材料。

（一）城镇居民应当提供以下相关材料：

1.户口簿及家庭成员的居民身份证（人户分离的须提供户籍所在地派出所出具的户籍证明）；

2．有缴纳养老保险费和城镇职工基本医疗保险费的要提供缴纳凭证；

3.失业登记证明、领取基本生活费或失业救济金及享受期限的证明；

4．属遗属的要提供遗属补助证明；

5．有法定赡养人、扶养人或抚养人的，应当提供赡养人、扶养人或抚养人的收入情况及赡养（扶养、抚养）协议或有关法律文书等；

6．其他所需的有关证明。

（二）农村居民应当提供以下相关材料：

1.户口簿及家庭成员的居民身份证（人户分离的须提供户籍所在地派出所出具的户籍证明）；

2.有缴纳养老保险费的要提供缴纳凭证；

3．属遗属的要提供遗属补助证明；

4．有法定赡养人、扶养人或抚养人的，应当提供赡养人、扶养人或抚养人的收入情况及赡养（扶养、抚养）协议或有关法律文书等；

5．其他所需的有关证明。

申请人要求有关单位出具上述收入等情况证明的，有关单位应当出具书面证明材料。

第十六条 管理核查机关收到当事人的书面申请后，按下列规定办理：

（一）申请材料符合本办法第十五条规定的，应当受理申请，并提供由民政部门统一印制的《最低生活保障审批表》给申请人填写。

（二）申请材料不符合本办法第十五条规定的，应当一次性告知申请人需要补正的全部内容。申请人补齐材料后重新提出申请的，应当受理申请，并提供由民政部门统一印制的《最低生活保障审批表》给申请人填写。

（三）一次性告知后仍未按本办法第十五条规定提供有关材料或者提供的材料不齐全的，应当出具不予受理的书面凭证。书面凭证应当加盖管理核查机关印章。

第十七条 管理核查机关收到最低生活保障申请后，应当按照《浙江省最低生活保障办法》第十五条规定组织核查后报县（市、区）民政部门审批。

第十八条 县（市、区）民政部门在收到报送的材料后，应当按照《浙江省最低生活保障办法》第十六条、第十七条规定组织审批。

第十九条 有下列情形之一的，属于家庭实际生活水平明显高于当地最低生活保障标准：

（一）家庭拥有并使用机动车辆（肢残人用车除外）的；

（二）饲养宠物、购买金银饰品或古玩字画的；

（三）出入歌舞厅、保龄球馆、电子游戏房等场所，进行高消费娱乐活动的；

（四）出入饭店、酒吧等餐饮场所消费的；

（五）义务教育阶段，出资供子女择校就读、借读或就读私立学校的；

（六）在享受最低生活保障待遇期间，自筹资金购房、建房或者装修（必要的维修和政策性住房救助除外）住房的；

（七）日常生活用水、用电、用煤（燃气）及固定电话费用支出高于当地城乡居民平均支出标准（以统计部门抽样调查数据为依据）的。

第二十条 符合最低生活保障待遇条件的家庭，按下列规定给予相应的保障金补助：

（一）对城镇“三无”、农村“五保”对象和重度残疾的对象家庭给予全额补助；

（二）对有一定收入的家庭，按其家庭成员人均月收入低于最低生活保障标准的差额给予补助，但每人补助的救助金不低于30元/月。

第二十一条 对准予享受最低生活保障待遇的家庭，由县（市、区）民政部门发给统一印制的《最低生活保障金领取证》。享受最低生活保障待遇的家庭凭《最低生活保障金领取证》领取保障金和享受当地人民政府及有关部门出台的有关配套优惠扶助政策待遇。

停止享受最低生活保障待遇的家庭，县（市、区）民政部门应当及时收回《最低生活保障金领取证》。

第二十二条 最低生活保障期限为12个月。计算日期自民政部门批准之日起开始起算。

期满后需继续救助的对象，应当按照本办法规定重新办理申请、核查、审批手续。

无生活来源、无劳动能力又无法定赡养（抚养、扶养）人的城镇“三无”、农村“五保”对象不受上述期限限制。

第二十三条 经批准给予最低生活保障救助的对象，由管理核查机关或受其委托的居（村）民委员会按照《浙江省最低生活保障办法》第十九条规定向救助对象发放最低生活保障金。

无特殊原因在规定期限内未领取的，作自动放弃处理。

第二十四条 县（市、区）民政部门和管理核查机关应当对救助对象的家庭收入情况定期进行核查，及时了解、掌握其家庭收入的变动情况。救助对象的家庭收入、户籍地等情况发生变化的，应当按照《浙江省最低生活保障办法》第二十条、第二十一条规定办理。

第二十五条 有下列情形之一的家庭，不能享受最低生活保障待遇，已批准享受的，从查实的次月起取消最低生活保障待遇：

（一）在法定劳动年龄内有劳动能力的城镇居民，经劳动就业部门或管理审核机关两次以上介绍就业而无正当理由拒绝就业的；

（二）有正常劳动能力的农村居民不勤耕种，使责任田地（山林、水塘）荒芜的；

（三）违反《中华人民共和国人口与计划生育法》和《浙江省人口与计划生育条例》未经处理的，或怀孕未落实补救措施的；

（四）有吸毒、赌博、嫖娼、卖淫等违法行为经教育处理仍不改正的；

（五）有《浙江省最低生活保障办法》第十六条另有规定的情形、第二十五条另有规定行为的；

（六）在申请、核查阶段不如实提供家庭收入以及房地产、储蓄、有价证券等情况的。

第二十六条 法定劳动年龄内有正常劳动能力但尚未就业或参加生产的城乡居民，在享受最低生活保障待遇期间，应当参加其所在社区居民委员会或村民委员会组织的公益性劳动。

因身体状况原因不能参加劳动的，须凭当地等级以上医院或乡镇中心卫生院出具的有效证明。

第二十七条 社区居民委员会和村民委员会应建立公益性劳动考勤登记管理制度，对参加公益性劳动者的情况作好考勤登记，并以此作为审批最低生活保障待遇和核发最低生活保障金的依据之一。

对无正当理由拒绝参加公益性劳动的，由管理核查机关报请县（市、区）民政部门停发或减发其本人的当月最低生活保障金。

第二十八条 城镇居民与农村居民组成的家庭，其中属农业户籍的未成年子女居地在城镇的可以享受城镇居民最低生活保障待遇；属农业户籍的一方与配偶在城镇共同生活满一年后方可享受城镇居民最低生活保障待遇。

第二十九条 申请享受最低生活保障待遇的城乡居民家庭中有子女因考入大专院校而将户籍迁至就读院校的，仍可按共同生活的家庭成员计算并享受原户籍所在地的最低生活保障待遇。

第三十条 凡城镇居民中有劳动能力的下岗、失业人员，在享受最低生活保障待遇期间重新就业（须签订一年及一年以上劳动合同）并如实申报劳动收入的，自就业之月起一年内，其家庭最低生活保障待遇不变。

第三十一条 家庭成员的户籍不在同一街道或镇（乡）行政区域内的，应当以实际居住地有户籍并具户主身份的成员向所在地管理核查机关提出最低生活保障申请。

第三十二条 因住房拆迁等原因而人户分离的城镇居民家庭，须凭现居住地派出所出具的户籍不能迁入证明，向现居住地的管理核查机关提出最低生活保障申请。现居住地的管理核查机关在完成核查、公示等程序后确认申请人符合享受条件的，应在《最低生活保障审批表》中签署意见，并将有关材料及《最低生活保障审批表》转给申请人户籍所在地的管理核查机关审核，由申请人户籍所在地的管理核查机关审核后报县（市、区）民政部门审批。审批同意后由申请人户籍所在地的管理核查机关负责发放保障金。

第三十三条 凡城镇居民家庭中已成家但丧失劳动能力的子女与离（退）休的父母共同生活在一起的，其父母的离（退）休金不计入家庭收入，同时也不列入计发保障金的人口。

第三十四条 户籍在规定期限内不能迁入原户籍地的归正人员，未就业的可凭司法行政部门或公安部门出具的证明，向原户籍所在地的管理核查机关申请享受最低生活保障待遇。

第三十五条 最低生活保障管理工作人员及相关部门工作人员违反本实施办法的，由其所在单位或上级机关给予批评教育或追究行政责任；违反《浙江省最低生活保障办法》相关规定的，按照《浙江省最低生活保障办法》第二十四条规定追究责任。

第三十六条 救助对象违反《浙江省最低生活保障办法》相关规定的，按照《浙江省最低生活保障办法》第二十五条规定追究责任。

第三十七条 居民、村民认为县（市、区）民政部门的具体行政行为侵犯其合法权益的，应当按照《浙江省最低生活保障办法》第二十六条规定提起行政复议或行政诉讼。

第三十八条 本实施办法自2007年3月1日起施行。《温州市区最低生活保障暂行办法》（市人民政府令第62号）同时废止。

温州市区困难群众救助办法

温州市政府第97号令

《温州市区困难群众救助办法》已经市人民政府第6次常务会议审议通过，现予发布，自2007年10月1日起施行。

市长　邵占维

二〇〇七年九月十三日

第一章　总　则

第一条 为进一步深化社会救助管理体制，完善救助政策，整合救助资源，健全救助体系，提高救助水平，不断推进社会保障制度建设，根据省政府《关于进一步完善新型社会救助体系的通知》（浙政发〔2005〕65号）等文件精神，结合市区实际，制定本办法。

第二条 温州市区（鹿城区、龙湾区、瓯海区）范围内常住户籍城乡居民（含户籍不在市区的市直单位职工）困难救助及监督管理，适用本办法。

第三条 本办法所称救助制度，是指针对各类社会困难群众的困难程度和救助需求，合理确定救助层次和救助标准，给予困难群众最低生活保障或其他专项救助的制度。

第四条 救助工作应当遵循下列原则：

（一）坚持政府主导、民政牵头、部门协作、社会参与的原则；

（二）坚持应保尽保、公开公平公正、区别对待、因地制宜、及时救助、动态管理的原则；

（三）坚持基本生活救助与医疗、教育、住房、司法、就业、养老等专项救助相结合的原则；

（四）坚持救助水平与我市经济社会发展相适应的原则。

第五条 市、区社会困难群众救助工作领导小组，负责市区救助工作的领导和协调。

市、区困难群众救助领导小组成员单位根据职责分工，做好救助有关工作。

乡镇（街道）社会救助服务机构负责困难群众救助的受理、审查、申报、服务等有关工作。

村居（社区）应配备专兼职社会救助联络员，配合乡镇（街道）社会救助服务机构、职能部门做好救助服务工作。

第六条 市、区人民政府应将新型社会救助体系建设、救助实施工作纳入政府工作目标考核内容。

第二章　救助对象

第七条 救助对象必须同时具备下列条件：

（一）市区常住户籍城乡居民（含户籍不在市区的市直单位职工）；

（二）家庭人均收入低于最低生活保障标准或在最低生活保障标准130%以内，以及因故致贫影响家庭基本生活的。

第八条 根据困难程度和救助需求，救助对象分为三个救助层次：

（一）低保家庭。是指家庭人均月收入低于本地最低生活保障标准的困难家庭，具体包括：

1.农村五保对象和城镇三无人员；

2.持民政部门核发的《最低生活保障金领取证》家庭中的常住人员。

（二）低保边缘家庭。是指家庭人均月收入在本地最低生活保障标准100%至130%之间的困难家庭，具体包括：

1.持民政部门核发的《困难家庭救助证》家庭中的常住人员；

2.持总工会核发的《困难职工特困证》家庭中的常住人员；

3.持残联核发的《残疾人特困证》家庭中的常住人员；

4.重点优抚对象及享受民政部门定期定量救济人员。

（三）其他困难家庭。具体包括：

1.因病致贫家庭，是指家庭年收入减去家庭成员年自付医药费（扣除各种报销、减免、补助、赔偿）支出后，人均年收入在本地最低生活保障标准130%以内的困难户；

2.就学困难家庭，是指家庭年收入无力支付学费，或支付学费后人均年收入在本地最低生活保障标准130%以内的困难户；

3.突发事故困难家庭，是指因各类突发性灾难或重大事故，造成生命或财产重大损失，影响基本生活确需救助的困难家庭。

第九条 救助对象按照下列规定予以认定：

（一）低保家庭，按照《温州市最低生活保障实施办法》规定的条件和程序，由区民政部门认定；

（二）低保边缘家庭，参照《温州市最低生活保障实施办法》规定的条件和程序，由区民政部门认定；

（三）其他困难家庭，由乡镇（街道）社会救助服务机构会同社区、村（居）根据该家庭实际困难状况进行认定。

市民政部门应当会同市总工会、市残联制定救助对象认定办法。

第三章 救助类别和待遇

第十条 救助类别主要包括：

（一）生活救助；

（二）医疗救助；

（三）教育救助；

（四）住房救助；

（五）就业救助；

（六）司法救助；

（七）其他救助（含优惠政策）。

第十一条 救助对象根据困难程度和救助需要，按照下列规定享受救助待遇：

（一）低保家庭可以享受第十条规定的各项救助待遇和有关优惠政策；

（二）低保边缘家庭可以享受第十条规定除最低生活保障之外的其他救助待遇和有关优惠政策；

（三）其他困难家庭按照下列规定享受救助待遇：

1.因病致贫家庭可以享受医疗救助等救助待遇；

2.就学困难家庭可以享受教育救助等救助待遇；

3.突发事故困难家庭根据救助需要可以享受医疗救助、住房救助、教育救助等救助待遇。

因病致贫、就学困难和突发事故困难家庭符合低保边缘家庭或低保家庭条件的，可以申请并经认定后按照低保边缘家庭或低保家庭享受救助待遇。

第十二条 低保家庭和低保边缘家庭实行持证救助，动态管理，每一年审核一次，根据家庭经济收入的变化情况进行相应调整；其他困难家庭实行一次性救助。

第四章 救助程序

第十三条 符合救助条件的救助对象，应当及时向乡镇（街道）社会救助服务机构申请救助，并如实提供下列材料：

（一）居民身份证、户口簿原件及复印件；

（二）《最低生活保障金领取证》、《困难家庭救助证》、《困难职工特困证》、《残疾人特困证》等有效证件原件及复印件；

（三）其他需要提供的有关材料。

第十四条 乡镇（街道）社会救助服务机构应在5个工作日内对申请材料进行核查，并按照下列规定进行处理：

（一）对不符合救助条件的，应退回申请材料，并向申请人书面说明理由；

（二）对申请人不在规定时间内补充材料或不配合调查的，视为放弃救助，退回申请材料；

（三）对符合救助条件的，在救助对象所在村居（社区）和乡镇（街道）社会救助服务机构办公场所予以公示（公示期不少于5个工作日），接受群众监督；

（四）对公示期满没有异议的，应提出救助意见，按照救助类别报送上级政府有关职能部门审批。

第十五条 职能部门接到乡镇（街道）社会救助服务机构报送的救助材料后，应当及时审核，并在规定时间内按照下列规定作出决定：

（一）对不符合救助条件的，不予救助，向申请人书面说明理由，并通知乡镇（街道）社会救助服务机构；

（二）对符合救助条件的，决定予以救助，向社会公示，接受群众监督；

（三）对公示期满没有异议的，及时发放或委托乡镇（街道）社会救助服务机构发放救助款物。

第十六条 乡镇（街道）社会救助服务机构应做好困难群众救助服务工作，根据职能部门的委托及时将救助款物发放到位。

第十七条 乡镇（街道）社会救助服务机构应做好困难群众救助数据档案管理。

第五章 资金管理

第十八条 救助资金按照政府投入与社会参与相结合的原则由原渠道筹集，并根据经济社会发展和救助资金的运行情况适时予以调整。

第十九条 救助资金实行财政专项管理，专款专用，任何单位和个人不得侵占、挪用、截留。

市、区社会困难群众救助工作和奖励经费，应当列入财政预算，由本级财政予以保障。

职能部门应按季度将救助资金收支情况报本级社会困难群众救助工作领导小组办公室和财政部门备案。

财政、审计、监察部门对救助资金使用情况依法实施监督。

第六章 奖惩措施

第二十条 市、区政府对在困难群众救助工作中作出显著成绩的单位和个人给予表彰和奖励。

第二十一条 救助对象隐瞒有关情况或提供虚假材料申请救助的，不予受理或不予救助；已骗取救助款物的，由职能部门予以追回；情节严重的，由职能部门依法予以行政处罚；构成犯罪的，依法追究刑事责任。

救助对象隐瞒情况或提供虚假材料骗取救助的，一年内不得再次申请救助。

第二十二条 救助管理部门及其工作人员有下列行为之一的，对主管人员、直接责任人视情节轻重给予批评教育、行政处分；造成医疗救助资金损失的，应当承担赔偿责任；构成犯罪的，依法追究刑事责任：

（一）擅自改变救助范围和标准的；

（二）无故延期下拨或发放救助款物的；

（三）故意刁难救助对象的；

（四）滥用职权、徇私舞弊、玩忽职守，致使救助款物流失的；

（五）侵占、挪用、截留、贪污救助款物的。

第七章 附 则

第二十三条 各县（市）可以参照本办法执行。

第二十四条 本办法自2007年10月1日起施行。

温州市城镇医疗保险办法

温州市政府第90号令

《温州市城镇医疗保险办法》已经市人民政府第47次常务会议审议通过，现予发布，自2007年3月1日起施行。

市长 邵占维

二〇〇七年三月六日

第一章 总 则

第一条 为建立和完善城镇医疗保险制度，保障参加医疗保险人员(以下简称参保人员)的基本医疗，根据国家、省有关规定，结合本市实际，制定本办法。

第二条 本办法适用于本市行政区域内的下列单位和个人：

(一)城镇各类企业、国家机关、事业单位、社会团体、民办非企业单位、个体经济组织及其职工(含退休、退职人员)；

(二)已在本统筹地区参加基本养老保险的当地户籍灵活就业人员；

(三)市政府确定的城镇其他居民。

第三条 建立和完善城镇医疗保险制度必须坚持下列原则：

(一)医疗保险水平应当与经济和社会发展水平相适应；

(二)参保范围内的所有单位和个人必须参加医疗保险，实行属地管理；

(三)医疗保险费由参保单位和参保人员共同负担；

(四)医疗保险基金实行社会统筹和个人账户相结合；

(五)建立以基本医疗保险为主，以大病医疗救助、补充医疗保险等为辅的多层次医疗保障体系。

第四条 温州市区(含鹿城区、瓯海区、龙湾区、温州经济技术开发区)和各县(市)分别作为独立的统筹地区，按照属地管理的原则，实施医疗保险基金的筹集、使用和管理。

第五条 温州市劳动保障行政部门是本市医疗保险工作的主管部门，负责本办法的组织实施。各县(市)劳动保障行政部门是本行政区域医疗保险工作的主管部门。社会保险经办机构具体负责医疗保险的日常管理工作。

地税部门负责医疗保险费的征收工作。

各级财政、审计、物价、卫生、食品药品监管等部门按照各自职责，协同做好医疗保险工作。

第二章 医疗保险费的筹集和管理

第六条 基本医疗保险基金由统筹基金和个人账户构成。

基本医疗保险费以上年度全省职工平均工资为缴费基数。

第七条 参保单位统筹基金按照下列标准和方式缴纳：

(一)机关、财政全额拨款事业单位。

按本单位全部职工(含退休、退职人员)本年度医疗保险缴费基数总额的6%，按月缴纳。

(二)其他参保单位。

1.在职人员：按本单位全部在职人员本年度医疗保险缴费基数总额的6%，按月缴纳；

2.2000年10月1日后(含)陆续达到法定退休年龄的在职人员，在办理退休手续时医疗保险缴费年限不足20年的，由用人单位一次性为其补足20年；

3.2000年10月1日前(不含)已退休、退职人员，用人单位按“参保当年医疗保险缴费基数的6%×12个月×退休退职人员应缴年限”的标准一次性缴纳。一次性缴纳有困难的可申请分期缴纳，分期缴纳期限为3至10年。退休、退职人员应缴年限计算标准为：70周岁(含)以下的计算至75周岁，70周岁以上的按5年计算(下同)。

第八条 城镇灵活就业人员统筹基金按照下列标准和方式缴纳：

(一)法定劳动年龄段的灵活就业人员统筹基金缴费标准及最低缴费年限同本办法第七条第(二)项其他参保单位的在职人员，按年度缴纳，逐步过渡到按月缴纳；

(二)参加养老保险且已办理退休手续的灵活就业人员统筹基金按“参保当年医疗保险缴费基数的6%×12个月×20年”的标准一次性缴纳。

第九条 个人账户按照下列标准和方式缴纳：

(一)参保单位按本单位全部职工(含退休、退职人员)本年度医疗保险缴费基数总额的2%，按月缴纳，按不同年龄段划入个人账户；

(二)职工个人(不含退休、退职人员)按本年度缴费基数的2%，按月缴纳。

第十条 参保单位、参保人员必须按规定及时足额缴纳医疗保险费。未按规定缴纳的，由地税部门按《社会保险费征缴暂行条例》的规定责令限期缴纳；逾期仍不缴纳的，除补缴欠缴数额外，从欠缴之日起，按日加收2‰滞纳金。滞纳金并入统筹基金。

基本医疗保险费不得减免，不计征税费。

第十一条 用人单位不按规定参保或者参保单位欠缴医疗保险费未按规定补缴的，其在职职工和退休、退职人员发生的医疗费由所在单位承担，基本医疗保险基金不予支付。

参保单位中断缴费后重新开始缴纳并补缴中断期间的基本医疗保险费和滞纳金后，其职工(含退休、退职人员)可在本单位补缴后继续享受中断期间的基本医疗保险待遇。

第十二条 灵活就业人员逾期不缴纳的，停止享受基本医疗保险待遇。中断缴费后重新参加基本医疗保险的，须再连续缴费满6个月，在第7个月开始重新享受基本医疗保险待遇。

中断缴费后选择补缴的，按当年医疗保险缴费基数补足中断的基本医疗保险费后，承认中断期间的缴费年限，但不享受中断期间及重新缴费开始6个月内的基本医疗保险待遇。

第十三条 统筹基金按年度缴费的，1个医疗保险年度内不缴费即视为中断缴费；按月缴费的，3个月不缴费即视为中断缴费。

首次参保的单位和灵活就业人员，不能补缴参保前的医疗保险费。

第十四条 劳动保障行政部门应建立健全医疗保险基金预决算制度、财务会计制度和内部审计制度。医疗保险工作经费列入各级财政预算，不得从基金中提取。

基本医疗保险费纳入财政专户管理，由财政部门依法进行监督。审计部门应定期对基本医疗保险基金的收支情况进行审计。

第十五条 基本医疗保险基金的银行计息办法：

(一)当年筹集的部分，按同期银行活期存款利率计息；

(二)上年结转的基金本息，按3个月期整存整取银行存款利率计息；

(三)存入社会保障财政专户的沉淀资金，比照3年零存整取储蓄利率计息，并不低于该档次利率水平。

第十六条 基本医疗保险费的列支渠道：

(一)国家机关和财政全额拨款的事业单位，在社会保障费中列支；

(二)其他事业单位，在医疗费中列支；

(三)企业在劳动保险费中列支。

第三章 统筹基金和个人账户

第十七条 基本医疗保险的统筹基金和个人账户实行分别管理，分开核算，不得相互挤占挪用。

第十八条 个人账户由两部分组成：参保人员(不含退休、退职人员)按本年度缴费基数的2%缴纳的基本医疗保险费全部按实计入个人账户；参保单位按本单位全体人员(含退休、退职人员)本年度医疗保险缴费基数总额的2%缴纳的基本医疗保险费，按不同年龄段划入个人账户。具体比例为：

(一)45周岁以下的，按缴费基数的1.5%划入；

(二)45周岁(含)以上至退休、退职前的，按缴费基数的1.8%划入；

(三)退休或退职后至70周岁以下的，按缴费基数的2%划入；

(四)70周岁(含)以上的，按缴费基数的2.3%划入。

第十九条 统筹基金用于支付符合基本医疗保险规定的起付标准以上最高限额以下、个人自负部分以外的住院医疗费用和部分特殊病种门诊医疗费用。

第二十条 个人账户主要用于下列门诊

医疗费用:

(一)个人账户当年资金用于支付符合基本医疗保险规定的在定点医疗机构就医的门(急)诊费用和在定点零售药店购买药品的费用;

(二)个人账户历年结余资金用于支付符合基本医疗保险规定的在定点医疗机构就医的门(急)诊费用和在定点零售药店购买药品的费用以及按规定应由个人自理和自负的医疗费用。

第二十一条 个人账户的管理:

(一)个人账户年初预划,当年全部资金可以在本年度内调剂使用;

(二)一个年度内,参保人员年龄段发生变化的,当年个人账户划入比例不变,从下一年度起予以调整;

(三)参保人员辞职、被辞退、被开除或与用人单位解除劳动关系的,个人账户余额一次性退还本人;

(四)参保人员死亡后,个人账户余额可由其法定继承人依法继承;

(五)参保人员出国(境)定居的,个人账户余额一次性发还本人;

(六)参保人员工作调动的,个人账户余额可予以转移到调入地,调入地未实行基本医疗保险制度的,其个人账户余额可一次性发还本人;当年度个人账户有透支的,应结清透支的医疗费;

(七)异地转入的参保人员,根据其转入当月的年龄,预划当年剩余月份的个人账户;

(八)参保人员个人账户中当年划入额不计息,上年末个人账户余额按银行同期居民储蓄活期存款利率计息,每年度计息一次。

第四章 医疗保险待遇

第二十二条 参保单位参加医疗保险并缴纳医疗保险费的,其全部参保人员在缴费当月即享受基本医疗保险待遇。

已整体参保的单位,其新增人员在首次缴费后的第7个月开始享受基本医疗保险住院统筹待遇。

第二十三条 首次参加基本医疗保险的灵活就业人员,按年度缴费的,在首次缴费后的第7个月开始享受基本医疗保险待遇;按月缴费的,在连续缴费满6个月后,从第7个月开始享受基本医疗保险待遇。

第二十四条 参保人员达到法定退休年龄时,基本医疗保险缴费年限不足20年的,由参保单位或灵活就业人员一次性补足20年后,可终身享受基本医疗保险住院统筹待遇。

第二十五条 市区统筹范围内参保人员住院按医疗机构等级设立统筹基金起付标准:一级及以下医疗机构600元,二级医疗机构800元,三级医疗机构1400元。

一个年度内设一次住院起付标准。参保人员年度内多次住院且所住医院级别高低不同的,按其各次住院中所住医院级别最高的一次计算起付标准。

第二十六条 参保人员年度内住院发生的符合范围的医疗费累计在起付标准(含)以下部分由个人自负,起付标准以上最高限额以下部分按以下办法支付:

(一)起付标准以上至全省职工年平均工资1倍(含)以下的部分,在职人员统筹基金支付80%,个人自负20%;退休人员统筹基金支付90%,个人自负10%。

(二)全省职工年平均工资1倍以上至2倍(含)以下的部分,在职人员统筹基金支付85%,个人自负15%;退休人员统筹基金支付92.5%,个人自负7.5%。

(三)全省职工年平均工资2倍以上至3倍(含)以下的部分,在职人员统筹基金支付90%,个人自负10%;退休人员统筹基金支付95%,个人自负5%。

(四)全省职工年平均工资3倍以上至4倍(含)以下的部分,在职人员统筹基金支付92%,个人自负8%;退休人员统筹基金支付96%,个人自负4%。

第二十七条 下列特殊病种的门诊医疗费用列入统筹基金支付范围,待遇标准视同住院:

(一)各类恶性肿瘤的治疗;

(二)器官移植后的抗排异治疗;

(三)肾功能衰竭的腹膜透析、血液透析;

(四)系统性红斑狼疮的治疗;

(五)再生障碍性贫血的治疗;

(六)血友病的治疗。

统筹地区劳动保障部门可以会同财政、卫生部门根据统筹基金收支情况提出特殊病种范围的调整方案,报同级人民政府核准后公布执行。

第二十八条 基本医疗保险的用药范围和服务项目必须符合《浙江省基本医疗保险和工伤保险用药范围》、《浙江省基本医疗保险服务项目目录》。

参保人员需要使用乙类药品、乙类服务项目发生的医疗费,先由个人自理部分医疗费后,再按规定支付。

第二十九条 参保人员转外地治疗或出差、到外地休假期间,因紧急情况就医发生的住院医疗费用和转外地治疗特殊病种的门诊费用,均先由个人自理10%,再按基本医疗保险住院统筹待遇报销;其中参保公务员按公务员补助政策规定支付。

第三十条 参保人员因紧急情况需在统筹地区非定点医疗机构就医发生的医疗费,先由个人垫付,由用人单位或个人按有关规定到社会保险经办机构审核结算。

第三十一条 参保人员因下列情形发生的医疗费,不属于基本医疗保险支付范围:

(一)在基本医疗保险药品目录、医疗服务项目目录以外的医疗费用;

(二)未经批准在非定点医疗机构和非定点药店就医、购药或到外地就医的医疗费用;

(三)出国或出境期间发生的医疗费用;

(四)因交通事故、医疗事故、大面积食物中毒及其他赔付责任发生的医疗费用;

(五)因违法犯罪、酗酒、斗殴、自杀、自残、吸毒等发生的医疗费用;

(六)工伤、生育、计划生育医疗费按照有关规定处理;

(七)其他按规定不予支付的医疗费。

第三十二条 离休干部(老红军)、二等乙级以上革命伤残军人医疗待遇不变,医疗经费由原渠道解决。

第三十三条 建国前参加革命的老工人在参加基本医疗保险的基础上,用人单位应给予建立补充医疗保险。其符合范围的应由个人自负的住院医疗费,用人单位予以全额补助;门诊医疗费,用人单位予以补助50%。

第三十四条 市级(含)以上劳动模范和1956年至1964年期间的省先进生产(工作)者,符合基本医疗保险支付范围的医疗费,按有关规定支付。

第三十五条 国家公务员在参加基本医疗保险的基础上,享受国家规定的医疗补助政策。《公务员医疗补助办法》由统筹地区劳动保障部门会同财政部门制定,报同级人民政府批准后公布实施。

第三十六条 企业及不享受公务员医疗补助的有关事业单位在参加基本医疗保险基础上,应为职工建立补充医疗保险,所需补充医疗保险费在工资总额4%以内的部分,在劳动保险费中列支。

第五章 大病医疗救助

第三十七条 建立大病医疗救助金,纳入财政专户,专款专用。大病医疗救助金由下列项目组成:

(一)参保人员个人缴纳的大病医疗救助统筹费;

(二)每年从当年基本医疗保险统筹基金提取3%;

(三)财政专项补贴;

(四)社会捐赠或其他。

第三十八条 参保人员在参加基本医疗保险的同时应参加大病医疗救助统筹。参保人员大病医疗救助统筹费按照下列标准和方式缴纳:

(一)在职人员每人每月5元,由参保单位在其工资中代扣代缴,按月缴纳;

(二)灵活就业人员每人每月5元,按年度缴纳,逐步过渡到按月缴纳;

(三)退休、退职人员每人每月3元,由工资(养老金)发放单位代扣代缴,按月缴纳。

第三十九条 在一个年度内,参保人员发生的符合基本医疗保险规定范围的住院(含特殊病种门诊)医疗费用在基本医疗保险统筹基金最高支付限额以上15万以下部分,在职人员大病救助金支付80%，退休、退职人员大病救助金支付90%。

第六章　医疗保险服务管理

第四十条　基本医疗保险的医疗服务由定点医疗机构和定点零售药店承担。

经卫生行政部门批准并取得执业许可的医疗机构，经食品药品监管等有关部门批准并取得药品经营许可证和营业执照的零售药店，均可向统筹地区劳动保障行政部门申请定点医疗机构和定点零售药店资格。

劳动保障部门会同卫生、食品药品监管部门根据中西医并举，基层、专科和综合医疗机构兼顾，合理配置资源、方便就医的原则经审查确定后，颁发定点医疗机构和定点零售药店资格证书，并向社会公布。

社会保险经办机构应与定点医疗机构、定点零售药店签订基本医疗保险服务合同，明确双方的权利和义务。

第四十一条　参保人员就医购药，应当出示社会保障卡和医疗证。定点医疗机构、定点零售药店必须校验社会保障卡和医疗证，做到人、证、卡相符，方可刷卡消费。

第四十二条　参保人员在定点医疗机构住院时，应向医疗机构缴纳一定额度的预付款，用于个人负担的医疗费用。

参保人员住院治疗终结时，定点医疗机构应通知出院，及时办理出院手续。参保人员无正当理由拒绝出院的，自通知之日起一切费用由参保人员个人承担。

第四十三条　参保人员在定点医疗机构、定点零售药店发生的医疗费个人负担的部分，定点医疗机构和定点零售药店应向参保人员收取；医疗保险基金支付的部分，定点医疗机构和定点零售药店应当如实记账。

第四十四条　定点医疗机构、定点零售药店应将医疗费用结算单、费用明细清单等材料及时传送社会保险经办机构。

社会保险经办机构应根据基本医疗保险规定的支付范围和支付标准对医疗费进行审核，扣除不符合规定的医疗费后，将其余医疗费按医疗保险结算办法拨付给定点医疗机构和定点零售药店。

医疗保险结算办法由统筹地区劳动保障部门会同有关部门另行制定。

第四十五条　劳动保障行政部门应加强内部管理，建立报销支付审核监管制度。社会保险经办机构应建立报销审核责任制，确保基本医疗保险基金安全。

第四十六条　劳动保障行政部门应成立由医药学专家组成的医疗技术鉴定小组，履行以下职能：

（一）为医疗保险配套政策的制定提供专业咨询；

（二）为医疗保险的管理工作提供专业技术指导；

（三）对有争议的医疗行为进行技术鉴定；

（四）其他相关职能。

第四十七条　定点医疗机构和定点零售药店必须成立医疗保险管理办公室，明确专人负责，制定落实基本医疗保险政策的具体管理办法，严格执行基本医疗保险的有关规定。

第四十八条　定点医疗机构和定点零售药店必须配备基本医疗保险计算机管理系统终端，并与劳动保障行政部门联网运行。

第四十九条　定点医疗机构和定点零售药店应加强内部管理和职业道德教育，规范医药服务行为，提供优质服务，合理控制医疗费用。

第五十条　劳动保障行政部门应加强对定点医疗机构、定点零售药店的监管检查，规范定点医疗机构、定点零售药店的基本医疗保险服务行为，并将监督检查情况向社会公布。

劳动保障行政部门对定点医疗机构、定点零售药店进行监督检查时，定点单位和有关人员应积极配合，如实提供有关档案、病历和数据等相关材料。

第五十一条　劳动保障行政部门应会同财政、物价、卫生、食品药品监管部门组织对定点医疗机构、定点零售药店进行年度考核。年度考核优秀的定点医疗机构、定点零售药店由统筹地区人民政府予以奖励。年度考核连续3年为优等的定点医疗机构、定点零售药店，授予“信用单位”称号。

第五十二条　劳动保障行政部门应建立定点医疗机构、定点零售药店信用档案，将监督检查、年度考核发现的情况和投诉举报查实的情况如实记入信用档案。

第七章　法律责任

第五十三条　违反本办法规定，法律、法规和规章已有处罚规定的，从其规定。

第五十四条　用人单位有下列行为之一的，由社会保险经办机构追回医疗保险基金损失，并由劳动保障行政部门责令限期改正、通报批评；情节严重的，依法予以处罚：

（一）瞒报职工人数的；

（二）将患重病人员挂靠本单位，为其办理医疗保险手续的；

（三）采取欺骗、虚构事实、伪造凭证等手段骗取医疗保险待遇或者医疗保险基金支出的；

（四）其他违反医疗保险有关规定的行为。

第五十五条　参保人员有下列行为之一的，由社会保险经办机构追回医疗保险基金损失，并由劳动保障行政部门责令限期改正、通报批评；情节严重的，可以暂停其3至6个月的医疗保险待遇，并依法予以处罚：

（一）将医疗证、社会保障卡转借他人就医、购药的；

（二）伪造或冒用他人医疗证、社会保障卡就诊、购药的；

（三）采取欺骗、虚构事实、伪造凭证等手段骗取医疗保险待遇的；

（四）其他违反医疗保险有关规定的行为。

第五十六条　定点医疗机构、定点零售药店有下列行为之一的，由医疗保险经办机构追回医疗保险基金损失，依照合同约定承担责任；由劳动保障行政部门责令限期整改、通报批评；情节严重的，暂停其定点资格3至12个月；拒不整改或经整改仍不符合要求的，取消其定点资格：

（一）诊治、记账不校验医疗证、社会保障卡，将非参保人员的医疗费用、非医疗保险基金支付范围的费用列入医疗保险基金支付的；

（二）不执行诊疗常规、不掌握出入院标准或允许、纵容冒名就诊、挂名住院的；

（三）不因病施治、重复检查、重复配药、超量开药、串换药品、医疗服务项目的；

（四）未经批准擅自连接医疗保险计算机网络系统，或为非定点医疗机构、定点零售药店提供医疗保险费用结算的；

（五）违反收费规定，擅自提高收费标准，扩大或分解收费项目，不执行国家规定的药品价格的；

（六）其他违反医疗保险有关规定的行为。

第五十七条　社会保险经办机构及其工作人员有下列行为之一的，由劳动保障行政部门责令其限期改正，追回医疗保险基金损失，并给予行政处分；构成犯罪的，依法追究刑事责任：

（一）工作严重失职或违反财经纪律造成医疗保险基金损失的；

（二）利用职权和工作之便徇私舞弊、索贿受贿、牟取私利的；

（三）擅自更改医疗保险待遇或放宽医疗保险支付标准的；

（四）其他违反医疗保险有关规定的行为。

第八章　附　则

第五十八条　本办法所称年度是指当年4月1日至次年3月31日。

本办法所称退职人员是指按国务院国发〔1978〕104号文件办理退职手续的人员。

第五十九条　基本医疗保险、大病医疗救助的缴费标准和待遇水平，根据经济发展和基金收支平衡情况需要调整的，由统筹地区人民政府决定。

第六十条　因自然灾害等因素造成的大范围急、危、重病人抢救发生的医疗费用，由统筹地区人民政府协调解决。

第六十一条　外来务工人员、未参加城镇基本医疗保险的其他城镇居民医疗保障办法由市政府根据实际另行制定。

第六十二条　本办法自2007年3月1日起施行。2000年5月6日温州市人民政府发布的《温州市城镇职工基本医疗保险暂行规定》（市政府令第45号）同时废止。

重要文件目录

2007年中共温州市委重要文件目录

文号	文件标题
温委1号	中共温州市委议事规则
温委2号	中共温州市委关于加强自身建设的若干意见
温委3号	中共温州市委2007年党建工作要点
温委4号	关于认真学习宣传贯彻党的十七大精神的通知
温委发1号	中共温州市委温州市人民政府关于2007年进一步推进社会主义新农村建设的若干意见
温委发2号	中共温州市委关于召开市委常委会民主生活会的报告
温委发3号	关于做好第九届市政协人事安排工作的意见
温委发4号	中共温州市委关于温州市出席中共浙江省第十二次代表大会代表选举工作的意见
温委发28号	中共温州市委批转《关于召开温州市第十一届人民代表大会第一次会议的请示》的通知
温委发29号	中共温州市委批转《关于召开政协第九届温州市委员会第一次会议的请示》的通知
温委发30号	中共温州市委温州市人民政府关于命名表彰第五批"村庄整治合格村"的通报
温委发31号	中共温州市委温州市人民政府关于表彰2006年度全市农村劳动力素质培训工作先进集体和先进个人的通报
温委发32号	中共温州市委温州市人民政府关于表彰2006年度全市禁毒工作先进集体和先进个人的通报
温委发34号	中共温州市委温州市人民政府关于进一步完善为民办实事长效工作机制的意见
温委发35号	中共温州市委温州市人民政府关于表彰第三、四、五批市级文明机关的通报
温委发36号	中共温州市委温州市人民政府关于表彰2006年度全市社会治安综合治理先进集体、先进个人的通报
温委发39号	中共温州市委关于确定温州市出席中国共产党浙江省第十二次代表大会代表候选人预备人选情况的报告
温委发40号	中共温州市委关于2006年度市委常委会民主生活会情况的通报
温委发41号	中共温州市委关于我市圈选省出席党的十七大代表候选人初步人选有关情况的报告
温委发42号	中共温州市委关于2006年度市委常委会民主生活会情况的报告
温委发43号	中共温州市委关于2007年全市干部理论学习的意见
温委发44号	中共温州市委关于市第十次党代会情况的报告
温委发45号	中共温州市委温州市人民政府关于表彰2006年度市区"五个一"工程工作先进的通报
温委发46号	中共温州市委温州市人民政府关于表彰2006年度为民办实事工作先进集体和个人的通报
温委发47号	中共温州市委关于表彰全市老干部先进集体、先进个人和老干部工作先进集体、先进个人的通报
温委发48号	中共温州市委温州市人民政府关于表彰2006年度"千村整治、百村示范"工程建设先进集体和先进个人的通报
温委发50号	中共温州市委温州市人民政府关于命名表彰温州市第三批"全面小康建设示范村"的通报
温委发51号	中共温州市委温州市人民政府关于表彰2006年度"双千结对共建文明"活动工作先进单位的通报
温委发52号	中共温州市委温州市人民政府关于命名表彰星级文明社区的通报
温委发55号	中共温州市委温州市人民政府关于在全市开展"作风建设年"活动的实施意见
温委发56号	中共温州市委温州市人民政府关于表彰全市实施"139富民攻坚计划"先进集体和先进个人的通报
温委发61号	中共温州市委温州市人民政府关于命名表彰第四批温州市文明村和第五批市星级文明镇的通报
温委发62号	中共温州市委温州市人民政府关于表彰2006年度温州市招商选资工作先进单位的通报
温委发63号	中共温州市委温州市人民政府关于表彰2006年度县（市、区）工作目标责任制考核获奖单位的通报
温委发64号	中共温州市委温州市人民政府关于表彰"三沿"整治工作先进单位、先进个人的通报
温委发65号	中共温州市委温州市人民政府关于印发《县（市、区）2007年党风廉政建设责任制考核方案》和《市直属单位2007年党风廉政建设责任制考核方案》的通知
温委发69号	中共温州市委贯彻落实《中共中央关于巩固和壮大新世纪新阶段统一战线的意见》的实施意见
温委发70号	中共温州市委温州市人民政府关于推荐平阳县、洞头县申报省级文明县城永嘉县、龙湾区申报省级创建文明城市工作先进县城（城区）荣誉称号的报告
温委发71号	中共温州市委温州市人民政府关于表彰2006年度全市人口和计划生育目标责任管理先进单位的通报
温委发74号	中共温州市委印发《关于推进基层党建创新工作巩固发展先进性教育活动成果的意见》的通知

续表1

文　号	文　件　标　题
温委发77号	中共温州市委温州市人民政府关于推荐鹿城区、乐清市申报浙江省示范文明城区、城市的报告
温委发84号	中共温州市委温州市人民政府关于加强"十一五"期间基层政法综治组织基础设施建设的意见
温委发85号	中共温州市委温州市人民政府关于命名温州市乡镇（街道）综合实力三十强的决定
温委发89号	中共温州市委关于"温独支"纪念碑亭有关事项的批复
温委发93号	中共温州市委温州市人民政府关于表彰2006年度百佳文明市民的通报
温委发99号	中共温州市委温州市人民政府温州军分区关于表彰市"十佳子弟兵"、"十佳军嫂"、"十佳爱民模范"、"十佳拥军模范"的通报
温委发103号	中共温州市委温州市人民政府关于印发《温州市2007年度县（市、区）工作目标责任制考核办法》的通知
温委发104号	中共温州市委温州市人民政府关于命名表彰第六批"村庄整治合格村"的通报
温委发107号	中共温州市委温州市人民政府关于命名表彰温州市活力和谐企业和温州市"活力和谐企业"创建工作先进单位的通报
温委发108号	中共温州市委温州市人民政府关于表彰第三批全市农村指导员工作先进单位、优秀农村工作指导员和农村指导员工作先进个人的通报
温委发111号	中共温州市委温州市人民政府关于表彰科技特派员工作先进单位和先进个人的通报
温委发112号	中共温州市委温州市人民政府关于印发《2007年党风廉政建设和反腐败工作组织领导和责任分工》的通知
温委发115号	中共温州市委温州市人民政府关于温州民营经济科技产业基地建设的若干意见
温委发117号	中共温州市委温州市人民政府关于表彰温州市道德模范的通报
温委发126号	中共温州市委温州市人民政府关于深入开展创建学习型社会活动的意见
温委发131号	中共温州市委温州市人民政府关于进一步加强民政工作　加快发展民政事业的意见
温委发134号	中共温州市委温州市人民政府关于开展2007年度社会各界评议满意和不满意单位活动的通知
温委发137号	中共温州市委温州市人民政府关于表彰第一批"139富民攻坚计划"干部对口支援工作先进个人的通报
温委发138号	中共温州市委温州市人民政府关于命名表彰温州市第四批"全面小康建设示范村"的通报
温委发144号	温州市委温州市人民政府关于表彰抗台救灾先进集体和先进个人的通报
温委发148号	中共温州市委关于贯彻落实赵洪祝同志重要批示精神　进一步加强"活力和谐企业"建设的意见
温委办1号	中共温州市委办公室关于印发王建满同志在市委九届十一次全体（扩大）会议上的报告的通知
温委办2号	中共温州市委办公室关于召开中国共产党温州市第十次代表大会的通知
温委办4号	市委办公室市政府办公室关于贯彻落实国发〔2005〕3号文件情况的报告
温委办6号	中共温州市委办公室关于印发王建满同志在中国共产党温州市第十次代表大会上的报告的通知
温委办10号	市委办公室市政府办公室关于印发《市第十次党代会提出的重要任务分解落实方案》的通知
温委办13号	市委办公室市政府办公室关于印发《温州市未成年人思想道德建设工作职责》等文件的通知
温委办21号	市委办公室市政府办公室关于进一步深化基层平安创建活动的意见
温委办22号	中共温州市委办公室关于进一步建立和完善人才工作运行机制的意见
温委办25号	市委办公室市政府办公室关于表彰省党代会期间信访"零进省"单位的通报
温委办26号	市委办公室市政府办公室关于进一步促进慈善事业发展的通知
温委办27号	市委办公室市政府办公室关于建立健全村级组织运转保障机制的若干意见
温委办28号	市委办公室市政府办公室关于制止和化解村级债务的若干意见
温委办29号	市委办公室市政府办公室关于加强乡镇政府性债务管理的若干意见
温委办31号	市委办公室市政府办公室关于深化乡镇财政管理体制改革的若干意见
温委办33号	市委办公室市政府办公室关于加强我市流动人口专职协管员队伍建设的若干意见
温委办34号	市委办公室市政府办公室关于深化农村义务教育体制改革的若干意见
温委办36号	市委办公室市政府办公室关于市领导联系异地温州商会工作的通知
温委办39号	中共温州市委办公室关于切实改进会议和领导同志活动新闻报道的通知
温委办41号	关于调整市委常委县（市、区）工作联系点和联系民主党派等人士的通知
温委办50号	市委办公室市政府办公室关于贯彻落实浙委(2006)　106号文件情况的报告
温委办52号	中共温州市委办公室关于印发王建满同志在市委十届二次全体（扩大）会议上的报告的通知

续表2

文　号	文　件　标　题
温委办59号	市委办公室市政府办公室关于印发《温州市县（市、区）信访工作目标管理考核评分办法》和《温州市政府直属单位信访工作目标管理考核评分办法》的通知
温委办60号	市委办公室市政府办公室关于开展"转作风、抓落实"督查活动的意见
温委办65号	中共温州市委办公室关于要求审批《中共温州市委温州市人民政府接待办公室职能配置、内设机构和人员编制方案》的函
温委办67号	市委办公室市政府办公室关于贯彻落实《党政机关国内公务接待管理规定》的实施意见
温委办72号	中共温州市委办公室关于温州市农村低收入家庭帮扶工作情况的报告
温委办74号	中共温州市委办公室关于要求恢复市委市政府接待办公室行政机构编制性质的函
温委办84号	市委办公室市政府办公室关于进一步加强农村文化建设的意见
温委办92号	中共温州市委办公室关于服务业发展工作情况的报告
温委办93号	中共温州市委办公室关于2007年贯彻落实省委建设"法治浙江"决策部署情况和2008年工作思路的报告
温委办发4号	市委办公室市政府办公室关于印发《温州市2006年度县（市、区）工作目标责任制考核实施方案》以及《温州市2006年县（市、区）工作目标责任制考核细则》的通知
温委办发5号	中共温州市委办公室关于印发《中国共产党温州市第十次代表大会秘书处组织和工作职责》的通知
温委办发10号	中共温州市委办公室关于印发《2007年建设"法治温州"工作要点》的通知
温委办发11号	市委办公室市政府办公室关于印发《2007年各县（市、区）"千村整治、百村示范"工程建设任务》的通知
温委办发12号	市委办公室市政府办公室关于印发《2007年各县（市、区）农村劳动力素质培训任务》的通知
温委办发15号	市委办公室市政府办公室关于表彰温州市首轮优秀农村实用人才的通报
温委办发16号	市委办公室市政府办公室关于表彰温州市工贸行业、服务行业首轮"名师名家"的通报
温委办发19号	市委办公室市政府办公室关于开展"冬天里的温暖"情系灾区特别行动的通知
温委办发20号	市委办公室市政府办公室关于2006年度市直机关满意不满意单位评选结果的通报
温委办发21号	中共温州市委办公室关于转发《省委建设"法治浙江"工作领导小组成员单位年度工作考核办法（试行）》的通知
温委办发28号	市委办公室市政府办公室关于表彰2006年度全市十佳农业龙头企业和优秀农民专业合作组织的通报
温委办发31号	市委办公室市政府办公室关于切实做好省市党代会和各级"两会"及春节期间信访工作的通知
温委办发32号	市委办公室市政府办公室转发《中共温州市委政法委员会关于进一步加强司法救助工作的意见》的通知
温委办发36号	市委办公室市政府办公室关于表彰2006年度市级机关"完成重要工作责任制重点目标优秀单位"和"年度目标考核先进单位"的通报
温委办发38号	市委办公室市政府办公室关于评选2005~2006年度温州市劳动模范和模范集体的通知
温委办发39号	市委办公室市政府办公室关于开展评比2006年度市区"五个一"民生工程建设工作先进集体和先进个人的通知
温委办发42号	中共温州市委办公室转发《关于党员领导干部报告个人有关事项规定的实施办法》的通知
温委办发46号	市委办公室市政府办公室关于印发《2007年温州市领导干部学习会学习计划》的通知
温委办发47号	市委办公室市政府办公室关于印发《温州市毒品问题重点整治实施办法》的通知
温委办发49号	市委办公室市政府办公室关于命名第二批市级生态乡镇的通报
温委办发50号	中共温州市委办公室关于建立党员领导干部非公有制企业"党组织组建年"活动联系点制度的通知
温委办发51号	中共温州市委办公室关于进一步做好非公有制企业党组织组建工作的通知
温委办发53号	市委办公室市政府办公室关于推荐评选2006年度全市殡葬改革工作先进集体和先进个人的通知
温委办发56号	中共温州市委办公室关于印发《市直有关部门贯彻落实〈中共温州市委关于认真贯彻党的十六届六中全会精神构建社会主义和谐社会的实施意见〉重要任务分工方案》的通知
温委办发57号	市委办公室市政府办公室关于印发《温州市科学技术普及工作"十一五"规划》的通知
温委办发61号	市委办公室市政府办公室关于2006年度全市信访工作目标管理考核情况的通报
温委办发62号	市委办公室市政府办公室关于在全市各级领导班子中开展"科学发展创新业、为民办事树风范"主题实践活动的实施意见
温委办发63号	中共温州市委办公室关于印发《2007年全市基层党建工作目标责任制》的通知

续表3

文号	文件标题
温委办发66号	市委办公室市政府办公室关于印发《市级领导干部蹲点调研方案》的通知
温委办发68号	市委办公室市政府办公室转发市公安局《关于进一步加强公安特警队伍建设的意见》的通知
温委办发70号	市委办公室市政府办公室关于表彰2006年度温州生态市建设工作先进单位和先进个人的通报
温委办发71号	市委办公室市政府办公室关于印发《2007年度市委、市政府领导下访活动安排》的通知
温委办发73号	中共温州市委办公室关于表彰2006年度全市党委系统信息工作先进单位和先进个人的通报
温委办发77号	中共温州市委办公室关于调整全市党委系统信息工作考核办法的通知
温委办发78号	市委办公室市政府办公室关于评选2006年度全市党政系统优秀调研成果的通知
温委办发83号	中共温州市委办公室关于开展“作风建设年”活动的实施意见
温委办发85号	市委办公室市政府办公室印发《关于引导和鼓励高校毕业生到农村和社区工作的实施办法》的通知
温委办发89号	市委办公室市政府办公室关于印发《落实市党代会和“两会”重要目标任务的重点课题调研安排》的通知
温委办发91号	市委办公室市政府办公室关于印发《温州市2007年度市级机关（单位）招商选资工作评价办法》的通知
温委办发93号	市委办公室市政府办公室关于印发《温州市2007年度各县（市、区）和温州经济技术开发区招商选资工作评价办法》的通知
温委办发98号	市委办公室市人大办公室市政府办公室市政协办公室关于表彰2006年度市人大代表建议政协提案办理工作先进单位先进个人和优秀办理件的通报
温委办发99号	市委办公室市政府办公室关于进一步完善市四套班子领导挂钩督查重点工程项目制度的通知
温委办发101号	中共温州市委办公室关于表彰2006年度全市党委系统督查工作先进单位和先进个人的通报
温委办发105号	市委办公室市政府办公室关于广泛开展“深化‘三沿’整治、提升城市形象”活动的实施意见
温委办发114号	市委办公室市政府办公室关于印发《温州市人才工作专项资金使用管理办法》的通知
温委办发115号	市委办公室市政府办公室关于印发《〈2004～2008年温州人才发展行动纲要〉2007年度实施意见》的通知
温委办发116号	市委办公室市政府办公室关于在全市各级领导班子中开展“走进矛盾、破解难题”专项行动的通知
温委办发120号	市委办公室市政府办公室关于印发《温州市农村信息化建设方案》的通知
温委办发122号	市委办公室市政府办公室关于印发《2007年市级机关目标管理绩效考核实施意见》的通知
温委办发124号	市委办公室市政府办公室关于印发《关于开展“温州市活力和谐企业”评选活动的实施意见》的通知
温委办发128号	中共温州市委办公室关于印发《2006～2010年温州市干部教育培训规划》2007年度实施意见的通知
温委办发129号	市委办公室市政府办公室关于建立领导干部下基层蹲点调研制度的通知
温委办发133号	市委办公室市政府办公室关于表彰全市殡葬改革工作先进集体、先进个人的通报
温委办发136号	市委办公室市政府办公室关于开展珊溪库区环境整治的实施意见
温委办发142号	市委办公室市政府办公室关于转发《温州市社区矫正试点工作意见》的通知
温委办发144号	市委办公室市政府办公室关于印发《市级领导干部“走进矛盾、破解难题”工作任务和责任分解方案》的通知
温委办发149号	市委办公室市政府办公室关于在全市开展“重大工业项目和标准厂房建设合力攻坚行动”的实施意见
温委办发150号	市委办公室市政府办公室关于印发《温州市乡（镇、街道）连片村庄整治建设考核验收办法》的通知
温委办发152号	市委办公室市政府办公室关于表彰2006年度节约型机关创建工作先进集体的通报
温委办发167号	市委办公室市政府办公室关于印发《2007年各县（市、区）社会主义新农村建设工作任务》的通知
温委办发168号	市委办公室市政府办公室关于分解落实市社会主义新农村建设领导小组成员单位2007年度工作任务的通知
温委办发171号	市委办公室市政府办公室关于印发《警卫情报信息协作机制》的通知
温委办发176号	市委办公室市政府办公室关于印发《“深化‘三沿’整治，提升城市形象”活动考评办法》的通知
温委办发179号	市委办公室市政府办公室关于表彰2006年度温州市党政系统优秀调研成果的通报
温委办发180号	市委办公室市政府办公室关于进一步强化责任明确目标全力做好下半年人口和计划生育工作的通知
温委办发185号	中共温州市委办公室关于印发《党委系统办理人大代表建议和政协提案工作细则》的通知
温委办发203号	市委办公室市政府办公室关于印发《2007年世界夏季特奥会温州市“执法人员火炬跑、城市接待计划”日程安排》的通知
温委办发205号	市委办公室市政府办公室关于认真做好军队转业干部安置工作的实施意见
温委办发206号	市委办公室市政府办公室印发《关于进一步加强公务车辆管理的若干规定》的通知

续表4

文号	文件标题
温委办发208号	市委办公室市政府办公室关于印发《温州市珊溪库区环境整治专项资金管理办法》（试行）的通知
温委办发223号	市委办公室市政府办公室关于印发《温州市人口和计划生育“一票否决制”实施办法》的通知
温委办发226号	市委办公室市政府办公室转发《关于认真做好2008年度全市参观考察点遴选上报工作的意见》的通知
温委办发233号	市委办公室市政府办公室关于印发创建五类学习型组织实施方案的通知
温委办发234号	市委办公室市政府办公室关于促进我市高校毕业生充分就业的实施意见
温委办发238号	市委办公室市政府办公室关于切实做好2007年全市“送温暖、献爱心”社会捐助活动的通知
温委办发240号	市委办公室市政府办公室关于印发《2007’民营企业对话世界500强活动总体方案》的通知
温委办发241号	市委办公室市政府办公室关于进一步推进农村基层党风廉政建设的实施意见
温委办发242号	中共温州市委办公室关于全市各级党委（党组）理论学习中心组学习贯彻党的十七大精神的意见
温委办发249号	中共温州市委办公室关于做好学习党的十七大精神宣讲工作的通知
温委办发251号	市委办公室市政府办公室印发《关于扶持“活力和谐企业”发展的若干规定》的通知
温委办发252号	中共温州市委办公室关于深入开展学习型机关创建活动的实施意见
温委办发267号	市委办公室市政府办公室关于召开全市抗台救灾先进表彰暨深入推进“515”工程建设大会的通知
温委办发274号	市委办公室市政府办公室关于评选2006～2007年度信访工作先进集体和先进个人的通知

温州市十一届人大一次会议重要议案目录

编号	案由（标题）	议案领衔	代表团
001	关于加快中心城区“退二进三”进程，促进城市功能提升和产业结构优化的议案	章新民	鹿城
004	关于完善被征地农民社会保障问题的议案	林秀珍	瓯海
024	关于建立和完善对仲裁的事前内部监督的议案	叶红星	鹿城
029	关于大力加强农村文化基础建设的议案	仇杨坪	龙湾

市政府领导牵头办理的代表建议目录

有关新型城市化框架问题的建议

编号	案由（标题）	议案领衔	代表团
174	关于加快调整行政区划，拉开新型城市化框架，巩固三大中心城市之一地位的建议	殷国兴	龙湾
248	关于加快推进瓯江口区域一体化的建议	叶永辉	洞头

有关加快鳌江流域发展问题的建议

编号	案由（标题）	议案领衔	代表团
013	关于鳌江港口东扩外移，加快鳌江流域中心城市化进程的议案	王招洁	平阳
022	关于切实加快鳌江流域经济社会协调发展的议案	李道骥	苍南
500	关于加大鳌江流域发展协调力度的建议	苏立盛	平阳

有关扶贫工作推进新农村建设问题的建议

编号	案由（标题）	议案领衔	代表团
101	关于进一步加大扶贫工作力度，推进欠发达地区新农村建设的建议	黄广坚	苍南
520	关于要求加大对欠发达地区社会主义新农村建设扶持力度的建议	刘万斌	文成
607	关于加大对新农村建设扶持发展力度的建议	余　丹	瑞安

有关珊溪水利枢纽工程补偿机制问题的建议

编号	案由（标题）	议案领衔	代表团
008	关于要求建立珊溪水利枢纽工程补偿机制的议案	叶　飞	文成
223	关于尽快建立珊溪水库水源保护生态补偿机制的建议	吴柏联	泰顺

有关温州经济发展问题的建议

编号	案由（标题）	议案领衔	代表团
048	关于如何使温州“走出去经济”转化为温州经济的议案	余康杰	瑞安

续上表

有关落实旧城配套教育用房问题的建议

编号	案由（标题）	议案领衔	代表团
494	关于尽快建好松台小学新校舍的建议	杨成风	鹿城

有关改善市区西部道路交通问题的建议

编号	案由（标题）	议案领衔	代表团
258	关于要求启动104国道（鞋都至瓯江大桥段）拓宽改建工程的建议	叶红星	鹿城
308	关于要求解决104国道前陈仰义路段交通堵塞问题的建议	潘建中	鹿城
394	关于继续向西拓宽“鞋都至沿江工业区段”道路，打通西进城口大门的建议	叶子建	鹿城

有关解决农排线路权属及维护管理问题的建议

编号	案由（标题）	议案领衔	代表团
003	关于要求解决农排线路权属及维护管理问题的议案	苏庆明	苍南

有关新型农村合作医疗制度问题的建议

编号	案由（标题）	议案领衔	代表团
277	关于完善新型农村合作医疗制度的建议	肖士通	永嘉
323	关于发展温州农村医疗卫生事业的建议	金哲夫	永嘉

有关风景区管理体制问题的建议

编号	案由（标题）	议案领衔	代表团
301	关于理顺楠溪江风景名胜区管理体制的建议	金可调	永嘉

2007年温州市人大常委会重要文件目录

文号	文件标题
温人大常29号	温州市人民代表大会常务委员会关于温州市2006年市级财政决算和市级预算执行情况及其他财政收支审计工作报告的审议意见
温人大常31号	温州市人民代表大会常务委员会关于召开温州市第十一届人民代表大会第二次会议的决定
温人大常35号	温州市人民代表大会常务委员会关于许可对市十一届人大代表郑永兴依法采取行政拘留措施的决定
温人大常办2号	关于组织对温州市半岛工程起步区建设与规划情况进行视察的通知
温人大常办4号	关于开展政府部门和司法机关负责人与代表、网民进行“面对面”释惑答疑活动的通知
温人大常办7号	关于召开三垟湿地一期公园规划设计方案汇报会的通知
温人大常办9号	关于组织温州市十一届人大代表开展会前视察的通知
温人大常办14号	关于表彰2005～2006年度市十届人大代表优秀建议的通知
温人大常办26号	关于交办市十一届人大一次会议期间代表建议的通知
温人大常办27号	关于印发安全生产法律法规执法检查实施方案的通知
温人大常办28号	关于启用温州市人大有关专门委员会新印章的通知
温人大常办30号	关于开展生态建设和环境保护执法跟踪督查的通知
温人大常办31号	关于印发《温州市人民代表大会常务委员会议事规则》、《温州市人民代表大会专门委员会工作规则》的通知
温人大常办32号	关于交办市人大专门委员会审议的市十一届人大一次会议代表议案的通知
温人大常办33号	关于印发市人大常委会、各专门委员会2007年度主要议题安排的通知
温人大常办38号	关于印发温州市第十一届人民代表大会常务委员会关于加强与市人民政府、市中级人民法院、市人民检察院工作联系的办法的通知
温人大常办39号	关于印发《温州市人大机关贯彻实施监督法若干意见》的通知
温人大常办40号	关于对义务教育法执行情况进行检查的通知
温人大常办41号	关于对生态建设、环保执法和节能减排工作进展情况进行视察的通知
温人大常办49号	关于印发《关于市人大常委会及机关外事活动的若干规定》的通知
温人大常办50号	关于印发《温州市人大2007年度信息化建设任务指导书》的通知

续上表

文号	文件标题
温人大常办52号	关于开展缓解土地要素制约调查的通知
温人大常办53号	关于对市政府“阳光行动”工作情况进行调查的通知
温人大常办62号	关于对“五件实事”落实情况进行调查的通知
温人大常办65号	关于组织市人大代表对“五个一”工程进展情况进行视察的通知
温人大常办66号	市人大常委会办公室关于组织市人大代表对“四大工程”实施情况开展视察的通知
温人大常办70号	关于印发《温州市人大常委会机关节能减排工作实施方案》的通知
温人大常办71号	关于对市委《关于进一步加强人大工作的若干意见》落实情况进行调研的通知
温人大常办73号	关于印发《温州市人民代表大会常务委员会关于市人民代表大会闭会期间代表活动的若干规定》的通知
温人大常办77号	关于组织市人大代表对水头制革业污染整治和生态乡村建设情况进行视察的通知
温人大常办78号	关于加强和改进人大宣传工作的意见
温人大常办80号	市人大常委会办公室关于交办市人大常委会第五次会议审议意见的函
温人大常办86号	关于组织市人大代表对“两查两保”专项整治活动开展视察的通知

2007年温州市人民政府重要文件目录

文号	文件标题
温州市人民政府令第89号	《温州市最低生活保障实施办法》
温州市人民政府令第90号	《温州市城镇医疗保险办法》
温州市人民政府令第91号	《温州市行政规范性文件制定管理办法》
温州市人民政府令第92号	《温州市浅海滩涂海域使用权收回处理办法》
温州市人民政府令第93号	《温州市人民政府部门行政首长问责暂行办法》
温州市人民政府令第94号	《温州市行政过错行为责任追究办法》
温州市人民政府令第95号	《温州市城市房屋拆迁管理实施办法》
温州市人民政府令第96号	《温州市区养犬管理规定》
温州市人民政府令第97号	《温州市区困难群众救助办法》
温州市人民政府令第98号	《温州市见义勇为人员保障和奖励实施办法》
温政发〔2007〕1号	温州市人民政府关于表彰温州市2006年度水利工作先进单位的通报
温政发〔2007〕2号	温州市人民政府关于实施《浙江省优待老年人规定》的意见
温政发〔2007〕3号	温州市人民政府关于表彰全市职业教育先进单位和先进个人的通报
温政发〔2007〕4号	温州市人民政府关于大力发展职业教育的意见
温政发〔2007〕5号	温州市人民政府关于加快土地整理标准农田建设的通知
温政发〔2007〕6号	温州市人民政府关于印发温州市荣誉市民称号授予办法实施细则的通知
温政发〔2007〕7号	温州市人民政府关于表彰温州市2006年度优秀企业家的决定
温政发〔2007〕8号	温州市人民政府关于表彰2006年度温州市铁路建设系统先进集体和先进个人的通报
温政发〔2007〕9号	温州市人民政府关于表彰2006年度温州市“百项千亿”工程重点建设责任制考核先进单位、立功竞赛先进集体和先进个人的通报
温政发〔2007〕10号	温州市人民政府关于嘉奖瓯海区铁路建设指挥部的决定
温政发〔2007〕11号	温州市人民政府关于认定温州市第八批“巾帼文明示范岗”的通知
温政发〔2007〕12号	温州市人民政府关于进一步拓宽非公有制经济市场准入的若干意见
温政发〔2007〕13号	温州市人民政府关于贯彻实施《中华人民共和国各级人民代表大会常务委员会监督法》的意见
温政发〔2007〕14号	温州市人民政府关于全面推进工伤保险的意见
温政发〔2007〕15号	温州市人民政府印发关于完善企业职工基本养老保险制度实施办法的通知
温政发〔2007〕16号	温州市人民政府关于表彰2006年度温州市开放型经济工作服务先进单位的通报
温政发〔2007〕17号	温州市人民政府关于表彰2006年度温州市开放型经济工作先进单位的通报
温政发〔2007〕18号	温州市人民政府关于表彰我市2005~2006年度浙江省重点培育和发展的出口名牌企业的通报

续表1

文　号	文　件　标　题
温政发〔2007〕19号	温州市人民政府关于表彰安全生产铁网三号行动先进单位和个人的通报
温政发〔2007〕20号	温州市人民政府关于对2006年度安全生产目标管理责任制考核优秀单位进行表彰奖励的决定
温政发〔2007〕21号	温州市人民政府关于表彰2006年度工业企业做强做大突出贡献单位的通报
温政发〔2007〕22号	温州市人民政府关于嘉奖市瓯江口开发建设总指挥部的决定
温政发〔2007〕23号	温州市人民政府关于表彰2006年度水库移民工作先进单位的通报
温政发〔2007〕24号	温州市人民政府关于表彰2006年度质量立市、品牌强市突出贡献单位的通报
温政发〔2007〕25号	温州市人民政府关于2006年度全市建设先进制造业基地目标责任制考核情况的通报
温政发〔2007〕27号	温州市人民政府关于加强全市移民安置工作机构建设的意见
温政发〔2007〕28号	温州市人民政府关于印发2007年度温州市人民政府规范性文件制定计划的通知
温政发〔2007〕29号	温州市人民政府关于市长、副市长工作分工的通知
温政发〔2007〕30号	温州市人民政府关于完善大中型水库移民后期扶持政策的实施意见
温政发〔2007〕31号	温州市人民政府关于印发《温州市人民政府工作规则》的通知
温政发〔2007〕32号	温州市人民政府关于印发《温州市人民政府会议制度》的通知
温政发〔2007〕33号	温州市人民政府印发关于开展“阳光行动”工作方案的通知
温政发〔2007〕34号	温州市人民政府关于表彰温州市2005～2006年度滩涂围垦开发建设先进集体、先进个人和支持协作单位的通报
温政发〔2007〕35号	温州市人民政府关于表彰温州市2005～2006年度千库保安工程建设先进集体、先进个人、先进项目和支持协作先进单位的通报
温政发〔2007〕36号	温州市人民政府关于首届温州慈善奖获奖个人、机构、项目、组织的通报
温政发〔2007〕37号	温州市人民政府关于印发温州市市级银行支持地方发展业绩考评奖励办法的通知
温政发〔2007〕38号	温州市人民政府关于2006年度温州市粮食工作分级责任制考核情况的通报
温政发〔2007〕39号	温州市人民政府关于表彰2005至2006年度温州市劳动模范和模范集体的决定
温政发〔2007〕40号	温州市人民政府关于表彰温州半岛工程建设先进单位和先进个人的通报
温政发〔2007〕41号	温州市人民政府关于实施国家“十一五”口岸发展规划的意见
温政发〔2007〕42号	温州市人民政府关于调整市区居民最低生活保障标准的通知
温政发〔2007〕43号	温州市人民政府关于表彰2006年度“母亲河奖”获奖单位和个人的通报
温政发〔2007〕44号	温州市人民政府关于下达2007年温州市国民经济和社会发展计划的通知
温政发〔2007〕45号	温州市人民政府关于实施义务教育经费保障机制改革的通知
温政发〔2007〕46号	温州市人民政府关于进一步加强城镇住房保障体系建设的若干意见
温政发〔2007〕47号	温州市人民政府关于进一步加强消防工作的若干意见
温政发〔2007〕48号	温州市人民政府关于开展政策性农业保险试点工作的实施意见
温政发〔2007〕49号	温州市人民政府关于做好2006年冬季退役士兵安置工作的通知
温政发〔2007〕50号	温州市人民政府关于下达2007年温州市市区土地利用计划的通知
温政发〔2007〕51号	温州市人民政府关于印发温州市区城镇居民医疗保障试行办法的通知
温政发〔2007〕52号	温州市人民政府关于表彰民政工作先进单位的通报
温政发〔2007〕53号	温州市人民政府关于印发温州市市区工业国有土地使用权招标拍卖挂牌出让实施办法的通知
温政发〔2007〕54号	温州市人民政府关于公布2007年新评复评温州市创建信用企业先进单位的通知
温政发〔2007〕55号	温州市人民政府关于表彰2006年度依法纳税大户的通报
温政发〔2007〕56号	温州市人民政府关于表彰温州市第二届名校长名教师2006年度教育工作先进集体和先进个人的通报
温政发〔2007〕57号	温州市人民政府关于印发温州市2007年度鼓励开放型经济发展若干扶持措施的通知
温政发〔2007〕58号	温州市人民政府关于印发温州市重大动物疫病防控工作责任制规定的通知
温政发〔2007〕59号	温州市人民政府关于加快以标准渔港为重点的渔港体系建设若干意见
温政发〔2007〕60号	温州市人民政府关于大力发展生猪生产的若干意见
温政发〔2007〕61号	温州市人民政府关于进一步开展查处土地违法违规案件专项行动的通知
温政发〔2007〕62号	温州市人民政府关于表彰2006年度冬种生产先进单位和先进示范方的通报
温政发〔2007〕63号	温州市人民政府关于调整全市最低工资标准的通知

续表 2

文　号	文　件　标　题
温政发〔2007〕64 号	温州市人民政府关于进一步完善就业政策促进困难人员就业再就业的通知
温政发〔2007〕65 号	温州市人民政府关于在全市开展第三次全国文物普查的通知
温政发〔2007〕66 号	温州市人民政府关于解决温州市区低收入家庭住房困难的若干意见
温政发〔2007〕67 号	温州市人民政府关于公布 2007 年温州名牌产品的通知
温政发〔2007〕68 号	机密
温政发〔2007〕69 号	温州市人民政府　温州军分区关于表彰 2006 年度征兵工作先进单位和个人的通报
温政发〔2007〕70 号	温州市人民政府关于进一步加强污染减排工作的通知
温政发〔2007〕71 号	温州市人民政府关于调整市区居民最低生活保障标准的通知
温政发〔2007〕72 号	温州市人民政府关于大力发展冬种生产的意见
温政发〔2007〕73 号	温州市人民政府关于加强农田水利基本建设的意见
温政发〔2007〕74 号	温州市人民政府关于开展第一次全市污染源普查的通知
温政发〔2007〕75 号	温州市人民政府关于进一步加强温州市产品质量和食品安全工作的意见
温政发〔2007〕76 号	温州市人民政府关于下达温州市区 2006 年冬季城镇退伍军人安置指标的通知
温政发〔2007〕77 号	温州市人民政府关于加快发展城乡社区卫生服务的实施意见
温政发〔2007〕78 号	温州市人民政府关于嘉奖市体育局和表彰优秀运动员教练员的决定
温政发〔2007〕79 号	温州市人民政府关于切实做好施行《中华人民共和国政府信息公开条例》准备工作的通知
温政发〔2007〕80 号	温州市人民政府关于命名鹿城区七都镇等 21 个乡镇为温州市教育强镇的通知
温政发〔2007〕81 号	温州市人民政府关于温州泽雅水库移民后期扶持项目的实施意见（2007 年～2016 年）
温政发〔2007〕82 号	温州市人民政府关于授予金钟大等 18 名外国专家第五届雁荡友谊（特别）奖的通知
温政发〔2007〕83 号	温州市人民政府关于贯彻实施《中华人民共和国城乡规划法》的通知
温政发〔2007〕84 号	温州市人民政府关于公布市人民政府行政规范性文件清理结果的通知
温政办〔2007〕1 号	温州市人民政府办公室关于下达温州市 2007 年度水利建设任务的通知
温政办〔2007〕2 号	温州市人民政府办公室关于公布 2006 年温州市成长型中小企业名单的通知
温政办〔2007〕3 号	温州市人民政府办公室关于印发温州市商贸流通业发展专项资金管理暂行办法的通知
温政办〔2007〕4 号	温州市人民政府办公室关于公布温州市第一批非物质文化遗产代表作名录的通知
温政办〔2007〕5 号	温州市人民政府办公室关于转发温州市环境保护绿箭Ⅷ号行动方案的通知
温政办〔2007〕6 号	温州市人民政府办公室关于进一步加强农民工工资清欠工作的通知
温政办〔2007〕7 号	温州市人民政府办公室关于温州市市区社区专职工作者聘用管理的意见
温政办〔2007〕8 号	温州市人民政府办公室关于印发温州市完善大中型水库移民后期扶持政策群体性突发事件应急预案的通知
温政办〔2007〕9 号	温州市人民政府办公室关于温州市市区社区经费管理和社区专职工作者工资福利待遇的意见
温政办〔2007〕10 号	温州市人民政府办公室关于表彰第八批花园式单位（居住区）和 2006 年度城市绿化工作先进单位的通知
温政办〔2007〕11 号	温州市人民政府办公室关于印发温州市重大山林纠纷事件应急预案的通知
温政办〔2007〕12 号	温州市人民政府办公室关于印发温州市残疾人事业“十一五”发展规划的通知
温政办〔2007〕13 号	温州市人民政府办公室关于做好 2007 年春运工作的通知
温政办〔2007〕14 号	温州市人民政府办公室关于印发温州市烟花爆竹安全专项整治工作方案的通知
温政办〔2007〕15 号	温州市人民政府办公室关于下达 2007 年对口支援专项资金筹集任务的通知
温政办〔2007〕16 号	温州市人民政府办公室关于表彰全市村庄基础设施和公共服务事业现状调查工作先进集体和先进个人的通报
温政办〔2007〕17 号	温州市人民政府办公室转发市劳动保障局关于做好企业退休人员社会化管理服务工作实施方案的通知
温政办〔2007〕18 号	温州市人民政府办公室关于开展市本级行政事业单位资产清查工作的通知
温政办〔2007〕19 号	温州市人民政府办公室关于表彰 2006 年度温州市行政审批服务工作先进单位和先进个人的通报
温政办〔2007〕20 号	温州市人民政府办公室关于印发第五届温州早茶节活动总体方案的通知

续表 3

文号	文件标题
温政办〔2007〕21 号	温州市人民政府办公室关于印发温州市突发公共事件科学技术应急保障行动方案的通知
温政办〔2007〕22 号	温州市人民政府办公室关于印发温州市“十一五”工业产业升级规划的通知
温政办〔2007〕23 号	温州市人民政府办公室关于转发《温州年鉴》(2007 年版)编纂和发行工作意见的通知
温政办〔2007〕24 号	温州市人民政府办公室关于加强乡镇统计机构队伍建设的意见
温政办〔2007〕25 号	温州市人民政府办公室转发市安全监管局等关于温州市三线搭挂安全管理办法的通知
温政办〔2007〕26 号	温州市人民政府办公室关于公布首批市级农村预备劳动力培训基地名单的通知
温政办〔2007〕27 号	温州市人民政府办公室关于公布 2006 年度温州年鉴菱华奖获奖名单的通知
温政办〔2007〕28 号	温州市人民政府办公室关于开展安全生产执法年活动的通知
温政办〔2007〕29 号	温州市人民政府办公室关于印发温州市铁路建设工作争先创优目标考核办法的通知
温政办〔2007〕30 号	温州市人民政府办公室关于落实温州城市综合交通规划后续工作的通知
温政办〔2007〕31 号	温州市人民政府办公室关于确定市内山海协作结对关系的通知
温政办〔2007〕32 号	温州市人民政府办公室关于进一步明确大中型水库移民后期扶持资金缺口部分分担比例的通知
温政办〔2007〕33 号	温州市人民政府办公室关于印发温州市经济体制改革“十一五”规划的通知
温政办〔2007〕34 号	温州市人民政府办公室关于公布 2006 年温州市区城市建成区面积及范围的通知
温政办〔2007〕35 号	温州市人民政府办公室印发关于进一步增强自主创新能力促进产业升级的实施方案的通知
温政办〔2007〕36 号	温州市人民政府办公室关于加强服务业统计工作的通知
温政办〔2007〕37 号	温州市人民政府办公室关于印发温州市“十一五”信息化规划的通知
温政办〔2007〕38 号	温州市人民政府办公室关于印发2007 年温州市建设先进制造业基地目标责任制考核办法的通知
温政办〔2007〕39 号	机密
温政办〔2007〕40 号	温州市人民政府办公室关于印发市属事业单位改制资产处置暂行办法的通知
温政办〔2007〕41 号	温州市人民政府办公室关于开展全市应急救援资源调查统计的通知
温政办〔2007〕42 号	温州市人民政府办公室关于颁发2004 至 2005 年温州市农业科技推广奖的通知
温政办〔2007〕43 号	温州市人民政府办公室关于印发温州市开放型经济“十一五”发展规划的通知
温政办〔2007〕44 号	温州市人民政府办公室关于印发温州市依法行政工作考核办法的通知
温政办〔2007〕45 号	温州市人民政府办公室关于下达2007 年五个一民生工程建设任务的通知
温政办〔2007〕46 号	温州市人民政府办公室关于印发温州市市级化肥淡季储备暂行管理办法的通知
温政办〔2007〕47 号	温州市人民政府办公室关于表彰 2006 年度全市政务信息工作先进单位和个人的通报
温政办〔2007〕48 号	温州市人民政府办公室关于要求审批《温州市人民政府金融工作领导小组办公室职能配置、内设机构和人员编制方案》的请示
温政办〔2007〕49 号	温州市人民政府办公室关于印发2007 年温州市整顿和规范市场经济秩序重点工作计划的通知
温政办〔2007〕50 号	温州市人民政府办公室关于进一步做好人大代表建议和政协提案办理工作的通知
温政办〔2007〕51 号	温州市人民政府办公室关于印发温州市处置重特大铁路行车事故应急预案的通知
温政办〔2007〕52 号	温州市人民政府办公室关于转发温州市区工伤保险费征缴管理办法的通知
温政办〔2007〕53 号	温州市人民政府办公室转发市发改委等关于温州市行业协会与行政机关脱钩实施意见的通知
温政办〔2007〕54 号	温州市人民政府办公室关于评选 2007 年度温州市创建信用企业先进单位的通知
温政办〔2007〕55 号	温州市人民政府办公室关于印发2007 年度温瑞塘河综合整治任务书的通知
温政办〔2007〕56 号	温州市人民政府办公室关于印发温州市民用航空紧急事件应急救援预案的通知
温政办〔2007〕57 号	温州市人民政府办公室关于公布 2006 年度在温高校重点建设专业评审结果的通知
温政办〔2007〕58 号	温州市人民政府办公室关于印发温州市市级农药应急储备管理办法(试行)的通知
温政办〔2007〕59 号	温州市人民政府办公室关于印发2007 年度市政府直属单位依法行政工作考核内容和评分细则的通知
温政办〔2007〕60 号	温州市人民政府办公室关于印发2007 年度县(市、区)政府依法行政工作考核内容和评分细则的通知
温政办〔2007〕61 号	温州市人民政府办公室关于加强突发公共事件信息报告工作的通知
温政办〔2007〕62 号	温州市人民政府办公室关于调整提高土地整理标准农田建设奖励标准的通知

续表4

文　　号	文　　件　　标　　题
温政办〔2007〕63号	温州市人民政府办公室关于进一步深化居住出租房消防安全专项整治工作的通知
温政办〔2007〕64号	温州市人民政府办公室关于印发2007年温州市食品安全专项整治工作方案的通知
温政办〔2007〕65号	温州市人民政府办公室关于印发2007年温州市粮食工作分级责任制考核办法的通知
温政办〔2007〕66号	温州市人民政府办公室关于印发温州市消防事业发展“十一五”规划的通知
温政办〔2007〕67号	温州市人民政府办公室关于印发温州市突发公共事件人员防护保障行动方案的通知
温政办〔2007〕68号	温州市人民政府办公室关于切实加强猪“高热病”防控工作的通知
温政办〔2007〕69号	温州市人民政府办公室关于印发温州市科技发展“十一五”规划的通知
温政办〔2007〕70号	温州市人民政府办公室关于转发市建设局等部门温州市房地产市场秩序专项整治工作方案的通知
温政办〔2007〕71号	温州市人民政府办公室关于同意2007年温州电网事故限电序位和事故紧急拉停220千伏主变序位安排的批复
温政办〔2007〕72号	温州市人民政府办公室关于进一步做好2007年全市劳动保障工作的通知
温政办〔2007〕72号	6月28日，受黄德康副市长委托，市政府副秘书长王育满主持召开市人民政府专题会议，就温州科技职业学院（以下简称科职院）（筹）出入口改造与人行天桥施工建设有关问题进行协调。
温政办〔2007〕73号	温州市人民政府办公室关于对畜牧兽医管理体系改革和种子管理体制改革工作进展情况开展督查的通知
温政办〔2007〕74号	温州市人民政府办公室关于印发2007年温州市区农村困难群众危旧房改造工程实施方案的通知
温政办〔2007〕75号	温州市人民政府办公室关于转发市房管局市民政局等温州市2007年至2010年农村困难群众住房救助工作实施计划的通知
温政办〔2007〕76号	温州市人民政府办公室关于印发市社会保险委员会全体会议纪要的通知
温政办〔2007〕77号	温州市人民政府办公室关于转发市监察局市纠风办2007年纠风工作实施意见的通知
温政办〔2007〕78号	温州市人民政府办公室转发市爱卫会关于温州市区开展省级灭蟑先进城区达标复查活动实施方案的通知
温政办〔2007〕79号	温州市人民政府办公室关于加强温州市历史文化街区村镇保护工作的通知
温政办〔2007〕80号	温州市人民政府办公室关于公布2007年度市级重大火灾隐患整改单位名单的通知
温政办〔2007〕81号	温州市人民政府办公室关于轮换扩充农村住户抽样调查样本的通知
温政办〔2007〕82号	温州市人民政府办公室关于转发雁荡山世界地质公园开园仪式暨温州市第十届旅游节开幕式活动实施方案的通知
温政办〔2007〕83号	温州市人民政府办公室关于转发温州市幼儿园收费管理实施意见的通知
温政办〔2007〕84号	温州市人民政府办公室关于下达温州市区2007年度绿化建设任务的通知
温政办〔2007〕85号	温州市人民政府办公室关于开展改革创新课题调研活动的通知
温政办〔2007〕86号	温州市人民政府办公室关于开展民政工作先进单位评选表彰活动的通知
温政办〔2007〕87号	温州市人民政府办公室关于印发温州永强机场扩建工程前期工作协调小组第一次全体成员会议纪要的通知
温政办〔2007〕88号	温州市人民政府办公室关于公布市级百龙工程农业龙头企业调整名单的通知
温政办〔2007〕89号	温州市人民政府办公室关于印发温州市劳动和社会保障“十一五”发展规划的通知
温政办〔2007〕90号	温州市人民政府办公室关于印发诸永高速公路温州段延伸工程建设领导小组第一次全体成员会议纪要的通知
温政办〔2007〕91号	温州市人民政府办公室关于印发温州市慈善事业发展指导纲要（2007～2010年）的通知
温政办〔2007〕92号	温州市人民政府办公室关于下达2007年温州市区污水收集系统和片区整治（截污纳管）建设任务的通知
温政办〔2007〕93号	温州市人民政府办公室关于转发市国土资源局2007年温州市地质灾害防治方案的通知
温政办〔2007〕94号	温州市人民政府办公室关于进一步加强住房公积金管理有关问题的意见
温政办〔2007〕95号	温州市人民政府办公室关于印发2007年温州市整治违法排污企业保障群众健康环保专项行动工作方案的通知
温政办〔2007〕96号	温州市人民政府办公室关于公布永嘉县后九峰风景名胜区为市级风景名胜区的通知

续表5

文　号	文件标题
温政办〔2007〕97号	温州市人民政府办公室关于印发温州市人民政府金融工作领导小组办公室职能配置、内设机构和人员编制规定的通知
温政办〔2007〕98号	温州市人民政府办公室关于2006年度消防工作考核情况的通报
温政办〔2007〕99号	温州市人民政府办公室关于印发温州市开展重点建设项目双百攻坚活动实施方案的通知
温政办〔2007〕100号	温州市人民政府办公室关于市政府秘书长、副秘书长分工的通知
温政办〔2007〕101号	温州市人民政府办公室关于进一步加强市政府秘书长班子自身建设的意见
温政办〔2007〕102号	温州市人民政府办公室关于下达2007年度消防工作任务和具体目标的通知
温政办〔2007〕103号	温州市人民政府办公室关于在市属国有企业中开展清产核资工作的通知
温政办〔2007〕104号	温州市人民政府办公室关于印发2007年深入开展无照经营整治规范年活动实施方案的通知
温政办〔2007〕105号	温州市人民政府办公室关于全市2006年度查处取缔无证无照经营专项整治工作考核情况的通报
温政办〔2007〕106号	温州市人民政府办公室关于开展行政规范性文件清理工作的通知
温政办〔2007〕107号	温州市人民政府办公室关于市区解放南路改建区住宅安置用房增购面积的房价等问题说明的函
温政办〔2007〕108号	温州市人民政府办公室关于对温州市区困难群众因主要副食品价格上涨实行动态补贴的通知
温政办〔2007〕109号	温州市人民政府办公室关于印发温州市复员退伍军人和军队离退休干部安置领导小组会议纪要的通知
温政办〔2007〕110号	温州市人民政府办公室关于印发温州市基础测绘“十一五”规划的通知
温政办〔2007〕111号	温州市人民政府办公室关于印发温州市行政执法全员培训实施方案的通知
温政办〔2007〕112号	温州市人民政府办公室转发市国土资源局关于温州市市属事业单位改制中划拨土地使用权处置若干意见的通知
温政办〔2007〕113号	温州市人民政府办公室关于印发温州市能源发展“十一五”规划的通知
温政办〔2007〕114号	温州市人民政府办公室关于加强企业应急管理工作的通知
温政办〔2007〕115号	秘密
温政办〔2007〕116号	温州市人民政府办公室关于开展诚信日活动的通知
温政办〔2007〕117号	温州市人民政府办公室转发外管局温州市中心支局市外经贸局关于适应人民币汇率形成机制改革进一步促进温州市外向型经济又好又快发展的指导意见的通知
温政办〔2007〕118号	温州市人民政府办公室转发市老龄工作委员会2007年为老年人办实事意见的通知
温政办〔2007〕119号	温州市人民政府办公室转发市劳动保障局等部门关于温州市开展整治非法用工打击违法犯罪专项行动实施方案的通知
温政办〔2007〕120号	温州市人民政府办公室关于下达515防洪保安工程重点实施项目计划任务的通知
温政办〔2007〕121号	温州市人民政府办公室关于印发温州市沿海地区农村住房防灾能力普查实施方案的通知
温政办〔2007〕122号	温州市人民政府办公室关于公布瑞安等县市住房公积金缴存比例的通知
温政办〔2007〕123号	温州市人民政府办公室关于公布温州市区2007年下半年同级别土地上住房平均交易价格的通知
温政办〔2007〕124号	温州市人民政府办公室关于印发温州市城区农贸市场改造提升实施方案的通知
温政办〔2007〕125号	温州市人民政府办公室关于加快推进农村通信基础设施建设的意见
温政办〔2007〕126号	温州市人民政府办公室关于印发温州市质量工作专项资金管理办法的通知
温政办〔2007〕127号	温州市人民政府办公室关于印发温州市抗洪防汛物资保障行动方案的通知
温政办〔2007〕128号	温州市人民政府办公室转发市食品安委会办公室等关于温州市校园食品放心示范店建设工作实施意见的通知
温政办〔2007〕129号	温州市人民政府办公室关于印发温州市市区城镇居民医疗保障实施方案的通知
温政办〔2007〕130号	温州市人民政府办公室关于印发温州市友好城市工作联席会议制度的通知
温政办〔2007〕131号	温州市人民政府办公室关于印发温州市护林员管理考核暂行规定的通知
温政办〔2007〕132号	秘密
温政办〔2007〕133号	温州市人民政府办公室关于开展阳光政务信息服务试点工作的通知
温政办〔2007〕134号	温州市人民政府办公室转发市劳动保障局等部门关于温州市区被征地农民社会保障实施具体事项补充意见的通知
温政办〔2007〕135号	温州市人民政府办公室关于切实做好急性肠道传染病防控工作的通知
温政办〔2007〕136号	温州市人民政府办公室转发市发改委关于2007年温州市深化经济体制改革实施意见的通知

续表6

文号	文件标题
温政办〔2007〕137号	温州市人民政府办公室转发市发改委市统计局关于2006年温州市社会发展水平综合评价报告的通知
温政办〔2007〕138号	温州市人民政府办公室关于要求及时做好政策性农村住房保险理赔工作的通知
温政办〔2007〕139号	温州市人民政府办公室关于转发温州市"十一五"期间基层政法综治组织基础设施建设补助资金管理暂行办法的通知
温政办〔2007〕140号	温州市人民政府办公室关于认真做好温州市区温瑞塘河综合整治实施方案（2007~2011年）编制工作的通知
温政办〔2007〕141号	温州市人民政府办公室转发市法制办市审管办关于温州市非行政许可审批事项清理标准的通知
温政办〔2007〕142号	温州市人民政府办公室转发市卫生局关于温州市2007年重点人群艾滋病病毒抗体检测工作方案的通知
温政办〔2007〕143号	温州市人民政府办公室关于印发温州市瓯海货运市场及市场周边秩序专项整治工作方案的通知
温政办〔2007〕144号	温州市人民政府办公室关于下达援疆慰问资金筹集任务的通知
温政办〔2007〕145号	温州市人民政府办公室关于印发温州市环境保护绿箭Ⅸ号行动方案的通知
温政办〔2007〕146号	温州市人民政府办公室关于印发温州市移民安置办公室职能配置内设机构和人员编制规定的通知
温政办〔2007〕147号	温州市人民政府办公室关于印发温州市产品质量和食品安全专项整治行动方案的通知
温政办〔2007〕148号	温州市人民政府办公室关于印发2007年中国温州轻工产品博览会总体方案的通知
温政办〔2007〕149号	温州市人民政府办公室关于建设温州市市民信箱的通知
温政办〔2007〕150号	温州市人民政府办公室转发市房管局等部门关于温州市市区新建物业首期专项维修资金交存标准及交存办法的通知
温政办〔2007〕151号	温州市人民政府办公室关于做好国庆长假与秋冬季森林防火工作的通知
温政办〔2007〕152号	温州市人民政府办公室关于落实浙江鲲鹏建设有限公司解放南路工程4·20燃气泄漏事故处理有关工作的通知
温政办〔2007〕153号	温州市人民政府办公室转发市监察局等部门关于温州市行政事业单位银行账户清理整顿工作实施方案的通知
温政办〔2007〕154号	温州市人民政府办公室转发市市级机关事务管理局关于温州市行政管理中心节能减排工作实施方案的通知
温政办〔2007〕155号	温州市人民政府办公室关于邀请市有关单位主要负责人接听市长专线电话的通知
温政办〔2007〕156号	温州市人民政府办公室关于印发市船舶工业发展领导小组全体成员会议纪要的通知
温政办〔2007〕157号	温州市人民政府办公室关于公布温州市第九批高新技术企业名单的通知
温政办〔2007〕158号	温州市人民政府办公室关于公布2007年温州市高新技术企业考核结果的通知
温政办〔2007〕159号	温州市人民政府办公室关于2007年中国温州轻工产品博览会有关单位职责分工的通知
温政办〔2007〕160号	温州市人民政府办公室关于印发转作风抓落实督查活动专题会议纪要的通知
温政办〔2007〕161号	温州市人民政府办公室关于公布2007年度温州市科学技术进步奖项目名单的通知
温政办〔2007〕162号	温州市人民政府办公室关于调整市政府党员领导干部和有关部门与民主党派等联系名单的通知
温政办〔2007〕163号	温州市人民政府办公室关于公布第十届温州市知名商标的通知
温政办〔2007〕164号	温州市人民政府办公室关于深入开展全市三合一场所消防安全综合整治的通知
温政办〔2007〕165号	温州市人民政府办公室关于开展市区低收入家庭住房状况调查的通知
温政办〔2007〕166号	温州市人民政府办公室关于印发转作风抓落实督查活动专题会议纪要的通知
温政办〔2007〕167号	温州市人民政府办公室关于印发温州市皮鞋和打火机行业分类培育提升方案的通知
温政办〔2007〕168号	温州市人民政府办公室关于评选温州市第二批粮油经营加工骨干企业的通知
温政办〔2007〕169号	温州市人民政府办公室关于印发市区养犬管理专项整治工作实施方案的通知
温政办〔2007〕170号	温州市人民政府办公室关于做好企业工资支付管理确保劳动关系和谐稳定的通知
温政办〔2007〕171号	温州市人民政府办公室关于印发温州市公共资源交易工作联席会议制度的通知
温政办〔2007〕172号	温州市人民政府办公室关于开展2007年度殡葬改革工作目标考核的通知
温政办〔2007〕173号	温州市人民政府办公室关于印发温州市重大基础设施安全隐患排查工作方案的通知
温政办〔2007〕174号	温州市人民政府办公室关于印发温州市突发公共事件应急管理工作联席会议制度的通知
温政办〔2007〕175号	温州市人民政府办公室转发市劳动保障局等部门关于温州市建筑施工企业农民工参加工伤保

续表7

文　号	文件标题
	险实施意见的通知
温政办〔2007〕176号	温州市人民政府办公室关于公布温州市2008年集中采购目录及标准的通知
温政办〔2007〕177号	温州市人民政府办公室关于在全市开展省示范行政审批服务中心创建活动的实施意见
温政办〔2007〕178号	温州市人民政府办公室关于加强我市应急管理工作的通知
温政办〔2007〕179号	温州市人民政府办公室关于切实加强元旦春节期间森林消防工作的通知
温政办〔2007〕180号	温州市人民政府办公室关于评选2007年度优秀企业家的通知
温政办〔2007〕181号	温州市人民政府办公室关于做好2008年度温州市无偿献血工作的通知
温政办〔2007〕182号	温州市人民政府办公室关于公布温州市第二批示范性农村专业合作经济组织认定名单的通知
温政办〔2007〕183号	温州市人民政府办公室关于印发温州市行政审批电子监察系统建设工作实施方案的通知
温政办〔2007〕184号	温州市人民政府办公室转发市监察局市审管办关于加强乡镇（街道）便民服务中心建设意见的通知
温政办〔2007〕185号	温州市人民政府办公室关于市区政府性投资项目有关房屋销售管理的意见
温政办〔2007〕186号	温州市人民政府办公室关于印发2007年度温州市耕地保护责任目标考核实施细则的通知
温政办〔2007〕187号	温州市人民政府办公室关于切实加强我市海洋与渔业安全生产工作的通知
温政办〔2007〕188号	温州市人民政府办公室关于公布第二批市级农村预备劳动力培训基地名单的通知
温政办〔2007〕189号	温州市人民政府办公室关于温州生态市建设专项资金使用管理暂行办法的补充意见
温政办〔2007〕190号	温州市人民政府办公室关于做好2008年温州市新型农村合作医疗工作的通知
温政办〔2007〕191号	温州市人民政府办公室转发市财政局市人民银行关于温州市财政国库管理制度改革方案的通知
温政办〔2007〕192号	温州市人民政府办公室关于加强乡镇街道气象协理员队伍建设的通知
温政办〔2007〕193号	温州市人民政府办公室关于评选2007年度温州市产品质量和食品安全专项整治工作先进单位和先进个人的通知

温州市政协九届一次会议重点提案目录

提案号	提案标题	提案人
5	关于重视我市建筑工地泥浆入河问题的提案	胡若秋
69	加快完善工作保障体系，努力创建和谐企业	张良隆
90	制度建设是节水型城市建设的关键	董伟光
128	关注民生，维护民权，进一步完善失土农民社会保障制度	九三学社温州市委员会
143	关于进一步完善新型农村合作医疗制度的建议	余德松
260	关于加快建立完善温州食品供应链质量安全保障体系的建议	金传顺
336	大力支持民营企业自主创新，推动民营经济再上新台阶	温州市工商业联合会
420	关于强化政府工程报资项目管理几点建议	金小麟
580	关于对“停车难、乱收费”开展综合治理的建议	欧阳后增

2007年政协温州市委员会重要文件目录

文　号	文件标题
温政协〔2007〕1号	关于表彰政协第八届温州市委员会第四次会议以来优秀提案的决定
温政协〔2007〕10号	关于报送加快船舶业发展建议案的报告
温政协〔2007〕13号	关于确立“亲民协政、为民履职”工作定位切实做好本届政协工作的决议
温政协〔2007〕14号	关于报送节能减排集中供热调研报告的报告
温政协〔2007〕15号	关于报送温州电厂向瓯江南岸实施集中供热建议的报告
温政协〔2007〕19号	关于报送建立温州模式馆建议案的报告
温政协〔2007〕20号	关于进一步加强反映社情民意信息工作的若干意见
温政协党组〔2007〕7号	关于开展解放思想大讨论活动的意见
温政协党组〔2007〕10号	关于市政协党组成员联系各民主党派、工商联和无党派人士的意见
温政协党组〔2007〕11号	关于印发《政协温州市委员会理论中心组学习制度》的通知

续上表

文号	文件标题
温政协党组〔2007〕17号	关于认真学习宣传贯彻党的十七大精神的通知
温政协办〔2007〕8号	关于表彰2006年度市政协机关优秀公务员（职工）、先进工作者的决定
温政协办〔2007〕15号	关于开展机关“作风建设年”活动的实施意见
温政协办〔2007〕18号	关于标准厂房建设情况的视察报告
温政协办〔2007〕19号	关于开展文明机关创建活动的实施意见
温政协办〔2007〕25号	关于印发《中国人民政治协商会议温州市委员会全体会议工作规则》等制度的通知
温政协办〔2007〕28号	关于印发《中国人民政治协商会议温州市委员会主席会议工作规则》的通知
温政协办〔2007〕29号	关于印发《中国人民政治协商会议温州市委员会秘书长会议工作规则》的通知
温政协办〔2007〕30号	关于印发《建立市政协委员约谈制度的意见》的通知
温政协办〔2007〕31号	关于印发《中国人民政治协商会议温州市委员会委员管理办法（试行）》的通知
温政协办〔2007〕32号	关于印发《公民旁听政协会议办法》的通知
温政协办〔2007〕33号	关于印发《政协温州市委员会机关公文处理规定》的通知
温政协办〔2007〕34号	关于印发《政协温州市委员会机关保密工作制度》的通知
温政协办〔2007〕35号	关于印发《政协温州市委员会机关计算机及网络使用管理暂行规定》的通知
温政协办〔2007〕36号	关于印发《政协温州市委员会机关行政接待工作暂行规定》的通知
温政协办〔2007〕37号	关于印发《政协温州市委员会机关财务管理暂行规定》的通知
温政协办〔2007〕38号	关于印发《政协温州市委员会机关车辆使用管理暂行规定》的通知
温政协办〔2007〕45号	关于印发《成立温州市政协委员联络小组的意见》的通知
温政协办〔2007〕47号	关于报送解决我市医疗卫生若干问题缓解群众“看病难”调研报告的报告
温政协办〔2007〕48号	关于印发《温州市政协门户网站管理试行办法》的通知
温政协办〔2007〕56号	关于印发《反映社情民意工作先进单位、先进个人评选表彰办法》的通知

索　引

6画

7画

8画

9 画

10 画

11 画

12 画

13 画

14 画

15 画

16 画